תלמוד בבלי

מהדורת נאה

יומא חלק א

Steinsaltz Center

ירושלים

KOREN

Please note that the number ranges that appear at the bottom of each daf of the Vilna pages indicate the corresponding pages of the Koren Talmud Bavli translation and commentary.

תלמוד בבלי

הוצאת קורן ירושלים

מהדורת נאה

מסכת יומא
דף ב. עד דף כח.

COMMENTARY BY

Rabbi Adin Even-Israel Steinsaltz

EDITOR-IN-CHIEF

Rabbi Dr Tzvi Hersh Weinreb

EXECUTIVE EDITOR

Rabbi Joshua Schreier

•

STEINSALTZ CENTER
KOREN PUBLISHERS JERUSALEM

שבעת

שבעת ימים קודם יום הכפורים מפרישין כהן גדול מביתו ללשכת פרהדרין, ומתקינין לו כהן אחר תחתיו, *שמא יארע בו פסול. *ר' יהודה אומר: אף אשה אחרת מתקינין לו, שמא תמות אשתו, שנאמר °"וכפר בעדו ובעד ביתו" ביתו זו אשתו. אמרו לו: אם כן אין לדבר סוף.§ (ויקרא טז)

גמ' תנן התם: *בשבעת ימים קודם שריפת הפרה היו מפרישין כהן השורף את הפרה מביתו ללשכה שעל פני הבירה צפונה מזרחה, ולשכת בית האבן היתה נקראת. ולמה נקרא שמה לשכת בית האבן – שכל מעשיה בכלי גללים, בכלי אבנים, ובכלי אדמה. מאי טעמא? כיון דטבול יום כשר בפרה, *דתנן: גמטמאין היו הכהן השורף את הפרה ומטבילין אותו, להוציא מלבן של צדוקין, שהיו אומרים במעורבי השמש היתה נעשית תקינו לה רבנן כלי גללים, כלי אבנים וכלי אדמה; דלא ליקבלו טומאה, כי היכי דלא ליזלזלו בה. מאי שנא צפונה מזרחה? כיון דחטאת היא, וחטאת טעונה צפונה, וכתיב בה: °"אל נכח פני אהל מועד" – תקינו לה רבנן לשכה צפונה מזרחה, כי היכי דלהוי לה היכירא. *מאי בירה? אמר רבה בר בר חנה א"ר יוחנן: מקום היה בהר הבית, ובירה שמו. ור"ל אמר: כל המקדש כולו קרוי בירה, שנאמר: °"הבירה אשר הכינותי". מנא הני מילי? *א"ר מניומי בר חלקיה א"ר מחסיא בר אידי א"ר יוחנן: אמר קרא: °"כאשר עשה ביום הזה צוה ה' לעשות לכפר עליכם". 'לעשות' – אלו מעשי פרה, 'לכפר' – אלו מעשי יום הכפורים. בשלמא כוליה קרא בפרה לא מתוקם – 'לכפר' כתיב, ופרה לאו בת כפרה היא. אלא אימא: כוליה קרא ביום הכפורים כתיב! אמרי: יליף 'צוה' 'צוה'; כתיב הכא "צוה ה' לעשות" וכתיב התם: °"זאת חקת התורה אשר צוה ה' לאמר", מה להלן פרה – אף כאן פרה, ומה כאן פרישה – אף להלן פרישה. ואימא

(במדבר יט) (דה"א כט) (ויקרא ח) (במדבר יט)

רש"י

שבעת ימים קודם יוה"כ מפרישין כ"ג. שכל עבודת יוה"כ אינה כשירה אלא בו. כדיליף בהוריות בפרק בתרא (דף יג:), דכתיב גבי יום הכפורים: "וכפר הכהן אשר ימשח אותו". ובגמרא (דף ו.) מפרש למה מפרישין: ללשכת פרהדרין. כך שמה. ובגמרא *מפרש למה נקראת כן: ומתקינין לו. ומזמינין כהן אחר להיות כהן גדול תחתיו, אם יארע בו פסול קרי או שאר טומאה המעכבין מלבוא למקדש: ובעד ביתו. גבי יוה"כ כתיב, באחרי מות: א"כ. דחיישת למיתה: אין לדבר סוף. שמא גם זו תמות: **גמ'** שריפת הפרה. פרה אדומה: שעל פני הבירה. לקמיה מפרש מאי בירה: צפונה מזרחה. במקצוע מזרחית צפונית של עזרה היתה: שכל מעשיה. של פרה: כלי גללים. לפיעי בקר. מפרש להו במנחות בפ' "ר' ישמעאל" (דף סט:): כלי אדמה. שאין עשויין ככלי חרס בכבשן, אלא מן האדמה היא, שהוא כאבן רכה, וחוקקין ממנה כלים: מאי טעמא. תקינו לה כלים הללו: דטבול יום. לקמן יליף בפרק "טרף בקלפי" (דף מג:): "והזה הטהור כו'": כי היכי דלא ליזלזלו בה. לומר: הואיל וטבול יום כשר בפרה – אין צריך להיות זריזין בה בשמירת טהרה, לכך עשו בה מעלות הרבה לטהרה, וזו אחת מהן: כיון דחטאת היא. חטאת נקראת, שנאמר (במדבר יט): "למי נדה חטאת היא": וחטאת טעונה צפון. חטאות הקריבות במזבח נשחטות בצפון. ולא שזו טעונה צפון, שהרי היא נשחטת בהר המשחה: וכתיב. בפרה (שם): "אל נוכח פני אהל מועד" בהזאת דמה, שהוא עומד בהר המשחה ומתכוין ורואה פתחו של היכל שהוא בכותל מזרחי: כי היכי דליהוי היכירא. לדעת שהופרש שם, כדי להטיל עליו עבודת פרה הקרויה חטאת וטעונה מזרח, וישים לב להיות זריז במעשיה וסדר עבודותיה: הבירה אשר הכינותי. אשר זימנתי לה מקום גורן ארונה לבנותה בו. ודוד קאמר ליה להאי קרא בדברי הימים: מנא הני מילי. דבעי פרישה ליוה"כ ולפרה: כאשר עשה. במלואים, שצוה אותם לפרוש מביתם ז' ימים, שנאמר (ויקרא ח): "ופתח אהל מועד תשבו יומם ולילה" וגו'. ובשמיני עבדו, שנאמר (שם ט): "ויהי ביום השמיני קרא" וגו' וכתיב: "קרב אל המזבח" וגו' (א) "כאשר" וגו' "צוה לעשות" לדורות, לפרוש ז' לפני עבודת יום אחד: *דלפני עשייה. קיום המצוה: ואימא

תוספות

שבעת ימים קודם יוה"כ. יש מקומות ששונה המנין ברישא כמו בכאן, ובבבא קמא (דף ב.): ארבעה אבות נזיקין, ובפרק קמא דר"ה (דף ב.): ד' ראשי שנים. ואיכא דוכתי דתני מניינא לבסוף: לפני אידיהן של גוים ג' ימים ברפ"ק דמסכת ע"ג (דף ב.), ובפ"ק דקידושין (דף ב.): האשה נקנית בג' דרכים. ושואלין ודורשין בהלכות (החג*) לפני (החג*) שלשים יום (פסחים דף ו.): [נ"ל הפסח] [נ"ל הפסח]

וחכ"א א"כ אין לדבר סוף. דאי איכא למיחש למיתה דחדא – ניחוש אפילו למיתה דתרתי ותלת. ואע"ג דבפ' "ד' אחין" (יבמות דף כו:) משמע לסתם מתני' דהתם דלמיתה דחד – חיישינן, לתרי – לא חיישינן, וסתם מתני' דהכא ס"ל דאי חיישינן לחדא – ניחוש נמי לטובא! י"ל דה"ק הכא: נהי דחיישינן למיתה דחד לזמן מרובה, כמו בההיא דפרק "ד' אחין" (ג"ז שם.) דילמא אדמייבם חד מיית אידך, מכל מקום למיתה לזמן מועט כי הכא – לא הוה לן למיחש. אלא משום מעלה דכפרה חיישת לזמן מועט – אם כן ניחוש אפילו לתרתי ותלת. אי נמי, התם חששא בעלמא הוא משום ביטול מצות יבמין, וליכא איסורא כולי האי, אבל הכא, משום דכפרת כל ישראל תלוי בזה – ניחוש אפילו לתרתי ותלת, ואפילו לזמן מועט – וא"כ אין לדבר סוף. הלכך ליכא למעבד תקנתא להאי חששא. וכי פריך בגמ' (לקמן דף יג.): מאי שנא דגבי טומאה, דשכיח טפי ממיתה כדאמר בגמרא, סגי לתקן לכהן אחר תחתיו, והכא חיישינן לתרתי ותלת! הוה מצי לשנויי כי האי גוונא: ההיא חששא בעלמא היא, ולא היה צריך להפריש אחר, כי מסתמא ימצאו הרבה שיהו ראויין לעבודה, אלא מעלה בעלמא – הלכך סגי דחד אלא דלאו הכי משני שפיר*:

להוציא מלבן של צדוקין. לאו בטומאה דאורייתא מטמו ליה, דלא הוי מזלזלי בה כולי האי. אדרבה, אמרינן בפרק "אין דורשין" (חגיגה דף יח:): בגדי אוכלי קדש מדרס לחטאת. אלא כדתנן בפ"ג דמסכת פרה (מ"ח): סמכו ידיהם על ראשו ואומרים לו: אישי כ"ג, רד טבול אחת. דמחמת שנוגעין בו חשבינן ליה כטמא טומאה דרבנן, דאחיו הכהנים חשיבי כטמאים לגבי דידיה, °דבגדיהם מדרס לחטאת, *כדפרישית:

שכל מעשיה בכלי אבנים וכו'. דווקא באלו ז' ימים של שריפת הפרה. אבל בשעת קידוש – התנן בפ"ה דמס' פרה (מ"ה): בכל הכלים מקדשים, ואפילו בכלי גללים כו'. ואדרבה, התם משמע דטפי פשיטא לו דבשאר כלים מקדשין מבכלי גללים. וכלי גללים וכלי אבנים איצטריך ליה לאשמועינן, דאע"ג דלאו כלים מיקרו לענין טומאה – מ"מ הם כלים לענין קידוש, וקרינן בהן "מים חיים אל כלי"*):

ומאי שנא צפונה מזרחה. וא"ת: אמאי לא היו מפרישין נמי כ"ג לפני יוה"כ ללשכה זו שעל פני הבירה? וי"ל: דלשכת פרה היו קורים לה לשכת בית אבן, כי היכי דנהוי לה היכירא שכל מעשיה בכלי אבנים. ואי הוו מפרשי נמי להאיא לשכה כ"ג לפני יוה"כ – אז לא הוה ליה היכירא לפרה. אי נמי י"ל: משום דכ"ג ביוה"כ פרישתו לקדושה, שכל עבודתו לפנים ולפני ולפנים, היו מפרישים אותו ללשכת פרהדרין שבנויה בקדש. אבל פרה, שנעשית מחוץ, בהר המשחה – פרישתו ללשכה שעל פני הבירה, שחוץ לעזרה: **אלא** אימא כוליה קרא ביוה"כ כתיב. תימה לי: מאי קא פריך? דאי כוליה קרא ביוה"כ כתיב – אם כן 'לעשות' למה לי? וי"ל: דסלקא דעתך דמקשה דתרוייהו איצטריך ליוה"כ, דאי לא כתב אלא 'לכפר' הוה אמינא: כפרה דקרבנות, ואי לא כתב אלא 'לעשות' – ה"א: זה פרה, להכי כתב תרוייהו, לאשמועינן דווקא יום הכפורים, דכתיב ביה תרוייהו: ואימא

*) [וע"ע תוס' סוכה לז. ד"ה נפל ותוס' חגיגה כג. ד"ה שפופרת ותוס' חולין ע: ד"ה טמאה ותוס' נדה מט. ד"ה כשר]

תוספות ישנים

אשר נמצאו בכתב ישן מפי סופרים ומפי ספרים אשר סדרו אבותינו גאוני עולם נ"ע:

[*]**שבעת** ימים קודם יום הכפורים **מפרישין**. כאן שונה מנין קודם המעשה וכן אומר (פסחים דף ב.) אור לי"ד בודקין ופעמים שונה המעשה קודם המנין (כתובות דף ב.) בתולה נשאת ליום ד' (קידושין דף ב.) האשה נקנית בשלש דרכים (ע"ז דף ב.) לפני אידיהן של נכרים ג' ימים והרבה כיוצא בהן התנא לא חש בה אלא שונה הרהוט בפיו: **ומתקינין** לו כהן אחר תחתיו. להתקין לו בגדי זהב כמדתו כדאמרינן לקמן פ"ב (דף כג:) ובתמיד נשחט (דף סה:) כמדתו שלא יחסר ולא יותיר ולהזהירו לשמור עצמו בטהרה ודוקא מתקינין אבל לא היו נוטלין כדאמרינן בגמ' (דף ג:) דהפרשה לא מעכבא: **שמא** תמות אשתו. ולשני לא היו מתקינין אשה אחרת דלא מעכבא ומ"מ הכא בראשון מצוה מן המובחר בעינן ואפילו מעכבא לכולי האי לא חיישינן שתמות אשת השני כי היכי דלא חיישינן בגמ' למיתת השניה: **וחכ"א** אם כן אין לדבר סוף. בגמרא (דף יג.) דייק לימרו אינהו לנפשייהו: **מפרישין** כהן השורף את הפרה. אומר רבינו הזקן דאין לדקדק מדקתני כהן השורף דמיירי בכהן הדיוט דהא הכי נמי אי הוה תני כהן העובד עבודה ביוה"כ לא היה מזכיר כהן גדול דמשמע שפיר כהן הידוע השורף או העובד ואפילו אם בכהן הדיוט מיירי לא קשיא לשמואל דלקמן פרק טרף בקלפי (דף מג.) מפיק מולקח הכהן מדמה באלבשו לאהדורי לאלעזר דאיכא למימר דסבר כי האי תנא דתניא בספרי ונתתם אותה אל אלעזר הכהן זו נעשית באלעזר ושאר כל הפרות בכ"ג דברי ר"מ רבי יוסי ב"ר יהודה ורבי שמעון ורא"ב"י אומרים זו נעשית באלעזר ושאר כל הפרות בין בכהן גדול בין בכהן הדיוט

עין משפט נר מצוה

א א מיי' פ"א מהלכות יוה"כ הלכה ג סמג עשין רעט:
ב ב מיי' פ"ב מהלכות פרה הלכה א ב ג סמג עשין רלב:
ג ג מיי' פ"א שם הלכה יד:

הגהות הב"ח

(א) רש"י ד"ה כאשר כו' כאשר עשה צוה לעשות לדורות:

מסורת הש"ס

[דף ח:] | הוריות יג. | פרה פ"ג מ"א | חגיגה כג. ע"ש זבחים כח. פרה פ"ג מ"ז ע"ש | זבחים קד: | [לקמן ג:] | שייך לע"ב | [לקמן יז. סוכה כז.]

גליון הש"ס

רש"י ד"ה כלי גללים. לפיעי בקר. וכ"כ רש"י שבת נח ע"א ד"ה כלי. אבל בשבת דף טז ע"ב כתב רש"י גללים שייש: **תוס'** ד"ה להוציא וכו' דבגדיהם מדרס לחטאת כדפרישית. עי' זבחים דף יז ע"ב תוס' ד"ה שריפה:

והא דאמרינן לקמן (דף מב:) חד לישנא דהיכא דבעי פרת משה אלעזר בעינן לדורות כ"ג הוינו כר"מ מיהו בין למר ובין למר היו עושין אותה כהנים גדולים כדתנן שמעון הצדיק עשה שתים וכן כל אותם שעשו פרה היו כהנים גדולים ותשיב להן במס' פרה (פ"ג מ"ה) וזה היה כבודם ותניא נמי בתוספתא (פ"ב) בא לו ריב"ז ואמר לו אישי כ"ג כמה אתה נאה להיות כהן גדול והא דתניא בספרי ושרף את הפרה לעיניו שיהא אחר שורף והוא רואה משמע דזר כשר לשרוף היינו דלא כהני אמוראי דטרף בקלפי עי"ל שיהא כהן אחר שורף וכהן המפריש רואה. מ"ר: **מפרישין** כהן השורף את הפרה. אבל שאר כהנים שהיו עסוקין באסיפת אפרה ובשאר עסקיה כדמשמע לקמן שהסגן היה מסייע לפרה לא היו מפרישין אותן ואפי' למאן דמפיק פרישה בפרה מקרא מוקמינן לקרא בעיקר מעשה הפרה היינו שריפה ולשמואל הוה ליה למינקט הכהן המקבל שהוא עיקר שהיה לדורות באלעזר אלא לפי שעיקרה לאפר שריפה נקט שורף אבל תימה לרב דאמר בפ' טרף בקלפי (שם) שחיטת פרה בזר פסולה ואיכא למאן דבעיא לדורות כ"ג אמאי לא נקט הכהן השוחט שהרי עיקר היא משריפה שהיא בכהן הדיוט לדורות לרב ואין להקשות דלנקטיה עם השורף הואיל וכהן חד הוא דעבד להן: **שכל** מעשיה בכלי אבנים. יש פירוש מרבינו שלמה שכתוב בהן כגון קיבול דמה ואסיפת אפרה ולא דק דבכפרה תנן צלוחית של מי חטאת וסתם צלוחית של חרס ותנן נמי (פרה פ"ה מ"ה) בכל מקדשין ועוד תנן (שם מ"ז) ומייתי לה בחגיגה (דף כג.) שפופרת שחתכה לחטאת ר"א אומר יטביל מיד רבי יהושע אומר יטמא ויטביל אלמא לא בעינן כלי גללים מדצריכה טבילה אלמא בת קבולי טומאה היא. עוד אמרינן בפ"ק דמנחות (דף ז:) גבי כהן המזה דם הפרה דמקנח אצבעו בשפת המזרק משמע דהוי כלי שרת דבשביל אותו הפעם לא הוי קרי ליה מזרק וכיון דהוי כלי שרת א"כ הוי של מתכת דקי"ל (לקמן דף לט.) דכלי שרת של עץ לא עבדינן. מיהו על ההיא דמנחות תימה דבספרי משמע שמצות קבלת דמה היה ביד ומפיק ליה מלוג של מצורע שהיה בידו וי"ל דפליגי אי נמי נראה לרב האחרי"ה דההיא דספרי מיירי לענין הזאה באצבעו דלא ילפינן מהזאת אזוב שהוא בכלי ומפרש רבינו הזקן דקאי אהזאות שהיו מזין על הכהן באותה לשכה קודם שריפת הפרה וכן משמע לישנא דכל מעשיה דלאלשכה קאי והכי תנן במס' פרה (פ"ג) א) אחד זה ואחד זה מזין עליו מכל חטאות שהיו שם כו' חצירות היו בנויות בירושלים ע"ג סלע ותחתיהן חלול מפני קבר התהום והתינוקות יושבין ע"ג וכוסות של אבן בידיהם כו' לא מצאו משבע עושין משבע כו' משם חטאות היו מזין עליו: **בבלי** גללים. לפיעי בקר כדפירש בקונטרס דלאי כלי אבן כלי גללים בכלל כלי אבן הוי: **מטמאין** היו הכהן השורף את הפרה. שהיו אחיו הכהנים נוגעין בו וע"י כך היה טמא כדתנן במסכת פרה (פ"ג מ"ח) סמכו ידיהם עליו ואמרו לו רד וטבול והך סמיכה נמי לטמאו וכן שנינו בתוספתא פ"ב מעשה בצדוקי אחד שהעריב שמשו לעשות את הפרה וידע בו ריב"ז וסמך שתי ידיו עליו ואמר לו אישי כ"ג מה אתה נאה להיות כ"ג רד וטבול אחת ירד וטבל ועלה ואמרינן נמי בירושלמי ולקמן (דף ח.) מה בין כהן גדול דיוה"כ לכהן השורף את הפרה זה פרישתו לקדושה ואחיו הכהנים נוגעים בו וזה פרישתו לטהרה ואין אחיו הכהנים נוגעים בו וטעמא דמטמאין אותו בנגיעתן משום דבגדי אוכלי קודש מדרס לחטאת ואפילו שמרו עצמן על טהרת חטאת ואומר רבינו הזקן יכולים היו חכמים לעשותן כטמאים ויהיה הכירא בטבילתו לצדוקים כיון שהצריכוהו טבילה מחמת שעשאוהו כטמא מת ביום השביעי שלו שצריך הערב שמש וא"ת מ"ש בחגיגה (דף כג:) גבי שפופרת אמרינן שעשאוהו כטמא מת ביום שביעי שלו אע"פ שלא היו מטמאין אותו וכאן לא רצו לעשותו כטמא מת אלא ע"י סמיכת אחיו

[*] זאת לדעת כי רוב ההגהות שהגהו הנה בהש"י לקוחות מספר שיח יצחק [וגם לפעמים התחלות הדבורים המה לא כפי נוסחתינו בגמ'. והמה כפי נוסחאות ד"י או כ"י].
א) [לפנינו הגי' ומזין עליו כל ז' הימים מכל חטאות שהיו שם וכו'].

ואימא צוה צוה דיוה"כ. וא"ת: לישני א"כ כל הני קראי למה לי 'צוה' 'לעשות' 'לכפר'? ואין נראה לתרץ דהשתא הדר ביה מדרשא ד'לעשות' ולהכי צריכי תרווייהו, דאי מ'לכפר' לחודיה – ה"א כפרה דקרבנות. ואי מ'צוה' לחודיה – ה"א פרה נמי, להכי כתב תרווייהו, דהא מ"מ אכתי תיקשי לך: לישני הכי דלא הדר ביה מ'לעשות'. ועוד: אי הדר ביה ה"ל למימר "אלא". ולקמן (דף ג:) נמי מוכח דלא הדר ביה מ'לעשות' דכי קאמר ריב"ל מתניתין תרתי קאמר 'לעשות' – זה מעשה פרה. אלמא דלעולם לא הדר ביה מדרשא ד'לעשות'! וי"ל דה"פ: מ"ט לא נפקא לן מקרא אלא פרה ויוה"כ? אימא 'צוה' – זה יוה"כ, ואייתרלן "לעשות לכפר" ונדרוש 'לעשות' – זה מעשה פרה, 'לכפר' – אלו קרבנות, דכתיב בהו כמה זימנין 'לכפר' גבי חטאות ואשמות. וליכא למימר: א"כ לישתוק מ'צוה' ונידרוש פרה מ'לעשות' ויוה"כ וקרבנות מ'לכפר', דהכי הוי סברת המקשה בסמוך. דהא ליתא, דאי לא כתב 'צוה' הוה דרשינן "לכפר לעשות" תרווייהו זה יוה"כ, כדפריך לעיל: אימא כוליה קרא ליוה"כ. והשתא פריך שפיר: אימא 'צוה' זה יוה"כ, 'לעשות' – זה פרה, 'לכפר' – אלו קרבנות. ואם תאמר: אם כן לא ליכתוב אלא "צוה לכפר" ועל כרחך נידרוש: 'צוה' – זה פרה, 'לכפר' – זה יוה"כ וקרבנות כסברת המקשה בסמוך, דפריך: ואימא 'לכפר' – אלו קרבנות. אלמא דמ'לכפר' דריש יוה"כ וקרבנות. דאי דרשת 'צוה' זה יוה"כ, 'לכפר' אלו קרבנות, אבל פרה לא – אם כן 'צוה' למה לי? מ'לכפר' הוה נפקא לן שפיר יוה"כ וקרבנות! וי"ל: אי לא הוה כתב אלא "צוה לכפר" ה"א: יוה"כ לחודיה, דכתיב ביה "צוה לכפר", ודמי ליה טפי מקרבנות. אבל השתא, דכתב 'לעשות' וצריכין אנו לרבויי פרה מ'לעשות' אע"ג דלא דמיא כולי האי למלואים – א"כ נימא נמי דנרבי מ'לכפר' קרבנות, דלאו למעוטי קרבנות אלא לרבויי. דלא תימא "לעשות לכפר" זה יוה"כ ותו לא, כדפריך מעיקרא, ולהכי כתב 'צוה' – לרבות יום הכפורים, ואייתרו "לעשות לכפר" לפרה וקרבנות. אי נמי נ"ל לפרש: אימא 'צוה לעשות' – זה יוה"כ, דכתב ביה "ויעש" וכתיב ביה 'צוה', אבל פרה – לא, דלא כתב בה לשון עשייה. ו'לכפר' – זה קרבנות. ואיצטריך 'לעשות' כדי למעט פרה, דאי לא כתב אלא "צוה לכפר" ה"א 'צוה' – זה פרה ויוה"כ, דהי מינייהו מפקת? להכי כתב 'לעשות' – לאשמועינן דווקא צוה שכתב אצלו עשייה, כמו יוה"כ, לאפוקי פרה דלא כתב בה עשייה. ומשני: דנין צוואה שלפני עשייה כו'. כלומר: אע"ג דלא כתב בפרה לשון עשייה, טפי עדיפא למילף מהתם, ד'צוה' שלה כתב מקמי עשייה דידה. דבתר 'צוה' כתב "ויקחו אליך פרה" וכל דיני עשייה. לאפוקי יוה"כ, דדיני עשייתו כתיבא ברישא והדר כתב 'צוה'. ותירוץ זה נ"ל יותר מן הראשון. וא"ת: ולדברי המתרץ, דמשני דמדדמי ליה ילפינן, למאי איצטריך "צוה לעשות לכפר"? לא הוה צריך למיכתב אלא "צוה לכפר" ונידרוש: 'צוה' – זה פרה, 'לכפר' – זה יוה"כ. ואי פרכת: אימא 'צוה' – זה קרבנות, ליסני: דנין 'צוה' מ'צוה' ואין דנין 'צותו' מ'צוה'! יש לומר: אי לא כתב אלא "צוה לכפר" ה"א: ע"כ צוה זה יוה"כ, כיון דאידי ואידי פרישה לקדושה. ולא הוה אמרינן זה פרה, דפרישותה לטהרה. ולא הוה מצי לשנויי כדשנינן דנין צוואה דלפני עשייה, מצוואה דלפני עשייה. דאדרבה כיון דבמלואים לא הוי כתב 'לעשות' לא הוה ליה צוואה דלפני עשייה אלא לאחר עשייה, כאשר עשה צוה, כמו ביוה"כ "ויעש כאשר צוה". להכי איצטריך 'לעשות'. ואי לא כתב אלא "צוה לעשות" ה"א: זה פרה, דגמרינן 'צוה' דלפני עשייה מ'צוה' דלפני עשייה, לאפוקי יוה"כ דלאחר עשייה. ואי לא כתב אלא "לעשות לכפר" – ה"א: 'לכפר' זה יוה"כ, 'לעשות' – זה קרבנות, דפרישתו לקדושה. אבל פרה – לא, דדין בפרה ודין בקרבנות לא כתב 'לעשות' אלא מייתורא דרשינן מ'לעשות' לרבות. וטפי הוה מסתבר לרבויי קרבנות. להכי כתב, 'צוה' זה פרה. אי נמי ה"א: "לעשות לכפר" – כוליה קרא ביוה"כ, כדפריך הגמרא לעיל. ומיהו, יותר נראה לי לומר דהדר ביה מדרשא ד"לעשות" ולא דריש אלא "צוה לכפר", ומתרלי קושיא טובא שכתבתי. ומה שהקשיתי דלא הדר ביה מ'לעשות' – לא קשיא, דע"כ הדר ביה. דמ"לעשות" היכי משמע זה מעשה פרה? והא לא כתב בפרה לעשות! והא דלא קאמר "אלא" משום דלא הדר ביה לגמרי, אלא ה"ק רבי יוחנן: "צוה לעשות" לדורות בפרה, ומ'לעשות' לא דריש מידי, אלא משום דאי לא [הוה] כתב 'לעשות' אלא צוה [לא] הוה נפקא לן פרה כמו בתר דכתב 'לעשות', דנפקא לן פרה מדכתב בה צוואה לפני עשייה כמלואים:

הנ"מ היכא (*דאיכא) דדמי ליה. בכמה דוכתי משני הכי, ובפ"ק דמנחות (דף ד. ושם) פריך: ניגמר 'עונו' דאשם מ'עון' דחטאת ליפסול שלא לשמן וכו' עד והא תנא דבי ר' ישמעאל "ושב הכהן", ולא משני כי הכא! וי"ל: דסמיך אועוד ניגמר "עונו" מ"עונו" דשמיעת קול. וכן בפ' "המפלת" (נדה דף כב: ושם) גבי יולדה דלא משני הכי, דסמיך אועוד ניגמר "בריאה" מ"בריאה". וקשה, דביבמות פ' "כילד" (דף יז:) גבי דנין אחים מאחים משני כי הכא: הנ"מ היכא *דאיכא דדמי ליה, אע"ג דהדר פריך: ולילף "אחוה" "אחוה" מלוט! וי"ל: דהתם לא שייך למיפרך ועוד לילף אחוה מלוט, משום דלא דמיא ההיא פירכא לקמייתא. דמעיקרא פריך ולילף מעריות, ונימא אפילו אשת אחיו מאמו, מיהו אשת בן אחיו לא. והדר פריך: לילף מלוט דאפילו אשת בן אחיו. ולהכי אי לא הוה משני הנ"מ היכא דליכא דדמי ליה – הוה צריך למיפרך בלשון ועוד, כדפריך בפ"ק דמנחות ובפרק "המפלת". וכיון דלא הויא הקושיא השניה מעין הראשונה – לא שייך למיפרך ועוד: **אימא** כפרה דקרבנות. פירוש: דשאר קרבנות נמי ניבעי פרישה. אבל אין לפרש דקרבנות דוקא, דהא יוה"כ נמי פרישה דקרבנות הוא: **דנין** שאין קדושה לפניו. אע"ג דשבת לפניו הוא – לא קחשיב, אלא קחשיב י"ט דתלי בב"ד, אבל קדושת שבת – קביעא וקיימא. ואידי ואידי יש קדושת שבת לפניו:

[נ"ל דליכא] [נ"ל דליכא]

פז"ר

תורה אור

וְאֵימָא 'צִוָּה' ['צִוָּה'] דְּיוֹם הַכִּפּוּרִים, דִּכְתִיב °"וַיַּעַשׂ כַּאֲשֶׁר צִוָּה ה' אֶת מֹשֶׁה"! דָּנִין 'צִוָּה' (ויקרא טז) דִּלְפְנֵי עֲשִׂיָּה, מִ'צִּוָּה' דִּלְפְנֵי עֲשִׂיָּה, וְאֵין דָּנִין 'צִוָּה' דִּלְאַחַר עֲשִׂיָּה מִ'צִּוָּה' דִּלְפְנֵי עֲשִׂיָּה, וְאֵימָא 'צִוָּה' דְּקָרְבָּנוֹת, דִּכְתִיב °"בְּיוֹם צַוֹּתוֹ אֶת בְּנֵי (שם ז) יִשְׂרָאֵל"! דָּנִין 'צִוָּה' מִ'צִּוָּה', וְאֵין דָּנִין 'צַוֹּתוֹ' מִ'צִּוָּה'. וּמַאי נָפְקָא מִינָּהּ? *וְהָתָנָא דְּבֵי רַבִּי יִשְׁמָעֵאל: °"וְשָׁב הַכֹּהֵן" "וּבָא הַכֹּהֵן" – זוֹ הִיא שִׁיבָה זוֹ הִיא (שם יד) בִּיאָה! הָנֵי מִילֵּי – הֵיכָא דְּלֵיכָּא דְּדָמֵי לֵיהּ, אֲבָל הֵיכָא דְּאִיכָּא דְּדָמֵי לֵיהּ – מִדְּדָמֵי לֵיהּ יָלְפִינַן. "לְכַפֵּר – אֵלּוּ מַעֲשֵׂה יוֹם הַכִּפּוּרִים". וְאֵימָא כַּפָּרָה דְּקָרְבָּנוֹת! מִי יָדְעִינַן הֵי כֹּהֵן מִתְרְמֵי, דְּבָעֵי לֵיהּ פְּרִישָׁה? אָמְרִי: אַלְמָה לָא? נִיבְעֵי לֵיהּ פְּרִישָׁה לְכוּלֵּיהּ מִשְׁמֶרֶת בֵּית אָב! דָּנִין דָּבָר שֶׁקָּבוּעַ לוֹ זְמַן מִדָּבָר שֶׁקָּבוּעַ לוֹ זְמַן, לְאַפּוֹקֵי קָרְבָּנוֹת דְּכָל יוֹמָא אִיתְנְהוּ. וְאֵימָא רְגָלִים! – דָּנִין דָּבָר שֶׁנּוֹהֵג פַּעַם אַחַת בַּשָּׁנָה מִדָּבָר הַנּוֹהֵג פַּעַם אַחַת בַּשָּׁנָה, לְאַפּוֹקֵי רְגָלִים דְּלָאו פַּעַם אַחַת בַּשָּׁנָה נִינְהוּ. וְאֵימָא רֶגֶל אֶחָד! וְכִי תֵּימָא לָא יָדְעִינַן הֵי מִינַּיְיהוּ, אִי חַג הַמַּצּוֹת – הוֹאִיל וּפָתַח בּוֹ הַכָּתוּב תְּחִלָּה, אִי חַג הַסּוּכּוֹת – הוֹאִיל וּמְרוּבָּה מִצְוֹתוֹ! אֶלָּא: דָּנִין פְּרִישַׁת שִׁבְעָה לְיוֹם אֶחָד מִפְּרִישַׁת שִׁבְעָה לְיוֹם אֶחָד, וְאֵין דָּנִין פְּרִישַׁת שִׁבְעָה לְשִׁבְעָה מִפְּרִישַׁת שִׁבְעָה לְיוֹם אֶחָד. וְאֵימָא שְׁמִינִי, דִּפְרִישַׁת שִׁבְעָה לְיוֹם אֶחָד הוּא! דָּנִין דָּבָר שֶׁאֵין קְדוּשָּׁה לְפָנָיו מִדָּבָר שֶׁאֵין קְדוּשָּׁה לְפָנָיו, וְאֵין דָּנִין דָּבָר שֶׁיֵּשׁ קְדוּשָּׁה לְפָנָיו מִדָּבָר שֶׁאֵין קְדוּשָּׁה לְפָנָיו. וְלָאו קַל וָחוֹמֶר הוּא? הַשְׁתָּא דָּבָר שֶׁאֵין קְדוּשָּׁה לְפָנָיו – בָּעֵי פְּרִישָׁה, דָּבָר שֶׁיֵּשׁ קְדוּשָּׁה לְפָנָיו – לֹא כׇּל שֶׁכֵּן?! אָמַר רַב מְשַׁרְשִׁיָּא: לָא, 'הַזֶּה' כְּתִיב, כָּזֶה. רַב אַשִׁי אָמַר: מִי אִיכָּא מִידֵּי דְּעִיקַּר רֶגֶל לָא בָּעֵי פְּרִישָׁה, טָפֵל דִּידֵיהּ בָּעֵי פְּרִישָׁה? וַאֲפִילּוּ לְמַאן דְּאָמַר שְׁמִינִי *רֶגֶל בִּפְנֵי עַצְמוֹ הוּא – הָנֵי מִילֵּי לְעִנְיַן

פז"ר

וְאֵימָא **צְוָאָה** דְּקָרְבָּנוֹת. לְהַצְרִיךְ כׇּל כֹּהֵן הָעוֹבֵד בַּמִּקְדָּשׁ פְּרִישָׁה לְקָרְבְּנוֹת לִיבּוּר: **זוֹ הִיא שִׁיבָה וְזוֹ הִיא בִּיאָה.** לָדוּן גְּזֵירָה שָׁוָה זֶה מִזֶּה: מַה שִּׁיבָה חוֹלֵץ וְקוֹצֶה וְטָח – אַף בִּיאָה חוֹלֵץ וְקוֹצֶה וְטָח: **וְאֵימָא כַּפָּרָה דְּקָרְבָּנוֹת.** כְּגוֹן קָרְבְּנוֹת יָחִיד דִּכְתִיב בָּהֶן בְּכַמָּה מְקוֹמוֹת: "וְכִפֶּר עָלָיו הַכֹּהֵן":[א] **מִי יָדְעִינַן הֵי** מִתְרַמֵּי. וַהֲלֹא ע"י פַּיִיס הָיוּ עוֹבְדִין, כִּדְאָמְרִינַן לְקַמָּן (דף כב.): הָכִי גָּרְסִינַן **אָמְרֵי אַלְמָה לָא נִיבְעֵי פְּרִישָׁה לְכוּלָּהּ מִשְׁמֶרֶת בֵּית אָב.** אַלְמָה לֹא, בִּתְמִיָּה? אֵינְךָ יָכוֹל לוֹמַר בָּהֶן פְּרִישָׁה, הֲרֵי יֵשׁ לוֹמַר עַל כׇּל בֵּית אָב שֶׁל מִשְׁמֶרֶת, הַחֲלוּקִין לִימֵי שַׁבָּת לְשַׁמֵּשׁ אִישׁ יוֹמוֹ שֶׁיִּפְרְשׁוּ כׇּל בֵּית אָב שִׁבְעַת יָמִים קוֹדֶם הַיּוֹם הַקָּבוּעַ לוֹ: **דָּבָר הַקָּבוּעַ לוֹ זְמַן.** יוה"כ, מִדָּבָר הַקָּבוּעַ לוֹ זְמַן, הַמִּלּוּאִים. שֶׁנֶּאֱמַר: (שמות מ): "בְּיוֹם הַחֹדֶשׁ הָרִאשׁוֹן בְּאֶחָד לַחֹדֶשׁ תָּקִים" וגו', וְהוּא הָיָה שְׁמִינִי לַמִּלּוּאִים: **הַנּוֹהֵג פַּעַם אַחַת בַּשָּׁנָה.** מִלּוּאִים, פַּעַם אַחַת הוּא דַּהֲווּ בַּשָּׁנָה: **אִי חַג הַמַּצּוֹת.** כְּלוֹמַר: יֵשׁ לְךָ לוֹמַר שֶׁעַל חַג הַמַּצּוֹת נֶאֱמַר הוֹאִיל וּפָתַח בּוֹ תְּחִלָּה בְּכׇל מָקוֹם. אוֹ עַל חַג הַסּוּכּוֹת, הוֹאִיל וּמְרוּבָּה מִצְוָתוֹ בְּסוּכָּה וְלוּלָב וַעֲרָבָה וְנִיסּוּךְ הַמַּיִם: **לְיוֹם א'.** בִּשְׁבִיל יוֹם שְׁמִינִי לְבַדּוֹ: **וְאֵימָא שְׁמִינִי.** עֲצֶרֶת: **הַזֶּה** כְּתִיב. "כַּאֲשֶׁר עָשָׂה בַּיּוֹם הַזֶּה": כָּזֶה. לֹא הִצְרִיךְ פְּרִישָׁה אֶלָּא לְדוּגְמָתוֹ: לְעִנְיַן

עירובין נא. יבמות יז: נזיר ה. מכות יג: הוריות ח: מנחות ד. מה: חולין פה. בכורות לב. נדה כב:

סוכה מח. וש"נ.

הגהות מהר"י לנדא

א] רש"י ד"ה מי ידעינן וכו'. נ"ב עי' לקמן דף כו ע"ב ברש"י ד"ה אם רצה להקריב. ועי' מה שנרשם שם על הגליון:

אחיו הכהנים י"ל דשאני התם כדמפרש דאיכא חשש משום ליגורא דעם הארץ אבל כאן היה מוחזק טהור יותר משאר אחיו הכהנים שלא היו רשאין ליגע בו וא"ת למה לא היו נוגעים בו כל שבעה ימים והא בלא"ה היו מטמאין אותו מפני הזאה שהיו מזין עליו דהא דמזה ומזין עליו טהור היינו כשצריך הזאה מן התורה אבל הכא מטהור הוא מן התורה הזאה מטמאתו וי"ל שעד הערב לא היה מקבל הזאה לפי שכל היום היה עובד עבודה כדלקמן בפירקין (דף יד:) ואם היו נוגעין בו שוב לא היה יכול לעבוד כיון דשוינהו רבנן כטומאה לגביה ואחר הזאה וטבילה נמי לא היו יכולין ליגע בו שא"כ היה צריך לחזור ולהזות קודם חשכה שטמאוהו ואפילו בין הזאה לטבילה נמי לא היו יכולין ליגע בו שלא יבואו ליגע בו קודם הזאה ואחר טבילה שאז היה טמא כדתנן סמכו ידיו עליו ואמרו לו רד טבול כו' קשה לי מירושלמי דריש מכילתין על אותה דמה בין כהן שהבאתי לעיל ששואל למה כאן נוגעין וכאן אין נוגעין ומשני שלא יטמאו אותו אחיו הכהנים ופריך בלא זה אינו טמא מחמת הזאותיו ומשני שלא יטמאו ממנו אחיו הכהנים והשתא תימה לי מאי פריך בלא כך אינו טמא מחמת הזאותיו לפי דמפרש שלא היה מקבל הזאה עד הערב ותו אין רשאין ליגע בו שלא יטמאוהו ונ"ל לפי מה שתירץ לעיל אתי שפיר וה"פ שלא יטמאו אותו אחיו הכהנים ולא יוכל לעבוד כל אותו היום ופריך בלא זה אינו טמא מחמת הזאתו וא"כ לכל הפחות לאחר הזאה יגעו בו ומשני שלא יטמאו אחיו הכהנים ולפי זה לא הוצרכנו למה שפירש לעיל שלא היו נוגעין בו אחר הזאה פן יבאו ליגע בו קודם הזאה אלא הטעם הוא כמו שתירץ בירושלמי שלא יטמאו אחיו הכהנים: **כי** היכי דתיהוי ליה הכירא. שיזהר לעשות הזאותיה לשמה: **אימא** כוליה קרא ביוה"כ הוא דכתיב. ולעשות הוא אורחיה דקרא כלומר לעשות פרישה בשביל יום כפרה (ע"כ שייך לע"א): **ואימא** צוואה דיוה"כ. אם נפרש דה"ק ואימא צוואה דיוה"כ ואתא כוליה קרא לענין לפרוש קודם יוה"כ בג"ש דצוה צוה קשה דא"כ לכפר למאי אתא וא"ת שבא לגלות על הג"ש שלא נדונה על פרישת פרה א"כ לשתוק קרא מכולהו צוה ולא לכתוב כ"א לכפר לכך נראה כדברי המפרש ואימא נמי צוואה דיוה"כ שצריך לעשות פרישה אחרי יוה"כ שכתב צוה אחר עשייה ולכפר בא לדרוש פרישה לפני יום הכפורים והפסוק דמיירי בלשון כפרה מוכיח שאין לדרוש שום דבר מאותו פסוק אלא לענין יוה"כ נ"ל מ"ש ור"י פירש דאייתר ליה ולמימר צוואה דקרבנו' ולכפר יבא לדרוש על פרישת יוה"כ לכפר על כפרה דקרבנות והפסוק דמפיק בלשון לכפר מוכיח שאין לדורשו אלא כפרה כדפרישית ולעולם בפרישה דלפני יום הכפורים מיירי ואם לא היה אומר אלא לכפר לחוד לא הייתי רואה אלא כפרה דיום הכפורים כדאפרש בסמוך: **אבל** היכא דאיכא דדמי ליה מדדמי ליה ילפינן. וכן מתרץ בעירובין פרק מי שהוציאוהו (דף נא.) אבל בפ"ק דמנחות (דף ד:) ובפרק המפלת בנדה (דף כב:) ובפרק בתרא דמכות (דף יג:) ובפ"ב *) דיבמות (דף יז:) לא מתרץ הכי מפני שבכל אלו וכיוצא בהן סומך אקושיא דועוד שישנה אח"כ: **ואימא** כפרה דקרבנות. פי' עם יוה"כ דמהיכא תיתי להוציא זה יותר מזה וכן יש לפרש כל הקושיות שלמעלה: **דנין** דבר הקבוע לו זמן. וה"כ ה"מ לשנויי לעיל אלא שלא הוצרך:

*) נ"ל דהוריות דף ח:

פז"ר

*פז"ר קשׁ"ב, אֲבָל לְעִנְיַן תַּשְׁלוּמִין דְּרִאשׁוֹן הוּא. דְּהָא תְּנַן: *[א]מִי שֶׁלֹּא חַג בְּיוֹם טוֹב הָרִאשׁוֹן שֶׁל חַג – חוֹגֵג וְהוֹלֵךְ כָּל הָרֶגֶל כּוּלּוֹ, וְיוֹם טוֹב הָאַחֲרוֹן שֶׁל חַג. וְאֵימָא עֲצֶרֶת, דִּפְרִישַׁת שִׁבְעָה לְיוֹם אֶחָד הוּא! א"ר אַבָּא: דָּנִין פַּר אֶחָד וְאַיִל אֶחָד מִפַּר אֶחָד וְאַיִל אֶחָד, לְאַפּוֹקֵי עֲצֶרֶת דִּשְׁנֵי אֵילִים נִינְהוּ. הָנִיחָא לְמַאן דְּאָמַר יוֹם הַכִּפּוּרִים אַיִל אֶחָד הוּא. אֶלָּא לְמ"ד שְׁנֵי אֵילִים נִינְהוּ – מַאי אִיכָּא לְמֵימַר? דְּתַנְיָא, *רַבִּי אוֹמֵר: אַיִל אֶחָד, הוּא הָאָמוּר כָּאן הוּא הָאָמוּר בְּחוּמַּשׁ הַפְּקוּדִים. ר' אֱלִיעֶזֶר בְּר' שִׁמְעוֹן אוֹמֵר: שְׁנֵי אֵילִים הֵם, אֶחָד הָאָמוּר כָּאן, וְאֶחָד הָאָמוּר בְּחוּמַּשׁ הַפְּקוּדִים. אֲפִילּוּ תֵּימָא ר"א בְּר' שִׁמְעוֹן, הָתָם – חַד לְחוֹבַת הַיּוֹם וְחַד לְמוּסָפִין, לְאַפּוֹקֵי עֲצֶרֶת דְּתַרְוַיְיהוּ חוֹבַת הַיּוֹם נִינְהוּ. וְאֵימָא רֹאשׁ הַשָּׁנָה, דִּפְרִישַׁת שִׁבְעָה לְיוֹם אֶחָד הוּא! א"ר אֲבָהוּ: דָּנִין פַּר וְאַיִל שֶׁלּוֹ מִפַּר וְאַיִל שֶׁלּוֹ, לְאַפּוֹקֵי עֲצֶרֶת וְרֹאשׁ הַשָּׁנָה דְּצִיבּוּר נִינְהוּ. הָנִיחָא לְמ"ד "קַח לְךָ" – מִשֶּׁלְּךָ, וַעֲשֵׂה

רש"י:

[א]לְעִנְיַן פז"ר קשׁ"ב. פַּיִיס לְעַצְמוֹ – שֶׁאֵין פַּיִיס בְּפָרֵי הֶחָג אֶלָּא הַמִּשְׁמָרוֹת, שֶׁכָּל הַמִּשְׁמָרוֹת שׁוֹוֹת וּמְשַׁלְּשׁוֹת בָּהֶן לְפִי חֶשְׁבּוֹן סִדְרָן, כְּמוֹ שֶׁשָּׁנִינוּ בְּמַסֶּכֶת סוּכָּה (דף נה:): אֲבָל פַּר שֶׁל שְׁמִינִי – בִּתְחִילָּה מְפַיְּסִין עָלָיו: זְמַן לְעַצְמוֹ. לְבָרֵךְ "שֶׁהֶחֱיָינוּ": רֶגֶל לְעַצְמוֹ. שֶׁאֵין שֵׁם חַג הַסּוּכּוֹת עָלָיו: קָרְבָּן לְעַצְמוֹ. שֶׁאֵין קָרְבָּנוֹ שָׁוֶה לְכָל שְׁאָר יְמוֹת הֶחָג, שֶׁכּוּלָּם פָּרִים מְרוּבִּים וְאֵילִים שְׁנַיִם וְי"ד כְּבָשִׂים, וְכָאן פַּר אֶחָד אַיִל אֶחָד וְשִׁבְעָה כְּבָשִׂים: שִׁיר לְעַצְמוֹ. שֶׁאֵין שִׁירוֹ שָׁוֶה לְכָל שְׁאָר שִׁירוֹת יְמֵי הֶחָג. כָּל שִׁיר יְמֵי הֶחָג מְדַבֵּר מֵעֵין גֶּזֶל מַתְּנוֹת עֲנִיִּים. וְאוֹתָן שֶׁל חוֹל הַמּוֹעֵד מְפוֹרָשׁ (שם.): בְּמַסֶּ' סוּכָּה "הַמּוּבְהָ"ר". וְשֶׁל שְׁמִינִי עֲצֶרֶת אֵינוֹ מֵעֵין אָסִיף, וְלֹא פֵּירְשׁוּ לָנוּ אֵיזֶהוּ שִׁירוֹ*: בְּרָכָה לְעַצְמוֹ. בְּרָכָה שֶׁהָיוּ מְבָרְכִין לִתְפִלַּת חַיֵּי הַמֶּלֶךְ, כִּדְמְפוֹרָשׁ בְּתוֹסֶפְ' [פ"ד] דְּסוּכָּה עַל שֵׁם: "בַּיּוֹם הַשְּׁמִינִי שִׁלַּח אֶת הָעָם וַיְבָרְכוּ אֶת הַמֶּלֶךְ" (מ"א ח): תַּשְׁלוּמִין דְּרִאשׁוֹן הוּא. אַלְמָא טָפֵל דִּידֵיהּ הוּא: דָּנִין פַּר אֶחָד וְאַיִל אֶחָד. עֲבוֹדַת מוּסַף יוֹם הַכִּפּוּרִים פַּר אֶחָד וְאַיִל אֶחָד, וַעֲבוֹדַת שְׁמִינִי לַמִּלּוּאִים פַּר אֶחָד וְאַיִל אֶחָד, דִּכְתִיב (ויקרא ט): "קַח לְךָ עֵגֶל בֶּן בָּקָר לְחַטָּאת" וגו': אַיִל אֶחָד הוּא. שֶׁהָיָה קָרְבַּן לִיבּוּר בְּיוֹה"כ, הוּא הָאָמוּר כָּאן בְּ"אַחֲרֵי מוֹת": "וּמֵאֵת עֲדַת בְּנֵי יִשְׂרָאֵל יִקַּח שְׁנֵי שְׂעִירֵי עִזִּים לְחַטָּאת וְאַיִל אֶחָד לְעוֹלָה" הוּא הָאָמוּר בְּ"פִינְחָס" לַמּוּסָפִין: הָתָם חַד לְחוֹבַת הַיּוֹם. הַהוּא דְּ"אַחֲרֵי מוֹת" חוֹבַת הַיּוֹם, וְאֵינוֹ קָרוּי מוּסָף. וְלֹא כְּתִיב הָתָם "מִלְּבַד עוֹלַת הַבֹּקֶר" כִּדְכְתִיב בְּכָל הַמּוּסָפִין: "מִלְּבַד עוֹלַת הַבֹּקֶר", דְּמַשְׁמַע זֶה מוֹסִיף עַל דְּבַר יוֹם בְּיוֹמוֹ: לְאַפּוֹקֵי עֲצֶרֶת דְּתַרְוַיְיהוּ חוֹבַת הַיּוֹם נִינְהוּ. לְחוֹבַת שְׁתֵּי הַלֶּחֶם[ב] כְּתִיב (שם כג): "וְהִקְרַבְתֶּם עַל הַלֶּחֶם וגו'" וְאֵילִים שְׁנַיִם", וּבְחוֹבַת הַיּוֹם דְּמִלּוּאִים אַיִל אֶחָד הוּא דַּהֲוָה: דָּנִין פַּר[ג] שֶׁלּוֹ. דְּמִלּוּאִים מִשֶּׁלּוֹ הוּא, דִּכְתִיב: "קַח לְךָ עֵגֶל", וּבְיוֹה"כ נַמִּי אִיכָּא פַּר וְאַיִל מִשֶּׁלּוֹ "בְּזֹאת יָבֹא אַהֲרֹן אֶל הַקֹּדֶשׁ בְּפַר בֶּן בָּקָר" וגו' – לְאַפּוֹקֵי עֲצֶרֶת וְרֹאשׁ הַשָּׁנָה דְּלִיבּוּר נִינְהוּ:

תוספות:

פז"ר קש"ב. פירש"י: רגל לעצמו – שאין יושבין בסוכה, קרבן לעצמו – שאינו בסדר פרי החג, ברכה בפני עצמו – דאמרינן ביום שמיני חג העצרת הזה. ובתוספתא *משמע שמברכין את המלך, שנאמר: "ביום השמיני שלח את העם ויברכו את המלך". והשתא לא הוי האי ברכה כי ההיא דתניא בפרק "לולב וערבה" (סוכה דף מז.): כשם שז' ימי החג טעונין קרבן שיר ברכה ולינה, כך שמיני טעון קשב"ל. ומסקינן: מאי ברכה – ברכת המזון ותפלה. ואין לחוש בכך, דממה נפשך למאי דבעי למפרש התם ברכה היינו זמן – ע"כ לא הוי כי האי דהכא, דהא ברכה דהכא לא הוי זמן, דזמן חשיב ליה הכא באנפי נפשיה. ור"ת מפרש: ברכה בפני עצמו – ברכת המזון ותפלה, כי ההוא דהתם. ורגל בפני עצמו – מפרש לענין לינה, שטעון לינה ליל מוצאי יו"ט האחרון. וכל ז' ימי החג טעונין לינה, דגמרינן מפסח דכתיב ביה [דברים טז]: "ופנית בבקר והלכת לאהליך". אי אפשר לומר והלכת לאהליך אלא בחוה"מ, דביו"ט חייב בראיית פנים בעזרה. ולא תיקשי: לינה כל ז' מי איכא? דיש לומר דמי שלא הביא חגיגתו ביום ראשון והביא באחד משאר הימים – צריך ללון בלילה שלאחריו. וא"ת: תיפוק ליה דטעון לינה משום שלמי שמחה, דהוו כל ח', דתנן (שם דף מג:): ההלל והשמחה ח'. ואפי' בשאר ימות השנה, אם מביא קרבן – טעון לינה, כדתניא בספרי: "ופנית בבקר" וגו', מלמד שכל הזבחים טעונות לינה. פי' זבחים דומיא דפסח, מנין לרבות עופות מנחות ועצים – ת"ל: "ופנית" – כל פינות שאתה פונה לא יהו אלא מבקר ואילך! וי"ל: דמשכחת לה דלא מייתי קרבן בו ביום כגון שלא שלמיו אתמול, דנאכלין לשני ימים ולילה אחד. ועוד, דבפ"ק דחגיגה (דף ח.) תניא: "ושמחת בחגך" – לרבות כל מיני שמחות לשמחה. ואמרינן בפסחים פרק "אלו דברים" (דף עא.) דאפילו בכסות נקיה ויין ישן. ובע"א לא משכחת שמחה שמונה כשחל יום ראשון להיות בשבת, דבשלמים דאתמול לא משכחת לה – דבעינן זביחה בשעת שמחה וליכא. אלא כדפירש בכסות נקיה ויין ישן. והכי אמר בירושלמי פרק קמא דברכות: וטעונה לינה, במה דברים אמורים – כשאין עמה קרבן, אבל יש עמה קרבן – בלא כך טעון לינה מחמת הקרבן. ובפרק "דם חטאת" (זבחים צז.) משמע קצת דטעונה לינה כל שבעת ימי הפסח, שכולן חשובין כלילה אחד, גבי הא דתנן, ר' טרפון אומר: אם בשל בו מתחלת הרגל – יבשל בו בכל הרגל, ואמר בגמ' (שם) מ"ט? א"ר ינאי: "ופנית בבקר" וגו' הכתוב עשאן כולן בקר אחד. ואע"ג דלא קיימא מסקנא הכי, דפריך: וכי אין נותר ברגל? מ"מ, לענין לינה מסתבר דעשאן בקר אחד כפשטיה דקרא, שאחר הרגל ישוב לביתו. וניחא השתא דשמיני עצרת וביכורים דטעונין לינה מתרבו מדכתב "ופנית" – כל פינות שאתה פונה, כדדריש בסיפרי. וז' ימי החג דמצריך להו היקשא בפ"ק דר"ה (דף ד:) מקיש חג הסוכות לחג המצות, מה חג המצות טעון לינה – אף חג הסוכות טעון לינה. דאי משום דכתיב "ופנית" – ה"א לילה אחד, להכי אצטריך היקשא לכל ז', כחג המצות, שכל הרגל חשיב בקר אחד. וניחא נמי הא דקאמר בפ' "לולב וערבה" (דף מז.) שכשם שז' ימי החג טעון קרבן לינה. מיהו, קשה: דא"כ מאי קאמר שמיני רגל בפני עצמו לענין לינה? אמאי קרי ליה רגל בפני עצמו? כיון דכל ז' ימים שלפניו טעונין לינה בלי הפסקה? ועוד: מדקא מרבה בסיפרי אפי' עופות ומנחות כמו לינה דרגלים – א"כ משמע דרגלים נמי יום א' ותו לא. והשתא דפ' "דם חטאת"* לא קשה, דמעיקרא ודאי ס"ד דלר' טרפון הכי הוא דטעון לינה כל ז', דהכתוב עשאו בקר אחד. ובמסקנא לא קיימא הכי, אלא כדפרישית. ור"ת יסד במעריב שלו: "שמיני קודש ללינה ושלשים ידחם כאשר אבלים ינחם". ומיהו, אינו דוחה שלשים דאבילות לגמרי, אלא עולה לחשבון ז' ימים, כדאמר בפרק בתרא דמועד קטן (דף כד:): יום אחד לפני החג וחג ושמיני שלו – הרי כאן כ"א: **שיר בפני עצמו.** במס' סופרים (פ' יט הל' ב') יש שהיו אומרים "למנצח על השמינית" בבית הכנסת. ושמא גם הלוים היו אומרים אותו בבית המקדש: **אלא** למ"ד שני אילים. לא בעי לשנויי: דנין שני שעירים קריבין לציבור כגון יוה"כ, דאיכא שעיר הפנימי ושעיר החיצון ממלואים שקרבו בו שני שעירים לציבור, שעיר מלואים ושעיר ראש חדש, לאפוקי עצרת דשעיר אחד. דהא עצרת נמי קריבין בו ב' שעירים, דשעיר האמור בת"כ אין זה שעיר האמור בחומש הפקודים, כדאמר בפ"ק דזבחים (דף ו:): שעירי עצרת למה הן באין וכו'. וכן משמע בפ' "התכלת" (מנחות דף מה:):

אלא למ"ד שני אילים. תימה לי: אפילו לדידיה נמי ליתני: דנין פר אחד מפר אחד, לאפוקי עצרת דג' פרים נינהו: חד לחובת היום, בפרשת "אמור" ושנים למוספים, בפרשת "פינחס". וי"ל: כיון דחובת היום דעצרת אינו אלא פר אחד – שפיר הייני דנין עצרת דפר אחד לחובת היום ממלואים, דפר א' לחובת היום. ואי משום דבעצרת קרבו שני פרים למוסף – הא במלואים נמי קרבו שני פרים למוסף, שהרי בו ביום קרב מוסף דר"ח, דשמיני למלואים אחד בניסן הוה: **הוא** האמור בחומש הפקודים. הא דלא פליגי בדעצרת כדפליגי ביום הכפורים, בפרק "התכלת" (שם) מפרש טעמא דבעצרת על כרחך האמור בתורת כהנים אינו האמור בחומש הפקודים. וטעמא דרבי דהכא מפרש לקמן בפרק "בא לו" (דף ע:): **אלא** למ"ד משל ציבור. תימה לי: נהי דמשל ציבור – מ"מ הוא קרבן שלו, ומתכפר בו מעון העגל, כדאיתא בת"כ, כדכתיב: "ועשה את חטאתך ואת עולתך וכפר בעדך ועשה את קרבן העם וכפר בעדם", ואם כן, לימא: דנין פר חטאת שלו שהוא מתכפר בו, מפר חטאת שלו שהוא מתכפר בו, ודנין איל שלו שהוא סומך עליו מאיל שלו שהוא סומך עליו, כדאמר בפרק שני דמסכת ביצה (דף כ.): "ויקרב את העולה ויעשה כמשפט" – לימד על עולת חובה שטעונה סמיכה כמשפט עולת נדבה! י"ל: דאין הכי נמי דהוה מצי לשנויי הכי, אלא האמת מתרץ לו, דכולי עלמא מודו הכא דמשלו הוא מביא, כדקא מפרש ואזיל: לאפוקי

תוספות ישנים

פז"ר קש"ב

רגל. פירש בקונטרס שאומר חג שמיני עצרת הזה ורבינו תם פירש שטעון לינה ור"ת פי' שדוחה גזירת שלשים כדאמרינן במועד קטן (דף יט.) ור"ת יסדם שניהם במעריב שפייט קודש ללינה ושלשים ידחם כאשר אבלים ינחם יום הא' וקשה לי לכולהו דליחשיב כל חד לחבריה עם פז"ר קש"ב. וברכה פ"ה ברכת המלך כדאמרי' בתוספתא (דסוכה פ"ד) ואין לחוש דויברכו את המלך הייינו חזרו אל עולם דבמו"ק (דף ט.) דריש ליה בהדיא גבי שלמה ור"ת מפרש דהיינו ברכת המזון ותפלה שאומר בהן יום ש"ע והביא ראיה מדאמרינן פ' לולב וערבה (סוכה מז.) כשם שבשבעת ימי החג טעונה שיר קרבן ברכה לינה כך ש"ע וכו' ופריך מאי לאו זמן לא ברכת המזון ותפלה מיהו אומר רבינו הזקן דאין בו ראיה די"ל כשהיה רוצה לומר מתחלה דברכה היינו זמן ע"כ לא הויא כי ההיא [דהכא] שהרי (בכך) הזכיר כאן הזמן ומה בכך נמי אי ברכה דהכא הוי ברכת המלך: **שיר.** פירש בקונטרס דלא נתפרש שירו ומוגה בפירושו וכן פי' תלמידי רש"י בר"ה (דף ד:) דבמסכת סופרים (פי"ט הל' ב) יש דהיינו למנצח על השמינית אבל נראה לרבי' הזקן דלענין מזמורים של בית הכנסת אמר התם: **דנין** פר אחד ואיל אחד דמוסף יוה"כ מפר אחד ואיל אחד דמלואים. ופירש בקונטרס דהיינו ויאמר אל אהרן קח לך עגל בן בקר לחטאת ואיל לעולה דריש שמיני וקשה לפירושו דהא מדפריך בסמוך אמ"ד אילים שנים בשל מוסף דמשל צבור הוי איירי והיאך נדוננו משל מלואים שהיה של יחיד ועוד דשל יוה"כ שניהם עולה למוסף ושל מלואים פר לחטאת ואיל לעולה ומפרש רבינו שמואל דהשתא יליף משור ואיל לצבור דמלואים דביום השמיני שמניהם שוים לשלמים כמו של יוה"כ שמניהן שוין עולות וקשה לר"ת דלא משתמיט בשום מקום שיקרא הש"ס לעגל ושור פר אחד ופי' ר"ת דיליף מפר ואיל הכתוב בואתה תצוה וזה הדבר אשר תעשה להם לקח פר אחד בן בקר ואילים שנים תמימים והפר והאיל אחד שוין הן לחטאות כמו של יוה"כ שמניהן שוין עולות ואיל האחד לא קחשיב מפני שהיה עולה כדלא חשיב נמי בסמוך בשני אילים לצבור דחד למוספין וחד לחובת היום ובההוא ענייגא כתיב מאשר לאהרן וגו' ומאשר לבניו היה משלהם ולכך סובר בסמוך משלו הם ופריך הניחא למ"ד קח לך משלך א"כ גם מאשר לאהרן ומאשר לצבור משלהם אלא למ"ד משל צבור א"כ צורך אהרן היה משל צבור כו' אבל השתא סובר דאותו פר ושני האילים היו משל צבור: **חד** לחובת היום. דלא כתיב מלבד כדפירש בקונטרס ועוד אומר רבי' הזקן דנפקא מינה לעולת מוסף באה היא אחר הפרקליט לדורון כדאמרינן בזבחים (דף פט.) שהוא דורון אחר ריצוי שעיר של מוסף שהוא חטאת ואיל דחובה בא לדורון וריצוי ואילו של אהרן לכפרה אחרת בא:

הגהות הב"ח

(א) רש"י ד"ה לענין וד"ה זמן וד"ה קרבן וד"ה שיר וד"ה ברכה הכל דבור אחד: (ב) שם ד"ה לאפוקי עצרת כו'. לחובת שתי הלחם דכתיב כו': (ג) שם ד"ה דנין פר ואיל שלו. דמלואים דמשלו הוא:

מסורת הש"ס:

סוכה מח. חגיגה יז. ר"ה ד:

[עמ"ש רש"י ר"ה דף ד: ד"ה פז"ר קש"ב בשם מסכת סופרים]

זבחים צז.

עין משפט נר מצוה:

[סוכה פ"ד]

ד א מיי' פ"א מהלכות חגיגה הלכה ז סמג עשין רכט:

חגיגה ט. [ביצה כ: מגילה ה.]

לקמן ע:

תורה אור

וְ"עָשָׂה לְךָ" – *מִשֶּׁלְּךָ. אֶלָּא לְמ"ד מִשֶּׁל צִבּוּר – מַאי אִיכָּא לְמֵימַר? דְּתַנְיָא: "קַח לְךָ" – מִשֶּׁלְּךָ, וְ"עָשָׂה לְךָ" – מִשֶּׁלְּךָ, *"וְיִקְחוּ אֵלֶיךָ" – מִשֶּׁל צִבּוּר, דִּבְרֵי רַבִּי יֹאשִׁיָּה. ר' יוֹנָתָן אוֹמֵר: בֵּין "קַח לְךָ" בֵּין "וְיִקְחוּ אֵלֶיךָ" – מִשֶּׁל צִבּוּר. וּמַה תַּלְמוּד לוֹמַר "קַח לְךָ" – כִּבְיָכוֹל *מִשֶּׁלְּךָ אֲנִי רוֹצֶה *יוֹתֵר מִשֶּׁלָּהֶם. אַבָּא חָנָן אָמַר מִשּׁוּם ר' אֶלְעָזָר: *כָּתוּב אֶחָד אוֹמֵר: °"וְעָשִׂיתָ לְּךָ אֲרוֹן עֵץ" (דברים י) וְכָתוּב אֶחָד אוֹמֵר: °"וְעָשׂוּ אֲרוֹן עֲצֵי שִׁטִּים" (שמות כה), הָא כֵּיצַד? כָּאן – בִּזְמַן שֶׁיִּשְׂרָאֵל עוֹשִׂין רְצוֹנוֹ שֶׁל מָקוֹם, כָּאן – בִּזְמַן שֶׁאֵין עוֹשִׂין רְצוֹנוֹ שֶׁל מָקוֹם. עַד כָּאן לָא פְּלִיגִי אֶלָּא בִּקִיחוֹת דְּעָלְמָא, וַעֲשִׂיּוֹת דְּעָלְמָא, קִיחוֹת דְּעָלְמָא °"קַח לְךָ סַמִּים" (שם ל), עֲשִׂיּוֹת דְּעָלְמָא °"עֲשֵׂה לְךָ שְׁתֵּי חֲצוֹצְרוֹת כֶּסֶף" (במדבר י). אֲבָל הָנָךְ – פְּרוּשֵׁי קָא מְפָרֵשׁ דְּמִשֶּׁלְּךָ הוּא. בְּמִלּוּאִים, מִכְּדִי כְּתִיב: °"וְאֶל בְּנֵי יִשְׂרָאֵל תְּדַבֵּר לֵאמֹר קְחוּ שְׂעִיר עִזִּים לְחַטָּאת" (ויקרא ט), "וַיֹּאמֶר אֶל אַהֲרֹן קַח לְךָ עֵגֶל בֶּן בָּקָר לְחַטָּאת" לָמָּה לִי? שְׁמַע מִינָּהּ: "קַח לְךָ" – מִשֶּׁלְּךָ הוּא. בְּיוֹם הַכִּפּוּרִים, מִכְּדִי כְּתִיב: °"בְּזֹאת יָבֹא אַהֲרֹן אֶל הַקֹּדֶשׁ בְּפַר בֶּן בָּקָר לְחַטָּאת וגו'" (שם טז), °"וּמֵאֵת עֲדַת בְּנֵי יִשְׂרָאֵל יִקַּח שְׁנֵי שְׂעִירֵי עִזִּים לְחַטָּאת וְהִקְרִיב אֶת פַּר הַחַטָּאת אֲשֶׁר לוֹ" (שם) לָמָּה לִי? שְׁמַע מִינָּהּ הַאי *"לוֹ" – מִשֶּׁלּוֹ הוּא. [חולין כב:] רַב אַשִׁי אָמַר: דָּנִין פַּר לְחַטָּאת וְאַיִל לְעוֹלָה מִפַּר לְחַטָּאת וְאַיִל לְעוֹלָה, לְאַפּוֹקֵי רֹאשׁ הַשָּׁנָה וַעֲצֶרֶת דְּתַרְוַיְיהוּ עוֹלוֹת נִינְהוּ. רָבִינָא אָמַר: דָּנִין עֲבוֹדָה בְּכֹהֵן גָּדוֹל מֵעֲבוֹדָה בְּכֹהֵן גָּדוֹל, לְאַפּוֹקֵי כּוּלְּהוּ קוּשְׁיָיתִין דְּלָאו עֲבוֹדָה בְּכֹהֵן גָּדוֹל נִינְהוּ. וְאִיכָּא דְּאָמְרִי, אָמַר רָבִינָא: דָּנִין עֲבוֹדָה תְּחִלָּה, מֵעֲבוֹדָה תְּחִלָּה, לְאַפּוֹקֵי הָנֵי דְּלָאו תְּחִלָּה נִינְהוּ. מַאי תְּחִלָּה? אִילֵימָא תְּחִלָּה בְּכֹהֵן גָּדוֹל – הַיְינוּ קַמַּיְיתָא! אֶלָּא: עֲבוֹדָה תְּחִלָּה בַּמָּקוֹם מֵעֲבוֹדָה תְּחִלָּה בַּמָּקוֹם. כִּי אֲתָא רַב דִּימִי אֲמַר: ר' יוֹחָנָן מַתְנֵי חֲדָא, *[רַבִּי יְהוֹשֻׁעַ בֶּן לֵוִי] מַתְנֵי תַּרְתֵּי. ר' יוֹחָנָן מַתְנֵי חֲדָא: "לַעֲשׂוֹת לְכַפֵּר" – אֵלּוּ מַעֲשֵׂה יוֹם הַכִּפּוּרִים, *[וְרִיב"ל] מַתְנֵי תַּרְתֵּי: "לַעֲשׂוֹת" – אֵלּוּ מַעֲשֵׂה פָּרָה, "לְכַפֵּר" – אֵלּוּ מַעֲשֵׂה יוֹם הַכִּפּוּרִים. ר' יוֹחָנָן מַתְנֵי חֲדָא? וְהָא אֲנַן תְּנַן: שִׁבְעַת יָמִים קוֹדֶם יוֹם הַכִּפּוּרִים, וְשִׁבְעַת יָמִים קוֹדֶם שְׂרֵיפַת הַפָּרָה! מַעֲלָה בְּעָלְמָא. וְהָא *א"ר מַנְיוּמֵי בַּר חִלְקִיָּה א"ר מַחְסֵיָא בַּר אִידִי א"ר יוֹחָנָן: "כַּאֲשֶׁר עָשָׂה בַּיּוֹם הַזֶּה צִוָּה ה' לַעֲשׂוֹת לְכַפֵּר עֲלֵיכֶם", "לַעֲשׂוֹת" – אֵלּוּ מַעֲשֵׂה פָּרָה. "לְכַפֵּר" – אֵלּוּ מַעֲשֵׂה יוֹם הַכִּפּוּרִים! – הַהוּא דְּרַבֵּיהּ. דְּכִי אֲתָא רָבִין אֲמַר רַבִּי יוֹחָנָן מִשּׁוּם רַבִּי יִשְׁמָעֵאל: "לַעֲשׂוֹת" – אֵלּוּ מַעֲשֵׂה פָּרָה, "לְכַפֵּר" – אֵלּוּ מַעֲשֵׂה יוֹם הַכִּפּוּרִים. א"ל *רֵישׁ לָקִישׁ לְרַבִּי יוֹחָנָן: מֵהֵיכָא קָא יָלְפַתְּ לָהּ – מִמִּלּוּאִים, אִי מַה מִּלּוּאִים – כָּל הַכָּתוּב בָּהֶן מְעַכֵּב בָּהֶן, אַף הָכָא נַמִּי – כָּל הַכָּתוּב בָּהֶן מְעַכֵּב בָּהֶן. וְכִי תֵּימָא: הָכִי נַמִּי, וְהָתְנַן: וּמַתְקִינִין לוֹ כֹּהֵן אַחֵר, *וְלָא קָתָנֵי מַפְרִישִׁין! וְכִי תֵּימָא: מַאי מַתְקִינִין – מַפְרִישִׁין, לִיתְנֵי אוֹ אִידִי וְאִידִי 'מַתְקִינִין', אוֹ אִידִי וְאִידִי 'מַפְרִישִׁין'! א"ל: אֶלָּא מַר מֵהֵיכָא יָלֵיף לָהּ? אָמַר: *מִסִּינַי, דִּכְתִיב: °"וַיִּשְׁכֹּן כְּבוֹד ה' עַל הַר סִינַי וַיְכַסֵּהוּ הֶעָנָן שֵׁשֶׁת יָמִים וַיִּקְרָא אֶל מֹשֶׁה בַּיּוֹם הַשְּׁבִיעִי" (שמות כד). מִכְּדִי כְּתִיב "וַיִּקְרָא אֶל מֹשֶׁה בַּיּוֹם הַשְּׁבִיעִי", מַאי שֵׁשֶׁת יָמִים? זֶה בָּנָה אָב, שֶׁכָּל הַנִּכְנָס בְּמַחֲנֵה שְׁכִינָה – טָעוּן פְּרִישַׁת שִׁשָּׁה. וְהָא אֲנַן שִׁבְעָה תְּנַן! *מַתְנִיתִין רַבִּי יְהוּדָה בֶּן בְּתֵירָא הִיא, דְּחָיֵישׁ לְטוּמְאַת

רש"י

וְעָשָׂה לְךָ. כְּמוֹ "עֲשֵׂה לְךָ שְׁתֵּי חֲצוֹצְרוֹת כֶּסֶף": כִּבְיָכוֹל. אֲנִי שָׁמַעְתִּי: אִם הָיָה צִיבּוּר יָכוֹל לְהִתְכַּפֵּר בְּשֶׁל יָחִיד(א) – הָיִיתִי רוֹצֶה, וַאֲנִי אוֹמֵר: לְפִי שֶׁדָּבָר קָשֶׁה הוּא לוֹמַר שֶׁהקב"ה קָץ בְּיִשְׂרָאֵל, אוֹמֵר כִּבְיָכוֹל, כְּלוֹמַר: עַל כָּרְחֵינוּ יֹאמַר כֵּן, כְּאִילּוּ (*אִי) אֶפְשָׁר לוֹמַר כֵּן. וְכֵן כָּל כִּבְיָכוֹל שֶׁבַּתַּלְמוּד: בִּזְמַן שֶׁהֵן עוֹשִׂין רְצוֹנוֹ שֶׁל מָקוֹם. נִקְרֵאת הָעֲבוֹדָה עַל שְׁמָם: עַד כָּאן לָא פְּלִיגִי. תֵּירוּצָא הוּא: קַח לְךָ לָמָּה לִי. דְּשַׁנֵּי קְרָא בְּדִיבּוּרֵיהּ מִמַּה שֶּׁהִתְחִיל לְדַבֵּר: דָּנִין פַּר לְחַטָּאת וְאַיִל לְעוֹלָה. בְּיוֹה"כ יֵשׁ פַּר לְחַטָּאת וְאַיִל לְעוֹלָה בְּקָרְבַּן יָחִיד דְּכֹהֵן גָּדוֹל "בְּזֹאת יָבֹא אַהֲרֹן" וגו', וּדְשְׁמִינִי לַמִּלּוּאִים נַמִּי עֵגֶל לְחַטָּאת וְאַיִל לְעוֹלָה: עֲבוֹדָה בְּכֹהֵן גָּדוֹל. בְּיוֹם הַכִּפּוּרִים, מֵעֲבוֹדָה בְּכ"ג בַּמִּלּוּאִים, דִּכְתִיב (ויקרא ט): "וַיִּקְרַב אַהֲרֹן אֶל הַמִּזְבֵּחַ": אִילֵימָא תְּחִלָּה בְּכֹהֵן גָּדוֹל. דָּנִין יוֹם הַכִּפּוּרִים שֶׁהִיא עֲבוֹדָה רִאשׁוֹנָה שֶׁהוּטְּלָה בְּכֹהֵן גָּדוֹל בְּקָרְבְּנוֹת צִבּוּר בְּיוה"כ הָרִאשׁוֹן, מֵעֲבוֹדַת שְׁמִינִי לַמִּלּוּאִים שֶׁהִיא עֲבוֹדָה רִאשׁוֹנָה שֶׁנַּעֲשֵׂית עַל יְדֵי כֹּהֵן גָּדוֹל מֵעוֹלָם: תְּחִלָּה בַּמָּקוֹם. יוֹם הַכִּיפּוּרִים יֵשׁ(ב) לוֹ עֲבוֹדָה לִפְנַי לִפְנִים, שֶׁבְּיוֹם הַכִּיפּוּרִים הָרִאשׁוֹן הָיְתָה תְּחִלָּה בַּמָּקוֹם שֶׁקּוֹדֶם לָכֵן לֹא נִכְנַס אָדָם שָׁם לַעֲבוֹדָה, וְיוֹם שְׁמִינִי לַמִּלּוּאִים הָיְתָה עֲבוֹדָה תְּחִלָּה בַּמִּזְבֵּחַ הַחִיצוֹן. וְאִם בִּשְׁבִיל שֶׁשִּׁימֵּשׁ מֹשֶׁה כָּל שִׁבְעַת יְמֵי הַמִּלּוּאִים – אֵין קְרוּיָה עֲבוֹדָה אֶלָּא עֲבוֹדַת כֹּהֲנִים, שֶׁהוּא בִּלְבוּשׁ בִּגְדֵי כְהוּנָּה וְשֶׁל מֹשֶׁה בְּחָלוּק *לָבָן, שֶׁלֹּא הוּכְשַׁר אֶלָּא לְשָׁעָה: ר' יוֹחָנָן מַתְנֵי חֲדָא. לָא דָּרֵישׁ מֵהַאי קְרָא דְּ"כַאֲשֶׁר עָשָׂה בַּיּוֹם הַזֶּה" אֶלָּא חֲדָא פְּרִישָׁה: מַעֲלָה בְּעָלְמָא. מִפְּנֵי הַקַּל שֶׁהֵקִילוּ בָּהּ לְטַמֵּא מִדַּעַת הַכֹּהֵן הַשּׂוֹרְפָהּ, עָשׂוּ בָּהּ מַעֲלוֹת רַבּוֹת: מֵהֵיכָא יָלְפַתְּ לָהּ. לְהַךְ פְּרִישָׁה: אִי מַה מִּלּוּאִים כָּל הַכָּתוּב(ג) מְעַכֵּב בָּהֶן. כִּדְיָלְפִינַן לְקַמָּן בִּשְׁמַעְתִּין (דף ה.): וְלָא קָתָנֵי מַפְרִישִׁין. וְאִם יֶאֱרַע פְּסוּל בְּכֹהֵן גָּדוֹל – יְשַׁמֵּשׁ זֶה בְּלֹא פְּרִישָׁה: אֶלָּא מָר מֵהֵיכָא יָלֵיף אָמַר לֵיהּ מִסִּינַי. שֶׁמָּצִינוּ שֶׁפֵּירֵשׁ מֹשֶׁה קוֹדֶם כְּנִיסָתוֹ לְמַחֲנֵה הַשְּׁכִינָה: וַיְכַסֵּהוּ הֶעָנָן. לְמֹשֶׁה: ר' יְהוּדָה בֶּן בְּתֵירָא. לְקַמָּן בְּפִרְקִין (דף ו.): לְטוּמְאַת

תוספות

לאפוקי עצרת ור"ה דתרוייהו עולות נינהו. לא ידענא אמאי לא קאמר הכי לעיל, בשינויא דר' אבהו: לאפוקי עצרת וראש השנה דצבור נינהו, או לימא: לאפוקי כולהו קושייתא, כדקאמר רבינא בסמוך. ושמא לר' אבהו לא הקשו לו אלא מראש השנה, דעצרת הוה ניחא להו, כדשנינן לעיל. ולרב אשי הקשו לו בבת אחת מעצרת ומראש השנה, ותירץ תירוץ אחד על שניהם. ולרבינא הקשו לו בבת אחת כולהו קושייתא דלעיל ותירץ בתירוץ אחד: **דרביה** הוא דכי אתא רבין כו'. הוה מצי למימר: אמוראי נינהו ואליבא דרבי יוחנן, וטובא איכא בהש"ס דכי אתא רב דימי אתא לאיפלוגי אאמורא שלפניו, אלא משום דאשכח בהדיא דר' יוחנן משמיה דר' ישמעאל אמר הכי – להכי משני הכי. וא"ת: ור' יוחנן היכי פליג על ר' ישמעאל שהוא תנא? וי"ל: משום דאשכח ברייתא לקמן (דף ד.) דתניא כוותיה. ול"ג בברייתא דתניא כוותיה דר' יוחנן: "לעשות" – זה מעשה פרה. אלא ה"ג: "לעשות לכפר" – זה מעשה יום הכפורים. וכן משמע מתוך פרש"י, שפי' (שם) וכשם שמפרישין לאו מקרא יליף לה, אלא מעלה בעלמא. אי נמי, י"ל: מדקאמר ר' יוחנן משמיה דר' ישמעאל הכי – מכלל דרבנן פליגי עליה, ואיהו דאמר כרבנן: **זה** בנה אב כל הנכנס למחנה שכינה כו'. תימה לי: בשלמא ממלואים – גמר שפיר אף לדורות, מדכתב בהדיא: "כאשר עשה ביום הזה צוה ה' לעשות לכפר", אלא מסיני היכי גמר? ומדנקט "זה בנה אב" – משמע מיתורא דקרא נפיק, כמו זה בנה אב שכל חטאות קודמות לעולות – דמיתורא נפיק, כדאיתא בפרק "כל התדיר" (זבחים דף צ.). והכא מאי יתורא איכא? ונראה דהכא נמי לא הוה צריך למיכתב אלא "ויעל משה אל ההר ויכס הענן את ההר ויקרא ה' למשה ביום השביעי מתוך הענן" מאי איצטריך למיכתב "ויכסהו הענן ששת ימים" – אלא אצטריך לדורות: **רבי** יהודה בן בתירא היא דחייש לטומאת ביתו. תימה לי: לריב"ב נמי תיסגי בששה ימים גבי פרה, כיון דטבול יום כשר בפרה – ליטבליה בלפרא ביום השביעי. וישרוף בו ביום הפרה, דהא מסקינן לקמן (דף ו.) דבועל נדה טבילתו ביום. ולמאן דס"ד לקמן דטבילה בליליא – הא קאמר דמפרישין ליה שעה אחת סמוך לשקיעת החמה, ואם כן מצי טביל בליל ז' וישרוף הפרה למחר! וי"ל: לטעמי' דפרי' לעיל (דף ג. ד"ה "להוציא") דהא דטבול יום כשר בפרה – הנ"מ טבול יום דטומאה דרבנן, אבל טבול יום דבועל נדה, שהוא דאורייתא – אסרי רבנן. אע"ג דמדאורייתא שרי אפילו טבול יום בטומאה דאורייתא, מכל מקום רבנן גזרו בהן, לפי זה ניחא. ועוד איכא תנא

תוספות ישנים

קח לך עגל בן בקר לחטאת ל"ל. שלא נכתב לקחונ בשל ישראל שהרי כתוב אחר כך *) ומאת עדת בני ישראל תקח וגם לא בא לומר קח לך לכפרתך שהרבה מוכיח באותה פרשה שלצורך כפרתן היה: **אי** מה מילואים כל הכתוב בהן מעכב וכו'. בירושל' מותיב לה מהדא דהא ילפינן (זבחים דף סה.) ומלק והקטיר מה הקטרה בראשו של מזבח אף מליקה בראשו של מזבח וקי"ל (מנחות ד' מט.) א) הקטרה לא מעכבא ולא אמרי' אי מה מליקה מעכבת וכו' עוד מביא שם הרבה דברים שאין מעכבין הלמדין מהמעכבין ואין מתרץ כלום: **זה** בנה אב שכל הנכנס. דילפינן מהכא במה מלינו אי נמי ששת ימים מיותר מדכתיב ויקרא אל משה ביום השביעי: **דחייש** לטומאת ביתו. לכך אנו מוסיפין שביעי על ששה לאורייתא:

*) נ"ל ואל בני ישראל וכו' קחו שעיר עזים:

א) עיין היטב בירושלמי ומפרשיו ונ"ל דברים המעכבים הלמדים משאינם מעכבים (שיח יצחק):

עין משפט / מסורת הש"ס

[ע"ז מז.]

גיר' ע"י ויקחו אליך שמן זית זך

[לקמן עב: ע"ש]

[לעיל ג.]

[לקמן ז.]

[לקמן ה.]

[ליה]

[לקמן ו.]

[וע"ס עיין של"ה תורה שבע"פ וכ"ה ברש"י בע"י אפשר]

מנחות כח:

גיר' ע"י משלך אני רוצה ואיני רוצה משלהם

[תענית יא: ע"ז לד.]

ס"א ריש לקיש

ס"א ור"ל

הגהות הב"ח

(א) רש"י ד"ה כביכול. בשל יחיד משלך הייתי רוצה: (ב) שם ד"ה תחלה. יש בו עבודה: (ג) שם ד"ה אי. הכתוב בהן מעכב בהן:

גליון הש"ס

גמ' א"ל אלא מר מהיכא יליף. עיין ערכין דף ה' ע"א תוס' ד"ה והא מר:

לטומאת ביתו. אמר ליה ר' יוחנן לריש לקיש: בשלמא לדידי דילפינא ממלואים – היינו *דתניא: זה וזה מזין עליו כל שבעה מכל חטאות שהיו שם, דהואי נמי הזאה במלואים. אלא לדידך, דילפת מסיני – הזאה בסיני מי הואי? אמר ליה: ולטעמיך מי ניחא? במלואים – דם, הכא – מים. הא לא קשיא, דתני רבי חייא: נכנסו מים תחת דם. אלא לדידך, הזאה בסיני
א מי הואי? אמר ליה: מעלה בעלמא. תניא כוותי' דרבי יוחנן, תניא כוותיה דריש לקיש. תניא כוותיה דר' יוחנן: °"בזאת יבא אהרן אל הקדש" (ויקרא טז) – במה שאמור בענין. מאי היא – בענין דמלואים. ומה אמור בענין דמלואים – אהרן פירש שבעה ושמש יום אחד, ומשה מסר לו כל שבעה כדי לחנכו בעבודה. ואף לדורות, כהן גדול פורש שבעה ומשמש יום אחד, ושני תלמידי חכמים מתלמידיו של משה, לאפוקי צדוקין, מוסרין לו כל שבעה כדי לחנכו בעבודה. מכאן אמרו: שבעת ימים קודם יוה"כ מפרישין כהן גדול מביתו ללשכת פרהדרין, וכשם שמפרישין כ"ג כך מפרישין כהן השורף את הפרה ללשכה שעל פני הבירה צפונה מזרחה, ואחד זה ואחד זה מזין עליו כל שבעה מכל חטאות שהיו שם. ואם תאמר במלואים דם הכא מים, אמרת: נכנסו מים תחת דם. ואומר: "כאשר עשה ביום הזה צוה ה' לעשות לכפר עליכם", "לעשות"–אלו מעשה פרה, "לכפר"–אלו מעשה יוה"כ. והאי "בזאת" מיבעי ליה לגופיה, בפר בן בקר לחטאת ואיל לעולה! אמרי: אי לקרבן לחודיה – לימא קרא 'בזה' או 'באלה', מאי "בזאת"–שמעת מינה תרתי. מאי 'ואומר'? וכי תימא יוה"כ קמא הוא דבעי פרישה, כדאשכחן במלואים, אבל ביוה"כ דעלמא לא; אי נמי, כ"ג קמא הוא דבעי פרישה, אבל כ"ג בעלמא
ב לא – ת"ש: "כאשר עשה וכו'". תניא כוותיה דריש לקיש: משה עלה בענן ונתכסה בענן ונתקדש בענן כדי לקבל תורה לישראל בקדושה, שנאמר: °"וישכון כבוד ה' על הר סיני" (שמות כד). זה היה מעשה אחר עשרת הדברות, שהיו תחלה לארבעים יום, דברי רבי יוסי הגלילי, ר"ע אומר: "וישכון כבוד ה'" – מראש חודש,

ויכסהו

רש"י

לטומאת ביתו. שמא אם יזקק לאשתו ותראה דם בשעת ביאה, ונמצא טמא שבעת ימים כמשפט בועל נדה, ולא יכול לעבוד ביום הכפורים: זה וזה. כהן דיום הכפורים וכהן דפרה: כל שבעה. ימי דהפרשה: מכל חטאות שהיו שם. מכל פרה ופרה היו נותנין קלת למשמרת מן האפר בחיל. כך שנינו במסכת פרה. (פ"ג משנה יא) ואני שמעתי: אפר פרה של משה לא כלה: דהואי נמי הזאה. בפרישה דמלואים כל ז', דכתיב (ויקרא ח): "ויז על אהרן וגו'" (לקמן ח.) וכתיב "שבעת ימים ימלא את ידם" כל ז' עשה להם כחוק יום הראשון: ובמלואים דם. הזאת מלואים של דם כדכתיב: דתני ר' חייא כו'. לקמיה בשמעתין מייתי לה: מעלה בעלמא. בפרה כדאמרן. וביוה"כ – לכבוד כניסת מחנה שכינה: תניא כוותיה דרבי יוחנן. דיליף ממלואים: כריש לקיש. דיליף מסיני: בזאת. קרא יתירא הוא כדלקמן, למדרש ביה. ודרוש ביה הכי: בזאת התורה האמורה בענין, במקום אחר יבא אהרן אל הקדש: מאי היא. באיזה ענין: ושימש יום אחד. עבודת שמיני הוטלה עליו, שנאמר (ויקרא ט): "קרב אל המזבח": לאפוקי צדוקים. שהיו משנין עבודת קטורת יוה"כ, כדלקמן ב"הוציאו לו" (דף נג.), שהיו נותנין הקטורת על האש בחוץ, ואחר כך מכניסים: וכשם שמפרישים. לא מקרא יליף לה, אלא מעלה בעלמא: לחנכו. ללמדו: אמרת. אמור מעתה: מאי בזאת. לשון נקבה, פר ואיל דכתיבי בתריה לאו נקיבות הן: שמע מינה. בענין מלואים. ופרישה לשון נקבה: כהן גדול קמא. אהרן לבדו כל ימיו, אבל(א) דורות הבאים לא תנהוג, שלא נאמר אלא אהרן: זה(ב) מעשה כו'. כלומר: אי אתה יכול לומר "ויכסהו" להר ולא למשה, ואלו ששה ימים הן שהיו מראש חדש שבאו לסיני עד יום מתן תורה, ואין כאן פרישה כלל למשה, שהרי אותן ששה ימים עלה וירד בהשכמה, להזהירן על פרישתן מן האשה, ומצות הגבלה. זאת לא תאמר, לפי שזה מעשה היה אחר עשרת הדברות, בתחילת ארבעים יום שנכנס למחנה שכינה להיות שם עם ה' לקבל הלוחות, ולקמן מפרש מהיכא פשיטא ליה דאחר עשרת הדברות היה ששה ימים הללו: ר"ע אומר. קודם עשרת הדברות היה, וששה ימים הללו הם ששה ימים שמראש חדש עד יום מתן תורה, ובשביעי קבלום. ומשה וכל ישראל עומדים לקבל עשרת הדברות, כדאמרינן (מכות דף כד.): "אנכי" ו"לא יהיה לך" מפי הגבורה שמענום, ואחר כך עלה כדי לקבל את הלוחות, ולא היה שם פרישה כלל:

ויכסהו

תוספות

תנא בפרק (*הערל) (יבמות דף עד:) דסבירא ליה דאפילו מדאוריי' לא הותר בטבול יום. אלא דטמא מת דכתב בההיא פרשה, וטבול יום דשרץ דאתי בק"ו מטמא מת. א"כ לדידיה בועל נדה לא אתי בקל וחומר, דאיכא למיפרך: מה לטמא מת – שאינו מטמא משכב התחתון כעליון כבועל נדה. ושמא ריב"ג כוותיה סבירא ליה: [נ"ל כל הזבחים (יז:)]

נכנסו מים תחת דם. דלאו לגמרי דרשה גמורה היא הא דגמרי ממלואים, אלא אסמכתא בעלמא. דעיקר קרא ד"כאשר עשה ביום הזה" – יש לפרש דביום ראשון של ז' ימי המלואים אמר להם: כאשר עשה ביום הזה צוה ה' לעשות כל ז' ימי המלואים. וכן פרש"י פשוטו בפירוש חומש. וכיון דאסמכתא בעלמא הוא – אין לחוש אי אמרינן נכנסו מים תחת דם: **הזאה** בסיני מי הוה. וא"ת: והא הוה בסיני הזאת דם, דכתי': (שמות כד) "ויקח משה את הדם ויזרק על העם"! ויש לומר: אותה זריקה לא היתה בשביל טהרה, שהרי לא על משה לבדו נזרק, אלא על כל העם. אלא דם הברית הוה, דכתיב (שם): "הנה דם הברית אשר כרת ה' עמכם". אי נמי, ה"ק: הזאה כל ז' בסיני מי הוה? ותימה לי: דלקמן בפירקין (דף ח.) אמרינן: אחד זה ואחד זה מזין עליו כל ז', ומסיק דלבד משבת! ויש לומר: במלואים הויא הזאה כל ז', אבל ביום הכפורים בדורות האחרונים גזרו על ההזאה משום שבות, ואסרוה בשבת. ותימה לי: דלקמן מפרש: ראשון שמא שלישי, שני שמא שלישי, וכו' ומנא ליה לגמרא דטעמא דרבי מאיר משום חששא? לימא משום דגמר ממלואים דהויא הזאה כל ז'! ושמא רבי יוסי ברבי חנינא דקאמר הכי לקמן סבירא ליה כריש לקיש, דלא גמר ממלואים אלא מעלה בעלמא משום ההיא חששא, ראשון דילמא שלישי וכו', אי נמי יש לומר: אפילו מאן דגמר ממלואים – סבירא ליה דקרא אסמכתא בעלמא. וא"כ, אי לאו דאיכא טעמא קצת – לא הוו מצרכי רבנן הזאה, להכי איצטריך לפרושי טעמא: **תניא** כוותיה דריש לקיש. דרבי יוסי הגלילי ס"ל כוותיה. תימה לי: וכרבי יוחנן נמי מי לא תניא? הא ר"ע ס"ל כר' יוחנן, דלא יליף מסיני! וי"ל: כבר אייתי לעיל תניא כוותיה דרבי יוחנן דעדיפא מינה, דמתניתין סתמא כרבי יוחנן. והדר קאמר תניא נמי כוותיה דריש לקיש דאיכא תנא דסבר כוותיה. אבל תימה לי: מאי קא מייתי מהא דתניא כוותיה דריש לקיש? דילמא רבי יוחנן אמר לך: אנא דאמר אפילו כרבי יוסי הגלילי דעד כאן לא קאמר ר' יוסי הגלילי אלא בסיני הכי הוה, אבל לדורות – לא גמרינן מינה לומר דתסגי בפרישת ששה ימים כמו בסיני, כדאמר רשב"ל, אלא צריך פרישה שבעה ימים כמו במלואים! וי"ל: כיון דאשכחן ר' אלעזר דקאמר בסמוך: "ויקרא אל משה" [משה] וכל ישראל עומדים וכו' – והיינו כר"ע, אלמא כרבי עקיבא דריש ליה לקראי, מסתמא משמיה דר' יוחנן רביה אמרה. ואף על גב דלא אמרה משמיה דרבי יוחנן – אשכחן נמי בס"פ "האשה רבה" (יבמות דף צו:) כי האי גוונא: אזל רבי אלעזר אמר לשמעתיה ולא אמרה משמיה דרבי יוחנן, איקפד ר' יוחנן וכו', עד: אף ר"א תלמידך יושב ודורש והכל יודעים שתורתך היא. אם כן רבי יוחנן דריש להו לקראי כר"ע:

במקום

תוספות ישנים

הזאה בסיני מי הואי. וא"ת לדידיה נמי דלא יליף פרישת פרה מקרא הזאה דכפרה מנא ליה וי"ל דגבי פרה ניחא ליה משום דכמה מעלות היו בפרה אבל כאן לא היו מתקנין הזאה מלבם: **בזאת** יבא אהרן. בירושלמי מפרש דאותה פרשה מדברת במלואים שמזכיר במיתת בני אהרן שהיתה במלואים: **ושני** תלמידי חכמים. בחד סגי אלא טובים השנים מן האחד: **ת"ש** כאשר עשה ביום הזה. מכח לכפר מוקמינן ליה איום הכפורים ללדורות:

הגהות הב"ח

(א) רש"י ד"ה כה"ג כו' אבל בדורות: (ב) שם ד"ה זה היה מעשה כצ"ל:

ה א סמג לאוין ט מג"א סימן קנו:

"וַיְכַסֵּהוּ הֶעָנָן" – לָהָר, "וַיִּקְרָא אֶל מֹשֶׁה" – [מֹשֶׁה] וְכָל יִשְׂרָאֵל עוֹמְדִין, וְלֹא בָּא הַכָּתוּב אֶלָּא לַחֲלֹק כָּבוֹד לְמֹשֶׁה. רַבִּי נָתָן אוֹמֵר: לֹא בָּא הַכָּתוּב אֶלָּא לְמָרֵק אֲכִילָה וּשְׁתִיָּה שֶׁבְּמֵעָיו, לְשׂוּמוֹ כְּמַלְאֲכֵי הַשָּׁרֵת. ר' מַתְיָא בֶּן חָרָשׁ אוֹמֵר: לֹא בָּא הַכָּתוּב אֶלָּא לְאַיֵּים, עָלָיו כְּדֵי שֶׁתְּהֵא תּוֹרָה נִיתֶּנֶת בְּאֵימָה, בְּרֶתֶת וּבְזִיעַ, שֶׁנֶּאֱמַר: °"עִבְדוּ אֶת ה' בְּיִרְאָה וְגִילוּ בִּרְעָדָה". *מַאי "וְגִילוּ בִּרְעָדָה"? אָמַר רַב אַדָּא בַּר מַתָּנָה אָמַר רַב: בִּמְקוֹם גִּילָה שָׁם תְּהֵא רְעָדָה. בְּמַאי קָא מִיפַּלְגִי רַבִּי יוֹסֵי הַגְּלִילִי וְר"ע? בִּפְלוּגְתָּא דְּהָנֵי תַּנָּאֵי. *דְּתַנְיָא: בְּשִׁשָּׁה בַּחוֹדֶשׁ נִיתְּנָה תּוֹרָה לְיִשְׂרָאֵל, רַבִּי יוֹסֵי אוֹמֵר: בְּשִׁבְעָה בּוֹ.(א) מַאן דְּאָמַר בְּשִׁשָּׁה – בְּשִׁשָּׁה נִיתְּנָה, וּבְשִׁבְעָה עָלָה (דִּכְתִיב °"וַיִּקְרָא אֶל מֹשֶׁה בַּיּוֹם הַשְּׁבִיעִי".) מַאן דְּאָמַר בְּשִׁבְעָה – בְּשִׁבְעָה נִיתְּנָה, וּבְשִׁבְעָה עָלָה, ["דִּכְתִיב: וַיִּקְרָא אֶל מֹשֶׁה בַּיּוֹם הַשְּׁבִיעִי"]. רַבִּי יוֹסֵי הַגְּלִילִי סָבַר לָהּ כְּתַנָּא קַמָּא, דְּאָמַר בְּשִׁשָּׁה בַּחוֹדֶשׁ נִיתְּנָה תּוֹרָה, הִלְכָּךְ, זֶה הָיָה מַעֲשֶׂה אַחַר עֲשֶׂרֶת הַדִּבְּרוֹת, °"וַיִּשְׁכֹּן כְּבוֹד ה' עַל הַר סִינַי וַיְכַסֵּהוּ הֶעָנָן שֵׁשֶׁת יָמִים" – לְמֹשֶׁה, "וַיִּקְרָא אֶל מֹשֶׁה בַּיּוֹם הַשְּׁבִיעִי" – לְקַבּוֹלֵי שְׁאָר תּוֹרָה. דְּאִי סָלְקָא דַּעְתָּךְ "וַיִּשְׁכֹּן כְּבוֹד ה'" מֵר"ח, "וַיְכַסֵּהוּ הֶעָנָן" – לָהָר, "וַיִּקְרָא אֶל מֹשֶׁה בַּיּוֹם הַשְּׁבִיעִי" – לְקַבּוֹלֵי עֲשֶׂרֶת הַדִּבְּרוֹת, הָא קַבִּילוּ לְהוּ מִשִּׁשָּׁה, וְהָא אִסְתַּלַּק עָנָן מִשִּׁשָּׁה! וְרַבִּי עֲקִיבָא סָבַר לָהּ כְּרַבִּי יוֹסֵי, דְּאָמַר בְּשִׁבְעָה בַּחֹדֶשׁ נִיתְּנָה תּוֹרָה לְיִשְׂרָאֵל. בִּשְׁלָמָא לְר' עֲקִיבָא – הַיְינוּ דְּמַשְׁכַּחַתְּ לָהּ: *בְּשִׁבְעָה עָשָׂר בְּתַמּוּז נִשְׁתַּבְּרוּ הַלּוּחוֹת; עֶשְׂרִין וְאַרְבְּעָה דְּסִיוָן, וְשִׁיתְּסַר דְּתַמּוּז – מָלוּ לְהוּ אַרְבְּעִין יוֹמִין דַּהֲוָה בָּהָר, וּבְשִׁבְסַר בְּתַמּוּז נָחֵית, וַאֲתָא וּתְבָרִינְהוּ לַלּוּחוֹת. אֶלָּא לְר' יוֹסֵי הַגְּלִילִי, דְּאָמַר שִׁשָּׁה דִּפְרִישָׁה וְאַרְבְּעִין דָּהָר, עַד עֶשְׂרִין וּתְלָת בְּתַמּוּז לָא אִתְּבוּר לוּחוֹת! אָמַר לָךְ ר' יוֹסֵי הַגְּלִילִי: אַרְבְּעִין דָּהָר בַּהֲדֵי שִׁשָּׁה דִּפְרִישָׁה. אָמַר מָר: "וַיִּקְרָא אֶל מֹשֶׁה" – מֹשֶׁה וְכָל יִשְׂרָאֵל עוֹמְדִין. מְסַיַּיע לֵיהּ לר"א, דְּאָמַר רַבִּי אֶלְעָזָר: "וַיִּקְרָא אֶל מֹשֶׁה" – מֹשֶׁה וְכָל יִשְׂרָאֵל עוֹמְדִין, וְלֹא בָּא הַכָּתוּב אֶלָּא לַחֲלֹק לוֹ כָּבוֹד לְמֹשֶׁה. מֵיתִיבִי: "קוֹל לוֹ" – קוֹל אֵלָיו, מֹשֶׁה שָׁמַע וְכָל יִשְׂרָאֵל לֹא שָׁמְעוּ! לָא קַשְׁיָא; הָא – בְּסִינַי, הָא – בְּאֹהֶל מוֹעֵד. וְאִי בָּעֵית אֵימָא:(ב) לָא קַשְׁיָא, הָא – בִּקְרִיאָה, הָא – בְּדִבּוּר. ר' זְרִיקָא רָמֵי קְרָאֵי קַמֵּיהּ דְּר' אֶלְעָזָר, וְאָמְרִי לָהּ: אָמַר ר' זְרִיקָא, ר' אֶלְעָזָר רָמֵי, כְּתִיב: °"וְלֹא יָכֹל מֹשֶׁה לָבוֹא אֶל אֹהֶל מוֹעֵד כִּי שָׁכַן עָלָיו הֶעָנָן", וּכְתִיב °"וַיָּבֹא מֹשֶׁה בְּתוֹךְ הֶעָנָן"! מְלַמֵּד שֶׁתְּפָסוֹ הַקָּדוֹשׁ בָּרוּךְ הוּא לְמֹשֶׁה וֶהֱבִיאוֹ בֶּעָנָן. דְּבֵי ר' יִשְׁמָעֵאל תָּנָא: נֶאֱמַר כָּאן 'בְּתוֹךְ' וְנֶאֱמַר לְהַלָּן 'בְּתוֹךְ', °"וַיָּבֹאוּ בְנֵי יִשְׂרָאֵל בְּתוֹךְ הַיָּם". מַה לְהַלָּן שְׁבִיל, דִּכְתִיב: °"וְהַמַּיִם לָהֶם חוֹמָה" – אַף כָּאן שְׁבִיל. § °"וַיִּקְרָא אֶל מֹשֶׁה וַיְדַבֵּר" לָמָּה הִקְדִּים קְרִיאָה לְדִיבּוּר? לִימְּדָה תּוֹרָה דֶּרֶךְ אֶרֶץ, שֶׁלֹּא יֹאמַר אָדָם דָּבָר לַחֲבֵירוֹ אֶלָּא א"כ קוֹרְאֵהוּ. מְסַיַּיע לֵיהּ לְרַבִּי חֲנִינָא, דְּאָמַר רַבִּי חֲנִינָא: לֹא יֹאמַר אָדָם דָּבָר לַחֲבֵירוֹ אֶלָּא אִם כֵּן קוֹרְאֵהוּ. 'לֵאמֹר' אָמַר ר' (*מוּסְיָא בַּר בְּרֵיהּ דְּרַבִּי מַסְיָא מִשְּׁמֵיהּ דְּר' מוּסְיָא) רַבָּה: [א]מִנַּיִן לָאוֹמֵר דָּבָר לַחֲבֵירוֹ שֶׁהוּא בְּבַל יֹאמַר, עַד שֶׁיֹּאמַר לוֹ לֵךְ אֱמוֹר – שֶׁנֶּאֱמַר: °"וַיְדַבֵּר ה' אֵלָיו מֵאֹהֶל מוֹעֵד לֵאמֹר". מִכְּלָל דְּתַרְוַויְהוּ סְבִירָא לְהוּ: מִלּוּאִים, כָּל הַכָּתוּב בָּהֶן מְעַכֵּב בָּהֶן. דְּאִיתְּמַר: מִלּוּאִים, ר' יוֹחָנָן וְרַבִּי חֲנִינָא, חַד אָמַר: כָּל הַכָּתוּב בָּהֶן מְעַכֵּב בָּהֶן, וְחַד אָמַר: דָּבָר הַמְעַכֵּב לְדוֹרוֹת – מְעַכֵּב בָּהֶן, שֶׁאֵין מְעַכֵּב לְדוֹרוֹת – אֵין מְעַכֵּב בָּהֶן. תִּסְתַּיֵּים דְּר' יוֹחָנָן הוּא דְּאָמַר: כָּל הַכָּתוּב בָּהֶן מְעַכֵּב בָּהֶן, מִדְּקָאָמַר לֵיהּ *ר' שִׁמְעוֹן בֶּן לָקִישׁ לְר' יוֹחָנָן: אִי מַה מִּלּוּאִים – כָּל הַכָּתוּב בָּהֶן מְעַכֵּב בָּהֶן, וְלָא קָא מַהֲדַר לֵיהּ וְלָא מִידֵי – תִּסְתַּיֵּים. מַאי בֵּינַיְיהוּ?

אָמַר

רש"י

וַיְכַסֵּהוּ הֶעָנָן לָהָר. וְלֹא לְמֹשֶׁה, שֶׁהֲרֵי כָּל אוֹתָן שֵׁשֶׁת יָמִים עָלָה וְיָרַד בְּהַשְׁכָּמָה לוֹמַר לָהֶם: "אַתֶּם רְאִיתֶם אֲשֶׁר עָשִׂיתִי לְמִצְרָיִם" (שמות יט) "וַיָּשֶׁב מֹשֶׁה אֶת דִּבְרֵי הָעָם אֶל ה'", וּלְמָחָר נֶאֱמַר לוֹ "לֵךְ אֶל הָעָם וְקִדַּשְׁתָּם" וּלְמָחָר(ג) "לֵךְ רֵד הָעֵד בָּעָם": וְלֹא בָּא הַכָּתוּב. לוֹמַר "וַיִּקְרָא אֶל מֹשֶׁה" לְבַדּוֹ אֶלָּא לַחֲלֹק לוֹ כָּבוֹד: לְמָרֵק אֲכִילָה וּשְׁתִיָּה. ר' נָתָן סָבַר לָהּ כְּר' יוֹסֵי הַגְּלִילִי, דִּפְרִישָׁה לְמֹשֶׁה הֲוַאי, אַךְ לֹא לִלְמוֹד מִכָּאן(ד) לְאַחֵר הַנִּכְנָסִין לְמַחֲנֵה שְׁכִינָה פְּרִישָׁה. שֶׁלֹּא הָיְתָה פְּרִישָׁה זוֹ אֶלָּא שֶׁבְּשִׁשָּׁה יָמִים הַלָּלוּ נִתְמָרְקָה אֲכִילָה שֶׁבְּמֵעָיו לִהְיוֹת כְּמַלְאֲכֵי הַשָּׁרֵת, אֲבָל בְּעָלְמָא לָא בָּעֵינַן מֵירוּק: לְאַיֵּים עָלָיו. הוּא נַמִי סָבַר לָהּ כְּר' יוֹסֵי הַגְּלִילִי דִּפְרִישָׁה לְמֹשֶׁה,(ה) וּלְהַבְדִּילוֹ מִבְּנֵי אָדָם שֶׁתָּחוּל עָלָיו אֵימָה, בִּהְיוֹתוֹ לְבַדּוֹ יָבִין וְיָשִׂים לְבָבוֹ לִיכָּנֵס לְמַחֲנֵה שְׁכִינָה בְּאֵימָה: בִּמְקוֹם גִּילָה. מַתַּן תּוֹרָה שֶׁל לוּחוֹת, דִּכְתִיב (תהלים יט): "פִּקּוּדֵי ה' יְשָׁרִים מְשַׂמְּחֵי לֵב": בְּמַאי קָא מִיפַּלְגִי. מָה רְאָיָיה מְבִיאִין לְדִבְרֵיהֶן? נִיתְּנָה תּוֹרָה. עֲשֶׂרֶת הַדִּבְּרוֹת. וּמִקְרָאֵי יָלְפִי טַעְמַיְיהוּ תַּנָּא קַמָּא וְרַבִּי יוֹסֵי, בְּמַסֶּכֶת שַׁבָּת פֶּרֶק "רַבִּי עֲקִיבָא": מ"ד בְּשִׁשָּׁה כו'. כְּדִי נַסְבָא הָכָא, וּפֵירוּשׁ הָיָה בַּסְּפָרִים, כִּי הֵיכִי דְּלָא תִּיקְשֵׁי לָךְ לְקַמָּן הֵיאַךְ שָׁלְמוּ אַרְבָּעִים בְּי"ז בְּתַמּוּז שֶׁנִּשְׁתַּבְּרוּ הַלּוּחוֹת: בְּשִׁבְעָה עָלָה. לְקַבֵּל הַלּוּחוֹת וְשָׁהָה מ' יוֹם: ר' יוֹסֵי הַגְּלִילִי סָבַר לָהּ כְּתַנָּא קַמָּא. הִלְכָּךְ עַל כָּרְחָךְ שִׁשָּׁה יָמִים וְיוֹם הַשְּׁבִיעִי(ו) עַל כָּרְחָךְ אַחַר עֲשֶׂרֶת הַדִּבְּרוֹת הָיוּ, וּפֵירֵשׁ מֹשֶׁה שִׁשָּׁה יָמִים, וּבַשְּׁבִיעִי נִכְנַס לְקַבֵּל הַלּוּחוֹת: וְר"ע סָבַר לָהּ כְּרַבִּי יוֹסֵי. הִלְכָּךְ שְׁבִיעִי זֶה – ז' לַחוֹדֶשׁ הָיָה: בִּשְׁלָמָא לְר"ע. דְּאָמַר לָא הָוֵי פְּרִישָׁה, הָתָם מ' יוֹם(ז) הוּא וְלֹא יוֹתֵר, וְשָׁלְמוּ בְּי"ז בְּתַמּוּז, כ"ד בְּסִיוָן – שֶׁהֲרֵי ו' יָמִים עָבְרוּ מִמֶּנּוּ, וּבַשְּׁבִיעִי עָלָה, וְכַמָּה שֶׁנִּכְנַס בְּתוֹךְ הַשְּׁבִיעִי כְּשֶׁעָלָה נִתְעַכֵּב לֵירֵד בְּתוֹךְ י"ז בְּתַמּוּז,(ח) שֶׁהוּא מ' שְׁלֵימִין: קוֹל לוֹ קוֹל אֵלָיו. "וַיִּשְׁמַע אֶת הַקּוֹל מְדַבֵּר אֵלָיו" (במדבר ז), "לוֹ" הָיָה יָכוֹל לוֹמַר, וְכָתַב "מִדַּבֵּר אֵלָיו" – לְלַמֶּדְךָ שֶׁאֵלָיו לְבַדּוֹ הָיָה נִמְשָׁךְ הַקּוֹל בְּאֹהֶל מוֹעֵד, מִשֶּׁהוּקַם הַמִּשְׁכָּן וְנִדְבַּר עִמּוֹ מֵעַל הַכַּפּוֹרֶת לֹא הָיָה הַקּוֹל נִשְׁמָע לְיִשְׂרָאֵל. דְּהַאי קְרָא דְּ"וַיִּשְׁמַע אֶת הַקּוֹל" – בְּאֹהֶל מוֹעֵד כְּתִיב, רֵישֵׁיהּ דִּקְרָא "וּבְבֹא מֹשֶׁה אֶל אֹהֶל מוֹעֵד וגו'": שֶׁהוּא בְּבַל יֹאמַר כו'. תַּלְמוּד לוֹמַר: לֵאמֹר – לֹא אֱמוֹר הַדְּבָרִים אֶלָּא אִם כֵּן נוֹתֵן לוֹ רְשׁוּת: מִכְּלָל דְּתַרְוַויְהוּ וכו'. מְהַדַּר לְעֵיל, מִדְּאָמַר לֵיהּ רֵישׁ לָקִישׁ לְר' יוֹחָנָן אִי מַה מִּלּוּאִים כָּל הַכָּתוּב בָּהֶן וכו' וְאוֹדֵי לֵיהּ, מִכְּלָל דְּתַרְוַויְהוּ כו': וְתִסְתַּיֵּים. פְּלוּגְתָּא דְּרַבִּי יוֹחָנָן וְרַבִּי חֲנִינָא דִּפְלִיגֵי בְּהָא מִילְּתָא בְּעָלְמָא, תִּסְתַּיֵּים מֵהָכָא דְּרַבִּי יוֹחָנָן הוּא דְּאָמַר "כָּל הַכָּתוּב בָּהֶן מְעַכְּבָא בָּהֶן":

דָּבָר

תוספות

במקום גילה. כדכתיב: "עוז וחדוה במקומו" (דה"א טז): ורבי עקיבא סבר לה כר' יוסי. בלאו הכי לריך לסבור כר' יוסי, כיון דס"ל בשבת פרק "אמר רבי עקיבא" (דף פו.) חמש עונות, ומוכח התם דעל כרחך סבר כר' יוסי:

מסייע ליה לרבי אלעזר. לא ידענא מה שייך למימר מסייע ליה במילתא דפליגי תנאי? ואדרבה, כולהו תנאי דלא כוותיה, ר' יוסי הגלילי ר' נתן ורבי מתיא בן חרש, לבד מרבי עקיבא לחודיה! ושמא: משום דהלכה כר' עקיבא מחבירו קאמר מסייע ליה:

משה שמע ישראל לא שמעו. לא מצי לשנויי דההיא אתיא דלא כר"ע אלא כתנאי דפליגי עליה לעיל, דאדרשה דקרא דקול לו קול אליו – מסתמא ליכא מאן דפליג: סמיכה

תוספות ישנים

הא איסתלק ליה ענן משׁשׁה. כיון דלא בא אלא לכפות את ההר בשביל מתן תורה ואע"פ שעד שלא הוקם המשכן היתה שכינה מצויה לא היה כל כך ענן כבד כמו אותן שׁשׁת ימים דלפני מתן תורה אבל אי אמרי' דויכסהו הענן למשׁה אם כן מסתמא לא הלך לו הענן כל ארבעים יום:

רש"א מ"ז

רש"א

הגהות הב"ח

(א) גמ' מאן דאמר בשׁשׁה בשׁשׁה ניתנה ובשׁבעה עלה דכתיב ויקרא. נ"ב פי' ובשׁבעה עלה בימים שׁאחר עשׂרת הדברות עלה ביום השׁביעי דהוא י"ג לחדשׁ דכתיב ויקרא כו' ולמ"ד בז' בשׁבעה ניתנה ובשׁבעה עלה דהיינו ו' לחדשׁ וזה שׁעלה לקבל הלוחות ושׁהה מ' יום שׁפי' רש"י להך מ"ד היא: (ב) שם ואי בעית אימא הא והא באהל מועד ולא קשׁיא כו' רמי קראי אהדדי קמיה: (ג) רש"י ד"ה ויכסהו כו' וקדשׁתם ולמחר רד העד בעם ותיבת לך נמחק: (ד) שם ד"ה למרק כו'. מכאן פרישׁה לשׁאר הנכנסין למחנה שׁכינה שׁלא היתה פרישׁה זו אלא למשׁה לבדו שׁבשׁשׁה ימים הללו כצ"ל: (ה) שם ד"ה לאיים כו' דפרישׁה למשׁה הואי ולהבדילו: (ו) שם ד"ה ריה"ג כו' ויום השׁביעי הכתובים כאן אחר עשׂרת הדברות היו כצ"ל: (ז) שם ד"ה בשׁלמא וכו' מ' יום היו ולא יותר ונשׁלמו בי"ז: (ח) שם בא"ד בתמוז שׁהיו מ' שׁלימים:

מסורת הש"ס

תורה אור

תהלים ב

ברכות ל:

שבת פו: ע"ש הגיר' במקום תורה עשרת הדברות תענית כח: ע"ש ותמלא הגיר' כמו שהגיה כאן רש"א

שמות כד

שם

[תענית כו.]

שמות מ

שם כד

שם יד

שם

ויקרא א

[בשאלתות איתא מנסיא]

שם

[לעיל ג:]

גליון הש"ס

רש"י ד"ה קול לו כו' ללמדך שאליו. עיין תשובת הר"ס אלשקאר סימן ל"ג:

Rashi

דָּבָר שֶׁאֵין מְעַכֵּב בָּהֶן לְדוֹרוֹת. לְקַמֵּיהּ מְפָרֵשׁ לָהּ: שְׁיָרֵי מִצְוָה. כְּלוֹמַר: שֶׁלֹּא חָשׁ לַחֲשׁוֹב אוֹתָהּ מִצְוָה, וְלֹא סָמַךְ: כְּאִילּוּ לֹא כִּיפֵּר. מִן הַמּוּבְחָר: וְכִיפֵּר. (דְּאֵין כַּפָּרָה אֶלָּא בְּדָם) כִּדְאָמְרִינַן בִּזְבָחִים (דף ו.): כִּיפֵּר – לְגַבְרָא, דְּעִיקַּר כַּפָּרָה בְּדָם. אֲבָל לֹא כִּיפֵּר נַמִי (שֶׁלֹּא קִיֵּים) [נ"ל שמקיים] מִצְוַת קוֹנוֹ מִן הַמּוּבְחָר: וְלָא קָתָנֵי מַפְרִישִׁין. וְאַעֲ"פ שֶׁלֹּא הוּפְרַשׁ, אִם יֶאֱרַע פְּסוּל בָּרִאשׁוֹן – יַעֲבוֹד זֶה הַשֵּׁנִי. שְׁמַע מִינַּהּ: פְּרִישָׁה לָא מְעַכְּבָא (בָּהּ) עֲבוֹדָה: רִיבּוּי שִׁבְעָה. שֶׁיְּשַׁמֵּשׁ כ"ג שִׁבְעָה יָמִים רְצוּפִים כְּשֶׁמְּמַנִּין אוֹתוֹ בִּכְהוּנָּה גְּדוֹלָה, וְיִלְבַּשׁ שְׁמוֹנָה בְּגָדִים בִּשְׁעַת עֲבוֹדָה. וְרִיבּוּי – לְשׁוֹן מַרְבֶּה, מְרוּבֶּה בְּגָדִים, שֶׁהוּא מְשַׁמֵּשׁ בִּשְׁמוֹנָה וְהַהֶדְיוֹט בְּאַרְבָּעָה: מְשִׁיחַת שִׁבְעָה. [שֶׁיִּתְּנוּ שֶׁמֶן הַמִּשְׁחָה עַל רֹאשׁוֹ וּבֵין רִיסֵי עֵינָיו, ז' יָמִים] רְצוּפִין: כָּל הַכָּתוּב בָּהֶן. "ז' יָמִים יְמַלֵּא וגו'" (ויקרא ח) וְכָל מִילּוּי יָדַיִם הָאָמוּר שָׁם – לְבִישַׁת בְּגָדִים הוּא, שֶׁנֶּאֱמַר (שמות כט): "וּבִגְדֵי הַקּוֹדֶשׁ אֲשֶׁר לְאַהֲרֹן יִהְיוּ לְבָנָיו אַחֲרָיו לְמָשְׁחָה בָהֶם וגו'" וּמְשִׁיחָה נַמִי כָּל שִׁבְעָה, מִדְּאִיתַּקַּשׁ מְשִׁיחָה לְרִיבּוּי: וְכִפֵּר הַכֹּהֵן אֲשֶׁר יִמְשַׁח אוֹתוֹ. גַּבֵּי יוה"כ, בְּ"אַחֲרֵי מוֹת" כְּתִיב: מַה תַּלְמוּד לוֹמַר. אִם לְלַמֵּד שֶׁתְּהֵא עֲבוֹדָה בְּכ"ג – וַהֲלֹא כָּל הַפָּרָשָׁה בְּאַהֲרֹן נֶאֶמְרָה, "בְּזֹאת יָבֹא אַהֲרֹן" "וְנָתַן אַהֲרֹן" "וְהִקְרִיב אַהֲרֹן" "וּבָא אַהֲרֹן" (ויקרא טז): לְפִי שֶׁנֶּאֱמַר. בְּפָרָשַׁת "וְאַתָּה תְּצַוֶּה"; "שִׁבְעַת יָמִים יִלְבָּשָׁם הַכֹּהֵן תַּחְתָּיו מִבָּנָיו" הָעוֹמֵד תַּחַת אַהֲרֹן בִּכְהוּנָּה גְּדוֹלָה, אֲשֶׁר יָבֹא בְּיוֹם הַכִּפּוּרִים אֶל אֹהֶל מוֹעֵד לְשָׁרֵת בַּקֹּדֶשׁ: אֵין לִי אֶלָּא. שֶׁיְּהֵא כָּשֵׁר לָבֹא אֶל אֹהֶל מוֹעֵד בְּיוֹם הַכִּפּוּרִים אֶלָּא מִי שֶׁנִּתְרַבָּה שִׁבְעָה וְנִמְשַׁח שִׁבְעָה כְּשֶׁנִּתְמַנָּה. וּלְקַמֵּיהּ בָּעֵי: מְשִׁיחָה שִׁבְעָה הֵיכָא כְּתִיבָא? אֲפִילּוּ שָׁעָה אַחַת. לָא גָּרְסִינַן: מִילְּתָא

[Masoret HaShas: זבחים ו. מנחות נג: | [מנחות שם] | [לעיל ג:]]

Gemara

אָמַר רַב יוֹסֵף: סְמִיכָה אִיכָּא בֵּינַיְיהוּ; לְמ"ד כָּל הַכָּתוּב בָּהֶן (א) מְעַכֵּב בָּהֶן – סְמִיכָה מְעַכְּבָא, לְמ"ד דָּבָר שֶׁאֵין מְעַכֵּב לְדוֹרוֹת אֵין מְעַכֵּב בָּהֶן – סְמִיכָה לָא מְעַכְּבָא. וּלְדוֹרוֹת מְנָא לָן דְּלָא מְעַכְּבָא? *דְּתַנְיָא: °"וְסָמַךְ וְנִרְצָה" וְכִי סְמִיכָה מְכַפֶּרֶת? וַהֲלֹא אֵין כַּפָּרָה אֶלָּא בַּדָּם. שֶׁנֶּאֱמַר: °"כִּי הַדָּם הוּא בַּנֶּפֶשׁ יְכַפֵּר". וּמָה ת"ל: "וְסָמַךְ וְנִרְצָה", שֶׁאִם עֲשָׂאָהּ לִסְמִיכָה שְׁיָרֵי מִצְוָה – [ב]מַעֲלֶה עָלָיו הַכָּתוּב כְּאִילּוּ לֹא כִּפֵּר, וְכִפֵּר. רַב נַחְמָן בַּר יִצְחָק אָמַר: תְּנוּפָה אִיכָּא בֵּינַיְיהוּ. לְמ"ד כָּל הַכָּתוּב בָּהֶן מְעַכֵּב בָּהֶן – מְעַכְּבָא, וּלְמ"ד דָּבָר שֶׁאֵין מְעַכֵּב לְדוֹרוֹת אֵין מְעַכֵּב בָּהֶן – לָא מְעַכְּבָא. וּלְדוֹרוֹת מְנָא לָן דְּלָא מְעַכְּבָא? דְּתַנְיָא: *°"לִתְנוּפָה לְכַפֵּר", וְכִי תְּנוּפָה מְכַפֶּרֶת? וַהֲלֹא אֵין כַּפָּרָה אֶלָּא בַּדָּם, שֶׁנֶּאֱמַר: "כִּי הַדָּם הוּא בַּנֶּפֶשׁ יְכַפֵּר" וּמָה ת"ל: "לִתְנוּפָה לְכַפֵּר" – שֶׁאִם עֲשָׂאָהּ לִתְנוּפָה שְׁיָרֵי מִצְוָה מַעֲלֶה עָלָיו הַכָּתוּב כְּאִילּוּ לֹא כִּפֵּר, וְכִפֵּר. רַב פַּפָּא אָמַר: פְּרִישַׁת שִׁבְעָה אִיכָּא בֵּינַיְיהוּ, לְמ"ד כָּל הַכָּתוּב בָּהֶן מְעַכֵּב בָּהֶן – מְעַכְּבָא, לְמ"ד דָּבָר שֶׁאֵינוֹ מְעַכֵּב לְדוֹרוֹת אֵינוֹ מְעַכֵּב בָּהֶן – לָא מְעַכְּבָא. וּלְדוֹרוֹת מְנָא לָן דְּלָא מְעַכְּבָא? מִדְּקָא תָּנֵי מַתְקִינִין, *וְלָא קָתָנֵי מַפְרִישִׁין. רָבִינָא אָמַר: רִיבּוּי שִׁבְעָה וּמְשִׁיחָה שִׁבְעָה אִיכָּא בֵּינַיְיהוּ. לְמ"ד כָּל הַכָּתוּב בָּהֶן מְעַכֵּב בָּהֶן – מְעַכְּבָא, לְמ"ד דָּבָר שֶׁאֵין מְעַכֵּב לְדוֹרוֹת אֵין מְעַכֵּב בָּהֶן – לָא מְעַכְּבָא. וּלְדוֹרוֹת מְנָא לָן דְּלָא מְעַכְּבָא? דְּתַנְיָא: °"וְכִפֶּר הַכֹּהֵן אֲשֶׁר יִמְשַׁח אוֹתוֹ וַאֲשֶׁר יְמַלֵּא אֶת יָדוֹ לְכַהֵן תַּחַת אָבִיו" מַה תַּלְמוּד לוֹמַר? לְפִי שֶׁנֶּאֱמַר °"שִׁבְעַת יָמִים יִלְבָּשָׁם הַכֹּהֵן תַּחְתָּיו מִבָּנָיו" אֵין לִי אֶלָּא נִתְרַבָּה שִׁבְעָה וְנִמְשַׁח שִׁבְעָה" נִתְרַבָּה שִׁבְעָה וְנִמְשַׁח יוֹם אֶחָד, נִתְרַבָּה יוֹם אֶחָד וְנִמְשַׁח שִׁבְעָה מִנַּיִין? תַּלְמוּד לוֹמַר: "אֲשֶׁר יִמְשַׁח אוֹתוֹ וַאֲשֶׁר יְמַלֵּא אֶת יָדוֹ" – [ג]מ"מ. אַשְׁכַּחַן רִיבּוּי שִׁבְעָה לְכַתְּחִלָּה, מְשִׁיחָה שִׁבְעָה לְכַתְּחִלָּה מְנָא לָן? אִיבָּעֵית אֵימָא: מִדְּאִיצְטְרִיךְ קְרָא לְמַעוּטָהּ, וְאִיבָּעֵית אֵימָא: דְּאָמַר קְרָא: °"וּבִגְדֵי הַקֹּדֶשׁ אֲשֶׁר לְאַהֲרֹן יִהְיוּ לְבָנָיו אַחֲרָיו לְמָשְׁחָה בָהֶם וּלְמַלֵּא בָם אֶת יָדָם" – אִיתַּקַּשׁ מְשִׁיחָה לְרִיבּוּי, [ד]מָה רִיבּוּי – שִׁבְעָה, אַף מְשִׁיחָה – שִׁבְעָה. מַאי טַעְמָא דְּמ"ד: כָּל הַכָּתוּב בָּהֶן מְעַכֵּב? אָמַר רַבִּי יִצְחָק בַּר בִּיסְנָא: אָמַר קְרָא: °"וְעָשִׂיתָ לְאַהֲרֹן וּלְבָנָיו *כָּכָה" – "כָּכָה" עִיכּוּבָא הוּא. תֵּינַח כָּל מִילְּתָא

[Torah Or: ויקרא א ח | שם יז | שם יד | שם טז | שמות כט | שם | [שם] | [קידושין ז.]]

Tosafot

סמיכה איכא בינייהו. תימה לי: אמאי לא קאמר נמי: שירים מעכבא איכא בינייהו? דלמאן דאמר כל הכתוב בהן מעכב – מעכבי, דכתיב (ויקרא ח): "ואת הדם יצק אל יסוד המזבח" ובחטאת כתיב (שמות כט): "ואת כל הדם תשפוך אל יסוד המזבח". ולמאן דאמר: דבר שאין מעכב לדורות אין מעכב – לא מעכבי! וי"ל: דלכולי עלמא שירים לא מעכבי בהו, דאפילו ד' מתנות שבחטאת לא מעכבי בה, אלא אחת מהן, דכתיב (שם): "ונתתה על קרנות המזבח" קרנת כתיב, וקרן אחת מעכבא בה, ותו לא. ואפילו למ"ד יש אם למקרא – שירים לא מעכבי בה, מדכתיב בחטאת: "ואת כל הדם תשפוך" ולא כתיב: "ושפכת כל הדם אל יסוד המזבח" כדכתיב בתחילת המתנות: "ונתתה על קרנת" – א"כ ניתקן הכתוב ועשאן שירי מצוה, לומר שאין מעכבא. והכי אמרינן פרק "איזהו מקומן" (זבחים נב.) גבי פר כהן משיח: "ואת כל הדם ישפוך אל יסוד המזבח" – נתקו הכתוב ועשאו שירי מצוה. ופירש"י: מדשינה בחילוק לשונו, דבתחילת מתנות כתיב: 'והזה' 'ונתן', והכא כתב: 'ישפך' ולא כתב 'ושפך', ואפילו למאן דפליג התם, *ואית ליה דשירים הפנימיים מעכבי – היינו מדכתיב ביוה"כ (ויקרא טז): "וכלה מכפר" ודרשינן מיניה: אם כלה – כפר, ואם לא כלה – לא כפר. וגמרי פנימיים מהדדי, התם בפרק "ב"ש" (זבחים מ.) אבל בשירים החיצונים – ליכא מאן דפליג. מיהו, בירושלמי קאמר: סמיכה ושירי הדם שאין מעכב לדורות – אין מעכבת כאן. ומשמע דפליגי נמי בשירים. אבל תימה לי: לימא הקטרת אימורים, דכתיב בההוא עניינא, ואינן מעכבין לדורות איכא בינייהו! וי"ל: דלכולי עלמא לא מעכבי, דהא דאינן מעכבין לדורות – היינו משום דכתיב (ויקרא ז): "והיה החזה לאהרן ולבניו". ודרשינן בר"פ "תמיד נשחט" (פסחים נט:): יכול נטמאו אימורים או שאבדו לא יהיו כהנים זכאין בחזה ושוק – תלמוד לומר: "והיה החזה לאהרן ולבניו" – מ"מ. וגבי מלואים נמי כתיב גבי חזה: "והיה לאהרן ולבניו" ונדרוש מהתם: והיה לאהרן ולבניו – מכל מקום:

איתקש משיחה לריבוי. תימה לי: לשינויא קמא, דמשני דאיצטריך קרא למעוטה, ולית ליה האי סברא דאיתקש משיחה לריבוי, היכי מיפרשא ברייתא דקתני: אין לי אלא שנמשח ז' – והא כל כמה דלא מייתי קרא ד"אשר ימשח אותו" לא ידעינן משיחה ז' אפילו לכתחילה? ויש לומר: מסברא הוה קי"ל משיחה ז', מדאשכחן התם משיחה וריבוי, וגלי ביה חד מינייהו שבעה – הוא הדין באידך, וילמד סתום מן המפורש. אבל בתר דמיעט קרא – מיבעיא ליה להש"ס משיחת שבעה לכתחילה מנא לן. אימא ריבוי דכתיב בהדיא הוי שבעה לכתחילה, אבל משיחה, נימא כיון דאימעיט – אימעוט לגמרי משבעה, ולא ניבעי משיחה אלא פעם אחת. ומשני: מדאיצטריך קרא למעוטי – אלמא סברא הוא להשוות משיחה לריבוי. ואם כן, אע"ג דאמעיטו תרוייהו מעיכובא – מ"מ למצוה בעי כל ז':

להביא

[ולקמן ס:]

עין משפט נר מצוה

ה א ב מיי' פ"ג מהל' מעשה הקרבנות הלכה יב:

ו ג מיי' פ"א מהלכות כלי המקדש הלכה ח ופ"ד הלכה יב:

ז ד מיי' שם פ"ד הלכה יג:

תוספות ישנים

סמיכה איכא בינייהו. ולא רצה לומר הקטרה שאינה מעכבת איכא בינייהו דהא לא שייך אהרן שלא שימש כל שבעת ימי מלואים: **ולדורות** מנא לן דלא מעכבא. שהרי שנה עליה הכתוב בכמה מקומות: **כאילו** לא כיפר וכיפר. בפרק קמא דזבחים (דף ו.) מפרש דלא תימא שלא עבר כל כך אם לא קיים מצות עשה זו אלא הרבה עבר כאילו לא כיפר ומ"מ כיפר שפטור מקרבן ועוד מפרש התם לשון אחר שעולה מכפרת אחייבי עשה שקודם השחיטה אבל מצות עשה דסמיכה שעד אחר שחיטה לא עבר [שלשולם] הוא בקום וסמוך עד לאחר שחיטה אינה מכפרת: **רב** נחמן בר יצחק אמר כו'. מר אמר חדא ומר אמר חדא ולא פליגי:

נתרבה שבעה ונמשח יום אחד. בנתרבה לחוד לא סגי ובפרק בתרא דהוריות (דף יב:) יליף מרובה בגדים מקרא ולא הזכיר כאן אלא מה שצריך דהא אמרינן בפ"ק דמגילה (דף ט:) אין בין כהן משוח למרובה בגדים אלא פר הבא על כל המצות:

הגהות הב"ח

(א) גמ' הכתוב בהן מעכב בהן מעכבא כצ"ל וכן בסמוך:

ח א מיי' פ"ו מהלכות כלי המקדש הלכה טז:

תורה אור

מִילְּתָא דִּכְתִיבָא בְּהַאי עִנְיָנָא, מִילְּתָא דְּלָא כְּתִיבָא בְּהַאי עִנְיָנָא – מְנָא לָן? אָמַר רַב נַחְמָן בַּר יִצְחָק: יָלֵיף "פֶּתַח" "פֶּתַח". רַב מְשַׁרְשִׁיָּא אָמַר: °"וּשְׁמַרְתֶּם אֶת מִשְׁמֶרֶת ה'" עִכּוּבָא. (ויקרא ח) רַב אָשֵׁי אָמַר: °"כִּי כֵן צֻוֵּיתִי" – עִכּוּבָא. *ת"ר: "כִּי כֵן צֻוֵּיתִי", (שם ח) °"כַּאֲשֶׁר צִוֵּיתִי", °"כַּאֲשֶׁר צִוָּה ה'". "כִּי כֵן צֻוֵּיתִי" – (שם י) בַּאֲנִינוּת יֹאכְלוּהָ. "כַּאֲשֶׁר צִוֵּיתִי" – בִּשְׁעַת מַעֲשֶׂה אָמַר לָהֶם. "כַּאֲשֶׁר צִוָּה ה'" – וְלֹא מֵאֵלַי אֲנִי אוֹמֵר. א"ר יוֹסֵי בַּר חֲנִינָא: מִכְנָסַיִם אֵין כְּתוּבִין בַּפָּרָשָׁה, כְּשֶׁהוּא אוֹמֵר: °"וְזֶה הַדָּבָר אֲשֶׁר (שמות כט) תַּעֲשֶׂה לָהֶם לְקַדֵּשׁ אֹתָם לְכַהֵן" – לְהָבִיא הַמִּכְנָסַיִם [א] וַעֲשִׂירִית הָאֵיפָה. בִּשְׁלָמָא מִכְנָסַיִם כְּתִיבִי בְּעִנְיָנָא דִּבְגָדִים, אֶלָּא עֲשִׂירִית הָאֵיפָה – מְנָא לָן? אַתְיָא "זֶה" "זֶה" מִ"וְזֶה קָרְבַּן אַהֲרֹן וּבָנָיו (ויקרא ו) אֲשֶׁר יַקְרִיבוּ לַה' עֲשִׂירִית הָאֵיפָה". א"ר יוֹחָנָן מִשּׁוּם ר"ש בֶּן יוֹחַאי: מִנַּיִין שֶׁאַף מִקְרָא פָּרָשָׁה מְעַכֵּב? ת"ל: °"וַיֹּאמֶר מֹשֶׁה אֶל הָעֵדָה זֶה (שם ח) הַדָּבָר אֲשֶׁר צִוָּה ה'" – אֲפִילּוּ דִּיבּוּר מְעַכֵּב. כֵּיצַד הִלְבִּישָׁן? כֵּיצַד הִלְבִּישָׁן?! מַאי דַּהֲוָה הֲוָה! אֶלָּא: כֵּיצַד מַלְבִּישָׁן לֶעָתִיד לָבוֹא? לֶעָתִיד לָבוֹא נַמִי – לִכְשֶׁיָּבוֹאוּ אַהֲרֹן וּבָנָיו וּמֹשֶׁה(א) עִמָּהֶם! אֶלָּא: כֵּיצַד הִלְבִּישָׁן לְמִיסְבַּר קְרָאֵי? פְּלִיגִי בָּהּ בְּנֵי ר' חִיָּיא וְרַבִּי יוֹחָנָן, חַד אָמַר: אַהֲרֹן *וְאַח"כ בָּנָיו, וְחַד אָמַר: אַהֲרֹן וּבָנָיו בְּבַת אַחַת. אָמַר אַבַּיֵּי: בִּכְתוֹנֶת וּמִצְנֶפֶת כּוּלֵּי עָלְמָא לָא פְּלִיגִי דְּאַהֲרֹן וְאַח"כ בָּנָיו, דְּבֵין בְּצַוָּואָה וּבֵין בַּעֲשִׂיָּה אַהֲרֹן קָדֵים. כִּי פְּלִיגִי – בְּאַבְנֵט, מַאן דְּאָמַר אַהֲרֹן וְאַחַר כָּךְ בָּנָיו – דִּכְתִיב: °"וַיַּחְגֹּר אוֹתוֹ בָּאַבְנֵט" וַהֲדַר כְּתִיב (שם) "וַיַּחְגֹּר אוֹתָם אַבְנֵט". וּמַאן דְּאָמַר אַהֲרֹן וּבָנָיו בְּבַת אַחַת – דִּכְתִיב: °"וְחָגַרְתָּ אוֹתָם".(ב) וּלְמַאן (שמות כט) דְּאָמַר אַהֲרֹן וּבָנָיו בְּבַת אַחַת, הָכְתִיב: "וַיַּחְגֹּר אוֹתוֹ בָּאַבְנֵט" וַהֲדַר כְּתִיב: "וַיַּחְגֹּר אוֹתָם אַבְנֵט!" אָמַר

מִילְּתָא דִּכְתִיבָא בְּהַאי עִנְיָנָא. בְּפָרָשַׁת צַוָּאָה דְּמִלּוּאִים, שֶׁנֶּאֱמַר בְּ"וְאַתָּה תְּצַוֶּה": דְּלָא כְּתִיב. בְּפָרָשַׁת הַמִּלּוּאִים בְּ"זֶה הַדָּבָר אֲשֶׁר תַּעֲשֶׂה" וגו' לֹא כְּתִיב שֶׁיִּתֵּן אֶל הַחוֹשֶׁן אוּרִים וְתוּמִּים כְּשֶׁהִלְבִּישָׁן. אֲבָל בְּפָרָשַׁת "צַו אֶת אַהֲרֹן" שֶׁנֶּאֶמְרָה שָׁם עֲשִׂיַּית הַמִּלּוּאִים כְּתִיב(ג) "וַיִּתֵּן עָלָיו אֶת הַחֹשֶׁן וַיִּתֵּן אֶל הַחֹשֶׁן אֶת הָאוּרִים וְאֶת הַתּוּמִּים". וְא"ת: אַף בְּ"וְאַתָּה תְּצַוֶּה" נֶאֱמַר "וְנָתַתָּ אֶל חֹשֶׁן הַמִּשְׁפָּט אֶת הָאוּרִים וְאֶת הַתּוּמִּים"! אֵין זוֹ מִפָּרָשַׁת הַמִּלּוּאִים, אֶלָּא עֲשִׂיַּית הַבְּגָדִים, וּבְהַהוּא עִנְיָנָא לָא כְּתִיב "כָּכָה" לְעִיכּוּבָא: פֶּתַח פֶּתַח. בַּצַּוָּואָה כְּתִיב (שמות כט): "אֶל פֶּתַח אֹהֶל מוֹעֵד" [יְתֵירָא] וְכֵן בָּעֲשִׂיָּיה. [בַּצַּוָּואָה כְּתִיב] "תַּקְרִיב(ד) פֶּתַח אֹהֶל מוֹעֵד וְאָכַל אַהֲרֹן וּבָנָיו אֶת בְּשַׂר הָאַיִל וְאֶת הַלֶּחֶם אֲשֶׁר בַּסַּל פֶּתַח אֹהֶל מוֹעֵד", וְכֵן בָּעֲשִׂיָּיה, "וְאֵת כָּל הָעֵדָה הַקְהֵל אֶל פֶּתַח אֹהֶל מוֹעֵד" "בַּשְּׁלוּ אֶת הַבָּשָׂר פֶּתַח אֹהֶל מוֹעֵד": וְרַב מְשַׁרְשִׁיָּא אָמַר. בְּפָרָשַׁת עֲשִׂיָּיתָן נַמִי עִיכּוּבָא כְּתִיבָא, "וּשְׁמַרְתֶּם מִשְׁמֶרֶת" – מַשְׁמַע תִּשְׁמוֹר כְּכָל הַכָּתוּב, וְלֹא צָרִיךְ גְּזֵירָה שָׁוָה: ת"ר כִּי כֵן צֻוֵּיתִי וכו'. אַיְּידֵי דְּנָקַט הָכָא לְמִידְרַשׁ "כִּי כֵן צֻוֵּיתִי" לְעִנְיָנָא דְּמִלּוּאִים דִּלְעִיכּוּבָא אֲתָא, קְבָעָהּ לָהּ בָּרַיְיתָא הָכָא לְמִדְרַשׁ "כִּי כֵן צֻוֵּיתִי" דִּשְׁמִינִי לְמַאי אֲתָא. וְלָאו נִיהוּ הַהוּא קְרָא. דְּעִנְיָנָא דְּמִלּוּאִים דְּ"צַו אֶת אַהֲרֹן", אֶלָּא דְּיוֹם הַשְּׁמִינִי, דִּכְתִיב בְּמִנְחָה (ויקרא י): "קְחוּ אֶת הַמִּנְחָה הַנּוֹתֶרֶת מֵאִשֵּׁי ה' וְאִכְלוּהָ מַצּוֹת אֵצֶל הַמִּזְבֵּחַ כִּי כֵן צֻוֵּיתִי": (ה)כַּאֲשֶׁר צֻוֵּיתִי. גַּבֵּי שְׂעִיר חַטָּאת אֲשֶׁר דָּרַשׁ מֹשֶׁה וְהִנֵּה שׂוֹרָף כְּתִיב: "אָכֹל תֹּאכְלוּ אוֹתָהּ *בְּמָקוֹם קָדוֹשׁ כַּאֲשֶׁר צִוֵּיתִי" (שם): כַּאֲשֶׁר צִוָּה ה'. גַּבֵּי שׁוֹק הַתְּרוּמָה וַחֲזֵה הַתְּנוּפָה כְּתִיב "תֹּאכְלוּ בְּמָקוֹם טָהוֹר וגו' כַּאֲשֶׁר צִוָּה ה'". (שם). וְלָמָּה לִי חַד מִכָּל הָנֵי כו'? וְכִי כָּל הַדְּבָרִים שֶׁנֶּאֶמְרוּ לְמֹשֶׁה לוֹמַר לְיִשְׂרָאֵל חָזַר וְאָמַר(ו) כִּי כֵן צֻוֵּיתִי: אוֹנְנִין. עַל נָדָב וַאֲבִיהוּא. וְקָדָשִׁים אֲסוּרִין לְאוֹנֵן מִקַּל וָחוֹמֶר מִמַּעֲשֵׂר הַקַּל, דִּכְתִיב גַּבֵּי מַעֲשֵׂר (דברים כו): "לֹא אָכַלְתִּי בְאוֹנִי מִמֶּנּוּ". וְהוּא אָמַר לָהֶן לֶאֱכוֹל הַמִּנְחָה, הוּזְקַק לוֹמַר "כִּי כֵן צֻוֵּיתִי" – בַּאֲנִינוּת תֹּאכְלוּהָ: כַּאֲשֶׁר צִוֵּיתִי בִּשְׁעַת מַעֲשֶׂה אָמַר לָהֶם. כְּשֶׁמָּלָא מַה שֶּׁעָשׂוּ, שֶׁשָּׂרְפוּ שְׂעִיר הַחַטָּאת וְהוּא שָׂעִיר שֶׁל ר"ח, אָמַר לָהֶם: "הֵן לֹא הוּבָא אֶת דָּמָהּ וגו'" הֲלֹא לֹא אֵירַע בּוֹ פְּסוּל – הָיָה לָכֶם לְאוֹכְלוֹ בַּקּוֹדֶשׁ כַּאֲשֶׁר צִוֵּיתִי אֶתְכֶם בַּמִּנְחָה, שֶׁאָמַרְתִּי לָכֶם בָּהּ שֶׁמִּפִּי הקב"ה נִצְטַוֵּיתִי: כַּאֲשֶׁר צִוָּה ה' וְלֹא מֵאֵלַי אֲנִי אוֹמֵר. הֱיוּ סוֹמְכִין ע"פ הַדִּיבּוּר וְאִכְלוּ אוֹתוֹ אוֹנְנִין, וְלֹא תַּעֲשׂוּ כַּאֲשֶׁר עֲשִׂיתֶם בַּחַטָּאת. וּמֹשֶׁה טָעָה בַּדָּבָר, שֶׁלֹּא נֶאֱמַר לוֹ אֶלָּא בְּמִנְחָה וּבְחָזֶה וְשׁוֹק וּשְׂעִיר שְׁמִינִי וּבִשְׂעִיר נַחְשׁוֹן, שֶׁהָיוּ קָדְשֵׁי שָׁעָה. אֲבָל שְׂעִיר ר"ח שֶׁהוּא קָדְשֵׁי דוֹרוֹת – לֹא הוּתַּר לְאוֹנֵן. וּשְׁלֹשָׁה שְׂעִירִים קָרְבוּ בּוֹ בַּיּוֹם, וְלֹא נִשְׂרַף אֶלָּא שֶׁל ר"ח בִּלְבַד, שֶׁנֶּאֱמַר (ויקרא י) "וְאוֹתָהּ נָתַן לָכֶם לָשֵׂאת אֶת עֲוֹן הָעֵדָה" – זֶהוּ שֶׁל ר"ח, הַבָּא עַל טוּמְאַת מִקְדָּשׁ וְקָדָשָׁיו. כְּמוֹ שֶׁשָּׁנִינוּ בְּמַסֶּכֶת שְׁבוּעוֹת (דף ט:): אֵינָן כְּתוּבִין בַּפָּרָשָׁה. בִּלְבִישַׁת הַבְּגָדִים, לֹא בַּצַּוָּואָה וְלֹא בָּעֲשִׂיָּיה: כְּשֶׁהוּא אוֹמֵר וְזֶה הַדָּבָר אֲשֶׁר תַּעֲשֶׂה לָהֶם. וָי"ו מוֹסִיף עַל עִנְיָן רִאשׁוֹן, הַמְדַבֵּר בְּצַוָּאַת עֲשִׂיַּית הַבְּגָדִים וְשָׁם כְּתִיב "וַעֲשֵׂה לָהֶם מִכְנְסֵי בָד": וַעֲשִׂירִית הָאֵיפָה. שֶׁהַכֹּהֲנִים צְרִיכִים לְהָבִיא בְּיוֹם חִינּוּכָם, וַאֲפִילּוּ הֶדְיוֹט. כִּדְאָמְרִינַן בִּמְנָחוֹת (דף נא.): בִּשְׁלָמָא מִכְנָסַיִם כְּתִיבִי בְּעִנְיָנָא דִּבְגָדִים. דִּלְעֵיל מִינֵּיהּ דְּהַהִיא פָּרָשָׁה, אִיכָּא לְרַבּוּיִינְהוּ וָי"ו מוֹסִיף עַל עִנְיָן רִאשׁוֹן: זֶה קָרְבַּן אַהֲרֹן וּבָנָיו. בַּעֲשִׂירִית הָאֵיפָה כְּתִיב שֶׁהַהֶדְיוֹט מֵבִיא בְּיוֹם חִינּוּכוֹ, וְכֹהֵן גָּדוֹל בְּכָל יוֹם: מִקְרָא(ז). פָּרָשַׁת מִלּוּאִים שֶׁנִּצְטַוָּה בְּ"וְאַתָּה תְּצַוֶּה" אָמַר לָהֶם לַצִּיבּוּר בְּעֶשְׂרִים וּשְׁלֹשָׁה בַּאֲדָר, כְּשֶׁהִתְחִילוּ הַמִּלּוּאִים, וְהִקְהִיל אֶת הָעֵדָה אֶל פֶּתַח אֹהֶל מוֹעֵד. שֶׁנֶּאֱמַר "וַתִּקָּהֵל הָעֵדָה וגו' וַיֹּאמֶר מֹשֶׁה אֶל הָעֵדָה זֶה הַדָּבָר אֲשֶׁר צִוָּה ה' לַעֲשׂוֹת", וּמִקְרָאוֹת הַלָּלוּ בַּעֲשִׂיַּית הַמִּלּוּאִים בְּ"צַו אֶת אַהֲרֹן": כֵּיצַד הִלְבִּישָׁן. סֵדֶר בְּגָדִים לָאָב וְלַבָּנִים זֶה אַחַר זֶה: מַאי דַּהֲוָה הֲוָה. וּמַה צָּרִיךְ לָנוּ לִשְׁאוֹל(ח) לְמִסְבַּר קְרָאֵי. דְּלָא לִירְמוּ אַהֲדָדֵי, דְּבַצַּוָּואָה כְּתִיב (שמות כט) "וְחָגַרְתָּ אוֹתָם אַבְנֵט אַהֲרֹן וּבָנָיו" – מַשְׁמַע חֲגִירָתָם שֶׁל אָב וּבָנִים בְּסֵדֶר אֶחָד, וְלֹא הִפְסִיק לְבִישַׁת בֶּגֶד אַחֵר בֵּינְתַיִים. וּבָעֲשִׂיָּיה כְּתִיב בְּאַהֲרֹן (ויקרא ח) "וַיַּחְגֹּר אוֹתוֹ בָּאַבְנֵט" בְּסֵדֶר לְבִישַׁת בְּגָדִים וגו', וְהִלְבִּישׁוֹ כָּל הַמַּלְבּוּשִׁין, וְאַח"כ הִקְרִיב בָּנָיו וְהִלְבִּישָׁם, [וְלֹא] חָגַר אַהֲרֹן וּבָנָיו בְּבַת אַחַת: אַבַּיֵּי מְפָרֵשׁ לָהּ לְמִילְּתַיְיהוּ בִּכְתוֹנֶת וּמִצְנֶפֶת,(ט) לְהָכִי נָקַט כְּתוֹנֶת וּמִצְנֶפֶת שֶׁשָּׁוִין בְּגָדוֹל וּבְהֶדְיוֹט. וּמִכְנָסַיִם לֹא הוּצְרַךְ לוֹמַר, שֶׁהֲרֵי הֵן קוֹדְמִין לַכֹּל, כִּדְאָמְרִינַן לְקַמָּן: *מִנַּיִין שֶׁלֹּא יְהֵא דָּבָר קוֹדֵם לְמִכְנָסַיִם כו': כּוּלֵּי עָלְמָא לָא פְּלִיגֵי דְּאַהֲרֹן וְאַח"כ בָּנָיו. לְאַהֲרֹן הִלְבִּישׁ תְּחִלָּה כָּל שְׁאָר בְּגָדָיו חוּץ מֵאַבְנֵט, וְאַחַר כָּךְ הִתְחִיל לְהַלְבִּישׁ אֶת בָּנָיו: דְּבֵין בְּצַוָּואָה בֵּין בַּעֲשִׂיָּיה. כָּךְ כְּתִיב: כִּי פְּלִיגֵי בְּאַבְנֵט. שֶׁבַּצַּוָּואָה נֶאֱמַר חֲגִירָתָם כְּאַחַת, "וְחָגַרְתָּ אוֹתָם אַבְנֵט אַהֲרֹן וּבָנָיו", וְלֹא נֶאֶמְרָה חֲגִירָה בְּאַהֲרֹן כְּסֵדֶר לְבִישַׁת בְּגָדִים, וּבַעֲשִׂיָּיה נֶאֶמְרָה חֲגִירָתוֹ כְּסֵדֶר שְׁאָר בְּגָדָיו. וַחֲגִירַת בָּנָיו לְעַצְמָן כְּסֵדֶר בִּגְדֵיהֶם: מַאן דְּאָמַר אַהֲרֹן וּבָנָיו בְּבַת אַחַת. אָזֵיל בָּתַר צַוָּואָה. וּלְקַמֵּיהּ מְפָרֵשׁ בְּבַת אַחַת מִי מַשְׁכַּחַת לָהּ: אָמַר

[זבחים קח.]

[דף כג:]

להביא את המכנסים. מכאן קשה להא דפ' "אלו הן הנשרפין" (סנהדרין דף פג:), מפיק מיתה מחוסר בגדים מדדרשינן: אין בגדיהן עליהן – אין כהונתן עליהן, והוו להו זרים. והקשה רבינו יעקב מאורליינ"ש: הא בהדיא כתיב מיתה ב"ואתה תצוה"! נהי דהאי קרא איצטריך לשווינהו זרים אף לעניין לחלל עבודה כמו זרים – מ"מ ההוא קרא דכתיב במחוסרי בגדים מיתה בהדיא למה לי? תיפוק ליה מ"אין בגדיהם עליהם – אין כהונתן עליהן"! ותירץ דמכנסים לא כתיב הכא, ואיצטריך ההוא קרא למחוסר מכנסים, דהוה במיתה. וקשה: לרבי יוסי בר חנינא, כיון דנפקא ליה מכנסים מ"וזה הדבר" – הוה ליה כאלו מכנסים נמי כתיבי הכא! ותירץ ריצב"א דמיתה דגבי [מכנסים] איצטריך לחייב אפילו ביאה ריקנית אאהל מועד מי שנכנס מחוסר בגדים כדכתיב (שמות כח) "והיו על אהרן ועל בניו בבאם אל אהל מועד", וכן בשלא רחוץ ידים דכתיב (שם ל): "בבואם אל אהל מועד ירחצו או בגשתם אל המזבח לשרת", מיחייב אאהל מועד אפילו אביאה ריקנית. והא דקאמר פ"ב דזבחים (דף יט:): אי כתב רחמנא בבואם ולא כתב בגשתם ה"א אפילו אביאה ריקנית כו', משמע דלפי האמת לא מיחייב אביאה ריקנית – יש לומר: היינו אמזבח. וה"פ: אי כתיב "בבואם אל אהל מועד או אל המזבח" ולא כתיב "לשרת" – ה"א דאפילו אמזבח מיחייב אביאה ריקנית, קמ"ל דאמזבח לא מיחייב. ובתוספתא דמסכת כלים [פ"א] תניא, אמר שמעון הצנוע לפני ר"א: אני נכנסתי בין האולם ולמזבח בלא רחוץ ידים ורגלים. אמר לו: מי חביב, אתה או כהן גדול? שתק. אמר לו: בוש אתה לומר. (העבודה) שכלבו של כהן גדול יותר חביב ממך וכו', עד ואפילו כהן גדול מפצעים את מוחו בגיזרין. אלא שלא מלאך בעל הפול. ומסתמא שמעון הצנוע לא היה משתמש בלא רחוץ ידים, כי לא היה טועה בזה. אבל רש"י פירש בפירוש חומש: "בבואם אל אהל מועד" – להקטיר. ולא נהירא, אלא כדפרישית*: **מאי** דהוה הוה. בפ"ק דסנהדרין (דף טו:) מיבעיא לן: שור סיני בכמה? מי גמר שעה מדורות או לא? ולא פריך התם כי הכא, מאי דהוה הוה*: **בכתונת** ומצנפת כולי עלמא לא פליגי. הא דלא נקט נמי מכנסים – נראה לי משום דמפרש דבין בצוואה בין בעשייה אהרן קדים, ומכנסים לא כתיבי לא בצוואה ולא בעשייה. ורש"י פירש טעמא אחרינא: אמר

רש"א

[עי' מיי' פ"ו מהלכות כלי המקדש הלכה א]

[עי' תוס' סנהדרין פג. ד"ה ולא משום]

[עיין תוס' סנהדרין טו: ד"ה שור ותוס' חגיגה ו: ד"ה מאי כ"מ]

הגהות הב"ח

(א) גמ' ובניו ומשה רבינו יבא עמהם ויאמר אלא כילד: (ב) שם וחגרת אותם אבנט אהרן ובניו ולמ"ד: (ג) רש"י ד"ה דלא כו'. כתיב וישם עליו: (ד) שם ד"ה פתח כו'. תקריב אל פתח: (ה) שם ד"ה כאשר צויתי הד"א עם ד"ה כאשר צוה ה': (ו) שם כי כן צויתי הס"ד ואח"כ מ"ה באנינות יאכלוה שהן אוננין על נדב: (ז) שם מקרא פרשה. פרשת מילואים וכו' אמר להם. נ"ב פי' כסדר העשייה אמר לכון: (ח) שם ד"ה למיסבר הד"א עם ד"ה אביי: (ט) שם ד"ה אביי. ומצנפת וכו' להכי נקט:

תוספות ישנים

ולא מלבי אני אומר. שתהיו סבורים שטעיתי כמו בשעיר דר"ח אע"פ שהוא כתוב אח"כ אין מוקדם ומאוחר:

אָמַר לָךְ: הַהוּא אַבְנֵטוֹ שֶׁל כֹּהֵן גָּדוֹל לֹא זֶה הוּא אַבְנֵטוֹ שֶׁל כֹּהֵן הֶדְיוֹט. וּלְמַאן דְּאָמַר אַהֲרֹן וְאַחַ"כ בָּנָיו, וְהַכְּתִיב: "וְחָגַרְתָּ אוֹתָם אַבְנֵט"!(א) אָמַר לָךְ: הַהוּא קמ"ל אַבְנֵטוֹ שֶׁל כֹּהֵן גָּדוֹל זֶהוּ *אַבְנֵטוֹ שֶׁל כֹּהֵן הֶדְיוֹט. "וַיַּחְגֹּר אוֹתוֹ(ב) אַבְנֵט" "וַיַּחְגֹּר אוֹתָם" לָמָּה לִי? שְׁמַע מִינָּהּ: אַהֲרֹן וְאַחַ"כ בָּנָיו. וּבְבַת אַחַת מִי מַשְׁכַּחַתְּ לַהּ? לָא צְרִיכָא, דְּאַקְדִּים. § "מַפְרִישִׁין כֹּהֵן גָּדוֹל וכו'". § לָמָּה מַפְרִישִׁין? – לָמָּה מַפְרִישִׁין?! כִּדְקָאָמְרִי', אִי לְר' יוֹחָנָן כִּדְאִית לֵיהּ, אִי לְרֵישׁ לָקִישׁ כִּדְאִית לֵיהּ! הָכִי קָאָמַר: מִבֵּיתוֹ לָמָּה פֵּירֵשׁ? תַּנְיָא, *ר' יְהוּדָה בֶּן בְּתֵירָה אוֹמֵר: שֶׁמָּא תִּמָּצֵא אִשְׁתּוֹ סְפֵק נִדָּה, וְיָבֹא עָלֶיהָ. *אַטּוּ בִּרְשִׁיעֵי עָסְקִינַן?! [א] אֶלָּא: שֶׁמָּא יָבֹא עַל אִשְׁתּוֹ, וְתִמָּצֵא *סְפֵק נִדָּה. אֲמַרוּהָ רַבָּנַן קַמֵּיהּ דְּרַב חִסְדָּא: כְּמַאן – כְּרַבִּי עֲקִיבָא, דְּאָמַר: *נִדָּה מְטַמְּאָה אֶת בּוֹעֲלָהּ. דְּאִי רַבָּנַן, הָא אָמְרִי: [ב] אֵין נִדָּה מְטַמְּאָה אֶת בּוֹעֲלָהּ! אֲמַר לְהוּ רַב חִסְדָּא: אֲפִילּוּ תֵּימְרוּ רַבָּנַן, ע"כ לָא פְּלִיגִי רַבָּנַן עֲלֵיהּ דְּר"ע – אֶלָּא בְּאַחַר אַחַר, אֲבָל בְּחַד אַחַר – מוֹדוּ לֵיהּ. אָמַר ר' זֵירָא, שְׁמַע מִינָּהּ: בּוֹעֵל נִדָּה אֵינוֹ כְּנִדָּה וְטוֹבֵל בַּיּוֹם. דְּאִי אָמְרַתְּ בּוֹעֵל נִדָּה כְּנִדָּה, אֵימַת טָבֵיל – בְּלֵילְיָא, לְמָחָר הֵיכִי עָבֵיד עֲבוֹדָה? וְהָא בָּעֵי הַעֲרֵב הַשֶּׁמֶשׁ! אֶלָּא לָאו שְׁמַע מִינָּהּ: בּוֹעֵל נִדָּה אֵינוֹ כְּנִדָּה. רַב שִׁימִי מִנְּהַרְדְּעָא אָמַר: אֲפִי' תֵּימָא בּוֹעֵל נִדָּה כְּנִדָּה – דְּמַפְרִישִׁינַן לֵיהּ שָׁעָה אַחַת סָמוּךְ לִשְׁקִיעַת הַחַמָּה. מֵיתִיבִי: *כָּל חַיָּיבֵי טְבִילוֹת [ג] טְבִילָתָן בַּיּוֹם, נִדָּה וְיוֹלֶדֶת – טְבִילָתָן בַּלַּיְלָה. נִדָּה – אִין, בּוֹעֵל נִדָּה – לָא! נִדָּה, וְכָל דְּאָתֵי מֵרִבּוּיָיא. מֵיתִיבִי: *בַּעַל קֶרִי כְּמַגַּע שֶׁרֶץ, בּוֹעֵל נִדָּה כִּטְמֵא מֵת. מַאי לָאו – לִטְבִילָה? לֹא, לְטוּמְאָתָן. טוּמְאָתָן?! בְּהֶדְיָא כְּתִיב בְּהוּ! הַאי טוּמְאַת שִׁבְעָה כְּתִיב בֵּיהּ, וְהַאי טוּמְאַת שִׁבְעָה כְּתִיב בֵּיהּ! אֶלָּא

רש"י

אמר לך ההוא אבנטו של כהן גדול לא זהו אבנטו וכו'. כלומר: לעולם קרא דצואה דווקא בבת אחת, ובעשייה דפלגינהו – ללמדנו בא שאין האבנטים שוין, שנאמר במעשה האבנט של כהן גדול (שמות לט) "ואת האבנט שש משזר תכלת וארגמן" למדנו שהוא של כלאים, דשש כיתנא ותכלת עמרא. ואבנט הבנים לא פירש הכתוב ממה היו, ואשמועינן הכא דאבנטו של כהן גדול לא זהו אבנטו של כהן הדיוט, שזה של כלאים וזה של בוץ: **זהו אבנטו.** כלומר: שניהם של כלאים: **ובבת אחת** מי משכחת לה. שיהא משה לבדו חוגר חמשה בני אדם כאחת: **לא צריכא דאקדים.** לא בבת אחת ממש קאמר, אלא זה אחר זה, אבל בסדר אחד היו, ולא הפסיק בגד אחר בנתיים. הלביש לאהרן כל בגדיו, ולא חגר אותו אבנט, ואח"כ הלביש את בניו מכנסים כתונת ומצנפת, ואח"כ נטל את האבנטים וחגר את אהרן ואח"כ בניו. ולמאן דאמר אהרן ואח"כ בניו – כתבו האמור בעשייה "ויתן עליו את הכתונת ויחגור אותו באבנט וילבש אותו את המעיל" ואח"כ "ויקרב(ג) את בני אהרן וילבישם כתנות ויחגור אותם אבנט". ודברי הכל לאהרן תחילה, קודם שהתחיל לבניו: **אי לר' יוחנן כדאית ליה.** דיליף ממלואים, אי לרשב"ל – כדאית ליה, דיליף מסיני: **מביתו למה פירש.** מאשתו למה פירש? תבא אשתו עמו שם, שהרי על כרחך לשכת פרהדרין לא היתה קדושה, שאין ישיבה בעזרה אלא למלכי בית דוד – כ"ש שכיבה: הכי גרסינן: תניא רבי יהודה בן בתירה אומר שמא תמצא אשתו וכו': **ברשיעי עסקינן.** שיבא על ספק נדה: **אלא שמא יבא על אשתו ואח"כ תמצא ספק נדה.** שתמצא דם על הסדין שקינחה בו, ואין ידוע אם בשעת ביאה היה בה דם זה או לאחר ביאה. ובועל נדה טמא שבעת ימים, ויהא אסור לבוא במקדש ביום הכפורים: **כמאן כרבי עקיבא דאמר** הרואה דם **מטמאה את בועלה.** למפרע כל מעת לעת, כשם שגזרו שמטמאה טהרות מעת לעת למפרע. ופלוגתייהו במסכת נדה בפרק "כל היד" (דף יד.), והכי תנן: דרך בנות ישראל משמשות בשני עדים, אחד לו ואחד לה. נמצא על שלו – טמאין שניהן כל שבעה, דודאי היה דם בשעת ביאה, שאין דרך האיש לצאת ממנו דם. נמצא על שלה אותיום, והוא לשון 'מיד' בלשון יוני, שקנחה בפרישת יציאת השמש מיד – טמאים ודאי. נמצא(ד) לאחר זמן, כלומר שהרחיקה בדיקה – טמאים מספק. ואיזהו אחר זמן – כדי שתרד מן המטה ותדיח את פניה של מטה, ואח"כ מטמאה מעת לעת ואינה מטמאה את בועלה. והכי פירושה: ואם יותר מכאן ששהתה לבדוק, ואח"כ בדקה ומצאה – הרי היא כשאר נשים לטמא למפרע טהרות של מעת לעת, ואינה מטמאה את בועלה שלא גזרו טומאת מעת לעת לענין טומאת בועלה, ר"ע אומר אף מטמאה בועלה: **אלא באחר אחר.** ששהתה יותר מאחר זמן. שהזמן אותיום, ואחר זמן – לאחר אותיום, בתוך כדי שתרד ותדיח. כדקתני: איזהו אחר זמן, והתם קתני טמאים מספק. ולא פליגי עם ר"ע. ובאחר אחר זמן – פליגי, כדקתני: ואח"כ מטמאה את בועלה[א] מעת לעת. אבל בחד אחר, בתוך אחר זמן, דהיינו בתוך כדי שתרד – מודו: **ש"מ.** מדקתני מפרישין שבעת ימים, ואוקימנא טעמא משום חשש טומאת נדה: **בועל נדה אינו כנדה.** שאסורה לטבול בשביעי עד הלילה, אלא טובל בשביעי ביום. הלכך לא בעי פרישה אלא שבעת ימים, ואם בא על ספק נדה ביום הפרישה – מונה מקצת היום ככולו כנדה, וטובל ערב יוה"כ שהוא שביעי ביום, ומעריב שמשו ונכנס במקדש ביוה"כ: **דאי ס"ד בועל נדה כנדה אימת טבל.** זה. אם בא על נדה ביום פרישתו בלילה דיוה"כ, למחר היכי עביד עבודה? **סמוך לשקיעת החמה.** שמונה ימים לפני יוה"כ. והאי דקרי ליה שבעה – דמשום ההוא פורתא לא חשיב ליה. וטביל אור של ערב יוה"כ, ועביד למחר של ערב יוה"כ הערב שמשו: **כל חייבי טבילות טבילתן ביום.** כדיליף במסכת מגילה (דף כ.) מ"וחטאו ביום השביעי ורחץ במים וגו'" (במדבר יט): **נדה ויולדת טבילתן בלילה.** נדה דכתיב (ויקרא טו) "שבעת ימים" – תהא בנדתה כל שבעה, ויולדת – "כימי נדת דותה תטמא" (שם יב): **בעל קרי כמגע שרץ.** לטבול ביום טומאתו, כדאמרינן בפרק "אלו דברים" בפסחים [דף סז:]: ובועל נדה כטמא מת לטבול ביום שביעי, אלמא טובל ביום: **לא לטומאתן.** בעל קרי כמגע שרץ לטומאת ערב וראשון לטומאה, בועל נדה – טומאת שבעה ואב הטומאה כטמא מת: **האי טומאת שבעה כתיב ביה.** "ותהי נדתה עליו וטמא שבעת ימים" (שם טו):
שמטמא

תוספות

אמר לך אבנטו של כהן גדול לא זהו אבנטו כו'. וא"ת: היכי דייק מדכתיב "אותו", הכתיב נמי "אותם", ומ"אותם" נימא שהאבנטי' שוין, וא"כ קרא לא כמר דייקי ולא כמר דייקי! וי"ל: סברא הוא לאוקמא קרא ד"ואת האבנט תעשה שש משזר וגו'" בכהן גדול דווקא, כיון דשאר בגדיו היו נמי דכלאים, אפוד (*ומעיל), אבל הדיוט דכל שאר בגדיו דבוץ, נימא נמי אבנטו דבוץ. ואשכחן נמי כי האי גוונא, כהן גדול ביום הכפורים לפי שהיו שאר בגדיו דבוץ היה נמי אבנטו דבוץ. וה"ר מנחם מיואני ז"ל, פירש: דנפקא ליה מג"ש דרוקם רוקם, דכתיב ב"ואתה תצוה": *"ואת האבנט תעשה מעשה רוקם" ובכהן גדול איירי, מדכתיב: "ולבני אהרן תעשה כתנות ועשית להם אבנטים ומגבעות" – אם כן קמא דכהן גדול. ובפרשת פקודי כתיב בשעת עשייה: "ואת האבנט שש משזר תכלת וארגמן ותולעת שני מעשה רוקם", וילפינן בגזירה שוה, דכמו דאותו רוקם כלאים הוה, כך "ואבנט תעשה מעשה רוקם" שכתב בכ"ג כלאים הוה. אבל באבנט של כהן הדיוט – לא כתב רוקם. ולמאן דאמר דתרווייהו של כלאים משוה להן מדכתיב אותם:

מביתו למה פירש. פי' רש"י: תבא אשתו עמו שם, שהרי על כרחך לשכת פרהדרין לא היתה קדושה, שאין ישיבה בעזרה כ"ש שכיבה. וקשיא לן, דנהי דלא קדישא כקדושת עזרה – מ"מ כהר הבית היתה. דאמרי' בפרק "פרת חטאת" (זבחים דף קטו:): דכל הר הבית מחנה לויה הוא, ובעל קרי אינו רשאי ליכנס במחנה לויה, דאמר בפסחים פרק "אלו דברים" (דף סז:) זב וכל זב – לרבות בעל קרי. אלא יש לפרש, מביתו למה פירש: הוה לן למימר שיפרישוהו למחילה אחת בהר הבית, דאמרי' פרק "כילד צולין" (שם דף פו.) דמחילות לא נתקדשו:
סיפא

תוספות ישנים

מביתו למה פירש. פי' הר"י בשם רבינו שלמה מביתו למה פירש ילך לביתו אחר תמיד של בין הערבים וישמש מטתו ויטבול שעה אחת קודם שקיעת החמה ויעריב שמשו וילון בלשכה דהא נמי אהרן לן במחנה לויה זוור אחת שהיה המשכן מפורק כמו כן משמע בירושל' דקאמר דאיצטריך דבן בתירה ודר' יוחנן דאי מדרבי יוחנן ה"א שיכול לצאת שעה אחת ולשמש ביתו אבל בקונט' פי' מביתו למה פירש שהרי ע"כ לשכת פרהדרין לא היתה קדושה שאין ישיבה בעזרה אלא למלכי בית דוד וכ"ש שכיבה וקשה דהא קי"ל בפסחים פרק אלו דברים (דף סז.) ובתמיד (דף כז:) שבעל קרי משתלח חוץ לשתי מחנות אלא מפרש רבי' הזקן מביתו למה פירש [תהיה] פרישתו למקום שבעל קרי מותר ליכנס ואע"ג דבמילואים כתיב ופתח אהל מועד תשבו ומדקאמר תשבו ע"כ מחנה לויה היה וא"כ פירש מאשתו וי"ל דשאני אהרן שהיה צריך לקבל הזאת דמים כל שבעת ימי המילואים ואע"ג דבמתני' נמי תנן שהיה עובד כל שבעת הימים מ"מ אין זה כ"א מדרבנן וא"ת ומאי קאמר מביתו למה פירש והלא יש לו להיות תדיר במחנה לויה כמו אהרן ובניו שהיו יושבין תמיד פתח אהל מועד מהא דתניא בברייתא דמלאכת המשכן שכל שבעת ימי המילואים היה משה מעמיד המשכן ומפרקו פירוק היה מפרקו ומעמידו מיד אבל אם נפרש מעמידו בערב ומפרקו בבקר ויומם ולילה דכתיבי בקרא לאו דוקא מחנה לויה אלא מקום מחנה לויה ואם כן ה"נ היו יכולין להפרישן במחנה ישראל כמו שבטלה קדושת המשכן כשהיה מפורק כדאמרי' (בתענית) הוגללה הפרוכת היו זבים ומצורעים נכנסים לשם ופירוש ראשון נכון: **אבל** בחד אחר מודו ליה. לרבותא נקטיה דאפילו בחד אחר מודו ליה דהא אף אי לא הוו מודו ליה הוי מצי למינקט נמצא על שלו או על שלה אותיום אי נמי חיישינן לספק נדה אבל ודאי נדה כגון על שלו או על שלה אותיום לא חיישינן ולא היינו מפרישין אותו בשביל כך. מ"ר: **אימת** טביל ליה בלילה למחר היאך עביד עבודה. והא דתנן (לקמן דף יז.) כל שבעת הימים זורק את הדם היינו אם הוא טהור ביום הראשון אבל אם שימש מטתו בלילה שלפניו צריך להעריב שמשו:

עין משפט נר מצוה

י א מיי' פ"ח מהלכות עבודת יוה"כ הלכה ג:
יא ב מיי' פי"ג מהלכות משכב ומושב הל' ח:
[ג] [רב אלפס שבועות פ"ב דף רנב.]

[נ"ל ותוסן] [נ"ל והכנט] [עי' תוס' נדה טו. סד"ה אמר רב כו']

מסורת הש"ס

[לקמן יב. סנ. חולין קלח. תמיד כז: ע"ש]
[לעיל ג: תוספתא פ"א]
[יבמות לג: כתובות קה. קידושין לג. גיטין לג:]
לקמן פח. ע"ש פסחים ל: שבת קכח.
פסחים סז: [זבחים פ"ה מי"א]

הגהות הב"ח

(א) גמ' אבנט אהרן ובניו אמר לך: (ב) שם ויחגור אותו באבנט כצ"ל: (ג) רש"י ד"ה לא צריכא וכו'. ויקרב משה את בני אהרן וכו' אותם אבנט כצ"ל: (ד) שם ד"ה כמאן כו' ודאי נמצא על שלה לאחר זמן כו' שהרחיקה בדיקתה וכו' ומצאתה דם הרי:

גליון הש"ס

תוס' ד"ה מביתו וכו' שאין ישיבה בעזרה. עיין לקמן דף ח ע"ב תוס' ד"ה לאו:

הגהות מהר"ב רנשבורג

[א] ברש"י ד"ה אלא באחר אחר וכו' ואח"כ מטמאה את בועלה. נ"ב ר"ל משום מגע וכדאיתא בנדה דף ט"ו ע"א:

יב א מיי' פ"ד מהל' ביאת מקדש הלכה יד טו טז:

אֶלָּא לָאו – לִטְבִילָתָן? לֹא, לְעוֹלָם לְטוּמְאָתָן, סֵיפָא אִצְטְרִיכָא לֵיהּ: אֶלָּא שֶׁחָמוּר מִמֶּנּוּ בּוֹעֵל נִדָּה שֶׁמְּטַמֵּא מִשְׁכָּב וּמוֹשָׁב בְּטוּמְאָה קַלָּה, לְטַמֵּא אוֹכָלִין וּמַשְׁקִין. ת"ש, *דְּתָנֵי רַבִּי חִיָּיא: הַזָּב וְהַזָּבָה וְהַמְּצוֹרָע וְהַמְּצוֹרַעַת וּבוֹעֵל נִדָּה וּטְמֵא מֵת – טְבִילָתָן בַּיּוֹם, נִדָּה וְיוֹלֶדֶת – טְבִילָתָן בַּלַּיְלָה! תְּיוּבְתָּא. וְעַד שֶׁאַתָּה מַפְרִישׁוֹ מִטּוּמְאַת בֵּיתוֹ, הַפְרִישֵׁהוּ מִטּוּמְאַת הַמֵּת! אָמַר רַב תַּחְלִיפָא אֲבוּהּ דְּרַב הוּנָא (בַּר תַּחְלִיפָא) מִשְּׁמֵיהּ דְּרָבָא: זֹאת אוֹמֶרֶת "טוּמְאַת הַמֵּת הוּתְּרָה הִיא בְּצִיבּוּר". רָבִינָא אָמַר: אֲפִילּוּ תֵּימָא "טוּמְאַת הַמֵּת דְּחוּיָה הִיא בְּצִבּוּר" – טוּמְאַת הַמֵּת לָא שְׁכִיחָא, טוּמְאַת בֵּיתוֹ שְׁכִיחָא. אִיתְּמַר, טוּמְאַת הַמֵּת, רַב נַחְמָן אָמַר: הוּתְּרָה הִיא בְּצִיבּוּר, וְרַב שֵׁשֶׁת אָמַר: [א]דְּחוּיָה הִיא *בְּצִיבּוּר. הֵיכָא דְּאִיכָּא טְמֵאִין וּטְהוֹרִין בְּהַהוּא בֵּית אָב – כּוּלֵּי עָלְמָא לָא פְּלִיגִי דִּטְהוֹרִין עָבְדִי, טְמֵאִין לָא עָבְדִי. כִּי פְּלִיגִי – לְאַהֲדוּרֵי וּלְאַתּוּיֵי טְהוֹרִין מִבֵּית אָב אַחֲרִינָא. רַב נַחְמָן אָמַר: הֶיתֵּר הִיא בְּצִיבּוּר, וְלָא מְהַדְּרִינַן. וְרַב שֵׁשֶׁת אָמַר: דְּחוּיָה הִיא בְּצִיבּוּר, וּמְהַדְּרִינַן. אִיכָּא דְּאָמְרִי: אֲפִי' הֵיכָא דְּאִיכָּא טְהוֹרִין וּטְמֵאִין בְּהַהוּא בֵּית אָב פָּלֵיג רַב נַחְמָן וְאָמַר, עָבְדִי נַמִי טְמֵאִין, דְּכָל

רש"י

שֶׁמְּטַמֵּא מִשְׁכָּב וּמוֹשָׁב. אֲפִילּוּ עֶשֶׂר מַצָּעוֹת זוֹ עַל גַּב זוֹ. וּטְמֵא מֵת אֵינוֹ מְטַמֵּא אֶלָּא מַגָּעוֹ: **לְטַמֵּא אוֹכָלִין וּמַשְׁקִין.** וְלֹא לְטַמֵּא אָדָם וְכֵלִים כִּשְׁאָר כָּל עוֹשֵׂה מִשְׁכָּב וּמוֹשָׁב, כְּגוֹן זָב וְזָבָה וְנִדָּה וּמְצוֹרָע, שֶׁטּוּמְאָתָן אַב הַטּוּמְאָה לְטַמֵּא אָדָם וְכֵלִים, אֲבָל בּוֹעֵל נִדָּה כְּתִיב בֵּיהּ, (ויקרא טו) "כָּל הַמִּשְׁכָּב אֲשֶׁר יִשְׁכַּב עָלָיו יִטְמָא" – נִתְּקוֹ הַכָּתוּב מִטּוּמְאָה חֲמוּרָה דְּמִשְׁכַּב נִדָּה עַצְמָהּ, שֶׁמְּטַמֵּא אָדָם, כְּדִכְתִיב (שם) "וְכָל *אֲשֶׁר יִגַּע בְּמִשְׁכָּבָהּ" וגו', וֶהֱבִיאוֹ לְטוּמְאָה קַלָּה לְטַמֵּא אוֹכָלִין וּמַשְׁקִין. דְּאִי לְטוּמְאָה חֲמוּרָה – לִישְׁתּוֹק קְרָא מִינֵּיהּ, וַאֲנָא יָדַעְנָא דְּמִשְׁכָּבָהּ טָמֵא כְּמִשְׁכַּב נִדָּה, דְּהָא כְּתִיב, "וּתְהִי נִדָּתָהּ עָלָיו" (שם): **וְעַד שֶׁאַתָּה מַפְרִישׁוֹ** מִטּוּמְאַת בֵּיתוֹ. וּשְׁאָר כָּל אָדָם נִכְנָסִין וְיוֹצְאִין אֶצְלוֹ. הַפְרִישׁוֹ מִטּוּמְאַת מֵת, וְלֹא יִהְיוּ כָּל אָדָם נִכְנָסִין וְיוֹצְאִין אֶצְלוֹ, שֶׁמָּא יָמוּת מֵת עָלָיו: **הוּתְּרָה הִיא בַּצִּיבּוּר.** כְּדִכְתִיב, אִישׁ נִדְחֶה וְאֵין צִיבּוּר נִדְחִין. וּבְיוֹם הַכִּפּוּרִים כּוּלֵּיהּ קָרְבַּן צִיבּוּר. וְאַף קָרְבָּן שֶׁלּוֹ דּוֹחֶה אֶת הַטּוּמְאָה, שֶׁהֲרֵי זְמַנּוֹ קָבוּעַ, וְקָרְבָּנוֹ תָּלוּי בּוֹ: **דְּחוּיָה הִיא בַּצִּיבּוּר.** אַף עַל פִּי שֶׁהַקָּרְבַּן צִיבּוּר דּוֹחֶה אוֹתָהּ – בְּקוֹשִׁי הוּתְּרָה, וְלֹא הֶיתֵּר גָּמוּר,(א) וְכָל מַה דְּמָצֵינוּ לְהַדּוּרֵי מְהַדְּרִינַן שֶׁיֵּעָשֶׂה בְּטָהֳרָה: **בְּהַהוּא בֵּית אָב.** שֶׁעוֹבֵד בְּאוֹתוֹ יוֹם, דְּכוּלֵּי עָלְמָא טְהוֹרִין עָבְדִי תְּמִידִים דְּהַהוּא יוֹמָא, אע"פ שֶׁקָּרְבַּן צִיבּוּר הֵן: דְּכָל

תוספות

סיפא איצטריך ליה אלא שחמור ממנו כו'. בפרק "אלו דברים" בפסחים (דף סח.) פריך מהכא: אילימא לטומאתם – האי טומאת ז' כתיב ביה, והאי טומאת ז' כתיב ביה. אלא לאו – למתנותם. ומדסיפא למתנותם – רישא נמי למתנותם. מידי איריא? הא כדאיתא והא כדאיתא. וגמגמו שם התוס': אמאי משני בדוחק, ומוקי רישא וסיפא בתרי טעמי – לישני כי הכא לעולם לטומאתן, וסיפא איצטריך ליה. ונראה לי לתרץ דההיא שינויא דהתם ניחא ליה לתרץ טפי, דהיא גופא איצטריך, מלומר דסיפא איצטריך ליה ותנא רישא משנה שאינה צריכה משום סיפא. והכא לא מצי לשנויי כי התם, דמסיפא גופה פריך, ואיצטריך לשנויי שינויא דחיקא. אי נמי נ"ל דהתם נמי לא מצי לשנויי כי הכא, דהא מסקינן הכא דבועל נדה כטמא מת לטבילתו, וטובל ביום. ורב שימי מנהרדעא סבירא ליה דבועל נדה כנדה לטבול בלילה. ומעיקרא פריך ליה מברייתא: בועל נדה כטמא מת, מאי לאו – לטבילתו, לא לטומאתו, וסיפא איצטריך ליה. והדר איתותב מברייתא, דתניא בהדיא: בועל נדה וטמא מת טבילתם ביום. ולהכי לא הוה מצי לשנויי התם לטומאתו – דהא על כרחך בועל נדה כטמא מת נמי לטבילתו, כדמסקינן הכא. והשתא מאי טעמא הוי כטמא מת לטבילתו? אלא ש"מ דכנדה הוי לכל מאי דכתיב בהדיא. אבל למאי דלא רבינהו קרא – יש לנו לדמותו לטמא מת מסברא, משום דהוי טומאת מגע כמותו. וא"כ ה"ה למתנותם. ואע"ג דמעיקרא כי אמר: למאי אי לטומאה, לא הוה קשה ליה אלא האי טומאת ז' כתיב ביה כו'! י"ל: דקושיא הפשוטה נקט. ומ"מ, אי הוה משני ליה לטומאתו וסיפא איצטריך ליה – אכתי הוה פריך ליה: והא על כרחך בועל נדה כטמא מת לטבילתו כדמסקינן הכא וכיון דדמי לטבילה דמי נמי למתנותם כדפי': **אלא** שחמור ממנו בועל נדה כו'. תימה לי: דטמא מת נמי חמור מבועל נדה, שטעון הזאה ג' וז', ומטמא כלי מתכות לעשותם אב הטומאה כיוצא בו, כדתנן בריש מסכת אהלות: ג' טמאין במת, כלים במת ואדם בכלים – טמאים טומאת ז' וכו'! ושמא בסיפא דברייתא חשיב נמי להני חומרי דטמא מת מבועל נדה: **שמטמא** משכב ומושב בטומאה קלה. כאן חזר בו רש"י ממה שפירש בפרק "אלו דברים" בפסחים (דף סז:) אהא דקאמר התם: אדרבה, זב חמור ממצורע שכן עושה משכב ומושב וכו'. משמע דמצורע אינו עושה משכב ומושב. והקשה מדאמר בתורת כהנים: "וגילח את כל שערו" – פרט לבית הסתרים. ודין הוא, נאמר תגלחת בימי ספרו ונאמר תגלחת בימי גמרו, מה תגלחת האמורה בימי ספרו – פרט לבית הסתרים, אף תגלחת האמורה בימי גמרו – פרט לבית הסתרים. ומקשה: אם הקל בימי ספרו שאין מטמא משכב ומושב, ואין מטמא בביאה – נקל בימי גמרו שמטמא משכב ומושב כו'! ותירץ רש"י וגם ר"ת: דההיא ד"אלו דברים" דמשמע דזב עושה משכב ומושב ולא מצורע – היינו לטמא אדם ובגדים, וההיא דת"כ מיירי לטומאה קלה לטמא אוכלין ומשקין, דאתי בק"ו. כדאיתא בריש פרק "דם הנדה" (נדה דף נד:): ומה זב שאין מטמא בביאה – עושה משכב ומושב, אבן המנוגעת ומצורע שמטמאים בביאה – אינו דין שיעשו משכב ומושב. וממיעוטא ד"הזב" ולא אבן המנוגעת ממעט התם מטומאה חמורה. והכי נמי נמעט מצורע גופיה מההוא קרא מטומאה חמורה. וכאן פרש"י שעושה משכב ומושב לטמא אוכלין ומשקין, ולא כשאר משכב ומושב שעושה לטמא אדם וכלים, כגון הזב והמצורע וכו'. וה"ר משה מפונטוייז"א פי' כמו שפרש"י בכאן, וההיא ד"אלו דברים" מוקי לה במצורע בימי ספרו, וכדמשמע בת"כ שאין עושה משכב ומושב. ועוד האריכו בו התוס' ב"אלו דברים" (דף סז:), וכאן לא שייך. ולי הוקשה על מה שפי' התוס' דמצורע ואבן המנוגעת אתו בק"ו מזב לטומאה קלה, והיכי אתו? האיכא למיפרך: מה לזב שעושה משכב ומושב לטומאה חמורה, תאמר בהני! ומיהו, הא לא קשה. דאיכא למימר: בועל נדה יוכיח. מיהו, אכתי איכא למיפרך: מה להצד השוה שבהן – שמטמא כלי חרס בהיסט, דאף בועל נדה מטמא כלי חרס בהיסט, כמו שהוכיח שם ר"י, מדאמר פרק "בנות כותים" (נדה דף לג.): מה היא מטמאה כלי חרס – אף הוא מטמא כלי חרס. ומדנקט כלי חרס שאין מטמא מגבו – ש"מ בהיסט קאמר. אלא נ"ל דטומאה חמורה נמעטיה מ"הזב", וטומאה קלה מטמא בהיקשא ד"והזב את זובו לזכר ולנקבה". ודרשינן בפרק "בנות כותים" (שם דף לד:): לזכר – לרבות מצורע למעיינותיו וכו'. ואיתקש מצורע לזב גמור, ומן הדין הוה לן למימר דאיתקש לזב אפילו לטומאה חמורה, אלא דאתא מיעוטא ד"והזב" ומעטיה, ונוקי מיעוטא לטומאה חמורה, והיקשא לטומאה קלה: **אמר** רב תחליפא משמיה דרבא זאת אומרת טומאה הותרה היא בציבור. תימה: דבזבחים ר"פ "כל הפסולים" (דף לג.) קאמר: מכלל דתרוייהו סבירא להו, פי' אביי ורבא, טומאה דחויה היא בציבור! ותירץ ר"י: דהא דקאמר רבא הכא טומאה היתר היא – זאת אומרת, וליה לא ס"ל, דס"ל (*כרב) דאמר בסמוך טומאה דחויה היא. ול"נ דאין אנו צריכין לומר דלא ס"ל כהתם מתניתין, אלא ההיא דהתם – לענין פסח איירי, דקאי אמאי דקאמר עולא ביאה במקצת שמה ביאה. ופריך ליה ממצורע שחל שמיני שלו להיות בערב הפסח וראה קרי, אע"פ שאין טבול יום אחר נכנס – זה נכנס, מוטב יבא עשה שיש בו כרת וידחה עשה שאין בו כרת. ואי אמרת ביאה במקצת שמה ביאה – אידי ואידי עשה שיש בו כרת הוא! א"ל: מתוך, הואיל והותר לצרעתו הותר לקריו. אמר רב יוסף: ש"מ דקסבר עולא רובן זבין ונעשו טמאי מתים, הואיל והותרו לטומאתן – הותרו לזיבתן. א"ל אביי: מי דמי? טומאה – אישתראי, זיבה – לא אישתראי וכו'. דילמא הכי קאמר מר: רובן טמאי מתים וכו'. ואכתי לא דמי, מצורע – היתירא הוא, טומאה – דחויה היא, להא אידחאי להא לא אידחאי. א"ל רבא: אדרבה, איפכא מסתברא וכו'. וכיון דהתם לענין פסח איירי – איכא למימר: נהי דפסח, כיון דאתי בכינופיא חשיב כקרבן ציבור *ודוחה את השבת ואת הטומאה, מ"מ כיון דלאו כל ישראל מייתו חד פסח בשותפות – מהדרינן אטהורין, אפילו למ"ד טומאה היתר היא בקרבן ציבור גמור הבא בשותפות. וכן משמע לקמן בסמוך (דף ז.) דאילו של אהרן, אע"ג דזימנא קביעא ליה, ודחי את השבת ואת הטומאה כקרבן ציבור, מכל מקום כיון דקרבן יחיד הוא – מהדרינן אטהורין לכולי עלמא. וכ"ש דניחא טפי הא דאצטריך למידק התם: מכלל דתרוייהו סבירא להו טומאה דחויה, דמאי נפקא מינה בההוא דיוקא? אלא, משום דרבא סבירא ליה הכא טומאה היתר היא, איצטריך למידק התם דאפילו הכי מודה הוא בפסח, וש"מ דשינויא דשנינן הכא ביומא בסמוך, אילים – כאילו של אהרן, דאפילו למ"ד היתר הוא, בקרבן יחיד כמו אילו של אהרן, ופסח אע"ג דזימנא קביע להו ודחו שבת וטומאה – מודה הוא דמהדרינן אטהרה:

פריס

תוספות ישנים

זב וזבה טבילתן ביום. וביום השביעי קאמר דמקצת היום ככולו וה"ה נמי שיכול לטבול ליל שביעי אך שאינו יכול אז להביא קרבנותיו בשמיני שצריך להעריב שמשו אבל יש שהיו מפרשין דהא א) (דתנן) בפ' בתרא דנדה (דף עב.) ושוין בטבילת לילה בזבה שאינה טבילה דבליל שמיני קאמר ומביאין ראיה מדתניא בספרי מניין שטובלת מבע"י ת"ל והביאה אותם אל הכהן אל פתח אהל מועד כילד היא באה אל פתח אהל מועד אם לא העריבה שמשה ואין זה כלום דהתם לא קאמר שטובלת מבעוד יום אלא לומר שאינה צריכה להמתין עד הלילה אבל כל דכן הוא שתטבול אח"כ בליל שמיני אלא שאז לא תוכל להביא קרבנותיה עד התשיעי והיא דנדה מיירי בזבה קטנה משום דספירת לילה לאו ספירה היא כדאמרינן בפרק ב' דמגילה (דף כ:) וכדאמרי' נמי התם בפרק בתרא דנדה (דף עב.) ושוין ברואה תוך אחד עשר וטבלה ושמשה שמטמאה משכב ומושב וחייבת בקרבן והיינו טעמא משום דלא הגיע זמנה עד יום ב' ועוד דהא נשי דידן ספק זבות שווינהו רבנן ואפ"ה לא טובלות עד הלילה. ריב"א: ב) **בעל** קרי כמגע שרץ. בפסחים פרק אלו דברים (דף סז:) מפרש: **הפרישהו** מטומאת מת. פי' בקונטרס שלא ימות מת עליו כו' ואין לפרש שלא יגעו בו בני אדם שמא טמאי מתים הן דהא אמרינן לקמן גבי שזה פרישתו לקדושה ואחיו הכהנים נוגעין בו אי כרבי מאיר אי כרבי יוסי ואינהו סבירא להו טומאה דחויה היא בציבור וא"כ אמאי נוגעין בו דלפי זה יש לנו לספק הכהנים בטמאי מתים דאין נראה לומר דסוגיא דלקמן פליגא אדרב תחליפא דהכא אבל לפירוש הקונט' ניחא טפי דלא אסרינן נגיעה אלא שלא יתעכב עמו בתוך הבית למ"ד טומאה דחויה היא בציבור ומיהו קצת תקנה עשו לטומאת מת בהתקנת כהן אחר ועיקר פרישתו היא משום טומאת (מת) קרי וזיבה וגם משום לנורא דנכרי כדאמרינן לקמן (דף מז.) במכילתין ואע"ג דלנורא דנכרי מדרבנן:

א) נ"ל דתניא
ב) שייך לעמוד שלפני זה

[צ"ל הנוגע]

לקמן פח. שבת קכח. [פסחים נ:]

הגהות הב"ח

(א) רש"י ד"ה דחוי' כו' ולאו היתר גמור הוא וכל כו':

[לקמן ז: מו: פסחים עז. עט. פ. זבחים לג.]

גליון הש"ס

תוס' ד"ה שמטמא וכו' והר"ר משה מפונטוייזא פי'. עיין בר"ש פ"א מ"ג דכלים.

[צ"ל כרב ששת]

[לקמן דף נז.]

דְּכָל טוּמְאַת מֵת בַּצִּיבּוּר – רַחֲמָנָא שַׁרְיֵיהּ. אָמַר רַב שֵׁשֶׁת: מְנָא אָמֵינָא לָהּ – *דְּתַנְיָא: הָיָה עוֹמֵד וּמַקְרִיב מִנְחַת הָעוֹמֶר וְנִטְמֵאת בְּיָדוֹ – *אוֹמֵר, וּמְבִיאִין אַחֶרֶת תַּחְתֶּיהָ. וְאִם אֵין שָׁם אֶלָּא הִיא אוֹמְרִין לוֹ: הֱוֵי פִּקֵּחַ, וּשְׁתוֹק. קָתָנֵי מִיהַת: אוֹמֵר, וּמְבִיאִין אַחֶרֶת תַּחְתֶּיהָ! – אָמַר רַב נַחְמָן: °מוֹדֵינָא הֵיכָא דְּאִיכָּא שִׁירַיִים לַאֲכִילָה. מֵיתִיבִי: *הָיָה מַקְרִיב מִנְחַת פָּרִים וְאֵילִים וּכְבָשִׂים וְנִטְמֵאת בְּיָדוֹ, אוֹמֵר וּמְבִיאִין אַחֶרֶת תַּחְתֶּיהָ. וְאִם אֵין שָׁם אֶלָּא הִיא – אוֹמְרִין לוֹ: הֱוֵי פִּקֵּחַ, וּשְׁתוֹק. מַאי לָאו – פָּרִים אֵילִים וּכְבָשִׂים דְּחַג! אָמַר לָךְ רַב נַחְמָן: לָא, פָּרִים – פַּר ע"ז, אַף עַל גַּב דְּצִיבּוּר הוּא, כֵּיוָן דְּלָא קְבִיעַ לֵיהּ זְמַן – מְהַדְּרִינַן. אֵילִים – בְּאֵילוֹ שֶׁל אַהֲרֹן, דְּאע"ג דִּקְבִיעַ לֵיהּ זְמַן, כֵּיוָן דְּיָחִיד הוּא – מְהַדְּרִינַן. כְּבָשִׂים – בְּכֶבֶשׂ הַבָּא עִם הָעוֹמֶר, דְּאִיכָּא שִׁירַיִים לַאֲכִילָה. מֵיתִיבִי: *דָּם שֶׁנִּטְמָא וּזְרָקוֹ, בְּשׁוֹגֵג – הוּרְצָה, בְּמֵזִיד – לֹא הוּרְצָה! כִּי תַּנְיָא הַהִיא – דְּיָחִיד. ת"ש: *אעַל מַה הַצִּיץ מְרַצֶּה – עַל הַדָּם וְעַל הַבָּשָׂר וְעַל הַחֵלֶב שֶׁנִּטְמָא, בֵּין בְּשׁוֹגֵג בֵּין בְּמֵזִיד, בֵּין בְּאוֹנֶס בֵּין בְּרָצוֹן, בֵּין בְּיָחִיד בֵּין בַּצִּיבּוּר. וְאִי ס"ד טוּמְאָה הֶיתֵּר הִיא בַּצִּיבּוּר – לָמָּה לִי לְרַצּוּיֵי? אָמַר לָךְ רַב נַחְמָן: כִּי קָתָנֵי הַצִּיץ מְרַצֶּה – אַדְּיָחִיד. וְאִיבָּעֵית אֵימָא: אֲפִי' תֵּימָא בַּצִּיבּוּר, בְּהָנָךְ דְּלָא קְבִיעַ לְהוּ זְמַן. מֵיתִיבִי: °"וְנָשָׂא אַהֲרֹן אֶת עֲוֹן הַקֳּדָשִׁים" *וְכִי אֵיזֶה עָוֹן הוּא נוֹשֵׂא? אִם עֲוֹן פִּיגּוּל – הֲרֵי כְּבָר נֶאֱמַר "לֹא יֵרָצֶה", וְאִם עֲוֹן נוֹתָר – הֲרֵי כְּבָר נֶאֱמַר "לֹא יֵחָשֵׁב", הָא

פסחים פ: [מנחות כה:] | שמות כח | תורה אור

רש"י

דְּכָל טוּמְאַת מֵת בַּצִּבּוּר שַׁרְיֵיהּ רַחֲמָנָא. דִּכְתִיב [בְּמִדְבַּר ט] "אִישׁ כִּי יִהְיֶה טָמֵא לָנֶפֶשׁ" יַעֲשֶׂה פֶּסַח שֵׁנִי, אִישׁ נִדְחֶה לְפֶסַח שֵׁנִי, וְאֵין צִבּוּר נִדְחִין. אֲבָל זָבִין וּמְצוֹרָעִין, נִדּוֹת וְיוֹלְדוֹת, שֶׁטּוּמְאָתוֹ יוֹצֵא עָלָיו מִגּוּפוֹ – לֹא הוּתְּרָה, וּבוֹעֵל נִדָּה כְּנִדָּה: מוֹדֵינָא הֵיכָא דְּאִיכָּא שִׁירַיִים לַאֲכִילָה. דְּאע"ג דְּקָרְבַּן צִבּוּר קָרֵב בְּטוּמְאָה – אֵינוֹ נֶאֱכָל בְּטוּמְאָה, כִּדְאָמְרִי' בְּ"כֵּיצַד צוֹלִין" (פסחים דף עז:). וּבְמִנְחָה הַנִּקְמֶצֶת מוֹדֵינָא דִּמְהַדְּרִינַן לַעֲשׂוֹת בְּטָהֳרָה, שֶׁיִּהְיוּ שִׁירַיִים נֶאֱכָלִין: וְאִם אֵין[א] אֶלָּא הִיא. שֶׁלֹּא מָצָא מְזוּמָּן לְכָךְ: מַאי לָאו פָּרִים וְאֵילִים[ב] דְּחַג. שֶׁהֵן קָרְבַּן צִבּוּר וּזְמַנּוֹ קָבוּעַ, וּמִנְחַת נְסָכִים דּוֹחָה טוּמְאָה. וְקָתָנֵי: אוֹמֵר וּמְבִיאִין אַחֶרֶת תַּחְתֶּיהָ, אַלְמָא: דְּחוּיָה הִיא בַּצִּבּוּר: פַּר דְּע"ז. דְּצִבּוּר[ג] עוֹלָה הִיא, וּטְעוּנָה נְסָכִים, בְּ"שְׁלַח לְךָ": אֵילוֹ שֶׁל אַהֲרֹן. דְּיוֹם הַכִּפּוּרִים: בְּכֶבֶשׂ הַבָּא עִם הָעוֹמֶר. כִּדְכְתִיב (ויקרא כג), "וַעֲשִׂיתֶם בְּיוֹם הֲנִיפְכֶם אֶת הָעוֹמֶר"[ד] וְהַהִיא מִנְחַת כְּבָשִׂים דְּקָתָנֵי – לָאו בְּמִנְחַת נְסָכִים קָאָמַר, דְּכָלִיל הִיא, אֶלָּא בְּמִנְחַת הָעוֹמֶר עַצְמוֹ הַבָּאָה עִמּוֹ, וְהִיא נִקְמֶצֶת וּשְׁיָרֶיהָ נֶאֱכָלִין: בְּמֵזִיד לֹא הוּרְצָה. וְאע"פ שֶׁהַצִּיץ מְרַצֶּה – קְנָסוּהוּ רַבָּנָן שֶׁלֹּא יְהֵא בָּשָׂר נֶאֱכָל. אֲבָל בְּעָלִים מִיהוּ נִתְכַּפְּרוּ, דְּלָא נֵיתוּ חוּלִּין לָעֲזָרָה. דְּהָא מִדְּאוֹרַיְיתָא חָזֵי. וּמִיהוּ, שָׁמְעִינַן מִינֵּיהּ דְּלָאו הֶיתֵּר הִיא: עַל מָה הַצִּיץ מְרַצֶּה. דִּכְתִיב "וְנָשָׂא אַהֲרֹן אֶת עֲוֹן הַקֳּדָשִׁים" שֶׁיְּרַצּוּ לַבְּעָלִים: רָצוֹן. הֲרֵי הוּא בִּכְלַל מֵזִיד, אֶלָּא גַּבֵּי אוֹנֶס שַׁיָּיךְ לְמִיתְנֵי רָצוֹן: בֵּין בַּצִּבּוּר. וּמִדְּבָעֵי לֵיהּ לְרַצּוּיֵי – שְׁמַע מִינָּהּ לָאו הֶיתֵּר הוּא. וּמַה בֵּין יָחִיד לְצִבּוּר? שֶׁהַיָּחִיד אֵין טוּמְאַת הַגּוּף נִדְחֶה אֶצְלוֹ שֶׁאֵין הַצִּיץ מְרַצֶּה עַל טוּמְאַת הַגּוּף. וְשֶׁל צִבּוּר נִדְחֵית טוּמְאַת הַגּוּף אֶצְלָם, וְלֹא עַל יְדֵי צִיץ. מִיהוּ, שָׁמְעִינַן מִינָּהּ מִדְּבָעֵי טוּמְאַת בָּשָׂר וְעוֹלִין[ה] בַּצִּבּוּר צִיץ (מְרַצֶּה) לְרַצּוּיֵי – שְׁמַע מִינָּהּ טוּמְאַת הַגּוּף שֶׁנִּדְחֵית אֶצְלָם – בְּקוֹשִׁי נִדְחֵית, וְכָל כַּמָּה דְּמָצֵינַן לְאַהֲדוּרֵי אַטָּהֳרָה – מְהַדְּרִינַן: כִּי קָתָנֵי הַצִּיץ מְרַצֶּה אַדְּיָחִיד קָתָנֵי. וְצִבּוּר אַהֶכְשֵׁירָהּ קָתָנֵי, שֶׁאַף שֶׁל צִבּוּר כָּשֵׁר. וְלֹא עַל יְדֵי צִיץ, אֶלָּא הֶיתֵּר הוּא אֶצְלוֹ: וְאִי בָּעֵית אֵימָא אַצִּבּוּר. נַמִי קָאֵי, וּבְהָנָךְ קָרְבָּנוֹת דְּלָא קָבַע לְהוּ זְמַן, שֶׁלֹּא נִדְחֵית טוּמְאָה אֶצְלוֹ, קָאָמַר דְּצִיץ מְרַצֶּה עֲלֵיהֶן: הָכִי גָּרְסִינַן: אִם עֲוֹן פִּיגּוּל הֲרֵי כְּבָר נֶאֱמַר לֹא יֵרָצֶה וְאִם עֲוֹן נוֹתָר הֲרֵי כְּבָר נֶאֱמַר לֹא יֵחָשֵׁב. וְהָכִי פֵּירוּשׁוֹ: אֵיזֶה עָוֹן יֶאֱרַע בַּקָּרְבָּן שֶׁיְּהֵא הַצִּיץ מְרַצֶּה עָלָיו שֶׁיְּהֵא כָּשֵׁר? אִם עֲוֹן מַחֲשֶׁבֶת חוּץ לִמְקוֹמוֹ, הַקְּרוּיָה פִּיגּוּל, כִּדְאָמְרִינַן בִּזְבָחִים (דף כח.): "שְׁלִישִׁי" – זֶה חוּץ לִמְקוֹמוֹ – הֲרֵי כְּבָר נֶאֱמַר בִּ"קְדוֹשִׁים תִּהְיוּ" "פִּיגּוּל הוּא לֹא יֵרָצֶה" – וְאוֹקִימְנָא בְּחוּץ לִמְקוֹמוֹ, בְּמַסֶּכֶת זְבָחִים. וְאִם עֲוֹן מַחֲשֶׁבֶת נוֹתָר, שֶׁחִישֵּׁב בִּשְׁחִיטָה עַל מְנָת לְאוֹכְלוֹ חוּץ לִזְמַנּוֹ – הֲרֵי כְּבָר נֶאֱמַר "הַמַּקְרִיב אוֹתוֹ לֹא יֵחָשֵׁב" וְאוֹקְמִינַן בְּמַחֲשֶׁבֶת חוּץ לִזְמַנּוֹ: הָא

תוספות

פרים פר דע"ז. פי': דעולה הוא, וטעון מנחת נסכים. דאע"ג דלצבור הוא – מהדרינן. והא דאמר, אומר לו: הוי פקח ושתוק, ומביא אותה בטומאה – לאו משום דטומאה דחויה בצבור, דהא לא דחי שבת, כיון דלא קביעא ליה זמן, וטומאה נמי לא דחי, כדאמר לקמן פרק "הוציאו לו" (דף נ.): כל שאין זמנו קבוע אינו דוחה לא את השבת ולא את הטומאה, אע"פ שהוא קרבן צבור. והא דמביאה בטומאה – היינו משו' דרצויי ציץ. ודווקא טומאת קרבן, דמרצה ציץ. אבל טומאת הגוף דכהנים – לא אידחו לגבייהו כלל, דלגמרי חשיב קרבן יחיד:

כיון דיחיד הוא מהדרינן. הכא ודאי חשוב קרבן צבור לדחות שבת ולדחות הטומאה. אפילו טומאה דגברי – מיהו לא הותרה בו טומאה אלא דחויה היא, כיון דיחיד קא מייתי ליה. ותימה לי: והא כולהו מקראי נפקי, פרק "כילד צולין" (פסחים דף עז.): "וידבר משה את מועדי ה'" הכתוב קבע מועד אחד לכולן. מאי שנא דיש מהן שהותרה בהן טומאה ויש מהם דחויה? וי"ל: למאן דאמר טומאה היתר היא – בכולהו הותר טומאה מדאוריית', אלא מדרבנן גזרו אההוא דהוי קרבן יחיד דליהדרי אטהורין, ולמ"ד טומאה דחויה היא – סבירא ליה דבכולהו דחויה היא מדאורייתא:

דם שנטמא וזרקו במזיד לא הורצה. תימה לי: מאי פריך? הא לא הורצה דקאמר – היינו להתיר בשר באכילה, ובהא מודו כולי עלמא דלאכילה לא אמרינן היתר היא בצבור! ועוד: לכאורה משמע דלא כריך אלא למ"ד היתר היא בצבור, ואמאי? אפי' למאן דאמר 'דחויה' ליפרוך, כמו למאן דאמר היתר היא. דע"כ לא פליגי אלא אהדורי אטהורין קודם הקרבת הקרבן, אבל אם כבר קרב הקרבן – בהא לא פליגי! וי"ל: דפריך שפיר למאן דאמר היתר היא, דנהי לאכילה לית ליה היתר היא – ה"מ היכא דאיטמו שירים גופייהו, אבל הכא דבשר לא איטמי – הוה ליה למישרי אפי' באכילה, כיון דמיקל כולי האי, דאית ליה טומאה דגברי ודעולין היתר היא. אבל למאן דאמר טומאה דחויה – ניחא, דכיון דמחמיר כולי האי בטומאת עולין ודגברא קודם הקרבה – סברא הוא שיש להחמיר בבשר, אע"פ שהוא טהור, ואפי' לאחר הקרבה:

שנטמא בין בשוגג בין במזיד כו'. הא דלעיל קאמר במזיד לא הורצה, והכא קאמר דמרצה אף על המזיד, בפרק "הקומץ רבה" (מנחות דף כה:) מקשה לה הש"ס. ואיכא למאן דמשני טומאתו בשוגג – אין, במזיד – לא, זריקתו – בין בשוגג בין במזיד. ואיכא למאן דאמר איפכא. ותימה: דבפ' "האשה רבה" (יבמות דף צ.) מקשה מההיא דדם שנטמא וזרקו במזיד לא הורצה, למ"ד אין ב"ד מתנין לעקור דבר מן התורה. והא הכא, דמדאורייתא ארצויי מרצה, כדתניא: על מה הציץ מרצה – על הדם וכו' שניטמא בין בשוגג בין במזיד. ואמור רבנן דלא מרצה! ומאי פריך? הא שנינן פרק "הקומץ רבה" (מנחות דף כה:) הנך תרי ברייתות חדא בטומאה וחדא בזריקה, וא"כ איכא למימר דההיא דדם שנטמא במזיד לא הורצה – מדאורייתא נמי קאמר! וי"ל: דאינו סברא לחלק בדאורייתא בין שוגג למזיד, לא בזריקה ולא בטומאה. דודאי מדאורייתא מרצה בכל ענין. וחילוקא דמפלגינן בין שוגג למזיד – היינו מדרבנן, למר כדאית ליה ולמר כדאית ליה. למר בטומאה, לפי שנראה לו יותר להחמיר בנטמא במזיד משום דאתחלתא דפסולא היא. ועוד: דלא נתכוין לעשות מצוה. אבל בזריקה בטומאה – לא קנסוהו, כיון דלא תחילת פסולא הוא, ועוד: במצוה קא עסיק. ולמר מסתבר ליה להחמיר יותר בזריקה, משום דדבר מגונה ביותר הוא להקריב לגבוה דבר שאינו טהור. וא"ת: א"כ בפרק "הקומץ רבה" לישני דההיא דעל מה הציץ מרצה – איירי מדאורייתא, וההיא דדם שנטמא – איירי מדרבנן! וי"ל: אם איתא דמדרבנן אין חילוק בין טומאתו לזריקתו, דאידי ואידי – הוה אמרינן דלא הורצה במזיד, וא"כ ההוא דעל מה הציץ מרצה בין בשוגג בין במזיד – מדאורייתא דווקא איירי, לא הוה ליה למיתני סתמא הכי. כיון דבזמן שנשנית הברייתא לא הוה מרצה במזיד. כן פר"י בפרק "האשה רבה" (יבמות דף צ. ד"ה "והא"): **על** הדם ועל הבשר. בפסחים פ"ק (דף טז:) פי' רש"י דאתיא כרבי יהושע, דאמר: אם אין בשר – אין דם. מיהו אור"י: דאתיא אפי' כר"א דאמר: יש דם אע"פ שאין בשר. והא דבעי ריצוי ציץ – יש לומר: היינו כדאמר בפרק "כילד צולין" (שם דף עח.) – לאקבעינהו בפיגול ולאפקינהו מידי מעילה: **אם** עון פיגול הרי כבר נאמר לא יחשב. כן היא הגירסא בכל הספרים, אלא שרש"י הגיה איפכא על פי הת"כ. ובחנם הגיה, דהא מסקינן בפרק שני דזבחים (דף כח:): דתרוייהו מקראי אריכא נפקי, ורישיה דקרא ד"אם האכל יאכל ביום השלישי לא

עין משפט נר מצוה

יג א מיי' פ"א מהלכות פסולי מוקדשים הלכה לד:

תוספות ישנים

פר דע"ז. ואע"ג דאמרינן בפרק הוציאו לו (דף נ.) דדחיית טומאה תלוי' בקביעות זמן ולא בציבור ויחיד מ"מ כשאין אחרת אלא היא אומרים לו הוי פיקח ושתוק מפני שהציץ מרצה ובאילו של אהרן דבסמוך אע"ג שקבוע לו זמן מ"מ אהדורי מהדרינן אטהרה דשל יחיד היא:

הגהות הב"ח

(א) רש"י ד"ה ואם כו' אין שם אלא: (ב) שם ד"ה מאי וכו' ואילים וכבשים דחג: (ג) שם ד"ה פר וכו' דעולה היא: (ד) שם ד"ה בכבש כו' את העומר כבש וגו' והאי מנחת: (ה) שם ד"ה בין בצבור וכו' טומאת בשר ועולין. נ"ב פי' בין אכילתם כגון בשר בין אימורים העולין ונקטרין על האישים הציץ מרצה על טומאתן עיין פ' כילד צולין דף ע"ז ע"ב:

גליון הש"ס

גמ' מודינא היכא דאיכא שיריים עיין מנחות טו ע"א תוס' ד"ה ר"י:

מסורת הש"ס

מנחות עב.

ס"א אם יש שם אחרת אומ' לו הביא (ואמנם כתוס' דמנחות פ"ג איתא כמו שהיא בפנים)

[תוספת' מנחות פג:]

פסחים עז: יבמות ל: גיטין נד. זבחים מה. מנחות כה.

זבחים כג. [פסחים עז: מנחות כה.]

ידא מיי' פ"ד מהל' ביאת המקדש הל' ז ופ"א מהלכות פסולי מוקדשין הל' לד ופי"א הלכה יט:
טוב מיי' פ"ד מהלכות ביאת מקדש הל' ח:
טזג מיי' פ"ד מהל' תפילין הלכה יד סמג עשין כב טוש"ע א"ח סי' כח סעיף א:

א הָא אֵינוֹ נוֹשֵׂא אֶלָּא עֲוֹן טוּמְאָה שֶׁהוּתְּרָה מִכְּלָלָהּ בַּצִּיבּוּר. וְקַשְׁיָא לְרַב שֵׁשֶׁת! תַּנָּאֵי הִיא. *דְּתַנְיָא: צִיץ, בֵּין שֶׁיֶּשְׁנוֹ עַל מִצְחוֹ בֵּין שֶׁאֵינוֹ עַל מִצְחוֹ – מְרַצֶּה, דִּבְרֵי רַבִּי שִׁמְעוֹן. ר' יְהוּדָה אוֹמֵר: בעוֹדֵהוּ עַל מִצְחוֹ – מְרַצֶּה, אֵין עוֹדֵהוּ עַל מִצְחוֹ – אֵינוֹ מְרַצֶּה. אָמַר לוֹ ר"ש: כֹּהֵן גָּדוֹל בְּיוה"כ יוֹכִיחַ, שֶׁאֵין עוֹדֵהוּ עַל מִצְחוֹ וּמְרַצֶּה! אָמַר לוֹ ר' יְהוּדָה: הַנַּח לְכֹהֵן גָּדוֹל בְּיוה"כ, שֶׁטּוּמְאָה הוּתְּרָה לוֹ בְּצִיבּוּר. מִכְּלָל דְּר"ש סָבַר – טוּמְאָה דְּחוּיָה הִיא בַּצִּיבּוּר. אָמַר אַבָּיֵי: בְּנִשְׁבַּר הַצִּיץ – דְּכ"ע לָא פְּלִיגִי דְּלָא מְרַצֶּה. כִּי פְּלִיגִי – דְּתָלֵי בְּסִיכְתָּא. רַבִּי יְהוּדָה סָבַר: °"עַל מֵצַח וְנָשָׂא", וְרַבִּי שִׁמְעוֹן סָבַר: °"תָּמִיד לְרָצוֹן לִפְנֵי ה'" מַאי "תָּמִיד"? אִילֵימָא תָּמִיד עַל מִצְחוֹ, מִי מַשְׁכַּחַתְּ לָהּ? מִי לָא בָּעֵי מֵיעַל לְבֵית הַכִּסֵּא, וּמִי לָא בָּעֵי מֵינָם? אֶלָּא תָּמִיד מְרַצֶּה הוּא. וּלְרַבִּי יְהוּדָה נַמִי, הָא כְּתִיב 'תָּמִיד' – הַהוּא תָּמִיד שֶׁלֹּא יַסִּיחַ דַּעְתּוֹ מִמֶּנּוּ, כִּדְרַבָּה בַּר רַב הוּנָא. *דְּאָמַר רַבָּה בַּר רַב הוּנָא: גחַיָּיב אָדָם לְמַשְׁמֵשׁ בִּתְפִילָּיו בְּכָל שָׁעָה וְשָׁעָה, ק"ו מִצִּיץ. וּמַה

סנהדרין יב: פסחים עז.
שמות כח שם
שבת יב. מנחות לו:

הָא אֵינוֹ נוֹשֵׂא וכו'. 'הָא' לְשׁוֹן מֵעַתָּה הוּא. מֵעַתָּה אִי אַתָּה מוֹצֵא שֶׁיְּהֵא נוֹשֵׂא אֶלָּא עֲוֹן קָרְבַּן טוּמְאָה. וּמַאי שְׁנָא דְּשָׁדֵינַן לֵיהּ לְקוּלָּא – הוֹאִיל וּמָצִינוּ בָּהּ קַל אַחַר, שֶׁהוּתְּרָה לַצִּבּוּר מִכְּלָל אִיסּוּר שֶׁבַּיָּחִיד, הִלְכָּךְ שָׁדֵי בֵּיהּ נַמִי לְקוּלָּא שֶׁיְּהֵא הַצִּיץ מְרַצֶּה אוֹתָהּ בְּקָרְבַּן יָחִיד. קָתָנֵי מִיהָא שֶׁהוּתְּרָה בַּצִּבּוּר, אַלְמָא: הֶיתֵּר הִיא בַּצִּבּוּר! **בֵּין שֶׁיֶּשְׁנוֹ** הַצִּיץ עַל מִצְחוֹ. שֶׁל כֹּהֵן גָּדוֹל, כְּשֶׁאֵירְעָה טוּמְאָה עַל הַקָּרְבָּן: **יוה"כ.** אֵינוֹ עַל מִצְחוֹ בִּשְׁעַת עֲבוֹדַת הַיּוֹם הַפְּנִימִית, שֶׁאֵינוֹ נִכְנָס לִפְנִים בְּבִגְדֵי זָהָב: **שֶׁטּוּמְאָה הוּתְּרָה לוֹ.** שֶׁכּוּלּוֹ קָרְבַּן צִבּוּר, וְאֵינוֹ צָרִיךְ לְרַצּוֹיֵי צִיץ: **מִכְּלָל דְּר"ש סָבַר דְּחוּיָה הִיא.** וְצִיץ הוּא דִּמְרַצֶּה עָלֶיהָ, וְהַיְינוּ תַּנָּאֵי: **אָמַר אַבָּיֵי כו'.** מִילְּתָא דְּאַבָּיֵי נַפְשֵׁיהּ הִיא, לְפָרוֹשֵׁי פְּלוּגְתַּיְיהוּ: **בְּסִיכְתָּא.** יָתֵד: **עַל מֵצַח וְנָשָׂא.** "וְהָיָה עַל מֵצַח אַהֲרֹן וְנָשָׂא אַהֲרֹן אֶת עֲוֹן הַקֳּדָשִׁים" (שמות כח): אֶחָד

תורה אור

לא ירצה"—בחוץ לזמנו, וסיפיה ד"פיגול יהיה"—זה חוץ למקומו. א"כ גירסת הספר נכונה. ומת"כ אין ראייה, דכמה ברייתות נשנו שם לפי מה דס"ד מעיקרא. ואיכא למימר דההיא נשנית לפי הטעות, דהוה ס"ד מעיקרא בפ"ב דזבחים דמתרי קראי נפקי: חוץ למקומו – מקרא זוטא דפרשת קדושים, וחוץ לזמנו מקרא אריכא דפרשת לו. ועוד קשה על פרש"י: אמאי קרי לחוץ למקומו פיגול, ולחוץ לזמנו נותר? דבכל הש"ס חוץ לזמנו קרי פיגול. בשלמא לפי' ר"ת משום דחוץ למקומו נפקא לן מדכתיב "פיגול יהיה" בקרא אריכא – להכי קרי ליה פיגול. ולכל הפי' קשה אמאי מדכר בברייתא פיגול ברישא? והא חוץ לזמנו כתב ברישא! וי"ל: לפי שהוא קל יותר מחוץ לזמנו, דחוץ למקומו אין בו כרת. ועוד: דהותר מכללו בבמה, הוה מהדר ברישא לאוקמא ביה רצוי ציץ טפי מבחוץ לזמנו דחמיר. ובתר דלא מיתוקמא ליה ביה מהדר לאוקמא בחוץ לזמנו. ופרש"י בפ"ק דפסחים (דף טז:): אית דמפרשי פיגול חוץ לזמנו, כמו פיגול שבכל התלמוד שהוא חוץ לזמנו, אם עון פיגול – הרי כבר נאמר "לא יחשב" ואם עון נותר – נותר ממש. ולא נהירא, דהיכי קאמר: הרי כבר נאמר "לא ירצה". אי לא ירצה הזבח קאמר, וכי לאחר שהוכשר יחזור ויפסול? ואי האוכלו קאמר – וכי אין כפרה לחייבי כריתות? ועוד: תיפוק ליה מ"עון הקדשים" ולא עון *האוכלין. ומורי ה"ר יהודה ממיץ זצ"ל אמר לי מפי ה"ר וויש מאפר"ק זצ"ל: אם עון נותר – נותר ממש. ומה שהקשה רש"י: אחר שהוכשר יחזור ויפסל – דילמא אתיא כר"ע, דאמר בפ"ב דזבחים (דף כט.) לר' אליעזר: הא מצינו לזב וזבה ושומרת יום שהן בחזקת טהרה וכיון שראו – סתרו, אף אתה אל תתמה ע"ז אחר שהוכשר יחזור ויפסול. ואע"ג דר"א אהדר ליה התם: הרי הוא אומר, המקריב – בהקרבה הוא נפסל, ואינו נפסל בשלישי. ולכאורה משמע דר"ע קיבלה דאין הזבח נפסל, והכא דריש ליה מ"לא ירצה" שהזבח נפסל אם נותר ממנו – י"ל דה"ק: אם עון נותר, ונימא דאית ביה עון בזבח ונידרוש לקרא כר"ע באוכל מזבחו ביום השלישי הכתוב מדבר, וסברא הוא לאוקמא לקרא בהכי לפי שהוא איסור קל שאירע לאחר שהוכשר, ולהכי נימא דהציץ מרצה עליו טפי מעל שאר איסורים – הא כבר נאמר "לא ירצה" – הא אין נושא אלא עון טומאה. ומהשתא לית לן לאוקמא קרא ד"ואם האכל יאכל ביום השלישי" באוכל מזבחו ביום השלישי, דהא דהוה ס"ד לאוקמא הכי – היינו כי היכי דתיתוקם ביה קרא דרצוי ציץ, משום דמיסתבר טפי משום דאירע לאחר שהוכשר, והיינו צריכין לומר דקרא דהמקריב הוה דריש ליה לדרשא אחריתא, כדדריש ליה בפ"ב דזבחים (דף יג.), לומר לך: זריקה בכלל היתה, ולמה יצאה – להקיש אליה ולומר לך: מה זריקה מיוחדת – שהיא עבודה המעכבת כפרה ומחשבה פוסלת בה, אף כל [כו']. לאפוקי שפיכת שירים והקטרת אימורין, אבל כיון דאפי' אי הוה מוקמי' לקרא באוכל מזבחו ביום השלישי – אפ"ה לא היה מרצה הציץ עליו, שהרי כתוב בו "לא ירצה". והשתא לא דחקינן בחנם לאוקמא ביה קרא, אלא דרשינן מ"המקריב" – בהקרבה הוא נפסל ואין נפסל בשלישי: **הא אינו נושא אלא עון טומאה שהותרה מכללה וכו'.** תימה לר"ת: מאי איצטריך למיתלי טעמא שהותרה מכללה? תיפוק ליה משום דאי אפשר לאוקמא קרא בפיגול ונותר, וממילא לא מיתוקם אלא בטומאה! ותירץ: דע"כ לא מוקמינן לקרא אלא במידי דהותר מכללו, מדכתיב "לרצון להם" – משמע עון שהוא לרצון בעלמא. וכן משמע ב"הקומץ רבה" (מנחות דף כה.) דפריך: ואימא עון שמאל שהותר מכללו ביוה"כ? ומשני: אמר קרא עון שהיה בו ודחיתיו, והיינו על כרחך מ"לרצון להם", דאי לאו הכי – מנא ליה דבדיחוי מיירי קרא? והכי הוה ליה לשנויי: אמר קרא עון – שהוא עון בכל מקום, לאפוקי שמאל שאינו עון ביוה"כ [והא דלא נקט מלרצון] י"ל משום דלא משמע למעוטי שמאל שהרי מרוצה הוא אלא מעון נמי קדריש, וה"ק: עון שהוא לרצון, שהוא מרוצה, וטובא פריך התם, ולא פריך אלא מהנך דהותרו מכללן. וא"ת: א"כ פיגול ונותר היכי ס"ד לאוקומי קרא בגוייהו? אי לאו דכתיב "לא יחשב" ו"לא ירצה" תיפוק ליה דלא הותרו מכללו! ואור"ת: פיגול הותר מכללן בבמה, שאין פסול מקום בבמה. ונותר כדי נסכה. אי נמי: הותר בראשו של מזבח. אבל קשה, למ"ד לינה מועלת בראשו של מזבח בפרק "המזבח מקדש" (זבחים דף פז.) מאי איכא למימר? ועוד: מחשבת נותר לא הותרה. ואומר ריצב"א דהותרה במנחת כהנים ובמנחת כהן משוח, ובכל דבר שאין לו מתירין, דאין חייבין עליו משום פיגול. כדתנן בפ' "ב"ש" (שם דף מג.). ואפי' פסול נמי ליכא, מדקאמר התם בפ"ק דזבחים (דף יד.) לר"ש דאמר: כל שאינו על מזבח החיצון כשלמים אין חייבין עליו משום פיגול. ואמרי' התם: מודה ר"ש לפסול מק"ו, משלא לשמן הכשר בשלמים ופסול בחטאת, חוץ לזמנו הפסול בשלמים – אינו דין שיפסול בחטאת. ובדבר שאין לו מתירין ליכא ק"ו, דהא שלא לשמן כשר במנחת כהנים, ובכל דבר שאין לו מתירין. וא"ת: חוץ למקומן שהותר בבמה הא לא מיקרי הותר מכללו, דבעינן עון דלפני ה', כדמשני התם, כי פריך: ואימא עון יוצא שהותר בבמה? ומשני: עון דלפני ה' יש לומר יוצא לאו עון דלפני ה' הוא, דפסולו אירע בחוץ. אבל מחשבת חוץ למקומו – פסולו אירע בפנים, שעומד בפנים ומחשב לחוץ. ואין לומר דבמה לא מיקרי הותר מכללו כיון דהכשירו בכך, כדמשני התם גבי שמאל. דלא דמי, דשמאל כיון דהכשירו בפנים בשמאל – קרי ליה הכשירו בכך. אבל חוץ למקומו, כיון דבפנים לא אשכחן ליה הכשירו – לא חשיב הכשירו בכך מה שהותר בבמה. וי"מ: דפיגול ונותר, אע"ג דלא הותרו מכללן – הוה מוקמינן קרא דרצוי ציץ בגוייהו, אי לא גלי קרא בהדיא "לא יחשב ולא ירצה" משום דכתיב בהו עון, ובציץ כתב עון, וגמרינן "עון" "עון" מציץ. ואי משום דכתיב "לרצון להם" דמשמע דלא מתוקם אלא במידי דהותר מכללו, כדפי' – איכא למימר דהוו מוקמי "לרצון" לדרשא אחריתי, כדדריש בפ' "הבא על יבמתו" (יבמות דף ס:): "לרצון להם" – ולא לפורענות. ובפ' "הקומץ רבה" (מנחות דף כה. ד"ה "ואימא") כתבתי אמאי לא מוקמינן לקרא לעון נבילה וטריפה, שהותר מכללו במליקה, או בעון לילה שהותר מכללו באיברים ופדרים, או בעון אותו ואת בנו שהותר מכללו בעופות, או עון מחוסר זמן שהותר בעופות, וע"ש:

מכלל דר"ש סבר טומאה דחויה היא בצבור. לא ידענא מאי ראייה מייתי ר"ש מיוה"כ דאפי' כשאינו על מצחו דמרצה? דלמא, לעולם אינו על מצחו – אין מרצה, ויוה"כ היינו טעמא – דכיון דאי אפשר להיות על מצחו ולרצויי – דחיא טומאה, כיון דקרבן צבור הוא דאתא בטומאה. מידי דהוה אטומאת גברא, דלא מרצי ציץ עלה, ודחיא טומאה! וי"ל: דה"ק ר"ש: כהן גדול ביוה"כ יוכיח, דאי נטמא הקרבן בידו, אפי' אם יש אחרת טהורה – אין אומר לו הבא אחרת תחתיה, וע"כ היינו משום דאפי' אין עודהו על מצחו מרצה. וכיון דאיכא תרתי: רצוי ציץ וקרבן צבור – לא מייתי אחריתי. דאי אין עודהו על מצחו אינו מרצה – לימא ליה: הבא אחרת תחתיה, כיון דטומאה דחויה היא. וא"ת: והאמר לעיל גבי היה מקריב מנחת פרים – מאי לאו דחג, אלמא למ"ד טומאה דחויה היא אומר לו: הבא אחרת תחתיה אפי' בקרבן צבור גמור! י"ל: דההוא תנא דלעיל סבר כר"י, בהא דאין עודהו על מצחו אינו מרצה, וכגון שאינו על מצחו. אי נמי: בנשבר הציץ, ואליבא דכולי עלמא:
ומה

ב"י המקדישין

תוספות ישנים

אלא תמיד מרצה הוא. וקשה לר"ת מהא דקידושין פרק האומר (דף סו.) גבי ינאי המלך הקם להם בציץ שבין עיניך אלמא [אפילו] בשעת סעודה היה לובשו ותירץ דשאני ציץ דכתיב ביה תמיד וע"כ היה בכל שעה על מצחו ואע"ג דמספקא ליה לקמן בפרק בא לו (דף סח:) ובתמיד (דף כז:) בבגדי כהונה אי ניתנו ליהנות בהן ובציץ יש הנאה שהוא עליו מ"מ מדכתיב תמיד הותר בכל שעה. מ"ר. אבל קצת קשה א"כ מה שואל הכא תמיד למאי אתא הא להא איצטריך כדפרישית וי"ל דלרבי יהודה לא היה יכול להעמידו להתירו בכל שעה דהא אפילו בשאר בגדי כהונה נמי מספקא ליה דשמא ניתנו ליהנות בהן ומכל מקום שמעינן שפיר מתמיד היתרן כל שעה אפי' אם השאר אסורין ולר"ש נמי דתמיד משמע כל שעה מ"מ מוקמינן ליה אריצוי. מ"ר:

תורה אור

ומה ציץ, שאין בו אלא אזכרה אחת, אמרה תורה "על מצחו תמיד" – שלא יסיח דעתו ממנו, תפילין שיש בהן אזכרות הרבה – על אחת כמה וכמה. ולר"ש דאמר תמיד מרצה, והא כתיב "על(א) מצחו ונשא"! ההוא לקבוע לו מקום הוא דאתא. ורבי יהודה, לקבוע לו מקום מנא ליה? נפקא ליה מ"על מצחו". ור"ש נמי, תיפוק ליה מ"על מצחו"! אין ה"נ. אלא "על מצחו ונשא" מאי עביד ליה? אמר לך: ראוי למצח – מרצה, שאינו ראוי למצח – אינו מרצה, לאפוקי נשבר הציץ, דלא מרצה. ולר' יהודה, נשבר הציץ מנא ליה? נפקא ליה מ"מצח" "מצחו". ור"ש: "מצח" "מצחו" לא משמע ליה. נימא הני תנאי כהני תנאי; דתניא:* אחד זה ואחד זה מזין עליו כל שבעה מכל חטאות שהיו שם, דברי רבי מאיר. רבי יוסי אומר: אין מזין עליו אלא שלישי ושביעי בלבד. ר' חנינא סגן הכהנים אומר: [א]כהן השורף את הפרה מזין עליו כל שבעה. כה"ג ביוה"כ – [ב]אין מזין עליו אלא שלישי ושביעי. מאי לאו בהא קא מיפלגי; ר"מ סבר: טומאה דחויה היא בציבור, ור' יוסי סבר: טומאה *היתר היא בציבור. [דף ז.] ותסברא? אי סבר רבי יוסי היתר היא בציבור – הזאה כלל למה לי? אלא, דכולי עלמא הני תנאי סברי טומאה דחויה היא בציבור, והכא בהא קמיפלגי; ר"מ סבר: אמרינן "טבילה בזמנה מצוה", ורבי יוסי סבר: [ג]לא אמרינן "טבילה בזמנה מצוה". וסבר רבי יוסי לא אמרינן טבילה בזמנה מצוה? והתניא:* [ד]הרי שהיה שם כתוב על בשרו – הרי זה לא ירחץ, ולא יסוך, ולא יעמוד במקום הטנופת. [ה]נזדמנה לו טבילה של מצוה – כורך עליו גמי, וטובל. רבי יוסי אומר: יורד וטובל כדרכו, ובלבד שלא ישפשף. וקיימא לן דבטבילה בזמנה מצוה קא מיפלגי, דתנא קמא סבר: לא אמרינן טבילה בזמנה מצוה, ורבי יוסי סבר: אמרינן טבילה בזמנה מצוה! אלא, דכולי עלמא להני תנאי אמרינן טבילה בזמנה מצוה. והכא בהא קמיפלגי; רבי מאיר סבר: מקשינן הזאה לטבילה, ור' יוסי סבר: לא מקשינן הזאה לטבילה. ורבי חנינא סגן הכהנים, אי מקיש הזאה לטבילה – אפילו כהן ביוה"כ נמי, אי לא מקיש הזאה לטבילה – אפי' כהן השורף את הפרה נמי לא! לעולם לא מקיש, וכהן השורף את הפרה – מעלה בעלמא. כמאן אזלא הא דתנו רבנן: אין בין כהן השורף את הפרה לכהן גדול ביום הכפורים אלא שזה

רש"י

אחד זה ואחד זה. דיוה"כ ופרה: שלישי ושביעי. לפרישתו: כהן השורף כו'. לקמיה מפרש טעמיה: דרבי מאיר סבר דחויה היא בציבור. ובעינן טהרה מעלייתא, והזאה בזמנה. וכל יומא איכא לספוקי שמא היום יום שלישי הוא לטומאתו בשלשה ראשונים, ובשלשה האחרונים כל יומא ויומא איכא לספוקי מספיקא שהוא שביעי: ור' יוסי סבר היתר היא בציבור. דלא מחמרי בה, אלא למעלה בעלמא, דילפינן ממלואים(ב): הזאה כלל למה לי. בתורת שלישי ושביעי: טבילה בזמנה מצוה. דכתי' [במדבר יט], "וחטאו ביום השביעי וכבס בגדיו ורחץ" לא בא זה אלא ללמד על הטבילה שתהא ביום השביעי. והזאה נמי מקשינן לטבילה, להיות מצוה בזמנה. הלכך, כל יומא מזינן עליה שמא היום זמנה: לא אמרינן טבילה בזמנה מצוה. והאי "וחטאו" דרשינן ליה במסכת קדושין בפ"ג (דף סב.): לא ירחץ. שלא ימחקנו. ואזהרה למוחק את השם, "ואבדתם את שמם" (דברים יב) וסמיך ליה "לא תעשון כן וגו'": טבילה של מצוה. טבילת טהרה שהטבילה הכתוב עליו: כורך עליו גמי. להגין עליו(ג) חוצץ שטף המים: וקיימא לן. במסכת שבת (דף קכ:) דבטבילה בזמנה מצוה פליגי. ר' יוסי סבר: מצוה, הלכך דלמא לא משכח גמי, ומשהה טבילתו ליום אחר: לא מקשינן. הזאה בזמנה לאו מצוה היא, וכי כתיב שלישי ושביעי – שלא יקדים וישהה בין הזאה להזאה ארבעה ימים, אבל אם השהה הזאתו לזמן מרובה – לית לן בה: שזה

תוספות

ומה ציץ שאין בו אלא אזכרה אחת. תימה לי: ליפרך, מה לציץ–שכן השם הוא בגלוי, תאמר בתפילין שהן מחופין עור! ואין לתרץ: דה"נ כתיב שדי בתפילין בקמטין. חדא – דאין זה כתב גמור, דדוקא שי"ן של תפילין הלכה למשה מסיני, אבל ד' י' לא. ועוד: בציץ איכא שם המיוחד בן ד' אותיות, דחמיר טפי. וי"ל דאינו ק"ו גמור דאורייתא, אלא מדרבנן. וה"ק: נהי נמי דאיכא חומרא טפי בציץ, כדמפרש, מ"מ כיון דאיכא בתפילין לד חשיבות זה טפי, שיש בהן אזכרות הרבה – סברא הוא שמן הדין יש לחכמים לתקן למשמש בהן כל שעה: ורבי יוסי סבר טומאה היתר היא בציבור. תימה לי: א"כ גבי פרה אמאי סגי בג' ובשביעי? הא לאו קרבן ציבור היא לדחות שבת וטומאה! וי"ל: דכיון דטבול יום כשר בפרה, דכתיב (במדבר יט): "והזה הטהור" דאמרת טהור כל דהו, אם כן מהתם נמי נכשיר כהן השורף הפרה בלא הזאה כלל, כיון דלא ברור לן דנטמא. והוא הדין דאפילו שלישי ושביעי לא בעי, אלא מעלה בעלמא:

אי סבר רבי יוסי טומאה היתר היא בציבור הזאה כלל למה לי. גבי יוה"כ תימה לי: לימא דאיצטריך הזאה משום אילו של אהרן הקרב ביוה"כ, דכיון דיחיד הוא – מהדרינן אטהרה! וי"ל: דהנ"מ היכא דנטמא בידו טומאה ודאית, כדלעיל. *אבל בחששא בעלמא כי הכא, ודאי למאן דמיקל ואמר היתר היא בציבור – לא הוה מצרכי' מידי אפילו בדיחיד, כגון אילו של אהרן, כיון דחשיב כקרבן ציבור לדחות שבת וטומאה:

וסבר רבי יוסי לא אמרינן טבילה בזמנה מצוה כו'. לא הוה מצי לשנויי: ההיא דלעיל רבי יוסי בר' יהודה היא, דסבירא ליה בפרק "המפלת" (נדה דף כט.) לאו מצוה היא. וכה"ג משני לקמן שילהי מכילתין (דף פח. ושם)! וי"ל: דכיון דפליג בהדיה ר"מ, שמע מינה דרבי יוסי בר חלפתא הוא, שהיה חבירו בר פלוגתיה:

דכולי עלמא להני תנאי אמרינן טבילה בזמנה מצוה. ר"ת פסק דטבילה בזמנה לאו מצוה היא. אע"ג דאמר בפרק "המפלת" (נדה דף ל. ושם) שמע מינה תלת, שמע מינה: טבילה בזמנה מצוה – אין הלכה כן, אלא כרבי יוסי בר' יהודה, דאמר התם: דיה טבילה באחרונה. שהרי מעשים בכל יום שאין לך טובלת בזמנה טבילה של נדה ושל זבה ושל שומרת יום. ובפרק בתרא דנדה (דף סז: ושם) אמרינן: מכדי האידנא כולהו ספק זבות שוינהו רבנן – ליטבלינהו ביממא דשבעה, משמע שלא היו טובלות ביום בשום פעם. ור"ת פסק כב"ש וב"ה דפרק "המפלת" (שם דף ל. ושם) דסברי טבילה בזמנה מצוה. ולאו ראייה היא, מדסברי ב"ש וב"ה הכי שיהא הלכה כן. דודאי ר' יוסי בר' יהודה לא פליג עלייהו, אלא ס"ל לא נחלקו ב"ש וב"ה בדבר זה. א"כ מצי למימר דהלכתא כר' יוסי ברבי יהודה. ומה שעשה רבינו אליהו הזקן זכרונו לברכה באזהרות שלו, טבילה בזמנה, ועל ארבע גדילים, יתד על אזניך תכסה הגדולים. מנהגן היה שלא היה מקפיד לכתוב כהלכתן, כמו שיסד: על סתם נסקלים דנתם ונתחייב תסקלוהו, ויאמר המלך תלוהו. והיינו כר"א דפרק "נגמר הדין" (סנהדרין דף מה:) כל הנסקלין נתלין. ודלא כרבנן דאמרי: אין נתלה אלא מגדף ועובד עבודה זרה. ומהא דאמר בשמעתא דכולי עלמא אמרינן טבילה בזמנה מצוה – אין להביא ראיה! דלא הוה מצי למימר איפכא דכולי עלמא לא אמרינן טבילה בזמנה מצוה דא"כ מאי טעמא דר"מ? ועוד, ר' יוסי נמי על כרחך סבר טבילה בזמנה מצוה, כדשמעינן ליה גבי מי שהיה שם כתוב על בשרו:

מקשינן הזאה לטבילה. תימה: אמאי פשיט להו טפי דטבילה בזמנה מצוה מהזאה? יש לומר, משום דכתיב (במדבר יט): "והזה הטהור על הטמא ביום השלישי וביום השביעי וחטאו ביום השביעי וכבס בגדיו ורחץ במים וטהר בערב" ועל כרחך הא דהדר כתיב "וחטאו ביום השביעי" – לאו משום הזאה כתיב, דהא כתיב כבר. ואי משום לאשמועינן הזאה בזמנה מצוה – ליהדר נמי הזאה דג' כדהדר הזאה דשביעי. אלא על כרחך משום 'ורחץ' איצטריך לאשמועינן דתכף להזאה טבילה, ושמע מינה דטבילה בזמנה מצוה. ולמאן דלית ליה טבילה בזמנה מצוה – איכא למימר דדריש להאי קרא כדקא דריש ליה בפרק "האומר" בקידושין (דף סב. ושם), דקאמר: "וחטאו ביום השביעי" למה לי? איצטריך, סלקא דעתך אמינא: הני מילי – לקדשים, אבל בתרומה בחד נמי סגי – קא משמע לן. והא

עין משפט נר מצוה

יז א מיי' פ"ב מהלכות פרה אדומה הלכה ד:

יח ב מיי' פ"א מהלכות עבודת יוה"כ ה"ד:

יט ג טוש"ע י"ד סימן קנז סעיף ב:

כ ד ה מיי' פ"ו מהלכות יסודי התורה הלכה ו סמג עשין ג:

תוספות ישנים

תפילין שיש בהן אזכרות הרבה. וא"ת למה לי טעמא דלא ישן בהן שמא יפיח בהן בשבת פ' במה טומנין (דף מט. ע"ש) א)תיפוק ליה משום היסח הדעת דהכא וי"ל דהיינו נמי טעמא דהיסח הדעת דהכא אי נמי אומר הר"ר אלחנן דטעמא דהיסח הדעת לא שייך אלא כשהוא ניעור: נשבר הציץ מנ"ל. וא"ת מהאי ליקנא גופיה דעל מצחו ונשא וי"ל דה"ק נשבר הציץ מנ"ל דמעיקרא ה"ל לאוקמא קרא אנשבר ולא לאינו על מצחו דאינו מרצה: ותסברא אי ר"י סבר הותרה היא בציבור הזאה כלל למה לי וא"ת דילמא משום אילו של אהרן כדאמרן לעיל וי"ל דמעלה של הזאה אין לנו לעשות בשביל קרבן יחיד. רב האריה. וע"ז קשה לי כמו שעשו מעלת פרישה בשביל אילו של אהרן א"כ גם מעלת הזאה היה להם לעשות כמו שאמרנו למעלה דנין פר ואיל שלו וכו' ואם איל שלו לא היה טעון פרישה היה לו לומר דנין פר שלו מפר שלו גרידא ועוד היכן מצינו במילואים שלא היה הפרישה בשביל אילו של אהרן כמו בשביל אחרים ועוד מדקאמר ר"י שלישי ושביעי משמע קצת דמדאורייתא קאמר ולא למעלה וא"כ איצטריך הזאה בשביל אילו של אהרן ונ"ל כדמשמע לקמן פרק הוציאו (דף נ.) דדחיית טומאה תלוי בקביעות זמן ולא בציבור ויחיד וכיון דמדאורייתא טומאה הותרה כמו קבע זמן כגון אילו אין לחכמים לעשות מעלת הזאה ופרישה דטומאת מת לרב תחליפא דלעיל בשבילו ועוד דר"י משמע דקאמר אפילו מדאורי' מדקאמר שלישי ושביעי משמע בתורת שלישי ושביעי ולשון הקונטרס מסייעני גם כאן וגם למעלה ודוק ותשכח כ"ל מש"ה: לא ירחץ. בפרק כל כתבי (דף קכ:) מסקינן טעמא משום שאסור לעמוד בפני השם ערום אבל משום לא תעשון לא אסרינן גרמא ולא כפירוש הקונטרס: ורבי יוסי סבר לא מקשינן הזאה לטבילה. ומאחר שלא הזה גם טבילה לא יעשה אלא ביום ההזאה דתניא בספרי וכבס בגדיו ורחץ בשרו במים שאם הקדים טבילה להזאה לא עשה ולא כלום והא דתנן במסכת פרה (פי"ב מי"א טבל האזוב ביום והזה בלילה והזה ביום פסול אבל האדם עצמו טובל בלילה ומזה ביום כו' אור"ת דהיינו טבילה שהיו עושין לפני הזאה כדי לקבל אותה בטהרה כדאמרינן בפרק שני דכריתות (דף ט.) מה אבותיכם לא נכנסו לברית אלא במילה וטבילה והרצאת דמים אף אתם וכו' וע"כ כסדר מונה אותם שהרי אמרינן בהחולץ (יבמות דף מז:) מל ונתרפא מטבילין אותו מיד שהוויי מצוה לא משהינן ואם היתה מועלת טבילה לפני מילה היו עושין אותה מיד דשהויי מצוה לא משהינן וטבילה מדבריהם הוא וטבילה אחרת היה עושה אחר הזאה והיא עיקר ובה איירי קרא דספרי [ובתוספתא דפרה (פי"א) נמי תניא טבל ועלה אם יש עליו] שטף גשמים טמא פי' שבטלה ההזאה [ואם יש עליו] משקה טופח טהור והא דאמרינן בפ"ב דמגילה (דף כ.) לא טובלין ולא מזין אלא ביום ומפרש בגמרא דמקשינן טבילה להזאה מוקי לה ריב"א בטבילת אזוב והזאה ע"פ ירושלמי וקתני נמי טובלין מקמי מזין משמע דבטבילת אזוב מיירי ובמגילה האריך הרבה וכאן נגיה בשם ריב"א דאפילו הרחיק הרבה השביעי מן שלישי יכול להיות אפילו בתשיעי כדקתני וחטאו ביום השלישי יכול השלישי סמוך למיתה הרי כבר אמור אלא למד על שלישי רחוק מן המיתה שטהר ביום השביעי יכול הזאת שלישי [רחוק] מן המיתה אבל שביעי סמוך לשלישי אם לומר שלישי סמוך למיתה אמרת שום שביעי

א) בדברי רבה אינו מפורש שם דלא ישן שמא יפיח. וע"ש בתו' וע' בש"י ואולי צ"ל כאן או שמא יפיח ומקשי בין לרבא ובין לאביי ועי'. ולשני התירוצים א"ש גם שמא יפיח כי אין לך היסח הדעת גדול מאם אין גופו נקי.

מסורת הש"ס

לעיל ד. פסחים עח. פרה פ"ג מ"א ע"ש

בכ"י הותרה וכן לקמן

לקמן פח. שבת קכ: [מס' סופרים פ"ה הלכה יב]

הגהות הב"ח

(א) גמרא על מלו ונשא: (ב) רש"י ד"ה ורבי יוסי כו' דילפינן ממילואים. נ"ב לעיל תחלת דף ד: (ג) שם ד"ה כורך להגין עליו מפני חוזק:

שֶׁזֶּה פְּרִישָׁתוֹ לִקְדוּשָּׁה, וְאֶחָיו הַכֹּהֲנִים נוֹגְעִין בּוֹ, וְזֶה פְּרִישָׁתוֹ לְטָהֳרָה, [א]וְאֵין אֶחָיו הַכֹּהֲנִים נוֹגְעִין בּוֹ. כְּמַאן – אוֹ ר"מ אוֹ רַבִּי יוֹסֵי. דְּאִי ר' חֲנִינָא סְגַן הַכֹּהֲנִים – הָא אִיכָּא נַמִי הָא. מַתְקִיף לָהּ רַבִּי יוֹסֵי בְּרַבִּי חֲנִינָא: בִּשְׁלָמָא רִאשׁוֹן – שֶׁמָּא שְׁלִישִׁי, שֵׁנִי – שֶׁמָּא שְׁלִישִׁי, שְׁלִישִׁי – שֶׁמָּא שְׁלִישִׁי, חֲמִישִׁי – שֶׁמָּא שְׁבִיעִי, שִׁשִּׁי – שֶׁמָּא שְׁבִיעִי, שְׁבִיעִי – שֶׁמָּא שְׁבִיעִי. אֶלָּא רְבִיעִי, לָמָּה לִי הַזָּאָה כְּלָל? לֹא בִּשְׁלִישִׁי אִיכָּא לְסַפּוֹקֵי, וְלֹא בִּשְׁבִיעִי אִיכָּא לְסַפּוֹקֵי! וּלְטַעְמִיךְ, הַזָּאָה כָּל שִׁבְעָה מִי אִיכָּא? וְהָא קַיְימָא לַן *דְּהַזָּאָה שְׁבוּת, [ב]וְאֵינָהּ דּוֹחָה אֶת הַשַּׁבָּת. אֶלָּא מַאי אִית לָךְ לְמֵימַר – שִׁבְעָה לְבַר מִשַּׁבָּת, הָכָא נַמִי – שִׁבְעָה [ג]לְבַר מֵרְבִיעִי. אָמַר רָבָא: הִלְכָּךְ, כֹּהֵן גָּדוֹל בְּיוֹם הַכִּפּוּרִים, דְּלָא בְּדִידַן תַּלְיָא מִילְּתָא, אֶלָּא בִּקְבִיעָא דְּיַרְחָא תַּלְיָא מִילְּתָא – בִּתְלָתָא בְּתִשְׁרֵי בָּעֵי לְאַפְרוֹשֵׁי, וְכָל אֵימַת דְּמִתְרַמֵּי תְּלָתָא בְּתִשְׁרֵי – מַפְרְשִׁינַן לֵיהּ. אֲבָל כֹּהֵן הַשּׂוֹרֵף אֶת הַפָּרָה, דִּבְדִידַן תַּלְיָא מִילְּתָא – מַפְרְשִׁינַן לֵיהּ [ד]בִּרְבִיעִי בְּשַׁבָּת, כִּי הֵיכִי דְּנִיתְרְמֵי רְבִיעִי שֶׁלּוֹ בְּשַׁבָּת. §"לְלִשְׁכַּת פַּרְהֶדְרִין וכו'". § תַּנְיָא, *רַבִּי יְהוּדָה: וְכִי לְשִׁכַּת פַּרְהֶדְרִין הָיְתָה? וַהֲלֹא לְשִׁכַּת בַּלְווּטֵי הָיְתָה! אֶלָּא, בַּתְּחִלָּה הָיוּ קוֹרִין אוֹתָהּ לְשִׁכַּת בַּלְווּטֵי, וּמִתּוֹךְ שֶׁנּוֹתְנִין עָלָיו מָמוֹן לַכְּהוּנָּה וּמַחֲלִיפִין אוֹתָהּ כָּל שְׁנֵים עָשָׂר חוֹדֶשׁ, כְּפַרְהֶדְרִין הַלָּלוּ שֶׁמַּחֲלִיפִין אוֹתָם כָּל שְׁנֵים עָשָׂר חוֹדֶשׁ, לְפִיכָךְ הָיוּ קוֹרְאִין אוֹתָהּ לְשִׁכַּת פַּרְהֶדְרִין. *תְּנַן הָתָם: [ה]הַנַּחְתּוֹמִין לֹא חִיְּיבוּ אוֹתָן חֲכָמִים לְהַפְרִישׁ אֶלָּא תְּרוּמַת מַעֲשֵׂר וְחַלָּה. בִּשְׁלָמָא תְּרוּמָה גְּדוֹלָה לֹא, דְּתַנְיָא:

לְפִי

רש"י

שֶׁזֶּה פְּרִישָׁתוֹ לִקְדוּשָּׁה. לִיכָּנֵס לְמַחֲנֵה שְׁכִינָה, וְלֹא יְהֵא לִבּוֹ זָחָה עָלָיו, וִיהֵא נִבְדָּל מִכָּל קַלּוּת רֹאשׁ, שֶׁחָלָה עָלָיו אֵימָה בְּהַבְדָּלָתוֹ מִן הַבְּרִיּוֹת: וְזֶה פְּרִישָׁתוֹ לְטָהֳרָה. לְהַחְמִיר בְּטָהֳרָתוֹ, מִפְּנֵי קַל שֶׁעוֹשִׂין בּוֹ לְטַמְּאוֹ בּוֹ בַּיּוֹם לְהַטְבִּילוֹ לְהוֹצִיא מִלִּבָּן שֶׁל צְדוֹקִים, לְכָךְ הֶחְמִירוּ בְּטָהֳרָתוֹ שֶׁלֹּא יְהֵא אָדָם נוֹגֵעַ בּוֹ: הָא אִיכָּא נַמִי הַאי. שֶׁזֶּה מַזִּין עָלָיו כָּל שִׁבְעָה, וְזֶה אֵין מַזִּין עָלָיו כָּל שִׁבְעָה: בִּשְׁלָמָא. יוֹם רִאשׁוֹן מַזִּין עָלָיו שֶׁמָּא הַיּוֹם יוֹם שְׁלִישִׁי לְטוּמְאָתוֹ, וְכֵן שֵׁנִי, וְכֵן שְׁלִישִׁי, שֶׁמָּא שָׁעָה אַחַת קוֹדֶם פְּרִישָׁתוֹ נִטְמָא: חֲמִישִׁי שֶׁמָּא שְׁבִיעִי. שֶׁאִם הָיָה הָרִאשׁוֹן לִפְרִישָׁה שְׁלִישִׁי לְטוּמְאָה נִמְצָא הַחֲמִישִׁי שְׁבִיעִי, וְכֵן שִׁשִּׁי וְכֵן שְׁבִיעִי: אֶלָּא רְבִיעִי. אַמַּאי מַזִּינַן עֲלֵיהּ? לֹא בַּשְּׁלִישִׁי אִיכָּא לְסַפּוֹקֵי – דְּהָא מִשֶּׁפֵּירֵשׁ לֹא נִטְמָא בְּמֵת, וְלֹא בַּשְּׁבִיעִי אִיכָּא לְסַפּוֹקֵי – שֶׁאִם הָיָה שְׁבִיעִי לְטוּמְאָתוֹ הֲרֵי יוֹם אֶחָד לִפְנֵי פְּרִישָׁתוֹ שְׁלִישִׁי לַטּוּמְאָה, נִמְצָא שֶׁלֹּא הִזָּה בַּשְּׁלִישִׁי, וְהַזָּאַת שְׁבִיעִי בְּלֹא שְׁלִישִׁי אֵינוֹ כְּלוּם: וְכָל אֵימַת דְּמִתְרַמֵּי מַפְרְשִׁינַן לֵיהּ. וְאַע"ג דְּלָא הָוֵי רְבִיעִי שֶׁלּוֹ בְּשַׁבָּת, וְנִמְצֵאת הַזָּאָתוֹ בְּטֵלָה שְׁנֵי יָמִים: דִּבְדִידַן תַּלְיָא מִילְּתָא. שֶׁאֵין זְמַנָּהּ קָבוּעַ: דְּנִיתְרְמֵי רְבִיעִי שֶׁלּוֹ בְּשַׁבָּת. וְלֹא יִפָּסְקוּ הַזָּיוֹתָיו אֶלָּא יוֹם אֶחָד: פַּרְהֶדְרִין. פְּקִידֵי הַמֶּלֶךְ: לְשִׁכַּת בַּלְווּטֵי. לְשׁוֹן שָׂרִים. כָּךְ הָיְתָה נִקְרֵאת: לְשִׁכַּת שָׂרִים: בַּתְּחִלָּה. כָּל יְמֵי שִׁמְעוֹן הַצַּדִּיק שֶׁהֶאֱרִיךְ יָמִים, הָיוּ קוֹרְאִין אוֹתָהּ לְשִׁכַּת בַּלְווּטֵי: מִתּוֹךְ שֶׁנּוֹתְנִין מָמוֹן לַכְּהוּנָּה. מִתּוֹךְ שֶׁכֹּהֲנֵי בַּיִת שֵׁנִי הָיוּ עוֹמְדִין ע"י מָמוֹן, שֶׁנּוֹתְנִין עַל כְּהוּנָּה גְּדוֹלָה לְמַלְכֵי בֵּית חַשְׁמוֹנַאי: מַחֲלִיפִין אוֹתָהּ כָּל י"ב חֹדֶשׁ. כְּלוֹמַר: שֶׁרְשָׁעִים הָיוּ, וְלֹא הָיוּ מוֹלִיאִין שְׁנָתָן, וּמַעֲמִידִים אַחֵר תַּחְתָּיו. וְכָל כֹּהֵן הַמִּתְחַדֵּשׁ בָּהּ סוֹתֵר אוֹתָהּ וּבוֹנֶה בִּנְיָן נָאֶה מִן הָרִאשׁוֹן, שֶׁתְּהֵא קְרוּיָה עַל שְׁמוֹ, וְנִמְצָא מִתְחַלֶּפֶת כָּל שָׁנָה וְשָׁנָה: כְּפַרְהֶדְרִין הַלָּלוּ. שֶׁהַמֶּלֶךְ מַחֲלְפָן בְּכָל שָׁנָה וְשָׁנָה, חָזְרוּ לִקְרוֹת לְשִׁכַּת פַּרְהֶדְרִין: הַנַּחְתּוֹמִין. הַלּוֹקְחִין תְּבוּאָה מֵעַם הָאָרֶץ לִמְכּוֹר פַּת לַשּׁוּק – לֹא חִיְּיבוּ עֲלֵיהֶן לְהַעֲלוֹת מַעֲשֵׂר שֵׁנִי שֶׁל דְּמַאי לִירוּשָׁלַיִם, אֶלָּא תְּרוּמַת מַעֲשֵׂר שֶׁהוּא אֶחָד מִמֵּאָה, וְחַלָּה יִתֵּן לַכֹּהֵן. אֲבָל שְׁאָר כָּל אָדָם – הִטִּילוּ עָלָיו לְהַעֲלוֹת מַעֲשֵׂר שֵׁנִי שֶׁל דְּמַאי לִירוּשָׁלַיִם, וּמַעֲשֵׂר רִאשׁוֹן וּמַעֲשֵׂר עָנִי מַפְרִישִׁין אוֹתָן וְאֵין נוֹתְנִים. וּבְנַחְתּוֹם חָבֵר עָסְקִינַן, וּמִתּוֹךְ שֶׁהוּא רָגִיל לִמְכּוֹר כָּל שָׁעָה הֵקִילּוּ עָלָיו, שֶׁאֵינוֹ צָרִיךְ לְהַפְרִישׁ עָלָיו מַעֲשֵׂר שֵׁנִי שֶׁל דְּמַאי לַעֲלוֹת לִירוּשָׁלַיִם [אוֹ] *לִפְדּוֹת:

לְפִי

תוספות

והא דקאמר התם והזה הטהור על הטמא למה לי – אצטריך, סד"א שלישי למעוטי שני, שביעי למעוטי ששי, דקא ממעט ימי טהרה. אבל היכא דעבד ברביעי ובשמיני – אימא שפיר דמי, קמ"ל. יש לפרש אפילו למ"ד אין הזאה בזמנה מצוה ואו או קאמר, ברביעי או בשמיני. כלומר: סד"א אי עבד הזאה קמייתא ברביעי והשניה בשביעי או קמייתא בשלישי כמשפטה ובתרייתא בשמיני, קמ"ל דבעינן שיהא ד' ימים בין הזאה להזאה לא פחות ולא יותר, וכן פירש רש"י התם:

דאי ר' חנינא סגן הכהנים הא איכא נמי הא. תימה לי: אכתי איכא נמי שזה פורש ללשכת פרהדרין, וזה פורש ללשכה שעל פני הבירה! י"ל: דלא קא חשיב אלא מילתא דחשיבותא, שיש מעלה בזה מבזה, אבל מה שזה פורש ללשכה זו וזה פורש ללשכה זו – לאו מילתא דחשיבותא הוא בהאי טפי מבהאי. אי נמי נ"ל לפרש, דתרי מילי קחשיב: שזה פרישתו לקדושה – דהיינו °ללשכת פרהדרין, שהיתה בנויה בקודש. ואפילו את"ל שהיתה פתוחה לחול, וא"כ הוה תוכה *)חול, דאי לאו הכי הא אין ישיבה בעזרה °וכ"ש שאין ישנים בה, וא"כ לא הוי פרישתו לקדושה – יש לומר אפ"ה, כיון דהיתה בנויה בקדש בסמוך לעזרה – קרי ליה שפיר פרישה לקדושה. וזה פרישתו לטהרה – ללשכה שעל פני הבירה, העומדת בהר הבית שאין בו קדושה יותר מירושלים, אלא טהור יותר שהזב ובעל קרי וכל מי שטומאה יוצאה מגופו אין נכנסין לו. ויש מפרשין: דלשכת פרהדרין היתה פתוחה לקודש, ואע"ג דא"כ קדש הואי ואין ישינן בה – יש לומר כיון שבנויה בחול ופתוחה לקדש, והוי דתוכה קדש לענין אכילת קדשי קדשים, כדמשמע ב"איזהו מקומן" (זבחים דף נו.), מיהו מותר לישב בה ולישן בה, דלא קדשה לגמרי כקדושת עזרה. דהא אמר בפרק "איזהו מקומן" (שם) דאין חייבין עליהן כרת טמאים הנכנסין שם, והכי נמי מותר לישב ולישן בהם. ועוד איכא בינייהו מילתא אחריתי: שזה אחיו הכהנים נוגעין בו, וזה אין אחיו הכהנים נוגעין בו. ולא נהירא, כדמשמע לקמן בשילהי פ"ב [דף כה. ושם] גבי זקן יושב במערבה דאין ישיבה בלשכות הבנויות בחול ופתוחות לקדש:

תנן התם הנחתומין לא חייבו אותם להפריש אלא תרומת מעשר וחלה. בפ"ב דמסכת דמאי פריך בירושלמי: תמן [פ"ה] תנינן: הלוקח מנחתום כיצד מעשר? נוטל כדי תרומת מעשר וחלה וכו'. הכא את אמר הלוקח מפריש, וכה את אמר נחתום מפריש! ר' יונה אמר: איתפלגון ר' יוחנן ור"א, חד אמר: כאן – בעושה בטהרה כאן – בעושה בטומאה. נראה לפרש מתני' דהכא – בנחתום עם הארץ העושה בטהרה, ששוכר גבל חבר לעשות לו חלתו בטהרה. הלכך, כיון דטרח כולי האי – סמכינן עליה נמי דודאי תקנה, ואין צריך הלוקח ממנו להפריש. והיא מתני' דמחייבא ללוקח להפריש – מיירי בנחתום עם הארץ, דלא מפריש. וחד אמר: כאן במדה דקה כאן במדה גסה, ולא ידעין מאן אמר דא ומאן אמר דא וכו'. ומפרש התם אמתניתין אחריתי טעמא דחילוקא דבין גסה לדקה, משום תינוקות שלא יאכלו טבל, בשם רבי יוחנן. מדה דקה, הואיל והמוכר משתכר – הוא מפריש, מדה גסה לוקח משתכר – לוקח מפריש. ופריך התם, וקשיא על דרבי יוחנן: אם בעושה בטהרה – יפריש על הכל. פי': אפילו מעשר שני, ונסקוה לירושלים! ומשני: בדין הוא שלא יפריש כלום, שאין מוסרין ודאי לעם הארץ. כלומר: דאפילו ודאי דאיכא למימר דעם הארץ יעשרנו – אפי' הכי לא סמכינן עליה, דחיישינן דילמא לא מתקן ליה. והיינו דקאמר: אין מוסרין אפי' ודאי לעם הארץ דוקא, אבל לחבר שרי, ומתניתין בנחתום חבר שמוכר לחבר עסקינן. וא"כ בדין הוא דהנחתום לא יפריש לכל הפחות מעשר שני, משום דטריחא מילתא טובא לאסוקיה לירושלים – פטורים הנחתומין מלהפריש מעשר שני משום דטריחא מילתא, ומתוך שהפרהדרין הללו חובטין אותן וכו'. מיהו, חבר הלוקח מהם – מפריש מעשר שני ומעלהו ואוכלו בירושלם. ואין לפרש שאין מוסרין ודאי לעם הארץ, אבל דמאי מוסרין – דהא ליתא, דבעירובין בפ' "בכל מערבין" (דף לז:) מוכח דאין מוסרין דמאי לעם הארץ, גבי עם הארץ שאמר לחבר קח לי אגודה של ירק, ובפ' "המוכר את הספינה" (ב"ב דף פח.) גבי הלוקח ירק מן השוק וכו', ובפ"ק דחולין (דף ו.): הנותן לחמותו – מעשר את שהוא נותן לה ואת שהוא נוטל הימנה. ומקשה *נמי על דרבי אלעזר: אם במדה דקה – יפריש על הכל, ולא משני מידי, לפי שכבר תירץ לר' יוחנן והוא הדין לר' אלעזר.

*) [כלאיתא במעשר שני פ"ג מ"ח והביאו הש"ס פסחים פו.]

עין משפט נר מצוה

כא א מיי' פ"ב מהלכות פרה אדומה הל' א:
כב ב שם הלכה ה:
כג ג שם הלכה ד:
כד ד שם הלכה ה:
כה ה מיי' פ"ט מהל' מעשר הלכה יב:

רבינו חננאל

משנה שהפרישו ודאי נזהר ולא נטמא. ואם ניחוש [לרביעי] שמא שביעי הוא התורה אמרה ביום השלישי ואח"כ ביום השביעי *) ולכשיבא הרביעי פרישת שביעי לטמאה השלישי לטומאה קודם הפרישה הוא ביום אחד וכיון שלא הוזה בו ביום השביעי אינה מצוה שאינה מצוה אלא בשקדמה הזאה בשלישי ואוקימנא לבר מרביעי וכו' ופשוט' היא. פירוש לשון (סנהדרין) [פרהדרין] כגון אגרדמים הממונה לשווקים. בולווטי חכמי העצה ושניהן בלשון יון: **ת"ר** הנחתומין לא חייבום החכמי' להפריש אלא תרומת מעשר שהוא חלק אחד ממאה. פי' (חייב) מי שיש לו ק' איפות חייב לתת מהן י' איפות ללוי מעשר וחייב הלוי לתת מאלו י' איפות איפה אחת לכהן והיא תרומת מעשר נמצאת התרומת מעשר שחייב הלוי לתת לכהן איפה אחת שהיא אחת ממאה איפות (שלישית). והלוקח מע"ה דבר ברור הוא שהתרומ' שהיא ב' ממאה והיא אחת מג' ודאי מפרישין ונותנין אותה לכהן. והמעשר יש מי שנותן אותו ללוי ויש מי שאינו נותן. ומחזיקין אותו (בספין) **) ושמא לא נתן. ותרומת מעשר זר האוכלו חייב מיתה. כמו התרומ' שהיא אחת מחמשים. לפיכך חייבו חכמים להפריש כל הקונ' (ונביאה) [תבואה] מע"ה חלק אחד ממאה שהיא שיעור תרומת מעשר ונותנו לכהן.

*) [דברי רבינו אלו כמו שהם לפנינו הם משוללי הבנה ואולי נ"ל ואם באנו לחוש ליום הרביעי לפרישה דשביעי לטומאה הוא השלישי לטומאה הי' ביום אחד קודם הפרישה וכיון שלא הוזה וכו' כנ"ל:]

**) [אולי נ"ל ומחזיקין אותן לעצמן דשמא כבר נתן הע"ה:]

תוספות ישנים

שביעי אם למד שביעי לשלישי הרי כבר אמור אלא לימד על שביעי רחוק לשלישי שטהור: **שנותנין** עליה ממון לכהונה. שנותנין ממון למלכות בית חשמונאי וכו' כך פי' בקונטרס ואין נראה שהרי כן עצמן היו כהנים גדולים אלא למלכי בית*) דוד היה והא דאמרינן לקמן (דף יח.) תרקבא דדינרי עיילא ליה מרתא בת בייתוס לינאי מלכא אין זה אותו של בית חשמונאי דקדושין פ' האומר (דף סו.) אלא אחר היה ולשון דכהונה דקאמר לצורך כהונה קאמר:

*) נ"ל הורדוס

גליון הש"ס

תום' ד"ה דאי וכו' ללשכת פרהדרין שהית' בנויה. עיין לקמן דף י ע"א תום' ד"ה חוץ: **בא"ד** וכ"ש שאין ישנים בה. עי' תום' סוכה דף מג ע"ב תום' ד"ה תשבו:

מסורת הש"ס

פסחים סה.

[אמר]

דמאי פ"ב מ"ד

(נ"ל לאכול)

בירושלמי

וּבִירוּשַׁלְמִי

כו א מיי' פ"ט מהלכות מעשר הלכה א:

תורה אור

*לפי [א]ששלח בכל גבולי ישראל וראה שאין מפרישין אלא תרומה גדולה בלבד. מעשר ראשון ומעשר עני נמי לא – המוציא מחבירו עליו הראיה. אלא מעשר שני, נפרשו ונסקו, וניכלוהו בירושלים! אמר עולא: מתוך שפרהדרין הללו חובטין אותן כל י"ב חדש, ואומרים להן: מכרו בזול, מכרו בזול! לא אטרחונהו רבנן. מאי פרהדרין – פורסי. אמר רבה בר בר חנה א"ר יוחנן: מאי דכתיב: °"יראת ה' תוסיף ימים ושנות רשעים תקצרנה", "יראת ה' תוסיף ימים" – זה מקדש ראשון, שעמד ארבע מאות ועשר שנים ולא שמשו בו אלא[א] י"ח כהנים גדולים, "ושנות רשעים תקצרנה" – זה מקדש שני, שעמד ד' מאות ועשרים שנה, ושמשו בו יותר משלש מאות כהנים. צא מהם מ' שנה ששמש שמעון הצדיק, *ושמונים ששמש יוחנן כהן גדול, עשר ששמש ישמעאל בן פאבי, ואמרי לה י"א ששמש ר' אלעזר בן חרסום – מכאן ואילך צא וחשוב: כל אחד ואחד לא הוציא שנתו.(א) *א"ר יוחנן בן תורתא: *מפני מה חרבה שילה – מפני שהיו בה שני דברים, גלוי עריות ובזיון קדשים. גלוי עריות – דכתיב: °"ועלי זקן מאד ושמע את כל אשר יעשון בניו לכל ישראל ואת אשר ישכבון את הנשים הצובאות פתח אהל מועד". ואע"ג *דאמר ר' שמואל בר נחמני א"ר יוחנן: כל האומר בני עלי חטאו – אינו אלא טועה, מתוך

ששהו

[תוספתא מנחות פי"ג]

סוטה מח. ב"מ ל. [תוספ' סוטה פי"ג]

משלי י

[ברכות כט.]

[עיין בעין יעקב]

ש"א ב

שבת נה:

רש"י

לפי ששלח. יוחנן כהן גדול שגזר על הדמאי, בסוטה בפרק "עגלה ערופה" (דף מח.): המוציא מחבירו עליו הראיה. מכי אפרשיה ואפקעיה משום טבל – אין בו אלא ספק גזל לויים ועניים. חוץ מתרומת מעשר שבתוך מעשר ראשון – אותה יתן לכהן, שיש איסור ועון מיתה באכילתה. וללוי ועני יאמר: הביאו ראיה שלא עישר עם הארץ שלקחתי ממנו: נפרשו ונסקו. שהרי יש בו איסור "לא תוכל לאכול בשעריך" – יפרישו כדי לתקן טבלו, הואיל ולא פסדי ביה מידי, דהא אינהו נפשייהו הדר קא אכלי ליה בירושלים: חובטין אותן. (מן) הממונין כל י"ב חודש משנה לשנה הממונים מתחדשין, ומכבידין למלאות עלילות לגבות ממון כשהן מתחדשין: לא אטרחונהו. וסמכו לומר שרוב עמי הארץ מעשרין הן: פורסי. פקידי המלך:

ששהו

תוספות

וכירוש' דמאי פ"ה פריך: "וחלה חייבת בדמאי", בתמיה, והתנן (פ"א): חלת עם הארץ והמדומע פטור מן הדמאי! והוה מצי לשנויי: התם בחלה שהפרישה עם הארץ גופיה, שתיקן לו גבל חבר בטהרה, וכדמפרש עלה התם משום דאימת קדשים עליו, ואינו נותן לכהן דבר שאינו מתוקן, והא דהכא מיירי בהפרישה חבר, אלא ר' אושעיא הוא דמפליג התם הכי. אבל סוגיא דירושלמי דפ"ה – כר' יוחנן דלא מפליג. דפליג על רבי אושעיא, ואמר: היא הדא היא הדא. ומשני בשם ר' יוסי בר' חנינא: ב"ש היא. ותני כן, ר"ש בן יהודה אומר משום ר"ש: חלה, ב"ש מחייבין ב"ה פוטרים. ופריך: כלום אמר ב"ש אלא דבר שהוא לזריעה, אילו הלוקח לזרע לבהמה, קמח לעורות, שמן לנר שמא אינו פטור? פי': כל הני דתנן להו התם לפטורא בדמאי בפ"ק [משנה ג]. ולהכי קשה ליה: כלום אמרו ב"ש לחייב להפריש דמאי בחלה? א"כ יחמירו נמי בכל הני להפריש דמאי! ומדנקט מתניתין רק חלה, ולא נקט כל הני לחיובא – ש"מ לאו ב"ש היא. ומשני: אלא במגבל עיסתו במי פירות. פי': הא דפטרה מתניתין בפ"ק – בטורח לגבל במי פירות, דלא הוכשרה כדי שלא תקבל טומאה, וכיון דטרח כולי האי – מסתמא תקוני נמי תקנה. ופריך: ולא כן א"ר יוסי בר' חנינא דר' אלעזר איש ברתותא, היא הא כרבנן – לא. פירש: רבי אלעזר איש ברתותא הוא דפטר בדמאי, היכא דגבלה במי פירות. אבל רבנן פליגי עליה. ואם כן – לית לן לאוקמא מתניתין כיחידאה, ומשני: אלא כר' יוחנן, כאן – בעושה בטומאה. כאן – בעושה בטהרה. מתניתין דפ"ק, שטרח להביא גבל שעושה בטהרה, דמסתמא ודאי תקין. והדר קאמר: אלא כר' אלעזר. פירוש: אי נמי איכא לשנויי כר' אלעזר, כאן וכאן בעושה בטהרה, אלא במתארח אצלו, אבל ברבים – אינו נאמן עד שיקבל עליו ברבים. וכה ברבים אנן קיימין. כלומר: מתניתין דפ"ק דמתארח אצלו דאקילו רבנן גביה, וכדתניא פרק קמא דחלה בתוספתא: הלוקח מן הנחתום ומן האשה שעושה למכור בשוק – צריך להפריש חלת דמאי, מבעל הבית ומתארח אצלו – אין צריך להפריש חלת דמאי. אבל חלה של ודאי טבל צריך תיקון, כדתניא בירושלמי: העושה עיסה מטבל, בין שהקדיש חלה לתרומה בין שהקדיש תרומה לחלה – מה שעשה עשוי, וחלה לא תאכל עד שיוציא עליה תרומה, ותרומה לא תאכל עד שיפריש חלה:

מעשר ראשון ומעשר עני נמי לא המוציא מחבירו עליו הראיה. ולאו דווקא נחתום, אלא אפילו כל אדם נמי מפרישן והן שלו. כדאמרינן בשילהי מסכת סוטה (דף מח.): עמד והתקין להם הלוקח פירות מעם הארץ – מפריש מהן תרומת מעשר ונותנה לכהן, ומעשר שני עולה ואוכלו בירושלים, ומעשר ראשון ומעשר עני – המוציא מחבירו עליו הראיה. והא דלא אמרינן נמי בתרומת מעשר מפרישה והיא שלו, וימכרנה לכהנים ויטול דמיה – י"ל כיון דדבר מועט הוא, שאינו אלא חלק אחד מק', ועוד: דמיה מועטין, שהוא צריך למוכרה בזול שאין לה אוכלין מרובין – תקינו רבנן שיתננה לכהנים:

ולא שמשו בו אלא י"ח כהנים. ריב"א גרים: שמנה כהנים, כדכתיב בהדיא בדברי הימים (א ה): עזריה אשר כהן בבית אשר בנה שלמה, אמריה אחיטוב לדוק שלום חלקיה עזריה שריה ויהולדק והוא הלך בהגלות ה' את יהודה. אמנם, בכל הספרים ובספרי (פרשת *פנחס) ובירושלמי גרסינן י"ח כהנים. ונ"ל לקיים גירסת הספרים. וט' כהנים גדולים היו עד יהולדק וכו', וסגני כהונה שמתקינין לכל אחד סגן תחתיו – הרי י"ח. כדאשכחן בסוף מלכים, דקא חשיב לכהן גדול וסגן שלו בהדי הדדי, דכתיב: ויקח רב טבחים את שריה כהן הראש *ומשנהו לפניהו. וא"ת: א"כ בבית שני ניחשוב נמי סגני כהונה, א"כ הוה ליה למימר קרוב לשש מאות כהנים גדולים ששימשו בו! י"ל: הא לא קשיא, דבבית ראשון נקט שפיר י"ח הן וסגניהון – לרווחא דמילתא, דאפילו את"ל אי אפשר שלא יארע אונס לכ"ג ביוה"כ אחד מכל השנים הללו שהוא משמש בכהונה גדולה, ונמצא סגן משמש תחתיו – אעפ"כ לא הוו הללו אלא י"ח, וכ"ש דאי אמרינן דלא אירע פסול לכ"ג – דבצרי להן. אבל בבית שני, כיון דכל אחד לא הוציא שנתו – נקט ג' מאות לרווחא דמילתא, דאפילו את"ל דמסתמא לא שימש הסגן תחתיו, כיון שלא היה כ"ג אלא יוה"כ אחד, מילתא דלא שכיחא הוא שבו ביום אירעו אונס ושימש סגן תחתיו – אפילו הכי לכל הפחות קרוב לג' מאות היו. אי נמי, נ"ל: די"ח כהנים דקאמר היינו מפנחס ואילך שניתנה לו ולזרעו אחריו. וכן משמע בספרי: "לכן אמור הנני נותן לו", וגו' – מלמד שעמדו ממנו בבנין ראשון י"ח כהנים נביאים, ובבנין שני פ' כהנים וכו'. ובנין ראשון קרי ממשכן ואילך עד גלות הארץ. וכן יש בירושלמי: בראשונה שהיו משמשין הוא ובנו ובן בנו, שימשו י"ח כהנים. והא דקאמר הכא בשמעתא: זה מקדש ראשון שעמד ד' מאות ועשר, ולא שימשו בו אלא י"ח – משום דבעי למימר מקדש שני שעמד ד' מאות ועשרים ושימשו בו קרוב לג' מאות נקט נמי מנין בית ראשון. ומיהו, אותם י"ח כהנים לא שימשו כולם בבית ראשון, וה"פ: ושימשו בו י"ח – כלומר: שימשו בו כהנים כל כך עד שהשלימו לחשבון י"ח עם אותם ששימשו מעיקרא. וכן מצאתי בדברי הימים: "אלעזר פנחס אבישוע בקי עזי זרחיה מריות אמריה אחיטוב לדוק אחימעץ עזריה יוחנן עזריה אמריה אחיטוב לדוק שלום חלקיה עזריה שריה יהולדק" הרי מאבישוע בן פנחס עד שריה יש י"ח כהנים ולא שריה בכלל – לפי ששריה גלה בגלות יכניה, ולא קחשיב באותם י"ח כהנים אלא אותם ששימשו כל ימיהם, אבל שריה שגלה בגלות יכניה, כדאיתא בסוף מלכים, ויהולדק שגלה בגלות לדקיה – לא קא חשיב. והר"ר יעקב בה"ה אמר לנו בש"ר יקותיאל הלוי מורמיש"א: דעזריה לא היה בימי שלמה, אלא היינו עזריה שהיה בימי עוזיהו, ולפי שמסר נפשו על עבודת בית המקדש כשבא עוזיהו לשרת, וחירף אותו, כדכתיב בדברי הימים (ב כו) – לכך נקרא על שמו, ויישר לפניו. ושוב מצאתי כן בפי' דברי הימים שפירשו תלמידי רב סעדיה ז"ל. והא דבספרי איכא שבבית שני היו שמונים כהנים, ובירושלמי איכא נמי הכי, ואמרי לה פ"א ואמרי לה פ"ב, ואמרי לה פ"ג. ובשמעתא אמרי ג' מאות? יש לומר: התם לא קחשיב אלא כהנים שיצאו מפנחס*:

ר'

רבינו חננאל

אבל המעשר שהוא בלאו לא חייבום מספק. וזה מפורש במס' סוטה פרק [עגלה ערופה דף מח]: **א"ר** יוחנן יראת ה' תוסיף ימים זה מקדש ראשון שעמד ת"י שנה ולא שמשו בו אלא י"ח כהנים. ושנות רשעים תקצורנה זה מקדש שני שעמד ת"כ שנה ושמשו בו יתר מש' כהנים כו'. [משכן שלה] חרבה מפני שהיו בה ב' דברים בזיון קדשים וגלוי עריות כו'. ומפורש במסכת שבת פרק [במה בהמה דף נה]

תוספות ישנים

ולא אטרחינהו רבנן. וא"ת הא דאמרינן בהזהב (דף נז.) הקדש שוה מנה שחיללו על שוה פרוטה מחולל והוא הדין למעשר שני ונהי דלא אטרחינהו לחללו מיהא בשוה פרוטה וי"ל דאפילו מחולל לא ניחא להו לרבנן לתקוניה [שלא] לעשות כן בדברים אחרים מיהו בגיטין בפ' התקבל (דף סה.) הוי משמע קצת דמעשר שני לא מהני לחללו בשוה פרוטה דקאמר מערימין על מעשר שני כיצד אומר אדם לבנו ובתו כו' הא לכם [illegible] מעשר שני ודחי במעשר שני בזמן הזה דרבנן ובזמן הזה מה הערמה צריך כיון דשוה מנה שחיללו על שוה פרוטה מחולל (אפילו) בזמן הזה כדאי' בערכין (כט.) גבי ההוא גברא דאחרמינהו לנכסיה אך יש לדחות [נ"ל דה"נ מטעמא] (וי"מ דלשינויא אחרינא דחי ליה התם אבל קשה לרבינו דהיכי אמרינן בבכורות פרק עד כמה (דף ל.) דבאתרא דר"י חמירא להו שביעית וחשוד על שביעית חשוד על מעשר והלא יכול לחללו על שוה פרוטה דכי האי גוונא אמרינן בפ"ק דבכורות דגבי תרומה גדולה לא חשידי דאפשר להו למיעבד כדשמואל דחטה אחת פוטרת כל הכרי אלא ש"מ דמעשר שני אינו מתחלל על שוה פרוטה אך יש לחלק כי פעמים אין לו שוה פרוטה ולכך יש לחושדו על כך: **ולא** שמשו בו אלא י"ח כהנים. ר"ת גרים שמונה כהנים ולא גרס עשר כי לא וחשוב מדברי הימים שכתב עזרא שכתוב שמה (דה"א ה) הוא אשר כיהן בבית אשר בנה שלמה בירושלים עד יהולדק לא תמצא רק שמונה ויהולדק התשיעי לא קחשיב שהלך בגולה ואמרינן בספרי הנני נותן לו את בריתי שלום שעמדו שמונה נביאים בכל ראש ואו"ר שיש שם כתב שמונה עשר כמו בספרים שלנו מיהו יש גורסים שנים עשר וקחשיב מלדוק שהי' בבנין הבית מסתמא שימש בכהונה גדולה ואחימעץ בנו תחתיו ותשוב ותמלא שנים עשרה עד יהולדק ומה שכתוב גבי עזריה הוא אשר כיהן בבית וגו' לא בעי למימר שהיה ראש לכהנים אלא ה"פ הוא אשר עשה אותה גערה שגער בעוזיהו שהלך על המזבח להקטיר כדכתיב (דה"ב כו) (וילך אליו) [נ"ל ויבא אחריו] עזריהו הכהן ויאמר לו לא לך עוזיהו להקטיר וגו' תימה קצת אמאי לא חשיב יהוידע הכהן בבית ראשון ושמא אחד מהם היה ויהושע בן יהולדק הכהן לא חשיב בהני בבית שני וכן יוחנן בן נרבאי בפ' מקום שנהגו (פסחים דף נז.) ושמא לא האריכו ימים. **רבי** יוחנן בן תורתא. בפסיקתא [רבתי פי"ד] מפרש שנתגייר על ידי פרה אך שם כתוב ר' יהודה בן תורתא:

לא

הגהות הב"ח

(א) גמ' לא הוציא שנתו אמר ר' יוחנן בן תורתא וכל כך למה לפי שהיו לוקחין אותה בדמים דאמר ר' אסי תרקבא דדינרי סיילה ליה מרתא בת בייתוס לינאי מלכא עד דאוקמיה ליהושע בן גמלא בכהני רברבי ואמר ר' יוחנן בן תורתא מפני מה:

[נ"ל פ' בלק]

[נ"ל ואת לפניהו כהן משנה]

הגהות הגר"א

[א] גמרא ולא שמשו בו אלא שנים עשר. כנ"ל (ועיין בפירושו על דברי הימים סימן ה' פסוק ל"ו):

[ועי' תוספות זבחים קה: ד"ה ואילך]

ששהו את קיניהן. מיהא מעלה עליהן הכתוב כאילו שכבום. בזיון קדשים – דכתיב: °"גם בטרם יקטרון את החלב ובא נער הכהן ואמר לאיש הזובח תנה בשר לצלות לכהן ולא יקח ממך בשר מבושל כי אם חי ויאמר אליו האיש קטר יקטירון כיום החלב וקח לך כאשר תאוה נפשך ואמר לו כי עתה תתן ואם לא לקחתי בחזקה ותהי חטאת הנערים גדולה מאד את פני ה' כי נאצו האנשים את מנחת ה'" (שמואל א ב). § *מקדש ראשון מפני מה חרב? מפני ג' דברים שהיו בו: ע"ז, וגלוי עריות, ושפיכות דמים. ע"ז – דכתיב: °"כי קצר המצע מהשתרע"(א) (ישעיה כח) מאי "קצר המצע מהשתרע"? *א"ר יונתן: קצר מצע זה מהשתרר עליו שני רעים כאחד. °"והמסכה צרה כהתכנס" (שם) א"ר שמואל בר נחמני: כי מטי רבי יונתן להאי קרא בכי, אמר, מאן דכתיב ביה: °"כונס כנד מי הים" (תהלים לג) נעשית לו מסכה צרה! גלוי עריות, דכתיב: °"ויאמר ה' יען כי גבהו בנות ציון ותלכנה נטויות גרון ומשקרות עינים (ישעיה ג) הלוך וטפוף תלכנה וברגליהן תעכסנה". "יען כי גבהו בנות ציון" – *שהיו מהלכות ארוכה בצד קצרה, "ותלכנה נטויות גרון" – שהיו מהלכות בקומה זקופה, "ומשקרות עינים" – דהוו מליין כוחלא עיניהן, "הלוך וטפוף תלכנה" – שהיו מהלכות עקב בצד גודל, "וברגליהן תעכסנה" – א"ר יצחק: שהיו מביאות מור ואפרסמון ומניחות במנעליהן,(ב) וכשמגיעות אצל בחורי ישראל בועטות ומתיזות עליהן, ומכניסין בהן יצה"ר כארס(ג) בכעוס. שפיכות דמים – דכתיב: °"וגם דם נקי שפך מנשה [הרבה מאד] עד אשר מלא את (מ"ב כא) ירושלם פה לפה".(ד) אבל מקדש שני, שהיו עוסקין בתורה ובמצות וגמילות חסדים מפני מה חרב? *מפני שהיתה בו שנאת חנם. ללמדך ששקולה שנאת חנם כנגד שלש עבירות: ע"ז, גלוי עריות, ושפיכות דמים.(ה) רשעים היו, *אלא שתלו בטחונם בהקב"ה. אתאן למקדש ראשון, דכתיב: °"ראשיה בשוחד ישפוטו וכהניה במחיר יורו ונביאיה (מיכה ג) בכסף יקסומו ועל ה' ישענו לאמר הלא ה' בקרבנו לא תבוא עלינו רעה". *לפיכך הביא עליהן הקב"ה ג' גזרות כנגד ג' עבירות שבידם, שנאמר: °"לכן בגללכם ציון שדה תחרש וירושלים עיין תהיה והר הבית (שם) לבמות יער". ובמקדש ראשון לא הוה ביה שנאת חנם?! והכתיב: °"מגורי אל (יחזקאל כא) חרב היו את עמי לכן ספוק אל ירך". וא"ר (אליעזר): אלו בני אדם שאוכלין ושותין זה עם זה, ודוקרין זה את זה בחרבות שבלשונם! ההיא בנשיאי ישראל הואי, דכתיב: °"זעק והילל בן אדם כי היא היתה בעמי" (שם). ותניא: "זעק והילל בן אדם" יכול לכל? תלמוד לומר: "היא בכל נשיאי ישראל". ר' יוחנן ור"א דאמרי תרווייהו: ראשונים שנתגלה עונם – נתגלה קצם, אחרונים שלא נתגלה עונם – לא נתגלה קצם. אמר רבי יוחנן: טובה צפורנן של ראשונים מכריסו של אחרונים. א"ל ריש לקיש: אדרבה, אחרונים עדיפי, אף על גב דאיכא שעבוד מלכיות – קא עסקי בתורה! אמר ליה: *בירה תוכיח, שחזרה לראשונים ולא חזרה לאחרונים. שאלו את רבי אלעזר: ראשונים גדולים או אחרונים גדולים? אמר להם: תנו עיניכם בבירה. איכא דאמרי, אמר להם: עידיכם בירה. ריש לקיש הוי סחי בירדנא, אתא רבה בר בר חנה יהב ליה ידא. א"ל: אלהא! סנינא לכו, דכתיב °"אם חומה היא נבנה עליה טירת כסף ואם דלת היא נצור עליה לוח ארז" (שיר ח) אם עשיתם עצמכם כחומה ועליתם כולכם בימי עזרא – נמשלתם ככסף, שאין רקב שולט בו, עכשיו שעליתם כדלתות נמשלתם כארז שהרקב שולט בו. מאי ארז? אמר עולא: סםמגור. מאי סםמגור? אמר רבי אבא: בת קול. כדתניא: *משמתו נביאים האחרונים חגי זכריה ומלאכי נסתלקה רוח הקדש מישראל, ועדיין היו משתמשין בבת קול. וריש לקיש מי משתעי בהדי רבה בר בר חנה? ומה רבי (*אליעזר), *דמרא דארעא דישראל הוה, ולא הוה משתעי ר"ל בהדיה, דמאן דמשתעי ר"ל בהדיה בשוק יהבו ליה עיסקא בלא סהדי, בהדי רבב"ח משתעי?! אמר רב פפא: שדי גברא בינייהו, או ריש לקיש הוה וזעירי, או רבה בר בר חנה הוה ור"א. כי אתא לקמיה דרבי יוחנן א"ל: לאו היינו טעמא,(ו) א"נ סליקו כולהו בימי עזרא לא הוה שריא שכינה במקדש שני, דכתיב: *°"יפת אלהים ליפת וישכן באהלי שם" (בראשית ט).

[* נ"ל אלעזר]

אף

ששהו את קיניהן. שהיו מביאות במלאות ימי לידתן ליטהר לאכול בקדשים, והם היו בעלי(ז) גיאות והיו מתרשלין בהקרבתן, והנשים ממתינות שם עד שיקריבום, ומשתהות מלחזור למקומן אצל בעליהן, ומבטלין את הנשים מפריה ורביה: מהשתרע. דריש בנוטריקון: מהשתרר ריע אחד: שני ריעים.(ח) צלם שהעמיד מנשה בהיכל. צרה – לשון ריעות, כשתי נשים לאיש אחד "וכעסתה צרתה" (שמואל א א) "ואשה אל אחותה לא תקח לצרור" (ויקרא יח): ראשיה בשוחד ישפוטו. סיפיה דקרא "ועל ה' ישענו לאמר הלא ה' בקרבנו וגו'": ועליהם. אמקדש ראשון קאי: ושלש גזירות. שדה(ט) עיין ובמות יער. ועיין – חורבא כמטאטא השמד (ישעיה יד) כמו 'ויעה ברד מחסה כזב' (שם כח): שנתגלה עונם. לא היו מכסין פשעיהם: נתגלה קצם. "לפי מלאות לבבל שבעים שנה אפקוד אתכם" (ירמיה כט): אחרונים לא נתגלה עונם. בני מקדש שני רשעים היו בסתר: בירה תוכיח. בית המקדש: עידיכם בירה. בנין הבית עד לכם בדבר, שלא חזר לנו וחזר לראשונים: סנינא לכו. לכל בני בבל שלא עלו בימי עזרא, ומנעו שכינה מלבוא מלשוב לשרות בבית שני: נמשלתם בכסף. שאינו נרקב, כך לא הייתם חסרים שכינה: כדלתות. שער שיש בו שני דלתות, פותח אחד וחבירו סוגר, כך עליתם לחצאין: שהרקב שולט בו. מקצתו תולעת אוכלתו מתוכו ומקצתו קיים, כך קצת חזון שכינה היה שם, וכלו לא היה: מאי ארז. מאי נמשלתם לארז דקאמר? אמר עולא: סםמגור.(י) מכתו ומגררו מבפנים סםמגור שם תולעת: מאי סםמגור. כלומר, למה נמשלו בבית שני לסםמגור לענין שריית שכינה? א"ר אבא בת קול. נשתייר להו, כאשר נשאר מן הארז מקצת מועט: שדי גברא בינייהו. או(כ) הרוחץ תחליף, או הפושט היד. אי ר"ש בן לקיש הוה הרוחץ – זעירי פשט לו היד. או רבה בר בר חנה פשט לו היד – ור"א היה הרוחץ: כי אתא. ר"ש בן לקיש לקמיה דרבי יוחנן, וסיפר לו: כך אמרתי לו לפלוני:

תורה אור

רבי אלעזר דמרא דארעא דישראל הוה לא הוה משתעי רשב"ל בהדיה. פי': לא היה מתחיל לדבר עמו. אבל כשר"א היה מתחיל לדבר עם ריש לקיש – היה משיב לו, כדאשכחן בפ"ק דזבחים (דף ה.), גבי: רמי ר"ל על מעוהי ומקשי, אם כשרים הן – לירצו כו', שהשיב לו ר"א, וגם הוא חזר והשיב לו:

איני

רבינו חננאל

מקדש ראשון חרב על ג' דברים ע"ז ג"ע וש"ד אבל שנאת חנם לא היתה אלא בנשיאיהם ולא בשאר העם. רשעים הם ותלו בטחונם בהקב"ה שנאמר ועל ה' ישענו לאמר. מקדש שני אע"פ שהיתה בהם [תורה ומצות וגמ"ח חרב משום שנאת חנם] ללמד ששקולה שנאת חנם כנגד ע"ז וג"ע וש"ד. פי' אם עלו כולם היו כחומה ולא היו נמאסים כדכתיב הן אל כביר ולא ימאס (איוב לו) והיו נבנים בטירת כסף והיה רוה"ק בהם וכיון שעלו כדלתות נסתלקה מהן רוה"ק ודברי הנבואה באין להן כמלוח ארז שהן ברז. פי' בת קול דאמר מר משמתו חגי זכריה ומלאכי נסתלקה רוה"ק מישראל ועדיין היו משתמשין בבת קול כו' אמאי לא שריא במקדש שני שכינה דכתיב וישכון באהלי שם

תוספות ישנים

לא הוה מישתעי ריש לקיש בהדיה. כלומר לא היה פותח לדבר עמו בשום מילתא דבדיחותא אבל מצינו *) בכתובות פרק שני (דף כה:) (ובזבחים פ"ק (דף ה.) שדיבר עמו שמעת מיליה דבר נפחא כו':

הגהות הב"ח

(א) גמרא מהשתרע והמסכה צרה כהתכנס מאי קצר: (ב) שם במנעליהן ומהלכות בשוקי ירושלים וכשמגיעות כו' בועטות בקרקע ומתיזות: (ג) שם כארס דעכנא שפיכות דמים כו': (ד) שם פה לפה רשעים היו אלא שתלו בטחונם וכו' והר הבית לבמות יער אבל מקדש שני שאנו בקיאים בו שהיו עוסקין בתורה כו': (ה) שם ושפיכות דמים ובמקדש ראשון לא הוה ביה שנאת חנם והכתיב כצ"ל והשאר נמחק: (ו) שם דא"נ סליקו: (ז) רש"י ד"ה ששהו כו' בעלי גאוה והיו: (ח) שם ד"ה שני רעים. שהעמיד מנשה צלם בהיכל כצ"ל: (ט) שם ד"ה ושלש גזירות כו' שדה ועיים ובמות יער עיים חורבה: (י) שם ד"ה אמר עולא כו' סםמגור. שהסם מכתתו ומגררו מבפנים סם שם התולעת: (כ) שם ד"ה שדי גברי כו' או את הרוחץ תחליף או את הפושט:

מסורת הש"ס

[תוספתא מנחות פי"ג]
[סנהדרין קג: ע"ש]
שבת סב: ע"ש
[עיין תוספות ב"מ ל: ד"ה לא]
[שבת קלט.]
[שם]
[נ"ל אלעזר]
שם
[עיין ע"י]
שיר ח
סוטה מח: סנהדרין יא.
[נדה כ: גיטין יט:]
בראשית ט
[מגילה ט: ע"ש]

גמרא

אף על גב דיפת אלהים ליפת – אין השכינה שורה אלא באהלי שם. ופרסאי מנא לן דמיפת קאתו? דכתיב: °"בני יפת גומר ומגוג ומדי ויון ותובל ומשך ותירס". גומר – זה[א] גרממיא, *מגוג – זו קנדיא,(א) מדי – זו מקדוניא, יון – כמשמעו, תובל – זה בית אונייקי, משך – זו מוסיא, תירס; פליגי בה ר' סימאי ורבנן, ואמרי לה רבי סימון ורבנן. חד אמר: זו בית תרייקי וחד אמר: זו פרס. תני רב יוסף: תירס זו פרס. "סבתה ורעמה וסבתכא", תני רב יוסף: סקיסתן גווייתא, וסקיסתן ברייתא. בין חדא לחדא מאה פרסי, והיקפה אלפא פרסי. °"ותהי ראשית ממלכתו בבל וארך ואכד וכלנה". בבל – כמשמעה, ארך – זה אוריכות, ואכד – זה בשכר, כלנה – זה נופר נינפי. °"מן הארץ ההיא יצא אשור". *תני רב יוסף: אשור זה סילק. °"ויבן את נינוה ואת רחובות עיר ואת כלח". נינוה – כמשמעו, רחובות עיר – זו פרת דמישן, כלח – זו פרת דבורסיף, "ואת רסן בין נינוה ובין כלח היא העיר הגדולה". רסן – זה אקטיספון, "היא העיר הגדולה" – איני יודע אם נינוה העיר הגדולה, אם רסן העיר הגדולה. כשהוא אומר: °"ונינוה היתה עיר גדולה לאלהים מהלך שלשת ימים" – הוי אומר: נינוה היא העיר הגדולה. °"ושם אחימן ששי ותלמי ילידי הענק". *תנא: אחימן – מיומן שבאחים, ששי – שמשים את הארץ כשחיתות, תלמי – שמשים את הארץ תלמים תלמים.[ב](ג) דבר אחר: אחימן בנה ענת, ששי בנה אלוש, ותלמי בנה תלבוש. "ילידי הענק" – שמעניקין החמה בקומתן. אמר רבי יהושע בן לוי אמר רבי: עתידה רומי שתפול ביד פרס, שנאמר: °"לכן שמעו עצת ה' אשר יעץ (*על) אדום ומחשבותיו אשר חשב (*על) יושבי תימן אם לא יסחבום צעירי הצאן אם לא ישים עליהם נוהם". מתקיף לה רבה בר עולא: מאי משמע דהאי צעירי הצאן פרס הוא – דכתיב: °"האיל אשר ראית בעל הקרנים (הוא) מלכי מדי ופרס". ואימא יון, דכתיב: °"והצפיר השעיר מלך יון"! *כי סליק רב חביבא בר סורמקי אמרה קמיה דההוא מרבנן, אמר ליה: מאן דלא ידע פרושי קראי מותיב תיובתא לרבי?! מאי "צעירי הצאן" – זוטרא דאחוהי, דתני רב יוסף: תירס זה פרס. אמר רבה בר בר חנה אמר רבי יוחנן משום ר' יהודה ברבי אלעאי: עתידה רומי שתפול ביד פרס. קל וחומר; ומה מקדש ראשון שבנאוהו בני שם והחריבוהו כשדיים – נפלו כשדיים ביד פרסיים, מקדש שני שבנאוהו פרסיים והחריבוהו רומיים – אינו דין שיפלו רומיים ביד פרסיים? אמר רב: עתידה פרס שתפול ביד רומי. אמרו ליה רב כהנא ורב אסי לרב: בנויי ביד סתורי?! אמר להו: אין, גזירת מלך היא. איכא דאמרי, אמר (*ליה): אינהו נמי הא קא סתרי בי כנישתא. תניא נמי הכי: עתידה פרס שתפול ביד רומי. חדא – דסתרי בי כנישתא, ועוד: גזירת מלך הוא שיפלו בונין ביד סותרין. דאמר רב יהודה אמר רב: *אין בן דוד בא עד שתפשוט מלכות רומי הרשעה בכל העולם כולו תשעה חדשים, שנאמר: °"לכן יתנם עד עת יולדה ילדה ויתר אחיו ישובון על בני ישראל". § ת"ר: *כל הלשכות שהיו במקדש לא היו להן מזוזה, חוץ מלשכת פרהדרין שהיה בה בית דירה לכהן גדול. אמר ר' יהודה: והלא כמה לשכות היו במקדש שהיה להן בית דירה, ולא היה להן מזוזה. אלא לשכת פרהדרין גזירה היתה. מ"ט דר' יהודה? אמר (*רבא): קסבר רבי יהודה כל בית שאינו עשוי לימות החמה ולימות הגשמים – אינו בית. איתיביה אביי: והכתיב: °"והכיתי (את) בית החורף על בית הקיץ"! א"ל: בית חורף ובית קיץ – איקרי, בית סתמא – לא איקרי. איתיביה אביי: *סוכת החג בחג, ר' יהודה מחייב וחכמים פוטרין. ותני עלה: ר' יהודה מחייב בעירוב ובמזוזה ובמעשר. וכי תימא: מדרבנן. בשלמא עירוב ומזוזה – איכא למימר מדרבנן, אלא מעשר מי איכא למימר מדרבנן? דילמא

רש"י

אעפ"י שיפת אלהים ליפת. שזכו פרסיים לבנות בית שני, אין שכינה שורה אלא במקדש ראשון שבנה שלמה, שבא מזרעו של שם: סקיסתן גווייתא וסקיסתן ברייתא. אסבתה וסבתכא קאי, שאמן שוה, והם מחוז מוקף הרים, והחיצונה מקפת את הפנימית ורחוקה פנימית חוץ מן היקף חיצונה לכל צד מאה פרסי, והיקף החיצונה אלפא פרסי: מן הארץ ההיא יצא. שלא להיות בעצת דור הפלגה: ושם אחימן וגו'. איידי דדריש שמהתא נקט נמי להאי: שמשים את הארץ כשחיתות. בפסיעותיו: וששי. לשון "השאת והשבר" (איכה ג) והשי"ן אחד לבדו שורש בתיבה: תלמים. כשורות המחרישה: דבר אחר לא גרסינן: מעניקין את החמה. דומה שנאחזו נוקב ועולה בחלון הרקיע: אמר ר' יהושע בן לוי אמר רבי גרסינן: אמרה קמיה ההוא מרבנן. להא אתקפתא דרבה בר עולא: נפלו כשדיים ביד פרסיים. בלשאצר(ג) ביד דריוש המדי וכורש הפרסי חתנו: והלא כמה לשכות היו שם. לשומרי הבית: גזירה היתה. לקמיה מפרש: גזירה שמא יאמרו כהן גדול בבית האסורים הוא חבוש: אינו בית. וגבי מזוזה בעינן בית חשוב: רבי יהודה מחייב. לענין מעשר. דקיימא לן: *אין הטבל מתחייב במעשר מלאכול ממנו אכילת עראי עד שיראה פני הבית, שנאמר: *"בערתי הקודש מן הבית": בעירוב. אם פתוחה לחצר שיש בה שאר דירות אוסרת על (בני) כולם, אם לא עירבה עמהן: ובמזוזה. ואע"ג דאינה עשויה לימות החמה ולימות הגשמים:
אלא

תוספות

איני יודע אם נינוה העיר הגדולה וכו'. ותימה לי: אמאי לא קאמר נמי איני יודע אם כלח העיר הגדולה? כיון דמספקא ליה ברסן ונינוה שלפני פניו אם העיר הגדולה עלייהו קאי, כ"ש דאיכא לספוקי בכלח, דמינה קא סליק! וי"ל: אדרבה, משום דמינה קא סליק, אם איתא דעלה קאי – לא הוה ליה למימר היא העיר הגדולה, אלא: העיר הגדולה:

חוץ מלשכת פרהדרין שבה היתה דירה. ואם תאמר: ליחשוב נמי לשכת בית אבן, שבה היתה דירה לכהן השורף את הפרה! י"ל: לא חשיב אלא לשכות שבמקדש שבנויות בקודש, אבל לשכת בית אבן – בהר הבית הוה. א"נ: כיון דלא הוה בכל שתא אלא אחת לכמה שנים – לא חשיב דירה:

וכי תימא מדרבנן. וא"ת: מ"מ, אכתי תיקשי: לעיל נמי גבי לשכת פרהדרין ליגזרו מהאי טעמא, ומאי איצטריך לפרושי טעמא משום שלא יאמרו כהן גדול חבוש בבית האסורים? י"ל: דלמאי דס"ד השתא לשכת פרהדרין נמי מחייב ר' יהודה מהאי טעמא, ולא מטעמא דשלא יאמרו כ"ג חבוש. אבל תימה לי, מאי קאמר: וכי תימא מדרבנן – מכל מקום תיקשי – אכתי דרבנן אדרבנן מכ"ש, דהכא פטרי אפילו מדרבנן ולעיל מחייבי אפי' מדאורייתא! וי"ל: דרבנן אדרבנן לא קשה, דשאני סוכה דדירת עראי היא, דבקל יכול להיות שהוא יוצא ממנה, כגון אם הוא מצטער או ירדו גשמים וכהנה רבות. אבל לשכת פרהדרין, שהיה בתוכה בקביעו' – מחייבי:
דילמא

רבינו חננאל

אין השכינה שורה אלא באהלי שם. ומקדש שני בניוה פרסאי דאתו מיפת דתני רב יוסף תירס זו פרס וכתיב בני יפת גומר ומגוג כו'. א"ר עתידה רומי שתפול ביד פרס שנא' (ירמיה מט) לכן שמעו עצת ה' אשר יעץ אל אדום ומחשבותיו וגו' אם [לוא] יסחבום צעירי הצאן. ופריש לה צעירי הצאן זוטרא דאחוה. ופרסאי מנא לן דמיפת קאתו דכתיב בני יפת גומר ומגוג כו' גומר זו גרמומיא. מגוג זו גינתא. מדי כמשמעו. יון זו מקדוניא. תובל בית איניקי. ואית דגרסי' בע"ז [דף כט] גבינות בית איניקי ותירס זו פרס. ותני רב יוסף תירס זו פרס. מקדש ראשון בנאוהו ישראל שהם בני שם והחריבוהו כשדים נפלו כשדים ביד פרסיים מקדש שני שבנאוהו פרסיים כו': אמר רב עתידה פרס שתפול ביד רומי תניא נמי כו' דאמר רב יהודה אמר רב אין בית דוד בא עד שתפשוט מלכות הרשעה ט' חדשים בכל העולם שנאמר לכן יתנם עד עת יולדה ילדה ויתר אחיו ישובון. ת"ר כל הלשכות שהיו במקדש לא היה בה מזוזה חוץ מלשכת פרהדרין מפני שהיא בית דירה לכ"ג שבעת ימים בשנה א"ר יהודה וכי אין שם בית דירה אלא זו בלבד כו' ואוקמה רבה אליבא דר' יהודה *) לימות החמה ולימות הגשמים. אלא אמרו כל שהיא בית דירה חייבת ושאינה בית דירה פטורה שנאמר וכתבתם על מזוזות ביתך ביתך סתם כתיב. ואע"ג דכתיב בית החורף ובית הקיץ [בית החורף בית הקיץ] איקרי בית סתמא לא איקרי אלא העשוי לדירת ימות החמה וימות הגשמים. ומותיב אביי סוכת החג בחג ר' יהודה מחייב וחכמים פוטרין ותני עלה ר' יהודה מחייב בעירוב במזוזה ובמעשר כלומר בית הוא דהא קיי"ל אין חייב [בעירוב] אלא בית.

*) נראה לחסר איזה תיבות וצ"ל דכל בית שאינו עשוי לימות החמה ולימות הגשמים אינו בית אלא אמר כל שהיא בית דירה לכל ימות השנה חייבת וכו'.

עין משפט נר מצוה

כז א מיי' פ"ו מהלכות ס"ת ומזוזה הלכה א והלכה ו:
כח ב מיי' שם הל' ט טוש"ע י"ד סי' רפו סעיף יא:

מסורת הש"ס

בראשית י | [גי' ע"י מגוג זו גומתא ומדי כמשמעו יון זו מקדוניא] | שם | שם | שם | כתובות י: | [ברכות לה:] | [דברים כו] | יונה ג | במדבר יג | סוטה לד: [ע"ש ל"ג תנא וכ"ה בע"י] | ירמיה מט | [נ"ל אל] | [נ"ל אל] | דניאל ח | שם | [גיר' ע"י כי סליק רבי אבא אמרה וכו'] | [נ"ל להון] | [סנהדרין נח:] | מיכה ה | [נ"ל רבה] | עמוס ג | [מעשרות פ"ג מ"ז]

תוספות ישנים

זו אקטיספון כך ג' הקונטרס א) ואפילו אי גרס קטיספון בלא אל"ף אין זו קטיספון דגיטין (דף ו. וגם) ועירובין (דף נז:) דהאי מארץ אשור והיא דהתם בארץ כשדים הוה ועוד אומר רבינו הזקן דשמא י"ל שאשור בנה בניינים כדמשמע קרא אשור יסדה לציים (ישעיה כג) פירוש לצורך בעלי ספינות ואפשר שיסד זה הבנין: איני יודע אם רסן גדולה או נינוה. אבל בכלח לא נסתפק אם היא גדולה לפי שסבר שנינוה גדולה היא בשביל הפסוק או רסן שבבניינה מדבר הפסוק אבל כלח אינו מדבר אלא מזכירה: חוץ מלשכת פרהדרין. וא"ת הא איכא נמי לשכת כהן השורף את הפרה שהיתה בצפונה מזרחה והיא היתה בקודש כדאמרינן (פרה פ"ג מ"ו) שהיו עושין כבש מהר הבית להר המשחה ותנן נמי (מדות פ"א מ"ג) שער המזרחי שפרה וכל מסעדיה יוצאין להר המשחה וגמרינן ממלואים ואומר רבינו הזקן דהואיל וליתה בכולה שתא לא קחשיב ולשכת בית אבטינס נמי דאמרינן שהיה בית דירה לכהן גדול לא קחשיב שלא היה שם עיקר דירה: וכי תימא מדרבנן. תימה דאכתי לא תירץ כלום דלעיל בלשכת פרהדרין לא מחייב רבי יהודה אלא גזירה שמא יאמרו כהן גדול חבוש בבית האסורין והכא מחייב מדרבנן סוכה אטו בית וליכא למימר דגזירה נמי דקאמר לעיל גזרה לשכת פרהדרין אטו בית דהא כמה לשכות היו שם לבית דירה ולא גזרינן בהו אטו בית ואומר רבינו הזקן דבסוכה המסורה לכל גזרינן אטו בית אבל לשכת פרהדרין מסורה לאריזין ובשביל כך לא יניחו מלהגיח מזוזה בבתיהם ואינשי דעלמא לא מסקו אדעתייהו שאין שם: וכי תימא מדרבנן. תימה ואכתי קשיא דרבנן אדרבנן דלעיל מחייבי והכא פטרי מיהו לא מסיק אדעתא הך קושיא ונמי לא מעני ליה:
ודילמא

א) לפנינו ברש"י ליתא ובגיטין דף ו' מביא זה התוס' ד"ה ומבי בשם רש"י גם בגמ' הגי' שם ובעירובין אקטיספון בא' אבל בכ"י הוא בלי א'.

הגהות הב"ח (א) גמ' (מדי כו' כמשמעו) תא"מ ונ"ב ס"א מדי כמשמעו יון זו מקדוניא וכן עיקר: (ב) שם ד"א. תא"מ. ונ"ב רש"י ל"ג ליה: (ג) רש"י ד"ה נפלו כו' בלשאצר שהיה מכשדים נפל ביד:

הגהות הגר"א [א] גמ' גרממיא. נ"ל גרמניא (ועמ"ש בא"ר רפ"ב דנגעים): [ב] שם (דבר אחר) תא"מ (וכן מחקו רש"י):

גליון הש"ס גמ' בית סתמא לא איקרי. כעין זה חולין קלט ע"ב וש"נ: תום' ד"ה איני יודע וכו' וי"ל אדרבה משום דמינה סליק. עיין תשובת הרא"ח ח"א סימן מ: ד"ה חוץ כו' שבנויות בקדש. עיין לעיל ח ע"ב תוס' ד"ה דאי:

רבינו חננאל

וכן במזוזה. והפירות נמי אינן חייבין במעשר עד שיראו פני הבית וא"ת מדרבנן חייב וניחוש דילמא מפריש מזה מעשר על אחר שמחויב מדאורייתא ונמצא מפריש מעשר מן הפטור על החיוב אלמא במעשר ליכא למימר חייב מדרבנן. ומפורש בתחלת סוכה. ופירק רבה בשבעת ימים שכהן דר בה כ"ע לא פליגי דחייב במזוזה כי פליגי בשאר ימות השנה רבנן סברי גזרינן לקבוע בה מזוזה כל השנה אטו שבעת ימים שכ"ג דר בה ור"י סבר לא גזרינן א"ל אביי והא סוכת החג בחג קתני מכלל שחלוקתם כל ימי החג ופירק רבה פירוק אחר ואמר ודאי לא פליגי אלא בהני ז' יומי דדר בה כ"ג ושני לה סוכה מלשכה טעמא דרבי יהודה בסוכה דבעי דירת קבע ודירה לדעתיה דירת קבע כדתניא סוכה שהיא גבוה למעלה מכ' אמה פסולה ור' יהודה מכשיר עד מ' ונ' אמה וכל דירת קבע וכל דירה נמי שהיא לדעתיה חייבת במזוזה. אבל דירת כ"ג בלשכה זו בעל כרחיה הוא לפיכך אינה חייבת במזוזה מדאורייתא. ורבנן הוא דתקינו לה מזוזה שלא יאמרו כ"ג בבית האסורים הוא חבוש. דברי רבא פשוטין הן.

גמרא

דִּילְמָא אָתֵי לְאַפְרוֹשֵׁי מִן הַחִיּוּב עַל הַפְּטוּר וּמִן הַפְּטוּר עַל הַחִיּוּב. אֶלָּא אָמַר אַבַּיֵי: בְּשִׁבְעָה – דְּכוּלֵּי עָלְמָא לָא פְּלִיגִי דְּמִיחַיְּיבָא, כִּי פְּלִיגִי – בִּשְׁאָר יְמוֹת הַשָּׁנָה. רַבָּנַן סָבְרִי: גָּזְרִינַן שְׁאָר יְמוֹת הַשָּׁנָה אַטּוּ שִׁבְעָה, וְר' יְהוּדָה סָבַר: לָא גָּזְרִינַן. א"ל רָבָא: וְהָא סוּכַּת הֶחָג בֶּחָג קָתָנֵי! אֶלָּא אָמַר רָבָא: בִּשְׁאָר יְמוֹת הַשָּׁנָה – כ"ע לָא פְּלִיגִי דִּפְטוּרָה, כִּי פְּלִיגִי – בְּשִׁבְעָה. וְסוּכָּה טַעְמָא לְחוּד, וְלִשְׁכָּה טַעְמָא לְחוּד. סוּכָּה טַעְמָא לְחוּד; רַבִּי יְהוּדָה לְטַעְמֵיהּ, דְּאָמַר: *סוּכָּה דִּירַת קֶבַע בָּעֵינַן, וּמִיחַיְּיבָא בִּמְזוּזָה. וְרַבָּנַן לְטַעְמַיְיהוּ, דְּאָמְרִי: סוּכָּה דִּירַת עֲרַאי בָּעֵינַן, וְלָא מִיחַיְּיבָא בִּמְזוּזָה. וְלִשְׁכָּה טַעְמָא לְחוּד; רַבָּנַן סָבְרִי: דִּירָה בְּעַל כָּרְחָהּ – שְׁמָהּ דִּירָה, וְרַבִּי יְהוּדָה סָבַר: דִּירָה בְּעַל כָּרְחָהּ – לָא שְׁמָהּ דִּירָה, וּמִדְּרַבָּנַן הוּא דְּתַקִּינוּ לָהּ, שֶׁלֹּא יֹאמְרוּ כֹּהֵן גָּדוֹל חָבוּשׁ בְּבֵית הָאֲסוּרִין. מַאן תָּנָא לְהָא, דְּתָנוּ רַבָּנַן: כָּל

[סוכה ז: כח:]

רש"י

אֶלָּא אָמַר אַבַּיֵי. בְּשִׁבְעַת יָמִים שֶׁל פְּרִישָׁה לָא פָּלֵיג ר' יְהוּדָה, דְּוַדַּאי מִיחַיֵּיב, דּוּמְיָא דְּסוּכָּה: **כִּי פְּלִיגִי בִּשְׁאָר** יְמוֹת הַשָּׁנָה. רַבָּנַן סָבְרִי: גָּזְרִינַן שְׁאָר יְמוֹת הַשָּׁנָה אַטּוּ שִׁבְעָה, וְר' יְהוּדָה סָבַר: לָא גָּזְרִינַן. אֶלָּא לִשְׁכַּת פַּרְהֶדְרִין בִּשְׁאָר יְמוֹת הַשָּׁנָה הָיָה לָהּ מְזוּזָה, כְּדֵי שֶׁתְּהֵא מוּחְזֶקֶת לְכָל יוֹדְעֶיהָ כְּבֵית דִּירָה גְּמוּרָה, שֶׁלֹּא יֹאמְרוּ עַל הַכֹּהֵן בְּשִׁבְעַת יְמֵי הַפְּרִישָׁה בְּבֵית הָאֲסוּרִין חָבוּשׁ: **וְהָא סוּכַּת הֶחָג בֶּחָג קָתָנֵי.** וּפָטְרִי רַבָּנַן, אַלְמָא: בְּשִׁבְעָה נַמִי אִיכָּא לְמַאן דְּפָטַר: **כִּי פְּלִיגִי בְּשִׁבְעָה.** בֵּין בַּלִּשְׁכָּה בֵּין בַּסּוּכָּה, וְהַפּוֹטֵר כָּאן מְחַיֵּיב כָּאן, וְהֶחֱלִיפוּ דִּבְרֵיהֶם: **וְסוּכָּה טַעְמָא** לְחוּד כו'. ר' יְהוּדָה לְטַעְמֵיהּ, דְּאָמַר בְּמַסֶּכֶת סוּכָּה (דף ז:) דִּירַת קֶבַע הִיא וְהִכְשִׁיר סוּכָּה גְּבוֹהָה מֵעֶשְׂרִים אַמָּה שֶׁאֵינָהּ רְאוּיָה לֵיעָשׂוֹת אֶלָּא בְּמְחִיצַּת קֶבַע, הִלְכָּךְ בֵּית חֲשִׁיבָא נַמִי לְעִנְיַן מְזוּזָה:

כָּל

תוספות

דילמא אתי לאפרושי מן הפטור על החיוב. תימה לי: הא איכא טובא דמדאורייתא לא מיחייב, ורבנן גזרו בהן, ולא חיישינן דילמא אתי לאפרושי מן הפטור על החיוב, כגון הלוקח מעם הארץ! וי"ל: כיון דלא תקינו לאפרושי תרומה גדולה, ואפילו מעשרות נמי דתקינו לאפרושי – מפרישן והן שלו, איכא היכירא טובא דהוי מדרבנן, ולא אתי לאפרושי מן הפטור על החיוב. וכן הא דאמר פ"ק דבילה (דף יג.): הכניס שבולים לעשות מהם עיסה – אוכל מהן עראי ופטור, אבל אם לאכול קבע – חייב מדרבנן, כיון דשרו למיכל מינייהו עראי בלא מעשר – איכא היכירא, דמידי דמיחייב מדאורייתא אסור לאכול אפי' עראי אחר מירוח, כדתנן בפ"ק דמסכת פיאה (מ"ו): מאכילין לחיות ולעופות עד שימרח, אבל בתר מירוח – לא. וכל אכילת בהמה חשיב אכילת עראי. וא"ת: והא תקינו להפריש על תבואה שלקח מן הגוי למ"ד יש קנין לגוי להפקיע מיד מעשר, ולא חייש דילמא אתי לאפרושי מן הפטור על החיוב! וי"ל: בתבואת גוי ליכא דטעי. וכן יש לתרץ על תבואת חולה לארץ, שהיו מפרישין ממנה תרומה ומעשר עד שלא באו הרוגים וביטלום, כדאיתא בירושלמי – דליכא דטעי. ועלין שאינו נקוב נמי, דחייב מדרבנן – הא אמרינן בפ' "האשה רבה" (יבמות דף פט.) גבי משאינו נקוב על הנקוב – תרומה, ויחזור ויתרום. בתרי מני – ליית, בחד מנא – לא ליית. אבל הכא, אי מחייבינן ליה לאפרושי – טעי, וסבר דמדאורייתא חייב, דמי מפיס לידע איזו דירה קבועה דאורייתא, דכיון דההוא שעתא דיירי בה בקבע וחזו דמחייבינן לה במעשר, סבר דדירה גמורה חשבינן לה, ואתי לאפרושי מן הפטור על החיוב:

רבנן סברי גזרינן שאר ימות השנה. וה"פ: שבה היתה דירה שבעה, להכי גזרינן שאר ימות השנה אטו הנך ז'. אמר רבי יהודה: והלא כמה לשכות שהיה בהן בית דירה לפעמים, לשום צורך, ואפי' הכי לא גזרינן בהן שאר ימות השנה אטו הנך יומי. אלא לשכת פרהדרין גזירה. אע"ג דלרבנן נמי גזירה היתה כדפי', הכי קאמר ר' יהודה: גזירה אחריתי, שלא יאמרו כ"ג חבוש בבית האסורין הוא:

רבנן סברי גזרינן ור' יהודה סבר לא גזרינן. כן היא גי' רש"י, ופירוש דאדלעיל קאי, אלשכת פרהדרין. והשתא לא תיקשי דר' יהודה אדר' יהודה. דהא דמחייב ר' יהודה בסוכה ואפי' מדאורייתא מדמחייב במעשר – היינו בז' ימי החג, והא דפטר לעיל מדאורייתא – היינו בשאר ימות השנה וקשיא לן: מאי איצטריך רבא למפרך מלישנא דברייתא דקתני סוכת החג בחג? בלא ברייתא תיקשי ליה לאביי מדברי עצמו, דכי היכי דלא תקשה דר' יהודה אדר"י מוקי לברייתא דסוכה בז' ימי החג. דאי לאו הכי – לא הוה משני מידי ממאי דפרכינן מעיקרא. וא"כ בלא לישנא דברייתא דסוכת החג בחג תיקשי לאביי, דעל כרחך בחג איירי. ועוד: דוחק הוא לומר דכי קאמר לעיל וכי תימא מדרבנן ניבעי למימר גזירה אטו דירה גמורה – קשה: א"כ לעיל נמי, בלשכת פרהדרין נצטרך לפרש גזירה דר' יהודה אטו דירה גמורה כי הכא, ואם כן לא הוי כי מסקנא דמפרשינן משום שלא יאמרו כ"ג חבוש הוא. ועוד: אי גזרינן בלשכת פרהדרין אטו דירה גמורה – א"כ בשאר כל הלשכות נמי, שהיה בהן בית דירה, אמאי לא הוה להן מזוזה? ניגזור אטו דירה גמורה! מיהו, זה נוכל ליישב, דהכי פריך: והלא כמה לשכות שהיה בהן דירת עראי, כגון לשכות שהיו שומרים בלילה ולא ביום, שלא היה להם מזוזה, ואם איתא דבדירת עראי כזו חייב דאורייתא בשעת דירה א"כ הנך נמי נחייבו בלילה! אלא ע"כ גזירה דרבנן היתה אטו דירה גמורה. והך דהיה בה דירת ז' ביממא ובליליא – מיחלפא בדירה גמורה, אבל הנך – לא מיחלפין, הלכך לא גזרו בהן. ועוד קשה: מאי האי דפריך והא סוכת החג בחג קתני, דמשמע דלא פריך אלא מדקתני "בחג", אבל אי הוה תני "סוכת החג" סתמא – לא הוה קשה ליה. ואמאי? דאעפ"כ תיקשי ליה ההיא דלעיל מחייבי רבנן אף בשאר ימות השנה, ולא מצי לחלק בין סוכה ללשכת פרהדרין כמו שחילקתי לעיל, דא"כ מאי פריך והא סוכת החג כו'? לימא דרבנן, אע"ג דגבי לשכת פרהדרין גזרי אפי' בשאר ימות השנה, בסוכת החג פטרי אפילו בחג משום דסוכה לא חשיבא דירה כולי האי כלשכת פרהדרין. אלא על כרחך אביי ורבא לית להו האי סברא לחלק בין סוכה ללשכת פרהדרין. ואדרבה, הכי הוה ליה למימר: דר' יהודה אדרבי יהודה קשיא, דרבנן אדרבנן לא קשיא? דמתוך תירוצו של אביי שהוא בא לתרץ לרבי יהודה קשה טפי לרבנן מדמעיקרא, דאפילו בלא שינויא דאביי קשיא דרבנן אדרבנן, אפילו כי מוקמינן לשני הברייתות בשבעה. כ"ש לאביי דאמר דרבנן מחייבי לעיל אפילו בשאר ימות השנה, והכא פטרי אפילו בחג. ועוד: כיון דרבנן דלעיל לא מחייבי אלא משום גזירה, ורבי יהודה לא אתא לאיפלוגי עלייהו אלא בהא דאין הטעם משום גזירה דשאר ימות השנה אטו ז', אלא משום שמא יאמרו כהן גדול חבוש הוא – אם כן לא הוה ליה למימר בהאי לישנא לשכת פרהדרין גזירה היתה, כיון דלרבנן נמי גזירה היתה, אלא איבעי ליה לפרושי הגזירה שלא יאמרו כהן גדול חבוש הוא. ועוד: בכל הספרים ישנים שראיתי גרסי' בהו איפכא: דרבנן סברי לא גזרינן, ור' יהודה סבר גזרינן. ונראה לי כל הסוגיא בע"א. דהאי דקאמר וכי תימא מדרבנן – היינו משום שמא יאמרו היושב בסוכה בחג חבוש הוא בבית האסורין וכו' עד בשבעה כולי עלמא לא פליגי – בין בלשכה בין בסוכה, כי פליגי – בשאר ימות השנה בין בלשכה בין בסוכה. רבנן סברי, לא גזרינן. והכי פי': גבי לשכה חוץ מלשכת פרהדרין שבה היתה דירה, פי' בשעה שבה היתה דירה, דהיינו כל ז' ותו לא – מיחייבא מדאורייתא, אבל גזירה לרבנן לית להו. אמר ר' יהודה: לדידכו דאמריתו דכל ז' מדאורייתא, והלא כמה לשכות שהיה בהן דירת עראי כזו, ולא היה להם מזוזה ואפי' בשעה שהיה בהן דירה. אלא לשכת פרהדרין גזירה היתה, שלא יאמרו כ"ג חבוש. וכיון דמההוא טעמא הוא היה לה מזוזה כל השנה כי היכי דתיפרסם מילתא לכל דדירה מעלייתא היא, ולא יאמרו כהן גדול בבית האסורים הוא חבוש. וגבי סוכה נמי, שבעה דחג – כולי עלמא לא פליגי דחייב לרבנן מדאורייתא ולרבי יהודה מדרבנן, כמו לגבי לשכת פרהדרין. כי פליגי, בשאר ימות השנה. רבנן לא גזרו שאר ימות השנה אטו חג, ור' יהודה גזר, שלא יאמרו היושב בסוכה בחג חבוש בבית האסורין הוא, ויש בדבר גנאי ובזוי מצוה, ונראה כאילו הקב"ה מטריח על ישראל וחובשן בבית האסורים, להכי חייבת במזוזה

כל

תוספות ישנים

ודילמא אתי לפרושי מן הפטור על החיוב. וא"ת והא בכמה מקומות תקנו מעשר מדרבנן ולא גזרו וי"ל מהכא איכא למיטעי טפי דלא מסקי אטעמא דגזירה היא אלא סברי דבית גמור חשיבא וכי האי גוונא אמרינן בפסחים (דף נא.) גבי חלתא דארוזא ניכלה זר באפייהו דילמא אתי לאפרושי מן הפטור על החיוב כו': **דילמא** אתי לאפרושי כו'. תימה דמאי איכא למיחש אם יפריש מזה על אותו שנתחייב וראה פני הבית או מאותו על זה נהי דאינו מתחייב כלל במעשר עד שיראה פני הבית מ"מ אם הפריש ממנו מעשר בשיבולין שפיר דמי כדקאמר בעלמא (בילה דף יג:) מעשר שהקדימו בשיבולין פטור מתרומה גדולה וכ"ש אותה שמירחה [קודם] שראה פני הבית ועוד הביא ריב"א ראיה מדתנן במסכת תרומות (פ"א מ"ט) אין תורמין דבר שלא נגמרה מלאכתו על דבר שנגמרה מלאכתו ואם תרם תרומתו תרומה וכל שכן האי שנגמרה מלאכתו אלא שלא ראה פני הבית וי"ל דמ"מ יש לחוש כגון כשהביא התבואה דרך גגות וקרפיפות לסוכה א) אז הביאה דס"ד שמן התורה חייב במעשר אפילו הוא באכילת עראי ויבא להפרישו על אותו שהכניס במוץ לבית שמן התורה (פטור) [חייב] במעשר לענין אכילת קבע דלא שרינן אלא לבהמתו בלבד: **ה"ג** בקונטרס ובפירוש ר"ח דרבי יהודה סבר לא גזרינן שאר ימות השנה אטו שבעה ורבנן סברי גזרינן א"ל רבא והא סוכת החג בחג קתני פירוש ופטרי רבנן אפילו בחג והוא הדין לשכת פרהדרין ביוה"כ וא"ת וכי לא היה יודע אביי דבחג קתני י"ל דודאי ידע והוה לא איירי אלא בלשכה אבל בסוכה מחייב כל שבעה מדרבנן והיה יכול ודאי להקשות דרבנן אדרבנן דפטרי ולעיל מחייבי אלא שהיה יכול לומר דתרי רבנן נינהו ומיהו קשה קצת דאמאי לא קפריך ליה רבא בהדיא דר"י אדר' יהודה קשיא דרבנן אדרבנן לא קשיא ועוד קשה קצת דמשמע דאי לא הוה תני בחג הוה אתי שפיר וכ"ש דקשה טפי דר' יהודה אדרבי יהודה דרבי יהודה מחייב הכא מן התורה ולעיל לא מחייב אפילו מדרבנן ורבנן פטרי הכא ולעיל מחייבי אף בזה י"ל דר' יהודה לא מחייב הכא אלא מדרבנן דגזור אטו בית אבל בלשכה לא גזר מטעם דסוכה לכל מסורה כדפרישית לעיל ויש ספרים דגרסי איפכא דרבי יהודה סבר דגזרינן שאר ימות השנה אטו שבעה ורבנן סברי לא גזרינן והשתא אתי שפיר דפריך והא סוכת החג בחג קתני דפריך על הא דמוקי לה שלא בחג אבל מ"מ קשיא מה ס"ד דאביי והא בחג קתני אם לא נאמר דסבר אביי תני סוכת החג אבל עוד קשה דרבי יהודה אדרבי יהודה ורבנן אדרבנן כדפירש': **ורבי** יהודה לטעמיה דאמר סוכה דירת קבע בעינן. גבי כולהו סבירא להו סוכה דירת קבע בעינן (סוכה דף ז:) ואפילו הכי פטר סוכה ממזוזה התם בפ"ק (דף ח:) גבי זו לפנים מזו י"ל דהתם בשאר ימות השנה ולא בחג אבל אין לומר דאף דרבי מאיר מצריך דירת קבע מ"מ פטר לה ממזוזה דלא בעי דירת קבע כמו ר' יהודה דעל כרחיה כולהו הני תנאי דהתם לא שוו בדירת קבע דלרבי נריך ד' אמות ולבית שמאי ראשו ורובו ושולחנו דהא מ"מ אשכחן לר"מ דמצריך דירת קבע יותר מכך דהא רבי אית ליה דירת קבע יותר מב"ש דמצריך בסוכה ד' אמות ואינהו לא מצרכי אלא ראשו ורובו ושולחנו ורבי יוחנן סבר ליה כרבי דאמר ד' אמות על ד' אמות ומכשיר סוכה עגולה ככבשן ור"מ פוסל סוכה עגולה אלמא מצריך ביותר דירת קבע ועוד כי אין נראה לחלק לענין דירת סוכה של קבע לענין מזוזה כדאמר בריש פרק הישן ואב"א רבי יהודה לטעמיה דאמר סוכה דירת קבע בעינן והוי מטה אהל עראי ולא אתי אהל עראי ומבטל אהל קבע ור"ש סבר אתי אהל עראי ומבטל אהל קבע ואמאי קאמר הכי לימא דר"ש סבר דסוכה לא הוי כל כך אהל קבע ואינו אהל קבע כמו רבי יהודה אלמא שבולן הן שוין לענין דירת קבע לענין שאר דברים כמו לענין עראי וה"ה לענין מזוזה כי למה נחלק בדחוקים בדבר שאין נריכין. ה"ר אלחנן: **רבי** יהודה לטעמיה דאמר סוכה דירת קבע בעינן. ורבא לטעמיה דמפרש בריש סוכה (דף ב.) דטעמיה דרבי יהודה משום דירת קבע בעינן וכל שאר אמוראי דהתם לית להו דרבא דהכא אי נמי דאית להו דרבא וסברי דמהכא יש להוכיח מדר' יהודה סוכה דירת קבע בעינן אבל מהך דסוכה ליכא למשמע מיניה: **ורבי** יהודה סבר דירה בעל כרחיה לא שמה דירה. וסוכה לאו דירה בעל כרחיה הוא שאינו זז מביתו ואשתו ובניו בבית והולך הנה והנה וא"ת אמאי דחיק למיתלי טעמא דרבי יהודה בהכי לימא דטעמיה דרבי יהודה דפטר לשכת פרהדרין משום דלא נתחלקה ירושלים לשבטים וממעטינן ליה לקמן (דף יב.) אף בית הכנסת של כרכים וי"ל דאי הוה פטר ליה רבי יהודה מטעם דלא נתחלקה לא הוה שייך לחיובי ביה מזוזה משום גזירה שמא יאמרו כו' דכולי עלמא ידעי דכל הבית פטור ממזוזה דלאו ביתו הוא. ובירושלמי יש ברייתא דתני בה ובשעריך פרט לשערי הר הבית ועזרה ולשכות ותניא איפך לרבותן ומוקי לה חדא כר' יהודה וחדא כרבנן:

א) נ"ל לסוכה שאינה ביאה וס"ד שמן כו' כצ"ל ועיין ש"י.

ואחד

תורה אור

[א]כָּל הַשְּׁעָרִים שֶׁהָיוּ שָׁם לֹא הָיָה לָהֶם מְזוּזָה, חוּץ מִשַּׁעַר[א] נִיקָנוֹר, שֶׁלִּפְנִים מִמֶּנּוּ לִשְׁכַּת פַּרְהֶדְרִין. לֵימָא רַבָּנַן הִיא וְלָא ר' יְהוּדָה, דְּאִי ר' יְהוּדָה – *הִיא גּוּפָהּ גְּזֵירָה, וַאֲנַן נֵיקוּם וְנִגְזוֹר גְּזֵירָה לִגְזֵירָה? אֲפִילּוּ תֵּימָא ר' יְהוּדָה, כּוּלָּהּ חֲדָא גְּזֵירָה הִיא. ת"ר: "בִּשְׁעָרֶיךָ" – [ב]אֶחָד שַׁעֲרֵי בָתִּים, וְאֶחָד שַׁעֲרֵי חֲצֵירוֹת, וְאֶחָד שַׁעֲרֵי מְדִינוֹת, וְאֶחָד שַׁעֲרֵי עֲיָירוֹת, יֵשׁ בָּהֶן חוֹבַת מִצְוָה לַמָּקוֹם. מִשּׁוּם שֶׁנֶּאֱ': (דברים ו) "וּכְתַבְתָּם עַל מְזוּזוֹת בֵּיתֶךָ וּבִשְׁעָרֶיךָ". א"ל אַבַּיֵּי לְרַב סָפְרָא: הָנֵי אַבּוּלֵי דִּמְחוֹזָא מ"ט לָא עֲבַדוּ לְהוּ רַבָּנַן מְזוּזָה? אֲמַר לֵיהּ: הָנְהוּ חִזּוּק לְאַקְרָא דְּכוּבֵי הוּא דַּעֲבִידִי. א"ל: וְאַקְרָא דְּכוּבֵי גּוּפָהּ תִּבָּעֵי מְזוּזָה, דְּהָא אִית בָּהּ דִּירָה לְשׁוֹמֵר בֵּית הָאֲסוּרִין? דְּהָא תַּנְיָא: [ג]בֵּית הַכְּנֶסֶת שֶׁיֵּשׁ בּוֹ בֵּית דִּירָה לְחַזַּן הַכְּנֶסֶת – חַיֶּיבֶת בִּמְזוּזָה. אֶלָּא אָמַר אַבַּיֵּי: מִשּׁוּם סַכָּנָה. דְּתַנְיָא: [ד]מְזוּזַת יָחִיד נִבְדֶּקֶת פַּעֲמַיִם בַּשָּׁבוּעַ, וְשֶׁל רַבִּים פַּעֲמַיִם בַּיּוֹבֵל. וְא"ר יְהוּדָה: מַעֲשֶׂה בְּאַרְטָבִין אֶחָד שֶׁהָיָה בּוֹדֵק מְזוּזוֹת בַּשּׁוּק הָעֶלְיוֹן שֶׁל צִפּוֹרִי, וּמְצָאוֹ קַסְדּוֹר אֶחָד וְנָטַל מִמֶּנּוּ אֶלֶף זוּז. *וְהָאָמַר ר' אֶלְעָזָר: שְׁלוּחֵי מִצְוָה אֵין נִיזּוֹקִין! הֵיכָא דִּקְבִיעַ הֶיזֵּקָא – שָׁאנֵי, דִּכְתִיב: (ש"א טז) "וַיֹּאמֶר שְׁמוּאֵל אֵיךְ אֵלֵךְ וְשָׁמַע שָׁאוּל וַהֲרָגָנִי וַיֹּאמֶר ה' עֶגְלַת בָּקָר תִּקַּח בְּיָדֶךָ וְאָמַרְתָּ לִזְבּוֹחַ לַה' בָּאתִי". תָּנֵי רַב כָּהֲנָא קַמֵּיהּ דְּרַב יְהוּדָה: בֵּית הַתֶּבֶן וּבֵית הַבָּקָר וּבֵית הָעֵצִים וּבֵית הָאוֹצָרוֹת – פְּטוּרִים מִן הַמְּזוּזָה, מִפְּנֵי שֶׁהַנָּשִׁים נֵאוֹתוֹת בָּהֶן. וּמַאי נֵאוֹתוֹת – רוֹחֲצוֹת. – א"ל רַב יְהוּדָה: טַעְמָא – דְּרוֹחֲצוֹת, הָא חָזְיָא – חַיָּיבִין? וְהָתַנְיָא: רֶפֶת בָּקָר פְּטוּרָה מִן הַמְּזוּזָה! אֶלָּא, מַאי נֵאוֹתוֹת – מִתְקַשְּׁטוֹת. וְהָכִי קָתָנֵי: אע"פ שֶׁהַנָּשִׁים מִתְקַשְּׁטוֹת בָּהֶן – פְּטוּרִין. א"ל רַב כָּהֲנָא: וְשֶׁהַנָּשִׁים מִתְקַשְּׁטוֹת בָּהֶן פְּטוּרִין? וְהָתַנְיָא: רֶפֶת בָּקָר פְּטוּרָה מִן הַמְּזוּזָה, וְשֶׁהַנָּשִׁים מִתְקַשְּׁטוֹת בָּהּ – חַיֶּיבֶת בִּמְזוּזָה! אֶלָּא מַאי אִית לָךְ לְמֵימַר – מִתְקַשְּׁטוֹת תַּנָּאֵי הִיא, לְדִידִי נַמִּי סְתָמָא תַּנָּאֵי הִיא. דְּתַנְיָא: "בֵּיתֶךָ" – בֵּיתְךָ הַמְיוּחָד לָךְ, פְּרָט לְבֵית הַתֶּבֶן וּלְבֵית הַבָּקָר וּלְבֵית הָעֵצִים וּלְבֵית הָאוֹצָרוֹת, שֶׁפְּטוּרִין מִן הַמְּזוּזָה, וְיֵשׁ מְחַיְּיבִין. בֶּאֱמֶת אָמְרוּ: בֵּית הַכִּסֵּא, וּבֵית הַבּוּרְסְקִי, וּבֵית הַמֶּרְחָץ, וּבֵית הַטְּבִילָה, וְשֶׁהַנָּשִׁים נֵאוֹתוֹת בָּהֶן – פְּטוּרִים מִן הַמְּזוּזָה. רַב כָּהֲנָא מְתָרֵץ לְטַעְמֵיהּ, וְרַב יְהוּדָה מְתָרֵץ לְטַעְמֵיהּ. רַב כָּהֲנָא מְתָרֵץ לְטַעְמֵיהּ: 'בֵּיתֶךָ' – בֵּיתְךָ הַמְיוּחָד לָךְ, פְּרָט לְבֵית הַתֶּבֶן, וּלְבֵית הַבָּקָר, וּלְבֵית הָעֵצִים, וּלְבֵית הָאוֹצָרוֹת, שֶׁפְּטוּרִים מִן הַמְּזוּזָה בִּסְתָם. וְיֵשׁ [ה]שֶׁמְּחַיְּיבִים בִּסְתָם. בֶּאֱמֶת אָמְרוּ: בֵּית הַכִּסֵּא, וּבֵית הַבּוּרְסְקִי, וּבֵית הַמֶּרְחָץ, וּבֵית הַטְּבִילָה, וְשֶׁהַנָּשִׁים נֵאוֹתוֹת בָּהֶן, וּמַאי נֵאוֹתוֹת – רוֹחֲצוֹת, פְּטוּרִין מִן הַמְּזוּזָה. אִי הָכִי הַיְינוּ מֶרְחָץ! אַשְׁמְעִינַן מֶרְחָץ דְּרַבִּים, וְאַשְׁמְעִינַן מֶרְחָץ דְּיָחִיד. דְּסָ"ד אָמִינָא: מֶרְחָץ דְּרַבִּים דְּנָפִישׁ זוּהֲמֵיהּ, אֲבָל מֶרְחָץ דְּיָחִיד, דְּלָא נָפִישׁ זוּהֲמֵיהּ – אֵימָא לִיחַיֵּיב בִּמְזוּזָה, קמ"ל. וְרַב יְהוּדָה מְתָרֵץ לְטַעְמֵיהּ; הָכִי קָתָנֵי: "בֵּיתֶךָ" – בֵּיתְךָ הַמְיוּחָד לָךְ, פְּרָט לְבֵית הַתֶּבֶן וּבֵית הַבָּקָר וּבֵית הָעֵצִים וּבֵית הָאוֹצָרוֹת, שֶׁפְּטוּרִין מִן הַמְּזוּזָה אֲפִי' מִתְקַשְּׁטוֹת. וְיֵשׁ מְחַיְּיבִין [ו]בְּמִתְקַשְּׁטוֹת. אֲבָל סְתָם – דִּבְרֵי הַכֹּל פָּטוּר. בֶּאֱמֶת אָמְרוּ: בֵּית הַכִּסֵּא, וּבֵית הַבּוּרְסְקִי וּבֵית הַמֶּרְחָץ, וּבֵית הַטְּבִילָה, אע"פ שֶׁהַנָּשִׁים מִתְקַשְּׁטוֹת בָּהֶן – פְּטוּרִין מִן הַמְּזוּזָה, מִשּׁוּם דְּנָפִישׁ זוּהֲמֵיהּ. וּלְרַב יְהוּדָה סְתָמָא דִּבְרֵי הַכֹּל פָּטוּר? וְהָתַנְיָא: "בִּשְׁעָרֶיךָ" – אֶחָד שַׁעֲרֵי בָתִּים, וְאֶחָד שַׁעֲרֵי חֲצֵירוֹת, וְאֶחָד שַׁעֲרֵי מְדִינוֹת, וְאֶחָד שַׁעֲרֵי עֲיָירוֹת, וְרֶפֶת, וְלוּלִין, וּמַתְבֵּן, וְאוֹצְרוֹת יַיִן, וְאוֹצְרוֹת שֶׁמֶן – חַיָּיבִין בִּמְזוּזָה. יָכוֹל שֶׁאֲנִי מְרַבֶּה אַף

בֵּית

רש"י

כָּל הַשְּׁעָרִים. שַׁעֲרֵי מִזְרַח עֲזָרָה: אֶחָד שַׁעֲרֵי מְדִינוֹת. יֵשׁ מְדִינָה מוּקֶּפֶת הָרִים וִיעָרִים כַּמָּה פַּרְסָאוֹת וְאֵין יוֹצְאִין מִמֶּנָּה אֶלָּא דֶּרֶךְ שְׁעָרִים כְּגוֹן אֶרֶץ הָגָר: אַבּוּלֵי דִּמְחוֹזָא. שַׁעֲרֵי עִיר שֶׁשְּׁמָהּ מְחוֹזָא וְהָיוּ רוּבָּן יִשְׂרָאֵל: לְאַקְרָא דְּכוּבֵי. בִּנְיָן בָּנוּי עֲלֵיהֶן וְנִקְרָא כּוּבֵי, וְהַשְּׁעָרִים תַּחְתָּיו עֲשׂוּיִין כְּכִיפָּה וּבִנְיָן הַבָּנוּי עַל גַּבֵּי כִּיפִּין חָזָק יוֹתֵר: וְאַקְרָא דְּכוּבֵי גּוּפָהּ. מִשּׁוּם אוֹתוֹ בִּנְיָן עַצְמוֹ תִּבָּעֵי הַשַּׁעַר מְזוּזָה שֶׁדֶּרֶךְ אוֹתוֹ הַשַּׁעַר נִכְנָסִין לוֹ: מִשּׁוּם סַכָּנָה. שֶׁלֹּא יֹאמַר הַמֶּלֶךְ כְּשָׁפִים עֲשִׂיתֶם בְּשַׁעֲרֵי עִירִי: נִבְדֶּקֶת. שֶׁמָּא נִרְקְבָה אוֹ נִגְנְבָה: וְשֶׁל רַבִּים. שַׁעֲרֵי חֲצֵירוֹת וּמְדִינוֹת וַעֲיָירוֹת: פַּעֲמַיִם בַּיּוֹבֵל. כָּל דָּבָר שֶׁהוּא שֶׁל רַבִּים אֵין לְהַטְרִיחַ עָלָיו הַרְבֵּה שֶׁאִם תִּטְרַח יְהֵא כָּל אֶחָד אוֹמֵר יַעֲשׂוּ חֲבֵירַיי: בְּאַרְטָבִין. שֵׁם הָאִישׁ, וְאָמְרֵי לָהּ עַל שֵׁם הָאוּמָּנוּת: קַסְדּוֹר. שֵׁם פְּקִידוּת הוּא, כְּגוֹן סַרְדְּיוֹט, וְהוּא שׁוֹטֵר: דִּקְבִיעַ הֶיזֵּקָא. עֲלִילוֹת הַמּוֹשֵׁל מְזוּמָּנוֹת תָּמִיד: אֵיךְ אֵלֵךְ. לִמְשׁוֹחַ אֶת דָּוִד, ע"פ הַדִּיבּוּר: בֵּית אוֹצָרוֹת. שֶׁל יַיִן וְשֶׁמֶן וּתְבוּאָה, וְאֵין אָדָם דָּר בּוֹ: מַאי נֵאוֹתוֹת רוֹחֲצוֹת. נֵאוֹתוֹת לְשׁוֹן הֲנָאָה, וּמִשּׁוּם דִּמְקוֹם גְּנַאי הוּא, שֶׁעוֹמְדוֹת שָׁם עֲרוּמּוֹת – אֵין כְּבוֹד שָׁמַיִם לִהְיוֹת שָׁם מְזוּזָה: אע"פ שֶׁהַנָּשִׁים מִתְקַשְּׁטוֹת. שָׁם בְּבְשָׂמִים. וְס"ד אָמֵינָא דִּירָה הִיא. אַשְׁמְעִינַן דְּלָאו דִּירָה הִיא: אֶלָּא מַאי אִית לָךְ לְמֵימַר. כִּי פָּרְשַׁתְּ נֵאוֹתוֹת מִתְקַשְּׁטוֹת שָׁם, וְתִיקְשֵׁי מַתְנִי' אַמַּתְנִי', וְנֵימָא תַּנָּאֵי הִיא: וְיֵשׁ מְחַיְּיבִין. וְהַיְינוּ תַּנָּאֵי. וְכָל חַד מִן אֲמוֹרָאֵי מְתָרֵץ לְטַעְמֵיהּ, רַב כָּהֲנָא מְתָרֵץ דִּבְסְתָמָא פְּלִיגֵי, אֲבָל מִתְקַשְּׁטוֹת – דְּכ"ע חַיָּיבִין. וְרַב יְהוּדָה מְתָרֵץ דִּבְמִתְקַשְּׁטוֹת פְּלִיגֵי, אֲבָל סְתָמָא – דְּכוּלֵּי עָלְמָא פָּטוּר: וְשֶׁהַנָּשִׁים נֵאוֹתוֹת בָּהֶן. כְּלוֹמַר: בֵּית הַתֶּבֶן וּבֵית הַבָּקָר וּבֵית הָעֵצִים וְשֶׁהַנָּשִׁים רוֹחֲצוֹת בָּהֶן וּבֵית הַטְּבִילָ'. אע"ג דְּאַשְׁמְעִי' מֶרְחָץ אִיצְטְרִיךְ לְאַשְׁמוֹעִינַן בֵּית הַטְּבִילָה, אע"ג דְּלֵיכָּא זוּהֲמָא: וְלוּלִין. מְקוֹם גִּידּוּל הַתַּרְנְגוֹלִין:

בֵּית

תוספות

כל השנה לפרסם הדבר שיהיה נראה לכל כמו דירה חשובה. וכן לענין מעשר מיחייבא מדרבנן, בין בחג בין בשאר ימות השנה. ולא תיקשי דילמא אתי לאפרושי מן הפטור כו' – דה"מ אי אמרינן דלא מיחייבא אלא בחג, בעידנא דלית בה דירה – ניחוש דילמא אתי למיטעי, כיון דחזי דלא מיחייבא אלא בההיא שעתא – אתו למימר דדירה גמורה היא דאורייתא. אבל השתא דמחייבא לה אפי' בשאר ימות השנה, דליכא דירה בה כלל – הכל יודעין דמדרבנן הוא דמחייב לה, ולא אתי למיטעי:

והתניא רפת בקר פטורה מן המזוזה. תימה לי: לימא ההיא איירי כשהנשים רוחצות בו! וי"ל: ברפת בקר אין הנשים רוחצות. דדוקא בית הבקר דלעיל, דהיינו שעשוי לבקר, אבל אין מעמידין בה בהמות בקביעות – נשים רוחצות בו. אבל רפת בקר – משמע שעומד בו בקר בקביעות, והוא מלוכלך בזבל הבקר – אין הנשים רוחצות בו:

אף על פי שהנשים מתקשטות בהן. אינו מגיה הברייתא, דה"ק: מפני שהנשים נאותות ומתקשטות רק בהן, ואינם דרים בה דירה גמורה. והא דקאמר אע"פ שהנשים מתקשטות פי': לא מיבעיא אם לא היו אפילו מתקשטות דפטורין, אלא אף על פי שמתקשטות:

יכול שאני מרבה אף בית שער וכו'. משמע דבית שער פטור מן המזוזה. ותימה: דבפרק "הקומץ רבה" (מנחות דף לג:) תניא: בית שער אכסדרה ומרפסת – חייבת במזוזה, וכן משמע בפ"ק דסוכה (דף ח:) דבית שער חייב במזוזה, גבי שתי סוכות של יוצרים זו לפנים מזו. דפריך: ותיהוי חיצונה בית שער, ותתחייב במזוזה! וי"ל: דהכא מדאורייתא קאמר, והתם מדרבנן. א"נ, י"ל. [illegible] בבית שער של אכסדרה, ובית שער של מרפסת. והא דקתני בית שער אכסדרה, פירוש: של אכסדרה, והאלפסי תירץ התם בפתוחין לבית*:

והתניא אחד שערי בתים ורפת כו'. לא הוה מצי לשנויי במתקשטות, חדא – דברפת אינן מתקשטות, כיון דמלוכלך הוא, ובהמה עומדת בו בקביעות כדפי' לעיל. אי נמי: כיון דקתני לה בהדי הנך, דאפי' סתמא חייבת – א"כ רפת בקר נמי בסתמא איירי:

הכל

עין משפט נר מצוה

כט א מיי' פ"ו מהל' ס"ת ומזוזה הל' ו:
ל ב שם הל' ח סמג עשין כג טוש"ע י"ד סי' רפו סעיף א:
לא ג מיי' שם הל' ו טוש"ע שם סעיף ג:
לב ד שם פ"ה הל' ט טוש"ע י"ד סי' רלא סעיף א:
לג ה ו שם פ"ו הל' ז טוש"ע י"ד סי' רפו סעיף ב:

רבינו חננאל

ת"ר בשעריך בין שערי בתים בין שערי חצירות בין שערי מדינות בין שערי עיירות יש בהן מצוה למקום שנאמר וכתבתם על מזוזות ביתך ובשעריך על כל שער ושער: הני אבולי כו'. פי' תיקרא של מבואות לחיזוק מפני כובד הכובי עשויה שעושין אותם הכובים עליה דירה לשומר המבוי ולא משום צורת פתח ואקשינן גם זה (חיים) חייב. דתניא ביה"כ שיש בה בית דירה לחזן או לשומר ביהכ"נ חייב במזוזה. ופרקינן לעולם כי האי גוונא חייב והני אבולי אמאי לא עבדי בהו מזוזה (א"ל) פעמים שבא לבודקה ורואין אותו הגוים העוברין והשבין ואומרים לו יהודי אתה ומכשפות אתה עושה ואתי לידי סכנה. והיכא דשכיח היזקא ראוי להתרחק ממנה ואע"ג דהיא מצוה כדכתיב ויאמר שמואל איך אלך וגו'. תני רב כהנא בית התבן ובית הבקר ובית העצים והאוצרות פטורין מן המזוזה מפני שהנשים ניאותות בהן. ופריש רב כהנא מאי ניאותות רוחצות ממש. הא סתמא חייבין. ואקשינן והתניא רפת בקר פטורין מן המזוזה. ופירק רב יהודה מאי ניאותות מתקשטות והכי קתני ואע"פ שמתקשטות בהן הנשים פטורין ואקשינן עליה והתניא אם נשים מתקשטות בה חייבין א"ל רב כהנא לרב יהודה מאי אית לך למימר מתקשטות תנאי היא יש תנא שמחייב ויש תנא שפוטר לדידי נמי דפרישנא ניאותות רוחצות ממש אבל סתם חייבין תנאי היא דתניא ביתך ביתך המיוחד לך כו'. רב (הונא) [כהנא] מתרץ לטעמיה זו הברייתא ומפרש בה פטור מן המזוזה בסתם ויש שמחייבין בסתם. הנה תנאי נינהו דבסתמא אחד מחייב ואחרים פוטרין ורב [יהודא] מתרץ לטעמיה *) מן המזוזה במתקשטות ויש שמחייבין במתקשטות הנה תנאי במתקשטות [פליגי] וסבירא ליה **) שמעתא לרב כהנא רפת וכיוצא בה אם עשויות בפירוש למרחץ פטורין הא סתמא יש תנא דמחייב במזוזה ולרב יהודה יש תנא שמחייב מפני שמתקשט בהן שהן כמו בית דירה אבל בסתם פטורין ויש תנא שאמר אע"פ שמתקשטות בהן פטורין. וכ"ש סתם לדברי הכל (סתם) פטורין והתניא אחד שערי בתים ושערי חצירות ושערי מדינות ושערי עיירות ורפת ולולין ומתבן ואוצרות יין ואוצרות שמן חייבין במזוזה ועלתה תיובתא דרב (כהנא) [יהודא] תיובתא וקי"ל

*) חסר כאן וצ"ל ומפרש בה פטור מן המזוזה במתקשטות. **) אולי צ"ל וסלקא שמעתתא וכו'.

הגהות הגר"א

[א] גמ' נקטור נמחק וכ"ב המים:

מסורת הש"ס

[ביצה ג. וש"נ]

פסחים ח: קידושין לט: חולין קמב.

תוספות ישנים

ואחד שערי מדינות. וא"ת ואמאי מחייבי בה משום דנכנסין דרכו לבתים והא פטרינן לקמיה בית שער אע"פ שנכנסין דרכו לבית וי"ל דעדיפי מבית שער לפי שהוא דבר קטן אבל אלו הוו להו כפתח חצירות שהם גדולים ונכנסים דרכם לבתים אך תימה דמשמע דמחייב להו במזוזה בכל ענין ואמאי אם נבנה השער קודם הבתים דהוה ליה הוקף ולבסוף ישב הא לגבי עירוב דמדרבנן לא חשיב כדתניא פרק עושין פסין (דף כו.) עיר חדשה מודדין לה מישיבתה וישנה מחומתה איזו היא חדשה שהוקפה ולבסוף ישבה ישנה שישבה ולבסוף הוקפה ואמרינן נמי בפ"ק דמגילה (דף ג:) כרך שישב ולבסוף הוקף נידון ככפר כו' ולענין מקרא מגילה איירי התם ומאי שנא דלא מפלגינן לענין מזוזה ושמא י"ל דכיון דנכנסין דרכם לבתים אין לחלק דמ"מ ביתך מיקרי שפיר לענין מזוזה וא"ת אמאי לא אמרינן נמי דומיא דבית כדאמרינן לקמן מה בית העשוי לכבוד כו' ה"נ נימא מה בית שהכלים משתמרין בתוכו כדאמרינן א) במסכת נדה פרק בא סימן (דף נח.) גבי מעשר דראיית פני הבית וי"ל שאני הכא דכתיב תרי ובשעריך אבל אין לומר דלשון ובשעריך משמע שערי עיירות ולא תיקשי מידי מההיא דעירובין בהוקף ולבסוף ישב ומההיא דבא סימן דהא בירושלמי אמר טעמא שדרך שם נכנסין לבתים: **ואאקרא** דכובי גופה תיבעי מזוזה. אבל מאקרא גופיה לא פריך כי שמא הוא עצמו אינו בית ויש ספרים דגרסי ואקרא דכובי גופיה תיבעי מזוזה משמע שהוא עצמו חשיב בית: **ושל** רבים נבדקת פעמים ביובל. פירש בקונטרס שאין להטריח שאם מטריח יאמרו יעשו חבירי ואין נראה דא"כ מה שייך התם מילתיה דר' יהודה דארטבון אלא נראה לרבי דטעמא משום סכנה דאם יבדקוה תדיר יבא סרסר לידי הסכנה כי ההוא מעשה דארטבון דסיכן וגבה ממנו אלף זוז ואע"פ שסכנה זו אינה אלא על הבדיקה מ"מ יש לחוש כמו כן בעשיה פן יאמרו כשפים כו': **לדידי** נמי סתמא תנאי היא. וא"ת אמאי דחיק לשנויי הכי נימא הא דקתני רפת בקר פטור מן המזוזה ברוחצות כי היכי דמוקי רב יהודה בסמוך ויש מחייבין במתקשטות י"ל כיון דמשכח תנאי לא חייש לתרוצה הכי אליביה ועוד דלא סבירא ליה ההאי דיחויא דכי דחי במתקשטות לא ס"ל: **יכול** שאני מרבה אף בית שער. הקשה רבינו שלמה במנחות (דף לג:) דבפ"ק דסוכה (דף ח:) פריך ותיהוי חיצונה כבית שער לפנימית ותתחייב במזוזה ותירץ דמדרבנן חייבת ורב יצחק אלפס תירץ דהכא מיירי בפתוחין לגינה וההיא דסוכה וכן ההיא דמנחות פרק הקומץ רבה אכסדרה בית שער ומרפסת חייבין במזוזה ב) דמדתלי להו כבית שער ולא כבית משמע דלא הוי טעמיה משום דפתוחין לבית ועוד קשה לי מאי פריך מההיא ברייתא לרב חסדא דפטר אכסדרה ממזוזה לימא דרב חסדא בפתוחין לגינה וברייתא בפתוחין לבית אך נראה לחות דלאביי פריך דאמר חזינא להו לאספלידי דבי מר פירוש אכסדראות שיש להן פצימין ולית להו מזוזה והתלמוד היה יודע שלא היו פתוחין אותן אספלידי לגינה דא"כ מאי האי שנויא דקא משני התם באכסדרה רומיתא פירוש אכסדרה שיש לה ארבע דפנות מארבע רוחותיה ורובם פתחים וחלונות כעין אותן עליות לוי"ש אמאי פטורים ממזוזה כיון שפתוחים לבית אבל לפירוש הקונטרס לא הוה מצי לשנויי דרב חסדא מדאורייתא וברייתא מדרבנן דהא דומיא דמילתא דאכסדראות רובם דלא היה להם מזוזה דמייתי עלה דהיינו מדרבנן ועוד כי יותר יש לרב חסדא להשמיענו חידוש אפילו מדרבנן:
יגאו

א) משם לא מוכח אבל מוכח הוא מפ' הפועלים דף פח מדברי ר"י ועיין ש"י. ב) אולי צ"ל בפתוחין לבית ולא נראה דמתלי להו כו' לבית ואין נראה לחות כו'.

עין משפט נר מצוה

לד א מיי' פ"ו מהלכות ס"ת ומזוזה הל' ז טוש"ע י"ד סי' רפו ס"ז:
לה ב שם הל' ט טוש"ע שם סעיף ד:
לו ג שם הלכה ו:
לז ד שם הל' ה טוש"ע שם סעיף יד:
לח ה שם הלכה ד טוש"ע י"ד סי' רפז סעיף ב:
לט ו טוש"ע י"ד סי' רפו סעיף א:
מ ז מיי' שם הלכה יב טוש"ע י"ד סי' רפט סעיף ב:
מא ח ט מיי' פי"ד מהל' טומאת צרעת הלכה יד:

גמרא

בית שער אכסדרה ומרפסת – ת"ל: "בית", מה בית מיוחד לדירה – א יצאו אלו שאין מיוחדין לדירה. יכול שאני מרבה אף בית הכסא, ובית הבורסקי, ובית המרחץ, ובית הטבילה – ת"ל: "בית", מה בית העשוי לכבוד – אף כל העשוי לכבוד, ב יצאו אלו שאין עשויין לכבוד. יכול שאני מרבה אף הר הבית והלשכות והעזרות, ת"ל: "בית", מה בית שהוא חול – אף כל שהוא חול, ג יצאו אלו שהן קודש! תיובתא. תני רב שמואל בר יהודה קמיה דרבא; ששה שערים פטורין מן המזוזה: בית התבן, ובית הבקר, ובית העצים, ובית האוצרות, ושער המדי, ד ושער שאינו מקורה, ושער שאינו גבוה י'. א"ל: פתחת בששה וסלקת בשבעה? א"ל: שער המדי תנאי היא, דתניא: *כיפה, ר"מ מחייב במזוזה, וחכמים פוטרים, ושוין ה שאם יש ברגלה עשרה – שחייבת במזוזה. אמר אביי: דכ"ע, גבוהה י' ואין ברגלה ג' – ולאו כלום היא. א"נ, יש ברגלה ג' ואינה גבוהה י' – ולאו כלום היא. לא נחלקו אלא בגבוהה י', ויש ברגלה ג', ואין ברחבה ד' ויש בה לחוק להשלימה לארבעה. *ר"מ סבר: חוקקין להשלים, ורבנן סברי: אין חוקקין להשלים. ת"ר: בית הכנסת ו ובית האשה ובית השותפין – חייבת במזוזה. פשיטא! מהו דתימא: "ביתך" – ולא ביתה, "ביתך" – ולא בתיהם, קמשמע לן. ואימא הכי נמי! אמר קרא: "למען ירבו ימיכם וימי בניכם" (דברים יא), הני בעו חיי והני לא בעו חיי?! אלא "ביתך" למה לי? כדרבא. *דאמר רבא: ז דרך ביאתך, וכי עקר איניש – כרעיה דימינא עקר ברישא. תניא אידך: *) ח בית הכנסת ובית השותפין ובית האשה – מטמאין בנגעים. פשיטא! מהו דתימא: "ובא אשר לו הבית" (ויקרא יד), "לו" – ולא לה, "לו" – ולא להן, קמ"ל. ואימא ה"נ! אמר קרא: "בבית ארץ אחוזתכם" (שם). אלא "לו" למה לי? *מי שמייחד ביתו לו, שאינו רוצה להשאיל כליו, ואומר שאין לו, הקב"ה מפרסמו, כשמפנה את ביתו, פרט למשאיל כליו לאחרים. ובית הכנסת מי מטמא בנגעים? והתניא: יכול יהיו בתי כנסיות ובתי מדרשות מטמאין בנגעים – ת"ל: "ובא אשר לו הבית" – מי שמיוחד לו, יצאו אלו שאין מיוחדין לו! לא קשיא; הא – ר"מ, הא רבנן, דתניא: בית הכנסת שיש בה בית דירה לחזן הכנסת – חייב במזוזה, ושאין בה בית דירה – ר"מ מחייב, וחכמים פוטרין. ואיבעית אימא: הא והא רבנן, ולא קשיא; הא – ט דאית בה בית דירה, הא – דלית בה בית דירה. ואי בעית אימא: הא והא דלית בה בית דירה.

והא

*) [תוספתא דנגעים פ"ו]

עירובין יח: | שבת ז: ק. [עירובין יח: קח:] | מנחות לד. [וע"ש חולין קלה: ע"ש] | [ערכין טז.]

רש"י

בית שער. בית קטן שעושין לפני שער החצר, והכל עושין אותו קפנדריא: מרפסת. אלרו"ד. והוא ארוך לפני פתחי עליות הרבה, וכולן עולין דרך שם: אכסדרה. פרוזדור שלפני בתים: תיובתא. ועל כרחך סתמא תנאי היא: ושער המדי. שעושין בכיפה, שכן עושין במדי: שאינו מקורה. שהוא פרוץ מלמעלה לגמרי מאין כיסוי: וחכמים פוטרין. שאין שער בלא רוחב ד', וכל כיפה מתקצרת בראשה לפחות מד': ושוין שאם יש ברגליה י'. קודם שיתחיל העיגול, ותתמעט רחבה – שחייבת, שאפי' שהכל סתום מי' ולמעלה – יש שיעור פתח בגובהה י' ברוחב ד': גבוהה י'. בין הכל: ואין ברגלה ג'. גובה, שנתמעט רוחבה קודם שיגביה גבהה ג': ולאו כלום היא. דכל פחות מג' גובה – ארעא סמיכתא היא, ואין כאן צד שם פתח של ד' ואפי' ר"מ מודה שאין כאן התחלה לומר חקוק והשלם: א"נ יש ברגלה ג'. קודם שנתמעט רחבה מד', ואינה גבוהה יו"ד בין הכל, ולאו כלום היא: ויש ברגלה ג'. ברוחב ד', ואינה רחבה ד' בגובהה י'. שקודם שהגביהה י' נתמעט רחבה מד', ויש בה לחוק ולהרחיב החלל למעלה כמדה של מטה. שאין החומה הולכת וכלה מבחוץ לפי החלל הפנימי כזה,* אלא החומה ארוכה למעלה מבחוץ לחלל כמשפט כזה*: ר"מ סבר. הואיל והתחיל בה ג' ברוחב ד' – שם פתח עליו, ורואין כאילו הוא חקוק למעלה להרחיב כמדתו שלמטה: למען ירבו ימיכם. כל החפץ בחיים חייב, משמע: דרך ביאתך. לימין בבואו לבית, ולא מימין לצאתו: למי שמייחד ביתו לו. שכלי תשמישו מיוחדין לו, ואינו משאילן לשכניו, כלומר: שהנגעים באים על צרות העין:

דכרכים

תוספות

הכל מודים בגבוהה כו'. תימה: דאמר בפ"ק דשבת (דף ז:) זרק למעלה מעשרה והלכה ונחה בחור כל שהוא – באנו למחלוקת ר"מ ורבנן. אומר ר"י: דהתם מיירי בחור שהוא ד' על ד' מבפנים לצד רה"י, ולצד רה"ר כלה עד כל שהוא. דאי הוי כל שהוא מכל צד – בהא לא הוה אמר ר"מ חוקקים להשלים, כדאמר הכא הכל מודים באין ברגליה ג' או אינה גבוהה י' ולא כלום. והקשה רבינו שמשון אהא דקאמר התם: הזורק ד' אמות בכותל, למטה מי' – כזורק בארץ, למעלה מי' – כזורק באויר. ופריך: למטה מי' כזורק בארץ והא לא נח? וא"ר יוחנן: בדבלה שמינה, והדר פריך: ואי ס"ד חורי רה"ר כרה"ר דמו – לוקמא בחור! ומשני: בכותל דלית בה חור. ממאי – מדקתני למעלה מי' כזורק באויר. וכ"ת דאית ביה חור, אמאי כזורק באויר? וכי תימא דלית ביה ד' על ד' – והאמר רב יהודה כו', עד באנו למחלוקת ר"מ ורבנן, דר"מ סבר חוקקין להשלים. והשתא מאי פריך? לוקמא בדאית ביה חור, וכגון שאין בו ד' על ד' אפילו מבפנים! ותירץ: סתם חורים שבכתלים הם רחבים ד' מבפנים כדי להשתמש בהם ומתקצרים לצד רה"ר כדי שלא יקחו משם חפצים שבתוכו. ולא נהירא לי האי שינויא, דמי לא משכחת לה טובא חורין שצרים מבית ומחוץ? ובלא"ה קשיא לן התם: לוקמא בכותל דקה, שאינה רחבה ואין בו לחוק ד' על ד'! ועוד הקשה שם רש"י: מאי פריך? לוקמא כרבנן, דלית להו חוקקין להשלים. ותירץ: דסתם מתני' היא בפרק "הזורק" (שם דף ק.) וסתם מתני' ר"מ היא. ולי נראה לתרץ כולהו קושייתא דשפיר פריך הש"ס, דעל כרחך אי איירי דנח בחור – איירי בחור שיש בה ד' מבפנים, ובכותל עב שיש לו לחוק ולהשלים, ואתיא כר"מ דאמר חוקקין להשלים. דדומיא דהכי דהזורק למטה מי' כזורק בארץ – מיירי נמי שנח בחור ד', וחייב משום דאית ביה ד' מבפנים, וכר' מאיר דחוקקין להשלים – הרי נח ד' על ד'. דאי לא תימא הכי – כיון דלית ביה ארבעה על ארבעה אמאי חייב? הא לא נח ברשות הרבים, אלא במקום פטור: רבי מאיר סבר חוקקין להשלים. הא דאמר בפ"ק דשבת (דף ז.): בית שאין תוכו י' אין מטלטלין בתוכו כו', אתיא ככולי עלמא. וכיון דאין גבוה י', בשום דוכתא לא אמרינן חוקקין להשלים:

שאין בו בית דירה ר"מ מחייב וחכמים פוטרין. משמע מכאן דבית הכנסת ובית המדרש שאין בו בית דירה – דלא בעי מזוזה, דמסתמא הילכתא כרבנן. והא דאמר פרק "הקומץ רבה" (מנחות דף לג.): והא ההוא פיתחא דהוה עייל ביה רב הונא לבי מדרשא והוה ליה מזוזה. וליכא למימר דהתם מיירי בדאית ביה בית דירה – דא"כ מאי פריך מינה התם לפתחא דהוה עייל ביה רבי לבי מדרשא לא הוה ליה מזוזה? לישני דההיא דרבי לא הוה ביה בית דירה, ודרב הונא באית ביה בית דירה! י"ל: דהתם מיירי בפתח הבית שהיה נכנס ויוצא בו לבית המדרש, ובפ' (*הרואה) במסכת ברכות (דף מז.) משמע נמי דהלכתא כמאן דפטר, גבי אביי *ורבא דהוו אזלי באורחא וכי מטו לבי כנישתא א"ל (*רבא) לאביי: ליעול מר, א"ל: עד האידנא לאו מר אנא? א"ל: הכי א"ר יוחנן אין מכבדין בדרכים וכו'. עד אין מכבדין אלא בפתח שיש בו מזוזה. יש בו מזוזה ס"ד?! אלא: בפתח הראוי למזוזה. משמע דפתח בית הכנסת פטור. מיהו, בירושלמי פ"ג דמגילה משמע דבי מדרשא דר' חנינא ממש הוה ליה מזוזה, גבי מזוזה שניתנה בשליש העליון. הגע עצמך שהיה השער גבוה, א"ל: נותנה כנגד כתיפותיו. בי מדרשא דר' חנינא עביד כן. וי"ל: דבי מדרשא דר' ודרב הונא ודר' חנינא – שלהם היו, ולא של רבים, אלא של עצמם*:

[שלשה שאכלו כל"ל] | [נ"ל ורבין] | [נ"ל רבין] | [וע"ע תו' מנחו' ל"ג ע"א והא]

ירושלים

רבינו חננאל

וקי"ל כרב כהנא וכי הא מתניתא אבל בית שער אכסדרה ומרפסת פטורין מפני שאין מיוחדין לדירה ובית הכסא ובית המרחץ ובית הבורסקי ובית הטבילה פטורין מפני שאין עשויין לכבוד והר הבית והלשכות והעזרות פטורין שאינן חול כמו ביתך אלא הם קדש. **תני** ו' שערים פטורין מן המזוזה בית התבן בית הבקר בית העצים ובית האוצרות. ורב כהנא מוקים לה כשהנשים רוחצות בהן ושער המדי ושער שאינה מקורה ושער שאינו גבוה י' טפחים. הני ז' הוו. ופרקינן ו' לדברי הכל פטורים שער המדי יש מי שמחייב דתניא כיפה בלשון יון קמרא והוא שער המדי. ר' מאיר מחייב במזוזה וחכמים פוטרין ושוין שאם יש (בכולה) [ברגליה] י"ט שחייבת. אמר אביי כ"ע אם זו הכיפה גבוה י' באמצעה ואין ברגליה ג' אי נמי יש ברגליה ג' ואין באמצעה י' פטורה לא נחלקו אלא בשיש בה גבוה י' ויש ברגליה ג' ואין בתוכה רוחב ד' ויש בה לחקוק ולהשלימה לארבעה. ר' מאיר סבר חוקקין להשלים ורבנן סברי אין חוקקין להשלים ופשוטה היא לא כתבנוה אלא מפני שיש חילוף בנוסחאות. פי' הא דאמר רבא ביתך דרך ביאתך. וכי עקר איניש דימיניה עקר ברישא כלומר חייב לקבוע המזוזה בצד הימין של פתח שכשיכנס לביתו תהיה לו בימינו: **ת"ר** בית הכנסת ובית האשה ובית השותפין חייב במזוזה פשיטא כו'. וכן כל אלו מטמאין בנגעים פשיטא כו'. ובא אשר לו הבית למי שמיוחד ביתו לו. פי' מי שאינו מכנים אורחים בתוך ביתו אבל ביתו מיוחד לו ולא לזולתו כדכתיב נתיב לא ידעו עיט וגו' ואקשינן וביה"כ מטמא בנגעים ת"ל ובא אשר לו הבית כו'

תוספות ישנים

יצאו אלו שהן קדש. [ומהאי] טעמא פטורה לשכת פרהדרין וכר' יהודה מיתוקמא דאילו לרבנן אמאי נריך קרא והא דירה בעל כרחיה לא שמה דירה ולקמן פריך דלא כרבי יהודה מיתוקמא: **תיובתא** דאיכא תנא דמחייב בסתם. וא"ת אמאי לא מוקי ההוא חיובא במתקשטות כדמשני לעיל ויש לומר דא"כ ליפלוג וליתני בדידה יכול שאני מרבה רפת סתם וכו' ועוד דומיא דשערי עיירות ומדינות דלא שייך למימר בהו במתקשטות. מ"ר יוסף: **ששה** שערים הם. תנא וקייר דאכתי הוי מצי למיתני בית הכסא בית המרחץ בית שער אכסדרה ומרפסת דפטירי ממזוזה: **הכל** מודים בגבוה עשרה ואין ברגליה שלשה. פירוש ברוחב ד' אין ברגליה ג' וקשה לרבי מדאמרינן בפ"ק דשבת (דף ז:) זימנין דמשני ליה בכותל דלית ביה חור ממאי מדקתני למעלה מי' טפחים כזורק באויר ואי אית ביה חור אמאי כזורק באויר הא נח בחור וכי תימא דלית ביה ד' על ד' טפחים והאמר רב יהודה זרק למעלה מעשרה טפחים והלכה ונחה בחור כל שהו באנו למחלוקת ר"מ ורבנן וכו' והיכי קאמר ר"מ התם חוקקין בחור כל שהוא והא בעינן הכא לענין חקיקה גובה ג' ברוחב ד' וגובהה י' ועוד קשה לרבי על הא דקתני התם ובפרק קמא דסוכה בית שאין תוכו י' וקירויו משלימו לי' דאסור לטלטל בתוכו א) ומשני דהיינו לכולי עלמא ואמאי לא אמרינן חוקקין קירויו להשלימו לי' ואומר רבי דמיירי בפ"ק דשבת בחורין שמפולשין מעבר לעבר כמו שעושין לצורך בנין וטעון לצד רשות היחיד וגבוה י' מרשות הרבים ומשתמשין בו בני רשות היחיד וכחורי רשות היחיד דמו ובאותו עובי [שהוא] מפולש לצד רשות היחיד יש רוחב ד' ואם תחוק לאורך החומה תמצא אותו ד' על ד' והא דקאמר התם וכי תימא בדלית ביה ד' על ד' הכי קאמר דלא בעינן הנחה על גבי מקום ד' על ד' כדרב חסדא דלא בעי התם הא אמר רב יהודה כו' וא"ת מאי פריך התם מר"מ דחוקקין להשלים דילמא יש בו חור וכדרבנן דלית להו חוקקין דאע"ג דסתם מתניתין רבי מאיר מ"מ משנה זו דמייתי התם דהזורק למעלה מי' טפחים כו' כרבנן דלית להו חוקקין י"ל דעל כרחין ר"מ היא מדקתני סיפא דההיא משנה למטה מעשרה טפחים כזורק בארץ ואמאי כזורק בארץ כיון דליכא ד' על ד' ואין חוקקין להשלים אלא ש"מ דכר"מ מיתוקמא וא"ת ולוקי הך משנה בחור שאין מפולש לרשות היחיד דאית ליה אין חוקקין כולי האי כדפי' הכא יש לומר שסתם חורי כותל מפולשין מרוח לרוח כמו שעושין אלו הבנאים ואם תאמר מאי שנא דבכל דוכתא סגי ברוחב ארבע על ארבע בסתם לענין מבוי והוצאת המת ואילו הכא בעינן שלשה ברוחב ארבע וגובה עשרה יש לומר דשאני גבי מזוזה דכתיב ובשעריך משמע פתח גדולה: **ביתך** ולא ביתה. דלשון זכר כתיב: **דתניא** בהכ"נ כו'. השתא מייתי ראיה מנגעים למזוזה ואף על גב דפרי' לעיל דרבי יהודה דאמר בסמוך דאין הר הבית מטמא בנגעים לא פטר ליה ממזוזה מההוא טעמא היינו משום דצריך למימר הכי כדפי' לעיל אבל כאן לא צריך למימר כל זמן שאין להוכיחו:

א) נ"ל ומשמע:

הא

גליון הש"ס **גמ'** במזוזה פשיטא. ע' ברכות כ ע"ב: **שם** הני בעו חיי. עי' חולין קלה ע"ב: **שם** מ"ד ביתך. קדושין לד ע"א ק"ל דזהו מספיק שלא למעט נשים אבל לענין בית השותפים ל"ש כן. דהא באנו לפטור מצד בית דבית כזה אין בו חיוב מזוזה אבל גברי בר חיובי נינהו כשיהיה לו בית מיוחד ומ"ש בית שאולה דפטור ויכול לדור כל ימי חייו בבית שאולה בלא מזוזה ול"א ביה הני בעי חיי דמ"מ שייך אקרקפתא דגברי מצות מזוזה בבית שלו וא"כ ה"נ דילמא בית שותפים פטור דליכא חיוב אלא בבית המיוחד לו ולע"ג: **שם** אלא ביתך ל"ל. ע' מנחות מד ע"א תד"ה טלית: **שם** ר"מ מחייב וחכמים פוטרים. עי' מ"ר פ' כי תבוא:

וְהָא דִּכְרַכִּים וְהָא דִּכְפָרִים. וְדִכְרַכִּים אֵין מְטַמֵּא בִּנְגָעִים? וְהָתַנְיָא: *"אֲחוּזַּתְכֶם" – אֲחוּזַּתְכֶם מְטַמְּאָה בִּנְגָעִים, אוְאֵין יְרוּשָׁלַיִם מְטַמְּאָה בִּנְגָעִים. אָמַר ר' יְהוּדָה: אֲנִי לֹא שָׁמַעְתִּי אֶלָּא מְקוֹם מִקְדָּשׁ בִּלְבַד. הָא בָּתֵּי כְנֵסִיּוֹת וּבָתֵּי מִדְרָשׁוֹת – מְטַמְּאִין בִּנְגָעִים, וְאַע"ג דִּכְרַכִּים נִינְהוּ! אֵימָא: אָמַר רַבִּי יְהוּדָה: אֲנִי לֹא שָׁמַעְתִּי אֶלָּא מָקוֹם מְקוּדָּשׁ בִּלְבַד. בְּמַאי קָא מִיפַּלְגִי? תַּנָּא קַמָּא סָבַר: יְרוּשָׁלַיִם בלֹא נִתְחַלְּקָה לַשְּׁבָטִים, וְרַבִּי יְהוּדָה סָבַר: יְרוּשָׁלַיִם נִתְחַלְּקָה לַשְּׁבָטִים. וּבִפְלוּגְתָּא דְּהָנֵי תַּנָּאֵי, *דְּתַנְיָא: מֶה הָיָה בְּחֶלְקוֹ שֶׁל יְהוּדָה – הַר הַבַּיִת, הַלְּשָׁכוֹת וְהָעֲזָרוֹת. וּמֶה הָיָה בְּחֶלְקוֹ שֶׁל בִּנְיָמִין – אוּלָם, וְהֵיכָל, וּבֵית קָדְשֵׁי הַקֳּדָשִׁים. *וּרְצוּעָה הָיְתָה יוֹצְאָה מֵחֶלְקוֹ שֶׁל יְהוּדָה וְנִכְנֶסֶת לְחֶלְקוֹ שֶׁל בִּנְיָמִין, וּבָהּ הָיָה מִזְבֵּחַ בָּנוּי. וּבִנְיָמִין הַצַּדִּיק הָיָה מִצְטַעֵר עָלֶיהָ לְבָלְעָהּ בְּכָל יוֹם, שֶׁנֶּאֱמַר: °"חוֹפֵף עָלָיו כָּל הַיּוֹם" (דברים לג). *לְפִיכָךְ זָכָה בִּנְיָמִין הַצַּדִּיק וְנַעֲשָׂה אוּשְׁפִּיזְכָן לַגְּבוּרָה, שֶׁנֶּאֱמַר: "וּבֵין כְּתֵפָיו שָׁכֵן". וְהַאי תַּנָּא סָבַר יְרוּשָׁלַיִם לֹא נִתְחַלְּקָה לַשְּׁבָטִים, דְּתַנְיָא: *אֵין מַשְׂכִּירִין בָּתִּים בִּירוּשָׁלַיִם, לְפִי שֶׁאֵינָהּ שֶׁלָּהֶן. ר' אֶלְעָזָר בַּר (*צָדוֹק) אוֹמֵר: אַף לֹא מִטּוֹת. לְפִיכָךְ, עוֹרוֹת קָדָשִׁים – בַּעֲלֵי אוּשְׁפִּיזְכָנִין נוֹטְלִין אוֹתָן בִּזְרוֹעַ. אָמַר אַבַּיֵי: שְׁמַע מִינָּהּ אוֹרַח אַרְעָא לְמִישְׁבַּק אִינִישׁ גּוּלְפָּא וּמַשְׁכָּא לְאוּשְׁפִּיזֵיהּ. וְדִכְפָרִים מִי מְטַמֵּא בִּנְגָעִים? וְהָתַנְיָא: "לַאֲחוּזָּה" – עַד שֶׁיִּכְבְּשׁוּ אוֹתָהּ, כָּבְשׁוּ אוֹתָהּ וְלֹא חִלְּקוּהָ לַשְּׁבָטִים, חִלְּקוּ לַשְּׁבָטִים וְלֹא חִלְּקוּ לְבֵית אָבוֹת, חִלְּקוּ לְבֵית אָבוֹת וְאֵין כָּל אֶחָד מַכִּיר אֶת שֶׁלּוֹ, מִנַּיִן? ת"ל: °"וּבָא אֲשֶׁר לוֹ הַבַּיִת" (ויקרא יד) – מִי שֶׁמְּיוּחָד לוֹ, יָצְאוּ אֵלּוּ שֶׁאֵין מְיוּחָדִין לוֹ. אֶלָּא מְחַוַּורְתָּא כִּדְשָׁנִין מֵעִיקָּרָא.§ "וּמַתְקִינִין לוֹ כֹּהֵן אַחֵר".§ פְּשִׁיטָא: אֵירַע בּוֹ פְּסוּל קוֹדֶם תָּמִיד שֶׁל שַׁחַר – מְחַנְּכִין אוֹתוֹ בְּתָמִיד שֶׁל שַׁחַר. אֶלָּא, אֵירַע בּוֹ פְּסוּל אַחַר תָּמִיד שֶׁל שַׁחַר °בַּמֶּה מְחַנְּכִין אוֹתוֹ? אָמַר רַב אַדָּא בַּר אַהֲבָה: בְּאַבְנֵט.(א) – הָנִיחָא *לְמַאן דְּאָמַר: "אַבְנֵטוֹ שֶׁל כֹּהֵן גָּדוֹל זֶה הוּא אַבְנֵטוֹ שֶׁל כֹּהֵן הֶדְיוֹט". אֶלָּא לְמַאן דְּאָמַר: *"אַבְנֵטוֹ שֶׁל כֹּהֵן גָּדוֹל לֹא זֶהוּ אַבְנֵטוֹ שֶׁל כֹּהֵן הֶדְיוֹט" מַאי אִיכָּא לְמֵימַר? – אָמַר אַבַּיֵי: לוֹבֵשׁ שְׁמוֹנָה וּמְהַפֵּךְ °בְּצִינּוֹרָא, וּכְדְרַב הוּנָא, *דְּאָמַר רַב הוּנָא: גזָר שֶׁהָפַךְ בְּצִינּוֹרָא – חַיָּיב מִיתָה. וְרַב פַּפָּא אָמַר: עֲבוֹדָתוֹ

רש"י

דִּכְרַכִּים. שֶׁהוּא מְקוֹם שְׁוָוקִים, וּמִתְקַבְּלִים שָׁם מִמְּקוֹמוֹת הַרְבֵּה, וְהִיא עֲשׂוּיָה לְכָל הַבָּא לְהִתְפַּלֵּל, וְאֵין לָהּ בְּעָלִים מְיוּחָדִים: דִּכְפָרִים. כָּל בְּעָלָיו נִיכָּרִים, וַהֲרֵי הוּא כְּבֵית הַשּׁוּתָּפִין: וְאֵין יְרוּשָׁלַיִם מְטַמְּאָה בִּנְגָעִים. שֶׁאֵין אֲחוּזָּה לָהֶם. קָסָבַר: לֹא נִתְחַלְּקָה לְשֵׁבֶט יְהוּדָה וּבִנְיָמִין, אֶלָּא כָּל הַשְּׁבָטִים שָׁוִין בָּהּ: אֲנִי לֹא שָׁמַעְתִּי. קָסָבַר: נִתְחַלְּקָה לַשְּׁבָטִים: אֶלָּא מְקוֹם מִקְדָּשׁ בִּלְבַד. שֶׁכְּשֶׁקָּנָה דָּוִד אֶת גּוֹרֶן מֵאֲרַוְנָה הַיְבוּסִי גָּבָה הַכֶּסֶף מִכָּל שֵׁבֶט וְשֵׁבֶט, כִּדְאָמְרִינַן בְּסִפְרִי, וּבִשְׁחִיטַת קָדָשִׁים [זבחים קטז:]: בְּמַאי קָא מִיפַּלְגִי. ר' יְהוּדָה וְרַבָּנַן: הַר הַבַּיִת וְהַלְּשָׁכוֹת וְהָעֲזָרוֹת. צַד הַמִּזְרָחִי רוֹחַב הַר הַבַּיִת עֶזְרַת נָשִׁים כּוּלָּהּ וְעֶזְרַת יִשְׂרָאֵל כּוּלָּהּ(ב) י"א אַמָּה שֶׁל מְקוֹם רַגְלֵי דְּרִיסַת הַכֹּהֲנִים לְהַלָּן מֵרַגְלֵי יִשְׂרָאֵל, וְשָׁם הַמִּזְבֵּחַ מַתְחִיל. מִשָּׁם וּלְמַעֲרָב בְּחֶלְקוֹ שֶׁל בִּנְיָמִין, אֶלָּא שֶׁבִּמְקוֹם מוֹשַׁב הַמִּזְבֵּחַ יוֹצְאָה רְצוּעָה מֵחֶלְקוֹ שֶׁל יְהוּדָה וְנִכְנְסָה לְקֶרֶן מִזְרָחִית דְּרוֹמִית: חוֹפֵף. כְּאָדָם הַמִּתְחַכֵּךְ מֵחֲמַת שֶׁאֵינוֹ מַשִּׂיג תַּאֲוָתוֹ. לְשׁוֹן "נָזִיר (*לֹא יָחוֹף רֹאשׁוֹ") (נזיר דף מב.): אוּשְׁפִּיזְכָן. שֶׁהָיָה הָאָרוֹן נָתוּן בְּחֶלְקוֹ: וְהַאי תַּנָּא. דִּלְקַמָּן, סָבַר: לֹא נִתְחַלְּקָה. וְהַיְינוּ תַּנָּאֵי: עוֹרוֹת קָדָשִׁים. שֶׁל שַׁלְמֵי חֲגִיגָה וְשִׂמְחָה, שֶׁעוֹלֵי רְגָלִים שׁוֹחֲטִין וְאוֹכְלִין שָׁם: גּוּלְפָּא. קַנְקַן שֶׁל חֶרֶס: וּמַשְׁכָּא. עוֹר בְּהֵמָה, שֶׁהוּא שׁוֹחֵט וְאוֹכֵל בְּבֵית בַּעַל הַבַּיִת: לַאֲחוּזָּה. גַּבֵּי נְגָעִים כְּתִיב (ויקרא יד) "אֲשֶׁר אֲנִי נוֹתֵן לָכֶם לַאֲחוּזָּה" – לְבֵית אֲחוּזָּה: לְבֵית אָבוֹת. לְמִשְׁפָּחוֹת: וְאֵין כָּל אֶחָד וְאֶחָד. שֶׁלֹּא חִלְּקוּ אֲחוּזַּת הַמִּשְׁפָּחָה לַגְּבָרִים: כִּדְשָׁנִין מֵעִיקָּרָא. דְּאִית בֵּיהּ דִּירָה: פְּשִׁיטָא אֵירַע. בְּכֹהֵן גָּדוֹל פְּסוּל בְּיוה"כ קוֹדֶם תָּמִיד שֶׁל שַׁחַר, מְחַנְּכִין אוֹתוֹ לָזֶה הַמְשַׁמֵּשׁ תַּחְתָּיו בְּתָמִיד שֶׁל שַׁחַר, שֶׁיַּעֲשֶׂה הוּא תָּמִיד שֶׁל שַׁחַר בִּשְׁמוֹנָה בְּגָדִים, וִיהֵא מְחוּנָּךְ לִכְהוּנָּה גְּדוֹלָה קוֹדֶם שֶׁיַּגִּיעַ עֲבוֹדַת יוֹם הַכִּפּוּרִים: בַּמֶּה מְחַנְּכִין אוֹתוֹ. הֲרֵי עֲבוֹדַת יוֹם הַכִּפּוּרִים שֶׁאַחַר הַתָּמִיד בְּאַרְבָּעָה בְּגָדִים הִיא, וּבַמֶּה הוּא נִיכָּר שֶׁהוּא כֹּהֵן גָּדוֹל מֵעוֹלָם, וְהֵיכָן יָצָא מֵהֶדְיוֹטוּת, שֶׁתְּהֵא עֲבוֹדַת הַיּוֹם נַעֲשֵׂית בְּכֹהֵן גָּדוֹל? בְּאַבְנֵט. בְּאוֹתָן ד' בְּגָדִים עַצְמָן יֵשׁ הֶיכֵּר לִכְהוּנָּה גְּדוֹלָה, שֶׁאַבְנֵטוֹ שֶׁל כֹּהֵן גָּדוֹל בַּעֲבוֹדַת יוה"כ שֶׁל בּוּץ הוּא, כִּדְכְתִיב (ויקרא טז) "וּבְאַבְנֵט בַּד יַחְגּוֹר" וְזֶה עַד עַכְשָׁיו הָיָה רָגִיל לַעֲבוֹד בְּשֶׁל כִּלְאַיִם: הָנִיחָא לְמ"ד אַבְנֵטוֹ שֶׁל כֹּהֵן גָּדוֹל. שֶׁל כָּל יְמוֹת הַשָּׁנָה הָיָה שֶׁל כִּלְאַיִם, כִּדְכְתִיב* "וְאֶת הָאַבְנֵט שֵׁשׁ מָשְׁזָר וּתְכֵלֶת": זֶהוּ אַבְנֵטוֹ שֶׁל כֹּהֵן הֶדְיוֹט. שֶׁאֵין חִילּוּק בְּאַבְנֵטֵיהֶם – אִיכָּא הֶיכֵּירָא בְּיוֹם הַכִּפּוּרִים בְּאַבְנֵט, לְפִי שֶׁאַבְנֵטוֹ שֶׁל כֹּהֵן גָּדוֹל מִשְׁתַּנֶּה בְּיוֹם הַכִּפּוּרִים לִהְיוֹת שֶׁל בּוּץ: אֶלָּא לְמַאן דְּאָמַר. לְקַמָּן, אַבְנֵטוֹ שֶׁל כֹּהֵן גָּדוֹל בְּכָל הַשָּׁנָה לֹא זֶהוּ שֶׁל הֶדְיוֹט, שֶׁהַהֶדְיוֹט שֶׁל בּוּץ, נִמְצְאוּ אַבְנֵטֵיהֶם שָׁוִין בְּיוֹם הַכִּפּוּרִים, וּמַאי הֶיכֵּירָא כְּהוּנָּה גְּדוֹלָה אִיכָּא לְהַאי? אָמַר אַבַּיֵי. קוֹדֶם שֶׁיַּתְחִיל עֲבוֹדַת הַיּוֹם שֶׁהוּא בִּבְגָדִים הַשָּׁוִין בְּהֶדְיוֹט, לוֹבֵשׁ שְׁמוֹנָה בְּגָדִים וְיַהֲפוֹךְ בַּמִּזְבֵּחַ הַחִיצוֹן אֶחָד מֵאֵיבְרֵי הַתָּמִיד בְּמַזְלֵג שֶׁל בַּרְזֶל דְּקֵירוּב עֲבוֹדָה הִיא, שֶׁמְּמַהֵר לְהִתְעַכֵּל מֵחֲמַת הֲפִיכָה זוֹ, וַעֲבוֹדָה הִיא כִּדְרַב הוּנָא. וְנִמְצָא שֶׁנִּתְחַנֵּךְ לִכְהוּנָּה גְּדוֹלָה קוֹדֶם לָכֵן: בְּצִינּוֹרָא. בְּמַזְלֵג: חַיָּיב מִיתָה. מִשּׁוּם "וְהַזָּר הַקָּרֵב יוּמָת" (במדבר יח) אַלְמָא: קֵרוּבֵי עֲבוֹדָה הָוֵי עֲבוֹדָה: עֲבוֹדָתוֹ

תוספות

ירושלים לא נתחלקה לשבטים. תימה: דבפרק "איזהו מקומן" (זבחים דף נג:) אמרינן דקרן דרומית מזרחית לא היה לו יסוד, לפי שלא היה בחלקו של טורף. וא"כ, למ"ד לא נתחלקה מאי שנא דשאר מקומות של המזבח היה להם יסוד ומזרחית דרומית לא היה לה יסוד? ואין לתרץ דלדידיה היה להם יסוד מכל לצדדיו – דאם כן "אל יסוד מזבח העולה" מאי עביד ליה? דמשמע שיש ליתן אותו במקום שיש לו, מכלל דאיכא דוכתא דלא היה לו יסוד! וי"ל: הכי גמירי שלא לעשות יסוד למזרחית דרומית, כדכתיב [דה"א כח]: "הכל בכתב":

הא דכרכים הא דכפרים. לכאורה תרווייהו כרבנן מוקי להו, דאי אידי ואידי כרבי מאיר – אם כן כיון דאיבעית אימא קמא אידי ואידי כרבנן מוקי להו, והשתא מוקי תרווייהו כר' מאיר – הוה ליה למימר: ואי בעית אימא אידי ואידי כר"מ. ועוד: כי פריך לקמן ודכפרים מי מטמא בנגעים והתניא לאחוזה וכו' לימא: ההיא רבנן היא. ותימה לי: א"כ פלוגתייהו דרבי מאיר ורבנן בדכרכים, ומאי פריך תו מרבי יהודה דאמר אני לא שמעתי אלא מקום מקדש? דילמא כר"מ סבירא ליה. ועוד קשה לי: דעל כרחך מתרווייהו פריך, דממילתא דת"ק נמי דייק: ירושלים דוקא אינה מטמא', הא בתי כנסיות ובתי מדרשות – מטמאים ואם כן, כי משני אימא מקום מקודש בלבד – אכתי מת"ק תיקשי! אלא על כרחך משום הכי לא פריך מת"ק – דמצי לשנויי דכרבי מאיר סבירא ליה. א"כ דרבי יהודה נמי לישני הכי. מיהו, הא לא קשיא; דמת"ק ליכא למידק מידי, הא בתי כנסיות ובתי מדרשות מטמאים, דדילמא נקט ירושלים – אע"ג דלא קדישא כולי האי כמו בתי כנסיות ובתי מדרשות לכמה עניינים, וכ"ש בתי כנסיות ומדרשות. מיהו, הא קשיא, ומאי פריך מרבי יהודה? וי"ל: כיון דלא הוזכרו שום תנאים דפליגי בהא מילתא כי אם רבי מאיר ורבי יהודה – מסתמא בר פלוגתא דרבי מאיר הוא ר' יהודה, והיינו רבנן דברייתא דלעיל, ובר פלוגתיה דרבי יהודה הוא ר"מ:

במאי קא מיפלגי. בשלמא מעיקרא, כי הוה ס"ד דר' יהודה מקום מקדש דוקא קאמר – איכא למימר דפליגי בהא, ת"ק סבר: כל ירושלים אין מטמא בנגעים משום דקדישא לאכילת קדשים קלים ומעשר שני, וכיון דמיוחדת לקדשי גבוה – לא חשיבא ליה "אחוזתכם". ורבי יהודה סבר: דווקא מקום מקדש, שהוא מחנה שכינה לאכילת קדשי קדשים. אבל ירושלים – מטמאה, וכל שכן בתי כנסיות ומדרשות. אבל השתא, דאמרינן דרבי יהודה אמר אני לא שמעתי אלא מקום מקודש בלבד, ובכלל זה יש כמו כן בתי כנסיות ומדרשות – אם איתא דטעמא דת"ק הוי משום דירושלים קדושה לאכילת קדשים קלים ומעשר שני, לא הוי ליה לר' יהודה למימר האי לישנא: "אלא מקום מקודש" כיון דטעמא דת"ק נמי הוי משום דירושלים מקום מקודש היא. להכי איצטריך למימר דפליגי במילתא אחריתי: אלא

עין משפט נר מצוה

מב א ב מיי' פי"ד מהלכות טומאת צרעת הלכה יא ופ"ז מהל' בית הבחירה הלכה יד:

מג ג מיי' פ"ט מהלכות ביאת מקדש הלכה ז:

רבינו חננאל

ודחינן הא דתניא מטמאין דכפרים והא דתניא אין מטמאין דכרכים. והא ירושלים דכרכים היא ואמר רבי יהודה אני לא שמעתי אלא בית המקדש בלבד ודייקינן מינה הא בתי כנסיות ובתי מדרשות מטמאין בנגעים. ופרקינן אימר א"ר יהודה אני לא שמעתי אלא מקום מקודש ואפילו בתי כנסיות ובתי מדרשות בכלל. במאי פליגי ת"ק סבר אינה מטמאה אלא אחוזתכם וירושל' כולה אינה אחוזה שלא נתחלקה ולפיכך אינה מטמאה בנגעים ור' יהודה סבר נתחלקה כדתניא מה היה בחלקו של יהודה הר הבית והלשכות והעזרות ומה היה בחלקו של בנימין אולם והיכל כו'. ות"ק כי האי תנא. דתניא אין משכירין בתים בירושלים לפי שאינן שלהם כלומר לא נתחלקה ירושלים. ר' אלעזר ב"ר צדוק אומר אף לא מטות לפיכך עורות קדשים קלים בעלי אושפיזין נוטלין אותן בזרוע ומפני שנוטלין מהן העורות וקנקנים שמריקים מהן היין לפיכך אין משכירין מטות לישן בהם אלא יזזוזה רחמוה ריגלי הבית. ואקשינן ודכפרים מטמא בנגעים כו'. ופרקינן לא קשיא אי אית בה בית דירה מטמאה ואי לית בה בית דירה לא מטמאה: ומתקינין לו כהן אחר תחתיו כו'. פשיטא אירע בכהן פיסול קודם תמיד של שחר הנה נתרבה בבגדים ועבד עבודה נקבע בכהונה גדולה ועובד עבודות היום כדקיימא לן כל עבודות יוה"כ אינה כשר אלא בכהן גדול אלא אם אירע בו פסול אחר תמיד השחר במה נקבע בכהונה גדולה עבודת היום בד' כלים הוא ככהן הדיוט נמצאת עבודת יוה"כ נעשית בכהן הדיוט. אמר רב אדא בר אהבה נקבע בכהונה גדולה ע"י שחגר אבנט של כלאים שהוא מותר בכ"ג והוא אסור בכהן הדיוט.

תוספות ישנים

הא בתי כנסיות ובתי מדרשות מטמאין. וא"ת כל זמן דקיימינן דבית המקדש קאמר מ"ש בהמ"ק מירושלים אי משום דירושלים נתחלקת לשבטים בית המקדש נמי נחלק [כדתניא] מה היה בחלקו של יהודה כו' י"ל דנהי מתחילה נחלק הוא לשבטים מ"מ לבסוף [חזרה להן] כדאמרינן במדרש (ילקוט וזאת הברכה ואבות דר"נ פרק ל"ה) שלא חלקו דוסנה של יריחו ליתנה למי שיהא בהמ"ק בנוי בחלקו אי נמי י"ל דטעמא דרבי יהודה כדאמרן ילאו אלו שהם קדש ולכן ממעט ירושלים אבל אין נראה לומר כן א) (דהא) משום קדושה פטר ר' יהודה הר הבית ממזוזה דבעינן ביתך חול וכן ובא אשר לו הבית ניבעי נמי חול א"כ לא היה לגזור שלא יאמרו כהן גדול חבוש בבית האסורין הוא ליכא למיגזר הכי אלא כשיהא פטור ממזוזה דלשכת פרהדרין משום דדירה בעל כרחיה לא שמה דירה ואם היינו מפרשים שסובר המקשה טעם דרבי יהודה משום דילאו אלו שהן קדש הכא לא הוה ידע אי גזרה: מה היה בחלקו של יהודה כו'. וא"ת תיקשי מהכא למאן דאמר בסנהדרין פרק חלק (דף קיא:) דאין חולקין עיר לשני שבטים דאילו ירושלים נתחלקה לשבט יהודה ובנימין י"ל דע"פ הדיבור היה כן דגמירי דסנהדרין בחלקו של יהודה ושכינה בחלקו של בנימין והיה להם להיות סמוכין זה לזה: אף לא מטות. פירש ה"ר יוסף לפי שמקום המטות אינו שלהם ולפי זה משמע דה"ה שאר תשמישין כעין תיבות: יצאו אלו שאין מיוחדין לו. ופליג אברייתא דלעיל דמחייבא בית השותפין במזוזה אי נמי שאני הכא דלא נתברר חלקם מעולם: במה מחנכין אותו כו'. דלא בעי למימר בשמן המשחה מחנכין אותו שהרי בבית שני לא היה שמן המשחה שהרי יאשיהו גנזו:

א) נ"ל דהי.

מסורת הש"ס

מגילה כו. ב"ק פב:

מגילה כו. [אבות דר"נ פרק ל"ה]

מגילה כו. זבחים נג: קיח:

[נ"ל חופף ומפספס]

[עי' סוטה לז.]

[תוספתא מ"ש פ"א]

[בתוספתא אי' בר שמעון]

[לקמן סט.] חולין קלח. [תמיד כז:]

[שם ולקמן כג:]

שבועות יז:

(שמות לט)

הגהות הב"ח

(א) גמ' הניחא למ"ד אבנטו של כ"ג זה הוא אבנטו של כהן הדיוט. נ"ב ע' לעיל תחילת דף ו: (ב) רש"י ד"ה הר הבית כו' ועזרת ישראל כולה וי"א אמה כו' להלן מדריסת רגלי ישראל:

גליון הש"ס

גמ' במה מחנכין. עי' מנחות דף עח ע"א תוס' ד"ה אחת: שם בצינורא. עיין סנהדרין דף יד ע"ב תוס' ד"ה צינורא:

א עֲבוֹדָתוֹ מְחַנַּכְתּוֹ. מִי לָא תַּנְיָא: *כָּל הַכֵּלִים שֶׁעָשָׂה מֹשֶׁה – ב מְשִׁיחָתָן מְקַדַּשְׁתָּן, מִכָּאן וְאֵילָךְ – עֲבוֹדָתָן מְחַנַּכְתָּן. הָכָא נַמִּי – עֲבוֹדָתוֹ מְחַנַּכְתּוֹ. כִּי אֲתָא רַב דִּימִי אֲמַר: אַבְנֵטוֹ שֶׁל כֹּהֵן הֶדְיוֹט, רַבִּי וְרַבִּי אֶלְעָזָר בְּרַבִּי שִׁמְעוֹן; חַד אָמַר: שֶׁל כִּלְאַיִם, וְחַד אָמַר: שֶׁל בּוּץ. תִּסְתַּיֵּים, דְּרַבִּי הוּא דְּאָמַר שֶׁל כִּלְאַיִם. דְּתַנְיָא: אֵין בֵּין כֹּהֵן גָּדוֹל לְכֹהֵן הֶדְיוֹט אֶלָּא אַבְנֵט, דִּבְרֵי רַבִּי. ר' אֶלְעָזָר בְּר' שִׁמְעוֹן אוֹמֵר: אַף לֹא אַבְנֵט. אֵימַת? אִי נֵימָא בִּשְׁאָר יְמוֹת הַשָּׁנָה – טוּבָא אִיכָּא: כֹּהֵן גָּדוֹל מְשַׁמֵּשׁ בִּשְׁמוֹנָה, וְהֶדְיוֹט בְּאַרְבָּעָה. אֶלָּא לָאו – בְּיוֹם הַכִּפּוּרִים. אָמְרִי: לָא, לְעוֹלָם בִּשְׁאָר יְמוֹת הַשָּׁנָה, וּבְהָנָךְ דְּשָׁוִין. כִּי אֲתָא רָבִין אֲמַר: אַבְנֵטוֹ שֶׁל כֹּהֵן גָּדוֹל בְּיוֹם הַכִּפּוּרִים – דִּבְרֵי הַכֹּל שֶׁל בּוּץ, בִּשְׁאָר יְמוֹת הַשָּׁנָה – דִּבְרֵי הַכֹּל שֶׁל כִּלְאַיִם. לֹא נֶחְלְקוּ אֶלָּא בְּאַבְנֵטוֹ שֶׁל כֹּהֵן הֶדְיוֹט, בֵּין בִּשְׁאָר יְמוֹת הַשָּׁנָה בֵּין בְּיוֹם הַכִּפּוּרִים. שֶׁרַבִּי אוֹמֵר: ג שֶׁל כִּלְאַיִם, וְרַבִּי אֶלְעָזָר בְּר' שִׁמְעוֹן אוֹמֵר: שֶׁל בּוּץ. אָמַר רַב נַחְמָן בַּר יִצְחָק: אַף אֲנַן נַמִּי תְּנֵינָא: *°"עַל בְּשָׂרוֹ", מַה תַּלְמוּד לוֹמַר "יִלְבַּשׁ" – ויקרא ו לְהָבִיא מִצְנֶפֶת וְאַבְנֵט לַהֲרָמַת הַדֶּשֶׁן, דִּבְרֵי ר' יְהוּדָה. רַבִּי דוֹסָא אוֹמֵר: לְהָבִיא בִּגְדֵי כֹּהֵן גָּדוֹל בְּיוֹם הַכִּפּוּרִים, שֶׁהֵן כְּשֵׁרִין לְכֹהֵן הֶדְיוֹט. רַבִּי אוֹמֵר: שְׁתֵּי תְּשׁוּבוֹת בַּדָּבָר, חֲדָא: דְּאַבְנֵטוֹ שֶׁל כ"ג בְּיוֹם הַכִּיפּוּרִים לֹא זֶה הוּא אַבְנֵטוֹ שֶׁל כֹּהֵן הֶדְיוֹט, וְעוֹד: בְּגָדִים שֶׁנִּשְׁתַּמְּשָׁה בָּהֶן קְדוּשָּׁה חֲמוּרָה תִּשַּׁמֵּשׁ בָּהֶן קְדוּשָּׁה קַלָּה? אֶלָּא מַה תַּלְמוּד לוֹמַר "יִלְבַּשׁ" – לְרַבּוֹת ד אֶת הַשְּׁחָקִין. וְאָזְדָא ר' דוֹסָא לְטַעְמֵיהּ, *דְּתַנְיָא: °"וְהִנִּיחָם שָׁם" שם טז מְלַמֵּד ה שֶׁטְּעוּנִין גְּנִיזָה. רַבִּי דוֹסָא אוֹמֵר: שֶׁלֹּא יִשְׁתַּמֵּשׁ בָּהֶן יוה"כ אַחֵר. *ת"ר: אֵירַע בּוֹ פְּסוּל וּמִינּוּ אַחֵר תַּחְתָּיו – רִאשׁוֹן חוֹזֵר לַעֲבוֹדָתוֹ, שֵׁנִי – כָּל מִצְוֹת כְּהוּנָּה גְּדוֹלָה עָלָיו, דִּבְרֵי ר' מֵאִיר. ר' יוֹסֵי אוֹמֵר: רִאשׁוֹן–חוֹזֵר לַעֲבוֹדָתוֹ, שֵׁנִי–אֵינוֹ רָאוּי לֹא לְכ"ג וְלֹא לְכֹהֵן הֶדְיוֹט. אָמַר ר' יוֹסֵי: מַעֲשֶׂה בְּיוֹסֵף בֶּן אֵלֶם (א) בְּצִיפּוֹרִי שֶׁאֵירַע בּוֹ פְּסוּל בְּכֹהֵן גָּדוֹל, וּמִינּוּהוּ תַּחְתָּיו. וְאָמְרוּ חֲכָמִים: רִאשׁוֹן – חוֹזֵר לַעֲבוֹדָתוֹ, שֵׁנִי – אֵינוֹ רָאוּי לֹא לְכֹהֵן גָּדוֹל וְלֹא לְכֹהֵן הֶדְיוֹט. °כ"ג – מִשּׁוּם אֵיבָה, כֹּהֵן הֶדְיוֹט – *מִשּׁוּם מַעֲלִין בַּקּוֹדֶשׁ וְלֹא מוֹרִידִין. אָמַר רַבָּה בַּר בַּר חָנָה א"ר יוֹחָנָן:

הֲלָכָה

רש"י

עֲבוֹדָתוֹ מְחַנַּכְתּוֹ. עֲבוֹדַת יוה"כ עַצְמָהּ, שֶׁאֵינָהּ כְּשֵׁרָה אֶלָּא בְּכֹהֵן גָּדוֹל, וְזֶה עוֹבְדָהּ – מְחַנַּכְתּוֹ לִכְהוּנָּה גְּדוֹלָה: מְשִׁיחָתָן מְקַדַּשְׁתָּן. כִּדְכְתִיב (במדבר ז) "וַיִּמְשָׁחֵם וַיְקַדֵּשׁ אוֹתָם". מִכָּאן וְאֵילָךְ לֹא נִמְשְׁחוּ כֵּלִים חֲדָשִׁים שֶׁנַּעֲשִׂים שָׁם, כִּדְאָמְרִינַן בְּמַסֶּכֶת שְׁבוּעוֹת (דף טו.): אוֹתָם בִּמְשִׁיחָה: תורה אור הָכִי גָּרְסִינַן: כִּי אֲתָא רַב דִּימִי אֲמַר אַבְנֵטוֹ שֶׁל כֹּהֵן הֶדְיוֹט רַבִּי וְר' אֱלִיעֶזֶר בְּרַבִּי שִׁמְעוֹן כוּ'. וְלֹא גָּרְסִינַן: בְּיוֹם הַכִּפּוּרִים. דְּהָא בְּכֹהֵן הֶדְיוֹט אֵין חִילּוּק (ב) בְּיוה"כ לִשְׁאָר יָמִים: אֵימַת אִילֵימָא בִּשְׁאָר יְמוֹת הַשָּׁנָה. שֶׁכֹּהֵן גָּדוֹל מְשַׁמֵּשׁ בְּשֶׁל כִּלְאַיִם, וְקָאָמַר דַּחֲלוּקִין בְּאַבְנֵטֵיהֶן, דְּשֶׁל הֶדְיוֹט דְּבוּץ טוּבָא אִיכָּא: אֶלָּא לָאו בְּיוֹם הַכִּפּוּרִים. דְּשֶׁל כֹּהֵן גָּדוֹל דְּבוּץ, (ג) וְאַשְׁמוּעִינַן דְּשֶׁל הֶדְיוֹט דְּכִלְאַיִם, וְהוּא הַדִּין לְהֶדְיוֹט דְּכָל יְמוֹת הַשָּׁנָה: לְעוֹלָם בִּשְׁאָר יְמוֹת הַשָּׁנָה. דְּכֹהֵן גָּדוֹל בְּשֶׁל כִּלְאַיִם, וְאַשְׁמַעִינַן דְּשֶׁל הֶדְיוֹט דְּבוּץ, וּדְקָאָמְרַתְּ טוּבָא אִיכָּא: בְּהָנָךְ דְּשָׁוִין. בְּאוֹתָן בְּגָדִים שֶׁשְּׁנֵיהֶם שָׁוִין בָּהֶם, דְּהַיְינוּ כְּתוֹנֶת וּמִכְנָסַיִם וּמִצְנֶפֶת וְאַבְנֵט, אֵין בֵּינֵיהֶם אֶלָּא אַבְנֵט: כִּי אֲתָא רָבִין כוּ'. בֵּין רָבִין לְרַב דִּימִי לֵיכָּא מִידֵי, אֶלָּא דְּרַב דִּימִי לֹא פֵּירֵשׁ הֵי מִינַּיְיהוּ דְּאָמַר שֶׁל כִּלְאַיִם וְהֵי מִינַּיְיהוּ דְּאָמַר שֶׁל בּוּץ, וְרָבִין פֵּירֵשׁ בְּהֶדְיָא: רַבִּי אוֹמֵר שֶׁל כִּלְאַיִם: אַף אֲנַן נַמִּי תְּנֵינָא. דְּרַבִּי הוּא דְּאָמַר שֶׁל כִּלְאַיִם: עַל בְּשָׂרוֹ. גַּבֵּי תְּרוּמַת הַדֶּשֶׁן כְּתִיב (ויקרא ו) "וְלָבַשׁ הַכֹּהֵן מִדּוֹ בַד וּמִכְנְסֵי בַד יִלְבַּשׁ עַל בְּשָׂרוֹ" וגו' וַהֲוָה לֵיהּ לְמִיכְתַּב "וּמִכְנְסֵי בַד עַל בְּשָׂרוֹ", דְּהָא כְּתִיב בְּרֵישֵׁיהּ דִּקְרָא וְלָבַשׁ: וּמַה ת"ל יִלְבַּשׁ לְהָבִיא מִצְנֶפֶת וְאַבְנֵט. מִשּׁוּם דְּלָא כְּתִיב אֶלָּא "מִדּוֹ בַד" וּבְמִכְנָסַיִם כָּתַב, "יִלְבַּשׁ" – לְלַמֶּדְךָ שֶׁהִיא עֲבוֹדָה גְּמוּרָה. וּצְרִיכָה אַרְבָּעָה כֵּלִים: ר' דוֹסָא אוֹמֵר לְהָבִיא. אַרְבָּעָה בִּגְדֵי כֹּהֵן גָּדוֹל שֶׁשִּׁימֵּשׁ בָּהֶן לִפְנִים בְּיוֹם הַכִּפּוּרִים שֶׁכְּשֵׁרִים לְהֶדְיוֹט כָּל יְמוֹת הַשָּׁנָה. שֶׁלֹּא תֹּאמַר "וְהִנִּיחָם שָׁם" שֶׁיְּהוּ טְעוּנִין גְּנִיזָה, אֶלָּא שֶׁלֹּא יִשְׁתַּמֵּשׁ בָּהֶן לְיוֹם הַכִּפּוּרִים אַחֵר: אַבְנֵטוֹ שֶׁל כֹּהֵן גָּדוֹל בְּיוֹם הַכִּפּוּרִים לֹא זֶהוּ אַבְנֵטוֹ הַכָּשֵׁר לְהֶדְיוֹט. שֶׁהֲרֵי הוּא שֶׁל בּוּץ, וּדְכֹהֵן הֶדְיוֹט כָּל הַיָּמִים דְּכִלְאַיִם: אֶת הַשְּׁחָקִין. שֶׁאַף הַשְּׁחָקִין כְּשֵׁרִים לַעֲבוֹדָה. וַאֲנִי שָׁמַעְתִּי: לְהָבִיא שְׁחָקִים דַּוְקָא, מִשּׁוּם בְּגָדִים שֶׁבִּשֵּׁל בָּהֶן קְדֵרָה לְרַבּוֹ לֹא יִמְזוֹג בָּהֶן כּוֹס לְרַבּוֹ. וְאֵין נִרְאֶה בְּעֵינַי, דְּבִשְׁלָמָא גַּבֵּי הוֹצָאַת הַדֶּשֶׁן אָמְרִינַן לְקַמָּן (דף כג:) הָכִי – מִפְּנֵי שֶׁהַבְּגָדִים מִתְבַּזִּים וּמִתְלַכְלְכִין בָּהֶן, אֲבָל תְּרוּמַת הַדֶּשֶׁן שֶׁאֵינוֹ אֶלָּא מְלֹא מַחְתָּה לְיוֹם, כִּדְאָמְרִינַן בְּמַסֶּכֶת תָּמִיד (ד' ז.) וְאֵין שָׁם לִכְלוּךְ בְּגָדִים: הָכִי גָּרְסִינַן: וְאָזְדָא רַבִּי דוֹסָא לְטַעְמֵיהּ דְּתַנְיָא וְהִנִּיחָם שָׁם וכו'. גַּבֵּי בִּגְדֵי יוֹם הַכִּפּוּרִים כְּתִיב "וּפָשַׁט אֶת בִּגְדֵי הַבָּד אֲשֶׁר לָבַשׁ בְּבוֹאוֹ אֶל הַקּוֹדֶשׁ וְהִנִּיחָם שָׁם": כָּל מִצְוֹת כְּהוּנָּה גְּדוֹלָה עָלָיו. לֹא פּוֹרֵעַ וְלֹא פּוֹרֵם, וְאֵינוֹ מִטַּמֵּא לִקְרוֹבִים, וּמוּזְהָר עַל הָאַלְמָנָה, וּמְשַׁמֵּשׁ בִּשְׁמוֹנָה בְּגָדִים: אֵינוֹ רָאוּי וכו'. כְּלוֹמַר: אֵינוֹ מְשַׁמֵּשׁ בַּמִּקְדָּשׁ לֹא בִּשְׁמוֹנָה כְּכֹהֵן גָּדוֹל וְלֹא בְּאַרְבָּעָה כְּכֹהֵן הֶדְיוֹט: *שֶׁאִם עָבַר וְעָבַד. בִּשְׁמוֹנָה בְּגָדִים כְּכֹהֵן גָּדוֹל עֲבוֹדָתוֹ כְּשֵׁרָה, דְּהָא כה"ג הוּא, אֶלָּא דְּאָמְרוּ רַבָּנַן לָא לִישְׁתַּמֵּשׁ מִשּׁוּם אֵיבָה. אֲבָל בְּאַרְבָּעָה וַדַּאי פְּסוּלָה, דַּהֲוָה לֵיהּ חֲסַר בְּגָדִים: שֶׁחוֹזֵר שֵׁנִי לַעֲבוֹדָתוֹ. לִכְהוּנָּה גְּדוֹלָה: פְּשִׁיטָא. דְּהָא מִשּׁוּם אֵיבָה הוּא דְּאִיפְסִיל: מַהוּ דְּתֵימָא. מִשּׁוּם אֵיבָה נִפְסִיל אַף לְאַחַר מִיתַת רִאשׁוֹן, דְּאִי אָמְרַתְּ יְשַׁמֵּשׁ אַחֲרָיו – הַוְיָא לֵיהּ צָרָה מֵחַיִּים, כְּאִשָּׁה שֶׁהִיא צָרָה לַחֲבֵירְתָּהּ, דְּאָמַר: זֶה מְצַפֶּה מָתַי יָמוּת וִישַׁמֵּשׁ הוּא, קָא מַשְׁמַע לָן דְּלָא חָיְישִׁינַן: הָא קָא חָיֵישׁ לְשֶׁמָּא. יֶאֱרַע בּוֹ פְּסוּל: טוּמְאָה שְׁכִיחָא. עַל יְדֵי קֶרִי, אוֹ עַל יְדֵי הַתָּזַת צִנּוֹרָא מִפִּי עַם הָאָרֶץ: נֵימְרוּ אִינְהוּ לְנַפְשַׁיְיהוּ.

כֵּיוָן

תוספות

אלא לאו ביום הכפורים. °לפירוש ריב"א, דפירש הא דגבי כהן גדול כתב מצנפת, ובכהן הדיוט כתב מגבעות, לפי שכל כהן גדול היתה קצרה, *שהיה צריך להניח תפילין וציץ, אבל של כהן הדיוט היתה רחבה שלא היה מניח ציץ – אין להקשות, א"כ לימא דהא איכא בינייהו. די"ל: כיון דאידי ואידי ממין אחד, אע"ג דזו רחבה וזו קצרה – לא קא חשיב. ולעיל נמי, דפריך במה מחנכין אותו – לא בעי לשנויי במצנפת, דהא לא חשיב חינוך, כיון דשוין הן אלא שזו קצרה וזו רחבה:

ילבש לרבות השחקין. ואיצטריך קרא, דלא תימא כי היכי דמטושטשין או מקורעין פסולין, בפ' שני דזבחים (דף יח:), דכתב בהו (שמות כח) "לכבוד ולתפארת" – ה"נ שחקים ליפסלו, דאין עניות במקום עשירות וסלקא דעתך אמינא דבכל שנה יעשו בגדים חדשים, קא משמע לן. ובפרק ב' דזבחים (שם) תניא: משוחקין כשירים. וזה משמע כגירסת ר"י, דאיצטריך לאשמועינן דאפילו שחקים כשירים:

כהן גדול משום איבה. הקשה ר"י: מדקאמר טעמא משום איבה – מכלל דמן הדין ראוי להיות כהן גדול מדאורייתא, אלא גזרו ביה רבנן משום איבה. ותימה: אם כן מאי איצטריך לפרושי טעמא דכהן הדיוט משום מעלין בקדש וכו'? תיפוק ליה דמילפינן מקרא בפרק שני דזבחים (דף יח.) דכהן גדול שלבש בגדי כהן הדיוט ועבד – עבודתו פסולה משום מחוסר בגדים. וליכא למימר דהא דקאמר דלא חזי להיות כהן גדול משום איבה – היינו לאחר מיתת הראשון. דהא מודה רבי יוסי דאם מת ראשון שני חוזר לעבודתו! וי"ל: דכהן גדול מתמנה בפה ומסתלק בפה. ובירושלמי דריש ליה מקרא. ומסתברא שהדבר תלוי במלך ובאחיו הכהנים. כדאמר בפרק "הבא על יבמתו" (יבמות דף סא.): דינאי מלכא אוקמיה ליהושע בן גמלא בכהני רברבי. ואמר בתוספתא [פ"א] ובירושלמי: ביוסף בן אלם מציפורי שאירע פסול בכהן גדול ושימש תחתיו, ולאחר שיצא אמר: אדוני המלך, פר ושעיר שקרבין היום משל מי, משלי או משל כהן גדול? אמר לו המלך: לא דייך ששימשת שעה אחת לפני מי שאמר והיה העולם וכו'. עד וידע שהוסע מן הכהונה*):

*) [נ"ל גדולה]

הלכה

עין משפט נר מצוה

מד א מיי' פ"א מהלכות עבודת יוה"כ הלכה ג:

מה ב מיי' פ"א מהלכות כלי המקדש הלכה יב:

מו ג מיי' פ"ב שם הלכה א ב:

מז ד מיי' פ"ב מהלכות תמידין הלכה י [וע"ל פ"ח מהלכות כלי המקדש הלכה ד]:

* עיין בכ"מ ול"מ ותראה שהיה טועה שכתב הכסף זאת על הרב בעל עין משפט ולא מפי הגאון מהרי"ף ז"ל יעבץ כ"כ:

מח ה מיי' פ"ח מהלכות כלי המקדש הלכה ה:

רבינו חננאל

ואמ' הגיהא למ"ד אבנטו של כ"ג כו'. ונדחה ואמר אביי לובש שמנה ומתהפך בצינורא. פי' עצי נורא שנמצא כי נתרבה בבגדים ועבד עבודה ונקבע בכהונה גדולה. והיפך צינורא היא עבודה. וכדרב הוא דאמר זר שהיפך בצינורא חייב מיתה רב פפא אמר עבודתו לפני ולפנים היא קובעת לכהונה גדולה. כי אתא רבין אמר אבנטו של כ"ג ביוה"כ דברי הכל של בוץ. בשאר ימות השנה דברי הכל של כלאים לא נחלקו אלא באבנטו של כהן הדיוט לעולם רבי אמר כלאים ור' אלעזר בר' [שמעון] אומר של בוץ. אמר רב נחמן בר יצחק אף אנן נמי תנינא על בשרו מה ת"ל ילבש כו'. ר' דוסא אומר לרבות בגדי כהן גדול של יוה"כ שעבד בהן לפני ולפנים שכשירין לכהן הדיוט בכל השנה רבי אומר ב' תשובות בדבר כו' אבנטו של כהן גדול ביוה"כ לא זהו אבנטו של כהן הדיוט ועוד בגדים ששימש בהן קדושה חמורה ישמש בהן קדושה קלה. ומה ת"ל ילבש לרבות שחקים אלו בלוין פשוטין הם: ת"ר אירע בו פסול ומינו כהן אחר תחתיו. ר' יוסי אומר ראשון חוזר לעבודתו. שני אינו

*) וכן הביאו התוס' פי' זה בשם רבינו בסנהדרין די"ד ע"ב בד"ה ליטרא וז"ל שם ור"ח פי' ליטרא עצי נורא.

מסורת הש"ס

סנהדרין יז: שבועות טו.

לקמן כג:

[לקמן כד. ס. וש"נ]

הוריות יב: ע"ש מגילה ט: תוספתא פ"א

ולקמן כ: עג. הוריות יב: ברכות כח. שבת כח: מגילה ט: כה: מנחות לט.

הגהות הב"ח

(א) גמ' ביוסף בן אלם מציפורי שאירע: (ב) רש"י ד"ה ה"ג כי אתא כו' אין חילוק בין יוה"כ לשאר ימים: (ג) ד"ה אלא לאו ביוה"כ דשל כ"ג דבוץ ואתא לאשמועי' דשל הדיוט.

תוספות ישנים

אבנטו של כהן הדיוט בין ביום הכפורים בין בשאר ימות השנה. וא"ת כהן הדיוט למה לו אבנט ביום הכפורים יש לומר שצריך לו לשני גיזרי עצים או נמי להפך בצינורא וריב"א פירש שכהן הדיוט יכול לעבוד תרומת הדשן מלתחיל לקמן (דף לב.) ה' טבילות וי' קידושין ולא חשיב קידוש ידים ורגלים של תרומת הדשן אע"פ שהיה צריך כמו ששנינו בפ"ק (מ"ד) דתמיד ואמרינן נמי לקמן בפרק שני (דף כב.) ובדוכתי טובא ובפרק שני דזבחים (דף כ.) קידש ידיו ורגליו לתרומת הדשן כו' ותנן נמי לקמן בפרק שני (שם) דיני פייסות ואי לא שייך ביום הכפורים למה לי לעשות שם דיני פייס אלא שמע מינה שהיה שם פייס לתרומת הדשן מיהו קשיא לרבינו רבי אלחנן (א"כ) דתנן לקמן בפירקין (דף כ.) בכל יום היו תורמין כו' וביום הכפורים מחצות ומפרש שם טעם משום חולשא דכהן גדול מוקמינן ליה [illegible]

גליון הש"ס גמ' כה"ג משום איבה. כעין זה לקמן דף עג ע"ב: תוס' ד"ה אלא לאו. לפירוש ריב"א ע"ל דף כה ע"א תד"ה טעל מצנפת ותוי"ט דף עא ע"ב ד"ה ארז. עירובין נא ע"ב תד"ה מקום. סוכה דף ה ע"א תד"ה ואל יוכיח.

גמרא

א הֲלָכָה כְּר' יוֹסֵי. וּמוֹדֶה ר' יוֹסֵי שֶׁאִם עָבַר וְעָבַד – עֲבוֹדָתוֹ ב כְּשֵׁרָה. אָמַר רַב יְהוּדָה אָמַר רַב: הֲלָכָה כְּר' יוֹסֵי, וּמוֹדֶה ר' יוֹסֵי ג שֶׁאִם מֵת רִאשׁוֹן – שֶׁחוֹזֵר לַעֲבוֹדָתוֹ. פְּשִׁיטָא! מַהוּ דְתֵימָא: הָוְיָא לֵיהּ צָרָה מֵחַיִּים, קמ"ל. § "ר' יְהוּדָה אוֹמֵר אַף אִשָּׁה אַחֶרֶת מַתְקִינִין לוֹ". § וְרַבָּנַן נַמִי, הָא חָיְישִׁי לְשֶׁמָּא! אָמְרִי לָךְ רַבָּנַן: טוּמְאָה – שְׁכִיחָא, *מִיתָה – *לָא שְׁכִיחָא. § "אָמְרוּ לוֹ א"כ אֵין לַדָּבָר סוֹף". § שַׁפִּיר קָא אָמְרִי לֵיהּ לְרַבִּי יְהוּדָה! וְרַבִּי יְהוּדָה אָמַר לָךְ: לְמִיתָה דַּחֲדָא – חָיְישִׁינַן, לְמִיתָה דְתַרְתֵּי – לָא חָיְישִׁינַן. וְרַבָּנַן, אִי אִיכָּא לְמֵיחַשׁ – אֲפִילּוּ לְמִיתָה דִתְרֵין חָיְישִׁינַן. וְרַבָּנַן, נֵימְרוּ אִינְהוּ לְנַפְשַׁיְיהוּ! אָמְרִי לָךְ רַבָּנַן: כ"ג זָרִיז הוּא. – אִי זָרִיז הוּא לָמָּה מַתְקִינִין כֹּהֵן אַחֵר? כֵּיוָן דְּעָבְדִינַן לֵיהּ צָרָה – כָּל שֶׁכֵּן דְּמִזְדָּרֵז טְפֵי. וּמִי סַגִּי לֵיהּ בְּתַקַּנְתָּא? "בֵּיתוֹ" אָמַר רַחֲמָנָא, וְהָךְ לָאו בֵּיתוֹ הִיא! דְּמַקְדֵּשׁ לָהּ. וְהָא כַּמָּה דְּלָא כָּנֵיס לָהּ – לָאו בֵּיתוֹ הִיא! דְּכָנֵיס לָהּ. א"כ הָוֵה לֵיהּ שְׁנֵי בָּתִּים, וְרַחֲמָנָא אָמַר: °"וְכִפֶּר בַּעֲדוֹ וּבְעַד בֵּיתוֹ" ד וְלֹא בְּעַד שְׁנֵי בָתִּים! ה דַּהֲדַר מְגָרֵשׁ לָהּ. – אִי מְגָרֵשׁ לָהּ – הֲדְרָא קוּשְׁיַין לְדוּכְתָּא! לָא צְרִיכָא, דִּמְגָרֵשׁ לָהּ עַל תְּנַאי, דְּאָמַר לָהּ: "הֲרֵי זֶה גִּיטֵּיךְ עַל מְנָת [שֶׁתָּמוּתִי". – וְדִילְמָא לָא מָיְיתָא, וַהֲוָה לֵיהּ שְׁנֵי בָתִּים! אֶלָּא, דְּאָמַר לָהּ: "הֲרֵי זֶה גִּיטֵּיךְ עַל מְנָת] שֶׁלֹּא תָּמוּתִי", אִי לָא מָיְתָה – מִיגָּרְשָׁא לָהּ, וְאִי מָיְתָה – הָא קַיְימָא הָךְ. וְדִילְמָא הִיא לָא מָיְתָה, וַהֲוָה לֵיהּ גִּיטָּא דְּהַאי גִּיטָּא, וּמָיְיתָא חֲבֶרְתָּהּ, וְקָם לֵיהּ בְּלָא בַּיִת! אֶלָּא, דְּאָמַר לָהּ: "עַל מְנָת שֶׁתָּמוּת [אַחַת מִכֶּם]" מָיְתָה הָא – קַיְימָא הָךְ, מָיְתָה הָךְ – הָא קַיְימָא הָא. וְדִילְמָא לָא מָיְיתָא וְלָא חֲדָא מִינַּיְיהוּ, וַהֲוָה לֵיהּ שְׁנֵי בָתִּים! וְעוֹד: כִּי הַאי גַּוְונָא מִי הָוֵי גִּיטָּא? *וְהָאָמַר רָבָא: ו "הֲרֵי זֶה גִּיטֵּיךְ עַל מְנָת שֶׁלֹּא תִּשְׁתִּי יַיִן כָּל יְמֵי חַיַּי וְחַיַּיִכִי" – אֵין זֶה כְּרִיתוּת, כָּל יְמֵי חַיֵּי פְלוֹנִי – הֲרֵי זֶה כְּרִיתוּת! אֶלָּא, דְּאָמַר לָהּ: "הֲרֵי זֶה גִּיטֵּיךְ עַל מְנָת שֶׁלֹּא תָּמוּת חֲבֶרְתֵּיךְ" אִי לָא מָיְתָה חֲבֶרְתָּהּ – מִיגָּרְשָׁא, וְאִי מָיְתָה הָא – הָא קַיְימָא הָא. וְדִילְמָא מָיְיתָא חַבְרְתָּהּ בְּפַלְגָא דַּעֲבוֹדָה, וְאִיגַּלַּי מִלְּתָא לְמַפְרֵעַ

רש"י

כֵּיוָן דְּאָמְרִי אִי אִיכָּא לְמֵיחַשׁ חָיְישִׁינַן נַמִי לְמִיתָה דְּתַרְתֵּי, נֵימְרוּ נַמִי בְּטוּמְאָה אִי אִיכָּא לְמֵיחַשׁ – חָיְישִׁינַן נַמִי לְטוּמְאָה דִּתְרֵי, וְאֵין לַדָּבָר סוֹף: זָרִיז הוּא. וְנִשְׁמָר מִן הַטּוּמְאָה, אֲבָל מִיתָה אֵין מְסוּרָה בְּיָדֵינוּ: בְּתַקַּנְתָּא. בְּהַזְמָנָה: הֲדְרָא קוּשְׁיַין. דְּשֶׁמָּא תָּמוּת: עַל מְנָת שֶׁתָּמוּתִי. בְּיוה"כ. וְאִם מֵתָה בּוֹ בַּיּוֹם – נִמְצָא גֵּט לְמַפְרֵעַ, וְאֵין כָּאן אֶלָּא בַּיִת אֶחָד. וְאִם לֹא מֵתָה הִיא וּמֵתָה חֲבֵירְתָּהּ – נִשְׁאֲרָה לוֹ זֹאת, שֶׁאֵין הַגֵּט גֵּט. וְכָל סוּגְיָא זֹאת אֵין תֵּירוּצִין שֶׁבָּהּ יְכוֹלִין לַעֲמוֹד, כִּי יֵשׁ לָהֶן תְּשׁוּבוֹת רַבּוֹת. וְאֵינוֹ אֶלָּא כִּי מְלַמְּדִין אוֹתָנוּ:(א) וְאִם תֹּאמַר כֵּן – יֵשׁ לְהָשִׁיב כֵּן, וְאֵינוֹ מֵשִׁיב כָּל תְּשׁוּבוֹת שֶׁיֵּשׁ לְהָשִׁיב, כִּי בְּאַחַת הוּא מְסַלְּקוֹ לְתָרֵץ בְּעִנְיָן אַחֵר, עַד שֶׁהֶעֱמִידָהּ עַל מְכוֹנָהּ: וְדִילְמָא לָא מָיְיתָה. וְאֵין הַגֵּט גֵּט:(ב) ע"מ שֶׁלֹּא תָּמוּת. וְאִי לֹא מֵתָה כִּדְקָאָמַר – הֲוָה לֵיהּ גִּיטָּא לְמִיפְרַע: כְּהַאי גַּוְונָא. שֶׁהִתְנָה תָּלוּי בְּחַיֶּיהָ, מִי הָוֵה גֵּט? אֵין זֶה כְּרִיתוּת. שֶׁהֲרֵי כָּל יְמֵי חַיֶּיהָ קְשׁוּרָה בּוֹ, וַאֲנַן כְּרִיתוּת בָּעֵינַן: כָּל יְמֵי חַיֵּי פְלוֹנִי הֲרֵי זֶה כְּרִיתוּת. וְתִינָּשֵׂא לְאַחַר מִיתַת פְּלוֹנִי. וְגַם מֵהַיּוֹם הוּא גֵּט, שֶׁאִם קִלְקְלָה – אֵין כָּאן חִיּוּב אֵשֶׁת אִישׁ, שֶׁאֵינוֹ אֶלָּא כַּחֲשָׁשׁ שֶׁמָּא תִּשְׁתֶּה יַיִן בְּחַיֵּי פְלוֹנִי: שֶׁלֹּא תָּמוּת חֲבֶרְתֵּיךְ. וְאִי לֹא מֵתָה חֲבֵירְתָּהּ הֲוָה לָהּ גֵּט לְמַפְרֵעַ, וְאֵין כָּאן אֶלָּא בַּיִת אֶחָד: אִם

תוספות

הלכה כר' יוסי. תימה: הילכתא למשיחא?! דכי ה"ג פריך בזבחים פרק "כ"ש" (דף מה.) ובפרק "ד' מיתות" (סנהדרין דף נא:)! ויש לומר: דאיכא נפקא מינה אפילו בזמן הזה, לפרנס הממונה על הציבור ועבר מחמת אונס, שכשיעבור האונס – חוזר לשררתו, וגם נוהגין כבוד בשני. כי ההוא מעשה דר"ג ורא"ע.* וההיא דפ' קמא דתענית (דף ד:) דפסיק כר"ג דאמר: בז' במרחשון שואלין הגשמים, ומוקי לה בזמן שבית המקדש קיים – י"ל דנפקא מינה אפילו בזמן הזה לבני [בבל, דאית] להו פירי בדברא, כדאיתא התם. והא דאמר בפסחים פ' "אלו דברים" (ד' סו.) גבי פסח, כלל אמר ר"ע: כל מלאכה שאי אפשר לעשות מע"ש – דוחה את השבת. ופסיק בגמרא (דף סט:) הלכה כר"ע! יש לומר: דנפקא מינה לענין מילה. ואע"ג דגבי מילה נמי פסיק רב יהודה הכי בפרק "ר"א דמילה" (שבת דף קלג.) – מ"מ פסיק הכי בתרי דוכתי, לאלומי פיסקא דמילה. וקשה: (*דבס"פ "התכלת" (מנחות ד' נב.) פסיק *כר"ש, וכאבא יוסי בן דוסתאי גבי חביתי כ"ג!* וי"ל: דאין התלמוד תופס זה בקשיא הילכתא למשיחא, אלא רב יוסף מקשה אותו, בפרק "ד' מיתות" (סנהדרין שם) ובפרק "בית שמאי".* אבל התלמוד אינו חושש, כי היכי דמהדר ליה לרב יוסף בפרק "בית שמאי" אלא מעתה (*כו') שחיטת קדשים לא ניתני. ורבי' חיים כהן זצ"ל תירץ: דלא פריך הכי אלא היכא דאיכא תרתי, הילכתא למשיחא ועבירה. כגון ההיא דפרק "ב"ש" דאיירי בפיגול, ובפרק "ד' מיתות" גבי בת כהן שזינתה. וכיון דאיכא תרתי – מילתא דלא שכיחא היא, ולא הוי ליה למיפסק הילכתא במילתא דלא שכיחא כלל*: **דמגרש** לה על תנאי. המתרץ היה דעתו לתרץ כדמסקינן, דלהדא אמר לה "הרי זה גיטיך על מנת שלא תמות חברתיך" ולהדא אמר לה "הרי זה גיטיך על מנת שאכנס לבית הכנסת", אלא שבעל התלמוד לא מסיק למילתיה של המתרץ, והולך ומדקדק בפירוש דמילתיה, דאמר לה על מנת שתמותי כו', כלומר: היכי בעית למימר על תנאי? אי דאמר לה "על מנת שתמותי" – ודילמא לא מתה, והוו להו שני בתים. אלא דאמר לה "על מנת שלא תמות" וכו' – אהא נמי איכא למיפרך, וכו' עד מסקנא דמילתא – כולה מדברי בעל התלמוד שדקדק מעצמו פירושא דמילתא דשינויא דעל תנאי, ולא מיתוקמא ליה אלא כדמסיק דלחדא אמר "ע"מ שלא תמות חברתיך וכו'", ותדע שהוא כן, דכל הנך "אלא דאמר לה" הם מדברי המקשה, שהולך ומדקדק מכח קושיות עד שהוא יורד על האמת, דבכולם יש דל"ת "אלא דאמר", ובשינויא בתרא גרס, "אלא לחדא אמר לה הרי זה גיטיך ע"מ שאכנס לבית הכנסת". ולפי שהמקשה בעצמו מסיק כך, ואין דעתו להקשות על אותו תירוץ – גרסינן לחדא, ול"ג דלחדא בדל"ת:

על מנת שתמותי. הוה מצי למיפרך: א"כ אמאי מגרש לה? י"ל: איכא למימר על מנת שתמותי בפלגא דעבודה, הלכך מגרשה, דלא ליהוו עד ההיא שעתא שני בתים: **על** מנת שתמות אחת מכם. הוה מצי למיפרך: ודילמא מתה לה חדא מינייהו, והוה ליה גיטא וקם ליה בלא בית. אלא ניחא ליה טפי למיפרך: ודילמא לא מתה ולא חדא, דהא שכיח טפי: **כל** ימי חיי וחייבי כו'. תימה לר"י: דבפרק "המגרש" (גיטין דף פג:) אמרינן, אמר רבא ה"ז גיטיך ע"מ שלא תשתי יין כל ימי חיי – אין זה כריתות, כל ימי חיי פלוני – הרי זה כריתות, ופריך: מאי שנא חיי פלוני – דדילמא מיית, ומקיימה ליה לתנאיה. חיי דידיה נמי, דילמא מיית וכו'. עד אלא כל ימי חייכי – אין זה כריתות, כל ימי חיי וחיי פלוני – הרי זה כריתות, והשתא קשה, דסוגיא דהכא אינה לא כדאמר ס"ד מעיקרא התם, ולא כמסקנא! ועוד הקשה ר"י: מאי האי דאי לא תלה אלא בחיי חבירתה לחודא – הוי גט, ובשביל שתלה או בחייה או בחיי חבירתה – מיגרע גרע? וי"ל: דנקט הכא לישנא דמעיקרא, ודמסקנא דהתם. וה"פ: והאמר רבא כל ימי חיי – היינו לישנא דמעיקרא, וכ"ש כל ימי חייכי – אין זה כריתות. פירוש: בין שאמר כל ימי חיי, כדמעיקרא, בין שאמר חייכי כדמסקנא דהתם – אין זה כריתות. והכא כל ימי חייכי הוא. וא"כ פריך שפיר לכל לישני דהתם, דאע"ג דאילו לא אמר אלא ע"מ שתמות חברתיך הוי גיטא השתא דתלה התנאי נמי במיתתה איכא למימר דמיגרע גרע, דכל היכא דאיכא תנאי דאפשר דמקיים במיתתה, ויחולו קיום התנאי והגט בשעת מיתתה – אין זה כריתות. והכא נמי, אי מייתא איהי ברישא – הרי חל קיום התנאי והגט ביחד במיתתה, ולא דמי להיכא דאמר על מנת שתמות חברתיך. דכי מייתא חבירתה ברישא – חייל גיטה בחייה של זאת, ואי היא מייתא ברישא – לא חל גיטה: [ועי' תוס' גיטין פג: ד"ה כל כו' שהניחו סוגיא זו בקושיא]:

אלא דאמר לה הרי זה גיטיך על מנת שתמות חברתיך. נראה לפרש דאמר לה נמי הא, וקאי אמאי דסליק מיניה דשני, דאמר "ע"מ שלא תמות חברתיך", ופריך: ודילמא מייתא בפלגא דעבודה כו'? ומשני: דאמר לה תרווייהו לישני "הרי זה גיטיך על מנת שלא תמות חברתיך" ואמר לה נמי "על מנת שתמות חברתיך בפלגא דעבודה". דאי לא אמר לה אלא על מנת שתמות חברתיך" – הוה ליה למיפרך: ודילמא לא מייתא חבירתה, והוו ליה שני בתים, והא שכיחא טפי דלא מתה, כדפי' לעיל [ד"ה "ע"מ שתמות"], אלא על כרחך איירי דאמר לה תרווייהו לישני: אלא

ראוי לכ"ג משום איבה וגם אינו חוזר לכהן הדיוט שמעלין בקדש ולא מורידין. א"ר יוחנן הלכה כר' יוסי. ומודה ר' יוסי שאם עבר ועבד עבודתו כשרה. אמר רב הלכתא כר' יוסי ומודה ר' יוסי שאם מת ראשון שני חוזר לעבודתו: ר' יהודה אמר אף אשה אחרת מתקינין לו כו'. והא רבנן נמי חיישי לשמא ומתקינין לו כהן אחר תחתיו. ודחי טומאה שכיחא מיתת אשתו לא שכיחא פתאום בלא חולי מילתא דלא שכיחא היא ומי סגי לה בתקנתא גרידא [כיון] דלא קנאה מה הועיל ושקלו וטרו בהא ואוקמה דמקדש לה וכנים לה ומגרש להו לתרווייהו על תנאי ללאה אמר

עין משפט נר מצוה

מט א ב ג מיי' פ"ה מהלכות עבודת יוה"כ הלכה ג:
נ ד ה מיי' פ"ה מהל' כלי המקדש הלכה י:
נא ו מיי' פ"י מהלכות גירושין הלכה י:

מסורת הש"ס

[עי' תוס' יבמות כו: ד"ה למיתה וכו' ותוס' לעיל ב. ד"ה וחכמים אומרים]
[עירובין עו: סוכה כד: גיטין (כח) פג: ע"ש]
[וברכות כח.]
[סוכה כג.]
[נ"ל דכפ' התכלת (מה:)]
כר"ש בן ננס
[דכס"פ התכלת (שם דף נב:)]
[ולפנינו הגירס' בפרק כ"ש רבה במקום רב יוסף]
[נ"ל כו']
[וע"ע תוס' סנהדרין נא: ד"ה הלכתא ותוס' זבחים מה. ד"ה הלכתא ותוס' מנחות מה: ד"ה הלכה ותוס' שבת קלג. ד"ה ונימא]

הגהות הב"ח

(א) רש"י ד"ה על מנת שתמותי וכו' מלמדין אותנו שאם תאמר כן: (ב) ד"ה ע"מ שלא תמות דבור זה נ"ל קודם ד"ה ע"מ שתמותי:

גליון הש"ס

גמ' הלכה כר"י. עיין תשובת פנים מאירות ח"ב סי' נח: שם הו"ל ב' ב' בתים. עי' משנה למלך פ"ג הי"א מהל' עבודים:

תוספות ישנים

הלכה כר' יוסי. אין להקשות כאן הלכתא למשיחא כי היכי דפריך בזבחים פרק כ"ש (דף מה.) גבי פיגול וכסנהדרין (דף נח:) גבי שריפת בת כהן דהא הכא איצטריך בזמן הזה כגון אם העבירו זקן שנוהגין בו כבוד כי ההוא מעשה דר"ג ור"א בן עזריה בברכות (דף כח.) וכן בקידושין (דף עב:) גבי ממזרים ונתינים כשרים לעתיד לבוא דפסק שמואל כר' יוסי ונפקא מינה למשפחה שנטמעה נטמעה כי אין לחוש כל כך פן יחזרו ויתגלו וכן בס"פ אלו דברים (פסחים דף סו.) דקאמר ר' עקיבא גבי הזאה שבות כל מלאכה שאפשר לעשותה מערב שבת כו' דמשמע נמי דאפילו מכשירין דאיכא כרת לא דחו שבות אבל יש לגמגם על ההיא דמנחות בפרק התכלת (דף נב:) דקאמר התם א"ר יוחנן הלכה כאבא יוסי בן דוסאי דאמר מפריש לה שני קמצים והאמר רבי יוחנן הלכה כסתם משנה דתנן חמשה קמצים הן כו' דמאי שייכא בזה בזמן הזה וקמצא לא בא [אלא] לומר נראין דברי אבא יוסי בן דוסאי והתלמוד הקשה שר' יוחנן רגיל לומר דבריו הלכה כסתם משנה אי נמי רב יוסף הוא דמקשי הכי ולא שאר אמוראים ורבינו אר"ה שמע בשם רבינו חיים אבי אמי נ"ע דלא שייך למיפרך הלכתא למשיחא אלא היכא שיש עבירה בדבר כגון פסול דזבחים ושריפת בת כהן ובסנהדרין שהרי זה הדבר אין רגיל להיות שאינו צריך עד ימות המשיח וגם אז לא יהיה הדבר שיהיו טובים אבל קשה לי קצת שמצינו בכמה מקומות שמתמה כך כדאמרינן לעיל כילד מלבישן לעתיד לבא כמשה רבינו ובניו ומשה רבינו עמהם והייתו כמו הלכתא למשיחא שאינו צריך עכשיו כלל לכך וכן פרק בתרא דכהנים לעתיד לבא נריכין הזאת שלישי ושביעי כו' מיהו התם אינו יודע לתרץ כלום: **מיתה** לא דהכא לא חיישי רבנן למיתה ואילו ביבמות בפ' ד' אחין (דף כו.) קאמר ודילמא אדמייבם חד מיית אידך וקמבטל מצות יבמין וי"ל דמילתא דזמן מרובה חיישינן למיתה דיומא לא חיישינן וא"ת הא דאמרינן בפרק כל הגט (גיטין כח.) דפריך מהך הרי זה גיטך שעה אחת קודם מיתתו אסורה לאכול בתרומה מיד על ההיא דהלך למדינת הים הרי זה אוכלת בתרומה בחזקת שהוא קיים ומשני אביי הא ר"מ דלא חייש למיתה והא ר' יהודה דחייש למיתה רבא אמר לשמא מת לא חיישינן שמא ימות תנאי היא אבל אביי דלא מפליג בין שמא מת לשמא ימות משמע דלא חייש לשמא ימות אפילו לזמן מרובה יש לומר דמכל מקום לא חייש לזמן מרובה אבל לשמא ימות לזמן מרובה מיהא חייש אי נמי אביי לית ליה טעם דאין זיקה זיקה כדהוה ס"ד מעיקרא בד' אחין ולית ליה כלל דבטול מצות יבמין: **למיתה** דתרתי נ הא אמרינן בפרק ד' אחין אי הכי חמשה נמי ומשני למיתה דחד חיישינן למיתה דתרתי לא אחד כמו כן שיש לחוש למיתה דחדא יש לחוש למיתה דתרתי דהא והא לא שכיחא אבל לזמן מ מיתה דחדא ממיתה דתרתי אי נמי טעמא כדאמרינן בסוכה בפרק הישן (דף כד.) דמעלה עשו יותר ובסוכה בפרק הישן (דף כג:) פריך על ההיא דאביי אדאביי ומשני איפוך הא ר"מ הא רבי וטעם דר' יהודה דהכא משום מעלה אבל למסקנא דהתם לא נריכנא תו לטעם דאיפוך ולט בכפרה א) (מודו) למאי דבעי למימר בפרק הישן דטעם דרבי יהודה משום דמעלה אע"ג ד איכא שלש מחלוקות בדבר דרבי יהודה חייש דוקא בכפרה ור"מ אפילו בעלמא חייש ורבנן ד לא חיישי: **דעבדינן** ליה נרה כ"ש דמזרז טפי. וא"ת מאי האי דקאמר לעיל ניחוש לשמ לטומאה משום דשכיחא מאי קושיא הא הכא קאמר דמתקינין לו כהן משום דלזדרז טפי ו
א) נ"ל מיהו.

נב א מיי' פ"א מהלכות יבום הלכה ט:
נג ב שם הלכה ח:
נד ג מיי' פ"ב מהלכות ביאת מקדש הלכה ו:
נה ד שם הלכה ח:
נו ה שם הלכה ו:

לְמַפְרֵעַ דְּגִיטָּא דְּהָא לָאו גִּיטָּא הוּא, וְעָבֵיד לֵיהּ עֲבוֹדָה בִּשְׁנֵי בָתִּים! אֶלָּא, דְּאָמַר לָהּ: "הֲרֵי זֶה גִּיטֵּיךְ עַל מְנָת שֶׁתָּמוּת חֲבֶרְתֵּיךְ", – וְדִילְמָא מָיְיתָא חֲבֶרְתָּהּ, וַהֲוָה לֵיהּ גִּיטָּא דְּהָא גִּיטָּא, וְקָם לֵיהּ בְּלֹא בַיִת? אֶלָּא, דִּמְגָרֵשׁ לְהוּ לְתַרְוַיְיהוּ, לַחֲדָא אֲמַר לָהּ: "הֲרֵי זֶה גִּיטֵּיךְ עַל מְנָת שֶׁלֹּא תָמוּת חֲבֶרְתֵּיךְ" וְלַחֲדָא אָמַר לָהּ: "הֲרֵי זֶה גִּיטֵּיךְ עַל מְנָת שֶׁלֹּא תִכָּנְסִי לְבֵית הַכְּנֶסֶת". – וְדִילְמָא לָא מָיְיתָא חֲבֶרְתָּהּ וְלָא עָיְילָא הִיא לְבֵית הַכְּנֶסֶת, וַהֲוָה לֵיהּ גִּיטָּא דְּתַרְוַיְיהוּ גִּיטָּא, וְקָם לֵיהּ בְּלֹא בַיִת! אֶלָּא, לַחֲדָא אָמַר לָהּ: "הֲרֵי זֶה גִּיטֵּיךְ עַל מְנָת שֶׁלֹּא תָמוּת חֲבֶרְתֵּיךְ" וְלַחֲדָא אָמַר לָהּ: "ה"ז גִּיטֵּיךְ עַל מְנָת שֶׁאֶכָּנֵס אֲנִי לְבֵית הַכְּנֶסֶת". דְּאִי מָיְיתָא הָא – קָיְימָא הָא. וְאִי מָיְיתָא הָא – קָיְימָא הָא. מַאי אִיכָּא לְמֵימַר – דִּילְמָא מָיְיתָא חֲבֶרְתָּהּ בְּפַלְגָּא דַּעֲבוֹדָה, וְעָבֵד לֵיהּ עֲבוֹדָה לְמַפְרֵעַ בִּשְׁנֵי בָתִּים. אִי חָזֵי לָהּ דְּקָא בָּעְיָא לְמֵימַת – קָדֵים אִיהוּ וְעָיֵיל לְבֵית הַכְּנֶסֶת, וּמְשַׁוֵּי לְגִיטָּא דְּהָא גִּיטָּא לְמַפְרֵעַ. מַתְקִיף לָהּ רַב אַסִּי וְאִיתֵּימָא רַב עֲוִירָא: אֶלָּא מֵעַתָּה שְׁתֵּי יְבָמוֹת הַבָּאוֹת מִבַּיִת אֶחָד לֹא יִתְיַיבְּמוּ! °"יְבִמְתּוֹ", "יְבִמְתּוֹ" – [א]רִיבָּה. מַתְקִיף לָהּ רָבִינָא, וְאִיתֵּימָא רַב שֵׁרֵבְיָה: אֶלָּא מֵעַתָּה אֲרוּסָה לֹא תִתְיַיבֵּם! *"הַחוּצָה" – [ב]לְרַבּוֹת אֶת הָאֲרוּסָה. *)תָּנוּ רַבָּנַן: [ג]כֹּהֵן גָּדוֹל מַקְרִיב אוֹנֵן, [ד]וְאֵינוֹ אוֹכֵל. **)רַבִּי יְהוּדָה אוֹמֵר: כָּל הַיּוֹם. מַאי "כָּל הַיּוֹם"? אָמַר רָבָא: לֹא נִצְרְכָה אֶלָּא לַהֲבִיאוֹ מִתּוֹךְ בֵּיתוֹ. אֲמַר לֵיהּ אַבַּיֵי: הַשְׁתָּא לְרַבִּי יְהוּדָה אַפּוֹקֵי מַפְּקִינַן לֵיהּ, דְּתַנְיָא: הָיָה עוֹמֵד וּמַקְרִיב עַל גַּבֵּי הַמִּזְבֵּחַ, וְשָׁמַע שֶׁמֵּת לוֹ מֵת – מַנִּיחַ עֲבוֹדָתוֹ וְיוֹצֵא, דִּבְרֵי ר' יְהוּדָה. ר' יוֹסֵי אוֹמֵר: [ה]יִגְמוֹר. וְאַתְּ אָמְרַתְּ מַיְיתִינַן לֵיהּ מִתּוֹךְ בֵּיתוֹ?! אֶלָּא אָמַר רָבָא: מַאי "כָּל הַיּוֹם" לוֹמַר

*) הוריות יב: זבחים לט. תוספתא זבחים פי"א [מו"ק יד: ב"ק קי.] **) [פלוגתא דר"י לא נזכר במשנה]

רש"י

אִם מֵתָה חֲבֵירְתָהּ. קַיְימָא הַךְ, דְּאֵין גִּיטָּהּ גֵּט: שֶׁלֹּא תִכָּנְסִי כו'. בְּיוֹם הַכִּפּוּרִים: אֶלָּא מֵעַתָּה. כֵּיוָן דְּאָמְרַן לְעֵיל בֵּיתוֹ, אֵין כָּאן שְׁתַּיִם בְּמַשְׁמַע: שְׁתֵּי יְבָמוֹת הַבָּאוֹת מֵאָדָם אֶחָד. שֶׁהָיָה לוֹ שְׁתֵּי נָשִׁים לֹא תִתְיַיבֵּם אֲפִילּוּ אַחַת מֵהֶן, דְּהָא בַּיִת אֶחָד כְּתִיב: אֲרוּסָה לֹא תִתְיַיבֵּם. דְּהָא בַּיִת כְּתִיב, וְאַתְּ אָמְרַתְּ לְעֵיל כָּל כַּמָּה דְּלָא כָּנֵיס לָהּ – לָאו בֵּיתוֹ הִיא: מַקְרִיב אוֹנֵן. דְּרַחֲמָנָא שַׁרְיֵיהּ, דִּכְתִיב (ויקרא כא) "לְאָבִיו וּלְאִמּוֹ לֹא יִטַּמָּא וּמִן הַמִּקְדָּשׁ לֹא יֵצֵא וְלֹא יְחַלֵּל" וגו' וְדָרְשִׁינַן לָהּ בִּשְׁחִיטַת קָדָשִׁים (זבחים טז.) בְּמֵת אָבִיו וְאִמּוֹ, (א) וְאֵינוֹ צָרִיךְ לָצֵאת מִקְּדוּשָּׁתוֹ כְּלָל, לִהְיוֹת עוֹמֵד וּמַקְרִיב – כִּי לֹא חִילֵּל עֲבוֹדָתוֹ בְּכָךְ. וּמִינַּהּ יָלְפִינַן, הָא כֹּהֵן הֶדְיוֹט שֶׁלֹּא יָצָא – חִילֵּל: וְאֵינוֹ אוֹכֵל. שֶׁלֹּא הוּתְּרָה כָּאן אֶלָּא עֲבוֹדָה, וְקָדָשִׁים אֲסוּרִין לְאוֹנֵן *קַל וָחוֹמֶר מִמַּעֲשֵׂר הַקַּל, שֶׁאָמְרָה תּוֹרָה (דברים כו) "לֹא אָכַלְתִּי בְאֹנִי מִמֶּנּוּ": לַהֲבִיאוֹ מִתּוֹךְ בֵּיתוֹ. מִצְוָה הוּא שֶׁיְּבִיאוּהוּ לַמִּקְדָּשׁ לַעֲבוֹד כָּל הַיּוֹם, כְּדֵי לְפַכֵּחַ צַעֲרוֹ. וְה"ק ר' יְהוּדָה: כָּל הַיּוֹם יְהֵא עָסוּק בְּהַקְרָבָה: הַשְׁתָּא לְרַבִּי יְהוּדָה אַפּוֹקֵי מַפְּקִינַן לֵיהּ. לְהֶדְיוֹט אוֹנֵן, אֲפִילּוּ הִתְחִיל בַּעֲבוֹדָה, אַלְמָא ר' יְהוּדָה בְּהַקְרָבַת אֲנִינוּת לְחוּמְרָא וְרַבָּנַן לְקוּלָּא, וְגַבֵּי כֹּהֵן גָּדוֹל הֶחֱלִיפוּ שִׁיטָתָן? הָיָה עוֹמֵד וּמַקְרִיב. בְּכֹהֵן הֶדְיוֹט קָאֵי:

תוספות

אלא לחדא אמר לה על מנת שאכנם לבית הכנסת. דאע"ג דכבר הקשה לו: דילמא לא עיילא לבי כנישתא – ה"מ גבי דידה, שהנשים עצלניות הן. אבל כהנים זריזין הן, וכ"ש כהן גדול דזריז טפי, ולא ישכח. ועוד: גבי דידה חיישינן טפי, לפי שאינה תדירה בכאן לראות אם לא תמות חבירתה, שתיכנס היא לבית הכנסת, דאטו בכפה תלו לה: לחדא אמר לה על מנת שאכנם כו'. פי': ולשניה אמר על מנת שלא תמות חברתיך, דתו ליכא למיחש למידי. דאי מתה השניה בפלגא דעבודה – עייל לבית הכנסת, והוה ליה גיטא למפרע וליכא שני בתים. ואי לא מייתא לא הא ולא הא – הויא ליה דקמייתא גט, ולא ליעול לבית הכנסת, ואי מייתא קמייתא בפלגא דעבודה, כיון דשניה לא מייתא, דלמיתה דתרתי לא חייש – הויא לה מגורשת למפרע, ולא ליעול לבית הכנסת. אבל אי לא מגרש אלא לאה, ואמר לה על מנת שאכנס לבית הכנסת, ולא אמר לרחל מידי – דילמא מייתא רחל בפלגא דעבודה, והיכי ליעביד? אי עייל לבית הכנסת קם ליה מכאן ולהבא בלא בית, ואי לא עייל לבית הכנסת – הרי עבד מקצת עבודה בשני בתים, הלכך לא אפשר בע"א. וגם הלשון משמע כן מדקאמר "לחדא אמר לה" – מכלל דאף לשניה אמר והתנה עמה. בירושלמי משמע: אשה אחרת מתקינין לו – מזמנין אותה, שאם תמות אשתו ביום הכפורים – שיקדש זאת ביוה"כ. ופליג אגמרא דידן, דפריך התם: ויקדש מאתמול, דמשמע ליה מתקינין בהזמנה בעלמא, ומשני: "וכפר בעדו ובעד ביתו" (ויקרא טז) – "ולא בעד שני בתים" ופריך: ולא נמלא כקונה קנין בשבת? ומשני: משום שבות התירו במקדש, א"ר חנינא, הדא אמרת: הלין דכנסין ארמלן – לריך לכונסן מבעוד יום, שלא יהא כקונה קנין בשבת. נ"ל לפרש, בתולה שיש לה חופה מבעוד יום – משעה שנכנסה לחופה קנאה לכל דבר, להכי מותר לבא עליה בשבת. אבל אלמנה שאין לה חופה, ואינה נקנית לבעלה ליורשה וליטמא לה ולהפר נדריה אלא ע"י ביאה – לריך לבא עליה מבעוד יום, שלא יהא כקונה קנין בשבת. ואפילו את"ל שיש לאלמנה חופה קודם ביאה – נ"ל דיחוד שמתייחדת עמו היינו חופתה, וזה יש לעשות קודם השבת. אבל בתולה, משילתה בהינומא – הויא חופה שלה, וזה היו רגילין לעשות ביום, אבל לא היו מייחדין אלא בלילה סמוך לביאה. והשתא קאמר בירושלמי: הלין דכנסין ארמלן לריך לייחדן מבעוד יום, דיחוד שלה היינו חופה. וכן נראה לי יותר לומר דאלמנה נמי אית לה חופה קודם ביאה. ויש ליזהר במאי דפריש' שהכונס אלמנה לריך לייחדן מערב שבת אחר ברכת הנשואין: ולחדא אמר לה הרי זה גיטיך על מנת שלא תכנסי לביהכ"נ. דהשתא אי מייתא בפלגא דעבודה, כיון דלא עיילא לביהכ"נ – הוה מגורשת למפרע, וליכא שני בתים: ודילמא לא מייתא חברתה ולא עיילא לבית הכנסת. נ"ל דל"ג דלא עיילא היא, דהא מדלא קאמר "על מנת שלא תיכנס חברתיך לבית הכנסת" – אלמא דמיירי דאמר ללאה ע"מ שלא תמות רחל, ולרחל אמר על מנת שלא תיכנס היא עצמה לבית הכנסת. וא"כ הכי פריך: ודילמא לא מתה רחל, ולא עיילא רחל לבית הכנסת. ואי הוה גרס "היא", משמע: ודילמא לא מתה רחל שהיא חבירתה של לאה, ולא עיילא היא לאה. הא דנקט גבי דידה על מנת שלא תכנסי לבית הכנסת, ובסמוך גבי דידיה על מנת שאכנס? י"ל: דלא הוה מצי למימר גבי דידה על מנת שתכנס בשעה שהיא בריאה, דאינה רשאה ליכנס לבית הכנסת דילמא מייתא חברתה, וקם ליה בלא בית. וכשתהיה חולה ונטויה למות – אינה יכולה ליכנס. אע"פ שהיה יכול להתנות תנאי אחר שיוליכוה לבית הכנסת – מ"מ השתא מיהת לפי תנאו לא הוה מצי למימר איפכא. וגבי דידיה ניחא, דמצי למימר "על מנת שאכנס" ניחא ליה טפי למימר מלומר "שלא אכנס" משום דפריך: וקם ליה בלא בית, והאי ניחא ליה טפי לשנויי "על מנת שאכנס", דליכא למיחש כולי האי דילמא עביד מעשה ועייל וקם ליה בלא בית, וקל להבין: היה עומד ומקריב ושמע שמת לו מת וכו'. רש"י פירש: בכהן הדיוט איירי. ודחק עלמו לפרש לפי זה. ול"נ: דבכהן גדול איירי. אף על גב דכ"ג מקריב אונן – ה"מ מדאורייתא, אבל מדרבנן – ס"ל לרבי יהודה: מניח עבודה ויולא. ואל תתמה, דהא מסקינן: גזירה שמא יאכל. אלמא, אע"ג דכ"ג מקריב מדאורייתא כל היום – (*מודו) ביה רבנן. א"כ ברייתא נמי איכא למימר מעיקרא דבכ"ג איירי, ומדרבנן. ועוד: לכאורה משמע, היה עומד ומקריב אע"ג דאכתי לא התחיל בעבודה, אלא עבודה בידו. והיכי קאמר ר' יוסי יגמור? והלא כהן הדיוט, אונן מחלל עבודה, וכן משמע בתוספתא דזבחים (פי"א), דתנא: אבל כהן הדיוט שהיה מקריב ומת לו מת – מניח עבודה ויולא, וליכא מאן דפליג, והא דפליגי בשמעתא רבי יהודה ורבי יוסי – איכא למימר בכ"ג פליגי: **)שאינו עובד עבודה כל היום. וה"פ: כל היום שוין אכילה להקרבה, כמו שאינו אוכל – כך אינו מקריב. הא בלילה – מקריב ואינו אוכל, ולא גזרינן דילמא אתא למיכל, דאנינות לילה דאבילות דרבנן, והיא גופה גזירה ואנן ניקום וניגזור גזירה לגזירה? ולא הוה מצי לשנויי דכל היום דאינו אוכל קאי, הא בלילה אוכל, דהא ס"ל לר' יהודה בפ' "טבול יום" (זבחים דף לט:) דאנינות לילה דיום מיתה דאורייתא, ודיום קבורה דרבנן. והא דמסיק כל היום, אבל לילה לא – היינו דיום קבורה, דאי דיום מיתה – הא שמעינן ליה לרבי יהודה בפ' "טבול יום" דאנינות לילה דיום מיתה דאורייתא, וא"כ ניגזור דילמא אתי למיכל מיניה: למזה

*) נ"ל גזרו **) שייך לדף יד.

רבינו חננאל

לה הרי זה גיטיך ע"מ שלא תמות רחל חברתיך ואם מתה רחל לא ליהוי גט ואת אשתי. ולרחל אמר לה הרי זה גיטיך ע"מ שאכנס בכנסת. אם אכנס לכנסת הרי את גרושה ממני ואם לא אכנס לא יהא הגט גט אם מתה רחל בטל הגט ונשארה לאה אשתו. ואם מתה לאה נשארה רחל באישות אצלו שהרי לא נכנס בכנסת. מאי איכא למימר דילמא מתה רחל בפלגא דעבודה ונמצא שהיתה בחצי העבודה רחל אשתו וכיון שמתה עכשיו בטל הגט ונמצאת לאה אשתו ונמצאת העבודה בשני בתים בהתחלה בעבודה כשרואה אם היא רחל גוססת מקדים ועייל לכנסת ונתקיים הגט ונמצאת לאה לבדה אשתו. ירושלמי ולא נמצא קונה אשה ביוה"כ משום שבות התירו במקדש. מתקיף לה רבינא אם משום דכתיב ביתו [אינו] רשאי להיות לו ב' נשים יבמה דכתיב בה אשר לא יבנה את בית אחיו אם יש לו ב' נשים לא תתיבם אפילו אחת מהן. ודחי יבמתו יבמתו ריבה כלומ' היה לו לכתוב *) ועלתה יבמתו ועלתה יבמה השערה. יבמתו דכתב למה לי. אלא אפי' יש שם שתים ועלתה אחת מהן היא יבמתו והדין יבמה. ואקשינן תוב כיון דאמר כנים לה והדר מגריש לה על תנאי כלומר אינה נקראת בית עד דכנים לה ארוסה לא תתיבם דהא אינה בית. ודחי לא תהיה אשת המת החוצה כתיב החוצה לרבות הארוסה: ת"ר כ"ג מקריב אונן ואינו אוכל. ר' יהודה אומר כל היום ובא רבה לומר כל היום כולו אפילו אם הוא בביתו מביאין אותו ומקריב כל היום איני והא תניא היה עומד ומקריב ע"ג המזבח ושמע שמת לו מת מניח עבודתו ויוצא דברי ר' יהודה ר' יוסי אומר יגמור השתא לר' יהודה אפוקי מפקינן ליה ואת אמרת מייתינן ליה מתוך ביתו כדי להקריב אלא מאי כל היום פי' ר' יהודה בתימה אומר כל היום מקריב

*) נראה דל"ל היה לו לכתוב ועלתה השערה ועלתה יבמתו השערה דכתב למה לי וכו'.

[שבת כה.]

דברים כה

[עי' פרש"י דיבמות יג: דחולה משמע חולנה שלא נתקרבה עדיין לביאה]

הגהות הב"ח

(א) רש"י ד"ה מקריב אונן כו' במת אביו ואמו שאינו צריך לצאת מקדושתו כלל ויכול להיות עומד:

גליון הש"ס

תום' ד"ה אלא לחדא. דאע"ג דכבר הקשה לו לא זכיתי להבין הא אין אפשרות לה לילך לבהכ"נ דאזי דבטל גיטא והוי כלא גירשה כלל דהדרא החשש שמא תמות ועשה העבודות עד שעת מיתתה בב' בתים. ואם נאמר דס"ל לתוס' דליכנא דאמרינן ולא עיילא משמע דקאי על דלמא ומדלא פריכין בפשוטו דהא א"א לה למיעל לבהכ"נ ע"כ דהתנאי היה דלא תכנס לבהכ"נ היום ומחר ואי לא מייתא גיטא דחברת' גיטא והיא הולכת אחר עבודת היום לבהכ"נ ובטל גיטה. אבל יקשה תירוצם לפי שאינה תדיר וכו' מה לה בידיעה מחברתה כל שהיא לא מתה ממילא חברתה מגורשת וצריכה היא לילך לבהכ"נ ומה לנו אם חברתה בחיים אם לא הא כיון דחברתה מגורשת צריכה היא לילך לבהכ"נ לבטל גיטה וה' יאיר עיני:

תוספות ישנים

מתוקן אבל גבי מיתה אי אפשר לתקן אותה חששא דאין לדבר סוף י"ל דאף דגבי מיתה אי אפשר לתקן אותו נמי יש קצת לדבר סוף בשלש או ארבע מיתה ולהכי פריך כיון דחיישינן לטומאה שטכל לתקן מיתה נמי תוכל לתקן ע"י שלש נשים או ארבע יהיה לדבר סוף ומשני טומאה שכיחא וכו': ולא בעד שני בתים. ומה שכתוב (דה"ב כד) וישא לו יהוידע נשים שתים ויולד בנים ובנות שמא ביוה"כ היה מגרש אחת מהן ול"ע: אלא דאמר לה הא גיטיך על מנת שתמותי. ה"ה דהוי מצי למפרך וכי האי גוונא מי הוי גיטא והאמר רבא הרי זה גיטיך ע"מ שלא תשתי יין כו' כדלקמן ועוד דאי מתה אין צריך כלל שתהא מגורשת ואי משום תחילת עבודה דבעינן באשה אחת מ"מ למה יש לו להתנות כלל על מנת שתמות כ"ש שאם לא תמות שצריך לגרשה יותר כיון שלא תמות חבירתה: ע"מ שלא תמות. והוה מצי למיפרך נמי ניחוש דילמא מתה והוה ליה שני בתים מאותה שעה: על מנת שתמות אחת מכם. הא לאו שיטיא הוא דאי מתה קמייתא נמצא שמתה זאת [וזאת] מגורשת והוה ליה בלא בית: כל ימי חיי וחייכי. אומר ריב"א דלא גרס כל ימי חיי דבפרק בתרא דגיטין (דף פג:) פריך מאי שנא מכל ימי חיי וימי חיי פלוני הרי זה כריתות ומיהו י"ל הכא לפי טעות שהיה סובר שם מתחלה נקבע כאן: דילמא מתה חבירתה בפלגא דעבודה. להכי לא נקט דילמא מתה בסוף היום והויא לה כולה עבודה בשני בתים משום דאפילו התנה על מנת שלא תמות לאלתר אחר עשיה מ"מ יש לחוש דילמא מתה בפלגא דעבודה:ע"כ שייך לע"א

דאמר לה ע"מ שתמות חברתיך. והוה מצי לאקשויי ודילמא לא מתה חבירתה והויא לה עבודה בשני בתים אלא יש קושיות הרבה בשמועה ואינו חושש עד לבסוף שמעמידו על האמת כדפירש הקונטרס גופיה: דילמא לא מתה חבירתה ולא עיילא איהי לבהכ"נ. וא"ת מ"מ אם לא מתה חבירתה יוליכוה בעל כרחה לבהכ"נ ותתגרש י"ל דס"ל לתלמודא כיון שבדעת אחרים הדבר תלוי שמא לא תלך: מאי איכא למימר שמא מתה חבירתה בפלגא דעבודה אי חזי כו'. ודוקא לתרווייהו אבל אם לא אמר אלא לחדא הרי זה גיטיך על מנת שאכנס אני לבהכ"נ איכא למיחש שמא תמות חבירתה בפלגא דעבודה ואי לא אזיל לבהכ"נ עבד פלגא דעבודה בשני [בתים] ואי עייל נמצא דה"ל בלא בית ומיהו הכי נמי הוה מצי לשנויי כלישנא דנקט מעיקרא ע"מ שלא אכנס לבהכ"נ ולאידך אמר לה ע"מ שלא תמות חבירתה ואי מתה חבירתה בפלגא דעבודה לא הוי גיטא ואותה שמתה מגורשת כיון שלא הלך לבהכ"נ ואי לא מתה חבירתה ומיגרשא אידך אזיל לבהכ"נ לבטל גט אחרת והוה ליה בית אחד: כי חזי דבעי למימת קדים ועייל וכו'. ואם תאמר לאחר מיתה נמי אם ילך לבהכ"נ מגורשת למפרע דאמרינן בפרק מי שאחזו (דף עו:) הרי זה גיטיך מעכשיו אם לא באתי מיכן ועד שנים עשר חדש ומת בתוך שנים עשר חדש הרי זה גט לא דמיא דהתם קיימתה לתנאה שחייתה עד שעברו שנים עשר חדש אבל הכא מתה קודם שנתקיים התנאי: הבאות מבית אחד לא יתייבמו. וא"ת תיקשי ליה הא על הא דאמרינן ביבמות (דף מד.) בית אחד הוא בונה ואינו בונה שני בתים ואם כן נימא דלא תתייבם אחת מהן י"ל דהכא הכי פריך כיון דאמרת ביתו חדא משמע אם כן לא יוכל לייבם אשת אחיו אם יש לו שתי נשים ובשלמא אי הוה אמרינן הכא דאינו מכפר אלא על אחת מהן ה"נ הוה לן למימר אם יש לו ב' יבמות לא תתייבם אלא האחת אבל כיון דאמרינן ביתו חדא משמע א"כ גבי יבמה נמי נימא הכי דחדא משמע לאפוקי היכא שיש לאחיו שתי נשים: מניח עבודתו ויוצא. בכהן גדול מיירי כפירש ריב"א ולא יגמור דקאמר רבי (יוסי) [יהודה] היינו מדרבנן אבל לפירוש הקונטרס דמוקי לה בכהן הדיוט ופריך מהחליפו שיטתן קשה דמאי פירכא הוא ועוד לא ידעינן טעמא דרבי יוסי:

ואי

לומר שאינו עובד כל היום, גזירה שמא יאכל. א"ל רב אדא בר אהבה לרבא: ומי גזר רבי יהודה שמא יאכל? והתנן, *ר' יהודה אומר: אף אשה אחרת מתקינין לו, שמא תמות אשתו. ואי מייתא אשתו – עביד עבודה, ולא גזר רבי יהודה שמא יאכל! אמר ליה: הכי השתא?! התם, כיון דיום הכפורים הוא, דכולי עלמא לא קא אכלי – הוא נמי לא אתי למיכל. הכא דכולי עלמא אכלי – הוא נמי אתי למיכל. וכי האי גוונא מי חיילא עליה אנינות? והא מיגרשא! נהי דאנינות לא חייל עליה, אטרודי מי לא מיטריד?! **מתני'** אכל שבעת הימים הוא זורק את הדם ומקטיר את הקטורת, ומיטיב את הנרות, ומקריב את הראש ואת הרגל. בושאר כל הימים, אם רצה להקריב – מקריב. גשכהן גדול מקריב חלק בראש, ונוטל חלק בראש. § **גמ'** מאן תנא? אמר רב חסדא: דלא כרבי עקיבא. דאי ר"ע – הא אמר: טהור שנפלה עליו הזאה – טמאתו, היכי עביד עבודה? דתניא: °"והזה הטהור על הטמא" על הטמא – טהור, ועל הטהור – טמא, דברי ר' עקיבא. וחכמים אומרים: אין הדברים הללו אמורין אלא בדברים המקבלים טומאה. מאי היא – כדתנן: *דנתכוון להזות על הבהמה והזה על האדם, אם יש באזוב – ישנה, נתכוון להזות על האדם והזה על הבהמה, אם יש באזוב – לא ישנה. מ"ט דר' עקיבא – נכתוב רחמנא: "והזה הטהור עליו", מאי "על הטמא" – שמע מינה: על הטמא טהור ועל הטהור טמא. ורבנן: האי לאו נמי ים המקבלין טומאה הוא דאתא. אבל הכא – קל וחומר הוא; אם על הטמא טהור – על הטהור לא כל שכן?! ור' עקיבא – היינו דקאמר שלמה: °"אמרתי אחכמה והיא רחוקה ממני". – ורבנן: ההוא *למזה ולמזין עליו – טהור, הונוגע בהן – טמא. ומזה טהור?! והכתיב: °"ומזה מי הנדה יכבס בגדיו"! מאי מזה – נוגע. והכתיב "מזה", והא כתיב "נוגע"! ועוד: מזה – בעי כיבוס בגדים, נוגע – לא בעי כבוס בגדים. אלא, מאי מזה – ונושא. ונכתוב רחמנא נושא, – מ"ט כתיב מזה? הא קמ"ל: זדבעינן שיעור הזאה. הניחא למ"ד *הזאה צריכה שיעור, אלא למ"ד הזאה אין צריכה שיעור – מאי איכא למימר? אפילו למ"ד הזאה אין צריכא שיעור – הני מילי חאגבא דגברא, אבל במנא צריכה שיעור. דתנן: *כמה יהא בהן ויהא כדי הזאה – טכדי שיטבול ראשי

רש"י

לומר שאינו עובד כל היום. עד הלילה, אבל בלילה אם בא להקטיר חלבים ואימורים – יקטיר: גזירה שמא יאכל. כל היום אסור באכילת קדשים מן התורה. אבל באנינות הלילה, משנתקבר המת ביום – אינה מדברי תורה אלא מדברי סופרים. והכי שמעינן ליה לר' יהודה במסכת זבחים (דף נט:). והכי קאמר רבי יהודה: כל היום הוא באנינות ולא יקריב: והא מיגרשא. דהכי אוקימנא דאי חזי לה דמתה קדיש ועייל לבית הכנסת, ומשוי ליה לגיטא דההיא דמתה, גיטא למפרע: מי לא מיטרד. ובקדשים בעינן שמחה וגדולה, דכתיב (במדבר יח) "לך נתתים למשחה" – כדרך שהמלכים אוכלים (חולין קלב:): **מתני'** הוא זורק את הדם. של תמידין, כדי שיהא רגיל ומזומן בעבודת יוה"כ: ומטיב את הנרות.(א) מדשן מן אפר הפתילות שכבו. וכן כל יום ויום מטיבן בבקר שנאמר "בבקר בבקר בהטיבו את הנרות" וכל יום מקטירין קטורת בהיכל, פרס בשחרית ופרס בין הערבים: ושאר כל הימים אם רצה. להיטיב ולהקריב את כל קרבן שירצה – מקריב, ואין(ב) המשמר יכול לעכב על ידו: מקריב חלק בראש. ראש הוא(ג) להקטיר ולהקריב כל חלק שיבחר: ונוטל חלק(ד). בחלוקת חלות קדשים: בראש. מנה יפה שיבחר לו: **גמ'** דרבי עקיבא. לקמן בשמעתין: היכי עביד עבודה. כל שבעה, הרי מזין עליו: על הטמא טהור ועל הטהור טמא. אם הזה על הטמא – נעשה טהור, ואם הזה על הטהור – נעשה טמא. ויליף טעמא מ"על הטמא" יתירא, כדמפרש לקמן: וחכמים אומרים. על הטמא לדרשא אתא, לומר שאין דברי הזאה אמורים אלא בדברים המקבלים טומאה, אבל בדברים שאין מקבלים טומאה – אין הזאה הניתזת עליהן קרויה הזאה. ונפקא מינה שהשיריים שיש באזוב – שירי פסולי הן, ואין להכשירן להזות: כדתנן נתכוון וכו' אם יש באזוב ישנה. כלומר:(ה) ראויין השיריים להזות על אדם שצריך הזאה(ו) דלא נתכוון (לו) וחוזר ושונה ואין צריך לחזור ולהטביל: לא ישנה. דנפסלו במלאכה דהזאה של בהמה(ז) אין [שם] הזאה עליה, והוו להו כמים שנעשית בהן מלאכה: למזה טהור. דדריש הכי "והזה הטהור", אף לאחר שהזה קראו טהור: הניחא למאן דאמר כו'. פלוגתא היא בזבחים בפרק "התערובת" (דף פ.): אגבא דגברא.(ח) כל שהוא שנותן עליו מטהרו: אבל במנא. שהוא מטבל ראשי גבעולי אזוב בו, צריכה שיעור:

שיטביל

תוספות

למזה ומזין עליו טהור ונוגע טמא. תימה: מזין עליו אינו טהור עד שיטבול. ויערב שמשו יטהר. וא"כ למאי הוה נוגע טמא טפי ממזין עליו? וי"ל דה"ק: מזין עליו – ההזאה גורמת לו טהרה, ונוגע – מי חטאת גורמין לו טומאה. אי נמי י"ל: מזין עליו טהור – היינו טהור שנפלו עליו הזאה, דהוי טהור לגמרי:

מאי מזה נושא. וא"ת: ומנא ליה לגמרא למעקר קרא ממשמעותיה, לומר דמזה טהור ומזה דקרא היינו נושא? אימר: מזה ממש! י"ל: מדכתיב "והזה הטהור" אלמא דהמזה טהור. ואף על גב דדרשינן* מיניה: טהור מכלל שהוא טמא – לימד על טבול יום שהוא כשר בפרה! י"ל: תרתי שמע מינה:

אלא מאי מזה נושא. והא קמ"ל: דעד דדרי כשיעור הזאה. תימה לי: א"כ מאי טעמא הדר ביה ממאי דאמר מאי מזה – נוגע, אי משום דקשיא ליה: והכתיב נוגע והכתיב מזה, ועוד, מזה בעי כיבוס נוגע לא בעי כיבוס. לימא: הא דכתב נוגע ולא כתב ביה כיבוס – היינו כי לא נוגע כשיעור הזאה, ומזה דבעי כיבוס – היינו כי נגע כשיעור הזאה. ואין לתרץ דמש"ה לא מוקמינן ליה בנוגע וכדפרים משום דנוגע לא בעי כיבוס אפילו כי נגע בכשיעור, מדכתיב: "והנוגע במי הנדה יטמא" ולא כתב ביה כיבוס, ומי הנדה משמע מים הראוין להזות, שיש בהן כשיעור. דהא ודאי ליתא, דמי הנדה לא משמע הכי. דאי לא תימא הכי – א"כ כי פריך ונכתוב נושא, מאי קא משני: הא קמשמע לן עד דדרי כשיעור הזאה? אכתי תיקשי לך: ליכתוב והנושא מי נדה יכבס בגדיו, דמי הנדה משמע שיש בהן כדי הזייה, ועוד, אי מי הנדה משמע דדוקא שיש בהן כדי הזייה אם כן אין בהן כדי הזייה לא יטמא במגע כלל, והא ליתא, דבריש מסכת כלים משמע דמטמו במגע. דתנן התם: אבות הטומאות השרץ וכו', עד ומי חטאת שאין בהן כדי הזייה – הרי אלו מטמאין אדם וכלים במגע, ואין מטמאין במשא. ואין לתרץ דה"ק: מאי מזה – נושא, אף נושא, והוא הדין במגע, דשקולין הן והי מינייהו מפקת. דאם כן, מאי פריך ולכתוב נושא? לישני: אי הוה כתב נושא – הוה אמינא דוקא במשא ולא במגע, להכי כתב מזה דהשתא אתי תרוייהו. ועוד: הלשון אינו משמע כן, דקאמר עד דדרי כשיעור הזאה ולא קאמר עד דנגע כשיעור הזאה לענין כיבוס בגדים. ונ"ל: דלהכי לא אוקמא במגע ולענין כיבוס, דא"כ הוה משמע במגע לענין כיבוס ובמשא טהור גמור, והא לא אשכחן טומאה דלא מטמיא אלא במגע לענין כיבוס ובמשא טהורה. אע"ג דשרץ מטמא במגע ולא במשא – מ"מ לא בעי כיבוס, להכי אוקמי במשא, דבמשא בעי כיבוס ובמגע לא בעי כיבוס, דאשכחן טומאה כיוצא בה, דנבילה מטמא אדם ולא בעי כיבוס ובמשא בעי כיבוס. אי נמי נ"ל: דמי הנדה משמע הכי, ומשמע הכי בין יש בהן כשיעור בין אין בהן כשיעור, ולהכי לא מצי לאוקמא במגע, דהא כתיב והנוגע במי הנדה יטמא, ומשמע אפילו בכשיעור, יטמא גרידא – טומאה קלה, בלא כיבוס בגדים. והשתא נמי ניחא הא דקאמר עד דדרי כשיעור הזאה, דאי הוה כתב "והנושא מי הנדה יכבס בגדיו" – הוה אמינא בין יש בהן כשיעור בין אין בהן:

ורמינהו

רבינו חננאל

לומר שאינו עובד כל היום גזירה שמא יאכל: **מתני'** כל שבעת [הימים] הוא זורק כו'. אמר רב חסדא מתני' דלא כרבי עקיבא דאי ר' עקיבא הא אמר טהור שנפלה עליו הזאה נטמא. השתא כיון שהוזה עליו כל ז' נטמא היכי עביד עבודה כו'. ר' עקיבא מאי היא דתניא והזה הטהור על הטמא. הזה על הטמא טהור ועל הטהור טמא דברי ר' עקיבא וחכ"א אין דברין הללו אמורין אלא בדברים שמקבלין טומאה מאי היא כדתנן בפרה פרק י"ב נתכוין להזות על האדם והזה על הבהמה אם יש באזוב ישנה להזות על הבהמה והזה על האדם אם יש באזוב לא ישנה זה הכלל דבר המקבל טומאה הזאתו חוזרת עליו ודבר שאינו מקבל טומאה אין הזאתו חוזרת עליו פי' אם נתכוין להזות על אדם או על כלים המקבלין טומאה והזה על (או) הבהמה או כלי אבנים שאין מקבלין טומאה (הזאתו חוזרת עליו טומאה) אין הזאתו חוזרת עליו לטמאו ועדיין טהור הוא. ואם יש באזוב ישנה שאני קורא בו והזה הטהור. אבל נתכוין להזות על דבר שאינו מקבל והזה על דבר המקבל טומאה הזאתו חוזרת עליו (טמאו) [וטמאו] ואינו יכול לחזור ולהזות ולא עוד אלא שטבילת אזוב פסולה זה טעם רבנן. אבל המזה על הטהור בטהרתו עומד ולא נטמא. מצאנו בשחיטת קדשים פרק שני בתחלתו פי' דברים הללו תניא שרפה אונן מחוסר כפורים כשרה. יוסף הבבלי אומר אונן כשרה מחוסר כפורים פסולה. ואוקימנא בהאי קרא פליגי והזה הטהור על הטמא. טהור מכלל שהוא טמא מר סבר מכלל שהוא טמא טמאה כולה. מ"ס טומאה דהך פרשה. מ"ט דר' עקיבא מדהו"ל למיכתב והזה הטהור עליו וכתב על הטמא ש"מ על הטמא טהור ועל הטהור טמא

עין משפט נר מצוה

נז א מיי' פ"ו מהלכות עבודת יוה"כ הל' ה:
נח ב ג מיי' פ"ה מהל' כלי המקדש הל' יב:
נט ד מיי' פט"ו מהלכות פרה אדומה הל' ח:
ס ה ו ז מיי' שם פט"ו הלכה א:
סא ח מיי' פ"י מהלכות פרה הלכה א:
סב ט מיי' שם פט"ו הלכה ה:

מסורת הש"ס

[לעיל ב. סוכה כז.]
נדה ט.
[זבחים פ. נג. נדה ט.]
פרה פי"ב מ"ה
[לקמן מג:]

הגהות הב"ח

(א) רש"י ד"ה ומטיב וכו' מדשן מן האפר של הפתילות: (ב) שם ד"ה ושאר וכו' ואין אנשי המשמר: (ג) שם ד"ה מקריב וכו' ראש הוא להקריב צ"ל ותיבת להקטיר נמחק: (ד) שם ד"ה ונוטל חלק בראש בחלוקת קדשים נוטל מנה יפה כצ"ל והד"א: (ה) שם ד"ה כדתנן נתכוון וכו' כלומר ראויין וכו' אם יש באזוב וכמ"ג פ"ב דפרה פי' איפכא ע"ש: (ו) בא"ד דהיכא דלא נתכוון נתכוון וחוזר ושונה אין צריך כצ"ל: (ז) שם ד"ה לא ישנה וכו' בהמה שהזה עליה היה הזאה וכו' בהכי לא ישנה כצ"ל: (ח) שם ד"ה אגבא דגברא כל שהוא שנותן עליו כל שהוא ומטהרו כצ"ל:

תוספות ישנים

ואי מתה אשתו עביד עבודה ולא גזר ר' יהודה שמא יאכל. וא"ת מה ענין זה לשאר ימות השנה דליכא קפידא בכהן גדול אבל הכא דגמרינן ממילואים אין לנו להתקין כהן אחר א) (בשביל כך שלא פירש שבעה) ואיכא למימר דעדיפא מינה קמשני. ה"ר אלחנן: **אטרודי** מי לא מיטריד. פירש בקונטרס אנן למשחה לגדולה כדרך שהמלכים אוכלים בעינן ב) (לדבריו דהכא) פי' וכי האי גוונא מי חיילא עליה אניות ואפילו הוו כולי עלמא אכלי לא הוה שייך למיגזר שמא יאכל דודאי מותר לאכול ותימה דלא אשכחן האי דרשא על כי האי גוונא אלא על אין נאכלין אלא צלי ובחרדל (חולין דף קלב:) ועוד אלא מעתה דטבעה ספינתו בים הכי נמי והכי פריך בברכות (דף יח.) על קריאת שמע ועוד דתלמודא הוה ליה לפרושי האי טעמא כיון דאכתי לא איירי בהך שמעתא ג) והכי פירושא וכי האי גוונא מי חיילא עליה אנינות ואפילו הוה שייך למיגזר ביום הכפורים שמא יאכל ואע"ג דכולי עלמא לא אכלי הכא לא שייך למיגזר דלאו אונן הוא ומשני איטרודי מי לא מיטריד לפי שלא גרסה אלא על תנאי ולגורך שעה ומצטער הוא על כך הלכך אי הוה שייך למיגזר הוה פריך שפיר דאית לן הכא למיגזר פן יאכל כשעוסק בעבודה והוא אסור משום יוה"כ וכן פירש הר"ב פור"ת: **דאי** ר"ע כיון דאמר טהור שנפלה עליו הזאה כו' עביד עבודה. הקשה ה"ר אלחנן דילמא דתנא דידן [לית] ליה הזאה כל שבעה (ואפילו) [ומשום] הכי עובד א"כ היכי [אתיא] דלא כר' עקיבא: **רש"י** גרים נתכוון להזות על הבהמה והזה על האדם אם יש באזוב ישנה. דכיון דהזה על דבר המקבל טומאה לא נפסלו בהן דלא חיישינן לכוונתו אבל בשנתכוון להזות על האדם והזה על הבהמה נפסלו במלאכה ולכך אם יש באזוב לא ישנה אבל קשה להרב אר"י דפסול מלאכה לא שייכא אחר שהגיע האפר במים דתנן במסכת פרה (פ"ד מ"ד) פרה נפסלת במלאכה עד שתעשה אפר מים נפסלין במלאכה עד שיתן בהן אפר ובספרי מפיק ליה מקרא יכול [אפילו] קדשו ת"ל מי נדה כבר הם מי נדה ושמא יש פסול מלאכה כאן מדרבנן אבל לא תיקשי למה אינו טמא משום נושא כשהזה על הבהמה דכיון שנטלה לצורך הזאה על דבר המקבל טומאה לא הוי כמו שאר נושא אבל רבינו חננאל גורס בע"א להפך וגרים בנתכוון להזות על הבהמה לא ישנה פירוש לפי שהאדם טמא משום נושא והמים טמאים וא"ת כיון שהאדם טמא משום נושא מנא ליה שהמים הן פסולין דילמא לא ישנה משום דטמא הוא וי"ל דממילא הן נפסלין כשעוסק בהן טמא אע"פ שאינו נוגע בם ועוד דלישנא לא ישנה משמע ליה שפיר אמי חטאת דלאפי' אחר לא ישנה נתכוון להזות על האדם כו' ישנה דאזלינן בתר כוונתו ולא נפסלו בכך: **ומאי** מזה נושא. וא"ת אימא מזה ממש וי"ל דוהזה הטהור על הטמא משמע שהמזה טהור בכל ענין: **ועוד** מזה בעי כיבוס בגדים ונוגע לא בעי כיבוס בגדים. פי' ולכך אין להעמיד מזה כנוגע ובמשנה דריש מסכת כלים תני בהדיא דנוגע במי חטאת לא בעי שיעור הזאה רק נושא מי חטאת לבדו ומקשים כיון דהכא לא מוקמי מזה כנוגע משום דליכא כיבוס בגדים בנוגע כמו במזה א"כ בנדה בפ' יוצא דופן (דף מב: ושם) גבי והאוכל מנבלתו יכבס בגדיו דכתיב בנבלת בהמה טהורה ומוקמי ליה ליתן שיעור לנוגע ולנושא כאוכל ד) כזית והיכי מוקמינן שיעור אכילה בנוגע כיון דלא כתיב ביה כיבוס בגדים כמו באוכל ובנושא גרידא הוה לן לאוקמי דכתיב ביה כיבוס בגדים ואומר רבי דהכא לא פריך כלל מדבנוגע לא כתיב בגדים ובמזה כתיב אלא ה"פ מזה בעי כיבוס בגדים

א) נ"ל שלא פירש שבעה בשביל כך: ב) נ"ל ולדבריו הכי: ג) נ"ל ונראה דהכי פירושו: ד) נ"ל דבכזית:

סג א מיי' פ"ה מהלכות מעשה הקרבנות הלכה ו ופ"א מהלכות תמידין הלכה י:
סד ב מיי' פ"ד מהל' תמידין הלכה ו:
סה ג מיי' שם פ"ו הלכה ד:

רבינו חננאל

ומפני שמטמא טהורין בהזאה כדרך שמטהר טמאין בהזאה אמר שלמה אמרתי אחכמה והיא רחוקה ממני ורבנן ההיא והזה הטהור על הטמא לדברים המקבלין טומאה הוא דאתא כלו' לא תיחשב הזאה אלא אם תפול בדבר המקבל טומאה אבל הכא ק"ו על הטמא כשיזה עליו טהור על הטהור לא כ"ש כשיזה עליו שיהיה טהור. והאי דקאמר שלמה אמרתי אחכמה והיא רחוקה ממני למזה ומזין עליו שניהן טהורין הן אבל הנוגע והנושא מי הנדה שניהם טמאין וע"ז אמר שלמה והיא רחוקה ממני כלומר מפני מה המזה טהור והנוגע והנושא טמאין והאי דכתב קרא ומזה והנושא הוא והאי דכתב לנושא בלשון מזה לאשמועינן דאינו טמא הנושא מי הנדה אלא אם ישא שיעור הזאה והוא כדי שיטבול ראשי גבעולין *) לכל עבודה וכן עושין לו כל שבעת הימים: **ומקטיר** את הקטורת ומטיב את הנרות איני והתנן בתמיד פ"ו מי שזכה בדישון ומי שזכה במנורה ואח"כ מי שזכה בקטורת. א"ר יוחנן מאן תנא סדר יומא שמעון איש המצפה דמשנה בתמיד כלומר חולק על התנא ששנה מס' תמיד ורמי סדר יומא אסדר יומא בכאן שנינו קטרת ואחר כך נרות. ובפרק שלאחריו שנינו הנרות בפיים השני והקטרת בפיים הג' הנה נרות ואח"כ קטרת. ופריק אביי **) הא מתני' דמקדים הנרות לקטרת [וקטרת] להטבת ב' נרות למימרא דבקטרת מפסיק הנרות ומקטיר וחוזר ומטיב ב' נרות והא אביי מסדר מערכה כלומר מחשב סדר עבודות בגמרא דהביאו לו את התמיד ובדם התמיד מפסיק להו. אמרי לרבנן בקטרת מפסיק להו. ואבא שאול בדם התמיד מפסיק להו ואביי אליבא דאבא שאול דתניא [לא] ייטיב ואח"כ יקטיר אלא יקטיר ואח"כ ייטיב. פי' לא ייטיב הכל ואחר כך יקטיר אלא יקטיר ואח"כ ישלים ההטבה. אבא שאול אומר מטיב ואח"כ מקטיר כלומר מפסיקין בדם התמיד ומשלים הטבת כל הנרות ואח"כ מקטיר. מ"ט דאבא שאול דכתיב בבקר בבקר כו' דבריו פשוטין

*) איטו מובן ואולי צ"ל אביי אמר אפי' תימא דעבד עבודה כולי יומא ולפניא מדו עלי' וכן עושין וכו'. **) נראה דצ"ל הא מתני' דמקדים קטורה לנרות בהטבת שתי נרות ובמשנה דאידך פירקא דמקדים נרות לקטורת בהטבת חמש נרות למימרא וכו'.

ורמינהו מי שזכה בדישון מזבח הפנימי ומי שזכה במנורה וכו'. לא הוה לריך לאתויי מי שזכה בדישון הפנימי אלא מי שזכה במנורה וקטורת, כי היכי דלא מייתי הכא מי שזכה לתרום מזבח החילון ומי שזכה באברים דקתני התם. אלא נקט חדא דלעיל מיניה, דהיינו דישון מזבח הפנימי שנשנית בסמוך להם, לאשמועינן דמי שזכה במנורה ובקטורת דבבקר איירי, דדישון מזבח הפנימי אינו אלא בבקר. ומתני' דהכא נמי בבקר איירי. והכי נמי הוה מלי לאקשויי דבמתני' קתני זריקת דם תמיד ברישא, ובמס' תמיד (דף ל:) קתני ברישא: מי שזכה בדישון מזבח הפנימי, והדר מי שזכה במנורה, והדר קתני שחיטת התמיד וקבלת דמו וזריקתו, והדר העלאת אברים לכבש, והדר קטורת, והדר הקטרת אברים והעלאתן מכבש למזבח. וכי משני: רבי שמעון איש המלפה היא – אז הכל מתורץ, ונגרות דקתני התם ברישא פריך: **מאן** תנא תמיד רבי שמעון איש המצפה היא. רב הונא קיבל דר"ש איש המלפה ורבנן פליגי בסדר העבודה, אבל לא ידע היכי סבירא ליה*:

אמר אביי לא קשיא כאן בהטבת שתי נרות כו'. מדלא קאמר אלא אמר אביי, מכלל דלא הדר ביה משינויא דשנינן ארומיא דמתניתין אההיא דתמיד. וקשיא לן: אמאי לא משני נמי הכי דמתניתין דהכא בשתי נרות, ומתניתין דתמיד בחמש נרות? ונראה לי: דאפילו אי הוי משני הכי, אכתי פליגא אמתניתין, דהתם זריקת דם התמיד בתר דישון מזבח הפנימי והמנורה, והכא קתני זריקה ברישא. להכי לריך לאוקמי כתנאי. והא דלא קתני במתניתין נמי הטבה דמקמי הקטורת – י"ל: דלא קא חשיב אלא הטבת שתי נרות, שהן גמר העבודה, והטבת חמש נרות לא היה עושה כה"ג, כדאמר בסמוך: אורויי בעלמא קא מורי:

ההיא לאבא שאול וכו'. לעיל כי קאמר מאן תנא יומא – רבי שמעון איש המלפה היא, הוה מלי למימר: מאן תנא תמיד – אבא שאול היא, דפליג אמתניתין דיומא, ומתניתין דיומא כרבנן דפליגי עליה! וי"ל: דניחא ליה לומר להזכיר שם התנא דמתניתין דהיינו רבי שמעון איש המלפה, ועוד: משום דאשכחן ליה בהדיא דאתא לאיפלוגי אמתניתין דתמיד, דקאמר: רבי שמעון איש המלפה משנה בתמיד:

בעידן

רָאשֵׁי גִבְעוֹלִין, וְיַזֶּה. אַבַּיֵי אָמַר: אֲפִילוּ תֵּימָא ר"ע, *דְּעָבֵיד עֲבוֹדָה כּוּלֵּיהּ יוֹמָא, וּלְפַנְיָא מַדּוּ עֲלֵיהּ, וְטָבֵיל, וְעָבֵיד הַעֲרֵב הַשֶּׁמֶשׁ.§ "וּמַקְטִיר אֶת הַקְּטוֹרֶת וּמֵטִיב אֶת הַנֵּרוֹת".§ אַלְמָא קְטוֹרֶת בְּרֵישָׁא וַהֲדַר נֵרוֹת, וּרְמִינְהוּ: *מִי שֶׁזָּכָה בְּדִישּׁוּן מִזְבֵּחַ הַפְּנִימִי, וּמִי שֶׁזָּכָה בִּמְנוֹרָה, וּמִי שֶׁזָּכָה בִּקְטוֹרֶת! אָמַר רַב הוּנָא: מַאן תְּנָא תָּמִיד – רַבִּי שִׁמְעוֹן אִישׁ הַמִּצְפָּה הוּא. וְהָא אִיפְּכָא שָׁמְעִינַן לֵיהּ, דִּתְנַן: *בָּא לוֹ לְקֶרֶן מִזְרָחִית צְפוֹנִית(א) – אנוֹתֵן מִזְרָחָה צָפוֹנָה, מַעֲרָבִית דְּרוֹמִית – נוֹתֵן מַעֲרָבָה דְּרוֹמָה, וְתָנֵי עֲלָהּ: רַבִּי שִׁמְעוֹן אִישׁ הַמִּצְפָּה מְשַׁנֶּה בְּתָמִיד; מִזְרָחִית צְפוֹנִית – נוֹתֵן מִזְרָחָה צָפוֹנָה, מַעֲרָבִית דְּרוֹמִית – נוֹתֵן מַעֲרָבָה, וְאַחַר כָּךְ נוֹתֵן דָּרוֹמָה! אֶלָּא אָמַר ר' יוֹחָנָן: מַאן תְּנָא סֵדֶר יוֹמָא – רַבִּי שִׁמְעוֹן אִישׁ הַמִּצְפָּה הוּא. וְרָמֵי סֵדֶר יוֹמָא אַסֵּדֶר יוֹמָא, *דִּתְנַן: בפַּיִיס הַשֵּׁנִי – מִי שׁוֹחֵט, מִי זוֹרֵק, מִי מְדַשֵּׁן מִזְבֵּחַ הַפְּנִימִי, וּמִי מְדַשֵּׁן אֶת הַמְּנוֹרָה, וּמִי מַעֲלֶה אֵבָרִים לַכֶּבֶשׁ. פַּיִיס הַשְּׁלִישִׁי: חֲדָשִׁים לַקְּטוֹרֶת בּוֹאוּ וְהָפִיסוּ! אָמַר אַבַּיֵי: לָא קַשְׁיָא: כָּאן – בַּהֲטָבַת שְׁתֵּי נֵרוֹת, כָּאן – בַּהֲטָבַת חָמֵשׁ נֵרוֹת. לְמֵימְרָא דִּבְקְטוֹרֶת מַפְסִיק לְהוּ? וְהָא *אַבַּיֵי מְסַדֵּר מַעֲרָכָה מִשְּׁמֵיהּ דִּגְמָרָא, בְּדַם הַתָּמִיד מַפְסִיק לְהוּ! אָמְרִי: לָא קַשְׁיָא; הַהִיא – לְאַבָּא שָׁאוּל, הָא – לְרַבָּנַן. דְּתַנְיָא: לֹא יֵיטִיב אֶת הַנֵּרוֹת וְאח"כ יַקְטִיר, אֶלָּא גיַקְטִיר וְאַחַר כָּךְ יֵיטִיב.(ב) אַבָּא שָׁאוּל אוֹמֵר: מֵטִיב וְאַחַר כָּךְ מַקְטִיר. מַאי טַעְמָא דְּאַבָּא שָׁאוּל – דִּכְתִיב: "בַּבֹּקֶר בַּבֹּקֶר בְּהֵיטִיבוֹ אֶת הַנֵּרֹת" וַהֲדַר "יַקְטִירֶנָּה". וְרַבָּנַן: מַאי קָאָמַר רַחֲמָנָא – בְּעִידָּן

תורה אור

שֶׁיִּטְבּוֹל רָאשֵׁי גִבְעוֹלִין וְיַזֶּה. כְּלוֹמַר: כְּדֵי שֶׁיִּטְבְּלֵם בָּהֶן טְבִילָה שֶׁיְּהֵא בָּהּ לְהַתִּיז מִמֶּנָּה:(ג) כָּל מִי שֶׁזָּכָה כו'. שָׁלֹשׁ מִשְׁנָיוֹת הֵן בְּסֵדֶר הַתָּמִיד, סְדוּרוֹת זוֹ אַחַר זוֹ כְּסֵדֶר (ד) עֲבוֹדָתוֹ: מִי שֶׁזָּכָה לְפַיֵּיס בְּדִישּׁוּן מִזְבֵּחַ הַפְּנִימִי נוֹטֵל אֶת וכו', וּכְשֶׁסִּיֵּים סֵדֶר מַעֲשֵׂה הַדִּישּׁוּן נָקַט בַּתְרֵיהּ: מִי שֶׁזָּכָה בִּמְנוֹרָה נוֹטֵל אֶת הַטֶּנִי כו', וּמְפָרֵשׁ מַעֲשֵׂה הֲטָבַת נֵרוֹת. וְחוֹזֵר וְשׁוֹנֶה: מִי שֶׁזָּכָה בַּקְּטוֹרֶת, וּמְפָרֵשׁ הִלְכוֹתָיו, אַלְמָא: כָּךְ סִידְּרָן: **מַאן תְּנָא** תָּמִיד רַבִּי שִׁמְעוֹן **אִישׁ הַמִּצְפָּה הוּא**. דְּשָׁמְעִינַן לֵיהּ בַּבָּרַיְיתָא דְּאָיְירֵי בְּהִלְכוֹת סֵדֶר הַתָּמִיד: **וְהָא אִיפְּכָא** שָׁמְעִינַן לֵיהּ.(ה) דָּבָר פְּלוּגְתַּיְיהוּ הוּא, דְּשָׁמְעִינַן לֵיהּ דְּפָלֵיג אַסְּתָמֵיהּ דְּמַסֶּכֶת תָּמִיד, וְלָא מִיתּוֹקְמֵי סְתָמֵיהּ דְּתָמִיד כְּוָותֵיהּ: דִּתְנַן. בְּמַסֶּכֶת תָּמִיד: בָּא לוֹ כֹּהֵן הַזּוֹרֵק אֶת הַדָּם לְקֶרֶן מִזְרָחִית צְפוֹנִית שֶׁל מִזְבֵּחַ נוֹתֵן מַתָּנָה רִאשׁוֹנָה מִזְרָחָה צָפוֹנָה מַתָּנָה אַחַת כְּמִין גַּאם יְוָנִית, נִיכֶּרֶת לַמִּזְרָח וְלַצָּפוֹן, וּמִשָּׁם מַקִּיף וְהוֹלֵךְ וּבָא לוֹ לְקֶרֶן מַעֲרָבִית דְּרוֹמִית וְנוֹתֵן מַעֲרָבָה דָּרוֹמָה שֶׁהָעוֹלָה טְעוּנָה שְׁתֵּי מַתָּנוֹת שֶׁהֵן אַרְבַּע בִּשְׁתֵּי קְרָנוֹת, זוֹ כְּנֶגֶד אֲלַכְסוֹנָהּ שֶׁל זוֹ, כְּדֵי שֶׁיְּהֵא מִן הַדָּם בְּאַרְבַּע רוּחוֹת הַמִּזְבֵּחַ כְּאַרְבַּע מַתָּנוֹת. וּלְקַמֵּיהּ (טו:) מְפָרֵשׁ מַאי שְׁנָא הָנֵי תַּרְתֵּי קְרָנוֹת: וְתָנֵי עֲלָהּ ר' שִׁמְעוֹן **אִישׁ הַמִּצְפָּה מְשַׁנֶּה בְּתָמִיד**. בְּמַתַּן דַּם הַתָּמִיד מִמַּתַּן דְּמֵי כָּל שְׁאָר עוֹלוֹת, לָתֵת מִמֶּנּוּ מַתָּנָה רִאשׁוֹנָה אַחַת שֶׁהִיא שְׁתַּיִם כְּמוֹ שֶׁאָמַרְנוּ כְּמִין גַּאם יְוָנִית, וּבַשְּׁנִיָּה שְׁתַּיִם שֶׁהֵן שְׁתַּיִם, לְהַפְסִיקָהּ וְלָתֵת מַעֲרָבָה תְּחִלָּה וְאח"כ דָּרוֹמָה, כְּדֶרֶךְ בִּיאָתוֹ שֶׁהוּא מַקִּיף וּבָא מִן הַמַּעֲרָב לַדָּרוֹם. וּכְשֶׁמַּגִּיעַ לַקֶּרֶן נוֹתֵן שְׁתֵּי מַתָּנוֹת בְּפִיסּוּק. וְטַעְמָא מְפָרֵשׁ לְקַמֵּיהּ (שם ע"א): **מַאן תְּנָא סֵדֶר יוֹמָא**. מַאן תְּנָא לְסֵדֶר תָּמִיד דְּהַךְ מַסֶּ' דְּמַיְירֵי בְּסֵדֶר יוֹם הַכִּפּוּרִים, דְּפָלֵיג אַמִּשְׁנָיוֹת דְּסֵדֶר הַתָּמִיד – רַבִּי שִׁמְעוֹן אִישׁ הַמִּצְפָּה הוּא, דְּשָׁמְעִינַן לֵיהּ דְּפָלֵיג אַסְּתָמֵיהּ דְּתָמִיד: הַפַּיִיס הַשֵּׁנִי. בְּפִירְקִין דִּלְקַמָּן (כה.) אָיְירֵי בְּסֵדֶר אַרְבַּע פְּיָיסוֹת שֶׁהָיוּ שָׁם בְּכָל יוֹם, וְקָתָנֵי בַּאֲסִיפַת קִיבּוּץ פַּיִיס שֵׁנִי הָיוּ מְפַיְּיסִין שְׁלֹשׁ עֶשְׂרֵה עֲבוֹדוֹת: מִי שׁוֹחֵט וּמִי זוֹרֵק. אֶת דָּמוֹ, וּמִי מְדַשֵּׁן מִזְבֵּחַ הַפְּנִימִי, וּמִי מַעֲלֶה אֵבְרֵי תָּמִיד לַכֶּבֶשׁ וְסוֹדְרָן אוֹתָן עָלָיו, וְאַחַר כָּךְ מַעֲלָן מִשָּׁם לַמִּזְבֵּחַ, מִשּׁוּם "בְּרׇב עָם הַדְרַת מֶלֶךְ". וּמוֹנֶה וְהוֹלֵךְ שְׁלֹשׁ עֶשְׂרֵה, וּמִתְפָּרְדִין וְחוֹזְרִין וְנֶאֱסָפִין לְאַחַר שָׁעָה. וּמַכְרִיזִין לְפַיִיס שְׁלִישִׁי, כְּלוֹמַר: בַּאֲסִיפָה שְׁלִישִׁית. וּלְקַמָּן (דף כד:) מְפָרֵשׁ לָמָּה מִתְפָּרְדִין וְחוֹזְרִין וְנֶאֱסָפִין – כְּדֵי שֶׁתְּהֵא הָרֶגֶשׁ קוֹל בָּעֲזָרָה, שֶׁנֶּאֱמַר (תהלים נה) "בְּבֵית אֱלֹהִים נְהַלֵּךְ בְּרָגֶשׁ": חֲדָשִׁים. כֹּהֲנִים שֶׁלֹּא הִקְטִירוּ קְטֹרֶת מִימֵיהֶם יִתְקַבְּלוּ כּוּלָּן לְכָאן לְגוֹרַל הַקְּטֹרֶת. אֲבָל לֹא יְשָׁנִים, דְּאָמַר לְקַמָּן (דף כו.): מֵעוֹלָם לֹא שָׁנָה בָּהּ אָדָם, לְפִי שֶׁהָיְתָה מְעַשֶּׁרֶת, שֶׁנֶּאֱמַר "יָשִׂימוּ קְטוֹרָה בְּאַפֶּךָ" (דברים לג) וּכְתִיב בַּתְרֵיהּ "בָּרֵךְ ה' חֵילוֹ". מ"מ שָׁמְעִינַן מִינַּהּ הֲטָבַת הַנֵּרוֹת קוֹדֶמֶת לַקְּטוֹרֶת: **כָּאן בַּהֲטָבַת** שְׁתֵּי נֵרוֹת וכו'. לְקַמָּן בְּפֶ' שְׁלִישִׁי (לג.) אָמְרִינַן שֶׁמַּפְסִיק בַּהֲטָבַת הַנֵּרוֹת. מִשֶּׁהֵטִיב חָמֵשׁ פּוֹסֵק, וּמַמְתִּין עַד שֶׁנַּעֲשָׂה עֲבוֹדָה אַחֶרֶת בֵּינְתַיִם, וְחוֹזֵר וּמֵטִיב שְׁתַּיִם. וּפְלִיגָא אַבָּא שָׁאוּל וְרַבָּנַן, אִיכָּא לְמַאן דְּאָמַר בַּקְּטוֹרֶת מַפְסִיק לְהוּ, וְאִיכָּא לְמ"ד בִּשְׁחִיטַת הַתָּמִיד וּזְרִיקַת דָּמוֹ מַפְסִיק לְהוּ. וּלְקַמָּן (שם:) מְפָרֵשׁ טַעְמָא דְּהַפְסָקָה. וְתַנָּא דִּידַן סְבִירָא לֵיהּ בַּקְּטֹרֶת מַפְסִיק לְהוּ, הִלְכָּךְ הָא דְּקָתָנֵי קְטֹרֶת בְּרֵישָׁא – בַּהֲטָבַת שְׁתֵּי נֵרוֹת קָאָמַר, וְהָא דִּתְנַן הֲטָבָה בְּרֵישָׁא – בַּהֲטָבַת חָמֵשׁ רִאשׁוֹנוֹת קָאָמַר: **וְהָא אַבַּיֵי**. לְקַמָּן, בְּפֶ' שְׁלִישִׁי (שם.), מְסַדֵּר בְּגִירְסֵי דְּסֵדֶר מַעֲרָכָה עֲבוֹדַת כָּל יוֹם: מִשְּׁמֵיהּ דִּגְמָרָא. דָּבָר מְקוּבָּל מִכָּל בְּנֵי הַיְשִׁיבָה שֶׁקִּיבְּלוּ מֵרַבּוֹתֵיהֶם: **לֹא יֵיטִיב**. שִׁבְעָתָן וְאַחַר כָּךְ יַקְטִיר, אֶלָּא יַקְטִיר בָּאֶמְצַע. וְהָא לֵיכָּא לְמֵימַר יַקְטִיר תְּחִלָּה וְאח"כ יַתְחִיל לְהֵיטִיב קָאָמְרִי רַבָּנַן – דְּהָא קיי"ל דְּבָעֵי הַפְסָקָה, וְכָל עֲבוֹדוֹת סְדוּרוֹת זוֹ אַחַר זוֹ עַל פִּי הַכְּתוּבִים לְקַמָּן בְּמִילְּתָא דְּאַבַּיֵי, וְאִי אֶפְשָׁר לְהַקְטִיר עַד לְאַחַר זְרִיקַת דַּם הַתָּמִיד. וְאִי אָמְרַתְּ קְטֹרֶת קוֹדֶמֶת לַהֲטָבַת הַנֵּרוֹת – אֵין לְךָ עוֹד עֲבוֹדָה לְהַפְסִיקָן בָּהּ: **אַבָּא שָׁאוּל אוֹמֵר מֵטִיב**. אֶת כּוּלָּם קוֹדֶם לְהַקְטֹרֶת, וְהַפְסָקָה בְּדַם הַתָּמִיד:

מֵעֶרֶב

[לקמן יט.] | תמיד ל: [פ"ג מ"ו] | ג"ז שם [פ"ד משנה א] | לקמן כה. תמיד ל. [פ"ג מ"א] | לקמן לג. | [ועי' תוס' עירובין נט. ד"ה מאן תנא] | שמות ל

הגהות הב"ח

(א) גמ' ונותן מזרחה כו' ונותן מערבה וכו': (ב) שם אבא שאול אומר נ"ב ע"ל דף ל"ג.: (ג) רש"י ד"ה מי שזכה כל"ל ותיבת כל נמחק: (ד) בא"ד כסדר עבודתן מי שזכה לפיים בדישון מזבח הפנימי ונכנס ונטל את הטני וכו' מי שזכה במנורה נכנס וכו' ומפרש מעשה כל"ל ותי' נוטל את הטני נמחק: (ה) שם ד"ה והא איפכא שמעינן לי' לתנא דאיירי בפלוגתייהו דשמעינן ליה דפליג כל"ל:

תוספות ישנים

בגדים כמו שכתוב בו בפירוש נוגע קיס לן דלא בעי כיבוס בגדים כמו ששנינו בהדיא במסכת כלים וא"כ א"א לתרך מאי מזה נוגע והלשון מוכיח כן דלא קאמר במזה כתיב כיבוס בגדים בנוגע לא כתיב ועוד דמשמע דקאמר ועוד על מה שהקשה הא כתיב מזה הא כתיב נוגע ועוד דאפילו לא היה כתיב נוגע כלל מלינו שאין דינם שוה ונוגע איט לריך כיבוס בגדים וא"ת נהי דמוכיח מן המשנה דנוגע אין זה מזה מ"מ אנן מנא לן דלא מוקמת מזה בנוגע דילמא בעי מזה שיעור י"ל שאין לנו להעמידו בנוגע שהנוגע הוא בכלל מזה ולא נושא אבל והאוכל דנדה יש לנו להעמידו בנוגע ובנושא שאינו משמע זה יותר מזה אך תימה קלת אמאי כתיב כיבוס בגדים באוכל בדרשא דנדה כיון שמשמע נמי נוגע דלא בעי כיבוס בגדים י"ל דלשום דרשא איצטריך ועוד י"ל דלהכי שדייה רחמנא לאוכל בין נושא לנוגע למימר דקאי אתרווייהו למילף שיעורא וה"ר יהודה מקורבייל דוד גיסי רביט שמשון תירך לכתוב רחמנא אוכל במקום נושא כמו שכתוב כאן מזה במקום נושא אלא ש"מ דאוכל כתיב ללמד שיעור אכילה על שניהם דאין להעמידו בנושא וא"ת וליכתוב אוכל בלא הזכרת כיבוס בגדים כיון דקאי אתרווייהו י"ל [דהוה] מוקמינן ליה בנוגע לחוד שהיה מעניינו שלא היה כתוב בו כיבוס בגדים וקשה על זה דהא בנוגע לחוד לא הוה מיתוקם דא"כ לא ניכתוב נוגע כלל והוה מוקמינן באוכל כיון דלא כתיב ביה כיבוס בגדים כמו בנושא י"ל דבנוגע לחודיה לא הוה מוקמינן [דבעי] שיעור אכילה דאדרבה סברא יותר להלריך שיעור לנושא מבנוגע כדאשכחן במי חטאת דנוגע לא בעי שיעור לטומאת מגע וטומאת משא לריכה שיעור הלכך לא הוה מיסתבר לאוקמי שיעור אכילה בנוגע לחוד ולא בנושא כיון שלא היה כתוב כלל נוגע בתורה והוה מוקמינן ליה בנושא לכך הולרך לכתוב נוגע ומעתה איצטריך להעמידו בנוגע כיון דנוגע ואוכל בשניהם לא היה כתוב כיבוס ובנושא היה כתוב ועוד י"ל דכיון דנוגע לא היה כתוב בתורה לא הוה מוקמינן ליה בנוגע אי לא כתוב נוגע והא דלא כתוב ביה כיבוס בגדים לא תקשי לכתבו דממילא מיתוקם בנושא הכתוב בתורה אבל מזה למה כתיב בו כיבוס בגדים בתנם אי מוקמת ליה בנוגע להכי איתר לכתוב בו כיבוס בגדים להוכיח דמשתעי בנושא: **מאן** תנא תמיד רבי שמעון כו' והא שמעינן ליה איפכא. תימה דרב הונא מאי הוה סליק אדעתיה ואומר ה"ר אלחנן כי כן דרך התלמוד וכן מלינו בעירובין בריש פרק חלון (דף עט.) גבי מאן תנא אהלות ר' יוסי היא והיו יודעין דמיירי הני תנאי שהן מביאין בהך מילתא והיו סבורים שאמרו בע"א ממה שאמרו וכשנודעה הברייתא בבית המדרש הקשו על דבריהם ותירלו אמוראים אחרים איפכא: **אביי** אמר לא קשיא כאן בהטבת שתי נרות כו'. וא"ת אמאי לא משני אביי הכי על קושיא דתמיד מיומא דבהא דתמיד נרות ברישא בהטבת (שתי) [חמש] נרות י"ל דבתמיד מוכח שאף הטבת שתי נרות שהיתה בסוף היתה קודם קטורת דתנן התם בסוף פרק שלישי מי שזכה בדישון מזבח הפנימי כו' מי שזכה בדישון המטרה נכנס ומלא שתי נרות מזרחיות דולקות מדשן את האחר ומניח את אלו מלאן שכבו חוזר ומדליק כו' ובתר הכי תני סדר התמיד ולא היו כופתין את הטלה כו' וכל סדר הולכתו והדר תני התחלו עולין כו' מי שזכה בדישון המטרה נכנס ומלא שתי נרות מזרחיות דולקות מדשן כו' מי שזכה בקטורת כו' אלמא דהנרות קודם לקטורת ומיהו כיון דידע פלוגתא דאבא שאול ורבנן הוה מלי לשנויי הא אבא שאול והא רבנן דסדר יומא כרבנן דאבא שאול אלא בהך בבא דלקמן בה' נרות מיירי וההיא דתמיד כאבא שאול דמאחר קטרת אחר ב' נרות ובדם התמיד מפסיק להו אלא ודאי אביי לא קאי אפירכא דיומא מסדר תמיד ורב הונא ורבי יוחנן לא ידעו פלוגתא דאבא שאול ורבנן א"כ ידעו אלא קשיא להו קושיא דלקמן תנא ברישא הטבת שתי נרות כו':

אין

בעידן הֲטָבָה תְּהֵא מַקְטַר קְטוֹרֶת. דְּאִי לָא תֵּימָא הָכִי, "בֵּין הָעַרְבַּיִם" דִּכְתִיב: °"וּבְהַעֲלֹת אַהֲרֹן אֶת הַנֵּרֹת בֵּין הָעַרְבַּיִם יַקְטִירֶנָּה" הָכִי נַמִי דִּבְרֵישָׁא מַדְלִיק נֵרוֹת וַהֲדַר מַקְטִיר קְטוֹרֶת שֶׁל בֵּין הָעַרְבַּיִם?! וְכִי תֵּימָא הָכִי נַמִי – *וְהָתַנְיָא: °"מֵעֶרֶב עַד בֹּקֶר" – [א]תֵּן לָהּ מִדָּתָהּ, שֶׁתְּהֵא דּוֹלֶקֶת וְהוֹלֶכֶת כָּל הַלַּיְלָה מֵעֶרֶב וְעַד בֹּקֶר. דָּבָר אַחֵר: "מֵעֶרֶב עַד בֹּקֶר" – אֵין לְךָ עֲבוֹדָה שֶׁכְּשֵׁרָה מֵעֶרֶב עַד בֹּקֶר אֶלָּא זוֹ בִּלְבַד. אֶלָּא מַאי קָאָמַר רַחֲמָנָא – בְּעִידַּן הַדְלָקָה תְּהֵא מַקְטַר קְטוֹרֶת, הָכָא נַמִי – בְּעִידַּן הֲטָבָה תְּהֵא מַקְטַר קְטוֹרֶת. וְאַבָּא שָׁאוּל אָמַר לָךְ: שָׁאנֵי הָתָם דִּכְתִיב: "אוֹתוֹ". רַב פַּפָּא אָמַר: לָא קַשְׁיָא; הָא – רַבָּנַן, הָא – אַבָּא שָׁאוּל. בְּמַאי אוֹקִימְתָּא לְמַתְנִיתִין דְּהָכָא – כְּרַבָּנַן, פַּיִיס – כְּאַבָּא שָׁאוּל, אֵימָא סֵיפָא: *[ב]"הֵבִיאוּ לוֹ אֶת הַתָּמִיד, קְרָצוֹ, וּמֵירֵק אַחֵר שְׁחִיטָה עַל יָדוֹ. נִכְנַס לְהַקְטִיר אֶת הַקְּטוֹרֶת וּלְהֵיטִיב אֶת הַנֵּרוֹת" – אֲתָאן לְרַבָּנַן. רֵישָׁא וְסֵיפָא רַבָּנַן, וּמְצִיעֲתָא אַבָּא שָׁאוּל?! אָמַר לָךְ רַב פַּפָּא: אִין, רֵישָׁא וְסֵיפָא רַבָּנַן, וּמְצִיעֲתָא אַבָּא שָׁאוּל. בִּשְׁלָמָא אַבָּיֵי לָא אָמַר כְּרַב פַּפָּא – רֵישָׁא וְסֵיפָא רַבָּנַן וּמְצִיעֲתָא אַבָּא שָׁאוּל לָא מוֹקִים לָהּ. אֶלָּא רַב פַּפָּא, מַאי טַעְמָא לָא אָמַר כְּאַבָּיֵי? אָמַר לָךְ: תָּנָא בְּרֵישָׁא הֲטָבַת שְׁתֵּי נֵרוֹת, וַהֲדַר הֲטָבַת חָמֵשׁ נֵרוֹת. וְאַבָּיֵי אָמַר לָךְ: אוֹרוּיֵי בְּעָלְמָא הוּא דְּקָא מוֹרֵי, וְסִדְרָא הָא הֲדַר תָּנֵי לֵיהּ. גּוּפָא, בָּא לוֹ לְקֶרֶן מִזְרָחִית צְפוֹנִית – נוֹתֵן מִזְרָחִית צְפוֹנִית, מַעֲרָבִית דְּרוֹמִית – נוֹתֵן מַעֲרָבִית דְּרוֹמִית. וְתָנֵי עֲלָהּ, ר"ש אִישׁ הַמִּצְפָּה מְשַׁנֶּה בְּתָמִיד; בָּא לוֹ לְקֶרֶן מִזְרָחִית צְפוֹנִית – נוֹתֵן מִזְרָחִית צְפוֹנִית, מַעֲרָבִית דְּרוֹמִית – נוֹתֵן מַעֲרָבָה וְאַחַ"כ נוֹתֵן דָּרוֹמָה. מ"ט דר"ש אִישׁ הַמִּצְפָּה? אָמַר ר' יוֹחָנָן מִשּׁוּם חַד דְּבֵי ר' יַנַּאי: אָמַר קְרָא: °"וּשְׂעִיר עִזִּים אֶחָד לְחַטָּאת לַה' עַל עֹלַת הַתָּמִיד יֵעָשֶׂה וְנִסְכּוֹ" עוֹלָה הִיא, וְאָמַר רַחֲמָנָא עֲבֵיד בָּהּ מַעֲשֵׂה חַטָּאת. הָא כֵּיצַד? נוֹתֵן אַחַת שֶׁהִיא שְׁתַּיִם כְּמַעֲשֵׂה עוֹלָה, שְׁתַּיִם שֶׁהֵן שְׁתַּיִם כְּמַעֲשֵׂה חַטָּאת. וְלִיתֵּן שְׁתַּיִם שֶׁהֵן אַרְבַּע כְּמַעֲשֵׂה עוֹלָה, וְאַרְבַּע שֶׁהֵן אַרְבַּע כְּמַעֲשֵׂה חַטָּאת! לֹא מָצִינוּ דָּמִים שֶׁמְּכַפְּרִין וְחוֹזְרִין וּמְכַפְּרִין. וְכִי מָצִינוּ דָּמִים שֶׁחֶצְיָין חַטָּאת וְחֶצְיָין עוֹלָה? אֶלָּא – ע"כ הִקִּישָׁן הַכָּתוּב, הָכָא נַמִי – בְּעַל כָּרְחָן הִקִּישָׁן הַפָּסוּק! הָתָם פִּיסּוּק מַתָּנוֹת בְּעָלְמָא הִיא. וְנֵיתֵיב אַחַת שֶׁהִיא שְׁתַּיִם לְמַטָּה כְּמַעֲשֵׂה עוֹלָה, שְׁתַּיִם שֶׁהֵן שְׁתַּיִם לְמַעְלָה כְּמַעֲשֵׂה חַטָּאת! לֹא מָצִינוּ דָּמִים שֶׁחֶצְיָין לְמַעְלָה וְחֶצְיָין לְמַטָּה. וְלָא? וְהָתְנַן: *[ג]"הִזָּה מִמֶּנּוּ אַחַת לְמַעְלָה וְשֶׁבַע לְמַטָּה! [ד]כְּמַצְלִיף. מַאי כְּמַצְלִיף – מַחְוֵי רַב יְהוּדָה: כְּמַנְגְּדָנָא. וְלָא? *וְהָתְנַן: הִזָּה מִמֶּנּוּ עַל טָהֳרוֹ שֶׁל מִזְבֵּחַ שֶׁבַע פְּעָמִים, מַאי לָאו אַפַּלְגֵּיהּ דְּמִזְבֵּחַ, כְּדְאָמְרִי *אִינָשֵׁי: טְהַר טִיהֲרָא,(א) הוּא פַּלְגָּא דְּיוֹמָא? אָמַר רַבָּה בַּר שִׁילָא: לָא, אַגּוּפֵיהּ

(שם כז; במדבר כח)

רש"י

מֵעֶרֶב עַד בֹּקֶר. בַּנֵּרוֹת כְּתִיב "יַעֲרוֹךְ אוֹתוֹ אַהֲרֹן וּבָנָיו מֵעֶרֶב עַד בֹּקֶר": תֵּן לָהּ. לַמְּנוֹרָה מִדַּת שֶׁמֶן כְּדֵי שֶׁתְּהֵא דּוֹלֶקֶת כָּל הַלַּיְלָה. וְשִׁיעֲרוּ חֲכָמִים חֲצִי לוֹג לְכָל נֵר וָנֵר, וְיֵשׁ בּוֹ כְּדֵי לְהַדְלִיק כָּל הַלַּיְלָה שֶׁל תְּקוּפַת טֵבֵת. וְאִם יוֹתִיר בְּקַלָּרָה – יוֹתִיר: אֵין לְךָ עֲבוֹדָה שֶׁכְּשֵׁרָה. כְּלוֹמַר אֵין לְךָ עֲבוֹדַת יוֹם כְּשֵׁרָה אַחַר הַדְלָקָתָן. דְּדָרֵישׁ הָכִי: אוֹתוֹ מֵעֶרֶב וְעַד בֹּקֶר, וְלֹא אַחֵר מֵעֶרֶב עַד בֹּקֶר: דִּכְתִיב אוֹתוֹ. כִּדְפָרֵישִׁית. וְעַל כָּרְחָךְ בְּעִידַּן הַדְלָקָה תְּהֵא מִיקְטְרָא קְטוֹרֶת קָאָמַר. אֲבָל שַׁחֲרִית, בְּסֵדֶר מַשְׁמָעוֹ שֶׁל מִקְרָא סֵדֶר הָעֲבוֹדָה: בְּהֵיטִיבוֹ, וַהֲדַר יַקְטִירֶנָּה: רַב פַּפָּא אָמַר לָא קַשְׁיָא. סֵדֶר יוֹמָא אַסֵּדֶר יוֹמָא וְכוּ'[א] בַּהֲטָבַת שְׁתֵּי נֵרוֹת. הָא דִּתְנַן קְטֹרֶת בְּרֵישָׁא – רַבָּנַן, וְהָא דִּתְנַן נֵרוֹת בְּרֵישָׁא – אַבָּא שָׁאוּל: לְמַתְנִיתִין דְּהָכָא. דְּפִירְקָא קַמָּא (יד.): פַּיִיס. דְּמַתְנִיתִין דְּפַיָּיסוֹת, הַשְּׁנוּיָה בְּפֶ' שֵׁנִי (דף כה.), דְּקָתָנֵי קְטֹרֶת לְבַסּוֹף כְּאַבָּא שָׁאוּל: אֵימָא סֵיפָא. דְּסֵדֶר יוֹמָא קָתָנֵי בְּפֶ' שְׁלִישִׁי (דף לא:): הֵבִיאוּ לוֹ אֶת הַתָּמִיד לְכֹהֵן גָּדוֹל בְּיוֹם הַכִּפּוּרִים: קְרָצוֹ. חֲתָכוֹ. חָתַךְ בּוֹ הֶכְשֵׁר שְׁחִיטָה בְּרוֹב שְׁנַיִם, וְלֹא כּוּלָּן. לְפִי שֶׁצָּרִיךְ הוּא עַצְמוֹ לְמַהֵר וְלִיטּוֹל מִזְרָק לְקַבֵּל הַדָּם, שֶׁכָּל עֲבוֹדַת יוֹם הַכִּפּוּרִים אֵינָהּ כְּשֵׁרָה אֶלָּא בּוֹ: לְהֵיטִיב אֶת הַנֵּרוֹת. וְעַל כָּרְחָךְ בִּשְׁתַּיִם הָאַחֲרוֹנוֹת קָאָמַר, דְּלֵיכָּא לְמ"ד קְטוֹרֶת קוֹדֶמֶת לַחֲמֵשׁ הַנֵּרוֹת: רֵישָׁא וְסֵיפָא. דְּסֵדֶר יוֹמָא רַבָּנַן וְכוּ' בִּתְמִיָּה. [דְּכָל מַסֶּכֶת זוֹ כְּמִשְׁנָה אַחַת, שֶׁעֲסוּקָה כּוּלָּהּ בְּסֵדֶר כְּמוֹת שֶׁהֵן הַפְּסוּקִים סְדוּרִין וְהוֹלְכִין]: תָּנָא בְּרֵישָׁא וְכוּ'. [בִּתְמִיָּה], דְּאוֹקֵי אַבַּיֵּי מַתְנִיתִין דְּפ"ק בַּהֲטָבַת שְׁתֵּי נֵרוֹת, וּדְפֶרֶק שֵׁנִי בַּהֲטָבַת ה' נֵרוֹת: וְאַבַּיֵּי אָמַר לָךְ. הַאי דְּפ"ק, דְּקָתָנֵי כָּל חַטָּאת הַיָּחִיד הוּא זוֹרֵק וְכוּ' – לָאו בְּיוֹם הַכִּפּוּרִים קָאֵי, וְלָא קָפֵיד אַסִּידְרָא, אֶלָּא אוֹרוּיֵי בְּעָלְמָא *מַיְירֵי, (צ"ל מורי) וּמְלַמְּדוּ שֶׁצָּרִיךְ כֹּהֵן גָּדוֹל לִהְיוֹת עָסוּק בָּעֲבוֹדָה כָּל שִׁבְעָה כְּדֵי שֶׁיְּהֵא רָגִיל וּמְזוּמָּן בָּהּ בְּיוֹם הַכִּפּוּרִים. וְסִדְרָא דְּיוֹמָא הֲדַר תָּנֵי לָהּ, לְכָךְ שָׁנָה בְּפֶרֶק שֵׁנִי הֲטָבַת חָמֵשׁ וּבְפ"ג שָׁנָה הֲטָבַת שְׁתַּיִם: לְחַטָּאת לַה' עַל עוֹלַת הַתָּמִיד. מַעֲשֵׂה חַטָּאת עַל עוֹלַת הַתָּמִיד. וְהַחַטָּאת טְעוּנָה פִּיסּוּק מַתָּנוֹת שֶׁהֲרֵי דָּמָהּ נִיתָּן עַל אַרְבַּע קְרָנוֹת – אַף עוֹלַת הַתָּמִיד יֵשׁ בָּהּ פִּיסּוּק מַתָּנוֹת, לֹא שֶׁבִּיטְּלוּ מִמֶּנּוּ מַעֲשֵׂה עוֹלָה שֶׁהֲרֵי עוֹלָה הִיא, אֶלָּא שְׁנֵיהֶן נוֹהֲגִין בָּהּ: אַרְבַּע שֶׁהֵן אַרְבַּע. עַל אַרְבַּע קְרָנוֹת: לֹא מָצִינוּ דָּמִים שֶׁמְּכַפְּרִים. כַּפָּרָה אַחַת שֶׁלָּהֶן, וְחוֹזְרִין וּמְכַפְּרִין כַּפָּרָה אַחֶרֶת: פִּיסּוּק מַתָּנוֹת בְּעָלְמָא הוּא. הוֹאִיל וּשְׁתֵּיהֶן בְּקֶרֶן אַחַת – אֵין כָּאן הוֹכָחַת מַעֲשֵׂה חַטָּאת: וְנֵיתֵיב אַחַת וְכוּ'. דַּם עוֹלָה נִיתָּן לְמַטָּה מֵחוּט הַסִּיקְרָא, וְדַם הַחַטָּאת לְמַעְלָה. וְכֵיוָן דְּהָךְ מַתָּנָה בַּתְרַיְיתָא הַמַּפְסֶקֶת מִשּׁוּם מַעֲשֵׂה חַטָּאת עֲבִידָא – תֶּהֱוֵי לְמַעְלָה כְּחַטָּאת: הִזָּה מִמֶּנּוּ כוּ'. לְקַמָּן בְּפֶרֶק חֲמִישִׁי [דף נג:] כְּשֶׁהוּא מַזֶּה מִדַּם הַפָּר כְּנֶגֶד עוֹבִי שֶׁל כַּפּוֹרֶת. וְקָא ס"ד אַחַת מֵאֶמְצַע עוֹבְיָהּ לְמַעְלָה, וְשֶׁבַע מֵאֶמְצָעִיתָהּ וּלְמַטָּה: וּמְשַׁנֵּי כְּמַצְלִיף. הַאי לְמַטָּה וּלְמַעְלָה דְּתָנֵי לָאו מֵאֶמְצָעִית קָאֵי, אֶלָּא רִאשׁוֹנָה נָתַן תְּחִילָּה כְּלַפֵּי מַעְלָה, וְהַשֶּׁבַע תַּחְתֶּיהָ זוֹ לְמַטָּה מִזּוֹ כְּמַצְלִיף: כְּמַנְגְּדָנָא. כִּשְׁלִיחַ ב"ד הַמַּכֶּה בִּרְצוּעָה זוֹ לְמַטָּה מִזּוֹ, שֶׁאֵינוֹ מַכֶּה בְּמָקוֹם אֶחָד. וּלְשׁוֹן מַצְלִיף לֹא נוֹדַע לִי: הִזָּה עַל טָהֳרוֹ שֶׁל מִזְבֵּחַ הַפְּנִימִי שֶׁבַע פְּעָמִים. כְּמוֹ שֶׁנֶּאֱמַר "וְהִזָּה עָלָיו מִן הַדָּם וגו'": אַפַּלְגֵּיהּ.(ב) נֶגֶד אֶמְצַע גּוֹבַהּ קִירוֹ: טִיהֲרָא. צָהֳרַיִם, פַּלְגָּא דְּיוֹמָא, וְכֵיוָן דְּשֶׁבַע הַזָּאוֹת הִזָּה הַמַּזֶּה – אִי אֶפְשָׁר לְצַמְצֵם שֶׁלֹּא יְהֵא מֵהֶן לֹא לְמַעְלָה וְלֹא לְמַטָּה: אַגּוּפֵיהּ

תוספות

בעידן הטבה תהא מקטר קטורת. תימה לי: אמאי לא קאמר "בהיטיבו את הנרות" – היינו חמש נרות, ואחר כך "יקטיר" דבקטורת מפסיק להו! ויש לומר: משום דדרשינן לקמן בפ"ג (דף לג:): "בבקר בבקר בהיטיבו" – חלקיהו לשני בקרים. פירוש: חמש נרות לחודייהו ומפסיק, והדר ב' נרות. וא"כ בהיטיבו הנרות איירי נמי בשתי נרות. ועוד י"ל: דשינויא דמשני עדיפא ליה, דמייתי ראיה לדבריו, כדקאמר דאי לא תימא הכי: אימא סיפא הביאו לו את התמיד קרצו כו'. תימה לי: אמאי פריך מההיא דפ"ג (לקמן דף לא:)? ליפריך מההיא דפ"ב גופא, דקתני (דף כה.): מי שוחט מי זורק, והדר מי מדשן מזבח הפנימי והמנורה. ואבא שאול סבירא ליה לקמן, פרק "אמר להם הממונה" (דף לג.) גבי אביי מסדר מערכה ואליבא דאבא שאול דדישון מזבח הפנימי קודם להטבת חמש נרות, והטבת חמש נרות קודם לדם התמיד! °ויש לומר: דילמא רב פפא פליג עליה דאביי, וסבירא ליה אפילו לאבא שאול דם התמיד ברישא, והדר דישון מזבח הפנימי:

אורויי בעלמא דקא מודי וסידרא הדר מתני לה. אין להקשות כיון דלא תנא סידרא במתניתין – אם כן לדידיה לא צריכא לשינויא דלעיל (יד:) דמשני ארומיא דמתניתין אמתניתין דתמיד. דיש לומר: דלעולם מאי דקתני במתניתין – על הסדר שנה אותו, וה"פ: הא דלא תנא נמי הטבת ה' נרות – משום דלא הויא בכהן גדול:

כמצליף. תימה: במאי טעה? והא בהדיא תנן בה הכי כמצליף, לקמן בפרק "הוציאו לו" (דף נג:): לא היה מכוין לא למעלה ולא למטה אלא כמצליף. ויש לומר: [illegible] לתרן דהאי כמצליף היינו כמנגדנא, והכל במקום אחד. וכמו שפירש בערוך: כמנגדנא – שמרים ידו ואינו מכה עד שיורד*:

מאי לאו אפלגיה דמזבח. ואם כן מצינו דמים שחציין למטה וחציין למעלה, דמתחילה נתן על הקרנות ואחר כך על חצי המזבח. ורש"י לא פירש כן:

ואחת

רבינו חננאל

פשוטין הן: רב פפא אמר ל"ק. ולא תימא בקטרת מפסיק להו אלא כ"ע בדם התמיד מפסיק להו ומתני' דהכא רבנן דתני מקטיר ואח"כ מטיב ופיים לאבא שאול דתני מטיב ואחר כך מקטיר איני והתנן בפ' שאחר הפיים הביאו לו את התמיד [דף לא ע"ב] קרצו ומירק אחר שחיטה על ידו ונכנס להקטיר את הקטרת ולהיטיב את הנרות אתאן לרבנן אמר רב פפא אין רישא וסיפא [רבנן] ופיים לאבא שאול *) וקשיא ליה לאפסוקינהו בקטרת דאי ס"ד בקטרת מפסיק להו קתני בפ' הראשון מקטיר ומשלים הטבת ב' נרות ועדיין לא שנא הטבת ה' נרות שהן קודם לקטרת (אבל) [אלא] בפר' שאחריו אלא רישא וסיפא רבנן ומציעתא אבא שאול. ואביי אמר לך לעולם מתני' כולה רבנן ובקטרת מפסיק להו והכא הוראה בלבד קתני שכ"ג הוא מקריב [ומקטיר] והוא מטיב. וסדורן אח"כ שונה אותו בפר' השני שנה מטיב ה' נרות ומקטיר ובפר' השלישי שנה מקטיר ומשלים הטבת ב' נרות: גופא בא לו לקרן מזרחית צפונית נותן מזרחה צפונה כו'. ותני ר' שמעון א"ש המצפה משנה בתמיד מזרחית צפונית נותן מזרחה צפונה מערבית דרומית נותן מערבה ואח"כ נותן דרומה. מ"ט דכתיב ושעיר עזים אחד לחטאת לה' על עולת התמיד יעשה עשה מעשה חטאת בעולת התמיד קאמ' רחמנא לפיכך צריך בה לעשות מעשה עולה ומעשה חטאת. הא כיצד נותן בחודו של קרן מזרחית צפונית אחת ונחשבת לו כשתים שכך מעשה ההזאה [כל הזאה הנתנת בחודו של קרן כשתי ההזאות] היא חשובה ודין העולה שתים בחודו של קרנות ונחשבות ארבע והחטאת דינה ארבע מתנות על ד' קרנות לפיכך אח"כ נותן בו (שהן) שתים אחת מערבה ואחת דרומה כמעשה חטאת ואע"ג שדם החטאת נזרק למעלה מחוט של מזבח ודם העולה היה נזרק למטה מחוט של מזבח. כדתנן במדות פ' ג' וחוט של סיקרא

*) נראה דצ"ל דקשיא ליה לר"פ לומר דכולה רבנן לאפסוקינהו בקטורת וכו'.

עין משפט נר מצוה

סו א מיי' פ"ג מהלכות תמידין הלכה יא:
סז ב מיי' פ"ד מהלכות עבודת יוה"כ הל' א:
סח ג ד מיי' פ"ג מהל' עבודת יוה"כ הל' ה:

מסורת הש"ס

פסחים נט. זבחים יח: מנחות פט.
לקמן לא: [חולין כט.]
לקמן נג: זבחים לח.
לקמן נח.
[לקמן נז.]

הגהות הב"ח

(א) גמ' דהוא פלגא:
(ב) רש"י ד"ה אפלגיה דמזבח נגד:

גליון הש"ס

תוס' ד"ה אימא סיפא וי"ל דילמא ר"פ פליג. ק"ל לפי' למאי דלאביי צ"ל לאביי כר"פ רישא וסיפא רבנן ומציעתא כא"ש ... דמסדר מערכה לא"ש ... דזריקת דם קודם לדישון מזבח הפנימי והמנורה ... ואיש כן.

הגהות מהר"ב רנשבורג

(א) רש"י ד"ה רב פפא אמר ל"ק. סדר יומא אסדר יומא וכו'. ...

תוספות ישנים

אין לך עבודה מערב ועד בקר אלא זו בלבד. פי' שיוכלו לאחר אותה כל כך ובמנחות פריך הרי אברים ופדרים שכשרין כל הלילה ומשני ליה ובתמיד נשחט (דף נט.) איכא מאן דאמר דלא איירי אלא בעבודת פנים כגון קטרת אבל פסח מאוחר אחר נרות ולדידיה איכא למימר הכי נמי באברים ופדרים: תן לה מידתה. פי' בקונטרס שלעולם יתן חצי לוג שמן שכך שיערו חכמים ואם יותיר יותיר ובתוס' ריב"א כתב שבלילי תמוז היו עושין פתילות עבות ובלילי טבת בינוניות ומיהו לשון תן לה מידתה משמע שלכולם היו פתילות בינוניות וריב"א הביא ראיה דאמרינן בירושלמי ר' שמואל בר רב יצחק בעי מעתה בתקופת טבת חצי לוג לכל נר ותקופת תמוז חצי לוג לכל נר א"ר יוסא אין מן הדה לית שמע כלום בן ביבאי היה ממונה על הפקיע וממזג את הפתילות וסבירא ליה להאי אמורא דעל הפקיע לאו היינו נגלה כדאמר לקמן בפרק שני (דף כג.): נותן מזרחה צפונה. דעולה טעונה שתי מתנות שהן ארבע כדתניא באיזהו מקומן (דף נג:) יכול זורק זריקה אחת ת"ל סביב אי סביב יכול מקיפו בחוט ת"ל וזרקו הא כיצד שתי מתנות שהן ארבע ואיכא סביב בקרנות: הזה ממנו אחת למעלה ושבע למטה. ותימה להר"ר אלחנן מאי ס"ד הא בהדיא קתני לקמן בפרק הוציאו לו (דף נג:) והזה ממנו אחת למעלה ושבע למטה ולא היה מתכוין להזות לא למעלה ולא למטה אלא כמצליף י"ל דס"ד דהכי קאמר לא למעלה ממש במשכו של מעלה ולא למטה ממש: במנגדנא. פי' בקונטרס כמלקה זה שאינו רוצה להכות הארבעים במקום אחד וקשה שאין זה מפורש בשום מקום בתלמוד אבל לא תיקשי מאי אחת למעלה ושבע למטה כיון דזו למטה מזו וי"ל שיש לחלק בין אחת א) לשתים שכאן מגדד גב ידו למעלה וכאן מגדד גב ידו למטה כדאמרינן פרק הוציאו לו (דף נה.) ורבינו הזקן פי' כמנגדנא כשמכה אותו שלוקה מוטה על העמוד ומכין אותו שליש מלפניו ושני שלישים מאחוריו נמצא שאצבעותיו למעלה כשמכה מלפניו ואצבעותיו למטה כשמכה מאחוריו והכי נמי כשהזה מלמעלה אצבעותיו למעלה וגב ידו למטה וכשהזה למטה אצבעותיו למטה וכולן היו נוגעות בקרקע ולא בכפורת כדאמרינן בפרק הוציאו לו (שם) וכן פי' בערוך: במצליף. פי' בערוך יודע כמביא למעלה כמאן דמצליף בקונסא: הזה על טהרו כו'. פירש בקונטרס על חציו וא"כ א"א שלא תהא אחת למעלה מחציו והאחרות למטה ורבינו חננאל גרים איני והא תנן בפרק הוציאו (דף נח:) אחר שהזה למעלה [בקרנות] מזבח הזהב חוזר ומזה על טהרו של מזבח ז' פעמים כו' אלמא מדם א' נותן למעלה בקרנות המזבח ולמטה בחציו ועוד גרס בפר"ח והאיכא שיריים שהן למטה אחר שהזה על הקרנות [ומשני] שיריים לא מעכבי ואנן מיירינן במלתא דמעכבא בדם דהיינו עיקר כפרה והאיכא שיריים של דם הפר ושל דם השעיר הניתן בפנים [דאיכא מ"ד] דמעכבי

א) נ"ל לשבע

עין משפט נר מצוה

סט א מיי' פ"ה מהל' מעשה הקרבנות הלכה ו:
ע ב מיי' פ"ה מהלכות בית הבחירה הל' י:

תורה אור

אגופיה דמזבח, דכתיב: °"וכעצם השמים לטהר" (שמות כד). מאי שנא דיהיב עולה ברישא והדר יהיב דחטאת? ניתיב ברישא דחטאת, והדר ניתיב דעולה! כיון דעולה היא – היא קדמה ברישא. ומאי שנא דיהיב מזרחית צפונית ומערבית דרומית? ניתיב דרומית מזרחית [א]והדר צפונית מערבית! אמרי: אעולה טעונה יסוד, וקרן דרומית מזרחית לא הוה ליה יסוד. מאי שנא דיהיב ברישא מזרחית צפונית והדר מערבית דרומית? ניתיב ברישא מערבית דרומית והדר מזרחית צפונית! כיון *דאמר מר: כל פינות שאתה פונה – לא יהו אלא דרך ימין למזרח – ברישא בההוא פגע. וממאי דבעולה הוא דקאמר רחמנא עביד בה מעשה חטאת? ודילמא בחטאת הוא דקאמר רחמנא עביד בה מעשה עולה? לא ס"ד, דכתיב: °"על עולת התמיד יעשה ונסכו" (במדבר כח). מאי קאמר רחמנא – מידי דחטאת שדי אעולה. תנן התם, *אמר להם הממונה: צאו והביאו טלה מלשכת בית הטלאים. והלא לשכת הטלאים היתה במקצוע צפונית מערבית, וארבע לשכות היו שם: אחת לשכת הטלאים, ואחת לשכת החותמות, ואחת לשכת בית המוקד, ואחת לשכה שעושין בה לחם הפנים. ורמינהו: *בארבע לשכות היו לבית המוקד כקטוניות הפתוחות לטרקלין, שתים בקודש ושתים בחול, וראשי פספסין מבדילין בין קודש לחול. ומה היו משמשות? מערבית דרומית – היא היתה לשכת (א) טלי קרבן,

דרומית

רש"י

אגופיה דמזבח. על גגו, ומאי לשון טהרו – על שם שמטהר ומפנה הקטורת שנשרף עליו בבקר, וחותיהו אילך ואילך, ומזה על מקום הגילוי, כדכתיב "וכעצם השמים לטוהר" – כמו לטהר: **עולה טעונה יסוד.** שיהא דמה ניתן במקום שיהא יסוד למטה הימנו, דהכי אמרינן בזבחים (דף נא.) "אל יסוד מזבח העולה" – לזבחה של עולה יהא יסוד למטה הימנו: **קרן מזרחית דרומית לא היה לה יסוד.** כדאמרינן במסכת מדות (פ"ג משנה א'): היסוד היה מהלך על פני כל הצפון ועל פני כל המערב, אוכל במזרח אמה אחת, כשהצפון כלה למזרח ובדרום אמה אחת כשהמערב כלה לדרום אלמא לא היה יסוד למזרחית דרומית. ואמרינן בזבחים (דף נג:): לפי שלא היתה אמה היסוד של כל המזרח ושל כל דרום בחלקו של בנימין, כדמתרגמינן "בחסנתיה יתבני *מדבחא" (בראשית מט) – לפיכך לא היה יסוד לה: **כיון דאמר מר כו'.** ממתניתין דרמי בר יחזקאל היא לקמן (דף נח:): **לא יהו אלא** דרך ימין למזרח. הכא לא שייך למזרח, אבל בזבחים שייך למיתנייה, דאיירי התם בנתינת כבש המזבח לדרום, ויליף לה מן "ומעלותיהו פונות קדים" – תן מעלותיו לדרום כדי שתהא תחילת פינותיו לקדים, כשתפנה לדרך ימין, דכל פינות דרך ימין הן, דתני רמי בר יחזקאל: עומד על שנים עשר בקר וגו'. ואגב הכא גירסא נקט בכל דוכתי למזרח, ולא שייך למימר אלא דרך ימין, ותו לא: **ברישא בההוא פגע.** כשעלה בכבש ופונה לימין – פוגע בקרן מזרחית דרומית תחילה, ושם אי אפשר ליתן משום דאין לה יסוד, ומקיף ובא עד מזרחית לפונית ונותן. ואע"ג דמתן דם אינו עולה בכבש, דהא על הרצפה עומד והכלי בידו וזורק למרחוק, דכתיב "וזרקו", דהא למטה מן החוט הוא נותן, אפילו הכי. כיון שבחטאת שניתנה בעליונה של קרן צריך לעלות בכבש דרך הדרום ופונה למזרח – ה"ה בכל הדמים, אע"פ שנותנן למטה – מתחיל להקיף מדרך הדרום שהוא פניו של מזבח כפתח כניסת הבית, ומשם פונה לימין: **דילמא בחטאת.** דראש חודש, אמר רחמנא עביד ביה מעשה עולה: **לא ס"ד דכתיב.** לחטאת על עולת: **תנן התם.** במסכת תמיד. ולא שייך למיקבעיה בגמרא דיומא אלא משום דמיירי לעיל(ב) בשינוי כהאי גוונא: מאן תנא סדר יומא – ר"ש איש המצפה היא, לא שמעינן ליה דאמר הכי אלא משום דשמעינן ליה דפליג אסדר תמיד, מוקמי לסתמיה דפליגי אתמיד אליביה. ואין שיטה זאת מלויה בגמרא, קבעיה נמי להך גביה, דמתוקמא נמי בהך שיטתא: **הממונה.** הוא הסגן: **והביאו כו'.** לתמיד: **מלשכת הטלאים.** שהיו הטלאים שם מבוקרין, כדתנן (ערכין דף יג.): אין פוחתין מששה טלאים המבוקרין בלשכת הטלאים: **והלא.** כמו: והרי היא במקום פלוני: **במקצוע צפונית מערבית.** של בית המוקד, שהיה טרקלין גדול והיו מסיקין בו מדורות גדולות להתחמם שם הכהנים, שהולכים יחפים על רצפת עזרה שהיא של שיש. והיו במקצועותיה לשכות פתוחות כקטוניות פתוחות לטרקלין, כדקתני לקמן: וארבע לשכות היו שם בד' המקצועות, אחת לשכת הטלאים וכו': **לשכת החותמות.** שמניחין שם חותמות של לוקח סלתות ונסכים מן ההקדש בדמים, כדתנן במסכת שקלים (דף ז:): ד' חותמות היו במקדש, והיה כתוב עליהן עגל גדי זכר חוטא, והן סימני כבש ואיל ופר ושלש בהמות של מצורע. כל מי שמבקש נסכים בא לו אצל הממונה על החותמות, ונותן לו מעות כפי נסכים שהוא צריך, ומקבל ממנו חותם של אותם נסכים, ובא לו אצל הממונה על הנסכים ומראה לו החותם ומקבל ממנו נסכים וכו', כדמפרש התם: **לשכת בית המוקד.** לשכה קטנה שקרויה בית המוקד, ופתוחה לבית המוקד הגדול: **שעושים בה לחם הפנים.** של בית גרמו עושין שם מעשה לחם הפנים שהיו שם: **לבית המוקד.** פתוחות לה: **שתים בקודש ושתים בחול.** של בית המוקד מקצתה בנויה בתוך עזרה מקודשת, ומקצתה בחול: **וראשי פספסין.** חתיכות עצים, מבדילין לסימן במקום המפסיק בין קודש לחול:

ששיקלוס

תוספות

ואחת לשכת בית המוקד. פר"ח: דשני בית המוקד היו, ליטול מהם אש לצורך המזבח, שמצוה להביא מן ההדיוט, ששנים היו, שאם יכבה האחד – יביאו מן השני. ואף על גב דאכתי הוצאי מערכה לקיום האש, לקמן בס"פ "טרף בקלפי" (דף מה.) – שמא שלשתן היו צריכות לקיום האש, שאם יכבה האש משני בתי המוקד – יקחו מן המערכה העשויה לכך. וכפירושו משמע בפ"ק דשבת (דף כ.): ומאחיזין האור במדורת בית המוקד, מאי טעמא – "בכל מושבותיכם" אי אתה מבעיר אבל אתה מבעיר במדורת בית המוקד. משמע דלפי שהוא צורך המזבח יכול להבעיר בשבת. ורש"י פירש: לפי שהכהנים הולכים יחפים, דבעינן שלא יהא דבר חוצץ בינו לרצפה, כדאיתא בפ"ב דזבחים (דף כד.) היו שני בתי המוקד, ואש של מערכה לקיום האש. וצריך לומר לפירושו דהתירו להבעיר האש במדורת בית המוקד – אע"ג דלא הוה צורך מזבח, כיון דבעזרה הוא – לא קרינן ביה "בכל מושבותיכם":

(א) **אמר** להם הממונה. הכא ולקמן בריש פ"ג (דף כח.): אמר להם הממונה צאו וראו אם הגיע זמן שחיטה, פירש רש"י: הסגן. וליתא, דבירושלמי חשיב ה' דברים שהסגן משמש: אישי כ"ג הגבה ימינך, לקמן בפרק "טרף בקלפי" (דף לט.). הסגן בימינו וראש בית אב בשמאלו, בפ' "כ"ג" (סנהדרין דף יט.). והניף הסגן בסודרין דסוף מסכת תמיד (דף לג:), והסגן בימינו והעלהו בההיא פירקא נמי לא היה כה"ג מתמנה עד שנעשה סגן, ולא קא חשיב להא בהדייהו. אלמא: ממונה לאו סגן הוא(ב):

ניתיב דרומית מזרחית. דומיא דחטאת, דכשעלה בכבש בא לו לקרן דרומית מזרחית תחלה. °ולא הוה מצי לשנויי: כיון דעולה נשחטת בצפון, וקיבול דמה בצפון – יהיב מזרחית צפונית, דפגע ביה ברישא, שהוא סמוך לו יותר מלקרן מזרחית דרומית. חדא: דאדרבה, כיון דכל פונות דרך ימין – נמצא כי קאי בצפון ופניו למזבח ומקיף דרך ימין פגע בקרן דרומית מזרחית ברישא. ועוד: האמת משיב לו, לקרן דרומית מזרחית לא היה לו יסוד:

ניתיב ברישא מערבית דרומית. דכיון דבעיא מעשה חטאת, נהי דלא מצי למיתב דרומית מזרחית כחטאת – משום דעולה טעונה יסוד, מ"מ ניתיב ברישא מערבית דרומית שהיא קרן הסמוכה לכבש שהיה בדרום שהיה עולה בו לתת מתנות דחטאת, וקרובה לו טפי ממזרחית לפונית. ומשני: כיון דאמר מר כל פונות כו', ואף על גב דאי שחיט על ירך המזבח לפונה פגע ברישא דרך ימין לקרן מערבית דרומית מקמי קרן מזרחית לפונית – ס"ל לרבי שמעון איש המצפה כמאן דאמר דכל חצי העזרה עד הפתח הויא לפון, והיה שוחט להלן מן המזבח כנגד הפתח, וכי מקיף תו דרך ימין – פגע מיד בקרן מזרחית לפונית, שהיא קרובה לקרן מזרחית דרומית, שהיא קרן שנותנין בה תחלה מתנות חטאת, טפי מלקרן מערבית דרומית. וניחא נמי דנקט דרך ימין למזרח:

דרומית

א) ד"ה אמר שייך קודם ד"ה ואחת ושניהם שייכים אחר ד"ה ניתיב ברישא ב) [וע"ע תוס' מנחות ק. ד"ה אמר ותוס' סוטה מב. ד"ה סגן]

מסורת הש"ס

לפנינו מקדשא עיין תוי"ט בזבחים פ"ה מ"ד ד"ה שתי מתנות

תמיד ל. [פ"ג משנה ג]

מדות פ"א מ"ו

הגהות הב"ח

(א) גמרא טלאי קרבן: (ב) רש"י ד"ה תנן התם וכו' דמיירי לעיל בשיטה כהאי גוונא כו' מוקמי' לסתמין דסדר יומא דפליגי אתמיד:

הגהות הגר"א

[א] גמ' והדר. רשום קו עליו למחקו:

גליון הש"ס

תוס' ד"ה ניתיב דרומית כו' ולא ה"מ לשנויי. עיין תשוב' מהרח"ש ח"ג סימן ט:

רבינו חננאל

חוגרו באמצע להבדיל בין דמים העליונים לדמים התחתונים. עולת התמיד כל דמיה למטה היו נזרקים. כי לא מצאנו דמי בהמה אחת חציים למטה וחציים למעלה (ומקצתם למטה לא מצאנו). ואקשינן *) והתנן הזה ממנו מדם הפר וכן מדם השעיר אחת למעלה ושבע למטה כמצליף הנה למעלה ולמטה. ושנינן הא"ר יהודה בפ' הוציאו [לו] את הכף מאי כמצליף במנגדנא פי' כמכה שמעלה ידו ומורידה וכל הכאה במקום אחד היא. ופירשנוה באתריה. איני והתנן בפ' הוציאו לו את הכף אחר שהזה למעלה בקרנות מזבח הזהב וחזר והזה על טהרו של מזבח ז' פעמים מאי לאו בחציו של מזבח כמו שקורין בני אדם חציו של יום טיהרא כך קורין חציו של מזבח טיהרו הנה מדם אחד נותן למעלה בקרנות למטה בחציו. ושני לא טהרו גילויו הוא כלומר מקום נקי שנראה ונתגלה זהבו והוא מקום שאין שם טיבול קטרת כמו השמים הנקיים שאין בהן עבים נקראין טהורים כדכתי' וכעצם השמים לטוהר. **) והאיכא שירים שהן למטה כלומר נשפכין על היסוד. ושנינן שירים לא מעכבי כלומר אפילו אינן נשפכין על היסוד נשלמה העבודה וכיון דלא מעכבי שפיכתן על היסוד ולא כלום היא. והאיכא שירים של דם הפר ושל דם השעיר הניתן בפנים דמעכבי ומפורש בפ' הוציאו לו את הכף [דף ס ע"ב] ובזבחים שהיא שחיטת קדשים בסוף השוחט [והמעלה דף קי"א] ומשנה בחד מקום אמרינן לא מצאנו דמים חציים למעלה וחציים למטה אבל כנפיים ובחוץ לא. ולמה מקדים ומזה אחת שהיא שתים כדין העולה ואח"כ מזה שתים שהן שתים כמעשה חטאת מפני שהזבח עולה לפיכך מקדים מצותו. והרי אנו מפרשים שתי הקושיות כאחת למה מזין בקרן מזרחית צפונית היה לו להזות בתחלה בקרן דרומית מזרחית משום דכד סליק בכבש ופונה דרך ימין למזרח בההיא קרן פגע ברישא ומשני אמאי לא מדי בקרן דרומית מזרחית משום דעולה טעונה יסוד וקרן דרומית מזרחית לא הויא יסוד ואם יתחיל בקרן דרומית מזרחית צריך להשלים צפונה מערבה ולא היו הדמים נשפכין על יסוד אלא בקרן מערבית דרומית. דתנן במדות פ' ג' והיסוד היה מהלך על פני כל הצפון ועל פני המערב ואוכל בדרום אמה אחת ובמזרח אחת ובקרן מערבית דרומית היו ב' נקבין כמין ב' חוטמין דקין שהדמים ניתנין על יסוד מערבי ועל יסוד דרומי כו'. וכבש המזבח היה לדרום המזבח דתנן היה לדרומו של מזבח [ל"ב] אמה על רחב י"ו אמה וכשעולה מן הכבש למזבח ופונה דרך ימינו למזרח ברישא פגע בקרן דרומית מזרחית [ושם] לא יכול להזות בו דהא לית ליה יסוד כדאמרינן וכיון דעבר ליה כי פגע ברישא בקרן מזרחית צפונית פגע ואין מעבירין על המצות הילכך מזה עליו כו'. תנן התם בתמיד פ"ג אמר להן צאו והביאו טלה מלשכת הטלאים. והרי לשכת הטלאים היתה במקצוע צפונית מערבית וד' לשכות היו שם. אחת לשכת הטלאים ואחת לשכת החותמות. כדתנן ד' חותמות היו במקדש. ואחת לשכת המוקד ובית המוקד זה היה כיפה ולמה נקרא בית המוקד שלא היתה אש כבה בו לעולם. ומשם היו נוטלין האש ואחת לשכת

*) אולי צ"ל ואקשינן ומקצתם למעלה ומקצתם למטה לא מצאנו והתנן. **) עי' בתוס' ישנים כאן דכ' דרבינו גריס לה הכא אבל בספרים שלנו אינו רק בזבחים דף לח ע"ב נמצא להך גירסא.

עושין

תוספות ישנים

דמעכבי ומפורש בס"פ הוציאו לו (דף ס:) ובזבחים בהשוחט והמעלה (דף קיא.) אלמא יש ממנו בקרנות המזבח ולמטה ומשני בחד מקום אמרינן וכל זה היה במזבח הפנימי למעלה ובחיצון למטה משמע שכל זה היה בספר ר"ח אבל אינו בספרים שלנו ובזבחים פרק בית שמאי בריישיה (דף לח:) איתא להך גירסא: **הממונה. פי'** בקונטרס סגן והקשה ר' אלחנן דהא בירושלמי מפרש דחמשה דברים סגן משמש ולא חשיב הך דהכא וכן אמר לכן הממונה דפרק ג' והכי נמי דתמיד ונראה לרבי שממונה על זה היה כי מסתמא היו שם הרבה ממונים: **צאו** והביאו טלה גר'. ול"ג לי: **בית** המוקד. פי' בקונטרס שהיה בו אש להתחמם לכהנים שהיו הולכים יחיפים על הרצפה והא דאמרינן בפ"ק דשבת אבל אתה מבעיר במדורת בית המוקד מ"מ צורך עבודה קרינא ביה שפיר ואע"פ שלא היה אלא לחמם לכהנים וגם היה בית המוקד קטן כקיטון הפתוח לטרקלין כלאמר בסמוך שהיה עשוי נמי לצורך כך ור"ח פי' שהיה אש בבית המוקד לקיום האש ואע"ג דאמרינן לקמן בפרק טרף בקלפי (דף מה.) שהיו עושין מערכה לקיום האש מ"מ צריכין היו ב' בתי מוקד אלו לקיום האש וקשה קצת שלא מצינו בשום מקום שהיו לקיום האש: **ורמינהי** כו'. מלשכת טלה קרבן ומלחם הפנים קא פריך דהגהו משני לבסוף שמעתין אבל מאיך אתי להו שפיר אם היו משמשות שני דברים: **מבדילין** בין עזרת ישראל לעזרת כהנים. שהיא היתה מקודשת יותר דתנן במסכת כלים (פ"א מ"ח) עזרת כהנים מקודשת ממנה שאין זר נכנס לשם אלא לשחיטה ותנופה כו' ולקמן פרק אמר להם הממונה (דף לו.) פלוגתא אם יכול לשחוט קרבנות ששחיטתן בצפון בעזרת [כהנים] ומיהו הגהה דמסכת כלים אתיא אפילו למאן דשרי שהרי פעמים שהיתה עזרת ישראל מלאה שוחטין נכנסין לשם:

חוץ

עא א ב מיי' פ"ה מהל' בית הבחירה הל' ז:
עב ג מיי' שם פ"ו הלכה ה:
עג ד מיי' שם פ"ה הל' ב והלכה ה:
עד ה ו שם הלכה ג:
עה ז שם פ"ו הל' א:
עו ח שם הלכה ב:
עז ט שם פ"ה הל' יב:
עח י שם פ"ו הלכה ד:
עט כ שם הלכה ג:

דרומית מזרחית – היא לשכה שהיו עושין בה לחם הפנים, *מזרחית צפונית – בה גנזו בית חשמונאי אבני מזבח ששקצום מלכי גוים, צפונית מערבית – בה יורדין לבית הטבילה. אמר רב הונא: מאן תנא מדות – ר"א בן יעקב היא. *דתנן: [א]עזרת נשים היתה אורך מאה ושלשים וחמש על רוחב מאה ושלשים וחמש, [ב]וארבע לשכות היו בד' מקצועותיה. ומה היו משמשות? דרומית מזרחית – היא היתה לשכת הנזירים, ששם נזירים מבשלים את שלמיהן ומגלחין שערן ומשלחין תחת הדוד. מזרחית צפונית – היא היתה לשכת(א) דיר העצים, ששם כהנים בעלי מומין עומדין ומתליעין בעצים, שכל עץ שיש בו תולעת פסול לגבי מזבח. צפונית מערבית – היא היתה לשכת המצורעין. מערבית דרומית – אמר ר"א בן יעקב: שכחתי מה היתה משמשת. אבא שאול אומר: בה היו נותנין יין ושמן, והיא היתה נקראת לשכת בית שמניא. ה"נ מסתברא דר"א בן יעקב היא, דתנן: *כל הכתלים שהיו שם היו גבוהין, [ג]חוץ מכותל מזרחי. שהכהן השורף את הפרה עומד בהר המשחה,(ב) ומכוון ורואה כנגד פתחו של היכל בשעת הזאת הדם. *ותנן: [ד]כל הפתחים שהיו שם גובהן עשרים אמה ורוחבן עשר אמות. *)ותנן: [ה]לפנים ממנו סורג. *ותנן: [ו]לפנים ממנו החיל, עשר אמות, [ז]ושתים עשרה מעלות היו שם רום מעלה חצי אמה ושילחה חצי אמה. *[ח]ט"ו מעלות עולות מתוכה היורדות מעזרת ישראל לעזרת נשים, רום מעלה חצי אמה ושילחה חצי אמה. *ותנן: [ט]בין האולם ולמזבח כ"ב אמה, [י]ושתים עשרה מעלות היו שם, רום מעלה חצי אמה ושילחה *)חצי אמה. *ותנן, ר"א בן יעקב אומר: [כ]מעלה היתה שם, וגבוה אמה, ודוכן נתון עליה ובו שלש מעלות של חצי חצי אמה. אי אמרת בשלמא ר"א בן יעקב היא – היינו דאיכסי ליה פיתחא, אלא אי אמרת רבנן – הא איכא פלגא דאמתא דמתחזי ליה פיתחא בגוויה. אלא לאו שמע מינה: רבי אליעזר בן יעקב היא. רב אדא בר אהבה אמר: הא מני – רבי יהודה היא. *דתניא, רבי יהודה אומר: המזבח ממוצע ועומד באמצע עזרה, ושלשים ושתים אמות היו לו, עשר

*) [גיר' סדר המשנה ושילחה אמה ועיין בכ"מ פ"ו מהל' בית הבחירה הלכה ו]

ששיקצום מלכי גוים. שהקטירו עליה לעבודה זרה במקדש. קתני(ג) בלשכת הטלאים שהוא במערבית דרומית: מאן תנא מדות. הא מתניתין דמסכת מדות(ד) היא: ר"א בן יעקב היא. דסתמיה דמתניתין דמדות קיימי כוותיה: היתה אורך. מן המזרח למערב על רוחב מן הצפון לדרום: ומשלחין תחת הדוד. דכתיב (במדבר ו) "ונתן על האש אשר תחת זבח השלמים": לשכת המצורעין. מפרש בפירקין דלקמן שאם המצורעין טובלין בשמיני לטהרתן, כשבאין להכניס ידיהן לבהונות, אע"פ שטבל מבערב: אמר ר"א בן יעקב שכחתי כו'. מכלל דרישא ר"א בן יעקב קאמר לה: ה"נ מסתברא. דסתמא דמדות ר"א קאמר לה: דתנן כל הכתלים וכו'. ולא מצית מוקמת לה אלא כר"א בן יעקב: כל הכתלים שהיו שם. בכל בנייני הר הבית היו גבוהין הרבה מאד, עד שהיו כל פתחים שבהן גבוהין כ' אמה, לבד ממה שעל הפתחים הרבה מאד: חוץ מכותל מזרחית. הוא התחתון לרגלי הר הבית, שבו נכנסין לחיל שלפני עזרת נשים, ומן החיל נכנסין לעזרת נשים, ומעזרת נשים לעזרה הגדולה: שכהן השורף את הפרה עומד בהר המשחה. הוא הר הזיתים אשר על פני ירושלים מקדם, ופני הכהן למערב: ומתכוין ורואה. מעל גובה ראש הכותל דרך השערים שלפנים הימנו פתחו של היכל, כשהוא מזה בדם, כדכתיב (במדבר יט) "והזה אל נוכח פני אהל מועד וגו'". ואם היתה הכותל גבוה, אע"פ שהשערים מכוונים זה כנגד זה, שער הר הבית כנגד שער עזרת נשים, ושער עזרת נשים כנגד שער העזרה הגדולה, ושער העזרה כנגד פתח ההיכל לא היה יכול לראות את פתח ההיכל דרך פתחים, לפי שההר הולך ומגביה ועולה, עד שקרקע פתח ההיכל גבוה כ' אמות יותר מקרקעי רגלי הר הבית, ונמצאת אסקופת ההיכל גבוהה ממשקוף פתח הר הבית, ולא יוכל לראות חלל פתח היכל דרך אותו פתח: ותנן כל הפתחים וכו' ותנן לפנים הימנו וכו'. כל הני תנן ותנן דקא מייתי הכא לפרושי אתי דלא משכחת דאיכסי פיתחא תתאה במעלות הר הבית אלא לר' אליעזר בן יעקב: גבוהין עשרים אמה. כיון דגבוהין עשרים אמה לא משכחת שנסתם במעלות ההר לרבנן: לפנים ממנו סורג(ה). היה שם לפנים מכותל מזרחי, והיא מחיצה העשויה נקבים נקבים כסירוגי מטה של חבלים ועושין אותה בדפי עץ ארוכים וקצרים שקורין לט"ש, ומרכיבין אותן זו על גב זו באלכסון, וקורין אותן בלע"ז פרודנ"י: לפנים. מאותו סורג היה מקום פנוי י' אמות והוא נקרא חיל: ושתים עשרה מעלות היו. באותן י' אמות שההר מגביה מן הסורג עד שער עזרת נשים, רום כל מעלה ומעלה חצי אמה, הרי שעלה קרקע עזרת נשים ו' אמות: ושלחה. משך רוחב המעלה חצי אמה, ואורכה בכל רוחב ההר לצפון ולדרום: ט"ו מעלות. גובה קרקע עזרת ישראל מעזרת נשים, הרי שעלה ההר י"ג אמה וחצי: ותנן בין האולם למזבח י"ב מעלות. הרי שגבה קרקע היכל מקרקע הר הבית התחתון תשע עשרה אמה וחצי, עדיין נשאר מן הפתח התחתון חצי אמה עליונה לראות דרך שם חצי אמה התחתונה של חלל פתח ההיכל: ותנן ר"א בן יעקב אומר מעלה היתה. עוד בעזרת ישראל, וגבוהה אמה ואורכה ברוחב כל העזרה: ודוכן. של לוים בנוי עליה וגבוה אמה וחצי: ובו ג' מעלות של חצי(ו) אמה. שעולין בהן לדוכן: אי אמרת בשלמא. סתמא דקתני דכותל מזרחי נמוך כדי לראות מעל לו דרך שערי עזרת נשים ועזרת ישראל את חלל פתח ההיכל: ר"א היא. דאית ליה מעלה יתירה, וגבה קרקע ההיכל מקרקע התחתון כ' אמה וחצי*: היינו דאיכסי ליה. פתח התחתון בגובה קרקע ההיכל: אלא אי אמרת רבנן. הרי לא עלו המעלות אלא י"ט אמה וחצי, ופש ליה פלגא אמתא דמיתחזי ליה פתח ההיכל בגוויה לכהן שבהר הזיתים: רב אדא בר אהבה אמר הא מני. דקתני דכותל מזרחי הולך להיות נמוך – ר' יהודה היא, דאמר: המזבח עומד באמצע העזרה כנגד הפתחים, ונמצא גובהו סותם את הפתח התחתון, שהרי עלה קרקע עזרת ישראל מקרקע התחתון י"ג אמה, וחצי אמה קודם שהגיע למזבח, והמזבח גובהו תשע – הרי עשרים ושתים וחצי:

דרומית מזרחית היא היתה לשכת לחם הפנים. לקמן (דף יח.) פריך: דלעיל במתניתין דתמיד מוכח דהיא היתה בקרן מזרחית צפונית, דקא חשיב מלשכת טלאים שהיתה בקרן מערבית צפונית עד לשכת לחם הפנים ד' לשכות, וכי מקפת דרך ימין – נמצאת לשכת לחם הפנים בצפונית מזרחית. ומשני לה. וקשיא לן: ליפרוך נמי דלעיל קאמר דשאר שתי לשכותיה הוי לשכת החותמות ולשכת בית המוקד, והכא קאמר שבאחת גנזו בית חשמונאי כו' ובאחת יורדין לבית הטבילה, י"ל: טובא איכא לשכות ומיני כלים שמשמשין שנים ושלשה דברים: הא איכא פלגא דאמתא. הא דלא משני שההיכל היה לו אסקופה למטה בפתחו, שהיתה גבוה חצי אמה – דקים ליה שלא היה כך, ואת"ל שהיה לו – היה לשאר השערים כמו כן, וא"כ אכתי איכא פלגא דאמתא דמתחזי פתחא בגוויה: הא מני ר' יהודה דאמר מזבח ממוצע וכו'. ואיכסי ליה פיתחא בגובהו של המזבח העומד בפניו ומפסיקו, והכא נמי הוה מצי למימר ר"ש היא, דאמר בפרק "איזהו מקומן" (זבחים דף נג.): כוליה מזבח בצפון קאי, דמזבח והכבש מכסין בפני הפתח, דאף על פי שהכבש יורד ומשפע לצד הדרום,

המדקדק

רבינו חננאל

[עושין בה] לחם הפנים. ורמינן עלה הא דתנן במדות פרק ראשון. ד' לשכות היו בבית המוקד כו'. ומה היו משמשות מערבית דרומית היא היתה לשכת טלה קרבן דרומית מזרחית היא היתה לשכה [שהיו] עושין בה לחם הפנים הנה לשכת טלה קרבן במקצוע מערבית דרומית היא עומדת ואיך שנה התנא של תמיד כי היא במקצוע צפונית מערבית. ומשנינן מאן תנא מדות ר' אליעזר בן יעקב כלומר חולק עליו על התנא ששנה התמיד. דתנן עזרת הנשים היתה אורך קל"ה על רוחב קל"ה וד' לשכות היו בד' מקצועותיה כו' עד מערבית דרומית א"ר אליעזר בן יעקב שכחתי מה היתה משמשת הכי נמי מסתברא דתנא דמדות ר' אליעזר בן יעקב היא דתנן כל הכתלים שהיו במקדש היו גבוהין חוץ לכותל מזרחי שהוא נמוך שהכהן השורף הפרה עומד בהר המשחה ומתכוין ורואה פתחו של היכל בשעת הזאת הדם. ותנן כל הפתחים שהיו שם גובהן כ' אמה. ורחבן י' אמה. ותנן לפנים הימנו החיל כו' ומצאנו י"ב מעלות כל מעלה רומה חצי אמה ומעזרת הנשים לעזרת ישראל ט"ו מעלות ובין האולם להיכל י"ב מעלות. נמצאו ל"ט מעלות כל מעלה גובהה חצי אמה הנה י"ט אמה וחצי ולדברי זה התנא אינו צריך להנמיך הכותל המזרחי אע"פ שיגביהנו ק' אמה (הפתח שעל הכותל) [הכותל שעל הפתח] המזרחי כיון שגבהו [של פתח] כ' אמה נשאר מן הפתח חצי אמה שלא כסוהו המעלות הללו ויכול לראות מתוכו פתח ההיכל אלא כיון ששנה כי כותל המזרחי היה נמוך כדי לראות מעליו פתח ההיכל למדנו שדברי ר' אליעזר בן יעקב הן שמוסיף על המעלות הללו ב' אמות וחצי גובה. דתנן ר' אליעזר בן יעקב אומר מעלה היתה שם וגובהה אמה ודוכן נתון עליה ובו ג' מעלות של חצי חצי אמה שנמצא גובה המעלות והדוכן כ"ב אמה ונתכסה הפתח כולו לפיכך הוצרכו לעשות כותל נמוך. בא רב אדא לאוקמה למדות לרבי יהודה דתני מזבח ממוצע ועומד באמצע עזרה מכוין כנגד היכל וכותליו ודחינן לה דלא

הגהות הב"ח

(א) גמ' לשכת העצים כצ"ל ותי' דיר נמחק בהר המשחה: (ב) שם ומתכוון ורואה: (ג) רש"י ד"ה ששיקצום קתני מיהת בלשכת: (ד) ד"ה מאן וכו' למסכת מדות דהא ר"י היא דסתמיה כצ"ל ותי' היא נמחק והד"א: (ה) ד"ה לפנים ממנו סורג. סורג היה: (ו) ד"ה ובו ג' מעלות של חצי אמה:

[ע"ז נב:]
ג"ז שם מ"ג לקמן לה. [זבחים נה:]
*) [מדות פ"ב מ"ג]
שם מה
שם פ"ג מ"ו
[שם פ"ב משנה ב]
זבחים נח:
עי' ת"י ד"ה אי

גליון הש"ס

גמ' הא מני ר"י היא. עי' לקמן ל ע"ב תוס' ד"ה ר"י:

תוספות ישנים

חוץ מכותל מזרחי. לא בעי למימר שאותו לא היה גבוה יותר מארבעים אמה אבל ארבעים אמה היה גבוה שהרי לעזרת נשים גבה אותה קרקע שש אמות ואותו כותל היה גבוה ארבעים אמה שכולם היו כך וגובה הפתח כ' אמה מן האיסקופה נמצא שהמשקוף של עזרת נשים לא היה גבוה אלא שש אמות יותר ממשקוף כותל שער מזרחי שגובהו היה כ' אמה כמו כן נמצא לריך היה שלא יהא הכותל מזרחי גבוה מעל שער של עזרת נשים ו' אמות שא"כ איך יוכל לראות פתחו של היכל מעל כותל מזרחי דרך שער עזרת נשים נמצא שלא היה כותל מזרחי זה של תחילת הר הבית גבוה כ"ו אמה: **ותנן** בין אולם כו'. ושלחה אמה גר' בלאולם בספרים ישנים ובמס' מדות וכן מוכח נמי התם דתנן כל מעלות שהיו שם שלחן חצי אמה חוץ של אולם: **אי** אמרת בשלמא ר' אליעזר בן יעקב היא היינו דאיכסי ליה פיתחא. מה שפי' בקונטרס דלר' אליעזר גובה קרקע עזרת כהנים עשרים אמה ומחצה לא דק דבמס' מדות מוכיח בהדיא שגלש המעלות של דוכן היו בכל אורך עזרת כהנים דקתני נמצא עזרת כהנים גבוה משל ישראל שתי אמות ומחצה: (**מאן** תנא מדות) [הא מני] ר' יהודה היא. לפי [מה] שפי' רבינו שלמה מפי א) (עצמו) קשה היכי מוכח דמדות ר' יהודה היא מדלא אתיא כר' אליעזר בן יעקב ומה הוכחה היא זו דילמא תנא אחרינא הוא דאית ליה לקמן פרק הוציאו לו (דף נט.) ובזבחים (דף נח:) דכוליה מזבח

א) נ"ל רבותיו:

עין משפט
נר מצוה

פ א מיי' פ"ה מהל' בית הבחירה הל' יב:
פא ב שם הל' יג יד טו:

עֶשֶׂר אַמּוֹת כְּנֶגֶד פִּתְחוֹ שֶׁל הֵיכָל, י"א אַמָּה לַצָּפוֹן, וְי"א אַמָּה לַדָּרוֹם, נִמְצָא מִזְבֵּחַ מְכוּוָּן כְּנֶגֶד הֵיכָל וְכוֹתָלָיו. וְאִי סָלְקָא דַּעְתָּךְ מִדּוֹת ר' יְהוּדָה הִיא – מִזְבֵּחַ בְּאֶמְצַע עֲזָרָה מִי מַשְׁכַּחַת לֵיהּ? וְהָתְנַן: *כָּל הָעֲזָרָה הָיְתָה אוֹרֶךְ מֵאָה וּשְׁמוֹנִים וְשֶׁבַע עַל רוֹחַב מֵאָה וּשְׁלֹשִׁים וְחָמֵשׁ. [א]מִן הַמִּזְרָח לַמַּעֲרָב מֵאָה וּשְׁמוֹנִים וְשֶׁבַע; מְקוֹם דְּרִיסַת רַגְלֵי יִשְׂרָאֵל י"א אַמָּה, מְקוֹם דְּרִיסַת רַגְלֵי הַכֹּהֲנִים י"א אַמָּה, מִזְבֵּחַ שְׁלֹשִׁים וּשְׁתַּיִם, בֵּין הָאוּלָם וְלַמִּזְבֵּחַ עֶשְׂרִים וּשְׁתַּיִם, וְהַהֵיכָל ק' אַמָּה, וְי"א אַמָּה אֲחוֹרֵי בֵּית הַכַּפּוֹרֶת. [ב]מִן הַדָּרוֹם לַצָּפוֹן מֵאָה וּשְׁלֹשִׁים וְחָמֵשׁ; *הַכֶּבֶשׁ וְהַמִּזְבֵּחַ שִׁשִּׁים וּשְׁתַּיִם, מִן הַמִּזְבֵּחַ וְלַטַּבָּעוֹת ח' אַמּוֹת, מְקוֹם הַטַּבָּעוֹת עֶשְׂרִים וְאַרְבַּע, מִן הַטַּבָּעוֹת לַשֻּׁלְחָנוֹת אַרְבַּע, מִן הַשֻּׁלְחָנוֹת לַנַּנָּסִין אַרְבַּע, מִן הַנַּנָּסִין לְכוֹתֶל עֲזָרָה ח' אַמּוֹת, וְהַמּוֹתָר בֵּין הַכֶּבֶשׁ וְלַכּוֹתֶל וּמְקוֹם הַנַּנָּסִין. וְאִי סָלְקָא דַּעְתִּיךְ מִדּוֹת ר' יְהוּדָה הִיא – מִזְבֵּחַ בְּאֶמְצַע עֲזָרָה מִי מַשְׁכַּחַתְּ לֵיהּ? הָא רוּבָּא דְּמִזְבֵּחַ בַּדָּרוֹם קָאֵי! אֶלָּא

רש"י

עֶשֶׂר אַמּוֹת כְּנֶגֶד פִּתְחוֹ שֶׁל הֵיכָל. י' אֶמְצָעִית שֶׁל רָחְבּוֹ: אַחַת עֶשְׂרֵה לַצָּפוֹן. כְּנֶגֶד ה' אַמּוֹת הַנּוֹתָרִים לַחֲלַל הַהֵיכָל מִן הַמְּזוּזָה וְלַצָּפוֹן, שֶׁהֲרֵי חֲלַל הַהֵיכָל כ' אַמָּה רֹחַב, וּכְנֶגֶד ו' שֶׁל עוֹבִי כּוֹתֶל צְפוֹנִית שֶׁל הֵיכָל וְכֵן לַדָּרוֹם, נִמְצָא רוֹחְבּוֹ שֶׁל מִזְבֵּחַ מְלוּמָּס כְּנֶגֶד הֵיכָל וְכוֹתָלָיו: **וְאִי סָלְקָא דַּעְתָּךְ מִדּוֹת רַבִּי יְהוּדָה הִיא** וכו'. פִּרְכָא הִיא דְּקָא פָּרֵיךְ הַתַּלְמוּד לְרַב אַדָּא, דְּאוֹקְמֵיהּ כְּרַבִּי יְהוּדָה. וְאִי סְתָמֵי מִדּוֹת רַבִּי יְהוּדָה נִינְהוּ, מִזְבֵּחַ דְּאַתָּא בְּאֶמְצַע עֲזָרָה אַלִּיבָּא דִּסְתָמָא דְּמִדּוֹת מִי מַשְׁכַּחַתְּ לָהּ? כָּל הֶיקֵּף הָעֲזָרָה. הַגְּדוֹלָה אוֹרֶךְ קפ"ז, וּבְתוֹךְ אוֹתוֹ הֶיקֵּף נִבְנָה הַבַּיִת לְצַד מַעֲרָבִי, וְהֶחָצֵר וְהַמִּזְבֵּחַ בְּמִזְרָחוֹ. הֵיכָל מֵאָה אוֹרֶךְ עִם כּוֹתֶל אוּלָם וַחֲלָלוֹ, וְכוֹתֶל הֵיכָל וַחֲלָלוֹ, וְאַמָּה טְרַקְסִין, וַחֲלַל בֵּית קָדְשֵׁי הַקֳּדָשִׁים, וְעוֹבִי כּוֹתֶל מַעֲרָבִי, וַחֲלַל הַתָּא אַחֲרָיו, וְעוֹבִי כּוֹתֶל חִיצוֹן – הָכִי מִיפָּרְשָׁא בְּמַסֶּכֶת מִדּוֹת. וּלְקַמָּן מַיְיתֵי לָהּ בְּפֶרֶק "הוֹצִיאוּ לוֹ" (דף נב:): **י"א אַמָּה.** הָיָה מָקוֹם פָּנוּי אֲחוֹרֵי בֵּית הַכַּפּוֹרֶת, בֵּין כּוֹתֶל הַתָּא לְכוֹתֶל עֲזָרָה: הַכֶּבֶשׁ וְהַמִּזְבֵּחַ כו'. וְלֹא פֵּירֵשׁ עַכְשָׁיו מָקוֹם פָּנוּי שֶׁבֵּין כֶּבֶשׁ לְכוֹתֶל דְּרוֹמִי שֶׁל עֲזָרָה, וּבְסֵיפָא קָתָנֵי לָהּ. וְעַכְשָׁיו מוֹנֶה וְהוֹלֵךְ מִן הַדָּרוֹם לַצָּפוֹן: מִן הַמִּזְבֵּחַ וְלַטַּבָּעוֹת.(א) קְבוּעִים בַּקַּרְקַע בְּבֵית הַמִּטְבְּחַיִם שֶׁבִּצְפוֹן הַמִּזְבֵּחַ, שֶׁנּוֹתְנִים בָּהֶן צַוְּארֵי בְהֵמוֹת כְּשֶׁשּׁוֹחֲטִין קָדְשֵׁי קָדָשִׁים שֶׁשְּׁחִיטָתָן בַּצָּפוֹן: שֻׁלְחָנוֹת. שֶׁעֲלֵיהֶן מְדִיחִים קִרְבֵי קָדָשִׁים: נַנָּסִין. עַמּוּדִים נְמוּכִין הַתְּקוּעִין בַּקַּרְקַע, וְאוּנְקְלָאוֹת שֶׁל בַּרְזֶל קְבוּעִין בָּהֶן, שֶׁבָּהֶן תּוֹלִין אֶת הַבְּהֵמָה לְהַפְשִׁיט: וְהַמּוֹתָר. מִמֵּאָה וּשְׁלֹשִׁים וְחָמֵשׁ שֶׁלֹּא נִמְנֶה כָּאן,(ב) וּמְקוֹם הַשֻּׁלְחָנוֹת שֶׁלֹּא הוֹלַךְ לְפָרֵשׁ, שֶׁרָחְבּוֹ מְפוֹרָשׁ בְּסֵפֶר יְחֶזְקֵאל (מ) – אוֹתוֹ הָעוֹדֵף חַלְּקֵהוּ, חֶצְיוֹ לַדָּרוֹם בֵּין כֶּבֶשׁ לַכּוֹתֶל וְחֶצְיָהּ לִמְקוֹם הַנַּנָּסִין: **רוּבָּא דְּמִזְבֵּחַ בַּדָּרוֹם קָאֵי.** לְפִי מִנְיָן זֶה, שֶׁהֲרֵי חֲצִי רוֹחַב הָעֲזָרָה שִׁשִּׁים וְשִׁבְעָה וָחֵצִי, וּכְשֶׁתִּתֵּן מֵהֶם מִכּוֹתֶל צְפוֹנִית לַנַּנָּסִין שְׁמוֹנָה, וּמִן הַנַּנָּסִין לַשּׁוּלְחָנוֹת ד', הֲרֵי י"ב,(ג) וּמְקוֹם ד' שׁוּלְחָנוֹת זוֹ אֵצֶל זוֹ אֵינוֹ פָּחוֹת מִד', וְהֵן הָיוּ ח' שֻׁלְחָנוֹת כִּדְתְנַן בִּשְׁקָלִים (דף ט:): נְתוּנוֹת ד' בְּרֹאשׁ אַרְבַּע, נִמְצְאוּ ד' זוֹ אֵצֶל זוֹ בָּרוֹחַב הֲרֵי ט"ז, וּמִשָּׁם לַטַּבָּעוֹת אַרְבַּע – הֲרֵי כ', וּמְקוֹם הַטַּבָּעוֹת כ"ד – הֲרֵי מ"ד, וּמִן הַטַּבָּעוֹת וְלַמִּזְבֵּחַ ח' – הֲרֵי כ"ב, וּמְקוֹם הַנַּנָּסִין י' אַמּוֹת וּמֶחֱצָה, שֶׁהוּא חֲצִי הָעוֹדֵף הַנִּשְׁאָר מֵהַמּוֹתָר, שֶׁלֹּא מָנָה בַּמִּשְׁנָה. שֶׁהֲרֵי מֵאָה וְעֶשֶׂר אַמּוֹת מָנָה מִן הַכֶּבֶשׁ לַצָּפוֹן, נִשְׁאֲרוּ מִמֵּאָה וּשְׁלֹשִׁים וַחֲמִשָּׁה שֶׁל רוֹחַב הָעֲזָרָה כ"ה, וְנָתְנוּ לַשֻּׁלְחָנוֹת ד', וְנִשְׁאַר כ"א, אוֹתָן תַּחֲלוֹק לִמְקוֹם הַנַּנָּסִין חֶצְיָין וְחֶצְיָין [הַשֵּׁנִיָּה] בֵּין כֶּבֶשׁ לַכּוֹתֶל – הֲרֵי מִן הַמִּזְבֵּחַ לַצָּפוֹן ס"ב וּמֶחֱצָה, כְּשֶׁתִּתֵּן חָמֵשׁ אַמּוֹת הַצְּפוֹנִית שֶׁל מִזְבֵּחַ עֲלֵיהֶם – הֲרֵי חֲצִי רוֹחַב הָעֲזָרָה שֶׁהוּא ס"ז וּמֶחֱצָה. נִמְצָא כ"ז אַמּוֹת מִן דְּרוֹמִית שֶׁל מִזְבֵּחַ כָּלִין בַּחֲצִי דְּרוֹמִי שֶׁל הָעֲזָרָה וְנִמְצָא צְפוֹנוֹ שֶׁל מִזְבֵּחַ כָּלֶה לְסוֹף צְפוֹנִי שֶׁל חֲלַל הַפֶּתַח אֵצֶל הַמְּזוּזָה. לֹא מִמְּקוֹם הַמִּזְבֵּחַ ב' אַמּוֹת שֶׁל כְּנִיסַת הַיְסוֹד וְהַסּוֹבֵב – נִמְצָא צְפוֹן חֲלַל הַפֶּתַח מְגוּלֶּה לְמַעְלָה מִכְּנִיסַת הַסּוֹבֵב ב' אַמּוֹת, וְיָכוֹל לִרְאוֹת כֹּהֵן שֶׁבְּרֹאשׁ הַר הַמִּשְׁחָה דֶּרֶךְ אוֹתָן ב' אַמּוֹת אֶת פֶּתַח הַהֵיכָל דֶּרֶךְ פֶּתַח הַתַּחְתּוֹן. וְאִם תֹּאמַר: גּוֹבַהּ שֵׁשׁ אַמּוֹת שֶׁגָּבַהּ הַמִּזְבֵּחַ עַד כְּנִיסַת הַסּוֹבֵב סוֹתֵם אֶת פֶּתַח הַתַּחְתּוֹן! אֵינוֹ כֵּן, שֶׁהֲרֵי קַרְקַע הָעֲזָרָה לֹא עָלָה מִקַּרְקַע הַר הַבַּיִת אֶלָּא י"ג וּמֶחֱצָה, וְשֵׁשׁ שֶׁל גּוֹבַהּ הַסּוֹבֵב – הֲרֵי תְּשַׁע עֶשְׂרֵה וּמֶחֱצָה, אַכַּתִּי פָּשׁ לֵיהּ פַּלְגָא דְּאַמְּתָא בְּגוֹבַהּ פֶּתַח הַתַּחְתּוֹן. אֶלָּא לָאו ר"א הִיא, וְאִיכַּסֵּי לֵיהּ בְּמַעֲלָה יְתֵירָה, שְׁמַע מִינַּהּ. וְלִבִּי מְגַמְגֵּם בָּהּ, דְּיֵשׁ לוֹמַר: הוֹאִיל וְלֹא פֵּירְשָׁה הַמִּשְׁנָה מְקוֹם הַשֻּׁלְחָנוֹת – שֶׁמָּא עִם מְקוֹם הַנַּנָּסִין הוּא כָּלוּל בְּאוֹתוֹ חֵלֶק שֶׁאַתָּה חוֹלֵק כ"ה אַמּוֹת הָעוֹדְפִים בְּרוֹחַב הָעֲזָרָה עַל מֵאָה וְעֶשֶׂר הַמְּפוֹרָשִׁין, נִמְצָא מִן הַכֶּבֶשׁ לְכוֹתֶל דְּרוֹמִי י"ב וּמֶחֱצָה, וְהַכֶּבֶשׁ וְהַמִּזְבֵּחַ ס"ב, הֲרֵי ע"ד וּמֶחֱצָה, לֹא מֵהֶן ב' אַמּוֹת שֶׁל כְּנִיסַת הַיְסוֹד וְהַסּוֹבֵב לַצָּפוֹן – נִשְׁאֲרוּ ע"ב וּמֶחֱצָה, וְלֹא נִתְגַּלָּה מֵחֲלַל הַפֶּתַח מְלֹא הַחוּט. שֶׁהֲרֵי אֶמְצָעוֹ שֶׁל פֶּתַח בְּאֶמְצַע רוֹחַב עֲזָרָה שֶׁהִיא לְסוֹף שִׁשִּׁים וְשֶׁבַע וּמֶחֱצָה, הוֹסִיף עֲלֵיהֶן חָמֵשׁ אַמּוֹת שֶׁיִּהְיוּ שִׁבְעִים וּשְׁתַּיִם וּמֶחֱצָה, כַּלִּיתָהּ כָּאן חָמֵשׁ אַמּוֹת שֶׁל חֲצִי הַפֶּתַח הַצְּפוֹנִי. וַאֲנִי כָּךְ שָׁמַעְתִּי שֶׁמְּקוֹם הַשֻּׁלְחָנוֹת כָּלוּל עִם מְקוֹם הַנַּנָּסִין. אֲבָל מַה שֶּׁשָּׁנִינוּ כָּאן: וְהַמּוֹתָר בֵּין כֶּבֶשׁ לַכּוֹתֶל וּמְקוֹם הַנַּנָּסִין, פֵּירֵשׁ לִי מוֹרִי צֶדֶק רַבֵּינוּ יִצְחָק בַּר יְהוּדָה ז"ל: שְׁנֵים עָשָׂר מִן הָעֶשְׂרִים וְחָמֵשׁ(ד) בֵּין כֶּבֶשׁ לַכּוֹתֶל, וּשְׁלֹשׁ עֶשְׂרֵה לִמְקוֹם הַנַּנָּסִין וְהַשֻּׁלְחָנוֹת. וְנָתַן טַעַם לִדְבָרָיו, לְפִי שֶׁבֵּין כֶּבֶשׁ לַכּוֹתֶל מָקוֹם פָּנוּי, וְכָאן יֵשׁ לוֹרֶךְ תַּשְׁמִישׁ שֶׁל שֻׁלְחָנוֹת וְנַנָּסִין – וְנִמְצָא מֵחֲלַל הַפֶּתַח מְגוּלֶּה חֲצִי אַמָּה. וְלִבִּי מְגַמְגֵּם, לְפִי שֶׁהָיָה לַתַּנָּא לְפָרֵשׁ וְכֵיוָן שֶׁלֹּא פֵּירֵשׁ – צָרִיךְ אַתָּה לְחַלְּקוֹ לַחֲצָאִין. וְאִם בָּאתָ לְהַרְבּוֹת כָּאן וּלְמַעֵט כָּאן – יָכוֹל אַתָּה לְגַלּוֹת הַפֶּתַח כַּמָּה שֶׁתַּחְפּוֹץ אוֹ לְכַסּוֹת כַּמָּה שֶׁתַּחְפּוֹץ, לְפִיכָךְ טוֹב לִי כְּמוֹ שֶׁפֵּירַשְׁתִּי, (מְלוּמָר כֵּן שֶׁבִּשְׂפַת חֲצִי רוֹחַב הֵיכָל דְּרוֹמִי כָּלָה הַמִּזְבֵּחַ, וְהוּא כְּנֶגֶד חֲלַל הַפֶּתַח):

תוספות

המדקדק יבין שקודם שירד גובהו שני אמות ומחלה נפקא ליה שיפועו מכנגד הפתח, וא"כ הוי מצי לאוקומי כר"ש או כרבי יוסי דאית ליה נמי מזבח ממולע בפרק "קדשי קדשים", אלא משום דר' יהודה שמעינן ליה בהדיא. וכי האי גוונא איכא בפרק "קדשי קדשים" (זבחים דף נח:) דאמר רב אדא בר אהבה: הא מני – רבי יהודה היא, דאמר מזבח ממולע וכו'. ופריך: ונוקמא כרבי יוסי ובממולע! ומשני: משום דרבי יהודה שמעינן ליה בהדיא. ומהתם קשיא לן על פירוש רבותיו של רש"י, שפי': הא מני רבי יהודה היא – ההיא דמדות, דא"כ תיקשי ליה: דרב אדא בר אהבה גופיה אוקי התם סתמא דתמיד, דתנן: בירכו משם עלי תאנה וכו' כר' יהודה. ואיהו מוקי הכא סתמי דמדות כוותיה, והאמר לעיל דסתמי דתמיד פליגי אדמדות, וא"כ ליכא למימר דסתמי תמיד ומדות כרבי יהודה! וי"ל: דבלאו הכי מקשה ליה שפיר מסתמי דמדות גופייהו, וממזבח גופיה, דפריך: ומי מצית מוקמי לה כרבי יהודה וכו':

מן השלחנות לננסין ד'. תימה: דתנן במסכת תמיד פרק "אמר להם הממונה" (דף ל:): בית המטבחים היה לצפונו של מזבח, ועליו שמנה עמודים ננסין וכו', עד שבהן תולין ומפשיטין על השולחנות של שיש שבין העמודים. והכא משמע שיש ריוח ד' אמות ביניהן! וי"ל: הני אחריני נינהו. הני דהתם – עומדים בין העמודים שבהן תולין ומפשיטים, והבהמה מונחת על השלחנות כדי שלא תהא נגררת על גבי קרקע. והני דהכא – היינו ח' שלחנות של שיש, דאמר פ' "לא היו כופתין" (תמיד לא:) שהיו מדיחין עליהן הקרביים. מיהו קשיא, דבפ' "לא היו כופתין" (שם עמוד א) תנן: הקרביים מדיחין אותם במעוטן על שלחנות של שיש שבין העמודים, אלמא דהני נמי בין עמודים הוו קיימי! מיהו, ר"י בר ברוך גרס התם: במעוטה של שלחנות שבבית המטבחים. א"נ י"ל: אע"פ שהיו רחוקים ד' אמות קרי ליה בין העמודים, ואע"פ שרחוקים ד' אמות לא היה בהמה נגררת בארץ, שגוף הבהמה גדול ומגיע לשולחנות, כדאיתא בבראשית רבה (פ' ס"ה) דכשמרכיבים כבשי התמיד על הגמלים היו נגררים בארץ. מצאתי בתוספת תמיד, יסוד רבינו רבי ברוך זצ"ל:

רובא דמזבח בדרום קאי. מה שפירש"י שלמעלה מכניסת הסובב מגולה מפתח ב' אמות לרוחב הפתח חצי אמה בגובהו, אין לתמוה למה לא פירש למעלה מכניסת היסוד מיד מגולה הפתח אמה, דהדין

רבינו חננאל

דלא אשכחן במס' מדות דמזבח באמצע עזרה עומד דתנן כל העזרה היתה אורך קפ"ז על רחב קל"ה מן המזרח למערב כו'. לדברי האומר רובא דמזבח בדרום קאי מן הצפון לדרום קל"ה. הכבש והמזבח ס"ב מן המזבח לטבעות ח' אמה מקום הטבעות כ"ד אמה מן הטבעות לשולחן ד' אמות. מן השולחנות לננסין ד'. ומן הננסין לכותל העזרה ח' נשארו מן הכבש לכותל העזרה י"ז אמה נמצא מן הדרום י"ז אמה והכבש ל' אמה וכ' אמה וחצי מן המזבח הרי ס"ז אמה וחצי אמה הוא חצי קל"ה. נמצא רובא דמזבח בדרום קאי כי הכבש בדרומו של מזבח הוא. ולדברי מאן דאמר רובה דמזבח בצפון קאי זה חשבונו מכותל עזרה דרומי כ"ה אמה מהו שאמרו בתלמוד והמותר מן הכבש לכותל העזרה ומקום הננסין והכבש ל' אמה והרי נ"ה אמה וי"ב אמה וחצי מן המזבח הרי ס"ז אמה וחצי והוא חצי העזרה שבדרום נמצא כלפי הצפון י"ט אמה וחצי מן המזבח ומ"ח אמה מקום הטבעות והשולחנות והננסין הרי ס"ז אמה וחצי בצפון נמצא רובה דמזבח בצפון קאי ונדחה רב ארא בר אהבה ועמדה בחלוקה. וכי מאן תנא

תוספות ישנים

מזבח בצפון קאי וכותיה מיתוקמא שפיר.

מסורת הש"ס

מדות פ"ה מ"א מנחות לז:

[מדות פ"ה מ"ב ע"ש]

רש"א מ"ז

הגהות הב"ח

(א) רש"י ד"ה מן המזבח ולטבעות. טבעות קבועים: (ב) ד"ה והמותר וכו' שלא נמנה כאן אותו העודף חלקהו וכו' למקום הננסין ומקום השלחנות כו' כס' יחזקאל הס"ד: (ג) ד"ה רובא וכו' ומקום ח' שולחנות וכו' בשקלים שהיו נתונות כו' ארבע כזה: : : : נמצאו כו' ברוחב ארבע הרי ט"ז וכו' בר יהודה ז"ל שנים עשר מן העשרים וחמש תן בין כבש לכותל ושלש עשרה תן למקום וכו' לפי שהיה לו לתנא כו' מלומר כן הס"ד והשאר נמחק:

אֶלָּא לָאו שְׁמַע מִינָּהּ: רַבִּי אֱלִיעֶזֶר בֶּן יַעֲקֹב הִיא, שְׁמַע מִינָּהּ. רַב אַדָּא בְּרֵיהּ דְּרַב יִצְחָק אָמַר: הַאי לִשְׁכָּה *אַקְצוּיֵי מִקַצְיָא, וּדְאָתֵי מִצָּפוֹן – מִתַחַזְיָא לֵיהּ בַּדָּרוֹם, וּדְאָתֵי מִדָּרוֹם – מִתַחַזְיָא לֵיהּ בַּצָּפוֹן. וּמִסְתַּבְּרָא דִּבְמַעֲרָבִית דְּרוֹמִית הֲוַאי. מִמַּאי – מִדְּרָמֵינַן לֶחֶם הַפָּנִים אַלֶּחֶם הַפָּנִים וּמְשַׁנֵּינַן, אָמַר רַב הוּנָא בְּרֵיהּ דְּרַב יְהוֹשֻׁעַ: מָר קָא חָשֵׁיב דֶּרֶךְ יָמִין, וּמָר קָא חָשֵׁיב דֶּרֶךְ שְׂמֹאל.

אִי

רש"י

אֶלָּא לָאו שְׁמַע מִינָּהּ ראב"י הִיא. וְאִיכַּסֵּי לֵיהּ בְּמַעֲלָה יְתֵירָה, וְלָא בַּמִּזְבֵּחַ, דְּשָׁמְעִינַן לֵיהּ לְרֹאב"י בְּפ' שְׁלִישִׁי (לקמן דף לז.) דְּאָמַר: כּוּלֵּיהּ מִזְבֵּחַ בַּדָּרוֹם קָאֵי, וְכָל חֲצִי חֲלַל הַפֶּתַח מְגוּלֶּה.(א) וְאִי קַשְׁיָא: הֵיכִי מְתוֹקְמָא סְתָמָא מִדּוֹת אַלִּיבֵּיהּ, הָא שָׁמְעִינַן מֵהָא סְתָמָא שֶׁאוֹכֵל הַמִּזְבֵּחַ שֶׁבַע אַמּוֹת בַּצָּפוֹן? עַל כָּרְחֵיךְ הָכִי מְפָרְשִׁי': הָנֵי עֶשְׂרִים וַחֲמִשָּׁה אַמּוֹת שֶׁאַתָּה נוֹתֵן שֶׁאֵין בֵּין כֶּבֶשׁ לַכּוֹתֶל אֶלָּא חֲמִשָּׁה אַמּוֹת וּמֶחֱצָה וְהַכֶּבֶשׁ וְהַמִּזְבֵּחַ שִׁשִּׁים וּשְׁתַּיִם – הֲרֵי הַמִּזְבֵּחַ כּוּלּוֹ בַּדָּרוֹם קָאֵי, וְכוּלּוֹ כְּנֶגֶד אֶמְצַע עֲזָרָה, וְהַמּוֹתָר כּוּלּוֹ לִמְקוֹם הַנִּכְנָסִין. וְא"ת: אִם כֵּן, שֶׁלֹּא דִּקְדֵּק הַתַּנָּא לְחַלְּקוֹ לַחֲצָאִין וְיֵשׁ לְךָ לְהַרְבּוֹת וּלְמַעֵט לְהֵיכָן שֶׁתִּרְצֶה – כְּר"י נַמִּי מָצֵית מוֹקְמַתְּ לָהּ, וִיהֵא מִזְבֵּחַ מְמוּצָּע בְּאֶמְצַע עֲזָרָה. כֵּיצַד? תֵּן עֶשְׂרִים וְאֶחָד וּמֶחֱצָה מֵהֶם בֵּין כֶּבֶשׁ לַכּוֹתֶל, וְהַכֶּבֶשׁ שְׁלֹשִׁים, וַחֲצִי הַמִּזְבֵּחַ שִׁשָּׁה עָשָׂר – נִמְצָא אֶמְצָעוֹ שֶׁל מִזְבֵּחַ לְסוֹף ס"ז וּמֶחֱצָה, שֶׁהוּא אֶמְצַע עֲזָרָה. הָא לָא מָצֵית אָמְרַתְּ שֶׁלֹּא יְהוּ מְקוֹם הַשּׁוּלְחָנוֹת וְהַנִּכְנָסִין אֶלָּא שָׁלֹשׁ וּמֶחֱצָה. וּבְעֵינַי נִרְאֶה לְפָרֵשׁ הָא דְּרַב אַדָּא בַּר אַהֲבָה וְכָל הַסּוּגְיָא בְּלָשׁוֹן אַחֵר: רַב אַדָּא בַּר אַהֲבָה אָמַר הָא מַנִּי – אַמַּתְנִיתִין דְּתָמִיד, אָמַר לָהֶם הַמְמוּנֶּה קָאֵי, דְּרָמְיָא מִדּוֹת עִילָּוֵיהּ מַתְנִיתִין דְּתָמִיד דִּפְלִיגִי אַסְּתָמָא – דְּמִדּוֹת ר"י הִיא, דְּשָׁמְעִינַן לֵיהּ דְּפָלֵיג אַסְּתָמָא דְּמִדּוֹת. דְּתַנְיָא, ר"י אוֹמֵר: מִזְבֵּחַ מְמוּצָּע וכו' וְאִי ס"ד מִדּוֹת ר"י הִיא – מִי מַשְׁכַּחַתְּ לָהּ? וְהָא תְּנַן כו', אַלְמָא רוּבֵּיהּ דְּמִזְבֵּחַ בַּדָּרוֹם קָאֵי, שְׁמַע מִינָּהּ. וְלָא גָּרְסִינַן אֶלָּא לָאו שְׁמַע מִינָּהּ ר"א הִיא. וְהָכִי פֵּירוּשׁוֹ: שְׁמַע מִינָּהּ מִדּוֹת לָאו ר' יְהוּדָה הִיא: **רַב אַדָּא בַּר יִצְחָק אָמַר הָא** לִשְׁכַּת הַטְּלָאִים **אַקְצוּיֵי מִקְצַיָּא**. בִּשְׁתֵּי הַמִּקְצוֹעוֹת נִרְאֵית, שֶׁאֲרוּכָּה הִיא וְעוֹמֶדֶת בַּמַּעֲרָב וּמַאֲרֶכֶת לְצַד הַצָּפוֹן וְדָרוֹם עַד קָרוֹב לַמִּקְצוֹעוֹת שֶׁמִּכָּאן וּמִכָּאן: **וּדְאָתֵי מִצָּפוֹן מִיתְחַזְיָא** לֵיהּ. שֶׁמְּשׁוּכָה לְצַד דָּרוֹם יוֹתֵר: **וּדְאָתֵי מִדָּרוֹם מִיתְחַזְיָא** לֵיהּ. מְשׁוּכָה לְצַד צָפוֹן: **מִסְתַּבְּרָא דִּבְמַעֲרָבִית** דְּרוֹמִית הֲוָה. טְפֵי, וּמוֹדֵי בָּהּ תַּנָּא דְּתָמִיד, אֶלָּא דְּנָקֵיט סִידְרָא(ב) מִדָּרוֹם לְצָפוֹן מִיתְחֲזֵי לֵיהּ דֶּרֶךְ הִילּוּכוֹ כְּאִילּוּ הוּא בַּצָּפוֹן: **מִדְּרָמֵינַן לֶחֶם הַפָּנִים**. דַּהֲוָה סָלְקָא דַּעְתֵּיהּ שֶׁהוּא מוֹנֶה וְהוֹלֵךְ דֶּרֶךְ יָמִין מִצָּפוֹן לְמַעֲרָב, וּמִמַּעֲרָב לְדָרוֹם, וּמִדָּרוֹם לְמִזְרָח. לִשְׁכַּת הַטְּלָאִים בִּצְפוֹנִית מַעֲרָבִית, לִשְׁכַּת הַחוֹתָמוֹת בְּמַעֲרָבִית דְּרוֹמִית, לִשְׁכַּת בֵּית הַמּוֹקֵד בִּדְרוֹמִית מִזְרָחִית, לִשְׁכַּת לֶחֶם הַפָּנִים בְּמִזְרָחִית צְפוֹנִית, וַהֲוָה רָמֵינַן עֲלָהּ מַתְנִי' דְּמִדּוֹת, דְּקָתָנֵי דְּרוֹמִית מִזְרָחִית, הִיא הָיְתָה לִשְׁכַּת לֶחֶם הַפָּנִים: וּמְשַׁנֵּינַן **אָמַר רַב הוּנָא** בְּרֵיהּ דְּרַב יְהוֹשֻׁעַ. תַּנָּא דְּמִדּוֹת קָא חָשֵׁיב דֶּרֶךְ יָמִין, כִּדְמְפָרֵשׁ בְּהֶדְיָא, דְּקָאָזֵיל וּמָנֵי מִדָּרוֹם לְמִזְרָח וּמִמִּזְרָח לְצָפוֹן וּמִצָּפוֹן לְמַעֲרָב וּמִמַּעֲרָב לְדָרוֹם. וְהַבָּא לְהַקִּיף סָבִיב כָּל הַבַּיִת וּמַקִּיף דֶּרֶךְ יָמִין מִבַּחוּץ זֶהוּ סֵדֶר הַקָּפָתוֹ. וּמַתְנִיתִין דְּתָמִיד דְּלָא פֵּירֵשׁ מִידֵּי – אִיכָּא לְמֵימַר דְּדֶרֶךְ שְׂמֹאל מָנָה, וְתוּ לָא תִּיקְשֵׁי מִידֵּי מֵהַשְׁתָּא:

אִי

תוספות

דהדין עמו, דהתם לא מתחזיא פתחא מחמת י"ב מעלות שבין האולם ולמזבח. להכי נקט למעלה מן הסובב, לפי שאותם מעלות הם שש אמות, והם כלים כנגד כניסת הסובב שהוא כמו כן שש אמות מן הקרקע. ומה שהקשה רש"י: אמאי לא משני דשולחנות בכלל נכנסין, וכי פלגינן בכ"ה אמות י"ב ומחצה בין הכבש לכותל והשאר לשולחנות – א"כ הוו ע"ד ומחצה, ולא מתחזי פיתחא בכניסת היסוד והסובב. לא ידענא מי דחקו לפרש כן? שהספר מקשה מהנהו ב' אמות דכניסת היסוד והסובב, ומתוך כך הקשה מה שהקשה. שהרי נוכל לפרש דבפשיטות הוא מקשה: והא ר"י אית ליה מזבח ממוצע, וסתמא דמדות לית ליה ממוצע, ולכל הפחות רוביה בדרום, וא"כ סתמא דמדות דלא כוותיה.

והא דמסיק: אלא שמע מינה ר' אליעזר בן יעקב היא, דאמר כוליה בדרום, ולא קאמרינן דמתניתין דמדות ס"ל דרוביה בדרום ולהכי היה כותל מזרחי נמוך משום דמיכסי פיתחא, כשנאמר שי"ב אמות ומחצה היה בין כבש לכותל – וא"כ לא יהיה לו ראייה מההיא דתיתי כראב"י – יש לומר משום דלא אשכחן אלא שלש מחלוקת בהא מילתא: איכא למאן דאמר כוליה בצפון, ואיכא למ"ד כוליה בדרום, ואיכא למ"ד ממוצע. וכיון דההיא דמדות לא מצינן לאוקמא כמאן דאמר כוליה בצפון, ולא כמאן דאמר ממוצע – אין לנו לבדות מלבנו מחלוקת רביעית ולומר דקסבר מתניתין דמדות רוביה בדרום, כיון דלא אשכחן תנא דאמר הכי – אלא על כרחיך ראב"י היא דאמר כוליה בדרום. ומה שפירש רש"י: הא מני ר"י היא דקאי אההוא דתמיד – אין הלשון משמע כן, דהכי הוה ליה למימר: מאן תנא תמיד – ר"י היא. ועוד, לשון הא מני רבי יהודה היא – משמע דקאי אהך דסליק מינה, ועוד: כיון דלא אתא לשנויי אלא דלא תקשי סתמא דתמיד אדמדות, וקאמר ר"י היא אההיא דתמיד, ואין לו כח לאוקמה כוותיה אלא משום דאשכחן דפליג אמדות – טפי הוה ניחא למימר מדאשכחן בריש פרק "קדשי קדשים" (זבחים דף נח:) דסתמא דתמיד קא סברא מזבח ממוצע כרבי יהודה ולא כראב"י דקסבר כוליה בדרום קאי. ועוד קשה: לימא אבא שאול היא, אההיא דתמיד, כמו שהוכחתי לעיל דסתמא דתמיד דפליג אסתמא דיומא אבא שאול היא. ועוד: שהוא מוחק הספרים, דבכל הספרים גרס במסקנא אלא לאו שמע מינה ראב"י היא, שמע מינה:

ומר קא חשיב דרך שמאל. תימה לי: לימא אידי ואידי דרך ימין, ותנא דתמיד קא חשיב מגואי, דקאי בבית המוקד גדול ופניו כנגד הלשכות, ותנא דמדות קאי מאבראי בעזרות ופניו ללשכות, וקל להבין! וי"ל: דבמסכת תמיד פרק "אמר להן הממונה" (דף ל.) קתני, בתר שהיו מפיסין אמר להן הממונה: הביאו לי טלה מלשכת וכו', ולקמן בפ"ב (דף כה.) אמר שהיו מפיסין בלשכת הגזית, אלמא דקאי מאבראי ולא קאי בבית המוקד, ולהכי לא אוקמא דקאי מגואי:

ומר קחשיב דרך שמאל. תימה לי: אמאי לא משני דאידי ואידי דרך ימין קא חשבי, אלא דלשכת לחם הפנים נמי אקצויי מקציא, דקיימא במזרח. ומאן דאתי מצפון – מתחזיא בדרום, ומאן דאתי מדרום – מתחזיא בצפון. דלשכת טלאים צפונית מערבית, ולשכת החותמות דרומית מערבית, ולשכת בית המוקד דרומית מזרחית ולשכת לחם הפנים מזרחית צפונית. וההיא דמדות נמי מתוקמא דרך ימין, וקל להבין! וי"ל: דעל כרחך לשכת החותמות ולשכת בית המוקד הם היו אותם שתי לשכות דקא חשיב במסכת מדות (פ"א משנה ו') אחת שבה גנזו בית חשמונאי אבני מזבח, ואחת שבה יורדין לבית הטבילה. דליכא למימר הני אחריני נינהו, שהרי לא היה בבית המוקד אלא ארבע לשכות. ואי אחריני נינהו – א"כ הוו שש לשכות, ואי אמרת אידי ואידי דרך ימין קא חשיב – אם כן בההיא דתמיד משמע דלשכת החותמות ולשכת בית המוקד אחת בקרן מערבית דרומית ואחת בקרן מזרחית דרומית, ובההיא דמדות כי חשבת דרך ימין משמע דאותם שתי לשכות היו אחת בקרן מזרחית לפונית ואחת בקרן מערבית לפונית! מיהו, הא קשיא לן: מנא ליה הא דקאמרינן מסתברא דבקרן מערבית דרומית הואי. דילמא לפונית מערבית הואי, ואפ"ה מיתרלא שפיר ההיא דלחם הפנים כזה, ואין

לפי משמעות הקושיא

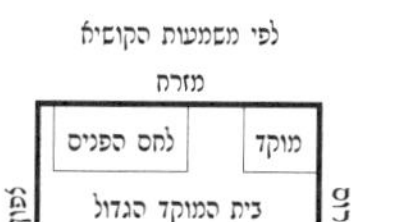

ואתי נמי שפיר הא דקתני בתמיד לשכת בית המוקד ולשכת החותמות דלא חשיב הכא שאותן שתיהן לבדן היו בעזרה ובמדות חשיב לשכה שבה גנזו בני בית חשמונאי אבני מזבח ולשכת בית הטבילה דלא חשיב התם ואין זו קושיא כלל כי אין לו למנות לשכת לחם הפנים ולשכת טלה קרבן בעזרה ובבית המוקד שהרי לא היו אלא באחת מהן ומחילה מפסקת בין שתיהם וא"כ היאך היו שם ד' לשכות והלא לא היו שם ועוד וכי היו אורך העזרה ובית המוקד מכוונין [illegible] קרבן ומלחם הפנים אבל קשה לרבי דלאמאי לא משני גבי לחם הפנים דאקצויי מיקליא כמו גבי לשכת טלה קרבן:

מסורת הש"ס

[עי' בערוך ערך קץ פי' בשם ר' משה הדרשן]

הגהות הב"ח

(א) רש"י ד"ה אלא לאו וכו' הפתח מגולה שבשפת חצי רוחב היכל דרומי כלה המזבח והולך כנגד חצי חלל הפתח ואי קשיא וכו' שמעינן מהא סתמא וכו' הני עשרים וחמש אמות שאין אתה נותן בין כבש וכו' בדרום קאי וכלה כנגד אמצע עזרה והמותר כולו למקום השולחנות והנכנסין וכו' דאמר להן הממונה וכו' אלמא רובה דמזבח: (ב) שם ד"ה מסתברא סידרא דאתי מדרום לצפון דמיתחזי ליה:

רבינו חננאל

מדות ר' אליעזר בן יעקב ובא רב אדא בר רב יצחק לאוקומה בלא חלוקה וא' הא לשכה איקצויי מיקצייא מאן דאתי מצפון כו'. פי' איקצויי מיקצייא כלו' עומדות במקצוע [משוכה] מן הזויות כמעט ומאן דקאי לדרומה חזי לה בצפון ומאן דקאי בצפון חזי לה בדרום והאי דקריא צפונית *) צפונית לעזרה. והאי דקרי לה דרומית דרומית לחיל. ולא פליגי ולעולם בקרן דרומית דהני ד' הוו בתרתי מתניתין. ד' לשכות היו שם במקום אחד באמצע מקצועותיו מרובעות שתים כנגד שתים וקיימן לצפון עזרה שתים סמוכות לעזרה ושתים סמוכות לחיל הסמוכות לעזרה בקדש והסמוכות לחיל בחול. ושתים דברי הכל שמותיהן שוין לשכת הטלאין ולשכת שעושין בה לחם הפנים. וב' האחרות האי תנא קרי להו לשכת החותמות ולשכת בית המוקד **) והאי תנא לא פריש לה אלא בסימנין וכולן על שם בית המוקד ומסתברא לשכת הטלאים היא מערבית דרומית לומר שסמוכה היא לעזרה. והשונה צפונית מערבית לומר שסמוכה היא לחיל. ומנ"ל שהיא דרומית מערבית מדרמינן לשכת לחם הפנים אלשכת לחם הפנים. ומשנינן אמר רב הונא משמי' דרב יהושע מר חשיב דרך ימין ומר חשיב דרך

*) עי' תו"י כאן ד"ה האי לשכה ודו"ק.

**) ובדברי רבינו אלו יתיישב קושית התוס' לעיל ע"ז ד"ה דרומית מזרחית ע"ש.

תוספות ישנים

האי לשכה אקצויי מיקציא וכו'. הקשה ריב"א למה הוצרך לתרץ כן ליעני ליה דבית המוקד היה לצפונו של עזרה וא"כ היה אז דרום בית המוקד צפון עזרה וא"כ הא דקאמר בתמיד דלשכת טלאים היתה במקצוע צפונית מערבית היינו צפונית מערבית דעזרה שהוא מערבית דרומית של בית המוקד והיינו דקאמר במס' מדות דלשכת טלאים מערבית דרומית דאבית המוקד קאי א (נמי ובהכי אתי נמי) שפיר מלחם הפנים דקחשיב לי' במדות בקרן מזרחית דרומית ובתמיד חשיב ליה רביעית בקרן [מזרחית] צפונית דהא דחשיב ליה במדות בקרן מזרחית דרומית היינו מזרחית דרומית דבית המוקד שהיא צפונית [מזרחית] של עזרה

דאמרי

תורה אור

אִי אָמְרַתְּ בִּשְׁלָמָא בְּמַעֲרָבִית דְּרוֹמִית הֲוַאי – הַיְינוּ דְּמְתָרֵץ לֶחֶם הַפָּנִים אַלֶּחֶם הַפָּנִים. אֶלָּא אִי אָמְרַתְּ צְפוֹנִית מַעֲרָבִית הֲוַאי, סוֹף סוֹף מַאי תֵּירוּצָא דְּלֶחֶם הַפָּנִים? אֶלָּא לָאו שְׁמַע מִינָּהּ: בְּמַעֲרָבִית דְּרוֹמִית הֲוַאי, שְׁמַע מִינָּהּ. *וְהָאָמַר מָר: כָּל פִּינּוֹת שֶׁאַתָּה פּוֹנֶה לֹא יְהִיוּ אֶלָּא דֶּרֶךְ יָמִין לַמִּזְרָח! הָנֵי מִילֵּי – בַּעֲבוֹדָה, אֲבָל הָכָא – חוּשְׁבְּנָא בְּעָלְמָא הוּא.§ "שֶׁכֹּהֵן גָּדוֹל מַקְרִיב חֵלֶק בְּרֹאשׁ וְנוֹטֵל חֵלֶק בְּרֹאשׁ".§ תָּנוּ רַבָּנַן: כֵּיצַד מַקְרִיב חֵלֶק בְּרֹאשׁ? אוֹמֵר: "עוֹלָה *זוֹ אֲנִי מַקְרִיב" "מִנְחָה זוֹ אֲנִי מַקְרִיב". [א]כֵּיצַד *נוֹטֵל חֵלֶק בְּרֹאשׁ? אוֹמֵר: "חַטָּאת זוֹ אֲנִי אוֹכֵל" "אָשָׁם זֶה אֲנִי אוֹכֵל". וְנוֹטֵל חַלָּה מִשְּׁתֵּי חַלּוֹת, אַרְבַּע אוֹ חָמֵשׁ מִמַּעֲשֵׂה לֶחֶם הַפָּנִים. רַבִּי אוֹמֵר:[א] [ב]לְעוֹלָם חָמֵשׁ, שֶׁנֶּאֱמַר: °"וְהָיְתָה לְאַהֲרֹן וּלְבָנָיו" – *מֶחֱצָה לְאַהֲרֹן וּמֶחֱצָה לְבָנָיו. הָא גּוּפָהּ קַשְׁיָא; אָמְרַתְּ: נוֹטֵל חַלָּה אַחַת מִשְּׁתֵּי חַלּוֹת. מַנִּי – רַבִּי הִיא, דְּאָמַר: פַּלְגָּא שָׁקֵיל. אֵימָא מְצִיעֲתָא: אַרְבַּע אוֹ חָמֵשׁ מִמַּעֲשֵׂה לֶחֶם הַפָּנִים – אֲתָאן לְרַבָּנַן, דְּאָמְרִי: לָא שָׁקֵיל פַּלְגָא. אֵימָא סֵיפָא, רַבִּי אוֹמֵר: לְעוֹלָם חָמֵשׁ. רֵישָׁא וְסֵיפָא – רַבִּי, וּמְצִיעֲתָא רַבָּנַן?! – אָמַר אַבַּיֵי: רֵישָׁא וּמְצִיעֲתָא רַבָּנַן. וּמוֹדוּ רַבָּנַן בִּפְרוּסָה, דְּלָאו אוֹרַח אַרְעָא לְמֵיתְבָהּ לְכֹ"ג. וּמַאי

ויקרא כד

אִי אָמְרַתְּ בִּשְׁלָמָא. תַּנָּא דְּתָמִיד גּוּפֵיהּ דְּתָנֵי לִשְׁכַּת הַטְּלָאִים בִּצְפוֹנִית מַעֲרָבִית מוֹדֵי הוּא דִּלְגַד מַעֲרָבִית דְּרוֹמִית הֲוַאי טְפֵי. אֶלָּא לְפִי מַרְאִית עֵינוֹ שָׁנָה מִשְׁנָתוֹ וּדְאָתֵי מִדָּרוֹם מִיתְחַזְיָא לֵיהּ מִצָּפוֹן וּלְעוֹלָם מִקֶּרֶן [דְּרוֹמִית] מַעֲרָבִית בָּא לְהַתְחִיל לִמְנוֹת – הַיְינוּ דְּמְתָרֵץ לֶחֶם הַפָּנִים אַלֶּחֶם הַפָּנִים, לִהְיוֹת בִּדְרוֹמִית מִזְרָחִית, כִּדְקָתָנֵי בְּמִדּוֹת דְּלָא לִיקְשֵׁי אַהֲדָדֵי. כֵּיצַד לִשְׁכַּת הַטְּלָאִים בִּדְרוֹמִית מַעֲרָבִית לִשְׁכַּת הַחוֹתָמוֹת – כִּי אָזְלַתְּ דֶּרֶךְ שְׂמֹאל בְּמַעֲרָבִית צְפוֹנִית לִשְׁכַּת בֵּית הַמּוֹקֵד צְפוֹנִית מִזְרָחִית, לִשְׁכַּת לֶחֶם הַפָּנִים בְּמִזְרָחִית דְּרוֹמִית: אֶלָּא אִי אָמְרַתְּ. דַּוְקָא תָּנָא לִשְׁכַּת הַטְּלָאִים בְּמִקְצוֹעַ צְפוֹנִית מַעֲרָבִית, סוֹף סוֹף מַאי תַּרְוָתָא לֶחֶם הַפָּנִים? כִּי מָנֵי דֶּרֶךְ שְׂמֹאל – הֲוָה לִשְׁכַּת לֶחֶם הַפָּנִים בִּדְרוֹמִית מַעֲרָבִית, לְפִי מִנְיָינוֹ: וְהָאָמַר מָר. לְקַמָּן (דף נח:): מִשְּׁתֵּי חַלּוֹת. שֶׁל עֲצֶרֶת: אַרְבַּע אוֹ חָמֵשׁ. בְּכָל שַׁבָּת וְשַׁבָּת. וּלְקַמֵּיהּ מְפָרֵשׁ מָתַי אַרְבַּע וּמָתַי חָמֵשׁ: וְהָיְתָה לְאַהֲרֹן וּלְבָנָיו. בְּלֶחֶם הַפָּנִים כְּתִיב: מֶחֱצָה לְאַהֲרֹן כו'. וְאַף עַל פִּי שֶׁהֵן שְׁנֵים עָשָׂר – יֵשׁ כָּאן שְׁתֵּי חַלּוֹת שֶׁאֵינָן מִתְחַלְּקוֹת, כִּדְמְפָרֵשׁ וְאָזֵיל: אֲתָאן לְרַבָּנַן. דְּאָמְרִי לָא שָׁקֵיל פַּלְגָא. דְּאִי שָׁקֵיל פַּלְגָא – בְּצִיר מֵחָמֵשׁ לָא שָׁקֵיל: רֵישָׁא וּמְצִיעֲתָא רַבָּנַן. דְּאָמְרִי לָא שָׁקֵיל פַּלְגָא אֶלָּא בְּצִיר מִפַּלְגָא. וּדְקַשְׁיָא לָךְ חַלָּה דִּשְׁתֵּי לֶחֶם דְּשָׁקֵיל לָהּ כּוּלָּהּ, מוֹדוּ רַבָּנַן דְּלָאו אוֹרַח אַרְעָא לְמִיפְרְסֵיהּ, וּלְמֵיתַב פְּרוּסָה לְכֹ"ג: וּמַאי

וְאֵין לְתָרֵץ: מִשּׁוּם דְּאִם כֵּן לֹא הוּאִי שׁוּם לִשְׁכָּה בְּקֶרֶן מַעֲרָבִית דְּרוֹמִית, דְּמָה בְּכָךְ? וְהָא לָא קָתָנֵי עָלָה אַרְבַּע לְשָׁכוֹת הָיוּ בְּד' מִקְצוֹעוֹתָיו, אֶלָּא סְתָמָא קָתָנֵי וְד' לְשָׁכוֹת הָיוּ לוֹ! וְיֵשׁ לוֹמַר: כֵּיוָן דְּלִשְׁכַּת הַטְּלָאִים קָתָנֵי שֶׁהָיְתָה בְּמִקְצוֹעַ, מִסְתָמָא כָּל הָנָךְ הֲווּ נַמִּי כָּל חֲדָא בְּמִקְצוֹעַ בִּפְנֵי עַצְמָהּ. וְלָא מִסְתַּבְּרָא שֶׁיִּהְיוּ שְׁתַּיִם בְּמִקְצוֹעַ צְפוֹנִית מַעֲרָבִית וּבְמִקְצוֹעַ דְּרוֹמִית מַעֲרָבִית לָא יְהֵא כְּלוּם. אֲבָל תֵּימָה: לֵימָא דְּלִשְׁכַּת טְלָאִים בְּמִקְצוֹעַ צְפוֹנִית מַעֲרָבִית, וְנֵימָא דְּכוּלְּהוּ אַקְּלוּיֵי מִקְּלוּ כָּזֶה

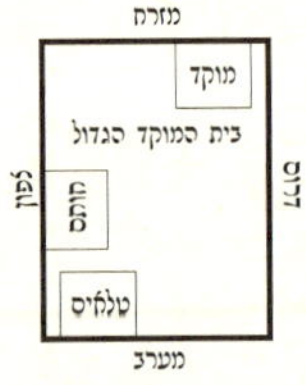

וְיֵשׁ לוֹמַר: דְּהַיְינוּ דְּקָאָמַר מִסְתַּבְּרָא דְּרוֹמִית מַעֲרָבִית הֲוַאי, וְלָא קָאָמַר עַל כָּרְחָיךְ דְּרוֹמִית הֲוַאי. דְּאִי לָאו הָכִי – לָא מִיתְרְצָא לֶחֶם הַפָּנִים, אֶלָּא מִשּׁוּם דַּהֲוָה מָצֵי לְמֵימַר צְפוֹנִית מַעֲרָבִית הֲוַאי, וְכִדְפָרִישִׁית. אֶלָּא שֶׁנִּרְאֶה לוֹ דּוֹחַק קְצָת לוֹמַר דְּכוּלְּהוּ אַקְּלוּיֵי מִקְּלֵי: **וְהָא אָמַר מָר כָּל פִּינּוֹת שֶׁאַתָּה פּוֹנֶה לֹא יְהוּ אֶלָּא דֶּרֶךְ יָמִין.** פֵּי': מִשּׁוּם דְּגָמְרִינַן מִיָּם שֶׁעָשָׂה שְׁלֹמֹה. הִקְשָׁה רַבֵּינוּ אֶפְרַיִם זַ"ל: אַדְּגָמְרִינַן מֵהָתָם, נִגְמוֹר מִמִּגְרָשׁ, דִּכְתִיב (במדבר לה): "וּמַדּוֹתֶם מִחוּץ לָעִיר אֶת פְּאַת קֵדְמָה אַלְפַּיִם בָּאַמָּה וְאֶת פְּאַת נֶגֶב וְכוּ'" – דְּהַיְינוּ דֶּרֶךְ שְׂמֹאל כְּשֶׁהוֹפֵךְ פָּנָיו לָעִיר, וּמַקִּיף מִבַּחוּץ! וְנִרְאֶה לִי לְתָרֵץ: דְּמִיָּם גָּמְרִינַן, מִשּׁוּם דִּכְתִיב: "פּוֹנִים פּוֹנִים" וְהָכִי אִיתָא בְּהֶדְיָא בִּזְבָחִים פֶּרֶק קָדְשֵׁי קָדָשִׁים (דף סב:) דְּפָרִיךְ הָהוּא מִיבְּעֵי לֵיהּ לְגוּפֵיהּ? פֵּירוּשׁ: בְּעָלְמָא מְנָא לַן? וּמְשַׁנֵּי: אִם כֵּן "פּוֹנִים פּוֹנִים" לָמָּה לִי? וּמָצָאתִי כָּתוּב שֶׁהִקְ' רִיבַּ"א: אַמַּאי לָא מְשַׁנֵּי אַקּוּשְׁיָא דְּלִשְׁכַּת טְלָאִים, דְּהָא דְּקָאָמַר דַּהֲוָה בְּמִקְצוֹעַ צְפוֹנִית מַעֲרָבִית – הַיְינוּ בְּקֶרֶן צְפוֹנִית מַעֲרָבִית שֶׁל עֲזָרָה, דְּהַיְינוּ מַעֲרָבִית דְּרוֹמִית שֶׁל בֵּית הַמּוֹקֵד. שֶׁהֲרֵי מַשְׁמַע בְּמַסֶּכֶת מִדּוֹת (פ"א משנה ה) דְּבֵית הַמּוֹקֵד גָּדוֹל הָיָה לִצְפוֹן הָעֲזָרָה כָּזֶה. וְקָאֵי הָתָם אַעֲזָרָה, וְהָכָא אַבֵּית הַמּוֹקֵד? וְעוֹד: דְּאַלֶּחֶם הַפָּנִים נַמִּי הֲוָה מָצֵי לְשַׁנּוּיֵי, דְּחָשִׁיב נַמִּי הָתָם דֶּרֶךְ יָמִין, וְנֵימָא דְּלִשְׁכַּת הַחוֹתָמוֹת וְלִשְׁכַּת הַמּוֹקֵד דְּקָא חָשִׁיב בְּתָמִיד וְלָא חָשִׁיב בְּמַסֶּכֶת מִדּוֹת (שם) – לְשָׁכוֹת אֲחֵרוֹת הָיוּ, וּבְתוֹךְ הָעֲזָרָה הָיוּ: אַחַת בְּמִקְצוֹעַ צְפוֹנִית מִזְרָחִית שֶׁל עֲזָרָה, וְאַחַת בְּמִקְצוֹעַ מַעֲרָבִית צְפוֹנִית שֶׁל עֲזָרָה שֶׁהוּא דְּרוֹמִי שֶׁל בֵּית הַמּוֹקֵד גָּדוֹל. דִּכְשֶׁתִּמְנֶה מִלִּשְׁכַּת טְלָאִים דֶּרֶךְ יָמִין אַרְבַּע לְשָׁכוֹת הוּא לֶחֶם הַפָּנִים רְבִיעִית לָהּ, דְּרוֹמִית מִזְרָחִית שֶׁל בֵּית הַמּוֹקֵד גָּדוֹל, כָּזֶה. וְיֵשׁ לוֹמַר: דְּלָא מִסְתַּבֵּר לוֹמַר שֶׁהָיָה אוֹמֵר עַל זֶה ד' לְשָׁכוֹת הָיוּ שָׁם, כֵּיוָן דְּלֹא הָיוּ שָׁם בָּעֲזָרָה אֶלָּא שְׁתַּיִם מֵהֶם. וְעוֹד: הֵיאַךְ יִתָּכֵן קַרְנוֹת הָעֲזָרָה וְקַרְנוֹת בֵּית הַמּוֹקֵד גָּדוֹל שָׁווֹת? וּמִסְתָמָא הָעֲזָרָה גְּדוֹלָה יוֹתֵר מִבֵּית הַמּוֹקֵד. אֲבָל תֵּימָה לִי, מַאי דּוֹחְקֵיהּ דְּרַב הוּנָא בְּרֵיהּ דְּרַב יְהוֹשֻׁעַ לְאוֹקְמָהּ סְתָמָא דְּתָמִיד דְּלָא פְּלִיגֵי אַהֲדָדֵי, וּלְאוֹקְמָהּ כְּחַד תַּנָּא? וְהָא עַל כָּרְחָיךְ פְּלִיגֵי אַהֲדָדֵי, דִּסְתָמָא דְּמִדּוֹת קָא סָבְרָא אוֹ כּוּלֵּיהּ מִזְבֵּחַ בְּדָרוֹם אוֹ רוּבֵּיהּ, כִּדְאַשְׁכְּחַן הָכָא, וּסְתָמָא דְּתָמִיד מוֹכַח בְּרֵישׁ פֶּרֶק "קָדְשֵׁי קָדָשִׁים" (זבחים דף נח:) דְּהַהִיא סְבָרָה מִזְבֵּחַ מְמוּצָּע! וְיֵשׁ לוֹמַר: אִי פְּלִיגֵי בְּמִילְּתָא דְּאַשְׁכְּחַן פְּלוּגְתָּא דְּתַנָּאֵי – בְּהָא לָא חָיְישִׁינַן, אֲבָל בִּמְקוֹם הַלְּשָׁכוֹת – לָא אַשְׁכְּחַן תַּנָּאֵי דִּפְלִיגֵי בְּהֶדְיָא:

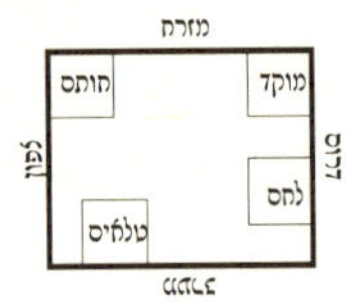

וּמוֹדוּ רַבָּנַן **בִּפְרוּסָה דְּלָאו אוֹרַח אַרְעָא.** תֵּימָה: מֵעִיקָּרָא, דְּלָא אַסִּיק אַדַּעְתָּא לְהַאי שִׁינּוּיָא אַרְבַּע אוֹ חָמֵשׁ, הֵיכִי הֲוָה נִיחָא לְרַבָּנַן? כֵּיוָן דִּלְרַבָּנַן דְּר"י יָהֵיב לְכֹהֵן חָמֵשׁ וּבָצִיר לֵיהּ שֵׁשׁ מִפַּלְגָּא, אִם כֵּן לְרַבִּי יְהוּדָה אַמַּאי לָא יָהֵיב לֵיהּ אֶלָּא אַרְבַּע דְּהַיְינוּ חוֹמֶשׁ בָּצִיר מִפַּלְגָּא? לֵיתִיב לֵיהּ אַרְבַּע שְׁלֵימוֹת, וּפְרוּסָה קְטַנָּה דְּלָא נִיבְצַר לֵיהּ אֶלָּא שֵׁשׁ מִפַּלְגָּא. אוֹ כֵּיוָן דְּלר"י בָּצִיר לֵיהּ חוֹמֶשׁ – לְרַבָּנַן נַמִּי נִיבְצַר לֵיהּ חוֹמֶשׁ! וְיֵשׁ לוֹמַר: דִּלְעוֹלָם אַסִּיק אַדַּעְתֵּיהּ דְּלָאו אוֹרַח אַרְעָא לְמֵיתַב לֵיהּ פְּרוּסָה, וְהִלְכָּךְ דְּנִימְטְיֵיהּ בָּצִיר מִפַּלְגָּא. וְהָכִי, גַּבֵּי לֶחֶם הַפָּנִים כֵּיוָן דְּכִי בָּצְרַת לֵיהּ חֲדָא מִפַּלְגָּא לָא מָטָא לֵיהּ כְּמוֹ לְכָל אֶחָיו הַכֹּהֲנִים, דִּיהָבִינַן לֵיהּ שְׁלֵימוֹת וְלָא מְמַלְמְלִינַן כּוּלֵּי הַאי לְהַשְׁווֹת הַדָּבָר לר"י וְרַבָּנַן, דִּלְמָטְיֵיהּ אֵלִיבָּא דְּתַרְוַיְיהוּ בָּצִיר חוֹמֶשׁ אוֹ בָּצִיר שֵׁשׁ מִפַּלְגָּא – דְּלָאו אוֹרַח אַרְעָא לְמֵיתַב לֵיהּ פְּרוּסָה. אֲבָל גַּבֵּי שְׁתֵּי הַלֶּחֶם – הֲוָה ס"ד דִּטְפֵי הֲוֵי אוֹרַח אַרְעָא לְמֵיתַב לֵיהּ פְּרוּסָה מִלְמֵיתַב לֵיהּ פַּלְגָּא מַמָּשׁ, דְּלָאו אוֹרַח אַרְעָא כְּלָל לִיתַּב לֵיהּ כְּמוֹ לְכָל אֶחָיו הַכֹּהֲנִים שֶׁיְּהֵא הוּא לְבַדּוֹ שָׁקוּל כְּנֶגֶד כּוּלָּם. וּמְשַׁנֵּי: אֲפִי' הָכִי הָא עֲדִיפָא לְהַשְׁווֹתוֹ כְּנֶגֶד כּוּלָּם, מִלְמֵיתַב לֵיהּ פְּרוּסָה:

עַיְילָא

רבינו חננאל

שמאל. ואסיק' ש"מ בדרומית מערבית הוות קיימא ש"מ פי' האי תנא דקתני דרומית מערבית לשכת טלי קרבן כו' נקיט דרך ימין וחשיב שניה לה דרומית מזרחית לשכת עושי לחם התמיד. שלישית מזרחית צפונית רביעית מערבית צפונית נמצאת לשכת עושי לחם הפנים שנייה ללשכת הטלאין כי היא מצידה כשפונה דרך ימין למזרח. ואידך תנא חשיב ללשכת עושי לחם הפנים רביעית ללשכת הטלאין. דנקיט דרך שמאל כשפונין למזרח ונמצאת לבסוף וזהו מדרמינן לחם הפנים אלחם הפנים דהאי תנא חשיב לה שניה והאי חשיב לה רביעית ומשני רב הונא [מר] קחשיב דרך ימין דהויא [שנייה לה] ומר קא חשיב דרך שמאל דהויא [רביעית לה] *) אלא אי אמרת לשכת הטלאים בצפונית מערבית הות קיימא היכי מיתרצי לשכת עושי לחם הפנים. שלישית הות בעי לאחשובה. הנה נתברר שמצד לשכת הטלאין היא. אלא ש"מ לשכת הטלאין בדרומית מערבי' הוות קיימא ש"מ. והאי תנא דתני והלא לשכת בית הטלאין היתה במקצוע צפונית מערבית צפונית מערבית עזרה. וד' לשכות היו שם נמצאת לשכת הטלאין היא בסוף המקצוע המערבי לעזרה צפונית. ולד' לשכות שהיו שם [היתה] דרומית. ואקשינן והא אמרינן כל פונות שאתה פונה לא יהיו אלא דרך ימין למזרח. ושנינן הני מילי [בעבודה] הכא חושבנא הוא הא רמויא דפריש הכא מדרמינן לחם הפנים אלחם הפנים כו' לא מצאנו לה מקום מפורש בתלמוד אלא ודאי כך היתה הגירסא דרמו ופרקו ולא הוצרכו לכתוב ולפרש יותר מזה. ועלתה השמועה דלשכת טלה קרבן היתה במקצוע דרומית מערבית סמוכה לעזרה ומיהו אית' צפוני' מערבית לחיל שכ"ג מקריב חלק בראש כו': **ת"ר** כיצד מקריב חלק בראש או' עולה זו אני מקריב כו'. כיצד נוטל חלק בראש אומר חטאת זו אני אוכל כו'. ונוטל חלה מב' חלות של עצרת. **) ר' אומר ה' מלחם הפנים ר' אומר לעולם ה' שנאמר והיתה לאהרן ולבניו מחצה לאהרן ומחצה לבניו. והא דר' בפ' מי שמת. הא גופה קשיא כו'. ופריק אביי רישא ומציעתא רבנן היא דאמרי לא שקיל פלגא אלא פחות דהא לא תנן במתניתין נוטל מחצה וגם לא תנן חולק אלא נוטל חלק בראש תנן. ואמאי נוטל חלה מב' חלות של עצרת לפי שאינן אלא ב' בלבד כדכתיב ממושבותיכם תביאו לחם תנופה שתים שני עשרונים וגו'.

וגנאי

*) נראה שחסר כאן וצ"ל ש"מ דבמערבית דרומית הואי דאי אמרת לשכת הטלאים בצפונית מערבית וכו'. **) נראה דט"ס כאן וצ"ל ארבע או חמש מלחם הפנים.

פב א מיי' פ"ה מהל' כלי המקדש הל' י"ב:

פג ב מיי' פ"ד מהל' תמידין הלכה יד:

[לעיל טו:] לקמן מה. נח: זבחים סב: [סוטה טו:]

[נ"ל זה]

[תוספתא פ"א]

ב"ב קמג. סנהדרין כא. ע"ז י:

הגהות הגר"א

[א] גמרא לעולם רשום קו עליו למחקו (ואולי משום דבדאיכא משמר המתעכב נוטל רק ד')

תוספות ישנים

דאמרי לא שקיל פלגא. ומחלה לאהרן ומחלה לבניו לאו דוקא שיטול כנגד כולם אלא קרוב למחלה:

ומאי ארבע או חמש. מתי ארבע ומתי חמש? לרבנן. דפליגי עליה דר' יהודה בפרק "החליל" (סוכה דף נו.), ואמרי: משמר היוצא נוטל שש ומשמר הנכנס נוטל שש חלות. ושכר הגפת דלתות לא שקיל משמר הנכנס, נמצאו כולן באות(ב) ומחלוקות וכהן גדול חולק עם שתיהן, ומשנים עשר בעי מיפלג, ומחצה שלהם אינו נוטל, בציר חדא מפלגא – חמש שקיל: לר' יהודה דאמר נכנס נוטל שתים. בלא מחלוקת, בשכר שהוא מגיף למוצאי שבת דלתות העזרה וחיל והיכל ולשכות שפתחו שחרית משמר שיצא לו. מעשר בעי מיפלג, שאין השתים באות במחלוקת כי שכרם הם: בציר חדא מפלגא. תורה אור דעשר – ושקיל ארבע: כולה רבי היא. דאמר פלגא שקיל: וסבר לה כרבי יהודה. דאין השתים מתחלקות לעולם: אלא מאי ארבע הא חמש בעי למשקל לא קשיא הא דאיכא משמר המתעכב וכו'. פעמים שיום טוב חל בשני בשבת, ויש משמר מקדים ובא מערב שבת ומתעכב עד הרגל, שכל המשמרות באות ברגל. או פעמים שמוצאי יום טוב ערב שבת, והמשמרות הולכות למקומם בערב שבת ויש משמר שמתעכב שם עד מוצאי שבת. ותנן במסכת סוכה (דף נה:): שבת שבתוך הרגל – היו כל המשמרות שוות בחילוק לחם הפנים. וכן י"ט הסמוך לשבת, בין מלפניה – שאין יכולין לשוב בשבת למקומן, בין מלאחריה – שעל כרחן הן מקדימין לבא מע"ש, היו כל המשמרות שוות בחילוק לחם הפנים. שהרי על כרחן שוהין שם, והרי היא כשבת שבתוך הרגל. חל יום אחד להפסיק ביניהם, או מלפניה כגון שכלה המועד בחמישי בשבת או מאחריה שהתחיל המועד בשני בשבת – לא היה להם להקדים לבא מלפני השבת, אינן שוות. אלא משמר המתעכב בשבת, בין שהוא משמר אחד בין שהוא משמרות הרבה – נוטל שתי חלות, והשאר מתחלקות למשמר היוצא והנכנס, שאינו נוגע לאותה שבת: אי הכי. דמליעתא רבי היא, מאי לעולם חמש? מתני' אישי. אדוני: (ג) קורין לפניו בסדר היום. פרשת "אחרי מות" וכן כל שבעת הימים: שיהא מכיר. מתבונן בבהמות העוברות לפניו, לתת אל לבו בהלכות סדר היום: גמ' במקדש ראשון. לא העמידו אלא על פי התורה, כהנים מהוגנין: מרתא בת בייתוס. אלמנה עשירה היתה, וקידשה יהושע בן גמלא, ונתנה ממון לינאי המלך ומינהו להיות כהן גדול: תרקבא. חצי סאה, תרי *קב: דינרי. זהובים: דיילא. שוטר המלך: בשוקא קמיה לא תחליף. מתוך שהיה מכירך מתחילה בקי הוא בעושרך ובמעשיך, למצוא עלילה לגבות ממך ממון: מאכילין אותו. ערב יום הכפורים שחרית סלתות וביצים, כדי למסמס אכילה שבמעיו לשלשלו, שלא יצטרך לנקביו למחרת: לידי חימום. של קרי, שהסלתות וביצים מרבים את הזרע: אב"י ואבב"י. סימנים הן, ומפרש להו ואזיל: זב תולין לו במאכל. אם אכל מאכל הרבה מכל מין שהוא, תולין לומר שמחמת רוב מאכל ראה, ואינו זב לטומאת שבעה ולקרבן, דכתיב (ויקרא טו) "בשרו" – ולא מחמת אונסו. אבל בעל קרי טמא באונס, דאין קרי וזוב באים ממקום אחד, ואין מראיהם שוה. שהזוב *דומה למי בצק של שעורין, ואינו קשור, אלא כלובן ביצה המוזרת. ושכבת זרע קשור, כלובן ביצה שאינה מוזרת: אין מאכילין אותו. בימי בדיקתו: השחלים

ומאי ארבע או חמש – לרבנן, דאמרי: *נכנס נוטל שש, ויוצא נוטל שש. ושכר הגפת דלתות לא,(א) משתים עשרה בעי מיפלג, בציר חדא מפלגא – חמש שקיל. לר' יהודה דאמר: נכנס נוטל שבע, שתים בשכר הגפת דלתות, ויוצא נוטל חמש. מעשר בעי מיפלג, בציר חדא מפלגא – ושקיל ארבע. רבא אמר: כולה רבי היא, וסבר לה כר' יהודה. ואלא מאי ארבע? הא חמש בעי למשקל! לא קשיא; הא – דאיכא משמר המתעכב, הא – דליכא משמר המתעכב. אי איכא משמר המתעכב – משמונה בעי למפלג ושקיל ארבע. אי ליכא משמר המתעכב – מעשר בעי למפלג ושקיל חמש. אי הכי, מאי רבי אומר לעולם חמש? קשיא.§ מתני' *מסרו לו זקנים מזקני בית דין, וקורין לפניו בסדר היום, ואומרים לו: אישי כהן גדול! קרא אתה בפיך, שמא שכחת או שמא לא למדת. *ערב יום כפורים שחרית מעמידין אותו בשער מזרח, ומעבירין לפניו פרים ואילים וכבשים כדי שיהא מכיר ורגיל בעבודה. *כל שבעת הימים לא היו מונעין ממנו מאכל ומשתה, ערב יוה"כ עם חשיכה לא היו מניחין אותו לאכול הרבה, מפני שהמאכל מביא את השינה.§ גמ' בשלמא שמא שכח – לחיי, אלא שמא לא למד – מי מוקמינן כי האי גוונא? *והתניא: "והכהן הגדול מאחיו" – *שיהא גדול מאחיו בכח, בנוי, בחכמה, ובעושר. אחרים אומרים: מנין שאם אין לו שאחיו הכהנים מגדלין אותו – ת"ל: "והכהן הגדול מאחיו" גדלהו משל אחיו. אמר רב יוסף: לא קשיא; כאן – במקדש ראשון, כאן – במקדש שני. *דאמר *ר' אסי: תרקבא דדינרי עיילא ליה מרתא בת בייתוס לינאי מלכא *על דאוקמיה ליהושע בן גמלא בכהני רברבי.§ *ערב יום הכפורים שחרית וכו'.§ תנא: אף השעירים. ותנא דידן, מאי טעמא לא תנא שעירים? כיון דעל חטא קא אתו – חלשא דעתיה. אי הכי פר נמי על חטא הוא דאתי! פר, כיון דעליו ועל אחיו הכהנים הוא דאתי – באחיו הכהנים, אי איכא איניש דאית ביה מילתא – מידע ידע ליה, ומהדר ליה בתשובה. בכולהו ישראל, לא ידע. אמר רבינא: היינו דאמרי אינשי: אי בר אחתיך דיילא הוי, חזי, בשוקא קמיה לא תחליף.§ "כל שבעת הימים לא היו מונעין וכו'".§ תניא, רבי יהודה בן נקוסא אומר: מאכילין אותו סלתות וביצים כדי למסמסו. אמרו לו: כל שכן שאתה מביאו לידי חימום. תניא, סומכוס אמר משום ר' מאיר: *אין מאכילין אותו לא אב"י, ואמרי לה: לא אבב"י, ויש אומרים אף לא יין לבן. לא אב"י – לא אתרוג ולא ביצים ולא יין ישן. ואמרי לה: לא אבב"י – לא אתרוג ולא ביצים ולא בשר שמן ולא יין ישן. ויש אומרים: אף לא יין לבן, מפני שהיין לבן מביא את האדם לידי טומאה.[א] תנו רבנן: *זב תולין לו במאכל, וכל מיני מאכל. אלעזר בן פנחס אומר משום רבי יהודה בן בתירא: אין מאכילין אותו לא חגב"י ולא גב"ם, ולא כל דברים המביאין לידי טומאה.[ב] לא חגב"י – לא חלב ולא גבינה ולא ביצה ולא יין, ולא גב"ם – מי גריסין של פול, ובשר שמן, ומריים. "ולא כל דברים המביאין לידי טומאה" לאתויי מאי? לאתויי הא דת"ר: חמשה דברים מביאים את האדם לידי טומאה, ואלו הן: השום והשחלים

[גיר' ע"י רב יוסף]

עיילא ליה מרתא בת בייתוס לינאי מלכא. אין זה ינאי המלך (*שבריש פ') "האומר" (קדושין דף סו.), שהרג חכמי ישראל, דההוא דהסתם כהן גדול הוה, דקאמר: הקם להם בציץ שבין עיניך, ולא היה ממנה אחר במקומו: והאמר

רבינו חננאל

וגנאי הוא הדבר לתת לכ"ג פרוסה. לפיכך נותן לו בעצרת אחת שלימה. וד' או ה' דקתני הכי קאמר אי לרבנן ה'. אי לר' יהודה ד' אי לרבנן דאמרו שכר הגפת דלתות ליכא י"ב חלות כלן בעי למיפלג פוחתין מן החצי אחת נשארו י"א חלות. גנאי הוא לו ליטול חצי חלה מעשר בעי למיפלג הלכך נוטל ה' מן העשר. אי לר' יהודה דתני בסוף מס' סוכה הנכנס נוטל ז' והיוצא נוטל ה' ואוקימנא הני תרתי יתירי שכר הגפת דלתות פי' כיון שמשמרה הראשונה פתחה בשחרית בשבת ויצאה אחר חצי היום ומשמרה הנכנסת [מגיפה] השערים שפתחה אותם היוצאות נוטלת בשכרה ב' חלות נשארו י' חלות פחות אחת מן החצי נשארו ט'. *) אין דרך ארץ ליטול פרס חלק בח' זה נוטל ד' ואלו כולן נוטלין (ד') [ו]. רבא אמר כולה ר' היא. ור' סבר לה כר' יהודה דאמר הנכנס נוטל ז' כו' אי הכי אמאי ד' הא ר' הוא דאמר פלגא שקיל ה' בעי למשקל. ושנינן בדאיכא משמר [המתעכב] דשקיל משמר הנכנס ב' בשכר הגפת דלתות והמתעכב עוד נוטל ב' אחרות כדתנן בסוף סוכה והמתעכב נוטל ב'. נשארו ח' שקיל החצי ד' משמונה. ואם אין שם משמר המתעכב נוטל משמר הנכנס ב' שכר הגפת דלתות נשארו י' חלות נוטל חציו ממש. אי הכי כי רבי סבר פעמים נוטל ה' ופעמים נוטל ד' אמאי תני לעולם ה' ועלתה בקושיא: מוסרין לו זקנים מזקני ב"ד כו' במקדש ראשון לא היו מעמידין כ"ג אלא מי שהוא גדול מכולן בכח בנוי בעושר בחכמה וכו'. ובמקדש שני היה משחיד ונכנס אפי' אם אין בו המדות הללו. לפיכך היו צריכין לבוחנו. אם יודע אם לאו: פירש דיאלא כגון ממונה במכס ועל הנכנסין והיוצאין והנושאין ונותנין ואם בא אדם להסתיר קרובו יודע בו ואינו יכול לגנוב דעתו. וכן א' בענין הממונים באכילת הפסח בסוף פ' כיצד צולין והוא דרגש בהו דיילא: כל שבעת הימים לא היו מונעין ממנו מאכל כו' תניא יהודה בן נקוסא אומר

*) נראה דצ"ל אין דרך ארץ ליטול פרוסה וחולק מח' זה נוטל ד' וכו'.

תוספות ישנים

רבא אמר כולה רבי וכו'. וא"ת אביי דמוקי רישא כרבנן וסיפא רבי ומוקי מציעתא א) (דרבי) בפלוגתא דרבי יהודה ורבנן ולוקמה במשמר המתעכב כרבא וכולה ב) (כרבי) וי"ל דמילתא דלא שכיחא היא ורבא לא ניחא ליה לאפלוגי רבנן ורבי בהא אלא סבירא ליה דמתלה ממש לכולי עלמא כדאשכחן במי שמת (דף קמג.) גבי אבולי ואסטרוגי ובמסכת ע"ז (דף י:) במעשה דקטיעא בר שלום שנתן כל נכסיו לר"ע: מרתא בת בייתוס. אלמנה עשירה היתה וקידשה יהושע קודם שנתמנה ואח"כ נתמנה להיות כהן גדול כדאמרינן ביבמות (דף סא.) עד דאוקמיתיה ליהושע בן גמלא ואע"פ שחשוב היה כדאשכחן לקמן (דף לז.) שעשה שני גורלות של אשכרוע של זהב ומזכירין אותו לשבח ואמרינן בפרק לא יחפור (דף כא.) מתקנת יהושע בן גמלא ואילך מ"מ היו בעלי תורה וחשובין ממנו ורצויין למנות יותר: פר נמי על חטא אתי. וא"ת איכא פר מוסף דעל חטא לא אתי וי"ל דבמתניתין קתני פרים ופר חטאת הוי בכלל: לא מאכל ולא משתה. ואע"ג שכהן של בית אב אסור לשתות יין [הכא איירי] אחר עבודה כשהולך לישן ולא כפי' ריב"א שפירש דמשתה בשאר משקין דלאו יין קאמר דהא שאר משכרין נמי אסירי כגון דבש וחלב ודבילה קעילית: אין מאכילין אותו חגב"י. תימה אמאי לא חשיב בכהן גדול יש לומר דלא התמירו בו כל כך ואם תאמר אמאי לא האכילוהו לזב והלא אינו מטמא באונס יש לומר דמכל מקום מיהא סתרא אפילו באונס כדתנן במס' זבים (פ"ב מ"ב) ובנדה בפרק בנות כותים (דף לז.):

ולאי

א) נ"ל כרבנן. ב) נ"ל כרבנן

עין משפט נר מצוה:

פד א ב מיי' פ"ג מהל' עבודת יוה"כ הלכה ה:

פה ג שם הלכה ו:

פו ד מיי' פ"ה מהלכות כלי המקדש הלכה א:

פז ה מיי' פ"א מהלכות עבודת יוה"כ הלכה ו:

פח ו מיי' פ"ב מהלכות מחוסרי כפרה הלכה ב:

מסורת הש"ס: [סוכה נו.] — הוריות ט. [תוספתא פ"א] — יבמות סא. — [גיר' ע"י עד] — [נ"ל וקב וכ"ה בערוך] — [נדה לה:] — ויקרא כא

הגהות הב"ח

(א) גמ' ושכר הגפת דלתות לא שקיל משתים עשרה: (ב) רש"י ד"ה לרבנן כו' נמצאו כולן באות במחלוקת וכהן גדול: (ג) ד"ה וקורין לפניו כל שבעת הימים בסדר היום בפ' אחרי מות הס"ד:

הגהות הגר"א

א] גמ' (ת"ר זב תולין לו במאכל וכל מיני מאכל) תא"מ: [ב] שם המביאין לידי טומאה. נ"ב והזב תולה בהן רע"ז תולה בכל מיני מאכל. (ועי' בתי"ט פ"ב דזבים מתני' ב' ובפי' הר"ש):

והשחלים, (ג)והחלגלוגות, והביצים, והגרגיר. °"ויצא אחד אל השדה ללקט אורות", תנא משמיה דר' מאיר: זה גרגיר. אמר ר' יוחנן: למה נקרא שמן אורות – שמאירות את העינים. אמר רב הונא: (*המוציא) גרגיר, אם יכול לאכלו – אוכלו, ואם לאו – מעבירו על גבי עיניו. אמר רב פפא: בגרגירא מצרנאה. אמר רב גידל אמר רב: אכסנאי לא יאכל ביצים, אולא יישן בטליתו של בעל הבית. *רב כי מקלע לדרשיש מכריז: מאן הויא ליומא. רב נחמן כד מקלע לשכנציב מכריז: מאן הויא ליומא. *והתניא, ר' אליעזר בן יעקב אומר: בלא ישא אדם אשה במדינה זו, וילך וישא אשה במדינה אחרת, שמא יזדווגו זה אצל זה, ונמצא אח נושא אחותו (*ואב נושא בתו) וממלא כל העולם כולו ממזרות, ועל זה נאמר: °"ומלאה הארץ זמה"! – אמרי: גרבנן קלא אית להו. *והאמר רבא: דתבעוה להנשא ונתפייסה – צריכה לישב שבעה נקיים! רבנן אודועי הוו מודעו להו, מקדם הוו מקדמי ומשדרי שלוחא. ואי בעית אימא: היחודי הוו מיחדי להו, לפי *שאינו דומה מי שיש לו פת בסלו למי שאין לו פת בסלו.§

מתני' מסרוהו זקני בית דין לזקני כהונה והעלוהו(א) בית אבטינס והשביעוהו, ונפטרו והלכו להם. ואמרו לו: ואישי כהן גדול, אנו שלוחי בית דין ואתה שלוחנו ושליח בית דין, משביעין אנו עליך במי ששכן שמו בבית הזה שלא תשנה דבר מכל מה שאמרנו לך. הוא פורש ובוכה, והן פורשין ובוכין. זאם (הוא) היה חכם – דורש, ואם לאו – תלמידי חכמים דורשים לפניו. ואם רגיל לקרות – קורא, ואם לאו – קורין לפניו. ובמה קורין לפניו – באיוב ובעזרא ובדברי הימים. זכריה בן קבוטל אומר: פעמים הרבה קריתי לפניו בדניאל.§

גמ'

רש"י

השחלין. קרס"ין: חלגלוגות. פולפו"ר: הגרגיר. אורג"א: מצרנאה. הגדל על המיצר, שאין סביבותיו זרע אחר שיכחיש כחו: לא יאכל ביצים. שמביאין לידי קרי, ומתגנה על בני הבית: לא יישן בטליתו של בעל הבית. שהוא מתכסה בה ביום, שלא ימצא עליה קרי: כי מיקלע לדרשיש. שם היה רגיל לילך: מאן הויא ליומא. יש אשה שתנשא לי ליומא, שאתעכב כאן, ותלא לאחר מכאן? זה אצל זה. בן שיוליד במדינה זו עם בת שיוליד במדינה אחרת: רבנן קלא אית להו. ושמם קרוי על בניהם: צריכה לישב שבעה נקיים. מיום שנתרצית, שמא מחמת חימוד ראתה דם: יחודי בעלמא. ואין נזקקין להן, אלא שהנשוי אשה אין מתאוה כמי שאין לו אשה: **מתני'** מסרוהו זקני בית דין. שקראו לפניו בסדר היום: לזקני כהונה. ללמדו חפינת הקטורת המוטלת עליו ביום הכפורים, שנאמר (ויקרא טז): "ומלא חפניו קטורת סמים וגו'" ועבודה קשה היא, כדלקמן (דף מז:): בית אבטינס. היו עושין את הקטרת, כותשין אותו ומערבין סממני': והשביעוהו. שלא יהא צדוקי לתקן מבחוץ ולהכניס בפנים כדאמרינן בגמרא (לקמן דף יט:): אישי. אדוני: הוא פורש ובוכה. מפרש בגמ' (שם): אם היה חכם דורש. בדבר הלכה כל ליל יוה"כ, שלא יישן ויראה קרי: ואם לאו. חכם הוא, ויודע להבין ולשמוע דבר הלכה, ואינו יודע לדרוש – דורשין לפניו: באיוב ובעזרא וכו'. שהן דברים מושכין את הלב לשומען, ואין שינה חוטפתו:

תורה אור: ויצא – מ"ב ד | ומלאה הארץ זמה – ויקרא יט

תוספות

והאמר רבא תבעוה להנשא כו'. לא הוה מצי לשנויי: קטנות שלא הגיע זמנן לראות הוו, דהא מסקינן בפ' תינוקת (נדה דף סו.) דמילתא דרבא אפילו בקטנה, דילמא מחמדא. ונראה דהיכא דתבעוה לינשא וישבה שבעה נקיים, וכל אותם שבעה בדקה שחרית וערבית וטבלה ולא נבעלה – אז צריכה לבדוק בכל יום ויום, דלעולם משתבעוה לינשא איכא לספוקי דילמא חזיא מחמת חימוד עד שתיבעל. הלכך בעינן שבעה נקיים סמוך לבעילת מצוה. וכן פירש רשב"ם בפרק "תינוקת" (שם): **יחודי בעלמא** הוו מייחדי להו. פרש"י: לא היו באין עליהן אלא מתיחדים עמהן, ותו לא. והקשה ר"י: א"כ, כיון דאסורין לבא עליה–מאי פת בסלו איכא? מיהו, הא י"ל: כיון(ג) דשרי לאחר ז' – פת בסלו קרינא ביה. ועוד הקשו: היכי שרו ליחודי בהדייהו? והאמר בפרק קמא דכתובות (דף ד.): מי שפירסה אשתו נדה ולא בעל – הוא ישן בין האנשים ואשתו ישינה בין הנשים! להכי פר"י: דכי אמרי מאן הויא ליומא – לא אמרי מאן הויא ליומא ליבעל אלא ליחודי בהדה בעלמא, וכיון שהיו אומרים להם כך רק לייחד עמהם – לא היו רואות דם מחמת חימוד. ונראה לי כי מה שהקשה מכתובות – דלא קשה, דהא דאמר התם – היינו דוקא לבחור דלא נשא מעולם, דיצרו תוקפו טפי, כדמשמע בפ' "כל היד" (נדה דף יג.): כל האוחז באמה ומשתין – כאילו מביא מבול לעולם, ומפליג התם: כאן בבחור כאן בנשוי. בנשוי – שרי, אע"פ שאין אשתו עמו. וע"כ ההיא דכתובות איירי בבחור, מדקתני: מי שהיה טבחו טבוח ומת אביו של חתן או אמה של כלה וכו', עד ודווקא אביו של חתן או אמה של כלה, דליכא איניש דטרחי. ומזה מוכיח ר"י התם דאיירי במי שאין לו בנים ולא נשא מעולם, שהוא בוש לטרוח בעצמו לורכי חופתו. אבל אלמן – איהו גופיה מצי טרח, וההיא קתני. וכן מי שפירסה אשתו נדה ולא בעל הוא ישן בין האנשים וכו'. ויכולני לפרש ולא בעל דקאמר – היינו לא בעל מעולם, אבל אלמן, אע"פ שעכשיו אין לו אשה, כיון דכבר היה לו אשה אשתו ישינה עמו בחדר. וכל שכן רבנן דהכא, שאפילו עכשיו היה להם נשים, אלא שלא היו בכאן בעיר. ואפילו אם תמצא לומר דאלמן כמו כן אסור – מכל מקום הכא שרי, כיון שהיה להם נשים בביתם ולא תקיף יצרייהו כולי האי. ואדרבה, טפי הוה ניחא לפירוש רש"י. כי לפירוש ר"י קשה הלשון דקאמר יחודי הוו מיחדי, דהוה ליה למימר לייחודי בעלמא, כלומר היו מודיעים להם שלא היו רוצים אלא לייחוד בעלמא. מיהו, מצינן למימר דלהכי נקט האי לישנא "יחודי בעלמא הוו מייחדי להו" – משום דאתא לשנויי מה שהקשה: לא ישא אדם אשה במדינה זו כו' ולא היו באים עליהן כלל, מדלא היו מביאים הנשים עמהם לעירם – אלמא לא היו באים עליהם, אלא יחודי הוו מייחדי ליתובי יצרייהו, שאם היו רוצים היו באים עליהן, ואם היו באים עליהם – היו מביאים אותן לעירם. והשתא, אע"פ שחילקתי בין בחור לנשוי גבי פירסה נדה – אין לי ללמוד מכאן דמי שמת לו מת ברגל דאשתו ישינה עמו בחדר ולא אמרינן הוא ישן בין האנשים כו'. וקימא דהא דאסרינן התם באבילות שבתוך ימי החופה לישן עמו בחדר – היינו בבחור, ודאי אין לחלק כך, דהא אסרינן התם אפילו בשכבר בעל. וכיון דכבר בעל פעם אחת – מה לי נשוי מה לי בחור. אבל בפירסה נדה – מוקי לה דווקא בשלא בעל. כי שמעתי בשם מורי ה"ר יחיאל מפריי"ש זצ"ל: כיון דדברים של צינעא נוהג ברגל, ואסור בתשמיש המטה כל ימי הרגל – הוא ישן בין האנשים וכו'. ורא"יתו מההיא דכתובות, דמסיק טעמא משום דאבילות אקילו ביה רבנן, ולהכי קילא ליה ואתי לזלזולי ביה. אמטו להכי ישן בין האנשים. וא"כ ברגל נמי, כיון דאקילו ביה כי התם – הוא ישן בין האנשים. (ה)אבל ביסודו של רבי' אברהם ב"ר דוד זצ"ל מצאתי בספר בעל הנפש [שער הפרישה] שכתב להיתר, וזה לשונו: ולי נראה אי מתרמי לאיניש אבילות ברגל – שאין צריך לישן בין האנשים, אע"ג דקילא ליה דלא חל עליה אבילות, (ו)משום דשבעת ימי המשתה אית בהו משום אפוסי שמחה לשושביניו ולכל בני החופה. אבל שמחת הרגל, דלית בהו כי האי גוונא – לא. דהא גבי שבת לא אשכחן מאן דאמר דהוא ישן בין האנשים, אע"ג דלא נהגא ביה אבילות, עד כאן לשונו. וקצת קשה לי: א"כ כי פריך התם מאבילות דחתן לאבילות דעלמא, ומשני רב אשי: מי קא מדמית אבילות דהכא לאבילות דעלמא, אבילות דהכא – אקילו ביה רבנן. פירוש: ולהכי הוא ישן בין האנשים, אף על גב דכבר בעל, הוה מצי למיפלג בין אבילות דהכא לדעלמא משום דחופה אית בה אפוסי שמחה. מיהו יש לומר דעדיפא מינה קא משני:

שסם

עין משפט נר מצוה

פט א טוש"ע א"ח סי' ר סעיף יג:
צ ב ג מיי' פכ"א מהל' אסורי ביאה הלכה כט סמג לאוין קכו טוש"ע אה"ע סי' ב' סעיף יא:
צא ד מיי' פי"א מהל' איסורי ביאה הלכה ט טוש"ע י"ד סי' קצב סעיף א:
צב ה מיי' שם הלכה י:
צג ו מיי' פ"א מהלכות עבודת יוה"כ הלכה ז:
צד ז שם הלכה ח:

מסורת הש"ס

[נ"ל המוצא]
[יבמות לז:]
יבמות לז: (ע"ש בתוס' מז.)
[ביבמות לז: ובילקוט ובהרמב"ם פכ"א מהלכות אסורי ביאה דין כט ובטור וש"ע אה"ע ס"ם ב ליתא להגהו ג' תיבות]
[לקמן סז. עד: יבמות לז:] כתובות סב: סג.
יבמות לז: נדה סו.

רבינו חננאל

אומר מאכילין אותו סלתות וביצים כדי למסמסו כו'. ת"ר זב תולין לו במאכל וכל מיני מאכל. ואין מאכילין אותו כל דבר שמביא לידי חימום ומרגילו לזיבות: אורות זה גרגיר ומאיר העינים. גרגירא מצראנא. אכסנאי לא יאכל ביצים ויישן בטלית בעה"ב שמא יראה קרי ויטנף הטלית ויחשדהו בעה"ב על אשתו. רבנן כגון רב ורב נחמן הוו אמרי מאן הויא ליומא. כלומר איזו אשה אשאנה היום וכשאצא מן המקום ההוא אגרשנה ואקשינן והתניא ר' אליעזר אומר לא ישא אדם אשה במדינה זו וילך וישא אחרת במדינה אחרת כו' ופרקינן רבנן קלא אית להו. כלומר זה בנו של פלוני חכם. וזה בתו של פלוני. וכשיבא וישאנה ויגידו לו כי היא בת פלוני לא ישאנה שיודע שהיא אחותו. ואקשינן ואיך מותר לומר מאן הויא ליומא. כלומר מקדש ומכנים אפי' אינו שוהה במקום אלא יום אחד. והא [אמר] רבא תבעוה להנשא ונתפייסה צריכה לישב ז' נקיים. ופרקינן הני

תוספות ישנים

ואי בעית אימא יחודי הוי מיחדי כו'. ואומר רבי דאכולה מילתא קאי שלא היו אומרים להם לינשא מיד אלא מיחדי ואז לא היו מנפות שישאום ולא היו אז רואות מחמת חימוד ולכך היו יכולים לבא עליהם בלא ז' נקיים ויש פת בסלם ואם היו באין עליהן היו מוליכין אותם לעירם וליכא משום ומלאה הארץ זמה והשתא לא צריך תו לטעמיה דמשדרין שלוחא מעיקרא ולכך קבעו כאן התלמוד והשתא לא שייכא כאן הך דכתובות (דף ד:) לחתן כל זמן שלא בעל הוא ישן בין האנשים כו' דהכא לא שייך כלל דם חמוד כדפי' וכן פי' ה"ר יצחק בן רבינו מאיר ביבמות אבל ה"ר יוסף פי' דהך דכתובות פירסה נדה דאיכא איסורא דאורייתא אבל הכא ליכא אלא חומרא דרבנן ולפי דבריו משמע דקאי האי ואב"א אפירכא בתרייתא דוקא כלומר שלא היה שם אלא יחוד ולא היו באין עליהן דליכא ז' נקיים ולא נהירא דהא ליכא פת בסלו אלא כדפי' כך נראה יותר:

הגהות הב"ח

(א) מתני' מסרוהו כו' והעלוהו לעליית בית אבטינס: (ב) תוס' ד"ה יחודי כו' י"ל כיון דשרי כו'. נ"ב לפע"ד. דאיכא להביא ראיה ברורה מפרק אע"פ לגבי מורדת דפריך נדה בת תשמיש היא ופריק אינו דומה מי שיש לו פת בסלו כו':

גליון הש"ס

גמ' וחלגלוגו' ע' ר"ה כו ע"ב: (ג) **תוס'** ד"ה יחודי בעלמא. אבל ביסודו של כו'. הובא עוד בשמו בתוס' תענית כה ע"א מס' ע"ג לח ע"א: **בא"ד** משום דבשבעת יה"מ איכא בהו כו'. ק"ל הא גם בשבעת ימי אבילות ליכא אפוסי שמחה אסור ביחוד כדקתני כל אותן הימים וכו':

לשבת

גמ' תָּנָא: לְלַמְּדוֹ חֲפִינָה. אָמַר רַב פַּפָּא: שְׁתֵּי לְשָׁכוֹת הָיוּ לוֹ לְכ"ג, אַחַת לִשְׁכַּת פַּרְהֶדְרִין וְאַחַת לִשְׁכַּת בֵּית אַבְטִינָס, אַחַת בַּצָּפוֹן וְאַחַת בַּדָּרוֹם. אַחַת בַּצָּפוֹן – דִּתְנַן *[א]ו' לְשָׁכוֹת הָיוּ בָּעֲזָרָה, ג' בַּצָּפוֹן וְג' בַּדָּרוֹם. שֶׁבַּדָּרוֹם לִשְׁכַּת הַמֶּלַח, לִשְׁכַּת הַפַּרְוָה, לִשְׁכַּת הַמְּדִיחִין. לִשְׁכַּת הַמֶּלַח – שֶׁשָּׁם הָיוּ נוֹתְנִין מֶלַח לַקָּרְבָּן, לִשְׁכַּת הַפַּרְוָה – *שֶׁשָּׁם הָיוּ מוֹלְחִין עוֹרוֹת קָדָשִׁים, וְעַל גַּגָּהּ הָיְתָה בֵּית טְבִילָה לְכ"ג בְּיוה"כ. לִשְׁכַּת הַמְּדִיחִין – שָׁם הָיוּ מְדִיחִין קִרְבֵי קָדָשִׁים, וּמִשָּׁם מְסִיבָּה עוֹלָה לְגַג בֵּית הַפַּרְוָה. ג' שֶׁבַּצָּפוֹן: לִשְׁכַּת הָעֵץ, לִשְׁכַּת הַגּוֹלָה, לִשְׁכַּת הַגָּזִית. לִשְׁכַּת הָעֵץ, אָמַר ר' אֱלִיעֶזֶר בֶּן יַעֲקֹב: שָׁכַחְתִּי מֶה הָיְתָה מְשַׁמֶּשֶׁת. אַבָּא שָׁאוּל [ב]אוֹמֵר: לִשְׁכַּת כ"ג הָיְתָה אֲחוֹרֵי שְׁתֵּיהֶן, וְגַג שְׁלָשְׁתָּן שָׁוֶה. לִשְׁכַּת הַגּוֹלָה – שָׁם הָיָה בּוֹר הַגּוֹלָה, וְהַגַּלְגַּל נָתוּן עָלָיו, וּמִשָּׁם מַסְפִּיקִין מַיִם לְכָל הָעֲזָרָה. לִשְׁכַּת הַגָּזִית – [ג]שָׁם הָיָה סַנְהֶדְרִין שֶׁל יִשְׂרָאֵל יוֹשֶׁבֶת וְדָנָה אֶת הַכֹּהֲנִים, וּמִי שֶׁנִּמְצָא בּוֹ פְּסוּל הָיָה לוֹבֵשׁ שְׁחוֹרִים וּמִתְעַטֵּף שְׁחוֹרִים וְיָצָא וְהָלַךְ לוֹ, וְשֶׁלֹּא נִמְצָא בּוֹ פְּסוּל – הָיָה לוֹבֵשׁ לְבָנִים וּמִתְעַטֵּף לְבָנִים וְנִכְנָס וּמְשַׁמֵּשׁ עִם אֶחָיו הַכֹּהֲנִים. אַחַת בַּדָּרוֹם, דִּתְנַן: *[ד]שִׁבְעָה שְׁעָרִים הָיוּ בָּעֲזָרָה, ג' בַּצָּפוֹן וְג' בַּדָּרוֹם וְאֶחָד בַּמִּזְרָח. שֶׁבַּדָּרוֹם שַׁעַר הַדֶּלֶק, שֵׁנִי לוֹ – שַׁעַר (א)הַקָּרְבָּן, שְׁלִישִׁי לוֹ שַׁעַר הַמַּיִם. שֶׁבַּמִּזְרָח שַׁעַר נִקָּנוֹר. [ה]וּשְׁתֵּי לְשָׁכוֹת הָיוּ שָׁם. אַחַת בִּימִינוֹ וְאַחַת בִּשְׂמֹאלוֹ. אַחַת לִשְׁכַּת פִּנְחָס הַמַּלְבִּישׁ, וְאַחַת לִשְׁכַּת עוֹשֵׂי חֲבִיתִּין. *שֶׁבַּצָּפוֹן [ו]שַׁעַר נִיצוֹץ,(ב) בִּנְיַן אַכְסַדְרָה הָיָה וַעֲלִיָּיה בְּנוּיָה לוֹ עַל גַּבָּיו, וְשָׁם כֹּהֲנִים שׁוֹמְרִים מִלְמַעְלָה וּלְוִיִּם מִלְּמַטָּה.(ג) וְשֶׁלְּפָנִים הֵימֶנּוּ הַחֵיל. שֵׁנִי לוֹ שַׁעַר הַקָּרְבָּן, שְׁלִישִׁי לוֹ שַׁעַר בֵּית הַמּוֹקֵד. וְתַנְיָא: *[ז]חָמֵשׁ טְבִילוֹת וַעֲשָׂרָה קִדּוּשִׁין טוֹבֵל כ"ג וּמְקַדֵּשׁ בּוֹ בַּיּוֹם, [ח]וְכוּלָּן בַּקּוֹדֶשׁ [עַל גַּג] בֵּית הַפַּרְוָה, חוּץ מִזּוֹ שֶׁהָיְתָה בַּחוֹל עַל גַּבֵּי שַׁעַר הַמַּיִם, וּבְצַד לִשְׁכָּתוֹ הָיְתָה. וְלָא יָדְעִנָא אִי לִשְׁכַּת פַּרְהֶדְרִין בַּצָּפוֹן וְלִשְׁכַּת בֵּית אַבְטִינָס בַּדָּרוֹם, אוֹ לִשְׁכַּת בֵּית אַבְטִינָס בַּצָּפוֹן וְלִשְׁכַּת פַּרְהֶדְרִין בַּדָּרוֹם. וּמִסְתַּבְּרָא דְּלִשְׁכַּת פַּרְהֶדְרִין בַּדָּרוֹם הֲוַאי. מַאי טַעְמָא? מַקְדִּים קָאֵי וּמֵיסֵךְ אֶת רַגְלָיו, וְטָבֵיל וְאָזֵיל לַצָּפוֹן וְגָמַר חֲפִינָה, וְאָתֵי לְבֵית הַמִּקְדָּשׁ *וְעָבֵיד עֲבוֹדָה כּוּלֵּי יוֹמָא, לְבַהֲדֵי פַּנְיָא מָדוּ עֲלֵיהּ, וַהֲדַר אָזֵיל לַדָּרוֹם וְטָבֵיל וְנָיֵיח. דְּאִי אָמְרַתְּ לִשְׁכַּת פַּרְהֶדְרִין בַּצָּפוֹן – מַקְדִּים קָאֵי וּמֵיסֵךְ רַגְלָיו וְאָזֵיל לַדָּרוֹם, וְטָבֵיל וְגָמַר חֲפִינָה, וְאָתֵי לְבֵית הַמִּקְדָּשׁ וְעָבֵיד עֲבוֹדָה כּוּלֵּיהּ יוֹמָא, לַהֲדֵי פַּנְיָא מָדוּ עֲלֵיהּ וַהֲדַר אָזֵיל לַדָּרוֹם וְטָבֵיל, וּבָעֵי מְהַדַּר וּמֵיזַל לַצָּפוֹן וּמֵינַח. וּמִי טָרַח מַטְרְחִינַן לֵיהּ כּוּלֵּי הַאי? אַלְמָה לָא? מַטְרְחִינַן לֵיהּ טְפֵי, דְּאִי צְדוֹקִי הוּא – לִיפְרוֹשׁ. אִי נַמִי – שֶׁלֹּא תָּזוּחַ דַּעְתּוֹ עָלָיו. דְּאִי לָא תֵּימָא הָכִי – נַעַבְדִינְהוּ לְתַרְוַיְיהוּ בַּהֲדֵי הֲדָדֵי, אִי נַמִי – תִּסְגֵּי לֵיהּ בַּחֲדָא. § "וְאָמְרוּ לוֹ אִישִׁי כֹּהֵן גָּדוֹל וכו'". § לֵימָא תֶּהֱוֵי תְּיוּבְתָּא דְּרַב הוּנָא בְּרֵיהּ דְּרַב יְהוֹשֻׁעַ. *דְּאָמַר רַב הוּנָא בְּרֵיהּ דְּרַב יְהוֹשֻׁעַ: הָנֵי כָּהֲנֵי – שְׁלוּחֵי דְּרַחֲמָנָא נִינְהוּ. דְּאִי אָמְרַתְּ שְׁלוּחֵי דִּידַן נִינְהוּ –

מִי

רש"י

גמ' תָּנָא לְלַמְּדוֹ חֲפִינָה. מוֹלִיכִין אוֹתוֹ לְבֵית אַבְטִינָס, שֶׁשָּׁם הַקְּטֹרֶת מָצוּי: לִשְׁכַּת פַּרְהֶדְרִין. לִישָּׁן שָׁם: לִשְׁכַּת **אבטינס**. לִלְמוֹד חֲפִינָה: עַל גַּגָּהּ. הָיָה בֵּית הַטְּבִילָה, מֵי מַעְיָן הָיוּ בָּאִין לְשָׁם בְּרוּמָהּ: מְסִיבָּה. בִּנְיַן אֲבָנִים, מַעֲלוֹת מְגַלְגְּלוֹת וְסוֹבְבוֹת בְּמַקִּיף עַמּוּד, כְּמִין עֵץ גַּלְגַּל שֶׁל גַּת:(ד) לְגַג בֵּית הַפַּרְוָה. לַעֲלוֹת לָהּ דֶּרֶךְ הַמְּסִיבָּה: לִשְׁכַּת הַגּוֹלָה. עַל שֵׁם בּוֹר שֶׁכָּרוּ שָׁם עוֹלֵי גוֹלָה: אֲחוֹרֵי שְׁתֵּיהֶן. לְלִשְׁכַּת הַגּוֹלָה וּלְלִשְׁכַּת הַגָּזִית: וְגַג שְׁלָשְׁתָּן שָׁוֶה. קֵירוּי אֶחָד לִשְׁלָשְׁתָּן: שַׁעַר הַדְּלֵקָה שַׁעַר הַקָּרְבָּן. לֹא יָדַעְתִּי לָמָּה נִקְרָא שְׁמָם כָּךְ: שַׁעַר הַמַּיִם. שֶׁבּוֹ מַכְנִיסִין צְלוֹחִית שֶׁל מַיִם שֶׁל נִיסּוּךְ בֶּחָג, כָּךְ מְפָרֵשׁ בִּשְׁקָלִים (דף ט:): וַעֲשָׂרָה קִידּוּשִׁין. יָדָיו וְרַגְלָיו מִן הַכִּיּוֹר: בּוֹ בַּיּוֹם. בְּיוה"כ, וּלְקַמָּן (דף לב.) יָלֵיף לְהוּ מִקְּרָאֵי. וְכוּלָּן בַּקֹּדֶשׁ, כִּדְמְפָרֵשׁ: עַל גַּג בֵּית פַּרְוָה. שֶׁהָיְתָה בְּנוּיָה בְּתוֹךְ עֲזָרָה מְקוּדֶּשֶׁת: חוּץ מִזּוֹ. טְבִילָה רִאשׁוֹנָה שֶׁאֵינָהּ בָּאָה בִּשְׁבִיל יוה"כ, שֶׁאַף כָּל יְמוֹת הַשָּׁנָה שָׁנִינוּ בְּפ"ג (דף ל:): אֵין אָדָם נִכְנָס לָעֲזָרָה, אֲפִילּוּ טָהוֹר, עַד שֶׁיִּטְבּוֹל. אֲבָל טְבִילוֹת הַבָּאוֹת מֵחֲמַת יוה"כ – בָּעֵינַן מָקוֹם קָדוֹשׁ, דְּהָכִי כְּתִיב בְּהוּ "וְרָחַץ אֶת בְּשָׂרוֹ בַּמַּיִם בְּמָקוֹם קָדוֹשׁ" (ויקרא טז): וּבְצַד לִשְׁכָּתוֹ הָיְתָה. אַלְמָא: לִשְׁכָּה יֵשׁ לוֹ בַּדָּרוֹם: וּמִסְתַּבְּרָא לִשְׁכַּת **פַּרְהֶדְרִין**. שֶׁהוּא יָשֵׁן שָׁם, בַּדָּרוֹם הַוְיָא אֵצֶל בֵּית הַטְּבִילַת חוֹל: **מַאי טַעְמָא** מַקְדִּים קָאֵי כו'. כְּשֶׁהוּא מַשְׁכִּים לַבֹּקֶר כָּל שִׁבְעָה עוֹמֵד מִמִּטָּתוֹ: וּמֵיסֵךְ רַגְלָיו וְטוֹבֵל. הָתָם עַל גַּג שַׁעַר הַמַּיִם שֶׁהִיא עַל גַּגָּהּ בְּעוֹבִי הַחוֹמָה מְתוּקָּן בֵּית טְבִילַת חוֹל, וּמַעְיָן מָשׁוּךְ שָׁם בְּאַמָּה מַעְיַן עֵיטָם, כִּדְלְקַמָּן (דף כח.). וְכָל הַמֵּיסֵךְ רַגְלָיו טָעוּן טְבִילָה לִיכָּנֵס בָּעֲזָרָה. וְאָזֵיל לַצָּפוֹן לְלִשְׁכָּתוֹ הַשְּׁנִיָּה לִלְמוֹד חֲפִינָה, וְאָתֵי לְבֵית הַמִּקְדָּשׁ וְעָבֵיד עֲבוֹדָה כּוּלֵּיהּ יוֹמָא, כִּדְתְנַן (לעיל דף יד.): כָּל שִׁבְעַת הַיָּמִים הוּא זוֹרֵק אֶת הַדָּם וכו': לְבַהֲדֵי **פַּנְיָא** מָדוּ עֲלֵיהּ. כִּדְאָמְרִינַן בְּרֵישׁ פִּירְקִין: **וְאָזֵיל** לַדָּרוֹם וְטָבַל. עַל שַׁעַר הַמַּיִם, כְּר"ע דְּאָמַר (שם): טָהוֹר שֶׁנָּפַל עָלָיו הַזָּיָה טִמְּאַתּוּ: וְנָיֵיח. הוֹלֵךְ וְשׁוֹכֵב בְּלִשְׁכַּת פַּרְהֶדְרִין אֲשֶׁר אֵצֶל בֵּית הַטְּבִילָה: **דְּאִי אָמְרַתְּ** לִשְׁכַּת **פַּרְהֶדְרִין**. שֶׁהוּא יָשֵׁן בָּהּ הַוְיָא בַּצָּפוֹן, וּרְחוֹקָה מִבֵּית הַטְּבִילָה – הִטְרַחְתּוֹ כָּל הֶעָמָל הַזֶּה: מַקְדִּים קָאֵי וּמֵיסֵךְ רַגְלָיו. כְּדֶרֶךְ כָּל הַמַּשְׁכִּימִין: **וְאָזֵיל** לַדָּרוֹם. לְשַׁעַר הַמַּיִם: וְטָבַל וְגָמַר חֲפִינָה. הָתָם בְּבֵית אַבְטִינָס אֲשֶׁר שָׁם, וְאָזֵיל לְבֵית הַמִּקְדָּשׁ וכו': **אַלְמָה לָא**. קוּשְׁיָא הִיא, כְּלוֹמַר: וְכִי לֹא טוֹב לְךָ לְהַטְרִיחוֹ? מַטְרְחִינַן לֵיהּ מִדַּעַת, דְּאִי צְדוֹקִי הוּא וְאֵינוֹ יְרֵא שָׁמַיִם לְקַבֵּל עָלָיו טוֹרַח הַמִּקְדָּשׁ – לִיפְרוֹשׁ מִן הַכְּהוּנָּה גְּדוֹלָה וְלֹא יְקַבְּלֶנָּה מִתְּחִילָּה וְטוֹב לָנוּ, שֶׁהֲרֵי הֵן מְשַׁנִּין אֶת עֲבוֹדָה, כִּדְלְקַמָּן בְּשְׁמַעְתִּין: **א"נ**. אֲפִילּוּ אָדָם כָּשֵׁר הוּא טוֹב לָנוּ לְהַטְרִיחוֹ, כְּדֵי שֶׁלֹּא תָּזוּחַ דַּעְתּוֹ עָלָיו לְהִתְגָּאוֹת בְּכֶתֶר כְּהוּנָּה: **דְּאִי לָא תֵימָא הָכִי**.(ה) דְּלָא בָּעֵינַן לְאַטְרוּחֵיהּ – לִיעֲבַד שְׁתֵּי לְשְׁכִיּוֹתָיו בַּהֲדֵי הֲדָדֵי: **לֵימָא** תֶּהֱוֵי. מַתְנִי' דְּקָתָנֵי "אַתָּה שְׁלוּחֵנוּ" תְּיוּבְתָּא דְּרַב הוּנָא כו': הָנֵי כָּהֲנֵי. בְּהַקְרָבַת קָרְבְּנוֹתָיו שְׁלוּחֵי דְּרַחֲמָנָא נִינְהוּ וְלָא שְׁלוּחֵינוּ. וְנָפְקָא מִינָּהּ דְּאִם הוּא מוּדָּר הֲנָאָה מִמֶּנּוּ – מוּתָּר לוֹ שֶׁיַּקְרִיב עָלָיו קָרְבְּנוֹתָיו, כִּדְתְנַן בִּנְדָרִים (דף לה:):

הָכִי

תוספות

ששם מדיחין (*קדשי) קדשים. הא דאמרינן לעיל (דף טז.) דשולחנות היו בעזרה להדיח עליהן הקדשים, וכדכתיב בהדיא ביחזקאל! (מ) י"ל: דבשר קדשים מדיחין על השולחנות, אבל קרבי קדשים שיש בהן פרש ומאיסי, מדיחין אותם בלשכת המדיחין*:

לשכת בית הפרוה. וא"ת: מאי שנא דכי תנא להו ברישא נקט לשכת המלח ולשכת בית הפרוה ולשכת המדיחין וכי מפרש להו מפרש לשכת המדיחין, והדר לשכת הפרוה? וי"ל: אי הוה מפרש לשכת בית הפרוה ברישא היכי ליתני? ועל גגה היה כהן טובל כו' – ואכתי לא קתני היכי סליק להתם, להכי תנא לשכת המדיחין ברישא, ומשם היתה מסיבה לגג בית הפרוה. אמנם ראיתי במסכת מדות (פ"ה מ"ג) ושם מפרש לשכת הפרוה ברישא, כי סידרא דרישא וגם במקצת ספרים שלנו יש כמו כן בכאן:

מי

רבינו חננאל

רבנן הוו מקדמי ומשדרי שליח. איבעית אימא ח"ו שיהיו עושין מעשה אלא ייחוד בלבד שאינו דומה מי שיש לו פת בסלו. כלומר מי שיש לו [אין] תאב למאכל כל כך ומי שאין לו לעולם רעב: והוליכוהו זקני כהונה לעליית בית אבטינס. תנא ללמדו חפינה. אמר רב פפא ב' לשכות היו לו לכ"ג אחת לשכת פרהדרין ואחת לשכת בית אבטינס אחת בצפון ואחת בדרום אחת בצפון דתנן בסוף מדות ו' לשכות היו בעזרה ג' בדרום לשכת המלח כו' ג' בצפון לשכת העץ לשכת הגולה לשכת הגזית. לשכת העץ אמר ר' אליעזר בן יעקב שכחתי מה היתה משמשת אבא שאול אומר לשכת כ"ג היתה אחורי שתיהן וגג שלשתן שוה הנה אחת בצפון. ואחת בדרום דתנן במדות פ' ראשון ז' שערים היו בעזרה ג' בצפון וג' בדרום ואחד במזרח שבדרום שער הדלק. שני לו שער הקרבן. שלישי לו שער המים. ותניא ה' טבילות וי' קדושין טובל כ"ג ומקדש בו ביום וכולן בקדש אבית הפרוה חוץ מזו שהיתה בחול ע"ג שער המים ובצד לשכתו היתה. נתברר כי ב' לשכות היו לכ"ג לשכת פרהדרין שהיה דרכה לשבעת הימים שהיו מפרישין אותו מביתו. ולשכת בית אבטינם שהיו מלמדין אותו שם הפינה ולא נתברר לנו בהדיא איזוהי בצפון ואיזוהי בדרום. א"ל אישי כ"ג אנו (ואתה) שלוחי ב"ד ואתה שלוחנו. כו' ואוקימנא משביעין אנו אותך על דעתנו ועל דעת ב"ד. אבל שלוחנו לא דכהני שלוחי דרחמנא אינון ולא שלוחי דידן

הגהות הב"ח

(א) גמ' שני לו שער הקרבן תז"מ וכ"ב ס"א הבכורות: (ב) שם שבצפון שער ניצוץ וכמין אכסדרה היה: (ג) שם ולוים מלמטה (ושלפנים ממנה החיל) תא"מ וכ"ב ס"א ופתח היה לו לחיל: (ד) רש"י ד"ה עולה לגג בית הפרוה: (ה) ד"ה דאי לא תימא הכי אלא לא בעינן לאטרוחיה:

עין משפט נר מצוה

[נ"ל קרבי]

עי' תוי"ט ד"ה לשכת המדיחין

צה א ב מיי' פ"ה מהל' בית הבחירה הלכה יז:

צו ג מיי' פ"ו מהלכות ביאת מקדש הלכה יא:

צז ד מיי' פ"ה מהלכות בית הבחירה הלכה ד:

צח ה שם הלכה יז:

צט ו שם פ"ח הלכה ח:

ק ז מיי' פ"ב מהלכות עבודת יוה"כ הלכה ב:

קא ח שם הלכה ג:

מסורת הש"ס

מדות פ"ה מ"ג ע"ש

[מנחות כא: וע"ש בתוס']

תמיד כז. מדות פ"א מ"ד

[תמיד כה: מדו' פ"א מ"ה]

[לקמן ל. לא. עא. זבחים יט:]

[לעיל יד:]

קדושין כג: נדרים לה:

תוספות ישנים

לשבת הפרוה ששם מולחין עורות קדשים. היינו לשכת המלח השנויה [בהקומץ] רבה (דף כא:) בשלשה מקומות המלח נתונה בלשכת המלח ועל גבי הכבש כו' ואין זו לשכת המלח דהכא שנותנין בו מלח לכל צרכי סעודה. ר' ארי"ה: **בצפון** דתנן שם לשכות. בדרום גר' בקמייתא גבי לשכת המלח ופרוה ומדיחין ובצפון גר' בבתרייתא לשכת הגולה כו'. וכן מוכחא סוגיא דבסמוך דקאמר אזיל לדרום וטביל [ונייח] אלמא שער המים היה בצד לשכתו וכו' ובמדות גרס איפכא וזו הגירסא נראה לרבי עיקר: **שער** הדלק. יש לפרש שדלך שם היו מביאין אש למערכה: **שער** הקרבן. שמא דרך שם היו מביאין קרבנות: **לבהדי** פניא מדו עילויה. שסובר דהזאתו טימאתו וכרבי עקיבא: **דאי** ס"ד הני כהני שלוחי דידן נינהו. וא"ת והא בנדרים פרק אין בין המודר (דף לה:) איבעיא לן אי שלוחי דידן אי שלוחי דרחמנא נינהו ולא איפשיטא ואמאי לא פשטיה ליה מהך וי"ל דלא ניחא ליה לפשוט מדברי אמורא וכי האי גוונא פריך בבבא מציעא (דף יז.) ובכתובות (דף פט:) גבי אלמנה מן האירוסין יש לה כתובה שהיה יכול להוכיח כן מדברי אמוראים:

והיו

קב א מיי' פ"א מהל' עבודת יוה"כ הלכה ז:
קג ב מיי' פ"ב מהלכות ק"ש הלכה ח טור ש"ע א"ח סי' סג סעיף ז:
קד ג מיי' פ"ב מהלכות דעות הלכה ד ומ"א סי' קנו רמ"א בי"ד סי' רמו סעיף כה:
קה ד מיי' פ"א מהל' עבודת יוה"כ הלכה ח:

תורה אור

מִי אִיכָּא מִידֵי דַּאֲנַן לָא מָצֵינַן לְמֶעְבַּד וּשְׁלוּחֵי דִּידַן מָצוּ עָבְדִי? הָכִי קָאָמְרִי לֵיהּ: מַשְׁבִּיעִין אָנוּ עָלֶיךָ עַל דַּעְתֵּינוּ וְעַל דַּעַת בֵּית דִּין.§ "הוּא פּוֹרֵשׁ וּבוֹכֶה וְהֵן פּוֹרְשִׁין וּבוֹכִין וכו'".§ הוּא פּוֹרֵשׁ וּבוֹכֶה – אשֶׁחֲשָׁדוּהוּ צְדוֹקִי, וְהֵם פּוֹרְשִׁין וּבוֹכִין – *דְּא"ר יְהוֹשֻׁעַ בֶּן לֵוִי: כָּל הַחוֹשֵׁד בִּכְשֵׁרִים לוֹקֶה בְּגוּפוֹ. וְכָל כָּךְ לָמָּה – *שֶׁלֹּא יְתַקֵּן מִבַּחוּץ וְיַכְנִיס, כְּדֶרֶךְ שֶׁהַצְּדוֹקִין עוֹשִׂין. ת"ר: *מַעֲשֶׂה בִּצְדוֹקִי אֶחָד שֶׁהִתְקִין מִבַּחוּץ וְהִכְנִיס. בִּיצִיאָתוֹ הָיָה שָׂמֵחַ שִׂמְחָה גְּדוֹלָה. פָּגַע בּוֹ אָבִיו, אָמַר לוֹ: בְּנִי, אַף עַל פִּי שֶׁצְּדוֹקִין אָנוּ – מִתְיָרְאִין אָנוּ מִן הַפְּרוּשִׁים. אָמַר לוֹ: כָּל יָמַי הָיִיתִי מִצְטַעֵר עַל הַמִּקְרָא הַזֶּה: °"כִּי בֶּעָנָן אֵרָאֶה עַל הַכַּפֹּרֶת". אָמַרְתִּי, מָתַי יָבוֹא לְיָדִי וַאֲקַיְּימֶנּוּ. עַכְשָׁיו שֶׁבָּא לְיָדִי – לֹא אֲקַיְּימֶנּוּ?! אָמְרוּ: לֹא הָיוּ יָמִים מוּעָטִין עַד שֶׁמֵּת וְהוּטַּל בָּאַשְׁפָּה, וְהָיוּ תּוֹלָעִין יוֹצְאִין מֵחוֹטְמוֹ. וְיֵשׁ אוֹמְרִים: בִּיצִיאָתוֹ נִיגַּף. דְּתָנֵי רַבִּי חִיָּיא: כְּמִין קוֹל נִשְׁמַע בָּעֲזָרָה, שֶׁבָּא מַלְאָךְ וַחֲבָטוֹ עַל פָּנָיו. וְנִכְנְסוּ אֶחָיו הַכֹּהֲנִים וּמָצְאוּ כְּכַף רֶגֶל עֵגֶל בֵּין כְּתֵפָיו, שֶׁנֶּאֱמַר: °"וְרַגְלֵיהֶם רֶגֶל יְשָׁרָה וְכַף רַגְלֵיהֶם כְּכַף רֶגֶל עֵגֶל".§ "א"ר זְכַרְיָה בֶּן קְבוּטָל וכו'".§ מַתְנֵי לֵיהּ רַב חָנָן בַּר רָבָא לְחִיָּיא בַּר רַב קַמֵּיהּ דְּרַב: א"ר זְכַרְיָה בֶּן קְפוּטָל. וּמַחֲוֵי לֵיהּ רַב בִּידֵיהּ: קְבוּטָל. וְנֵימָא לֵיהּ מֵימָר? ק"ש הֲוָה קָרֵי. וְכִי הַאי גַּוְונָא מִי שָׁרֵי? וְהָא"ר יִצְחָק בַּר שְׁמוּאֵל בַּר מָרְתָא: בהַקּוֹרֵא אֶת שְׁמַע לֹא יִרְמוֹז בְּעֵינָיו, וְלֹא יִקְרוֹץ בִּשְׂפָתוֹתָיו, וְלֹא יוֹרֶה בְּאֶצְבְּעוֹתָיו. וְתַנְיָא, רַבִּי אֶלְעָזָר חִסְמָא אוֹמֵר: הַקּוֹרֵא אֶת שְׁמַע וּמְרַמֵּז בְּעֵינָיו, וּמְקָרֵץ בִּשְׂפָתוֹתָיו, וּמַרְאֶה בְּאֶצְבָּעוֹ – עָלָיו הַכָּתוּב אוֹמֵר: °"וְלֹא אוֹתִי קָרָאתָ יַעֲקֹב"! – לָא קַשְׁיָא: *הָא – בְּפֶרֶק רִאשׁוֹן, הָא – בְּפֶרֶק שֵׁנִי. ת"ר: °"וְדִבַּרְתָּ בָּם" – *בָּם וְלֹא בַּתְּפִלָּה, וְדִבַּרְתָּ בָּם – בָּם יֵשׁ לְךָ רְשׁוּת לְדַבֵּר, וְלֹא בִּדְבָרִים אֲחֵרִים. רַבִּי אַחָא אוֹמֵר: "וְדִבַּרְתָּ בָּם" – עֲשֵׂה אוֹתָן קֶבַע, וְאַל תַּעֲשֵׂם עֲרַאי. אָמַר רָבָא: *גהַשָּׂח שִׂיחַת חוּלִּין – עוֹבֵר בַּעֲשֵׂה, שֶׁנֶּאֱמַר: "וְדִבַּרְתָּ בָּם" – בָּם וְלֹא בִּדְבָרִים אֲחֵרִים, רַב אַחָא בַּר יַעֲקֹב אָמַר: עוֹבֵר בְּלָאו, שֶׁנֶּאֱמַר: °"כָּל הַדְּבָרִים יְגֵעִים לֹא יוּכַל אִישׁ לְדַבֵּר".§ **מתני'** דבִּקֵּשׁ לְהִתְנַמְנֵם – פִּרְחֵי כְהוּנָּה מַכִּין לְפָנָיו בְּאֶצְבַּע *צְרָדָא, וְאוֹמְרִים לוֹ: אִישִׁי כ"ג! עֲמוֹד וְהָפֵג אַחַת עַל הָרִצְפָּה. וּמַעֲסִיקִין אוֹתוֹ עַד שֶׁיַּגִּיעַ זְמַן הַשְּׁחִיטָה.§ **גמ'** מַאי צְרָדָא? אָמַר רַב יְהוּדָה: צָרְתָהּ דְּדָא. מַחֲוֵי רַב הוּנָא – גּוּדָּל. מַאי הִיא, וַאֲזַל קָלָא בְּכוּלֵּי בֵּי רַב.§ "וְאוֹמְרִים לוֹ אִישִׁי כ"ג הָפֵג אַחַת עַל הָרִצְפָּה וכו'".§ אָמַר רַב יִצְחָק: עַל חֲדַת. מַאי הִיא? אָמְרִי לֵיהּ: אַחְוֵי קִידָּה.§ "וּמַעֲסִיקִין אוֹתוֹ עַד שֶׁיַּגִּיעַ זְמַן שְׁחִיטָה (וכו')".§ תָּנָא: לֹא הָיוּ מַעֲסִיקִין אוֹתוֹ לֹא בְּנֵבֶל וְלֹא בְּכִנּוֹר, אֶלָּא בַּפֶּה. וּמֶה הָיוּ אוֹמְרִין – °"אִם ה' לֹא יִבְנֶה בַיִת שָׁוְא עָמְלוּ בוֹנָיו בּוֹ". מִיַּקִּירֵי יְרוּשָׁלַיִם לֹא הָיוּ יְשֵׁנִין כָּל הַלַּיְלָה, כְּדֵי שֶׁיִּשְׁמַע כ"ג קוֹל הֲבָרָה, וְלֹא תְּהֵא שֵׁינָה חוֹטַפְתּוֹ. תַּנְיָא, אַבָּא שָׁאוּל אָמַר: אַף בַּגְּבוּלִין הָיוּ עוֹשִׂין כֵּן זֵכֶר לַמִּקְדָּשׁ, אֶלָּא שֶׁהָיוּ חוֹטְאִין. אָמַר אַבַּיֵי וְאִיתֵּימָא ר"נ בַּר יִצְחָק: תַּרְגּוּמָא – נְהַרְדְּעָא. דְּא"ל אֵלִיָּהוּ לְרַב יְהוּדָה אֲחוּהּ דְּרַב סַלָּא חֲסִידָא: אֲמַרִיתוּ, אַמַּאי לָא אָתֵי מָשִׁיחַ, וְהָא הָאִידָּנָא, יוֹמָא דְּכִפּוּרֵי הוּא, וְאִבְּעוּל כַּמָּה בְּתוּלָתָא בִּנְהַרְדְּעָא. אֲמַר לֵיהּ: הקב"ה מַאי אָמַר? אֲמַר לֵיהּ: לַפֶּתַח

פסוקים בגליון: ויקרא טז | יחזקאל א | ישעיה מג | דברים ו | קהלת א | תהלים קכז

רש"י

הָכִי קָאָמְרִי לֵיהּ. הַאי דְּקָאָמְרִי לֵיהּ אַתָּה שְׁלוּחֵנוּ לָאו בַּעֲבוֹדָה קָאָמְרִי לֵיהּ, אֶלָּא לְעִנְיַן קַבָּלַת שְׁבוּעָה. כְּלוֹמַר: לֹא לְפִי מַחֲשָׁבָה שֶׁבְּלִבְּךָ, אִם בָּאתָ לְהַעֲרִים בְּקַבָּלַת הַשְּׁבוּעָה, אָנוּ מַשְׁבִּיעִין אוֹתְךָ לְפִי דַּעְתֵּנוּ וְדַעַת ב"ד: שֶׁחֲשָׁדוּהוּ(א) צְדוֹקִי. לְתַקֵּן הַקְּטוֹרֶת וְלָתֵת אוֹתָהּ עַל מַחְתַּת הָאֵשׁ בַּהֵיכָל, וּלְהַכְנִיסָהּ אַחֲרֵי כֵן לְבֵית קָדְשֵׁי הַקֳּדָשִׁים. שֶׁכֵּן אוֹמְרִים הַצְּדוֹקִים, כִּדְלְקַמָּן: הַחוֹשֵׁד בִּכְשֵׁרִים לוֹקֶה בְּגוּפוֹ. דִּכְתִיב (שמות ד) "הֵן לֹא יַאֲמִינוּ לִי וגו'" וּכְתִיב "וְהִנֵּה יָדוֹ מְצוֹרַעַת כַּשָּׁלֶג": וְכָל כָּךְ לָמָּה. הַשְּׁבוּעָה הַזֹּאת לָמָּה: שֶׁלֹּא יְתַקֵּן. הַקְּטוֹרֶת מְלֹא חָפְנַיִם הַנִּיתֶּנֶת, בְּיוה"כ עַל הַמַּחְתָּה, כִּדִכְתִיב (ויקרא טז) "וּמְלֹא חָפְנָיו וגו' וְנָתַן אֶת הַקְּטוֹרֶת עַל הָאֵשׁ וגו'": מִבַּחוּץ. בַּהֵיכָל הָיוּ נוֹתְנִין אוֹתָהּ צְדוֹקִין עַל הָאֵשׁ, וְאח"כ מַכְנִיסִין, שֶׁהָיוּ דּוֹרְשִׁין: אַל יָבֹא כִּי אִם בֶּעָנָן "כִּי בֶּעָנָן אֵרָאֶה" (שם) וּכְתִיב בְּרֵישָׁא דִּקְרָא "וְאַל יָבֹא בְכָל עֵת אֶל הַקֹּדֶשׁ". וּמַשְׁמַע כִּי בַּעֲנַן עֲשַׁן הַקְּטוֹרֶת יָבֹא – וְאָז אֵרָאֶה עַל הַכַּפֹּרֶת: מֵחוֹטְמוֹ. שֶׁהוּא רִאשׁוֹן לָאֲבָרִים לִיכָּנֵס לַבַּיִת, לְפִי שֶׁהוּא בּוֹלֵט לְפָנָיו. כִּדְאָמַר נַמִי בְּמַסֶּ' שְׁבוּעוֹת (דף יז:): הַנִּכְנָס לַבַּיִת הַמְנוּגָּע דֶּרֶךְ אֲחוֹרָיו, וַאֲפִילּוּ נִכְנַס כּוּלּוֹ חוּץ מֵחוֹטְמוֹ – טָהוֹר. אַלְמָא: הַבָּא דֶּרֶךְ אֲחוֹרָיו נִכְנָס חוֹטְמוֹ אַחֲרוֹן: מַתְנֵי לֵיהּ לְחִיָּיא בַּר רַב א"ר זְכַרְיָה בֶּן קְפוּטָל. בְּפ"א. וּמַחֲוֵי לֵיהּ רַב בְּבי"ת, עָשָׂה לוֹ סִימָן שֶׁהוּא קְבוּטָל בְּבי"ת: יִרְמוֹז יִקְרוֹץ יוֹרֶה. כּוּלָּן לָשׁוֹן אֶחָד הֵן, אֶלָּא שֶׁזֶּה נוֹפֵל עַל הָעֵינַיִם, וְזֶה נוֹפֵל עַל הָאֶצְבָּעוֹת, שֶׁנֶּאֱמַר (משלי ו) "קוֹרֵץ בְּעֵינָיו". מוֹלֵל – בְּרַגְלָיו, מוֹרֶה – בְּאֶצְבְּעוֹתָיו: בְּפֶרֶק רִאשׁוֹן. צָרִיךְ בּוֹ כַּוָּונָה שֶׁנֶּאֱמַר בּוֹ (דברים ו) – "וְהָיוּ הַדְּבָרִים הָאֵלֶּה עַל לְבָבֶךָ": בָּם. שֶׁיֵּשׁ לְךָ(ב) לְהַשְׁמִיעַ מַה שֶּׁאַתָּה מוֹצִיא מִפִּיךָ: וְלֹא בַּתְּפִלָּה. שֶׁהַתְּפִלָּה בְּלַחַשׁ, שֶׁנֶּאֱמַר (ש"א א) "וְקוֹלָהּ לֹא יִשָּׁמֵעַ", כָּךְ מָצָאתִי בִּשְׁאֵלְתּוֹת דְּרַב אַחַאי גָּאוֹן*: בָּם. בְּדִבְרֵי תוֹרָה: וְלֹא בִּדְבָרִים אֲחֵרִים. שִׂיחַת הַיְלָדִים וְקַלּוּת רֹאשׁ: לֹא יוּכַל אִישׁ לְדַבֵּר. אֵין לוֹ רְשׁוּת: **מתני'** אֶצְבַּע צְרָדָא. מְפָרֵשׁ בַּגְּמָ': וְהָפֵג. טַיֵּיל לְהָפִיג שֵׁינָה מֵעֵינֶיךָ עֲמוֹד וְהָפֵג אַחַת שְׂחוֹק לָנוּ פַּעַם אַחַת עַל הָרִצְפָּה לְהָפִיג שֵׁינָתְךָ וּבַגְּמָרָא מְפָרֵשׁ מַאי הִיא: וּמַעֲסִיקִין אוֹתוֹ. בְּהַפִּיגוּתָם וּבְטִיּוּלֵיהֶם, שֶׁלֹּא יִישַׁן עַד שֶׁמַּגִּיעַ זְמַן שְׁחִיטַת תָּמִיד שֶׁל שַׁחֲרִית, שֶׁהוּא בְּהָאִיר הַמִּזְרָח: **גמ'** צָרְתָהּ דְּדָא. צָרָתָהּ שֶׁל זוֹ אֶצְבַּע(ג) תְּהִי צָרָה לְזוֹ וּמַאי הִיא זוֹ גּוּדָּל בָּאֶצְבַּע הַסְּמוּכָה לַגּוּדָּל הָיָה מְחַבְּרוֹ לַאֲגוּדָּל בַּחֲזָקָה, וְשׁוֹמְטָהּ וּמַכֶּה עַל כַּפּוֹ, וְנִשְׁמָע הַקּוֹל: בְּכוּלֵּיהּ בֵּי רַב. בֵּית הַמִּדְרָשׁ: עַל חֲדַת. דֶּרֶךְ חִידּוּשׁ הֶרְאָה לָנוּ: אַחֲוֵי קִידָּה. נוֹעֵץ גּוּדָלָיו בָּאָרֶץ, וְשׁוֹחֶה, וְנוֹשֵׁק אֶת הָרִצְפָּה וְעוֹמֵד. כָּךְ מְפוֹרָשׁ בְּמַסֶּ' סוּכָּה (דף נג.): אֶלָּא בַּפֶּה. הָיוּ מְשׁוֹרְרִין לְפָנָיו: אִם ה' לֹא יִבְנֶה בַיִת וגו'. כְּלוֹמַר: הִזָּהֵר בַּעֲבוֹדָתְךָ שֶׁתְּהֵא לְשֵׁם שָׁמַיִם, שֶׁתְּהֵא לְרָצוֹת, שֶׁאִם אֵינָהּ רְצוּיָה – אֵין טוֹרְחֲךָ עוֹלֶה לִכְלוּם. שָׁוְא עָמְלוּ בוֹנָיו בּוֹ. בְּחִנָּם יְגֵעִים בַּבִּנְיָן, שֶׁלֹּא יִתְקַיֵּים: מִיַּקִּירֵי יְרוּשָׁלַיִם. מֵחֲשׁוּבֵי יְרוּשָׁלַיִם עוֹשִׂין כָּךְ, שֶׁלֹּא הָיוּ יְשֵׁנִים: אֶלָּא שֶׁהָיוּ חוֹטְאִין. מְשַׂחֲקִין אֲנָשִׁים וְנָשִׁים יַחַד, וּבָאִין לַעֲבֵירָה: תַּרְגּוּמָא. לְהַאי בִּגְבוּלִים, הֵיכָא הָיוּ חוֹטְאִין – בִּנְהַרְדְּעָא: לַפֶּתַח

תוספות

מי איכא מידי דאנן לא מצינן למעבד כו'. תימה: דבפרק "אין בין המודר" (נדרים דף לה:) מיבעיא לן: הני כהני שלוחי דרחמנא נינהו או שלוחי דידן נינהו? וקאמר: ת"ש ת"ש טובא התם, ולבסוף לא איפשיטא ואמאי לא פשיט לה מדרב הונא בריה דרב יהושע דהכא? וי"ל: דלא בעי למיפשט מדברי אמוראים אלא ממתני' וברייתא. וכי האי גוונא נ"ל אהא דמיבעיא לן בפ"ק דב"מ (יז: ושם), ובפ' "הכותב" (כתובות פט:) אי אלמנה מן האירוסין אית לה כתובה, ולא איפשיטא, אע"ג דבכמה דוכתי בתלמוד משמע בפרק "נערה" (שם מד. ושם) ובפרק "האומר" (קדושין דף סה. ושם) דאית לה כתובה, כמו שהוכיח שם ר"י. אלא לא בעי למיפשט אלא ממתני' וברייתא.* ולי נראה: דלעולם פשיטא ליה מדרב הונא בריה דרב יהושע דשלוחי דרחמנא נינהו, דאי ס"ד שלוחי דידן דווקא נינהו ולא שלוחי דרחמנא כלל – מי איכא מידי כו'. והתם מיבעיא ליה אי שלוחי דידן קצת, דהוו להו שלוחי דרחמנא ושלוחי דידן, או שלוחי דרחמנא דווקא. והא לא מצי למיפשט מדרב הונא, דאפילו אי שלוחי דידן נמי הוו מקרבי, אע"ג דאנן לא מצינן למיעבד, כיון דאף שלוחי דרחמנא נינהו. ומילתא דרב הונא בריה דרב יהושע דאמר [לאו] שלוחי דידן נינהו – לא נפקא מיניה מידי לענין מודר הנאה. דבין אי שלוחי דידן דווקא נינהו, בין אי שלוחי דרחמנא נמי נינהו – אסור במודר הנאה, דקא מהני ליה. אלא נראה דנפקא מינה אי אמר בעל הקרבן לא בעינא דלקרביה [כהן] שבאותו משמר אלא כהן אחר. אי אמרינן שלוחי דידן דווקא – הא אמר לא בעינא, ולא נקריב ליה כהן שבאותו משמר בעל כרחו. ואי אמרינן שלוחי דרחמנא נינהו, נהי נמי דמפרשינן אף שלוחי דרחמנא נינהו – עיקרם שלוחי דרחמנא נינהו, ולאו כל כמיניה לעכב על ידם שלא יקריבוהו כהני משמר*:

בם ולא בתפלה. נראה לי: *בם שואל מפני היראה ומשיב מפני הכבוד, ולא בתפלה, דאמרינן (ברכות דף ל:): אפילו מלך שואל בשלומו – לא ישיבנו, אפי' נחש כרוך על עקיבו – לא יפסיק:

אהיכא

[וע"ע תוס' ב"ק פו: ד"ה בייש ותוס' ב"מ יז: ד"ה מן]

[וע"ע תוס' קידושין כג: ד"ה לאמר] [עי' תוס' ברכות יג. ד"ה ובאמנע]

שבת נו. ע"ש | [לקמן נג.] | [תוספתא פ"א] | [פרשת ואתחנן סי' קמג] | ברכות טז. | [ועי' בערוך ערך בם פי' על סוגיא זו] | סוכה כח. | [ועי' תוס' מנחות לה: ד"ה וכמה כו']

הגהות הב"ח

(א) רש"י ד"ה שחשדוהו בצדוקי. לתקן הקטורת מבחוץ ולתת אותה: (ב) ד"ה בם שיש לך רשות להשמיעו: (ג) ד"ה צרדא כו' אלבע שהיא לנה דלא כו' לזו:

רבינו חננאל

דידן. הוא פורש ובוכה שחשדוהו בצדוקי. והן בוכין שכל החושד בכשרים לוקה בגופו. וכל כך למה שלא יתן את הקטורת על המחתה בהיכל ויכנים לפני ולפני' שדורשין כי בענן אראה על הכפורת. כלומר צריך לתת הקטורת [מבחוץ] ומכנים בבית קדשי הקדשים. והענן כבר עלה. מעשה בצדוקי אחד כ"ג שעשה כך ובא מלאך וחבטו על פניו ונכנסו הכהנים [ומצאו] מכה כמין כף רגל עגל בין כתפיו. כדכתיב ורגליהם רגל ישרה וכף רגליהם ככף רגל עגל: אם היה חכם דורש. ואם לאו ת"ח קורין לפניו כו'. ירושלמי אעפ"כ היו קורין לפניו המקרא הזה אם ה' לא יבנה בית שוא עמלו בוניו בו אם ה' לא ישמר עיר שוא וגו'. תני במשלי ובתהלים מפני שטעמן מפיג את השינה. הוה מתני רב חנן לחייא כו' כלומר היה מלמדו המשנה ושונה א' זכריה בן קפוטר. והיה רב מתפלל וקורא ק"ש ולא היה יכול לומר לו (כמו) כי טעיתה והיה מראה לו באצבעו בית כלומר קבוטר הוא. ואקשינן וכי שרי לקורא ק"ש למעבד הכי. והתניא ר' אלעזר הסמא אומר הקורא ק"ש ומרמז בעיניו [ומקרץ] בשפתיו ומורה באצבעו עליו הכתוב אומר ולא אותי קראת יעקב וגו' ופרקינן כי תניא ההיא בפרק ראשון שהוא משמע עד והיה אם שמוע. ורב כי עבד בפרק ב' עבד: ת"ר ודברת בם בם ולא בתפלה. *) בקול ולא בלחש. בם יש לך רשות לדבר ולפסוק מן התלמוד ולא בדברים אחרים. בם עשאם קבע. אמר רב המפסיק בעת שקורא בתלמוד ושח שיחת חולין עובר בעשה שנאמר ודברת בם. בם יש לך להפסיק ולקרות ק"ש ולא בדברים אחרים. רב אחא אמר עובר בלאו שנאמר כל הדברים יגעים לא יוכל איש לדבר: פי' צרדה צרת גודל. עמוד והפג על הרצפה. א"ר יצחק על חדת. ומעסקין אותו עד זמן שחיטה. תנא אין מעסקין אותו לא בנבל ולא בכינור אלא בפה ומה היו אומרים אם ה' לא יבנה בית שוא וגו'. מיקירי ירושלים לא היו ישינים כל הלילה תניא אבא שאול אומר אף בגבולין והיא נהרדעא היו עושין כן אלא שהיו חוטאין. כדאמר להו אליהו כמה בתולות איבעול בנהרדעא ביומא דכיפורי. והקב"ה מאי אמר.

*) נראה דל"ל ולא בתפלה בקול אלא בלחש ועי' רש"י.

תורה אור

"לפתח חטאת רובץ". ושטן מאי אמר? א"ל: שטן ביומא דכיפורי לית ליה רשותא לאסטוני. ממאי? *אמר רמי בר חמא: "השטן" – בגימטריא תלת מאה ושיתין וארבעה הוי, תלת מאה ושיתין וארבעה יומי – אית ליה רשותא לאסטוני, ביומא דכיפורי – לית ליה רשותא לאסטוני.§ **מתני'** *א בכל יום תורמין את המזבח בקריאת הגבר או סמוך לו, בין לפניו בין לאחריו. וביוה"כ מחצות, וברגלים מאשמורה הראשונה. ולא היתה קריאת הגבר מגעת עד שהיתה עזרה מלאה מישראל.§ **גמ'** תנן התם: *ב אברים שפקעו מעל גבי המזבח, קודם חצות – יחזיר ומועלין בהן, לאחר חצות – לא יחזיר, ואין מועלין בהן. מנה"מ? אמר רב: כתוב אחד אומר (ויקרא ו) "כל הלילה והקטיר" וכתוב אחד אומר "כל הלילה והרים" הא כיצד? חלקהו, חציו להקטרה וחציו להרמה. מתיב רב כהנא: *בכל יום תורמין את המזבח בקריאת הגבר או סמוך לו בין מלפניו בין מלאחריו, וביום הכפורים מחצות, וברגלים מאשמורה הראשונה. ואי

לפתח חטאת רובץ. יצה"ר מחטיאו בעל כרחו: **מתני'** תורמין את המזבח. הדשן שהוא חותה מן הדשן במחתה פעם אחת, בין רב למעט, ובלבד שלא יפחות ממלא קומץ, ונותנו במזרחו של כבש ונבלע במקומו. שנאמר (ויקרא ו) "והרים את הדשן וגו' ושמו אצל המזבח" וילפינן [דף כד.] לקמן *מ"והרים" ממנו בקומצו". והיא היתה תחילת עבודת שחרית בהשכמה: סמוך לו. סמוך לקריאת הגבר, לפני קריאתו או לאחריה: ביוה"כ. תורם מחצות: וברגלים מאשמורה הראשונה. שהיא בשלישית הלילה. כדאמר במסכת ברכות (דף ג.): ג' משמרות הוי הלילה. ובגמרא מפרש טעמא דכולהו: ולא היתה קריאת הגבר מגעת. ברגלים, עד שהיתה העזרה מלאה מישראל המביאין קרבנותיהן, להיות מזומנים להקריבן אחר התמיד מיד: **גמ'** אהיכא קיימי'. איני יודע לפרשה, וכ"ל דה"ג: תנן התם אברים שפקעו כו' והיא משנה במסכת זבחים (דף פו.) ומתוך פקיעותן קופצין ונופלין מן המערכה: קודם חצות. לילה:(א) ומועלין בהן. וקודם חצות אינו חשוב עיכול כאבר שיש בו עדיין ממש, לפיכך צריך להחזירו למערכה. וכיון שלא נעשית כל מצותן – "קדשי ה'" קרינן ביה, ואית ביה מעילה לנהנין ממנו: אחר חצות. אין צריך להחזיר (בו), שהחצות עושה עיכול באברים שמשלה בו האור, ואע"פ שיש בו ממש, כדיליף לה לקמיה: ואין מועלין בהן. כדקיי"ל (פסחים דף כו.)(ב) שנעשית מצותו אין מועלין בו, כיון דלית ביה לורך גבוה לא קרינן ביה "קדשי ה'" ובמעילה כתיב (ויקרא ה) "וחטאה בשגגה מקדשי ה'": מנה"מ. דחצות עושה עיכול: כל הלילה והקטיר. "היא העולה על מוקדה על הלילה". אלמא: כל הלילה מצוה להיות על מוקדה. אלמא, כל ליליא הויא הקטרת אברים ואפי'(ג) מה שעל המוקד אם פקע: וכתוב אחד אומר כל הלילה והרים. דסמיך ליה להאי קרא "ולבש הכהן מדו בד והרים(ד) הדשן" אלמא: כל הלילה הוא חשיב כעיכול, וקרי בשר העולה דשן משמשלה בו האור, וכשר להרימו: חציו להקטרה. שאינו עיכול, ואם פקעו – צריך להחזיר להקטיר, וחציו להרמה – מחצות ולהלן קרוי דשן, אלמא: חצות משויא ליה עיכול: ואי

אהיכא קיימינן אהא דתנן וכו'. רש"י לא גרס ליה, אלא הכי גרס: תנן התם. ול"נ לפרש: אהיכא קיימי' – כלומר על איזו תרומה קאי? ע"כ לא קאי על תרומת הדשן, דההיא פשיטא דהיתה כל שעה סמוך לבקר, דפשטיה דקרא משמע הכי "על מוקדה על המזבח כל הלילה עד הבקר וגו'" והדר כתיב "והרים את הדשן". אלא בתרומה אחריתי איירי מתני', והיינו דקאמר אהא דתנן אברים שפקעו מנא הני מילי וכו', עד חלקהו חציו להקטרה וחציו להרמה. וכדפרישית לקמן בשם ר"י הבחור, דחצות עושה אותן האברים עיכול. שלכתחילה יכול להרימם ולהסירם לתפוח, וקרי ליה הרמ'. ובההיא תרומה איירי מתני'. [*ולא שיעשה מהן הרמה, דהא דשן כתיב, אלא כדפריש', שאם ירצה יאספנו לתפוח כדי להוציאם חוץ למחנה. אבל אם רוצה להניחן במקום המערכה כדי למרק מצותן, שיהא עצמן ראוין להרמת הדשן – עדיין מצותן עליהן. ולכך תנן יחזיר, דמסתבר דחסר מהן מירוק מצותן עדין, כיון דאין ראוין לתרומת הדשן]. והא דקאמר חציו להקטרה וחציו להרמה – לאו דוקא, אלא לישנא דמתני' נקט, דקתני קודם חצות יחזיר. ועיקר מילתיה דרב עלה איתמר, ומדאורייתא אין קצבה לדבר, אלא כל אימת דהוו שרירי מותר להרימן ולהוליכן לתפוח, כפי הצורך, דלא מסרן הכתוב אלא לחכמים כמו שנראה להם להקריב, לפנות המערכה כדי לחזור ולסדרה כפי מאי דנפישי קרבנות היום, שתהא המערכה מזומנת להקטיר עליה בעלות הבקר. ורב כהנא פריך עלה: ואי ס"ד דאורייתא היכי מקדמינן וכו'. דמשמע ליה דמדאורייתא חלקהו ממש, חציו להקטרה וכו' ולא כדקא ס"ד מעיקרא דלא מסרן הכתוב אלא לחכמים. אלא א"ר יוחנן: מתני' כפשטיה אתרומת הדשן, ודקשיא לך: והא בפשטיה דקרא משמע דהיתה בבקר – מהאי קרא נפקא לן דניתן רשות להקדימה ולאחרה כמו שירצו, מדכתיב "עד בקר והרים" – תן בקר לבקרו של לילה. ומדלא פירש כמה – לא מסרן הכתוב אלא לחכמים. ובפ' "המזבח מקדש" (זבחים דף פו.) דקאמר רב כי הכא חציו להרמה – משמע ליה לפי המסקנא דהכא, דמוקמינן מתני' בתרומת הדשן, דבא ליתן טעם נמי לתרומת הדשן, מ"ט זימנין הכי וזימנין הכי. הלכך פריך רב כהנא התם כי הכא, אלא א"ר יוחנן תרומת הדשן מקרא דעד בקר נפקא. א"נ י"ל: אלא א"ר יוחנן קרא קמא כולו להקטרה וכולו להרמה, כולו להקטרה – באברים דאית בהו ממש, וכולו להרמה – בדשן מעוכל ושרירי דאמרי' בהו חצות עושה עיכול מ"עד הבקר" נפקא, תן בקר לבקרו של לילה והיינו חצות: **אברים** שפקעו מעל גבי מזבח כו'. בפרק "המזבח" (שם דף פו.) פריך: ה"ד? אי דאית בהו ממש – אפי' לאחר חצות נמי, ואי דלית בהו ממש – אפי' קודם חצות נמי לא. ומוקי לה בשרירי, מנה"מ וכו' כי הכא. ומפ' רש"י התם: חציו להרמה – ושרירי נמי ראוין להרמה. ור"י פי': דלא הוי ראוין להרמה, דלאו דשן נינהו. אלא חציו להרמה דקאמר – כעין הרמה, שאין ראוין להקטרה וכן משמע בפ' שני דמעילה (דף ט:) דדייק התם: וכן גחלת שפקעה מע"ג המזבח – לא יחזיר, הא ע"ג מזבח – יחזיר, ומקשי מינה לרב, ומשני: שאני גחלת דאית בה ממשא – הלכך יחזיר, דלא נעשית מצותה. משמע דאין ראוי לתרום ממנה, דאי ראוי לתרום ממנה – א"כ לאחר תרומת הדשן אמאי יחזיר? הרי נעשית מצותה! מיהו, היא גופא קשיא: מנא ליה דמיירי לאחר תרומת הדשן? דילמא קודם תרומת הדשן איירי, דבהא מודה רב דמועלין קודם שנעשה מצותו! וי"ל: דדומיא דפסולין דקתני בהדה, וכולן שפקעו מעל גבי המזבח לא יחזיר בכל ענין, ואפילו קודם חצות – ה"נ גחלת איירי בכל ענין. ועוד: דבסיפא, גבי אברים הוא דמפליג, אבל בגחלת לא הפליג, דעיכול חשיבא, ולא שייך בה לשון הקטרה, ולא לשון מוקדה – דהא כבר מתוקדא וקיימא. ומ"מ יחזיר דלאו ראוייה להרמה, היא דלא חשיבא דשן, ואכתי לא נעשית מצותה. הלכך – ע"ג מזבח יחזיר, דאכתי לא נגמרה מצותה. וכי פקעה – לא יחזיר, ד"על מוקדה על המזבח" משמע דדבר שצריך יקידה יהא על המזבח לעולם, ואפי' פקע, אבל דבר שא"צ יקידה – לא. וא"ת: כשמאספין האפר להעלותו לתפוח אין יכולין ליזהר שלא יהו גחלים באפר, ואסור להוריד גחלת מן המערכה, וכדקאמר במעילה דיחזיר, וכ"ש דאסור להוציא! וי"ל: דמן המעוכלות היה נוטל, כדמשמע במס' תמיד שהיה חותה מן המעוכלות הפנימיות. ואיכא למימר דהנהו לית בהו משמש, אבל גחלת חיה, דאית בה משמא – בההיא אמרינן דיחזיר. והא דקאמר במעילה הוא הדין דאפי' אפר לא בעי למימר דהוי כגחלת ממש, אפי' לענין חזרה דגחלת מחזיר לעולם, אפי' לאחר תרומת הדשן דאין מעלין אותה לתפוח. אלא לענין מעילה קאמר, דהויא כגחלת. ור"י הבחור מיישב פי' רש"י דחציו להרמה דקאמר אפי' בשרירי – לענין זה שהרמת הדשן מתירתן לאוספן לתפוח, ולא לענין שיעשה מהן תרומת הדשן, דהא "דשן" כתיב. והיינו דקאמר רחמנא "והרים את הדשן" מחצות, כדי להתיר אפי' שרירי, דמחצות ואילך חשיבי עיכול ואין ראוים להקטרה, ואם ירצה – יאספם לתפוח כדי להוציאם מחוץ למחנה. אבל אם רוצה להניחם במקום המערכה כדי למרק מצותם, שיהו ראוין הם עצמם לתרומת הדשן – עדיין מצותן עליהן. הלכך יחזיר, דמסתבר למימר דעדיין חסר מהן מרוק מצוה, כיון שעדיין אין ראויין לתרומת הדשן. והשתא ניחא, דבשעה שהיו מאספים את האפר לא היו צריכין ליזהר מגחלים [אפי'] לוחשות, וכן משמע במס' תמיד (דף כח:) דקתני: האברים *שנתעכלו [נ"ל שלא נתעכלו] מבערב סולקין אותן לצד המזבח וכו', עד החלו מעלין באפר על גבי תפוח וכו'. אלמא דלא היו מסלקין [אלא] האברים שלא נתעכלו, אבל גחלים חשיבי עיכול, ואפי' לוחשות: היכי

[דף כד.] | נדרים לב. ע"ש | [זבחים פו.] | זבחים פו. | ג"ח שם

קו א מיי' פ"ב מהל' תמידין הלכה יא:
קז ב מיי' פ"ו מהלכות מעשה הקרבנות הל' ג ופ"ב מהל' מעילה הלכה יב:

רבינו חננאל

לפתח חטאת רובץ. השטן בגימטריא שס"ד עולה והשנה יש בה שס"ה ימים כדי שעור שמו יש לו רשות להסטין יום אחד והוא יוה"כ אין לו רשות להסטין. בכל יום תורמין את המזבח בקריאת הגבר או סמוך לו מלפניו או מלאחריו כו'. תנן התם בשחיטת קדשים פרק ט' אברים שפקעו מעל גבי המזבח קודם חצות יחזיר ומועלין בהן אחר חצות לא יחזיר ואין מועלין בהן. כלומר כבר עבר זמנם ובטלה קדושתן מנהני מילי אמר רב כתוב אחד אומר כל הלילה והרים וכתוב אחר אומר כל הלילה והקטיר. ובענין הזה כתובה זו השמועה בשחיטת קדשים בפרק המזבח מקדש באחריתו

תוספות ישנים

תלת מאה ושיתין וארבע. לפי שנות החמה קאמר: **בפי'** ר"ח גרס תנן התם אברים כו' כמו שפי' בקונטרס: **קודם** חצות יחזיר כו'. בזבחים מוקי לה בשרירי ולכך קודם חצות יחזיר שעדיין אינו אפר אבל אחר חצות הוי אפר:

הגהות הב"ח

(א) רש"י ד"ה קודם חצות לילה יחזיר ומועלין בהן דקודם חצות אינו כו' כצ"ל והד"א: (ב) ד"ה ואין מועלין בהן כדקי"ל כל שנעשית מצותו: (ג) ד"ה כל הלילה כו' ואפי' אם פקע מה שעל המוקד והס"ד: (ד) ד"ה וכתוב אחד כו' והרים את הדשן אלמא:

קח א מיי' פ"ז מהל' כלי המקדש הל' כ:

תורה אור

ואי סלקא דעתך מחצות דאורייתא היא, היכי מקדמינן (והיכי מאחרינן)? אלא אמר ר' יוחנן: ממשמע שנא' "כל הלילה" איני יודע שהוא עד הבקר? ומה ת"ל "עד הבקר" – תן בקר לבקרו של לילה. הלכך, בכל יום תורמין את המזבח בקריאת הגבר או סמוך לו בין מלפניו בין מלאחריו, סגיא. ביוה"כ, דאיכא חולשא דכ"ג – עבדינן מחצות. וברגלים, דנפישי ישראל ונפישי קרבנות – עבדינן מאשמורת הראשונה. כדקתני טעמא: לא היתה קריאת הגבר מגעת עד שהיתה עזרה מלאה מישראל. מאי קריאת הגבר? רב אמר: קרא גברא, רבי שילא אמר: קרא תרנגולא. רב איקלע לאתריה דרבי שילא, לא הוה אמורא למיקם עליה דרבי שילא, קם רב עליה וקא מפרש: מאי קריאת הגבר – קרא גברא. אמר ליה רבי שילא: ולימא מר קרא תרנגולא! א"ל: אבוב לחרי – זמר, לגרדאי לא מקבלוה מיניה. כי הוה קאימנא עליה דר' חייא ומפרישנא מאי קריאת הגבר קרא גברא – ולא אמר לי ולא מידי, ואת אמרת לי: אימא קרא תרנגולא?! א"ל: מר ניהו רב? נינח מר. א"ל, אמרי אינשי: אי תגרת ליה – פוץ עמריה. איכא דאמרי, הכי א"ל: *מעלין בקדש ולא מורידין. תניא כותיה דרב, תניא כותיה דרבי שילא. תניא כותיה דרב: גביני כרוז מהו אומר – [א]עמדו כהנים לעבודתכם ולוים לדוכנכם וישראל למעמדכם, והיה קולו נשמע בשלש פרסאות. מעשה באגריפס המלך שהיה *בא בדרך ושמע קולו בג' פרסאות, וכשבא לביתו שיגר לו מתנות. ואעפ"כ כ"ג משובח ממנו, דאמר *מר: וכבר אמר "אנא השם" ונשמע קולו ביריחו. ואמר רבה בר בר חנה א"ר יוחנן: מירושלים ליריחו י' פרסי. ואע"ג דהכא איכא חולשא והכא ליכא חולשא, והכא יממא והתם ליליא. דא"ר לוי: מפני מה אין קולו של אדם נשמע ביום כדרך שנשמע בלילה – מפני גלגל חמה שמנסר ברקיע כחרש המנסר בארזים. והאי חירגא דיומא לא שמיה, והיינו דקאמר נבוכדנצר: °"וכל דיירי ארעא (*כלא) חשיבין". ת"ר: אלמלא גלגל חמה נשמע קול המונה של רומי, ואלמלא קול המונה של רומי נשמע קול גלגל חמה. ת"ר: שלש קולות הולכין מסוף העולם ועד סופו, ואלו הן: קול גלגל חמה, וקול המונה של רומי, וקול נשמה בשעה שיוצאה מן הגוף. וי"א: אף לידה, ויש

ויש

(ברכות כח. וש"נ)

גיר' ע"י שהיה מהלך בלילה

לקמן לט:

דניאל ד

[נ"ל כלה]

רש"י

ואי דאורייתא הוא היכי מקדמינן. גרסינן, ולא גרסינן היכי מאחרינן. הלא כל חציו ראוי להרמה, ומה לנו אם יאחר? היכי מקדמינן. אפילו דשן המעוכל יפה, והא אמרת חציו להרמה – אלמא אין חצי הראשון כשר לכך: אלא א"ר יוחנן. לא תימא חציו לכך וחציו לכך, אלא הכי דריש הכתוב הכשר כל הלילה בין להקטרה שאין מעוכלין, בין להרמה אם יש דשן מעוכל. ואלות דעושה עיכול באברים שמשלה בהן האור – מהכא נפקא, ממשמע שנאמר בהקטרה "כל הלילה על מוקדה" איני יודע שעד הבקר קרוי לילה: ומה ת"ל עד[(א)] בקר תן השכמה אחרת לבקרו של לילה. בוקרו של לילה הוא עלות השחר, ונתן לך הכתוב בו בקר אחר, לומר שאין צריך להקטיר מן השכמה ואילך. וכיון שלא נתן זמן באותו בקר – על כרחך הוא אלות לילה. הלכך, הואיל וכל הלילה כשר להרמה – קבעו חכמים זמנה, הכל לפי שעה. דבכל יום דלא נפישי קרבנות ורב להם היום – בקרות הגבר סגי: ביוה"כ דאיכא חולשא דכ"ג. שהרי עליו לבדו הוא מוטל – צריך להשכים יותר: דנפישי קרבנות. ורב הדשן במקום המערכה, וצריך להעלות את הדשן לתפוח לאחר ההרמה, כדתנן במסכת תמיד (דף כח:): מעלין האפר לתפוח. ותפוח הוא גל של אפר, כמין תפוח של ענבים הנדרך בגת, ששם כנסו אפר של כל ימות החג, והוא באמצע המזבח ופעמים שהוא עליו כג' מאות כור, לפיכך צריך להקדים לתרום מאשמורה הראשונה: קרא גברא. מכריז הממונה על הכרוז, ואומר: עמדו כהנים לעבודתכם, כדקתני בברייתא בשמעתין: רב איקלע לאתריה דר' שילא. ולא היו מכירין אותו: לא היה אמורא. מתורגמן העומד לפני חכם הדרשן, והחכם לוחש לו לשון עברית, והוא מתרגם לרבים לשון שהן שומעין: וקא מפרש קרות הגבר קרא גברא. נפל לו בתוך הדרש שלחש לו ר' שילא קרות הגבר לשון עברי, והוא תרגם לרבים: קרא גברא: אבוב לחרי זמר. חליל שהוא חשוב לפני בני חורים זמר נאה וערב: לגרדאי לא קבלוה מיניה. בא אצל גרדיים לשורר ולחולל להם לא הוכשר בעיניהם. ומשל הוא, כלומר: פירוש זה שפירשתי לפני שרים רבים פעמים רבות ולא מיחו בידי, עכשיו פירשתי לפניך שאינך גדול כמותם, ולא קבלתו: מר הוא רב. שאתה רגיל לקום ולתרגם לפני ר' חייא שהוא דודך? נינח מר. לך ושב בכבודך. שאיני כדאי שתהא מתורגמני: אי תגרת ליה פוץ עמריה. אם נשכרת אצל אדם למלאכת יום, כל מלאכה שיטיל עליך ואפילו היא בזויה, כגון ניפוץ צמר שהיא מלאכת נשים – עשה לו. אף אני, מאחר שהתחלתי בפעולתיך – אגמור: ולא מורידין. גנאי הדרשה הוא שארד אני ויקום פחות ממני לגומרה: גביני כרוז. גביני המכריז: דאמר מר. לקמן בפ"ד (דף לט:): כבר אמר אנא השם. כבר פעם אחת היה מעשה שהיה כ"ג מתודה על פרו ביום הכפורים, ואמר: אנא השם חטאתי וכו', ונשמע קולו ביריחו: ואיכא חולשא. דתעניתא: והכא יממא. שאין הקול נשמע בו כבלילה: והאי חירגא לא שמיה. והאי פסולת הנסורות, והוא נראה בעמוד של חמה דיומא ממש: לא שמיה. כן שמו, לשון אין:

תוספות

היכי מקדמינן והיכי מאחרינן. רש"י לא גרס לי דשפיר גרס ליה, דכיון דזמנו קבוע מחצות ואילך – היכי מקדימין ברגלים, ובכל יום היכי מאחרין? דמשמע שלעולם היו רגילים לתרום בקרות הגבר סמוך לו מלפניו או מלאחריו, ואמאי? והא זריזין מקדימין למצות, וכי היכי דתמיד של שחר זמנו עד ד' שעות, ואפ"ה היו מקדימין בהאיר המזרח דהיינו מתחילת זמן שקבעה לו תורה ה"נ אמאי מאחרינן ליה לכתחילה עד קרות הגבר: אלא א"ר יוחנן ממשמע שנאמר כו'. בפ' "המזבח מקדש" (זבחים דף פו:) לא גרס רש"י "אלא". ופירש דרבי יוחנן מתרץ לקראי כרב, חציו להקטרה וחציו להרמה. מיהו, היינו דוקא בשרירי, וגבי הרמה מקרא אחרינא נפקא לן דכתיב "עד בקר" – תן בקר לבקרו של לילה, ומוקמינן ליה בהרמה, ולא מסרן הכתוב אלא לחכמים להיות משכימין כל מה שירצו לפי הצורך. וקשה, דקרא ד"עד בקר" דכתיב בהקטרה היכי מוקמינן ליה בהרמה? ועוד: דבכל הספרים גרסי' אלא. ויש פירושים אחרים של רש"י שפירש בהם דגרסינן אלא, ופירש דרבי יוחנן פליג אדרב, וס"ל דכל הלילה קאי אהקטרה וקאי אהרמה. דכל הלילה כשר להקטרה כשאין דשן, וכשר להרמה אם יש דשן מעוכל. וגבי הקטרה כתיב "בקר" מיותר, לומר: תן בקר לבקרו של לילה, והיינו בשרירי, דאלות עושה עיכול. והכי מידריש קרא: תן השכמה אחת לבקרו של לילה, ובקרו של לילה הוא עמוד השחר, ונתן לך הכתוב בקר אחר, לומר שאין צריך להקטיר מן השכמה ואילך. וכיון שלא קבע זמן לאותו בקר – על כרחך הוא אלות לילה. שמע מינה דבשרירי תלוי באלות, ובדשן מעוכל דלית ביה ממשא – כל הלילה והריס. אבל אית ביה ממשא – כל הלילה והקטיר. וכן פירש רש"י בכאן. ובפ' שני דמגילה, (דף כ:) דקאמר: כל הלילה כשר להקטרה, קשה: אמאי לא קאמר נמי להרמה? וי"ל: משום דבשום פעם לא היו רגילין לתרום קודם אשמורה הראשונה – לא קתני ליה: משום חולשא דכ"ג עבדינן מחצות. משמע דאפי' תרומת הדשן שהיא עבודת הלילה אינה כשירה אלא בו, ולהכי מקדמינן ליה כדי שינוח בין עבודה זו לעבודת היום. וריב"א פירש דלא גרסי' כ"ג, אלא הכי גרסי': משום חולשא דכהן, קודם שהכהן התורם

רבינו חננאל

פי' קרא דכתב הכי לא אשכחנן כי כתב קרא הכי כתב על מוקדה על המזבח כל הלילה ותני בתורת כהנים. מה אני מקיים לא ילין חלב חגי עד בקר זהו האמור ללמד שיהו מעלין מן הארץ האברים שפקעו מע"ג המזבח כל הלילה *) שיהא נותנן מבוא השמש והן מתאכלין ע"ג המזבח כל הלילה. א"כ מה ת"ל עד בקר. אלא אם אינו ענין לאיכול אברים תנהו ענין לתרומת הדשן מלמד שתורמין את המזבח כל הלילה וכיון שהוא מפורש כאן בתורת כהנים. אמר רב קרא הוא שכל הלילה כשר להקטרה וכשר להרמה הא כיצד חלקהו חציו של לילה להקטרה וחציו להרמה. ואקשינן וכיון דמדאורייתא מחצי הלילה חובת ההרמה היכי מקדמינן לה והיכי מאחרינן לה ופריק ר' יוחנן ממשמע שנאמר כל הלילה איני יודע שעד בקר לילה הוא. למה הוצרך עוד לומר עד בקר אלא הכי קאמר תן בקר לבקרו של לילה. כלומר אינו ממש כל הלילה אלא בין מקודם בין מאחרי כן כשר הלכך בכל יום תורמין את המזבח בקריאת הגבר או סמוך לו סגיא. לפי שדשן המזבח מעט הוא ודיי לו השיעור הזה. ביוה"כ דאיכא חולשא (וכ"ג) [דכ"ג] מקדימין מחצות ברגלים שהיו קרבנותיה רבה והדשן מרובה מקדימין מאשמורת הראשונ'. קרות הגבר רב אמר קרא גברא ר' שילא אמר קרא תרנגולא. תניא כמר ותניא כמר אבוב לחדי זמר גורדאי לא קיבלוה. כמו משל הוא. אבוב שהיה **) אב לשרים גדולים זמר אנשים פעוטים אינו ערב להם אלא מחזירין עליו: וכן אי תגרת ליה פוץ עמריה. אמר פעם אחת נשכר עני בן טובים אצל בעה"ב שלא היה מכירו ונותן לו צמר לנפצו. ונעצב הנשכר שהגיע לזו הפחיתה. והרגיש בעה"ב וא"ל הניחהו. והשיב לו מאחר שנשכר (הנה) ינפץ הצמר: גביני כרוז נשמע קולו בג' פרסאות וכ"ג משובח ממנו דא' וכבר אמר אנא השם ונשמע קולו ביריחו. שהוא [י'] פרסאות וכ"ג איכא חלשא דתענית והוא ביום שאין הקול נשמע ביום כמו בלילה פי' אחרי שהזכיר השם בחשאי בקול נמוך והבליעו בנעימת אחיו הכהנים אמר בקול רם חטאתי כו'. בראשונה היה אומר השם בקול רם משרבו הפריצים לא היה אומרו אלא בקול נמוך. ת"ר ג' קולן הולך מסוף העולם ועד סופו

*) [בתו"כ הגי' שם שיהו מעלין וכו' כל הלילה הא מאי אני מקיים כל הלילה שיהא טתנס מבוא השמש וכו' וכצ"ל כאן]. **) [בערוך ערך אבוב איתא אבוב שהי' לשרים גדולים וזמרו ביה אנשים פחותים ואינו ערב להן וכו' וכן צ"ל כאן כי ידוע כי דברי הערוך הם דברי קבלה מרבו הר"ח ז"ל וכתב לשונו ממש].

הגהות הב"ח

(א) רש"י ד"ה ומה ת"ל עד הבקר כו' תן השכמה ואילך וכו' פי' תן השכמה האחרת:

תוספות ישנים

תן בקר לבקרו. אבל לא משמע לפרש ליתן בקר שני לשריפתן שהרי אין מתעכבין כל כך להתעכל: **משום** חולשא דכהן גדול עבדינן מחצות. מכאן משמע שהיה כהן גדול עושה תרומת הדשן והא דחשיב עלה לקמן פיים במשנה היינו בכל יום דהתם נמי קתני מי שוחט מי זורק ומי מדשן ואע"פ דצריך לקדש ידיו ורגליו לתרומת הדשן ואין זו מתשבון חמש טבילות ועשרה קידושין זהו לפי שהיתה בשוד לילה קודם שיתחיל עבודת היום היה יכול לצאת חוץ לעזרה והפייט שפייט בסדר יוה"כ שהיה שם פיים לתרומת הדשן ללשון המשנה וסדרה תפס שיטת תפלתו והא דקתני מעסיקין אותו עד זמן שחיטה משום דמיכן ואילך מתחיל עבודת היום בלא הפסק ולא כפי' ריב"א שרוצה לפרש מכח אלו הראיות שהיה אז תרומת הדשן בשאר כהנים:

ברגלים דנפישי ישראל ונפישי קרבנות כדקתני לא היתה קריאת הגבר מגעת כו'. וכיון שיש שם רוב קרבנות ורוב העם והיו דוחקין בעזרה היה ממהר להוציא הדשן ולהכי מסיק טעם דמסיק כדקתני כו' אבל לפי' הקונט' שלא תלה הטעם אלא בנפישי קרבנות לא אתי שפיר טעם דמסיק כדקתני כו'. ריב"א: **והיה** קולו נשמע עד ג' פרסאות. וא"ת והתנן (תמיד פ"ח מ"ח) מיריחו היו שומעין קול גביני כרוז ותירץ ה"ר יוסף בר' משה דודאי היה נשמע עד יריחו אבל אגריפס שמע עד ג' פרסאות ולא נהירא דמשמע שלא היה נשמע יותר ור"ת אומר דקול הברה שלו נשמע עד יריחו אבל לא היו שומעין ומבינים הכרוז אלא עד ג' פרסאות ואין נראה לרבי דהא משמע דלא משבח חשיבותא דכהן גדול אלא דהואי חולשא ויממא ולא קאמר שקול דבריו של כהן גדול היו מבינים ולא של גביני כרוז ונראה לרבי שמואל שחולקות והכי נמי פליגי ההיא דתניא לקמן בפרק טרף בקלפי וההיא דתמיד (שם) דקתני מיריחו היו שומעין קול שער הגדול שנפתח ובפרק טרף בקלפי (דף לט:) קאמר עד ח' תחומי שבת ואין לומר דההיא דלקמן בשער א) עזרה וההיא דתמיד בשער ב) ההיכל דהא קתני הגדול דהיינו שער היכל שהיו פותחין קודם התמיד ואין לחלק בין ציר שער הגדול לקול שער הגדול ועל כן נראה נמי דהנך פליגי:

א) נ"ל היכל: ב) נ"ל עזרה:

וְיֵשׁ אוֹמְרִים: אַף רִידְיָיא. וּבָעוּ רַבָּנַן רַחֲמֵי אַנִּשְׁמָה בְּשָׁעָה שֶׁיּוֹצְאָה מִן הַגּוּף, וּבַטְלוּהָ. תַּנְיָא כְּוָותֵיהּ דְּר' שֵׁילָא: הַיּוֹצֵא לַדֶּרֶךְ קוֹדֶם קְרִיאַת הַגֶּבֶר – דָּמוֹ בְּרֹאשׁוֹ. רַבִּי יֹאשִׁיָּה אוֹמֵר: עַד שֶׁיִּשְׁנֶה, וְיֵשׁ אוֹמְרִים: עַד שֶׁיְּשַׁלֵּשׁ. וּבְאֵיזֶה תַּרְנְגוֹל אָמְרוּ – בְּתַרְנְגוֹל בֵּינוֹנִי. אָמַר רַב יְהוּדָה אָמַר רַב: בְּשָׁעָה שֶׁיִּשְׂרָאֵל עוֹלִין לָרֶגֶל עוֹמְדִין צְפוּפִין, וּמִשְׁתַּחֲוִים רְוָחִים. וְנִמְשָׁכִין אַחַת עֶשְׂרֵה אַמָּה אֲחוֹרֵי בֵּית הַכַּפּוֹרֶת. מַאי קָאָמַר? הָכִי קָאָמַר: אַף עַל פִּי שֶׁנִּמְשָׁכִין אַחַת עֶשְׂרֵה אַמָּה אֲחוֹרֵי בֵּית הַכַּפּוֹרֶת, וְעוֹמְדִים צְפוּפִין, כְּשֶׁהֵן מִשְׁתַּחֲוִין – מִשְׁתַּחֲוִין רְוָחִים. וְזֶה אֶחָד מֵעֲשָׂרָה נִסִּים שֶׁנַּעֲשׂוּ בַּמִּקְדָּשׁ. דִּתְנַן:* עֲשָׂרָה נִסִּים נַעֲשׂוּ בְּבֵית הַמִּקְדָּשׁ: לֹא הִפִּילָה אִשָּׁה מֵרֵיחַ בְּשַׂר הַקֹּדֶשׁ, וְלֹא *הִסְרִיחַ בְּשַׂר הַקֹּדֶשׁ מֵעוֹלָם, וְלֹא נִרְאָה זְבוּב בְּבֵית הַמִּטְבָּחַיִם, וְלֹא אֵירַע קֶרִי לְכֹהֵן גָּדוֹל בְּיוֹם הַכִּפּוּרִים, וְלֹא נִמְצָא פְּסוּל בָּעוֹמֶר, וּבִשְׁתֵּי הַלֶּחֶם, וּבְלֶחֶם הַפָּנִים, עוֹמְדִים צְפוּפִים וּמִשְׁתַּחֲוִים רְוָחִים, וְלֹא הִזִּיק נָחָשׁ וְעַקְרָב בִּירוּשָׁלַיִם מֵעוֹלָם, וְלֹא אָמַר אָדָם לַחֲבֵרוֹ "צַר לִי הַמָּקוֹם שֶׁאָלִין בִּירוּשָׁלַיִם". פָּתַח בַּמִּקְדָּשׁ וְסַיֵּים בִּירוּשָׁלַיִם?! אִיכָּא תַּרְתֵּי אַחֲרַנְיָיתָא בַּמִּקְדָּשׁ, דְּתַנְיָא: מֵעוֹלָם לֹא כִּבּוּ גְּשָׁמִים אֵשׁ שֶׁל עֲצֵי הַמַּעֲרָכָה, וַעֲשַׁן הַמַּעֲרָכָה אֲפִי' כָּל הָרוּחוֹת שֶׁבָּעוֹלָם בָּאוֹת וּמְנַשְּׁבוֹת בּוֹ אֵין מְזִיזוֹת אוֹתוֹ מִמְּקוֹמוֹ. וְתוּ לֵיכָּא? וְהָתַנְיָא *רַב שְׁמַעְיָה *בְּקַלְנְבוֹ: שִׁבְרֵי כְּלֵי חֶרֶס נִבְלָעִין בִּמְקוֹמָן. וְאָמַר אַבַּיֵּי: מוּרְאָה וְנוֹצָה וְדִישּׁוּן מִזְבַּח הַפְּנִימִי וְדִישּׁוּן הַמְּנוֹרָה נִבְלָעִין בִּמְקוֹמָן. פְּסוּלֵי תְּלָתָא הָווּ, חַשְׁבִינְהוּ בְּחַד, אַפֵּיק תְּרֵי וְעַיֵּיל תְּרֵי. אִי הָכִי בְּלוּעִין נַמִי תְּרֵי הָווּ, חָשְׁבִינְהוּ בְּחַד – חַסּוֹרֵי לְהוּ! אִיכָּא נַמִי אַחֲרִיתִי, *דְּאָמַר רַבִּי יְהוֹשֻׁעַ בֶּן לֵוִי: נֵס גָּדוֹל הָיָה נַעֲשָׂה בְּלֶחֶם הַפָּנִים, סִלּוּקוֹ כְּסִדּוּרוֹ, שֶׁנֶּאֱמַר: °"לָשׂוּם לֶחֶם חֹם בְּיוֹם הִלָּקְחוֹ" (ש"א כא). וְתוּ לֵיכָּא? *וְהָאָמַר ר' לֵוִי: דָּבָר זֶה מָסוֹרֶת בְּיָדֵינוּ מֵאֲבוֹתֵינוּ, מְקוֹם אָרוֹן אֵינוֹ מִן הַמִּדָּה. וְאָמַר רַבָּנַאי אָמַר שְׁמוּאֵל: כְּרוּבִים בְּנֵס הָיוּ עוֹמְדִין! נִיסֵּי דְּבָרָאֵי – קָא חָשֵׁיב, נִיסֵּי דְּגַוָּאֵי – לָא קָא חָשֵׁיב. – אִי הָכִי לֶחֶם הַפָּנִים נַמִי נִיסֵּי דְּגַוָּאֵי הוּא! לֶחֶם הַפָּנִים נִיסֵּי דְּבָרָאֵי הוּא, דְּאָמַר *רֵישׁ לָקִישׁ, מַאי דִּכְתִיב: °"עַל הַשֻּׁלְחָן הַטָּהֹר" (ויקרא כד) טָהוֹר – מִכְּלָל שֶׁהוּא טָמֵא, כְּלִי

מס' ד"א פי"א | אבות פ"ה מ"ה | נ"א התליע | [זבחים נו.] גירסת ע"י מקלנבו | חגיגה דף כו: [מנחות כט. נ"ו:] | ב"ב דף לט. מגילה דף י: | חגיגה דף כו: מנחות דף נו:

רש"י

וי"א אף רידייא. מַלְאָךְ הַמְמוּנֶּה עַל הַשְׁקוֹת הָאָרֶץ מִמְּטַר הַשָּׁמַיִם מִמַּעַל וּמִן הַתְּהוֹם מִתַּחַת. וְקוֹרֵא לָהֶן, שֶׁנֶּאֱמַר "תְּהוֹם אֶל תְּהוֹם קוֹרֵא", כִּדְאָמְרִי' בְּמַס' [תַּעֲנִית דַּף כד. וְדַף כה:]. וְאָמְרִינַן הָתָם דְּדָמֵי לְעֶגְלָא, וּלְכָךְ נִקְרָא רִידְיָיא לְשׁוֹן שׁוֹר הַחוֹרֵשׁ. מְתַרְגְּמִינַן "לֹא תַחֲרוֹשׁ" – לָא תִּרְדֵּי (דברים כב): **כְּוָותֵיהּ דְּר' שֵׁילָא.** דְּאָמַר: קְרוֹת הַגֶּבֶר – קְרָא תַּרְנְגוֹלָא: **הַיּוֹצֵא** *יְחִידִי לַדֶּרֶךְ דָּמוֹ בְּרֹאשׁוֹ. מִפְּנֵי הַמַּזִּיקִין: **דָּמוֹ בְּרֹאשׁוֹ.** עֲוֹן מוֹתוֹ עַל רֹאשׁוֹ מוּטָּל, שֶׁהוּא הֵמִית עַצְמוֹ: **בְּתַרְנְגוֹל בֵּינוֹנִי.** שֶׁאֵינוֹ מְמַהֵר קְרִיאָתוֹ וְלֹא מְאַחֵר: **צְפוּפִים.** לְשׁוֹן צָף, מֵרוֹב הָעָם הָיוּ נִדְחָקִים אִישׁ בְּאָחִיו וְאֵין לוֹ מָקוֹם לִנְטוֹת עַל צִדּוֹ לְכָאן וּלְכָאן וְזָקוּף כְּקוֹרָה, אַף רַגְלָיו נִיטָּלִים מֵעַל הָאָרֶץ: **מִשְׁתַּחֲוִים רְוָחִים.** וּכְשֶׁמִּשְׁתַּחֲוִים וְנוֹפְלִים נַעֲשָׂה לָהֶם נֵס, וְהַמָּקוֹם מַרְחִיב עַד שֶׁיֵּשׁ בֵּינֵיהֶן אַרְבַּע אַמּוֹת שֶׁלֹּא יִשְׁמַע אִישׁ וִידּוּי שֶׁל חֲבֵירוֹ, שֶׁלֹּא יִכָּלֵם: **נִמְשָׁכִין אַחַת עֶשְׂרֵה אַמָּה אֲחוֹרֵי בֵּית הַכַּפּוֹרֶת.** נִמְשָׁכִין מִתּוֹךְ דּוֹחֲקָן, וּמִתְפַּזְּרִין עַל פְּנֵי אוֹרֶךְ כָּל י"א אַמָּה שֶׁל מְקוֹם דְּרִיסַת רַגְלֵי יִשְׂרָאֵל לַצָּפוֹן וְלַדָּרוֹם, וְיוֹצְאִין מִמְּקוֹם דְּרִיסַת רַגְלֵיהֶם וְנִכְנָסִין דֶּרֶךְ בֵּית הַחֲלִיפוֹת בֵּין לִידֵי הַהֵיכָל לְכוֹתְלֵי הָעֲזָרָה לַצָּפוֹן וְלַדָּרוֹם, וּמִשָּׁם נִכְנָסִין לַמַּעֲרָב בְּתַחַת עֶשְׂרֵה אַמָּה שֶׁיֵּשׁ אֲוִיר אֲחוֹרֵי בֵּית הַכַּפּוֹרֶת עַד כּוֹתֶל מַעֲרָבִי שֶׁל עֲזָרָה. כִּדְתְנַן בְּמַסֶּכֶת מִדּוֹת (פ"ה משנה א), וְאָמְרִינַן לָהּ לְעֵיל בְּפִרְקִין (דף טז:): **מַאי קָאָמַר.** מֵאַחַר שֶׁמִּשְׁתַּחֲוִים רְוָחִים וְנִתְרַוַּח הַמָּקוֹם עַל יְדֵי הַנֵּס, אַמָּה מַזְקִיקוֹ לִימָּשֵׁךְ וּלְהִתְפַּשֵּׁט אֲחוֹרֵי בֵּית הַכַּפּוֹרֶת? **הָכִי קָאָמַר כו'.** הַאי וְנִמְשָׁכִים אֲחוֹרֵי כו' אַרֵישָׁא קָאֵי, קוֹדֶם הַשְׁתַּחֲוָאָה. וְהָכִי קָאָמַר: אע"פ שֶׁנִּמְשָׁכִין אֲחוֹרֵי הַכַּפּוֹרֶת וְהָיוּ צְרִיכִין לַעֲמוֹד צְפוּפִים מֵרוֹב דּוֹחֲקָן – אֲפִילּוּ הָכִי כְּשֶׁהָיוּ כּוּלָּם מִשְׁתַּחֲוִים בָּאִים לְמִזְרַח הַמִּזְבֵּחַ מִתּוֹךְ הָעֲזָרָה, וּמִשְׁתַּחֲוִים לִפְנֵי הַהֵיכָל וּבְרֶיוַח: **לֹא הִפִּילָה אִשָּׁה.** עוּבָּרָהּ, שֶׁנִּתְאַוְּתָה לֶאֱכוֹל מִבְּשַׂר הַקֹּדֶשׁ כְּשֶׁמַּעֲלֶה רֵיחַ: **בְּבֵית הַמִּטְבָּחַיִם.** שֶׁל עֲזָרָה: **וְלֹא נִמְצָא פְּסוּל בָּעוֹמֶר.** שֶׁאִם יֶאֱרַע בּוֹ פְּסוּל אֵין אַחֵר לְהָבִיא תַּחְתָּיו, שֶׁהוּא נִקְצָר בְּלֵיל מוֹצָאֵי י"ט, וְאֵין מַרְבִּין לִקְצוֹר אֶלָּא כְּפִי הַשִּׁיעוּר שֶׁל עִשָּׂרוֹן מְנוּפֶּה בְּי"ג נָפָה, וְכֵן שְׁתֵּי הַלֶּחֶם נֶאֱפִין מֵעֶרֶב י"ט וְאֵין אֲפִיָּיתָן דּוֹחָה יוֹם טוֹב, וְאִם יִפָּסֵל – לֹא יֹאפוּ אַחֶרֶת בְּי"ט. וְכֵן לֶחֶם הַפָּנִים שֶׁנֶּאֱפָה מֵעֶ"שׁ. וְאִם יִפָּסֵל – אֵין חִילּוּף, וְהַשֻּׁלְחָן עוֹמֵד רֵיקָם עַד שַׁבָּת הַבָּאָה: **צַר לִי הַמָּקוֹם.** מְזוֹנוֹתַי דְּחוּקִים, דִּירָתִי דְּחוּקָה: **בְּקַלְנְבוֹ.** שֵׁם מָקוֹם: **שִׁבְרֵי כְּלֵי חֶרֶס.** שֶׁמְּבַשְּׁלִים בָּהֶן קָדְשֵׁי קָדָשִׁים, וּבְלִיעָתָן נֶאֱסֶרֶת מִשּׁוּם נוֹתָר, וּטְעוּנִין שְׁבִירָה. כִּדְכְתִיב (ויקרא ו) "וּכְלִי חֶרֶשׂ אֲשֶׁר תְּבֻשַּׁל בּוֹ יִשָּׁבֵר". וּשְׁבִירָתוֹ בְּמָקוֹם קָדוֹשׁ, כִּדְאָמְרִי' הָתָם בִּזְבָחִים, בְּפֶרֶק "דַּם חַטָּאת" (דף צג:). וְאִם אֵין נִבְלָעִין – נִמְצְאוּ אַשְׁפַּתּוֹת שֶׁל שְׁבָרִים בָּעֲזָרָה: **מוּרְאָה וְנוֹצָה.** שֶׁל עוֹלַת הָעוֹף: **וְדִישּׁוּן מִזְבַּח הַפְּנִימִי וְדִישּׁוּן הַמְּנוֹרָה.** בְּכָל בֹּקֶר נוֹתְנָן עִם תְּרוּמַת הַדֶּשֶׁן בְּמִזְרָח שֶׁל כֶּבֶשׁ, כִּדְתְנַן גַּבֵּי תְּרוּמַת הַדֶּשֶׁן (תמיד פ"א משנה ד): הִגִּיעַ לָרִצְפָּה הָפַךְ פָּנָיו לַצָּפוֹן, וְהוֹלֵךְ בְּמִזְרָחוֹ שֶׁל כֶּבֶשׁ כְּעֶשֶׂר אַמּוֹת, מָקוֹם שֶׁנּוֹתְנִין שָׁם מוּרְאָה וְנוֹצָה, וְדִישּׁוּן מִזְבַּח הַפְּנִימִי וְהַמְּנוֹרָה. וּקְרָא נַמִי דְּמוּרְאָה וְנוֹצָה הָכִי כְּתִיב "וְהִשְׁלִיךְ אֹתָהּ אֵצֶל הַמִּזְבֵּחַ קֵדְמָה אֶל מְקוֹם הַדָּשֶׁן" (ויקרא א): **פְּסוּלֵי תְּלָתָא** הָווּ. פְּסוּל עוֹמֶר וּשְׁתֵּי הַלֶּחֶם וְלֶחֶם הַפָּנִים תְּלָת נִיסֵּי חֲשַׁבְתִּינְהוּ: בְּלוּעִין תְּרֵי הָווּ. דְּשִׁבְרֵי כְּלֵי חֶרֶס הֲוָה חַד, וּמוּרְאָה וְנוֹצָה וְכָל הַנִּיתָּנִים שָׁם חַד הֲוָה: סִילּוּקוֹ כְּסִידּוּרוֹ. כְּשֶׁמְּסַלְּקִין אוֹתוֹ עֲדַיִין הוּא חַם: חוֹם בְּיוֹם הִלָּקְחוֹ. שֶׁהוּא חַם בַּיּוֹם שֶׁנִּלְקַח מִשָּׁם. וְהַאי קְרָא בְּלֶחֶם הַפָּנִים כְּתִיב, בְּסֵפֶר שְׁמוּאֵל: **מְקוֹם אָרוֹן אֵינוֹ מִן הַמִּדָּה.** אֵינוֹ תּוֹפֵס לְמַעֵט מִמִּדַּת הֶחָלָל שֶׁל בֵּית קָלוּס, דְּתַנְיָא: אָרוֹן שֶׁעָשָׂה מֹשֶׁה יֵשׁ לוֹ עֶשֶׂר אַמּוֹת אֲוִיר לְכָל רוּחַ כְּשֶׁנִּיתַּן בְּאֶמְצַע בֵּית הַכַּפּוֹרֶת, וַהֲרֵי כָּל הֶחָלָל לֹא הָיָה אֶלָּא כ' עַל כ', שֶׁנֶּאֱמַר (מלכים א ו) "וְלִפְנֵי הַדְּבִיר עֶשְׂרִים אַמָּה אוֹרֶךְ וְעֶשְׂרִים אַמָּה רוֹחַב" נִמְצָא שֶׁאֵין מְקוֹם הָאָרוֹן מְמַעֵט כְּלוּם: **כְּרוּבִין בְּנֵס הָיוּ עוֹמְדִין.** גּוּפֵי הַכְּרוּבִים שֶׁעָשָׂה שְׁלֹמֹה עוֹמְדִין בָּאָרֶץ אֵצֶל אָרוֹן, אֶחָד בַּצָּפוֹן וְאֶחָד בַּדָּרוֹם (שם) וּבְכַנְפֵיהֶם עֶשְׂרִים אַמָּה פְּרוּשׂוֹת מִקִּיר אֶל קִיר, כִּדְכְתִיב "כְּנַף הַכְּרוּב חָמֵשׁ אַמּוֹת" נִמְצְאוּ הַכְּנָפַיִם מַחֲזִיקִים אֶת כָּל הֶחָלָל, נִמְצָא עוֹבִי הַגּוּף אֵינוֹ מִן הַמִּדָּה: **דְּבָרָאֵי.** מִבַּחוּץ, בָּעֲזָרָה, נִסִּים הַיְדוּעִים לַכֹּל: **מִכְּלָל שֶׁהוּא טָמֵא.** שֶׁמְּקַבֵּל טוּמְאָה: עָשׂוּי

תוספות

התורס יהא תלם. דאי כ"ג תורס – א"כ ליחשביה להא טבילה דטביל בהדי חמש טבילות ועשרה קידושין שכ"ג טובל בו ביום. וכן עשה הפייט: הוקמו מחלות דשן לנערה, כפייס דשן הבערה, אלמא שהיו מפייסין ביוה"כ מי תורס. ור"י אומר דשפיר גרס כ"ג דלהכי מקדמי לתרום ולסדר מערכה ולסלק האברים שלא נתעכלו כדי שימצא כהן גדול מזומן כל מה שצריך מיד כשיעלה עמוד השחר קודם שיהיה רעב וחלש*:

*והיה קולו נשמע בשלש פרסאות. תימה: דבפרק שלישי דתמיד (דף ל:) תנן מיריחו היו שומעין קול גביני כרוז, דהיינו עשר פרסאות, וי"ל: דבי' פרסאות לא היו מבינין אלא קול הברה בעלמא. וכן יש לפרש ההא דאמרי' ריש פרק "טרף בקלפי" (לקמן לט:) דצירי דלתות היכל נשמעין בשמונה תחומי שבת, והתם תנן מיריחו: **נבלעין** במקומן. פירש הרב פורת: דהוא הדין דישון מזבח החיצון. ואין נראה לרבינו תם, דמנא ליה האי סברא? כיון דלא חשיב ליה בהדי הנך. ועוד: הא אמרי' בפרק "כל שעה" (פסחים דף כו.) ובשילהי תמורה (דף לד.) ואפר הקדש לעולם אסור, באותן שטעונין גניזה. כדתניא: "ושמו"–בנחת, "ושמו"–שלא יפזר, אלמא דלא הוי נבלע במקומן מדטעון גניזה. מיהו, יש לומר: קרא לאו אניסא סמך וה"ק: אי לאו הוה ניסא שיהא נבלע במקומן – טעון גניזה. אי נמי נראה לי, אם חפר שם והוציא אותו קאמר דאפר הקדש לעולם אסור, וכן פירש רש"י בסוף תמורה*:

כלי

[וע"ע תוס' זבחים דף פו: ד"ה מקום]

[וע"ע תוס' זבחים דף סד. ד"ה דישון]

רבינו חננאל

קול גלגל חמה וקול המונה של רומי. וקול הנשמה כשיוצאה מן הגוף. וי"א קול רידיא. פי' רידיא הא דגרסי' באחרית פרק סדר תעניות האלו האחרון. אמר רבה בר בר חנה לדידי חזי לי ההוא רידיא ודמי לעיגלא תילתא. ופריקה שפותיה וקאי בין תחומא עילאה לתתאה. לתהומא תתאה אמר (בעמימך) [אבע] ולעילאה אמר חשור מימך שנאמר הנצנים נראו בארץ עת הזמיר הגיע וקול התור נשמע בארצנו פי' התור עגל שהוא שור. היוצא קודם קרות הגבר דמו בראשו. אמר רב כשהיו ישראל עולים לרגל היו עומדין צפופין ומשתחוים רווחין. ואף ע"פ שנמשכין י"א אמה אחורי בית הכפרת. וזה אחד מי' נסים שבמקדש דתנן במס' אבות פרק אחרון עשרה נסים נעשו לאבותינו בבית המקדש כו' ואקשינן פתח וא' עשרה נסים שבמקדש. ואו' בכללן שנים בירושלים הזיק נחש ועקרב. וצר לי מקום. ושני איכא תרתי אחרנייתא במקדש והן שלא כיבו גשמים אש המערכה ולא הזיזה הרוח עשן המערכה ותו ליכא והא תני רב שמע בקל. פי' כך שמו ומפורשים בזבחים פרק דם חטאת שניתז. וכי עושין אשפתות בעזרה אשמיטתיה הא רב שמע בקל שברי כלי חרס נבלעין במקומן. וכן אמר אביי מוראה ונוצה כו'. ודחי' פסולי תלתא הוו והם עומר ושתי הלחם ולחם הפנים חשבינהו כחד. וכן הבלועין נמי תרתי חשבינהו כחד חסר חד עייל נס דלחם הפנים שהיה נשאר בחמימו ח' ימים שנאמר לשום לחם חם ביום הלקחו פי' לחם חום היה מסתלק כיום סדורו. ואסיק דלחם הפנים היה מיטלטל עם השלחן מדקתני על השלחן הטהור מכלל שמטמא הא

תוספות ישנים

לא נמצא פסול בעומר. לפי שלא היו יכולין להביא אחר כדפי' בקונטרס ואע"ג דאמרינן לעיל (דף ז.) גבי שומר אומר ומביאין אחרת תחתיה מ"מ לא שכיח למצוא אחרת: **ולא** אירע קרי לכהן גדול. אבל מיהא [טומאות אחרות] אירעו כדאשכחן לקמן (דף מז.) וככמה דוכתי ונתנה ליטרה כו' אבל פסול קרי דגנאי הוא לא אירע ובירושלמי גר' מעשה ואירע קרי לכהן גדול ונכנס יוסף בן אולם כו' ויש לומר כדפי' בירושלמי דבמקדש ראשון דוקא קאמר א) דתניא מעולם לא כיבו גשמים אש כו' מוכח הכי דלא תנן להו במשנה דאבות: **שברי** כלי חרס וכו'. פ' דם חטאת (זבחים לג:) מוכח שבבירתן במקום קודש אבל לא ידעינן מקרא מנלן שאחר שבירתן אינו יכול להוציאן משם: **מוראה** ונוצה. פי' ה"ר יוסף דהוא הדין תרומת הדשן וקשה אמאי לא חשיב לה ור"ת אומר דודאי לא היתה נבלעת ולהכי דרשי ושמו בנחת ושמו כולו ושמו שלא יפזר דאיכא איסור הנאה ואי נבלעת למה טעונה גניזה ושמא אם לא אירע הנס קאמר דהכי נמי מסיק במעילה פרק וולד חטאת (דף יב.) איסור הנאה בדישון מזבח הפנימי והמנורה מיהו לקמן בפ' הוציאו לו (דף נט: ד"ה והרי) פירשתי דהיינו קודם דישון ומ"מ אחר דישון קתני לא נהנין ולא מועלין: **מקום** ארון כו'. תימה כיון דפריך השתא מנסים שהיו בבית ראשון כגון ארון ומגדים דשלמה אם כן ניחשוב נמי נסי דלקמן (דף לט.) דתנן מ' שנה ששימש שמעון הצדיק היה גורל עולה בימין כו' וכל שכן בבית ראשון ב) שנהגו שהיו אז חשובים יותר יש לומר כי גם במקדש ראשון פעמים שלא היה עולה ג) (וה"ה) דודאי בארון ומגדים שייך להקשות יותר לפי שכל שעה שהיו בבית המקדש נתקיים גם שלהם אבל הני דלקמן פרק טרף בקלפי פסקו בזמן שראויין להיות ומהאי טעם נמי ניחא טפי הא דקשיא לי אמאי לא חשיב נמי הא דאמרינן בתמיד נשחט (דף סד:) גבי שלש כתות דאיכא למ"ד

א) כאן הוא סה"ד ואח"כ מה"ד דתניא וי"ג והא דתניא כו' והד"א: ב) נ"ל שכהנים: ג) וכר"א תירץ:

עין משפט נר מצוה

קט א מיי' פ"ג מהל' כלים הלכה א:

קי ב מיי' פ"ב מהל' תמידין הלכה א:

מסורת הש"ס

כְּלִי עֵץ הֶעָשׂוּי לְנַחַת הוּא, וְכָל כְּלִי [עֵץ] הֶעָשׂוּי לְנַחַת *א אֵינוֹ מְקַבֵּל טוּמְאָה, וְחוֹצֵץ בִּפְנֵי טוּמְאָה. אֶלָּא: מְלַמֵּד שֶׁמַּגְבִּיהִין אוֹתוֹ לְעוֹלֵי רְגָלִים, וְאוֹמְרִים לָהֶם: רְאוּ חִיבַּתְכֶם לִפְנֵי הַמָּקוֹם, שֶׁסִּילּוּקוֹ כְּסִדּוּרוֹ, שֶׁנֶּאֱמַר: °"לָשׂוּם לֶחֶם חוֹם בְּיוֹם הִלָּקְחוֹ". (שמואל א כא) וְתוּ לֵיכָּא? *וְהָאָמַר רַב אוֹשַׁעְיָא: בְּשָׁעָה שֶׁבָּנָה שְׁלֹמֹה בֵּית הַמִּקְדָּשׁ נָטַע בּוֹ כָּל מִינֵי מְגָדִים שֶׁל זָהָב, וְהָיוּ מוֹצִיאִין פֵּירוֹתֵיהֶן בִּזְמַנָּן, וּכְשֶׁהָרוּחַ מְנַשֶּׁבֶת בָּהֶן נוֹשְׁרִין, שֶׁנֶּאֱ' °"יִרְעַשׁ כַּלְּבָנוֹן פִּרְיוֹ". (תהלים עב) וּכְשֶׁנִּכְנְסוּ גּוֹיִם לַהֵיכָל – יָבַשׁ, שֶׁנֶּאֱמַר: °"וּפֶרַח לְבָנוֹן אוּמְלָל". (נחום א) וְעָתִיד הקב"ה לְהַחֲזִירָן, שֶׁנֶּאֱמַר: °"פָּרֹחַ תִּפְרַח וְתָגֵל אַף גִּילַת וְרַנֵּן כְּבוֹד הַלְּבָנוֹן נִתַּן לָהּ"! (ישעיה לה) נִיסֵּי דִּקְבִיעִי לָא קָא חָשֵׁיב. הַשְׁתָּא דְּאָתֵית לְהָכִי – אָרוֹן וּכְרוּבִים נַמִי נִיסֵּי דִּקְבִיעִי נִינְהוּ. אָמַר מָר: וַעֲשַׁן הַמַּעֲרָכָה. וּמִי הֲוָה עָשָׁן בַּמַּעֲרָכָה? וְהַתַנְיָא: חֲמִשָּׁה דְּבָרִים נֶאֶמְרוּ בָּאֵשׁ שֶׁל מַעֲרָכָה: רְבוּצָה כָּאֲרִי, וּבָרָה כַּחַמָּה, וְיֵשׁ בָּהּ מַמָּשׁ, וְאוֹכֶלֶת לַחִין כִּיבֵשִׁין, וְאֵינָהּ מַעֲלָה עָשָׁן! – כִּי קָא אָמְרִינַן – בִּדְהֶדְיוֹט, דְּתַנְיָא:* °"וְנָתְנוּ בְּנֵי אַהֲרֹן הַכֹּהֵן אֵשׁ עַל הַמִּזְבֵּחַ" (ויקרא א) – ב אע"פ שֶׁאֵשׁ יוֹרֶדֶת מִן הַשָּׁמַיִם מִצְוָה לְהָבִיא מִן הַהֶדְיוֹט. רְבוּצָה כָּאֲרִי? וְהַתַנְיָא, א"ר חֲנִינָא סְגַן הַכֹּהֲנִים: אֲנִי רְאִיתִיהָ, וּרְבוּצָה כַּכֶּלֶב! לָא קַשְׁיָא; כָּאן בְּמִקְדָּשׁ רִאשׁוֹן, כָּאן – בְּמִקְדָּשׁ שֵׁנִי. וּבְמִקְדָּשׁ שֵׁנִי מִי הֲוַאי? וְהָאָמַר רַב שְׁמוּאֵל בַּר אִינְיָא, מַאי דִּכְתִיב: °"וְאֶרְצֶה בּוֹ וְאֶכָּבֵד" (חגי א) וְקָרֵינַן "וְאֶכָּבְדָה" מַאי שְׁנָא דְּמִחוּסָּר ה"א? אֵלּוּ חֲמִשָּׁה דְּבָרִים שֶׁהָיוּ בֵּין מִקְדָּשׁ רִאשׁוֹן לְמִקְדָּשׁ שֵׁנִי, וְאֵלּוּ הֵן: אָרוֹן וְכַפּוֹרֶת וּכְרוּבִים, אֵשׁ, וּשְׁכִינָה, וְרוּחַ הַקּוֹדֶשׁ, וְאוּרִים וְתוּמִּים. אָמְרִי: אִין, מֵיהֲוָה הֲוָה, סִיּוּעֵי לָא מְסַיְּיעָא. ת"ר: שֵׁשׁ אִשּׁוֹת הֵן, יֵשׁ אוֹכֶלֶת וְאֵינָהּ שׁוֹתָה, וְיֵשׁ שׁוֹתָה וְאֵינָהּ אוֹכֶלֶת, וְיֵשׁ אוֹכֶלֶת וְשׁוֹתָה, וְיֵשׁ אוֹכֶלֶת לַחִין כִּיבֵשִׁין, וְיֵשׁ אֵשׁ דּוֹחָה אֵשׁ, וְיֵשׁ אֵשׁ אוֹכֶלֶת אֵשׁ. יֵשׁ אֵשׁ אוֹכֶלֶת וְאֵינָהּ שׁוֹתָה – הָא דִּידָן. שׁוֹתָה וְאֵינָהּ אוֹכֶלֶת – דְּחוֹלִין. אוֹכֶלֶת וְשׁוֹתָה – דְּאֵלִיָּהוּ, דִּכְתִיב: °"וְאֶת הַמַּיִם אֲשֶׁר בַּתְּעָלָה לִחֵכָה" (מלכים א יח). אוֹכֶלֶת לַחִין כִּיבֵשִׁין – דְּמַעֲרָכָה, יֵשׁ אֵשׁ דּוֹחָה אֵשׁ – דְּגַבְרִיאֵל, וְיֵשׁ אֵשׁ אוֹכֶלֶת אֵשׁ – דִּשְׁכִינָה, דְּאָמַר מָר: *הוֹשִׁיט אֶצְבָּעוֹ בֵּינֵיהֶם וּשְׂרָפָן. וַעֲשַׁן הַמַּעֲרָכָה, אֲפִילּוּ כָּל הָרוּחוֹת שֶׁבָּעוֹלָם אֵין מְזִיזוֹת אוֹתוֹ מִמְּקוֹמוֹ? *וְהָאָמַר ר' יִצְחָק בַּר אַבְדִּימִי: בְּמוֹצָאֵי יו"ט הָאַחֲרוֹן שֶׁל חַג הַכֹּל צוֹפִין לַעֲשַׁן הַמַּעֲרָכָה, נוֹטֶה כְּלַפֵּי צָפוֹן – עֲנִיִּים שְׂמֵחִין וּבַעֲלֵי בָתִּים עֲצֵבִין, מִפְּנֵי שֶׁגִּשְׁמֵי שָׁנָה מְרוּבִּין וּפֵירוֹתֵיהֶן מַרְקִיבִין. נָטָה כְּלַפֵּי דָּרוֹם – עֲנִיִּים עֲצֵבִין וּבַעֲלֵי בָתִּים שְׂמֵחִין, מִפְּנֵי שֶׁגִּשְׁמֵי שָׁנָה מוּעָטִין וּפֵירוֹתֵיהֶן מִשְׁתַּמְּרִין. נָטָה כְּלַפֵּי מִזְרָח – הַכֹּל שְׂמֵחִין, כְּלַפֵּי מַעֲרָב – הַכֹּל עֲצֵבִין. דְּאָזֵיל וְאָתֵי כְּדִיקְלֵי, וְאַבְדוּרֵי לָא הֲוָה מִיבְדַּר. אָמַר מָר: כְּלַפֵּי מִזְרָח הַכֹּל שְׂמֵחִין, כְּלַפֵּי מַעֲרָב – הַכֹּל עֲצֵבִין. וּרְמִינְהוּ: מִזְרָחִית – לְעוֹלָם יָפָה, מַעֲרָבִית – לְעוֹלָם קָשָׁה, רוּחַ צְפוֹנִית – יָפָה לַחִטִּין בְּשָׁעָה שֶׁהֵבִיאוּ שְׁלִישׁ, וְקָשָׁה לַזֵּיתִים בִּזְמַן שֶׁהֵן חוֹנְטִין. רוּחַ דְּרוֹמִית קָשָׁה לַחִטִּין בְּשָׁעָה שֶׁהֵבִיאוּ שְׁלִישׁ, וְיָפָה לַזֵּיתִים בִּזְמַן שֶׁהֵן חוֹנְטִין. וְאָמַר רַב יוֹסֵף, וְאִיתֵּימָא מָר זוּטְרָא: *וְסִימָנָיךְ: שֻׁלְחָן בַּצָּפוֹן וּמְנוֹרָה בַּדָּרוֹם, הַאי מַרְבֶּה דִּידֵיהּ וְהַאי מַרְבֶּה דִּידֵיהּ! לָא קַשְׁיָא: הָא – לָן, וְהָא – לְהוּ.*) §.

*) [ברכות ה: וש"נ]

הדרן עלך שבעת ימים

עָשׂוּי לְנַחַת. שֶׁאֵינוֹ מִיטַּלְטֵל. וּכְלִי עֵץ לְעִנְיַן טוּמְאָה הוּקַּשׁ לְשַׂק, שֶׁנֶּאֱמַר (ויקרא יא) "מִכָּל כְּלִי עֵץ אוֹ בֶגֶד אוֹ עוֹר אוֹ שָׂק וגו'". מַה שַּׂק מִיטַּלְטֵל מָלֵא וְרֵיקָן – אַף כְּלִי עֵץ מִיטַּלְטֵל מָלֵא וְרֵיקָן. וְאַף עַל גַּב דְּשֻׁלְחָן מְלוּפֶּה בְּזָהָב – בָּטֵל לִיפּוּי לְגַבֵּיהּ, כִּדְאָמְרִינַן בְּשִׁילְהֵי חֲגִיגָה: שָׁאנֵי שֻׁלְחָן דְּקַרְיֵיהּ רַחֲמָנָא עֵץ: שֶׁמַּגְבִּיהִין אוֹתוֹ. וּמַרְאִין אוֹתוֹ לַחוּץ. יִרְעַשׁ כַּלְּבָנוֹן פִּרְיוֹ. יִרְעַשׁ פִּרְיוֹ שֶׁל יִשְׂרָאֵל כְּפֵירֵי הַלְּבָנוֹן. אַלְמָא יֵשׁ פֵּירֵי בַּלְּבָנוֹן. וּלְבָנוֹן הוּא בֵּית הַמִּקְדָּשׁ. וּמַהוּ הָרַעַשׁ – כְּשֶׁהָרוּחַ נוֹשֶׁבֶת וְהֵן מַקִּישִׁין זֶה לָזֶה רוֹעֲשִׁים, וְנִשְׁמָע קוֹלָם: דִּקְבִיעִי. קְבוּעִים וְעוֹמְדִים תָּמִיד בִּמְקוֹמָן: רְבוּצָה כָּאֲרִי. גַּחֶלֶת שֶׁנָּפְלָה מִן הַשָּׁמַיִם בִּימֵי שְׁלֹמֹה וְהָיְתָה עַל הַמִּזְבֵּחַ עַד שֶׁבָּא מְנַשֶּׁה וְסִילְּקָהּ, הָיְתָה דּוֹמָה לַאֲרִי רוֹבֵץ: וְיֵשׁ בָּהּ מַמָּשׁ. בַּשַּׁלְהֶבֶת שֶׁלָּהּ: כִּי קָאָמְרִי'. דְּמַעֲלָה עָשָׁן בְּהֶדְיוֹט קָאָמְרִי', בְּאֵשׁ הֶדְיוֹט שֶׁהָיוּ מְבִיאִין אֵלֶּיהָ: וְאֶרְצֶה בּוֹ וְאֶכָּבֵד. חָסֵר הֵ"א, בִּנְבוּאַת חַגַּי א) כְּתִיבָא, וּבְבַיִת שֵׁנִי מִשְׁתָּעֵי קְרָא: אָרוֹן כַּפּוֹרֶת וּכְרוּבִים. כּוּלֵּיהּ חֲדָא מִילְּתָא, וּשְׁכִינָה לֹא שָׁרְתָה בּוֹ, וְרוּחַ הַקּוֹדֶשׁ לֹא הָיְתָה בַּנְּבִיאִים מִשְּׁנַת *שְׁתַּיִם לְדָרְיָוֶשׁ וְאֵילָךְ: דְּחוּלִּין. מִן הַקַּדַּחַת, שֶׁהוּא כְּאֵשׁ, וְצָמֵא לַמַּיִם וְאֵינוֹ חָפֵץ לֶאֱכוֹל: דּוֹחָה אֵשׁ. מִמְּקוֹמָהּ לְהַלָּן: דְּגַבְרִיאֵל. שֶׁיָּרַד לְהַצִּיל חֲנַנְיָה מִישָׁאֵל וַעֲזַרְיָה, שֶׁצִּינֵּן אֶת הַכִּבְשָׁן מִבִּפְנִים וְהִקְדִּיחַ מִבַּחוּץ לִשְׂרוֹף אֶת זוֹרְקֵיהֶן לְתוֹכוֹ, כִּדְאָמְרִינַן בְּעַרְבֵי פְסָחִים (דף קיח.): הוֹשִׁיט אֶצְבָּעוֹ. בְּסַנְהֶדְרִין הוּא, בְּפֶרֶק "אֶחָד דִּינֵי מָמוֹנוֹת" (דף לח:) גַּבֵּי כִּיתּוֹת שֶׁל מַלְאָכִים שֶׁאָמְרוּ לְפָנָיו "מָה אֱנוֹשׁ כִּי תִזְכְּרֶנּוּ": מוֹצָאֵי י"ט הָאַחֲרוֹן שֶׁל חַג. שֶׁמֵּאֶתְמוֹל נִתְחַתֵּם גְּזַר דִּינָם עַל גִּשְׁמֵי שָׁנָה, כִּדְתְנַן: בֶּחָג נִידּוֹנִין עַל הַמַּיִם: נוֹטֶה כְּלַפֵּי צָפוֹן. שֶׁרוּחַ דְּרוֹמִית נוֹשֶׁבֶת, וּפֵירוֹתֵיהֶן מַרְקִיבִין, וְאֵינָן יְכוֹלִין לְאוֹצְרָן, וּפוֹתְחִין וּמוֹכְרִין אוֹתָן בְּזוֹל: הַכֹּל שְׂמֵחִים. שֶׁרוּחַ מַעֲרָבִית שְׁקוּלָה הִיא, וּמְבִיאָה גְּשָׁמִים לְפִי הָרָאוּי. לֹא הַפֵּירוֹת מַרְקִיבִין, וּתְבוּאַת הַזֶּרַע מַצְלַחַת, וְאֵין רָעָב בָּעוֹלָם: הַכֹּל עֲצֵבִים. שֶׁהוּא רוּחַ הַמְיַיבֶּשֶׁת אֶת הַזְּרָעִים, כִּדְאָמְרִינַן בְּמַסֶּכֶת גִּיטִּין (דף לא.): אֲפִי' שׁוֹפְתָא בְּקוּפִינָא דְּמָרָא רַפְיָא: הַאי מַרְבֶּה דִּידֵיהּ. לְפוּנִית מְגַדֶּלֶת הָרְאוּיִין לַשֻּׁלְחָן: הָא לָן וְהָא לְהוּ. מִזְרָחִית יָפָה לְאֶרֶץ בָּבֶל, שֶׁהִיא אֶרֶץ לַחָה מֵחֲמַת מֵימֶיהָ לָעוֹלָם. וּלְאֶרֶץ יִשְׂרָאֵל קָשָׁה, שֶׁהִיא אֶרֶץ הָרִים וּבְקָעוֹת, וּמְמַהֶרֶת לְיַבֵּשׁ:

הדרן עלך שבעת ימים

כלי עץ העשוי לנחת. בשילהי מסכת חגיגה (דף כו:) פריך: והא מלופה זהב היא? ומוכיח ממתני' דמסכת כלים (*פי"א משנה ג) דבתר ליפוי אזלינן! ומשני: שאני שלחן דרחמנא קרייה עץ, דכתיב (יחזקאל מא): "המזבח עץ שלש אמות וכו'" עד וכתיב: "וידבר אלי זה השלחן":

ואורים ותומים. אורים ותומים הוו, שאם לא כן היה כהן גדול מחוסר בגדים. אלא לא היו משיבין לנשאלין בהן:

הדרן עלך שבעת ימים

לקמן דף לט: · [חגיגה כו: מגילה כו. מנחות נז:] · [נ"ל ארבע (דבזכריה סי' ז' כתיב ויהי בשנת ארבע לדריוש המלך היה דבר ה' אל זכריה)] · לקמן דף נג. עירובין ד' סג: · [סנהדרין לח:] · ב"ב דף קמז. · [ב"ב דף כה: מנחות ד' פו:]

גליון הש"ס

גמ' וכרובים אש ושכינה. במדרש פ' בהעלותך נקט מנורה ולא נקט שכינה.

רבינו חננאל

והא קיימא [לן] דטומאת הכלים מן השק ילפינן דכתיב או בגד או עור או שק ואמרינן מה שק מיטלטל מלא ריקם. אף כל כלי המיטלטל מלא וריקן הוא שמקבל טומאה אבל כל כלי עץ העשוי לנחת כלומר שתשים עליו דבר ולהניחו עליו העשוי לנחת הוא. ופרקינן שלחן מגביהו אותו בלחם הפנים ומראין אותו לעולי רגלים. ואסיקנ' ניסי דקביעי לא חשיב לאפוקי ארון וכרובים ומגדים ולחם הפנים והבלועין ונשארו שלשה הפסולין במקומן מנוין שלשה ומשנתנו אחר שבירורו בגמ' זו עשרה ניסים שנעשו במקדש נשנית דהא תנינן (בה) ולא כבו גשמים אש של מערכה וכן לא נצחה הרוח את עמוד העשן דחשבינן להו במקום נסים שבירושלים. ולא יתכן שהיתה זו המשנה שנויה כך כלל ואקשינ' ומי הוה עשן המערכה. והתניא ה' דברים נאמרו באש המערכה רבוצה כארי וברה כחמה. ויש בשלהבת שלה ממש. ואוכלת לחים כיבשים ואינה מעלה עשן. ודחינ' האש של הדיוט הוא מעלה עשן. דתניא ונתנו בני אהרן הכהן אש. ואע"פ שהאש מן השמים מצוה להביא מן ההדיוט. במקדש ראשון היתה רבוצה כארי. ובמקדש שני ככלב ולא מסייעת. לפיכך היו עורכין עליה עצים למערכה שבראשון לא היו עורכין אלא ב' גזירין לקיים המצוה. ואקשינן תוב וכי לא היתה הרוח מזיזה עשן המערכה. והאמר רב יצחק בר אבדימי מוצאי יו"ט האחרון של חג הכל צופין בעשן המערכה נוטה כלפי צפון וכו'. ופרקינן האי נוטה דקתני משום דכייף ופשיט כדיקלא אבל איבדורי כשאר כל עשן לא הוה מיבדר. ה' דברים היה חסר המקדש האחרון ואלו הן ארון כפרת וכרוב אש ושכינה. ורוה"ק שהיא הנבואה ואורים ותומים. ואש אע"פ שהיתה רבוצה ככלב לא היתה מסייעת: **ת"ר** שש אשות הן. יש אש אוכלת ואינה שותה הא דידן. כלומר אם תשפוך עליה מים תכבה. אש שותה ואינה אוכלת שעל החולין. אש אוכלת ושותה דאליהו שאכלה הבשר ושתת המים שנא' ואת המים אשר בתעלה לחכה. אש אוכלת לחים כיבשים היינו אש דמערכה. אש דוחה אש דגבריאל. אש אוכלת אש דשכינה. דא' הושיט אצבעו ביניהן ושרפם. פי' המלאכים שהם אש שאמרו לפניו יתברך בעת שבא לבראות האדם מה אנוש כי תזכרנו ושרפן. עשן המערכה נוטה כלפי מזרח הכל שמחין כלפי מערב הכל עצבין. והתניא רוח מזרחית לעולם יפה. ורוח מערבית לעולם קשה. רוח צפונית יפה לחטים בשעה שהביאו שליש כי השלחן בצפון ומרבה החטים לעשות סולת. וקשה לזיתים כשחונטין *) כי המנורה בדרום ומרבה השמן לנרות וקשה לחטים כשהביאו שליש. מ"מ רוח מזרחית יפה ורוח מערבית קשה קשיא לרב יצחק בר אבדימי ופרקינן ל"ק הא לן והא להו. לבני א"י שהיו צופין לעשן המערכה וכשנוטה כלפי מזרח היו הכל שמחים כי רוב רוחות של אותה שנה מערבית היא. וכי **) מערבית יפה ורוח מזרחית קשה. אבל לבני בבל רוח מזרחית יפה להן שהן שרויין במזרח. ורוח מערבית קשה להן: **הדרן עלך שבעת ימים**

*) נראה דחסר וצ"ל רוח דרומית יפה לזיתים בזמן שהן חונטין כי המנורה וכו'. **) ואולי צ"ל ולהם שהן שרוין במערב מערבית יפה וכו'.

תוספות ישנים

חמשה דברים שיש בין מקדש ראשון למקדש שני כו'. בפיוט לגור יעקב אתן מהלל ושירים כתוב ועוקף אחרון כבוד לראשון באש וכרוב ועוד שלשה דברים ותימה לאדרבה עזב ולא עדף ועוד כי יש לו להיות שם חדרים רמ"ח כנגד רמ"ח אברים שבאדם כמו שפייט שם אתן את הודו בקרב עם מיחדו למספר כל נתחים בי עצור ואין כי אם רמ"ו למ"ד עזרה ננעלת מאליה תנן על ידי נס דהא מיהא ניסא דלא קביע שהיה פוסק: והגיה רבינו תם ועוקף אחרון כבוד לראשון ועמד ארבע מאות ועשרים ונראה בו להכבד אבל לא באש וכרוב ועוד שלשה דברים וזהו כמו שמשמע כאן בפירוש וממן המשחה שלא היה בבית שני לא קחשיב דלא חשיב אלא דברים שהיו באין לצורך המקדש דוקא: בסיימי פרק ראשון. תצרני כאישון. והבהק אורי באישון. ותן לי מאתך מענה לשון. ובתורתך האירה עיני. והוד והדר תעטרני. בפרק שני: **הדרן עלך שבעת ימים**

בראשונה, *כל מי שרוצה לתרום את המזבח – תורם. ובזמן שהן מרובין – רצין ועולין בכבש, כל הקודם את חבירו בארבע אמות – זכה. ואם היו שניהן שוין – א) הממונה אומר להן: הצביעו. ומה הן מוציאין – אחת או שתים. ואין מוציאין אגודל במקדש. מעשה שהיו שניהם שוין ורצין ועולין בכבש, ודחף אחד מהן את חבירו ונפל ונשברה רגלו. וכיון שראו בית דין שבאין לידי סכנה – התקינו שלא יהו תורמין את המזבח אלא בפיים. *ב) ארבע פייסות היו שם, וזה הפיים הראשון.§ **גמ'** והא מעיקרא מאי טעמא לא תקינו לה רבנן פייסא? – מעיקרא סבור: כיון דעבודת לילה היא – לא חשיבא להו, ולא אתו. כיון דחזו דקאתו ואתו לידי סכנה – תקינו לה פייסא. והרי איברים ופדרים, דעבודת לילה היא, ותקינו לה רבנן פייסא! *סוף עבודה דיממא היא. האי נמי תחלת עבודה דיממא היא, *דאמר ר' יוחנן: ג) קידש ידיו לתרומת הדשן – למחר אין צריך לקדש, שכבר קידש מתחילת עבודה. אימא: שכבר קידש מתחילה לעבודה. איכא דאמרי: מעיקרא סבור: כיון דאיכא אונס שינה – לא אתו, כיון דחזו דאתו, וקאתו נמי לידי סכנה – תקינו לה רבנן פייסא. והרי איברים ופדרים דאיכא אונס שינה, ותקינו לה רבנן פייסא! – שאני מיגנא ממיקם. ותקנתא להך גיסא הואי? תקנתא להאי גיסא הואי, דתניא: *ד) מי שזכה בתרומת הדשן (*יזכה) בסידור מערכה ובשני גזירי עצים! אמר רב אשי: שתי תקנות הוו; מעיקרא סבור לא אתו, כיון דחזו דקאתו, ואתו נמי לידי סכנה – תקינו לה פייסא, כיון דתקינו לה פייסא – לא אתו. אמרי: מי יימר דמתרמי לן? הדר תקינו להו: מי שזכה בתרומת הדשן יזכה בסידור מערכה, ובשני גזירי עצים, כי היכי דניתו וניפייסו.§ "ובזמן שהן מרובין וכו'".§ אמר רב פפא: פשיטא לי, ארבע אמות דארעא לא, "רצין ועולין בכבש" תנן. קמייתא – נמי לא, "רצין ועולין בכבש" תנן, והדר כל הקודם את חבירו. דביני ביני נמי לא, דלא מסיימא מילתא. פשיטא לי דגבי מזבח תנן. בעי רב פפא: ארבע אמות שאמרו, בהדיה אמה יסוד ואמה סובב, או

רש"י

בראשונה כל מי שרוצה לתרום. כל כהן שהיה מאותו בית אב רוצה לתרום הדשן שחרית – תורם ולא היה פיים לדבר: ובזמן שהן מרובין. הבאים לתרום, זה אומר אני תורם, זה אומר אני תורם וזה היה משפטו: רצין ועולין בכבש. שהיא שלשים ושתים אורך: וכל הקודם בהן. ליכנס לתוך ארבע אמות עליונות של כבש הסמוכות לראש המזבח – זכה לתרום, וזהו גורלם: ואם היו שניהם שוים. בכניסתן, אין אחד מהן זוכה לתרום, אבל מעתה כולם באין להטיל גורל, ומהו הגורל – הממונה על הפייסות אומר לכולם: הצביעו. הוציאו אצבעותיכם, כל אחד יראה אצבעו. כדמפרש לקמן בפרקין: מקיפין ועומדין בעגולה, בא הממונה ונוטל מצנפת מעל ראש של אחד מהן, וממנו פיים מתחיל לימנות. ומוציא כל אחד ואחד אצבעו למנין. והממונה אומר: כל שהמנין כלה בו – הוא זוכה. ומוציא מפיו מנין, או מאה או ששים, הרבה יותר משהיו שם הכהנים. ומתחיל למנות מזה שנטל מראשו המצנפת, וסובב והולך ומונה(א) וחוזר חלילה, עד סוף המנין. ומי שהמנין כלה בו – הוא הזוכה, וכן לכל הפייסות: אחת או שתים. בגמרא פריך לה עלה: ואין מוציאין אגודל במקדש. בגמרא מפרש: מפני הרמאין, כשיקרב המנין לכלות ויבין למי יכלה, יוציא זה העומד לפניו שתי אצבעות כדי שימנה בשני בני אדם וימהר המנין לכלות בו, והממונה לא יבין, לפי שאדם יכול להרחיק אגודל מן האצבע הרבה, ונראין כאצבעות ב' בני אדם: אלא בפיים. זה שפירשנו: ארבע פייסות היו שם. ד' פעמים ביום נאספים לפיים: **גמ'** והא. עבודה זו של תרומת הדשן: מעיקרא. קודם שאירע תקלה במרוצתם: מ"ט לא תקינו לה תייקא ככל שאר עבודות דמתני', דתנינן שכל תחילתן בפיים היתה: מעיקרא סבור. בית דין: כיון דעבודת לילה היא. הואיל והוכשר בלילה – לא חשיבא ליה לכהנים – ולא אתו לאיגלויי עלה: והא הקטרת איברים. שהוא כשר כל הלילה, ותנן גבי פייסות דמתני' (לקמן דף כה.): מי מעלה איברים לכבש, ומן הכבש למזבח: סוף עבודה דיממא היא. שהוא גמרו של קרבן שנשחט ביום, ונזרק דמו ביום, לכך חשובה בעיני הכהנים לבא לריב עליה: למחר אין צריך לקדש. אם לא יצא מן המקדש. ואפי' לרבי, דאמר בשחיטת קדשים (זבחים דף יט:) לינה מועלת בקידוש ידים ורגלים – מודה הוא דמקרות גבר עד צפרא לא פסלה ליה: מתחילת עבודה. אלמא: תחילת עבודה קרי לה: אימא שכבר קידש מתחילה. לשם עבודה: שאני מיגנא ממיקם. נוח לו לאדם לנדד שינה מעיניו מליליך לישן עד סוף הלילה, מלהיות עומד ממטתו בהשכמה שהיא תרומת הדשן: ותקנתא להאי גיסא הואי. קושיא היא: וכי מפני תקלה שאירעה נתקן לה פיים? והא להאי גיסא הואי. בשביל סידור המערכה ושני גזירי עצים, שהתורם הוא המסדר. וכיון דכולן בכהן אחד – יש כאן עבודות חשובות, ומעיקרא בעו פיים: שני גזירי עצים. שני בקעיות עצים ארוכים כמדת רוחב המערכה, ונותן אותן מעל עצי המערכה. ומקרא יליף לה לקמן (דף כו:) "ובער עליה הכהן עצים" ובער על המערכת העצים שני גזירי עצים, דהא קרא במערכה משתעי רישיה דקרא "והאש על המזבח תוקד בו" וגו'. וכל "מוקדה" שבענין – לשון מערכת מדורה היא: אמרי מי יימר דמתרמי. לא חשיבא עלייהו למיטרח עלה מספיקא: דארעא. ארבע אמות קרקע הסמוכות קודם עלות לכבש: קמייתא נמי לא. ארבע ראשונות שברגל הכבש: דביני ביני. לברור ארבע אמות בתוך שלשים ושתים(ב) (לכך): לא מסיימין. לא יהא בהן סימן: פשיטא לי. דארבע דכבש גבי מזבח תנן. מיהו, הא מיבעי לי: דקי"ל בזבחים (דף סב:) שהכבש פורח אמה על כניסת היסוד ואמה הסובב, נמצאו ארבע(ג) הסמוכות לכבש לתחילת יסוד מזבח מלמטה הן שש לסמיכת גג המזבח, שהוא משוך מנגד היסוד (מזבח) הראשון שתי אמות. ומבעיא ליה ד' אמות דמתני' לגג המזבח נקט להו – דהיינו בהדי אמה יסוד ואמה סובב: או

תוספות

בראשונה כל מי שרוצה לתרום כו'. שאני מיגנא ממיקם. תימה לי: אמאי לא משני דעבודת איברים ופדרים כשירה ביום, ולהכי תקינו רבנן פייסא דלא ליתו לאינצויי, כיון דכשירה ביום וחביבא להו, דאכתי ליכא אונס שינה! וי"ל: דשפיר פריך, דהא כל מי שמעלה איברי תמיד של בין הערבים מכבש למזבח היה צריך להיות ניעור בלילה עד שיתעכלו, שאם יפקעו מעל מזבח שיחזירם למערכה. ולהכי פריך: דא"כ לא חביבי להו, ולא שכיחי דאתו בשבילה שיהו צריכין להיות ניעורין זימנין עד חצות, כדי לאהדורי פוקעין דידהו:

שתי תקנות הוו. תימה לי: מנא ליה דשתי תקנות הוו? לימא: מעיקרא סבור דלא אתו, כיון דחזו דאתו, וקאתו נמי לידי סכנה והוצרכו לתקן פייסא, אמרו: אם נתקן פייסא – א"כ יהו נמנעין מלבא, דלימרו מי יימר דמתרמי לן, ותקנו בההיא שעתא דתקינו פייסא כל מי שזוכה בתרומת הדשן דליזכי נמי בסידור מערכה ובסידור שני גזירי עצים, וי"ל: דלאו דוקא קאמר שתי תקנות בתרי זימני, אלא דילמא בחד זימנא, וקרי להו שפיר שתי תקנות. כיון דתקנת הפיים משום דנפישי דאתו הוה, ומשום חששא דילמא לא ליתו תקינו כל מי שזוכה בתרומת הדשן יזכה בסידור מערכה וכו' – קרי ליה שפיר שתי תקנות, אפילו אי בחד זימני דתקינו להו. ואע"ג דלישנא דכיון דתקינו פייסא לא אתו משמע דבתר הכי תקינו להו – אין לחוש, דלא דק כולי האי בלישניה. כי רב אשי מפרש הענין כאילו הוה בתרי זימני, וממילא נוקמא נמי בחד זימנא. אי נמי, נ"ל: מדקתני מי שזוכה בתרומת הדשן יזכה וכו', ולא קאמר מי שיזכה בתרומת הדשן יזכה בסידור מערכה וכו' – שמע מינה דלאו בחד זימנא ניתקן, אלא הכי הוה מעשה: כיון דחזו דלא אתו, ופעם אחת היה שלא באו אלא מועטין ולא היו לשם כהנים שהיו מסדרין המערכה, לאחר *[שזכה מי שזכה בתרומת] הדשן, אז אמרו: מי שזכה בתרומת הדשן – יזכה בסידור המערכה:

התם

רבינו חננאל

פ"ב בראשונה כל מי שרוצה לתרום את המזבח תורם כו' לידי סכנה שהיו דוחפין ומשברין זה את זה. ומפני מה לא תקנו פיים לתרומת הדשן משום דעבודת לילה הוא ולא אתו. והרי איברים ופדרים שפקעו מעל המזבח בלילה שמחזירין ע"ג המזבח דעבודת לילה היא ותקינו [לה] פיים. ודחינן האי סוף עבודה דיממא הוא. הא נמי תחלת עבודת היום היא. דא"ר יוחנן קדש ידיו לתרומת הדשן למחר אין צריך לקדש. שכבר קדש מתחלת עבודה. ודחי' אימא שכבר קדש מתחילה לעבודה. ולעולם עבודת לילה היא ואיכא דאמרי כו'. ופשוטה היא. שני מיגנא ממיקם המחזיר אברים ופדרים יושב ושומר ועדיין לא ישן. והמבקש להרים תרומת הדשן כבר ישן ורוצה עכשיו לעמוד משנתו וקשה הוא המבקש לעמוד משנתו ממי שיושב ומשמר ובדעתו אחר שעה לישן. ואמרי' וכי מפני שהיו באין הרבה ומשברין זה לזה על זה היתה תקנת הפיים. לא היתה התקנה אלא מפני שלא היו באין. הלא תראה שהוסיפו לה עבודות והחרות דתניא מי שזכה בתרומת הדשן זוכה בסידור מערכה ובשני גזירי עצים. (אמר רב) אמר רב אשי ב' תקנות היו מעיקרא סבור לא אתו כו'. פשוטה היא. כל הקודם לחברו בתוך ארבע אמות זכה. *)י' דברים נאמרו בירושלים כו' בבא קמא בסוף פ' מרובה מידת תשלומין כו'. ואוקימנא ד' אמות של כבש הסמוכות למזבח ואיבעיא אמה יסוד ואמה סובב מכלל ארבע אמות הללו הן

*) מתיבות י' דברים וכו' עד תי' תשלומין כו' שייך לדף כ"ג סוף ע"א.

תוספות ישנים

בזמן שהן מרובין רצין בכבש כו'. ותימה כיון דעבודה היא כדאמרי' בגמרא א"כ איך רצין והאמרינן בירושלמי דברכות גבי תפלה מי שעומד ומתפלל צריך להשוות רגליו תרין אמורין ר' סימון ורבי לוי חד אמר כמלאכים וחד אמר ככהנים מאן דאמר

עין משפט נר מצוה

א א מיי' פ"ד מהל' תמידין הלכה ג:
ב ב שם הלכה ה:
ג ג מיי' פ"ה מהל' ביאת מקדש הלכה ט:
ד ד מיי' פ"ד מהל' תמידין הלכה ה:

מסורת הש"ס

תמיד כח.
[לקמן כה.]
[לקמן כז:]
[שם כח.] זבחים כ. כח: ע"ש
[לקמן כז: כח.]
[נ"ל זכה]

הגהות הב"ח

(א) רש"י ד"ה הצביעו כו' ומונה האצבעות וחוזר חלילה: (ב) שם ד"ה בכיור. תיבת לכך נמחק: (ג) שם ד"ה פשיטא. ארבע של כבש הסמוכות לתחילת יסוד מזבח:

ח א מיי׳ פ״ד מהל׳ תמידין הלכה ד:

או דילמא בר מאמה יסוד ואמה סובב? §תיקו.

"ואם היו שניהן שוין הממונה אומר להם הצביעו" וכו׳. § תנא: הוציאו אצבעותיכם למנין. ונימנינהו לדידהו! מסייע ליה לרבי יצחק, דאמר רבי יצחק: [א]אסור למנות את ישראל אפילו לדבר מצוה, דכתיב: °"ויפקדם בבזק". ש"א יא מתקיף לה רב אשי: ממאי דהאי בזק לישנא דמיבזק הוא? ודילמא שמא דמתא הוא, כדכתיב: °"וימצאו *אדוני בזק"? אלא מהכא, שופטים א °"וישמע שאול את העם ויפקדם בטלאים". ש"א טו אמר רבי אלעזר: כל המונה את ישראל עובר בלאו, שנאמר: °"והיה מספר בני ישראל כחול הים אשר לא ימד". הושע ב *רב נחמן בר יצחק אמר עובר בשני לאוין שנאמר: "לא ימד ולא יספר". אמר רבי שמואל בר נחמני, ר׳ יונתן רמי, כתיב: "והיה מספר בני ישראל כחול הים" וכתיב: "אשר לא ימד ולא יספר"! לא קשיא: כאן – בזמן שישראל עושין רצונו של מקום, כאן – בזמן שאין עושין רצונו של מקום. *רבי אמר משום אבא יוסי בן דוסתאי: לא קשיא; כאן – בידי אדם, כאן – בידי שמים. אמר רב נהילאי בר אידי אמר שמואל: כיון שנתמנה אדם פרנס על הציבור – מתעשר. מעיקרא כתיב: "ויפקדם בבזק" ולבסוף כתיב "ויפקדם בטלאים". ודילמא מדידהו? א"כ מאי רבותא דמילתא? °"וירב בנחל" ש"א טו *אמר ר׳ מני: על עסקי נחל. בשעה שאמר לו הקב"ה לשאול: °"לך והכית את עמלק" ש"א שם אמר: ומה נפש אחת אמרה תורה הבא עגלה ערופה, כל הנפשות הללו על אחת כמה וכמה! ואם אדם חטא – בהמה מה חטאה? ואם גדולים חטאו – קטנים מה חטאו? יצאה בת קול ואמרה לו: °"אל תהי צדיק הרבה". קהלת ז ובשעה שאמר לו שאול לדואג: °"סוב אתה ופגע בכהנים" שמואל א כב יצאה בת קול ואמרה לו: °"אל תרשע הרבה". קהלת ז אמר רב הונא: *כמה לא חלי ולא מרגיש גברא דמריה סייעיה; שאול באחת – ועלתה לו, דוד בשתים – ולא עלתה לו. שאול באחת מאי היא – מעשה דאגג, והא איכא מעשה דנוב עיר הכהנים! אמעשה דאגג כתיב: °"נחמתי כי המלכתי את שאול למלך". שמואל א טו דוד בשתים, מאי נינהו – דאוריה ודהסתה. והא איכא נמי מעשה דבת שבע! התם איפרעו מיניה, דכתיב: °"ואת הכבשה ישלם ארבעתים" – ילד, אמנון, תמר, ואבשלום. שם ב יב התם נמי איפרעו מיניה, דכתיב: °"ויתן ה׳ דבר (*בעם מן הבוקר) ועד עת מועד"! *) – שם כד התם לא איפרעו מגופיה. התם נמי לא איפרעו מגופיה. לאיי, איפרעו מגופיה. *דאמר רב יהודה אמר רב: ששה חדשים נצטרע דוד, ופרשו הימנו סנהדרין, ונסתלקה הימנו שכינה, דכתיב: °"ישובו לי יראיך ויודעי עדותיך" וכתיב °"השיבה לי ששון ישעך". תהלים קיט / שם נא והא אמר רב: קבל דוד לה"ר! כשמואל, דאמר: לא קבל דוד לה"ר. ולרב נמי, דאמר קבל דוד לה"ר הא איפרעו מיניה, *דאמר רב יהודה אמר רב: בשעה שאמר לו דוד למפיבושת: °"אמרתי אתה וציבא תחלקו את השדה" ש"ב יט יצאה בת קול ואמרה לו: רחבעם וירבעם יחלקו את המלכות. °"בן שנה שאול במלכו". שמואל א יג אמר רב הונא: כבן שנה, שלא טעם טעם חטא. מתקיף לה רב נחמן בר יצחק: ואימא כבן שנה שמלוכלך בטיט ובצואה? *אחזיאו ליה לרב נחמן סיוטא בחלמיה. אמר: נעניתי לכם עצמות שאול בן קיש. הדר חזא סיוטא בחלמיה. אמר: נעניתי לכם עצמות שאול בן קיש מלך ישראל. אמר רב יהודה אמר שמואל: מפני מה לא נמשכה מלכות בית שאול – מפני שלא היה בו שום דופי. דאמר רבי יוחנן משום רבי שמעון בן יהוצדק: אין מעמידין פרנס על הציבור אלא אם כן קופה של שרצים תלויה לו מאחוריו, שאם תזוח דעתו עליו – אומרין לו: חזור לאחוריך. אמר רב יהודה אמר רב: מפני מה נענש שאול – מפני שמחל על כבודו, שנאמר: °"ובני בליעל אמרו מה יושיענו זה ויבזוהו ולא הביאו לו מנחה ויהי כמחריש" וכתיב: °"ויעל נחש העמוני ויחן על יבש גלעד וגו׳". שם י / שם יא *ואמר רבי יוחנן משום ר׳ שמעון בן יהוצדק: כל תלמיד חכם שאינו

*) גי׳ ע"י הכא איפרעו מגופיה דאמר ר"י אמר רב וכו׳.

רש"י

או דילמא. לסמיכת רצפת תחתונה דמזבח נקיט להו, לבד מיסוד וסובב, שהוא שש קודם לסמיכת גגו: **ונימנינהו לדידהו.** לגלגלותם: **בבזק.** לשון שברי חרסים, נטל כל אחד ואחד חרס והשליך לפניו, ומנו החרסים: **ויפקדם בטלאים.** צוה לקחת כל אחד טלה מאצן המלך, ובאו למרחב, ונמנו הטלאים: תורה אור

כתיב והיה מספר בני ישראל כחול הים. אלמא אית להו מנין: **כמה לא חלי ולא מרגיש גברא דמרא סייעיה.** כמה סמוך ומובטח, ואין צריך לחלות ולדאג מכל רעה, מי שהקב"ה בעזרו. שהרי מלינו שאול נכשל באחת – ועלתה לו לרעה לקונסו מיתה, לבטל מלכותו. ודוד נכשל בשתים ולא עלתה לו לרעה: **דאוריה ודהסתה.** שהוסת למנות את ישראל בסוף ימיו, וגרם לבא עליהם דבר: **דבת שבע.** שבא עליה: **ילד.** בנה הראשון: **לשון הרע.** על מפיבושת, מפי ציבא: **האי אפרעו מיניה.** מדה כמדה הוא הפסידו לחלק נחלתו – והוא נפסד נחלת מלכות: **סיוטא.** מלאכי פחד מבהילים אותו: **לא נמשכה.** לאורך ימים: **שלא היה בו שום דופי.** משפחה, ויתגאו המלכים היוצאים מזרעו על ישראל. אבל דוד – מרות המואביה אתת: **קופה של שרצים.** דופי משפחה: **נענש שאול.** לבוא לידי דבר שעליו ניטל ממנו מלכות: **מפני.** שמתחילת מלכותו מחל על כבודו, וגילה על עצמו שאינו כדאי למלוך: **וכתיב ויעל נחש העמוני.** ומסקנא דמילתא שאמרו ישראל "מי האומר שאול ימלוך עלינו" בתמיהה "תנו[א] (את) האנשים ונמיתם" והוא אמר "לא יומת איש היום הזה": שאינו

תוספות

התם איפרועי איפרעו מיניה. תימה: מנא לן דלא הוה אותו פירעון נמי בשביל אוריה? יש לומר: מדלא כתיב אלא "ואת הכבשה ישלם". ועוד דכתיב "ארבעתים" – דהיינו עבירה אחת דהיינו גילוי עריות. דאי אתרוייהו, אגילוי עריות דבת שבע ואשפיכות דמים דאוריה נענש בילד אמנון ותמר ואבשלום אם כן לא שילם ארבעתים:

ששה חדשים נצטרע דוד וכו׳. תימה לי: א"כ שילם יותר מארבעתים! ועוד: דילמא מאי דנלטרע – היינו בשביל מעשה דאוריה. אי נמי: אם נצטרע בשביל בת שבע – נימא דחד מאינך דילד אמנון ותמר ואבשלום בשביל אוריה. ומנלן דלא נענש בשביל אוריה? וי"ל: מדכתיב "ואותו הרגת בחרב בני עמון" ודרשינן בפרק ב׳ דקידושין (דף מג.): מה חרב בני עמון אי אתה נענש עליו – אף אוריה החתי אי אתה נענש עליו. ומה שהקשיתי: א"כ הוה ליה טפי מארבעתים – דילמא דאמנון ותמר בחד חשיב להו. אי נמי, דתמר ומה שנצטרע – בחד חשיב להו. דלא דמו לאחריני דילד ודאמנון ודאבשלום שמתו, אבל דתמר לא הוה מיתה. ועוד: דבת יפת תואר היתה. ומה שנצטרע ששה חדשים, כיון שנתרפא – לא הוה שקול כי הנך, להכי איכא למימר דהנך תרתי חד חשיב להו: **והאמר** רב קיבל דוד לשון הרע. הא דלא פריך נמי מהא דחטא שאמר שירה על מפלתו של שאול, כדאיתא פרק "אלו מגלחין" (מו"ק דף טז:): "שגיון לדוד אשר שר לה׳ על דברי כוש בן ימיני"! וי"ל: ההיא כשגגה חשיב ליה, דכתיב שגיון לדוד, לפי שאין אדם נתפס על צערו שהיה שאול רודפו:

שתים

הגהות הב"ח

הגהות הב"ח

(א) רש"י ד"ה וכתיב ויעל כו׳ תנו את האנשים כו׳ תיבת את נמחק:

גליון הש"ס

גמ׳ אר"ה כבן שנה. עי׳ ירושל׳ פ"ג דבכורים: שם וא"ר יוחנן משום ר"ש בן יהוצדק. עיין כ"מ פ"ה מהל׳ ת"ת הלכה י"ג:

רבינו חננאל

אי לא ועלתה בתיקו: **ירושלמי** א"ר יוסי בר בון בפירוש תני לה ר׳ חייא כל הקודם את חבירו בתוך ארבע אמות למזבח זכה. הממונה אמר להם הצביעו. תנא הוציאו אצבעותיכם למנין. פי׳ ר׳ אחר שמוציאין כל אחד ואחד מקצת מאצבעותיו פתוחות והשאר קמוצות פי׳ קפוצות וכוללן הממונה לחשבון. ומקיפין כמין בכוליאר ונוטל מצנפתו של א׳ מהן ויודעין שממנו הפיים מתחיל היה אומר להן הוציאו כל אחד ואחד אצבעו כדי לעבור המנין על אצבעות מכלל שגופם אסור למנות כר׳ יצחק דאמר אסור למנות את ישראל אפי׳ לדבר מצוה שנאמר ויפקדם בבזק. אלא מהכא וישמע שאול את העם ויפקדם בטלאים וגו׳ כלומר כל אחד נותן לו טלה ומנה הטלאים וידע מספר בני ישראל. והללו הטלאים משל שאול. כל המונה ישראל עובר בב׳ לאוין שנאמר לא ימד ולא יספר. והני מילי בזמן שישראל עושין רצונו של מקום. ואם לאו נספרים שנאמר והיה מספר בני ישראל. מכלל שיש מספר בהם. רבי אומר ל"ק בידי שמים והיה מספר בני ישראל. בידי אדם לא ימד ולא יספר. וירב בנחל על עסקי נחל כלומר כבדה עליו גזירת שמים והיה אומר אם נמצא חלל במחנה מביאין עגלה ערופה כל הנפשות הללו שהרגנו עאכ"ו שצריכין להקריב כדי להתכפר לכן השאיר מיטב בהמה יצתה ב"ק ואמרה לו אל תהי צדיק הרבה. ובשעה שאמר שאול לדואג סוב ופגע בכהנים והמתה וגו׳ יצתה ב"ק וא"ל אל תרשע הרבה. אמר רב הונא כמה לא חלי ולא מרגיש גברא דמריה סייעיה. שאול באחת כו׳. כלומר שאול כיון שעבר מעשה דאגג נענש ואמר הקב"ה נחמתי כי המלכתי את שאול. ואע"פ שהרג נוב עיר הכהנים אח"כ מקודם זה כבר כתיב נחמתי. דוד עבר בשתים במעשה דאוריה. דכתיב ואותו הרגת בחרב בני עמון. ומעשה *)דתמר. ולא נענש עליהן בגופו. מפני שמצא חן בעיני אלהים. אבל מעשה דבת שבע נענש בגופו שנצטרע ו׳ חדשים. וכשמואל דאמר לא קבל דוד לשון הרע. ובשביל כך נצטרע. **)ואותו גם מבניו אמנון תמר ואבשלום. ולרב דאמר קיבל דוד לשה"ר איפרע מיני׳ דאמר רב יהודה אמר [רב] בשעה שאמר דוד למפיבושת אתה וציבא תחלקו את השדה יצתה ב"ק וא"ל רחבעם וירבעם יחלקו את המלכות. חלוקת רב ושמואל בשבת (דף נו.). מפני מה לא נמשכה מלכות שאול מפני שלא היה בו שום דופי שאין מעמידין פרנס על הצבור אא"כ קופה של שרצים תלויה לו מאחוריו. שאם תזוח דעתו עליו אומרים לו חזור לאחוריך. אמר רב יהודה אמר רב מפני מה נענש שאול מפני שמחל על כבודו. שנאמר ובני בליעל אמרו מה יושיענו זה ויבזוהו ולא הביאו לו מנחה ויהי כמחריש וכתיב ויעל נחש העמוני וגו׳ א"ר יוחנן משום רשב"י כל תלמיד חכם

*) נ"ע מאי חטא דוד במעשה דתמר ואולי דט"ה ונ"ל ודהסתה וכמו דאיתא בגמ׳. **) אולי נ"ל ונענש גם מבניו ילד אמנון כו׳.

תוספות ישנים

ויפקדם בטלאים. שם מקום הוא לפי הפשט: **שאול** באחת ועלתה בידו מאי היא מעשה דאגג. קשה לרבי בשאול נמי איכא שתים שמתחילה קודם מעשה של אגג כבר ניחם הקב"ה כשהקריב העולה קודם שבא שמואל ואז אמר לו בקש ה׳ איש כלבבו וגו׳ (שמואל א יג) וההוא הוה ליה לאיתויי ואומר רבי דלאו לא הפסיד המלוכה לגמרי שאז לא היה בדעת הקב"ה להעבירה אלא ממנו ולא מבניו אבל במעשה דאגג ניחם אפילו מבניו: **ששה** חדשים נצטרע דוד. מקום מעשה דבת שבע קאמר דהשיבה לי ששון ישעך כתב במזמור נ"א כאשר בא אל בת שבע ובירושלים הוה. וקשה לר׳ דילפינן בחלק (דף קז.) ששה חדשים נצטרע דוד דכתיב (מ"א ב) ארבעים שנה מלך בחברון מלך שבע שנים ובירושלים מלך שלשים ושלש שנים ובקרא אחרינא בחברון מלך שבע שנים וששה חדשים בתחילת ד"ה [דה"א ג] כשמונה בניו של דוד ואותם ששה חדשים יתרים שחיסר הפסוק במקום אחר נצטרע משמע שהיו בחברון וי"ל דודאי אותה לרעת היתה בירושלים ומה שנדלג באחד מן הפסוקים אותם ששה חדשים לחברון היינו להודיע שהיו ששה חדשים שלא היה במלכותו לפי שאותם ששה חדשים היתרים על החשבון של שנים היה בחברון נוח לו לדלגם יותר מלכתוב שמלך בירושלים ל"ב שנה ואלו כך תירץ ה"ר אלחנן אבל מספקא ליה אם מלך דוד מ׳ שנה שלימים ואותם ו׳ חדשים היו יתרים על המ׳ או הו׳ חדשים היו מן החשבון ול"ט שנה ואלו חשיב ארבעים שנה במקום אחר כי אינו רוצה למנות מקוטעות: **לדברי** האומר קבל הא איפרעו מיניה כו׳. תימה הא לא איפרעו מגופיה כמו במעשה דבת שבע דלעיל וא"כ הוה ליה למיחשב דוד בשלש ואומר ה"ר יוסף דלא מהדר לאוקמי רב הונא כרב אלא דמסיים למילתיה דלרב נמי נפרע ממנו ולשון הסוגיא משמע כן דהא סבר שנים כשמואל דאמר לא קבל ובתר הכי קאמר ולרב כו׳ ועוד י"ל דהפסד המלכות מדעו שייך נמי לגופיה אבל ילד ואמנון לא קרי מגופיה וטעמא דהפסד מלכות שייך לגופו יותר: **ולדברי** האומר קבל כו׳. הקשה ה"ר אלחנן דמכל מקום לא מיתוקמא כרב דאמר בשבת בפרק במה בהמה (דף נו.) כי מעיינת ביה בדוד לא משכחת ביה רק באוריה החתי והכי קאמר דוד בשתים ועוד קשה לרבי והא בלישנא דקרא כתיב (מלכים א טו) ולא סר מכל אשר צוהו ה׳ רק בדבר אוריה החתי והאיכא מעשה דהסתה ובשלמא ממאי דקאמר קבל דוד לשון הרע לא קשיא מידי מקרא שאינו חושבה כל כך עבירה כיון דדברים הניכרים חזא ביה ואע"פ ששקר היה שוגג היה ואע"ג דחשיב ליה הכא עון היינו משום דחשיב נמי מעשה דשאול דאגג לעון ואע"פ ששוגג היה שהיה דורש קל וחומר דלעיל: **כבן** שנה שמלוכלך בטיט ובצואה. ותימה מה היה סובר רב נחמן ונראה שהיה ר"ל שהיה כ"כ עניו שלא היה מקפיד על כבודו דכתיב (תהלים קלא) אם לא שויתי ודוממתי נפשי כגמול עלי אמו כגמול עלי נפשי וסיוטא דחזא היינו שלא דיבר לשון נקיה כלפי שאול. רב אר"ה:

הבאה

שאינו נוקם ונוטר כנחש – אינו תלמיד חכם. – והכתיב: °"לא תקום ולא תטור" – ההוא בממון הוא דכתיב. (ויקרא יט) דתניא: איזו היא נקימה ואיזו היא נטירה? נקימה, אמר לו: השאילני מגלך, – אמר לו: לאו. למחר אמר לו הוא: השאילני קרדומך! אמר לו: איני משאילך, כדרך שלא השאלתני – זו היא נקימה. ואיזו היא נטירה? א"ל: השאילני קרדומך! אמר ליה: לא. למחר א"ל: השאילני חלוקך! אמר לו: הילך, איני כמותך, שלא השאלתני – זו היא נטירה. – וצערא דגופא לא? והא תניא: *הנעלבין ואינן עולבין, שומעין חרפתן ואינן משיבין, עושין מאהבה ושמחין ביסורין – עליהן הכתוב אומר: °"ואוהביו כצאת השמש בגבורתו"! (שופטים ה) – לעולם דנקיט ליה בליביה. *והאמר רבא: כל המעביר על מדותיו – מעבירין לו על כל פשעיו! דמפייסו ליה ומפיים. § "ומה הן מוציאין אחת או שתים וכו'". § השתא שתים מוציאין, אחת מבעיא?! אמר רב חסדא: לא קשיא; כאן – בבריא, כאן בחולה. *והתניא: *אחת – מוציאין, שתים – אין מוציאין, במה דברים אמורים – בבריא, אבל בחולה – אפילו שתים מוציאין, *והיחידין מוציאין שתים, ואין מונין להן אלא אחת. ואין מונין לו אלא אחת? והתניא: אין מוציאין לא שליש ולא גודל מפני הרמאים, ואם הוציא שליש – מונין לו, גודל – אין מונין לו, ולא עוד [אלא] שלוקה מן הממונה בפקיע! מאי מונין לו – נמי אחת. מאי פקיע? אמר רב: מדרא. מאי מדרא? אמר רב פפא: מטרקא דטייעי דפסיק רישיה. אמר אביי: מריש הוה אמינא, הא *דתנן: "בן ביבאי ממונה על הפקיע" – אמינא פתילתא, כדתנן: *מבלאי מכנסי הכהנים ומהמייניהן מהן היו מפקיעין, ובהן היו מדליקין. כיון דשמענא להא דתניא: ולא עוד אלא שלוקה מן הממונה בפקיע – אמינא: מאי פקיע – נגדא. § "מעשה שהיו שניהן שוין ורצין ועולין בכבש". § ת"ר: *מעשה בשני כהנים שהיו שניהן שוין ורצין ועולין בכבש, קדם אחד מהן לתוך ארבע אמות של חבירו – נטל סכין ותקע לו בלבו. עמד רבי צדוק על מעלות האולם, ואמר: אחינו בית ישראל, שמעו! הרי הוא אומר: °"כי ימצא חלל באדמה ויצאו זקניך ושופטיך", (דברים כא) אנו על מי להביא עגלה ערופה? על העיר או על העזרות? געו כל העם בבכיה. בא אביו של תינוק ומצאו כשהוא מפרפר. אמר: הרי הוא כפרתכם, ועדיין בני מפרפר, ולא נטמאה סכין. ללמדך שקשה עליהם טהרת כלים יותר משפיכות דמים.[א] וכן הוא אומר: °"וגם דם נקי שפך מנשה [הרבה מאד] עד אשר מלא [את] ירושלים פה לפה". (מלכים ב כא) הי מעשה קדים? אילימא דשפיכות דמים – השתא אשפיכות דמים לא תקינו פייסא, אנשברה רגלו תקינו? אלא דנשברה רגלו קדים. וכיון דתקינו פייסא – ארבע אמות מאי עבידתייהו? אלא, לעולם דשפיכות דמים קדים. ומעיקרא סבור: אקראי בעלמא הוא, כיון דחזי אפילו ממילא אתו לידי סכנה – תקינו רבנן פייסא. עמד רבי צדוק על מעלות האולם ואמר: אחינו בית ישראל שמעו הרי הוא אומר "כי ימצא חלל באדמה" אנן על מי להביא על העיר או על העזרות. *וירושלים בת אתויי עגלה ערופה היא? *)והתניא: עשרה דברים נאמרו בירושלים, וזו אחת מהן: אינה

*) ב"ק פ"ב: [ערכין לב: אבות דר"נ פל"ה תוספתא נגעים פ"ו]

רש"י

שאינו נוקם. נקמתו: ונוטר. איבה כנחש בלבו: איני כמותך שלא השאלתני זו היא נטירה. שהדבר שמור בלבו, ולא הסיחו מדעתו: דנקיט בליביה. ואם בא אחר לנקום נקמתו בקיום המשפט – ישתוק: דמפייסו ליה. לבקש מחילה: חולה. אינו יכול לכבש אצבעותיו, וכשמוציא אחת יוצאה חבירתה עמה: ויחידים. בחולין, שאינן יושבין עם שאר בני אדם אלא שוכבין או יושבין (א) לבדם: אלא אחד. אין נמנה אלא איש אחד: אין מוציאין. עם האצבע לא שליש ולא גודל, דאין מוליכין שתים: ואם הוציא שליש מונין לו. שאינו רמאי, לפי שהוא ניכר שאינו משני בני אדם, שאין יכול להרחיק זה מזה: גודל. אם הוציא גודל אין מונין לו כלל, אלא מוציאין אותו מביניהן: הממונה בפקיע. הממונה על רצועות המלקות: שליש. אצבע אמצעי, אם הוציא אמצעי מונין לו. קא סלקא דעתיה מונין לו שנים: מטרקא דטייעי. רצועות ישמעאלים העשויה שוט לסוסים: דפסיק רישיה. לכך קרויה פקיעה, שאינה רחבה בראשה כשאר רצועות מלקות, אלא מפסקת בראשה לרצועות דקות כדי שירגיש בה הסוס יותר. ופקיע לשון פיסוק וסדקים, כמו: "מבלאי מכנסי הכהנים מפקיעין" – לשון קריעה: דתנן. במסכת שקלים (פ"ה משנה א): ביבאי. שם האיש: היו מפקיעין. לעשות פתילות לשמחת בית השואבה בחג: נגדא. רצועות מלקות: על מעלות האולם. בהר הבית. אולמות הרבה בנה שם הורדוס, כמו שכתוב בספר יוסף בן גוריון על מעלות האולם בהר הבית. אולמות גרסינן בתוספתא: על מי להביא. משל מי תלקח מן היושבים בעיר או מן הכהנים שומרי עזרה: געו. צעקו: הרי הוא כפרתכם. מיתתו תכפר עליכם: ארבע אמות מאי עבידתייהו. גבי מרוצת שפיכות דמים: עשרה דברים. בבבא קמא חשיב להו, בפרק "מרובה" (דף פב:): אינה

תוספות

שתים מוציא אחת מבעיא. אע"ג דבכמה דוכתי קתני לא זו אף זו, מ"מ היכא דליכא שינויא אחרינא – קאמר ליה. ועוד: דהיכא דהוי זה בכלל זה לגמרי – לא הוה ליה למיתניי'. והא דלא פריך הכי בריש פ"ק דעירובין (דף ג:), ובריש פרק קמא דסוכה (דף ג:), דקאמר: ר' יהודה מכשיר עד ארבעים וחמשים אמה. השתא חמשים מכשיר ארבעים מיבעיא?! יש לומר: דכל היכא דלא הוי דווקא, אלא הוא הדין יותר – לא פריך הכי. כדמשני בריש "מפנין" (שבת דף קכו:) ארבע וחמש קופות – ארבעה וחמשה כדאמרי אינשי. אבל המקשה שהקשה התם: חמש מפנין ארבע מיבעיא, הוה סלקא דעתיה דדוקא הוה, ומשני ליה דלאו דווקא הוי. ובפרק "בנות כותים" (נדה דף לז:) דקושי מטהר ארבעים וחמשים יום פריך ליה, משום דדוקא הוא, דאין קושי מטהר לעולם. ובפרק "אלמנה ניזונית" (כתובות דף צו.) דקאמר: אלמנה ששהתה שתים ושלש שנים ולא תבעה מזונותיה איבדה מזונותיה. ופריך ליה, אע"ג דהתם לאו דווקא – דכ"ש אם שהתה יותר דאיבדה! יש לומר: משום דהתם הוי שתים ושלש זו ואין צריך לומר זו. והלכך פריך ליה. וכן בסוף בבא קמא (דף קיח:) גבי לוקח מן הרועים ארבע וחמש צאן, אבל לא שתים ושלש, ופריך: השתא ארבע זבנינן, חמש מיבעיא. התם נמי הוי זו ואין צריך לומר זו. ובפרק "במה אשה" (שבת ד' ס:) גבי סנדל המסומר פריך ליה, משום דפשיטא ליה דהוו דוקא ד' או חמש, אבל לא טובא. ובריש פרק "אע"פ" (כתובות ד' נז.): משהה אדם אשתו שתים ושלש שנים, וגבי תינוק יונק והולך ארבע וחמש שנים (שם ד' ס:) – איכא למימר דפשיטא ליה דהוא הדין טובא, הלכך לא פריך ליה, אי נמי בההיא דתינוק יונק ארבע וה' שנים – י"ל דדוקא קאמר: ד' לבריא וה' לכחוש*:

וירושלים אינה מביאה עגלה ערופה כו' והתניא כו'. תימה לי: מאי פריך? לימא דכרבי יהודה ס"ל, דאמר לעיל בפ"ק (דף יב.) דירושלים נתחלקה לשבטים. ואפי' עזרות איכא למ"ד התם דנתחלקו לשבטים! ויש לומר: דבלאו הכי צריך לשנויי: כדי להרבות בבכיה, דהא לא שייך עגלה ערופה אלא היכא דלא נודע מי הכהו – והכא הרי נודע. ועוד: דקאמר על העיר או על העזרה, פשיטא דעל העזרה לא מייתינן, דהא "העיר הקרובה" כתיב, ועזרה לאו עיר הוא, אלא לאפושי צערא בעלמא הוא דקאמר הכי: יש

עין משפט נר מצוה

ו א מיי' פ"ז מהלכות דעות הלכה ז סמג לאוין יח:
ז ב שם הלכה ח סמג לאוין יב:
ח ג מיי' שם הלכה ז:
ט ד מיי' פ"ד מהלכות תמידין הלכה ג:
י ה מיי' פ"ח מהלכות כלי המקדש הלכה ו:

רבינו חננאל

שאינו נוקם ונוטר כנחש אינו ת"ח. איני והא כתיב לא תקום ולא תטור. ודחינן ההוא בממון כדתניא איזו היא נקימה השאילני מגלך א"ל לאו למחר אמר לו זה השאילני קרדומך כו'. כגון אלו דברים שהן של ממון אסור אבל צערא דגופא כגון בזיון וכיוצא בו מותר. איני והתניא הנעלבים ואינם עולבין שומעין חרפתם ואינן משיבין עושין מאהבה ושמחים ביסורין עליהם הכתוב אומר ואוהביו כצאת השמש בגבורתו ודחינן אפילו הכי נקיט בליביה [קשיא לי לא תשנא את אחיך שבקי] והאמר רבא המעביר על מדותיו מעבירין לו על כל פשעיו ופרקינן דמפייסו ליה ומפיים: ומה הן מוציאין אחת או שתים ומתמהנן השתא שתים מוציאין אחת מבעיא ופריק רב חסדא האי דקתני אחת בבריא ויחיה בחולי שאינו מתאמץ להוציא אחת ושתים שמוציא החולה אין מונין אותם לו אלא אחת. והתניא כרב חסדא אחת מוציאין שתים אין מוציאין ויחידים מוציאין ב' ואין מונין לו אלא א' לומר שאין באין לידי ערמה יחידים הללו הן רבנן שנקראו יחידים ונקראו חולים יחידים כדתנן בתעניות (דף י') התחילו היחידים להתענות. ואמרינן התם מאן יחידים אמר רב הונא רבנן. *) רבא לטעמיה דאמר כמאן מצלינן האידנא אקצירי ומריעי כהאי תנא קצירי קצירי ממש מריעי רבנן. ואקשינן וכי המוציא שתים אחת מונין לו והתניא אין מוציאין לא שלש ולא גודל במקדש מפני הרמאין ואם הוציא שלש מונין לו גודל אין מונין לו ולא עוד אלא שהמוציא גודל או שלש לוקה מן הממונה בפקיע ופרקינן מאי מונין לו דקתני אחת. וזה כולו לענין המצביעין למנין כאשר אמרנו למעלה. אבל המצביעין לפיים המוציא אחת מונין לו אחת והמוציא ב' מונין לו ב' ומצאנו זה הדבר מפורש בתלמוד א"י מהו אצבעו. הוציאו אצבעותיכם הוציא אחת מונין לו שתים **) ובעו לה התם מהו אין מונין לו כל עיקר או אין מונין לו את היתירה ופשטה אין מונין לו את היתירה ועוד אמרו כיצד היה מפיים מהלך לימין או לשמאל. א"ר בון בר חייא ממה דתני מי שזכה בקטורת אומר לזה שעל ימינו אף אתה עמי למחתה. הדא אמר לימין הפיים מהלך. תלמידו דר' יונה בשם ר' בון בר חייא לשמאל הפיים מהלך וזה שזכה לימין מוטב שיזכה מי שעבר עליו הפיים פעמים מזה שלא עבר עליו הפיים אלא פעם אחת ש"מ כשמוציאין אצבעותיהן לפיים מי שמוציא אחת או שתים מונין לו מה שהוציא ומי שהוציא יותר אין מונין לו אלא שתים ומונה וכולל הכל ומעמידין כמין כוליאר ונוטל מצנפת אחת מהן ומוציאין כל אחד אצבעו ועובר המנין על האצבעות והוא מונה והולך ובמקום שמשלים החשבון הוא הזוכה. פקיע מדולרתא והיא מטרקא והיא כמין חבל מפתיל תלוי במקל כגון הרצועה שב"ד מכין בה. פי' הממונה

*) נראה לחסר כאן כד' רבינו וצ"ל ואמרינן [נדרים מט] רבא אמר מאן חולים רבנן רבא לטעמי' וכו'. **) בירושלמי הגי' שתים מונין לו שלש אין מונין לו.

מסורת הש"ס

שבת פח. גיטין לו:
[לקמן פז:] ר"ה יז. מגילה כח.
[עי' בתוספתא]
[תוספ' פ"א]
[ועיין בערוך ערך יחיד פי' רבנן]
שקלים פ"ה מ"א
שבת כא. סוכה נא.
[תוספתא פ"א ותוספתא שבועות פ"א]
סוטה מה.

הגהות הב"ח

(א) רש"י ד"ה ויחידים וכו' שוכבים או יושבים נ"ב ולי נראה כרוך ליחידים היינו רבנן כדאיתא בתענית דף י מאן יחידים רבנן וכן נקראו חולים כדאיתא בנדרי' דף מט מאן חולים רבנן כו' ולהכי לפירושו והכי כבר אמר אבל בחולים כו':

הגהות מהר"ב רנשבורג

[א] גמ' וכן הוא אומר וגם דם נקי וכו'. נ"ב עיין מהרש"א בח"א:

תוספות ישנים

השתא שתים מוציאין אחת מיבעיא. וליכא למימר אחת או שתים ואפילו טובא דהא פשיטא שאין יכול להוציא כל אצבעותיו ובשבת בפרק במה אשה (דף ס:) הארכתי בהך מילתא דליכא דוכתא דפריך ליה וליכא דוכתא

יא א מיי' פ"ז מהלכות בית הבחירה הלכה יד ופ"ט מהלכות רוצח הלכה ד:
יב ב מיי' פ"ב מהל' תמידין הלכה י:
יג ג מיי' פ"ח מהל' כלי המקדש הלכה ד:
יד ד מיי' פ"י מהלכות כלי המקדש הל' א:

תורה אור

אאֵינָהּ מְבִיאָה עֶגְלָה עֲרוּפָה. וְעוֹד: °"לֹא נוֹדַע מִי הִכָּהוּ" כְּתִיב – וְהָא נוֹדַע מִי הִכָּהוּ. אֶלָּא כְּדֵי לְהַרְבּוֹת בִּבְכִיָּה. "בָּא אָבִיו שֶׁל תִּינוֹק וּמְצָאוֹ כְּשֶׁהוּא מְפַרְפֵּר, אָמַר: הֲרֵי הוּא כַּפָּרַתְכֶם וַעֲדַיִין בְּנִי קַיָּים [כו'] לְלַמֶּדְךָ שֶׁקָּשָׁה עֲלֵיהֶם טׇהֳרַת כֵּלִים יוֹתֵר מִשְּׁפִיכוּת דָּמִים", אִיבַּעְיָא לְהוּ: שְׁפִיכוּת דָּמִים הוּא דְּזַל, אֲבָל טׇהֳרַת כֵּלִים כִּדְקָיְימָא קָיְימָא, אוֹ דִּילְמָא שְׁפִיכוּת דָּמִים כִּדְקָיְימָא קָיְימָא אֲבָל טׇהֳרַת כֵּלִים הִיא דַּחֲמִירָא? ת"ש: מִדְּקָא נָסֵיב לָהּ תַּלְמוּדָא "וְגַם דָּם נָקִי שָׁפַךְ מְנַשֶּׁה" – שְׁמַע מִינָּהּ: שְׁפִיכוּת דָּמִים הוּא דְּזַל, וְטׇהֳרַת כֵּלִים כִּדְקָיְימָא קָיְימָא. ת"ר: °"וּפָשַׁט וְלָבַשׁ בְּגָדִים אֲחֵרִים וְהוֹצִיא אֶת הַדֶּשֶׁן" – שׁוֹמְעַנִי כְּדֶרֶךְ יוֹם הַכִּפּוּרִים, שֶׁפּוֹשֵׁט בִּגְדֵי קוֹדֶשׁ וְלוֹבֵשׁ בִּגְדֵי חוֹל. תַּלְמוּד לוֹמַר: "וּפָשַׁט אֶת בְּגָדָיו וְלָבַשׁ בְּגָדִים אֲחֵרִים" – מַקִּישׁ בבְּגָדִים שֶׁלּוֹבֵשׁ לִבְגָדִים שֶׁפּוֹשֵׁט, מָה לְהַלָּן בִּגְדֵי קוֹדֶשׁ – אַף כָּאן בִּגְדֵי קוֹדֶשׁ. א"כ מַה תַּלְמוּד לוֹמַר "אֲחֵרִים" – פְּחוּתִין מֵהֶן. רַבִּי אֱלִיעֶזֶר אוֹמֵר: "אֲחֵרִים וְהוֹצִיא" – לִימֵּד עַל הַכֹּהֲנִים בַּעֲלֵי מוּמִין שֶׁכְּשֵׁרִין לְהוֹצִיא הַדֶּשֶׁן. אָמַר מָר: "אֲחֵרִים" – פְּחוּתִין מֵהֶן, כִּדְתָנָא דְּבֵי רַבִּי יִשְׁמָעֵאל. *דְּתָנָא דְּבֵי רַבִּי יִשְׁמָעֵאל: בְּגָדִים שֶׁבִּישֵּׁל בָּהֶן קְדֵרָה לְרַבּוֹ – לֹא יִמְזוֹג בָּהֶן כּוֹס לְרַבּוֹ. אָמַר רֵישׁ לָקִישׁ: כְּמַחֲלוֹקֶת בְּהוֹצָאָה – כָּךְ מַחֲלוֹקֶת בַּהֲרָמָה. וְרַבִּי יוֹחָנָן: אָמַר מַחֲלוֹקֶת בְּהוֹצָאָה, אֲבָל בַּהֲרָמָה – דִּבְרֵי הַכֹּל עֲבוֹדָה הִיא. מַאי טַעְמָא דְּרֵישׁ לָקִישׁ? אָמַר לָךְ: אִי ס"ד עֲבוֹדָה הִיא – יֵשׁ לָךְ עֲבוֹדָה שֶׁכְּשֵׁירָה בִּשְׁנֵי כֵּלִים? וְר' יוֹחָנָן: גַּלֵּי רַחֲמָנָא בִּכְתוֹנֶת וּמִכְנָסַיִם – וְהוּא הַדִּין לְמִצְנֶפֶת וְאַבְנֵט. וּמַאי שְׁנָא הָנֵי? –"מִדּוֹ בַד" *"מִדּוֹ"– גכְּמִדָּתוֹ, "מִכְנְסֵי בַד" – לְכִדְתַנְיָא: *דמִנַּיִן שֶׁלֹּא יְהֵא דָּבָר קוֹדֵם לְמִכְנָסַיִם – שֶׁנֶּאֱמַר: °"וּמִכְנְסֵי בַד יִלְבַּשׁ עַל בְּשָׂרוֹ". וְרֵישׁ לָקִישׁ: 'מִדּוֹ' כְּמִדָּתוֹ – מִדְּאַפְּקֵיהּ רַחֲמָנָא בִּלְשׁוֹן 'מִדּוֹ'. שֶׁלֹּא יְהֵא דָּבָר קוֹדֵם לְמִכְנָסַיִם מֵ"עַל בְּשָׂרוֹ" נָפְקָא. נֵימָא כְּתַנָּאֵי: "עַל בְּשָׂרוֹ" *מַה תַּלְמוּד לוֹמַר "יִלְבַּשׁ" – לְהָבִיא מִצְנֶפֶת וְאַבְנֵט לַהֲרָמָה, דִּבְרֵי רַבִּי יְהוּדָה. *רַבִּי דּוֹסָא אוֹמֵר: לְרַבּוֹת בִּגְדֵי כֹּהֵן גָּדוֹל בְּיוֹם הַכִּפּוּרִים, שֶׁכְּשֵׁירִין לְכֹהֵן הֶדְיוֹט. אָמַר רַבִּי: שְׁתֵּי תְּשׁוּבוֹת בַּדָּבָר; חֲדָא: דְּאַבְנֵטוֹ שֶׁל כֹּהֵן גָּדוֹל לֹא זֶה הוּא אַבְנֵטוֹ שֶׁל כֹּהֵן הֶדְיוֹט, וְעוֹד: בְּגָדִים שֶׁנִּשְׁתַּמֵּשׁ בָּהֶן קְדוּשָּׁה חֲמוּרָה תִּשְׁתַּמֵּשׁ בָּהֶן קְדוּשָּׁה קַלָּה? אֶלָּא, מַה תַּלְמוּד לוֹמַר "יִלְבַּשׁ" –

לְרַבּוֹת

רש"י

אֵינָהּ מְבִיאָה עֶגְלָה עֲרוּפָה. דִּכְתִיב (דברים כא) "כִּי יִמָּצֵא חָלָל בָּאֲדָמָה וגו' לְרִשְׁתָּהּ" – וְאֵין יְרוּשָׁלַיִם יְרוּשָּׁה, דְּקָסָבַר לֹא נִתְחַלְּקָה לַשְּׁבָטִים: תַּלְמוּדָא. קָשְׁיָא: הָכִי גָּרְסִינַן בְּתוֹרַת כֹּהֲנִים: "וּפָשַׁט וְלָבַשׁ" יָכוֹל כְּמִצְוַת יוֹם הַכִּפּוּרִים, ת"ל בְּגָדָיו בְּגָדִים. וְגִירְסָא שֶׁבַּתַּלְמוּד הָאֲרוּכָּה בִּלְשׁוֹנָהּ: שׁוֹמְעַנִי כְּדֶרֶךְ יוֹם הַכִּפּוּרִים פּוֹשֵׁט בִּגְדֵי קוֹדֶשׁ וְלוֹבֵשׁ בִּגְדֵי חוֹל, תַּלְמוּד לוֹמַר כו'. וְזֶהוּ פֵּירוּשָׁהּ: "וּפָשַׁט וְלָבַשׁ" הָאָמוּר בְּהוֹצָאַת הַדֶּשֶׁן שֶׁבַּתַּפּוּחַ אֶל מִחוּץ לַמַּחֲנֶה הַכָּתוּב אַחַר תְּרוּמַת הַדֶּשֶׁן "וּפָשַׁט אֶת בְּגָדָיו וְלָבַשׁ בְּגָדִים וגו'" יָכוֹל שֶׁמּוּטָּל עָלָיו חוֹבָה לְשַׁנּוֹת בְּגָדָיו בֵּין תְּרוּמָה לְהוֹצָאָה אִם בָּא לְהוֹצִיא דֶּשֶׁן שֶׁעַל הַתַּפּוּחַ אַחַר הַהֲרָמָה מִיָּד, כְּדֶרֶךְ שֶׁהִיא חוֹבָה עַל כֹּהֵן גָּדוֹל בְּחָמֵשׁ עֲבוֹדוֹת שֶׁבְּיוֹם הַכִּפּוּרִים, שֶׁמְּשַׁנֶּה בְּגָדָיו בְּכָל הָעֲבוֹדוֹת בֵּין זוֹ לְזוֹ. רִאשׁוֹנָה בְּבִגְדֵי זָהָב, שְׁנִיָּה בְּבִגְדֵי לָבָן, שְׁלִישִׁית בְּשֶׁל זָהָב, רְבִיעִית בְּבִגְדֵי לָבָן – אַף זֶה יְשַׁנֶּה. וְזֶה שֶׁאֵין לוֹ לְשַׁנּוֹת מִבִּגְדֵי לָבָן לְבִגְדֵי זָהָב – שֶׁהֲרֵי הֶדְיוֹט הוּא וְאֵינוֹ מְשַׁמֵּשׁ בְּבִגְדֵי זָהָב – יְשַׁנֶּה בְּבִגְדֵי קוֹדֶשׁ שֶׁהֵרִים בָּהֶן, כְּמוֹ שֶׁנֶּאֱ': "וְלָבַשׁ הַכֹּהֵן מִדּוֹ בַד" וְיִפְשׁוֹט אוֹתָם וְיִלְבַּשׁ בִּגְדֵי חוֹל שֶׁלּוֹ, וְיוֹצִיא הַדֶּשֶׁן: תַּלְמוּד לוֹמַר: בְּגָדָיו – בְּגָדִים, וּמַה תַּלְמוּד לוֹמַר אֲחֵרִים – פְּחוּתִין מֵהֶן. כְּגוֹן שְׁחָקִים, אוֹ מִפִּשְׁתָּן שֶׁאֵינוֹ מוּזְהָב וְאֵין דְּמֵיהֶם יְקָרִים. שֶׁהָאֵפֶר מְלַכְלְכָם כְּשֶׁנּוֹשְׂאוֹ חוּץ לַמַּחֲנֶה. גְּנַאי לַמֶּלֶךְ שֶׁיְּהֵא מְשַׁמֵּשׁ בָּהֶן עַל הַמִּזְבֵּחַ בַּעֲבוֹדַת אֲכִילָה: אֲחֵרִים וְהוֹצִיא לִימֵּד עַל הַכֹּהֲנִים בַּעֲלֵי מוּמִין. הַאי 'אֲחֵרִים' אַכֹּהֵן קָאֵי, כְּלוֹמַר כֹּהֲנִים שֶׁהֵן אֲחֵרִים; מְרוּחָקִים מִשְּׁאָר עֲבוֹדוֹת – כְּשֵׁירִין לַעֲבוֹדָה זוֹ: אַל יִמְזוֹג בָּהֶן לְרַבּוֹ. לְפִי שֶׁנִּתְעַשְּׁנוּ וְנִתְלַכְלְכוּ בְּבִישּׁוּל קְדֵירָה. אַף כָּאן, לְעִנְיַן הוֹצָאַת הַדֶּשֶׁן – אֵין כְּבוֹד הַמֶּלֶךְ לְשָׁרֵת בָּהֶן שֵׁירוּת אַחֵר: כְּמַחֲלוֹקֶת בְּהוֹצָאָה. כְּשֵׁם שֶׁרַבִּי אֱלִיעֶזֶר מַכְשִׁיר בַּעֲלֵי מוּמִין לְהוֹצָאָה, כָּךְ מַכְשִׁירָן לַהֲרָמָה: שֶׁכְּשֵׁירָה בִּשְׁנֵי כֵּלִים. וְהָכָא "מִדּוֹ בַד" "וּמִכְנְסֵי בַד" הוּא דִּכְתִיב: גַּלֵּי רַחֲמָנָא בִּכְתוֹנֶת וּבְמִכְנָסַיִם. וְלִימֶּדְךָ שֶׁאֵינָהּ כְּשֵׁירָה בְּבִגְדֵי חוֹל שֶׁלּוֹ, וּמֵאֵלֶיךָ אַתָּה לָמֵד שֶׁהִיא עֲבוֹדָה, וּצְרִיכָה אַף מִצְנֶפֶת וְאַבְנֵט: מַאי שְׁנָא הָנֵי. דְּנָקַט, מֵאַחַר שֶׁצְּרִיכִין כּוּלָּן – לִשְׁתּוֹק מִנַּיְיהוּ, וַאֲנָא יָדַעְנָא מִדִּכְתִיב בֵּהּ כֹּהֵן – עֲבוֹדָה הִיא: מִדּוֹ כְּמִדָּתוֹ. כָּאן לִימֶּדְךָ שֶׁיְּהֵא כְּתוֹנֶת כֹּהֲנִים לְמִדַּת קוֹמָתוֹ, לֹא נִגְרָרוֹת וְלֹא מְסוּלָּקוֹת וְהָכִי אָמְרִינַן בִּזְבָחִים (דף יח.): יִלְבַּשׁ עַל בְּשָׂרוֹ. מַשְׁמַע שֶׁלּוֹבֵשׁ בְּעוֹדוֹ עָרוֹם, שֶׁאֵין עָלָיו אֶלָּא בְּשָׂרוֹ. דְּאִי לָא תֵּימָא הָכִי "עַל בְּשָׂרוֹ" לְמַאי כְּתָבֵיהּ? וּלְרשב"ל. דְּאָמַר: דַּוְוקָא כְּתָבִינְהוּ, וּלְמֵימְרָא דְּאֵינָהּ צְרִיכָה אַרְבָּעָה – נָפְקָא לֵיהּ הָנָךְ תַּרְתֵּי דְּרָשׁוֹת מִלְּשׁוֹן הַמִּקְרָא שֶׁשִּׁינָּה בִּלְשׁוֹנוֹ, שֶׁלֹּא כְּתִיב 'כְּתוֹנֶת', לְמֵימְרָא: מִדּוֹ כְּמִדָּתוֹ, וְשֶׁלֹּא יַקְדִּים דָּבָר לְמִכְנָסַיִם מֵ"עַל בְּשָׂרוֹ" יְתֵירָא נָפְקָא לֵיהּ: עַל בְּשָׂרוֹ מַה ת"ל(א). גַּבֵּי הֲרָמַת הַדֶּשֶׁן כְּתִיב "וְלָבַשׁ הַכֹּהֵן וגו'" וַהֲוָה לֵיהּ לְמִכְתַּב וּמִכְנְסֵי בַד עַל בְּשָׂרוֹ, וּמְהַדַּר נַמִי אַ"וְלָבַשׁ" דְּרֵישֵׁיהּ דִּקְרָא – מַה ת"ל שׁוּב "יִלְבַּשׁ" בְּמִכְנָסַיִם – לְרַבּוֹת עוֹד לְבִישָׁה כַּיּוֹצֵא בָּהּ, וּמַרְבֶּה שְׁנֵי בְּגָדִים הַחֲסֵרִים כָּאן מִכְּהוּנַּת הֶדְיוֹט: רַבִּי דּוֹסָא אוֹמֵר. לְהָבִיא אַרְבָּעָה בִּגְדֵי לָבָן שֶׁשִּׁמֵּשׁ בָּהֶן כֹּהֵן גָּדוֹל בְּיוֹם הַכִּפּוּרִים שֶׁכְּשֵׁרִין לְהֶדְיוֹט כָּל הַשָּׁנָה וְאָתְיָא 'יִלְבַּשׁ' 'יִלְבַּשׁ' מֵהָתָם. דְּלָא תֵּימָא "וְהִנִּיחָם שָׁם" כְּתִיב בְּהוּ, לוֹמַר שֶׁטְּעוּנִין גְּנִיזָה. דְּס"ל לְר' דּוֹסָא: "וְהִנִּיחָם שָׁם" – שֶׁלֹּא יִשְׁתַּמֵּשׁ בָּהֶן לְיוֹם הַכִּפּוּרִים אַחֵר, כִּדְאָמְרִינַן בפ"ק (דף יב:): אַבְנֵט שֶׁל כֹּהֵן גָּדוֹל. בְּיוֹם הַכִּפּוּרִים, שֶׁהוּא שֶׁל בּוּץ – לֹא זֶהוּ אַבְנֵטוֹ שֶׁל כֹּהֵן הֶדְיוֹט לְעוֹלָם, לְפִי שֶׁאֵינוֹ מְשַׁמֵּשׁ אֶלָּא בְּשֶׁל כִּלְאַיִם:

תוספות

יש עבודה שכשרה בשני כלים. אבל איפכא לא תקשי לך, יש לך דבר שאינו עבודה וטעונה בגדי כהונה כלל – דהא לא קשה, דגזירת הכתוב הוא להחמיר, שהרי אין בזה איסור אם לובש בגדי כהונה שלא בעידן עבודה, דמסקינן לקמן בריש פרק "בא לו" (דף סט.) דבגדי כהונה ניתנו ליהנות בהן. וגדולה מזו אמרינן לר' יוחנן, דבין הוצאה בין הרמה בארבעה כלים, בין לתנא קמא בין לר"א, דתרווייהו מודו דמקיש בגדים שלובש לבגדים שפושט. ואפי' הכי, לר' אליעזר בעלי מומין כשרים להוצאה – דלאו עבודה היא, אע"ג דטעונה ארבעה כלים. וקשה לי: לריש לקיש, דמוכח דלאו עבודה היא, מדלא אצריכה קרא ארבעה כלים – א"כ למה לי קרא לרבי אליעזר להכשיר בעלי מומין? ומאי טעמא דתנא קמא דפסל בעלי מומין להוצאה? ויש לומר: משום דבעל מום חשיב כמו זר. דס"ד אמינא וכי תעלה על דעתך שזר ובעל מום קריבים לגבי המזבח? ולהכי צריך קרא לר"א, והיינו טעמא דתנא קמא דפסל: מניין שלא יהא דבר קודם כו'. אף על גב דבגדי כהן גדול נמי כתיב בפרשת אחרי מות "ומכנסי בד *ילבש על בשרו" – איצטריך למיהדר ולמיכתביה בכהן הדיוט, דלא הוה ילפינן להו מהדדי, כיון דחלוקים הם לכמה ענינים: ילבש לרבות מצנפת ואבנט להרמה. פירוש: דהכי קאמר קרא לרבות לבישה אחרת כיוצא בה, דההיא לבישה דקרא דכתיב "ולבש הכהן מדו בד וכו'" דהיינו שני בגדים אחרים. וקשה לי: גבי הוצאה מנלן דבעי ארבעה בגדים? כיון דגבי הרמה לא נפקא לן אלא מהיקשא – א"כ הדרינן ומקשינן לבישה דהוצאה לפשיטה דהרמה, כדלעיל, ואמרינן בפרק "איזהו מקומן" (זבחים דף מט:) דבקדשים דבר הלמד בהיקש – אינו חוזר ומלמד בהיקש! ויש לומר: דשמא לא מיקרי קדשים אלא גופי הקרבנות, אבל בגדי כהונה – חוזרין ומלמדין בהיקש. אי נמי: "ילבש" – ריבויא הוא, ולא הוי היקש אלא אתא לרבות לבישה אחרת. וכיון דלא פירש כמה בגדים הוא מרבה אם אחד או שנים – אין זה אלא גלוי מילתא בעלמא דשני בגדים קאמר, כדכתיב בקרא. אי נמי: כמאן דאמר בפרק "איזהו מקומן" (ג"ז שם*): הימנו ודבר אחר – לא הוי היקש, דכיון דגמרינן הוצאה מהרמה למאי דכתיב ביה, גמרינן נמי מיניה מאי דאתיא ליה מהיקשא:

[הגהות מסורת הש"ס, צדי התוספות: והוו עי' בגמ' בבכורו כל"ל; דף מ. ולקמן כג.]

רבינו חננאל

הממונה בפקיע. הממונה להכות בזה הפקיע: ש"מ שפיכות דמים הוא דזל שרבו הרצחנים [וטהרת כלים] כדקיימא קיימא: ת"ר ופשט ולבש שומע אני כדרך שפושט ביוה"כ בשע' שרוצה לצאת בגדי קודש ולובש בגדי חול ת"ל ופשט ולבש מקיש בגדים שלובש לבגדים שפושט מה בגדים שפושט בגדי קודש אף בגדים שלובש בגדי קדש א"כ מה ת"ל אחרין. אחרים פחותין מהם ר' אליעזר אומר אחרים והוציא לימד על הכהנים בעלי מומין שהן כשרים להוציא את הדשן. אמר מר אחרים פחותין מהן (מאי משמע) דתנא דבי ר' ישמעאל בגדים שבישל בהן קדרה לרבו אל ימזוג בהן כוס לרבו ופשוטה היא. אמר ריש לקיש כמחלוקת בהוצאת הדשן שת"ק סבר עבודה היא ובעלי מומין פסולין בהן ר' אליעזר סבר אינה עבודה וכהנים בעלי מומין כשרים בה כך מחלוקת בהרמת הדשן ור' יוחנן אמר מחלוקת בהוצאה אבל בהרמה הכל עבודה היא והאי דאמרת אין לך עבודה שכשרה בשני כלים גלי רחמנא בכתונת ומכנסים וה"ה במצנפת ואבנט ומאי שני דפריש הני אצטריך מדו בד מדו כמדתו לא ארוך ולא קצר ומכנסי בד ילבש על בשרו ללמד שלא יהא דבר מקדים על בשרו למכנסים כו'. לימא כתנאי ומכנסי בד ילבש על בשרו מה ת"ל ילבש לרבות מצנפת ואבנט להרמה דברי ר' יהודה קסבר עבודה היא לפי' צריך שאר בגדים. ר' דוסא אומר לרבות בגדי כ"ג של יוה"כ שהן בד שכשרין לכהן הדיוט. מאי לאו בהא קמפלגי ת"ק סבר עבודה היא. ור' דוסא סבר לאו עבודה היא. ודחינן לא כ"ע עבודה היא. ות"ק סבר צריך קרא לרבויי. לפיכך כתיב ילבש לרבות מצנפת ואבנט.

הגהות הב"ח

(א) רש"י ד"ה על כו' ת"ל ילבש. גבי:

גליון הש"ס

תוס' ד"ה ילבש וכו' וי"ל דשמא לא מיקרי קדשים. עיין לקמן דף לב ע"א תוס' ד"ה מה לבישה:

תוספות ישנים

דוכתא דלא פריך ליה: יכול כמצות יום הכפורים שפושט כ"ג בגדי קדש ולובש בגדי כהונה. נראה לרבי דל"ג ליה דמאי שייך זה לכה"ג ביום הכפורים ואי משום שמשנה מבגדי זהב לבגדי לבן ומבגדי לבן לבגדי זהב אלו ואלו קדש הם ואי גרס שפושט בגדי קדש ולובש בגדי חול ול"ג כמצות כ"ג ביום הכפורים אתי שפיר וקאי על האי כהן דהרמה שהוא משנה מבגדי קדש לבגדי חול: א"כ מה ת"ל אחרים. כלומר דמשמע בגדי חול משמע דאי לא מקשינן פשיטה ללבישה הוה משמע נמי בגדי חול ותימה דא"כ אמאי איצטריך כלדך שכ"ג עושה שפושט בגדי קודש ולובש של חול והא מאחרים משמע נמי הכי יש לומר שאינו מביאו אלא לדמיון בעלמא כלומר כדרך שכהן גדול עושה דכתיב נמי ופשט ולבש ולמאי דל"ג ליה אתי שפיר כדפירשתי: אחרים והוציא לימד על כהנים בעלי מומין כו'. ולא פליג אדרשת תנא קמא אלא דריש מדסמכיה אחרים לוהוציא דקאי נמי אכהנים כי אע"פ שפחותין משאר כהנים שכשרים: כך מחלוקת בהרמה. דכהנים בעלי מומין נמי כשירין בה דלאו עבודה היא כיון דסגי לה בשני כלים ודלא כרבי יהודה מייתא דבעי לה ד' כלים ומרבי מצנפת ואבנט להרמה ואחרים והוציא דקאמר לא בעי למימר אחרים שלא עשו תרומת הדשן דהא שתיהן שוות אלא אחרים לשאר עבודות קאי ומ"מ בהוצאת הדשן דוקא בעינן פחותין: חדא דאבנטו של כהן כו'. וא"ת דנוקי לילבש לריבויי לבד מאבנט דכי הני דמצי לריבויי כל הני דמוקמי ליה נמי לרבות מצנפת ואבנט לא מוקמי ליה בכולהו יש לומר דאמילתיה פריך דקאמר לרבות בגדי כהן גדול כו' משמע דאכולהו קאי וא"ת ומאי דפריך ליה רבי מאבנט הא איהו לא מיירי באבנט כיון דמכשיר הרמה בשני כלים לאו קושיא היא שהוא בא לרבות שבגדי כ"ג כשירין לכהן הדיוט בכל עבודות שיש שם ד' בגדי כהונה:

מתרומת

לרבות ^א^את השחקים, *°"והניחם שם" – מלמד ^ב^שטעונין גניזה. ר' דוסא אומר: ראוין הן לכהן הדיוט. ומה תלמוד לומר: "והניחם שם" – שלא ישתמש בהן יום הכפורים אחר. מאי לאו בהא קא מיפלגי; דמר סבר: עבודה היא, ומר סבר: לאו עבודה היא! לא, דכולי עלמא – עבודה היא, והכא בהא קא מיפלגי; מר סבר: צריכא קרא לרבויי, ומר סבר: לא צריכא קרא לרבויי. בעי ר' אבין: תרומת הדשן בכמה? מתרומת מעשר ילפינן לה או מתרומת מדין ילפינן לה? תא שמע, דתני ר' חייא: נאמר כאן °"והרים" ונאמר להלן: °"והרים", מה להלן בקומצו – אף כאן בקומצו. אמר רב: ^ג^ארבע *עבודות זר חייב עליהן מיתה: זריקה, והקטרה, וניסוך המים, וניסוך היין. ולוי אמר: אף תרומת הדשן. וכן תני לוי במתניתיה: אף תרומת הדשן. מאי טעמא דרב – דכתיב: °"ואתה ובניך אתך תשמרו את כהונתכם לכל דבר המזבח ולמבית לפרוכת ועבדתם עבודת מתנה אתן את כהונתכם והזר הקרב יומת". ^ד^"עבודת מתנה" – ולא עבודת סילוק, "ועבדתם" – ^ה^עבודה תמה, ולא עבודה שיש אחריה עבודה. ולוי: רבי רחמנא "לכל דבר המזבח". ורב: ההוא לאתויי ^ו^שבע הזאות שבפנים, ושבמצורע. ולוי: נפקא ליה מ"דבר" "וכל דבר". ורב: "דבר" "וכל דבר" לא דריש. ואימא: "לכל דבר המזבח" – כלל, "עבודת מתנה" – פרט, כלל ופרט – אין בכלל אלא מה שבפרט, עבודת מתנה – אין, עבודת סילוק – לא! אמר קרא ולמבית

(ויקרא טז; שם ו; שם; במדבר יח)

רש"י

לרבות שחקים. שכשירין לכל עבודה, ובלבד שלא יהו מקורעין והכי קאמר בזבחים (דף יח.). ואזדא רבי דוסא לטעמיה – לא שייך הכא למימר, דהא כולה מלתא אגב גררא נסבה: מאי לאו. רבי יהודה ורבי דוסא בהא פליגי, דר"י דדריש 'ילבש' להביא מגבעת ואבנט – סבר עבודה היא, ובעי מגבעת ואבנט, ור' דוסא סבר: לאו עבודה היא, ולא בעי מגבעת ואבנט: צריכא קרא לרבויי. דלא תימא הני דווקא, ולמימרא דלאו עבודה: ומר סבר לא צריכא לרבויי לה מקראי. דכיון דגלי בה "כתונת בד קדש ומכנסי קדש" אשמעינן דעבודה היא ובעיא כולהו. וכי אתא קרא לרבויי – לבגדי יוה"כ אתא: מתרומת מעשר ילפינן לה. דהא "והרים" כתיב, לשון "והרמותם ממנו" (במדבר יח) והויא באומד, אחד *מעשרה בדשן המערכה: או מתרומת מדין. דכתיב (שם לא) "והרמות מכס לה' וגו' אחד נפש מחמש המאות": תא שמע. דמהרמת קומץ ילפינן לה, לא יפחות מאומד מלא הקומץ. ואם רצה להוסיף – יוסיף. דהא ליכא למימר דווקא קאמר, דהא לא אפשר לפשוט כרמן גמלים רותחות ידיו לקמוץ: ארבע עבודות כו'. אע"פ שכולן מוזהר עליהן זר, אין חיוב מיתה אלא בארבע האלו, כדמפרש ואזיל: ואתה ובניך אתך וגו'. סיפיה דקרא "והזר הקרב יומת": עבודת מתנה. שאתה נותן על המזבח, ולא עבודת סילוק שאתה מסלק וסר מעל המזבח, כגון תרומת הדשן: עבודה תמה. עבודה שהיא גומרת ומתממת את הדבר, ולא שיש אחריה עבודה. כגון שחיטה וקבלה והולכה שיש אחריה זריקה. אבל זריקה – עבודה אחרונה שבדם, וכן הקטרה בקומץ מנחה ובאברים ופדרים, וכן ניסוך היין בכל השנה, וכן המים בחג: לכל דבר המזבח. לרבות עבודת סילוק אם עבודה תמה היא, כגון תרומת הדשן: שבע הזאות שבפנים. שמזה על הפרוכת מפר העלם דבר [illegible] ועל יוה"כ, ושבמצורע שמזה מלוג שמן בהיכל, כדכתיב (ויקרא יד) "והזה מן השמן באצבעו וגו'" דסלקא דעתך אמינא לאו דבר המזבח הוא, להכי רבי לכל: ולוי נפקא להו. כולהו מיניה מ'דבר' 'לכל דבר' – דהא 'דבר המזבח' גופיה יתירה הוא, ונגמר מיניה תרומת הדשן, ומריבויא ד'לכל' דריש ביה הזאה הפנימית:

(לעיל יב: לקמן ס. וש"נ) (נ"א מעשרה) (זבחים קיב:)

תוספות

מתרומת מעשר ילפינן לה כו'. תימה לי: אמאי לא מספקא ליה נמי אי מתרומה גדולה ילפינן לה? ויש לומר: משום דבתרומת הדשן כתיב: "והרים", ובתרומת מעשר נמי כתיב: "והרמותם", ובתרומת מדין נמי כתיב: "והרמות מכם" אבל בתרומה גדולה לא כתיב במלות לוויה לשון הרמה, אלא כתיב: *"ראשית דגנך וגו' עד תתן לו" והא דכתיב (במדבר טו): "כתרומת גורן כן תרימו אותה" תרימו דכתיב – בחלה כתיב. וא"ת: ואמאי לא מבעיא ליה אי ילפינן מחלה? יש לומר: ד"והריס" מ"הרמותם" או מ"והרמות" ילפינן, אבל "והריס" מ"תרימו" – לא ילפינן, דלא דמו כולי האי להדדי. אי נמי יש לומר: דילפינן תרומה קמייתא מתרומה קמייתא, דנהי דתרומת מעשר יש תרומה גדולה קודם לה – מ"מ בלויס דמשתעי קרא זו היא תרומה קמייתא דחייבינהו קרא, לאפוקי חלה שיש תרומה גדולה קודמת. אי נמי יש לומר: כיון דתרומה גדולה וחלה אין להם שיעור מפורש – ילמד סתום מן המפורש, דהיינו מתרומת מעשר או מתרומת מדין. ואין להקשות: תרומה גדולה וחלה גופייהו אמאי לא גמרינן בהאי גזירה שוה דיהא להם שיעור? דיש לומר: כיון דכתיב בהו "ראשית דגנך" – ואפילו דגן אחד, וכן בחלה נמי כתיב "ראשית עריסותיכם". ומה שפירש רש"י מתרומת מדין אחד מחמש מאות, אע"ג דהוה נמי התם אחד מחמשים – נראה לו מחמש מאות ילפינן, משום דכתיב אצל *"והרימו", ולי היה נראה יותר ללמד ממדין אחד מנ', כדדרשינן *בירושלמי: בינונית אחד מחמשים – דכתיב "אחד אחוז מן החמשים", כל שאתה אוחז ממקום אחר – יהא כזה. ותימה לי: מאי מספקא ליה אי גמרינן מתרומת מעשר או ממדין? פשיטא דיותר סברא הוא ללמוד מתרומת מעשר, דורות מדורות, מללמוד ממדין, דורות משעה! ולפי מה שפירש דמאחד אחוז מן החמשים גמרינן – ניחא, למשמע כל שאתה אוחז ממקום אחר יהא כזה. ואפילו לפרש"י ז"ל ד"והריס" שהוא מלשון יחיד מ"והרמות" שגם הוא לשון יחיד גמרינן, אבל מ"והרמותם" – שמא לא ניחא ליה למילף. אי נמי: תרומת הדשן שהיא מלות עבודת ליבור מתרומת מדין דשייכא בכל ישראל – גמרינן, אבל תרומת מעשר בלויס נאמרה. אבל תימה לי: מאי שנא דלא נסתפק אי מ"והריס ממנו בקומלו" גמרינן, דדמיא ליה טפי מכולהו דבאידי ואידי כתיב "והריס"? וי"ל: משום דלא מלינו למיגמר לגמרי כי התם, שיתרוס תרומת הדשן בקומלו פן יכוה, כמו שפרש"י. להכי לא הוה ס"ד למילף מיניה. ואפילו הכי פשיט דגמרינן מיניה, כיון דדמי ליה, דבאידי ואידי "והריס" כתיב: **ולוי** רבי רחמנא "לכל דבר המזבח". הכא לא הוה מלי למיפרך ומה ראית לרבות עבודת סילוק ולמעוטי עבודה שאינה תמה – דיש לומר דעבודת סילוק דבר המזבח היא, אבל עבודה שאין תמה – אינה במזבח. אבל קשה לי: אם כן ליחייב אסידור מערכה נמי, דהא עבודת מזבח נמי היא, ומה ראית למעט אותה ולרבות עבודת סילוק? אלא יש לומר: תרומת הדשן עדיפא, שקודמת לכל: **לאתויי** שבע הזאות שבפנים ושבמצורע. תימה הוא: דקא חשיב ארבע עבודות שזר חייב עליהם, וקא חשיב ניסוך היין וניסוך המים בתרתי, ולא חשיב הזאת דם והזאות דשמן לפנים נמי בתרתי! וי"ל: דניסוך המים והיין חשיבי, ומשכחת להו שהן באין בגלל עלמן – להכי חשבינהו באנפי נפשייהו. אבל הזאות דשמן, באות בגלל זבח שיש עמהן מיני דמים, ולהכי הוה בכלל זריקה: **אין** בכלל אלא מה שבפרט. תימה לי: א"כ "לכל דבר המזבח" למה לי? כדקאמר "דבר" "לכל דבר" [ואפילו אם תמלא לומר ד"לכל" מרבה הזאות שבפנים ושבמלורע – מ"מ קשיא, כיון ד"לכל" משמע כללא]. אדרבה, לפרוך לאידך גיסא: דהוה לן למימר ד"לכל דבר המזבח" הוה להו שני כללות הסמוכין זה לזה והטל פרט ביניהם "ועבדתם עבודת מתנה" ודונם בכלל ופרט וכלל. "ולכל" חשיב כלל, כמו "בכל" כדדרשינן "בכל אשר תשאלך נפשך" כלל. והכי אמרינן בפ' "שור שנגח את הפרה" (ב"ק דף נד:), ובר"פ "מרובה" (שם דף סד.) בכל כללא, וא"כ נרבי מכעין הפרט אפילו דבר שאין עבודה תמה ואפילו עבודת סילוק! ואע"ג דלא דמי כללא בתרא לכללא קמא – הא דיינינן ב"אלו טריפות" (חולין דף סו.) כי האי גוונא! ונראה דשמא "בכל" ו"לכל" לחודיה – לא חשיב כללא אלא כשיש שום תיבה מפורשת מאותו ענין אללו, כמו התם, דכתיב: "בכל אשר תאוה נפשך בבקר ובלאן וביין ובשכר" וכן בדברות דכתיב: "וכל בהמתך", והיא דפרק "שלשה מינין" (נזיר דף לה.): *חמור או שור או שה – פרט "וכל" – כלל, בהמה – חזר ופרט, י"ל דהיא ר"א היא. אי נמי: שאני התם דכתיב ברישא "חמור או שור" והדר "וכל", אבל הכא דכתיב ברישא דעניינא "לכל" – הוה ליה כלל שאינו מלא, ואין דנין אותו בכלל ופרט. וכי האי גוונא אמרינן בריש פ"ק דזבחים (דף ד:) אימא יעשה – כלל, זבח – פרט! ומשני: אי הוה כתיב יעשה שלמים זבח – כדקאמרת, השתא דכתיב יעשה זבח שלמים – הוה ליה כלל שאין מלא וכו'. אלא

[דברים יח] טו * א מיי' פ"ח מהל' כלי המקדש הלכה ד: * כפי שליין הרב בעל עין שפט לעיל בדף יב: על את השחקים מיי' פ"ב מהלכות תמידין הלכה יו"ד נ"ל גם כאן כך
טז ב מיי' שם הלכה ה:
יז ג מיי' פ"ט מהלכות ביאת מקדש הלכה ב:
יח ד שם הלכה ח:
יט ה שם הלכה ב:
כ ו שם הלכה ג:

[נ"ל והרמות]

[וכן איתא בתוספתא דתרומות פ"ה והביאו רש"י חולין קלז: ד"ה לאורייתא]

רש"א

[וע"ש גי' התוס' ד"ה וכי יתן]

גליון הש"ס

תוס' ד"ה מתרומת מעשר וכו' דיותר סברא הוא ללמוד מתרומת מעשר. עי' מנחות דף עז ע"ב:

רבינו חננאל

ור' דוסא סבר לא צריך קרא לרבויי. בעי ר' אבין תרומת הדשן בכמה מתרומת מעשר ילפינן לה והוא חלק אחד מעשרה כדכתיב והרמותם ממנו תרומת ה' מעשר מן המעשר. או מתרומת מדין כדכתיב אחד אחוז מן החמשים. ופשטנא לא מזה ולא מזה ילפינן אלא מתרומת המנחה וזו תרומת קומץ. אמר רב ד' עבודות זר חייב עליהן מיתה. ואלו הן זריקה הקטר נסוך המים ונסוך היין. שנאמר ואתה ובניך אתך תשמרו וגו' ועבדתם עבודה תמה ולא עבודה שיש אחריה עבודה. עבודת מתנה ולא עבודת סילוק על זה כתיב והזר הקרב יומת. הילכך בעינן עבודת (סילוק) [מתנה]. ועבודה תמה שאין אחריה עבודה. ולוי אמר אף זה שהרים תרומת הדשן חייב מיתה שנא' דבר המזבח. ואפי' זה. ורב כתב רחמנא דבר המזבח ואפילו לרבויי ז' הזאות שבפנים ושמצורע כו'. ופשוטה היא בעיא דרבא לטעמיה דלוי היא דרב לא שנא בפנים ול"ש בחוץ עבודת מתנה היא דחייב מיתה אבל עבודת סילוק לא. ולוי הוא דשני ליה ומשום הכי בעי

תוספות ישנים

מתרומת מעשר ילפינן לה כו'. תימה אמאי לא קמיבעיא ליה אי מתרומה גדולה אי מחלה דכתיב בה כן תרימו גם אתם ילפינן לה דאין להם שיעור מן התורה י"ל דאין הכי נמי אלא דלא חשיב אלא אלו אבל תימה לרבי אלחנן דמכל מקום אמאי לא תיפשוט להו מסתמא דלא בעי שיעור כיון דלא כתיב בה שמא הוה ס"ד משום דרשה או משום פסוק שלריך שיעור: **מה** להלן בקומצו כו'. ואינו פושט מכדי בעייתו כלום ומכאן ראיה לשאר מקומות בתלמוד שאינו פושט לא זה ולא זה ממה ששואל: **אף** כאן בקומצו. ומ"מ לא דמי למנחה ממש שכאן כשר יותר מקומצו שאי אפשר לו לחפון הרמץ ולקמוץ כדפי' בקונטרס: **וניסוך** היין והמים. תימה מאי שנא דחשיב ניסוך יין ומים תרי והקטרה חד אדרבה הוה ליה למיחשב הקטרה תרי שהוא על המזבח החיצון ומזבח הקטורת אבל שני [ניסוכין] כן במזבח החיצון וי"ל דכיון שאין ניסוך המים אלא פעם אחת בשנה וניסוך היין יום יום מחשיב להו תרתי. ה"ר יוסף. אבל אין נראה לומר דלא חשיב אלא הני דעל המזבח החיצון ואם היה בהני דבריס של מזבח הפנימי הוה חשיב נמי ה' דבריס דהא לקמן פריך ולחייב נמי זר שסידר את השלחן אלמא היה לו למנותן אי מחייב אע"ג דבהיכל הוה: **רבי** רחמנא לכל דבר לרבות עבודת סילוק. וא"ת לרבות עבודה שיש אחריה עבודה י"ל א"כ א) (עבודת מתנה) למאי אתא אבל איכא לאוקמי ב) (ועבדתם) בשאר עבודת סילוק כגון הוצאת הדשן וא"ת אמאי לא מוקי ליה לקרא לרבות הוצאת כף ומחתה ודישון מזבח הפנימי והמנורה י"ל שאינן עבודות [תמורות] ואינן חשובות סילוק כתרומת הדשן שהיא על המזבח: **לרבות** עבודת סילוק. מכאן קשה לגירסת הספר בסוף פירקין גבי הא דבעי עבודה תמה ליחייב עליה זר והרי תרומת הדשן דלאו עבודה תמה היא וחייב עליה זר ואילו הכא משמע שעבודה תמה היא מדלא מרבינן הכא קבלה והולכה דליחייב בהן זר ואע"פ שיש אחריהם עבודה אלא ש"מ דבעינן דוקא עבודת סילוק שהיא עבודה תמה מיהו יש לדחות דלא בעי לרבויי אלא עבודות חמורות וחשובות שיהו על המזבח כדפי' לעיל וכי האי גוונא מפרש בסוף פירקין דפשיטא ליה לתלמוד דאין זר חייב אלא על עבודות שאין נעשות בלילה ואע"ג דלא אשכחן מיעוטא אבל מ"מ קשיא אמאי לא מרבי זר שסידר את השלחן ובזיכין ומערכה כדפריך לקמן אלא ש"מ דלא מרבי אלא שאין אחריהן עבודה אלא תרומת הדשן עבודה תמה היא וה"נ מוכח לקמן ג) בסמוך: **ואימא** לכל דבר כלל כו' עבודת מתנה אין עבודת סילוק לא. משמע דעבודה תמה בעינן מדלא קאמר ולא עבודה שיש אחריה עבודה דלא ממעטינן לה לתרומת הדשן מעבודה שיש אחריה עבודה ופריך נמי בסמוך אי הכי ועבדתם נמי כו' הא בחוץ אפילו עבודה שיש אחריה עבודה ואי תרומת הדשן לאו עבודה תמה היא מאי קא פריך אין ודאי ה"נ דמאי דמרבינן בעבודת סילוק תרומת הדשן ה"נ מרבינן בעבודה שיש אחריה עבודה תרומת הדשן אלא ש"מ דעבודה תמה היא וכן פי' בקונטרס לקמן בסוף דעבודה תמה היא אך זו הקושיא דועבדתם יש לדחות דהכי פריך דבשלמא מעבודת סילוק ליכא לרבויי אלא תרומת הדשן דעדיפא מכולהו שהיא על המזבח והוצאת הדשן פחותה משאר עבודות אע"פ שהיא על המזבח שהיא בבגדים פחותים אבל עבודה שיש אחריה עבודה הוה לן לרבויי כל עבודות חשובות כעין תרומת הדשן כגון סידור מערכה ושני גיזרי עלים ואמאי לא מרבינן ביה אלא תרומת הדשן אבל מכל מקום נראה כדפרי' ואם תאמר לגירסת הספרים על כרחך תמה היא שאין אחריה עבודה והא דהוצאת הדשן היתה אחריה והרי דשן שהיה מריס לא היה עושה בו עבודות אחרות דהכי נמי זריקה חשובה עבודה תמה ואף על גב דאיכא שפיכת שיריים וכן שבע הזאות שבפנים ואף על פי שאחר כך היה עושה מתן דמים על מזבח החיצון וכן מזה בחטאת דלקמן ואע"פ שהיה אחריו מילוי ואיכא מתן דאמר בפרק שני דמעילה (דף ח.) דמעכבי יש לומר שהתנחה ההרמה היתה דכתיב ושמו וא"ת לפי' הקונטרס נמי אינה עבודה תמה שהתנחה היתה אח"כ י"ל שזהו הכל עבודה אחת א"נ הנחה היתה כשרה בזר וא"ת ואם נזכר על המזבח בכהן למה חשובה עבודת סילוק כיון שיש הנחה אחריה י"ל כי העיקר הוא הסילוק: **לאתויי** שבע הזאות שבפנים. וא"ת פשיטא דזר חייב עליהן מיתה משום ביאה ריקנית י"ל כגון ששגג בביאה: **לאתויי** שבע הזאות שבפנים ושבמצורע. דס"ד דלאו עבודות תמות הן שאחר שהזה ז"פ מן הדם כתיב ונתן מן הדם על קרנות המזבח קטרת הסמים לפני ה' וא"כ אין זו עבודה תמה שבאותה שעה עושה עבודה מן הדם קמ"ל דעבודה תמה היא שמאותו דם שהזה אין אחריה עבודה דלא דמי להולכה ולקבלה שמאותו דם שקיבל ושזרק והוליך יש אחריו עבודת זריקה ולא

א) נ"ל ועבדתם. ב) נ"ל עבודת מתנה. ג) בסמוך דפריך ואימא לכל כו' עבודת מתנה.

"וּלְמִבֵּית לַפָּרוֹכֶת וַעֲבַדְתֶּם" – אֶל מִבֵּית לַפָּרוֹכֶת הוּא דַּעֲבוֹדַת מַתָּנָה וְלֹא עֲבוֹדַת סִילּוּק, הָא בַּחוּץ – אֲפִילּוּ עֲבוֹדַת סִילּוּק. אִי הָכִי "וַעֲבַדְתֶּם" נַמִי: אֶל מִבֵּית לַפָּרוֹכֶת הוּא דַּעֲבוֹדָה תַּמָּה וְלֹא עֲבוֹדָה שֶׁיֵּשׁ אַחֲרֶיהָ עֲבוֹדָה, הָא בַּחוּץ – אֲפִילּוּ עֲבוֹדָה שֶׁיֵּשׁ אַחֲרֶיהָ עֲבוֹדָה! "וַעֲבַדְתֶּם" הֲדַר עַרְבֵיהּ קְרָא. בָּעֵי רָבָא: עֲבוֹדַת סִילּוּק בַּהֵיכָל מַהוּ? לִפְנִים מְדַמֵּינַן לֵיהּ, אוֹ לַחוּץ מְדַמֵּינַן לֵיהּ? הֲדַר פְּשָׁטָא: "מִבֵּית" "וּלְמִבֵּית".– אֶלָּא מֵעַתָּה, זָר שֶׁסִּידֵּר אֶת הַשֻּׁלְחָן לִיחַיֵּיב! אִיכָּא סִידּוּר בָּזִיכִין. סִידֵּר בָּזִיכִין לִיחַיֵּיב! אִיכָּא סִילּוּק וְהַקְטָרָה. זָר שֶׁסִּידֵּר אֶת הַמְּנוֹרָה לִיחַיֵּיב! אִיכָּא נְתִינַת פְּתִילָה. נָתַן פְּתִילָה לִיחַיֵּיב! אִיכָּא נְתִינַת שֶׁמֶן. נָתַן שֶׁמֶן לִיחַיֵּיב! אִיכָּא הַדְלָקָה. הִדְלִיק לִיחַיֵּיב! הַדְלָקָה לָאו עֲבוֹדָה הִיא. וְלָא? וְהָתַנְיָא: ויקרא א °"וְנָתְנוּ בְּנֵי אַהֲרֹן הַכֹּהֵן אֵשׁ עַל הַמִּזְבֵּחַ וְעָרְכוּ עֵצִים עַל הָאֵשׁ" – *לִימֵּד עַל הַצָּתַת אֲלִיתָא שֶׁלֹּא תְּהֵא אֶלָּא בְּכֹהֵן כָּשֵׁר וּבִכְלֵי שָׁרֵת! הַצָּתַת אֲלִיתָא – עֲבוֹדָה הִיא, הַדְלָקָה – לָאו עֲבוֹדָה הִיא. אֶלָּא מֵעַתָּה זָר שֶׁסִּידֵּר אֶת הַמַּעֲרָכָה לִיחַיֵּיב! אִיכָּא סִידּוּר שְׁנֵי גְּזִירֵי עֵצִים. – סִידֵּר שְׁנֵי גְּזִירִין לִיחַיֵּיב! אִיכָּא סִידּוּר אֵבָרִים. – וְהָא אָמַר רַב אַסִּי *אָמַר רַבִּי יוֹחָנָן: [א]זָר שֶׁסִּידֵּר שְׁנֵי גְּזִירֵי עֵצִים חַיָּיב! בְּהָא פְּלִיגִי; מָר סָבַר: עֲבוֹדָה תַּמָּה הִיא, וּמָר סָבַר: לָאו עֲבוֹדָה תַּמָּה הִיא. תַּנְיָא כְּוָותֵיהּ דְּרַב, תַּנְיָא כְּוָותֵיהּ דְּלֵוִי. תַּנְיָא כְּוָותֵיהּ דְּרַב: עֲבוֹדוֹת שֶׁזָּר חַיָּיב עֲלֵיהֶם מִיתָה: זְרִיקַת דָּם בֵּין לִפְנִים בֵּין לִפְנַי וְלִפְנִים, וְהַמַּזֶּה בְּחַטַּאת הָעוֹף, וְהַמְמַצֶּה וְהַמַּקְטִיר בְּעוֹלַת הָעוֹף, וְהַמְנַסֵּךְ שְׁלֹשָׁה לוּגִּין מַיִם וּשְׁלֹשָׁה לוּגִּין יַיִן. תַּנְיָא כְּוָותֵיהּ דְּלֵוִי: עֲבוֹדוֹת שֶׁזָּר חַיָּיב עֲלֵיהֶן מִיתָה: הַמֵּרִים אֶת הַדֶּשֶׁן, וְשֶׁבַע הַזָּאוֹת שֶׁבִּפְנִים וְשֶׁבִּמְצוֹרָע, וְהַמַּעֲלֶה עַל גַּבֵּי הַמִּזְבֵּחַ בֵּין דָּבָר כָּשֵׁר בֵּין דָּבָר פָּסוּל.(א) לָמָּה מְפִיסִין? לָמָּה מְפִיסִין?! כְּדַאֲמַרַן! אֶלָּא: לָמָּה מְפִיסִין וְחוֹזְרִין וּמְפִיסִין. אָמַר רַבִּי יוֹחָנָן: כְּדֵי *לְהַרְגִּישׁ כָּל הָעֲזָרָה, שֶׁנֶּאֱמַר: תהלים נה °"אֲשֶׁר יַחְדָּיו נַמְתִּיק סוֹד בְּבֵית אֱלֹהִים נְהַלֵּךְ בְּרָגֶשׁ". בַּמֶּה מְפִיסִין? רַב נַחְמָן אָמַר: בְּבִגְדֵי חוֹל, וְרַב שֵׁשֶׁת אָמַר: [ב]בְּבִגְדֵי קֹדֶשׁ. רַב נַחְמָן אָמַר: בְּבִגְדֵי חוֹל, דְּאִי אָמְרַתְּ בְּבִגְדֵי קֹדֶשׁ – אִיכָּא בַּעֲלֵי זְרוֹעוֹת דְּחָמְסִי וְעָבְדִי. רַב שֵׁשֶׁת אָמַר: בְּבִגְדֵי קֹדֶשׁ, דְּאִי אָמְרַתְּ בְּבִגְדֵי חוֹל – אַגַּב חֲבִיבוּתֵיהּ מִיקְרוּ וְעָבְדִי. אָמַר רַב נַחְמָן: מְנָא אָמֵינָא לַהּ – דִּתְנַן: *[ג]מְסָרוּם לַחַזָּנִין, וְהָיוּ מַפְשִׁיטִין אוֹתָן אֶת בִּגְדֵיהֶן וְלֹא הָיוּ מַנִּיחִין עֲלֵיהֶן אֶלָּא מִכְנָסַיִם בִּלְבָד.

מַאי

ולמבית לפרוכת. אַפְסֵיק בֵּין כְּלָלָא לִפְרָטָא, מִבֵּית לַפָּרוֹכֶת הוּא דַּעֲבוֹדַת מַתָּנָה – כְּגוֹן הַזָּאוֹת שֶׁבֵּין הַבַּדִּים דְּיוֹם הַכִּפּוּרִים, וּנְתִינַת קְטוֹרֶת עַל הָאֵשׁ: **וְלֹא עֲבוֹדַת סִילּוּק.** כְּגוֹן הוֹלָכַת כַּף וּמַחְתָּה, שֶׁהַכֹּהֵן גָּדוֹל מַכְנִיס שָׁם לִקְטוֹרֶת יוה"כ וּמַנִּיחַ בֵּין הַבַּדִּים, וְאַחַר כָּךְ חוֹזֵר וּמוֹצִיאָן: **אִי הָכִי וַעֲבַדְתֶּם נַמִי מִבֵּית לַפָּרוֹכֶת**(ב) דַּעֲבוֹדָה תַּמָּה. כְּגוֹן נְתִינַת קְטוֹרֶת עַל הָאֵשׁ: **וְלֹא שֶׁיֵּשׁ אַחֲרֶיהָ עֲבוֹדָה.** הוֹלָכַת כַּף וּמַחְתָּה, שֶׁיֵּשׁ אַחֲרֶיהָ חֲפִינָה וְהַקְטָרָה: **וַעֲבַדְתֶּם הֲדַר עַרְבֵיהּ.** לְעִנְיַן עֲבוֹדָה תַּמָּה שֶׁהַוָּי"ו מוֹסִיף לְעִנְיָן רִאשׁוֹן. אֲבָל עֲבוֹדַת מַתָּנָה לֹא מִיהֲדַר אֶלָּא אַ"מִּבֵּית לַפָּרוֹכֶת" דִּלְקַמֵּיהּ, דְּלָא כְּתִיב בֵּיהּ וָי"ו: **עֲבוֹדַת סִילּוּק בַּהֵיכָל.** וְהִיא עֲבוֹדָה תַּמָּה, כְּגוֹן דִּישּׁוּן מִזְבֵּחַ הַפְּנִימִי וְהַמְּנוֹרָה, לְגַוַּי מַהוּ? מִבֵּית לַפָּרוֹכֶת הֲוָה לֵיהּ לְמִיכְתַּב. וּכְתִיב "וּלְמִבֵּית לַפָּרוֹכֶת" – לַעֲשׂוֹת הֵיכָל כְּבֵית קָדְשֵׁי הַקֳּדָשִׁים, וּפָטוּר עַל עֲבוֹדַת סִילּוּק: **אֶלָּא מֵעַתָּה.** דַּעֲבוֹדַת *מַתָּנָה מִיחַיֵּיב בַּהֵיכָל זָר, דְּמְרַבֵּינַן "וּלְמִבֵּית": **זָר שֶׁסִּידֵּר.** לֶחֶם, לִיחַיֵּיב מִיתָה, וְאַמַּאי אָמְרִינַן לְעֵיל ד' עֲבוֹדוֹת וְתוּ לָא? **אִיכָּא סִידּוּר בָּזִיכִין.** בַּתְרֵיהּ, כְּדִכְתִיב (ויקרא כד) "וְנָתַתָּ עַל הַמַּעֲרֶכֶת לְבוֹנָה זַכָּה" וְלָאו עֲבוֹדָה תַּמָּה הִיא: **אִיכָּא סִילּוּק וְהַקְטָרָה.** עֲדַיִין לֹא נִגְמְרָה עֲבוֹדָתָהּ עַד שַׁבָּת הַבָּאָה, שֶׁיְּסַלְּקֶנָּה וְיַקְטִיר הַבָּזִיכִין: **שֶׁסִּידֵּר אֶת הַמְּנוֹרָה.** בַּבּוֹקֶר הָיוּ מְסַלְּקִין אֶת הַנֵּרוֹת שֶׁל זָהָב מִן הַמְּנוֹרָה לְקַנֵּחַ אָפְרָן יָפֶה, וְחוֹזְרִין וְקוֹבְעִין אוֹתָם בָּהּ, וַהֲרֵי עֲבוֹדָה תַּמָּה: **הַצָּתַת אֲלִיתָא.** הַצָּתַת קִיסְמִים דַּקִּים, אִם הוּצְרַךְ לְהַצִּית עַל הַמִּזְבֵּחַ בְּאַחַת מִן הַמַּעֲרָכוֹת, כְּגוֹן שֶׁקָּרְבָה מַעֲרָכָה לִכְלוֹת, שֶׁנִּשְׂרְפָה כָּל הַמְּדוּרָה: **וּבִכְלֵי שָׁרֵת.** שֶׁיְּהֵא לוֹבֵשׁ בִּגְדֵי כְּהוּנָּה, אַרְבָּעָה, אִם כֹּהֵן הֶדְיוֹט הוּא, וְאִם כֹּהֵן גָּדוֹל הוּא – שְׁמוֹנָה, שֶׁהֲרֵי נֶאֱמַר כָּאן "הַכֹּהֲנִים" וְכָל מָקוֹם שֶׁנֶּאֱמַר "בְּנֵי אַהֲרֹן הַכֹּהֲנִים" – בִּכְהוּנָּם מַשְׁמַע, בְּבִגְדֵי כְהוּנָּתָם: **שֶׁסִּידֵּר הַמַּעֲרָכָה.** עֵצִים: **אִיכָּא** בַּתְרֵהּ **סִידּוּר שְׁנֵי גְּזִירִין.** דִּילְפִינַן לְהוּ לְקַמָּן (דף כו:) מִקְּרָאֵי: **אִיכָּא סִידּוּר אֵבָרִים.** דְּתָמִיד, בַּתְרֵיהּ. וְכָל זֶה מֵעֲבוֹדַת הַסִּידּוּר הוּא: **בְּהָא פְּלִיגִי.** רַב וְרַבִּי יוֹחָנָן. רַבִּי יוֹחָנָן סָבַר: סִידּוּר שְׁנֵי גְּזִירִין עֲבוֹדָה תַּמָּה הִיא, שֶׁסִּידּוּר מַעֲרֶכֶת עֵצִים תַּמָּה וְגוֹמֶרֶת הִיא בָּהּ, וְסִידּוּר הָאֵבָרִים תְּחִילַּת סִידּוּר אַחֵר הוּא. וְרַב סָבַר: לָאו עֲבוֹדָה תַּמָּה, דְּשֵׁם סִידּוּר אֶחָד הוּא: **זְרִיקַת דָּם.** הַמִּזְבֵּחַ בַּחוּץ: **בֵּין לִפְנִים.** הַזָּאָה שֶׁעַל הַפָּרוֹכֶת: **בֵּין לִפְנַי וְלִפְנִים.** שֶׁעַל בֵּין הַבַּדִּים דְּיוֹם הַכִּפּוּרִים: **בְּחַטַּאת הָעוֹף.** כְּתִיב הַזָּאָה "וְהִזָּה מִדַּם הַחַטָּאת עַל קִיר הַמִּזְבֵּחַ" (ויקרא ה): **בְּעוֹלַת הָעוֹף.** כְּתִיב מִיצּוּי, "וּמָלַק אֶת רֹאשׁוֹ וְהִקְטִיר הַמִּזְבֵּחָה וְנִמְצָה דָמוֹ עַל קִיר הַמִּזְבֵּחַ" (ויקרא א): **וְהַמַּקְטִיר.** שֶׁהָעוֹלָה כָּלִיל הִיא: **וְהַמְנַסֵּךְ שְׁלֹשֶׁת לוּגִּין.** שֶׁהִיא פְּחוּת שֶׁבַּנְּסָכִים רְבִיעִית הַהִין לַכֶּבֶשׂ. וְאִילּוּ תְּרוּמַת הַדֶּשֶׁן לָא קָתָנֵי, וְהַיְינוּ כְּרַב: **בֵּין דָּבָר פָּסוּל.** כְּהָנָךְ פְּסוּלִין שֶׁפְּסוּלָן בַּקּוֹדֶשׁ, דְּאִם עָלוּ לֹא יֵרְדוּ, מִשּׁוּם הָכִי חֲשִׁיבָא הַקְטָרָה: **כְּדַאֲמַרַן.** שֶׁהָיוּ בָּאִים לִידֵי מַחֲלוֹקֶת: **לָמָּה מְפִיסִין וְחוֹזְרִין וּמְפִיסִין.** לָמָּה נֶאֱסָפִין לְפַיִּס אַרְבָּעָה פְּעָמִים בַּיּוֹם כִּדְתְנַן בְּמַתְנִיתִין? יָפִיסוּ עַל כּוּלָּן בָּאֲסִיפָה רִאשׁוֹנָה, מִי יִזְכֶּה לָזֶה וּמִי לָזוֹ: **לְהַרְגִּישׁ.** לְהַשְׁמִיעַ קוֹל הֲמוֹן עַם רַב, כַּמָּה פְּעָמִים, שֶׁהוּא כָּבוֹד לַמֶּלֶךְ, שֶׁנֶּאֱמַר "בְּבֵית אֱלֹהִים וגו'": **בַּמֶּה מְפִיסִין.** מֶה הָיוּ לוֹבְשִׁין אוֹתָם הַנֶּאֱסָפִין לְפַיִּס, בִּגְדֵי חוֹל אוֹ בִּגְדֵי קֹדֶשׁ? **בְּבִגְדֵי חוֹל.** וְהַזּוֹכֶה לַעֲבוֹדָה פּוֹשֵׁט וְלוֹבֵשׁ בִּגְדֵי קֹדֶשׁ: **דְּחָמְסִי וְעָבְדִי.** אַף עַל פִּי שֶׁלֹּא זָכוּ בַּגּוֹרָל: **מִקְרוּ וְעָבְדִי.** עֲבוֹדָה בְּבִגְדֵי חוֹל, אוֹתָן שֶׁזָּכוּ לַפַּיִּס: **לַחַזָּנִים.** שַׁמָּשִׁין: **בְּאוֹתָם** שֶׁלֹּא

אלא מעתה זר שסידר את המערכה ליחייב. לא ידענא למאן פריך, ומאי "אי אמרת בשלמא" יש כאן? ונראה לי: דפריך אהא דקאמר לעיל דאזריקה מיחייב, אע"ג דאיכא בתרה הקטרה – ומכל מקום מחייבת עלה כיון דבדם מיהת עבודה תמה היא – א"כ אסידור מערכה ליחייב, דליכא בתרה בסידור עלי מערכה מידי. ומשני: איכא סידור שני גזירין. וכן יש לפרש כל הסוגיא. והא דפריך לעיל גבי זר שסידר את השלחן ליחייב – יש לפרש כן, וקל להבין. ומשני: איכא בזיכין, והני חשיבי כולהו כחד, ולא דמו לזריקה והקטרה, דהקטרה לא מעכבא:

והמזה בחטאת העוף. משום דלא דמיא לאחרים, שאין לו קבלה בכלי, אלא אוחז בראש ובגוף ומזה. ועוד: שאין למזבח אלא דמה. להכי נקטה באפי נפשה:

והמקטיר בעולת העוף. תימה לי: אמאי לא קאמר נמי והממצה בעולת העוף? ועוד קשיא לי: ליתני המקטיר בכל הקדשים. ובתוספתא דזבחים עיינתי וקתני סתמא והמקטיר, וקתני בה נמי והממצה בעוף. ותוספתא שלי מוטעת היא, וצ"ע בתוספתא אחרת. ולפי הספרים שלי נראה לי דהכי פירושו: והמקטיר בעולת העוף, ואף המקטיר אף בעולת העוף. ומשום דבחטאת העוף לא מיחייב אלא בהזאת דמה, דלית בה הקטרה מה שאין כן בכל הקדשים, קאמר דבעולת העוף חייב אף המקטיר. דלא מיבעיא במילוי דמה – דאיתא נמי בחטאת העוף, אלא אפילו בהקטרתה דליכא דכוותה בחטאת העוף. ולא מיבעיא בהקטרה דשאר זבחים – דשייך בכל הזבחים, אלא אפילו בעוף דאיכא חטאת העוף דלית בה הקטרה – אפילו הכי בעולת העוף חייב:

זריקת דם בין לפנים בין לפני ולפנים והמזה בחטאת העוף. כחד חשיב להו, ומקטיר בעולת העוף – הרי תרי, וניסוך היין והמים – הרי ארבע:

והמעלה על גבי המזבח בין דבר כשר כו'. בכלל זה יש זריקה והזאות והקטרות וניסוך היין והמים, שהרי כולן עולין על גבי המזבח:

מאי

ויקרא א | תהלים נה

ס"א תמה | [לקמן מה.] | [לקמן כח.] | [לקמן נג:] | תמיד פ"ה מ"ג

עין משפט נר מצוה

כא א מיי' פ"ט מהלכו' ביאת מקדש הלכה ה:
כב ב מיי' פ"ד מהלכות תמידין הלכה א:
כג ג שם הלכה ב:

רבינו חננאל

עבודת סילוק בהיכל לפנים מדמינן ליה ואינו חייב מיתה או לעבודת דלחוץ מדמינן ליה וחייב ופשטה דכלפנים מדהוה ליה למכתב מבית לפרכת וכת' ולמבית לרבויי אפי' בהיכל. אלא מעתה כיון שאפי' בהיכל בעבודת מתנה הוא דחייב. זר שסידר לחם הפנים בשלחן ליחייב. ודחינן בעינן מלאכה תמה. וזו אינה מלאכה תמה. דהא נשאר סידור בזיכים של לבונה. סידר בזיכין כו' בעניין הזה. תניא כוותיה דרב עבודות שזר חייב עליהן מיתה זריקה בין לפנים בין לפני ולפנים והמזה בחטאת העוף. והמזה והמקטיר בעולת העוף. והמנסך ג' לוגין יין וג' לוגין מים. תנא כוותיה דלוי עבודות שהזר חייב עליהן מיתה המרים את הדשן. וז' הזאות שבפנים ושבמצורע. והמעלה על המזבח בין דבר כשר בין דבר פסול: למה מפיסין כלומר למה מפיסין וחוזרין ומפיסין עד ד' פייסות. א"ר יוחנן כדי להרגיש העזרה. במה מפיסין. רב נחמן אמר בבגדי חול ואמר מנא אמינא לה ודחי לה רב ששת ואמר הוא בבגדי קודש מפיסין ואמר מנא אמינא לה. ואע"ג דדחי לה רב נחמן כיון דאיסורא היא כרב ששת מוקמינן לה כדקיי"ל הלכתא כרב ששת

מסורת הש"ס

הגהות הב"ח

(א) גמ' בין דבר פסול ארבע פייסות היו שם וכו': למה מפייסין: (ב) רש"י ד"ה אי הכי כו' מבית לפרוכת הוא דעבודה תמה:

תוספות ישנים

ולא דמי נמי לזר שסידר לחם הפנים דלא נגמרה המלאכה עד סידור הבזיכין דכתיב ונתן על המערכת לבונה זכה ולא דמי נמי לסידור בזיכין שעדיין חסרין הקטרה ובהזאות של מצורע נמי כתיב והזה מן השמן באצבעו ז' פעמים וגו' ומיתר השמן אשר על כפו יתן הכהן על תנוך אוזן וגו' הלכך איצטריך לאשמועינן דעבודות תמות נינהו ולהכי לא ממעט להו מועבדתם עבודת מתנה פרט עבודת מתנה אין עבודה שיש אחריה עבודה לא אלא ש"מ דעבודות תמות נינהו. ה"ר יוסף. ועוד י"ל שלזה לא הוצרך הפסוק דפשיטא דעבודות תמות הן אלא בא להשמיענו דאע"ג דלא שייכי כולי האי למזבח אפ"ה חשובות הן עבודות כיון שצורך מזבח הן: **לאתויי** ז' הזאות. ורב לא חשיב להו דכלל זריקה הן: **עבודת** מתנה אין עבודת סילוק לא. ותימה א"כ לכל למה לי דהא תרי ריבויי איתא מדבר לכל דבר לרבות עבודת סילוק וז' הזאות מדסוה ליה למכתב לישנא אחרינא דלא הוה מרבי מידי אבל השתא דדרשת כלל ופרט חד אתא לז' הזאות אבל אידך למאי אתא ושמא השתא אינו דורש מדבר לכל דבר שני ריבויין: **עבודת** סילוק לא. בלא כלל ופרט לא מני לאקשויי מידי עבודת מתנה למאי אתא דאיכא למימר דאתא למעוטי הוצאת הדשן ועבודת סילוק בהיכל דממעט לקמן: **אמר** קרא ולמבית לפרוכת כו'. תימה לר' אלחנן לרב אמאי איצטריך למבית לפרוכת י"ל דס"ד כיון שעבד לפני ולפנים יהא חייב דאפי' בביאה ריקנית יש לו לזר להתחייב אם היה מזיד וכן פי' ה"ר יוסף:(ע"כ שייך לע"א)

הא בחוץ אפילו עבודת סילוק. תימה לרב רבי אלחנן כיון דבחוץ לא כתיב כלל מיעוטא לעבודת סילוק אפילו בהוצאת הדשן ליחייב בה זר י"ל כיון דלאו עבודה חשובה היא אין לנו לחייב בה זר בלא מיעוט כמו שמפרש רבי לקמן בסוף פירקין גבי עבודת לילה: **עבודת** סילוק בהיכל מהו. תימה לרבי אמאי לא פשיט דפטור מדלא חשיב להו לוי לעיל וליכא למימר משום דלא איירי אלא במזבח החיצון דהא פריך בסמוך זר שסידר השלחן ליחייב אלא פשיטא דלא מיחייב מדלא מני ליה: **איכא** סידור בזיכין. ואף על פי שבלחם הפנים עצמו אין עבודה אח"כ מ"מ סידור לחם הפנים עבודת סידור השלחן היא ועבודת סידור השלחן לא נגמרה עד שיסדר הבזיכין ולא דמי למקטיר כזית שחייב מיתה שכל זית הקטר חשוב בפני עצמו הוא: **הצתת** אליתא עבודה היא. ומ"מ לא מיחייב דאיכא בתרה סידור שני גזירין: **הדלקה** לאו עבודה היא. שהשלהבת עולה מאליה אבל הצתת האליתא איכא אש גדול אבל תימה לה"ר יוסף כיון דהדלקה לאו עבודה היא אמאי כתיב בה כהן דכתיב (במדבר ח) דבר אל אהרן ואל בניו בהעלותך את הנרות וגו': **והמזה** בחטאת העוף. הכי נמי הוי מצי למימר והמולק בחטאת העוף אלא דלפי' לא קאמר בה אמוראי בפרק שני דמעילה (דף ח:) אם מעכב בה מיצוי: **תניא** כוותיה דלוי ז' הזאות. וכ"ש זריקה:

גמרא

מאי לאו – באותן שזכו לפיים! אמר רב הונא בר יהודה אמר רב ששת: לא, באותן שלא זכו לפיים. הכי נמי מסתברא, דאי ס"ד באותן שזכו לפיים – לא היו מניחין עליהן אלא מכנסים בלבד? והתניא: *מניין שלא יהא דבר קודם למכנסים – תלמוד לומר: °"ומכנסי בד יהיו על בשרו". ואידך? הא ל"ק; הכי קתני: עד שעודן עליהן בגדי חול מלבישין אותן מכנסי קדש, והיו מפשיטין אותן בגדי חול, ולא היו מניחין אלא מכנסים בלבד. אמר רב ששת: מנא אמינא לה – דתניא: *לשכת הגזית כמין בסילקי גדולה היתה, פיים במזרחה, וזקן יושב במערבה. והכהנים מוקפין ועומדין כמין *בכוליאר, והממונה בא ונוטל מצנפת מראשו של אחד מהן, ויודעין שממנו פיים מתחיל. ואי סלקא דעתך בבגדי חול – מצנפת בבגדי חול מי איכא? אין, *כדתני רב יהודה, ואיתימא רב שמואל בר יהודה: כהן שעשתה לו אמו כתונת – עובד בה עבודת יחיד. אמר אביי: שמע מינה [א]לשכת הגזית חציה בקדש, וחציה בחול. ושמע מינה: [ב]שני פתחים היו לה, אחד פתוח בקדש ואחד פתוח בחול, דאי סלקא דעתך כולה בקדש – זקן יושב במערבה? *והאמר מר: אין ישיבה בעזרה אלא למלכי בית דוד בלבד! ואי סלקא דעתך כולה בחול – פיים במזרחה? והא בעינן: °"בבית אלהים נהלך ברגש" וליכא, אלא שמע מינה: חציה בקדש וחציה בחול. ואי סלקא דעתך פתח אחד יש לה ופתוח לקודש – זקן יושב במערבה? והתנן: *[ג]הלשכות הבנויות בחול ופתוחות לקדש – תוכן קודש! ואי סלקא דעתך פתוח לחול, פיים במזרחה? והתנן: *[ד]בנויות בקדש ופתוחות לחול – תוכן חול! אלא לאו ש"מ: שני פתחים היו לה, אחד פתוח בקדש ואחד פתוח לחול.

§ **מתני'** *[ה]הפיס השני: מי שוחט, מי זורק מי מדשן מזבח הפנימי, ומי מדשן את המנורה, ומי מעלה אברים לכבש. הראש והרגל, ושתי הידים, העוקץ והרגל, והחזה והגרה, ושתי הדפנות, והקרבים, והסלת והחביתין, והיין, שלשה עשר כהנים זכו בו. אמר בן עזאי לפני ר' עקיבא משום ר' יהושע: דרך הלוכו היה קרב.

§ **גמ'** איבעיא להו: כשהן מפיסין, לעבודה אחת מפייסין, או דילמא לכל עבודה ועבודה הן מפייסין? תא שמע: *ארבע פייסות היו שם. ואי סלקא דעתך לכל עבודה הן מפייסין – טובא הוו! אמר רב נחמן בר יצחק, הכי קאמר: ארבע פעמים נכנסין להפיס, ולכל חדא וחדא היו בה טובא פייסות.

תא

(בשוליים: ויקרא טז; תהלים נה; [לעיל יד:]; [לעיל כב.])

רש"י

שלא זכו לפיים. היו מפשיטין בגדי קדש שהפסיקו כהן: דאי סלקא דעתך באותן שזכו. והפשטה זו בגדי חול, ולהלבישן בגדי קדש, וקתני לא היו מניחין עליהן אלא מכנסי חול – אלמא מלבישין אותן בגדי קדש על מכנסי חול, ואח"כ פושטין מכנסי חול ולובשין למכנסי קדש, והתניא כו': מלבישין אותן מכנסי קדש. כדי שלא יעמדו ערומים כשהפשיטום: לשכת הגזית. ששם היו מפיסין: בסילקי. בית גבוה שעל עלייה: פיים במזרחה. קבוצת היקף המפייסין במזרחה היתה: וזקן. של ב"ד, המורה להן סדר הפייסין, יושב במערבה: בכוליאר. עגול, שקורין נוסק"א: שממנו מתחיל. מנין חשבון הפיים, כמו שפירשתי בראש הפרק: כדתני רב שמואל בר יהודה. לקמן בפרק ג' (דף לה:), שהיו אמותיהן של כהנים עושות לבניהם משלהם כמין בגדי כהונה, להראות תפארת עושרן ונוי מלאכתן, וכמה הן מהדרות מצות. דקתני: כהן שעשתה לו אמו כתונת לובשה ועובד בה עבודת יחיד: אין ישיבה בעזרה. שנאמר (דברים יח) "לעמוד לשרת" "העומדים שם לפני ה'": אלא למלכי בית דוד. שמצינו בהן ישיבה, שנאמר (שמואל ב ז) "ויבא המלך דוד וישב לפני ה' ויאמר מי אנכי ומי ביתי וגו'": והא בעינן בית אלהים נהלך ברגש. אלמא פיים צריך להיות בבית אלהים:

מתני' מי שוחט. את התמיד: הראש והרגל. של ימין בכהן אחד, ושני הידים בכהן שני: העוקץ. הוא הזנב, והרגל של שמאל בכהן שלישי: החזה. הוא[א] השומן הרואה את הקרקע, וחותכין אותו מכאן ומכאן בלא ראשי צלעות: והגרה. הוא הצואר, ובו[ב] מחובר הקנה והכבד והלב והחזה, והגרה נותן רביעי: [ג]ושני הדפנות. בחמישי: והקרבים. בששי: והסולת. עשרון למנחת נסכו של תמיד[ד]: והחביתין. חלי[ה] עשרונו של כ"ג שקרב עם התמידין בכל יום, שנאמר (ויקרא ו) "מחציתה בבקר ומחציתה בערב" וסמיך ליה "על מחבת בשמן תעשה" – לכך קרוי חביתין: והיין. שלש לוגין של ניסוך לכבש התמיד[ו]: י"ג כהנים זוכין בו. בפיס זה [האחד], שלש עשרה עבודות כהנים מנויות כאן: בדרך הילוכו. בחייו, היה קרב התמיד. ובגמרא מפרש לה: **גמ'** לעבודה אחת מפייסין. כגון מי שוחט, ולכשיזכה מי שזכה לשחיטה – שוב אין פיים לשאר י"ב עבודות, אלא כהנים שמוקפין לימינו נמשכין אחריו כפי סדר משנתנו: שני לזריקה, שלישי לדישון מזבח הפנימי, רביעי למנורה, וכן כולן: או דילמא לכל עבודה ועבודה. היו חוזרין ומוציאין אצבעותיהן למנין, והזוכה זוכה:

לא

תוספות

מאי לאו באותן שזכו לפיים. תימה הוא: מאי מייתי רב נחמן מהכא? כיון דרב ששת מצי דחי לה. ואדרבה, טפי יש ראיה לרב ששת מכאן, כדקאמר: הכי נמי מסתברא, ורב נחמן איצטריך לשנויי בדוחק! וי"ל: משום דלעיל מינה איירי בזוכין בעבודה, דקתני ראב"י אומר: המעלה אברים לכבש הוא מעלה על גב המזבח, והדר קתני מסרון לחזנים – והיינו נמי דקאמר רב ששת בסמוך מנא אמינא לה, ולא מייתי מהא דהכא, דקאמר איהו גופיה ה"נ מסתברא, אלא מהא ליכא למשמע מינה, דדייקא כמר וכמר:

נוטל מצנפת של אחד מהם. מכאן קשה לפירוש ריב"א* דפירוש דשל כהן הדיוט קרויה מגבעת לפי שהיא רחבה, ושל כ"ג מצנפת שהיא קצרה, לפי שהיה צורך להניח תפילין וציץ. °וי"ל: לשון תורה לחוד ולשון חכמים לחוד. דבלשון תורה קרי לשל כ"ג מצנפת בכל דוכתא, וכי ההיא דאמרינן בפ' קמא דגיטין (דף ז.): "הסר המצנפת והרם העטרה" בזמן שמצנפת בראש כ"ג – ישנה לעטרה בראש כל אדם, נסתלקה מצנפת מראש כ"ג – נסתלקה עטרה מראש כל אדם:

אין ישיבה בעזרה. תימה: דאמר בפ"ב דזבחים (דף טז.): ומה יושב שאוכל, אם עבד חילל וכו'. והיכי אכיל? והא אין ישיבה בעזרה! וי"ל: שאוכל בקדשים קלים הנאכלין בכל העיר. אי נמי, אור"י בר אברהם: דאף על גב דאין ישיבה בעזרה אלא למלכי בית דוד – הנ"מ לדברים דלאו צורך עבודה, *אבל אכילה – צורך עבודה היא, דכתיב: "ואכלו אותם אשר כופר בהם" שהכהנים אוכלים ובעלים מתכפרים – מישרא שרי, ואתי שפיר נמי הא דפריך בפרק שני דזבחים (דף יט:) גבי קידוש ידים ורגלים מן הכיור, דפריך: וליתיב מיתב, אע"ג דבעזרה הוה – צורך עבודה שרי. אבל פיים דהכא – לא חשיב צורך עבודה, דאפשר בלא פיים. אי נמי י"ל: היינו טעמא דמותר לישב ולאכול קדשים – דבאכילת קדשים כתיב בהו "למשחה" – לגדולה, כדרך שהמלכים אוכלין – והיינו מיושב. אבל אין לתרץ דמותר לאכול מיושב בלשכות הבנויות בחול ופתוחות לקודש, שהן כעזרה לאכילת קדשי קדשים – דהתורה ריבתה אכרות הרבה ולישב שם מותר, כמו שאינן חשובין כעזרה להתחייב עליהם משום טומאה כדאיתא ב"איזהו מקומן" (זבחים דף נו.) – דהא בשמעתין משמע דלישב נמי הוי כעזרה עצמה, ואסור לישב בה*):

והא בעינן בית אלהים נהלך ברגש. תימה: כיון דבעינן פיים בקודש, אמאי לא היו מפייסין בעזרה עצמה, דקדיש טפי? ואור"ת: כיון דנוטל מצנפתו של אחד מהן גנאי היה לעמוד בלא מצנפת בעזרה, והר"ר יצחק בר ברוך פי': משום דהוי קיימי כבכולייאר. ואם היו מפייסים בעזרה – היה אחוריהם אל היכל ה':

את

*) [וע"ע תוס' לעיל ח: ד"ה דאי וכו' ותוס' זבחים טז. ד"ה מיושב]

רבינו חננאל

באסורי ואמר רב ששת מנא אמינא לה דתניא לשכת הגזית כמין בסילקי גדולה היתה פיים במזרחה וזקן יושב במערבה והכהנים מקיפין ועומדין כמין כוליאר הממונה בא ונטל מצנפתו של אחד מהן ויודעין שממנו הי' הפיים מתחיל. ואי ס"ד בבגדי חול כו'. אמר אביי ש"מ לשכת הגזית חציה שבמזרח בקודש היתה מפני שמפיסין בה. וחציה שבמערב בחול מפני שהזקן יושב בה. ואמר מר אין ישיבה בעזרה אלא [למלכי] בית דוד בלבד. וב' פתחין היו בה אחד במזרח לקדש ואחד במערב לחול. דתנן במעשר שני פרק ג' הלשכות הבנויות בקדש ופתוחות לחול. תוכן חול כו'. הבנויות בקדש ובחול ופתוחות לקדש ולחול מכנגד הקדש ולקדש קדש. ומכנגד החול ולחול חול. איבעיא להו לכל עבודה ועבודה מפיסין כלומר מי שוחט מי זורק מי מקריב האברים. מי קומץ ומקטיר וכיוצא בהן או דילמא לעבודה אחת מפיסין ופשטנה ת"ש דתני ר' חייא לא לכל עבודה ועבודה מפיסין אלא כהן שזכה בתמיד י"ב אחיו הכהנים נמשכין עמו. ד' פייסות היו שם. הפיים הראשון הרמת הדשן. הפיים השני מי שוחט כו'. י"ג כהנים זוכין בו השוחט הוא ראשון. שני זורק. שלישי המדשן מזבח הפנימי. רביעי המדשן המנורה. חמישי המעלה הראש והרגל. ו' המעלה ב' ידים. ז' המעלה העוקץ והרגל. ח' (המקריב) [המעלה]

עין משפט נר מצוה

כד א ב מיי' פ"ה מהל' בית הבחירה הלכה יז:
כה ג שם פ"ו הלכה ח:
כו ד שם הלכה ז:
כז ה מיי' פ"ד מהלכות תמידין הלכה ו:

מסורת הש"ס

[לעיל כג: סנהדרין מט:]
[תוספתא פ"א ותוספתא סוכה פ"ד]
[נ"ל בוכליאר כ"א בערוך ובתוספתא ועי' תוס' ב"ב קנו: ד"ה כבינתי]
לקמן לה: ע"ש
לקמן סט: סוטה מ: מח: קידושין עח: סנהדרין קא: תמיד כז:
[לעיל דף יב: ועי' בתוס' סוכה ה. ד"ה ואל ותוס' גיטין ז. ד"ה בזמן]
[לקמן סח: איתא הא לאכילה צורך עבודה היא]
פסחים פו. זבחים נו. [מ"ש פ"ג מ"ח]
שם

הגהות הב"ח

(א) רש"י ד"ה החזה הוא שומן החזה הרואה את כו' בלא ראשי הצלעות: (ב) ד"ה והגרה כו' ובו מחוברי' הקנה הריאה והכבד: (ג) ד"ה ושתי הדפנות: (ד) ד"ה והסולת כו' של תמיד בשביעי: (ה) ד"ה והחביתין חצי עשרון למנחת של כה"ג וכו' לכך קרוי חביתין בשמיני: (ו) ד"ה והיין כו' לכבש התמיד בתשיעי:

גליון הש"ס

תום' ד"ה נוטל מצנפת וכו' וי"ל לשון תורה לחוד. חולין קלז ע"ב:

תוספות ישנים

מאי לאו באותם שזכו לפיים. שהיו מניחין עליהם מכנסי חול עד שילבשו בגדי קדש לאי באותם שלא זכו קאמר שהלבישום בגדי קדש לעשות פיים ואח"כ הפשיטו אותם אפילו מכנסי קדש לא היו מניחין עליהן אלא היו מפשיטין הכל ומשני באותם שלא זכו כו': **חציה** בקדש וחציה בחול ושני פתחים היו לה אחד פתוח לקדש ואחד פתוח לחול. ואומר רבי דחציה בנויה בקדש וחציה בנויה בחול לפיכך פתח של חול היה מושך לחול הבנוי בחול וכן פתח של קדש מושך לקדש הבנוי בקדש אבל אם היה שליש בקדש וב' שלישים בחול אין פתח של קדש מושך לקדש אלא הבנוי בו והכי משמע הכא דקאמר חציה בחול וחציה בקדש וכן משמע נמי במסכת מעשר שני (פ"ג מ"ח) דקתני הלשכות הבנויות בקדש ופתוחות לחול תוכן חול כו' בנויות בקדש ובחול פתוחות לקדש ולחול תוכן וגגותיהן מכנגד הקדש ולקדש קדש מכנגד החול ולחול חול משמע דוקא מה שבנוי בקדש מושך פתח של קדש ולא של חול מדלא קתני בין שבנויות לקדש בין שבנויות לחול ופתוחות לקדש ולחול מכנגד הקדש ולקדש כו' ובתוספתא דמ"ש (פ"ב) קתני לשכה בנויה בקדש ופתוחה לחול כו' בנויה בקדש ופתוחה לקדש ולחול כולה קדש משמע כדפי' שאין פתח של קודש מושך אלא הבנוי בו אבל בסמוך קתני בנויה בחול ופתוחה לקדש ולחול כגון לשכת בית המוקד מכנגד הקדש לקדש כו' ונראה לרבי שחסר שם ויש לנו לגרוס בנויה בקדש ופתוחה לקדש ולחול כולה קדש וגרס בתר הכי בנויה בקדש ובחול ופתוחה לקדש ולחול כגון לשכת בית המוקד מכנגד הקדש וכן מוכח ליחנא דמכנגד הקדש שחציה בנויה בקדש כדפי': **מי** שוחט מי זורק ומי מדשן מזבח הפנימי כו'. תימה אמאי נקט שחיטה וזריקה מקמי דישון מזבח הפנימי והמנורה שהיה קודם לשחיטת התמיד כמו ששונה הסדר במסכת תמיד שאחר סדר הדישון בא לשנות סדר שחיטת התמיד וכן לקמן בפ"ג (דף לג.) דמסדר אביי מערכה משמיה דגמרא מקדים דישון מזבח הפנימי והמנורה לסדר התמיד ואומר רבי כיון שהן עיקר עבודת היום היו מפיסין קודם להם ורבי שמואל פירש שמתחלה נמי קודם דישון מזבח הפנימי והמנורה היו מבינין ורואין אם יש בו מום כלמפרש בתמיד שהיו רואין אותו לאור אבוקות ולכך [הן] מפיסין לו קודם: **מי** שוחט מי זורק. מי מקבל לא קתני דשוחט או זורק הוא מקבל שלא תיקנו לקבלה ולהולכה כהן בפני עצמו: **הראש** והרגל. הראש בימין והרגל בשמאל וכן כל סדר אברים אלו היאך מוליכין אותן מפורש בסדר תמיד:

או

כח א ב מיי' פ"ד מהל' תמידין הלכה ו:

תא שמע רבי יהודה אומר לא היה פיים למחתה כו'. תימה: מאי מייתי מר' יהודה? לייתי מתנא קמא איפכא! וי"ל דהכי מייתי: דאפילו ת"ק לא פליג עליה אלא בקטרת, משום דלא שכיחא ומעתרא, אבל בעלמא – מודה. אי נמי צ"ל: דלר' יהודה הזוכה במחתה לא היה זוכה כלל מכח פיים, מחמת שזכה זה בקטרת וזכה זה שאצלו לימינו במחתה. אלא בדעתו דכהן שזכה בקטרת תליא מילתא, אי בעיא – איהו עביד הכל, שקיל קטורת ושקיל מחתה, כדאשכחן ביוה"כ דכ"ג לחודיה עביד לכולה מילתא. אע"ג דהתם טריחא מילתא טובא, דבעי לאתויי בחפניו, כדאיתא לקמן בפ' "הוציאו לו" (דף מז.) – כ"ש הכא דלא טריחא מילתא, דמצי עביד לה לכולי מילתא לחודיה. מיהו, משום דטריחא מילתא קצת – אורחא דמילתא הוה שהיה אומר לאחר זכה עמי במחתה, ורגיל היה לומר לאותו שעומד אצלו לימינו, משום איבה שלא יקפידו האחרים עליו. ומיהו, אם ירצה לשנות – הרשות בידו לעשות הוא בעצמו הכל, או לומר למי שעומד בשמאלו או לאחר שאינו עומד אצלו כלל "זכה עמי". וכן משמע הלשון: כהן שזכה במחתה אומר כו', ולא קאמר העומד אצלו נמשך עמו, כדקאמר בסמוך י"ב אחיו הכהנים נמשכין עמו. וכן משמע בתוספתא, [פ"א] דקתני בתר מילתא דר' יהודה דהכא דברי ראב"י דמייתי בסמוך: לא היה פיים לאברים אלא המעלה אותן לכבש מעלה אותן למזבח. אלמא דומיא דראב"י איירי ר' יהודה, דלא הוה שום צד זכיית פיים במחתה, והשתא מייתי שפיר מר' יהודה. דע"כ לא פליגי רבנן עליה אלא דלא ס"ל דבדעת הכהן הזוכה בקטורת תליא מילתא. ומיהו, מודו דאין חוזרין ומפיסין, אלא דהעומד לימינו זוכה מכח פיים. וע"כ לא פליג ראב"י עליה לקמן דס"ל שחוזר ומפיס לצורך מחתה – אלא כדי להשלים ד' פייסות. כי שום טעם יש שאין לפחות מד' פייסות. ומדקא פריך לקמן (דף כו.) כמה זימנין א"כ בצרי להו פיים, וא"כ בפיים השני כולי עלמא מודו, כיון דבפעם אחת מפייסו – דלא לכל עבודה מפייסו: **מניין** לראש ופדר שקודמים כו'. תימה לי: א"כ אמאי לא חשיב במתני' פדר בהדי ראש? וי"ל: כיון דאי אפשר להקטיר הראש בלא פדר, וזהו דרך כבוד – בכלל הראש הוא:

***נותן** פדר על בית השחיטה ומעלהו. וא"ת: מהאי קרא תיפוק לן שהפדר קודם לכל הנתחים, דכיון דהראש קודם – פדר שעליו נמי קודם! יש לומר: דסלקא דעתך אמינא חופה הפדר על בית השחיטה עד שמעלהו לראשו של מזבח, ואז מסיר הפדר ומניחו, ומקטיר הראש בפני עצמו והפדר מקטיר עם הקרבים. אי נמי י"ל: אי לא כתב הך קרא – לא הוה דרשינן ליה אלא לומר שראש ופדר קודמין לכל הנתחים, ובפרק "השוחט" (חולין דף כז.) כתבתי יותר, וכאן אין שייך:

לא היה פיים למחתה. כשהיו מפייסין לקטורת, כדתנן מתניתין: חדשים לקטורת באו והפיסו. והקטורת צריכה שני כהנים, א' שמוליך הקטורת להיכל ומקטירו, ואחד שחותה גחלים מעל המזבח החיצון ומכניס לה, ונותן על המזבח הפנימי להקטיר את הקטורת עליהן, כדילפינן לקמן (דף מה.) מקראי, שגחלי מזבח הפנימי ניטלין ממזבח החיצון בכל יום. וקאמר ר' יהודה לא היו מפיסין מי שזוכה במחתה, אלא מי יזכה בקטורת, ומי שזכה בה אומר לזה שבימינו – זכה עמי במחתה. אלמא: לאו לכל עבודה ועבודה מפיסין: הואיל ולא שכיחא. הקטורת אלא פעמים ליום שאין הקטרת באה נדבה: ומעתרא. ומעשרת את העוסקין בה, כדאמרינן לקמן בפרקין (דף כו.): מי מקבל. דם התמיד, כיון דלא מנה לה במתני' כהן – שמע מינה חד מהני עביד לה: אגב חביבותיה. דזריקה, שהיא עבודת מזבח – לא מקבל ליה לכוליה דם. ואמרינן לקמן (דף מח.) צריך שיקבל את כל הדם, שנאמר (ויקרא ד) "ואת כל (*הדם) ישפך": זימנין דשחיט זר. שהשחיטה כשרה בזר והקבלה פסולה בו, שנאמר (ויקרא א) "ושחט את בן הבקר והקריבו הכהנים את הדם" – מקבלה ואילך מצות כהונה, לימד על השחיטה שכשירה בזר: בן קטין. כ"ג היה: י"ב דדים. שהוא יוצק בהן מים: תליסר הוי. שהרי שלש עשרה עבודות נמנו במשנתנו בעבודות פיים התמיד. אלא שהשחיטה אינה טעונה קידוש ידים ורגלים אפילו כשהיא בכהן, לפי שהיא עבודה שהיא כשירה בזר. ואי אמרת שוחט מקבל – נמצא שהוא צריך לקדש ידיו ורגליו בשביל הקבלה: אף אנן נמי תנינא. במסכת תמיד. ובא לו לזרוק גרסינן: דרך הלוכו. של צד הראש קודמין, הקודם קודם: הראש והרגל. של ימין לדברי הכל קודמת, ומקרא יליף לה לקמן: דרך הפשטו. מצד הרגלים לצד הראש: דרך ניתוחו. כסדר שמנתחין אותו לאחר הפשטו, אבר אחר אבר. וסדר ניתוחו מפורש במס' תמיד (ד' לא.) כמו שהוא סדור כאן, כיצד דרך ניתוחו כו' וכשהוא מנתח נותן כל אבר ואבר למי שזכה בו, וכולן עומדים שם עד שיקבלו שם כולן, והולכין ומוליכין אותן לכבש זה אחר זה. ובסדר הולכתן פליגי הני תנאי, מר אמר הכי ומר אמר הכי: הכי גרסינן: כיצד דרך ניתוחו הראש והרגל ושתי ידיו והחזה והגרה ושתי הדפנות עוקץ והרגל: דרך עילויו. דרך מיטב שלו ומובחר נתחיו, המובחר קודם: ה"ג: כיצד דרך עילויו הראש והרגל החזה והגרה ושתי דפנות והעוקץ והרגל ושתי ידים: והכתיב כל נתח טוב ירך וכתף. אלמא: ירך מעלי מכתף: בכחושה. ירך מעלי, דאליס: תנא דידן. תנא דמתניתין לא אמר כחד מנייהו: מר אזיל בתר איברא. תנא דידן הולך אחר עילוי גודל האיברים, ור' יוסי הולך אחר עילוי השומן: ואידך פדר. קרא אחרינא כתיב "את הנתחים את הראש ואת הפדר": למאי

תורה אור

תא שמע, *רבי יהודה אומר: לא היה פיים למחתה, אלא כהן שזכה בקטרת אומר לזה שעמו "זכה עמי במחתה"! שאני מחתה וקטרת דחדא עבודה היא. איכא דאמרי: דוקא מחתה וקטרת דחדא עבודה היא, אבל שאר עבודות – בעי פיים. מחתה אצטריכא ליה, סלקא דעתך אמינא: הואיל ולא שכיחא, ומעתרא – נתקין לה פיים בפני עצמה, קמ"ל. ת"ש, דתני ר' חייא: לא לכל עבודה ועבודה מפייסין, אלא כהן שזכה בתמיד [א]שנים עשר אחיו הכהנים נמשכין עמו. שמע מינה.§ "פיים השני וכו'".§ איבעיא להו: מי מקבל? שוחט מקבל, דאי אמרת זורק מקבל – אגב חביבותיה לא מקבל ליה לכוליה דם, או דילמא: זורק מקבל, דאי אמרת שוחט מקבל – זימנין דשחיט זר. ת"ש: *בן קטין עשה י"ב דד לכיור כדי שיהיו י"ב אחיו הכהנים העסוקין בתמיד מקדשין ידיהן ורגליהן בבת אחת. ואי סלקא דעתך שוחט מקבל, תליסר הוי! אלא לאו ש"מ: [ב]זורק מקבל, שמע מינה. אמר ליה רב אחא בריה דרבא לרב אשי, אף אנן נמי תנינא: *שחט השוחט, וקבל המקבל, ובא לו לזרוק. שמע מינה.§ "אמר בן עזאי לפני רבי עקיבא וכו'".§ ת"ר: כיצד דרך הלוכו? הראש והרגל, החזה והגרה, ושתי ידים, ושתי דפנות, העוקץ והרגל. ר' יוסי אומר: דרך הפשטו היה קרב. כיצד דרך הפשטו? הראש והרגל, העוקץ והרגל, ושתי דפנות, ושתי הידים, החזה, והגרה. ר"ע אומר: דרך ניתוחו היה קרב. כיצד דרך ניתוחו? הראש והרגל, ושתי ידים, החזה והגרה, ושתי דפנות, והעוקץ, והרגל. רבי יוסי הגלילי אומר: דרך עילויו היה קרב, כיצד דרך עילויו? הראש והרגל, החזה והגרה, ושתי הדפנות, והעוקץ והרגל, ושתי הידים.(א) – והכתיב: "כל נתח טוב ירך וכתף"! ההיא בכחושה. אמר רבא: בין תנא דידן ובין ר' יוסי – בתר עילויא דבשרא אזלינן, מר אזיל בתר איברא דבישרא, ומר אזיל בתר שמנא דבישרא. מ"ט סלקא רגל בהדי רישא – משום דרישא נפישי ביה עצמות, קרבא רגל בהדיה. דכולי עלמא מיהת ראש קרב ברישא, מנא לן? *דתניא: מנין לראש ופדר שקודמין לכל האברים – ת"ל: "את ראשו ואת פדרו וערך". ואידך פדר(ב) אחרינא למאי

יחזקאל כד; ויקרא א

[לקמן כו. תוספתא פ"א] [דם הספר] לקמן לז. זבחים כ. תמיד לג.

רבינו חננאל

החזה ובגרה. ט' בשתי דפנות. י' בקרביים. י"א בסולת המנחה. י"ב בחביתי כהן [גדול]. י"ג ביין נסך: **איבעיא** להו שוחט מקבל או זורק ופשטנה זורק מקבל. דרך הילוכו היה קרב: **ירושלמי** הראש והרגל. א"ר מנא פשט ראשיה עקר רגליה. ת"ר כיצד דרך הילוכו. הראש והרגל כולי עלמא הראש והרגל ברישא לא נחלקו אלא בשאר האברים החזה והגרה. כלומר אחרי הראש החזה. ואחרי החזה הידים. ואחרי הידים הדפנות. ואחרי הדפנות העוקץ והרגל ר' יוסי אומר דרך הפשטו היה קרב. העוקץ והרגל כו' ודבריו פשוטין הן. ר' עקיבא אומר דרך ניתוחו היה קרב הראש והרגל שתי ידים וכו'. פי' ניתוחו מפורש בתמיד פרק ו' והוא כדברי ר' עקיבא. ר' יוסי אומר דרך עילוי היה קרב כיצד אחר הראש הדפנות כו' והא דכתיב כל נתח טוב ירך וכתף. ההוא בכחושה. כלומר אין בה שומן הכל עצמות היא אין בשר אלא בירך וכתף. אמר רבא בין תנא דידן ובין ר' יוסי תרוויהו בתר עילויא אזלי. מיהו תנא דידן דקתני שתי ידים והן הכתפים אזיל איברא דבשרא כי הבשר בירך ובכתף הוא לפיכך אחר הידים מזכיר העוקץ והרגל שהן הירכות. אבל ר' יוסי דקתני ב' דפנות אזיל בתר שומנה. כי השומן כולו בדפנות הוא ע"ג הצלעות. וקשיא תרי לישני דר' יוסי אדר' יוסי. ויש מי שאומר ב' תנאי שנו לה אליבא דר' יוסי

תוספות ישנים

או דילמא זורק מקבל. וא"ת ואמאי לא פשיט ליה מדתנן לקמן בפ"ג (דף לא:) קרצו ומירק אחר שחיטה על ידו משמע דוקא כ"ג אבל בשאר ימים אין אחר ממרק אלא השוחט ממרק לפי שאחר היה מקבל י"ל דה"ה נמי באחר שצריך למרק שחיטה אף על גב דלא תני ליה ועוד בכהן גדול איצטריך למיתנייה ליה לפי שיש פסול אם אין עבודות נעשות בו אי נמי י"ל משום חולשא דכ"ג מירק אחר ולא משום שלא היה יכול לקבל אם היה ממרק: **דרך** הלוכו הראש והרגל. לכולהו קדים ראש ורגל כדמפרש טעם לקמן ולא משום דלך הלוכו כך ודרך הפשטו כך כדמוכח בפרק כל כתבי (דף קיז:) א): **ושתי** ידים העוקץ והרגל. ופריך והכתיב כל מבחר ירך וכתף אלמא רגל קדים ליד ולספרים דגרסי רגל מקמי ידים איכא למימר דפריך אכולהו דמדמדכר ידים ורגל אחרונים א"כ גרועים הם והכתוב משבחם מבחר ירך וכתף ומשני ההוא בכחושה דמיירי ברשעי ישראל שהן אוכלין וחומסין עניים והם טובים לפי שיש רוב בשר אבל בתמיד שהיה שמן מיוחד שבעדרו אזלינן בתר שומנה:

הגהות הב"ח

(א) גמ' והעוקץ והרגל ושתי הידים אמר רבא בין תנא דידן ובין ר' יוסי וכו' ומר אזיל בתר שמנא דבישרא והכתי' כל נתח טוב ירך וכתף ההיא בכחושה מאי טעמא סלקא רגל בהדי רישא כצ"ל. ונ"ב פי' הא דקאמר והכתיב כל וכו' לתנא דמתני' קא פריך דמקדים שתי ידים לעוקץ והרגל אלמא דכתף מעולה: (ב) שם ואידך פדר אחרינא. תיבת אחרינא נמחק:

א) משם מוכח רק דלדרך הפשטו הוא מן הרגלים וע"ש ברש"י ובתו' מנחות ס"ג ע"ב אבל מדרך הלוכו לא מוכח התם מידי. ועיין ש"י:

יהודה

עולה

למאי אתא – לכדתניא: *כיצד היה עושה – [א]נותן את הפדר אבית השחיטה ומעלהו, וזה הוא דרך כבוד של מעלה.§ **מתני'** [ב]הפיים השלישי: חדשים לקטרת באו והפיסו. [ג]והרביעי: חדשים עם ישנים, מי מעלה אברים מן הכבש למזבח.§ **גמ'** תנא: מעולם לא שנה אדם בה. מ"ט? א"ר חנינא: מפני שמעשרת. א"ל רב פפא לאביי: מ"ט? אילימא משום דכתיב: °"ישימו קטורה באפך" וכתיב בתריה: °"ברך ה' חילו", אי הכי עולה נמי, הכתיב: °"וכליל על מזבחך"! א"ל: הא – שכיחא, והא – לא שכיחא. אמר רבא: לא משכחת צורבא מרבנן דמורי אלא דאתי משבט לוי או משבט יששכר, לוי – דכתיב °"יורו משפטיך ליעקב", יששכר דכתב: *°"(ובני) יששכר יודעי בינה לעתים לדעת מה יעשה ישראל". ואימא יהודה נמי, דכתיב: °"יהודה מחוקקי"! אסוקי שמעתא אליבא דהילכתא קאמינא. א"ר יוחנן: [ד]אין מפייסין על תמיד של בין הערבים; אלא כהן שזכה בו בשחרית – זוכה בו ערבית. מיתיבי: כשם שמפייסין שחרית כך מפייסין בין הערבים! כי תניא ההיא – בקטורת. והתניא: כשם שמפייסין לו שחרית – כך מפייסין לו ערבית! אימא: לה. – והתניא: כשם שמפייסין לו שחרית, כך מפייסין לו ערבית, וכשם שמפייסין לה שחרית כך מפייסין לה ערבית! אמר רב שמואל בר רב יצחק: הכא [ה]בשבת עסקינן, הואיל ומשמרות מתחדשות. ולמאי דסליק אדעתין מעיקרא נפישי להו פייסות! – מייתי כולהו מצפרא אתו, דזכי ביה שחרית – זכי. דזכי בערבית – זכי.§ "הרביעי חדשים עם ישנים וכו'".§ מתניתין דלא כרבי אליעזר בן יעקב. דתנן, *רבי אליעזר בן יעקב אומר: המעלה איברים לכבש הוא מעלה אותן למזבח. במאי קמיפלגי? מר סבר: °"ברב עם הדרת מלך", ומר סבר: מקום שכינה לאו אורח ארעא. אמר רבא: לא רבי אליעזר בן יעקב אית ליה דרבי יהודה, *ולא רבי יהודה אית ליה דרבי אליעזר בן יעקב – דא"כ בצרו להו פייסות. ואי משכחת תנא דתני חמש – ההוא

רש"י

למאי אתא. הא אף הם בכלל הנתחים. דבשלמא הראש – דרשינן ליה בשחיטת חולין (דף כז.) דאיצטריך, לפי שנאמר "והפשיט ונתחו" אין לי בכלל עריכה אלא נתחים שהן בכלל הפשט, מניין לרבות הראש שכבר הותז בשחיטה ולא היה בשעת הפשט – ת"ל: "את הראש". אלא פדר בכלל המופשטים הוא, ולמאי כתביה? דרך כבוד. לפי שבית השחיטה מלוכלך בדם הראש: **מתני'** חדשים לקטורת.[א] מי שלא זכה לקטורת מימיו. ובגמ' מפרש מאי שנא חדשים. וכך היו מכריזין קול בעזרה: **גמ'** מפני שמעשרת. לפיכך לא היו מניחין אותו לשנות: והא כתיב וכליל על מזבחך. בההוא קרא גופיה: הא לא שכיחא. ומסתברא דכי כתיב עושר – אדלא שכיחא, דאם לא כן – נמצאו הכל עשירים: דמורי. שמורה הוראות בישראל: **אליבא דהילכתא.** להורות כדת וכהלכה: שזכה בו שחרית. איש איש שזכה בעבודה: כי תניא ההיא בקטרת. לפי שלא שנה אדם בה: **הואיל** ומשמרות מתחדשות. ומשמר שעבד שחרית אינו עובד בין הערבים: ולמאי דסליק אדעתין. שהיו מפייסין בין הערבים, נפישי להו פייסות: כולהו **מצפרא**[ג]. ושם מפייסין מי יזכה לשל שחרית ומי לשל בין הערבים: **הוא מעלה**[ג] לגבי המזבח. אותו איש שזכה בו להוליכו לכבש חוזר ומעלהו לאחר זמן למזבח, וכשהיו מוליכין אותו מניחין אותו מחציו של כבש למטה, כדי שלא יצטרך להוליכו כל הכבש, והולך ועולה בכבש, וכשמגיע למקום שהאיברים שם נוטלן. והכי תנן במסכת שקלים (דף יג.): איברי תמיד ניתנין מחצי כבש ולמטה במזרח: **לאו אורח ארעא.** למיתחזי כמאן דטריח ליה מילתא: **לא ר"א בן יעקב** אית ליה דר' יהודה. דאמר לא היה פיים למחתה ונותן רחב"י פיים למחתה תחת פיים מן הכבש ולמזבח: דלא

תוספות

יהודה מחוקקי. יש מקשה: אמאי לא מייתי מדכתיב בתורה, דכתיב: "לא יסור שבט מיהודה ומחוקק מבין רגליו" (בראשית מט)! וי"ל: דההיא בברכה הוא דכתיב, אבל מהאי קרא מייתי שכך היה, שביהודה יש מחוקקים: **אלא** כהן שזוכה בו שחרית זוכה בו ערבית. תימה לי: והא ע"כ היה צריך להפיס ערבית בשביל סידור שני גזירין, שאותם של בוקר היו בכהן הזוכה בתרומת הדשן, ושני כהנים זוכין בהן בערב! ואין לתרץ דמודה הוא דבשבילם מפייסין לערב, ולא אתא לאשמועינן אלא דהנך עבודות שיש דוגמתן בבקר לא היו מפייסין – דאם כן כי פריך בסמוך: ולמאי דס"ד מעיקרא נפישי להו פייסות – לר' יוחנן, לרשב"י נמי תיקשי: כיון דמפייסי בערב בשביל שני גזירי עצים, א"כ נפישי להו פייסות! ודוחק הוא לומר דהנך תרי מדשן מזבח הפנימי ומנורה שהיו בפיים של תמיד השחר ולא היו בערב הם היו זוכין בגזירין בערב, נמצא שלא היו צריכין להפיס בשביל הגזירין לערב – כי דוחק הוא לבדות דבר זה מדעתינו. אלא נראה דלרבי יוחנן פשיטא ליה דמצפרא מפיסין נמי על שני גזירין של בין הערבים, כיון דאותו פיים שמפיסין לתמיד השחר מהני נמי לבין הערבים – סברא הוא שיפיסו אז כמו כן לצורך גזירין של בין הערבים. והא דלא חשיב להו במתני' בפיים השני – י"ל דלא חשיב אלא י"ג כהנים הזוכין בו בפיים השני לצורך תמיד של שחר. אבל למאי דס"ד מעיקרא דלכל עבודה של בין הערבים חוזרין ומפיסין – הוה ס"ד שבערב מפיס לו, דאמאי מפיסין לו שחרית כיון דלא מהני פיים דשחרית לשל בין הערבים מידי? ועוד: לישנא דברייתא דקתני כך מפייסין לו ערבית משמע שבערב נמי מפייסין, וא"כ נפישי להו פייסות: **והתניא** כדרך שמפייסין לו שחרית. פי': והכא לא מצי לשנויי בקטורת, מדקתני לו לשון זכר–אלמא לתמיד קאמר, דאי בקטורת–הוה ליה למיתני לה לשון נקבה: **דתנן** ראב"י אומר המעלה איברים כו'. דתנן גרסינן, משנה היא בתמיד פ"ה [מ"ב]. (דף לג:) ולעיל בפ"ק (דף יד:) דפריך סתמא דתמיד אדיומא ומשני: מאן תנא יומא – ר"ש איש המצפה היא, משום דאשכחן דפליג אחדא סתמא דתמיד, דתניא ר"ש איש המצפה משנה בתמיד – לא הוה מצי למימר ראב"י הוא דפליג הכא אסתמא דתמיד, דקא תני ברישא הרביעי חדשים עם ישנים מי מעלה איברים מכבש למזבח, והדר קתני: ראב"י אומר המעלה איברים וכו'. דהא אסתמא דיומא נמי פליג, דבמתניתין נמי קתני הרביעי מי מעלה איברים, ואוקמה דלא כראב"י. ואע"ג דאיכא נמי סתמא דמתני' כראב"י דקתני תמיד קרב בתשעה, ופרש"י דסתמא כראב"י – אין נראה לפרש כן, דא"כ ה"ל להתלמוד לאקשויי: רישא רבנן וסיפא ראב"י! ולישני: אין, רישא רבנן וסיפא ראב"י. ונהי, דמרישא דרישא דקתני י"ג כהנים זוכין בו לא קשיא לן, דלרבנן הוו להו י"ד עם המעלה איברים מכבש למזבח, וא"כ תקשי: רישא וסיפא ראב"י ומציעתא רבנן, דההיא איכא לשנויי דאתיא אפילו כרבנן, ולא קא חשיב אלא י"ג כהנים הזוכין בפיים השני, אבל מעלה איברים מכבש למזבח – ההוא פיים רביעי באפי נפשיה הוא. מיהו, הא קשיא: רישא רבנן וסיפא ראב"י, כדפרישית! ונראה דתמיד קרב בט' לא הויא סתמא כראב"י, אלא משום דבעי למימר לא פחות ולא יותר קאמר ליכא למ"ד שיהא תמיד קרב בפחות מט'. אבל י' לא הוי כל שעתא, דזימנין דבהעלאת איברים מכבש למזבח זכה אחד מהנך שזכו להוליך לכבש. אבל בציר מט' – לא הוו, ובחג בציר מי' לא הוו, וכן כולם. אבל אין לפרש דלא קא חשיב אלא הולכת איברים לכבש, דהא קא חשיב נמי צלוחית מים ובזיכין וגזירין. מיהו, מצי למימר דלא קא חשיב אלא תחילת הולכות, בין דאיברים בין דצלוחית מים בין דבזיכין, אבל גמר הולכת איברים מכבש למזבח – לא קא חשיב. וראשון נראה יותר:

מקום שכינה לאו אורח ארעא. אפילו ראב"י דקסבר הכא דלאו אורח ארעא, נראה דמודה הוא בההיא ד"תמיד [נשחט]" (דף סד.): בערב הפסח שחט ישראל וקיבל הכהן נותנו לחבירו וחבירו לחבירו וכו' עד והכהן הקרוב אצל המזבח זורקו זריקה אחת כנגד היסוד. ומפרש בגמרא טעמא: משום "ברוב עם הדרת מלך" – דהתם לא שייך למימר לאו אורח ארעא, שהרי כשהיה נותנה לחבירו לא היה הולך לו אלא חוזר ומקבל ומושיט, וחוזר ומקבל ומושיט שהרי רוב פסחים היה להם. אבל היכא שמוליך עד לכבש והולך לו – ההוא ודאי לאו אורח ארעא: **ואי** משכחת תנא דתני חמש כו'. תימה לי: לימא דההוא תנא סבירא ליה דחוזרין ומפיסין לתמיד של בין הערבים בערב, דהשתא איכא ה' פייסות! וי"ל דה"ק: אי משכחת תנא דתני חמש בשחרית. אי נמי י"ל: אי קסבר דחוזרין ומפייסין לתמיד של בין הערבים אף על גב דהפיסו לתמיד של שחר – א"כ היו חוזרין ומפיסין נמי להקטרת של בין הערבים, ונפישי להו פייסות טפי מחמש: ההוא

רבינו חננאל

נותן הפדר שהוא החלב על בית השחיטה כדי לכסות בו טינוף הדם שעל בית השחיטה. וזהו דרך כבוד של מעלה: הפיים השלישי חדשים לקטרת. ירושלמי מעשה באחד שיבשה זרועו ולא הניח לקיים מה שנאמר ישימו קטורה באפך וכליל על מזבחך ברך ה' חילו ופועל ידיו תרצה. מיכן אמרו ב' כהנים מתברכין בכל פעם החותה ומכנים במחתה והמקטיר. תנא מעולם לא שנה אדם בה משום שמעשרת מי שכבר הקטיר. לפיכך היו אומרים חדשים לקטרת. עולה אע"ג דכתיב בה כליל בנביאים שנאמר ויקח שמואל טלה חלב אחד ויעלה עולה כליל לה' ויזעק שמואל אל ה' כו'. שכיחא. הקטרת לא שכיחא. אמר רבא לא משכחת חכם שמורה אלא אי מלוי דכתיב יורו משפטיך ליעקב. אי מיששכר דכתיב ובני יששכר יודעי בינה לעתים. אבל שבט יהודה אע"פ דכתיב ויהודה [מחוקקי] ישועה אליבא דהלכתא לא סלקא להו. א"ר יוחנן אין מפיסין על תמיד של בין הערבים אלא מי שזכה בו שחרית הוא יזכה בו ערבית. ומותבינן עליה והתניא כשם שמפיסין לו. כלומר לתמיד שחרית כך מפיסין לו ערבית ושנינן בשבת הואיל ומשמרות מתחדשות כדתנא *) דבי שמואל משמר היוצא עושה תמיד של שחר ומוספין והנכנס עושה תמיד של בין הערבים והבזיכין כו'. וכיון שמתחלפין צריכין להפים. הקטרת מפיסין לה בשחרית ובין הערבים. ולמאי דסליק אדעתין כי מפיסין בזה ובזה ודלא כר' יוחנן נפישו להו פייסות. ואנן לא תנן אלא ד' פייסות בלבד. ופרקינן בקיבוץ אחד. היינו אומרים שמפיסין זה ולזה. הפיים הרביעי מי מעלה אברים מן הכבש למזבח. דלא כר' אליעזר בן יעקב דתני בתמיד פרק ה' המעלה אברים לכבש הוא מעלן ע"ג המזבח ולא היה להן פיים בפ"ע. א"כ לר' אליעזר בן יעקב חסרו הפייסות ואינם אלא שלשה. ואמרינן אית ליה פיים אחת למחתה. והא"ר יהודה תני לא היה פיים למחתה אלא כהן שזוכה בקטרת אומר לזה שעמו זכה עמי במחתה. אמר רבא ר' אליעזר לית ליה הא דר' יהודה אומר לא היה פיים למחתה אלא פליג עליה ואמר אית ליה פיים למחתה בפ"ע. ולא ר' יהודה אית ליה הא דר' אליעזר דאמר לא היה פיים לאברים להעלותם מן הכבש למזבח אלא אומר היה להן פיים בפ"ע. ולמחתה לא היה לה פיים. שאם יש אחד מהן שאומר לא היה פיים למחתה ולא לאברים שעל הכבש לא תמצא אלא ג' פייסות. ואם תמצא תנא ששנה ה' פייסות ואומר

*) לפנינו בגמ' ליתא כאן רק הוא בסוכה דף נו ע"ב.

עין משפט נר מצוה

כט א מיי' פ"ו מהלכות מעשה הקרבנות הלכה ה והלכה יא:
ל ב מיי' פ"ד מהלכות תמידין הלכה ז:
לא ג שם הלכה ח:
לב ד שם הלכה ט:
לג ו שם הלכה ח:

מסורת הש"ס

[חולין כז:] · דברים לג · שם · שם · [נ"ל ומבני] · שם דהי"א יב · תהלים ס · תמיד לג: · משלי יד · [לעיל כה:]

הגהות הב"ח

(א) רש"י ד"ה חדשים לקטורת כך היו מכריזין קול בעזרה כלומר מי שלא זכה לקטורת כו' מ"ש חדשים הס"ד: (ב) ד"ה כולהו מצפרא אתו. ושם מפייסין: (ג) ד"ה הוא מעלה אותן לגבי המזבח:

גליון הש"ס

רש"י ד"ה הא לא שכיחא ומשכחא כו'. עי' מנחות נ. תד"ה לא שכיח מבואר דלא ס"ל כרש"י אלא כדברי תוספות ישנים כאן:

תוספות ישנים

[illegible]

לד א מיי' פ"ו מהלכות תמידין הלכה ו:
לה ב שם הלכה ח:
לו ג שם פ"ב הלכה ג:
לז ד ה מיי' פ"ו מהלכות מעשה הקרבנות הלכה יז יח:
לח ו שם הלכה יט:
לט ז מיי' פ"ט מהלכות ביאת מקדש הלכה ו:

ההוא דלא כרבי אֱלִיעֶזֶר בֶּן יַעֲקֹב וּדְלֹא כְּר' יְהוּדָה.§ **מתני'** תָּמִיד קָרֵב בְּתִשְׁעָה, בַּעֲשָׂרָה, בְּאַחַד עָשָׂר, בִּשְׁנֵים עָשָׂר, לֹא פָּחוֹת וְלֹא יוֹתֵר. כֵּיצַד? *עַצְמוֹ בְּט', בֶּחָג בְּיַד אֶחָד צְלוֹחִית שֶׁל מַיִם – הֲרֵי כָּאן עֲשָׂרָה. בֵּין הָעַרְבַּיִם בְּאַחַד עָשָׂר, הוּא עַצְמוֹ – בְּתִשְׁעָה, וּשְׁנַיִם בְּיָדָם שְׁנֵי גְּזִירֵי עֵצִים. בַּשַּׁבָּת בְּאַחַד עָשָׂר; הוּא עַצְמוֹ בְּתִשְׁעָה, וּשְׁנַיִם בְּיָדָם שְׁנֵי בָּזִיכֵי לְבוֹנָה שֶׁל לֶחֶם הַפָּנִים. וּבַשַּׁבָּת שֶׁבְּתוֹךְ הֶחָג – בְּיַד אֶחָד צְלוֹחִית שֶׁל מַיִם.§ **גמ'** אָמַר ר' אַבָּא וְאִיתֵימָא רָמִי בַּר חָמָא וְאִיתֵימָא ר' יוֹחָנָן: [א]אֵין מְנַסְּכִין מַיִם בֶּחָג אֶלָּא בְּתָמִיד שֶׁל שַׁחַר. מִמַּאי – מִדְּקָתָנֵי "וּבַשַּׁבָּת שֶׁבְּתוֹךְ הֶחָג בְּיַד אֶחָד צְלוֹחִית שֶׁל מַיִם". וְאִי סָלְקָא דַּעְתָּךְ בְּתָמִיד שֶׁל בֵּין הָעַרְבַּיִם מְנַסְּכִין – בְּחוֹל נַמִּי מַשְׁכַּחַתְּ לַהּ! אָמַר רַב אַשִׁי: אַף אֲנַן נַמִּי תְּנֵינָא: *[ב]וְלַמְנַסֵּךְ אוֹמֵר לוֹ "הַגְבֵּהַ יָדֶךָ"! שֶׁפַּעַם אֶחָד נִסֵּךְ עַל גַּבֵּי רַגְלָיו, וּרְגָמוּהוּ כָּל הָעָם בְּאֶתְרוֹגֵיהֶן. שְׁמַע מִינַּהּ. תַּנְיָא, רשב"י אוֹמֵר: מִנַּיִן לְתָמִיד שֶׁל בֵּין הָעַרְבַּיִם שֶׁטָּעוּן שְׁנֵי גְּזִירֵי עֵצִים בִּשְׁנֵי כֹהֲנִים – שֶׁנֶּאֱמַר: °"וְעָרְכוּ עֵצִים", אִם אֵינוֹ עִנְיָן לְתָמִיד שֶׁל שַׁחַר, דִּכְתִיב: °"וּבִעֵר עָלֶיהָ הַכֹּהֵן עֵצִים בַּבֹּקֶר בַּבֹּקֶר וְעָרַךְ עָלֶיהָ" – [ג]תְּנֵיהוּ עִנְיָן לְתָמִיד שֶׁל בֵּין הָעַרְבַּיִם. – וְאֵימָא אִידִי וְאִידִי בְּתָמִיד שֶׁל שַׁחַר, וְאָמַר רַחֲמָנָא: עֲבֵיד וַהֲדַר עֲבֵיד! א"כ נֵימָא קְרָא "וּבִעֵר" "וּבִעֵר"(א) – אִי כְּתַב רַחֲמָנָא "וּבִעֵר" – הֲוָה אָמֵינָא חַד – אִין, תְּרֵי – לָא, קמ"ל דְּנַעֲבֵיד חַד וְנַעֲבֵיד תְּרֵי! –א"כ נֵימָא קְרָא "וּבִעֵר", "וּבִעֲרוּ", א"נ: "וְעָרַךְ" "וְעָרְכוּ", מַאי "וּבִעֵר" "וְעָרְכוּ" – שְׁמַע מִינַּהּ כִּדְקָא אָמְרִינַן. תָּנֵי ר' חִיָּיא: פַּיִס פְּעָמִים י"ג פְּעָמִים י"ד פְּעָמִים ט"ו פְּעָמִים ט"ז. וְהָתַנְיָא י"ז! הַהִיא דְּלָא כְּר"א בֶּן יַעֲקֹב אֶלָּא כְּרַבִּי יְהוּדָה.§ **מתני'** [ד]אַיִל קָרֵב בְּאַחַד עָשָׂר, הַבָּשָׂר בַּחֲמִשָּׁה, הַקְּרָבַיִים וְהַסּוֹלֶת וְהַיַּיִן בִּשְׁנַיִם שְׁנַיִם, [ה]פַּר קָרֵב בְּעֶשְׂרִים וְאַרְבָּעָה: הָרֹאשׁ וְהָרֶגֶל; הָרֹאשׁ – בְּאֶחָד, וְהָרֶגֶל – בִּשְׁנַיִם. הָעוֹקֶץ וְהָרֶגֶל; הָעוֹקֶץ – בִּשְׁנַיִם, וְהָרֶגֶל – בִּשְׁנַיִם. הֶחָזֶה וְהַגֵּרָה; הֶחָזֶה – בְּאֶחָד, וְהַגֵּרָה – בִּשְׁלֹשָׁה. שְׁתֵּי יָדַיִם בִּשְׁנַיִם, וּשְׁתֵּי דְּפָנוֹת בִּשְׁנַיִם. הַקְּרָבַיִים וְהַסּוֹלֶת וְהַיַּיִן בִּשְׁלֹשָׁה שְׁלֹשָׁה. [ו]בד"א – בְּקָרְבְּנוֹת צִיבּוּר, אֲבָל בְּקָרְבַּן יָחִיד אִם רָצָה לְהַקְרִיב מַקְרִיב. הַפְשֵׁיטָן וְנִיתּוּחָן שֶׁל אֵלּוּ וָאֵלּוּ שָׁוִין.§ **גמ'** תָּנָא: [ז]הַפְשֵׁיטָן וְנִיתּוּחָן שָׁוִין – בְּזָר. אָמַר חִזְקִיָּה: מִנַּיִן לְהֶפְשֵׁט וְנִיתּוּחַ שֶׁשָּׁוֶה בְּזָר – שֶׁנֶּאֱמַר: °"וְנָתְנוּ בְּנֵי אַהֲרֹן הַכֹּהֵן אֵשׁ עַל הַמִּזְבֵּחַ" נְתִינַת אֵשׁ בָּעֲיָא כְּהוּנָּה, הֶפְשֵׁט וְנִיתּוּחַ – לֹא בָּעֲיָא כְּהוּנָּה. הַאי

(margin: ויקרא א; שם ו; שם א; סוכה מח:; תורה אור)

רש"י

דְּלָא כְּר"א בֶּן יַעֲקֹב וּדְלָא כְּרַבִּי יְהוּדָה. דְּחָשֵׁיב פַּיִס לַמַּחְתָּה(ב) דְּלָא כְּרַבִּי יְהוּדָה, וּפַיִס דְּמִן הַכֶּבֶשׁ לַמִּזְבֵּחַ דְּלָא כְּר"א בֶּן יַעֲקֹב: **מתני'** תָּמִיד קָרֵב. מִשְׁעַת הוֹלָכַת אֵיבָרִים וְאֵילָךְ קָא חָשֵׁיב: עַצְמוֹ. בְּכָל יוֹם בְּתִשְׁעָה; חֲמִשָּׁה לָאֵיבָרִים, וְאֶחָד לַקְּרָבַיִם, וְאֶחָד לַסּוֹלֶת וְאֶחָד לַחֲבִיתִּין, וְאֶחָד לַיַּיִן. וְהָא כְּר"א בֶּן יַעֲקֹב הִיא, דְּלֵית לֵיהּ חַד לְהַעֲלוֹת מִכֶּבֶשׁ לַמִּזְבֵּחַ: בֶּחָג. שֶׁצָּרִיךְ שְׁנֵי נְסָכִין, אֶחָד שֶׁל יַיִן וְאֶחָד שֶׁל מַיִם: בְּיַד. כֹּהֵן אֶחָד צְלוֹחִית אַחַת שֶׁל מַיִם: בֵּין הָעַרְבַּיִם. שֶׁבְּכָל יוֹם, שְׁנַיִם בְּיָדָם שְׁנֵי גְּזִירֵי עֵצִים לְהוֹסִיף עַל עֲצֵי הַמַּעֲרָכָה לְהַרְבּוֹתָ. וּבַגְּמָרָא יָלֵיף לָהּ מִקְּרָא שֶׁבֵּין הָעַרְבַּיִם צָרִיךְ הַתָּמִיד שְׁנֵי גְּזִירִין בִּשְׁנֵי כֹּהֲנִים. אֲבָל בְּשַׁחֲרִית לָא בָּעֵי סִידּוּר שְׁנֵי גְּזִירִין אֶלָּא בְּכֹהֵן אֶחָד דִּכְתִיב "וּבִעֵר עָלֶיהָ הַכֹּהֵן": וּבַשַּׁבָּת שֶׁבְּתוֹךְ הֶחָג וכו'. הֲרֵי שְׁנֵים עָשָׂר: **גמ'** מִמַּאי מִדְּקָתָנֵי וּבַשַּׁבָּת וכו'. מִכְּלָל דִּשְׁאָר יְמוֹת הֶחָג לֹא מָצָא שֶׁיִּטְעוּן שְׁנֵים עָשָׂר. וְאִי אָמְרַתְּ אַף בֵּין הָעַרְבַּיִם מְנַסְּכִין מַיִם בַּחוֹל שֶׁל כָּל יְמוֹת הֶחָג – מַשְׁכַּחַתְּ לָהּ י"ב בֵּין הָעַרְבַּיִם עַצְמוֹ בְּתִשְׁעָה, וּשְׁנַיִם בְּיָדָן שְׁנֵי גְּזִירִין, וְאֶחָד בְּיָדוֹ צְלוֹחִית שֶׁל מַיִם: וְלַמְנַסֵּךְ אֶת הַמַּיִם אוֹמֵר לוֹ הַגְבֵּהַ יָדֶךָ. וְנִרְאֶה שֶׁתְּעָרֶה הַצְּלוֹחִית לְתוֹךְ סֵפֶל שֶׁל כֶּסֶף שֶׁעַל הַמִּזְבֵּחַ, שֶׁהוּא נָקוּב כְּמִין חוֹטֶם דַּק שֶׁהַיַּיִן מְקַלֵּחַ וְיוֹצֵא בּוֹ, וְהוּא הַנִּיסּוּךְ: שֶׁפַּעַם אַחַת נִסֵּךְ עַל רַגְלָיו. לֹא עֵירָה הַצְּלוֹחִית לְתוֹךְ הַסֵּפֶל, וְשָׁפַךְ הַמַּיִם עַל רַגְלָיו. לְפִי שֶׁהָיָה צְדוֹקִי, וְאֵינוֹ מוֹדֶה בְּנִיסּוּךְ הַמַּיִם: בְּאֶתְרוֹגֵיהֶן. לָמָּה לִי לְמִיתְנֵי בְּאֶתְרוֹגֵיהֶן אִם לֹא בָּא לְלַמְּדֵנוּ שֶׁנִּיסּוּךְ הַמַּיִם אֵינוֹ אֶלָּא בִּשְׁעַת נְטִילַת לוּלָב: (ג)[וְאֵימָא] דְּנַעֲבֵיד [חַד]. כֹּהֵן אֶחָד יְסַדֵּר שְׁנֵי גְּזִירִין בַּבֹּקֶר, דִּכְתִיב "וּבִעֵר עָלֶיהָ הַכֹּהֵן" וְנַעֲבֵיד תְּרֵי, שׁוּב יָבִיאוּ שְׁנֵי כֹּהֲנִים לַעֲשׂוֹת שְׁנֵי גְּזִירֵיהֶן עוֹד בַּבֹּקֶר, כִּדְכְתִיב "וְעָרְכוּ" – שְׁנַיִם: וּבִעֵר וּבִעֲרוּ. יִכְתּוֹב שְׁנֵיהֶן בִּלְשׁוֹן אֶחָד: פְּעָמִים י"ג. כֹּהֲנִים עֲסוּקִין בַּעֲבוֹדַת הַתָּמִיד, כִּדְתְנַן בְּמַתְנִי' בְּפַיִס שֵׁנִי: י"ג כֹּהֲנִים זוֹכִין בּוֹ: פְּעָמִים י"ד. בֶּחָג, בְּיַד אֶחָד צְלוֹחִית שֶׁל מַיִם: פְּעָמִים ט"ו. בַּשַּׁבָּת: פְּעָמִים שִׁשָּׁה עָשָׂר. בַּשַּׁבָּת שֶׁבְּתוֹךְ הֶחָג: ה"ג: וְהָא תַּנְיָא שִׁבְעָה עָשָׂר הַהוּא דְּלָא כְּר"א בֶּן יַעֲקֹב אֶלָּא כְּר' יְהוּדָה. הַהוּא תַּנָּא אִית לֵיהּ עוֹד כֹּהֵן אֶחָד הַמַּעֲלֶה אֵיבָרִים מִן הַכֶּבֶשׁ לַמִּזְבֵּחַ, וַהֲרֵי כָּאן י"ז דְּלָא כְּר"א בֶּן יַעֲקֹב אֶלָּא כְּרַבִּי יְהוּדָה, דְּאָמַר לֹא הָיָה פַּיִס לַמַּחְתָּה. וְעַל כָּרְחָךְ לֵית לֵיהּ דְּר"א בֶּן יַעֲקֹב – דְּאִם כֵּן בָּעֲרֵי לְהוּ פַּיְיסוֹת, כִּדְאָמְרִינַן לְעֵיל, וְהוּצְרַךְ לוֹ כֹּהֵן מִן הַכֶּבֶשׁ לַמִּזְבֵּחַ. וְאַנִּי שְׁמַעְתִּיהָ בִּלְשׁוֹנוֹת אֲחֵרוֹת, וְאִי אֶפְשָׁר לְהַעֲמִידָהּ.[א] וְאִי(ד) שְׁמַעִינַן לֵיהּ דְּרַבִּי יְהוּדָה לֹא הָיָה פַּיִס לַמַּחְתָּה – לֹא שְׁמַעִינַן לֵיהּ דְּאָמַר לֹא הָיָה כֹּהֵן לַמַּחְתָּה, אֶלָּא הָרֵי הוּא אוֹמֵר: כֹּהֵן שֶׁזָּכָה בַּקְּטוֹרֶת אוֹמֵר לָזֶה שֶׁעוֹמֵד אֶצְלוֹ זְכֵה עִמִּי בַּמַּחְתָּה. אֲבָל ר"א בֶּן יַעֲקֹב שְׁמַעִינַן לֵיהּ דְּאָמַר לֹא הָיָה כֹּהֵן לְהַעֲלוֹת אֵיבָרִים מִכֶּבֶשׁ לַמִּזְבֵּחַ, אֲבָל הֵן עַצְמָם שֶׁהֶעֱלוּם לַכֶּבֶשׁ הָיוּ מַעֲלִין לַמִּזְבֵּחַ: **מתני'** הַבָּשָׂר בַּחֲמִשָּׁה. כְּכֶבֶשׂ הַתָּמִיד: הַסּוֹלֶת. שְׁנֵי עֶשְׂרוֹנִים הָיָה,(ה) וּשְׁנֵי כֹהֲנִים: בַּמֶּה דְּבָרִים אֲמוּרִים. דְּבָעֵינַן כָּל הָנֵי כֹּהֲנִים לְכָל בְּהֵמָה וּבָעֵינַן פַּיִס:[א] אִם רָצָה לְהַקְרִיב כֹּהֵן. יָחִיד אֶת הַכֹּל, וּבְלֹא פַּיִס: הֶפְשֵׁיטָן וְנִיתּוּחָן. שֶׁל צִיבּוּר וְשֶׁל יָחִיד שָׁוִין לִהְיוֹת כְּשֵׁרִין בְּזָר, וְהָכִי מְפָרֵשׁ בַּגְּמָרָא: הָאִי

תוספות

ההיא דלא כר' אליעזר בן יעקב ודלא כרבי יהודה. כן היא הגי' בכל הספרים. אבל רש"י מוחקה, וגרים: אלא כר"י. וגירסת הספרים "ודלא כר' יהודה" נ"ל לפרש: והתניא י"ז, פי' בכל בוקר היה י"ז לכל הפחות, ולא משכחת לה אא"כ חשבת כל הכהנים הזוכין בכל הפייסות, דהיינו י"ג הזוכין בתמיד, וחד בתרומת הדשן, וחד המעלה איברים מכבש למזבח, ותרי דקטורת ודמחתה – הרי י"ז. והיינו דלא כראב"י ודלא כר' יהודה. דלראב"י בציר להו חד דמעלה איברים מכבש למזבח, ולר' יהודה בציר להו חד דמחתה. ומה שהקשה רש"י: אמאי קאמר דלא כר' יהודה, נהי דלא הוה פיים למחתה – כהן מיהא הוה, וא"כ איכא י"ז! נ"ל דפשיטא ליה להש"ס די"ז דקאמר – היינו אותם שזוכין ע"י פיים קאמר, דהא אכתי טובא הוו: המפשיט, והמנתח, והולכת עלים למערכה. ואי משום דכשירין בזר לא חשיב להו – והא קא חשיב שוחט. אלא ע"כ לא קא חשיב אלא הנך שזוכין ע"י פיים. ובמחתה לרבי יהודה לא הוה פיים כלל, כדפרישית לעיל. וגירסא שבספרים היא כפר"ת. ואין להקשות מהא דאמר לעיל: אי משכחת תנא דאית ליה חמש – משמע דהתלמוד לא הוה משכח תנא דאית ליה ה' פייסין, והא תנא דהכא דאית ליה י"ז, אית ליה ה' פייסין. די"ל לעיל: אכתי לא ידע להא ברייתא דהכא: **פר** קרב בכ"ד הראש והרגל כו'. קשה לי: דהכא לא חשיב לא כדרך הילוכו, ולא כדרך ניתוחו, ולא כדרך עילויו, ולא כדרך הפשטו. ואיני יודע איזה סדר תפס לו! ונ"ל: משום דמיבעיא ליה למיתני הראש והרגל ברישא, וקתני בהו הרגל בשנים – נקט נמי הרגל של שמאל בשנים, וקתני העוקץ בהדיה, ואקדמיה – משום דברישא נמי גבי טלה תנינהו בהדי הדדי לעוקץ ורגל שמאל. וכיון דתנא להנך דלא סגי לה בחד כהן – תנא נמי הגרה שהוא בג', וכיון דבעי למיתני הגרה – תנא בהדיה החזה, ואקדמיה כי היכי דקתני גבי טלה. והדר תנא הנך דלית לכל חד וחד אלא חד כהן, וקתני להו בסידרא דרישא ב' ידות וב' דפנות:

רבינו חננאל

היה פיים למחתה ופיים לאיברין שע"ג הכבש אותו התנא חולק על ר' יהודה ועל ר' אליעזר בן יעקב שזה אומר לא היה פיים למחתה וזה אומר לא היה פיים לאברים שעל הכבש: **תמיד קרב** בט' בי' בי"א בי"ב לא פחות ולא יותר: מדתנינן ובשבת שבתוך החג ביד אחד צלוחית של מים שמעת מינה שאין מנסכין מים אלא בתמיד של שחר. דאי ס"ד מנסכין בתמיד של בין הערבים בחול נמי משכחת י"ב בתמיד של בין הערבים. כיצד עצמו בט' וב' בשני גזירי עצים. ואחד בצלוחית של מים הרי י"ב בתמיד של בין הערבים. אלא ש"מ אין מנסכין ש"מ. מנא לן שתמיד של בין הערבים טעון ב' גזירין שנאמר וערכו עצים על האש. ודרשינן ליה בתמיד של בין הערבים ומשמע וערכו שנים. ושאר השמועה פשוטה היא: תני ר' חייא פעמים י"ג פעמים י"ד כו'. פי' פעמים שאתה מוצא בפיים בתמיד של שחר י"ג כדתנן י"ג זכין בו. וכבר פירשנום למעלה. ובחג מוסיפין בתמיד של שחר אחד בצלוחית של מים הרי י"ד. ובכל שבת י"ג הידועין בתמיד של שחר ושנים בידם ב' בזיכי לבונה של לחם הפנים הרי ט"ו ואם הוא שבת שבתוך החג י"ג הידועין וב' בשני בזיכי לבונה וא' בצלוחית של מים הרי י"ו. ומקשינן והתניא פעמים י"ז. ודחי' האי מתניתא תני ומוסיף ואחד במחתה הרי י"ז. והאי תנא לא כר' יהודה ולא כר'

[עי' תוס' מנחות פט: ד"ה תמיד של שחר]

הגהות הב"ח

(א) גמ' א"כ נימא קרא ובער ובער (אי כתב רחמנא וכו' קמ"ל דנעביד חד ונעביד תרי) תא"מ ונ"ב גירסת רש"י ואימא דנעביד חד ונעביד תרי: (ב) רש"י ד"ה דלא כר"א עי' דחשיב פיים למחתה ולמן הכבש למזבח דפיים למחתה דלא כר' יהודה: (ג) ד"ה ואימא דנעביד חד ונעביד תרי כהן אחד יסדר כו' לעשות שני גזירין עוד בבקר: (ד) ד"ה ה"ג והא תניא כו' ואי שמעינן ליה לר' יהודה דאמר לא היה פיים למחתה. נ"ב עי' בתוס' פירושו דזהו קושיא על גירסא ולשון אחרת וק"ל: (ה) ד"ה הסולת שני עשרונים הי' בשני כהני':

גליון הש"ס

גמ' אין מנסכין. עי' תענית ב ע"ב תד"ה איבעי להו:

הגהות מהר"י לנדא

א] רש"י ד"ה אם רצה להקריב. עי' לעיל דף ב ע"ב ברש"י ד"ה ומי ידעינן. ועי' בתוי"ט כאן ובמ"ל פ"ד מהלכות תמידין הלכה ט. עפ"ז יש ליישב סתירת רש"י דכאן מיירי דבעל הקרבן היה בוחר לעצמו איזה כהן מבית האב. אבל אם לא פרט מי שיקריב בודאי היה פיים דלא אתי לאנצויי אבל לעיל שפיר משני מי ידעינן הי כהן מתרמי דלא ידעינן איזה כהן יבחר או שלא יבחר ויהא צריך פיים:

הגהות מהר"ב רנשבורג

[א] רש"י ד"ה ה"ג והא תניא וכו' ואי אפשר להעמידה דאי אשמעינן וכו' כנ"ל וכ"כ הש"י יעו"ש:

תוספות ישנים

תמיד קרב בט' כו'. סדר הולכת אברי תמיד קתני ולא חשיב עבודות הדם ודישון שהיו לפני זה: **ושנים** בידם ב' בזיכי לבונה כו'. האי תנא סבר בזיכין קודמין למוספין דאי הוה מוספין קודמין לבזיכין לא הוו שייכי מידי בזיכין למילי דפיים הפני ... [illegible] ... מקריב תמיד של שחר ומוספין מאמר הנכנס מקטיר בזיכין כמוכח בסוף החליל וא"כ אין ענינם לתמיד של שחר כלום ואין יכולין להיות בפיים ... [illegible]

א) נ"ל קר"י

האי מיבעי ליה לגופיה! אמר רב שימי בר אשי, אשכחתיה לאביי דהוה מסבר ליה לבריה: "ושחט" – שחיטה בזר כשירה. וכי מאין באת – מכלל שנאמר: "ואתה ובניך אתך תשמרו את כהונתכם"(א) שומע אני אפילו שחיטה – ת"ל "ושחט את בן הבקר לפני ה' והקריבו בני אהרן הכהנים את הדם" *מקבלה ואילך מצות כהונה. "וסמך ידו ושחט" – לימד על השחיטה שכשירה בזר. מכדי, מקבלה ואילך מצות כהונה, "ונתנו בני אהרן"(ב) למה לי? למעוטי הפשט וניתוח. ואכתי איצטריך, סלקא דעתך אמינא: כיון דלאו עבודה דמעכבא כפרה היא – לא תיבעי כהונה, קמ"ל דבעי כהונה! אלא מהכא: "וערכו בני אהרן הכהנים את הנתחים את הראש ואת הפדר", מכדי, מקבלה ואילך מצות כהונה(ג) "וערכו" למה לי? למעוטי הפשט וניתוח. ואימא למעוטי סידור שני גזירי עצים! מסתברא: דיבחא דכותיה ממעט. אדרבה, סדור דכותיה ממעט! – לא ס"ד; *)דאמר מר: "והקריב הכהן את הכל *המזבחה" – זו הולכת אברים לכבש. הולכת אברים לכבש – הוא דבעיא כהונה, אהולכת עצים – לא בעיא כהונה, הא סידור שני גזירי עצים – בעיא כהונה. "וערכו" למה לי? למעוטי הפשט וניתוח.[א] – ואימא הכי נמי לגופיה! אלא: "והקטיר הכהן את הכל" למאי אתא[ב] – למעוטי הפשט וניתוח, "והקריב הכהן את הכל המזבחה – זו הולכת אברים לכבש. הולכת אברים לכבש – הוא דבעיא כהונה, הולכת עצים – לא בעיא כהונה, הא סדור שני גזירי עצים – בעיא כהונה, "ונתנו"–לגופיה, "וערכו" שנים, "בני אהרן" שנים, "הכהנים" – שנים, בלמדנו לטלה שטעון ששה. אמר רב המנונא, קשיא ליה לר"א: האי בבן הבקר כתיב, ובן הבקר עשרים וארבעה בעי! וניחא ליה: "על העצים אשר על האש אשר על המזבח" איזהו דבר שנאמר בו עצים אש ומזבח

*) פסחים סה: חגיגה יא. [עירובין קד.] זבחים ד. יד: כד: מנחות י.

גמ' האי מבעיא ליה לגופיה. דניבעי כהן, מיעוטא מנא לן להפשט וניתוח: דהוה מסבר ליה לבריה. הא דחזקיה, והכי מסבר ליה ניהליה: דתניא בתורת כהנים, "ושחט" – שחיטה בזר כשירה: וכי מאין באת. לישנא דמתני' הוא: וכי מאין באת לומר פסולה שנזקקת להביא מקרא להכשירה: מכלל שנאמר כו'. ומתוך אותו כלל הייתי בא לפסול: תלמוד לומר: ושחט והקריבו הכהנים. ומדכתיב כהן בקבלה, ובשחיטה לא כתיב, מכלל ד"ושחט" אבעלים קאי, וסמך ידו ושחט, לימד על השחיטה שכשירה בזר. עכ"ל משנה. ומינה הוה מסבר אביי לבריה הא דחזקיה הכי: מכדי. למדנו כאן דמקבלה ואילך מצות כהונה. והך נתינת אש בתר קבלה כתיבה, למה לי למכתב בה כהונה! למעוטי הפשט וניתוח. דלא כתיב בה כהן. ואילף מהכא דדוקא כתיב קרא ואי לא "ונתנו" הוה אמינא האי דלא כתיב כהן בהפשט וניתוח – משום דלא אצטריך הוא, דגלי ליה דבעי כהונה מקבלה ואילך: דלא מעכבא כפרה. דאין כפרה אלא בדם: אלא מהכא: וערכו בני אהרן הכהנים(ד). הרי למדנו מקבלה[א] שאין צריך כהונה אלא למעוטי הפשט וניתוח: אימא למעוטי סידור שני גזירי עצים. דבין הערבים, דלא כתיב בהו "הכהנים". אבל בצפרא בהדיא כתיב "ובער עליה הכהן": לא סלקא דעתך. דלא ניבעי סידור גזירין כהונה, מדאיצטריך למעוטי הולכת עצים – מכלל דסידורן בעי כהן: הולכת עצים לא בעי כהונה. דהאי כהן דכתיב בהולכת אברים על כרחך למעוטי הולכה אחרת בעי, דאי לגופיה – לא איצטריך, דהא אשמעינן: מקבלה ואילך מצות כהונה: וערכו למה לי. דכתיב בהן כהונה: למעוטי הפשט וניתוח [illegible] ד"ונתנו" לגופיה, כדאמרינן, דלא תימא כיון דלא מיעכבא כפרה לא תיבעי כהונה. ומדגלי בה דבעיא כהונה(ה) – לא איצטריך למיהדר למיכתב כהונה בהערכת נתחין, ואע"ג דלא מיעכבא. ועל כרחך למעוטי כתבי': שטעון ששה. הבשר בחמשה והקרבים באחד: וניחא ליה. הדר מתני ליה הכי: "על העצים אשר על האש" קרא יתירא הוא, דהכתיב: ונתנו אש, וערכו עצים, וערכו נתחים. למה לי תו "על העצים אשר על האש" וגו' – למידרש ביה דהני ו' כהנים הולכתו לדבר שנאמר בו אש ועצים ומזבח, ואיזהו דבר שהזקקתי לכם למערכה לסדר עצים ואש למזבח בשבילו? הוי

והקריבו בני אהרן מקבלה ואילך וכו'. בפ"ק דזבחים (ד' ד.) פרש"י: הא דאמרינן "והקריבו" זו קבלת הדם, ולא עבודה אחרת משאר עבודות דם כגון הולכה או זריקה – משום דכתיב: "ושחט והקריבו" ואיזו היא עבודה שהיא אחר שחיטה לאלתר – הוי אומר זו קבלה. והקשה ר"י: דבספ"ק דזבחים* איכא טעמא אחרינא, כדתניא התם: "והקריבו" – זו קבלת הדם, או אינו אלא זריקה? כשהוא אומר "וזרקו" – הרי זריקה אמור, הא מה אני מקיים "והקריבו" – זו קבלת הדם. אלמא דלאו היינו טעמא. והא דלא אמרינן זו הולכה – משום דלא מסתברא לאוקמיה בהולכה, ולומר: מהולכה ואילך מצות כהונה – משום דאפשר לבטלה, דאפשר עומד בצד מזבח ושוחט, דלא בעי להוליך: **אלא** מהכא וערכו בני אהרן הכהנים. בפ' ב' דזבחים (ד' יח.) דריש: "הכהנים" – בכיהונם, כהן הדיוט שלבש בגדי כ"ג ועבד עבודה – עבודתו פסולה. והכא דריש מדכתיב: "בני אהרן". ואין להקשות: מאי איצטריך קרא לעריכת נתחים למילפה מדקאמר מקבלה ואילך מצות כהונה, תיפוק ליה מוכי תעלה על דעתך שזר קרב אצל המזבח? די"ל: דאפשר דקאי בארעא וזריק להו למזבח, כדאי' לקמן בס"פ "טרף בקלפי" *גבי הלכת אליתא: אפשר דקאי אארעא ועביד במפוחא: **הולכת** עצים לא בעי כהונה הא סידור שני גזירין בעי כהונה. וא"ת: מנא לן דאיכא למידק הכי? דילמא מההוא קרא ממעטין הולכת עצים, ומהאי קרא דהכא נמעט סידור שני גזירין! וי"ל: מדאיצטריך למעוטי הולכת עצים – שמע מינה דסידור שני גזירין בעי כהונה, דאי לא בעי כהונה – למה לי קרא למעוטי הולכת עצים? השתא אפילו סידור שני גזירין שהם ע"ג המזבח – לא בעי כהונה, כ"ש הולכת עצים. וליכא לאקשויי: אי לא כתב אלא קרא דלעיל – לא הוה ממעטינן מיניה סידור שני גזירין אלא הולכת עצים, דמסתבר טפי, די"ל אפילו אי לא הוה כתב אלא קרא ד"וערכו" הוה ממעטינן מיניה סידור שני גזירין, דמסתברא: קאי בסידור – ממעט סידור. הקשה הר' אליהו מאיבריוק זצ"ל: לר"ש, דאית ליה לעיל שני גזירין בעי שני כהנים, מנא ליה דבעי כהונה? אי מהכא – הא איצטריך קרא לגופיה, סד"א כיון דאפשר לבטלה היא כשרה בזר, כדאמר בספ"ק דזבחים (ד' יד.*): הולכה בזר מחלוקת ר"ש ורבנן, לר"ש דאמר עבודה שאפשר לבטלה לאו עבודה היא – כשירה בזר, וכו' עד והרי הולכת אברים לכבש דאפשר לבטלה ופסולה בזר, דאמר מר "והקריב הכהן כו' המזבחה" – זו הולכת אברים לכבש. ומשני: היכא דגלי – גלי. וא"כ, כיון דאיצטריך לגופיה – א"כ סידור שני גזירין מנלן דבעי כהונה? ותירץ לו רבי: דר"ש לטעמיה, דקאמר לקמן בספ"ד (ד' מה.) גבי הלכת אליתא דלא צריך קרא שלא תהא אלא בכהן, משום דכי תעלה על דעתך שזר קרב אצל המזבח. דלית ליה סברא דר"י דאמר אפשר דקאי אארעא ועביד במפוחא – וה"ה בסידור שני גזירין, דלא מצי קאי אארעא ועביד בזריקה. ולר"י דאית ליה אפשר במפוחא – איכא למימר דה"נ אית ליה אפשר דזריק הגזירין לראש המזבח, ואפ"ה נפקא ליה שפיר דבעי כהונה מדכתיב כהן בהולכת אברים, דלגופיה לא איצטריך, דסבירא ליה אע"ג דאפשר לבטלה עבודה היא, אלא לגלויי אגזירין דבעינן כהונה, כדאמרן בשמעתין: *)**תחלת** עבודה דיממא היא דא"ר יוחנן וכו'. אע"ג דבריש פירקא אמר שכבר קידש תחלה לעבודה, ומסקינן דלעולם עבודת לילה היא! י"ל: דהמקשה דהכא הקשה לאידך לישנא דלעיל, דמפרש טעמא משום אונס שינה. דלההוא לישנא לא משבשינן מילתא דרבי יוחנן ואמרי' שכבר קידש מתחלה, לעבודה. ובסמוך, דפריך: והרי תרומת הדשן דעבודת לילה היא ובעי פיים, ופי' שם: דפריך ללישנא קמא דלעיל, אין לתמוה שבכאן פי' דסתמא דהתלמוד פריך לאיכא דאמרי דלעיל, דודאי כך הוא, ובין הכא ובין בסמוך רוצה ליישב לכל הלשונות דלעיל:
למימרא

*) שייך לע"ב

מ א מיי' פ"ט מהלכות ביאת מקדש הלכה ו:
מא ב מיי' פ"ו מהלכות מעשה הקרבנות הלכה י':

[דף יג. ושם ד"ה אתה]

ברכות לא: פסחים סה: זבחים לב. [מנחות יט.]

רבינו חננאל

אליעזר. כר' יהודה לא דהא בהדיא תני לא היה (פורם) [פיים] למחתה אלא כהן שזכה בקטרת אומר לזה שעמו זכה עמי במחתה. ודלא כר' אליעזר בן יעקב דהא בהדיא אוקימנא ליה בפיים למחתה בפ"ע. כי הפיים שסילק מן האברים שעל הכבש [למזבח] והוא הפיים הרביעי במחתה חשיב ליה. וזה חשיב למחתה בכלל הפיים השני ומפורש בתוספתא כך כמו שפירשנו כי אלו י"ג וט"ו וי"ו [שמנה] המנין בפיים השני הן. איל קרב בי"א הבשר בחמשה כו'. הפשיטן וניתוחן של אלו ושל אלו שוה. אוקימנא בין קרבנות יחיד בין קרבנות צבור הפשיטן וניתוחן שוה שכשרין בזר. מנ"ל שנאמר ושחט את בן הבקר לפני ה' והקריבו בני אהרן מקבלה ואילך מצות כהונה. לימד על השחיטה שכשרה בכל אפי' בזרים ובנשים ובעבדים ואפי' בקדשי קדשים. הרי בן בקר זה עולה הוא שהוא קדשי קדשים ושחיטתן כשרה בכל כדאמרינן מכדי מקבלה ואילך מצות כהונה. ונתנו בני אהרן אש על המזבח למה לי. למעוטי הפשט וניתוח מכהן. ואכתי איצטריך כו'. מסתברא זביחה דכוותה ממעט. פי' זבח שכמותו ממעט הפשטו וניתוחו. ולא סדור ב' גזירין. ודחינן וערכו לשון סידור הוא ואדרבה סידור דכוותה ממעט כו'. ואסיקנא והקטיר הכהן למעוטי הפשט וניתוח דלא בעו כהונה. והקריב הכהן את הכל למעוטי הולכת עצים דלא בעו כהונה. הא סידור גזירין בעיא כהונה. והללו לגופיהו וערכו שנים בני אהרן שנים הכהנים שנים. לימד על (העולה) [הטלה] והוא הבשר והקרבים שטעון ששה להוליכו לכבש. ומן הכבש למזבח. ואע"ג דההוא קרא דדרשינן בבן הבקר כתיב. לא אשכחן בן הבקר שעולה ונערך על העצים על האש אשר על המזבח אלא על הבשר של תמיד כי התמיד מקדים לכל. אלא הכבש של תמיד הוא עולה בראשונה. ונערך בעצים שעל האש שאותה האש על המזבח ועליו כל הקרבנות. וכיון שלא מצינו זה

הגהות הב"ח

(א) גמ' תשמרו את כהונתכם לכל דבר המזבח שומע אני: (ב) שם ונתנו בני אהרן הכהן אש למה לי: (ג) שם וערכו למה לי למעוטי הפשט וניתוח ואימא לגופייהו והקריב הכהן את הכל המזבחה זו הולכת אברים לכבש וכו' למדנו לטלה שטעון ששה הכי נמי אלא והקטיר הכהן את הכל למאי אתא למעוטי הפשט וניתוח אמר רב המנונא כצ"ל: (ד) רש"י ד"ה אלא מהכא וערכו בני אהרן הכהנים שאין צריך כהונה שהרי למדנו מקבלה למעוטי הפשט וניתוח כו' כצ"ל ועל תיבת שא"צ נ"ב פי' שא"צ לכתוב בהו כהן וכו': (ה) ד"ה למעוטי כו' דבעיא כהונה תו לא איצטריך:

הגהות הגר"א

[א] גמ' (ואימא ה"נ לגופיה) תא"מ: [ב] שם למאי אתא. נ"ב אלא והקטיר:

הגהות מהר"ב רנשבורג

[א] רש"י ד"ה אלא מהכא וכו' הרי למדנו מקבלה אלא למעוטי הפשט וניתוח שאין צריך כהונה כצ"ל ודברי הש"י בזה אינם מובנים:

תוספות ישנים

והאי מיבעי ליה לגופיה. תימה דמ"מ ניליף דלא בעיא כהונה ונאמר דמנתינה ואילך מצות כהונה לאפוקי הפשט וניתוח דמקמה י"ל דלעיל מהפשט וניתוח גבי עבודת הדם כתיב כהן ויכול להיות הפשט וניתוח קאי עלה ואע"ג דכתיב גבי נתינת אש כהן ולא אמרינן דקאי כהן לעבודת הדם עלה היינו משום דאינה בגוף הקרבן אבל הפשט וניתוח הוא בגוף הקרבן: **תשמרו** את כהונתכם שומע אני אפילו שחיטה. והא דדרשינן מהאי קרא עבודת מתנה הייתו מועבדתם עבודת מתנה אבל רישא דקרא דתשמרו את כהונתכם קאי אכל עבודות וקרא דלעיל מיירי לחייב זר מיתה: **מכדי** מקבלה ואילך מצות כהונה כו'. והכי נמי הוה מצי למימר מכדי כתיב תשמרו את כהונתכם דמשמע כל עבודות ונתנו למה לי כו' אלא מקבלה ואילך מצות כהונה עדיף ליה לאיתויי דמפרש בהדיא אבל תשמרו את כהונתכם אינו מפורש ומפקינן מינה שחיטה: **מכדי** מקבלה ואילך מצות כהונה. וא"ת אמאי לא אמרינן מקבלה ואילך מצות כהונה דוקא בעבודת דם שבה תלויה הכפרה ולא נלמוד משם הפשט וניתוח דתיבעי כהונה כמו שלא נלמוד משם נתינת אש כי היכי דאמרינן בפ"ק דמנחות (דף י.) דכל היכא דכתיב כהונה בעיא ימין דילפינן מוטבל באצבעו הימנית דמצורע ולא ילפינן מהתם הולכת אברים לכבש דלבעי ימין אע"ג דכתיב ביה כהונה כיון דלא מעכבא ביה כפרה י"ל דסברא היא להצריך כהונה על כל מה שכתוב אחר עבודת הדם והיא מגוף הקרבן כגון הפשט וניתוח אבל נתינת עצים אינה מגוף הקרבן: **כיון** דלאו עבודה דמעכבא כפרה היא לא תיבעי כהונה כו'. משמע הא הפשט וניתוח הוי מעכב כפרה וא"ת אמאי הפשט וניתוח מעכב כפרה והלא אפילו אם אבדו העור והאימורין אחר זריקת דם לא מעכבא כפרה כדאמרינן בתמיד נשחט (דף נט:) א) י"ל דלאו דוקא נקט מעכבא כפרה אלא הפשט וניתוח גוף הזבח אי נמי אומר רבי די"ל דלא קרי מעכב כפרה אלא דם וה"פ ואע"ג דמקבלה ואילך מצות כהונה שפיר כתיב כהונה בנתינת אש ואע"ג דלא אתי לאשמועינן דלא תילף מינה להפשט וניתוח דלא בעי כהונה דלגופיה לא איצטריך משום דלא הוה שמעינן נתינת אש מקבלה משום דקבלה מעכבא כפרה ואינהו לא מעכבי וקמ"ל קרא דאפילו הכי בעי כהונה ומינה שמעינן דמקבלה ואילך מצות כהונה אפילו בדבר שאינו מעכב כפרה דומיא דנתינת אש ויליף מינה ג"כ להפשט וניתוח דאע"ג דלא מעכבי כפרה בעי כהונה כיון דכתיבי מקבלה ואילך וא"ת א"כ ליכתבה לכהונה גבי הפשט וניתוח דכתיבי מקמי נתינת אש כי היכי דלא לישתמע דבהפשט וניתוח לא בעי כהונה מדלא כתבה בדבר שאינו מעכב כפרה עד נתינת אש וי"ל דמהפשט וניתוח שבגוף הקרבן לא ילפינן נתינת אש אבל מנתינת אש ילפינן דכל שכן הפשט וניתוח שכבר מקבלה ואילך הוזקק לכהונה: **אימא** למעוטי שני גיזרי עצים דלא בעי כהונה. ואע"ג דאמרינן לעיל מנין לתמיד של בין הערבים שטעון ב' גיזרי עצים בשני כהנים כו' לאו דוקא אלא בשני בני אדם קאמר והאי דנקט בשני כהנים האמת נקט ואע"ג דבהדיא קרא דלעיל כתיב כהנים מ"מ גבי וערכו עצים דהיינו סידור לא כתיב כהנים: **זביחה** דכוותה קא ממעט. פירוש הפשט וניתוח שבגוף הזבח: **והקריב** הכהן את הכל וגו' זו הולכת אברים לכבש. דכתיב בתריה והקטיר (הכהן הכל) המזבחה אלמא לאו בהקרבת אברים מיירי: **הולכת** אברים לכבש בעי כהונה הולכת עצים לא בעי כהונה הא סידור גיזרי עצים בעי כהונה וערכו למה לי למעוטי הפשט וניתוח. והא ליכא לאקשויי אימא דוהקריב למעט הפשט וניתוח וערכו למעט סידור גיזרין דוהקריב ליכא למימר דלמעוטי הפשט וניתוח אתא דלא כתיב בהדיא לעיל מיניה ולא דמי ליה נמי ב) (האי הולכה להאי הפשט) וניתוח אבל מוערכו איכא למעט שפיר הפשט וניתוח דכתיבי בהדיא (וכתיבי) לעיל מיניה אע"ג דלא דמו דלאו סידורא נינהו ומוהקריב נמעט הולכת עצים דהויא הולכה כוותיה. לשון רבי: **הא** סידור שני גיזרי עצים בעי כהונה. וליכא למימר דאתא למעט נמי שני גיזרין דמסתברא הולכה דכוותה קא ממעט כדפירש רבי: **בספרים** שלנו כתיב הולכת עצים לא בעי כהונה הא סידור שני גיזרין בעי כהונה וערכו למה לי למעט הפשט וניתוח וערכו שנים בני אהרן שנים הכהנים שנים למדנו לטלה שטעון ששה וכן גרס בקונטרס ותימה מה שייכא הכא דרשה דוערכו שנים כו' כיון דאוקימנא ליה למעט הפשט וניתוח ובפר"ח בכמה ספרים גרס וערכו למה לי למעט הפשט וניתוח אדרבה סידור דכוותה קא ממעט אלא והקטיר הכהן הכל המזבחה למה אתא אלא והקטיר הכהן למעוטי הפשט וניתוח והקריב הכהן זו הולכת אברים לכבש הולכת עצים לא בעיא כהונה הא סידור עצים בעי כהונה ונתנו לגופיה וערכו שנים כו' והשתא אתי שפיר דאיצטריך

א) שם לא מיירי אלא באימורין אבל ה"ה בבשר כמ"ש התוס' שם וכ"ש העור דלאו אכילת מזבח הוא ועי' ש"י: ב) נ"ל דהאי הולכה והאי הפשט:

מב א מיי' פ"ט מהל' ביאת מקדש הלכה ט.

הֲוֵי אוֹמֵר – זֶה טָלֶה. א"ר אַסִּי אָמַר רַבִּי יוֹחָנָן: זָר שֶׁסִּידֵּר אֶת הַמַּעֲרָכָה חַיָּיב. כֵּיצַד הוּא עוֹשֶׂה – פּוֹרְקָהּ וְחוֹזֵר וְסוֹדְרָהּ. מַאי אַהֲנֵי לֵיהּ? אֶלָּא! [א]פּוֹרְקָהּ זָר, וְסוֹדְרָהּ כֹּהֵן. מַתְקִיף לָהּ ר' זֵירָא: וְכִי יֵשׁ לְךָ עֲבוֹדָה שֶׁכְּשֵׁירָה בַּלַּיְלָה וּפְסוּלָה בְּזָר? וְלֹא? וַהֲרֵי אֵבָרִים וּפְדָרִים! סוֹף *עֲבוֹדָה דִּימָמָא הִיא. וַהֲרֵי תְּרוּמַת הַדֶּשֶׁן! תְּחִלַּת עֲבוֹדָה דִּימָמָא הִיא, *דְּא"ר אַסִּי א"ר יוֹחָנָן: קִידֵּשׁ יָדָיו לִתְרוּמַת הַדֶּשֶׁן – לְמָחָר אֵינוֹ צָרִיךְ לְקַדֵּשׁ, שֶׁכְּבָר קִידֵּשׁ מִתְּחִלַּת עֲבוֹדָה. וְאֶלָּא קַשְׁיָא! אֶלָּא כִּי אִיתְּמַר – הָכִי אִיתְּמַר, א"ר אַסִּי א"ר יוֹחָנָן: זָר שֶׁסִּידֵּר שְׁנֵי גְזִירֵי עֵצִים – חַיָּיב, הוֹאִיל וַעֲבוֹדַת יוֹם הִיא. מַתְקִיף לָהּ רָבָא: אֶלָּא מֵעַתָּה תִּיבְּעֵי פַּיִיס! אִשְׁתְּמִיטְתֵּיהּ הָא דְּתַנְיָא: *מִי שֶׁזָּכָה בִּתְרוּמַת הַדֶּשֶׁן – זָכָה בְּסִדּוּר מַעֲרָכָה, וּבְסִדּוּר שְׁנֵי גְזִירֵי עֵצִים. לְמֵימְרָא דַּעֲבוֹדַת יוֹם בָּעֲיָא פַּיִיס, עֲבוֹדַת לַיְלָה לָא בָּעֲיָא פַּיִיס? וַהֲרֵי אֵבָרִים וּפְדָרִים! סוֹף עֲבוֹדָה דִּימָמָא הִיא, – וַהֲרֵי תְּרוּמַת הַדֶּשֶׁן – מִשּׁוּם מַעֲשֶׂה שֶׁהָיָה. לְמֵימְרָא דַּעֲבוֹדַת יוֹם, וְשֶׁזָּר חַיָּיב עָלֶיהָ מִיתָה – בָּעֲיָא פַּיִיס, אֵין זָר חַיָּיב עָלֶיהָ מִיתָה – לָא בָּעֲיָא פַּיִיס? וַהֲרֵי שְׁחִיטָה! שָׁאנֵי שְׁחִיטָה, דִּתְחִלַּת עֲבוֹדָה הִיא. אָמַר מָר זוּטְרָא וְאִיתֵּימָא רַב אַשִׁי: וְהָא אֲנַן לָא תְּנַן הָכִי; *אָמַר לָהֶם הַמְמוּנֶּה: צְאוּ וּרְאוּ אִם הִגִּיעַ זְמַן הַשְּׁחִיטָה. וְאִילּוּ זְמַן שְׁנֵי גְזִירֵי עֵצִים – לָא קָתָנֵי! הַךְ דְּלֵית לָהּ תַּקַּנְתָּא – קָתָנֵי, הַךְ דְּאִית לָהּ תַּקַּנְתָּא – לָא קָתָנֵי. וְא"ד, מַתְקִיף לָהּ רַבִּי זֵירָא: וְכִי יֵשׁ לְךָ עֲבוֹדָה שֶׁיֵּשׁ אַחֲרֶיהָ עֲבוֹדָה, וּפְסוּלָה בְּזָר? וַהֲרֵי

הֲוֵי אוֹמֵר זֶה טָלֶה. תָּמִיד שֶׁל שַׁחַר, הִזְקִיקְךָ הַכָּתוּב בּוֹ לְמַעֲרֶכֶת עֵצִים חֲדָשָׁה בְּכָל בֹּקֶר[א] "וְאֵשׁ עַל הַמִּזְבֵּחַ תּוּקַד בּוֹ". וְהַךְ מוּקְדָה – סִידּוּר הַמַּעֲרָכָה הִיא, כִּדְתַנְיָא לְקַמָּן בְּפ"ג:* "וּבִעֵר עָלֶיהָ הַכֹּהֵן עֵצִים בַּבֹּקֶר וְעָרַךְ עָלֶיהָ הָעוֹלָה" וְאָמַר מָר "הָעוֹלָה" – עוֹלָה רִאשׁוֹנָה. אֲבָל שְׁאָר קָרְבָּנוֹת לֹא הוּזְקְקוּ לְחִידּוּשׁ מַעֲרָכָה. וְהָנָךְ עֵצִים וְאֵשׁ דִּכְתִיבֵי בְּבֶן בָּקָר – לָאו לְאַגְרוֹכֵי סִידְרֵי עַצְמוֹ. אֶלָּא מִשּׁוּם דַּעֲדַיִין לֹא נֶאֶמְרָה פָּרָשַׁת סִידּוּר הַמַּעֲרָכָה הַכְּתוּבָה בְּ"צַו אֶת אַהֲרֹן" וְכָאן הִתְחִיל לְדַבֵּר בְּדַרְכֵי עוֹלָה, וְהוּלְרַךְ לוֹמַר הֵיאַךְ תִּינָּתֵן, כָּתַב לָן כָּאן "וְנָתְנוּ אֵשׁ וְעָרְכוּ עֵצִים" דְּאַסִּידּוּר מַעֲרָכָה דְּשַׁחֲרִית קָאֵי: חַיָּיב. מִיתָה: פּוֹרְקָהּ. הַזָּר, אֵין צָרִיךְ כֹּהֵן לִסְתּוֹר סִידּוּרָהּ אֶלָּא הַזָּר בְּעַצְמוֹ: וַהֲרֵי אֵבָרִים וּפְדָרִים. הֶקְטֵר חֲלָבִים שֶׁהוּא כָּל הַלַּיְלָה, וְשַׁוּוּיְנְהוּ לְעֵיל [כד.] מֵאַרְבַּע עֲבוֹדוֹת שֶׁהַזָּר חַיָּיב עֲלֵיהֶן מִיתָה: וַהֲרֵי תְּרוּמַת הַדֶּשֶׁן. דִּכְתִיב כְּהוּנָּה: אֶלָּא קַשְׁיָא. וְכִי יֵשׁ לְךָ עֲבוֹדָה שֶׁכְּשֵׁירָה בַּלַּיְלָה שֶׁפְּסוּלָה בְּזָר? וַעֲבוֹדַת יוֹם הִיא. דִּכְתִיב "וּבִעֵר עָלֶיהָ הַכֹּהֵן עֵצִים בַּבֹּקֶר בַּבֹּקֶר": אֶלָּא מֵעַתָּה. דַּחֲשִׁיבָא כּוּלֵּי הַאי, שֶׁהִיא עֲבוֹדַת יוֹם, וְזָר חַיָּיב עָלֶיהָ: לְמֵימְרָא דַּעֲבוֹדַת יוֹם בָּעֵי פַּיִיס. מִדְּאַתְקִיף רָבָא: אֶלָּא מֵעַתָּה תִּבָּעֵי פַּיִיס – מִכְּלָל[ב] הַךְ עֲבוֹדָה הִיא בָּעֲיָא: וְהָא אֲנַן לָא תְּנַן. שֶׁיְּהֵא סִידּוּר שְׁנֵי גְזִירִין עֲבוֹדַת יוֹם: אִם הִגִּיעַ זְמַן הַשְּׁחִיטָה. אִם הֵאִיר הַמִּזְרָח, וְעֵת לִשְׁחוֹט אֶת הַתְּמִידִין. שֶׁהַשְּׁחִיטָה פְּסוּלָה בַּלַּיְלָה, דִּכְתִיב (ויקרא יט) "בְּיוֹם זִבְחֲכֶם": דְּלֵית לֵיהּ תַּקַּנְתָּא. אִם נִשְׁחַט בַּלַּיְלָה: דְּאִית לֵיהּ תַּקַּנְתָּא. אִם סִידְּרָן בַּלַּיְלָה – פּוֹרְקָן, וְחוֹזֵר וְסוֹדְרָן בַּיּוֹם. לְכָךְ לֹא הִטְרִיחוּ לַעֲלוֹת לַגַּג וְלִרְאוֹת אִם הִגִּיעַ,[ג] שֶׁאוֹתוֹ הַטּוֹרַח לֹא הִטְרִיחוּ אֶלָּא שֶׁבְּפַעַם אַחַת עָלָה מְאוֹר הַלְּבָנָה וְדִימּוּ שֶׁהֵאִיר הַמִּזְרָח, וְשָׁחֲטוּ אֶת הַתָּמִיד, כִּדְקָתָנֵי לָהּ בְּפ"ג [דף כח.]. אֲבָל סִידֵּר גְזִירִין – סִידּוּרוֹ בְּקַרְקַע עֲזָרָה מִשֶּׁהֵאִיר הַמִּזְרָח, וְאִם טָעָה בִּמְאוֹר הַלְּבָנָה – לֹא אִיכְפַּת לְהוּ, שֶׁהֲרֵי יֵשׁ תַּקָּנָה בַּדָּבָר: שֶׁיֵּשׁ אַחֲרֶיהָ. סִידּוּר עֲבוֹדָה, סִידּוּר שְׁנֵי גְזִירִין, וּפְסוּלָה בְּזָר לְהִתְחַיֵּיב מִיתָה: וַהֲרֵי

[דף לד.] [לעיל כב.] זבחים כ. [כח: ע"ש לעיל כב. לקמן כח. ע"ש] [לעיל כב. לקמן כח.] לקמן כח. מנחות ק. [תמיד ל.]

למימרא דעבודת יום בעי פיים וכו' עד והרי תרומת הדשן. תימה לי: מאי קפריך? אמאי לא משני: תחילת עבודת יום היא, כדשנינן לעיל! וי"ל: דהכא אתי למימר דבעינן תרוייהו, עבודת יום ומיתה בזר. דלכאורה משמע ליה דרבא דפריך אלא מעתה ה"ק: אלא מעתה דקמחייבת בזר – תיבעי פיים, ומשמע נמי אלא מעתה דקרית לה עבודת יום. אלמא דבעינן תרוייהו לענין פיים. הרי אברים ופדרים, דנהי דזר חייב עליהם – מ"מ עבודת לילה היא. והדר פריך מתרומת הדשן, אי ס"ל כרב דלא מיחייב זר אעבודת סילוק – אלמא אע"ג דלא מיחייב זר עלה בעי פיים. וכן פרש"י: למימרא דעבודת יום וחיוב מיתה בזר בעיא פיים. ולא נהירא מה שפי' דבדרך את"ל דסבר כרב. דהא בירושלמי יש: זר שתרם, רבי יוחנן אמר: חייב. אלא י"ל דפריך ללישנא קמא דלעיל, דקאמר עבודת לילה היא:

אין זר חייב מיתה לא בעיא פיים. וא"ת: הרי דישון מזבח הפנימי והמנורה! י"ל: כדמשני, דשחיטה תחילת עבודה היא – ה"נ נימא דישון מזבח הפנימי תחילת עבודה דהקטרה היא, ודישון מנורה תחילת הדלקה היא. וא"ת: לרבנן דר"א בן יעקב, דאמרי המעלה אברים לכבש – אין מעלה אותם למזבח, א"כ אין זר חייב עליהן מיתה, כיון דיש אחריה עבודה, וא"כ למה מפיסין? וי"מ: דהא דאמר דהיכא דאין זר חייב עליה דאין מפיסין – היינו פיים בפני עצמו, אבל הני – עיקר פיים, היינו בשביל השחיטה, וי"ב אחיו הכהנים נמשכים עמו, ולא נהירא! וי"ל: כיון דאין אחריהן עבודה אלא מענין גמר הולכת אברים – לא גריעא בכך לענין פיים: **איכא** דאמרי מתקיף לה רבי זירא וכו'. נ"ל לפרש: דאדלעיל קאי, דא"ר יוחנן זר שסידר את המערכה חייב וכו'. ואקשי ליה רבי זירא: וכי יש לך עבודה שכשירה בלילה ופסולה בזר? והשתא קאמר איכא דאמרי דהכי אקשי ליה רבי זירא: וכי יש לך עבודה שיש אחריה עבודה כי הא, שיש אחריה סידור שני גזירין ופסולה בזר? ומתמה הגמ' אאתקפתא דר' זירא: ולא? והרי אברים כו'. פי': אטו כל כהאי גוונא לאו עבודה תמה היא? הרי אברים ופדרים, דאע"ג דיש אחריהם תרומת הדשן, שהיא זקוקה לעיכול איברים ופדרים, כדכתיב (ויקרא ו): "היא העולה על מוקדה" דהיינו איברים ופדרים, וכתיב בתריה: "והרים את הדשן אשר תאכל האש את העולה", אלמא: אף על גב דתרומת הדשן זקוקה לה, וגמר עבודת עיכול איברים היא – אפ"ה חשיבא עבודה תמה וזר חייב עליה, כיון דאברים ופדרים זמנם מתחיל מבעוד יום, ואי בעי מקטר להו אתמול, אי בעי מקטר להו בלילה. ותרומת הדשן זמנה אינה אלא בלילה, כדאמר לעיל [כ.]: "כל הלילה והרים". כ"ש סידור מערכה, כיון דזמנה רק בלילה, כדכתיב: "על מוקדה על המזבח כל הלילה", ומינה נפקא לן לקמן בפ"ג (דף לג.) סידור מערכה וסידור שני גזירי עצים לא הויא אלא ביממא כדכתיב ובער עליה הכהן עצים בבקר ומינה נפקא לן לקמן בפ"ג (שם) סידור שני גזירין דדוקא עבודת יום שיש אחריה עבודת יום לא חשיב תמה, כגון קבלה והולכה שיש אחריה זריקה, ואידי ואידי עבודת יום נינהו. אבל חדא בלילה וחדא ביום – נימא שפיר דעבודה תמה היא. ומשני: סוף עבודה דיממא. לעולם סידור מערכה לאו עבודה תמה, כיון שיש אחריה סידור שני גזירין, דהוו גמר הסידור. ואע"ג דהא הויא בליליא והא הויא ביממא, ודקשיא לן מאברים ופדרים – שאני התם דתרומת הדשן לא שייכא לה, ואינה גמר עבודתה וטפילה לה, דאדרבה העלאת אברים עצמה טפילה לגמר עבודת יום שלפניה היא. והרי תרומת הדשן, שיש אחריה עבודה הוצאת הדשן דחשיבא עבודה לר' יוחנן גופיה אליבא דת"ק דר"א דפסיל בה בעלי מומין, ואפ"ה זר חייב עליה ללוי. ואפילו רב לא פטר אלא משום דעבודת סילוק היא, אבל עבודה תמה מיקרי. ואמאי? הא יש אחריה הוצאה! אלא, על כרחך כיון דתרומת הדשן דוקא בלילה, והוצאה אי בעי ביממא אי בעי בליליא – איקרי שפיר עבודה תמה, כ"ש סידור מערכה דהוא בליליא דווקא, דעבודה תמה היא, אע"ג דיש אחריה סידור ב' גזירין, כיון דהא דוקא בליליא והא דוקא ביממא. ומשני: תחילת עבודה דיממא היא. כלומר: הוצאה לא שייכא לה ולא גמר עבודתה היא, דתרומת הדשן היא תחילת עבודת יום, דאי בעי לא עביד שום עבודה אחריה. אלא עבודת יום דהוצאת דשן אינה עבודה בכל יום, אלא כשהיו צריכים. דאמר בפ"ב דתמיד: וברגלים לא היו מדשנין אותו מפני שהוא נוי למזבח. מתקיף לה רבא: ותיבעי פיים. כל זה מאיכא דאמרי דלעיל. איכא דאמרי לישנא אחרינא באתקפתא דרבא. והא דללישנא קמא לא פריך כי הכא יפיסו לה בפני עצמה – היינו משום דהכא משמע לן דקאמר מפני שהיא עבודה תמה שאין אחריה עבודה לעולם, וקס"ד דוקא עבודה הדומה לה שאין אחריה עבודה בשום פעם בו ביום, ולהכי פריך: כיון דחשובה כל כך – יפיסו לה בפני עצמה, והיינו דקא פריך למימרא דעבודה תמה. שמעולם אין עבודה אחריה בעי פיים – הא לאו הכי – לא, והרי אברים ופדרים, דזמנין כשנעשין בלילה יש אחריהן תרומת הדשן

רבינו חננאל

הדבר אלא בטלה לבדו ידעינן דהאי קרא בטלה נאמר. א"ר יוחנן זר שסידר המערכה חייב. כיצד עושה פורקה זר. וסודרה כהן. ואקשינן והלא סדור בלילה הוא. וכי יש עבודה כשרה בלילה ופסולה בזר. ופרקינן הנה אברין ופדרין שפקעו מע"ג המזבח שמחזירין עד חצי הלילה ופסולה בזר. ודחינן סוף עבודה דיממא הוא כלומר כבר העלום ע"ג המזבח ביום וזה סוף אותה העבודה הוא. והנה תרומת הדשן שהיא בלילה ופסולה בזר תחלת עבודה דיממא היא. דא"ר יוחנן קדש ידיו לתרומת הדשן למחר אין צריך לקדש שכבר קדש מתחלת עבודה. ואמאי לא דחי אימ' שכבר קדש מתחלה לעבודה כמו שדחה בתחלת הפרק. נאמר לפי שלא עמד אלא א' איבעית אימא לעולם עבודת יום היא מעיקרא סבור זו השנויא דשני ועלתה בקושי'. ותריצנא להא דר"י הכי זר שסידר שני גזירין חייב הואיל ועבודת יום היא. אלא מעתה כיון שעבודת יום תיבעי פיים. אשתמיטתיה הא דתניא כו'. למימרא דעבודת יום בעיא פיים עבודת לילה לא. והרי אברים ופדרים דעבודת לילה הוא. ותניא כשם שמפיסין לו לתמיד שחרית כך מפיסין לו ערבית. ואע"ג דאוקימנא בשבת הואיל ומשמרות מתחלפות בשבת מיהא מפיסין. ואפי' למ"ד אין מפיסין לא אמר אלא אין מפיסין בפ"ע. אלא הם שזכו בכלל הפיים של תמיד של שחר הן הן הזוכין בתמיד של בין הערבים ואפילו באברים ופדרים שעבודה אחת היא מ"מ בפיים [היה] הן הזוכים בתמיד של בין הערבים הן הזוכין בהחזרת אברים ופדרים כי עבודה אחת היא ודחינן ההיא סוף עבודה דיממא היא.

תוספות ישנים

דאיצטריך ליה לאוקמי וערכו לדרשה אחריתי וקשה לרבי דבסוף פ"ק דזבחים אמרינן דעבודה שאפשר לבטלה לר"ש לאו עבודה היא ופריך והרי הולכת אברים לכבש דאפשר לבטלה ואמר מר והקריב הכהן זו הולכת אברים לכבש ומשני היכא דגלי גלי אלמא איצטריך כהן דהולכה לגופיה דס"ד דלא בעי כהונה הואיל ואפשר לבטלה והיכי [מרבינן] מיניה סידור שני גיזרין ומיהו אין קושיא כל כך אי לא הויא הא דרשה דהכא לר"ש אלא לרבנן דידיה ואע"ג [דאית] ליה לעיל דסידור שני גיזרין בעי כהונה ועוד מצינו למימר לר"ש נפקא כהונה דסידור שני גיזרין ממילא דאין זר קרב לגבי המזבח כמ"ש לקמן (דף מה.) א"ל ר"ש וכי תעלה על דעתך זר קרב לגבי המזבח כו' ור"י דהתם אית ליה אי לאו קרא הוה אמינא דעביד במפוחא אבל לר"ש לית ליה האי סברא אבל קשה לה"ר אלחנן דהא לפירוש הקונטרס דלקמן שפי' דלר"ש איצטריך למכתב כהונה גבי הצתת אליתא הא לאו קרא הוה אמינא שיוציאם מרחוק או יזרקם ע"ג המזבח הא ה"נ איכא למימר גבי שני גיזרין מיהא רבי פירש לקמן דדרשינן בפ' שני דזבחים (דף יח.) הכהן בכיהונו: **למדנו** לטלה שטעון שקה. בהולכת אברים לכבש מיירי ולא בהקטרה מדכתיב בתריה והקטיר מכלל דעד השתא לא איירי בהקטרה ותנן נמי בתמיד כשהיה כ"ג רוצה להקריב התמיד היה מקטירו כולו אך קשה קצת דלישנא דוערכו עלים על האש משמע דמיירי בנתינה על האש ודומיא דסידור שני גיזרין שהיו על האש ממש אלא נראה לרבי דודאי בהקטרה טעון שקה דכהן גדול שאני שיכול להקריב כל שעה שירצה כדאמרינן לעיל פ"ק (דף יד.) ומיהא על כרחך צריך קרא שיכול להקריב דאי ליכא קרא הא מנא לן כיון שטעון שקה: (ע"כ שייך לעמוד א')

וכי יש לך עבודה שכשרה בלילה ופסולה בזר. מיהא זר ודאי מוזהר עליה דכתיב צו את אהרן וגו' היא העולה על מוקדה וגו' ולעיל נמי אמרינן דסידור גיזרין בעי כהונה אבל הכא איירינן בפסול מיתה ואם תאמר מנין לנו שאין כאן פסול מיתה לפי שהיא [כשרה] בלילה הא גבי זר הקרב יומת לא כתיב יום ולא ממעטינן לילה י"ל דפשיטא ליה שאין עבודה חשובה אלא של יום וביום צוותו כתיב לחייב עליה מיתה: **שכבר** קידש מתחלת עבודה. תימה אמאי לא משני כדמשני בריש פירקין שכבר קידש מתחלה לעבודה י"ל לית ליה א) לרבי יהודה דהכא ההיא שינויא דס"ל כאידך טעמא לעיל מיהו הוה מצי למיפרך על מילתיה דר' יוחנן דהא לאו עבודה תמה היא ולקמן לאיכא דאמרי פריך לה מיהו הך פירכא דתרומת הדשן איתא לכ"ע דאפילו לרב דפטר לעיל ממיתה לא פטר אלא מקרא דעבודת מתנה ולא מטעם שכשרה בלילה אך קשה מאי טעם דחשיב תרומת הדשן תחילת עבודה דיממא כלל י"ל כיון שהלילה מיום שאחריו ותרומת הדשן הוי תחילת עבודת אותו היום ועל כרחך כשקדש אז קדש לכל היום כולו שהרי גם בלילה צריך לסדרה כמה פעמים ואין בה גם חשיבת עבודה כל כך כמו בתרומת הדשן דחשיב לה עבודה דיממא. ה"ר יוסף: **אישתמיטתיה** הא דתניא מי שזכה כו'. ולקמן קאמר דה"ק אלא מעתה יפייסו לה בפני עצמה אבל האי לישנא לית ליה הכי ב) [אלא] למימרא דעבודת יום בעיא פיים ועבודת לילה לא בעיא פיים אבל אין נראה לפרש דדייק מפשטא דמילתא דפריך אלא מעתה דקאמרת הואיל ועבודת יום תיבעי פיים אלמא תלי טעמא בעבודת יום דא"כ הוה משמע שיש לחלוק אהא דקרי ליה עבודת יום והא כתיב בהדיא ובער עליה הכהן עלים בבקר בבקר ואוקימנא לעיל לשני גיזרין ואין נראה לפרש דלא שמיע ליה ועוד מנא ליה לתלמודא דקאי אההיא ועבודת יום הוא דילמא אעיקר מילתא דחייב בה זר מיתה קאי: **משום** מעשה שהיה. והוה מצי למימר משום שתחילת עבודה דיממא היא אלא דעדיפא מינה קא מיבעיא ועוד דהכא לא אתי שפיר כמו לעיל משום דלעיל קאמר לאחשובה ממערכה שהיא בלילה אבל כאן אינו חשיבות להתחשבו מסידור שני גיזרין שהן ביום: **למימרא** שעבודת יום וזר חייב מיתה בעיא פיים. דהא פשיטא ג) (מדלא פריך) ליה לעיל על לישנא קמא כדפי' לעיל: **שאני** שחיטה דתחילת עבודה דיממא הוא. ואע"ג שכשרה בזר ואפילו שחיטת פרו איכא דמכשר לקמן בפרק טרף בקלפי (דף מב.) מכל מקום תחילת עבודה דתמיד היא ואכתי הוה מצי לאקשויי והרי דישון מזבח הפנימי והמנורה והולכת אברים לכבש דאין זר חייב עליהן מיתה ...

הדרן עלך בראשונה

הגהות הב"ח

(א) רש"י ד"ה הוי אומר כו' חדשה בכל בקר דכתיב ואש על כו' עלים בבקר בבקר וערך עליה כו' דכתיבי בבן בקר בזיקה כו' לאו לאגרוכי: (ב) ד"ה למימרא כו' מכלל הכך עבודה היא דבעיא פיים: (ג) ד"ה דלית ליה כו' ולראות אם הגיע הזמן שאותו הטורח לא הטריחו אלא לפי שבפעם אחת:

גליון הש"ס

תוס' ד"ה למימרא. דהא בירושלמי יש. תמוה לי דלמאי נ"ל דפרכינן אי ס"ל לר"י כרב. הא כפשוטו ניחא דפרכינן לרבה דס"ל דפיים תלי בחיוב זר לרב דבהכרמא אין זר חייב עליה אמאי יהיה פיים ומה בכך דר"י לא ס"ל כרב מ"מ ק' לרב למה היה פיים. גם תמוה לי על הירושלם לל"ק מ"מ יקשה איך אמר ר"י דזר שתרם חייב הא הוי עבודת לילה וצ"ע: ד"ה איכא דאמרי כו'. כ"ש סידור מערכה דהוא בליליא דוקא לעבודה תמה היא. ע"ל דף לג. תד"ה אביי:

–וַהֲרֵי[א] אֵבָרִים וּפְדָרִים! –סוֹף עֲבוֹדָה דִימָמָא הִיא. – וַהֲרֵי תְּרוּמַת הַדֶּשֶׁן! תְּחִילַּת עֲבוֹדָה דִימָמָא הִיא. דְּא"ר יוֹחָנָן: *קִדֵּשׁ יָדָיו לִתְרוּמַת הַדֶּשֶׁן – לְמָחָר אֵינוֹ צָרִיךְ לְקַדֵּשׁ, שֶׁכְּבָר קִדֵּשׁ מִתְּחִלַּת עֲבוֹדָה. –אֶלָּא קַשְׁיָא! –אֶלָּא, אִי אִתְּמַר –הָכִי אִתְּמַר, *א"ר אַסִּי א"ר יוֹחָנָן: זָר שֶׁסִּידֵּר שְׁנֵי גְזִירֵי עֵצִים – חַיָּיב, הוֹאִיל וַעֲבוֹדָה תַּמָּה הִיא. מַתְקִיף לָהּ רָבָא: אֶלָּא מֵעַתָּה תִּבָּעֵי פַּיִיס! וְלָא בָּעֲיָא פַּיִיס?! וְהָתַנְיָא: *מִי שֶׁזָּכָה בִּתְרוּמַת הַדֶּשֶׁן – יִזְכֶּה בְּסִידּוּר שְׁנֵי גְזִירֵי עֵצִים! ה"ק: יְפַיְּיסוּ לָהּ בִּפְנֵי עַצְמָהּ, *כִּדְאָמְרִינַן. לְמֵימְרָא דַעֲבוֹדָה תַּמָּה וְזָר חַיָּיב עָלֶיהָ מִיתָה – בָּעֲיָא פַּיִיס, אֵין זָר חַיָּיב עָלֶיהָ מִיתָה – לָא בָּעֲיָא פַּיִיס? וַהֲרֵי שְׁחִיטָה! שָׁאנֵי שְׁחִיטָה דִּתְחִילַּת עֲבוֹדָה דִימָמָא הִיא.[ב] לְמֵימְרָא דַעֲבוֹדָה תַּמָּה בָּעֵי פַּיִיס, עֲבוֹדָה שֶׁיֵּשׁ אַחֲרֶיהָ עֲבוֹדָה – לָא בָּעֵי פַּיִיס? וַהֲרֵי אֵבָרִים וּפְדָרִים! סוֹף עֲבוֹדָה דִימָמָא הִיא. הֲרֵי תְּרוּמַת הַדֶּשֶׁן? מִשּׁוּם מַעֲשֶׂה שֶׁהָיָה. אָמַר מָר זוּטְרָא וְאִיתֵימָא רַב אַשִׁי: אַף אֲנַן נַמִי תְּנֵינָא, אָמַר לָהֶם הַמְּמוּנֶּה: צְאוּ וּרְאוּ אִם הִגִּיעַ זְמַן הַשְּׁחִיטָה. וְאִילּוּ זְמַן סִידּוּר גְּזִירֵי עֵצִים לָא קָתָנֵי. הַךְ דְּלֵית לָהּ תַּקַּנְתָּא קָתָנֵי, הַךְ דְּאִית לָהּ תַּקַּנְתָּא – לָא קָתָנֵי.§

הדרן עלך בראשונה

וַהֲרֵי אֵיבָרִים וּפְדָרִים. לָא גָּרְסִינַן לְכוּלֵּיהּ הַךְ גִּירְסָא דְּאֵיבָרִים וְדִתְרוּמַת הַדֶּשֶׁן הָכָא. דְּהָא(א) מָנֵינַן לְהוּ לְגַבֵּי פְּלוּגְתַּיְיהוּ דְּרַב וְלֵוִי בַּעֲבוֹדָה שֶׁאֵין אַחֲרֶיהָ עֲבוֹדָה. וְאַגַּב שִׁיטְפָא דְּרִיהֲטָא דְּגִירְסָא דִּלְעֵיל דְּלִישָּׁנָא קַמָּא דְּרַבִּי זֵירָא הֲדַר וְגַרְסִינְהוּ בְּלִישָּׁנָא בָּתְרָא. וְה"ג: יֵשׁ לְךָ עֲבוֹדָה שֶׁיֵּשׁ אַחֲרֶיהָ עֲבוֹדָה וּפְסוּלָה בְּזָר אֶלָּא אִי אִיתְּמַר כו': הוֹאִיל וַעֲבוֹדָה תַּמָּה. דִּשְׁלִים לֵיהּ סִידּוּר: לְמֵימְרָא דַּעֲבוֹדָה תַּמָּה בָּעֵי פַּיִיס כו' עַד מִשּׁוּם מַעֲשֶׂה שֶׁהָיָה לָא גָּרְסִינַן: אַף אֲנַן נַמִי תְּנֵינָא. דְּסִידּוּר גְּזִירִין עֲבוֹדָה תַּמָּה הִיא, כְּרַבִּי יוֹחָנָן וּדְלָא כְּרַב וְלֵוִי, דְּלָא מָנוּ לָהּ בַּעֲבוֹדָה שֶׁזָּר חַיָּיב עָלֶיהָ מִשּׁוּם דְּיֵשׁ אַחֲרֶיהָ סִידּוּר אֵיבָרִים: וְאִילּוּ זְמַן שְׁנֵי גְזִירִין לָא קָתָנֵי. אַלְמָא: עֲבוֹדַת לַיְלָה הִיא, וְהוּא גְּמַר סִידּוּר מַעֲרָכָה. וְסִידּוּר הָאֵיבָרִים שֶׁהוּא עֲבוֹדַת יוֹם – תְּחִילַּת עֲבוֹדָה אַחֶרֶת הִיא, וְלֹא גְּמַר סִידּוּר הַמַּעֲרָכָה הִיא:

[לעיל כז: ע"ב וש"נ] [לעיל כד:] [לעיל כב. כז:] אלא רש"ת

הדרן עלך בראשונה

הדשן ולא ליבעי פייס! ומשני: סוף עבודה דיממא נינהו. אפילו כשנעשין בלילה לא שייכא להו תרומת הדשן, כדפרי' לעיל, והרי תרומת הדשן, דנהי דזימנין לא הויא הולכה בתרה – מ"מ כיון דכשהיו צריכין היו מוליאין אחר תרומת הדשן, כדכתיב בתר הרמה (ויקרא ו): "ופשט את בגדיו ולבש בגדים אחרים והוליא את הדשן וגו'" א"כ לאו עבודה תמה היא, דלא מקרי עבודה תמה אלא עבודה שאין אחריה עבודה לעולם, כדפרישית. ומשני: משום מעשה שהיה. כך נ"ל לפרש גירסת הספרים. מיהו, רש"י ל"ג ליה. ולפי מה שפירשתי לא יקשה מה שהקשה רש"י:

אף אנן נמי תנינא וכו'. ואילו שני גזירין לא קתני, אלמא: עבודת לילה נינהו. ואע"ג דכתיב: "בבקר בבקר" – י"ל: כיון דכתיב בבקר בבקר תרי זימני, נימא: תן בקר לבקרו של לילה: **יפיסו** לה בפני עצמה. כיון דעבודה תמה היא, דעבודת לילה היא, ועבודת התמיד שהן עבודת יום לא שייכא ליה. הא דלא פריך מזריקה, דעבודה תמה היא ואין מפיסין לה בפני עצמה – י"ל: נהי דאין אחריה עבודה, לפי שהקטרת אימורין שאחריה לא מעכבי, וזימנין דליתא כגון שנטמאו אימורין או שאבדו – מ"מ, כיון דכי איתנהו מעכבי – לא חשיבא זריקה [עבודה] תמה כ"כ להפיס לה בפני עצמה. ולהכי פריך: והרי תרומת הדשן, דאע"ג דהולאת הדשן שהיא אחריה זימנין דליתא, מ"מ כיון דזימנין דאיתא – לא מיחשב להפיס לה בפני עצמה, כדפרישית בזריקה. א"נ, י"ל: שאני זריקה שיש אחריה עבודה בו ביום, מה שאין כן בסידור שני גזירין שאין עוד עבודה כל הלילה. וא"ת: קטורת, כיון דיש אחריה עבודה בו ביום אמאי מפייסים עליה בפני עצמה? י"ל: שאני קטורת משום דבעי כל שעתא חדשים. ומאיכא דאמרי עד יפיסו לה בפני עצמה הוי הכל מאיכא דאמרי, ועתה נחזור לסיומא דלעיל מכח קושיא דרבא דפריך: ויפיסו לה בפני עצמה. אלא אי איתמר הכי איתמר א"ר אסי א"ר יוחנן זר שסידר שני גזירין חייב מפני שהיא עבודת יום כו' כדלעיל. אלא שהתלמוד מאריך לדקדק יותר במילתיה דרבא, למימרא דעבודה תמה בעיא פיים, ואף אנן נמי תנינא דקא מסייע למילתיה דרבי יוחנן. וכיון דדחי ליה לסייעתא – תו לא מתוקמא מילתיה דרבי יוחנן מכח קשיא דרבא, להכי נ"ל: אלא אי איתמר הכי איתמר כדלעיל, לפי שהיא עבודת יום. והשתא לא מצי למיפרך יפיסו לה בפני עצמה – דטובא איכא עבודת יום שאין מפיסין לה בפני עצמה. וא"ת, ה"נ איכא ניסוך היין והמים שהן עבודות תמות, ואין מפיסין להן בפני עצמן! י"ל: כיון דיש אחריהן כמה עבודות בו ביום – אין מפיסין להו בפני עצמם, אבל סידור שני גזירין – אין אחריהן עבודה עוד כל אותה הלילה, ולהכי הוה לן למימר דחשיבא כולי האי להפיס עליה בפני עצמה. ופריך: והרי איברים ופדרים כו'. ומשני: סוף עבודה דיממא היא, ואין עוד עבודה אחריה בו ביום – ולהכי מפיסין לה בפני עצמה, לפי דבפיים דשחרית היו מפיסין נמי אאיברי תמיד של בין הערבים, והנך איברים אין אחריהם עבודה כל אותו היום, ופריך: והרי שחיטה, דמפיס לה בפני עצמה דעיקר הפיים הוה [מי] שוחט, ושאר אחיו הכהנים נמשכין עמו אגב גררא דידיה:

הדרן עלך בראשונה

א א מיי' פ"א מהלכות תמידין הלכה ב סמג עשין קנ:
ב ב מיי' פ"ה מהלכות ביאת מקדש הלכה ה:

[עי' תוס' מנחות ק. ד"ה אמר לכם ותוס' לעיל טז: ד"ה אמר ותוס' סוטה מב. ד"ה סגן]

רבינו חננאל

והרי תרומת הדשן כו' אמר רב אשי והא אנן לא תנינן לה דשני גזירין עבודת יום הוא דתנן אמר להם הממונה צאו וראו אם הגיע זמן השחיטה ואלו זמן ב' גזירין לא קתני. ופרקינן השחיטה דלית ליה תקנה שאחר שישחו' לא יתכן לו להחזירו קתני. אבל סידור גזירין שיכול לפורקו לא קתני: איכא דאמרי הכי אקשו ליה. וכי יש עבודה שיש אחריה עבודה בלילה ופסולה בזר ולא והרי אברים ופדרים שיש אחריה עבודה דלרבנן צריך להחזירן למערכה גדולה ולר' מאיר עביד לה מערכה בפ"ע. ודחי סוף עבודה דיממא היא. והרי תרומת הדשן שיש אחריה הוצאה חוץ למחנה וסידור המערכה ופרקינן תחלת עבודה דיממא היא כר' יוחנן דאמר קדש ידיו לתרומת הדשן למחר אין צריך לקדש שכבר קדש מתחלת עבודה וקשיא לן ואמאי לא דחי הכי אימא שכבר קדש מתחלה לעבודה

הגהות הגר"א

[א] גמ' (והרי אברים כו' עד אלא קשיא) תא"מ (וכן מחקו רש"י): [ב] שם (למימרא דעבודה תמה בעיא כו' עד מעשה שהיה) תא"מ (וכן מחקו רש"י):

*)הנה ועבודת לילה ופסולה בזר אלא העלה בקושיא. ופרקינן משום דבתחלת הפרק נדחת זו השינויא וא' איבעית אימא לעולם תחלת עבודת יום הוא ואמאי לא תקינו לה פיים מעיקרא סבור כיון דאיכא אונס שינה לא אתו כיון דחזו דאתו ואתו נמי לסכנה תקינו לה פייסא. ותריצנא לר' יוחנן הכי זר שסידר ב' גזירין חייב הואיל ועבודה תמה היא אי הכי תיבעי פיים בפ"ע ופרקינן האי כבר שנינן לה כדאמרינן בתחלת הפרק כיון דתקינו פיים לתרומת הדשן לא הוו אתו שהיה כבד עליהן להניח השינה ולעמוד דהוו אמרי מי יימר דמיתרמי לי הדר תקינו מי שזכה בתרומת הדשן יזכה בסידור המערכה ובשני גזירין כלומר הוסיפו אלו העבודות כדי שיבואו למימרא דעבודה תמה בעיא פיים כו' כענין הראשון: **הדרן עלך בראשונה כל מי שרוצה**

*) אולי נ"ל ועבודת לילה היא ופסולה בזר.

Koren Talmud Bavli

THE NOÉ EDITION

YOMA

Steinsaltz Center

KOREN

תלמוד בבלי

KOREN TALMUD BAVLI

THE NOÉ EDITION

יומא

YOMA

Daf 2a through Daf 28a

COMMENTARY BY

Rabbi Adin Even-Israel
Steinsaltz

EDITOR-IN-CHIEF

Rabbi Dr Tzvi Hersh Weinreb

SENIOR CONTENT EDITOR

Rabbi Dr Shalom Z Berger

EXECUTIVE EDITOR

Rabbi Joshua Schreier

•

STEINSALTZ CENTER
KOREN PUBLISHERS JERUSALEM

Supported by the Matanel Foundation

Koren Talmud Bavli, The Noe Edition
Vol. 6a: Tractate Yoma, Daf 2a through Daf 28a
Paperback, ISBN, 978-965-7765-45-6

First Hebrew/English paperback edition, 2021

Koren Publishers Jerusalem Ltd.
PO Box 4044, Jerusalem 91040, ISRAEL
PO Box 8531, New Milford, CT 06776, USA
www.korenpub.com

Steinsaltz Center

Steinsaltz Center is the parent organization of institutions established by Rabbi Adin Even-Israel Steinsaltz

PO Box 45187, Jerusalem 91450 ISRAEL
Telephone: +972 2 646 0900, Fax +972 2 624 9454
www.steinsaltz-center.org

This book was published in cooperation with the Israel Institute for Talmudic Publications.

הִנֵּה יָמִים בָּאִים, נְאֻם אֲדֹנָי יֱהֹוִה, וְהִשְׁלַחְתִּי רָעָב בָּאָרֶץ,
לֹא־רָעָב לַלֶּחֶם וְלֹא־צָמָא לַמַּיִם, כִּי אִם־לִשְׁמֹעַ אֵת דִּבְרֵי יהוה.

Behold, days are coming – says the Lord God – I will send a hunger to the land, not a hunger for bread nor a thirst for water, but to hear the words of the Lord. (AMOS 8:11)

The Noé edition of the Koren Talmud Bavli
with the commentary of Rabbi Adin Even-Israel Steinsaltz
is dedicated to all those who open its covers
to quench their thirst for Jewish Knowledge,
in our generation of Torah renaissance.

This beautiful edition is for the young, the aged,
the novice and the savant alike,
as it unites the depth of Torah knowledge
with the best of academic scholarship.

Within its exquisite and vibrant pages,
words become worlds.

It will claim its place in the library of classics,
in the bookcases of the Beit Midrash,
the classrooms of our schools,
and in the offices of professionals and business people
who carve out precious time to grapple with its timeless wisdom.

For the Student and the Scholar

DEDICATED BY LEO AND SUE NOÉ

Steinsaltz Center

Executive Director, Steinsaltz Center
Rabbi Meni Even-Israel

Managing Editor
Rabbi Jason Rappoport

Editors
Rabbi Joshua Amaru, *Coordinating Editor*
Menucha Chwat
Rabbi Yoel Domb
Rabbi Yonatan Shai Freedman
Raphael Friedman
Nechama Greenberg
Rabbi Alan Haber
Rabbi David Hojda
Rabbi Dov Karoll
Rabbi Tzvi Chaim Kaye
Rabbi Adin Krohn
Catriel Lev
Sholom Licht
Elisha Loewenstern
Adina Luber
Rabbi Avishai Magence, *Content Curator*
Sally Mayer
Sarit Nagus
Yedidya Naveh
Rabbi Eli Ozarowski
Rabbi David Sedley
Shira Shmidman
Rabbi Michael Siev
Avi Steinhart
Rabbi David Strauss
Rabbi Abe Y. Weschler
Rabbi Binyamin Zimmerman

Senior Content Editor
Rabbi Dr. Shalom Z. Berger

Copy Editors
Aliza Israel, *Coordinator*
Bracha Hermon
Ita Olesker
Debbie Ismailoff
Shira Finson
Ilana Sobel
Deena Nataf

Language Consultants
Dr. Stephanie E. Binder, *Greek & Latin*
Rabbi Yaakov Hoffman, *Arabic*
Dr. Shai Secunda, *Persian*
Shira Shmidman, *Aramaic*

KOREN

Design & Typesetting
Raphaël Freeman, *Design & Typography*
Dena Landowne Bailey, *Typesetting*
Rina Ben Gal, *Typesetting*
Tani Bayer, *Jacket Design*

Images
Eliahu Misgav, *Illustration*
Yehudit Cohen, *Image Acquisition*

Introduction by the Publisher

The Talmud has sustained and inspired Jews for thousands of years. Throughout Jewish history, an elite cadre of scholars has absorbed its learning and passed it on to succeeding generations. The Talmud has been the fundamental text of our people.

Beginning in the 1960s, Rabbi Adin Even-Israel Steinsaltz שליט״א created a revolution in the history of Talmud study. His translation of the Talmud, first into modern Hebrew and then into other languages, as well the practical learning aids he added to the text, have enabled millions of people around the world to access and master the complexity and context of the world of Talmud.

It is thus a privilege to present the *Koren Talmud Bavli*, an English translation of the talmudic text with the brilliant elucidation of Rabbi Steinsaltz. The depth and breadth of his knowledge are unique in our time. His rootedness in the tradition and his reach into the world beyond it are inspirational.

Working with Rabbi Steinsaltz on this remarkable project has been not only an honor, but a great pleasure. Never shy to express an opinion, with wisdom and humor, Rabbi Steinsaltz sparkles in conversation, demonstrating his knowledge (both sacred and worldly), sharing his wide-ranging interests, and, above all, radiating his passion. I am grateful for the unique opportunity to work closely with him, and I wish him many more years of writing and teaching.

Our intentions in publishing this new edition of the Talmud are threefold. First, we seek to fully clarify the talmudic page to the reader – textually, intellectually, and graphically. Second, we seek to utilize today's most sophisticated technologies, both in print and electronic formats, to provide the reader with a comprehensive set of study tools. And third, we seek to help readers advance in their process of Talmud study.

To achieve these goals, the *Koren Talmud Bavli* is unique in a number of ways:

- The classic *tzurat hadaf* of Vilna, used by scholars since the 1800s, has been reset for great clarity, and opens from the Hebrew "front" of the book. Full *nikkud* has been added to both the talmudic text and Rashi's commentary, allowing for a more fluent reading with the correct pronunciation; the commentaries of *Tosafot* have been punctuated. Upon the advice of many English-speaking teachers of Talmud, we have separated these core pages from the translation, thereby enabling the advanced student to approach the text without the distraction of the translation. This also reduces the number of volumes in the set. At the bottom of each *daf*, there is a reference to the corresponding English pages. In addition, the Vilna edition was read against other manuscripts and older print editions, so that texts which had been removed by non-Jewish censors have been restored to their rightful place.
- The English translation, which starts on the English "front" of the book, reproduces the *menukad* Talmud text alongside the English translation (in bold) and commentary and explanation (in a lighter font). The Hebrew and Aramaic text is presented in logical paragraphs. This allows for a fluent reading of the text for the non-Hebrew or non-Aramaic reader. It also allows for the Hebrew reader to refer easily to the text alongside. Where the original text features dialogue or poetry, the English text is laid out in a manner appropriate to the genre. Each page refers to the relevant *daf*.

- Critical contextual tools surround the text and translation: personality notes, providing short biographies of the Sages; language notes, explaining foreign terms borrowed from Greek, Latin, Persian, or Arabic; and background notes, giving information essential to the understanding of the text, including history, geography, botany, archaeology, zoology, astronomy, and aspects of daily life in the talmudic era.
- Halakhic summaries provide references to the authoritative legal decisions made over the centuries by the rabbis. They explain the reasons behind each halakhic decision as well as the ruling's close connection to the Talmud and its various interpreters.
- Photographs, drawings, and other illustrations have been added throughout the text – in full color in the Standard and Electronic editions, and in black and white in the Daf Yomi edition – to visually elucidate the text.

This is not an exhaustive list of features of this edition, it merely presents an overview for the English-speaking reader who may not be familiar with the "total approach" to Talmud pioneered by Rabbi Steinsaltz.

Several professionals have helped bring this vast collaborative project to fruition. My many colleagues are noted on the Acknowledgments page, and the leadership of this project has been exceptional.

RABBI MENACHEM EVEN-ISRAEL, DIRECTOR OF THE STEINSALTZ CENTER, was the driving force behind this enterprise. With enthusiasm and energy, he formed the happy alliance with Koren and established close relationships among all involved in the work.

RABBI DR. TZVI HERSH WEINREB שליט״א, EDITOR-IN-CHIEF, brought to this project his profound knowledge of Torah, intellectual literacy of Talmud, and erudition of Western literature. It is to him that the text owes its very high standard, both in form and content, and the logical manner in which the beauty of the Talmud is presented.

RABBI JOSHUA SCHREIER, EXECUTIVE EDITOR, assembled an outstanding group of scholars, translators, editors, and proofreaders, whose standards and discipline enabled this project to proceed in a timely and highly professional manner.

RABBI MEIR HANEGBI, EDITOR OF THE HEBREW EDITION OF THE STEINSALTZ TALMUD, lent his invaluable assistance throughout the work process, supervising the reproduction of the Vilna pages.

RAPHAËL FREEMAN, EXECUTIVE EDITOR OF KOREN, created this Talmud's unique typographic design which, true to the Koren approach, is both elegant and user friendly.

It has been an enriching experience for all of us at Koren Publishers Jerusalem to work with the Steinsaltz Center to develop and produce the *Koren Talmud Bavli*. We pray that this publication will be a source of great learning and, ultimately, greater *avodat Hashem* for all Jews.

Matthew Miller, Publisher
Koren Publishers Jerusalem
Jerusalem 5772

Contents

For the vocalized Vilna Shas layout, please open as a Hebrew book.

Introduction to **Yoma**

Tractate *Yoma* deals with the Day, that unique day of the year, Yom Kippur. It stands apart from all other days of the year as a time of special sanctity that exceeds the sanctity of all other Festivals. Yom Kippur is the day when reality transcends standard boundaries and conventions, as it is stated in the Torah: "For on this day shall atonement be made for you, to purify you; from all your sins shall you be purified before the Lord" (Leviticus 16:30). It is the Festival celebrating the elimination of all flaws and transgressions and a return to the initial state of purity.

When Yom Kippur was observed in its fullest sense, it was a day on which the three sublime sanctities, the sanctity of time, the sanctity of place, and the sanctity of man, would converge: The sanctity of time, as this day was established as the day of purification and absolution for transgressions; the sanctity of place, as "once each year" (Leviticus 16:34) the sacred Temple service was performed in the most sacred place, the Holy of Holies, where it is prohibited for any person to enter under any other circumstances; and the sanctity of humanity, as the Temple service is performed on this day exclusively by the High Priest, the most sanctified person in the congregation of Israel.

The convergence of these three sanctities is the primary activity on Yom Kippur, as it is described in the Bible, the Mishna, and the Talmud. Therefore, most of the matters addressed in tractate *Yoma* pertain to the sacred Temple service, the numerous and complex offerings sacrificed on that day, and the preparation and service of the High Priest. Consequently, most of the subject matter in this tractate belongs in the talmudic order of *Kodashim*, in terms of the problems raised and in terms of its unique methodology. Only a relatively small section of tractate *Yoma* addresses the *halakhot* of Yom Kippur that relate to the entire Jewish people.

The *halakhot* of offerings comprise a significant portion of the Torah, and likewise *Kodashim*, an entire order of the six orders of the Mishna and Talmud, is devoted to those matters. The significance of the sacrificial service in the Temple is so great that the Sages have said that it is one of the pillars upon which the world stands (*Avot* 1:2). Although the offerings ceased with the destruction of the Temple, they are still significant and central in Judaism. The offerings are special mitzvot that facilitate drawing nearer to God. All the types of offerings, despite the many differences between them, manifest the close relationship between man and his Creator.

The convergence of the person bringing the offering, the priest who sacrifices it, and the altar, which represents the presence of God and His participation in the offering, constitute the connection between man and God, symbolized by their partnership in the offering. There are some offerings, e.g., those that atone for sin, where the person who sacrifices the offering provides only the sacrifice and presents it as an expression of regret and appeasement. With these offerings, the blood of the

sacrifice, which symbolizes its soul, "for the blood is the soul" (Deuteronomy 12:23), is sprinkled on the altar and the meat is eaten by the priests. There are other offerings, e.g., peace-offerings, where the person who brings the offering, the priests, and the altar unite in a type of celebratory feast of peace and unity. The sacrificial service is a completely symbolic form of worship, and very few of the symbols are clearly understood. However, each component and ritual in that service is a refined act of intimacy and participation.

Practically speaking, the structure of the Temple was most complex, to enable it to fulfill its numerous roles. However, its general blueprint was already found in the Tent of Meeting in the wilderness. The two Temples, the First Temple and the Second Temple, were greater than the Tent of Meeting only in terms of their size and complexity. The epicenter of the Temple was the Holy of Holies, in which the Ark of the Covenant was located. On it were the Ark cover and the cherubs, symbolizing God's seat within mundane worldly existence. The Holy of Holies is the inner sanctum, the place where the Divine Presence resides. Outside of it is the Sanctuary, whose structure represents an interior room in a house, with a table on which is arranged the shewbread, the candelabrum for illumination, and the incense altar. Outside the Sanctuary is the Temple courtyard, where the outer altar is located. It serves as an entrance and reception area, and it is there that the Jewish people came to sacrifice their offerings and pray.

The Yom Kippur service is performed in all of these areas. However, its essence and its primary element is the entrance of the High Priest into the Holy of Holies to burn the incense and sprinkle the sacrificial blood, to atone for and purify the Jewish people once each year. The preparations for the entrance of the High Priest into the inner sanctum, his purification, his special garments, and the offerings he sacrifices on his behalf and on behalf of the congregation of Israel, all these are the components of the Yom Kippur service. The service culminates with the atonement for and purification from all sin, iniquity, and transgression.

The two aspects of purification and atonement are intertwined. On the one hand, the High Priest, who is the agent of the Jewish people, ascends to the highest level of sanctity and reaches the inner sanctum. On the other hand, sin and iniquity are removed and cast away from the Jewish people. The ritual that symbolizes these two aspects of atonement reaches its climax in the service of the two Yom Kippur goats. In this service, twin goats are brought to participate in a lottery. One of them expresses the sublime purifying sanctity, and its blood is brought into the Holy of Holies, while the other, which symbolizes all the sins and iniquities of the Jewish people, is sent away outside the Temple, outside the settled area to the wilderness, to Azazel. It is cast from one of the cliffs in the wilderness, symbolizing the casting away of all sins and iniquities to their source, "the waste and howling wilderness" (Deuteronomy 32:10).

The backdrop to all these rituals in the Temple, the participation of the entire Jewish people, their preparation for this day of purification and atonement, is the Sabbath of solemn rest [*Shabbat shabbaton*], a day of rest from all labor, a day without eating or drinking, a day of abstaining from all the pleasures of this world. It is a day when the entire people transcends the constraints of daily life and involves itself in preparation for the atonement provided by God.

Fundamentally, the tractate is arranged chronologically in describing the sacred Yom Kippur service, from the preparations for that service until its conclusion, with the final chapter addressing the *halakhot* of Yom Kippur that pertain to all of Israel. This is the order of its chapters:

Chapter One deals with the preparations of the High Priest for Yom Kippur, beginning seven days beforehand until the start of the service on the morning of Yom Kippur.

Chapter Two discusses the order of the morning Temple service.

Chapter Three describes the morning Temple service as it was performed on Yom Kippur and the remaining preparations for service, until the confession recited over the bull of the High Priest.

Chapter Four discusses the lottery of the goat to God and the scapegoat, the second confession and the slaughter of the bull of the High Priest, and the raking of coals from the altar.

Chapter Five deals with taking the handful of the incense and bringing it into the Holy of Holies, the slaughter of the goats, and the sprinkling of the blood in the Holy of Holies and the Sanctuary.

Chapter Six describes the great care invested in keeping the order of the sacrificial service and correcting errors in performance of that service, the confession, and the dispatch of the scapegoat.

Chapter Seven discusses the Torah reading, the performance of the remainder of the day's offerings, and the end of the service until the conclusion of Yom Kippur.

Chapter Eight deals with the laws of the fast and the prohibition against performing labor, as well as the repentance and atonement involved on Yom Kippur.

Introduction to **Perek I**

And you shall not go out from the opening of the Tent of Meeting seven days, until the days of your consecration be fulfilled; for He shall consecrate you seven days. As has been done this day, so the Lord has commanded to do, to make atonement for you.

(Leviticus 8:33–34)

And the Lord said unto Moses: Speak unto Aaron your brother, that he come not at all times into the Sanctuary within the veil, before the Ark cover which is upon the Ark; that he die not; for I appear in the cloud above the Ark cover.

(Leviticus 16:2)

And the glory of the Lord abode upon Mount Sinai and the cloud covered him six days, and He called to Moses on the seventh day from the midst of the cloud

(Exodus 24:16)

The sacred Yom Kippur service is enormous in scope and places great responsibility on the shoulders of the High Priest. He performs the entire Temple service, including numerous rites that are typically performed by an entire patrilineal family of priests. Furthermore, on this day, the High Priest enters the inner sanctum, the Holy of Holies. He goes behind the curtain and performs the most sublime of services, unique to this day.

Clearly, it was necessary to prepare the High Priest for Yom Kippur. The Sages derived the nature of the preparations from the preparations for the dedication of the Tabernacle in the wilderness, when the original priests, Aaron and his sons, were trained for the priesthood. They were commanded to remain in the Tabernacle for all seven days of their inauguration and to perform all the services that they were going to perform in the future. The Sages also learned about the Yom Kippur preparations from other instances of preparing to enter into sanctity.

The need to prepare the High Priest for Yom Kippur became more crucial during the Second Temple period. Ideally, the High Priest should be a righteous Torah luminary. However, circumstances during that period led to a situation in which the High Priest did not always meet these expectations. Often the High Priest was not sufficiently expert in the Temple service. At times he was inclined to follow deviant sects that advocated altering the standard ritual procedures. This reality forced the Sages to institute several ordinances designed to familiarize the priest with the service and accustom him to its performance, in order to ensure that he perform the service appropriately, down to the most minute details.

The focus of this chapter is the preparations performed prior to Yom Kippur to train the High Priest for the service of the day. These preparations began seven days before Yom Kippur and continued until the start of the service on the day itself.

מתני׳ שִׁבְעַת יָמִים קוֹדֶם יוֹם הַכִּפּוּרִים מַפְרִישִׁין כֹּהֵן גָּדוֹל מִבֵּיתוֹ לְלִשְׁכַּת פַּרְהֶדְרִין, וּמַתְקִינִין לוֹ כֹּהֵן אַחֵר תַּחְתָּיו, שֶׁמָּא יֶאֱרַע בּוֹ פְּסוּל.

MISHNA **Seven days**[N] **prior to Yom Kippur** the Sages **would remove the High Priest,**[H] who performs the entire Yom Kippur service, **from his house to the Chamber of *Parhedrin*,**[L] a room in the Temple designated specifically for the High Priest during that period. **And they would designate another priest**[N] **in his stead** to replace him **lest a disqualification** due to impurity or another circumstance beyond his control prevent him from entering the Temple on Yom Kippur.

רַבִּי יְהוּדָה אוֹמֵר: אַף אִשָּׁה אַחֶרֶת מַתְקִינִין לוֹ, שֶׁמָּא תָּמוּת אִשְׁתּוֹ, שֶׁנֶּאֱמַר ״וְכִפֶּר בַּעֲדוֹ וּבְעַד בֵּיתוֹ״ בֵּיתוֹ זוֹ אִשְׁתּוֹ. אָמְרוּ לוֹ: אִם כֵּן אֵין לַדָּבָר סוֹף.

Rabbi Yehuda says: The Sages would **even designate another wife for him lest his wife die, as it is stated** in the Torah portion of the Yom Kippur service: **"And it will atone for him and for his house"** (Leviticus 16:6); the Sages interpreted the term: **His house, that is his wife.** The priest must be married in order to fulfill this commandment. Due to the concern lest his wife die, another wife was designated to address that possibility. **The Rabbis said** to Rabbi Yehuda: **If so,** that this is a concern, **there is no end to the matter,** as what if the designated replacement wife dies? This possibility need not be a source of concern.

גמ׳ תְּנַן הָתָם: שִׁבְעַת יָמִים קוֹדֶם שְׂרֵיפַת הַפָּרָה הָיוּ מַפְרִישִׁין כֹּהֵן הַשּׂוֹרֵף אֶת הַפָּרָה מִבֵּיתוֹ לַלִּשְׁכָּה שֶׁעַל פְּנֵי הַבִּירָה צָפוֹנָה מִזְרָחָה, וְלִשְׁכַּת בֵּית הָאֶבֶן הָיְתָה נִקְרֵאת. וְלָמָּה נִקְרָא שְׁמָהּ לִשְׁכַּת בֵּית הָאֶבֶן – שֶׁכָּל מַעֲשֶׂיהָ בִּכְלֵי גְלָלִים, בִּכְלֵי אֲבָנִים, וּבִכְלֵי אֲדָמָה.

GEMARA The *halakha* of sequestering the High Priest prior to his performance of the Temple service on Yom Kippur is comparable to the sequestering of the priest designated to burn the red heifer. Therefore, the Gemara cites that which **we learned** in a mishna **there,** in tractate *Para*: **Seven days prior to the burning of the red heifer,** the Sages **would remove the priest who burns the heifer from his house to the chamber that was before the *bira*** at **the northeast** corner of the courtyard on the Temple Mount.[H] And that chamber **was called the Chamber of the Stone House.** The Gemara explains: **And why was it called the Chamber of the Stone House?**[N] It is **because all the actions** associated with the red heifer were performed **in dung vessels,**[N] **stone vessels, and earth vessels,**[B] which are vessels that cannot become ritually impure.

מַאי טַעְמָא? כֵּיוָן דִּטְבוּל יוֹם כָּשֵׁר בַּפָּרָה, דִּתְנַן: מְטַמְּאִין הָיוּ הַכֹּהֵן הַשּׂוֹרֵף אֶת הַפָּרָה וּמַטְבִּילִין אוֹתוֹ, לְהוֹצִיא מִלִּבָּן שֶׁל צְדוֹקִין, שֶׁהָיוּ אוֹמְרִים בִּמְעוֹרְבֵי הַשֶּׁמֶשׁ הָיְתָה נַעֲשֵׂית

The Gemara asks: **What is the reason** that they were so stringent with regard to the purity of the heifer? The Gemara explains: It is **since** a priest who **immersed that day is fit** for service and may perform the ritual of the **heifer** after immersion, even before sunset, **as we learned** in a mishna: **They would** intentionally **render the priest who burns the heifer ritually impure**[NH] **and immerse him** immediately, **to remove** a misconception **from the hearts of the Sadducees**[N] by means of a public display of disregard for their ruling. As the Sadducees **would say: Only** by **those for whom the sun set** was the heifer ritual **performed.** The Sadducees believed that it is prohibited for priests who began the purification process with immersion during that day to burn the red heifer until sunset, when the purification process is completed.

NOTES

Order of the tractate – סֵדֶר שֶׁל הַמַּסֶּכֶת: The *mishnayot* in tractate *Yoma* are arranged in chronological order. The tractate begins seven days prior to Yom Kippur with the sequestering of the High Priest and his preparation for the service on Yom Kippur. It then moves on to Yom Kippur eve and the night and day of Yom Kippur. The tractate opens with the number of days prior to Yom Kippur that the preparations begin (see *Tosafot*) to underscore the order of the events (*Ohel Moshe*; Rabbi Yosef, son of Rabbi Raphael).

And they would designate another priest – וּמַתְקִינִין לוֹ כֹּהֵן אַחֵר: Although the replacement priest was not removed from his home, as there was a separate concern that precluded keeping the High Priest and his replacement in the same place (Jerusalem Talmud), apparently the designation process did involve fitting him with the priestly vestments for Yom Kippur, so that they would be available if the need arose (*Tosafot Yeshanim*).

And why was it called the Chamber of the Stone House – וְלָמָּה נִקְרָא שְׁמָהּ לִשְׁכַּת בֵּית הָאֶבֶן: Given that many of the Temple chambers were built of stone, apparently it was not named for its building materials, but rather for its function (*Siaḥ Yitzḥak*).

Dung [*gelalim*] vessels – כְּלֵי גְלָלִים: Rashi and most early commentaries explain that these are vessels made of dried cow dung. Some commentaries do not interpret *gelalim* as referring to dung; rather, they explain that it refers to a vessel made of great unshaped stones [*even galal*] (see Ezra 5:8; Rabbeinu Ḥananel; Rashi on *Shabbat* 16b, and others).

They would intentionally render the priest…ritually impure – מְטַמְּאִין הָיוּ הַכֹּהֵן: See *Tosafot*, where it is explained that they would not render him ritually impure by Torah law, but would place their hands on his head, telling him: Descend and immerse. Due to their touch, he became ritually impure by rabbinic decree. Rashi in tractate *Ḥagiga* and the Rambam in his Commentary on the Mishna explain that they would render him ritually impure by means of contact with a creeping animal, which transmits impurity by Torah law.

To remove from the hearts of the Sadducees – לְהוֹצִיא מִלִּבָּן שֶׁל צְדוֹקִין: Although the Sages hold that one for whom the sun has set on the evening following his immersion is permitted to perform the ritual, and indeed one could assert that waiting for sunset would facilitate a more profound fulfillment of the mitzva, doing so would reinforce the claim of the Sadducees. Therefore, there was a concerted effort to publicly demonstrate that the Sadducees' opinion did not prevail. The dispute centered on the interpretation of the verse in the Torah that discusses the red heifer: "And a man who is pure shall gather the ashes of the heifer" (Numbers 19:9). The Sadducees held that the man must be pure of all ritual impurity, while the Sages maintain that it is sufficient if he is pure with regard to a specific matter, e.g., eating second tithe (see the commentary of Rav Shimshon of Saens on tractate *Para* 3:7).

LANGUAGE

Parhedrin – פַּרְהֶדְרִין: From the Greek πάρεδροι, *paredroi*, meaning appointees, primarily over taxation, military aides, and the like.

BACKGROUND

Earth vessels – כְּלֵי אֲדָמָה: It should be noted that earthenware vessels, which do become ritually impure by Torah law, are also technically earth vessels. Why, then, do earth vessels not become impure? The difference is based on the materials used in fashioning the vessel and the methods of processing it. Earthenware vessels and earth vessels are made of different kinds of earth; furthermore, earthenware vessels are fired in a furnace, whereas earth vessels are merely dried in the sun (see *Tosefot Ri HaLavan*).

HALAKHA

Seven days prior to Yom Kippur the Sages would remove the High Priest – שִׁבְעַת יָמִים קוֹדֶם יוֹם הַכִּפּוּרִים מַפְרִישִׁין כֹּהֵן גָּדוֹל: Seven days before Yom Kippur the High Priest is removed from his house to a chamber in the Temple. This is a *halakha* transmitted to Moses from Sinai. A replacement priest is designated in his stead to perform the service in case the High Priest is disqualified due to ritual impurity (Rambam *Sefer Korbanot, Hilkhot Avodat Yom HaKippurim* 1:3).

Sequestering the priest who burns the heifer – הַפְרָשַׁת כֹּהֵן הַשּׂוֹרֵף אֶת הַפָּרָה: Seven days prior to burning the red heifer, the priest who burns it is sequestered. This is a *halakha* transmitted to Moses from Sinai. He is relocated to a chamber in the northeast corner of the Temple, to reinforce that the status of the heifer is like that of a sin-offering, which is slaughtered in the north. In the *Mishne LeMelekh* it is noted that the Rambam's ruling is in accordance with the opinion of Reish Lakish cited in the Gemara, although the *halakha* is not typically ruled in accordance with his opinion (Rambam *Sefer Tahara, Hilkhot Para Aduma* 2:1–3).

They would intentionally render the priest…ritually impure – מְטַמְּאִין הָיוּ הַכֹּהֵן: During the Second Temple period the practice was to render the priest who was to burn the red heifer ritually impure by contact with a primary source of impurity, e.g., a dead creeping animal. He would then immerse before engaging in the burning of the heifer. This was done to discredit the claim of the Sadducees, who, based on their rejection of the Oral Law, claimed that the priests may perform the ritual only in a state of absolute ritual purity (Rambam *Sefer Tahara, Hilkhot Para Aduma* 1:14).

תקינו לה רבנן כלי גללים, כלי אבנים וכלי אדמה; דלא ליקבלו טומאה, כי היכי דלא ליזלזלו בה.

That mishna continues: Since they would intentionally render the priest who burned the heifer ritually impure, **the Sages** in turn **instituted** the stringencies of utilizing **dung vessels, stone vessels, and earth vessels, which do not** have the capacity to **become ritually impure, lest people** come **to treat** the ritual **with contempt** and perform it in ritual impurity after seeing that the red heifer ritual was performed by one who immersed that day.

מאי שנא צפונה מזרחה? כיון דחטאת היא, וחטאת טעונה צפונה, וכתיב בה: "אל נכח פני אהל מועד" – תקינו לה רבנן לשכה צפונה מזרחה, כי היכי דלהוי לה היכירא.

Apropos the mishna in tractate *Para*, the Gemara asks: **What is different about** the chamber located in the **northeast** corner of the Temple courtyard that led the Sages to house the priest performing the red heifer ritual specifically in that chamber? The Gemara answers: It is different **since it is a sin-offering,** as the red heifer is referred to as a sin-offering in the Torah, and the slaughter and sprinkling of the blood of **a sin-offering** must be performed **north** of the altar; **and** since **it is written with regard to** the red heifer: "And sprinkle it **before the opening of the Tent of Meeting**" (Numbers 19:4), and before the Tent of Meeting means on its eastern side. Therefore, **the Sages established a chamber in the northeast** so **that** the ritual of the red heifer **will have a distinctive indicator;**[N] this will cause the administering priest to be vigilant in its performance.

מאי בירה? אמר רבה בר בר חנה אמר רבי יוחנן: מקום היה בהר הבית, ובירה שמו. וריש לקיש אמר: כל המקדש כולו קרוי בירה, שנאמר: "הבירה אשר הכינותי".

The Gemara asks with regard to the terminology of the mishna: **What is** the meaning of the term *bira* cited there? **Rabba bar bar Ḥana said** that **Rabbi Yoḥanan said: There was a place on the Temple Mount and its name is** *bira*, and the Chamber of the Stone House was adjacent to it. **And Reish Lakish said: The entire Temple is called** *bira*, **as it is stated** in the prayer of David: "To Solomon my son grant a wholesome heart, to observe your commandments, your admonitions, and your statutes, to fulfill them all, and to build **the** *bira* **for which I have made provision**" (1 Chronicles 29:19).

מנא הני מילי? אמר רב מניומי בר חלקיה אמר רבי מחסיא בר אידי אמר רבי יוחנן: אמר קרא: "כאשר עשה ביום הזה צוה ה' לעשות לכפר עליכם". 'לעשות' – אלו מעשי פרה, 'לכפר' – אלו מעשי יום הכפורים.

§ With regard to the *halakhot* of sequestering the High Priest prior to performance of the Yom Kippur service, and of sequestering the priest designated to burn the heifer prior to performance of the red heifer ritual, the Gemara asks: **From where** in the Torah **are these matters** derived?[N] **Rav Minyomi bar Ḥilkiya said** that **Rabbi Maḥseya bar Idi said** that **Rabbi Yoḥanan said** they are derived from Aaron and his sons, who remained in the Tabernacle for seven days prior to performing the service in the Tabernacle on the eighth day of their inauguration, **as the verse states: "As has been done this day, so the Lord has commanded to do, to make atonement for you"** (Leviticus 8:34), meaning that this mitzva of sequestering was not limited to the days prior to the dedication of the Tabernacle; rather, it applies to future generations as well. The verse is interpreted homiletically: **"To do"; these are the actions** performed in the burning of **the** red **heifer** for which the priest performing the ritual is sequestered seven days in advance; **"to make atonement"; these are the actions** performed on **Yom Kippur,** before which the High Priest is sequestered seven days.

בשלמא כוליה קרא בפרה לא מתוקם – 'לכפר' כתיב, ופרה לאו בת כפרה היא. אלא אימא: כוליה קרא ביום הכפורים כתיב!

The Gemara asks: **Granted, the entire verse is not established as referring** exclusively **to the** red **heifer,** as: **"To atone," is written, and the heifer is not capable of** facilitating **atonement;** rather, it facilitates ritual purity. **Rather, say** that **the entire verse is written with regard to Yom Kippur,** as the rites performed to achieve atonement on Yom Kippur are similar to those performed during the days of the inauguration. What, then, is the source for sequestering the priest who is to perform the red heifer ritual?

אמרי: יליף 'צוה' 'צוה'; כתיב הכא "צוה ה' לעשות" וכתיב התם: "זאת חקת התורה אשר צוה ה' לאמר", מה להלן פרה – אף כאן פרה, ומה כאן פרישה – אף להלן פרישה.

The Sages **say** in response: **Derive** it from a verbal analogy between the terms **commanded** and **commanded. It is stated here,** with regard to the days of the inauguration: **"The Lord commanded to do," and it is stated there,** with regard to the red heifer: **"This is the statute of the Torah that the Lord commanded, saying"** (Numbers 19:2). **Just as** the term commanded **there** refers **to the heifer, so too here,** the phrase: "The Lord commanded to do" written in the context of the days of the inauguration refers **to the heifer. And just as here,** with regard to the inauguration, there is the principle of **sequestering** prior to performing the service, **so too there,** in the context of the *halakhot* of the heifer, **sequestering** is required prior to performance of the mitzva.

NOTES

So that the ritual of the red heifer will have a distinctive indicator – **דלהוי לה היכירא**: The priest must slaughter the red heifer and sprinkle its blood for its own sake. Although it is slaughtered on the Mount of Olives and not in the Temple, and therefore might not be considered an integral part of the Temple service, if it is not performed for its own sake, it is disqualified (*Tosafot Yeshanim*).

From where are these matters derived? – **מנא הני מילי**: This should have been the first question posed in the Gemara. Why does the Gemara instead begin by citing the mishna with regard to the red heifer? The *halakha* cited in the mishna could have been understood even without a Torah source, as it is reasonable that the High Priest, whose service atones for all of the Jewish people, would be sequestered from the people to sanctify himself for the Yom Kippur service. However, once the Gemara has established that the priest who burns the red heifer is also sequestered, where there is no such consideration, the Gemara seeks a Torah source (*Penei Yehoshua*).

וְאֵימָא 'צִוָּה' ['צִוָּה'] דְּיוֹם הַכִּפּוּרִים, דִּכְתִיב "וַיַּעַשׂ כַּאֲשֶׁר צִוָּה ה' אֶת מֹשֶׁה"! דָּנִין 'צִוָּה' דְּלִפְנֵי עֲשִׂיָּה, מִ'צִוָּה' דְּלִפְנֵי עֲשִׂיָּה, וְאֵין דָּנִין 'צִוָּה' דִּלְאַחַר עֲשִׂיָּה מִ'צִוָּה' דְּלִפְנֵי עֲשִׂיָּה,

The Gemara asks: **And say** that there is indeed a verbal analogy; however, it is not between the red heifer and the inauguration of the priests, but between the term **commanded** in the context of the inauguration and the term **commanded** in the context **of Yom Kippur, as it is written:** "And this will be an everlasting statute for you, to atone for the children of Israel for all their sins once a year; **and he did as the Lord commanded Moses**" (Leviticus 16:34). In that case, only the sequestering prior to Yom Kippur can be derived. The Gemara rejects this, as a verbal analogy is derived only between functionally similar phrases. **One derives commanded that is** stated **before performance,** as in the portion of the heifer, **from commanded that is** stated **before performance** in the portion of the inauguration; **and one does not derive commanded that is** stated **after performance** in the portion of Yom Kippur **from commanded that** is stated **before performance.**

וְאֵימָא 'צִוָּה' דְּקָרְבָּנוֹת, דִּכְתִיב "בְּיוֹם צַוֹּתוֹ אֶת בְּנֵי יִשְׂרָאֵל"! דָּנִין 'צִוָּה' מִ'צִוָּה', וְאֵין דָּנִין 'צַוֹּתוֹ' מִ'צִוָּה'.

Again the Gemara asks: **And say** that there is a verbal analogy between the term commanded in the context of the inauguration and the term **commanded** with regard to **offerings, as it is written: "On the day that He commanded** [*tzavoto*] **the children of Israel** to sacrifice their offerings" (Leviticus 7:38). The result would be that any priest sacrificing a communal offering would require sequestering for seven days. The Gemara rejects this: **One derives** the term **commanded from** the identical term **commanded, and one does not derive** the term **that he commanded** [*tzavoto*] **from** the term **commanded** [*tziva*].[N]

וּמַאי נָפְקָא מִינָּהּ? וְהָתָנָא דְּבֵי רַבִּי יִשְׁמָעֵאל: "וְשָׁב הַכֹּהֵן" "וּבָא הַכֹּהֵן" – זוֹ הִיא שִׁיבָה זוֹ הִיא בִּיאָה!

The Gemara raises a difficulty: **What is the practical difference** between the two terms? **Didn't the school of Rabbi Yishmael teach** a verbal analogy with regard to leprosy of houses between the verse: **"And the priest shall return** [*veshav*]" (Leviticus 14:39) and the verse: **"And the priest shall come** [*uva*]" (Leviticus 14:44)?[N] From that verbal analogy it is derived that **this is** the *halakha* with regard to **returning,** i.e., it is after seven days; and **this is** the same *halakha* with regard to **coming,** i.e., it is also after seven days. Obviously, the less pronounced difference in grammatical forms between *tziva* and *tzavoto* should not prevent the teaching of a verbal analogy.

הָנֵי מִילֵּי – הֵיכָא דְּלֵיכָּא דְּדָמֵי לֵיהּ, אֲבָל הֵיכָא דְּאִיכָּא דְּדָמֵי לֵיהּ – מִדְּדָמֵי לֵיהּ יָלְפִינַן.

The Gemara rejects this argument: **This applies** only **where there are no** terms **that are identical to it; however, where there are terms that are identical to it, we derive** the verbal analogy **from** terms **that are identical to it,** rather than from terms that are merely similar.

"לְכַפֵּר – אֵלּוּ מַעֲשֵׂה יוֹם הַכִּפּוּרִים". וְאֵימָא כַּפָּרָה דְּקָרְבָּנוֹת!

§ The Gemara analyzes the verbal analogy from which the sequestering of the High Priest is derived. The Gemara states with regard to the phrase **"to make atonement,"** written in the context of the inauguration: **These are the actions** performed on **Yom Kippur.** The Gemara suggests: **And say** that it refers to **the atonement of offerings** in general, such that any priest engaged in sacrificing atonement offerings must be sequestered seven days beforehand.

NOTES

And one does not derive the term that he commanded [*tzavoto*] from the term commanded [*tziva*] – אֵין דָּנִין 'צַוֹּתוֹ' מִ'צִוָּה': Many have asked: Doesn't the same verse that speaks of offerings begin with the words: "That the Lord commanded [*tziva*] Moses on Mount Sinai," in which case the verbal analogy could be derived from two identical terms? One resolution explains that *tziva* in that verse refers to the offerings of an individual, while *tzavoto* refers to communal offerings. Since the Gemara here is dealing specifically with communal offerings (see Rashi and *Siaḥ Yitzḥak*) it is clear why the derivation was attempted from that section of the verse (*Derekh HaMelekh*; see Rashash; *Eshkol HaKofer*, and others).

And the priest shall return, and the priest shall come – וְשָׁב הַכֹּהֵן, וּבָא הַכֹּהֵן: These verses address the *halakhot* of leprosy of the house. The verses might lead one to the conclusion that if the priest comes in the second week after the initial discovery of the leprosy and finds that the leprosy has spread on the walls of the house, he would order the demolition of the house. However, based on the verbal analogy, it is derived that the priest conducts himself in the second week as he did in the first week; in other words, he orders the affected area cut and that area of the wall plastered. The house is then quarantined for another week (see *Me'iri*).

BACKGROUND

Priestly watch and patrilineal family – **מִשְׁמֶרֶת וּבֵית אָב:** From ancient times, dating back to the reign of King David, the priests were divided into twenty-four watches (see I Chronicles 24:1–18). This division was maintained in the Second Temple era, although it was necessary to redivide the four priestly watches that returned from Babylonia into twenty-four watches. Each watch was divided into six. Once every twenty-four weeks each watch would travel to Jerusalem and serve in the Temple. On the three pilgrim Festivals all of the watches would congregate in Jerusalem to serve in the Temple, due to the greater workload on the Festivals. Typically, each patrilineal family that constituted the watch would serve on a set day of the week, with another family assigned to assist if the workload became onerous. Accordingly, most patrilineal families served in the Temple two days a year in addition to the Festivals.

NOTES

From a matter that is performed once a year – **מִדָּבָר הַנּוֹהֵג פַּעַם אַחַת בַּשָּׁנָה:** This expression refers to the inauguration; however, it is imprecise, since the inauguration is not performed annually. A more precise formulation would be: When an inauguration is performed, e.g., the dedication of the Tabernacle, the First Temple, dedicated by Solomon, and the Second Temple, it is performed only once that year (Ritva).

And if you say we do not know – **וְכִי תֵּימָא לָא יָדְעִינַן:** In some instances, when relating to a verse that could be referring to either of two cases, the conclusion drawn by the halakhic midrash is to derive both. Doing so here would lead to the conclusion that sequestering is performed twice a year, contrary to the point of the Gemara. Here, though, it could be understood that the Gemara merely raises both possibilities, and ultimately *Sukkot* was preferred since its greater number of offerings render it more similar than Passover to the inauguration ceremony (*Siaḥ Yitzḥak*).

מִי יָדְעִינַן הֵי כֹּהֵן מִתְרְמֵי, דְּבָעֵי לֵיהּ פְּרִישָׁה? אָמְרִי: אַלְמָה לָא? נִיבְעֵי לֵיהּ פְּרִישָׁה לְכוּלֵּיהּ מִשְׁמֶרֶת בֵּית אָב! דָּנִין דָּבָר שֶׁקָּבוּעַ לוֹ זְמַן מִדָּבָר שֶׁקָּבוּעַ לוֹ זְמַן, לְאַפּוֹקֵי קׇרְבָּנוֹת דְּכׇל יוֹמָא אִיתְנְהוּ.

The Gemara seeks to reject this suggestion from a practical perspective. **Do we know** in advance **which priest will happen** to sacrifice a given offering, and **who** would consequently **require sequestering?** The Sages **say: Why not?** There are certainly ways to do so. Each of the twenty-four priestly watches has set weeks during which it serves in the Temple, and the patrilineal families that constitute that watch have set days during that week on which each serves in the Temple. **We could require sequestering for the entire patrilineal family of the** priestly **watch** designated to serve on that day the following week.[B] The Gemara rejects the suggestion that all priests should be sequestered prior to sacrificing an atonement offering. **We derive a matter that has a fixed time** during the year, Yom Kippur, **from a matter that** also **has a fixed time,** the inauguration of the priests for service in the Tabernacle, **to the exclusion of offerings that are** sacrificed **every day.**

וְאֵימָא רְגָלִים! – דָּנִין דָּבָר שֶׁנּוֹהֵג פַּעַם אַחַת בַּשָּׁנָה מִדָּבָר הַנּוֹהֵג פַּעַם אַחַת בַּשָּׁנָה, לְאַפּוֹקֵי רְגָלִים דְּלָאו פַּעַם אַחַת בַּשָּׁנָה נִינְהוּ.

Again the Gemara asks: **And say** that one derives from the phrase "to make atonement" the principle of sequestering prior to sacrificing atonement offerings on the **Festivals,** which have fixed times. The Gemara rejects this: **We derive a matter that is performed once a year,** the service of Yom Kippur, **from a matter that is performed once a year,**[N] like the inauguration, which was a one-time event, **to the exclusion of** the service on the **Festivals, which is not** performed **once a year;** rather, it is performed three times a year.

וְאֵימָא רֶגֶל אֶחָד! וְכִי תֵּימָא לָא יָדְעִינַן הֵי מִינַּיְיהוּ, אִי חַג הַמַּצּוֹת – הוֹאִיל וּפָתַח בּוֹ הַכָּתוּב תְּחִלָּה, אִי חַג הַסּוּכּוֹת – הוֹאִיל וּמְרוּבָּה מִצְוֹתוֹ!

The Gemara asks: **And say** that the service on **one Festival** of the three, which is performed once a year, should require sequestering. **And if you say: We do not know**[N] **which of them** is the most significant and requires sequestering, since one could suggest that it is **Passover, with which the verse opened,** as the Torah always lists it first among the Festivals; **or** one could suggest that it is ***Sukkot*****, since its mitzva** is to bring **numerous** offerings, many more than the number brought on the other Festivals.

אֶלָּא: דָּנִין פְּרִישַׁת שִׁבְעָה לְיוֹם אֶחָד מִפְּרִישַׁת שִׁבְעָה לְיוֹם אֶחָד, וְאֵין דָּנִין פְּרִישַׁת שִׁבְעָה לְשִׁבְעָה מִפְּרִישַׁת שִׁבְעָה לְיוֹם אֶחָד.

Rather, the Gemara rejects this possibility and explains: **One derives sequestering for seven days** prior to performing a service **for one day,** Yom Kippur, **from sequestering for seven days** prior to performing a service **for one day,** the inauguration. **And one does not derive sequestering for seven days** prior to performing a service **for seven** days, a Festival, **from sequestering for seven days** prior to performing a service **for one day,** the inauguration. Therefore, atonement offerings on Festivals are not derived from the inauguration.

וְאֵימָא שְׁמִינִי, דִּפְרִישַׁת שִׁבְעָה לְיוֹם אֶחָד הוּא! דָּנִין דָּבָר שֶׁאֵין קְדוּשָּׁה לְפָנָיו מִדָּבָר שֶׁאֵין קְדוּשָּׁה לְפָנָיו, וְאֵין דָּנִין דָּבָר שֶׁיֵּשׁ קְדוּשָּׁה לְפָנָיו מִדָּבָר שֶׁאֵין קְדוּשָּׁה לְפָנָיו.

The Gemara asks: **And say** that the sequestering for seven days is prior to the festival of the **Eighth** Day of Assembly, as that would also be **sequestering for seven days** prior to performing a service **for one day.** The Gemara rejects this: **One derives a matter before which there is not sanctity,** Yom Kippur, which is preceded by weekdays, **from a matter before which there is not sanctity,** the day of the inauguration, which was also preceded by weekdays. **And we do not derive a matter before which there is sanctity,** the Eighth Day of Assembly, which is preceded by the seven days of *Sukkot*, **from a matter before which there is not sanctity.**

וְלָאו קַל וָחוֹמֶר הוּא? הַשְׁתָּא דָּבָר שֶׁאֵין קְדוּשָּׁה לְפָנָיו – בָּעֵי פְּרִישָׁה, דָּבָר שֶׁיֵּשׁ קְדוּשָּׁה לְפָנָיו – לֹא כׇּל שֶׁכֵּן?! אָמַר רַב מְשַׁרְשְׁיָא: לָא, 'הַזֶּה' כְּתִיב, כָּזֶה.

The Gemara challenges this: **And is it not an *a fortiori* inference? Now, if a matter before which there is not sanctity requires sequestering,** due to its sanctity, then with regard to **a matter before which there is sanctity, all the more so** is it **not** clear that it should require sequestering? **Rav Mesharshiyya said** in rejection of this challenge: **No,** there is no *a fortiori* inference here, as the verse: "As has been done **this** day, so the Lord has commanded to do, to make atonement for you" (Leviticus 8:34), **is written** to emphasize specifically a day **like this** day; precisely as it was for the inauguration, and not in any other situation.

רַב אָשֵׁי אָמַר: מִי אִיכָּא מִידֵּי דְּעִיקַּר רֶגֶל לָא בָּעֵי פְּרִישָׁה, טָפֵל דִּידֵיהּ בָּעֵי פְּרִישָׁה? וַאֲפִילּוּ לְמַאן דְּאָמַר שְׁמִינִי רֶגֶל בִּפְנֵי עַצְמוֹ הוּא – הָנֵי מִילֵּי לְעִנְיַן

Rav Ashi said: There is another reason why it could not be that sequestering is required prior to the Eighth Day of Assembly. Is **there** any **matter where the primary Festival,** the first day of *Sukkot*, **does not require sequestering,** as was already proven, while that which is **secondary to it requires sequestering?** Since the Eighth Day of Assembly is an addendum to *Sukkot*, could its sanctity and stringency be greater than that which is associated with the primary Festival? **And even according to the one who said: The Eighth** Day of Assembly **is a Festival in and of itself** and is not part of the festival of *Sukkot*, **that applies only to the matter of**

פו״ר קש״ב,

Peh, zayin, reish, kuf, shin, beit,[N] an acronym for: Lottery [*payis*], as a new lottery is performed on that day to determine which priests will sacrifice the offerings that day, and the order established on *Sukkot* does not continue; the blessing of time [*zeman*]: Who has given us life, sustained us, and brought us to this time, is recited just as it is recited at the start of each Festival; Festival [*regel*], as it is considered a Festival in and of itself[N] and there is no mitzva to reside in the *sukka* (see *Tosafot*); offering [*korban*], as the number of offerings sacrificed on the Eighth Day is not a continuation of the number offered on *Sukkot* but is part of a new calculation; song [*shira*], as the Psalms recited by the Levites as the offerings were sacrificed on the Eighth Day are not a continuation of those recited on *Sukkot*; blessing [*berakha*], as the addition to the third blessing of Grace after Meals and in the *Amida* prayer (see *Tosafot*) is phrased differently than the addition recited on *Sukkot*.

אֲבָל לְעִנְיַן תַּשְׁלוּמִין – תַּשְׁלוּמִין דְּרִאשׁוֹן הוּא. דְּהָא תְּנַן: מִי שֶׁלֹּא חַג בְּיוֹם טוֹב הָרִאשׁוֹן שֶׁל חַג – חוֹגֵג וְהוֹלֵךְ כָּל הָרֶגֶל כּוּלּוֹ, וְיוֹם טוֹב הָאַחֲרוֹן שֶׁל חַג.

However, despite all these differences, **with regard to compensation** for failure to sacrifice the Festival offerings at the earliest opportunity, everyone agrees that **it is** a day of **compensation for** obligations not met during the **first** Festival, **as didn't we learn** in the mishna: **One who did not celebrate**[H] **on the first Festival day** of *Sukkot* by sacrificing the Festival offering may **celebrate** and sacrifice the Festival offering throughout **the whole Festival in its entirety,** including **the last Festival day of the festival** of *Sukkot*. Apparently, the Eighth Day of Assembly is considered the last Festival day of Sukkot and is appended to it with regard to its obligations.

וְאֵימָא עֲצֶרֶת, דִּפְרִישַׁת שִׁבְעָה לְיוֹם אֶחָד הוּא! אָמַר רַבִּי אַבָּא: דָּנִין פַּר אֶחָד וְאַיִל אֶחָד מִפַּר אֶחָד וְאַיִל אֶחָד, לְאַפּוֹקֵי עֲצֶרֶת דִּשְׁנֵי אֵילִים נִינְהוּ.

The Gemara challenges further: **And say** that the priest should be sequestered before the festival of ***Shavuot***, which is a Festival preceded by weekdays, as there too **it is** a matter of **sequestering of seven days for one day. Rabbi Abba said:** There is a distinction between the inauguration and *Shavuot*, as **one derives** an instance where the obligatory offering is **one bull and one ram,** Yom Kippur, **from** an instance where the obligatory offering is **one bull and one ram,**[N] the inauguration, **to the exclusion of *Shavuot*,** when **they are two rams** that are offered.

הָנִיחָא לְמַאן דְּאָמַר יוֹם הַכִּפּוּרִים אַיִל אֶחָד הוּא. אֶלָּא לְמַאן דְּאָמַר שְׁנֵי אֵילִים נִינְהוּ – מַאי אִיכָּא לְמֵימַר? דְּתַנְיָא, רַבִּי אוֹמֵר: אַיִל אֶחָד, הוּא הָאָמוּר כָּאן הוּא הָאָמוּר בְּחוּמַּשׁ הַפְּקוּדִים. רַבִּי אֱלִיעֶזֶר בְּרַבִּי שִׁמְעוֹן אוֹמֵר: שְׁנֵי אֵילִים הֵם, אֶחָד הָאָמוּר כָּאן, וְאֶחָד הָאָמוּר בְּחוּמַּשׁ הַפְּקוּדִים.

The Gemara challenges: **This** works out **well** according **to the one who said** that the obligatory offering on **Yom Kippur is one ram; however,** according **to the one who said** that **they are two rams** that are sacrificed on Yom Kippur, **what is there to say?** According to that opinion, Yom Kippur is not comparable to the inauguration. **As it was taught** in a *baraita*: **Rabbi** Yehuda HaNasi **says: One ram is the one that is mentioned here;** as it is written: "With this Aaron will come into the Sanctuary, with a young bull for a sin-offering and a ram for a burnt-offering" (Leviticus 16:3), and **it is the** same **one that is mentioned in the book of Numbers:** "And on the tenth day of the seventh month you will have a sacred gathering when you will afflict your souls; you will not do any labor, and you will offer a burnt-offering to the Lord for a sweet aroma: One young bull, one ram…" (Numbers 29:7–8). **Rabbi Eliezer, son of Rabbi Shimon, says: They are two rams** offered on Yom Kippur, **one mentioned here** in the book of Leviticus **and one mentioned in the book of Numbers.**

אֲפִילּוּ תֵּימָא רַבִּי אֱלִיעֶזֶר בְּרַבִּי שִׁמְעוֹן, הָתָם – חַד לְחוֹבַת הַיּוֹם וְחַד לְמוּסָפִין, לְאַפּוֹקֵי עֲצֶרֶת דְּתַרְוַיְיהוּ חוֹבַת הַיּוֹם נִינְהוּ.

The Gemara rejects this solution: **Even if you say** that it is in accordance with the opinion of **Rabbi Eliezer, son of Rabbi Shimon,** and two rams are brought on Yom Kippur, a distinction remains between Yom Kippur and *Shavuot*. **There,** with regard to Yom Kippur, **one** ram, mentioned in the book of Leviticus, is **for the obligation of the day,** the atonement of Yom Kippur; **and one** ram, mentioned in the book of Numbers, is for the **additional offerings.** This is **to the exclusion of** the *halakha* with regard to ***Shavuot***, **where both** rams **are obligations of the day.** Therefore, there is no basis for deriving the *halakha* with regard to *Shavuot* from the inauguration.

NOTES

Peh, zayin, reish, kuf, shin, beit – פו״ר קש״ב: See Rashi, Tosafot, and other early commentaries, who disagree about what is represented by the letters in this acronym. With regard to the Eighth Day of Assembly being a Festival in and of itself, Rashi explains that it is not called *Sukkot* but is called the Eighth Day of Assembly in blessings and prayers. In his commentary on tractate *Sukka*, Rashi explains that there is no obligation to reside in the *sukka* on the Eighth Day of Assembly (see *Tosafot*).

Festival in and of itself – רֶגֶל לְעַצְמוֹ: The *ge'onim* and many of the early commentaries connect this to the *halakhot* of mourning. If a relative dies on the eve of a Festival, the legal status of the Festival itself is like seven days of the required thirty days of mourning. If the death occurred prior to the festival of *Sukkot*, the first day of the Festival is considered like seven days, the intermediate days of the Festival when no mourning is allowed are considered an additional seven days, and the Eighth Day of Assembly is considered like seven days as well. Consequently, after the Festival, approximately one week would remain from the thirty-day period.

From one bull and one ram – מִפַּר אֶחָד וְאַיִל אֶחָד: There were many offerings brought at the inauguration, and the matter was complex. The commentaries disagree with regard to the nature of the bull and ram of the inauguration referred to in the Gemara. According to the Rashbam (*Tosafot Yeshanim*), the reference is to the verse: "A bull and a ram for peace-offerings to sacrifice before the Lord" (Leviticus 9:4). According to Rashi, the reference is to the verse: "Take you a young calf for a sin-offering and a ram for a burnt-offering" (Leviticus 9:2). Rabbeinu Tam writes that the verse in question is: "Take one young bull and two rams without blemish" (Exodus 29:1). As one of the rams was unrelated to that offering, one bull and one ram remain. See also the Ritva, who points out the difficulties with each of these explanations, arguing that none precisely corresponds to the text of the Gemara.

HALAKHA

One who did not celebrate – מִי שֶׁלֹּא חַג: One who did not bring the Festival offering on the first Festival day of *Sukkot* may sacrifice it on any of the intermediate days, as well as on the last Festival day, the Eighth Day of Assembly. This is because those days are eligible for compensation for failure to sacrifice it on the first Festival day, as explained here and elsewhere (Rambam *Sefer Korbanot*, *Hilkhot Ḥagiga* 1:7).

וְאֵימָא רֹאשׁ הַשָּׁנָה, דִּפְרִישַׁת שִׁבְעָה לְיוֹם אֶחָד הוּא! אֲמַר רַבִּי אַבָּהוּ: דָּנִין פַּר וְאַיִל שֶׁלּוֹ מִפַּר וְאַיִל שֶׁלּוֹ, לְאַפּוֹקֵי עֲצֶרֶת וְרֹאשׁ הַשָּׁנָה דְּצִיבּוּר נִינְהוּ. הָנִיחָא לְמַאן דְּאָמַר ״קַח לְךָ״ – מִשֶּׁלְּךָ,

The Gemara asks: **And say** that the requirement derived is to sequester the priest prior to **Rosh HaShana, as** there, too, **it is sequestering of seven** days **for one day.** The days before Rosh HaShana are weekdays, and as in the inauguration, a bull and a ram are sacrificed. **Rabbi Abbahu said** that this too is rejected: **One derives a bull and a ram** that the High Priest brings **from his own** property on Yom Kippur **from a bull and a ram** that Aaron brought **from his own** property at the inauguration. This is **to the exclusion of *Shavuot* and Rosh HaShana,** when the bull and the ram sacrificed are **from community** property and not owned by the priest. The Gemara asks: **This** works out **well** according **to the one who said** that every time the Torah utilizes the phrase: **Take you,** it means **from your own** property,

Perek **I**
Daf **3** Amud **b**

NOTES

As it were, I desire that it come from your property more than I desire it from theirs – כִּבְיָכוֹל מִשֶּׁלְּךָ אֲנִי רוֹצֶה יוֹתֵר מִשֶּׁלָּהֶם: Since the entire world belongs to the Holy One, Blessed be He, it is inappropriate to suggest that He desires anything from that world. Rather, God says that He desires something from Moses in order to honor Moses (Maharsha).

A time when the Jewish people perform the will of God – בִּזְמַן שֶׁיִּשְׂרָאֵל עוֹשִׂין רְצוֹנוֹ שֶׁל מָקוֹם: There is an opinion that when the Jewish people perform the will of God and He is happy with them, the building of the Ark is attributed to Moses, as he was directly commanded to fashion the vessels of the Tabernacle for the sake of God. However, when the people do not perform the will of God, the builder of the Ark is not mentioned, and its construction is described in non-specific plural (Maharsha).

Take you spices – קַח לְךָ סַמִּים: Many of the commentaries have asked why the Gemara in this discussion does not cite an earlier, virtually identical verse in the context of the anointing oil. Various answers were suggested. One opinion is that the Gemara sought to teach that even though the incense is typically prepared from materials donated by the public, this incense was prepared by Moses (*Gevurat Ari*). A second opinion explains that since the anointing oil was prepared only once, it was probably prepared by Moses. However, with regard to incense, which would be prepared by future generations as well, it was necessary to state that the first incense was prepared by Moses (Rashash).

A third resolution explains that the anointing oil, which was associated with many miracles, was obviously prepared by Moses. However, with regard to the incense, with which no miracles were associated, it was necessary to point out that it too was prepared by Moses (*Iyyun Ya'akov*).

These suggestions also explain the basic assumption of the Gemara that Moses prepared the incense, in light of the fact that the Torah states explicitly that the people donated the components for the incense. There are also suggestions that Moses donated some of the components and that the people donated the rest.

BACKGROUND

Silver trumpets – חֲצוֹצְרוֹת כֶּסֶף:

Replica of the silver trumpets

״עֲשֵׂה לְךָ״ – מִשֶּׁלְּךָ. אֶלָּא לְמַאן דְּאָמַר מִשֶּׁל צִבּוּר – מַאי אִיכָּא לְמֵימַר?

and similarly, when the Torah states: **Make you,** it means **from your own** property. **However,** according **to the one who said** that when the Torah states both phrases it means **from communal** property, **what is there to say** to distinguish between Yom Kippur and the other days?

דְּתַנְיָא: ״קַח לְךָ״ – מִשֶּׁלְּךָ, ״וַעֲשֵׂה לְךָ״ – מִשֶּׁלְּךָ, ״וְיִקְחוּ אֵלֶיךָ״ – מִשֶּׁל צִבּוּר, דִּבְרֵי רַבִּי יֹאשִׁיָּה. רַבִּי יוֹנָתָן אוֹמֵר: בֵּין ״קַח לְךָ״ בֵּין ״וְיִקְחוּ אֵלֶיךָ״ – מִשֶּׁל צִבּוּר. וּמַה תַּלְמוּד לוֹמַר ״קַח לְךָ״ – כִּבְיָכוֹל מִשֶּׁלְּךָ אֲנִי רוֹצֶה יוֹתֵר מִשֶּׁלָּהֶם.

As it was taught in a *baraita* that when the Torah states: **Take you,** it means **from your own** property, **and** when it states: **Make you,** it means **from your own** property; however, when the Torah states: **And they will bring to you,** it means **from community** property. This is **the statement of Rabbi Yoshiya. Rabbi Yonatan says** that **both** when the Torah states: **Take you, and** when the Torah states: **And they will bring to you,** it means **from community** property. **And** for **what** purpose, then, **does the verse state: Take you,** which seems to mean from your own property? It should be understood, **as it were,** that God said to Moses: **I desire** that it come **from your** property **more than** I desire it **from theirs.**[N] Therefore, the taking was attributed to Moses even though it was actually from community property.

אַבָּא חָנָן אָמַר מִשּׁוּם רַבִּי אֶלְעָזָר: כָּתוּב אֶחָד אוֹמֵר: ״וְעָשִׂיתָ לְּךָ אֲרוֹן עֵץ״ וְכָתוּב אֶחָד אוֹמֵר: ״וְעָשׂוּ אֲרוֹן עֲצֵי שִׁטִּים״, הָא כֵּיצַד? כָּאן – בִּזְמַן שֶׁיִּשְׂרָאֵל עוֹשִׂין רְצוֹנוֹ שֶׁל מָקוֹם, כָּאן – בִּזְמַן שֶׁאֵין עוֹשִׂין רְצוֹנוֹ שֶׁל מָקוֹם.

Abba Ḥanan said in the name of Rabbi Elazar that **one verse says: "And make you an ark of wood"** (Deuteronomy 10:1), indicating that it should be from your own property; **and one verse says** on the same subject: **"And they shall make an ark of acacia wood"** (Exodus 25:10), meaning from the Jewish people. **How** can **this** contradiction be resolved? **Here,** the verse is referring **to a time when the Jewish people perform the will of God**[N] and they are credited with building the Ark of the Covenant. **There,** it is referring **to a time when the Jewish people do not perform the will of God,** and construction of the Ark is attributed to Moses alone. According to that opinion, there is no difference between the offerings of Yom Kippur and other offerings.

עַד כָּאן לָא פְּלִיגִי אֶלָּא בִּקִיחוֹת דְּעָלְמָא, וַעֲשִׂיּוֹת דְּעָלְמָא, קִיחוֹת דְּעָלְמָא ״קַח לְךָ סַמִּים״, עֲשִׂיּוֹת דְּעָלְמָא ״עֲשֵׂה לְךָ שְׁתֵּי חֲצוֹצְרוֹת כֶּסֶף״. אֲבָל הָנָךְ – פָּרוֹשֵׁי קָא מְפָרֵשׁ דְּמִשֶּׁלְּךָ הוּא. בְּמִלּוּאִים, מִכְּדִי כְּתִיב: ״וְאֶל בְּנֵי יִשְׂרָאֵל תְּדַבֵּר לֵאמֹר קְחוּ שְׂעִיר עִזִּים לְחַטָּאת״, ״וַיֹּאמֶר אֶל אַהֲרֹן קַח לְךָ עֵגֶל בֶּן בָּקָר לְחַטָּאת״ לָמָּה לִי? שְׁמַע מִינָּהּ: ״קַח לְךָ״ – מִשֶּׁלְּךָ הוּא.

The Gemara rejects this: **They disagree only with regard to** instances of **taking in general and** instances of **making in general:** Instances of **taking in general** are as in the verse: **"Take you spices"** (Exodus 30:34);[N] and instances of **making in general** are as in the verse: **"Make you two silver trumpets"** (Numbers 10:2).[B] **However,** in **these** cases of inauguration and of Yom Kippur **the verses explicitly** teach that the offerings must be **from your own** property. **With regard to** the **inauguration, now, since it is written: "And to the children of** Israel **you will speak, saying: Take a goat kid for a sin-offering** and an unblemished year-old calf and lamb for burnt-offerings" (Leviticus 9:3), with regard to the verse: **"And he said to Aaron: Take you a young calf for a sin-offering"** (Leviticus 9:2), **why do I need** this clear difference between the formulation of the command to the Jewish people and the formulation of the command to Aaron? **Learn from it** that in this context the phrase: **Take you,** means **from your own** property.

בְּיוֹם הַכִּפּוּרִים, מִכְּדִי כְּתִיב: "בְּזֹאת יָבֹא אַהֲרֹן אֶל הַקֹּדֶשׁ בְּפַר בֶּן בָּקָר לְחַטָּאת" וגו׳, "וּמֵאֵת עֲדַת בְּנֵי יִשְׂרָאֵל יִקַּח שְׁנֵי שְׂעִירֵי עִזִּים לְחַטָּאת וְהִקְרִיב אֶת פַּר הַחַטָּאת אֲשֶׁר לוֹ" לָמָּה לִי? שְׁמַע מִינַּהּ הַאי "לוֹ" – מִשֶּׁלּוֹ הוּא.

And with regard to Yom Kippur, now, since it is written: **"With this Aaron will come into the Sanctuary, with a young bull for a sin-offering** and a ram for a burnt-offering" (Leviticus 16:3), with regard to the verse: **"And from the congregation of the children of Israel he will take two goat kids for a sin-offering** and one ram for a burnt-offering **and** Aaron **will offer his young bull as a sin-offering"** (Leviticus 16:5–6), **why do I** need the emphasis that the goats come from the property of the children of Israel? **Learn from it** that **this** term: **His,** written with regard to the calf, means it **is from his own** property.

רַב אַשִׁי אָמַר: דָּנִין פַּר לְחַטָּאת וְאַיִל לְעוֹלָה מִפַּר לְחַטָּאת וְאַיִל לְעוֹלָה, לְאַפּוֹקֵי רֹאשׁ הַשָּׁנָה וַעֲצֶרֶת דְּתַרְוַיְיהוּ עוֹלוֹת נִינְהוּ.

Rav Ashi stated another reason that distinguishes Yom Kippur from Rosh HaShana and *Shavuot*. **One derives** the **bull for a sin-offering and ram for a burnt-offering** written with regard to Yom Kippur **from** the **bull for a sin-offering and ram for a burnt-offering** written with regard to the inauguration, **to the exclusion of Rosh HaShana and *Shavuot*, on which both of them,** the bull and the ram, **are burnt-offerings.**

רָבִינָא אָמַר: דָּנִין עֲבוֹדָה בְּכֹהֵן גָּדוֹל מֵעֲבוֹדָה בְּכֹהֵן גָּדוֹל, לְאַפּוֹקֵי כּוּלְּהוּ קוּשְׁיָיתִין דְּלָאו עֲבוֹדָה בְּכֹהֵן גָּדוֹל נִינְהוּ.

Ravina stated another distinction: **One derives** a matter that is restricted to the **service** performed **by the High Priest,** Yom Kippur, **from** a matter that is restricted to the **service** performed **by the High Priest,** the inauguration, which was performed by Aaron, **to the exclusion of all the difficulties**[N] raised from the beginning of the discussion, **as** on the other potential days raised, **they are not** restricted to **service** performed **by the High Priest;** rather, the service on those days may be performed by any priest.

וְאִיכָּא דְּאָמְרִי, אָמַר רָבִינָא: דָּנִין עֲבוֹדָה תְּחִלָּה, מֵעֲבוֹדָה תְּחִלָּה, לְאַפּוֹקֵי הָנֵי דְּלָאו תְּחִלָּה נִינְהוּ. מַאי תְּחִלָּה? אִילֵימָא תְּחִלָּה בְּכֹהֵן גָּדוֹל – הַיְינוּ קַמַּיְיתָא! אֶלָּא: עֲבוֹדָה תְּחִלָּה בְּמָקוֹם מֵעֲבוֹדָה תְּחִלָּה בְּמָקוֹם.

And some say that **Ravina said: One derives** a matter that is an **initial service from an initial service, to the exclusion of all these that are not initial** services. That statement of Ravina is unclear, and the Gemara asks: **What** is the meaning of **initial** service? **If we say** that **initial** service **means** one performed **by the High Priest; that is** identical to **the first** version of Ravina's statement. **Rather,** it may be understood as follows: One derives **the initial service** performed **in the place,** the Holy of Holies, on Yom Kippur, **from the initial service** performed **in the place,** the Tabernacle, on the eighth day of the inauguration. Therefore, it is the service of Yom Kippur alone that is derived from the inauguration.

כִּי אֲתָא רַב דִּימִי אָמַר: רַבִּי יוֹחָנָן מַתְנֵי חֲדָא, [רַבִּי יְהוֹשֻׁעַ בֶּן לֵוִי] מַתְנֵי תַּרְתֵּי. רַבִּי יוֹחָנָן מַתְנֵי חֲדָא: "לַעֲשׂוֹת לְכַפֵּר" – אֵלּוּ מַעֲשֵׂה יוֹם הַכִּפּוּרִים, [וִיהוֹשֻׁעַ בֶּן לֵוִי] מַתְנֵי תַּרְתֵּי: "לַעֲשׂוֹת" – אֵלּוּ מַעֲשֵׂה פָרָה, "לְכַפֵּר" – אֵלּוּ מַעֲשֵׂה יוֹם הַכִּפּוּרִים.

§ **When Rav Dimi came** from Eretz Yisrael to Babylonia **he said: Rabbi Yoḥanan taught one** case derived from the inauguration, while **Rabbi Yehoshua ben Levi taught two.** The Gemara elaborates. **Rabbi Yoḥanan taught one: To do, to make atonement; these are the actions** performed on **Yom Kippur** that require sequestering beforehand, like the inauguration. **And Rabbi Yehoshua ben Levi taught two:** To do, **these are the actions** performed in the burning **of the** red **heifer; to atone, these are the actions** performed on **Yom Kippur.** Both require sequestering.

רַבִּי יוֹחָנָן מַתְנֵי חֲדָא? וְהָא אֲנַן תְּנַן: שִׁבְעַת יָמִים קוֹדֶם יוֹם הַכִּפּוּרִים, וְשִׁבְעַת יָמִים קוֹדֶם שְׂרֵיפַת הַפָּרָה! מַעֲלָה בְּעָלְמָא.

The Gemara asks: And did **Rabbi Yoḥanan teach** only **one** case derived from the inauguration, i.e., Yom Kippur? **Didn't we learn** explicitly in the mishna: **Seven days prior to Yom Kippur,** and in another mishna: **Seven days prior to the burning of the heifer,** the Sages would remove the priest from his home? Apparently, there are two cases in which the priest is sequestered. The Gemara answers: With regard to sequestering the priest prior to the burning of the heifer, the Sages **merely** established **a higher standard.** They issued a decree to underscore the sanctity of the ritual after they permitted its performance by a priest who immersed that day. There is no Torah source for the sequestering of the priest in that case.

NOTES

To the exclusion of all the difficulties – לְאַפּוֹקֵי כּוּלְּהוּ קוּשְׁיָיתִין: Tosafot ask why the same assertion was not stated with regard to the solution proposed by Rav Ashi, which also resolves the Gemara's earlier difficulties. Some explain that since sin-offerings were also brought in honor of Rosh HaShana and *Shavuot*, Rav Ashi's solution is not ironclad (Rabbi Elazar Moshe Horowitz).

וְהָא אֲמַר רַבִּי מִנְיוֹמִי בַּר חִלְקִיָּה אֲמַר רַבִּי מַחְסֵיָא בַּר אִידִי אֲמַר רַבִּי יוֹחָנָן: ״כַּאֲשֶׁר עָשָׂה בַּיּוֹם הַזֶּה צִוָּה ה׳ לַעֲשׂוֹת לְכַפֵּר עֲלֵיכֶם״, ״לַעֲשׂוֹת״ – אֵלּוּ מַעֲשֵׂה פָּרָה. ״לְכַפֵּר״ – אֵלּוּ מַעֲשֵׂה יוֹם הַכִּפּוּרִים! – הַהוּא דְּרַבֵּיהּ. דְּכִי אֲתָא רָבִין אֲמַר רַבִּי יוֹחָנָן מִשּׁוּם רַבִּי יִשְׁמָעֵאל: ״לַעֲשׂוֹת״ – אֵלּוּ מַעֲשֵׂה פָּרָה, ״לְכַפֵּר״ – אֵלּוּ מַעֲשֵׂה יוֹם הַכִּפּוּרִים.

The Gemara asks: **But didn't Rabbi Minyomi bar Ḥilkiya say** that **Rabbi Maḥseya bar Idi said** that **Rabbi Yoḥanan said** that the verse states: **"As has been done this day, so the Lord has commanded to do, to make atonement for you"** (Leviticus 8:34), from which it is derived: **To do, these are the actions** performed in the burning **of the red heifer; to make atonement, these are the actions** performed on **Yom Kippur?** Apparently, even Rabbi Yoḥanan taught two cases derived from inauguration. The Gemara resolves the difficulty: **That is** the opinion **of his teacher;** however, he himself disagrees. **As when Ravin came** from Eretz Yisrael, he said that **Rabbi Yoḥanan said in the name of Rabbi Yishmael: To do, these are the actions** performed in the burning **of the** red **heifer; to atone, these are the actions** performed on **Yom Kippur.** That which Rabbi Manyumei cited in the name of Rabbi Yoḥanan was the opinion of his teacher, Rabbi Yishmael.

אֲמַר לֵיהּ רֵישׁ לָקִישׁ לְרַבִּי יוֹחָנָן: מֵהֵיכָא קָא יָלְפַתְּ לָהּ – מִמִּלּוּאִים, אִי מַה מִּלּוּאִים – כָּל הַכָּתוּב בָּהֶן מְעַכֵּב בָּהֶן, אַף הָכָא נַמִי – כָּל הַכָּתוּב בָּהֶן מְעַכֵּב בָּהֶן.

§ With regard to the sequestering of the priest, **Reish Lakish said to Rabbi Yoḥanan: From where did you derive this** principle of sequestering? You derived it **from the inauguration. If so, just as** with regard to the **inauguration,** failure to perform **all** the details **that are written in its** regard **invalidates** it, **so too here,** with regard to Yom Kippur, failure to perform **all** the details **that are written in its** regard **invalidates** the Yom Kippur service. All the *halakhot* of sequestering must be precisely observed.

וְכִי תֵּימָא: הָכִי נַמִי, וְהָתְנַן: וּמַתְקִינִין לוֹ כֹּהֵן אַחֵר, וְלָא קָתָנֵי מַפְרִישִׁין! וְכִי תֵּימָא: מַאי מַתְקִינִין – מַפְרִישִׁין, לִיתְנֵי אוֹ אִידִי וְאִידִי ׳מַתְקִינִין׳, אוֹ אִידִי וְאִידִי ׳מַפְרִישִׁין׳!

And if you say: Indeed, that is so; **didn't we learn** in the mishna: **And they would designate another priest in his stead, and it is not taught** with regard to the designated priest: Seven days before Yom Kippur **they remove** him from his house, although ultimately he may perform the Yom Kippur service. Apparently, failure to sequester the priest does not invalidate the service. **And if you say** in response: **What** is the meaning of: **They would designate?** It means: **They would remove;** that is implausible. Were that so, **let** the mishna **teach either** with regard to both **this** High Priest **and that** designated replacement: **They would designate; or** with regard to both **this** High Priest **and that** designated replacement: **They would remove.**

אֲמַר לֵיהּ: אֶלָּא מָר מֵהֵיכָא יָלֵיף לָהּ? אֲמַר: מִסִּינַי, דִּכְתִיב: ״וַיִּשְׁכֹּן כְּבוֹד ה׳ עַל הַר סִינַי וַיְכַסֵּהוּ הֶעָנָן שֵׁשֶׁת יָמִים וַיִּקְרָא אֶל מֹשֶׁה בַּיּוֹם הַשְּׁבִיעִי״. מִכְּדִי כְּתִיב ״וַיִּקְרָא אֶל מֹשֶׁה בַּיּוֹם הַשְּׁבִיעִי״, מַאי שֵׁשֶׁת יָמִים? זֶה בָּנָה אָב, שֶׁכָּל הַנִּכְנָס בְּמַחֲנֵה שְׁכִינָה – טָעוּן פְּרִישַׁת שִׁשָּׁה.

Rabbi Yoḥanan **said to** Reish Lakish: **Rather, from where do** you, **Master, derive** the *halakha* of sequestering before Yom Kippur? Reish Lakish **said to him:** I derive it **from Sinai, as it is written: "And the glory of the Lord abode upon Mount Sinai and the cloud covered him [*vaykhasehu*] six days, and He called to Moses on the seventh day** from the midst of the cloud" (Exodus 24:16). The masculine suffix *hu* in *vaykhasehu* can be interpreted either as him, referring to Moses, or as it, referring to the mountain. **Now, since it states: "And He called to Moses on the seventh day," what is** derived from the previous explicit mention of **six days? These** six days are mentioned as **a paradigm,**[N] from which a general principle is derived **that anyone who enters the camp of the Divine Presence,** the site of the revelation at Mount Sinai, or the place where the Divine Presence rests, the Holy of Holies, **requires** prior **sequestering for six** days[N] of sanctification.

וְהָא אֲנַן שִׁבְעָה תְּנַן! מַתְנִיתִין רַבִּי יְהוּדָה בֶּן בְּתֵירָא הִיא, דְּחָיֵישׁ

The Gemara asks: **Wasn't it seven,** not six, days of sequestering that **we learned** in the mishna? Reish Lakish answered: **The mishna** that requires sequestering for seven days **is** the opinion of **Rabbi Yehuda ben Beteira, who is concerned**

NOTES

These are a paradigm – זֶה בָּנָה אָב: See *Tosafot*, who might have had an alternate version of the Gemara text. In any event, apparently there are two derivations here: One based on an analogy and one based on the Torah's addition of apparently superfluous words in this context.

Sequestering for six days – פְּרִישַׁת שִׁשָּׁה: One could say that this sequestering is parallel to the six weekdays preceding Shabbat: People devote six days to prepare for the arrival of the sacred seventh day (Maharsha).

לְטוּמְאַת בֵּיתוֹ.

about the ritual impurity of the priest's **home,**[N] i.e., his wife. This is done lest he become impure through relations with a menstruating woman, which is ritual impurity lasting seven days. Therefore, he is removed from his home for seven days.

אֲמַר לֵיהּ רַבִּי יוֹחָנָן לְרֵישׁ לָקִישׁ: בִּשְׁלָמָא לְדִידִי דְּיָלְפִינָא מִמִּלּוּאִים – הַיְינוּ דְּתַנְיָא: זֶה וָזֶה מַזִּין עָלָיו כׇּל שִׁבְעָה מִכׇּל חַטָּאוֹת שֶׁהָיוּ שָׁם, דַּהֲוַאי נַמִי הַזָּאָה בְּמִלּוּאִים. אֶלָּא לְדִידָךְ, דְּיָלְפַתְּ מִסִּינַי – הַזָּאָה בְּסִינַי מִי הֲוַאי?

Rabbi Yoḥanan said to Reish Lakish: Granted, according **to my** opinion, **that I derive** the *halakha* of sequestering **from the inauguration,** that explains **that which is taught** in the *baraita*: With regard to both **this** priest engaged in the burning of the red heifer **and that** High Priest prior to Yom Kippur, **one sprinkles upon him** for **all seven** days[B] the purification water mixed with ashes from samples **from all** the previous red heifer **sin-offerings**[N] **that were** safeguarded **there** in the Temple. The reason for this practice is **that there was also sprinkling** during the **inauguration. However, according to your** opinion, **that you derive it from Sinai, was there** in fact **sprinkling at Sinai?**[N] According to your opinion, why are the priests sprinkled?

אֲמַר לֵיהּ: וּלְטַעְמִיךְ מִי נִיחָא? בְּמִלּוּאִים – דָּם, הָכָא – מַיִם. הָא לָא קַשְׁיָא, דְּתָנֵי רַבִּי חִיָּיא: נִכְנְסוּ מַיִם תַּחַת דָּם. אֶלָּא לְדִידָךְ, הַזָּאָה בְּסִינַי מִי הֲוַאי? אֲמַר לֵיהּ: מַעֲלָה בְּעָלְמָא.

Reish Lakish **said to him: And according to your reasoning, does it** work out **well?** At the **inauguration,** the sprinkling was with **blood; here,** the sprinkling was with **water.** Rabbi Yoḥanan answered: **That is not difficult, as Rabbi Ḥiyya taught: Water replaced blood,** but both have the status of sprinkling. **However, according to your** reasoning, **at Sinai, was there sprinkling** at all? Reish Lakish **said to him:** The Sages **merely** established a **higher standard,** and this sprinkling is not a requirement.

תַּנְיָא כְּוָותֵיהּ דְּרַבִּי יוֹחָנָן, תַּנְיָא כְּוָותֵיהּ דְּרֵישׁ לָקִישׁ. תַּנְיָא כְּוָותֵיהּ דְּרַבִּי יוֹחָנָן: ״בְּזֹאת יָבֹא אַהֲרֹן אֶל הַקֹּדֶשׁ״ – בְּמָה שֶׁאָמוּר בָּעִנְיָן. מַאי הִיא – בְּעִנְיַן דְּמִלּוּאִים. וּמָה אָמוּר בְּעִנְיַן דְּמִלּוּאִים – אַהֲרֹן פֵּירֵשׁ שִׁבְעָה וְשִׁמֵּשׁ יוֹם אֶחָד, וּמֹשֶׁה מָסַר לוֹ כׇּל שִׁבְעָה כְּדֵי לְחַנְּכוֹ בָּעֲבוֹדָה.

§ The Gemara comments: A *baraita* **was taught in accordance with** the opinion of **Rabbi Yoḥanan** that the sequestering is derived from the inauguration; **and a** *baraita* **was taught in accordance** with the opinion of **Reish Lakish** that it is derived from Sinai. The Gemara elaborates: A *baraita* **was taught in accordance with** the opinion of **Rabbi Yoḥanan:** It was stated with regard to the inauguration: **"With this Aaron will come into the Sanctuary,** with a young bull for a sin-offering and a ram for a burnt-offering" (Leviticus 16:3). To what is the term: With this, referring? It is referring to **that which is stated in the matter. What is** the matter? It is **the matter of the inauguration.**[N] In the manner that the priest was prepared for the inauguration, so too is he prepared for Yom Kippur. **And what is stated in the matter of** the **inauguration?** It is that **Aaron** the priest **withdrew** for **seven** days **and served one day, and Moses transmitted** the Torah guidelines **to him all seven days in order to train him in the** Sanctuary **service.**

וְאַף לְדוֹרוֹת, כֹּהֵן גָּדוֹל פּוֹרֵשׁ שִׁבְעָה וּמְשַׁמֵּשׁ יוֹם אֶחָד, וּשְׁנֵי תַלְמִידֵי חֲכָמִים מִתַּלְמִידָיו שֶׁל מֹשֶׁה, לְאַפּוֹקֵי צְדוֹקִין, מוֹסְרִין לוֹ כׇּל שִׁבְעָה כְּדֵי לְחַנְּכוֹ בָּעֲבוֹדָה.

And throughout the **generations as well,** the **High Priest withdraws seven** days prior to Yom Kippur **and serves one day. And two Torah scholars from** among **the students of Moses,**[N] **to the exclusion of Sadducees,** who are not students of Moses, **transmit** the Torah guidelines **to him all seven days in order to train him in the** Sanctuary **service.**

מִכָּאן אָמְרוּ: שִׁבְעַת יָמִים קוֹדֶם יוֹם הַכִּפּוּרִים מַפְרִישִׁין כֹּהֵן גָּדוֹל מִבֵּיתוֹ לְלִשְׁכַּת פַּרְהֶדְרִין, וּכְשֵׁם שֶׁמַּפְרִישִׁין כֹּהֵן גָּדוֹל כָּךְ מַפְרִישִׁין כֹּהֵן הַשּׂוֹרֵף אֶת הַפָּרָה לְלִשְׁכָּה שֶׁעַל פְּנֵי הַבִּירָה צְפוֹנָה מִזְרָחָה, וְאֶחָד זֶה וְאֶחָד זֶה מַזִּין עָלָיו כׇּל שִׁבְעָה מִכׇּל חַטָּאוֹת שֶׁהָיוּ שָׁם.

From there the Sages **said** in the mishna: **Seven days prior to Yom Kippur** the Sages would **remove the High Priest,** who performs the entire Yom Kippur service, **from his house to the Chamber of** *Parhedrin*; **and just as** the Sages would **remove the High Priest, so do they remove the priest who burns the heifer,** from his house **to the chamber that was before the** *bira* at the **northeast** corner of the courtyard on the Temple Mount. **And** with regard to **both this** priest whom the Sages sequester prior to Yom Kippur **and that** priest whom the Sages sequester prior to engaging in the burning of the heifer, **one sprinkles upon him,** for **all seven** days of sequestering, the purification water with ashes **from all the** previous red heifer **sin-offerings that were** safeguarded **there** in the Temple.

NOTES

About the ritual impurity of his home – לְטוּמְאַת בֵּיתוֹ: The priest must have become impure by engaging in relations with a menstruating woman, because mere contact with a menstruating woman does not cause ritual impurity lasting seven days. The Gemara explains (see Rashi) that it is conceivable that he did so unwittingly, as there is no suspicion that he would engage in relations with a menstruating woman intentionally. In the Jerusalem Talmud, both Rabbi Yoḥanan and Reish Lakish accept impurity of the home as a rationale for the sequestering of the priest. Both rationales, sequestering and potential impurity, are necessary. If sequestering were the only issue, it would have been necessary for the priest to leave his home only during the day. And if the impurity of his home were the sole concern, he could separate from his wife without relocating to the *Parhedrin* chamber. In addition, impurity of the home is uncommon and would not have been a sufficient reason to remove him from his home if it were not for the mitzva of sequestering (Ritva).

From all the previous red heifer sin-offerings – מִכׇּל חַטָּאוֹת: There was an effort made to keep residue from the ashes of every red heifer ever burned for the purpose of this purification. The Rambam writes in his Commentary on the Mishna that each day the priests would sprinkle purification waters made from the ashes of a different heifer.

Sprinkling at Sinai – הַזָּאָה בְּסִינַי: *Tosafot* raise the difficulty that the Torah states explicitly that at Sinai: "Moses took the blood and sprinkled it on the people" (Exodus 24:8). One resolution is based on Onkelos's Aramaic translation, in which he explains that the blood there was not sprinkled on the people but on the altar on the people's behalf. Therefore, the verse in question does not indicate that there was sprinkling at Sinai (Rabbi Tzvi Hirsch Chajes; *Mitzpe Eitan*; see also Rabbi Eliyahu Mizraḥi's commentary on the Torah and *Mikhtav LeḤizkiyahu*).

The matter of the inauguration – בְּעִנְיַן דְּמִלּוּאִים: In the Jerusalem Talmud, proof that the verse refers to the inauguration is cited from the fact that the Torah portion detailing the Yom Kippur service begins: "And God spoke…after the deaths of Aaron's two sons" (Leviticus 16:1), referring to the death of Aaron's sons who died during the inauguration, which indicates a connection between Yom Kippur and the inauguration.

And two Torah scholars from among the students of Moses – וּשְׁנֵי תַלְמִידֵי חֲכָמִים מִתַּלְמִידָיו שֶׁל מֹשֶׁה: If these were students of Moses, why wasn't one Torah scholar sufficient? Perhaps it is merely a matter of: "Two are better than one" (Ecclesiastes 4:9; *Tosafot Yeshanim*). Others explain that two Torah scholars were needed in case the High Priest subsequently deviated from the proper performance of the service. In that case, the two would be eligible to testify that he had been taught properly, and he could not claim that he never learned the proper procedure (*Tosefot HaRosh*).

BACKGROUND

Sprinkles upon him all seven days – מַזִּין עָלָיו כׇּל שִׁבְעָה: People and vessels that became impure by contact with a corpse must undergo a purification process that includes sprinkling of water mixed with the ashes of the red heifer.

Priest sprinkling on family with vessels

NOTES

Water replaced blood – נכנסו מים תחת דם: The author of the *Me'iri* suggests that perhaps before the first mixture of red heifer ashes had been prepared on the first Yom Kippur, the priests actually sprinkled blood on him, similar to the sprinkling during the inauguration, and the ashes of the heifer were used only later.

What is the meaning of the term and it says – מאי ואומר: If proof may be cited from the verse: "As has been done this day, so the Lord has commanded to do, to make atonement for you," why is the first proof necessary? In fact, without the first proof, the proof from this verse would have been insufficient because according to its plain meaning, it refers to the inauguration alone (Ritva; see *Gevurat Ari*).

ואם תאמר במלואים דם הכא מים, אמרת: נכנסו מים תחת דם. ואומר: "כאשר עשה ביום הזה צוה ה׳ לעשות לכפר עליכם", "לעשות" – אלו מעשה פרה, "לכפר" – אלו מעשה יום הכפורים.

And if you say that at the **inauguration** the sprinkling was with **blood,** and **here** the sprinkling was with **water, you said: Water replaced blood.**[N] **And it says** in the verse: **"As has been done this day, so the Lord has commanded to do, to make atonement for you"** (Leviticus 8:34). **To do, these are the actions** performed in the burning **of the red heifer; to make atonement, these are the actions** performed **on Yom Kippur.** This *baraita*, then, is proof for the opinion of Rabbi Yoḥanan.

והאי "בזאת" מיבעי ליה לגופיה, בפר בן בקר לחטאת ואיל לעולה! אמרי: אי לקרבן לחודיה – לימא קרא ׳בזה׳ או ׳באלה׳, מאי "בזאת" – שמעת מינה תרתי.

The Gemara analyzes the *baraita*. **But the term: With this** [*bezot*], **is required for** the meaning of the verse **itself;** the priest is required to bring **a young bull for a sin-offering and a ram for a burnt-offering.** The Sages **say** in response: **If** the term comes to teach **only** with regard **to the offerings, let the verse say: With this** [*bezeh*], in the masculine, referring to the bull, **or: With these** [*be'elleh*], referring to the bull and the ram. **What,** then, may be derived from the use of the feminine term ***bezot***, which refers to neither the bull nor the ram? **Learn from it two** conclusions; one with regard to the offerings and one with regard to sequestering.

מאי ׳ואומר׳? וכי תימא יום הכפורים קמא הוא דבעי פרישה, כדאשכחן במלואים, אבל ביום הכפורים דעלמא לא; אי נמי, כהן גדול קמא הוא דבעי פרישה, אבל כהן גדול בעלמא לא – תא שמע: "כאשר עשה" וכו׳.

The Gemara continues its analysis of the *baraita*. **What** is the meaning of the term: **And it says?**[N] Why does the *baraita* cite an additional proof from another verse? Why wasn't the first proof sufficient? **And if you say** that **it is** on **the first Yom Kippur** when Aaron performed the service **that** the High Priest **requires sequestering, as we find in** the **inauguration** when the priests were sequestered before being consecrated as priests, **but on Yom Kippur in general, no,** subsequent High Priests do not require sequestering; or **alternatively,** if you say: **It is the first High Priest who requires sequestering,** as did all the priests during the inauguration, **but** subsequent **High Priests in general, no,** they do not require sequestering before Yom Kippur; then **come** and **hear** that which it says in the verse: **"As has been done** this day, so the Lord has commanded to do," meaning that this is a mitzva for all generations.

תניא כוותיה דריש לקיש: משה עלה בענן ונתכסה בענן ונתקדש בענן כדי לקבל תורה לישראל בקדושה, שנאמר: "וישכון כבוד ה׳ על הר סיני". זה היה מעשה אחר עשרת הדברות, שהיו תחלה לארבעים יום, דברי רבי יוסי הגלילי,

§ And a *baraita* **was taught in accordance with** the opinion of **Reish Lakish** that sequestering is derived from Sinai: **Moses ascended in the cloud, and was covered in the cloud, and was sanctified in the cloud, in order to receive the Torah for the Jewish people in sanctity, as it is stated: "And the glory of the Lord abode upon Mount Sinai** and the cloud covered him six days, and He called to Moses on the seventh day from the midst of the cloud" (Exodus 24:16). **This was an incident** that occurred **after the** revelation of **the Ten Commandments** to the Jewish people, and these six days **were the beginning** of the **forty days** that Moses was on the mountain (see Exodus 24:18); this is **the statement of Rabbi Yosei HaGelili.** The opinion of Rabbi Yosei HaGelili corresponds to that of Reish Lakish; Moses withdrew for six days before receiving permission to stand in the presence of God.

רבי עקיבא אומר: "וישכון כבוד ה׳" – מראש חודש,

Rabbi Akiva says: This incident occurred before the revelation of the Ten Commandments to the Jewish people, and when the Torah says: **"And the glory of the Lord abode** upon Mount Sinai," it is referring to the revelation of the Divine Presence that began on the **New Moon** of Sivan, which was six days before the revelation of the Ten Commandments.

"ויכסהו הענן" – להר, "ויקרא אל משה" – [משה] וכל ישראל עומדין, ולא בא הכתוב אלא לחלק כבוד למשה. רבי נתן אומר: לא בא הכתוב אלא למרק אכילה ושתיה שבמעיו, לשומו כמלאכי השרת.

And that which is written: **"And the cloud covered him,"** means the cloud covered it, **the mountain,** and not him, Moses. **"And He called to Moses"; Moses and all of the Jewish people were standing** at the foot of the mountain and listening, and if God did not mean that Moses was to climb the mountain, why did He call him? **The verse comes only to accord deference to Moses,** as the entire nation heard God address him. **Rabbi Natan says:** Moses was in fact called to enter the cloud; however, his entrance was not for the purpose of sequestering and purifying him, **rather, the verse comes only to cleanse the food and drink that was in his intestines, to render him like the ministering angels** who require neither food nor drink.

רַבִּי מַתְיָא בֶּן חָרָשׁ אוֹמֵר: לֹא בָא הַכָּתוּב אֶלָּא לְאַיֵּים, עָלָיו כְּדֵי שֶׁתְּהֵא תוֹרָה נִיתֶּנֶת בְּאֵימָה, בִּרְתֵת וּבִזִיעַ, שֶׁנֶּאֱמַר: "עִבְדוּ אֶת ה׳ בְּיִרְאָה וְגִילוּ בִּרְעָדָה". מַאי "וְגִילוּ בִּרְעָדָה"? אָמַר רַב אַדָּא בַּר מַתָּנָה אָמַר רַב: בִּמְקוֹם גִּילָה שָׁם תְּהֵא רְעָדָה.

Rabbi Matya ben Ḥarash says: The verse calling Moses into the cloud **comes only to intimidate** Moses, to instill in him a sense of awe of the Creator, **so that the Torah would be delivered with reverence, with quaking and with trembling, as it is stated: "Serve the Lord with awe, and rejoice with trembling"** (Psalms 2:11). Apropos the end of the verse, the Gemara asks: **What** is the meaning of **"and rejoice with trembling"?**[N] Joy and trembling seem contradictory. **Rav Adda bar Mattana said that Rav said: Where there is** the **joy** of fulfilling a mitzva, **there will be** the **trembling** of the awe of Heaven **there.**

בְּמַאי קָא מִיפַּלְגִי רַבִּי יוֹסֵי הַגְּלִילִי וְרַבִּי עֲקִיבָא? בִּפְלוּגְתָּא דְּהָנֵי תַּנָּאֵי. דְּתַנְיָא: בְּשִׁשָּׁה בַּחוֹדֶשׁ נִיתְּנָה תוֹרָה לְיִשְׂרָאֵל, רַבִּי יוֹסֵי אוֹמֵר: בְּשִׁבְעָה בּוֹ. מַאן דְּאָמַר בְּשִׁשָּׁה – בְּשִׁשָּׁה נִיתְּנָה, וּבְשִׁבְעָה עָלָה (דִּכְתִיב "וַיִּקְרָא אֶל מֹשֶׁה בַּיּוֹם הַשְּׁבִיעִי".) מַאן דְּאָמַר בְּשִׁבְעָה – בְּשִׁבְעָה נִיתְּנָה, וּבְשִׁבְעָה עָלָה, ["דִּכְתִיב: וַיִּקְרָא אֶל מֹשֶׁה בַּיּוֹם הַשְּׁבִיעִי"].

§ Apropos the interpretation of the verse with regard to revelation, the Gemara asks: With regard to **what do Rabbi Yosei HaGelili and Rabbi Akiva disagree?**[N] The Gemara explains that their dispute is parallel **to the dispute between these** other ***tanna'im*****, as it was taught** in a ***baraita*****: On the sixth** day **of the month** of Sivan, **the Torah,** the Ten Commandments, **was given to the Jewish people. Rabbi Yosei says:** It was **on the seventh** day **of the** month. According to the **one who said** that it was **on the sixth,** the Torah **was given on the sixth,** which is the day of the revelation of the Ten Commandments, **and on the seventh** day of the month Moses **ascended** the mountain, **as it is written: "And He called to Moses on the seventh day"** (Exodus 24:16). According to the **one who said** that the Torah was given **on the seventh** of the month, **it was given on the seventh and Moses ascended on the seventh, as it is written: "And he called to Moses on the seventh day."**

רַבִּי יוֹסֵי הַגְּלִילִי סָבַר לָהּ כְּתַנָּא קַמָּא, דְּאָמַר בְּשִׁשָּׁה בַּחוֹדֶשׁ נִיתְּנָה תוֹרָה, הִלְכָּךְ, זֶה הָיָה מַעֲשֶׂה אַחַר עֲשֶׂרֶת הַדִּבְּרוֹת, "וַיִּשְׁכּוֹן כְּבוֹד ה׳ עַל הַר סִינַי וַיְכַסֵּהוּ הֶעָנָן שֵׁשֶׁת יָמִים" – לְמֹשֶׁה, "וַיִּקְרָא אֶל מֹשֶׁה בַּיּוֹם הַשְּׁבִיעִי" – לְקַבּוֹלֵי שְׁאָר תּוֹרָה. דְּאִי סָלְקָא דַּעְתָּךְ "וַיִּשְׁכּוֹן כְּבוֹד ה׳" מֵרֹאשׁ חוֹדֶשׁ, "וַיְכַסֵּהוּ הֶעָנָן" – לָהָר, "וַיִּקְרָא אֶל מֹשֶׁה בַּיּוֹם הַשְּׁבִיעִי" – לְקַבּוֹלֵי עֲשֶׂרֶת הַדִּבְּרוֹת, הָא קַבִּילוּ לְהוּ מִשִּׁשָּׁה, וְהָא אִסְתַּלֵּק עָנָן מִשִּׁשָּׁה!

The Gemara proceeds to link the two disputes. **Rabbi Yosei HaGelili holds in accordance with** the opinion of **the first *tanna*** in the *baraita*, **who said** that it was **on the sixth** of the month **that the Torah was given; therefore, this incident occurred after** the revelation of **the Ten Commandments.** That is why he explains the verse **"And the glory of the Lord abode on Mount Sinai and the cloud covered him for six days"** to mean that the cloud covered **Moses, and He called to Moses on the seventh day to receive the rest of the Torah. As, should it enter your mind** to interpret the verse as follows: **"And the glory of the Lord abode" from the New Moon** of Sivan; **"And the cloud covered it," the mountain; "And He called to Moses on the seventh day,"** to receive only the Ten Commandments; **didn't they** already receive the Ten Commandments **on the sixth** of the month, **and the cloud** that was on the mountain **already departed**[N] **on the sixth** of the month?

וְרַבִּי עֲקִיבָא סָבַר לָהּ כְּרַבִּי יוֹסֵי, דְּאָמַר בְּשִׁבְעָה בַּחֹדֶשׁ נִיתְּנָה תוֹרָה לְיִשְׂרָאֵל. בִּשְׁלָמָא לְרַבִּי עֲקִיבָא – הַיְינוּ דְּמַשְׁכַּחַתְּ לָהּ: בְּשִׁבְעָה עָשָׂר בְּתַמּוּז נִשְׁתַּבְּרוּ הַלּוּחוֹת; עֶשְׂרִין וְאַרְבָּעָה דְּסִיוָן, וְשִׁיתְּסַר דְּתַמּוּז – מָלוּ לְהוּ אַרְבְּעִין יוֹמִין דַּהֲוָה בָּהָר, וּבְשִׁבְסַר בְּתַמּוּז נָחֵית, וַאֲתָא וְתַבְרִינְהוּ לַלּוּחוֹת.

And Rabbi Akiva holds in accordance with the opinion of **Rabbi Yosei, who said that on the seventh of the month** the **Torah was given to the Jewish people.** That is why Moses was summoned on the seventh of the month immediately after the revelation of the Ten Commandments. The Gemara asks: **Granted,** according to the opinion of **Rabbi Akiva** that the Torah was given on the seventh of Sivan and Moses then proceeded to climb the mountain and remain there for forty days, **that** explains the calculation **that you find: On the seventeenth of Tammuz the tablets were shattered,** according to the standard tradition. How so? Calculate **twenty-four** days until the end **of Sivan and sixteen** days **of Tammuz; they total the forty days that he was on the mountain. On the seventeenth of Tammuz he descended** from the mountain **and came and shattered** the **tablets.**

NOTES

And rejoice with trembling – וְגִילוּ בִּרְעָדָה: Rashi and *Tosafot* explain that this sensation is limited to the experience of revelation. Others explain that during Torah study, which causes the heart to rejoice, one should also be in awe of the Creator (*Tosefot Ri HaLavan*). In tractate *Berakhot*, however, the implication is that this is a more general principle, and that all occasions of happiness should be accompanied by trembling (Ritva).

With regard to what do Rabbi Yosei HaGelili and Rabbi Akiva disagree – בְּמַאי קָא מִיפַּלְגִי רַבִּי יוֹסֵי הַגְּלִילִי וְרַבִּי עֲקִיבָא: This is not the standard usage of this phrase, as Rashi explains. Usually this question seeks to clarify the basis of the dispute. Here the basis for the dispute is clear. The Gemara here seeks support for each of their opinions in the interpretation of other verses.

The cloud had departed – נִסְתַּלֵּק עָנָן: The cloud did not depart completely. It was only the thick cloud that enveloped the mountain during revelation that departed (Rosh).

אֶלָּא לְרַבִּי יוֹסֵי הַגְּלִילִי, דְּאָמַר שִׁשָּׁה דִּפְרִישָׁה וְאַרְבְּעִין דְּהַר, עַד עֶשְׂרִין וּתְלָת בְּתַמּוּז לָא אִתְּבוּר לוּחוֹת! אָמַר לָךְ רַבִּי יוֹסֵי הַגְּלִילִי: אַרְבְּעִין דְּהַר בַּהֲדֵי שִׁשָּׁה דִּפְרִישָׁה.

However, according to Rabbi Yosei HaGelili, who said: There were **six** days **of sequestering** after the Torah was given and an additional **forty** days **that** Moses was on the **mountain, the tablets were not shattered until the twenty-third of Tammuz,** contrary to the standard tradition. **Rabbi Yosei HaGelili** could have **said to you: The forty** days **that** Moses was on the **mountain include the six** days **of sequestering.**

אָמַר מָר: "וַיִּקְרָא אֶל מֹשֶׁה" – מֹשֶׁה וְכָל יִשְׂרָאֵל עוֹמְדִין. מְסַיֵּיע לֵיהּ לְרַבִּי אֶלְעָזָר, דְּאָמַר רַבִּי אֶלְעָזָר: "וַיִּקְרָא אֶל מֹשֶׁה" – מֹשֶׁה וְכָל יִשְׂרָאֵל עוֹמְדִין, וְלֹא בָּא הַכָּתוּב אֶלָּא לַחֲלוֹק לוֹ כָּבוֹד לְמֹשֶׁה.

§ **The Master said** in that *baraita* cited above that when the Torah says: **"And He called to Moses,"** it means that **Moses and all of the Jewish people were standing** and listening. The Gemara suggests that this **supports** the opinion of **Rabbi Elazar, as Rabbi Elazar said** that when the Torah says: **"And He called to Moses,"** it means that **Moses and all of the Jewish people were standing** and listening[N] **and the verse comes only to accord deference to Moses.** From Rabbi Elazar's statement it is clear that all of Israel heard the voice of God.

מֵיתִיבִי: "קוֹל לוֹ" – קוֹל אֵלָיו, מֹשֶׁה שָׁמַע וְכָל יִשְׂרָאֵל לֹא שָׁמְעוּ! לָא קַשְׁיָא; הָא – בְּסִינַי, הָא – בְּאֹהֶל מוֹעֵד. וְאִי בָּעֵית אֵימָא: לָא קַשְׁיָא, הָא – בִּקְרִיאָה, הָא – בְּדִבּוּר.

The Gemara **raises an objection:** The Torah states: "And when Moses went into the Tent of Meeting that He might speak with him, then he heard the voice speaking unto him from above the Ark cover that was upon the Ark of the Testimony, from between the two cherubs; and He spoke unto him" (Numbers 7:89). The Torah could have said: He heard the **voice** speaking **to** him; however, instead the verse said: He heard the **voice** speaking **unto** him,[N] indicating that the voice reached him alone. **Moses** alone **heard** God's voice **and all of the Jewish people did not hear** it. The Gemara answers: This is **not difficult. This** case, where everyone heard God's voice, was **at Sinai. That** case, where Moses alone heard God's voice, was **at** the **Tent of Meeting. Or if you wish, say** instead an alternative resolution. This is **not difficult;** when God addressed Moses by **calling** to him, everyone heard; that which God subsequently communicated by **speaking,** Moses alone heard.

רַבִּי זְרִיקָא רָמֵי קְרָאֵי קַמֵּיהּ דְּרַבִּי אֶלְעָזָר, וְאָמְרִי לַהּ: אָמַר רַבִּי זְרִיקָא, רַבִּי אֶלְעָזָר רָמֵי, כְּתִיב: "וְלֹא יָכוֹל מֹשֶׁה לָבֹא אֶל אֹהֶל מוֹעֵד כִּי שָׁכַן עָלָיו הֶעָנָן", וּכְתִיב "וַיָּבֹא מֹשֶׁה בְּתוֹךְ הֶעָנָן"! מְלַמֵּד שֶׁתְּפָסוֹ הַקָּדוֹשׁ בָּרוּךְ הוּא לְמֹשֶׁה וֶהֱבִיאוֹ בֶּעָנָן.

Rabbi Zerika raised a contradiction between verses before Rabbi Elazar, and some say that **Rabbi Zerika said** that **Rabbi Elazar raised a contradiction: It is written** in one place: **"And Moses was not able to enter into the Tent of Meeting because the cloud dwelt on it"** (Exodus 40:35), as Moses was unable to enter the cloud. **And it is written** elsewhere: **"And Moses came into the cloud"** (Exodus 24:18). **This teaches that the Holy One, Blessed be He, grabbed Moses and brought him into the cloud** since he could not enter on his own.

דְּבֵי רַבִּי יִשְׁמָעֵאל תָּנָא: נֶאֱמַר כָּאן 'בְּתוֹךְ' וְנֶאֱמַר לְהַלָּן 'בְּתוֹךְ', "וַיָּבוֹאוּ בְנֵי יִשְׂרָאֵל בְּתוֹךְ הַיָּם". מַה לְּהַלָּן שְׁבִיל, דִּכְתִיב: "וְהַמַּיִם לָהֶם חוֹמָה" – אַף כָּאן שְׁבִיל.

The school of Rabbi Yishmael taught: There is a verbal analogy that resolves this contradiction. **It is stated here:** "And Moses came **into** the cloud," **and it is stated below,** in another verse: **"And the children of Israel went into the sea** on dry land" (Exodus 14:22); **Just as below,** there was a **path** within the sea, **as it is written: "And the water was a wall for them"** (Exodus 14:22), **here too,** there was **a path** through the cloud, but Moses did not actually enter the cloud.

"וַיִּקְרָא אֶל מֹשֶׁה וַיְדַבֵּר" לָמָּה הִקְדִּים קְרִיאָה לְדִיבּוּר? לִימְּדָה תּוֹרָה דֶּרֶךְ אֶרֶץ, שֶׁלֹּא יֹאמַר אָדָם דָּבָר לַחֲבֵירוֹ אֶלָּא אִם כֵּן קוֹרֵהוּ. מְסַיֵּיע לֵיהּ לְרַבִּי חֲנִינָא, דְּאָמַר רַבִּי חֲנִינָא: לֹא יֹאמַר אָדָם דָּבָר לַחֲבֵירוֹ אֶלָּא אִם כֵּן קוֹרֵהוּ. 'לֵאמֹר' אָמַר רַבִּי (מוּסְיָא בַּר בְּרֵיהּ דְּרַבִּי מַסְיָא מִשְּׁמֵיהּ דְּרַבִּי מוּסְיָא) רַבָּה: מִנַּיִין לְאוֹמֵר דָּבָר לַחֲבֵירוֹ שֶׁהוּא בְּבַל יֹאמַר, עַד שֶׁיֹּאמַר לוֹ לֵךְ אֱמוֹר – שֶׁנֶּאֱמַר: "וַיְדַבֵּר ה' אֵלָיו מֵאֹהֶל מוֹעֵד לֵאמֹר".

The verse says: **"And He called unto Moses, and** the Lord **spoke** unto him from within the Tent of Meeting, saying" (Leviticus 1:1). **Why** does the verse mention **calling before speaking,** and God did not speak to him at the outset? **The Torah is teaching etiquette: A person** should **not say anything to another unless he calls him** first. This **supports** the opinion of **Rabbi Ḥanina, as Rabbi Ḥanina said: A person should not say anything to another unless he calls him** first. With regard to the term concluding the verse: **"Saying," Rabbi Musya, grandson of Rabbi Masya, said in the name of Rabbi Musya the Great: From where** is it derived with regard **to one who tells another** some **matter, that** it is incumbent upon the latter **not to say it**[NH] to others **until** the former explicitly **says to him: Go and tell others? As it is stated: "And the Lord spoke to him from** within **the Tent of Meeting, saying** [*lemor*]." *Lemor* is a contraction of *lo emor*, meaning: Do not say. One must be given permission before transmitting information.

NOTES

Moses and all of the Jewish people were standing and listening – מֹשֶׁה וְכָל יִשְׂרָאֵל עוֹמְדִין: *Tosefot Rid* suggests a proof that the people did not in fact hear God calling to Moses. Although they did not understand what was said, the people heard a sound that they understood to be God calling Moses.

The voice speaking to him, the voice speaking unto him – קוֹל לוֹ – קוֹל אֵלָיו: The Ran claims that the term: Unto him, is more emphatic than the term: To him, as the former indicates exclusively to him and not to others. The Ritva, citing the Ri, explains that the source of the emphasis in the verse is the repetition at the end of the verse: "And he spoke unto him," indicating the exclusivity of God's speech to Moses.

That it is incumbent upon the latter not to say it – שֶׁהוּא בְּבַל יֹאמַר: The author of the *Me'iri* adds support from the verse: "And he that is of a faithful spirit conceals a matter" (Proverbs 11:13). Even if the matter being conveyed is not secret, one should not disseminate it without receiving permission to do so.

HALAKHA

From where is it derived with regard to one who tells another some matter, that it is incumbent upon the latter not say it – מִנַּיִין לְאוֹמֵר דָּבָר לַחֲבֵירוֹ שֶׁהוּא בְּבַל יֹאמַר: If one tells something to another, the latter should not repeat the information to others unless the former explicitly instructs him: Go and tell others (*Sefer Mitzvot Gadol*, negative mitzvot 9; *Magen Avraham*; *Shulḥan Arukh, Oraḥ Ḥayyim* 156).

מִכְּלָל דְּתַרְוַויְיהוּ סְבִירָא לְהוּ: מִלּוּאִים, כׇּל הַכָּתוּב בָּהֶן מְעַכֵּב בָּהֶן. דְּאִיתְּמַר: מִלּוּאִים, רַבִּי יוֹחָנָן וְרַבִּי חֲנִינָא, חַד אָמַר: כׇּל הַכָּתוּב בָּהֶן מְעַכֵּב בָּהֶן, וְחַד אָמַר: דָּבָר הַמְעַכֵּב לְדוֹרוֹת – מְעַכֵּב בָּהֶן, שֶׁאֵין מְעַכֵּב לְדוֹרוֹת – אֵין מְעַכֵּב בָּהֶן.

§ After digressing to interpret the verses with regard to Mount Sinai, the Gemara resumes its discussion of the statements of Rabbi Yoḥanan and Reish Lakish. Based on the question Reish Lakish addressed to Rabbi Yoḥanan and the fact that Rabbi Yoḥanan accepted the premise of that question, we learn **by inference** that **both maintain** that with regard to the **inauguration,** failure to perform **all** the details **that are written in its** regard **invalidates** the inauguration. **As it is stated: Rabbi Yoḥanan and Rabbi Ḥanina** disagree.[N] **One said:** Failure to perform **all** the details **that are written in its** regard **invalidates** the inauguration. **And one said: A matter that invalidates** offerings **throughout the generations invalidates** the inauguration; **a matter that does not invalidate** offerings **throughout the generations does not invalidate** the inauguration.

תִּסְתַּיֵּים דְּרַבִּי יוֹחָנָן הוּא דְּאָמַר: כׇּל הַכָּתוּב בָּהֶן מְעַכֵּב בָּהֶן, מִדְּקָאָמַר לֵיהּ רַבִּי שִׁמְעוֹן בֶּן לָקִישׁ לְרַבִּי יוֹחָנָן: אִי מָה מִלּוּאִים – כׇּל הַכָּתוּב בָּהֶן מְעַכֵּב בָּהֶן, וְלָא קָא מַהְדַּר לֵיהּ וְלָא מִידֵּי – תִּסְתַּיֵּים.

Conclude that **Rabbi Yoḥanan is the one who said:** Failure to perform **all** the details **that are written in its** regard **invalidates** the inauguration. This may be concluded **from** the fact **that Rabbi Shimon ben Lakish says to Rabbi Yoḥanan: Just as** with regard to the **inauguration,** failure to perform **all** the details **that are written in its** regard **invalidates** the inauguration, so too is the *halakha* with regard to Yom Kippur, **and** Rabbi Yoḥanan **did not respond** and did **not** say **anything,** indicating that he agreed. The Gemara states: **Conclude** that this indeed is the opinion of Rabbi Yoḥanan.

מַאי בֵּינַיְיהוּ?

The Gemara asks: **What is** the practical halakhic difference **between** the opinions of Rabbi Yoḥanan and Rabbi Ḥanina?

Perek **I**
Daf **5** Amud **a**

אָמַר רַב יוֹסֵף: סְמִיכָה אִיכָּא בֵּינַיְיהוּ; לְמַאן דְּאָמַר כׇּל הַכָּתוּב בָּהֶן מְעַכֵּב בָּהֶן – סְמִיכָה מְעַכְּבָא, לְמַאן דְּאָמַר דָּבָר שֶׁאֵין מְעַכֵּב לְדוֹרוֹת אֵין מְעַכֵּב בָּהֶן – סְמִיכָה לָא מְעַכְּבָא.

Rav Yosef said: The practical difference **between them** relates to the question of **placing hands**[N] on the head of an animal brought as an offering. According **to the one who said:** Failure to perform **all** the details **that are written in its** regard, including details that do not invalidate offerings throughout the generations, **invalidates** the inauguration, failure to perform the **placing** of **hands** on the head of the animal **also invalidates** the inauguration. According **to the one who said: A matter that does not invalidate** offerings **throughout the generations does not invalidate** the inauguration, failure to perform the **placing** of **hands** on the head of the animal **does not invalidate** the inauguration.

וּלְדוֹרוֹת מְנָא לַן דְּלָא מְעַכְּבָא? דְּתַנְיָא: ״וְסָמַךְ וְנִרְצָה״ וְכִי סְמִיכָה מְכַפֶּרֶת? וַהֲלֹא אֵין כַּפָּרָה אֶלָּא בַּדָּם, שֶׁנֶּאֱמַר: ״כִּי הַדָּם הוּא בַּנֶּפֶשׁ יְכַפֵּר״.

And with regard to the *halakhot* of offerings that apply **throughout the generations** the Gemara asks: **From where do we derive** that failure to place hands on the head of the animal **does not invalidate** the offering?[H] The Gemara answers: **As it was taught** in a *baraita* that the verse states: **"And he shall place** his hand on the head of the burnt-offering, **and it shall be accepted** for him to atone on his behalf" (Leviticus 1:4). **Does** the **placing** of **hands atone** for one's sins? **Isn't atonement** accomplished **only** by the sprinkling of **the blood, as it is stated: "For it is the blood that makes atonement by reason of the life"** (Leviticus 17:11)?

NOTES

Rabbi Yoḥanan and Rabbi Ḥanina disagree – רַבִּי יוֹחָנָן וְרַבִּי חֲנִינָא: In the Jerusalem Talmud, the opinions are reversed: Rabbi Yoḥanan holds that that failure to fulfill every detail of the inauguration invalidates the inauguration, and Rabbi Ḥanina holds that it does not invalidate the inauguration. According to this approach, the fact that Rabbi Yoḥanan did not respond to Reish Lakish and claim that in his opinion, failure to fulfill each detail does not invalidate the inauguration, is not a proof that he reconsidered his opinion. It could be that he was merely waiting to hear Reish Lakish's reasoning (*Yefe Einayim*).

NOTES

Rav Yosef said the difference between them relates to the question of placing hands – אָמַר רַב יוֹסֵף סְמִיכָה אִיכָּא בֵּינַיְיהוּ: A mnemonic based on letters in common was suggested to associate each opinion cited in the Gemara with the *amora* who stated it: Rav YoSef: *Semikha*, placing hands; Rav Naḥman: *TeNufa*, waving; Rav Pappa: *Perisha*, sequestering; Ravina: *Ribbui*, multiple garments (Rav Shlomo Cohen).

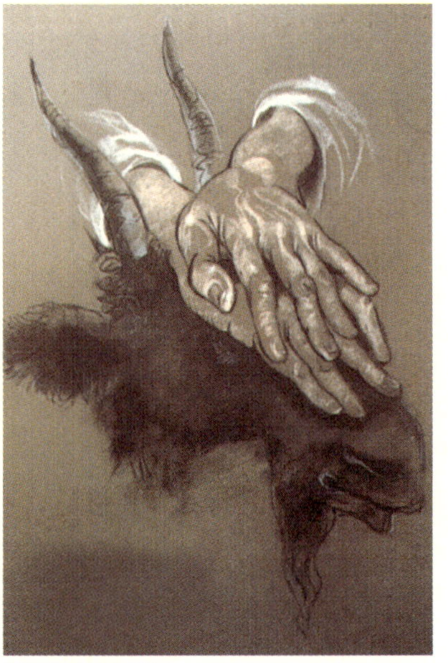

Placing of hands on the offering

HALAKHA

Failure to place hands on the head of the animal does not invalidate the offering – סְמִיכָה אֵינָהּ מְעַכֶּבֶת: Although the one bringing an offering is obligated to place his hands on the offering, if he fails to do so, the offering is still valid and effects atonement. Nevertheless, it is considered as though the individual did not achieve optimal atonement (Rambam *Sefer Avoda, Hilkhot Ma'aseh HaKorbanot* 3:12).

NOTES

As though he did not achieve optimal atonement – כְּאִילּוּ לֹא כִּיפֵּר: Some commentaries explain that not only did the individual fail to fulfill the positive mitzva of placing hands, it is as though he did not achieve atonement. Nevertheless, his offering was not entirely in vain, as he fulfilled that obligation, and he is not required to bring another offering (*Tosafot Yeshanim*). Others explain that since the Gemara is discussing a burnt-offering brought to atone for failure to fulfill a positive mitzva, the question is whether the offering can atone for the failure to fulfill the mitzva of placing of hands as well. Their conclusion is that it does not atone for that failure, since the mitzva of placing hands is in effect until after the animal is slaughtered (*Tosafot Yeshanim*; see Rabbi Akiva Eiger).

Multiple [*ribbui*] garments and anointment [*meshiḥa*] – רִיבּוּי וּמְשִׁיחָה: Each of these two Hebrew terms has two meanings. *Ribbui* means multiple and also means greatness and authority; *meshiḥa* means anointment and also means greatness and appointment (see Rashi on Numbers 16:3; Exodus 29:29).

וּמָה תַּלְמוּד לוֹמַר: ״וְסָמַךְ וְנִרְצָה״, שֶׁאִם עֲשָׂאָהּ לִסְמִיכָה שִׁירֵי מִצְוָה – מַעֲלֶה עָלָיו הַכָּתוּב כְּאִילּוּ לֹא כִּפֵּר, וְכִפֵּר.

And for **what** purpose, then, **does the verse state: "And he shall place…and it shall be accepted"?** It teaches that if **one deemed** the ritual of **placing hands** to be **a peripheral aspect of the mitzva** and consequently failed to perform it, **the verse ascribes to him** status **as though he did not achieve** optimal **atonement;**[N] **and** nevertheless, the offering **atones** for his sins. Apparently, failure to lay hands on the head of the offering does not invalidate the offering throughout the generations, as atonement can be achieved without it. Nevertheless, according to the opinion of Rabbi Yoḥanan, failure to lay hands on the offering invalidates the offerings brought during the inauguration.

רַב נַחְמָן בַּר יִצְחָק אָמַר: תְּנוּפָה אִיכָּא בֵּינַיְיהוּ. לְמַאן דְּאָמַר כׇּל הַכָּתוּב בָּהֶן מְעַכֵּב בָּהֶן – מְעַכְּבָא, וּלְמַאן דְּאָמַר דָּבָר שֶׁאֵין מְעַכֵּב לְדוֹרוֹת אֵין מְעַכֵּב בָּהֶן – לָא מְעַכְּבָא.

Rav Naḥman bar Yitzḥak said: The issue of **waving** the offering is the practical difference **between** the opinions of Rabbi Yoḥanan and Rabbi Ḥanina. According **to the one who said:** Failure to perform **all** the details **that are written in its** regard **invalidates** the inauguration, failure to wave the offering also **invalidates** the inauguration. **And** according **to the one who said: A matter that does not invalidate** offerings **throughout the generations does not invalidate** the inauguration, failure to wave the offering **does not invalidate** the inauguration.

וּלְדוֹרוֹת מְנָא לַן דְּלָא מְעַכְּבָא? דְּתַנְיָא: ״לִתְנוּפָה לְכַפֵּר״, וְכִי תְּנוּפָה מְכַפֶּרֶת? וַהֲלֹא אֵין כַּפָּרָה אֶלָּא בְּדָם, שֶׁנֶּאֱמַר: ״כִּי הַדָּם הוּא בַּנֶּפֶשׁ יְכַפֵּר״ וּמָה תַּלְמוּד לוֹמַר: ״לִתְנוּפָה לְכַפֵּר״ – שֶׁאִם עֲשָׂאָהּ לִתְנוּפָה שִׁירֵי מִצְוָה מַעֲלֶה עָלָיו הַכָּתוּב כְּאִילּוּ לֹא כִּפֵּר, וְכִפֵּר.

And with regard to the *halakhot* of offerings **throughout the generations,** the Gemara asks: **From where do we** derive that failure to wave the offering **does not invalidate** the offering? The Gemara answers: **As it was taught** in a *baraita* that the verse says: "He shall take one male lamb as a guilt-offering **to be waved to make atonement** for him" (Leviticus 14:21). **Does waving** the offering **atone** for one's sins? **Isn't atonement** accomplished **only by** the sprinkling of **the blood, as it is stated: "For it is the blood that makes atonement by reason of the life"** (Leviticus 17:11)? **And** for **what** purpose, then, **does the verse state: To be waved to make atonement?** It teaches that if **one deemed** the ritual of **waving** to be **a peripheral aspect of the mitzva** and therefore failed to perform it, **the verse ascribes to him** status **as though he did not achieve** optimal **atonement; and** nevertheless, the offering **atones** for his sins on his behalf.

רַב פַּפָּא אָמַר: פְּרִישַׁת שִׁבְעָה אִיכָּא בֵּינַיְיהוּ, לְמַאן דְּאָמַר כׇּל הַכָּתוּב בָּהֶן מְעַכֵּב בָּהֶן – מְעַכְּבָא, לְמַאן דְּאָמַר דָּבָר שֶׁאֵינוֹ מְעַכֵּב לְדוֹרוֹת אֵינוֹ מְעַכֵּב בָּהֶן – לָא מְעַכְּבָא.

Rav Pappa said: The issue of **sequestering** the priest for **seven** days is the practical difference **between** the opinions of Rabbi Yoḥanan and Rabbi Ḥanina. According **to the one who said:** Failure to perform **all** the details **that are written in its** regard **invalidates** the inauguration, failure to sequester the priest for seven days also **invalidates** the inauguration. **And** according **to the one who said: A matter that does not invalidate** offerings **throughout the generations does not invalidate** the inauguration, failure to sequester the priest for seven days **does not invalidate** the inauguration.

וּלְדוֹרוֹת מְנָא לַן דְּלָא מְעַכְּבָא? מִדְּקָא תָּנֵי מַתְקִינִין, וְלָא קָתָנֵי מַפְרִישִׁין.

And with regard to the *halakhot* of offerings **throughout the generations,** the Gemara asks: **From where do we** derive that failure to sequester the priest for seven days **does not invalidate** the offering? The Gemara answers: It is derived **from the fact that it is taught** in the mishna: And **they** would **designate** another priest in his stead, **and it is not taught:** The Sages **remove** the designated priest from his house, despite the possibility that ultimately he might replace the High Priest and perform the Yom Kippur service. Apparently, sequestering is not essential.

רָבִינָא אָמַר: רִיבּוּי שִׁבְעָה וּמְשִׁיחָה שִׁבְעָה אִיכָּא בֵּינַיְיהוּ. לְמַאן דְּאָמַר כׇּל הַכָּתוּב בָּהֶן מְעַכֵּב בָּהֶן – מְעַכְּבָא, לְמַאן דְּאָמַר דָּבָר שֶׁאֵין מְעַכֵּב לְדוֹרוֹת אֵין מְעַכֵּב בָּהֶן – לָא מְעַכְּבָא.

Ravina said: The issue of the priest performing the service with the **multiple** garments of the High Priest for **seven** days and serving with **anointment**[N] for **seven** days is the practical difference **between** the opinions of Rabbi Yoḥanan and Rabbi Ḥanina. According **to the one who said:** Failure to perform **all** the details **that are written in its** regard **invalidates** the inauguration, failure to serve with multiple garments and anointment for seven days also **invalidates** the inauguration. **And** according **to the one who said: A matter that does not invalidate** offerings **throughout the generations does not invalidate** the inauguration, failure to serve with multiple garments and anointment for seven days **does not invalidate** the inauguration.

וּלְדוֹרוֹת מְנָא לָן דְּלָא מְעַכְּבָא? דְּתַנְיָא: "וְכִפֶּר הַכֹּהֵן אֲשֶׁר יִמְשַׁח אוֹתוֹ וַאֲשֶׁר יְמַלֵּא אֶת יָדוֹ לְכַהֵן תַּחַת אָבִיו" מַה תַּלְמוּד לוֹמַר?

And with regard to the *halakhot* of offerings **throughout the generations,** the Gemara asks: **From where do we** derive that failure to serve with multiple garments and anointment for seven days **does not invalidate** the offering? The Gemara answers: **As it was taught** in a *baraita*: For **what purpose does the verse state: "And the priest who shall be anointed and who shall be consecrated to serve in his father's stead shall make the atonement"** (Leviticus 16:32)? If it comes to teach that all service must be performed by the High Priest, it is already written with regard to the Yom Kippur service that it must be performed by Aaron, the High Priest.

לְפִי שֶׁנֶּאֱמַר "שִׁבְעַת יָמִים יִלְבָּשָׁם הַכֹּהֵן תַּחְתָּיו מִבָּנָיו" אֵין לִי אֶלָּא נִתְרַבָּה שִׁבְעָה וְנִמְשַׁח שִׁבְעָה, נִתְרַבָּה שִׁבְעָה וְנִמְשַׁח יוֹם אֶחָד, נִתְרַבָּה יוֹם אֶחָד וְנִמְשַׁח שִׁבְעָה מִנַּיִין? תַּלְמוּד לוֹמַר: "אֲשֶׁר יִמְשַׁח אוֹתוֹ וַאֲשֶׁר יְמַלֵּא אֶת יָדוֹ" – מִכָּל מָקוֹם.

Since it is stated: "Seven days shall the son that is priest in his stead don them" (Exodus 29:30), **I** derive **only** that one who donned the **multiple** garments of the High Priest for **seven** days **and was anointed seven** days assumes the position of High Priest and may perform the service on Yom Kippur. However, with regard to whether one who donned the **multiple** garments for **seven** days **and was anointed** for **one** day, or one who donned the **multiple** garments for **one** day **and was anointed** for **seven** days is thereby inaugurated as High Priest, **from where** are those cases derived?[H] Therefore, **the verse states: "Who shall be anointed and who shall be consecrated"; in any case** he is appointed High Priest, even if either anointment or donning the garments did not continue for seven days.

אַשְׁכְּחַן רִיבּוּי שִׁבְעָה לְכַתְּחִלָּה, מְשִׁיחָה שִׁבְעָה לְכַתְּחִלָּה מְנָא לָן?

The Gemara asks: **We found** a source for the fact that when the High Priest is appointed, there is a requirement of donning **multiple** garments for **seven days**[H] ***ab initio***; however, **from where do we** derive the requirement of **anointment** for **seven** days ***ab initio***? According to Ravina, there is a requirement to anoint the priest on each of the seven days *ab initio*, even though failure to do so does not invalidate the offering throughout the generations. From where is that requirement derived?

אִיבָּעֵית אֵימָא: מִדְּאִיצְטְרִיךְ קְרָא לְמַעוֹטָה, וְאִיבָּעֵית אֵימָא: דְּאָמַר קְרָא: "וּבִגְדֵי הַקֹּדֶשׁ אֲשֶׁר לְאַהֲרֹן יִהְיוּ לְבָנָיו אַחֲרָיו לְמָשְׁחָה בָהֶם וּלְמַלֵּא בָם אֶת יָדָם" – אִיתְקַשׁ מְשִׁיחָה לְרִיבּוּי, מָה רִיבּוּי – שִׁבְעָה, אַף מְשִׁיחָה – שִׁבְעָה.

If you wish, say: It is derived **from** the fact **that the verse:** "And the priest who shall be anointed and who shall be consecrated to serve in his father's stead shall make the atonement," **is necessary to exclude**[N] requirements derived from other sources, i.e., that both donning multiple garments and anointment must be for seven days. Apparently, anointment for seven days is required *ab initio*. **And if you wish, say** instead that it is derived from **that** which **the verse states: "And the sacred garments of Aaron shall be for his sons after him, to be anointed in them**[N] **and to be consecrated in them"** (Exodus 29:29). **Anointment is juxtaposed** in this verse **to** donning **multiple** garments: **Just as** donning **multiple** garments is required **for seven** days *ab initio*, **so too, anointment** is required **for seven** days *ab initio*.

מַאי טַעְמָא דְּמַאן דְּאָמַר: כָּל הַכָּתוּב בָּהֶן מְעַכֵּב? אָמַר רַבִּי יִצְחָק בַּר בִּיסְנָא: אָמַר קְרָא: "וְעָשִׂיתָ לְאַהֲרֹן וּלְבָנָיו כָּכָה" – "כָּכָה" עִיכּוּבָא הוּא. תֵּינַח כָּל

§ After ascertaining the halakhic distinctions between the opinions of Rabbi Yoḥanan and Rabbi Ḥanina with regard to the inauguration, the Gemara proceeds to analyze the rationales for those opinions. **What is the reason** for the opinion **of the one who said:** Failure to perform **all** the details **that are written in its** regard **invalidates** the inauguration? **Rabbi Yitzḥak bar Bisna said** that **the verse states: "And so shall you do to Aaron and to his sons** according to all that I have commanded you, seven days shall you consecrate them" (Exodus 29:35). The term: **So,** teaches that failure to perform the ritual precisely in this manner **invalidates** the inauguration. The Gemara asks: That works out **well** as a source that **all**

NOTES

From the fact that the verse is necessary to exclude – מִדְּאִיצְטְרִיךְ קְרָא לְמַעוֹטָה: Perforce, since anointing lasts longer than one day *ab initio*, the number of days established is the number of days stated explicitly in the text, i.e., seven days. In this case, the principle: If you grasped the lesser amount, you have grasped it, applies. In order to derive a greater amount from the Torah one must cite absolute proof that this is the intention of the Torah. Otherwise, one can derive only the lesser amount. In addition, the conclusion that anointing is seven days may rely partially on the second solution cited in the Gemara (see *Tosefot HaRosh*).

To be anointed in them – לְמָשְׁחָה בָהֶם: In fact, in this context the meaning of the term is greatness, not anointment. Apparently, the Gemara relies on additional sources that link anointment to the obligation of donning the multiple garments of the high priesthood (Rav Shmuel Strashun).

HALAKHA

Consecrating the High Priest – הַקְדָּשַׁת כֹּהֵן גָּדוֹל: After a High Priest is appointed, he is anointed with anointing oil and dressed in the eight priestly vestments. In the absence of anointing oil, the priestly vestments suffice to consecrate him (Rambam *Sefer Avoda, Hilkhot Kelei HaMikdash* 1:8, 4:12).

Donning multiple garments for seven days – רִיבּוּי שִׁבְעָה: A High Priest is consecrated by donning and then removing the eight garments on each of the seven days. When there is anointing oil in the Temple, he is also anointed on each of the seven days (Rambam *Sefer Avoda, Hilkhot Kelei HaMikdash* 4:13).

מילתא דכתיבא בהאי ענינא, מילתא דלא כתיבא בהאי ענינא – מנא לן?

matters that are written in the context of **this topic** of inauguration in the book of Exodus invalidate the inauguration. However, with regard to **matters that are not written in that context,**[N] but are written in the portion of the inauguration in Leviticus, **from where do we derive** that they invalidate the inauguration?

אמר רב נחמן בר יצחק: יליף "פתח" "פתח". רב משרשיא אמר: "ושמרתם את משמרת ה׳" עכובא. רב אשי אמר: "כי כן צויתי" – עכובא.

Rav Naḥman bar Yitzḥak said: One **derives** a verbal analogy between the word opening that appears in the two portions of the inauguration. It is written in the command concerning the inauguration: "The **opening** of the Tent of Meeting" (Exodus 29:32), and in its fulfillment it is written: "The **opening** of the Tent of Meeting" (Leviticus 8:31). Failure to perform the matters written in both portions invalidates the inauguration.

Rav Mesharshiyya said: The verbal analogy is unnecessary, as the conclusion can be derived directly from the verse written with regard to the implementation of the inauguration: **"And keep the charge of the Lord,** that you not die, for so I am commanded" (Leviticus 8:35). The emphasis on this being the charge of the Lord comes to teach that failure to perform all the details mentioned in the implementation of the command **invalidates** the inauguration.

Rav Ashi says: The phrase: **For so I am commanded,** is the source from which it is derived that all the details written in both portions **invalidate** the inauguration.

תנו רבנן: "כי כן צויתי", "כאשר צויתי", "כאשר צוה ה׳". "כי כן צויתי" – באנינות יאכלוה. "כאשר צויתי" – בשעת מעשה אמר להם. "כאשר צוה ה׳" – ולא מאלי אני אומר.

Apropos that phrase, the Gemara cites a related halakhic midrash. **The Sages taught:** In the context of the implementation of the inauguration, three variations of the phrase appear: **"For so I am commanded"** (Leviticus 8:35); **"as I commanded"** (Leviticus 10:18); and **"as God has commanded"** (Leviticus 10:15). What does this repetition teach? From the phrase: **"For so I am commanded,"** it is derived that even in a state of **acute mourning,** on the first day after the death of a relative, one must **eat** the offering. God stated the verse: **"As I commanded," at the time of the incident**[N] just after the deaths of Nadav and Avihu, when Aaron and his sons were in a state of acute mourning. And when Moses states: **"As God commanded,"** he is saying: The command is from God **and** it is **not from my** own initiative that **I am saying** it.[N]

אמר רבי יוסי בר חנינא: מכנסים אין כתובין בפרשה, כשהוא אומר: "וזה הדבר אשר תעשה להם לקדש אתם לכהן" – להביא המכנסים ועשירית האיפה.

Apropos the matters mentioned that are not explicit in the portion, the Gemara cites that which **Rabbi Yosei bar Ḥanina said: Trousers** are one of the priestly vestments worn during the inauguration, but they **are not written in the** Torah **portion. When** the verse **says: "And this is the matter that you shall do for them to sanctify them for My service"** (Exodus 29:1), the superfluous word: And, which appears at the beginning of the verse, comes to add to that which was written previously and **to include trousers and the tenth of an ephah**[NH] offered by a priest on the day that he begins his service.

בשלמא מכנסים כתיבי בענינא דבגדים, אלא עשירית האיפה – מנא לן? אתיא "זה" "זה" מ"וזה קרבן אהרן ובניו אשר יקריבו לה׳ עשירית האיפה".

The Gemara asks: **Granted, trousers** can be derived, as the verse **is written** in the context **of the matter of** priestly **garments** detailed adjacent to the portion of the inauguration. **However,** with regard to **the tenth of an ephah, from where do we** derive that there is an obligation to offer it during the inauguration? The Gemara answers: It is **derived** by means of a verbal analogy between the word **this** that appears in one verse and the word **this** that appears in another. It is written: **"This is the offering of Aaron and of his sons, which they shall offer to the Lord** in the day when he is anointed, **a tenth of an ephah"** (Leviticus 6:13). And in the verse cited above in the context of the inauguration it says: "And this is the matter that you shall do for them," which teaches that there is an obligation to offer a tenth of an ephah during the inauguration.

NOTES

Matters that are not written in that context – מילתא דלא כתיבא בהאי ענינא: Rashi explains that the matter of placing the *Urim VeTummim* in the breastplate is not mentioned explicitly. Rabbeinu Barukh and Rabbeinu Tam, however, explain that it is clear that the sequestering for seven days is not mentioned in the two portions (*Tosefot Rid*; *Tosefot HaRosh*).

At the time of the incident – בשעת מעשה: After Nadav and Avihu died, Aaron and his remaining sons were in acute mourning. Moses instructed them to eat from the offerings, despite the fact that generally a priest in a state of acute morning may not partake of sacrificial meat.

And it is not from my own initiative that I am saying it – ולא מאלי אני אומר: In this very passage, Moses instructs Aaron and his sons to eat the meat of one of the sacrificial goats. Aaron counters by claiming that it is inconceivable that God would command them to eat from the sacrificial goat of the New Moon while in a state of acute mourning, and Moses concedes that Aaron is correct. That is why Moses has to emphasize that he is not instructing them to eat the other goats and the meal-offering at his own initiative or based on a derivation from the verses. Although the exchange between Aaron and Moses appears later in that portion, there is no absolute chronological order, in the Torah (*Tosafot Yeshanim*, *Tosefot HaRosh*)

Tenth of an ephah – עשירית האיפה: This usually refers to the griddle-cake offering and is brought by each priest on the first day of his Temple service. The High Priest brings this offering each day; half of it in the morning and half in the afternoon.

HALAKHA

Tenth of an ephah – עשירית האיפה: A priest begins his service in the Temple, and the High Priest begins each day of his service there, by sacrificing a meal-offering of one-tenth of an ephah from his own funds (see tractate *Menaḥot*; Rambam *Sefer Avoda, Hilkhot Kelei HaMikdash* 5:16 and *Kesef Mishne* there).

אָמַר רַבִּי יוֹחָנָן מִשּׁוּם רַבִּי שִׁמְעוֹן בֶּן יוֹחַאי: מִנַּיִן שֶׁאַף מִקְרָא פָּרָשָׁה מְעַכֵּב? תַּלְמוּד לוֹמַר: "וַיֹּאמֶר מֹשֶׁה אֶל הָעֵדָה זֶה הַדָּבָר אֲשֶׁר צִוָּה ה'" – אֲפִילּוּ דִּיבּוּר מְעַכֵּב.

Rabbi Yoḥanan said in the name of Rabbi Shimon ben Yoḥai: From where is it derived **that even** failure to **read the** Torah **portion** of the inauguration **invalidates** the inauguration?[N] **The verse states: "And Moses said to the assembly: This is the matter** [*davar*] **that God has commanded** to be done" (Leviticus 8:5), teaching that **even** failure to perform the **recitation** [*dibbur*] of the Torah portion to the people **invalidates** the inauguration.

כֵּיצַד הִלְבִּישָׁן? כֵּיצַד הִלְבִּישָׁן?! מַאי דַּהֲוָה הֲוָה! אֶלָּא: כֵּיצַד מַלְבִּישָׁן לֶעָתִיד לָבוֹא? לֶעָתִיד לָבוֹא נַמִי – לִכְשֶׁיָּבוֹאוּ אַהֲרֹן וּבָנָיו וּמֹשֶׁה עִמָּהֶם!

§ Apropos the inauguration of the priests, the Gemara asks: **How,** i.e., in what order, did Moses **dress** Aaron and his sons in the priestly vestments? The Gemara wonders: **In what order did he dress them?** That is an irrelevant question, as **what was, was.**[N] The order in which Moses dressed the priests has no practical ramifications. **Rather,** the question must be: **How** will Moses **dress** the priests **in the future,**[N] following the resurrection of the dead, when the Temple service will be restored? The Gemara rejects this question as well: **In the future, too, when Aaron and his sons will come and Moses** will be **with them,** he will know the proper sequence, and there is no point to raising the question.

אֶלָּא: כֵּיצַד הִלְבִּישָׁן לְמִיסְבַּר קְרָאֵי? פְּלִיגִי בָּהּ בְּנֵי רַבִּי חִיָּיא וְרַבִּי יוֹחָנָן, חַד אָמַר: אַהֲרֹן וְאַחַר כָּךְ בָּנָיו, וְחַד אָמַר: אַהֲרֹן וּבָנָיו בְּבַת אַחַת.

Rather, the question is: **How** did Moses **dress them?** The Gemara seeks **to explain the verses**[N] on this topic, as they appear somewhat contradictory. The Gemara responds: **The sons of Rabbi Ḥiyya and Rabbi Yoḥanan disagree with regard to** this matter. **One said:** Moses dressed **Aaron** first **and afterward** Moses dressed **his sons; and one said:** Moses dressed **Aaron and his sons simultaneously,** i.e., consecutively from one to the next, without interruption, to avoid changing the order prescribed in the verses.

אָמַר אַבַּיֵי: בִּכְתוֹנֶת וּמִצְנֶפֶת כּוּלֵּי עָלְמָא לָא פְּלִיגִי דְּאַהֲרֹן וְאַחַר כָּךְ בָּנָיו, דְּבֵין בְּצַוָּואָה וּבֵין בַּעֲשִׂיָּה אַהֲרֹן קָדֵים. כִּי פְּלִיגִי – בְּאַבְנֵט, מַאן דְּאָמַר אַהֲרֹן וְאַחַר כָּךְ בָּנָיו – דִּכְתִיב: "וַיַּחְגּוֹר אוֹתוֹ בָּאַבְנֵט" וַהֲדַר כְּתִיב "וַיַּחְגּוֹר אוֹתָם אַבְנֵט". וּמַאן דְּאָמַר אַהֲרֹן וּבָנָיו בְּבַת אַחַת – דִּכְתִיב: "וְחָגַרְתָּ אוֹתָם". וּלְמַאן דְּאָמַר אַהֲרֹן וּבָנָיו בְּבַת אַחַת, הָכְתִיב: "וַיַּחְגּוֹר אוֹתוֹ בָּאַבְנֵט" וַהֲדַר כְּתִיב: "וַיַּחְגּוֹר אוֹתָם אַבְנֵט"!

Abaye said: With regard to the **tunic and mitre everyone agrees that** Moses dressed **Aaron and afterward his sons, as both in** the portion of **the command** concerning the inauguration **and in** the portion of **the implementation,** mention of **Aaron precedes** mention of his sons. **When they disagree,** it is **with regard to the belt.** The Gemara elaborates. The **one who said:** Moses dressed **Aaron and afterward his sons** derives it from that **which is written: "And he girded him with the belt"** (Leviticus 8:7), **and then it is written: "And he girded them with belts"** (Leviticus 8:13).[B] Moses first dressed Aaron in all of the garments, including the belt, and then Moses dressed Aaron's sons. **And the one who said:** Moses dressed **Aaron and his sons, simultaneously** derives it from that **which is** subsequently **written: "And gird them** with belts, Aaron and his sons" (Exodus 29:9), indicating that Moses girded them all with belts simultaneously. The Gemara asks: **And** according **to the one who says:** Moses dressed **Aaron and his sons simultaneously, isn't it written: He girded him with the belt, and then it is written: He girded them with belts,** clearly indicating that he dressed Aaron and then his sons?

Perek **I**
Daf **6** Amud **a**

אָמַר לָךְ: הַהוּא אַבְנֵטוֹ שֶׁל כֹּהֵן גָּדוֹל לֹא זֶה הוּא אַבְנֵטוֹ שֶׁל כֹּהֵן הֶדְיוֹט.

The Gemara answers that he could have **said to you: That** verse comes to teach that **the belt of the High Priest is not the belt of the common priest.** It is explicit in the Torah that the belt of the High Priest is made of fine blue and purple linen. On the other hand, the Torah does not state the materials used in the belt of the common priest, which was in fact linen like the rest of the garments of the common priest. And still one can say that Aaron and his sons were dressed simultaneously.

NOTES

Even failure to read the Torah portion of the inauguration invalidates the inauguration – אַף מִקְרָא פָּרָשָׁה מְעַכֵּב: Some commentaries suggest that the Gemara has returned to the matter of Yom Kippur and states that the High Priest would read the relevant passages from the Torah on that day. According to that reading of the text, like the other details, the *halakha* on Yom Kippur is derived from the inauguration (Rabbi Elyakim).

What was, was – מַאי דַּהֲוָה הֲוָה: The commentaries explain that this question is raised in the Gemara when there is a good answer (*Tosefot Ri HaLavan*).

How will Moses dress the priests in the future? – כֵּיצַד מַלְבִּישָׁן לֶעָתִיד לָבוֹא: Apparently, this indicates that following the resurrection of the dead, it will be necessary to consecrate the first priests to serve then as well as the Temple and its vessels (Rav Shmuel Strashun).

To explain the verses – לְמִסְבַּר קְרָאֵי: It has been suggested that this question is tied to another dilemma (6a) raised with regard to whether the belt of the common priest was fashioned from fine blue or purple linen. If these dilemmas are linked, there is a practical dimension to this question (*Aguda*).

BACKGROUND

And he girded them with belts – וַיַּחְגּוֹר אוֹתָם אַבְנֵט: The image below depicts priests waiting to receive the garments worn during their service in the Temple. On the right a priest girds the belt on another priest.

Priests in the dressing chamber in the Temple

וּלְמַאן דְּאָמַר אַהֲרֹן וְאַחַר כָּךְ בָּנָיו, וְהָכְתִיב: ״וְחָגַרְתָּ אוֹתָם אַבְנֵט״! אָמַר לָךְ: הַהוּא קָא מַשְׁמַע לָן אַבְנֵטוֹ שֶׁל כֹּהֵן גָּדוֹל זֶהוּ אַבְנֵטוֹ שֶׁל כֹּהֵן הֶדְיוֹט.

The Gemara asks: **And** according **to the one who said** that Moses dressed **Aaron** first **and then his sons, is it not written: "And you will gird them with belts,"** indicating that they were girded simultaneously? The Gemara responds that he could have **said to you: That** verse **teaches us** that **the belt of the High Priest is** identical to **the belt of the common priest.** Both of them were from fine blue and purple linen. Therefore, although the Torah distinguishes between the girding of the belts, as Moses dressed Aaron before he dressed Aaron's sons, there was a common command to make both belts, indicating that they were made of the same material.

״וַיַּחְגֹּר אוֹתוֹ אַבְנֵט״ ״וַיַּחְגֹּר אוֹתָם״ לָמָּה לִי? שְׁמַע מִינַּהּ: אַהֲרֹן וְאַחַר כָּךְ בָּנָיו. וּבְבַת אַחַת מִי מַשְׁכַּחַתְּ לַהּ? לָא צְרִיכָא, דְּאַקְדֵּים.

The Gemara asks: If they are identical, **why do I** need both the verse: **"And he girded him with a belt,"** and the verse: **"And he girded them"?** The Gemara explains: **Learn from it** that Moses dressed **Aaron** first **and then** dressed **his sons.** The Gemara asks: **And can you find** a situation where Moses could have girded Aaron and his sons **simultaneously?** The Gemara explains: **It is necessary only** to state that Moses girded Aaron **first**[N] and then proceeded to gird his sons in order of their significance. After girding Aaron he did not dress Aaron in any other garments before girding his sons.

״מַפְרִישִׁין כֹּהֵן גָּדוֹל״ וכו׳. לָמָּה מַפְרִישִׁין? לָמָּה מַפְרִישִׁין?! כִּדְקָאָמְרִינַן, אִי לְרַבִּי יוֹחָנָן כִּדְאִית לֵיהּ, אִי לְרֵישׁ לָקִישׁ כִּדְאִית לֵיהּ!

§ After a long digression in which many peripheral issues were addressed, the Gemara returns to interpreting the mishna. It was taught in the mishna: The Sages would **remove the High Priest** from his house to the Chamber of *Parhedrin*. The Gemara asks: **Why do** the Sages **remove him?**[NH] The Gemara asks in astonishment: **Why do** the Sages **remove him?** It is **as we stated above: Whether** it is according **to Rabbi Yoḥanan, as per his** opinion: Sequestering of the High Priest is derived from the sequestering prior to the inauguration; **or whether it is** according **to Reish Lakish, as per his** opinion: Sequestering of the High Priest is derived from sequestering at Sinai, the answer is clear. What is the point of the Gemara's question?

הָכִי קָאָמַר: מִבֵּיתוֹ לָמָּה פֵּירֵשׁ? תַּנְיָא, רַבִּי יְהוּדָה בֶּן בְּתֵירָה אוֹמֵר: שֶׁמָּא תִּמָּצֵא אִשְׁתּוֹ סְפֵק נִדָּה, וְיָבֹא עָלֶיהָ.

The Gemara explains: **This is** what the Gemara **is saying. Why did he withdraw from his house,** i.e., his wife?[N] The Gemara explained why he must be removed to a special location; but why doesn't his wife join him? **It was taught** in a *baraita*: **Rabbi Yehuda ben Beteira says:** It is due to the concern **lest his wife be found** to be in a situation of **uncertainty** as to whether or not she has the halakhic status of **a menstruating woman, and** he will **have relations with her** and become impure.

אַטּוּ בִּרְשִׁיעֵי עָסְקִינַן?! אֶלָּא: שֶׁמָּא יָבֹא עַל אִשְׁתּוֹ, וְתִמָּצֵא סְפֵק נִדָּה.

The Gemara asks in astonishment: **Is that to say** that **we are dealing with wicked people?** Will the High Priest, aware of the uncertain status of his wife, have relations with her? **Rather,** rephrase the statement: It is due to the concern **lest he have relations with his wife and** then **she be found** to be in a situation of **uncertainty** as to whether or not she has the halakhic status of **a menstruating woman.**[N] In a case where blood is found on the sheets after the couple engaged in relations, and there is uncertainty as to whether or not the High Priest had relations with his wife while she had the halakhic status of a menstruating woman, the status of the High Priest is one of uncertain impurity.

אָמְרוּהָ רַבָּנַן קַמֵּיהּ דְּרַב חִסְדָּא: כְּמַאן – כְּרַבִּי עֲקִיבָא, דְּאָמַר: נִדָּה מְטַמְּאָה אֶת בּוֹעֲלָהּ. דְּאִי רַבָּנַן, הָא אָמְרִי: אֵין נִדָּה מְטַמְּאָה אֶת בּוֹעֲלָהּ!

The Sages stated the following assumption **before Rav Ḥisda: In accordance with whose** opinion is that a reason for concern? It is **in accordance with** the opinion of **Rabbi Akiva, who said: A menstruating woman** who found blood on the sheets within twenty-fours after having relations, creating uncertainty with regard to her status when she engaged in relations, **renders the man who had with relations with her** retroactively **impure.**[H] **As, if** it were in accordance with the opinion of **the Rabbis,** it is difficult: **Didn't they say** that a woman with regard to whom there is uncertainty as to whether or not she has the halakhic status of a **menstruating woman does not render the man who had with relations with her** retroactively **impure.** Therefore, the High Priest need not leave his wife during the week prior to Yom Kippur.

NOTES

It is necessary only to state that Moses girded Aaron first – לָא צְרִיכָא דְּאַקְדֵּים: Some commentaries suggest that the verse is phrased in the plural to teach that had Moses dressed the sons before Aaron unwittingly or intentionally, that would not have invalidated the ritual (*Peirush Kadmon*).

Why do the Sages remove him – לָמָּה מַפְרִישִׁין: The Gemara is posing this question according to the opinions of both Rabbi Yoḥanan and Reish Lakish. According to Rabbi Yoḥanan's opinion, the priests could return home at night and accomplish the same objective. According to Reish Lakish's approach that the sequestering was to separate him from his wife, six days would have sufficed (see Jerusalem Talmud; *Siaḥ Yitzḥak*).

Why did he withdraw from his house, i.e., his wife – מִבֵּיתוֹ לָמָּה פֵּירֵשׁ: Rashi writes that the question is: Why doesn't his wife join him in the *Parhedrin* chamber? Others, citing Rashi, suggest that the question is: Why doesn't the High Priest return home to his wife each evening (*Tosafot Yeshanim*, citing Rabbeinu Yitzḥak; *Tosefot HaRosh*, citing the Rabbi Yehuda bar Natan, who cited his father-in-law, Rashi). Yet others explain that the suggestion is that his wife should accompany him for companionship but not for intimacy. Even if he forgets and has relations with her, he can still purify himself the next day (*Tosefot Rid*).

She will be found to be in a situation of uncertainty as to whether or not she has the halakhic status of a menstruating woman – וְתִמָּצֵא סְפֵק נִדָּה: The Maharsha asks: Why did the Gemara say that the concern is lest the woman enter into a state of uncertainty, and not lest she become a menstruating woman with regard to whom there is no uncertainty? *Tosafot* in tractate *Nidda* and *Tosafot Yeshanim* address this point and claim that in order for the woman to have the status of a menstruating woman with regard to whom there is no uncertainty, menstruation must begin at the precise moment of the relations, which is unlikely. In contrast, the possibility that the wife would become a menstruating woman sometime after engaging in relations is more realistic.

HALAKHA

Why do the Sages remove the High Priest from his house – מִדּוּעַ מַפְרִישִׁין כֹּהֵן גָּדוֹל מִבֵּיתוֹ: The High Priest is removed from his house and separated from his wife seven days before Yom Kippur, lest she be found to be a menstruating woman and render him impure during that week (Rambam *Sefer Avoda, Hilkhot Avodat Yom HaKippurim* 1:3).

Retroactive impurity from menstruation – טוּמְאַת נִדָּה לְמַפְרֵעַ: A woman who impurifies retroactively does not render one who had relations with her impure for seven days. His legal status is that of one who came into contact with a menstruating woman and he is impure for one day, in accordance with the opinion of the Rabbis in their dispute with Rabbi Akiva (Rambam *Sefer Tahara, Hilkhot Metamei Mishkav UMoshav* 3:8; *Kesef Mishne*).

אֲמַר לְהוּ רַב חִסְדָּא: אֲפִילּוּ תֵּימְרוּ רַבָּנַן, עַד כָּאן לָא פְּלִיגִי רַבָּנַן עֲלֵיהּ דְּרַבִּי עֲקִיבָא – אֶלָּא בְּאַחַר אַחַר, אֲבָל בְּחַד אַחַר – מוֹדוּ לֵיהּ.

Rav Ḥisda said to the Sages: **Even if you say** that the mishna is in accordance with the opinion of the **Rabbis, the Rabbis disagree with Rabbi Akiva** with regard to retroactive impurity **only** in a case where blood was discovered on the sheets **long afterward,** after there was time for the woman to leave the bed and bathe and only then discover the blood. Due to the time that elapsed, the Rabbis hold that there is no way to prove a connection between when the woman menstruated and when they engaged in relations. **However,** if the blood was found merely **afterward,** the Rabbis **concede to** Rabbi Akiva that she renders the man retroactively impure.

אָמַר רַבִּי זֵירָא, שְׁמַע מִינָּהּ: בּוֹעֵל נִדָּה אֵינוֹ כְּנִדָּה וְטוֹבֵל בַּיּוֹם.

Rabbi Zeira said: Learn from it that one who is impure because **he had relations with a menstruating woman is unlike a menstruating woman** in terms of the time of immersion. Unlike the woman, who immerses after nightfall following the seventh day after her menstruation ceased, such a man may **immerse** on the seventh **day** and need not wait for nightfall. Therefore, if a High Priest has relations with his wife just before he is sequestered and there is uncertainty as to whether she has the halakhic status of a menstruating woman, the seventh day of his impurity occurs on Yom Kippur eve. He immerses himself that day and completes the purification process at nightfall. This allows him to enter the Temple to perform the Yom Kippur service.

דְּאִי אָמְרַתְּ בּוֹעֵל נִדָּה כְּנִדָּה, אֵימַת טָבֵיל – בְּלֵילְיָא, לְמָחָר הֵיכִי עָבֵיד עֲבוֹדָה? וְהָא בָּעֵי הַעֲרֵב הַשֶּׁמֶשׁ! אֶלָּא לָאו שְׁמַע מִינָּהּ: בּוֹעֵל נִדָּה אֵינוֹ כְּנִדָּה.

As, if you say that one who is impure because **he had relations with a menstruating woman is like a menstruating woman** in terms of the time of immersion, **when does he immerse?** He may immerse only **at night** after seven complete days. Since that night is Yom Kippur, **how can he perform** the Yom Kippur **service the next day,? Isn't he required** to wait for **sunset** following his immersion to complete the purification process? Until then his status is that of one who immersed that day, who may not serve in the Temple until the nightfall following his immersion. **Rather,** must one **not conclude from it** that one who is impure because **he had relations with a menstruating woman is unlike a menstruating woman** in terms of the time of immersion? He immerses on the seventh day, Yom Kippur eve, and at nightfall he may serve in the Temple.

רַב שִׁימִי מִנְּהַרְדְּעָא אָמַר: אֲפִילּוּ תֵּימָא בּוֹעֵל נִדָּה כְּנִדָּה – דְּמַפְרְשִׁינַן לֵיהּ שָׁעָה אַחַת סָמוּךְ לִשְׁקִיעַת הַחַמָּה.

Rav Shimi from Neharde'a says: Even if **you say** that one who is impure because **he had relations with a menstruating woman is like a menstruating woman** with regard to the time of immersion, the High Priest is not removed from his house at night. Rather, **we sequester him one hour just** before **sunset** on the eighth day prior to Yom Kippur, slightly before the start of the seven-day period, leaving seven full days to count prior to Yom Kippur. Although he is removed from his house more than seven days prior to Yom Kippur, that slight addition is not sufficient to have the period considered eight days.

מֵיתִיבִי: כָּל חַיָּיבֵי טְבִילוֹת טְבִילָתָן בַּיּוֹם, נִדָּה וְיוֹלֶדֶת – טְבִילָתָן בַּלַּיְלָה. נִדָּה – אִין, בּוֹעֵל נִדָּה – לָא!

The Gemara **raises an objection** to the opinion that one who is impure because he had relations with a menstruating woman immerses at night: With regard to **all** those **obligated in immersions, their immersion is during the day.** The exceptions are **a menstruating woman and a woman after childbirth, whose immersion is at night.** It can be learned by inference: With regard to **a menstruating woman, yes,** she immerses at night; with regard to one who is impure because **he had relations with a menstruating woman, no,** he does not immerse at night.

נִדָּה, וְכָל דְּאָתֵי מֵרִבּוּיָיא.

The Gemara rejects that proof because the term **menstruating woman** in that *baraita* includes the woman **and everyone whose inclusion** in the impurity **is derived** from her status. The understanding is that a man who has relations with a menstruating woman assumes her impurity, and therefore his immersion would be identical to hers.

NOTES

The halakhic status of one who is impure due to a seminal emission is like that of one who came into contact with a creeping animal – בַּעַל קֶרִי כְּמַגַּע שֶׁרֶץ: The Gemara in tractate *Pesaḥim* explains that the two cases have an additional feature in common. One who comes into contact with a creeping animal becomes impure whether the contact was unwitting, intentional, or due to circumstances beyond his control. The same is true for a man who experiences a seminal emission, whether unwittingly or due to circumstances beyond his control (Rosh; Ritva).

מֵיתִיבִי: בַּעַל קֶרִי כְּמַגַּע שֶׁרֶץ, בּוֹעֵל נִדָּה כִּטְמֵא מֵת. מַאי לָאו – לִטְבִילָה? לֹא, לְטוּמְאָתָן.

The Gemara **raises** another **objection:** The halakhic status of **one** who is ritually impure due to **a seminal emission** is **like** that of one who came into **contact with a creeping animal,**[N] whereas the legal status of **one** who is ritually impure because he **had relations with a menstruating woman is like** that of one who became **impure** with ritual impurity imparted by **a corpse.** The Gemara asks: **What,** does the *baraita* **not** mean that one who had relations with a menstruating woman is like one impure with impurity imparted by a corpse in terms of **immersion,** which he may perform during the day? The Gemara rejects that conclusion. **No,** the *baraita* is merely comparing the duration of **their impurity.** One who experiences a seminal emission is impure for one day, like one who came into contact with a creeping animal; one who has relations with a menstruating woman is impure for seven days, like one impure with impurity imparted by a corpse.

טוּמְאָתָן?! בְּהֶדְיָא כְּתִיב בְּהוּ! הַאי טוּמְאַת שִׁבְעָה כְּתִיב בֵּיהּ, וְהַאי טוּמְאַת שִׁבְעָה כְּתִיב בֵּיהּ!

The Gemara wonders: For what purpose would the *baraita* come to teach the duration of **their impurity?** The Torah **explicitly writes** the durations of **their** impurity. **This,** one impure with impurity imparted by a corpse, has **impurity of seven** days **written in his** regard; **and** similarly, **that,** one who is impure because he had relations with a menstruating woman, has **impurity of seven** days **written in his** regard. There is no need for the *baraita* to derive a matter explicitly written in the Torah from another matter explicitly written in the Torah.

Perek **I**
Daf **6** Amud **b**

NOTES

Actually, the *baraita* is referring to the duration of their impurity – לְעוֹלָם לְטוּמְאָתָן: The Gemara in tractate *Pesaḥim* suggests an additional novelty: The two cases are similar with regard to their banishment from the camp and the places that they may not enter (*Rosh*; *Tosafot*).

אֶלָּא לָאו – לִטְבִילָתָן?

Rather, must **it not** be that the *baraita* is equating them with regard **to their immersion,** in that both one who has relations with a menstruating woman and one impure with impurity imparted by a corpse immerse during the day?

לֹא, לְעוֹלָם לְטוּמְאָתָן, סֵיפָא אִצְטְרִיכָא לֵיהּ: אֶלָּא שֶׁחָמוּר מִמֶּנּוּ בּוֹעֵל נִדָּה שֶׁמְּטַמֵּא מִשְׁכָּב וּמוֹשָׁב בְּטוּמְאָה קַלָּה, לְטַמֵּא אוֹכָלִין וּמַשְׁקִין.

The Gemara rejects that conclusion. **No; actually,** the *baraita* is referring **to** the duration of **their impurity.**[N] Although there is nothing novel in that equation, it **was necessary for** the *tanna* to teach **the latter clause** of the *baraita*: **However,** in one sense, the case of **one** who is impure because he **had relations with a menstruating woman** is **more severe than** one impure with impurity imparted by a corpse. One who is impure because he had relations with a menstruating woman **transmits impurity through** lying on **a bed or** sitting on **a chair,** even if he never came into direct contact with the chair or the bed. He renders the bed or chair impure **with a mild** form of **impurity.** He confers upon them first-degree ritual impurity status, sufficient only to **render foods and liquids impure.** One impure with impurity imparted by a corpse transmits impurity by means of direct contact.

תָּא שְׁמַע, דְּתָנֵי רַבִּי חִיָּיא: הַזָּב וְהַזָּבָה וְהַמְּצוֹרָע וְהַמְּצוֹרַעַת וּבוֹעֵל נִדָּה וּטְמֵא מֵת – טְבִילָתָן בַּיּוֹם, נִדָּה וְיוֹלֶדֶת – טְבִילָתָן בַּלַּיְלָה! תְּיוּבְתָּא.

Come and **hear** an additional proof **that Rabbi Ḥiyya taught:** For **the** ***zav*** **and the** ***zava*** **and the leper and the female leper, and one who had relations with a menstruating woman, and one who is ritually impure** with impurity imparted by **a corpse, their immersion is during the day.** For **a menstruating woman and a woman after childbirth, their immersion is at night.** The Gemara concludes that this *baraita* is indeed **a conclusive refutation** of the opinion of Rav Shimi from Neharde'a, who said that one who is impure because he had relations with a menstruating woman immerses at night.

וְעַד שֶׁאַתָּה מַפְרִישׁוֹ מִטּוּמְאַת בֵּיתוֹ, הַפְרִישֵׁהוּ מִטּוּמְאַת הַמֵּת! אָמַר רַב תַּחְלִיפָא אֲבוּהּ דְּרַב הוּנָא (בַּר תַּחְלִיפָא) מִשְּׁמֵיהּ דְּרָבָא: זֹאת אוֹמֶרֶת ״טוּמְאַת הַמֵּת הוּתְּרָה הִיא בַּצִּיבּוּר״.

With regard to the sequestering of the High Priest, the Gemara asks: **And before you remove him**[N] **from the** potential of **impurity of his house, remove him from the** potential of the more severe **impurity** imparted by **a corpse.**[N] The Sages should have instituted an ordinance prohibiting visitors to the High Priest lest one die while in his chamber and render him impure. **Rav Taḥlifa, father of Rav Huna bar Taḥlifa,**[P] **said in the name of Rava: That is to say** that **impurity** imparted by **a corpse is permitted in** cases involving **the public.**[N] In cases where the public is involved, impurity imparted by a corpse does not prevent the Temple service from being conducted. Since the service of the High Priest on Yom Kippur is a service involving communal offerings, impurity imparted by a corpse does not invalidate the service.

רָבִינָא אָמַר: אֲפִילּוּ תֵּימָא ״טוּמְאַת הַמֵּת דְּחוּיָה הִיא בַּצִּבּוּר״ – טוּמְאַת הַמֵּת לָא שְׁכִיחָא, טוּמְאַת בֵּיתוֹ שְׁכִיחָא.

Ravina said: Even if you say that impurity imparted by **a corpse is** merely **overridden**[N] **in public** and not completely permitted, the idea that the High Priest is not removed from the potential of impurity imparted by a corpse can be understood. **Impurity** imparted by **a corpse is uncommon.** The likelihood that one visiting the High Priest will suddenly die is minimal. In contrast, **impurity of his house is common,** as uncertainty with regard to his wife's status as a menstruating woman could arise at any moment.

אִיתְּמַר, טוּמְאַת הַמֵּת, רַב נַחְמָן אָמַר: הוּתְּרָה הִיא בַּצִּיבּוּר, וְרַב שֵׁשֶׁת אָמַר: דְּחוּיָה הִיא בַּצִּיבּוּר.

There is an amoraic dispute with regard to the effect of impurity imparted by a corpse on the conduct of the Temple service. **It was stated** with regard to **impurity** imparted by **a corpse** that **Rav Naḥman said: It is permitted in** cases involving **the public;** e.g., when a majority of the Jewish people is impure, the service of a ritually pure priest is not preferable to that of an impure priest. The Temple service proceeds as though there was no impurity at all. **And Rav Sheshet said:** Impurity imparted by a corpse is merely **overridden in** cases involving **the public,**[H] and service performed by a ritually pure priest is preferable.

הֵיכָא דְּאִיכָּא טְמֵאִין וּטְהוֹרִין בְּהַהוּא בֵּית אָב – כּוּלֵּי עָלְמָא לָא פְּלִיגִי דִּטְהוֹרִין עָבְדִי, טְמֵאִין לָא עָבְדִי. כִּי פְּלִיגִי – לְאַהֲדוּרֵי וּלְאַתּוּיֵי טְהוֹרִין מִבֵּית אָב אַחֲרִינָא.

The Gemara restricts the scope of the dispute. In a case **where there are** both **ritually impure and pure** priests in **that patrilineal family** tasked with serving in the Temple on that day, **everyone,** even Rav Naḥman, **agrees that the pure** priests **serve** and **the impure** priests **do not serve.**[N] **When they disagree,** it is with regard to a case where the entire patrilineal family is impure. Is it necessary **to seek out and bring pure** priests **from a different patrilineal family** belonging to the same priestly watch, who are tasked with serving in the Temple on a different day that week?

רַב נַחְמָן אָמַר: הֶיתֵּר הִיא בַּצִּיבּוּר, וְלָא מְהַדְּרִינַן. וְרַב שֵׁשֶׁת אָמַר: דְּחוּיָה הִיא בַּצִּיבּוּר, וּמְהַדְּרִינַן.

Rav Naḥman said: The prohibition against performing the Temple service in a state of impurity imparted by a corpse **is permitted** in cases involving **the public, and we do not** need to **seek out** other priests. Since the Torah permitted the performance of the Temple service by priests impure with impurity imparted by a corpse, it is completely permitted and it is as though the service is performed in purity. **Rav Sheshet said:** The prohibition of impurity imparted by a corpse **is overridden** in cases involving **the public,** and wherever possible **we seek out** ritually pure priests.

אִיכָּא דְּאָמְרִי: אֲפִילּוּ הֵיכָא דְּאִיכָּא טְהוֹרִין וּטְמֵאִין בְּהַהוּא בֵּית אָב פָּלֵיג רַב נַחְמָן וְאָמַר, עָבְדִי נָמֵי טְמֵאִין,

Some say that the dispute is slightly different: **Even** in a case **where there are** both **ritually pure and ritually impure** priests in **that patrilineal family, Rav Naḥman disagreed** with Rav Sheshet **and said** that the priests serve **even** when they are **impure,**

NOTES

Before you remove him – **וְעַד שֶׁאַתָּה מַפְרִישׁוֹ**: Many early and later commentaries wondered about this question. The Gemara should not have asked why he is separated from his wife, but rather why he should not also be separated from impurity imparted by a corpse. Some explain that the Gemara is in fact asking: Why suggest that the separation is due to concern with regard to impurity from his wife, when it could have been explained that the separation is due to concern with regard to impurity imparted by a corpse (*Tosefot Ri HaLavan*)? This question is especially difficult because if the High Priest is sequestered due to concern that someone might die in his presence, all the more so would it be necessary to separate him from his wife (Rav Shmuel Strashun).

Remove him from the potential of more severe impurity imparted by a corpse – **הַפְרִישֵׁהוּ מִטּוּמְאַת הַמֵּת**: Rashi explains that the concern is that a visitor might die in the High Priest's chamber. Many commentaries question this explanation because that scenario is extremely unlikely, and because it is clear that the *tanna* is not concerned about potential death since he holds that a replacement wife need not be appointed lest the first wife die. Others counter that while it is unlikely that any single visitor might suddenly die, the High Priest will be receiving many guests in the course of the week, and that increases the likelihood that one will die (*Gevurat Ari*). Others explain that the concern is that a priest impure with impurity imparted by a corpse will render the High Priest impure through contact (Rav Yonatan of Lunel; *Tosafot Yeshanim*). Finally, the possibility that the High Priest might be exposed to impurity imparted by a corpse is less likely in the Temple than it is in his house (*Tosefot Ri HaLavan*).

Impurity imparted by a corpse is permitted in cases involving the public – **טוּמְאַת הַמֵּת הוּתְּרָה הִיא בַּצִּיבּוּר**: In this case, a High Priest who became impure would proceed to perform the Yom Kippur service even though his replacement remains pure (*Peirush Kadmon*).

Permitted and overridden – **הוּתְּרָה וּדְחוּיָה**: The difference between these two approaches extends beyond the immediate discussion of purity and impurity. The essence of the problem is this: When a specific prohibition is overridden in a particular case, does it mean that the status of the prohibition is as though it does not exist? Or is the prohibition merely not observed due to an unusual circumstance, in which case one must avoid violating the prohibition to whatever degree possible? Two cases where this question applies pertain to Shabbat: Offerings on Shabbat and saving a life on Shabbat. The question is whether all prohibitions are permitted, or whether one must ensure to whatever degree possible that he performs only those actions essential to sacrificing the offering or saving the life (see *Beit Yosef, Oraḥ Ḥayyim* 328).

The impure priests do not serve – **טְמֵאִין לָא עָבְדִי**: This would be so even if the impure priests were more prominent and worthy. They are not among those who enter the lottery to perform service that day (Ritva).

PERSONALITIES

Rav Taḥlifa, father of Rav Huna bar Taḥlifa – **רַב תַּחְלִיפָא אֲבוּהּ דְּרַב הוּנָא בַּר תַּחְלִיפָא**: This attribution of a father to his son is employed when the father is less prominent than his son and there are other Sages with the same first name. In order to identify Rav Taḥlifa in this case, the Gemara refers to him by mentioning his well-known son.

HALAKHA

Impurity imparted by a corpse is merely overridden in cases involving the public – **טוּמְאָה דְּחוּיָה בַּצִּיבּוּר**: Even though communal offerings are offered by impure priests, this does not mean that the impurity is permitted, but rather that it is overridden in exigent circumstances. Therefore, if there are impure and pure priests in the same patrilineal family, one seeks out the pure priests even if they are in the minority, and even brings them from other patrilineal families. The Rambam rules in accordance with the opinion of Rav Sheshet, following the principle that the *halakha* is ruled in accordance with his opinion in ritual matters. Apparently, other *amora'im* maintain that impurity imparted by a corpse is overridden in cases involving the public, as does the *tanna*, Rabbi Yosei (Rambam *Sefer Avoda, Hilkhot Biat HaMikdash* 4:14–16 and *Kesef Mishne* there).

דְּכָל טוּמְאַת מֵת בְּצִיבּוּר – רַחֲמָנָא שַׁרְיֵיהּ.

as in all situations **of impurity** imparted **by corpses** in cases involving **the public, the Merciful One permits** those who are impure to perform the Temple service.

אָמַר רַב שֵׁשֶׁת: מְנָא אָמֵינָא לַהּ – דְּתַנְיָא: הָיָה עוֹמֵד וּמַקְרִיב מִנְחַת הָעוֹמֶר וְנִטְמֵאת בְּיָדוֹ – אוֹמֵר, וּמְבִיאִין אַחֶרֶת תַּחְתֶּיהָ. וְאִם אֵין שָׁם אֶלָּא הִיא אוֹמְרִין לוֹ: הֱוֵי פִּקֵּחַ, וּשְׁתוֹק.

The Gemara analyzes the rationale behind the two opinions. **Rav Sheshet said: From where do I** derive to **say** that impurity is overridden in cases involving the public? It is **as it was taught** in a *baraita*: If a priest **was standing and sacrificing the *omer* meal-offering**[B] **and it became impure in his hand,** the priest, who was aware of what transpired, **says** that it is impure and the priests **bring another** meal-offering **in its stead. And if** the meal-offering in his hand is **the only** meal-offering available **there, the** other priests **say to him: Be shrewd and keep silent;** do not tell anyone that it is impure.

קָתָנֵי מִיהַת: אוֹמֵר, וּמְבִיאִין אַחֶרֶת תַּחְתֶּיהָ! – אָמַר רַב נַחְמָן: מוֹדֵינָא הֵיכָא דְּאִיכָּא שִׁירַיִים לַאֲכִילָה.

In any case, it is teaching that he says that it is impure and the priests **bring another** meal-offering[N] **in its place.** Apparently, when it is possible to perform the service in a state of purity, even in cases involving the public, it is preferable to do so, and the prohibition of ritual impurity is not permitted. **Rav Naḥman** rejected the proof and **said: I concede** that in a case **where there are remnants** of the offering designated **for eating**[N] it must be performed in purity wherever possible. Although it is permitted to sacrifice an offering when impure, the mitzva to eat portions of the offering must be performed in a state of purity. Therefore, in cases where portions of the offering are eaten, the preference is to sacrifice the offering in a state of purity.

מֵיתִיבִי: הָיָה מַקְרִיב מִנְחַת פָּרִים וְאֵילִים וּכְבָשִׂים וְנִטְמֵאת בְּיָדוֹ, אוֹמֵר וּמְבִיאִין אַחֶרֶת תַּחְתֶּיהָ. וְאִם אֵין שָׁם אֶלָּא הִיא – אוֹמְרִין לוֹ: הֱוֵי פִּקֵּחַ, וּשְׁתוֹק.

The Gemara **raises an objection** to the opinion of Rav Naḥman from the *Tosefta*: If a priest **was sacrificing the meal-offering** accompanying the sacrifice of **bulls,**[N] **rams, or sheep, and** the meal-offering **became impure in his hand,** the priest **says** that it is impure **and** the priests **bring another** meal-offering **in its stead. And if** the meal-offering in his hand is **the only** meal-offering available **there, the** other priests **say to him: Be shrewd and keep silent;** do not tell anyone that it is impure.

מַאי לָאו – פָּרִים אֵילִים וּכְבָשִׂים דְּחַג!

What, is it not referring to the **bulls, rams, and sheep** of **the festival** of *Sukkot*,[N] which are communal offerings that are not eaten? Apparently, even in cases of communal offerings, the priests seek to perform the service in a state of purity and the prohibition of impurity is not permitted but merely overridden.

אָמַר לָךְ רַב נַחְמָן: לֹא, פָּרִים – פַּר עֲבוֹדָה זָרָה, אַף עַל גַּב דְּצִיבּוּר הוּא, כֵּיוָן דְּלָא קְבִיעַ לֵיהּ זְמַן – מְהַדְּרִינַן. אֵילִים – בְּאֵילוֹ שֶׁל אַהֲרֹן, דְּאַף עַל גַּב דִּקְבִיעַ לֵיהּ זְמַן, כֵּיוָן דְּיָחִיד הוּא – מְהַדְּרִינַן. כְּבָשִׂים – בְּכֶבֶשׂ הַבָּא עִם הָעוֹמֶר, דְּאִיכָּא שִׁירַיִים לַאֲכִילָה.

Rav Naḥman could have **said to you: No,** the **bulls** mentioned in the *Tosefta* are not standard communal offerings. Rather, the reference is to the **bull** sacrificed when the entire community engages in **idolatry** unwittingly. **Although** this offering is a **communal** offering, **since it has no** specific **time fixed** for its sacrifice, **we seek out** a pure meal-offering in its stead.

Similarly, **the rams** mentioned in the *Tosefta* are not additional offerings of the Festival. Rather, the reference is to the **ram of Aaron** sacrificed on Yom Kippur. **Although it has a** specific **time fixed** for its sacrifice, **since** it is an offering brought **by an individual,** the High Priest, **we seek out** a pure meal-offering in its stead, as service in a state of impurity is permitted only for communal offerings.

The sheep mentioned are not those for the daily offerings or the additional offerings of the Festival. Rather, the reference is to **the sheep that accompanies the** *omer* meal-offering, as in that ase, **there are remnants** designated **for eating.** Therefore, the meal-offering must be offered in purity.

BACKGROUND

Omer meal-offering – מִנְחַת הָעוֹמֶר: The *omer* meal-offering was one-tenth of an ephah of barley, offered in the Temple on the sixteenth of Nisan, the second day of the Passover festival. The sacrifice was brought irrespective of whether the sixteenth of Nisan was a Shabbat or a weekday. The *omer* was harvested from the newly ripe barley on the night following the first day of Passover, and was prepared as roasted flour. A handful was burned on the altar; the rest was eaten by the priests. In addition to the *omer*, a male sheep was sacrificed as a burnt-offering, together with a wine libation and two-tenths of an ephah of wheat flour as a meal-offering. Once the *omer* was offered, it was permitted to eat grain from the new harvest. It is a mitzva by Torah law to count the days from the sixteenth of Nisan until the festival of *Shavuot*.

Priests preparing the *omer* meal-offering

NOTES

He says that it is impure and the priests bring another meal-offering – אוֹמֵר וּמְבִיאִים אַחֶרֶת: Why is a replacement offering brought? After all, even according to the approach that impurity is overridden in cases involving the public, a replacement should not be necessary, since the first offering was accepted (*Sha'ar HaMelekh*). Some commentaries explain that based on the opinion of Rabbi Yehoshua, failure to fulfill every detail of an offering prevents that offering from effecting atonement (*Me'il Shmuel*). Rashi in tractate *Menahot* explains that a replacement is brought to underscore to the public the severity of ritual impurity, so that they may learn that in a case involving an individual, impurity is not overridden.

Remnants of the offering designated for eating – שִׁירַיִים לַאֲכִילָה: The permissibility of sacrificing an offering in impurity pertains to the service on the altar and in the Temple; however, it remains prohibited for priests to eat sacred food while impure. Therefore, the *halakha* is not that the impurity is completely nullified; it is merely permitted in the Temple.

The meal-offering accompanying the sacrifice of bulls – מִנְחַת פָּרִים: Why does the cited case address the meal-offering accompanying the bulls rather than addressing the bulls themselves? It is because one is allowed to bring a meal-offering several days after the offering that it accompanies. Therefore, there is no rush to bring the meal-offering on that very day, and it need not be offered in impurity (*Zikhron She'erit Yosef*).

What, is it not referring to the bulls, rams, and sheep of the festival of *Sukkot* – מַאי לָאו פָּרִים אֵילִים וּכְבָשִׂים דְּחַג: Of course, the Gemara could have suggested that the offerings are those sacrificed on the other Festivals, Passover or *Shavuot*; however, *Sukkot* was chosen because of the great number of offerings sacrificed then (*Tosefot Ri HaLavan*).

מֵיתִיבִי: דָּם שֶׁנִּטְמָא וּזְרָקוֹ, בְּשׁוֹגֵג – הוּרְצָה, בְּמֵזִיד – לֹא הוּרְצָה! כִּי תַּנְיָא הַהִיא – בְּיָחִיד.

The Gemara **raises an** additional **objection** to the opinion of Rav Naḥman: With regard to **blood that became impure and** a priest **sprinkled it** on the altar, if he did so **unwittingly,** the offering is **accepted.** If he sprinkled the blood **intentionally,** the offering is **not accepted.** Apparently, even in cases involving the public, performing service in the Temple in a state of impurity is not permitted. This objection is rejected: **When that** *baraita* **was taught,** it was with regard to the offering of an **individual,** where the prohibition of impurity is certainly in effect.

תָּא שְׁמַע: עַל מָה הַצִּיץ מְרַצֶּה – עַל הַדָּם וְעַל הַבָּשָׂר וְעַל הַחֵלֶב שֶׁנִּטְמָא, בֵּין בְּשׁוֹגֵג בֵּין בְּמֵזִיד, בֵּין בְּאוֹנֶס בֵּין בְּרָצוֹן, בֵּין בְּיָחִיד בֵּין בְּצִיבּוּר. וְאִי סָלְקָא דַּעְתָּךְ טוּמְאָה הֶיתֵּר הִיא בְּצִיבּוּר – לָמָּה לִי לְרַצּוֹיֵי?

The Gemara continues: **Come** and **hear** a different argument based on that which was taught in a *baraita.* **For what does the frontplate** worn by the High Priest **effect acceptance?**[H] It effects acceptance **for the blood, for the flesh, and for the fat** of an offering **that became impure** in the Temple, **whether** it became impure **unwittingly or whether** it became impure **intentionally, whether** it was **due to** circumstances **beyond his control or whether** it was done **willfully, whether** it was **in** the framework **of an individual** offering **or whether it was in** the framework of **a communal** offering. **And if it enters your mind** that **impurity is permitted in** cases involving **the public, why do I** need the frontplate to **effect acceptance?** If the prohibition of impurity is permitted, no pardon is necessary.

אָמַר לָךְ רַב נַחְמָן: כִּי קָתָנֵי הַצִּיץ מְרַצֶּה – אַיָּחִיד. וְאִיבָּעֵית אֵימָא: אֲפִילּוּ תֵּימָא בְּצִיבּוּר, בְּהָנָךְ דְּלָא קָבִיעַ לְהוּ זְמַן.

The Gemara responds that **Rav Naḥman** could have **said to you: When** the *baraita* **teaches** that **the frontplate effects acceptance** it is not referring to the entire list of items cited in the *baraita*; it is referring to **an individual** offering brought in impurity, not to a communal offering. The communal offering is mentioned only in the sense that in that case too, impurity is permitted, albeit for a different reason. Or **if you wish, say** instead: **Even** if **you say** that the frontplate effects acceptance for a **communal** offering, it is only for **those** offerings that **lack a fixed time.** Rav Naḥman concedes that with regard to those communal offerings that have no specific time fixed for their sacrifice, the prohibition of performing the service in impurity remains in effect and requires the acceptance effected by the frontplate.

מֵיתִיבִי: "וְנָשָׂא אַהֲרֹן אֶת עֲוֹן הַקֳּדָשִׁים" וְכִי אֵיזֶה עָוֹן הוּא נוֹשֵׂא? אִם עֲוֹן פִּיגּוּל – הֲרֵי כְּבָר נֶאֱמַר "לֹא יֵרָצֶה", וְאִם עֲוֹן נוֹתָר – הֲרֵי כְּבָר נֶאֱמַר "לֹא יֵחָשֵׁב",

The Gemara **raises an objection.** It is stated: **"And Aaron will gain forgiveness for the sin committed in the sacred things** that the children of Israel shall hallow in all their sacred gifts, and it shall be always upon his forehead that they may be accepted favorably before the Lord" (Exodus 28:38). **And for which sin does** the frontplate **gain forgiveness? If** it is for **the sin of** ***piggul,***[N] an offering disqualified by the intention to sacrifice or eat it after the permitted time, **it has already been stated:** "And if it is eaten at all on the third day, it is *piggul*; **it shall not be accepted"** (Leviticus 19:7). There is no acceptance of an offering that became *piggul*. **And if it is** for **the sin of** ***notar,*** meat of an offering left after the permitted time for eating it passed, **it has already been stated:** "And if any of the flesh of the sacrifice of his peace-offerings is eaten on the third day, it shall not be accepted, **neither shall it be credited** to he who offered it" (Leviticus 7:18).

HALAKHA

For what does the frontplate worn by the High Priest effect acceptance – עַל מָה הַצִּיץ מְרַצֶּה: The frontplate effects acceptance for individual and communal offerings sacrificed in impurity. Even for offerings that were unfit to have their blood sprinkled due to impurity, the frontplate effect acceptance after the fact (Rambam *Sefer Avoda, Hilkhot Pesulei HaMukdashin* 1:34).

NOTES

***Piggul* – פִּיגּוּל:** *Piggul* represents a severe disqualification of an offering, and one who eats from its meat is liable to receive *karet*. *Piggul* may take effect during one of the four sacrificial rites: Slaughter, receiving the blood, carrying the blood, and sprinkling the blood. If, during one of these four rites, the priest declares his intention to sacrifice the animal after its allotted time, the offering is irreversibly disqualified.

הָא אֵינוֹ נוֹשֵׂא אֶלָּא עֲוֹן טוּמְאָה שֶׁהוּתְּרָה מִכְּלָלָהּ בְּצִיבּוּר. וְקַשְׁיָא לְרַב שֵׁשֶׁת! תַּנָּאֵי הִיא. דְּתַנְיָא: צִיץ, בֵּין שֶׁיֶּשְׁנוֹ עַל מִצְחוֹ בֵּין שֶׁאֵינוֹ עַל מִצְחוֹ – מְרַצֶּה, דִּבְרֵי רַבִּי שִׁמְעוֹן.

Apparently, the frontplate **gains forgiveness only** for **the sin of impurity, which was exempted from its general** prohibition **in** cases involving **the public.**[NH] This poses **a difficulty to** the opinion of **Rav Sheshet,**[N] who said that the prohibition of impurity is overridden in cases involving the public, as the *baraita* clearly states that impurity is permitted. The Gemara responds: According to Rav Sheshet, the question of whether the prohibition of impurity is permitted or overridden in cases involving the public **is** the subject of **a dispute between** ***tanna'im*****, as it was taught** in a *baraita*: **The frontplate effects acceptance whether it is on** the High Priest's **forehead or whether it is not on** the High Priest's **forehead** when the offering becomes impure. This is **the statement of Rabbi Shimon.**

רַבִּי יְהוּדָה אוֹמֵר: עוֹדֵהוּ עַל מִצְחוֹ – מְרַצֶּה, אֵין עוֹדֵהוּ עַל מִצְחוֹ – אֵינוֹ מְרַצֶּה. אָמַר לוֹ רַבִּי שִׁמְעוֹן: כֹּהֵן גָּדוֹל בְּיוֹם הַכִּפּוּרִים יוֹכִיחַ, שֶׁאֵין עוֹדֵהוּ עַל מִצְחוֹ וּמְרַצֶּה!

Rabbi Yehuda says: As long as it is on his forehead it effects acceptance; if **it is no longer on his forehead it does not effect acceptance.**[H] **Rabbi Shimon said to** Rabbi Yehuda: **The** case of the **High Priest on Yom Kippur** can **prove** that your statement is incorrect, **as** on Yom Kippur when the High priest wears only four linen garments the frontplate is **no longer on his forehead, and** it still **effects acceptance.**

אָמַר לוֹ רַבִּי יְהוּדָה: הַנַּח לְכֹהֵן גָּדוֹל בְּיוֹם הַכִּפּוּרִים, שֶׁטּוּמְאָה הוּתְּרָה לוֹ בְּצִיבּוּר. מִכְּלָל דְּרַבִּי שִׁמְעוֹן סָבַר – טוּמְאָה דְּחוּיָה הִיא בְּצִיבּוּר.

Rabbi Yehuda said to him: Leave the case of **the High Priest on Yom Kippur,** as the atonement of the frontplate is unnecessary because the prohibition of performing the Temple service in **impurity is permitted in** cases involving **the public.** Learn **by inference** that **Rabbi Shimon holds that impurity is overridden in** cases involving **the public,** and that is why the atonement of the frontplate is necessary. The dispute between Rav Sheshet and Rav Naḥman is based on a tannaitic dispute, and the *baraita* cited above is in accordance with the opinion of Rabbi Yehuda.

אָמַר אַבַּיֵי: בְּנִשְׁבַּר הַצִּיץ – דְּכוּלֵּי עָלְמָא לָא פְּלִיגִי דְּלֹא מְרַצֶּה. כִּי פְּלִיגִי – דְּתָלֵי בְּסִיכְתָּא. רַבִּי יְהוּדָה סָבַר: "עַל מֵצַח וְנָשָׂא",

The Gemara proceeds to analyze the tannaitic dispute between Rabbi Shimon and Rabbi Yehuda. **Abaye said:** In a case **where the frontplate broke, everyone,** including Rabbi Shimon, **agrees that** the frontplate **no** longer **effects acceptance. When they disagree is** in a case where the frontplate is not on his forehead but is **hanging on a peg. Rabbi Yehuda holds** that the verse: "And it shall be **on the forehead** of Aaron **and** Aaron **shall gain forgiveness** for the sin committed in the sacred things" (Exodus 28:38) means that the frontplate atones for sin as long as it is on his forehead.

וְרַבִּי שִׁמְעוֹן סָבַר: "תָּמִיד לְרָצוֹן לִפְנֵי ה׳". מַאי "תָּמִיד"? אִילֵימָא תָּמִיד עַל מִצְחוֹ, מִי מַשְׁכַּחַתְּ לָהּ? מִי לָא בָּעֵי מֵיעַל לְבֵית הַכִּסֵּא, וּמִי לָא בָּעֵי מֵינָם? אֶלָּא תָּמִיד מְרַצֶּה הוּא.

And Rabbi Shimon holds that emphasis should be placed on the end of that verse: "It shall **be always** upon his forehead that they may **be accepted**[N] **before the Lord."** From this, Rabbi Shimon derived that the frontplate always effects acceptance, even when it is not upon the High Priest's forehead, as **what is** the meaning of the word **always** in the verse? **If we say** that it means that the frontplate must **always** be **on** the High Priest's **forehead,**[N] **do you find** that situation in reality? **Doesn't he need to enter the bathroom,** when he must remove the frontplate bearing the name of God? Similarly, **doesn't he need to sleep,**[N] at which time he removes the priestly vestments? **Rather,** it means that the frontplate **always effects acceptance,** whether or not it is on his forehead.

NOTES

Which was exempted from its general prohibition in cases involving the public – שֶׁהוּתְּרָה מִכְּלָלָהּ בְּצִיבּוּר: The phrase: From its general prohibition, means that there are exceptions with regard to a particular halakhic principle. For example, the *halakha* prohibiting sacrifice of an offering in a state of impurity is overridden in cases involving the public. The principle is that a prohibition without exceptions is more severe than one with exceptions.

This poses a difficulty to the opinion of Rav Sheshet – וְקַשְׁיָא לְרַב שֵׁשֶׁת: Some versions of the Gemara omit this phrase. In fact, one commentary explains that this *baraita* poses a difficulty to the opinion of Rav Naḥman, since his opinion is that impurity is permitted in matters involving the public, which obviates the need for the frontplate (Rabbi Elyakim; *Dikdukei Soferim*).

It shall be always upon his forehead that they may be accepted – תָּמִיד לְרָצוֹן: The punctuation of the verse links the word "always" to the phrase: "It shall be on his forehead," contrary to the interpretation of the Gemara. This reading supports Rabbi Shimon's opinion that perforce, "always" cannot be interpreted according to its plain meaning, and the frontplate effects acceptance independent of whether it is on the High Priest's forehead.

Wearing the frontplate – לְבִישַׁת הַצִּיץ: In the Jerusalem Talmud, there is an amoraic dispute whether the High Priest wore the frontplate every day or only on Shabbat and Festivals. That dispute is in accordance with the opinion of Rabbi Shimon, who says that the frontplate effects acceptance whether or not it is on the High Priest's forehead.

Front and back view of the High Priest wearing the frontplate

Doesn't he need to sleep – וּמִי לָא בָּעֵי מֵינָם: Some commentaries prove from this statement that the High Priest was permitted to wear the frontplate even when he was not in the Temple or engaged in Temple service. If that were not the case, the Gemara would have simply asked: Does the High Priest never leave the Temple? Similarly, why doesn't Rabbi Shimon cite support for his opinion that the frontplate was not perpetually on the High Priest's forehead from the case of Yom Kippur, when he obviously does not have the frontplate on his forehead? Perhaps Yom Kippur is an exception, as the High Priest is specifically commanded to remove the frontplate during the service. Therefore it does not contradict the word "always," which here means whenever the High Priest is commanded to have the frontplate of his forehead (*Leviyat Ḥen*; *Ohel Moshe*).

HALAKHA

Which was exempted from its general prohibition in cases involving the public – שֶׁהוּתְּרָה מִכְּלָלָהּ בְּצִיבּוּר: The frontplate effects acceptance for the impurity of offerings that are eaten but not for the definite impurity of people, with the exception of impurity whose prohibition is overridden in matters involving the public, for which the frontplate effects acceptance (Rambam *Sefer Avoda, Hilkhot Biat HaMikdash* 4:7).

When does the frontplate effect acceptance – מָתַי מְרַצָּה הַצִּיץ: The Rambam rules in accordance with the opinion of Rabbi Yehuda that the frontplate effects acceptance only when it is in place on the High Priest's forehead. This is consistent with the principle that the *halakha* is ruled in accordance with the opinion of Rabbi Yehuda in disputes with Rabbi Shimon. Although the Rambam ruled in accordance with the opinion of Rabbi Shimon with regard to impurity in cases involving the public, the two disputes are not linked (Rambam *Sefer Avoda, Hilkhot Biat HaMikdash* 4:7 and *Kesef Mishne* there).

וּלְרַבִּי יְהוּדָה נַמִּי, הָא כְּתִיב ׳תָּמִיד׳ – הַהוּא תָּמִיד שֶׁלֹּא יַסִּיחַ דַּעְתּוֹ מִמֶּנּוּ, כִּדְרַבָּה בַּר רַב הוּנָא. דְּאָמַר רַבָּה בַּר רַב הוּנָא: חַיָּיב אָדָם לְמַשְׁמֵשׁ בִּתְפִילָּיו בְּכׇל שָׁעָה וְשָׁעָה, קַל וָחוֹמֶר מִצִּיץ.

The Gemara asks: **And according to Rabbi Yehuda as well, isn't it written: "Always"?** Clearly it does not mean that the frontplate must always be on his forehead. The Gemara answers: **That** term: **"Always,"** teaches that the High Priest must always be aware that the frontplate is on his head, and **that he should not be distracted from it.** This is **in accordance with** the statement **of Rabba bar Rav Huna, as Rabba bar Rav Huna said: A person must touch** the **phylacteries** on **his** head[H] and on his arm **each and every hour,** to maintain awareness of their presence. This is derived by means of **an *a fortiori*** inference **from the frontplate:**

HALAKHA

A person must touch the phylacteries on his head – חַיָּיב אָדָם לְמַשְׁמֵשׁ בִּתְפִילָּיו: A person must frequently touch his phylacteries to maintain perpetual awareness of their presence. One need not do so during prayer (*Magen Avraham*). With regard to what length of time constitutes a lapse of awareness, one may rely on the statements of Rabbeinu Yona and the Rosh that only idle conversation and the like constitute a lapse of awareness with regard to phylacteries (*Shulḥan Arukh, Oraḥ Ḥayyim* 28:1).

Perek **I**
Daf **8** Amud **a**

וּמַה צִּיץ, שֶׁאֵין בּוֹ אֶלָּא אַזְכָּרָה אַחַת, אָמְרָה תּוֹרָה "עַל מִצְחוֹ תָּמִיד" – שֶׁלֹּא יַסִּיחַ דַּעְתּוֹ מִמֶּנּוּ, תְּפִילִּין שֶׁיֵּשׁ בָּהֶן אַזְכָּרוֹת הַרְבֵּה – עַל אַחַת כַּמָּה וְכַמָּה.

Just as with regard to **the frontplate, which has only one mention** of God's name, **the Torah said:** "It shall **be always upon his forehead,"** teaching that **that he should not be distracted from it,** with regard to **phylacteries, which have numerous mentions** of God's name in their four passages from the Torah, **all the more so**[N] one may not be distracted from them.

וּלְרַבִּי שִׁמְעוֹן דְּאָמַר תָּמִיד מְרַצֶּה, וְהָא כְּתִיב "עַל מִצְחוֹ וְנָשָׂא"! הַהוּא לִקְבּוֹעַ לוֹ מָקוֹם הוּא דַּאֲתָא.

The Gemara asks: And according **to Rabbi Shimon, who says** that the verse: "It shall be always upon his forehead," teaches that the frontplate **effects acceptance** even when it is not on the High Priest's forehead, **isn't it** also **written: "On his forehead…and shall gain forgiveness"?** The Gemara answers: **That** verse **comes to establish the place** where the High Priest should position the frontplate, not to indicate that it effects acceptance only when it is on his forehead.

וְרַבִּי יְהוּדָה, לִקְבּוֹעַ לוֹ מָקוֹם מְנָא לֵיהּ? נָפְקָא לֵיהּ מִ״עַל מִצְחוֹ״. וְרַבִּי שִׁמְעוֹן נַמִּי, תֵּיפוֹק לֵיהּ מִ״עַל מִצְחוֹ״! אִין הָכִי נַמִּי.

The Gemara asks: And according to **Rabbi Yehuda, from where does he** derive the *halakha* **to establish** the frontplate's **place** on the High Priest's forehead? The Gemara answers: **He derives it** from that which is written: **"On his forehead."** The Gemara asks: **And Rabbi Shimon, too, let him derive** the placement of the frontplate from: **"On his forehead."** The Gemara responds: **Yes, it is indeed so;** that is Rabbi Shimon's source.

אֶלָּא "עַל מִצְחוֹ וְנָשָׂא" מַאי עָבֵיד לֵיהּ? אָמַר לָךְ: רָאוּי לַמֵּצַח – מְרַצֶּה, שֶׁאֵינוֹ רָאוּי לַמֵּצַח – אֵינוֹ מְרַצֶּה, לְאַפּוֹקֵי נִשְׁבַּר הַצִּיץ, דְּלֹא מְרַצֶּה.

The Gemara asks: **Rather,** if so, with regard to the verse: **"On his forehead…and shall gain forgiveness," what** does Rabbi Shimon **do with** that verse? The Gemara responds that Rabbi Shimon could have **said to you:** The frontplate that is intact and **fit for** placement on **the** High Priest's **forehead effects acceptance;**[N] that **which is not fit for** placement on **the** High Priest's **forehead does not effect acceptance.** This comes **to exclude** a case where **the frontplate broke,** in **which** case **it does not effect acceptance.**

וּלְרַבִּי יְהוּדָה, נִשְׁבַּר הַצִּיץ מְנָא לֵיהּ? נָפְקָא לֵיהּ מִ״מֵּצַח״ ״מִצְחוֹ״. וְרַבִּי שִׁמְעוֹן: ״מֵצַח״ ״מִצְחוֹ״ לָא מַשְׁמַע לֵיהּ.

The Gemara asks: **And** according **to Rabbi Yehuda, from where does he** derive the ruling that in a case where **the frontplate broke** it does not effect acceptance?[N] The Gemara responds: **He derives it** from the fact that the Torah did not say **forehead,** and instead said **his forehead,** teaching that it must be fit for the forehead of the High Priest. **And Rabbi Shimon does not learn** anything from the difference between **forehead** and **his forehead.**

NOTES

All the more so – עַל אַחַת כַּמָּה וְכַמָּה: See *Tosafot*, who challenge this *a fortiori* inference. In *Sefer Yere'im* it is explained that the purpose of touching the phylacteries is to be constantly aware of them lest they fall and be trampled, in which case their leather casing would not protect them. That resolves the question asked by *Tosafot* as well.

The frontplate that is fit for placement on the High Priest's forehead effects acceptance – רָאוּי לַמֵּצַח מְרַצֶּה: This statement is seen as the principal source for Rabbi Zeira's *halakha* that even with regard to actions that are not obligatory, if the action cannot be performed at all, failure to perform that action invalidates the matter. Here, according to Rabbi Shimon, the frontplate is effective even when not on the High Priest's forehead; nevertheless, if it is broken, it does not effect acceptance (Rav Shmuel Strashun).

From where does he derive the ruling that in a case where the frontplate broke it does not effect acceptance – נִשְׁבַּר הַצִּיץ מְנָא לֵיהּ: At first glance this question seems unnecessary, since Rabbi Yehuda holds that the frontplate effects acceptance only when it is on the High Priest's forehead, and a broken frontplate cannot be worn. Some commentaries suggest that the Gemara is asking how Rabbi Yehuda knows that the verse is teaching the position of the frontplate, and not that the frontplate must be whole. If he derives that it must be whole, Rabbi Yehuda is left without a source to teach that the frontplate must be on the High Priest's forehead (*Tosafot Yeshanim*; *Tosefot Rid*; *Tosefot HaRosh*).

נֵימָא הָנֵי תַּנָּאֵי כְּהָנֵי תַּנָּאֵי; דְּתַנְיָא: אֶחָד זֶה וְאֶחָד זֶה מַזִּין עָלָיו כׇּל שִׁבְעָה מִכׇּל חַטָּאוֹת שֶׁהָיוּ שָׁם, דִּבְרֵי רַבִּי מֵאִיר. רַבִּי יוֹסֵי אוֹמֵר: אֵין מַזִּין עָלָיו אֶלָּא שְׁלִישִׁי וּשְׁבִיעִי בִּלְבַד. רַבִּי חֲנִינָא סְגַן הַכֹּהֲנִים אוֹמֵר: כֹּהֵן הַשּׂוֹרֵף אֶת הַפָּרָה מַזִּין עָלָיו כׇּל שִׁבְעָה. כֹּהֵן גָּדוֹל בְּיוֹם הַכִּפּוּרִים – אֵין מַזִּין עָלָיו אֶלָּא שְׁלִישִׁי וּשְׁבִיעִי.

§ The Gemara suggests: **Let us say** that the dispute between **these** ***tanna'im***, Rabbi Yehuda and Rabbi Shimon, who disagree with regard to a case of impurity involving the public, **is like** the dispute between **those** ***tanna'im***, **as it was taught** in a *baraita*: **Both** in **this** case of a High Priest prior to Yom Kippur[H] **and** in **that** case of a priest prior to burning the red heifer,[H] on **all seven** days of his sequestering **one sprinkles upon him** purification water mixed with ashes from **all the** previous red heifer **sin-offerings that were** safeguarded **there** in the Temple. This is **the statement of Rabbi Meir.** Since these priests may have become impure with impurity imparted by a corpse at any point prior to their sequestering, one sprinkles the water upon them during all seven days, as there is no certainty which are the third and seventh days.[N]

Rabbi Yosei says: One sprinkles the water **upon him only on the third and seventh** days, not on all seven, as sprinkling upon him twice is sufficient to purify him.

Rabbi Ḥanina, the deputy High **Priest, says:** With regard to **the priest who burns the heifer, one sprinkles** the water **upon him all seven** days. However, with regard to the **High Priest on Yom Kippur, one sprinkles** the water **upon him only on the third** and **seventh** days.[N]

מַאי לָאו בְּהָא קָא מִיפַּלְגִי; רַבִּי מֵאִיר סָבַר: טוּמְאָה דְּחוּיָה הִיא בַּצִּיבּוּר, וְרַבִּי יוֹסֵי סָבַר: טוּמְאָה הֶיתֵּר הִיא בַּצִּיבּוּר.

The Gemara clarifies: **What,** is it **not with regard to this** point that **they disagree? Rabbi Meir holds:** The prohibition against performing the Temple service in a state of **impurity is overridden** in cases involving **the public.** Therefore, one sprinkles the water upon the priest all seven days to ensure purification. **And Rabbi Yosei holds:** The prohibition against performing the Temple service in a state of **impurity is permitted** in cases involving **the public.** Therefore, it may be sufficient to sprinkle the water on the third and the seventh days.

וְתִסְבְּרָא? אִי סָבַר רַבִּי יוֹסֵי הֶיתֵּר הִיא בַּצִּיבּוּר – הַזָּאָה כְּלָל לָמָּה לִי? אֶלָּא, דְּכוּלֵּי עָלְמָא הָנֵי תַּנָּאֵי סָבְרִי טוּמְאָה דְּחוּיָה הִיא בַּצִּיבּוּר,

This suggestion surprises the Gemara: **And** how can **you understand** the opinion of Rabbi Yosei in that manner? **If Rabbi Yosei holds** that impurity imparted by a corpse **is permitted in** cases involving **the public, why do I** need **sprinkling at all? Rather,** it must be that **everyone,** i.e., both *tanna'im*, **holds that impurity** imparted by a corpse **is overridden in** cases involving **the public,** and that is why sprinkling is necessary.

וְהָכָא בְּהָא קָמִיפַּלְגִי; רַבִּי מֵאִיר סָבַר: אָמְרִינַן ״טְבִילָה בִּזְמַנָּהּ מִצְוָה״, וְרַבִּי יוֹסֵי סָבַר: לָא אָמְרִינַן ״טְבִילָה בִּזְמַנָּהּ מִצְוָה״.

And here the *tanna'im* **disagree with regard to this** matter. **Rabbi Meir holds: We say that immersion at its** appointed **time**[H] **is a mitzva.** Beginning with the moment that an impure person is eligible for immersion, whenever he immerses, even if he delays doing so, he is purified. Nevertheless, it is a mitzva to immerse as soon as one is eligible. It is similarly a mitzva to have the purification waters sprinkled as soon as the priest is eligible. Since there is concern that perhaps the High Priest became impure during the three days prior to his sequestering, there is an obligation to sprinkle him each day beginning with day one, since that might be the third day of his impurity. **And Rabbi Yosei holds: We do not say that immersion at its** appointed **time is a mitzva,** and the same is true with regard to sprinkling. Therefore, sprinkling on the third and seventh days of his sequestering is sufficient, despite their not necessarily being the third and seventh days of his impurity.

וְסָבַר רַבִּי יוֹסֵי לָא אָמְרִינַן טְבִילָה בִּזְמַנָּהּ מִצְוָה? וְהָתַנְיָא: הֲרֵי שֶׁהָיָה שֵׁם כָּתוּב עַל בְּשָׂרוֹ – הֲרֵי זֶה לֹא יִרְחַץ, וְלֹא יָסוּךְ, וְלֹא יַעֲמוֹד בִּמְקוֹם הַטִּנּוֹפֶת. נִזְדַּמְּנָה לוֹ טְבִילָה שֶׁל מִצְוָה – כּוֹרֵךְ עָלָיו גֶּמִי, וְטוֹבֵל. רַבִּי יוֹסֵי אוֹמֵר: יוֹרֵד וְטוֹבֵל כְּדַרְכּוֹ, וּבִלְבַד שֶׁלֹּא יְשַׁפְשֵׁף.

And does **Rabbi Yosei hold** that **we do not say that immersion at its** appointed **time is a mitzva? Wasn't it taught** in a *baraita*: With regard to **one who had a** sacred **name** of God **written on his flesh,**[H] **he** may **neither bathe, nor smear oil** on his flesh, **nor stand in a place of filth. If an immersion** by means of which he fulfills a **mitzva happened** to present itself **to him, he wraps a reed**[B] **over** God's name **and** then **descends and immerses,** allowing the water to penetrate so that there will be no interposition between him and the water. **Rabbi Yosei says:** Actually, **he descends and immerses in his** usual **manner,** and he need not wrap a reed over the name, **provided that he does not rub** the spot and erase the name.

HALAKHA

Sprinkling on the High Priest for Yom Kippur – הַזָּאָה עַל כֹּהֵן לְיוֹם הַכִּפּוּרִים: The priests sprinkle the purification water on the High Priest on the third and seventh days of his sequestering prior to Yom Kippur, unless one of those days is Shabbat. The Rambam rules in accordance with the opinions of Rabbi Yosei and Rabbi Ḥanina, the deputy High Priest (Rambam *Sefer Avoda, Hilkhot Avodat Yom HaKippurim* 1:4 and *Kesef Mishne* there).

Sprinkling on the priest who burns the red heifer – הַזָּאָה עַל הַכֹּהֵן הַשּׂוֹרֵף אֶת הַפָּרָה: The priests sprinkle the purification water on the priest who burns the heifer on the third and seventh days of his seven-day sequestering, lest he became impure with impurity imparted by a corpse. This is a stringency instituted for the red heifer ceremony. The Rambam did not rule in accordance with the opinion of Rabbi Yosei, as it was an individual opinion against Rabbi Meir and Rabbi Ḥanina, the deputy High Priest, as well as Rava (*Kesef Mishne*; Rambam *Sefer Avoda, Hilkhot Para Aduma* 2:4).

Immersion at its appointed time – טְבִילָה בִּזְמַנָּהּ: A woman immersing after the conclusion of the seven clean days following her menstrual period is obligated to immerse at the appointed time if her husband is in town, in order to enable him to fulfill the mitzva of procreation. In general, however, there is no obligation to immerse at the appointed time (*Torat HaShelamim*). The *Beit Yosef* rules in accordance with the ruling of Rabbeinu Tam cited in the *Tur* and the ruling of *Tosafot* (*Biur HaGra*; *Shulḥan Arukh, Yoreh De'a* 197:2).

One who had a sacred name of God written on his flesh – הָיָה שֵׁם כָּתוּב עַל בְּשָׂרוֹ: A person who has a sacred name inscribed on his skin may neither bathe, nor smear oil on his flesh, nor stand in a place of filth. In the event that he is obligated to immerse, he wraps a reed over the name and immerses. If he has no reed, he loosens his garments to avoid an interposition and makes certain not to stand naked in the presence of the Divine Name, in accordance with the opinion of the first *tanna* (Rambam *Sefer HaMadda, Hilkhot Yesodei HaTorah* 6:6).

NOTES

Purification from impurity imparted by a corpse – טָהֳרָה מִטּוּמְאַת מֵת: One who becomes impure with impurity imparted by a corpse must be sprinkled with a mixture of ashes from a red heifer and flowing water on the third and seventh days before immersing in a ritual bath. The Torah states: "He that touches the dead…shall be impure seven days; he shall purify himself on the third day and on the seventh day, and he shall be pure; but if he does not purify himself on the third day and the seventh day, he shall not be pure" (Numbers 19:11–12).

Sprinkling for Yom Kippur – הַזָּאָה לְיוֹם הַכִּפּוּרִים: Some commentaries explain that there certainly is no debate with regard to the High Priest's purity on Yom Kippur itself, since it makes no difference whether he was sprinkled during all seven days or only on the third and seventh days. The dispute is with regard to the days of sequestering; Rabbi Meir maintains that he must be pure during those days as well (*Ohel Moshe*).

BACKGROUND

Reed – גֶּמִי: The reed referred to in this context is probably an umbrella term for objects produced from the papyrus sedge plant, *Cyperus papyrus* L. This plant, which grows in streams and swamps, was used in various industries. Its outer, harder section was used in the weaving of mats, while paper was manufactured from its inner part in ancient Egypt and other countries. These soft inner parts were also converted into strips with which objects could be tied, and occasionally as a bandage for a wound.

וְקַיְימָא לָן דְּבִטְבִילָה בִּזְמַנָּהּ מִצְוָה קָא מִיפַּלְגִי, דְּתַנָּא קַמָּא סָבַר: לָא אָמְרִינַן טְבִילָה בִּזְמַנָּהּ מִצְוָה, וְרַבִּי יוֹסֵי סָבַר: אָמְרִינַן טְבִילָה בִּזְמַנָּהּ מִצְוָה! אֶלָּא, דְּכוּלֵּי עָלְמָא לְהָנֵי תַּנָּאֵי אָמְרִינַן טְבִילָה בִּזְמַנָּהּ מִצְוָה.

And we maintain that it is with regard to the issue of whether **immersion at the** appointed **time is a mitzva that they disagree. The first** ***tanna*** **holds: We do not say that immersion at its** appointed **time is a mitzva.** Therefore, one must wait to immerse until he procures a reed with which to cover God's name, even if it means delaying the immersion. **And Rabbi Yosei holds: We say that immersion at its** appointed **time is a mitzva.** Therefore, one must not delay the immersion until he procures a reed but must immerse immediately. The dispute between Rabbi Meir and Rabbi Yosei was not based on whether or not immersion on time is a mitzva. **Rather,** it must be **that everyone** agrees that according **to these** ***tanna'im*** **we say that immersion at its** appointed **time is a mitzva.**

וְהָכָא בְּהָא קָמִיפַּלְגִי; רַבִּי מֵאִיר סָבַר: מַקְשִׁינַן הַזָּאָה לִטְבִילָה, וְרַבִּי יוֹסֵי סָבַר: לָא מַקְשִׁינַן הַזָּאָה לִטְבִילָה.

And here they disagree with regard to this matter. **Rabbi Meir holds: We equate sprinkling with immersion;** just as immersion at its appointed time is a mitzva, so too, sprinkling at its appointed time is a mitzva. **And Rabbi Yosei holds: We do not equate sprinkling with immersion;** although immersion at its appointed time is a mitzva, sprinkling at its appointed time is not.

וְרַבִּי חֲנִינָא סְגַן הַכֹּהֲנִים, אִי מַקִּישׁ הַזָּאָה לִטְבִילָה – אֲפִילּוּ כֹּהֵן בְּיוֹם הַכִּפּוּרִים נַמִי, אִי לָא מַקִּישׁ הַזָּאָה לִטְבִילָה – אֲפִילּוּ כֹּהֵן הַשּׂוֹרֵף אֶת הַפָּרָה נַמִי לָא!

The Gemara asks: **And** with regard to the opinion of **Rabbi Ḥanina, the deputy** High Priest, why does he distinguish between sprinkling purification water on the High Priest before Yom Kippur and doing so to the priest before he burns the red heifer? **If he equates sprinkling with immersion,** then one should sprinkle purification water all seven days **even** on **the** High **Priest** prior to Yom Kippur. **If he does not equate sprinkling with immersion,** then **even** on **the priest who burns the** red **heifer** one would **also not** sprinkle purification waters all seven days.

לְעוֹלָם לָא מַקִּישׁ, וְכֹהֵן הַשּׂוֹרֵף אֶת הַפָּרָה – מַעֲלָה בְּעָלְמָא.

The Gemara answers: **Actually,** Rabbi Ḥanina, the deputy High Priest, **does not equate** sprinkling with immersion, and fundamentally, one need not sprinkle purification water all seven days in either case. **And** with regard to the **priest who burns the heifer,** the Sages **merely** established **a higher standard.** This is one of the many stringencies that the Sages instituted with regard to the priest who burns the heifer in an attempt to underscore that the ritual must be performed in purity.

כְּמַאן אָזְלָא הָא דְּתָנוּ רַבָּנַן: אֵין בֵּין כֹּהֵן הַשּׂוֹרֵף אֶת הַפָּרָה לְכֹהֵן גָּדוֹל בְּיוֹם הַכִּפּוּרִים אֶלָּא

The Gemara asks: **With whose** opinion, among the *tanna'im* cited above, **does** the following *baraita* **that the Sages taught, correspond? The** only difference **between the priest who burns the heifer and the High Priest** performing the service **on Yom Kippur is**

שֶׁזֶּה פְּרִישָׁתוֹ לִקְדוּשָּׁה, וְאֶחָיו הַכֹּהֲנִים נוֹגְעִין בּוֹ, וְזֶה פְּרִישָׁתוֹ לְטָהֳרָה, וְאֵין אֶחָיו הַכֹּהֲנִים נוֹגְעִין בּוֹ. כְּמַאן – אוֹ רַבִּי מֵאִיר אוֹ רַבִּי יוֹסֵי. דְּאִי רַבִּי חֲנִינָא סְגַן הַכֹּהֲנִים – הָא אִיכָּא נַמִי הָא.

that the sequestering of this High Priest prior to Yom Kippur is **for** the purpose of **sanctity,** i.e., to ensure that he appreciates the gravity of the occasion and to fill him with reverence in preparation for entering the Holy of Holies. **His brethren, the priests,** may **touch him,** as the objective of his sequestering is unrelated to any concern of impurity. In contrast, **the sequestering of that** priest who burns the heifer is **for** the purpose of **purity, and his brethren, the priests,** may **not touch him.**[H] **In accordance with whose** opinion is this *baraita*? It is in accordance with the opinion of **either Rabbi Meir or Rabbi Yosei. As,** if it were in accordance with the opinion of **Rabbi Ḥanina, the deputy** High **Priest, isn't there also this** difference between the two priests: One sprinkles purification waters on the priest who burns the heifer all seven days that he is sequestered, whereas one sprinkles purification waters on the High Priest before Yom Kippur only on the third and seventh days?

HALAKHA

His brethren, the priests, may not touch him – **אֵין אֶחָיו הַכֹּהֲנִים נוֹגְעִין בּוֹ**: During the sequestering of the priest who will burn the heifer, no priests are allowed to touch him, lest they render him impure (Rambam *Sefer Tahara, Hilkhot Para Aduma* 2:1).

מַתְקִיף לָהּ רַבִּי יוֹסֵי בְּרַבִּי חֲנִינָא: בִּשְׁלָמָא רִאשׁוֹן – שֶׁמָּא שְׁלִישִׁי, שֵׁנִי – שֶׁמָּא שְׁלִישִׁי, שְׁלִישִׁי – שֶׁמָּא שְׁלִישִׁי, חֲמִישִׁי – שֶׁמָּא שְׁבִיעִי, שִׁשִּׁי – שֶׁמָּא שְׁבִיעִי, שְׁבִיעִי – שֶׁמָּא שְׁבִיעִי.

§ **Rabbi Yosei, son of Rabbi Ḥanina, strongly objects to** the opinion that one sprinkles purification waters on the priest who burns the heifer all seven days because those days may be the third or seventh day of his impurity. **Granted,** on the **first** day of the seven one sprinkles the water, as **perhaps** it is **the third** day of his impurity; and on the **second** day of the seven one sprinkles the water, as **perhaps** it is **the third** day of his impurity, if he became impure the day before he was sequestered. The same is true for the **third** day; one sprinkles the water, as **perhaps** that is **the third** day of his impurity. By the same token, on the **fifth** day one sprinkles the water, as **perhaps** that is **the seventh** day of his impurity if he became impure two days before he was sequestered. On the **sixth** day one sprinkles the water, as **perhaps** that is **the seventh** day of his impurity if he became impure the day before he was sequestered. On the **seventh** day one sprinkles the water, as **perhaps** that is **the seventh** day of his impurity.

אֶלָּא רְבִיעִי, לָמָּה לִי הַזָּאָה כְּלָל? לֹא בִּשְׁלִישִׁי אִיכָּא לְסַפּוֹקֵי, וְלֹא בִּשְׁבִיעִי אִיכָּא לְסַפּוֹקֵי!

However, on the **fourth** day after he was sequestered, **why do I** require **sprinkling at all? Neither with regard to** the possibility that it may be the **third** day of his impurity **is there uncertainty,** since he has already been sequestered for three days, **nor with regard to** the possibility that it may be the **seventh** day of his impurity **is there uncertainty,** as even if it were, sprinkling would be useless because he did not have purification water sprinkled on him on the third day of his impurity. Nothing is accomplished by sprinkling the water on the priest on the fourth day.

וּלְטַעְמִיךְ, הַזָּאָה כׇּל שִׁבְעָה מִי אִיכָּא? וְהָא קַיְימָא לָן דְּהַזָּאָה שְׁבוּת, וְאֵינָהּ דּוֹחָה אֶת הַשַּׁבָּת. אֶלָּא מַאי אִית לָךְ לְמֵימַר – שִׁבְעָה לְבַר מִשַּׁבָּת, הָכָא נַמִי – שִׁבְעָה לְבַר מֵרְבִיעִי.

The Gemara asks: **And** according **to your reasoning, is there** ever **sprinkling** on the priest **all seven** days? **Don't we maintain that sprinkling is** prohibited by **rabbinic decree**[N] issued to enhance the character of Shabbat as a day of rest, **and** therefore, sprinkling **does not override Shabbat.**[H] **Rather, what have you to say?** When it was instituted to sprinkle the water on the priest, it was for **seven** days **except for Shabbat. Here too,** say that sprinkling is performed for **seven** days **except for** the **fourth** day[N] of sequestering.

אָמַר רָבָא: הִלְכָּךְ, כֹּהֵן גָּדוֹל בְּיוֹם הַכִּפּוּרִים, דְּלָא בְּדִידַן תַּלְיָא מִילְּתָא, אֶלָּא בִּקְבִיעָא דְּיַרְחָא תַּלְיָא מִילְּתָא – בִּתְלָתָא בְּתִשְׁרֵי בָּעֵי לְאַפְרוֹשֵׁי, וְכׇל אֵימַת דְּמִתְרַמֵּי תְּלָתָא בְּתִשְׁרֵי – מַפְרְשִׁינַן לֵיהּ. אֲבָל כֹּהֵן הַשּׂוֹרֵף אֶת הַפָּרָה, דְּבִדִידַן תַּלְיָא מִילְּתָא – מַפְרְשִׁינַן לֵיהּ בִּרְבִיעִי בְּשַׁבָּת, כִּי הֵיכִי דְּנִיתְרְמֵי רְבִיעִי שֶׁלּוֹ בַּשַּׁבָּת.

Rava said: Therefore, with regard to **the High Priest on Yom Kippur,** where **the matter** of the beginning of the seven-day period **is not dependent on us; rather, the matter is dependent on the determination of the** first day of the new **month,** for that reason it is **required to remove** the High Priest from his home **on the third of Tishrei, and whenever the third of Tishrei occurs** on a weekday, **we remove him** from his house. Therefore, both on the fourth day of his sequestering and on Shabbat, no sprinkling is performed. **However,** with regard to the **priest who burns the heifer,** where **the matter** of the beginning of the seven-day period **is dependent on us, we remove him** from his home **on the fourth day of the week,** Wednesday, **so that the fourth day of his** sequestering **will occur on Shabbat.** In that way, sprinkling will not be performed only one day of the seven, as the day on which sprinkling is prohibited will coincide with the day on which sprinkling is unnecessary.

"לְלִשְׁכַּת פַּרְהֶדְרִין". תַּנְיָא, רַבִּי יְהוּדָה: וְכִי לִשְׁכַּת פַּרְהֶדְרִין הָיְתָה? וַהֲלֹא לִשְׁכַּת בָּלְווּטֵי הָיְתָה!

§ Having discussed the obligation to sequester the High Priest prior to Yom Kippur, the Gemara interprets the next matter in the mishna: The High Priest is removed from his house **to the Chamber of *Parhedrin*. It was taught** in a *baraita* that **Rabbi Yehuda** said: **And was it** called **the Chamber of *Parhedrin*,** the chamber for the annual royal appointees? **Wasn't it** called **the Chamber of *Balvatei*,**[L] the chamber for ministers and council heads?

NOTES

Sprinkling is prohibited by rabbinic decree – הַזָּאָה שְׁבוּת: The obvious question arises: Isn't there a halakhic principle that rabbinic decrees are not in effect in the Temple? In that case, why is sprinkling prohibited there on Shabbat? Some explain that several rabbinic decrees are violated in the process of sprinkling, e.g., the sprinkling itself, carrying the water, and others. Actions that entail violation of multiple decrees were not permitted in the Temple (*Sha'ar HaMelekh*; *Mitzpe Eitan*; *Mikhtav LeḤizkiyahu*).

Seven days except for the fourth day – שִׁבְעָה לְבַר מֵרְבִיעִי: The commentaries ask: What if the third day occurs on Shabbat, precluding the possibility of sprinkling on that day? In that case, since there was no sprinkling on the third day, there can be no sprinkling on the seventh, and the High Priest will not be ritually pure on Yom Kippur. They answer that the obligation is not to sprinkle specifically on the third day. The obligation begins on the third day (*Tosefot Ri HaLavan*).

LANGUAGE

***Balvatei* – בָּלְווּטֵי:** From the Greek βουλευτής, *bouleutès*, meaning councilman of the city or senator.

HALAKHA

Sprinkling does not override Shabbat – אֵין הַזָּאָה דּוֹחָה שַׁבָּת: The prohibition against sprinkling on Shabbat qualifies as a rabbinic decree issued to enhance the character of Shabbat as a day of rest. Consequently, the performance of sprinkling not override Shabbat. The priest who burned the heifer was therefore sequestered on a Wednesday so that the fourth day of his separation would coincide with Shabbat (Rambam *Sefer Tahara*, *Hilkhot Para Aduma* 2:5).

אֶלָּא, בַּתְּחִלָּה הָיוּ קוֹרִין אוֹתָהּ לִשְׁכַּת בַּלְווֹטֵי, וּמִתּוֹךְ שֶׁנּוֹתְנִין עָלָיו מָמוֹן לִכְהוּנָּה וּמַחֲלִיפִין אוֹתָהּ כָּל שְׁנֵים עָשָׂר חוֹדֶשׁ, כְּפַרְהֶדְרִין הַלָּלוּ שֶׁמַּחֲלִיפִין אוֹתָם כָּל שְׁנֵים עָשָׂר חוֹדֶשׁ, לְפִיכָךְ הָיוּ קוֹרְאִין אוֹתָהּ לִשְׁכַּת פַּרְהֶדְרִין.

Rather, initially, during the era of Shimon HaTzaddik and his colleagues, who were rewarded with long lives due to their righteousness, **they would call it the Chamber of *Balvatei*,** a term connoting significance, since it was a place designated for the High Priest. **However, because** people were **giving money** in order to be appointed **to the High Priesthood,** the position was filled by unworthy individuals. Due to their wickedness, they did not survive the year, and they were **replaced every twelve months**[N] **like the *parhedrin* who are replaced every twelve months.**[B] **Therefore, the chamber was called** disparagingly the Chamber of ***Parhedrin.*** Since the High Priest was replaced every year, the new appointee would renovate the chamber to reflect his own more elaborate tastes.

תְּנַן הָתָם: הַנַּחְתּוֹמִין לֹא חִייְּבוּ אוֹתָן חֲכָמִים לְהַפְרִישׁ אֶלָּא תְּרוּמַת מַעֲשֵׂר וְחַלָּה.

Apropos the *Parhedrin* chamber, the Gemara discusses a related *halakha*. **We learned** in a mishna **there** in tractate *Demai*: With regard to doubtfully tithed produce, i.e., produce purchased from an *am ha'aretz* with regard to whom there is uncertainty whether or not he tithed the produce, **the Sages required bakers**[H] **to separate only *teruma* of the tithe,**[N] which is one one-hundredth of the produce that is given to the priests, and ***ḥalla*,** separated from the dough and given to priests.[N]

בִּשְׁלָמָא תְּרוּמָה גְּדוֹלָה לֹא, דְּתַנְיָא:

The Gemara asks: **Granted, *teruma gedola*,** which is equal to approximately one-fiftieth of the produce and is given to a priest, need **not** be separated from doubtfully-tithed produce, **as it was taught** in a *baraita*:

BACKGROUND

Appointed for twelve months – מְמֻנִּים לִשְׁנֵים עָשָׂר חוֹדֶשׁ: The officials appointed in Rome and its districts were typically appointed for one year, both when the appointments were official, e.g., the selection of senators, and when the appointments were personal appointments of the elected officials. Many officials attempted to fill their private coffers with tax money they would extort from the community during their brief period in office. One of their methods was to impose levies on members of different professions beyond their legal obligations. Among these officials were appointees whose function was to monitor prices. These were a special category of *parhedrin*.

HALAKHA

***Teruma* of bakers – תְּרוּמוֹת הַנַּחְתּוֹמִים:** In the case of doubtfully tithed produce, the Sages required bakers to separate only *teruma* of the tithe. The baker would separate it in purity with the *ḥalla* separated from the dough, in accordance with the opinion of Rabbi Yoḥanan in the Jerusalem Talmud. The buyer is obligated to separate all tithes in accordance with the continuation of the mishna cited here (Rambam *Sefer Zera'im, Hilkhot Ma'asrot* 9:12).

NOTES

Replaced every twelve months – וּמַחֲלִיפִים אוֹתָהּ כָּל שְׁנֵים עָשָׂר חוֹדֶשׁ: Rashi and other commentaries explain that it was the chamber that was replaced annually, as the High Priests were wicked and were interested in flaunting their wealth and power.

***Teruma* of the tithe – תְּרוּמַת מַעֲשֵׂר:** *Tosafot* ask: Why wouldn't the *am ha'aretz* attempt to sell the *teruma* of the tithe rather than give it to the priests? After all, although an Israelite may not eat it, the priest cannot prove that it is his. Rashi and *Tosafot* explain that this is not a concern because it is a minuscule amount of produce. In his commentary on tractate *Sota* Rashi writes that since such a sale is forbidden, the concern is that the *am ha'aretz* might keep it in his house until he finds a buyer, and he might later forget that it is forbidden and come to eat it.

Separating *terumot* and doubtfully tithed produce – הַפְרָשַׁת תְּרוּמוֹת וּדְמַאי: When one separates *teruma* and tithes from produce from which it is certain those gifts were not yet separated, he does so in the following manner. First he separates *teruma gedola*, which is typically one-fiftieth of the crop, but may be more or less than that amount. The *teruma* is sacred and an Israelite may neither eat it nor derive benefit from it. Then he separates the first tithe, which is given to a Levite, who in turn separates one tenth, a tithe from the tithe, and gives it to a priest. That is *teruma* of the tithe, whose legal status is that of *teruma*. The remainder of the first tithe is the property of the Levite and is not sacred.

The owner of the grain must separate an additional tithe from the crop, which he must bring to Jerusalem and eat there. This is known as second tithe. During the third and sixth years of the seven-year Sabbatical cycle, poor man's tithe is separated instead of second tithe. It is given to the poor, and like first tithe, it is not sacred.

When one buys produce from an *am ha'aretz*, who is not meticulous in separating tithes, the concern arises that the seller did not tithe his produce, and it assumes the legal status of doubtfully tithed produce. The buyer separates first tithe but need not give it to a Levite. Since the tithe has no sanctity, the purchaser may keep it, because the burden of proof is incumbent upon the claimant and the Levite cannot prove unequivocally that the produce was not tithed. However, the purchaser must separate *teruma* of the tithe, which is sacred, and give it to a priest.

Second tithe is also separated from doubtfully tithed produce and taken to Jerusalem and eaten there. Poor man's tithe is likewise separated, but its legal status is identical to that of first tithe and it remains in the possession of the buyer. In certain circumstances, e.g., with regard to bakers, the Sages ruled leniently in the matter of doubtfully tithed produce.

לְפִי שֶׁשָּׁלַח בְּכָל גְּבוּלֵי יִשְׂרָאֵל וְרָאָה שֶׁאֵין מַפְרִישִׁין אֶלָּא תְּרוּמָה גְּדוֹלָה בִּלְבַד.

This is **because** Yoḥanan the High Priest **sent** emissaries **throughout all the** areas located within the **borders of** ***Eretz Yisrael*** to assess the situation **and saw that** the people **were separating only *teruma gedola***[N] and were neglecting to separate tithes. Therefore, he issued a decree that anyone who purchases produce from an *am ha'aretz* must be concerned about the possibility that it was not tithed and is required to tithe it.[H] Since even an *am ha'aretz* separates *teruma gedola*, the bakers who purchased grain from them were not required to do so.

מַעֲשֵׂר רִאשׁוֹן וּמַעֲשַׂר עָנִי נַמִּי לָא – הַמּוֹצִיא מֵחֲבֵירוֹ עָלָיו הָרְאָיָה. אֶלָּא מַעֲשֵׂר שֵׁנִי, נַפְרְשׁוּ וְנִסְקוּ, וְנִיכְלוּהוּ בִּירוּשָׁלַיִם!

And granted, bakers need not separate **first tithe and poor man's tithe**[N] due to the principle: **The burden of proof rests upon the claimant.** Neither first tithe, given to Levites, nor poor man's tithe, given to the poor, is sacred. It is merely the property of the Levite and the pauper, respectively. Since with regard to doubtfully tithed produce, by definition, there is no certainty that one is actually required to tithe it, if the Levite or the pauper should seek to take possession of the gifts, they must first prove that in fact the produce was not tithed. **However,** with regard to **second tithe,** why are the bakers exempt? **Let them separate**[N] second-tithe from the produce, **take it up** to Jerusalem, **and eat it in Jerusalem,** which is the *halakha* with regard to anyone else who purchases doubtfully tithed produce.

אָמַר עוּלָּא: מִתּוֹךְ שֶׁפַּרְהֶדְרִין הַלָּלוּ חוֹבְטִין אוֹתָן כָּל שְׁנֵים עָשָׂר חֹדֶשׁ, וְאוֹמְרִים לָהֶן: מִכְרוּ בְּזוֹל, מִכְרוּ בְּזוֹל! לָא אַטְרַחוּנְהוּ רַבָּנַן. מַאי פַּרְהֶדְרִין – פּוּרְסֵי.

Ulla said: It is **because these *parhedrin*,** government appointees, **beat** the bakers throughout the **entire twelve months** of their tenure **and tell them: Sell** your baked goods **cheaply, sell** them **cheaply.** Since the officers insist that the bakers refrain from raising their prices, **the Sages did not** further **burden them** with the exertion of separating second tithe from a large quantity of grain and taking it to Jerusalem, as they would be unable to raise their prices to cover the cost of the lost grain and the trip to Jerusalem. Since the presumptive status of the grain is that it was tithed, and the obligation to tithe doubtfully tithed produce is a stringency, the Sages exempted the baker from the obligation to do so. **What** is the meaning of ***parhedrin***? These are royal **appointees** [***pursei***][L] charged with performance of different tasks.

אָמַר רַבָּה בַּר בַּר חָנָה אָמַר רַבִּי יוֹחָנָן: מַאי דִּכְתִיב: ״יִרְאַת ה׳ תּוֹסִיף יָמִים וּשְׁנוֹת רְשָׁעִים תִּקְצֹרְנָה״, ״יִרְאַת ה׳ תּוֹסִיף יָמִים״ – זֶה מִקְדָּשׁ רִאשׁוֹן, שֶׁעָמַד אַרְבַּע מֵאוֹת וָעֶשֶׂר שָׁנִים וְלֹא שִׁמְּשׁוּ בּוֹ אֶלָּא שְׁמוֹנָה עָשָׂר כֹּהֲנִים גְּדוֹלִים,

§ Apropos the Second Temple period, when High Priests were frequently replaced, the Gemara cites that **Rabba bar bar Ḥana said** that **Rabbi Yoḥanan said: What is** the meaning of that **which is written: "The fear of the Lord prolongs days, but the years of the wicked will be shortened"** (Proverbs 10:27)? **The fear of the Lord prolongs days; that** is a reference to the **First Temple, which stood** for **four hundred and ten years and in** which **only eighteen High Priests**[N] **served,** as is written in the lists of the genealogy of the priests in the Bible.

״וּשְׁנוֹת רְשָׁעִים תִּקְצֹרְנָה״ – זֶה מִקְדָּשׁ שֵׁנִי, שֶׁעָמַד אַרְבַּע מֵאוֹת וְעֶשְׂרִים שָׁנָה, וְשִׁמְּשׁוּ בּוֹ יוֹתֵר מִשְּׁלֹשׁ מֵאוֹת כֹּהֲנִים. צֵא מֵהֶם אַרְבָּעִים שָׁנָה שֶׁשִּׁמֵּשׁ שִׁמְעוֹן הַצַּדִּיק, וּשְׁמוֹנִים שֶׁשִּׁמֵּשׁ יוֹחָנָן כֹּהֵן גָּדוֹל, עֶשֶׂר שֶׁשִּׁמֵּשׁ יִשְׁמָעֵאל בֶּן פָּאבִי, וְאָמְרִי לָהּ אַחַת עֶשְׂרֵה שֶׁשִּׁמֵּשׁ רַבִּי אֶלְעָזָר בֶּן חַרְסוֹם – מִכָּאן וְאֵילָךְ צֵא וַחֲשׁוֹב: כָּל אֶחָד וְאֶחָד לֹא הוֹצִיא שְׁנָתוֹ.

But the years of the wicked will be shortened; that is a reference to the **Second Temple, which stood** for **four hundred and twenty years** and in which **over three hundred High Priests served.** In calculating the tenures of the High Priests, **deduct from** the figure[N] of four hundred and twenty years **forty years that Shimon HaTzaddik served, and eighty** years **that Yoḥanan the High Priest served,**[B] **ten** years **that Yishmael ben Pavi served, and some say eleven** years **that Rabbi Elazar ben Ḥarsum served.** These men were all righteous and were privileged to serve extended terms. After deducting those one hundred and thirty or one hundred and forty-one years, **go out and calculate from this** point **forward** and conclude: **Each and every one** of the remaining High Priests **did not complete his year** in office,[N] as the number of remaining High Priests is greater than the number of years remaining.

NOTES

The people were separating only *teruma gedola* – שֶׁאֵין מַפְרִישִׁין אֶלָּא תְּרוּמָה גְּדוֹלָה בִּלְבַד: Some commentaries explain that the reason that even an *am ha'aretz* separated *teruma gedola* is that, by Torah law, one fulfills his obligation with a single grain. Even people who typically treat mitzvot with contempt would fulfill this simple mitzva (*Tosefot Ri HaLavan*).

The decree to separate tithes – גְּזֵרַת הַפְרָשַׁת מַעַשְׂרוֹת: The people were not diligent in the separation of tithes because one who eats *teruma* is punishable by death at the hand of Heaven, while one who wrongfully eats first tithe merely fails to fulfill a positive mitzva (Rabbeinu Ḥananel).

With regard to second tithe let them separate – מַעֲשֵׂר שֵׁנִי נַפְרְשׁוּ: Although it is prohibited *ab initio*, if one redeems even a significant amount of consecrated items in exchange for one *peruta*, it is an effective redemption. In that case, why shouldn't the bakers separate second tithe and then redeem it? Some answer that redemption of that kind is ineffective with regard to second tithe (*Tosafot Yeshanim*). Others explain that the problem with that solution is that there may not be a *peruta* available when he needs it for redemption (*Tosefot HaRosh*).

Eighteen High Priests – שְׁמוֹנָה עָשָׂר כֹּהֲנִים גְּדוֹלִים: See *Tosafot*, where several interpretations of this statement are suggested. Rav Ya'akov Emden has pointed out that it is difficult to cite proof from the book of Chronicles for the number of High Priests, since it is likely that there were other High Priests beyond those listed. One example is Jehoiada the priest, who crowned King Joash. It is therefore unclear whether the list includes all the High Priests who served, and one can only rely on the rabbinic tradition.

Deduct from the figure – צֵא מֵהֶם: Certain notable High Priests are not listed here. Among them are Yehoshua ben Yehotzadak, the first High Priest during the Second Temple era, and Yoḥanan ben Naibai. Perhaps they were not listed because their terms were short (*Tosafot Yeshanim*) or because the duration of their service is unknown (Rav Ya'akov Emden).

Did not complete his year in office – לֹא הוֹצִיא שְׁנָתוֹ: It is unlikely that all these High Priests were removed from their position while alive. Josephus claims that only three High Priests were forced from their positions (*Tosefot Ri HaLavan*).

HALAKHA

The decree concerning doubtfully tithed produce – גְּזֵירַת דְּמַאי: During the time of Yoḥanan the High Priest it was discovered that while the people observed the obligation to separate *teruma gedola*, they were lax with regard to separating first and second tithes. It was therefore determined that only those people with the presumptive status of one who separates tithes could be trusted, while the crops of an *am ha'aretz* were suspected to be untithed. Produce purchased from an *am ha'aretz* is characterized as doubtfully tithed produce, which is tithed due to that uncertainty (Rambam *Sefer Zera'im, Hilkhot Ma'asrot* 9:1).

LANGUAGE

Royal appointees [*pursei*] – פּוּרְסֵי: From the Greek ἔφορος, *eforos*, meaning supervisor or appointee.

BACKGROUND

Eighty years that Yoḥanan the High Priest served – שְׁמוֹנִים שֶׁשִּׁמֵּשׁ יוֹחָנָן כֹּהֵן גָּדוֹל: Multiple sources make it clear that the Gemara does not mean that Yoḥanan Hyrcanus the Hasmonean held the position himself for eighty years. Actually, several members of the Hasmonean dynasty served as High Priests during those eighty years.

אָמַר רַבִּי יוֹחָנָן בֶּן תּוֹרְתָא: מִפְּנֵי מָה חָרְבָה שִׁילֹה – מִפְּנֵי שֶׁהָיוּ בָהּ שְׁנֵי דְבָרִים, גִּלּוּי עֲרָיוֹת וּבִזָּיוֹן קָדָשִׁים. גִּלּוּי עֲרָיוֹת – דִּכְתִיב: "וְעֵלִי זָקֵן מְאֹד וְשָׁמַע אֵת כׇּל אֲשֶׁר יַעֲשׂוּן בָּנָיו לְכׇל יִשְׂרָאֵל וְאֵת אֲשֶׁר יִשְׁכְּבוּן אֶת הַנָּשִׁים הַצֹּבְאוֹת פֶּתַח אֹהֶל מוֹעֵד". וְאַף עַל גַּב דְּאָמַר רַבִּי שְׁמוּאֵל בַּר נַחְמָנִי אָמַר רַבִּי יוֹחָנָן: כׇּל הָאוֹמֵר בְּנֵי עֵלִי חָטְאוּ – אֵינוֹ אֶלָּא טוֹעֶה, מִתּוֹךְ

§ Apropos the sins of the High Priests in the Second Temple, the Gemara cites that **Rabbi Yoḥanan ben Torta said: Due to what** reason **was the** Tabernacle in **Shiloh**[B] **destroyed** in the time of the prophet Samuel? It was destroyed **due to** the fact **that there were two matters** that existed **in the** Tabernacle: **Forbidden sexual relations and degradation** of **consecrated items.** There were **forbidden sexual relations, as it is written: "Now Eli was very old and he heard what his sons were doing to all of Israel, how they lay with the women who did service at the opening of the Tent of Meeting"** (I Samuel 2:22). **And although Rabbi Shmuel bar Naḥmani said** that **Rabbi Yoḥanan said: Anyone who says that the sons of Eli sinned** by engaging in forbidden sexual relations **is nothing other than mistaken,** even according to the alternative interpretation of the verse that it was **due to** the fact

BACKGROUND

Shiloh – שִׁילֹה: When the Jewish people entered Eretz Yisrael, they erected the Tabernacle in Gilgal. It was later moved to Shiloh, where it stood for 369 years.

Tel Shiloh, believed to be the site of ancient Shiloh

Ruins at Tel Shiloh

Perek **I**
Daf **9** Amud **b**

שֶׁשָּׁהוּ אֶת קִינֵּיהֶן. מִיהָא מַעֲלֶה עֲלֵיהֶן הַכָּתוּב כְּאִילּוּ שְׁכָבוּם.

that they deferred the sacrifice of **their** bird-offerings[N] by women after childbirth; **nevertheless, the verse ascribes to them as if they lay with them.** These women came to the Tabernacle to sacrifice doves or pigeons as bird-offerings as part of their purification process, which would permit them to engage in sexual relations with their husbands. Eli's sons delayed the sacrifice of these offerings and thereby delayed the return of these women to their husbands and their fulfillment of the mitzva of procreation. Even though, according to this opinion, Eli's sons did not actually engage in sexual relations with these women, the verse attributes that degree of severity to their conduct.

בִּזָּיוֹן קָדָשִׁים – דִּכְתִיב: "גַּם בְּטֶרֶם יַקְטִרוּן אֶת הַחֵלֶב וּבָא נַעַר הַכֹּהֵן וְאָמַר לָאִישׁ הַזֹּבֵחַ תְּנָה בָשָׂר לִצְלוֹת לַכֹּהֵן וְלֹא יִקַּח מִמְּךָ בָּשָׂר מְבֻשָּׁל כִּי אִם חָי וַיֹּאמֶר אֵלָיו הָאִישׁ קַטֵּר יַקְטִירוּן כַּיּוֹם הַחֵלֶב וְקַח לְךָ כַּאֲשֶׁר תְּאַוֶּה נַפְשֶׁךָ וְאָמַר לוֹ כִּי עַתָּה תִתֵּן וְאִם לֹא לָקַחְתִּי בְחׇזְקָה וַתְּהִי חַטַּאת הַנְּעָרִים גְּדוֹלָה מְאֹד אֶת פְּנֵי ה' כִּי נִאֲצוּ הָאֲנָשִׁים אֵת מִנְחַת ה'".

Eli's sons also sinned in the **degradation of consecrated items, as it is written: "Before the fat was made burned, the priest's servant came and said to the man who sacrificed: Hand over some flesh to roast for the priest, for he will not take cooked flesh from you, but raw. And if the man said to him: Let the fat be burnt first and then take as much as you want, then he would say: No, hand it over right now, or I will take it by force. The sin of the young men against the Lord was very great, for the men treated the Lord's offerings with contempt"** (I Samuel 2:15–17).

מִקְדָּשׁ רִאשׁוֹן מִפְּנֵי מָה חָרַב? מִפְּנֵי שְׁלֹשָׁה דְבָרִים שֶׁהָיוּ בוֹ: עֲבוֹדָה זָרָה, וְגִלּוּי עֲרָיוֹת, וּשְׁפִיכוּת דָּמִים. עֲבוֹדָה זָרָה – דִּכְתִיב: "כִּי קָצַר הַמַּצָּע מֵהִשְׂתָּרֵעַ".

§ The *Tosefta* continues with a discussion of the sins of the Jewish people over the generations: **Due to what** reason **was the First Temple destroyed?** It was destroyed **due to** the fact **that there were three matters** that existed **in the** First Temple: **Idol worship, forbidden sexual relations, and bloodshed. Idol worship, as it is written: "The bed is too short**[N] **for stretching** [***mehistare'a***], and the cover is too narrow for gathering" (Isaiah 28:20).

NOTES

They deferred the sacrifice of their bird-offerings – שֶׁשָּׁהוּ אֶת קִינֵּיהֶן: Even though technically a woman after childbirth is permitted to have conjugal relations with her husband even before bringing the offering, the women would wait at the Tabernacle to be present at the time that their offerings were sacrificed (Rabbi Elyakim). Others explain that the women of the time were particularly stringent and accepted upon themselves not to return to their husbands before the offerings were sacrificed (*Me'iri*). By preventing a woman from returning to her husband, they interfered with the relationship between husband and wife, which is tantamount to having relations with her. Some explain that since the sons of Eli detained the women, the women were forced to stay overnight and to sleep in the Tabernacle. When it says that they lay with the women, it means they slept in the same place as the women (Rabbi Yoshiya Pinto).

The bed is too short – כִּי קָצַר הַמַּצָּע: Why does the Gemara cite this verse, which requires interpretation, rather than any number of verses that testify to the existence of idolatry during the First Temple era? Perhaps it is because this verse explicitly expresses that the prophet was insistent about this sin (*Tosefot Ri HaLavan*). Alternatively, perhaps this verse was cited because it is an opportunity to teach a favored interpretation to it (*Gevurat Ari*).

NOTES

Two counterparts – שְׁנֵי רֵעִים: Some explain that this phrase is used to avoid blasphemy. The two counterparts are two priests; one a priest of God and one a priest of Baal (*Ben Yehoyada*).

They were wicked – רְשָׁעִים הָיוּ: That generation committed many sins for which they were not punished because they put their trust in God. They were punished only for violating the most severe prohibitions (Rabbi Yoshiya Pinto).

מַאי "קָצַר הַמַּצָּע מֵהִשְׂתָּרֵעַ"? אָמַר רַבִּי יוֹנָתָן: קָצַר מַצָּע זֶה מֵהִשְׂתָּרֵר עָלָיו שְׁנֵי רֵעִים כְּאֶחָד.

What is the meaning of: "The bed is too short for stretching?" Rabbi Yonatan said: This bed is too short for two counterparts [*re'im*][N] to dominate [*mehistarer*]. *Mehistare'a* is a contraction of *mehistarer re'im*. It is inconceivable that there would be in one Temple both service of God and worship of the idol placed there by King Manasseh.

"וְהַמַּסֵּכָה צָרָה כְּהִתְכַּנֵּס" אָמַר רַבִּי שְׁמוּאֵל בַּר נַחְמָנִי: כִּי מָטֵי רַבִּי יוֹנָתָן לְהַאי קְרָא בָּכֵי, אָמַר, מַאן דִּכְתִיב בֵּיהּ: "כֹּנֵס כַּנֵּד מֵי הַיָּם" נַעֲשֵׂית לוֹ מַסֵּכָה צָרָה!

What is the meaning of: And the cover [*vehamasseikha*] is too narrow [*tzara*] for gathering [*kehitkannes*]? Rabbi Shmuel bar Naḥmani said that when Rabbi Yonatan reached this verse, he wept and said: For He about Whom it is written: "He gathers [*kones*] waters of the sea together as a heap" (Psalms 33:7), the idol [*masseikha*] became a rival [*tzara*]? In the homiletic interpretation, *masseikha* is interpreted as idol and *tzara* is interpreted as rival, as in the term used to describe the relationship between two women married to the same husband, *isha tzara*.

גִּלּוּי עֲרָיוֹת, דִּכְתִיב: "וַיֹּאמֶר ה' יַעַן כִּי גָבְהוּ בְּנוֹת צִיּוֹן וַתֵּלַכְנָה נְטוּיוֹת גָּרוֹן וּמְשַׂקְּרוֹת עֵינַיִם הָלוֹךְ וְטָפוֹף תֵּלַכְנָה וּבְרַגְלֵיהֶן תְּעַכַּסְנָה". "יַעַן כִּי גָבְהוּ בְּנוֹת צִיּוֹן" – שֶׁהָיוּ מְהַלְּכוֹת אֲרוּכָּה בְּצַד קְצָרָה, "וַתֵּלַכְנָה נְטוּיוֹת גָּרוֹן" – שֶׁהָיוּ מְהַלְּכוֹת בְּקוֹמָה זְקוּפָה, "וּמְשַׂקְּרוֹת עֵינַיִם" – דְּהָווּ מַלְיָין כּוּחְלָא עֵינֵיהֶן, "הָלוֹךְ וְטָפוֹף תֵּלַכְנָה" – שֶׁהָיוּ מְהַלְּכוֹת עָקֵב בְּצַד גּוּדָל, "וּבְרַגְלֵיהֶן תְּעַכַּסְנָה" – אָמַר רַבִּי יִצְחָק: שֶׁהָיוּ מְבִיאוֹת מוֹר וַאֲפַרְסְמוֹן וּמַנִּיחוֹת בְּמִנְעֲלֵיהֶן, וּכְשֶׁמַּגִּיעוֹת אֵצֶל בַּחוּרֵי יִשְׂרָאֵל בּוֹעֲטוֹת וּמַתִּיזוֹת עֲלֵיהֶן, וּמַכְנִיסִין בָּהֶן יֵצֶר הָרַע כְּאֶרֶס בִּכְעוֹס.

With regard to forbidden sexual relations, it is written: "The Lord says because the daughters of Zion are haughty and walk with outstretched necks and wanton eyes, walking and mincing as they go and making a tinkling with their feet" (Isaiah 3:16).

Because the daughters of Zion are haughty, indicates a **tall** woman walking **alongside** a **short** one so that the tall woman would stand out.

And walk with outstretched necks, indicates **that they would walk with upright stature** and carry themselves in an immodest way.

And wanton eyes, indicates **that they would fill their eyes with blue eye shadow** in order to draw attention to their eyes.

Walking and mincing as they go, indicates **that they would walk** in small steps, **heel to toe,** so onlookers would notice them.

Making a tinkling [*te'akasna*] with their feet, Rabbi Yitzḥak said: This teaches **that they would bring myrrh and balsam and place** them **in their shoes** and would walk in the marketplaces of Jerusalem. **And once they approached** a place where **young Jewish men** were congregated, **they would stamp** their feet on the ground **and splash** the perfume **toward them and instill the evil inclination into them like venom of a viper [*ke'eres bikhos*].**

שְׁפִיכוּת דָּמִים – דִּכְתִיב: "וְגַם דָּם נָקִי שָׁפַךְ מְנַשֶּׁה [הַרְבֵּה מְאֹד] עַד אֲשֶׁר מִלֵּא אֶת יְרוּשָׁלַםִ פֶּה לָפֶה".

With regard to **bloodshed it is written: "Moreover, Manasseh shed innocent blood very much, until he had filled Jerusalem from one end to another"** (II Kings 21:16).

אֲבָל מִקְדָּשׁ שֵׁנִי, שֶׁהָיוּ עוֹסְקִין בַּתּוֹרָה וּבְמִצְוֹת וּגְמִילוּת חֲסָדִים מִפְּנֵי מָה חָרַב? מִפְּנֵי שֶׁהָיְתָה בּוֹ שִׂנְאַת חִנָּם. לְלַמֶּדְךָ שֶׁשְּׁקוּלָה שִׂנְאַת חִנָּם כְּנֶגֶד שָׁלֹשׁ עֲבֵירוֹת: עֲבוֹדָה זָרָה, גִּלּוּי עֲרָיוֹת, וּשְׁפִיכוּת דָּמִים.

However, considering that the people during **the Second Temple** period **were engaged in Torah** study, observance of **mitzvot, and acts of kindness,** and that they did not perform the sinful acts that were performed in the First Temple, **why was** the Second Temple **destroyed?** It was destroyed **due to** the fact **that there was wanton hatred** during that period. This comes **to teach you that** the sin of **wanton hatred is equivalent to the three** severe **transgressions: Idol worship, forbidden sexual relations and bloodshed.**

רְשָׁעִים הָיוּ, אֶלָּא שֶׁתָּלוּ בִּטְחוֹנָם בְּהַקָּדוֹשׁ בָּרוּךְ הוּא. אָתָאן לְמִקְדָּשׁ רִאשׁוֹן, דִּכְתִיב: "רָאשֶׁיהָ בְּשֹׁחַד יִשְׁפֹּטוּ וְכֹהֲנֶיהָ בִּמְחִיר יוֹרוּ וּנְבִיאֶיהָ בְּכֶסֶף יִקְסֹמוּ וְעַל ה' יִשָּׁעֵנוּ לֵאמֹר הֲלוֹא ה' בְּקִרְבֵּנוּ לֹא תָבוֹא עָלֵינוּ רָעָה". לְפִיכָךְ הֵבִיא עֲלֵיהֶן הַקָּדוֹשׁ בָּרוּךְ הוּא שָׁלֹשׁ גְּזֵרוֹת כְּנֶגֶד שָׁלֹשׁ עֲבֵירוֹת שֶׁבְּיָדָם, שֶׁנֶּאֱמַר: "לָכֵן בִּגְלַלְכֶם צִיּוֹן שָׂדֶה תֵחָרֵשׁ וִירוּשָׁלַיִם עִיִּין תִּהְיֶה וְהַר הַבַּיִת לְבָמוֹת יָעַר".

The Gemara continues: **They were wicked;**[N] **however, they put their faith in the Holy One, Blessed be He.** With that statement **we have come to** the **First Temple** era, about **which it is written: "Her chiefs judge for bribes, her priests give rulings for a fee, and her prophets divine for pay; yet they rely on the Lord, saying: The Lord is in our midst, no tragedy will overtake us"** (Micah 3:11). At least the final portion of the verse was to their credit. **Therefore, the Holy One, Blessed be He, brought upon them three decrees corresponding to their three wicked sins, as it is stated: "Therefore, due to you Zion will be plowed as a field, Jerusalem will become heaps of ruins, and the Temple Mount will be a like shrine in the woods"** (Micah 3:12).

וּבְמִקְדָּשׁ רִאשׁוֹן לָא הֲוָה בֵּיהּ שִׂנְאַת חִנָּם?! וְהָכְתִיב: "מְגוּרֵי אֶל חֶרֶב הָיוּ אֶת עַמִּי לָכֵן סְפוֹק אֶל יָרֵךְ". וְאָמַר רַבִּי (אֱלִיעֶזֶר): אֵלּוּ בְּנֵי אָדָם שֶׁאוֹכְלִין וְשׁוֹתִין זֶה עִם זֶה, וְדוֹקְרִין זֶה אֶת זֶה בַּחֲרָבוֹת שֶׁבִּלְשׁוֹנָם!

The Gemara asks: **And in the First Temple** era **was there** really **no baseless hatred? Isn't it written:** "Cry and wail, son of man, for this will befall my people, this will befall all the princes of Israel: **They will be cast before the sword together with my people, therefore strike the thigh**" (Ezekiel 21:17)? **Rabbi Eliezer** interpreted this verse and **said: These are people who eat and drink with each other, and stab each other with verbal barbs.** Apparently, even those who were close were filled with hatred toward one another.

הַהִיא בִּנְשִׂיאֵי יִשְׂרָאֵל הֲוַאי, דִּכְתִיב: "זְעַק וְהֵילֵל בֶּן אָדָם כִּי הִיא הָיְתָה בְעַמִּי". וְתַנְיָא: "זְעַק וְהֵילֵל בֶּן אָדָם" יָכוֹל לַכֹּל? תַּלְמוּד לוֹמַר: "הִיא בְּכָל נְשִׂיאֵי יִשְׂרָאֵל".

The Gemara answers: **That** behavior **was** found only among **the princes of Israel, as it is written: "Cry and wail, son of man, for this will befall my people"; and it was taught** in a *baraita*: **"Cry and wail, son of man,** for this will befall my people"; one **might** have thought that this unsavory trait was common **to all.** Therefore, **the verse states: "This will befall all the princes of Israel."** It was only the leaders of the nation who harbored baseless hatred for each other; the people of the nation as a whole did not hate one another.

רַבִּי יוֹחָנָן וְרַבִּי אֶלְעָזָר דְּאָמְרִי תַּרְוַויְיהוּ: רִאשׁוֹנִים שֶׁנִּתְגַּלָּה עֲוֹנָם – נִתְגַּלָּה קִצָּם, אַחֲרוֹנִים שֶׁלֹּא נִתְגַּלָּה עֲוֹנָם – לֹא נִתְגַּלָּה קִצָּם.

§ It was **Rabbi Yoḥanan and Rabbi Elazar who both said:** In the case of **the former,** the people in the First Temple era, **whose sin was exposed** and no attempt was made to disguise their conduct, the **end of their** punishment **was exposed,** and the prophet informed them that they would return to their land in seventy years. In the case of **the latter,** the people in the Second Temple era, **whose sin was not exposed;** rather, they attempted to disguise their conduct, the **end** of **their** punishment **was not exposed.**

אָמַר רַבִּי יוֹחָנָן: טוֹבָה צִפּוֹרְנָן שֶׁל רִאשׁוֹנִים מִכְּרֵיסוֹ שֶׁל אַחֲרוֹנִים. אֲמַר לֵיהּ רֵישׁ לָקִישׁ: אַדְּרַבָּה, אַחֲרוֹנִים עֲדִיפִי, אַף עַל גַּב דְּאִיכָּא שִׁעְבּוּד מַלְכִיּוֹת – קָא עָסְקִי בַּתּוֹרָה! אָמַר לֵיהּ: בִּירָה תּוֹכִיחַ, שֶׁחָזְרָה לָרִאשׁוֹנִים וְלֹא חָזְרָה לָאַחֲרוֹנִים.

Rabbi Yoḥanan said: The fingernails of the former are preferable to the belly[N] **of the latter. Reish Lakish said to him: On the contrary, the latter were superior; even though there is subjugation by the kingdoms, they are engaged in Torah study.** Rabbi Yoḥanan **said to** Reish Lakish: **The Temple will prove** that the former were superior, **as it** was **restored to the former.** The Second Temple was constructed after the destruction of the first. However, after the destruction of the Second Temple, **it** was **not restored to the latter.** Apparently, the former were superior to the latter.

שָׁאֲלוּ אֶת רַבִּי אֶלְעָזָר: רִאשׁוֹנִים גְּדוֹלִים אוֹ אַחֲרוֹנִים גְּדוֹלִים? אָמַר לָהֶם: תְּנוּ עֵינֵיכֶם בַּבִּירָה. אִיכָּא דְּאָמְרִי, אָמַר לָהֶם: עֵידֵיכֶם בִּירָה.

Similarly, the Sages **asked Rabbi Elazar: Are the former greater or are the latter greater? He said to them: Look to the Temple** and see if it has been restored, as it was to our predecessors. **Some say** the exchange was slightly different: **He said to them: The Temple is your witness.**[N] The restoration of the Temple after the destruction of the First Temple, attests to the fact that the former generation was greater.

רֵישׁ לָקִישׁ הֲוֵי סָחֵי בְּיַרְדְּנָא, אֲתָא רַבָּה בַּר בַּר חָנָה יְהַב לֵיהּ יְדָא. אֲמַר לֵיהּ: אֱלָהָא! סָנֵינָא לְכוּ, דִּכְתִיב "אִם חוֹמָה הִיא נִבְנֶה עָלֶיהָ טִירַת כָּסֶף וְאִם דֶּלֶת הִיא נָצוּר עָלֶיהָ לוּחַ אָרֶז" אִם עֲשִׂיתֶם עַצְמְכֶם כַּחוֹמָה וַעֲלִיתֶם כּוּלְּכֶם בִּימֵי עֶזְרָא – נִמְשַׁלְתֶּם כַּכֶּסֶף, שֶׁאֵין רָקָב שׁוֹלֵט בּוֹ, עַכְשָׁיו שֶׁעֲלִיתֶם כִּדְלָתוֹת נִמְשַׁלְתֶּם כָּאֶרֶז שֶׁהָרָקָב שׁוֹלֵט בּוֹ.

Reish Lakish was swimming in the Jordan River[B] when **Rabba bar bar Ḥana came and gave him a hand**[N] to help him out. Reish Lakish **said to him: My God! I hate you** Babylonians, **as it is written: "If she be a wall**[N] **we will build a silver turret upon her, if she be a door**[N] **we will cover her with boards of cedar"** (Song of Songs 8:9). This is the meaning of the verse as it applies to the Jewish people: **Had you rendered yourselves** a solid bloc **like a wall and all ascended** to Eretz Yisrael **in the days of Ezra, you would have been likened to silver, which rot does not infest,** in the sense that you would have merited experiencing the Divine Presence in all its glory. **Now that you ascended like doors,** and only some of you came to Eretz Yisrael, **you are likened to cedar, which rot infests,** and you merit experiencing only partial revelation of the Divine Presence.

NOTES

The fingernails…the belly – **צִפּוֹרְנָן...כְּרֵיסוֹ**: Several interpretations were offered for this comparison. Some say that despite the fact that a fingernail is made for scratching and stabbing and a belly is soft, the sharp fingernails of the first generations were more pleasant than the soft bellies of the later ones (*Or HaYashar*). The imagery may be connected to the process of eating, when most of the food enters the stomach but some ends up under the fingernails. Even so, the fingernails of the earlier generations were preferable (*Ben Yehoyada*). The comparison apparently derives from the fact that both body parts are semicircles and differ merely in size.

Look to [*eineikhem*] the Temple…the Temple is your witness [*eideikhem*] – **תְּנוּ עֵינֵיכֶם...עֵידֵיכֶם בִּירָה**: The difference between the two versions of the statement is based on the Jerusalem Talmud which states that the first Temple was mostly destroyed, but the Second Temple was completely razed to the ground following the Bar Kokheva rebellion. The punishment suffered by the later generations was worse than that of the earlier generations (*Gevurat Ari*).

Gave him a hand – **יְהַב לֵיהּ יְדָא**: The connection between the story and the statement is this: Rabba bar bar Ḥana helped Reish Lakish up, whereupon the latter said that his actions show the strength of the immigrants. Still, he complained that because the Jews did not come to Eretz Yisrael from Babylonia en masse, they weakened the entire nation (*Li Lishua*).

Wall – **חוֹמָה**: A wall's stones are connected to each other (Rabbi Elyakim), which makes it a strong and solid mass consisting of small components (*Benayahu*).

Door – **דֶּלֶת**: Few people can enter a door simultaneously. That represents the small number of people who returned to Eretz Yisrael (*Benayahu*).

BACKGROUND

Jordan River – **יַרְדְּנָא**:

Jordan River in the area of the Jordan Park in northern Israel

NOTES

Cedar [*erez*] – **אֶרֶז**: The *ge'onim* write that the Gemara mentions the cedar because in Hebrew, *erez* evokes the word *raz*, meaning secret. The cedar tree is connected to prophecy, the revelation of secrets.

Reish Lakish would not speak with him – **וְלָא הֲוָה מִשְׁתָּעֵי רֵישׁ לָקִישׁ בַּהֲדֵיהּ**: *Tosafot* explain that he would not have started a conversation. *Tosafot Yeshanim* writes that he would not have spoken to him casually.

Cast a man between them – **שְׁדֵי גַּבְרָא בֵּינַיְיהוּ**: This phrase suggests that there were three people involved in the incident, and Reish Lakish spoke with the third individual (Ritva).

מַאי אֶרֶז? אָמַר עוּלָּא: סַסְמָגוֹר. מַאי סַסְמָגוֹר? אָמַר רַבִּי אַבָּא: בַּת קוֹל. כִּדְתַנְיָא: מִשֶּׁמֵּתוּ נְבִיאִים הָאַחֲרוֹנִים חַגַּי זְכַרְיָה וּמַלְאָכִי נִסְתַּלְּקָה רוּחַ הַקֹּדֶשׁ מִיִּשְׂרָאֵל, וַעֲדַיִין הָיוּ מִשְׁתַּמְּשִׁין בְּבַת קוֹל.

The Gemara asks: **What** rot infests **cedar?**[N] **Ulla said: It is *sasmagor*,**[B] a type of worm. The Gemara asks: **What** does ***sasmagor*** have to do with the Divine Presence during the Second Temple era? **Rabbi Abba said:** Just as little remains from a cedar tree infested by this worm, similarly, all that remained from the Divine Presence during the Second Temple period was a **Divine Voice, as it was taught** in a *baraita*: **After the last prophets Haggai, Zechariah, and Malachi died, the Divine Spirit** of prophetic revelation **departed from the Jewish people, and they were still utilizing a Divine Voice,** which they heard as an echo of prophecy.

וְרֵישׁ לָקִישׁ מִי מִשְׁתָּעֵי בַּהֲדֵי רַבָּה בַּר בַּר חָנָה? וּמָה רַבִּי (אֱלִיעֶזֶר), דְּמָרָא דְּאַרְעָא דְּיִשְׂרָאֵל הֲוָה, וְלָא הֲוָה מִשְׁתָּעֵי רֵישׁ לָקִישׁ בַּהֲדֵיהּ, דְּמַאן דְּמִשְׁתָּעֵי רֵישׁ לָקִישׁ בַּהֲדֵיהּ בַּשּׁוּק יָהֲבוּ לֵיהּ עִיסְקָא בְּלָא סָהֲדֵי, בַּהֲדֵי רַבָּה בַּר בַּר חָנָה מִשְׁתָּעֵי?!

The Gemara asks: **And would Reish Lakish speak with Rabba bar bar Ḥana** in public? **Just as Rabbi Elazar, who was the master of Eretz Yisrael** in wisdom and character, **and** nevertheless, **Reish Lakish would not speak with him**[N] in public, as Reish Lakish was sparing in his speech and extended friendship to only a select few prominent, righteous people, to the extent that **a person to whom Reish Lakish** was seen **speaking in the marketplace, one would give him** a loan and **do business** with him **without witnesses;** would he **have spoken with Rabba bar bar Ḥana?**

אָמַר רַב פַּפָּא: שְׁדֵי גַּבְרָא בֵּינַיְיהוּ, אוֹ רֵישׁ לָקִישׁ הֲוָה וּזְעִירִי, אוֹ רַבָּה בַּר בַּר חָנָה הֲוָה וְרַבִּי אֶלְעָזָר. כִּי אֲתָא לְקַמֵּיהּ דְּרַבִּי יוֹחָנָן אֲמַר לֵיהּ: לָאו הַיְינוּ טַעְמָא, אִי נַמִּי סְלִיקוּ כּוּלְּהוּ בִּימֵי עֶזְרָא לָא הֲוָה שַׁרְיָא שְׁכִינָה בְּמִקְדָּשׁ שֵׁנִי, דִּכְתִיב: ״יַפְתְּ אֱלֹהִים לְיֶפֶת וְיִשְׁכֹּן בְּאׇהֳלֵי שֵׁם״.

Rav Pappa said: Cast a man between them,[N] and say that the incident did not involve Reish Lakish and Rabba bar bar Ḥana. It **was either Reish Lakish** bathing in the river **and Ze'iri,** the prominent Babylonian Sage, who extended him a hand, **or** it was **Rabba bar bar Ḥana** who was in the river **and Rabbi Elazar** extended a hand to him. In any event, **when** the Sage who heard what Reish Lakish said **came before Rabbi Yoḥanan** and related it, Rabbi Yoḥanan **said to him: That is not the reason; even had they all ascended in the days of Ezra, the Divine Presence would not have rested in the Second Temple, as it is written: "God will enlarge Japheth, and dwell in the tents of Shem"** (Genesis 9:27).

BACKGROUND

Sasmagor – **סַסְמָגוֹר**: The Arukh explains that this is a worm that strikes fear into wood, from the verse "the worm [*sas*] shall eat them like wool" (Isaiah 51:8) and *magor*, meaning fear. Others explain that *sasmagor* means wood that has been filled with holes by a woodworm.

Above: Beechwood, infested by the common woodworm. Diameter of the holes is about 1–1.5 mm.

Left: Woodworms eating away at tree bark

אף על גב דיפת אלהים ליפת – אין השכינה שורה אלא באהלי שם.

The Gemara explains: **Although God will enlarge Japheth,** referring to the Persians, who descended from Japheth and who assisted in constructing the Second Temple, **the Divine Presence rests only in the tents of Shem,** in the First Temple, which was built by King Solomon without the patronage of a foreign power.

ופרסאי מנא לן דמיפת קאתו? דכתיב: "בני יפת גומר ומגוג ומדי ויון ותובל ומשך ותירס". גומר – זה גרממיא, מגוג – זו קנדיא, מדי – זו מקדוניא, יון – כמשמעו, תובל – זה בית אונייקי, משך – זו מוסיא, תירס; פליגי בה רבי סימאי ורבנן, ואמרי לה רבי סימון ורבנן. חד אמר: זו בית תרייקי וחד אמר: זו פרס. תני רב יוסף: תירס זו פרס.

§ The Gemara asks: **From where do we** derive **that the Persians descend from Japheth?** The Gemara answers: **As it is written: "The sons of Japheth were Gomer and Magog and Madai and Javan and Tuval and Meshech and Tiras"** (Genesis 10:2). The Gemara explains: **Gomer, that is Germamya;**[L] **Magog, that is Kandiya;**[L] **Madai, that is Macedonia; Javan, in accordance with its plain meaning,** Greece; **Tuval, that is** the nation called **Beit Unaiki;**[L] **Meshech, that is Musya.**[L] With regard to **Tiras, Rabbi Simai and the Rabbis disagree, and some say** the dispute is between **Rabbi Simon and the Rabbis: One said: That is Beit Teraiki,**[L] **and one said: That is Persia.** According to that approach, Persia is listed among the descendants of Japheth. **Rav Yosef taught: Tiras is Persia.**

"סבתה ורעמה וסבתכא", תני רב יוסף: סקיסתן גוייתא, וסקיסתן ברייתא. בין חדא לחדא מאה פרסי, והיקפה אלפא פרסי.

The list of nations continues: "And **Sabtah and Raamah and Sabteca**" (Genesis 10:7). **Rav Yosef taught:** These are **the inner Sakistan**[L] **and the outer Sakistan. Between one and the other** there was a distance of **one hundred parasangs, and the circumference** of the land was **one thousand parasangs.**

"ותהי ראשית ממלכתו בבל וארך ואכד וכלנה". בבל – כמשמעה, ארך – זה אוריכות, ואכד – זה בשכר, כלנה – זה נופר נינפי.

The Gemara continues interpreting the verses. It is stated: **"And the beginning of his kingdom was Babel, and Erech, and Accad, and Calneh,** in the land of Shinar" (Genesis 10:10). **Babel in accordance with its plain meaning,** Babylonia; **Erech, that is** the city known then as **Orikhut; and Accad, that is** the place known then as **Baskar; Calneh, that is Nofer Ninefi.**

"מן הארץ ההיא יצא אשור". תני רב יוסף: אשור זה סילק. "ויבן את נינוה ואת רחובות עיר ואת כלח". נינוה – כמשמעו, רחובות עיר – זו פרת דמישן, כלח – זו פרת דבורסיף, "ואת רסן בין נינוה ובין כלח היא העיר הגדולה". רסן – זה אקטיספון, "היא העיר הגדולה" – איני יודע אם נינוה העיר הגדולה, אם רסן העיר הגדולה. כשהוא אומר: "ונינוה היתה עיר גדולה לאלהים מהלך שלשת ימים" – הוי אומר: נינוה היא העיר הגדולה.

The Torah continues: **"Out of that land went forth Asshur"** (Genesis 10:11). **Rav Yosef taught: Asshur, that is Silek,**[L] meaning that is the region where the town Silkiya was built. **"And built Nineveh and Rehoboth-ir and Calah"** (Genesis 10:11). **Nineveh, in accordance with its plain meaning; Rehovoth-ir, that is** the town later known as **Perat of Meishan; Calah, that is Perat of Bursif. "And Resen between Nineveh and Calah, it is the great city"** (Genesis 10:12). **Resen, that is** the town later known as **Akteisfon.**[L] **It is the great city; I do not know whether** this means that **Nineveh is the great city,** or **whether** it means that **Resen is the great city. When it says: "And Nineveh was a great city of God, a three-day journey across"** (Jonah 3:3), **you must say** that **Nineveh is the great city.**

"ושם אחימן ששי ותלמי ילידי הענק". תנא: אחימן – מיומן שבאחים, ששי – שמשים את הארץ כשחיתות, תלמי – שמשים את הארץ תלמים תלמים. דבר אחר: אחימן בנה ענת, ששי בנה אלוש, תלמי בנה תלבוש. "ילידי הענק" – שמעניקין החמה בקומתן.

The Gemara continues to discuss the interpretation of names in the Bible. The Torah says: **"And there were Ahiman, Sheshai, and Talmai, the children of Anak"** (Numbers 13:22). **It was taught: Ahiman** was so called because he was the greatest and most **skillful** [*meyuman*] **of his brothers.** Ahiman is a contraction of brother [*ah*] and right [*yamin*], which is the skilled hand. **Sheshai** was so called because **he renders the ground like pits** [*sheḥitot*][N] with his strides. **Talmai** was so called because **he renders the ground** filled with **furrows** [*telamim*] with his strides. **Alternatively: Ahiman built the** city of **Anat; Sheshai built** the town **Alush; Talmai built the** city of **Talbush. The children of Anak** is referring to the fact that it appears **that the sun is a necklace** [*shema'anikin*] around their necks because of **their height.**

LANGUAGE

Germamya – גרממיא: Apparently a reference to the region of Garamnea in northern Assyria, near Armenia.

Kandiya – קנדיא: The variant reading, Gutia, is probably more accurate. It is a reference to the land of the Goths in Asia Minor.

Beit Unaiki – בית אונייקי: From the Bithynia region in Asia Minor.

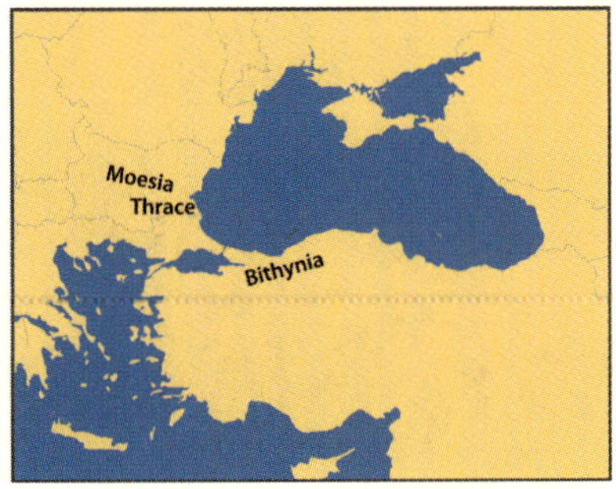

Map of Asia Minor showing the location of Moesia, Thrace, and Bithynia

Musya – מוסיא: Referring to the land of Moesia, which is north of Thrace.

Beit Teraiki – בית תרייקי: Referring to the land of Thrace in northern Greece.

Sakistan – סקיסתן: This word refers to Sistan, a region in present-day eastern Iran and southern Afghanistan which constituted an enormous province in the Sassanid Empire. Sistan was the ancient homeland of the Saka people, a Scythian tribe, and it held special significance in Zoroastrianism.

Silek – סילק: This is short for the important city of Seleucia situated on the Tigris River.

Akteisfon – אקטיספון: This is the metropolis Ctesiphon on the Tigris, across the river from the city of Seleucia which is in modern-day Iraq.

Arch of Ctesiphon, the only remaining structure from ancient Ctesiphon

NOTES

Sheshai was so called because he renders the ground like pits – **ששי שמשים את הארץ כשחיתות**: Rashi is surprised at this homiletic interpretation, since it does not fit the name Sheshai well. Instead, he suggests that the Gemara means that Sheshai was as heavy as marble [*shayish*], which is more similar to his name. It was his heavy weight that rendered the ground full of holes like pits. That is the interpretation in the midrash as well.

אמר רבי יהושע בן לוי אמר רבי: עתידה רומי שתפול ביד פרס, שנאמר: "לכן שמעו עצת ה' אשר יעץ (על) אדום ומחשבותיו אשר חשב (על) יושבי תימן אם לא יסחבום צעירי הצאן אם לא ישים עליהם נוהם".

§ Apropos the opinion that Tiras is Persia, the Gemara addresses a related matter. **Rabbi Yehoshua ben Levi said** that **Rabbi** Yehuda HaNasi **said: Rome is destined to fall into the hands of Persia, as it is stated: "Now hear the plan that the Lord has devised for Edom, and the thoughts He has considered for the residents of Teiman. Surely the youngest of the flock will drag them away, surely their habitation will be appalled due to them"** (Jeremiah 49:20).

מתקיף לה רבה בר עולא: מאי משמע דהאי צעירי הצאן פרס הוא – דכתיב: "האיל אשר ראית בעל הקרנים (הוא) מלכי מדי ופרס". ואימא יון, דכתיב: "והצפיר השעיר מלך יון"!

Rabba bar Ulla strongly objected to this. From **where** may it be **inferred that this** phrase: **Youngest of the flock, is Persia?** It is **as it is written: "The ram that you saw sporting two horns are the kings of Media and Persia"** (Daniel 8:20), and the ram is a member of the flock mentioned in the verse. Still, how is that proof? **And say** that youngest of the flock refers to **Greece,** who will overthrow Rome, **as it is written: "The goat is the king of Greece"** (Daniel 8:21). The goat, too, could be characterized as a member of the flock.

כי סליק רב חביבא בר סורמקי אמרה קמיה דההוא מרבנן, אמר ליה: מאן דלא ידע פרושי קראי מותיב תיובתא לרבי?! מאי "צעירי הצאן" – זוטרא דאחוהי, דתני רב יוסף: תירס זה פרס.

When Rav Ḥaviva bar Surmakei ascended from Babylonia to Eretz Yisrael, **he stated** this difficulty **before a certain one of the Sages.** That Sage **said to him: One who does not know how to interpret verses** is so arrogant that he **raises an objection to** the opinion of the great **Rabbi** Yehuda HaNasi? Indeed, Rabba bar Ulla misunderstood the basis of Rabbi Yehuda HaNasi's interpretation. **What** is the meaning of the phrase: **The youngest of the flock?** It means **the youngest of the brothers,** a reference to Persia, **as Rav Yosef taught: Tiras,** the youngest of Japheth's sons, **that is Persia.**

אמר רבה בר בר חנה אמר רבי יוחנן משום רבי יהודה ברבי אלעאי: עתידה רומי שתפול ביד פרס. קל וחומר; ומה מקדש ראשון שבנאוהו בני שם והחריבוהו כשדיים – נפלו כשדיים ביד פרסיים, מקדש שני שבנאוהו פרסיים והחריבוהו רומיים – אינו דין שיפלו רומיים ביד פרסיים?

Similarly, **Rabba bar bar Ḥana said** that **Rabbi Yoḥanan said in the name of Rabbi Yehuda, son of Rabbi Elai: Rome is destined to fall into the hands of Persia.** This is derived by means of an ***a fortiori*** inference: **Just as the First Temple, that the descendants of Shem built it and the Chaldeans destroyed it,** and in turn **the Chaldeans,** ruled by Belshazzar, **fell to Persians,** ruled by Darius the Mede and his son-in-law Cyrus the Persian; **the Second Temple, that the Persians built it and the Romans destroyed it, is it not right that the Romans will fall into the hands of the Persians?**

אמר רב: עתידה פרס שתפול ביד רומי. אמרו ליה רב כהנא ורב אסי לרב: בנויי ביד סתורי?! אמר להו: אין, גזירת מלך היא. איכא דאמרי, אמר (ליה): אינהו נמי הא קא סתרי בי כנישתא.

In contrast, **Rav said: Persia is destined to fall into the hands of Rome. Rav Kahana and Rav Asi,** Rav's students, **said to Rav: The builders** will fall **into the hands of the destroyers?** Is that justice? **He said to them:** Although it seems unjust, **yes, that is the King's decree.**[N] **Some say** that **he said** this **to them: They, too, are destroyers of synagogues,** and they are no better than the Romans.

תניא נמי הכי: עתידה פרס שתפול ביד רומי. חדא – דסתרי בי כנישתא, ועוד: גזירת מלך הוא שיפלו בונין ביד סותרין. דאמר רב יהודה אמר רב: אין בן דוד בא עד שתפשוט מלכות רומי הרשעה בכל העולם כולו תשעה חדשים שנאמר: "לכן יתנם עד עת יולדה ילדה ויתר אחיו ישובון על בני ישראל".

That was also taught in a *baraita*: **Persia is destined to fall into the hands of Rome. One** reason is that **they destroyed synagogues. And furthermore, it is the King's decree that the builders** will **fall into the hands of the destroyers, as Rav Yehuda said** that **Rav said: The son of David will come only when the wicked kingdom of Rome spreads** its dominance **throughout the world for nine months, as it is stated: "Therefore He will give them up until she who is to bear has borne; then the remnants of his brethren will return with the children of Israel"** (Micah 5:2). The duration of Rome's rule over the world will be the duration of a pregnancy, nine months.

תנו רבנן: כל הלשכות שהיו במקדש לא היו להן מזוזה, חוץ מלשכת פרהדרין שהיה בה בית דירה לכהן גדול.

§ The Gemara resumes the discussion of the High Priest's relocation to the *Parhedrin* chamber. **The Rabbis taught: None of the chambers in the Temple had a *mezuza* except for the Chamber of *Parhedrin*, in which there was a place of residence of the High Priest.**[H] Only residences in which one sleeps require a *mezuza*, and the only chamber in the Temple that fits that description was the *Parhedrin* chamber.

NOTES

That is the King's decree – גזירת מלך היא: Some commentaries explain that the fall of the Persians was decreed to expose the truth with regard to their ostensible graciousness manifest in the rebuilding of the Temple. According to the Gemara in tractate *Rosh HaShana*, the Persians built the Second Temple in a manner that would facilitate its later destruction. Once they are conquered, it will serve as a clear indication that they are no better than the Romans, who actually destroyed the Temple (*Ben Yehoyada*).

HALAKHA

***Mezuzot* on the Temple Mount – מזוזות בהר הבית:** The chambers, courtyards, synagogues, and houses of study on the Temple Mount were exempt from the mitzva of *mezuza* because they were not residences. None of the Temple gates had a *mezuza* except for the gate of Nicanor and the one inside it. In addition, the *Parhedrin* chamber, where the High Priest resided before Yom Kippur, was required to have a *mezuza* affixed(Rambam *Sefer Ahava, Hilkhot Mezuza* 6:6).

אָמַר רַבִּי יְהוּדָה: וַהֲלֹא כַּמָּה לְשָׁכוֹת הָיוּ בַּמִּקְדָּשׁ שֶׁהָיָה לָהֶן בֵּית דִּירָה, וְלֹא הָיָה לָהֶן מְזוּזָה. אֶלָּא לִשְׁכַּת פַּרְהֶדְרִין גְּזֵירָה הָיְתָה.

Rabbi Yehuda said: That is not the reason; after all, **weren't there several chambers in the Temple in which there was a place of residence** designated for priests to sit and sleep, and yet **they did not have a** *mezuza*? **Rather,** the *mezuza* in **the Chamber of** *Parhedrin* was there because there **was a** rabbinic **decree.**

מַאי טַעְמָא דְּרַבִּי יְהוּדָה? אָמַר (רָבָא): קָסָבַר רַבִּי יְהוּדָה כָּל בַּיִת שֶׁאֵינוֹ עָשׂוּי לִימוֹת הַחַמָּה וְלִימוֹת הַגְּשָׁמִים – אֵינוֹ בַּיִת. אִיתִיבֵיהּ אַבַּיֵי: וְהָכְתִיב: "וְהִכֵּיתִי (אֶת) בֵּית הַחוֹרֶף עַל בֵּית הַקָּיִץ"! אֲמַר לֵיהּ: בֵּית חוֹרֶף וּבֵית קַיִץ – אִיקְּרִי, בַּיִת סְתָמָא – לָא אִיקְּרִי.

The Gemara asks: **What is the reason** for the opinion **of Rabbi Yehuda**[N] that there was no fundamental obligation to affix a *mezuza* in the *Parhedrin* chamber, and that one was affixed there due to a decree? **Rava said** that **Rabbi Yehuda holds:** The legal status of **any house that is not designated** for residence both **for the summer and for the rainy season is not** that of **a house** and therefore does not require a *mezuza*. **Abaye raised an objection to his** opinion from a verse. How could you suggest that the legal status of a residence occupied for only part of the year is not that of a house? **Isn't it written: "I will strike the winter-house with the summer-house"** (Amos 3:15)? Apparently, even a residence occupied only half the year is a house. Rava **said to him:** A residence occupied only part of the year may be **called the winter-house or the summer-house. It is not called a house unmodified.** A house is a structure used year round.

אִיתִיבֵיהּ אַבַּיֵי: סוּכַּת הֶחָג בֶּחָג, רַבִּי יְהוּדָה מְחַיֵּיב וַחֲכָמִים פּוֹטְרִין. וְתָנֵי עֲלַהּ: רַבִּי יְהוּדָה מְחַיֵּיב בְּעֵירוּב וּבִמְזוּזָה וּבְמַעֲשֵׂר.

Abaye raised a different **objection to** the opinion of Rava, from a mishna: If one brought produce from the field into **the *sukka*** that he constructed for **the festival of** *Sukkot* **on the festival** of *Sukkot*, **Rabbi Yehuda obligates** him to tithe the produce **and the Rabbis exempt** him from tithing the produce. **And it was taught concerning** the mishna: **Rabbi Yehuda obligates** the owner of that *sukka* to include the *sukka* **in the joining** of courtyards, like any of the houses in the courtyard; **and in** the mitzva of affixing a ***mezuza*** in the *sukka*;[H] **and in** separating **tithes** from produce brought into the *sukka*. One is obligated to tithe his produce only when its processing has been completed. When he brings the produce into the house, he is obligated to tithe it. Rabbi Yehuda holds that the legal status of a *sukka*, in which one resides for a mere seven days, is that of a house in terms of the mitzva of *mezuza*.

וְכִי תֵּימָא: מִדְּרַבָּנַן. בִּשְׁלָמָא עֵירוּב וּמְזוּזָה – אִיכָּא לְמֵימַר מִדְּרַבָּנַן, אֶלָּא מַעֲשֵׂר מִי אִיכָּא לְמֵימַר מִדְּרַבָּנַן?

And if you say that Rabbi Yehuda rules that **by rabbinic law** the status of the *sukka* is like that of a house, but that by Torah law his opinion is consistent with Rava's opinion, **granted,** with regard to the **joining** of courtyards **and *mezuza*, it is** possible **to say** that the obligation is **by rabbinic law; however,** with regard to **tithes, is it** possible **to say** that according to Rabbi Yehuda the obligation is **by rabbinic law?**

Perek **I**
Daf **10** Amud **b**

דִּילְמָא אָתֵי לְאַפְרוֹשֵׁי מִן הַחִיּוּב עַל הַפָּטוּר וּמִן הַפָּטוּר עַל הַחִיּוּב.

In that case, there is the concern **lest one come to separate** tithes[N] **from the obligated** produce to fulfill the obligation **for the exempt** produce,[N] **or from the exempt** produce to fulfill the obligation **for the obligated** produce. Produce that one is obligated to tithe by rabbinic law has the status of exempt produce by Torah law. Since it is difficult to distinguish between produce that one is obligated to tithe by Torah law and produce that one is obligated to tithe by rabbinic law, one might seek to fulfill his obligation by separating tithes from one for the other. In both cases, both the produce designated as a tithe and the produce for which it was tithed would retain the status of untithed produce. Therefore, Rabbi Yehuda could not have said that a *sukka* is considered a house by rabbinic law.[N]

NOTES

What is the reason for the opinion of Rabbi Yehuda – מַאי טַעְמָא דְּרַבִּי יְהוּדָה: Indeed, one could ask why the Rabbis maintain that the other chambers did not require a *mezuza*. Perhaps, although the other chambers were populated by priests day and night, they were not designated as residences and therefore did not require a *mezuza*. The *Parhedrin* chamber, on the other hand, was designated for the purpose of housing the High Priest, which supports the reasoning of the Rabbis more than the distinction of Rabbi Yehuda (*Siah Yitzhak*).

HALAKHA

A *sukka* during the Festival – סוּכַּת הֶחָג בֶּחָג: A *sukka* is exempt from a *mezuza* even during the Festival when one resides therein, because it is not a permanent dwelling (*Shulhan Arukh, Yoreh De'a* 286:11).

NOTES

Lest one come to separate tithes – דִּילְמָא אָתֵי לְאַפְרוֹשֵׁי: Tosafot are surprised by this concern since the Sages instituted an obligation to tithe in many cases where this problem was not a source of concern. *Tosafot* therefore distinguish between cases where confusion is likely and those where it is unlikely. Some commentaries explain that the Gemara's point is: If this is indeed a rabbinic ordinance, the *tanna* should have emphasized that fact to avoid misunderstanding (*Ohel Moshe*).

Tithing from the obligated produce to fulfill the obligation for the exempt produce – מִן הַחִיּוּב עַל הַפָּטוּר: In *Tosafot Yeshanim* the following question is raised: Although there is no Torah obligation to tithe this produce, it is not entirely exempt, and if tithes were taken, they would be considered tithes. Why then, does the Torah refer to this produce as exempt? The answer is that even though in this case the tithe is a legitimate tithe, there are cases in which the produce is entirely exempt from tithing, which is the concern of the Gemara (see Rav Shmuel Strashun).

Rabbi Yehuda's reasoning – טַעְמוֹ שֶׁל רַבִּי יְהוּדָה: In the Jerusalem Talmud, the rationale for Rabbi Yehuda's opinion is that the entire Temple is exempt from *mezuza*, as the mitzva does not apply in any structure that is publicly owned or sacred, with the exception of the *Parhedrin* chamber. The commentaries debate why the Babylonian Talmud did not include this point.

אֶלָּא אָמַר אַבָּיֵי: בְּשִׁבְעָה – דְּכוּלֵּי עָלְמָא לָא פְּלִיגִי דְּמִיחַיְּיבָא, כִּי פְּלִיגִי – בִּשְׁאָר יְמוֹת הַשָּׁנָה. רַבָּנַן סָבְרִי: גָּזְרִינַן שְׁאָר יְמוֹת הַשָּׁנָה אַטּוּ שִׁבְעָה, וְרַבִּי יְהוּדָה סָבַר: לָא גָּזְרִינַן.

Rather, Abaye said: The dispute with regard to the *mezuza* in the *Parhedrin* chamber must be explained differently. **During** the **seven** days that the High Priest lives in the *Parhedrin* chamber during his sequestering, **everyone agrees that** the chamber is **obligated** in the mitzva to affix a *mezuza* there. **When they disagree** is with regard to **the rest of the days of the year,** when no one resides there. **The Rabbis hold: We issue a decree** and require that a *mezuza* be affixed during the rest of the year **due to** those **seven** days that the High Priest lives there; **and Rabbi Yehuda holds: We do not issue** that **decree,** and there is no obligation to affix a *mezuza* to the chamber the rest of the year.

אֲמַר לֵיהּ רָבָא: וְהָא סוּכַּת הֶחָג בֶּחָג קָתָנֵי!

Rava said to him: But isn't it taught in the mishna cited above: **The *sukka*** that he constructed for **the festival** of *Sukkot* **on the festival** of *Sukkot*? Apparently, contrary to the opinion of Abaye, the dispute is whether or not there is an obligation to affix a *mezuza* to the *sukka* during the Festival itself. If, as Abaye said, the *tanna'im* agree that there is an obligation to affix a *mezuza* during the festival of *Sukkot* even though it is used for only a brief period, on what basis do the Rabbis rule that there is no obligation even on the Festival itself?

אֶלָּא אָמַר רָבָא: בִּשְׁאָר יְמוֹת הַשָּׁנָה – כּוּלֵּי עָלְמָא לָא פְּלִיגִי דִּפְטוּרָה, כִּי פְּלִיגִי – בְּשִׁבְעָה. וְסוּכָּה טַעְמָא לְחוּד, וְלִשְׁכָּה טַעְמָא לְחוּד.

Rather, Rava said: During the rest of the days of the year, everyone agrees that the *Parhedrin* chamber **is exempt** from the obligation to affix a *mezuza* there. **When they disagree** is with regard to the **seven** days that the High Priest lives there, and with regard to a *sukka* during the Festival. **And** in order to resolve the contradiction between the opinions about the obligation of the chamber and of the *sukka*, the Gemara asserts: With regard to the ***sukka* the reason is discrete, and** with regard to the **chamber the reason is discrete.**

סוּכָּה טַעְמָא לְחוּד; רַבִּי יְהוּדָה לְטַעְמֵיהּ, דְּאָמַר: סוּכָּה דִּירַת קֶבַע בָּעֵינַן, וּמִיחַיְּיבָא בִּמְזוּזָה. וְרַבָּנַן לְטַעְמַיְיהוּ, דְּאָמְרִי: סוּכָּה דִּירַת עֲרַאי בָּעֵינַן, וְלָא מִיחַיְּיבָא בִּמְזוּזָה.

The Gemara explains: With regard to ***sukka*, the reason is discrete. Rabbi Yehuda** conforms **to his** standard line of **reasoning, as he said:** In order to fulfill the mitzva of ***sukka*, we require a** well-built **permanent residence.** A permanent residence **is obligated in** the mitzva of ***mezuza*. The Rabbis** conform **to their** standard line of **reasoning, as they say:** In order to fulfill the mitzva of ***sukka*, we require a temporary residence,** not a full-fledged house. A temporary residence is **not obligated in** the mitzva of ***mezuza*.**

וְלִשְׁכָּה טַעְמָא לְחוּד; רַבָּנַן סָבְרִי: דִּירָה בְּעַל כָּרְחָהּ – שְׁמָהּ דִּירָה, וְרַבִּי יְהוּדָה סָבַר: דִּירָה בְּעַל כָּרְחָהּ – לָא שְׁמָהּ דִּירָה, וּמִדְּרַבָּנַן הוּא דְּתַקִּינוּ לַהּ, שֶׁלֹּא יֹאמְרוּ כֹּהֵן גָּדוֹל חָבוּשׁ בְּבֵית הָאֲסוּרִין.

And similarly, with regard to the **chamber, the reason is discrete. The Rabbis hold: A residence** in which one resides **involuntarily**[N] is nevertheless **considered a residence.** Although the High Priest resides in the *Parhedrin* chamber due to a mitzva and not of his own volition, its legal status is that of a residence and a *mezuza* must be affixed. **And Rabbi Yehuda holds: A residence** in which one resides **involuntarily is not considered a residence.** Therefore, there should be no obligation to affix a *mezuza* in the *Parhedrin* chamber, just as there is no obligation to do so in the other Temple chambers in which priests reside. However, the Sages **instituted** this obligation **by rabbinic law so that** people **will not say: The High Priest is imprisoned in jail,** as only in substandard residences that appear unfit for residence is there no obligation to affix a *mezuza*.

מַאן תְּנָא לְהָא, דְּתָנוּ רַבָּנַן:

Who is the *tanna* who **taught** the following *baraita*? **As the Sages taught:**

NOTES

A residence in which one resides involuntarily – דִּירָה בְּעַל כָּרְחָהּ: According to Rabbi Yehuda, why is a *sukka* obligated in the mitzva of *mezuza* considering that one does not reside in a *sukka* of his own volition? The answer is that a *sukka* is not considered an involuntary residence, because one's family joins him there (*Tosefot HaRosh; Tosafot Yeshanim*). Another reason that a *sukka* is not considered an involuntary residence is that it can be erected wherever one chooses (*Ohel Moshe*).

כָּל הַשְּׁעָרִים שֶׁהָיוּ שָׁם לֹא הָיָה לָהֶם מְזוּזָה, חוּץ מִשַּׁעַר נִיקָנוֹר, שֶׁלְּפָנִים מִמֶּנּוּ לִשְׁכַּת פַּרְהֶדְרִין.

All the gates that were there on the east side of the Temple courtyard **did not have a *mezuza* except for the Gate of Nicanor,**[B] **as** in the courtyard just **inside** the gate was **the Chamber of *Parhedrin*,** in which there is an obligation to affix a *mezuza*. Therefore, a *mezuza* was affixed to the gate as well.

לֵימָא רַבָּנַן הִיא וְלֹא רַבִּי יְהוּדָה, דְּאִי רַבִּי יְהוּדָה – הִיא גּוּפָהּ גְּזֵירָה, וַאֲנַן נֵיקוּם וְנִגְזוֹר גְּזֵירָה לִגְזֵירָה? אֲפִילּוּ תֵּימָא רַבִּי יְהוּדָה, כּוּלָּהּ חֲדָא גְּזֵירָה הִיא.

Let us say that the *baraita* is in accordance with the opinion of **the Rabbis and not** in accordance with the opinion of **Rabbi Yehuda, as, if** it were in accordance with the opinion of **Rabbi Yehuda,** a difficulty arises. The principle is that decrees are issued only to prevent violation of a Torah prohibition. The fact that a *mezuza* was affixed to the *Parhedrin* chamber **itself** is due to a rabbinic **decree, and will we** then **proceed to issue a decree** to affix a *mezuza* on the gate before the chamber in order **to** prevent violation of the existing **decree?** The Gemara rejects this reasoning: **Even if you say** that the *baraita* is in accordance with the opinion of **Rabbi Yehuda,** it is not difficult, as the **entire** obligation to affix the *mezuza* on both the chamber and the gate is the result of **a single decree.**

תָּנוּ רַבָּנַן: ״בִּשְׁעָרֶיךָ״ – אֶחָד שַׁעֲרֵי בָתִּים, וְאֶחָד שַׁעֲרֵי חֲצֵירוֹת, וְאֶחָד שַׁעֲרֵי מְדִינוֹת, וְאֶחָד שַׁעֲרֵי עֲיָירוֹת, יֵשׁ בָּהֶן חוֹבַת מִצְוָה לַמָּקוֹם. מִשּׁוּם שֶׁנֶּאֱמַר: ״וּכְתַבְתָּם עַל מְזוּזוֹת בֵּיתֶךָ וּבִשְׁעָרֶיךָ״.

§ Apropos the *mezuza* in the High Priest's chamber, the Gemara discusses other *halakhot* of *mezuza*. **The Sages taught** with regard to the verse: "And you will write them upon the doorposts of your houses and **upon your gates"** (Deuteronomy 6:9): With regard to **the gates of houses, and the gates of courtyards,**[N] **and the gates of cities,**[N] **and the gates of towns, all** of them **are obligated** in the mitzva of *mezuza* in that **place, due to** the fact **that it is stated: "And you will write them**[N] **upon the doorposts of your houses and upon your gates."**[H]

אֲמַר לֵיהּ אַבַּיֵּי לְרַב סָפְרָא: הָנֵי אַבּוּלֵי דִּמְחוֹזָא מַאי טַעְמָא לָא עֲבַדוּ לְהוּ רַבָּנַן מְזוּזָה? אֲמַר לֵיהּ: הָנְהוּ חִיזּוּק לְאַקְרָא דְּכוּבֵי הוּא דַּעֲבִידִי. אֲמַר לֵיהּ: וְאַקְרָא דְּכוּבֵי גּוּפָהּ תִּבָּעֵי מְזוּזָה, דְּהָא אִית בָּהּ דִּירָה לְשׁוֹמֵר בֵּית הָאֲסוּרִין? דְּהָא תַּנְיָא: בֵּית הַכְּנֶסֶת שֶׁיֵּשׁ בּוֹ בֵּית דִּירָה לְחַזַּן הַכְּנֶסֶת – חַיֶּיבֶת בִּמְזוּזָה.

Abaye said to Rav Safra: If there is an obligation to affix a *mezuza* on city gates, with regard to **those** city **gates** [***abbulei***][L] **of Meḥoza,**[N] a city with a Jewish majority, **what is the reason** that **the Sages did not affix a *mezuza* on them?** Rav Safra **said to him: Those** gates are not the city gates. They are **made as reinforcement to the fort** [***akra***][L] **of turrets** above the gate, and therefore no *mezuza* is required. Abaye **said to him: And shouldn't the fort of turrets itself require a *mezuza*, since** there **is a residence for the prison guard** in the fort? **As, wasn't** a similar case **taught** in a *baraita*: **A synagogue in which there is a residence for the synagogue attendant requires a *mezuza*?**[H] Although no one lives in the synagogue itself, since the attendant lives in an adjacent room, the synagogue requires a *mezuza*.

BACKGROUND

The Gate of Nicanor – שַׁעַר נִיקָנוֹר: This was the eastern entrance to the Temple courtyard, and it differed from the other gates in the Second Temple in that it was made of bronze. Healed lepers would stand at the gate, and it was there that their thumbs were anointed with oil when they were purified.

Gate of Nicanor, at the top of the stairs in the center

NOTES

The gates of courtyards – שַׁעֲרֵי חֲצֵירוֹת: From this statement it appears that all gates require *mezuzot*: Gates of houses, courtyards, or cities. Other sources clarify that the obligation to affix *mezuzot* on courtyard and city gates stems from the fact that they lead to houses (*Tosafot Yeshanim*).

Gates of cities [*medinot*] – שַׁעֲרֵי מְדִינוֹת: The author of the *Ma'adanei Melekh* questions Rashi's explanation of the term *medinot* as states, because according to that explanation the sequence of the gates listed in the Gemara is not a logical one.

It is stated: And you will write them – שֶׁנֶּאֱמַר וּכְתַבְתָּם: Why is the phrase: Upon your gates, repeated at the end of the *baraita* after it was already cited at the beginning? Perhaps the first citation is from the verse in the first paragraph of *Shema* (see Deuteronomy 6:9), and the second is from the verse in the second paragraph of *Shema* (see Deuteronomy 11:20). The basis for the derivation is in fact the repetition of the term: Your gates, in both paragraphs (*Tosafot Yeshanim*; *Even Shlomo*).

City gates of Meḥoza – אַבּוּלֵי דִּמְחוֹזָא: It must be that these gates were not the primary point of entrance and exit of the city. Either it was partially unwalled or it had additional entrances (*Tosefot Rid*).

LANGUAGE

City gates [*abbulei*] – אַבּוּלֵי: Rav Binyamin Mosafya and others explain that this term comes from the Greek ἔμβολος, *embolos*, meaning a portico or a stopper. It is likely, however, that its root is the Syrian *abula*, and it is possibly related to the Hebrew *uval*, meaning stream (see Daniel 8:2).

Fort [*akra*] – אַקְרָא: From the Greek ἄκρα, *akra*, meaning fortress.

HALAKHA

Gates requiring a *mezuza* – שְׁעָרִים הַחַיָּבִים בִּמְזוּזָה: Gates of houses, courtyards, cities, and townships are obligated in the mitzva of *mezuza* if Jews live there, but not when only gentiles live there (Rema, based on *Mordekhai* and *Akeida*). A woman's house, a house that is jointly owned, a storehouse for wine or oil, and a cattle barn all require a *mezuza*. This is in accordance with the opinion of Rav Kahana, since Rav Yehuda's opinion is rejected. That is the ruling of the Rosh and others, contrary to the opinion of the Rambam (Vilna Gaon). In modern times, the custom is not to affix a *mezuza* to a barn, perhaps because it is filthy (*Pitḥei Teshuva*, based on *Yad Ketana*; *Shulḥan Arukh, Yoreh De'a* 286:1).

Obligation of a synagogue in the mitzva of *mezuza* – חִיּוּב בֵּית הַכְּנֶסֶת בִּמְזוּזָה: A synagogue requires a *mezuza* if someone lives there. Even if no one lives there, it is customary to affix a *mezuza* on the doorpost, even though the synagogue is technically exempt (*Shulḥan Arukh, Yoreh De'a* 286:3).

אֶלָּא אָמַר אַבַּיֵי: מִשּׁוּם סַכָּנָה. דְּתַנְיָא: מְזוּזַת יָחִיד נִבְדֶּקֶת פַּעֲמַיִם בַּשָּׁבוּעַ, וְשֶׁל רַבִּים פַּעֲמַיִם בַּיּוֹבֵל.

Rather, Abaye said: The reason that no *mezuza* was affixed there was **due to the danger** involved. The gates of a city populated by Jews certainly require a *mezuza*; however, since gentiles live there as well, the danger is that the gentiles would suspect the Jews of witchcraft or espionage, **as it was taught** in a *baraita*: **The *mezuza*** belonging to **an individual is examined twice every seven years** to determine whether it was stolen or became disqualified. And in order to avoid excessive burden on the community, the *mezuza* belonging to **the public**[N] is examined **twice in a** fifty-year **Jubilee** period.[H]

וְאָמַר רַבִּי יְהוּדָה: מַעֲשֶׂה בְּאַרְטָבִין אֶחָד שֶׁהָיָה בּוֹדֵק מְזוּזוֹת בַּשּׁוּק הָעֶלְיוֹן שֶׁל צִפּוֹרִי, וּמְצָאוֹ קַסְדּוֹר אֶחָד וְנָטַל מִמֶּנּוּ אֶלֶף זוּז. וְהָאָמַר רַבִּי אֶלְעָזָר: שְׁלוּחֵי מִצְוָה אֵין נִיזּוֹקִין! הֵיכָא דִּקְבִיעַ הֶיזֵּקָא – שָׁאנֵי, דִּכְתִיב: ״וַיֹּאמֶר שְׁמוּאֵל אֵיךְ אֵלֵךְ וְשָׁמַע שָׁאוּל וַהֲרָגָנִי וַיֹּאמֶר ה׳ עֶגְלַת בָּקָר תִּקַּח בְּיָדֶךָ וְאָמַרְתָּ לִזְבֹּחַ לַה׳ בָּאתִי״.

And Rabbi Yehuda said: There was **an incident** involving **an examiner** [*artavin*],[L] **who was examining *mezuzot* in the upper marketplace of Tzippori** during a period when decrees were issued against the Jewish people, **and a** Roman **official** [*kasdor*][L] **found him and collected** a fine of **one thousand *zuz* from him.** The Gemara raises a difficulty: **But didn't Rabbi Elazar say** that **those on the path to perform a mitzva are not** susceptible to **harm** throughout the process of performing the mitzva? The Gemara responds: In a place **where danger is permanent it is different,** as one should not rely on a miracle, **as it is written** with regard to God's command to Samuel to anoint David as king in place of Saul: **"And Samuel said: How will I go, and Saul will hear and kill me; and God said: Take in your hand a calf and say: I have come to offer a sacrifice to God"** (I Samuel 16:2). Even when God Himself issues the command, there is concern with regard to a clear and present danger.

תָּנֵי רַב כַּהֲנָא קַמֵּיהּ דְּרַב יְהוּדָה: בֵּית הַתֶּבֶן וּבֵית הַבָּקָר וּבֵית הָעֵצִים וּבֵית הָאוֹצָרוֹת – פְּטוּרִים מִן הַמְּזוּזָה, מִפְּנֵי שֶׁהַנָּשִׁים נָאוֹתוֹת בָּהֶן. וּמַאי נָאוֹתוֹת – רוֹחֲצוֹת. – אֲמַר לֵיהּ רַב יְהוּדָה: טַעְמָא – דְּרוֹחֲצוֹת, הָא סְתָמָא – חַיָּיבִין? וְהָתַנְיָא: רֶפֶת בָּקָר פְּטוּרָה מִן הַמְּזוּזָה!

§ **Rav Kahana taught** a *baraita* **before Rav Yehuda: A storehouse for hay, and a cattle barn, and a woodshed, and a storehouse**[H] **are exempt from** the obligation of ***mezuza*, due to** the fact **that the women make use of them. And what** is the meaning of the term: **Make use?** It means that the women **bathe** in them. Since women bathe there unclothed, it is inappropriate to affix a *mezuza* there. **Rabbi Yehuda said to him: The reason** that there is no requirement to affix a *mezuza* there is due to the fact **that** women **bathe** there; one can learn by inference **that standard** buildings of this kind, where women do not bathe, **are obligated** in the mitzva of affixing a *mezuza* there. **But wasn't it taught** in a different *baraita*: **A cattle barn is exempt from** the obligation of ***mezuza*,** unrelated to whether or not women bathe there?

אֶלָּא, מַאי נָאוֹתוֹת – מִתְקַשְּׁטוֹת. וְהָכִי קָתָנֵי: אַף עַל פִּי שֶׁהַנָּשִׁים מִתְקַשְּׁטוֹת בָּהֶן – פְּטוּרִין. אֲמַר לֵיהּ רַב כַּהֲנָא: וְשֶׁהַנָּשִׁים מִתְקַשְּׁטוֹת בָּהֶן פְּטוּרִין? וְהָתַנְיָא: רֶפֶת בָּקָר פְּטוּרָה מִן הַמְּזוּזָה, וְשֶׁהַנָּשִׁים מִתְקַשְּׁטוֹת בָּהּ – חַיֶּיבֶת בִּמְזוּזָה!

Rather, the term should be understood otherwise. **What** is the meaning of the term: **Make use?** It means that the women **adorn** themselves there, **and this** is what the *baraita* **is teaching: Although** these structures are solid and clean to the extent that **the women adorn themselves in them, they are exempt** from the obligation of *mezuza* since they are not residences. **Rav Kahana said to him:** Are you saying that structures where **the women adorn themselves are exempt** from the mitzva of *mezuza*? **But wasn't it taught** in a different *baraita*: **A cattle stable is exempt from** the obligation of ***mezuza*,** and a barn **in which women adorn themselves is obligated in** the mitzva of ***mezuza*?**

אֶלָּא מַאי אִית לָךְ לְמֵימַר – מִתְקַשְּׁטוֹת תַּנָּאֵי הִיא, לְדִידִי נַמִּי סְתָמָא תַּנָּאֵי הִיא. דְּתַנְיָא: ״בֵּיתֶךָ״ – בֵּיתְךָ הַמְיוּחָד לְךָ, פְּרָט לְבֵית הַתֶּבֶן וּלְבֵית הַבָּקָר וּלְבֵית הָעֵצִים וּלְבֵית הָאוֹצָרוֹת, שֶׁפְּטוּרִין מִן הַמְּזוּזָה, וְיֵשׁ מְחַיְּיבִין.

Rather, what have you to say, that with regard to the requirement of *mezuza* the status of places where **women adorn themselves is** subject to a dispute between ***tanna'im*?**[N] Just as there are different opinions in that case, **in my** opinion, the status of **standard** cattle barns **is also** subject to a dispute between ***tanna'im*, as it was taught** in a *baraita* that it is written: Upon the doorposts **of your house, meaning your house** that is **designated** as a residence, **to the exclusion of a storehouse for hay, and a cattle barn, and a woodshed, and a storehouse, which are exempt from** the mitzva of ***mezuza*, and some obligate** these structures in the mitzva of *mezuza*. Apparently, the Rabbis dispute the requirement of affixing a *mezuza* in a standard stable.

NOTES

The *mezuza* of an individual and the *mezuza* of the public – מְזוּזַת יָחִיד וּמְזוּזַת רַבִּים: Rashi explains that the difference between the *halakhot* is based on a reluctance to inconvenience the public. Others explain that a *mezuza* belonging to the public is naturally subject to greater scrutiny, as a large number of people pass by and will notice any problems with it. An individual's *mezuza* garners less attention and therefore must be examined more often (*Eshkol*). Yet others link the leniency with regard to a *mezuza* belonging to the public with the danger involved in examining it, as evidenced by the incident related immediately thereafter in the Gemara (*Tosafot Yeshanim*; *Tosefot HaRosh*).

The status of places where women adorn themselves is subject to a dispute between *tanna'im* – מִתְקַשְּׁטוֹת תַּנָּאֵי הִיא: Rav Kahana could have resolved the difficulty just as Rav Yehuda did with regard to bathing. However, since he proves that it is a tannaitic dispute, there was no need to explain the *baraitot* in that manner (*Tosafot Yeshanim*).

HALAKHA

Examination of *mezuzot* – בְּדִיקַת מְזוּזוֹת: A *mezuza* on a private house is examined twice every seven years, whereas a *mezuza* belonging to the public, e.g., a *mezuza* on city gates, is examined twice every fifty-year Jubilee period (*Shulḥan Arukh, Yoreh De'a* 291:1).

A storehouse for hay…and a storehouse – בֵּית הַתֶּבֶן...וּבֵית הָאוֹצָרוֹת: A storehouse for hay, a cattle barn, and a woodshed are obligated in the mitzva of *mezuza*. However, if women bathe there, these places are exempt from the mitzva of *mezuza* in deference to the sanctity of the *mezuza*. This distinction is significant only in these buildings; a residence requires a *mezuza* even if a woman lives there (*Magen Avraham*, citing Maharil). This ruling is in accordance with the opinion of Rav Kahana and is accepted by the Rif, and the Tur based on the Rosh (*Shulḥan Arukh, Yoreh De'a* 286:2).

LANGUAGE

Examiner [*artavin*] – אַרְטָבִין: Some read this as *atrivin*, associated with the Latin tribunus, meaning tribune. Others read it as Artavan, a Persian forename, which was the name of the examiner. A third suggestion is that it is from the Greek ἀρτίων, *artion*, meaning inspector.

Official [*kasdor*] – קַסְדּוֹר: From the Latin quaestor, meaning a kind of magistrate.

Reenactor of a Roman official

באמת אמרו: בית הכסא, ובית הבורסקי, ובית המרחץ, ובית הטבילה, ושהנשים נאותות בהן – פטורים מן המזוזה. רב כהנא מתרץ לטעמיה, ורב יהודה מתרץ לטעמיה.

Actually they said: There is a legal tradition that **a building** housing **a bathroom, and a building** housing **a tannery** [***burseki***],[LB] **and a bathhouse,**[B] **and a building** housing a ritual bath for **immersion,** and any places of **which women make use are exempt from** the obligation of ***mezuza*****.** This *baraita* is inconsistent with the opinions of both Rav Kahana and Rav Yehuda. Therefore, **Rav Kahana interprets** the *baraita* **according to his** line of **reasoning, and Rav Yehuda interprets** it **according to his** line of **reasoning.**

רב כהנא מתרץ לטעמיה: 'ביתך' – ביתך המיוחד לך, פרט לבית התבן, ולבית הבקר, ולבית העצים, ולבית האוצרות, שפטורים מן המזוזה בסתם. ויש שמחייבים בסתם. באמת אמרו: בית הכסא, ובית הבורסקי, ובית המרחץ, ובית הטבילה, ושהנשים נאותות בהן, ומאי נאותות – רוחצות, פטורין מן המזוזה.

Rav Kahana interprets it **according to his** line of **reasoning: Your house** means **your house that is designated** for **your** residence, **to the exclusion of a storehouse for hay, and a cattle barn, and a woodshed, and a storehouse, which are exempt from** the mitzva of ***mezuza*** **in** a case where their use is **standard** and they are not used for bathing or other immodest acts. **And some obligate** these structures in the mitzva of ***mezuza*** **in** a case where their use is **standard. In truth they said**[N] the following with regard to **a bathroom, and a tannery, and a bathhouse, and a** ritual bath for **immersion,** and any places **of which women make use; and what** is the meaning of the term: **Make use?** It is that women **bathe** there. These places **are exempt from** the obligation of ***mezuza*****.**

אי הכי היינו מרחץ! אשמעינן מרחץ דרבים, ואשמעינן מרחץ דיחיד. דסלקא דעתך אמינא: מרחץ דרבים דנפיש זוהמיה, אבל מרחץ דיחיד, דלא נפיש זוהמיה – אימא ליחייב במזוזה, קא משמע לן.

The Gemara challenges this interpretation: **If so,** that make use in this context means bathe, **this is** identical to the **bathhouse.** Why would the *baraita* need to list both a bathhouse and a place where women bathe? The Gemara answers: The *baraita* **teaches us** the *halakha* with regard to **the bathhouse of the public, and it teaches us** the *halakha* with regard to **the bathhouse of an individual.**[B] **As it could enter your mind to say: A bathhouse of the public, whose filth is extensive,** is exempt from *mezuza*; **however, the bathhouse of an individual, whose filth is not extensive,** as only women of that house bathe there, **I** would **say it is obligated in** the mitzva of affixing a ***mezuza*****.** Therefore, the *baraita* **teaches us** that the bathhouse of an individual is also exempt.

ורב יהודה מתרץ לטעמיה; הכי קתני: "ביתך" – ביתך המיוחד לך, פרט לבית התבן ובית הבקר ובית העצים ובית האוצרות, שפטורין מן המזוזה אפילו מתקשטות. ויש מחייבין במתקשטות. אבל סתם – דברי הכל פטור. באמת אמרו: בית הכסא, ובית הבורסקי ובית המרחץ, ובית הטבילה, אף על פי שהנשים מתקשטות בהן – פטורין מן המזוזה, משום דנפיש זוהמיה.

And Rav Yehuda interprets the *baraita* **according to his** line **of reasoning, and this** is what it **is teaching: Your house** means **your house that is designated** for **your** residence, **to the exclusion of a storehouse for hay, and a cattle barn, and a woodshed, and a storehouse, which are exempt from** the mitzva of ***mezuza*** **even** in a case where women **adorn themselves there. And some obligate** these structures in the mitzva of ***mezuza*** **in** a case where **women adorn themselves** there. **However,** in a case where use of the building is **standard,** everyone **agrees** that these structures **are exempt from** the mitzva of *mezuza*. **In truth they said** that **a bathroom, and a tannery, and a bathhouse, and a** ritual bath for **immersion, even though women adorn themselves** there, **are exempt from** the obligation of ***mezuza*****, because its filth is extensive.**

ולרב יהודה סתמא דברי הכל פטור? והתניא: "בשעריך" – אחד שערי בתים, ואחד שערי חצירות, ואחד שערי מדינות, ואחד שערי עיירות, ורפת, ולולין, ומתבן, ואוצרות יין, ואוצרות שמן – חייבין במזוזה. יכול שאני מרבה אף

The Gemara asks: **And according to Rav Yehuda,** in cases where use of the building is **standard,** does **everyone agree** that a storehouse **is exempt from** the mitzva of *mezuza*? **But wasn't it taught** in a *baraita* that it is written with regard to the mitzva to affix a *mezuza*: **And upon your gates,** meaning that with regard to **the gates of houses, and the gates of courtyards, and the gates of cities, and the gates of towns, and a barn, and chicken coops, and a hay storehouse, and wine storehouses, and oil storehouses, all** of them are **obligated** in the mitzva of *mezuza*? I **might** have thought **that I include** in the obligation of *mezuza* **even**

NOTES

In truth they said – באמת אמרו: The *halakha* is generally ruled in accordance with the statement introduced with this phrase. Some sources suggest that the phrase indicates that it is a *halakha* transmitted to Moses from Sinai.

LANGUAGE

Tannery [*burseki*] – בורסקי: Originally from the Greek βυρσική, *bursikè*, meaning one who processes hides. The word *burseki* developed to mean a place where animal hides are tanned, as *bursikos* is the term for matters relating to tanning hides.

BACKGROUND

Tannery – בית הבורסקי: Since tanning by ancient methods emits a foul smell, this trade was relegated to the outskirts of town, amongst the poor. Skins typically arrived at the tannery dried stiff and dirty with soil and blood. First, the tanners would soak the skins in water to clean and soften them. Then they would pound and scour the skin to remove any remaining flesh and fat. Next, the tanner needed to remove the hair fibers from the skin. This was done by soaking the skin in urine, painting it with an alkaline lime mixture, or allowing the skin to putrefy for several months before dipping it in a salt solution. Once the hair fibers were loosened, the tanners would scrape them off with a knife and then bate the material by pounding dung, usually from dogs or pigeons, into the hide. It was this combination of urine, animal feces and decaying flesh that made ancient tanneries so odoriferous.

Old-fashioned leather tanning in Fez, Morocco

Bathhouse – בית המרחץ:

Baths of Caracalla in Rome, Italy, one of the largest bathhouses in the Roman Empire

Bathhouse of an individual – מרחץ דיחיד:

Bath from Herod's palace in Jericho

NOTES

Gatehouse – בֵּית שַׁעַר: The early commentaries wondered about this ruling, as there are explicit sources that rule that a gatehouse is obligated in the mitzva of *mezuza* because it leads to an opening that requires a *mezuza*. Rashi explains that the obligation is by rabbinic law and not by Torah law. The Rif explains that a gatehouse that opens into a regular house requires a *mezuza*, but a gatehouse that opens into a garden does not. A third opinion links the term gatehouse to the term portico that follows, and explains that the Gemara here is referring to a gatehouse leading to a portico (Rif; Ritva).

LANGUAGE

Portico [*akhsadra*] – אַכְסַדְרָה: From the Greek ἐξέδρα, *exedra*, meaning a covered entrance before a house.

BACKGROUND

Portico – אַכְסַדְרָה:

Portico in Doubs, France

בֵּית שַׁעַר אַכְסַדְרָה וּמִרְפֶּסֶת – תַּלְמוּד לוֹמַר: ״בַּיִת״, מַה בַּיִת מְיוּחָד לְדִירָה – יָצְאוּ אֵלּוּ שֶׁאֵין מְיוּחָדִין לְדִירָה.

a gatehouse,[N] used to guard the entrance to a courtyard, **a portico** [*akhsadra*],[LB] an open porch, **and a balcony** serving as a corridor to several residences.[H] Therefore, **the verse states: House; just as a house** is a place that **is designated for residence** and is obligated in the mitzva of *mezuza*, so too all similar structures are obligated. This is to the **exclusion of those** structures **that are not designated for residence** but for other purposes, which are exempt from the mitzva of *mezuza*.

יָכוֹל שֶׁאֲנִי מְרַבֶּה אַף בֵּית הַכִּסֵּא, וּבֵית הַבּוּרְסְקִי, וּבֵית הַמֶּרְחָץ, וּבֵית הַטְּבִילָה – תַּלְמוּד לוֹמַר: ״בַּיִת״, מַה בַּיִת הֶעָשׂוּי לְכָבוֹד – אַף כׇּל הֶעָשׂוּי לְכָבוֹד, יָצְאוּ אֵלּוּ שֶׁאֵין עֲשׂוּיִין לְכָבוֹד.

I **might** have thought **that I include** in the obligation of *mezuza* **even a bathroom, and a tannery, and a bathhouse, and a** ritual bath **for immersion.** Therefore, **the verse states: House; just as a house** is a place **that is designed to honor** people who enter it, **so too, all** places **that are designed to honor** those who enter are obligated in the mitzva of *mezuza*, **excluding those** structures **that are not designed to honor.**[H]

יָכוֹל שֶׁאֲנִי מְרַבֶּה אַף הַר הַבַּיִת וְהַלְּשָׁכוֹת וְהָעֲזָרוֹת, תַּלְמוּד לוֹמַר: ״בַּיִת״, מַה בַּיִת שֶׁהוּא חוֹל – אַף כׇּל שֶׁהוּא חוֹל, יָצְאוּ אֵלּוּ שֶׁהֵן קוֹדֶשׁ! תְּיוּבְתָּא.

I **might** have thought **that I include** in the obligation of *mezuza* **even** the **Temple Mount**[H] **and** its **chambers and courtyards.** Therefore, **the verse states: House; just as a house** is a place **that is non-sacred, so too any** place **that is non-sacred** is obligated in the mitzva of *mezuza*, **excluding those** places **that are sacred.** For the purposes of this discussion, the *baraita* teaches that there are Sages who hold that barns and storehouses whose use is standard require a *mezuza*, contrary to the opinion of Rav Yehuda that everyone agrees that these structures are exempt. Consequently, the *baraita* is a **conclusive refutation** of his opinion and support for the contention of Rav Kahana that this matter is the subject of a tannaitic debate.

תָּנֵי רַב שְׁמוּאֵל בַּר יְהוּדָה קַמֵּיהּ דְּרָבָא: שִׁשָּׁה שְׁעָרִים פְּטוּרִין מִן הַמְּזוּזָה: בֵּית הַתֶּבֶן, וּבֵית הַבָּקָר, וּבֵית הָעֵצִים, וּבֵית הָאוֹצָרוֹת, וְשַׁעַר הַמָּדִי, וְשַׁעַר שֶׁאֵינוֹ מְקוֹרֶה, וְשַׁעַר שֶׁאֵינוֹ גָּבוֹהַּ עֲשָׂרָה. אֲמַר לֵיהּ: פְּתַחְתְּ בְּשִׁשָּׁה וְסָלְקַתְּ בְּשִׁבְעָה?

§ **Rav Shmuel bar Yehuda taught** a *baraita* **before Rava: Six gates are exempt from** the mitzva of *mezuza*: The gate of a **storehouse for hay,** and of a **cattle barn, and a woodshed, and a storehouse, and** a **Median gate,** which is a dome, lacking two doorposts and a lintel, **and an unroofed gate,**[H] and **a gate that is not ten** handbreadths **high. Rava said to him: You began** your statement **with six** gates that do not require a *mezuza*, **and you concluded with seven.**

HALAKHA

Gatehouse and balcony with regard to *mezuza* – בֵּית שַׁעַר וּמִרְפֶּסֶת בִּמְזוּזָה: A balcony through which one passes on the way to entering a house and a gatehouse that leads to a garden are exempt from *mezuza*. If these open directly into a house, a *mezuza* is required. Some say that a gatehouse requires a *mezuza* even if it does not lead directly to a house, but that requirement is by rabbinic law (see *Tosafot*; *Shakh*; *Shulḥan Arukh, Yoreh De'a* 286:7).

Those that are not designed to honor – שֶׁאֵין עֲשׂוּיִין לְכָבוֹד: A bathroom, a bathhouse, and a tannery are exempt from the mitzva of *mezuza* because they are not designed to honor those who enter them (*Shulḥan Arukh, Yoreh De'a* 286:4).

Temple Mount – הַר הַבַּיִת: The chambers and courtyards on the Temple Mount, as well as its synagogues and study halls, are exempt from the mitzva of *mezuza* if the structures have no residences, because they are sacred (Rambam *Sefer Ahava, Hilkhot Mezuza* 6:6).

Unroofed gate – שַׁעַר שֶׁאֵינוֹ מְקוֹרֶה: A structure without a roof is exempt from the mitzva of *mezuza* as stated in the Gemara here and in tractate *Menaḥot*. If it has a partial ceiling that is at least four by four cubits that is adjacent to the doorway, a *mezuza* must be affixed to the doorway.

אָמַר לֵיהּ: שַׁעַר הַמָּדִי תַּנָּאֵי הִיא, דְּתַנְיָא: כִּיפָּה, רַבִּי מֵאִיר מְחַיֵּיב בִּמְזוּזָה, וַחֲכָמִים פּוֹטְרִים, וְשָׁוִין שֶׁאִם יֵשׁ בְּרַגְלָהּ עֲשָׂרָה – שֶׁחַיֶּיבֶת בִּמְזוּזָה. אָמַר אַבָּיֵי: דְּכוּלֵּי עָלְמָא, גְּבוֹהָה עֲשָׂרָה וְאֵין בְּרַגְלָהּ שְׁלֹשָׁה – וְלָאו כְּלוּם הִיא. אִי נַמִי, יֵשׁ בְּרַגְלָהּ שְׁלֹשָׁה וְאֵינָהּ גְּבוֹהָה עֲשָׂרָה – וְלָאו כְּלוּם הִיא.

Rava **said to him:** The obligation to affix a *mezuza* to a **Median gate is** subject to a dispute between ***tanna'im*, as it was taught** in a *baraita*: With regard to the gateway of **a dome,**[HB] i.e., an arched gateway, **Rabbi Meir obligates** it **in** the mitzva of ***mezuza*, and the Rabbis exempt** it. **And they agree that if, at the foot** of the entrance, **there are** doorposts **ten** handbreadths high before the arch of the dome begins narrowing the width of the entrance, it is **obligated in** the mitzva of ***mezuza*** since the sides form a usual doorway. **Abaye said:** However, **everyone agrees** that if the entire opening is only **ten** handbreadths **high and at the foot** of its entrance **there are** doorposts **not** even **three** handbreadths high, **it is nothing.** It is not considered an entrance and is exempt from the mitzva of *mezuza*. **Alternatively,** if **at the foot** of its entrance **there are** doorposts **three** handbreadths high, but the entrance **is not ten** handbreadths **high, it is nothing,** as it is not considered a viable entrance.

לֹא נֶחְלְקוּ אֶלָּא בִּגְבוֹהָה עֲשָׂרָה, וְיֵשׁ בְּרַגְלָהּ שְׁלֹשָׁה וְאֵין בְּרָחְבָּהּ אַרְבָּעָה וְיֵשׁ בָּהּ לַחוֹק לְהַשְׁלִימָהּ לְאַרְבָּעָה. רַבִּי מֵאִיר סָבַר: חוֹקְקִין לְהַשְׁלִים, וְרַבָּנַן סָבְרִי: אֵין חוֹקְקִין לְהַשְׁלִים.

They disagree only with regard to a case where the entrance is **ten** handbreadths high, **and at the foot** of the entrance **there are** doorposts **three** handbreadths high, **but** at **no** point is **the width** of the opening **four** handbreadths. However, the space in the dome alongside the entrance **is** wide **enough to** theoretically **carve out** space to **complete** a width of **four** handbreadths. **Rabbi Meir holds** that in all cases where a certain minimum area is required for a specific *halakha* to take effect and the existing area is smaller, if circumstances would theoretically allow one to carve out and create an area of the requisite size, its legal status is as if **one carves out** the space **to complete** it.[N] Therefore, the opening is considered wide enough to require a *mezuza*. **And the Rabbis hold: One does not carve out** the space **to complete** it. Since the width of the opening is not actually four handbreadths, it is exempt from the mitzva of *mezuza*.

תָּנוּ רַבָּנַן: בֵּית הַכְּנֶסֶת וּבֵית הָאִשָּׁה וּבֵית הַשּׁוּתָּפִין – חַיֶּיבֶת בִּמְזוּזָה. פְּשִׁיטָא! מַהוּ דְּתֵימָא: "בֵּיתֶךָ" – וְלֹא בֵּיתָהּ, "בֵּיתֶךָ" – וְלֹא בָּתֵּיהֶם, קָמַשְׁמַע לַן.

§ **The Sages taught** in a *baraita*: **A synagogue, a woman's house,**[H] and **a house** jointly owned by **partners** are all **obligated in** the mitzva of ***mezuza*.** The Gemara asks: That is **obvious;** why would these structures be exempt? **Lest you say** that it is written: **"Your house,"** in the masculine, **and not her house;**[N] **"Your house,"** in the singular, **and not their house,** excluding a jointly owned house. Therefore, the *baraita* **teaches us** that those houses are obligated in the mitzva of *mezuza* like all others.

וְאֵימָא הָכִי נַמִי! אָמַר קְרָא: "לְמַעַן יִרְבּוּ יְמֵיכֶם וִימֵי בְנֵיכֶם", הָנֵי בָּעוּ חַיֵּי וְהָנֵי לָא בָּעוּ חַיֵּי?!

And say it is **indeed so** that a woman's house and a jointly owned house are exempt. The Gemara rejects this possibility: Immediately following the mitzva of *mezuza* is the reward for its fulfillment, as **the verse states: "So that your days be numerous, as well as the days of your sons"** (Deuteronomy 11:21). If these structures were exempt from the mitzva, the question would arise: Do **these** men and individuals **require** long **life,**[N] **and these,** meaning women and partners, **do not require** long **life?** The mitzva of *mezuza* clearly applies to all of them.

אֶלָּא "בֵּיתֶךָ" לָמָּה לִי? כִּדְרָבָא. דְּאָמַר רָבָא: דֶּרֶךְ בִּיאָתְךָ, וְכִי עָקַר אִינִישׁ – כַּרְעֵיהּ דִּימִינָא עָקַר בְּרֵישָׁא.

The Gemara then asks: **Rather, why do I** need the emphasis of the verse: **Your house,** if every house is obligated in the mitzva of *mezuza*? The Gemara answers: This could be understood **in accordance with** the opinion **of Rava, as Rava said:** Your house is interpreted to mean that the *mezuza* is placed in **the way that you enter**[HN] the house. **And when a person lifts** his foot to begin walking, **he lifts his right foot first.** Therefore, the *mezuza* is affixed on the right side of the doorway.

HALAKHA

Gateway shaped like an arch – שַׁעַר הֶעָשׂוּי כְּכִיפָּה: A doorway in the shape of an arch requires a *mezuza* if its side posts are at least ten handbreadths high. If the sides are less than ten handbreadths no *mezuza* is required, according to the opinion of the Rabbis (Rema, based on the *Tur*; *Shulḥan Arukh, Yoreh De'a* 287:2).

A woman's house – בֵּית הָאִשָּׁה: A woman's house and one belonging to partners both require a *mezuza* (*Shulḥan Arukh, Yoreh De'a* 286:1).

The way that you enter – דֶּרֶךְ בִּיאָתְךָ: The *mezuza* is placed on the right side of the doorway as one enters a house. Placement of a *mezuza* on the left side is invalid, whether or not the owner is left-handed (*Mordekhai*; *Shakh*; *Shulḥan Arukh, Yoreh De'a* 289:2).

BACKGROUND

Gateway of a dome – כִּיפָּה: This arched gateway has a dotted line indicating where it would be necessary to carve out the wall to extend the entrance so that its upper portion would be four handbreadths wide.

Gateway shaped like an arch

NOTES

One carves out the space to complete it – חוֹקְקִין לְהַשְׁלִים: The scope of the dispute whether or not one virtually carves out the space to complete it goes beyond the matter of *mezuza*. The general question is whether the potential of rendering an area halakhically fit is sufficient to render it fit, or whether that potential must be realized in order to render the area halakhically fit. A similar principle is applied to meal-offerings: With regard to any ingredients that are fit to be blended, failure to blend them does not invalidate the offering.

Your house and not her house – בֵּיתֶךָ – וְלֹא בֵּיתָהּ: The obvious difficulty with this Gemara is that the entire Torah is written in masculine form, as Hebrew convention is to address a group consisting of both men and women in the masculine. Women are certainly not exempt from all mitzvot formulated in the masculine. The reason that the masculine here could be interpreted as exclusive is because the previous verse was formulated in the plural. The fact that this verse was formulated in the masculine singular could indicate exclusivity (*Gevurat Ari*).

Do these require long life – הָנֵי בָּעוּ חַיֵּי: This rhetorical question is effective in obligating a woman's house in the mitzva of *mezuza*, but not a jointly owned house (Rabbi Akiva Eiger). In tractate *Ḥullin*, the Gemara explains that the obligation to affix a *mezuza* to a jointly owned house is derived from the use of the plural form of the word your in the phrase: "So that your days be numerous" (Rav Shmuel Strashun; *Ḥeshek Shlomo*).

The way that you enter – דֶּרֶךְ בִּיאָתְךָ: The Gemara in tractate *Menaḥot* cites a different verse as the source of this *halakha*: "And he placed it at the right side of the altar as one enters the house of the Lord" (II Kings 12:10), indicating that entry is on the right.

HALAKHA

Houses that become impure with the impurity of leprosy – הַבָּתִּים הַמִּטַּמְּאִין בִּנְגָעִים: A woman's house or one belonging to partners, and likewise a synagogue or house of study that has a residence, can become impure with the impurity of leprosy (Rambam *Sefer Tahara, Hilkhot Tumat Tzara'at* 14:14).

NOTES

Upon a house in the land you possess – בְּבֵית אֶרֶץ אֲחוּזַּתְכֶם: Some explain that this derivation is based on the use of the word house without attribution, indicating that all houses are obligated in the mitzva of *mezuza*.

One who dedicates his house to himself alone – שֶׁמְּיַיחֵד בֵּיתוֹ לוֹ: Some manuscripts of the Talmud omit the phrase: Who refuses to lend, etc., and explain that his miserliness is manifest in his reluctance to welcome guests into his home. Ultimately, he will empty his possessions from his house (Rabbeinu Ḥananel).

***Mezuza* and leprosy – מְזוּזָה וּנְגָעִים:** The Gemara sees no difficulty in equating the *halakhot* of *mezuza* to the *halakhot* of leprosy of the house, although the connection is not obvious. The basis for the analogy is that in both cases there are precise definitions of the concepts of house and privacy. Therefore, any structure classified as a house with regard to *mezuza* may be similarly classified with regard to leprosy.

תַּנְיָא אִידָךְ: בֵּית הַכְּנֶסֶת וּבֵית הַשּׁוּתָּפִין וּבֵית הָאִשָּׁה – מִטַּמְּאִין בִּנְגָעִים. פְּשִׁיטָא! מַהוּ דְּתֵימָא: ״וּבָא אֲשֶׁר לוֹ הַבַּיִת״, ״לוֹ״ – וְלֹא לָהּ, ״לוֹ״ – וְלֹא לָהֶן, קָא מַשְׁמַע לַן.

§ Apropos the *baraita* just cited, the Gemara cites a related *baraita* that addresses a different topic. **It was taught in another** *baraita*: **A synagogue, a house** jointly owned by **partners, and a woman's house become impure with** the impurity of **leprosy** of the house, like all other houses.[H] The Gemara asks: That is **obvious;** why wouldn't they become impure? The Gemara explains: **Lest you say** that it is written with regard to leprosy: **"And the one whom the house is his will come"** (Leviticus 14:35), which could be interpreted: **His and not hers; his and not theirs,** to the exclusion of a house owned by a woman or by partners. Therefore, **it teaches us** that these houses are also included in this *halakha*.

וְאֵימָא הָכִי נַמִי! אָמַר קְרָא: ״בְּבֵית אֶרֶץ אֲחוּזַּתְכֶם״. אֶלָּא ״לוֹ״ לָמָּה לִי? מִי שֶׁמְּיַיחֵד בֵּיתוֹ לוֹ, שֶׁאֵינוֹ רוֹצֶה לְהַשְׁאִיל כֵּלָיו, וְאוֹמֵר שֶׁאֵין לוֹ, הַקָּדוֹשׁ בָּרוּךְ הוּא מְפַרְסְמוֹ, כְּשֶׁמְּפַנֶּה אֶת בֵּיתוֹ, פְּרָט לְמַשְׁאִיל כֵּלָיו לַאֲחֵרִים.

And say it is **indeed so** that a woman's house and a jointly owned house are excluded from the impurity of leprosy. The Gemara responds that **the verse states: "In a house of the land of your possession"** (Leviticus 14:34).[N] The word your is written in the plural form to teach that all houses in Eretz Yisrael are subject to this impurity. The Gemara asks: **Rather, why do I** need the emphasis of the term: **His,** if every house is subject to the impurity of leprosy? The Gemara answers that the term does not teach a *halakha* but reveals why a house might be afflicted with leprosy. The house belonging to **one who dedicates his house to himself** alone,[N] **who refuses to lend his vessels** to others **and says that he does not have** them, will be punished. **The Holy One, Blessed be He, publicizes his** possessions for all to see **when** he is forced to **empty** them from **his house** due to leprosy. **This excludes** one **who lends his vessels to others;** his house is not afflicted with leprosy.

וּבֵית הַכְּנֶסֶת מִי מִטַּמֵּא בִּנְגָעִים? וְהָתַנְיָא: יָכוֹל יִהְיוּ בָּתֵּי כְּנֵסִיּוֹת וּבָתֵּי מִדְרָשׁוֹת מִטַּמְּאִין בִּנְגָעִים – תַּלְמוּד לוֹמַר: ״וּבָא אֲשֶׁר לוֹ הַבַּיִת״ – מִי שֶׁמְּיוּחָד לוֹ, יָצְאוּ אֵלּוּ שֶׁאֵין מְיוּחָדִין לוֹ!

The Gemara raises another question: **And** with regard to **a synagogue, does it become impure with** the impurity of **leprosy? But wasn't it taught** in a *baraita*: One **might** have thought **that synagogues and study halls become impure with** the impurity of **leprosy.** Therefore, **the verse states: And the one whom the house is his will come;** this is referring to a house **that is designated for him, excluding those** houses **that are not designated for him** but are public property.

לָא קַשְׁיָא; הָא – רַבִּי מֵאִיר, הָא רַבָּנַן, דְּתַנְיָא: בֵּית הַכְּנֶסֶת שֶׁיֵּשׁ בָּהּ בֵּית דִּירָה לְחַזַּן הַכְּנֶסֶת – חַיָּיב בִּמְזוּזָה, וְשֶׁאֵין בָּהּ בֵּית דִּירָה – רַבִּי מֵאִיר מְחַיֵּיב, וַחֲכָמִים פּוֹטְרִין.

The Gemara responds: This is **not difficult,** as it is the subject of a tannaitic dispute. **This** *baraita*, which states that a synagogue can become impure with the impurity of leprosy, is in accordance with the opinion of **Rabbi Meir; that** *baraita*, which states that a synagogue cannot become impure with the impurity of leprosy, is in accordance with the opinion of **the Rabbis, as it was taught** in a *baraita*: **A synagogue in which there is a residence for the synagogue attendant is obligated in** the mitzva of ***mezuza***, as it is a dwelling. With regard to **a synagogue in which there is no residence, Rabbi Meir obligates** it in the mitzva of *mezuza*, **and the Rabbis exempt** it. Rabbi Meir deems a synagogue like a residence with regard to both a *mezuza* and its susceptibility to leprosy.[N]

וְאִיבָּעֵית אֵימָא: הָא וְהָא רַבָּנַן, וְלָא קַשְׁיָא; הָא – דְּאִית בָּהּ בֵּית דִּירָה, הָא – דְּלֵית בָּהּ בֵּית דִּירָה.

And if you wish, say instead a different resolution to the contradiction between the *baraitot* with regard to the synagogue. Both **this** *baraita* **and that** *baraita* are in accordance with the opinion of **the Rabbis, and** it is **not difficult. This** *baraita*, which states that it can become impure, is referring to a synagogue **in which there is a place of residence; that** *baraita*, which states that it cannot become impure, is referring to a synagogue **in which there is not a place of residence.**

וְאִי בָּעֵית אֵימָא: הָא וְהָא דְּלֵית בָּהּ בֵּית דִּירָה.

And if you wish, say instead yet a different resolution to the contradiction between the *baraitot*: Both **this** *baraita* **and that** *baraita* are referring to synagogues **in which there is not a place of residence,**

וְהָא דִּכְרַכִּים וְהָא דִּכְפָרִים.

and this *baraita*, which states that a synagogue does not become impure, is referring to synagogues **in large cities.** Since those synagogues attract people from different places, the building is not the property of the local residents but that of the public. **And that** *baraita*, which states that a synagogue becomes impure, is referring to synagogues **in villages,** which belong solely to the residents of the village, and their status if like that of a house owned by partners.

וּדִכְרַכִּים אֵין מְטַמֵּא בִּנְגָעִים? וְהָתַנְיָא: ״אֲחוּזַּתְכֶם״ – אֲחוּזַּתְכֶם מִטַּמְּאָה בִּנְגָעִים, וְאֵין יְרוּשָׁלַיִם מִטַּמְּאָה בִּנְגָעִים. אָמַר רַבִּי יְהוּדָה: אֲנִי לֹא שָׁמַעְתִּי אֶלָּא מְקוֹם מִקְדָּשׁ בִּלְבַד. הָא בָּתֵּי כְנֵסִיּוֹת וּבָתֵּי מִדְרָשׁוֹת – מִטַּמְּאִין בִּנְגָעִים, וְאַף עַל גַּב דִּכְרַכִּים נִינְהוּ! אֵימָא: אָמַר רַבִּי יְהוּדָה: אֲנִי לֹא שָׁמַעְתִּי אֶלָּא מָקוֹם מְקוּדָּשׁ בִּלְבַד.

The Gemara asks: **And do** the synagogues **in large cities not become ritually impure** with the impurity **of leprosy? Wasn't it taught** in a *baraita* that it is written: "In a house of the land of **your possession**" (Leviticus 14:34); the land of **your possession becomes ritually impure** with the impurity **of leprosy, and the** city of **Jerusalem does not become ritually impure** with the impurity **of leprosy,**[H] since it belongs to all the Jewish people rather than to a specific tribe? **Rabbi Yehuda said: I heard** that it is **only the site of the Temple** [*mikdash*] **alone** that does not become ritually impure with the impurity of leprosy. It can be inferred **that** in the opinion of Rabbi Yehuda, even **synagogues and study halls** in Jerusalem **become ritually impure** with the impurity **of leprosy, and** that is the case **even though they** are synagogues **in large cities.** The Gemara rejects this; rather, one must emend the *baraita* and **say** that **Rabbi Yehuda said: I heard** that it is **only a sacred** [*mekudash*] **site alone.** That definition includes synagogues and study halls.

בְּמַאי קָא מִיפַּלְגִי? תַּנָּא קַמָּא סָבַר: יְרוּשָׁלַיִם לֹא נִתְחַלְּקָה לַשְּׁבָטִים, וְרַבִּי יְהוּדָה סָבַר: יְרוּשָׁלַיִם נִתְחַלְּקָה לַשְּׁבָטִים.

§ The Gemara explains the dispute in the *baraita* that was cited: **With regard to what** principle **do** Rabbi Yehuda and the Rabbis **disagree? The first** ***tanna*** **holds: Jerusalem was not divided among the tribes**[N] but belonged to all of the Jewish people, and as such it does not become ritually impure with the impurity of leprosy. **Rabbi Yehuda holds: Jerusalem was divided between the tribes** of Judah and Benjamin.[B] Therefore, the same *halakhot* of impurity apply there as apply in all other cities in Eretz Yisrael.

וּבִפְלוּגְתָּא דְּהָנֵי תַּנָּאֵי, דְּתַנְיָא: מֶה הָיָה בְּחֶלְקוֹ שֶׁל יְהוּדָה – הַר הַבַּיִת, הַלְּשָׁכוֹת וְהָעֲזָרוֹת. וּמֶה הָיָה בְּחֶלְקוֹ שֶׁל בִּנְיָמִין – אוּלָם, וְהֵיכָל, וּבֵית קָדְשֵׁי הַקֳּדָשִׁים. וּרְצוּעָה הָיְתָה יוֹצְאָה מֵחֶלְקוֹ שֶׁל יְהוּדָה וְנִכְנֶסֶת לְחֶלְקוֹ שֶׁל בִּנְיָמִין, וּבָהּ הָיָה מִזְבֵּחַ בָּנוּי. וּבִנְיָמִין הַצַּדִּיק הָיָה מִצְטַעֵר עָלֶיהָ לְבָלְעָהּ בְּכָל יוֹם,

The Gemara states: **And** that dispute corresponds **to the dispute** between **these** ***tanna'im*****, as it was taught** in a *baraita*: **What** part of the Temple **was** located **in the portion of** the tribe of **Judah?** It was the part including **the** entire **Temple Mount,** excluding those areas in the portion of Benjamin, **the chambers, and the courtyards. And what** part of the Temple **was in the portion of** the tribe of **Benjamin?** It was the part including **the Entrance Hall** of the Sanctuary, **and the Sanctuary, and the Holy of Holies. And a strip** of land **emerges** from **the portion of Judah and enters the portion of Benjamin on which the altar is built.**[N] **And Benjamin the righteous would suffer** longing **to engulf it every day.** The tribe of Benjamin was disappointed that the strip belonging to the tribe of Judah intersected its tribal land and wanted Judah to transfer ownership so that the land with the altar would belong to Benjamin.

שֶׁנֶּאֱמַר: ״חוֹפֵף עָלָיו כׇּל הַיּוֹם״. לְפִיכָךְ זָכָה בִּנְיָמִין הַצַּדִּיק וְנַעֲשָׂה אוּשְׁפִּיזְכָן לַגְּבוּרָה, שֶׁנֶּאֱמַר: ״וּבֵין כְּתֵפָיו שָׁכֵן״.

An allusion to this is **that** which **is stated** in Moses' blessing to Benjamin: **"Ever does he protect him** and he rests between his shoulders" (Deuteronomy 33:12), like one who is unable to abide something stuck between his shoulders and constantly rubs it to remove it. **Therefore, Benjamin the righteous was privileged**[N] **to serve as host** [*ushpizekhan*][L] **to the Almighty, as it is stated: "And he rests between his shoulders,"** alluding to the fact that the Holy of Holies was located in the territory of Benjamin. According to this *baraita*, Jerusalem was divided among the tribes.

HALAKHA

Jerusalem does not become ritually impure with the impurity of leprosy – אֵין יְרוּשָׁלַיִם מִטַּמְּאָה בִּנְגָעִים: Houses in Jerusalem do not become ritually impure with the impurity of leprosy because the city was not divided among the tribes (Rambam *Sefer Tahara*, *Hilkhot Tumat Tzara'at* 14:11).

NOTES

Division of Jerusalem among the tribes – חֲלֻקַּת יְרוּשָׁלַיִם לַשְּׁבָטִים: In order to reconcile the apparently contradictory biblical texts, everyone agrees that initially Jerusalem was divided between Judah and Benjamin. However, at a later stage the city was chosen as the sacred site of the Temple. The dispute is whether at that point the entire city was expropriated from the tribes and nationalized, or whether that was limited to just the site of the Temple (*Siaḥ Yitzḥak*).

On which the altar is built – וּבָהּ הָיָה מִזְבֵּחַ בָּנוּי: It is clear from other sources that the majority of the altar was in the territory of Benjamin, and only its southeast corner was on a strip of land belonging to Judah.

Therefore Benjamin the righteous was privileged – לְפִיכָךְ זָכָה בִּנְיָמִין הַצַּדִּיק: The tribe of Benjamin coveted that strip of land because they knew through divine inspiration that the altar would be built upon it. That is why they were privileged to have the Divine Presence rest on their portion where the Holy of Holies was constructed.

BACKGROUND

Portion of Judah and Benjamin – חֵלֶק יְהוּדָה וּבִנְיָמִין: This diagram, which is not to scale, indicates the division of the territory of the Temple between the tribes of Judah and Benjamin.

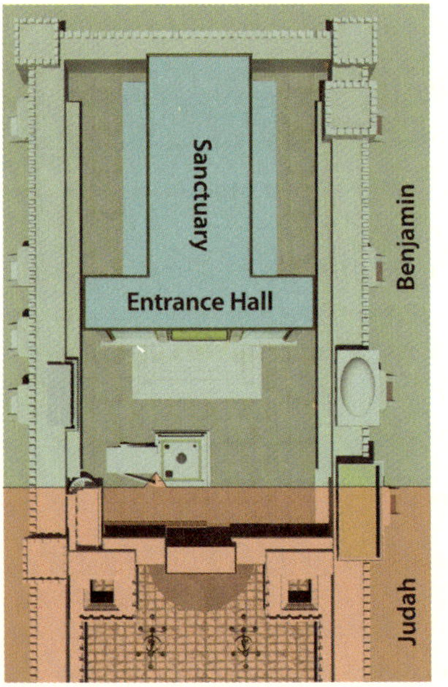

Division of the Temple between the tribes of Judah and Benjamin

LANGUAGE

Host [*ushpizekhan*] – אוּשְׁפִּיזְכָן: From the Middle Persian aspinj, meaning hospital or inn.

וְהַאי תַּנָּא סָבַר יְרוּשָׁלַיִם לֹא נִתְחַלְּקָה לַשְּׁבָטִים, דְּתַנְיָא: אֵין מַשְׂכִּירִין בָּתִּים בִּירוּשָׁלַיִם, לְפִי שֶׁאֵינָהּ שֶׁלָּהֶן. רַבִּי אֶלְעָזָר בַּר (צָדוֹק) אוֹמֵר: אַף לֹא מִטּוֹת. לְפִיכָךְ, עוֹרוֹת קָדָשִׁים – בַּעֲלֵי אוּשְׁפִּיזְכְנִין נוֹטְלִין אוֹתָן בִּזְרוֹעַ. אָמַר אַבַּיֵי: שְׁמַע מִינָּהּ אוֹרַח אַרְעָא לְמִישְׁבַּק אִינִישׁ גּוּלְפָּא וּמַשְׁכָּא לְאוּשְׁפִּיזֵיהּ.

And this *tanna* holds: Jerusalem was not divided among the tribes at all, **as it was taught** in a *baraita*: Homeowners did **not let** their **houses in Jerusalem because** the houses **were not** actually **theirs.** Residents of Jerusalem did not own their residences, as the city belonged to the entire Jewish people. **Rabbi Elazar bar Tzadok says: Even beds** were **not** rented.[N] **Therefore,** with regard to **hides of consecrated animals** of the Festival peace-offerings, which the pilgrims to Jerusalem would give as gifts to their hosts, the hosts were not really entitled to them. This is why **the hosts** would **take them by force. Abaye said: Learn from it that it is customary for a guest to leave** his empty wine **jug and hides** from sacrificial animals and give them **to his host.**

וְדִכְפָרִים מִי מְטַמֵּא בִּנְגָעִים? וְהָתַנְיָא: ״לַאֲחוּזָּה״ – עַד שֶׁיִּכְבְּשׁוּ אוֹתָהּ, כְּבָשׁוּ אוֹתָהּ וְלֹא חִלְּקוּהָ לַשְּׁבָטִים, חִלְּקוּ לַשְּׁבָטִים וְלֹא חִלְּקוּ לְבֵית אָבוֹת, חִלְּקוּ לְבֵית אָבוֹת וְאֵין כׇּל אֶחָד מַכִּיר אֶת שֶׁלּוֹ, מִנַּיִין?

After discussing the status of Jerusalem, the Gemara addresses the matter of synagogues in villages. The Gemara asks: **And do** the synagogues **in villages become impure** with the impurity **of leprosy? Wasn't it taught** in a *baraita* as follows? It is written: "When you enter the land of Canaan that I give you **for a possession,** and I put the plague of leprosy in a house of the land of your possession" (Leviticus 14:34). The term: "For a possession," means **until you conquer it** and it becomes entirely yours. However, in a case where **they conquered it but did not divide it among the tribes,** or where **they divided** it **among the tribes but did not distribute** it **to the patrilineal families;** or where **they distributed** it **to the patrilineal families, but every one** of them **does not recognize his** individual portion, **from where** is it derived that it does not become impure?

תַּלְמוּד לוֹמַר: ״וּבָא אֲשֶׁר לוֹ הַבַּיִת״ – מִי שֶׁמְּיוּחָד לוֹ, יָצְאוּ אֵלּוּ שֶׁאֵין מְיוּחָדִין לוֹ. אֶלָּא מְחַוַּורְתָּא כִּדְשָׁנִין מֵעִיקָּרָא.

The verse states: "And the one whom the house is his will come" (Leviticus 14:35); one **whom** the house **is designated for him** and who is certain of his ownership, **excluding those** houses **which are not designated for him.** Apparently, the legal status of synagogues in villages is that of communal property, as the portion of each individual is not clearly identifiable, and therefore they cannot become impure. **Rather,** there is no distinction in this regard between synagogues in large cities and those in villages. And with regard to the original question, **it is clear as we responded initially** with alternative resolutions to the contradiction between the *baraitot*.

״וּמַתְקִינִין לוֹ כֹּהֵן אַחֵר״. פְּשִׁיטָא: אֵירַע בּוֹ פְּסוּל קוֹדֶם תָּמִיד שֶׁל שַׁחַר – מְחַנְּכִין אוֹתוֹ בְּתָמִיד שֶׁל שַׁחַר. אֶלָּא, אֵירַע בּוֹ פְּסוּל אַחַר תָּמִיד שֶׁל שַׁחַר בַּמֶּה מְחַנְּכִין אוֹתוֹ?

§ It was taught in the mishna: **And they would designate another priest** in the High Priest's stead, lest a disqualification due to impurity prevent his entering the Temple on Yom Kippur. The Gemara asks: It is **obvious** that if **disqualification befell** the incumbent High Priest **prior to the** sacrifice of the **daily morning offering** on Yom Kippur, that **one initiates** the replacement by dressing him in the eight garments of the High Priest **with the daily morning offering,** which renders him acting High Priest. **However,** if **disqualification befell** the incumbent High Priest **after the daily morning offering, how does one initiate** the replacement?[N] After the daily morning offering, the High Priest begins the Yom Kippur service clothed in the four linen garments unique to the day, which are the same as the tunic, trousers, turban, and belt of the common priest. How is it evident that he is the acting High Priest?

אָמַר רַב אַדָּא בַּר אַהֲבָה: בְּאַבְנֵט. – הָנִיחָא לְמַאן דְּאָמַר: ״אַבְנֵטוֹ שֶׁל כֹּהֵן גָּדוֹל זֶה הוּא אַבְנֵטוֹ שֶׁל כֹּהֵן הֶדְיוֹט״. אֶלָּא לְמַאן דְּאָמַר: ״אַבְנֵטוֹ שֶׁל כֹּהֵן גָּדוֹל לֹא זֶהוּ אַבְנֵטוֹ שֶׁל כֹּהֵן הֶדְיוֹט״ מַאי אִיכָּא לְמֵימַר?

Rav Adda bar Ahava said: It is evident **by** means of his **belt.**[N] The belt worn by the High Priest on Yom Kippur was made of linen, unlike that of the common priest, which was a mixture of the diverse kinds of linen and wool. The Gemara asks: **This** works out **well** according **to the one who said:** Throughout the rest of the year, **the belt of the High Priest,** which the Torah clearly states is made of a mixture of diverse kinds, **is** identical to **the belt of the common priest,** whereas on Yom Kippur, the belt is made of linen. When the replacement priest dons the linen belt he is initiated as the acting High Priest. **However, according to the one who said: The belt of the High Priest is not** identical to **the belt of the common priest, what can be said?** According to this approach, throughout the year the High Priest wears a belt of blue and purple wool and linen, while the belts of common priests are made of white linen like the rest of their clothes. Therefore, on Yom Kippur, when the High Priest dons a belt of white linen, his belt is identical to that of a common priest. If so, what initiates the replacement as acting High Priest?

NOTES

Even beds were not rented – **אַף לֹא מִטּוֹת**: This is because the spot where the beds were situated did not belong to the homeowners (*Tosafot Yeshanim*).

How does one initiate him – **בַּמֶּה מְחַנְּכִין אוֹתוֹ**: The early commentaries ask why the replacement priest was not anointed with oil for this purpose, and answer that there was no anointing oil in the Second Temple period. King Josiah sequestered it along with some of the Temple vessels, before the destruction of the First Temple (*Tosafot Yeshanim*; *Tosefot HaRosh*; *Me'iri*). With regard to the basic question of why dressing the replacement in eight garments was insufficient to initiate him as acting High Priest, some explain that since the eight garments were sometimes donned by a common priest if he had to consult the *Urim VeTummim* to seek divine guidance, in order to initiate the acting High Priest it was necessary to not only wear the eight garments but also to perform some portion of the service (*Tosefot Ri HaLavan*; *Gevurat Ari*).

By means of his belt – **בְּאַבְנֵט**: A variant reading of this Gemara is: The belt of the High Priest, referring to the special belt that the High Priest wore on Yom Kippur, which was made of fine linen, like the belt of the common priest throughout the rest of the year. The High Priest's belt throughout the year was a mixture of the diverse kinds of wool and linen. Therefore, it would have been sufficient for the replacement High Priest to exchange his linen belt for one of diverse kinds as initiation. Since, wearing that belt violates the prohibition of diverse kinds for anyone other than the High Priest, donning it would herald his change of status (Rabbeinu Tam; *Peirush Kadmon*).

אָמַר אַבַּיֵי: לוֹבֵשׁ שְׁמוֹנָה וּמְהַפֵּךְ בְּצִינּוֹרָא, וְכִדְרַב הוּנָא, דְּאָמַר רַב הוּנָא: זָר שֶׁהָפַךְ בְּצִינּוֹרָא – חַיָּיב מִיתָה. וְרַב פָּפָּא אָמַר:

Abaye said: Before the replacement begins serving on Yom Kippur with the four linen garments, he is initiated and promoted to the High Priesthood by **donning** the **eight** garments of the High Priest **and turning over** one of the limbs on the altar **with a fork,**[NB] thereby accelerating the burning of the daily morning offering. By performing part of the service while wearing the garments of the High Priest, he is initiated as acting High Priest. **And this is in accordance with** the opinion **of Rav Huna, as Rav Huna said: A non-priest who turns over** part of the offering on the altar **with a fork**[H] **is liable** to receive the **death** penalty because he engaged in Temple service restricted to priests. **And Rav Pappa said:**

NOTES

Fork [*tzinora*] – צִינּוֹרָא: Some commentaries suggest that the term *tzinora* is a contraction of *atzei nura*, meaning wood of fire (Rabbeinu Ḥananel). Another opinion states that it means ashes (*Peirush Kadmon*).

BACKGROUND

Fork [*tzinora*] – צִינּוֹרָא: *Tzinora* is the name for bent metal vessels, which have different shapes depending on their purpose. Some curve into hooks, while others are a ring at the end of a metal handle. The *tzinora* in the Temple was a large fork with two tines used to turn over the burning wood on the altar or the limbs and organs placed there. The Aramaic translation of the term fork in the Bible is *tzinora*.

HALAKHA

A non-priest who turns over part of the offering with a fork – זָר שֶׁהָפַךְ בְּצִינּוֹרָא: A non-priest who engages in sacrificial service in the Temple is liable to receive the death penalty. Even if he merely turns over limbs that have not yet been consumed and thereby hastens their burning on the altar, he is liable, in accordance with the opinion of Rav Huna (Rambam *Sefer Avoda, Hilkhot Biat HaMikdash* 9:4).

עֲבוֹדָתוֹ מְחַנַּכְתּוֹ. מִי לָא תַּנְיָא: כׇּל הַכֵּלִים שֶׁעָשָׂה מֹשֶׁה – מְשִׁיחָתָן מְקַדַּשְׁתָּן, מִכָּאן וְאֵילָךְ – עֲבוֹדָתָן מְחַנַּכְתָּן. הָכָא נָמֵי – עֲבוֹדָתוֹ מְחַנַּכְתּוֹ.

That action is unnecessary and therefore superfluous; **his service initiates him.**[H] The replacement High Priest need not undergo any preliminary initiation. His very performance of the Yom Kippur service, which is valid only if performed by the High Priest, initiates him as acting High Priest. As proof, the Gemara states: **Wasn't it taught** in a *baraita*: With regard to **all the** sacred **vessels that Moses made, their anointment** with oil **consecrates them. From that** point **forward,** in the generations after Moses, new vessels did not require anointment to be consecrated; rather, **their** use in Temple **service initiates them** and renders them fit for use.[H] **Here, too,** with regard to the High Priest, **his service initiates him.**

כִּי אֲתָא רַב דִּימִי אָמַר: אַבְנֵטוֹ שֶׁל כֹּהֵן הֶדְיוֹט, רַבִּי וְרַבִּי אֶלְעָזָר בְּרַבִּי שִׁמְעוֹן; חַד אָמַר: שֶׁל כִּלְאַיִם, וְחַד אָמַר: שֶׁל בּוּץ.

§ Apropos the belt of the High Priest, the Gemara cites the aforementioned dispute in its entirety. **When Rav Dimi came** from Eretz Yisrael to Babylonia **he said:** With regard to **the belt of the common priest,**[H] there is a dispute between **Rabbi** Yehuda HaNasi **and Rabbi Elazar, son of Rabbi Shimon. One said:** It was a mixture **of diverse kinds** of wool and linen, like the belt of the High Priest mentioned in the Torah. **And one said:** It was made of **fine linen,** like the rest of the garments of the common priest.

תִּסְתַּיֵּים, דְּרַבִּי הוּא דְּאָמַר שֶׁל כִּלְאַיִם. דְּתַנְיָא: אֵין בֵּין כֹּהֵן גָּדוֹל לְכֹהֵן הֶדְיוֹט אֶלָּא אַבְנֵט, דִּבְרֵי רַבִּי. רַבִּי אֶלְעָזָר בְּרַבִּי שִׁמְעוֹן אוֹמֵר: אַף לֹא אַבְנֵט. אֵימַת? אִי נֵימָא בִּשְׁאָר יְמוֹת הַשָּׁנָה – טוּבָא אִיכָּא: כֹּהֵן גָּדוֹל מְשַׁמֵּשׁ בִּשְׁמוֹנָה, וְהֶדְיוֹט בְּאַרְבָּעָה.

The Gemara suggests: **Conclude that it is Rabbi** Yehuda HaNasi **who said** that the belt of the common priest was a mixture **of diverse kinds, as it was taught** in a *baraita*: **The only** difference **between a High Priest and a common priest is** the **belt**; this is **the statement of Rabbi** Yehuda HaNasi. **Rabbi Elazar, son of Rabbi Shimon, says: Not even** the **belt** represents a difference between them. The Gemara explains: With regard to the difference between the High Priest and the common priest, **when** is there a dispute between the *tanna'im*? **If we say** that the dispute is with regard to **the rest of the days of the year, there are many** other differences between them, since **the High Priest serves** wearing **eight garments and the common** priest wears **four** garments. Therefore, that could not be the point of the dispute.

HALAKHA

His service initiates him – עֲבוֹדָתוֹ מְחַנַּכְתּוֹ: If a disqualification befalls the High Priest on Yom Kippur, the replacement immediately continues the service with no need for a particular initiation rite, in accordance with the opinion of Rav Pappa and the supporting *baraita* (*Kesef Mishne*; Rambam *Sefer Avoda, Hilkhot Avodat Yom HaKippurim* 2:3).

Consecration of the Temple vessels – קִידּוּשׁ כְּלֵי הַמִּקְדָּשׁ: The vessels of the Tabernacle that were crafted by Moses in the desert were consecrated by anointment with oil. However, from that point onward anointing with oil was unnecessary, and subsequent vessels were consecrated through their use in the Temple service (Rambam *Sefer Avoda, Hilkhot Kelei HaMikdash* 1:12).

The fashioning of the belt – מַעֲשֵׂה אַבְנֵט: The belt that the High Priest wore during the year was made by weaving wool and linen together, as was that of the common priest. The belt worn by the High Priest on Yom Kippur was made of fine linen. This follows the principle that the ruling is in accordance with the opinion of Rabbi Yehuda HaNasi in disputes with his colleagues (Rambam *Sefer Avoda, Hilkhot Kelei HaMikdash* 8:1).

אֶלָּא לָאו – בְּיוֹם הַכִּפּוּרִים.

Rather, is it **not** that the dispute is with regard to the differences between the High Priest and the common priest on **Yom Kippur?**[N] They agree that the belt of the High Priest on Yom Kippur is made of linen, but disagree with regard to the common priest's belt. According to Rabbi Yehuda HaNasi, who says that there is a difference between the belts, the belt of the common priest must be made of a mixture of diverse kinds. According to Rabbi Elazar, son of Rabbi Shimon, who says that there is no difference between their belts, the belt of the common priest must be made of linen, like that of the High Priest on Yom Kippur.

אָמְרִי: לָא, לְעוֹלָם בִּשְׁאָר יְמוֹת הַשָּׁנָה, וּבְהָנָךְ דְּשָׁוִין.

The Gemara rejects this proof. The Sages **say: No,** this is not a proof, as **actually,** the dispute is with regard to the differences **during the rest of the days of the year.** However, the dispute is not with regard to all the differences between the High Priest and the common priest, but rather only with regard to **those** four garments **common** to both priests: The tunic, trousers, turban, and belt. Based on this understanding that the dispute is with regard to the rest of the year, the analysis of the dispute is reversed: According to Rabbi Yehuda HaNasi the belt of the High Priest is a mixture of diverse kinds and that of the common priest is made of linen, while according to Rabbi Elazar, son of Rabbi Shimon, the belt of the common priest is a mixture of diverse kinds. Therefore, there is no definitive proof from the *baraita*.

כִּי אֲתָא רָבִין אֲמַר: אַבְנֵטוֹ שֶׁל כֹּהֵן גָּדוֹל בְּיוֹם הַכִּפּוּרִים – דִּבְרֵי הַכֹּל שֶׁל בּוּץ, בִּשְׁאָר יְמוֹת הַשָּׁנָה – דִּבְרֵי הַכֹּל שֶׁל כִּלְאַיִם. לֹא נֶחְלְקוּ אֶלָּא בְּאַבְנֵטוֹ שֶׁל כֹּהֵן הֶדְיוֹט, בֵּין בִּשְׁאָר יְמוֹת הַשָּׁנָה בֵּין בְּיוֹם הַכִּפּוּרִים. שֶׁרַבִּי אוֹמֵר: שֶׁל כִּלְאַיִם, וְרַבִּי אֶלְעָזָר בְּרַבִּי שִׁמְעוֹן אוֹמֵר: שֶׁל בּוּץ.

When Ravin came from Eretz Yisrael to Babylonia **he stated** this tradition in a clearer fashion: With regard to **the belt of the High Priest on Yom Kippur, everyone agrees** that it is made **of fine linen,** as stated in the Torah. With regard to **the belt of the High Priest during the rest of the days of the year, everyone agrees** that it is a mixture **of diverse kinds. They disagreed only with regard to the belt of the common priest both during the rest of the days of the year and on Yom Kippur, as Rabbi** Yehuda HaNasi **says:** It was a mixture **of diverse kinds, and Rabbi Elazar, son of Rabbi Shimon, says** it was made **of linen.**

אָמַר רַב נַחְמָן בַּר יִצְחָק: אַף אֲנַן נַמִי תָּנֵינָא: ״עַל בְּשָׂרוֹ״, מַה תַּלְמוּד לוֹמַר ״יִלְבַּשׁ״ – לְהָבִיא מִצְנֶפֶת וְאַבְנֵט לַהֲרָמַת הַדֶּשֶׁן, דִּבְרֵי רַבִּי יְהוּדָה.

Rav Naḥman bar Yitzḥak said: We, too, have learned in a *baraita*: The Torah says with regard to the removal of the ashes from the altar: "And the priest shall put on his linen garment, and his linen trousers shall he put **upon his flesh**" (Leviticus 6:3). The *baraita* questions the formulation of the verse. Since at the beginning of the verse it is written: "And the priest shall put on," for **what** purpose **does the verse state: "Shall he put upon,"** in the latter part of the verse? **Rabbi Yehuda says:** It comes **to include** donning the **mitre** and the **belt for the removal of the ashes,** even though it is not explicitly stated in the verse. This is **the statement of Rabbi Yehuda.**

רַבִּי דּוֹסָא אוֹמֵר: לְהָבִיא בִּגְדֵי כֹּהֵן גָּדוֹל בְּיוֹם הַכִּפּוּרִים, שֶׁהֵן כְּשֵׁרִין לְכֹהֵן הֶדְיוֹט. רַבִּי אוֹמֵר: שְׁתֵּי תְשׁוּבוֹת בַּדָּבָר, חֲדָא: דְּאַבְנֵטוֹ שֶׁל כֹּהֵן גָּדוֹל בְּיוֹם הַכִּיפּוּרִים לֹא זֶה הוּא אַבְנֵטוֹ שֶׁל כֹּהֵן הֶדְיוֹט,

Rabbi Dosa says that the term: Shall put on, comes **to include** the *halakha* that **the garments of the High Priest**[N] **on Yom Kippur are fit for a common priest.** During the Yom Kippur service, the High Priest wears just four linen garments. Although he may not serve in those garments on Yom Kippur the following year, a common priest may serve in them during the rest of the year. **Rabbi** Yehuda HaNasi **says: There are two responses to** reject this **statement**[N] of Rabbi Dosa. **One: The belt of the High Priest on Yom Kippur is not** the same as **the belt of the common priest** during the rest of the year. Clearly, according to Rabbi Yehuda HaNasi, the belt of the High Priest on Yom Kippur is made of linen, and that of the common priest during the year is a mixture of the diverse kinds of wool and linen.

וְעוֹד: בְּגָדִים שֶׁנִּשְׁתַּמְּשָׁה בָּהֶן קְדוּשָּׁה חֲמוּרָה תְּשַׁמֵּשׁ בָּהֶן קְדוּשָּׁה קַלָּה? אֶלָּא מַה תַּלְמוּד לוֹמַר ״יִלְבַּשׁ״ – לְרַבּוֹת אֶת הַשְּׁחָקִין.

And furthermore, there is another reason to reject the statement of Rabbi Dosa. Could it be that with regard to **garments that were used** by the High Priest to perform a service of **extreme sanctity,** the common priest **will use them** to perform a service of **minor sanctity? Rather,** according to Rabbi Yehuda HaNasi, for **what** purpose **does the verse state** the phrase: **Shall put on?** It comes **to include threadbare** garments[H] and to teach that as long as they are not completely tattered, they may be worn for that service.

NOTES

The common priest on Yom Kippur – **כֹּהֵן הֶדְיוֹט בְּיוֹם הַכִּפּוּרִים**: Some of the early commentaries wondered about this expression, as the entire service on Yom Kippur is performed exclusively by the High Priest. Some suggest that on Yom Kippur, removal of the ashes from the altar was performed by a common priest (*Tosafot Yeshanim*; *Tosefot Ri HaLavan*; *Tosefot HaRosh*). Others explain that on Yom Kippur common priests were responsible for burning the limbs of the previous day's offerings (*Gevurat Ari*). The Ritva writes that by Torah law only those parts of the service unique to Yom Kippur were performed exclusively by the High Priest, whereas the services performed every day could be performed by others on Yom Kippur. Later, the Sages instituted that even those services not unique to Yom Kippur would also be performed by the High Priest.

Shall put on comes to include the garments of the High Priest – **לְהָבִיא בִּגְדֵי כֹּהֵן גָּדוֹל**: Rabbi Yehuda HaNasi and Rabbi Dosa do not require the derivation of Rabbi Yehuda, who says that the removal of ashes from the altar requires two additional garments. That is because it is clear that since removing the ashes is part of the service, the priest must wear all the requisite garments (*Tosefot Ri HaLavan*).

There are two responses to reject this statement – **שְׁתֵּי תְּשׁוּבוֹת בַּדָּבָר**: The reason Rabbi Yehuda HaNasi requires two responses is that the first response is not a full-fledged proof. Even if the belt of the High Priest could not be used, that does not mean that use of the other garments was prohibited. Therefore, Rabbi Yehuda HaNasi cited a second response (*Tosefot HaRosh*).

HALAKHA

To include threadbare garments – **לְרַבּוֹת אֶת הַשְּׁחָקִין**: A priest may serve wearing threadbare garments, in accordance with the opinion of Rabbi Yehuda HaNasi (Rambam *Sefer Avoda, Hilkhot Kelei HaMikdash* 8:4).

וְאָזְדָא רַבִּי דּוֹסָא לְטַעְמֵיהּ, דְּתַנְיָא: ״וְהִנִּיחָם שָׁם״ מְלַמֵּד שֶׁטְּעוּנִין גְּנִיזָה. רַבִּי דּוֹסָא אוֹמֵר: שֶׁלֹּא יִשְׁתַּמֵּשׁ בָּהֶן יוֹם הַכִּפּוּרִים אַחֵר.

And Rabbi Dosa follows his line of **reasoning, as it was taught** in a *baraita*: That which is written: "And Aaron shall come into the Tent of Meeting, and shall put off the linen garments, which he put on when he went into the Sanctuary, **and shall leave them there**" (Leviticus 16:23), **teaches** that the garments worn by the High Priest on Yom Kippur **require interment**[H] and may not be put to additional use. **Rabbi Dosa says:** It means only that the High Priest **may not use them** on **Yom Kippur** in **a different** year. According to Rabbi Dosa, they may be worn by a common priest during his service, as they do not require interment.

תָּנוּ רַבָּנַן: אֵירַע בּוֹ פְּסוּל וּמִינּוּ אַחֵר תַּחְתָּיו – רִאשׁוֹן חוֹזֵר לַעֲבוֹדָתוֹ, שֵׁנִי – כׇּל מִצְוֹת כְּהוּנָּה גְּדוֹלָה עָלָיו, דִּבְרֵי רַבִּי מֵאִיר.

§ The Gemara returns to the initiation of the acting High Priest. **The Sages taught** in the *Tosefta*: If **a disqualification befalls** the High Priest **and they appointed another in his stead,** and then the cause of the disqualification of the High Priest is resolved, e.g., he was purified from impurity, the **original** High Priest **returns to his service.** With regard to the **second,** acting High Priest, **all the mitzvot of the High Priesthood are** incumbent **upon him.** He serves wearing eight garments and it is prohibited for him to let his hair grow, to rend his garments in mourning the death of a relative, to subject himself to impurity imparted by the corpse of a relative, or to marry a widow. This is **the statement of Rabbi Meir.**

רַבִּי יוֹסֵי אוֹמֵר: רִאשׁוֹן – חוֹזֵר לַעֲבוֹדָתוֹ, שֵׁנִי – אֵינוֹ רָאוּי לֹא לְכֹהֵן גָּדוֹל וְלֹא לְכֹהֵן הֶדְיוֹט.

Rabbi Yosei says: The **original** priest **returns to his service,** while the **second is fit** to serve **neither as High Priest** with eight garments, because there is a different High Priest; **nor as a common priest** with four garments, as once he was elevated to a state of extreme sanctity he may not be reduced to a state of minor sanctity.

אָמַר רַבִּי יוֹסֵי: מַעֲשֶׂה בְּיוֹסֵף בֶּן אֵלֶם בְּצִיפּוֹרִי שֶׁאֵירַע בּוֹ פְּסוּל בְּכֹהֵן גָּדוֹל, וּמִינּוּהוּ תַּחְתָּיו. וְאָמְרוּ חֲכָמִים: רִאשׁוֹן – חוֹזֵר לַעֲבוֹדָתוֹ, שֵׁנִי – אֵינוֹ רָאוּי לֹא לְכֹהֵן גָּדוֹל וְלֹא לְכֹהֵן הֶדְיוֹט. כֹּהֵן גָּדוֹל – מִשּׁוּם אֵיבָה, כֹּהֵן הֶדְיוֹט – מִשּׁוּם מַעֲלִין בַּקּוֹדֶשׁ וְלֹא מוֹרִידִין.

Rabbi Yosei said as proof for his opinion: There was **an incident involving** the priest **Yosef ben Elem**[P] **of Tzippori,**[B] who, when a reason for **disqualification befell a High Priest,** the priests **appointed him in his stead.** After the cause of the disqualification was resolved, **the Sages said:** The **original** High Priest **returns to his service,** while the **second is fit** to serve **neither as High Priest nor as a common priest.** The Gemara explains: Neither as a **High Priest, due to hatred,**[N] jealousy and bitterness that would arise if there were two High Priests with equal standing in the Temple; nor as a **common priest, because** the principle is: **One elevates** to a higher level **in matters of sanctity and one does not downgrade.** Once he has served as a High Priest he cannot be restored to the position of a common priest.

אָמַר רַבָּה בַּר בַּר חָנָה אָמַר רַבִּי יוֹחָנָן:

Rabba bar bar Ḥana said that **Rabbi Yoḥanan said:**

HALAKHA

Require interment – **טְעוּנִין גְּנִיזָה**: The linen garments worn by the High Priest on Yom Kippur require interment. They may never be used again nor may any benefit be derived from them, in accordance with the opinion of the first *tanna* (Rambam *Sefer Avoda, Hilkhot Kelei HaMikdash* 8:5).

PERSONALITIES

Yosef ben Elem – **יוֹסֵף בֶּן אֵלֶם**: The story is also related in *Antiquities of the Jews* (Book 17, Chapter 6) by Josephus Flavius. When a disqualification befell the High Priest Mattityahu, his relative Yosef ben Elem replaced him that day.

BACKGROUND

Tzippori – **צִיפּוֹרִי**: Tzippori was a large town in the Upper Galilee, and the perennial rival of Tiberias for recognition as the religious capital of Galilee. During the Second Temple period it enjoyed special status among the towns of the Galilee because of its large and learned Jewish community.

Zodiac mosaic in a synagogue in Tzippori

NOTES

Due to hatred – **מִשּׁוּם אֵיבָה**: There is a principle implemented throughout rabbinic literature that two leaders are not appointed to fill the same position, as that will inevitably lead to rivalry and dispute. There is a well-known midrash about the moon being unhappy to share the sky with the sun. Therefore, the moon was rendered a minor heavenly light to avoid hatred and jealousy. This is an example of the principle: Two kings cannot share a crown.

Perek **I**
Daf **13** Amud **a**

הֲלָכָה כְּרַבִּי יוֹסֵי. וּמוֹדֶה רַבִּי יוֹסֵי שֶׁאִם עָבַר וְעָבַד – עֲבוֹדָתוֹ כְּשֵׁרָה. אָמַר רַב יְהוּדָה אָמַר רַב: הֲלָכָה כְּרַבִּי יוֹסֵי, וּמוֹדֶה רַבִּי יוֹסֵי שֶׁאִם מֵת רִאשׁוֹן – שֶׁחוֹזֵר לַעֲבוֹדָתוֹ.

The ***halakha* is in accordance with** the opinion of **Rabbi Yosei**[N] that the original High Priest returns to his service, while the second is fit to serve neither as High Priest nor as a common priest. **And Rabbi Yosei concedes that if** the second priest **violated** this provision **and served** as High Priest wearing eight garments, **his service is valid. Rav Yehuda said that Rav said:** The ***halakha* is in accordance with** the opinion of **Rabbi Yosei, and Rabbi Yosei conceded that if the original** High Priest **dies,** the second **returns to his service** as High Priest.[H]

HALAKHA

One who has served as a High Priest – **מִי שֶׁמִּלֵּא תַּפְקִיד כֹּהֵן גָּדוֹל**: An acting High Priest on Yom Kippur must step down when the original High Priest is reinstated, but he remains committed to all the obligations and restrictions of the High Priesthood. He does not return to serve as a common priest, and if he performs the duties of the High Priest, they are valid. Should the original High Priest die, the replacement is appointed to succeed him (*Kesef Mishne*; *Leḥem Mishne*; Rambam *Sefer Avoda, Hilkhot Kelei HaMikdash* 8:5 and *Hilkhot Avodat Yom HaKippurim* 1:3).

NOTES

The *halakha* is in accordance with the opinion of Rabbi Yosei – **הֲלָכָה כְּרַבִּי יוֹסֵי**: The early commentaries raised difficulties with regard to this ruling from two perspectives. First, this is an example of a *halakha* for messianic times, when the Temple will be rebuilt, and the halakhic principle is that rulings are not issued for that period (*Tosafot*). Second, why does the Gemara need to rule explicitly in accordance with the opinion of Rabbi Yosei, when in disputes with Rabbi Meir the ruling is always in accordance with the opinion of Rabbi Yosei (*Tosefot Ri HaLavan*)?

In answer to the first question, it is explained that the *halakha* does have current practical applications: If a community official is forced to step down, once the cause for his removal is resolved, he is reinstated. As for the second question, it was necessary to state that the *halakha* is in accordance with the opinion of Rabbi Yosei, as in this case the ruling might have been different since both Rabbi Shimon's opinion and an unattributed mishna in tractate *Horayot* contradict the opinion of Rabbi Yosei (*Siaḥ Yitzḥak*). One approach answers one question with the other: Because it is a *halakha* for messianic times, the standard principles of halakhic ruling are not in effect. Therefore, an explicit statement ruling in accordance with the opinion of Rabbi Yosei is needed (Rav Shmuel Strashun; *Mitzpe Eitan*).

פְּשִׁיטָא! מַהוּ דְּתֵימָא: הָוְיָא לֵיהּ צָרָה מֵחַיִּים, קָא מַשְׁמַע לָן.

The Gemara asks: That is **obvious.** Clearly, the second priest may serve as High Priest after the first one dies without concern that their rivalry will generate hatred between them. The Gemara answers: **Lest you say** that the mere knowledge that another priest is in waiting to replace him is enough to generate hatred, and **would be for him** like a woman whose husband has taken a **rival wife in** her **lifetime;** therefore, Rav **teaches us** that this is not a concern.

״רַבִּי יְהוּדָה אוֹמֵר אַף אִשָּׁה אַחֶרֶת מַתְקִינִין לוֹ״. וְרַבָּנַן נַמִי, הָא חָיְישִׁי לְשֶׁמָּא! אָמְרִי לָךְ רַבָּנַן: טוּמְאָה – שְׁכִיחָא, מִיתָה – לָא שְׁכִיחָא.

§ It was taught in the mishna that **Rabbi Yehuda says:** The Sages would **even designate another wife for** the High Priest lest his wife die. The Rabbis say: There is no concern lest his wife die, and therefore the Sages did not designate another wife for him. The Gemara asks with regard to **the Rabbis: Aren't they concerned lest** he become impure, which is why the Sages designate a replacement High Priest? Why then, are they not concerned lest his wife die? The Gemara answers that **the Rabbis** could have **said to you: Impurity is common,** as it is not unusual for the High Priest to become impure either due to secretions from his body or from an external source. **Death is not common,** and therefore there is no concern lest his wife die.

״אָמְרוּ לוֹ אִם כֵּן אֵין לַדָּבָר סוֹף״. שַׁפִּיר קָא אָמְרִי לֵיהּ לְרַבִּי יְהוּדָה! וְרַבִּי יְהוּדָה אָמַר לָךְ: לְמִיתָה דַּחֲדָא – חָיְישִׁינַן, לְמִיתָה דְּתַרְתֵּי – לָא חָיְישִׁינַן. וְרַבָּנַן, אִי אִיכָּא לְמֵיחַשׁ – אֲפִילּוּ לְמִיתָה דִּתְרֵין חָיְישִׁינַן.

It was taught in the mishna that **the Rabbis said to** Rabbi Yehuda: **If so,** that you are concerned lest his wife die, **there is no end to the matter.** You should also be concerned lest the second wife die, requiring designation of a third and even a fourth wife. The Gemara comments: The Rabbis **spoke well to Rabbi Yehuda,** making a good point. What can Rabbi Yehuda respond? **Rabbi Yehuda** could have **said to you: For** the potential **death of one** wife, **we are concerned; for** the potential **death of two** wives, **we are not concerned,** as the likelihood of that happening is negligible. The Gemara asks: **And** what would **the Rabbis** respond to that contention? They would say: **If there is** reason **to be concerned** for a potential death, then **even for** the potential **death of two** wives, **we are concerned.**

וְרַבָּנַן, נֵימְרוּ אִינְהוּ לְנַפְשַׁיְיהוּ! אָמְרִי לָךְ רַבָּנַן: כֹּהֵן גָּדוֹל זָרִיז הוּא. – אִי זָרִיז הוּא לָמָּה מַתְקִינִין כֹּהֵן אַחֵר? כֵּיוָן דְּעָבְדִינַן לֵיהּ צָרָה – כׇּל שֶׁכֵּן דְּמִזְדָּרֵז טְפֵי.

The Gemara suggests: If according to **the Rabbis** there is no distinction between concern that one wife might die and concern that two wives might die, **let them say** the same with regard **to their own** opinion. Just as they designate a replacement lest the High Priest become impure, they should designate a second replacement lest the first replacement also become impure. The Gemara answers that **the Rabbis** could have **said to you: The High Priest is vigilant** in avoiding impurity. No amount of vigilance can prevent death. The Gemara asks: **If he is vigilant** in avoiding impurity, then **why do** the Sages **designate another priest** in his stead? The reason for the designation of the replacement is that **once we establish** a replacement as a **rival, all the more so** will the High Priest **be** even **more vigilant** in avoiding impurity to maintain his position.

וּמִי סַגִּי לֵיהּ בְּתַקַּנְתָּא? ״בֵּיתוֹ״ אָמַר רַחֲמָנָא, וְהָךְ לָאו בֵּיתוֹ הִיא! דְּמְקַדֵּשׁ לַהּ. וְהָא כַּמָּה דְּלָא כָּנֵיס לַהּ – לָאו בֵּיתוֹ הִיא! דְּכָנֵיס לַהּ. אִם כֵּן הֲוָה לֵיהּ שְׁנֵי בָתִּים, וְרַחֲמָנָא אָמַר: ״וְכִפֶּר בַּעֲדוֹ וּבְעַד בֵּיתוֹ״ וְלֹא בְּעַד שְׁנֵי בָתִּים!

§ The Gemara asks with regard to Rabbi Yehuda's opinion: **And is designation** of a second wife **sufficient for him? The Merciful One stated** in the Torah: "And he shall make atonement for himself and for **his house**" (Leviticus 16:11). House means wife; **and this** designated woman **is not his wife** as they are not yet married. What purpose does designation serve if his wife dies on Yom Kippur? The Gemara answers: **He betroths her** before Yom Kippur. The Gemara asks: **But** that does not solve the problem. **As long as he has not married her, she is not** yet **his house,** i.e., his wife. The Gemara answers: Rabbi Yehuda says **that** not only is a replacement wife designated, but **he** actually **marries her. If so,** another problem arises. The High Priest **has two houses,**[N] **and the Merciful One said: "And he shall make atonement for himself and for his house"** (Leviticus 16:11). He atones for one house **and not for two houses.**[H]

NOTES

He has two houses – הֲוָה לֵיהּ שְׁנֵי בָתִּים: The early commentaries ask: Since it is clear from the Gemara here that a High Priest is not permitted to have two wives, how can the verse: "And Jehoiada had two wives, and sons and daughters" (II Chronicles 24:3) be understood? Some explain that he married the women before he became High Priest or that he divorced one of them (*Tosefot HaRosh*; Ritva). Another possibility is that the verse does not mean that Jehoiada had two wives but that he arranged for two women to marry Joash (*Ḥasdei David*).

HALAKHA

And not for two houses – וְלֹא בְּעַד שְׁנֵי בָתִּים: A High Priest who has two wives must divorce one of them before performing the Yom Kippur service (Rambam *Sefer Avoda, Hilkhot Kelei HaMikdash* 5:10).

דְּהָדַר מְגָרֵשׁ לָהּ. – אִי מְגָרֵשׁ לָהּ – הָדְרָא קוּשְׁיַין לְדוּכְתָּא! לָא צְרִיכָא, דִּמְגָרֵשׁ לָהּ עַל תְּנַאי, דְּאָמַר לָהּ: ״הֲרֵי זֶה גִּיטֵּיךְ עַל מְנָת שֶׁתָּמוּתִי״. – וְדִילְמָא לָא מָיְיתָא, וַהֲוָה לֵיהּ שְׁנֵי בָתִּים!

The Gemara answers: Rabbi Yehuda says **that** after marrying the second wife, **he then divorces her.** The Gemara asks: **If he divorces her, our difficulty is restored to its** original **place.** There is no point in designating a second wife, as if the first wife dies, the second woman is not married to him. The Gemara responds: **No, it is necessary** in a case **where** he marries her and **divorces her provisionally,**[N] **as he says to her: This is your bill of divorce on condition that you die** on Yom Kippur. If she dies on Yom Kippur, then she was divorced retroactively and he has only one wife; if she does not die but the original wife dies, her divorce does not take effect and the second wife is married to the High Priest. In either case, the High Priest has only one wife. The Gemara asks: **And perhaps neither** she nor the original wife **will die, and** the High Priest then **has two houses** on Yom Kippur.

אֶלָּא, דְּאָמַר לָהּ: ״הֲרֵי זֶה גִּיטֵּיךְ עַל מְנָת [שֶׁלֹּא תָּמוּתִי״, אִי לָא מָיְתָה – מִיגָּרְשָׁא לָהּ, וְאִי מָיְתָה – הָא קָיְימָא הַךְ. וְדִילְמָא הִיא לָא מָיְתָה, וַהֲוָה לֵיהּ גִּיטָּא דְּהַאי גִּיטָּא, וּמָיְיתָא חֲבֶרְתָּהּ, וְקָם לֵיהּ בְּלֹא בַּיִת!

Rather, it is a case **where** the High Priest **said to her,** the woman designated: **This is your bill of divorce on condition that you will not die** on Yom Kippur. **If** she does **not die,** then **she is divorced** and he remains married to the original wife; **if she dies, isn't that** original wife **alive** and he remains married to her alone? The Gemara asks: **And perhaps the** second one **will not die and her bill of divorce will be** a valid **bill of divorce,** meaning she is not his wife, but **her counterpart** might die, **leaving** the High Priest **without a wife** at all on Yom Kippur.

אֶלָּא, דְּאָמַר לָהּ: ״עַל מְנָת שֶׁתָּמוּת [אַחַת מִכֶּם]״ מָיְתָה הָא – קָיְימָא הָךְ, מָיְתָה הָךְ – הָא קָיְימָא הָא. וְדִילְמָא לָא מָיְיתָא וְלָא חֲדָא מִינַּיְיהוּ, וַהֲוָה לֵיהּ שְׁנֵי בָתִּים!

Rather, it is a case **where** the High Priest **said to her: This is your bill of divorce on condition that one of you dies.** If **this** one **dies, that** one **is alive,** and if **that** one **dies, isn't this** one **alive?** The Gemara asks: **And perhaps neither one of them** will **die, and he will** then **have two houses.**

וְעוֹד: כִּי הַאי גַּוְונָא מִי הָוֵי גִּיטָּא? וְהָאָמַר רָבָא: הֲרֵי זֶה גִּיטֵּיךְ עַל מְנָת שֶׁלֹּא תִּשְׁתִּי יַיִן כָּל יְמֵי חַיַּי וְחַיַּיִךְ – אֵין זֶה כְּרִיתוּת,

And furthermore, the question arises: **Is** a document **of that sort** a valid **bill of divorce?** Does a condition of that sort take effect? **But didn't Rava say:** If a man says to his wife: **This is your bill of divorce on condition that you will not drink wine** for **all the days of my life and your life, that is not severance.**[N] The bill of divorce in the Torah is called a bill of severance, meaning that for the document to be valid all connections between the husband and wife must be severed. If there is a provision in the document that maintains a permanent connection between the spouses, e.g., not to drink wine for all of her life, the document does not effect a valid divorce.

כָּל יְמֵי חַיֵּי פְּלוֹנִי – הֲרֵי זֶה כְּרִיתוּת!

However, if one said to his wife: This is your bill of divorce on condition that you will not drink wine during **all the days of the life of so-and-so; that is severance.** Since the condition is not dependent on her and him but on the life of a third party, it is like any other condition in a divorce.[H] Therefore, in the case of the High Priest, since the divorce takes effect only if neither of the women dies, that is a condition that maintains a relationship between the husband and wife for as long as she lives, which invalidates the divorce.

אֶלָּא, דְּאָמַר לָהּ: ״הֲרֵי זֶה גִּיטֵּיךְ עַל מְנָת שֶׁלֹּא תָּמוּת חֲבֶרְתֵּיךְ״ אִי לָא מָיְתָה חֲבֶרְתָּהּ – מִיגָּרְשָׁא, וְאִי מָיְתָה הָא – הָא קָיְימָא הָא. וְדִילְמָא מָיְיתָא חֲבֶרְתָּהּ בְּפַלְגָא דַּעֲבוֹדָה, וְאִיגַּלִּי מִלְּתָא

Rather, it is a case **where** the High Priest **said to** the second wife: **This is your bill of divorce on condition that your counterpart,** the other wife, **will not die. If her counterpart,** the first woman, **does not die,** the second woman **is divorced; and if** the first woman **dies, isn't** the second woman **alive** and not divorced? The Gemara asks: **And perhaps her counterpart will die in the middle of the** Yom Kippur **service, and it will become clear**

NOTES

Divorces her provisionally – דִּמְגָרֵשׁ לָהּ עַל תְּנַאי: This problem is also discussed in the Jerusalem Talmud and resolved there by saying that the High Priest conditionally betroths a woman but does not marry her. Some commentaries write that he betroths a woman on the day of Yom Kippur itself. Although betrothal on Shabbat and Festivals is prohibited by rabbinic decree, it would be permitted in the Temple. Later commentaries suggest that perhaps he marries the woman but does not consummate the marriage.

Severance – כְּרִיתוּת: The principle established by Rava is one of the foundations of the *halakhot* of divorce: A divorce must effect a complete severance between a man and a woman. Therefore, if the divorce contains a stipulation that extends throughout the life of the woman, there is no severance, as she will always be linked to him. Some say that the flaw in this sort of condition is that the woman might eventually violate the condition and retroactively invalidate the divorce.

HALAKHA

Conditions in bills of divorce – תְּנָאִים בְּגִיטִּין: If a bill of divorce is given with a condition that ties the woman to her husband for the duration of her life, e.g., a condition that she may never drink wine, it is invalid, as there is no severance. However, if the duration of the condition is limited, e.g., you may not drink wine as long as so-and-so lives, or for a certain length of time, the bill of divorce is valid (Rambam *Sefer Nashim, Hilkhot Geirushin* 8:10).

למפרע דגיטא דהא לאו גיטא הוא, ועביד ליה עבודה בשני בתים! אלא, דאמר לה: ״הרי זה גיטיך על מנת שתמות חברתיך״, – ודילמא מייתא חברתה, והוה ליה גיטא דהא גיטא, וקם ליה בלא בית?

retroactively that the bill of divorce of this second woman **is not a** valid **bill of divorce,** since the first wife died. In that case, it turns out retroactively that **he performed** part of **the service with two houses,** married to two wives. **Rather,** it is a case **where** the High Priest **said to** the second wife: **This is your bill of divorce on condition that your counterpart dies.** The Gemara asks: In this case, too, **perhaps her counterpart** will **die**[N] **and the bill of divorce of this** second woman **is a** valid **bill of divorce, and** he will **remain without a house** at all.

אלא, דמגרש להו לתרוייהו, לחדא אמר לה: ״הרי זה גיטיך על מנת שלא תמות חברתיך״ ולחדא אמר לה: ״הרי זה גיטיך על מנת שלא תכנסי לבית הכנסת״. ודילמא לא מייתא חברתה ולא עיילא היא לבית הכנסת, והוה ליה גיטא דתרוייהו גיטא, וקם ליה בלא בית!

Rather, this is a case where **he divorces both of them** provisionally, with a different stipulation to each woman. **To one, he says: This is your bill of divorce on condition that your counterpart will not die. And to** the other **one, he says: This is your bill of divorce on condition that you will not enter the synagogue** on Yom Kippur, cognizant of the fact that she can easily fulfill that condition and thereby effect her divorce. The Gemara asks: **And perhaps her counterpart** will **not die,** fulfilling the condition and effecting the divorce of one wife; **and she will not enter the synagogue,**[N] fulfilling the condition and effecting the divorce of the other wife. In that case **the bill of divorce of both** women **is a** valid **bill of divorce and he remains without a wife.**

אלא, לחדא אמר לה: ״הרי זה גיטיך על מנת שלא תמות חברתיך״ ולחדא אמר לה: ״הרי זה גיטיך על מנת שאכנס אני לבית הכנסת״. דאי מייתא הא – קיימא הא. ואי מייתא הא – קיימא הא. מאי איכא למימר – דילמא מייתא חברתה בפלגא דעבודה, ועבד ליה עבודה למפרע בשני בתים. אי חזי לה דקא בעיא למימת – קדים איהו ועייל לבית הכנסת, ומשוי לגיטא דהא גיטא למפרע.

Rather, it is a case where **to one** of the women, the High Priest **says: This is your bill of divorce on condition that your counterpart does not die. And to** the other **one** of the women **he says: This is your bill of divorce on condition that I will enter the synagogue. If this** wife **dies, that** other one **is alive; and if that** other one **dies, this one is alive. What is there to say** in refuting this possibility? **Perhaps her counterpart will die in the middle of the service,** and it will turn out retroactively that **he performed** part of **the service with two houses,** married to two wives. **If he sees that she seeks,** i.e., she is about **to die, he** will then **preemptively enter the synagogue, rendering the bill of divorce of** the dying wife **a valid bill of divorce retroactively.** He will then be married to only one woman. In that way, a second wife can be designated for the High Priest without him being married to two women on Yom Kippur.

מתקיף לה רב אסי ואיתימא רב עוירא: אלא מעתה שתי יבמות הבאות מבית אחד לא יתייבמו! ״יבמתו״, ״יבמתו״ – ריבה.

Rav Asi, and some say it was **Rav Avira, strongly objects to** that conclusion: **However, if** that is so, that from the term: His house, in the singular, one derives one wife and not two, then **two widows of a brother who died without a child** [*yevamot*][N] **who come from one house,**[H] i.e., they were married to the same man, should **not be** obligated **to** marry his brother in **levirate marriage.** In addressing levirate marriage, the Torah says: "So shall it be done to the man that does not build his brother's house" (Deuteronomy 25:9). One may derive from this: One house, i.e., wife, and not two. The Gemara responds that when the Torah says: "Then **his** ***yevama*** shall go up to the gate" (Deuteronomy 25:7), "and **his** ***yevama*** will draw nigh to him" (Deuteronomy 25:9), twice, it comes to **include** a situation where the deceased had two wives; in that case one of them is required to marry his brother in levirate marriage.

מתקיף לה רבינא, ואיתימא רב שרביה: אלא מעתה ארוסה לא תתייבם! ״החוצה״ – לרבות את הארוסה.

Ravina, and some say it was **Rav Sherevya, strongly objects to this:** It was stated above that a woman betrothed to the High Priest is not considered his house, i.e., his wife. **However, if** that is so, **a betrothed** woman whose betrothed passed away should **not be** obligated **to** marry his brother in **levirate marriage,** since the term: House, appears in that context as well. In practice, that is not the *halakha*. The Gemara answers that the Torah says: "The wife of the dead shall not be married **outside** to one not of his kin" (Deuteronomy 25:5). The superfluous term: Outside, comes **to include the betrothed woman.**[NH] Although she is technically still outside the family, the brother of the deceased must either marry her in levirate marriage or perform *ḥalitza*.

NOTES

Perhaps her counterpart will die – ודילמא מייתא חברתה: The Gemara does not raise all the flaws in this line of reasoning but suffices with one in order to dismiss the proposition. For example, the Gemara could have pointed out that if her counterpart does not die, the High Priest will have two wives (*Tosafot Yeshanim*).

Perhaps…she will not enter the synagogue – דילמא...לא עיילא היא לבית הכנסת: Although the woman could have been forced to enter the synagogue, the involvement of others renders the condition unreliable (*Tosefot HaRosh*).

Two…*yevamot* – שתי יבמות: The term: His brother's house, in the context of levirate marriage, could be understood as teaching one house and not two houses, in the sense that the brother-in-law may marry either of his brother's widows but not both. If that derivation was applied to the term: His house, written in the context of Yom Kippur, the conclusion would be that the High Priest achieves atonement for only one of his two wives. However, since the conclusion with regard to Yom Kippur is that a High Priest with two wives achieves atonement for neither of them, the conclusion with regard to his brother's two widows would be that he is not permitted to marry either of them (*Tosafot Yeshanim*; *Tosefot HaRosh*).

Outside, to include the betrothed woman – החוצה, לרבות את הארוסה: The derivation here is based on the understanding: Who is simultaneously both a wife and an outsider? It is a woman who is betrothed. Therefore, a man is required to enter into levirate marriage with the betrothed of his brother who died (*Me'iri*).

HALAKHA

Two…*yevamot* who come from one house – שתי יבמות הבאות מבית אחד: If a man dies, leaving several wives but no sons, his brother enters into levirate marriage or performs *ḥalitza* with one of the widows. The rest are then permitted to remarry (Rambam *Sefer Nashim, Hilkhot Yibbum VaḤalitza* 1:9).

To include the betrothed woman – לרבות את הארוסה: The *halakhot* of levirate marriage apply equally to the wife of a deceased man and to the betrothed of a deceased man (Rambam *Sefer Nashim, Hilkhot Yibbum VaḤalitza* 1:1).

תָּנוּ רַבָּנַן: כֹּהֵן גָּדוֹל מַקְרִיב אוֹנֵן, וְאֵינוֹ אוֹכֵל. רַבִּי יְהוּדָה אוֹמֵר: כָּל הַיּוֹם. מַאי ״כָּל הַיּוֹם״? אָמַר רָבָא: לֹא נִצְרְכָה אֶלָּא לַהֲבִיאוֹ מִתּוֹךְ בֵּיתוֹ.

§ Apropos the death of the wife of the High Priest, the Gemara cites an additional *baraita*. **The Sages taught: A High Priest sacrifices** offerings when he is an **acute mourner,**[H] on the day of a relative's death, but **does not eat** from those offerings.[H] **Rabbi Yehuda says: The entire day.** The Gemara asks: **What** is the meaning of the phrase: **The entire day?** Rava said: This phrase **is necessary only to bring him from his house.**[N] Not only is it permitted for the High Priest to serve in the Temple when he is an acute mourner, but it is a mitzva to bring him from his house to serve in the Temple for the entire day to help ease his pain.

אֲמַר לֵיהּ אַבַּיֵי: הָשְׁתָּא לְרַבִּי יְהוּדָה אַפּוֹקֵי מַפְּקִינַן לֵיהּ, דְּתַנְיָא: הָיָה עוֹמֵד וּמַקְרִיב עַל גַּבֵּי הַמִּזְבֵּחַ, וְשָׁמַע שֶׁמֵּת לוֹ מֵת – מַנִּיחַ עֲבוֹדָתוֹ וְיוֹצֵא, דִּבְרֵי רַבִּי יְהוּדָה. רַבִּי יוֹסֵי אוֹמֵר: יִגְמוֹר. וְאַתְּ אָמְרַתְּ מַיְיתִינַן לֵיהּ מִתּוֹךְ בֵּיתוֹ?!

Abaye said to him: Now, according to the opinion of Rabbi Yehuda, we remove the High Priest from the Temple when he is an acute mourner, **as it was taught** in a *baraita*: If a common priest **was standing and sacrificing**[N] an offering **on top of the altar and heard that** a relative **of his died, he leaves his service** in the middle **and exits** the Temple; this is **the statement of Rabbi Yehuda. Rabbi Yosei says: He completes** the service and then leaves. Rabbi Yehuda rules stringently in the case of a priest who is an acute mourner sacrificing an offering. Even though the *baraita* is referring to a common priest, it is reasonable to say that the same is true with regard to a High Priest as well. Rabbi Yehuda says that a High Priest who becomes an acute mourner exits the Temple, **and you say we bring** the High Priest who is an acute mourner **from his house** to serve?

אֶלָּא אָמַר רָבָא: מַאי ״כָּל הַיּוֹם״?

Rather, Rava said: The initial interpretation must be rejected. **What** is the meaning of the phrase: **The entire day?**

HALAKHA

A High Priest sacrifices offerings when he is an acute mourner – כֹּהֵן גָּדוֹל מַקְרִיב אוֹנֵן: A High Priest serves in the Temple even when he is an acute mourner, and his service is valid. This ruling is in accordance with the mishna and the opinion of Rabbi Yosei in the *baraita* (*Tosafot*; *Kesef Mishne*; Rambam *Sefer Avoda, Hilkhot Biat HaMikdash* 2:6).

A High Priest does not eat from offerings when he is an acute mourner – כֹּהֵן גָּדוֹל אוֹנֵן אֵינוֹ אוֹכֵל: Although a High Priest serves in the Temple when he is an acute mourner, he may not eat from the offerings for that entire day (Rambam *Sefer Avoda, Hilkhot Biat HaMikdash* 2:8).

NOTES

To bring him from his house – לַהֲבִיאוֹ מִתּוֹךְ בֵּיתוֹ: Some explain that the reason he is brought to the Temple is that if he remains at home, there is concern that the High Priest in his grief might touch the corpse of his relative, an act that is prohibited.

A priest was standing and sacrificing – הָיָה עוֹמֵד וּמַקְרִיב: Most of the commentaries claim that the Gemara is referring to the High Priest (*Tosafot*; *Tosafot Yeshanim*; *Tosefot Ri HaLavan*; *Tosefot HaRosh*; Ritva). The author of the *Me'iri* agrees with Rashi that the Gemara is referring to a common priest and that had the Gemara been referring to a High Priest, it would have mentioned it explicitly (Ritva explaining Rashi's opinion).

Perek **I**
Daf **14** Amud **a**

לוֹמַר שֶׁאֵינוֹ עוֹבֵד כָּל הַיּוֹם, גְּזֵירָה שֶׁמָּא יֹאכַל. אֲמַר לֵיהּ רַב אַדָּא בַּר אַהֲבָה לְרָבָא: וּמִי גָּזַר רַבִּי יְהוּדָה שֶׁמָּא יֹאכַל? וְהָתְנַן, רַבִּי יְהוּדָה אוֹמֵר: אַף אִשָּׁה אַחֶרֶת מַתְקִינִין לוֹ, שֶׁמָּא תָּמוּת אִשְׁתּוֹ. וְאִי מָיְיתָא אִשְׁתּוֹ – עָבֵיד עֲבוֹדָה, וְלֹא גָּזַר רַבִּי יְהוּדָה שֶׁמָּא יֹאכַל! אֲמַר לֵיהּ: הָכִי הָשְׁתָּא?! הָתָם, כֵּיוָן דְּיוֹם הַכִּפּוּרִים הוּא, דְּכוּלֵּי עָלְמָא לָא קָא אָכְלִי – הוּא נַמִי לָא אָתֵי לְמֵיכַל. הָכָא דְּכוּלֵּי עָלְמָא אָכְלִי – הוּא נַמִי אָתֵי לְמֵיכַל.

Rabbi Yehuda means **to say that** the High Priest **does not serve for the entire day** even though the Torah allows him to do so, due to a rabbinic **decree lest** he forget that he is an acute mourner and **eat** consecrated food forbidden to him. **Rav Adda bar Ahava said to Rava: And did Rabbi Yehuda issue a decree lest he eat?**[N] **But didn't we learn** in the mishna that **Rabbi Yehuda says:** The Sages would **even designate another wife for him lest his wife die? And if his wife dies,** he nevertheless **performs** the Temple **service, and Rabbi Yehuda did not issue a decree lest he eat.** That contradicts the other statement by Rabbi Yehuda that a High Priest may not serve for the entire day that he is an acute mourner. Rava **said to him: How can** these cases **be compared? There,** in the mishna, **since it is Yom Kippur, when everyone does not eat, he too will not come to eat.** However, **here,** during the rest of the year, **when everyone eats, he too will come to eat.** Therefore, a decree was issued.

וְכִי הַאי גַּוְונָא מִי חָיְילָא עֲלֵיהּ אֲנִינוּת? וְהָא מִיגָּרְשָׁא! נְהִי דַּאֲנִינוּת לָא חָיֵיל עֲלֵיהּ, אַטְרוֹדֵי מִי לָא מִיטְרִיד?!

The Gemara raises a question from a different perspective: **And** in a case **like this,** would the halakhic status of **acute mourning take effect on him,** considering that **she is divorced?** According to Rabbi Yehuda, the High Priest must give his wife a provisional divorce in which case she is no longer his wife and if she dies he is no longer obligated to mourn her. The Gemara answers: **Although** the status of **acute mourning does not take effect on him, is he not troubled** over the death of his wife? Therefore, according to Rabbi Yehuda, it is appropriate to prohibit his performance of the service on that day.

NOTES

And did Rabbi Yehuda issue a decree lest he eat – וּמִי גָּזַר רַבִּי יְהוּדָה שֶׁמָּא יֹאכַל: In the *Magen Avraham* the following question is raised: If that is indeed a concern, there should be concern lest the High Priest forget himself and eat at any point during the Yom Kippur service. Some answer that this is not a legitimate concern, as the entire Yom Kippur service would be abandoned in that case (Rabbi Tzvi Hirsch Chajes). Others explain that this is not a significant concern, since most of the day's offerings are not eaten (*Mitzpe Eitan*). Yet others explain that the concern lest an acute mourner eat sacrificial food is greater than the concern lest the High Priest eat on Yom Kippur. The prohibition for an acute mourner is to eat an olive-bulk of food, whereas the prohibition on Yom Kippur is to eat a dried fig-bulk (*Ohel Moshe*).

מתני׳ כָּל שִׁבְעַת הַיָּמִים הוּא זוֹרֵק אֶת הַדָּם וּמַקְטִיר אֶת הַקְּטוֹרֶת, וּמֵיטִיב אֶת הַנֵּרוֹת, וּמַקְרִיב אֶת הָרֹאשׁ וְאֶת הָרֶגֶל. וּשְׁאָר כָּל הַיָּמִים, אִם רָצָה לְהַקְרִיב – מַקְרִיב. שֶׁכֹּהֵן גָּדוֹל מַקְרִיב חֵלֶק בְּרֹאשׁ, וְנוֹטֵל חֵלֶק בְּרֹאשׁ.

MISHNA During **all seven days** of the High Priest's sequestering before Yom Kippur, **he sprinkles the blood** of the daily burnt-offering, **and he burns the incense, and he removes** the ashes of **the lamps** of the candelabrum, **and he sacrifices the head and the** hind **leg**[N] of the daily offering. The High Priest performs these tasks in order to grow accustomed to the services that he will perform on Yom Kippur.[H] **On all the other days** of the year, **if** the High Priest **wishes to sacrifice** any of the offerings, **he sacrifices them, as the High Priest sacrifices** any **portion** that he chooses **first**[H] **and takes** any **portion** that he chooses **first.**

גמ׳ מַאן תַּנָּא? אָמַר רַב חִסְדָּא: דְּלֹא כְּרַבִּי עֲקִיבָא. דְּאִי רַבִּי עֲקִיבָא – הָא אָמַר: טָהוֹר שֶׁנָּפְלָה עָלָיו הַזָּאָה – טִמְּאַתּוּ, הֵיכִי עָבֵיד עֲבוֹדָה?

GEMARA The Gemara asks: **Who is the** *tanna* who taught this mishna? **Rav Ḥisda said:** This mishna is **not in accordance with** the opinion of **Rabbi Akiva, as if** it were in accordance with the opinion of **Rabbi Akiva,** it is difficult. **Didn't** Rabbi Akiva **say:** With regard to a **ritually pure** person **upon whom a sprinkling** of purification water **fell, it renders him impure?** This is based on the enigmatic principle with regard to the water of the red heifer: It purifies the ritually impure and renders impure the ritually pure. If so, **how** can the High Priest **perform the** Temple **service?** The High Priest is sprinkled with purification water on each of the seven days of his sequestering due to the possibility that he was impure with impurity imparted by a corpse. However, it is possible that he is ritually pure. If he is ritually pure, the sprinkling will render him impure.

דְּתַנְיָא: ״וְהִזָּה הַטָּהוֹר עַל הַטָּמֵא״ עַל הַטָּמֵא – טָהוֹר, וְעַל הַטָּהוֹר – טָמֵא, דִּבְרֵי רַבִּי עֲקִיבָא. וַחֲכָמִים אוֹמְרִים: אֵין הַדְּבָרִים הַלָּלוּ אֲמוּרִין אֶלָּא בִּדְבָרִים הַמְקַבְּלִים טוּמְאָה.

As it was taught in a *baraita* that it is written: **"And the pure person will sprinkle it upon the impure person"** (Numbers 19:19); this emphasis that he sprinkles the water upon the impure person comes to teach that if he sprinkled **on the ritually impure** person, that person becomes **pure; but** if he sprinkled **on the pure** person, that person becomes **ritually impure.** This is **the statement of Rabbi Akiva. And the Rabbis say: These matters are stated** to teach that it is considered sprinkling **only** if it is performed **on items susceptible to impurity,** whereas if the water was sprinkled on items not susceptible to impurity, it is not considered sprinkling.

מַאי הִיא – כִּדְתְנַן: נִתְכַּוֵּון לְהַזּוֹת עַל הַבְּהֵמָה וְהִזָּה עַל הָאָדָם, אִם יֵשׁ בָּאֵזוֹב – יִשְׁנֶה, נִתְכַּוֵּון לְהַזּוֹת עַל הָאָדָם וְהִזָּה עַל הַבְּהֵמָה, אִם יֵשׁ בָּאֵזוֹב – לֹא יִשְׁנֶה.

What is the halakhic implication of that statement? It is **as we learned** in a mishna: With regard to one who mistakenly **intended to sprinkle** purification water **on an animal,**[HN] which does not become impure when alive, **but** happened to **sprinkle** it **upon** an impure **person, if** water remains **on the hyssop** that he used to sprinkle the water, **he** should **repeat** the action and sprinkle the purification water on the person to purify him. Since the first sprinkling was onto a person, who can become impure, the water remaining on the hyssop may be reused, and it is not disqualified by improper use. However, with regard to one who **intended to sprinkle** purification water **on a person but** happened to **sprinkle** it **upon an animal,** even **if** water remains **on the hyssop, he** should **not repeat** the action. Since the first sprinkling was onto an animal, which cannot become impure, the water is disqualified by improper use, and may not be used in a second sprinkling.

HALAKHA

The practice of the High Priest – **הַרְגָּלַת כֹּהֵן גָּדוֹל בַּעֲבוֹדָה**: The Sages accustom the High Priest in the Yom Kippur service during the seven days of his sequestering. He sprinkles the blood, burns the incense, and removes the ashes from the lamps of the candelabrum so that he will be prepared to perform the service on Yom Kippur (Rambam *Sefer Avoda, Hilkhot Avodat Yom HaKippurim* 1:5).

The High Priest sacrifices any portion that he chooses first – **כֹּהֵן גָּדוֹל מַקְרִיב חֵלֶק בְּרֹאשׁ**: During the year, the High Priest does not participate in the lottery like the rest of the priests, but may perform any service that he chooses. He may also take any portion that he chooses before the other priests (Rambam *Sefer Avoda, Hilkhot Kelei HaMikdash* 5:12).

One who intended to sprinkle purification water on an animal – **נִתְכַּוֵּון לְהַזּוֹת עַל הַבְּהֵמָה**: If one intends to sprinkle purification water on an animal or on any object not susceptible to impurity, and instead sprinkles on a person, the sprinkling is invalid. The individual must dip the hyssop into the water again and sprinkle with the appropriate intention. However, if he intends to sprinkle on an object susceptible to impurity, and instead sprinkles on an animal, he sprinkles again with the water remaining on the hyssop and need not dip it into the water again (Rambam *Sefer Tahara, Hilkhot Para Aduma* 10:8; see Ra'avad, who disagrees, and *Kesef Mishne*).

NOTES

The head and the hind leg – **אֶת הָרֹאשׁ וְאֶת הָרֶגֶל**: These parts are mentioned because when the sacrifice is cut into pieces, they are removed first. Therefore, in deference to the High Priest, it is appropriate to give those portions to him (*Melekhet Shlomo*).

One who intended to sprinkle purification water on an animal, etc. – **נִתְכַּוֵּון לְהַזּוֹת עַל הַבְּהֵמָה וכו׳**: There are two contradictory versions of this passage. The variant reading is: If one intended to sprinkle on an animal but instead sprinkled on a person, he must repeat the sprinkling; however, if he intended to sprinkle on a person and sprinkled on an animal, he need not repeat the sprinkling, independent of whether or not water remains on the hyssop (see Rabbeinu Ḥananel and Rabbi Shimshon of Saens on tractate *Para*). The term: He should repeat, can be understood in two ways: Most commentaries explain that the priest should sprinkle a second time with the water remaining on the hyssop; however, the *Me'iri* explains that the individual dips the hyssop in the water a second time and should not use the water remaining on the hyssop.

There is also a dispute with regard to the rationale for this *halakha*. Rashi explains that if the purification water was used to sprinkle on an animal, it is disqualified due to improper use. However, if water is unintentionally sprinkled on a person, it is not disqualified. Most commentaries are not concerned that the purification water was improperly used; however, there is a special *halakha* invalidating purification water sprinkled on an object not susceptible to impurity (*Tosafot*; Rambam's Commentary on the Mishna; *Tosafot Yeshanim*).

Based on the variant reading of the Gemara, there is a dispute whether the status of the water is determined by the act that was performed, i.e., the sprinkling of water on an animal, or by the intention, i.e., that one intended to sprinkle on an animal (see Rabbi Shimshon of Saens on tractate *Para*; Ritva). Another approach explains that if the priest does not sprinkle the water properly, either due to improper intention or improper action, he becomes impure himself. Consequently, he renders the water impure. It is thereby disqualified for use in further sprinkling (Rabbeinu Tam; *Tosafot Yeshanim*; Rabbi Shimshon of Saens).

מַאי טַעְמָא דְּרַבִּי עֲקִיבָא – נִכְתּוֹב רַחֲמָנָא: "וְהִזָּה הַטָּהוֹר עָלָיו", מַאי "עַל הַטָּמֵא" – שְׁמַע מִינַּהּ: עַל הַטָּמֵא טָהוֹר וְעַל הַטָּהוֹר טָמֵא. וְרַבָּנַן: הַאי לִדְבָרִים הַמְקַבְּלִין טוּמְאָה הוּא דַּאֲתָא. אֲבָל הָכָא – קַל וָחוֹמֶר הוּא; אִם עַל הַטָּמֵא טָהוֹר – עַל הַטָּהוֹר לֹא כׇּל שֶׁכֵּן?!

The Gemara analyzes the basis of the dispute: **What is the reason for** the opinion **of Rabbi Akiva?** Instead of writing: And the pure person will sprinkle it upon the impure person, **let the Merciful One write** in the Torah: **And the pure person will sprinkle it upon him,** and it would be clear that it is upon the aforementioned impure person. **What** is taught by the phrase: **Upon the impure person? Learn from it** that if he sprinkled **on the impure** person, that person becomes **pure; but** if he sprinkled **on the pure** person, that person becomes **impure. And the Rabbis** say with regard to **that** phrase: **It comes** to teach that it is only considered sprinkling if it is performed **on items susceptible to impurity. However, here,** with regard to sprinkling purification water on a pure person, it is derived through an *a fortiori* inference that he remains ritually pure:[N] **If** the water falls **on the impure** person, he is **pure;** if the water falls on **the pure** person, **all the more so** is it **not** clear that he remains pure?

וְרַבִּי עֲקִיבָא – הַיְינוּ דְּקָאָמַר שְׁלֹמֹה: "אָמַרְתִּי אֶחְכָּמָה וְהִיא רְחוֹקָה מִמֶּנִּי". – וְרַבָּנַן: הַהוּא לַמַּזֶּה וְלַמּוּזִּין עָלָיו – טָהוֹר, וְנוֹגֵעַ בָּהֶן – טָמֵא.

And Rabbi Akiva would respond to that *a fortiori* inference: **That is what** King **Solomon said: "I said I would become wise, but it eludes me"** (Ecclesiastes 7:23). According to tradition, even Solomon in his great wisdom could not understand the contradictory nature of the sprinkling of purification water that purifies an impure person and impurifies a pure person. **And the Rabbis** ascribe Solomon's bewilderment to a different aspect of the *halakha*: **The one who sprinkles** the water **and the one upon whom one sprinkles** the water are **pure; but one who touches** the water unrelated to sprinkling is **impure.**[H]

וּמַזֶּה טָהוֹר?! וְהָכְתִיב: "וּמַזֵּה מֵי הַנִּדָּה יְכַבֵּס בְּגָדָיו"! מַאי מַזֶּה – נוֹגֵעַ. וְהָכְתִיב "מַזֶּה", וְהָא כְּתִיב "נוֹגֵעַ"! וְעוֹד: מַזֶּה – בָּעֵי כִּיבּוּס בְּגָדִים, נוֹגֵעַ – לָא בָּעֵי כִּבּוּס בְּגָדִים.

The Gemara asks: **Is the one who sprinkles** the water actually **pure? Isn't it written: "He who sprinkles the purification waters will wash his clothes,** and he who touches the purification waters will be unclean until evening" (Numbers 19:21)? The Gemara responds: **What** is the meaning of the term: **He who sprinkles?** It means: **He who touches.**[N] **But isn't it written: He who sprinkles? And isn't it written** in the same verse: And **he who touches? And furthermore,** in that verse, **one who sprinkles requires washing** of his **clothes,** indicating a more severe level of impurity, whereas **one who touches does not require washing** of his **clothes.** Apparently, when it is written: He who sprinkles, it is not referring to one who touches.

אֶלָּא, מַאי מַזֶּה – נוֹשֵׂא. וְנִכְתּוֹב רַחֲמָנָא נוֹשֵׂא, מַאי טַעְמָא כְּתִיב מַזֶּה? הָא קָא מַשְׁמַע לַן: דְּבָעֵינַן שִׁיעוּר הַזָּאָה.

Rather, the Rabbis assert: **What** is the meaning of: **He who sprinkles?** It refers to **one who carries** the purification water.[H] The Gemara asks: **But** if so, **let the Merciful One write: One who carries; what is the reason** that **he who sprinkles is written** if the reference is to carrying? The Gemara answers: **This** use of the term sprinkling to depict carrying **teaches us** that in order to become impure from carrying purification water, one **must** carry the **measure** required for **sprinkling.**[H]

הָנִיחָא לְמַאן דְּאָמַר הַזָּאָה צְרִיכָה שִׁיעוּר, אֶלָּא לְמַאן דְּאָמַר הַזָּאָה אֵין צְרִיכָה שִׁיעוּר – מַאי אִיכָּא לְמֵימַר? אֲפִילּוּ לְמַאן דְּאָמַר הַזָּאָה אֵין צְרִיכָא שִׁיעוּר – הָנֵי מִילֵּי אַגַּבָּא דְּגַבְרָא, אֲבָל בְּמָנָא צְרִיכָה שִׁיעוּר. דִּתְנַן: כַּמָּה יְהֵא בָהֶן וִיהֵא כְּדֵי הַזָּאָה – כְּדֵי שֶׁיִּטְבּוֹל

The Gemara asks: **This** works out **well** according **to the one who said** that **sprinkling requires** a minimum **measure** of water, as then the concept of a measure required for sprinkling has meaning. **However,** according **to the one who said** that **sprinkling does not require a** minimum **measure** of water,[H] **what can be said?** There is no concept of a measure required for sprinkling. The Gemara answers: **Even** according **to the one who said** that **sprinkling does not require a** minimum **measure** of water, **that applies** only to the measure of purification water that must be sprinkled on **the back of the** impure **man;** any amount will suffice. **However, in the vessel** into which one dips the hyssop in order to sprinkle the water, a certain **measure** of water **is required, as we learned** in a mishna: **How much** water should **be in** the vessel so that it **will be equivalent** to the measure required for **sprinkling?** It must be **equivalent** to the measure required **to dip**

NOTES

A pure person upon whom they sprinkled purification water – טָהוֹר שֶׁהִזּוּ עָלָיו: The question was raised that even according to the Rabbis, who hold that a pure person is not rendered impure by the sprinkling of purification waters, once the water was sprinkled upon him, he carries or touches the water and that should render him impure. Some explain that water sprinkled upon a person is not considered contact that renders one impure. Others explain that once he was sprinkled with the water, the water was disqualified due to improper use and therefore no longer renders one impure.

He who sprinkles means he who touches – מַאי מַזֶּה – נוֹגֵעַ: *Tosafot* ask how could the Sages say that the one who performs the sprinkling is ritually pure, contrary to the plain meaning of the verse. They propose that when the Torah says: And the pure person will sprinkle it upon the impure person, it means that the pure person remains pure even after sprinkling (*Tosefot HaRosh*; *Tosafot*).

HALAKHA

One who touches the purification water becomes impure – נוֹגֵעַ בְּמֵי חַטָּאת טָמֵא: One who touches purification water for a purpose other than sprinkling becomes impure until the evening. His garments do not become impure (Rambam *Sefer Tahara, Hilkhot Para Aduma* 15:1).

One who carries the purification water – נוֹשֵׂא בְּמֵי חַטָּאת: One who carries purification water for a purpose other than sprinkling becomes impure, as do his clothes (Rambam *Sefer Tahara, Hilkhot Para Aduma* 15:1).

The measure required for sprinkling – שִׁיעוּר הַזָּאָה: Purification water renders one who touches or carries it impure only if there is a certain measure of water, sufficient to dip the tops of the stems of the hyssop branch into the water (Rambam *Sefer Tahara, Hilkhot Para Aduma* 15:1).

Sprinkling does not require a minimum measure of water – הַזָּאָה אֵין צְרִיכָה שִׁיעוּר: There is no minimum measure of purification water required to purify an impure person; any measure suffices (Rambam *Sefer Tahara, Hilkhot Para Aduma* 10:8).

רָאשֵׁי גִבְעוֹלִין, וְיַזֶּה. אַבַּיֵי אָמַר: אֲפִילּוּ תֵּימָא רַבִּי עֲקִיבָא, דְּעָבֵיד עֲבוֹדָה כּוּלֵּיהּ יוֹמָא, וּלְפַנְיָא מַדּוּ עֲלֵיהּ, וְטָבֵיל, וְעָבֵיד הַעֲרֵב הַשֶּׁמֶשׁ.

the tops of the stems of the hyssop branch into the water **and sprinkle it.** Apparently, even according to the one who said that there is no minimum measure of water for sprinkling, there is a minimum measure of water that must be in the vessel. **Abaye said: Even** if **you say** that the mishna is in accordance with the opinion of **Rabbi Akiva,** who said that the purification water impurifies the pure, the difficulty can be resolved: The High Priest **performs the** Temple **service** for **the entire day** on each of the seven days of sequestering, **and toward the evening** the priests **sprinkle** the purification water **upon him.** Even if he was pure and the sprinkling rendered him impure, he **immerses** immediately **and observes** the requirement to wait **until sunset,** at which point he is purified and prepared to serve the next day.

״וּמַקְטִיר אֶת הַקְּטוֹרֶת וּמֵטִיב אֶת הַנֵּרוֹת״. אַלְמָא קְטוֹרֶת בְּרֵישָׁא וַהֲדַר נֵרוֹת, וּרְמִינְהוּ: מִי שֶׁזָּכָה בְּדִישּׁוּן מִזְבֵּחַ הַפְּנִימִי, וּמִי שֶׁזָּכָה בַּמְּנוֹרָה, וּמִי שֶׁזָּכָה בַּקְּטוֹרֶת!

§ The mishna teaches that on each of the seven days the High Priest **burns the incense and removes** the ashes from **the lamps.**[N] **Apparently, incense** is burned **first, and then the lamps** are cleaned. **And** the Gemara **raises a contradiction** from a mishna in tractate *Tamid* that discusses the lottery in which the priests performing the various tasks that constitute the morning Temple service are selected. That mishna first mentions the one **who was privileged** to be selected to perform **removal of the ashes from the inner altar,** and then **the one who was privileged** to be selected to remove the ashes from the lamps of **the candelabrum,** and only then does it deal with **the one who is privileged** to be selected burn **the incense.** According to that mishna, removing ashes from the candelabrum precedes the burning of the incense.

אָמַר רַב הוּנָא: מַאן תְּנָא תָּמִיד – רַבִּי שִׁמְעוֹן אִישׁ הַמִּצְפָּה הוּא. וְהָא אִיפְּכָא שָׁמְעִינַן לֵיהּ, דִּתְנַן: בָּא לוֹ לְקֶרֶן מִזְרָחִית צְפוֹנִית – נוֹתֵן מִזְרָחָה צָפוֹנָה, מַעֲרָבִית דְּרוֹמִית – נוֹתֵן מַעֲרָבָה דָּרוֹמָה,

Rav Huna said: Who is the *tanna* who **taught** the *mishnayot* in tractate *Tamid*?[N] **It is Rabbi Shimon Ish HaMitzpa,**[P] who disagrees with the *tanna* of the mishna here. The Gemara asks: **But didn't we learn the opposite, as we learned** in the mishna in tractate *Tamid*: The priest sprinkles the blood of the daily offering on the altar.[H] **He comes to the northeast corner** of the altar and **sprinkles** once on the **northeast** corner. From there he proceeds to the **southwest corner** and **sprinkles** once on the **southwest** corner.

וְתָנֵי עֲלָהּ: רַבִּי שִׁמְעוֹן אִישׁ הַמִּצְפָּה מְשַׁנֶּה בְּתָמִיד; מִזְרָחִית צְפוֹנִית – נוֹתֵן מִזְרָחָה צָפוֹנָה, מַעֲרָבִית דְּרוֹמִית – נוֹתֵן מַעֲרָבָה, וְאַחַר כָּךְ נוֹתֵן דָּרוֹמָה!

And it was taught in the *Tosefta* **concerning** this mishna: **Rabbi Shimon Ish HaMitzpa changes the** sprinkling of the blood of the **daily offering** relative to the sprinkling of blood of all other burnt-offerings. He agrees with the first *tanna* with regard to the first sprinkling of the blood; the priest comes to the **northeast** corner and **sprinkles** once on the **northeast** corner. However, when he proceeds to the **southwest** corner he does not sprinkle once as he would when offering a burnt-offering; rather, **he sprinkles** on the **west** side of the altar **and then sprinkles** on the **south** side. Since the disputing opinion is that of Rabbi Shimon Ish HaMitzpa, apparently the unattributed opinions in the *mishnayot* in tractate *Tamid* are not the opinions of Rabbi Shimon Ish HaMitzpa.

אֶלָּא אָמַר רַבִּי יוֹחָנָן: מַאן תְּנָא סֵדֶר יוֹמָא – רַבִּי שִׁמְעוֹן אִישׁ הַמִּצְפָּה הוּא.

Rather, there must be a different resolution to the contradiction between the mishna here and the one in tractate *Tamid*. **Rabbi Yoḥanan said: Who** is the *tanna* who **taught** the Yom Kippur service in **tractate *Yoma*? It is Rabbi Shimon Ish HaMitzpa,** and tractate *Tamid* is in accordance with the opinion of the Rabbis who disagree with him.

NOTES

Removing the ashes from the lamps – הֲטָבַת הַנֵּרוֹת: The commentaries and legal authorities dispute whether this term connotes merely clearing the ashes and wicks and cleaning the lamps, or if the primary purpose of this service is in fact lighting those lamps in which oil remained to burn the rest of the day (Ramban on Exodus 27:20). Burning the remaining oil prepares the lamps for relighting at the end of the day.

Who is the *tanna* who taught the *mishnayot* in tractate *Tamid* – מַאן תְּנָא תָּמִיד: *Tosafot Yeshanim* ask why Rav Huna concluded that the *tanna* who taught the *mishnayot* in tractate *Tamid* was Rabbi Shimon Ish HaMitzpa, and answer that Rav Huna knew that Rabbi Shimon Ish HaMitzpa was involved in the discussion of the matters of that tractate. However, only once the *baraita* was cited was it was clear that tractate *Tamid* was not in accordance with the opinion of Rabbi Shimon Ish HaMitzpa. Indeed, it is common that although most of a given tractate is in accordance with the opinion of a certain *tanna*, there may nevertheless be several unattributed opinions that are in accordance with a different *tanna* (see *Tosefot Ri HaLavan*).

PERSONALITIES

Rabbi Shimon Ish HaMitzpa – רַבִּי שִׁמְעוֹן אִישׁ הַמִּצְפָּה: This Sage is mentioned in talmudic literature only a few times. It is known that he was a contemporary of Rabban Gamliel the Elder and lived when the Temple stood. Based on the Gemara here, he was apparently responsible for the preliminary arrangement of the *mishnayot* of one of the tractates that was edited and augmented by later Sages.

HALAKHA

Sprinkling the blood of the daily offering – זְרִיקַת דַּם הַתָּמִיד: The sprinkling of the blood of the daily offering, like that of the burnt-offering, is performed in the following manner: The priest takes blood from the bowl and sprinkles it first at the northeast corner, then at the southwest corner, intending in each instance that the blood will reach both sides (Rambam *Sefer Avoda, Hilkhot Ma'aseh HaKorbanot* 5:6).

וְרָמֵי סֵדֶר יוֹמָא אַסֵּדֶר יוֹמָא, דִּתְנַן: פַּיִיס הַשֵּׁנִי – מִי שׁוֹחֵט, מִי זוֹרֵק, מִי מְדַשֵּׁן מִזְבֵּחַ הַפְּנִימִי, וּמִי מְדַשֵּׁן אֶת הַמְּנוֹרָה, וּמִי מַעֲלֶה אֵבָרִים לַכֶּבֶשׁ. פַּיִיס הַשְּׁלִישִׁי: חֲדָשִׁים לַקְּטוֹרֶת בּוֹאוּ וְהָפִיסוּ!

The Gemara **raises a contradiction** from one mishna in **tractate *Yoma* against** another mishna in **tractate *Yoma*, as we learned** in a mishna: **The second lottery**[H] conducted daily among the priests determined the following: **Who slaughters** the daily morning offering; **who sprinkles** its blood; **who removes the ashes** from **the inner altar; and who removes the ashes** and burnt wicks from **the candelabrum; and who takes the limbs** of the daily offering **up to the ramp** to be burned later. Following the second lottery the priests dispersed, and they later reconvened for **the third lottery.** Before the third lottery, the appointee declared: Let only those priests who are **new to** offering **the incense** come and **participate in the lottery** for the incense. Apparently, removing the ashes from the lamps of the candelabrum preceded the burning of the incense, which contradicts the mishna here.

אָמַר אַבַּיֵי: לָא קַשְׁיָא: כָּאן – בַּהֲטָבַת שְׁתֵּי נֵרוֹת, כָּאן – בַּהֲטָבַת חָמֵשׁ נֵרוֹת.

Abaye said: This is **not difficult.**[N] **Here,** the mishna is discussing **the removal** of the ashes from **two lamps,**[N] which is performed after the burning of the incense; **there,** the mishna of the lotteries is discussing **the removal** of the ashes from **five lamps,**[N] which precedes the burning of the incense. As will be explained, the priest attends to five lamps first, and after a break, he attends to the final two lamps.

לְמֵימְרָא דִּבְקְטוֹרֶת מַפְסִיק לְהוּ? וְהָא אַבַּיֵי מְסַדֵּר מַעֲרָכָה מִשְּׁמֵיהּ דִּגְמָרָא, בְּדַם הַתָּמִיד מַפְסִיק לְהוּ! אָמְרִי: לָא קַשְׁיָא; הַהִיא – לְאַבָּא שָׁאוּל, הָא – לְרַבָּנַן. דְּתַנְיָא: לֹא יֵיטִיב אֶת הַנֵּרוֹת וְאַחַר כָּךְ יַקְטִיר, אֶלָּא יַקְטִיר וְאַחַר כָּךְ יֵיטִיב. אַבָּא שָׁאוּל אוֹמֵר: מֵטִיב וְאַחַר כָּךְ מַקְטִיר.

The Gemara asks: **Is that to say that the** burning of the **incense interposes** between attending to the first five lamps and attending the last two? **But when Abaye related the order of the** daily **priestly functions in the name of tradition, didn't** he state that it was the sprinkling of **the blood of the daily offering that interposed between** the five lamps and the two, not the burning of the incense? The Sages **say** in response: This is **not difficult. That** sequence cited by Abaye is in accordance with the opinion of **Abba Shaul,** whereas **this** sequence cited in the mishna is in accordance with the opinion of **the Rabbis, as it was taught** in a *baraita*: **One** should **not remove** the ashes from **the lamps and then burn** the incense; **rather one should burn** the incense **and then remove** the ashes from the lamps. **Abba Shaul says: One removes** the ashes from the lamps **and then burns** the incense.[H] The different sources reflect the dispute cited in the *baraita*.

מַאי טַעְמָא דְּאַבָּא שָׁאוּל – דִּכְתִיב: ״בַּבֹּקֶר בַּבֹּקֶר בְּהֵיטִיבוֹ אֶת הַנֵּרוֹת״ וַהֲדַר ״יַקְטִירֶנָּה״. וְרַבָּנַן: מַאי קָאָמַר רַחֲמָנָא –

The Gemara asks: **What is the rationale** for the opinion of **Abba Shaul?** It is **as it is written: "Every morning when he removes the ashes from the lamps,** he shall burn it" (Exodus 30:7), **and then** it is written: **"He shall burn it"** (Exodus 30:8). First the lamps are cleaned, and only then is the incense burned. **And** how do **the Rabbis,** who hold that the incense was burned first, interpret this verse? They say: **What is the Merciful One saying?**

Perek **I**
Daf **15** Amud **a**

בְּעִידָּן הֲטָבָה תְּהֵא מַקְטַר קְטוֹרֶת. דְּאִי לָא תֵּימָא הָכִי, ״בֵּין הָעַרְבַּיִם״ דִּכְתִיב: ״וּבְהַעֲלוֹת אַהֲרֹן אֶת הַנֵּרֹת בֵּין הָעַרְבַּיִם יַקְטִירֶנָּה״ הָכִי נַמִי דִּבְרֵישָׁא מַדְלִיק נֵרוֹת וַהֲדַר מַקְטִיר קְטוֹרֶת שֶׁל בֵּין הָעַרְבַּיִם?! וְכִי תֵּימָא הָכִי נַמִי – וְהָתַנְיָא: ״מֵעֶרֶב עַד בֹּקֶר״ –

It means: **At the time of** the **removal** of the ashes **you shall burn the incense,** and no later. **As, if you do not say so** but explain that the phrase: He shall burn the incense, at the end of the verse means after cleaning the lamps, then with regard to the burning of the **afternoon** incense, with regard to **which it is written: "And when Aaron lights the lamps in the afternoon he shall burn it"** (Exodus 30:8), in **this** case **too,** does it mean that **initially** the priest **lights the lamps** and only **then burns the afternoon incense? And if you say indeed,** that is **so, wasn't** the following **taught** in a *baraita* with regard to the verse: "Aaron and his sons will set it in order to burn **from evening until morning** before the Lord; it shall be a statute forever throughout their generations on behalf of the children of Israel" (Exodus 27:21)?

HALAKHA

The second lottery – פַּיִיס הַשֵּׁנִי: Thirteen priests were chosen in the second lottery in the Temple. The one who was chosen in the lottery slaughters the daily morning offering, the priest next to him receives the blood, and so on, following the sequence of the mishna (Rambam *Sefer Avoda, Hilkhot Temidin UMusafin* 4:6).

Burning the incense and removing the ashes from the lamps – הַקְטָרָה וַהֲטָבָה: The priest privileged to burn the incense enters first, followed by the priest privileged to remove the ashes from the candelabrum and clean the two lamps, in accordance with the opinion of the Rabbis (Rambam *Sefer Avoda, Hilkhot Temidin UMusafin* 6:4).

NOTES

Abaye said this is not difficult – אָמַר אַבַּיֵי: לָא קַשְׁיָא: *Tosafot* explain that based on the formulation of the Gemara, Abaye is not suggesting an entirely new solution but accepts Rabbi Yoḥanan's opinion, adding to and refining it. He does so because it is clear from tractate *Tamid* that there is an alternative opinion with regard to the order of the offerings as well as the two lamps. Therefore, it is possible to resolve only the contradiction between this mishna and the mishna in the second chapter (*Tosafot Yeshanim*; *Tosefot HaRosh*).

Here the mishna is discussing the removal of the ashes from two lamps – כָּאן – בַּהֲטָבַת שְׁתֵּי נֵרוֹת: *Tosafot* ask: Why does the mishna list the lighting of the two lamps, which is performed later, rather than the lighting of the five lamps, which is performed earlier? Apparently *Tosafot* and other sources hold that failure to remove the ashes from the five lamps does not invalidate the service and may even be performed by a non-priest. Therefore, the High Priest did not perform that service (*Mishḥat Aharon*).

The removal of the ashes from five lamps – הֲטָבַת חָמֵשׁ נֵרוֹת: When the priest arrived he would discover that several of the lamps had been extinguished. However, according to tradition, at least one lamp, the western lamp, remained burning. This is why that lamp and the one next to it were only rekindled or cleaned after the ashes were removed from the other five (Rabbi Elyakim).

NOTES

Give the candelabrum its measure of oil – תן לה מדתה: Rashi writes that sufficient oil was provided to enable the lamps to burn from evening to morning even on the longest nights of the year. Occasionally there would be leftover oil and the lamps would continue to burn during the day. *Tosafot Yeshanim* comment that the thickness of the wicks would be adjusted seasonally: Thin wicks were used in the winter and thicker ones in the summer. In this way all the oil was consumed every night throughout the year (see Jerusalem Talmud).

With regard to Rav Pappa, what is the reason that he did not say in accordance with the opinion of Abaye – רב פפא, מאי טעמא לא אמר כאביי: There is an additional reason that Rav Pappa rejects Abaye's opinion: Abaye interprets the identical phrase that appears in two *mishnayot* in two different ways. Abaye explains that the first usage of the phrase: Removes the ashes from the lamps, refers to five lamps, and the second usage refers to the remaining two lamps. When confronted with a situation of that kind, most *amora'im* prefer to attribute each mishna to a different *tanna* rather than interpret the identical phrase differently. Nevertheless, in tractate *Zevaḥim* Rav Pappa himself adopts the strategy used by Abaye here, instead of attributing the two sources to two different *tanna'im* (*Mitzpe Eitan*).

HALAKHA

Give the candelabrum its measure of oil – תן לה מדתה: All the lamps were filled with half a *log* of oil, which allowed them to burn from evening to morning (Rambam *Sefer Avoda, Hilkhot Temidin UMusafin* 3:11).

Slaughtering the daily offering on Yom Kippur – שחיטת תמיד ביום הכפורים: When the time to slaughter the daily offering on Yom Kippur arrived, the animal was brought to the High Priest, who cut through most of the two signs that determine whether the slaughter is valid, the gullet and the trachea. A second priest would step in and complete the job, enabling the High Priest to receive the blood and sprinkle it. After that the High Priest entered the Temple to burn the incense and remove the ashes from the lamps (Rambam *Sefer Avoda, Hilkhot Avodat Yom HaKippurim* 4:1).

תן לה מדתה, שתהא דולקת והולכת כל הלילה מערב ועד בקר. דבר אחר: "מערב עד בקר" – אין לך עבודה שכשרה מערב עד בקר אלא זו בלבד. אלא מאי קאמר רחמנא – בעידן הדלקה תהא מקטר קטורת, הכא נמי – בעידן הטבה תהא מקטר קטורת.

And the *baraita* explains: **Give the** candelabrum **its measure** of oil[NH] so that **it will continue to burn all night from evening until morning. Alternatively,** the phrase: **From evening to morning,** teaches that **you have only this service that is valid** when performed **from evening to morning.** Apparently, lighting the candelabrum is the final daily Temple service and the incense is not burned after the lamps are lit. **Rather, what is the Merciful One saying** in the phrase: "And when Aaron lights the lamps in the afternoon he shall burn it." This teaches that **at the time of** the **lighting** of the lamps **you shall burn the incense,** and no later. If so, **here too,** in the morning, **at the time of** the **removal** of the ashes **you shall burn the incense,** and no later. This is the rationale for the opinion of the Rabbis.

ואבא שאול אמר לך: שאני התם דכתיב: "אותו".

And Abba Shaul could have **said to you** in response: **It is different there,** with regard to the burning of the afternoon incense, **as it is written:** "Aaron and his sons will set **it** [*oto*] in order." The term *oto* is exclusionary: Only in the afternoon is it critical that the lighting of the lamps be the last service performed and that it follow the burning of the incense. However, in the morning, where there is no exclusionary term, the sequence of the verse is observed: First attending to the candelabrum and then burning the incense.

רב פפא אמר: לא קשיא; הא – רבנן, הא – אבא שאול. במאי אוקימתא למתניתין דהכא – כרבנן, פייס – כאבא שאול,

Rav Pappa said a different resolution to the contradiction between the *mishnayot*. This is **not difficult,** because each mishna is in accordance with the opinion of a different *tanna*. **This** mishna, in which the burning of the incense is first, is in accordance with the opinion of **the Rabbis;** and **that** mishna, in which the lighting of the lamps is first, is in accordance with the opinion of **Abba Shaul.** The Gemara questions Rav Pappa's resolution: In accordance with the opinion of **which** ***tanna*** **is the mishna here established?** It is **in accordance with** the opinion of **the Rabbis.** The sequence in the mishna where the **lottery** is discussed is in accordance with the opinion of **Abba Shaul.**

אימא סיפא: "הביאו לו את התמיד, קרצו, ומירק אחר שחיטה על ידו. נכנס להקטיר את הקטורת ולהיטיב את הנרות" – אתאן לרבנן. רישא וסיפא רבנן, ומציעתא אבא שאול?! אמר לך רב פפא: אין, רישא וסיפא רבנן, ומציעתא אבא שאול.

Say the latter clause of that mishna as follows: **They brought him the** sheep for **the daily** morning **offering that he slaughtered** by cutting most of the way through the gullet and the windpipe. **And** a **different** priest **completed** the **slaughter on his behalf.**[H] And then **he entered** the Sanctuary **to burn the** morning **incense and to remove** the ashes from **the lamps** of the candelabrum. If so, **we have** again **arrived at** the opinion of **the Rabbis** that burning the incense precedes attending to the lamps, which leads to the difficult conclusion: The **first clause and** the **last clause** of the mishna in tractate *Yoma* are in accordance with the opinion of **the Rabbis,** and the **middle clause** is in accordance with the opinion of **Abba Shaul. Rav Pappa** could have **said to you: Indeed,** the **first clause and** the **last clause** are in accordance with the opinion of **the Rabbis,** and the **middle clause** is in accordance with the opinion of **Abba Shaul.** Although this is not common, because these *mishnayot* are not directly juxtaposed, it is possible.

בשלמא אביי לא אמר כרב פפא – רישא וסיפא רבנן ומציעתא אבא שאול לא מוקים לה. אלא רב פפא, מאי טעמא לא אמר כאביי? אמר לך: תנא ברישא הטבת שתי נרות, והדר הטבת חמש נרות.

The Gemara asks: **Granted, Abaye does not say in accordance with** the opinion of **Rav Pappa,** as he is **not** willing to **establish** the **first clause and** the **last clause** in accordance with the opinion of **the Rabbis** and the **middle clause** in accordance with the opinion of **Abba Shaul. However,** with regard to **Rav Pappa, what is the reason** that **he did not say** in accordance with the opinion of **Abaye**[N] and instead prefers an uncommon and difficult resolution? Rav Pappa could have **said to you** that the resolution proposed by Abaye is difficult as well, as according to Abaye **in the first clause** of the mishna it was **taught** with regard to the **removal** of the ashes from **two lamps,** which is performed later, **and** only **then** taught the **removal** of the ashes from **five lamps,** which is performed before the ashes of the two lamps are cleared. Therefore, Rav Pappa prefers to establish that the *mishnayot* reflect a tannaitic dispute rather than to accept this reversal of the order.

וְאַבַּיֵי אָמַר לָךְ: אוֹרוּיֵי בְּעָלְמָא הוּא דְּקָא מוֹרֵי, וְסִדְרָא הָא הֲדַר תָּנֵי לֵיהּ.

And Abaye holds that this is not difficult and could have **said to you** that the first mishna, which describes the routine of the High Priest during his seven days of separation, teaches **a general directive** describing the services with which the High Priest must be familiarized prior to Yom Kippur, without concern for the sequence. **And** in terms of **the sequence, the** mishna **then teaches** it in the context of the actual performance of the services.

גּוּפָא, בָּא לוֹ לְקֶרֶן מִזְרָחִית צְפוֹנִית – נוֹתֵן מִזְרָחִית צְפוֹנִית, מַעֲרָבִית דְּרוֹמִית – נוֹתֵן מַעֲרָבִית דְּרוֹמִית. וְתָנֵי עֲלָהּ, רַבִּי שִׁמְעוֹן אִישׁ הַמִּצְפָּה מְשַׁנֶּה בְּתָמִיד; בָּא לוֹ לְקֶרֶן מִזְרָחִית צְפוֹנִית – נוֹתֵן מִזְרָחִית צְפוֹנִית, מַעֲרָבִית דְּרוֹמִית – נוֹתֵן מַעֲרָבָה וְאַחַר כָּךְ נוֹתֵן דָּרוֹמָה. מַאי טַעְמָא דְּרַבִּי שִׁמְעוֹן אִישׁ הַמִּצְפָּה?

§ The Gemara cites a dispute between the Rabbis and Rabbi Shimon Ish HaMitzpa. The Gemara proceeds to analyze **the matter itself:** The priest **comes to the northeast corner** of the altar and **sprinkles** once on the **northeast** corner. From there he proceeds to the **southwest corner** and **sprinkles** once on the **southwest** corner. **And it was taught** in the *Tosefta* **concerning** this mishna: **Rabbi Shimon Ish HaMitzpa changes the** sprinkling of the blood of the **daily offering** vis-à-vis the sprinkling of blood of all other burnt-offerings. The priest comes to the **northeast** corner and **sprinkles** once on the **northeast** corner. However, when he proceeds to the **southwest** corner, **he sprinkles** on the **west** side of the altar **and then sprinkles** on the **south** side. The Gemara asks: **What is the rationale** for the opinion of **Rabbi Shimon Ish HaMitzpa,** who changes the sprinkling of the blood of the daily offering vis-à-vis the sprinkling of blood of all other burnt-offerings?

אָמַר רַבִּי יוֹחָנָן מִשּׁוּם חַד דְּבֵי רַבִּי יַנַּאי: אָמַר קְרָא: ״וּשְׂעִיר עִזִּים אֶחָד לְחַטָּאת לַה׳ עַל עוֹלַת הַתָּמִיד יֵעָשֶׂה וְנִסְכּוֹ״ עוֹלָה הִיא, וְאָמַר רַחֲמָנָא עֲבֵיד בָּהּ מַעֲשֵׂה חַטָּאת.

Rabbi Yoḥanan said in the name of one of the Sages **of the school of Rabbi Yannai** that **the verse states: "And one goat as a sin-offering to the Lord; it shall be offered aside from the daily burnt-offering**[N] **and its libation"** (Numbers 28:15). From the phrase: Beside the daily burnt-offering, it is derived that the daily offering is **a burnt-offering,** and from the juxtaposition of the sacrifice of the sin-offering to the daily offering, **the Merciful One said: Perform with it the procedure of a sin-offering.**[N]

הָא כֵּיצַד? נוֹתֵן אַחַת שֶׁהִיא שְׁתַּיִם כְּמַעֲשֵׂה עוֹלָה, שְׁתַּיִם שֶׁהֵן שְׁתַּיִם כְּמַעֲשֵׂה חַטָּאת. וְלִיתֵּן שְׁתַּיִם שֶׁהֵן אַרְבַּע כְּמַעֲשֵׂה עוֹלָה, וְאַרְבַּע שֶׁהֵן אַרְבַּע כְּמַעֲשֵׂה חַטָּאת!

And **how** can **this** be accomplished? It can be accomplished by performing half of the sprinklings according to the procedure of a burnt-offering, and half according to the procedure of a sin-offering. One **sprinkles one** sprinkling **that is two,** i.e., one sprinkles the blood on the corner of the altar so that the blood is divided between the two sides, **in accordance with the procedure of a** standard **burnt-offering.** Then **he sprinkles two** sprinklings **that are two, in accordance with the procedure of a sin-offering.**[N] The blood of a sin-offering is sprinkled in four separate actions, one on each of the four corners of the altar. The Gemara asks: **And** if the objective is to have the daily offering sacrificed like a sin-offering, **let him sprinkle** the blood in a manner that will accomplish both: First, **two** sprinklings **that are four in accordance with the procedure of a** standard **burnt-offering, and** then **four** sprinklings **that are four in accordance with the procedure of a sin-offering.**

לֹא מָצִינוּ דָּמִים שֶׁמְּכַפְּרִין וְחוֹזְרִין וּמְכַפְּרִין. וְכִי מָצִינוּ דָּמִים שֶׁחֶצְיָין חַטָּאת וְחֶצְיָין עוֹלָה? אֶלָּא – עַל כָּרְחָן הִקִּישָׁן הַכָּתוּב, הָכָא נַמִי – בְּעַל כָּרְחָן הִקִּישָׁן הַכָּתוּב!

The Gemara rejects that proposal: **We did not find** a case of **blood that atones and** then **again atones.** Once the blood was sprinkled and brought atonement by following the procedure of the burnt-offering, one cannot then begin the rite of atonement of a sin-offering. The Gemara asks: **And did we find** the **blood** of an offering, **half of which** is sprinkled as **a sin-offering and half of which** is sprinkled as **a burnt-offering? Rather, perforce,** say that **the verse juxtaposes them** and commands that the blood of the daily offering be offered half as a burnt-offering and half as a sin-offering. **Here too, perforce,** say that **the verse juxtaposes them** and commands two separate sprinklings: The sprinkling of a burnt-offering followed by the sprinkling of a sin-offering.

NOTES

Aside from the daily burnt-offering – עַל עוֹלַת הַתָּמִיד: The interpretation of Rabbi Shimon Ish HaMitzpa is difficult, because ostensibly the meaning of the verse is clear. The sin-offering that is a part of the additional offering is brought after the daily offering. However, it could be argued that since that *halakha* is derived elsewhere, the verse is superfluous and must come to teach an additional *halakha* (*Siaḥ Yitzḥak*). Alternatively, it is possible that Rabbi Shimon Ish HaMitzpa derives his *halakha* from the slightly atypical language that appears in the verse. Usually, the Torah formulates the phrase: Beside the daily burnt-offering, *millevad olat hatamid*. Here the verse states instead: Aside from the daily offering, *al olat hatamid* (*Gevurat Ari*).

The procedure of a burnt-offering and a sin-offering – מַעֲשֵׂה עוֹלָה וְחַטָּאת: The primary atonement provided by offerings is achieved by means of the sprinkling the blood of the animal on the altar, an act referred to as a gift. The blood of a standard burnt-offering is sprinkled twice on two opposite corners of the altar with the intention of the blood falling on all four walls. This is referred to as: Two sprinklings that are four. The sprinkling is performed on the bottom half of the altar, beneath the red line that ran across the walls indicating the midpoint. The blood of a sin-offering was sprinkled on the corners at the top of the altar, one on each side. This is known as: Four sprinklings.

The blood of the sin-offering and burnt-offering – דַּם חַטָּאת וְעוֹלָה: Sprinkling of the blood of an offering differs based on the type of offering being sacrificed, with the greatest distinction being between the sin-offering and the burnt-offering. The priest sprinkles the blood of the sin-offering on the upper corners of the altar with his finger. The blood of the burnt-offering is splashed directly from the vessel, on the bottom half of the altar, beneath the red line. The objective was to sprinkle it on the corner so that each sprinkling of the blood would fall simultaneously on two walls. Rabbi Shimon Ish HaMitzpa ruled that one of the sprinklings of the blood of the daily burnt-offering should be placed on one corner, while on the opposite corner, blood was sprinkled separately on the two walls. The result was a combination of the sprinkling of a burnt-offering and the sprinkling of a sin-offering.

Blood sprinkled on the altar

הָתָם פִּיסּוּק מַתָּנוֹת בְּעָלְמָא הִיא. וְנֵיתֵיב אַחַת שֶׁהִיא שְׁתַּיִם לְמַטָּה כְּמַעֲשֵׂה עוֹלָה, שְׁתַּיִם שֶׁהֵן שְׁתַּיִם לְמַעְלָה כְּמַעֲשֵׂה חַטָּאת!

The Gemara responds: The two suggestions are different. **There,** in the statement of Rabbi Shimon Ish HaMitzpa, there is no radical divergence from the standard burnt-offering; **it is merely dividing the sprinklings.** Instead of sprinkling the blood on the corner so that it falls on two sides of the altar, one sprinkles the blood on each of the two sides separately. In contrast, performing two independent acts of sprinkling is a radical divergence. **And** the Gemara suggests an alternative manner in which the daily offering could be offered like a sin-offering. **Let us sprinkle one** sprinkling **that is two below** the red line painted halfway up the altar, **in accordance with the procedure of a** standard **burnt-offering,** and sprinkle another **two sprinklings that are two above** the red line on the upper half of the altar **in accordance with the procedure of a sin-offering.**

לֹא מָצִינוּ דָּמִים שֶׁחֶצְיָין לְמַעְלָה וְחֶצְיָין לְמַטָּה. וְלֹא? וְהָתְנַן: הִזָּה מִמֶּנּוּ אַחַת לְמַעְלָה וְשֶׁבַע לְמַטָּה!

The Gemara rejects this: **We did not find** a case of **blood half of which** is sprinkled **above** the red line **and half of which** is sprinkled **below** the red line. One either sprinkles all the blood on the lower half of the altar, as in the case of most offerings, or entirely on the upper half of the altar, as in the case of sin-offerings. The Gemara asks: **And** is there really **no** case of that sort? **Didn't we learn** in a mishna: The High Priest took the blood of the bull into the Holy of Holies **and sprinkled from** the blood **one** time **upward and** then **seven** times **downward?** Apparently, the blood of an offering can be sprinkled part upward, toward the upper part of the thickness of the Ark cover, and part downward, toward the lower part of the thickness of the Ark cover.[H]

כְּמַצְלִיף. מַאי כְּמַצְלִיף – מַחְוֵי רַב יְהוּדָה: כְּמְנַגְּדָנָא.

The Gemara rejects this: That is not a case of half the blood sprinkled upward and half sprinkled downward. Instead, that sprinkling was **like a** ***matzlif***;[N] the sprinklings were not performed one above the other, but rather one beneath the other, and all were sprinkled in a row on the Ark cover. The Gemara explains: **What** is the meaning of **like a** ***matzlif*****? Rav Yehuda demonstrated** with his hand; it means **like one who whips.** One who whips another does not strike in one place but directs one lash beneath another.

וְלֹא? וְהָתְנַן: הִזָּה מִמֶּנּוּ עַל טָהֳרוֹ שֶׁל מִזְבֵּחַ שֶׁבַע פְּעָמִים, מַאי לָאו אַפַּלְגֵּיהּ דְּמִזְבֵּחַ, כִּדְאָמְרִי אֱינָשֵׁי: טְהַר טִיהֲרָא, הוּא פַּלְגָּא דְיוֹמָא?

The Gemara asks: **And** is there really **no** case of that sort? **Didn't we learn** in a mishna with regard to the sprinkling of blood on the incense altar: **He sprinkled seven times from** the blood **on** ***tohoro*** **of the altar. What, is it not** referring to the **middle** of the side **of the altar, as people say: Clear noon** [***tihara***], that **is the middle of the day?** In other words, *tohoro* refers to halfway up the altar. Now, since the blood was sprinkled on the altar seven times, inevitably some of the blood landed above the midpoint and some of it landed below the midpoint.

אָמַר רַבָּה בַּר שֵׁילָא: לָא,

Rabba bar Sheila said: No, that is not the meaning of *tohoro.*

HALAKHA

Sprinkling opposite the Ark cover – הַזָּיָה כְּנֶגֶד הַכַּפּוֹרֶת: When the High Priest sprinkled the blood on the Ark cover, he sprinkled once upward and seven times downward. The blood was not really sprinkled upward and downward, but in more of a whipping motion, each below the previous one (Rambam *Sefer Avoda, Hilkhot Avodat Yom HaKippurim* 3:5).

NOTES

Like a ***matzlif*** – כְּמַצְלִיף: Some people explain that the lashing of a whip is imprecise, landing in different spots, not necessarily above or below a certain point (*Me'iri*). Others explain the image by saying that when one is whipped he is lashed in front and in back, which requires the one administering the lashes to adjust his grip on the whip; sometimes the strap is held higher, and sometimes lower. Similarly, with regard to the priest sprinkling blood, the difference between sprinkling above and sprinkling below depends on whether he holds his fingers up or down (*Tosafot Yeshanim*; *Tosefot HaRosh*).

אַגּוּפֵּיהּ דְּמִזְבֵּחַ, דִּכְתִיב: ״וּכְעֶצֶם הַשָּׁמַיִם לָטֹהַר״.

Rather, *tohoro* means **on** top of **the altar itself,**[B] **as it is written: "Like the very sky for purity [*latohar*]"** (Exodus 24:10). *Tohoro* refers to the top of the altar after the ashes of the incense are cleared and the pure gold is visible.

מַאי שְׁנָא דְּיָהֵיב עוֹלָה בְּרֵישָׁא וַהֲדַר יָהֵיב דְּחַטָּאת? נֵיתֵיב בְּרֵישָׁא דְּחַטָּאת, וַהֲדַר נֵיתֵיב דְּעוֹלָה! כֵּיוָן דְּעוֹלָה הִיא – הִיא קָדְמָה בְּרֵישָׁא.

The Gemara returns to the opinion of Rabbi Shimon Ish HaMitzpa: **What is different that** he says to **sprinkle** in accordance with the procedure of the **burnt-offering first and then sprinkle** in accordance with the procedure **that** is used for the **sin-offering? Let us first sprinkle** in accordance with the procedure **that** is used for the **sin-offering and then let us sprinkle** in accordance with the procedure **that** is used for the **burnt-offering.** The Gemara answers: **Since** the daily offering **is a burnt-offering,** that procedure **takes precedence,** and it is followed by the sin-offering.

וּמַאי שְׁנָא דְּיָהֵיב מִזְרָחִית צְפוֹנִית וּמַעֲרָבִית דְּרוֹמִית? נֵיתֵיב דְּרוֹמִית מִזְרָחִית וַהֲדַר צְפוֹנִית מַעֲרָבִית! אָמְרִי: עוֹלָה טְעוּנָה יְסוֹד, וְקֶרֶן דְּרוֹמִית מִזְרָחִית לָא הֲוָה לֵיהּ יְסוֹד.

The Gemara asks: **What is different that** he says to **sprinkle** first on the **northeast** corner of the altar **and** then on the **southwest** corner? **Let him sprinkle** first on the **southeast** corner **and then** on the **northwest** corner. The Sages **say:** That is because the blood of the **burnt-offering requires** sprinkling on the side of the altar with **a base,**[HB] as it is stated: "On the base of the altar of burnt-offering" (Leviticus 4:18) **and the southeast corner did not have a base.**[N] Therefore, the sprinkling was performed on the northeast corner, where part of the base of the altar was located.

מַאי שְׁנָא דְּיָהֵיב בְּרֵישָׁא מִזְרָחִית צְפוֹנִית וַהֲדַר מַעֲרָבִית דְּרוֹמִית? נֵיתֵיב בְּרֵישָׁא מַעֲרָבִית דְּרוֹמִית וַהֲדַר מִזְרָחִית צְפוֹנִית! כֵּיוָן דְּאָמַר מָר: כׇּל פִּינּוֹת שֶׁאַתָּה פּוֹנֶה – לֹא יְהוּ אֶלָּא דֶּרֶךְ יָמִין לַמִּזְרָח – בְּרֵישָׁא בְּהַהוּא פָּגַע.

The Gemara asks: **What is different that** he says to **sprinkle** first on the **northeast** corner of the altar **and** then on the **southwest** corner? **Let him sprinkle** first on the **southwest** corner **and then** on the **northeast** corner. The Gemara answers that it is **since the Master said: All turns that you turn should be only to the right.**[N] With regard to certain offerings sacrificed when the priest is on the south side of the altar, he would turn **to the east,** which was to his right. Since the animal to be offered is slaughtered to the north of the altar, he **first** sprinkles blood at the corner that **he encounters** first.

וּמִמַּאי דִּבְעוֹלָה הוּא דְּקָאָמַר רַחֲמָנָא עָבֵיד בָּהּ מַעֲשֵׂה חַטָּאת? וְדִילְמָא בְּחַטָּאת הוּא דְּקָאָמַר רַחֲמָנָא עָבֵיד בָּהּ מַעֲשֵׂה עוֹלָה? לָא סָלְקָא דַּעְתָּךְ, דִּכְתִיב: ״עַל עוֹלַת הַתָּמִיד יֵעָשֶׂה וְנִסְכּוֹ״. מַאי קָאָמַר רַחֲמָנָא – מִידֵּי דְּחַטָּאת שְׁדֵי אַעוֹלָה.

And from where is the conclusion drawn that **the Merciful One says with regard to a burnt-offering to perform it** in accordance **with the procedure of a sin-offering? Perhaps it is with regard to a sin-offering** of the New Moon **that the Merciful One says to perform it** in accordance with **the procedure of a burnt-offering.** The Gemara responds: This can **not enter your mind, as it is written: "It shall be offered aside from the daily burnt-offering and its libation"** (Numbers 28:15). **What is the Merciful One saying? Cast a matter of the sin-offering upon the burnt-offering,** i.e., apply the procedure of the sin-offering to the sacrifice of the burnt-offering.

HALAKHA

The blood of the burnt-offering requires sprinkling on the side of the altar with a base – עוֹלָה טְעוּנָה יְסוֹד: The blood of the burnt-offering is sprinkled only on the corners of the altar where there is a base (Rambam *Sefer Avoda, Hilkhot Ma'aseh HaKorbanot* 5:6).

BACKGROUND

On top of the altar itself – אַגּוּפֵּיהּ דְּמִזְבֵּחַ:

High Priest sprinkling blood on top of the altar

Base of the altar – יְסוֹד הַמִּזְבֵּחַ: This diagram shows the place where the offerings were burned, the corners of the altar, the ledge surrounding the altar, and the base on some of the sides of the altar.

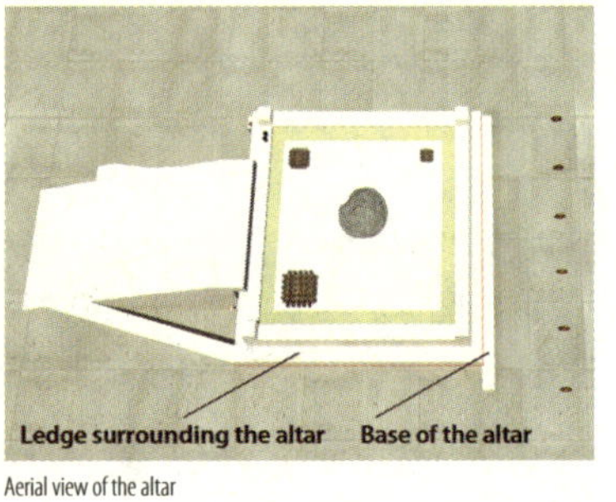

Aerial view of the altar

NOTES

And the southeast corner did not have a base – וְקֶרֶן דְּרוֹמִית מִזְרָחִית לָא הֲוָה לֵיהּ יְסוֹד: According to Rashi and other commentators, the altar did not have a base on most of its east or south side. There was merely a cubit adjacent to the corners. Some of the *ge'onim*, however, write that there was indeed a base on those sides as well, and it was only at the southeast corner that there was no base. According to most commentaries, the altar did not protrude in those places where there was no base. However, some maintain that there was a base on all sides of the altar. The base on the south and west sides was a slight protuberance from the wall, and on the other sides there was a hollow structure through which the blood flowed outside the Temple (*Peirush Kadmon*).

All turns that you turn should be only to the right – כׇּל פִּינּוֹת שֶׁאַתָּה פּוֹנֶה לֹא יְהוּ אֶלָּא דֶּרֶךְ יָמִין: The Talmud cites different proofs in support of this concept, and there are several cases in the Bible (see 1 Kings 7) in which movement in a circle is described as progressing to the right and to the east.

תְּנַן הָתָם, אָמַר לָהֶם הַמְּמוּנֶּה: צְאוּ וְהָבִיאוּ טָלֶה מִלִּשְׁכַּת בֵּית הַטְּלָאִים. וַהֲלֹא לִשְׁכַּת הַטְּלָאִים הָיְתָה בְּמִקְצוֹעַ צְפוֹנִית מַעֲרָבִית, וְאַרְבַּע לְשָׁכוֹת הָיוּ שָׁם: אַחַת לִשְׁכַּת הַטְּלָאִים, וְאַחַת לִשְׁכַּת הַחוֹתָמוֹת, וְאַחַת לִשְׁכַּת בֵּית הַמּוֹקֵד, וְאַחַת לִשְׁכָּה שֶׁעוֹשִׂין בָּהּ לֶחֶם הַפָּנִים.

§ Just as the contradiction above was resolved by attributing different sources to different *tanna'im*, the Gemara cites an additional contradiction with a similar resolution. **We learned** in a mishna **there: The appointee,** the deputy High Priest, **said to** the other priests: **Go out and bring a lamb from the Chamber of the Lambs,** where lambs awaiting sacrifice were kept after they underwent inspection and were found to be without blemish. That mishna continues: **The Chamber of the Lambs was** located **in the northwest corner** of the Hall of the Hearth in the Temple courtyard. **And there were four chambers there** in that hall.[BH] **One** was **the Chamber of the Lambs, and one** was **the Chamber of the Seals.**[N] In the Temple, seals were dispensed as receipts to individuals who paid for sacrificial animals. The person then showed the seal to a Temple official, who supplied him with an animal. **And one** was **the Chamber of the Hall of the Hearth,**[N] **and one** was **the chamber where the shewbread was prepared.**

וּרְמִינְהוּ: אַרְבַּע לְשָׁכוֹת הָיוּ לְבֵית הַמּוֹקֵד כְּקִטוֹנִיּוֹת הַפְּתוּחוֹת לִטְרַקְלִין, שְׁתַּיִם בַּקּוֹדֶשׁ וּשְׁתַּיִם בַּחוֹל, וְרָאשֵׁי פִּסְפָּסִין מַבְדִּילִין בֵּין קוֹדֶשׁ לְחוֹל. וּמָה הָיוּ מְשַׁמְּשׁוֹת? מַעֲרָבִית דְּרוֹמִית – הִיא הָיְתָה לִשְׁכַּת טְלֵי קָרְבָּן,

And the Gemara **raises a contradiction** from a mishna in tractate *Middot*: **Four chambers were** open **into the Hall of the Hearth like small** semi-open **rooms** [*kitoniyyot*][L] **that open into** a central **hall** [*teraklin*].[L] **Two** of these chambers were located in the **sacred** area, in the Temple courtyard, **and two** of the chambers **were** located **in the non-sacred** area of the Temple Mount. **And the tops of** wooden **stakes** [*pispasin*][NL] in the Hall of the Hearth **divided between the sacred** area and the **non-sacred** area to apprise the people in both areas where they were located and what conduct is required. **And what** purpose did these chambers **serve?** The **southwest** chamber **was the Chamber of the Sacrificial Lambs;**

BACKGROUND

Chambers in the Hall of the Hearth – לְשָׁכוֹת בְּבֵית הַמּוֹקֵד: Illustration of the chambers in the Hall of the Hearth, based on the configuration described in tractate *Tamid*.

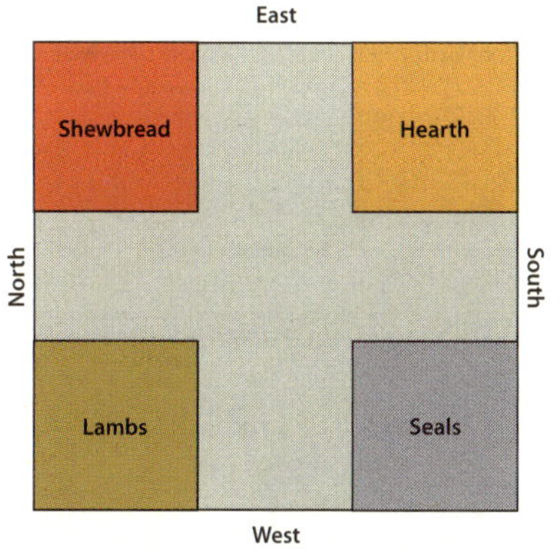

Chambers in the Hall of the Hearth

NOTES

The Chamber of the Seals – לִשְׁכַּת הַחוֹתָמוֹת: When an individual arrived at the Temple to sacrifice an offering but did not bring an animal with him, he would effect purchase of the animal by paying a Temple official. The official gave him a seal, which served as a receipt. He then proceeded with the seal to a second official, who gave him an animal in return for the seal. The seals were kept in the Chamber of the Seals.

The Chamber of the Hall of the Hearth – לִשְׁכַּת בֵּית הַמּוֹקֵד: Within the large Hall of the Hearth was a smaller chamber called the Hall of the Small Hearth. In the center of the large hall, fire was kept burning to warm the priests in the winter. The fire burning in the smaller room was used to warm the more modest priests (Rashi) or was the source of the fire used to light the arrangement of wood on the altar (Rabbeinu Ḥananel).

Hall of the Hearth

The tops of wooden stakes – רָאשֵׁי פִּסְפָּסִין: Some commentaries suggest that the Gemara is describing markers in the floor of the Chamber of the Hearth that indicated the boundaries of the sacred and non-sacred areas. Others explain that the tops of beams protruded from the wall to signal this border (*Arukh*).

HALAKHA

Chambers in the Hall of the Hearth – לְשָׁכוֹת בֵּית הַמּוֹקֵד: The Hall of the Hearth contained four smaller chambers: Two of them stood in the sacred area in the courtyard and two in the non-sacred area of the Temple Mount. The tops of wooden stakes demarcated between the two areas. The southwestern room was the Chamber of the Lambs; the southeastern room was where the shewbread was prepared. The northeastern chamber held the altar stones desecrated by the Greeks; and the northwestern chamber led to the Hall of Immersion. That is the configuration as described in tractate *Middot* and according to the Gemara's conclusion here (Rambam *Sefer Avoda, Hilkhot Beit HaBeḥira* 5:10).

LANGUAGE

Small semi-open rooms [*kitoniyyot*] – קִיטוֹנִיּוֹת: This Hebrew word is the diminutive form of the word *kiton*, from the Greek **κοιτών**, *koiton*, meaning bedroom. In the Talmud it can refer to any small room.

Central hall [*teraklin*] – טְרַקְלִין: From the Greek **τρικλίνιον**, *triklinion*, which originally meant beds or couches for reclining, but later came to mean the central hall in a house where hosts received guests and dined. The bedrooms in the house often opened to this central hall.

Wooden stakes [*pispasin*] – פִּסְפָּסִין: From the Greek **ψῆφος**, *psefos*, meaning small stone. Here it may be referring to a mosaic on the floor or some type of lattice-work.

דְּרוֹמִית מִזְרָחִית – הִיא לִשְׁכָּה שֶׁהָיוּ עוֹשִׂין בָּהּ לֶחֶם הַפָּנִים, מִזְרָחִית צְפוֹנִית – בָּהּ גָּנְזוּ בֵּית חַשְׁמוֹנַאי אַבְנֵי מִזְבֵּחַ שֶׁשִּׁקְצוּם מַלְכֵי גוֹיִם, צְפוֹנִית מַעֲרָבִית – בָּהּ יוֹרְדִין לְבֵית הַטְּבִילָה. אָמַר רַב הוּנָא: מַאן תְּנָא מִדּוֹת – רַבִּי אֱלִיעֶזֶר בֶּן יַעֲקֹב הִיא.

the **southeast** chamber in the Hall of the Hearth **was the chamber in which the shewbread was prepared.** The **northeast** chamber was the chamber **in which the Hasmoneans sequestered the altar stones that were desecrated by the gentile kings** when they sacrificed idolatrous offerings. The **northwest** chamber was the chamber **in which** the priests **descended** through tunnels **to the Hall of Immersion.** There is a contradiction between the sources with regard to the location of the Chamber of the Lambs. **Rav Huna said: Who is** the *tanna* **who taught** the *mishnayot* in tractate ***Middot***? It is **Rabbi Eliezer ben Ya'akov,** who has a different opinion with regard to this matter.

דִּתְנַן: עֶזְרַת נָשִׁים הָיְתָה אוֹרֶךְ מֵאָה וּשְׁלֹשִׁים וְחָמֵשׁ עַל רוֹחַב מֵאָה וּשְׁלֹשִׁים וְחָמֵשׁ, וְאַרְבַּע לְשָׁכוֹת הָיוּ בְּאַרְבַּע מִקְצוֹעוֹתֶיהָ. וּמֶה הָיוּ מְשַׁמְּשׁוֹת? דְּרוֹמִית מִזְרָחִית – הִיא הָיְתָה לִשְׁכַּת הַנְּזִירִים, שֶׁשָּׁם נְזִירִים מְבַשְּׁלִים אֶת שַׁלְמֵיהֶן וּמְגַלְּחִין שְׂעָרָן וּמְשַׁלְּחִין תַּחַת הַדּוּד. מִזְרָחִית צְפוֹנִית – הִיא הָיְתָה לִשְׁכַּת דִּיר הָעֵצִים, שֶׁשָּׁם כֹּהֲנִים בַּעֲלֵי מוּמִין עוֹמְדִין וּמַתְלִיעִין בָּעֵצִים, שֶׁכָּל עֵץ שֶׁיֵּשׁ בּוֹ תּוֹלַעַת פָּסוּל לְגַבֵּי מִזְבֵּחַ.

As we learned in a mishna in tractate *Middot*:[B] The dimensions of the **women's courtyard**[H] **were a length of** 135 cubits **by a width of** 135 cubits, **and there were four chambers in its four corners.**[BH] **And what** purpose did these chambers **serve?** The **southeast** chamber **was the Chamber of the Nazirites,**[B] **as there the nazirites cook their peace-offerings and shave their hair and cast** it in the fire to burn **beneath the pot** in which the peace-offering was cooked, as the Torah instructs (see Numbers 6:18). The **northeast** chamber **was the Chamber of the Woodshed, where blemished priests,** who are disqualified for any other service, **stand and examine the logs** to determine if they were infested **by worms, as any log in which there are worms**[N] **is disqualified** for use **on the altar.**

צְפוֹנִית מַעֲרָבִית – הִיא הָיְתָה לִשְׁכַּת הַמְּצוֹרָעִין. מַעֲרָבִית דְּרוֹמִית – אָמַר רַבִּי אֱלִיעֶזֶר בֶּן יַעֲקֹב: שָׁכַחְתִּי מֶה הָיְתָה מְשַׁמֶּשֶׁת. אַבָּא שָׁאוּל אוֹמֵר: בָּהּ הָיוּ נוֹתְנִין יַיִן וָשֶׁמֶן, וְהִיא הָיְתָה נִקְרֵאת לִשְׁכַּת בֵּית שְׁמַנְיָא.

The **northwest** chamber **was the Chamber of the Lepers,** where lepers would immerse for purification. With regard to the **southwest** chamber, **Rabbi Eliezer ben Ya'akov said: I forgot what** purpose it **would serve. Abba Shaul says: They would place wine and oil there** for the meal-offerings and libations, **and it was called the Chamber of the House of Oils.** From this mishna it may be inferred that the *tanna* who taught the *mishnayot* in tractate *Middot* is Rabbi Eliezer ben Ya'akov, as that is why the mishna finds it necessary to mention that he forgot the purpose of one of the chambers.

BACKGROUND

Chambers in the Hall of the Hearth – לְשָׁכוֹת בְּבֵית הַמּוֹקֵד: Illustration of the chambers in the Hall of the Hearth, based on the configuration described in tractate *Middot*.

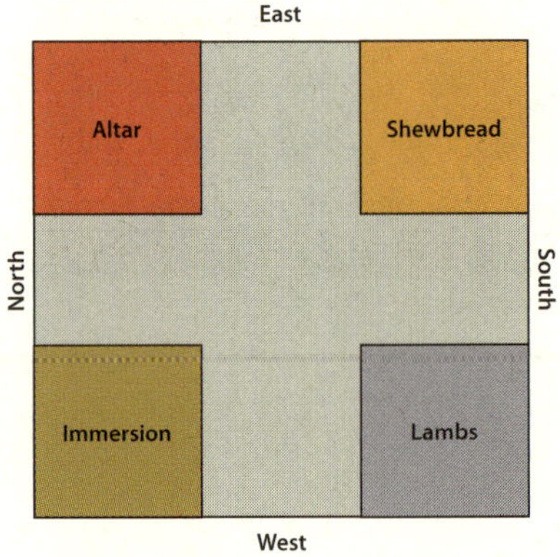

Chambers in the Hall of the Hearth

The women's courtyard and its chambers – עֶזְרַת נָשִׁים וּלְשָׁכוֹתֶיהָ: The women's courtyard was a square measuring 135 cubits by 135 cubits. In the corners of this courtyard were four chambers, which were actually unroofed courtyards, each forty by forty cubits.

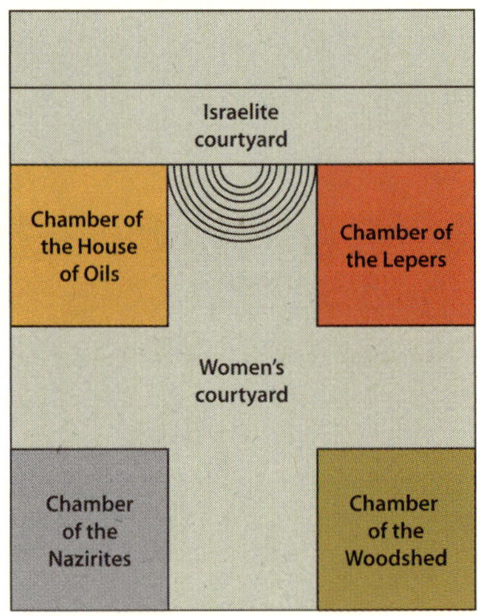

Women's courtyard

Chamber of the Nazirites – לִשְׁכַּת הַנְּזִירִים:

Nazirite having his head shaven in the Chamber of the Nazirites

HALAKHA

The women's courtyard – עֶזְרַת נָשִׁים: The women's courtyard was 135 cubits by 135 cubits. That is where Israelites gathered to pray and to observe the sacrificial services (Rambam *Sefer Avoda, Hilkhot Beit HaBeḥira* 5:7).

The chambers in the women's courtyard – לְשָׁכוֹת שֶׁבְּעֶזְרַת נָשִׁים: There were four chambers in the women's courtyard: The Chamber of the Nazirites, the Chamber of the Woodshed, the Chamber of the Lepers, and the Chamber of the House of Oils (Rambam *Sefer Avoda, Hilkhot Beit HaBeḥira* 5:7).

NOTES

A log in which there are worms – עֵץ שֶׁיֵּשׁ בּוֹ תּוֹלַעַת: The reason for the precaution is that worms are not kosher, and any food forbidden to Jews may not be burned on the altar. Alternatively, the reason is that worms are disgusting and it is a display of contempt to place them on the altar (*Me'iri*).

הָכִי נַמִּי מִסְתַּבְּרָא דְּרַבִּי אֱלִיעֶזֶר בֶּן יַעֲקֹב הִיא, דִּתְנַן: כׇּל הַכְּתָלִים שֶׁהָיוּ שָׁם הָיוּ גְּבוֹהִין, חוּץ מִכּוֹתֶל מִזְרָחִי. שֶׁהַכֹּהֵן הַשּׂוֹרֵף אֶת הַפָּרָה עוֹמֵד בְּהַר הַמִּשְׁחָה, וּמְכַוֵּין וְרוֹאֶה כְּנֶגֶד פִּתְחוֹ שֶׁל הֵיכָל בִּשְׁעַת הַזָּאַת הַדָּם.

So too, it is reasonable to conclude that the *mishnayot* in tractate *Middot* are in accordance with the opinion of **Rabbi Eliezer ben Ya'akov, as we learned** in a mishna there: **All the walls that were there** surrounding the Temple Mount **were high except for the Eastern Wall,**[HN] **as the priest who burns the** red **heifer stands on the Mount of Olives,** where the red heifer was slaughtered and burned, **and directs** his attention **and looks toward the entrance of the Sanctuary**[B] **when** he **sprinkles the blood.**

וּתְנַן: כׇּל הַפְּתָחִים שֶׁהָיוּ שָׁם גּוֹבְהָן עֶשְׂרִים אַמָּה וְרׇחְבָּן עֶשֶׂר אַמּוֹת. וּתְנַן: לִפְנִים מִמֶּנּוּ סוֹרֵג. וּתְנַן: לִפְנִים מִמֶּנּוּ הַחֵיל, עֶשֶׂר אַמּוֹת, וּשְׁתֵּים עֶשְׂרֵה מַעֲלוֹת הָיוּ שָׁם רוּם מַעֲלָה חֲצִי אַמָּה וְשִׁילְחָהּ חֲצִי אַמָּה.

The Gemara seeks the opinion according to which this would be feasible. **And we learned** in a mishna: **All the entrances that were there** in the Temple[H] **were twenty cubits high and ten cubits wide. And we learned** in a different mishna describing the layout of the Temple:[H] **Inside** the eastern wall of the Temple Mount was **a latticed gate. And we learned** in a different mishna: **Inside** the latticed gate was **the rampart,** which was an elevated area **ten cubits** wide. In that area **there were twelve stairs;** each **stair** was **half a cubit high and half a cubit deep,** for a total ascent of six cubits.

חֲמֵשׁ עֶשְׂרֵה מַעֲלוֹת עוֹלוֹת מִתּוֹכָהּ הַיּוֹרְדוֹת מֵעֶזְרַת יִשְׂרָאֵל לְעֶזְרַת נָשִׁים, רוּם מַעֲלָה חֲצִי אַמָּה וְשִׁילְחָהּ חֲצִי אַמָּה. וּתְנַן: בֵּין הָאוּלָם וְלַמִּזְבֵּחַ עֶשְׂרִים וּשְׁתַּיִם אַמָּה, וּשְׁתֵּים עֶשְׂרֵה מַעֲלוֹת הָיוּ שָׁם, רוּם מַעֲלָה חֲצִי אַמָּה וְשִׁילְחָהּ חֲצִי אַמָּה.

In addition, **fifteen stairs ascend from within** the women's courtyard and **descend from the Israelite courtyard to the women's courtyard.** Each **stair** was **half a cubit high and half a cubit deep,** for an additional ascent of seven and a half cubits. The total height of both staircases together was thirteen and a half cubits. **And we learned** in that mishna: The area **between the Entrance Hall and the altar** was **twenty-two cubits** wide, **and there were twelve stairs** in that area. Each **stair** was **half a cubit high and half a cubit deep,** for an additional ascent of six cubits and a total height of nineteen and a half cubits.

וּתְנַן, רַבִּי אֱלִיעֶזֶר בֶּן יַעֲקֹב אוֹמֵר: מַעֲלָה הָיְתָה שָׁם, וּגְבוֹהָה אַמָּה, וְדוּכָן נָתוּן עָלֶיהָ וּבוֹ שָׁלֹשׁ מַעֲלוֹת שֶׁל חֲצִי חֲצִי אַמָּה.

And we learned in that mishna that **Rabbi Eliezer ben Ya'akov says: There was** an additional **stair there** between the Israelite courtyard and the priests' courtyard.[H] That stair was **one cubit high, and the platform** on which the Levites stood on **was placed upon it**[N] and **on it** were **three stairs, each** with a height and depth of **half a cubit,** for a total of twenty-two cubits.

BACKGROUND

Directs his attention and looks toward the entrance of the Sanctuary – מְכַוֵּין וְרוֹאֶה כְּנֶגֶד פִּתְחוֹ שֶׁל הֵיכָל: The drawing depicts the priest facing the entrance of the Sanctuary before burning the red heifer.

Burning of the red heifer

HALAKHA

Eastern Wall – כּוֹתֶל מִזְרָחִי: The Eastern Wall of the Temple Mount was lower than the others to allow the priest who slaughtered the red heifer to see the entrance to the Sanctuary (Rambam *Sefer Avoda, Hilkhot Beit HaBeḥira* 6:5).

Entrances to the Temple – פְּתָחִים שֶׁבַּמִּקְדָּשׁ: All the entrances to the Temple Mount and the courtyards were ten cubits wide and twenty cubits high (Rambam *Sefer Avoda, Hilkhot Beit HaBeḥira* 5:2).

The layout of the Temple – מִבְנֵה הַר הַבַּיִת: Inside the Temple Mount wall was an open area, and inside that was the latticed gate. Inside the latticed gate was an area ten cubits high known as the rampart. From there one ascended twelve stairs to the women's courtyard. Each of the stairs was half a cubit high and half a cubit deep. Fifteen stairs, also half a cubit high and half a cubit deep each, led to the Israelite courtyard (Rambam *Sefer Avoda, Hilkhot Beit HaBeḥira* 5:3, 8:1–2).

The stair leading to the priests' courtyard – הָעֲלִיָּה לְעֶזְרַת כֹּהֲנִים: A stair one cubit high led from the Israelite courtyard to the priests' courtyard. A platform one and a half cubits high stood on that stair, meaning that the priests' courtyard was two and a half cubits higher than the Israelite courtyard, in accordance with the opinion of Rabbi Eliezer ben Ya'akov (Rambam *Sefer Avoda, Hilkhot Beit HaBeḥira* 6:3).

NOTES

Except for the Eastern Wall – חוּץ מִכּוֹתֶל מִזְרָחִי: Some commentaries claim that only the part of the Eastern Wall opposite the gate was lower, not the entire wall. That was sufficient to enable the priest to see the Sanctuary entrance from the Mount of Olives (*Me'iri*; Rambam).

The stair and the platform – מַעֲלָה וְדוּכָן: Rashi differs from other commentaries with regard to the disparity between the height of the Sanctuary floor and the floor of the Temple Mount. Most commentaries (Rabbeinu Ḥananel; *Tosafot Yeshanim*) maintain it was twenty-two cubits, since it is clear that the platform was not a small structure but one that spanned the width of the Temple. Therefore, its height must be factored into the height disparity. The *Tosefot Rid* agrees with Rashi that the height of the platform is not factored into the total. Therefore, the floor of the Sanctuary was only twenty and a half cubits higher than the Temple Mount. This is because just as there were stairs up to the platform from the Israelite courtyard, there were stairs up to the platform from the priests' courtyard as well. The height of the platform is not factored into the height of the Sanctuary floor.

אִי אָמְרַתְּ בִּשְׁלָמָא רַבִּי אֱלִיעֶזֶר בֶּן יַעֲקֹב הִיא – הַיְינוּ דְּאִיכַּסֵּי לֵיהּ פִּיתְחָא,

Granted, if you say that the *mishnayot* in tractate *Middot* are in accordance with the opinion of **Rabbi Eliezer ben Ya'akov, that is** how it can be understood that **the entrance was concealed.** The threshold of the entrance to the Sanctuary was more than twenty cubits higher than the threshold of the eastern gate of the Temple Mount. One looking through the Eastern Gate would be unable to see the entrance of the Sanctuary, because the gate was only twenty cubits high. In order to provide the priest performing the red heifer ritual on the Mount of Olives with a view of the entrance to the Sanctuary, the eastern wall had to be lowered.

אֶלָּא אִי אָמְרַתְּ רַבָּנַן – הָא אִיכָּא פַּלְגָא דְּאַמְּתָא דְּמִתַּחֲזֵי לֵיהּ פִּיתְחָא בְּגַוֵּיהּ.

However, if you say that the *mishnayot* in tractate *Middot* are in accordance with the opinion of **the Rabbis,** who do not add the two and a half cubits of the stair and the platform added by Rabbi Eliezer ben Ya'akov, **isn't there half a cubit through which the entrance can be seen?** Since the threshold of the Sanctuary is only nineteen and a half cubits higher than the threshold of the gate, the priest on the Mount of Olives could look through the eastern gate of the Temple Mount and see the bottom of the Temple entrance. There would be no need to lower the eastern wall.

אֶלָּא לָאו שְׁמַע מִינָּהּ: רַבִּי אֱלִיעֶזֶר בֶּן יַעֲקֹב הִיא. רַב אַדָּא בַּר אַהֲבָה אָמַר: הָא מַנִּי – רַבִּי יְהוּדָה הִיא. דְּתַנְיָא, רַבִּי יְהוּדָה אוֹמֵר: הַמִּזְבֵּחַ מְמוּצָּע וְעוֹמֵד בְּאֶמְצַע עֲזָרָה, וּשְׁלֹשִׁים וּשְׁתַּיִם אַמּוֹת הָיוּ לוֹ,

Rather, must one **not conclude from it** that that the *mishnayot* in tractate *Middot* are taught by **Rabbi Eliezer ben Ya'akov? Rav Adda bar Ahava said:** This is not a definitive proof, and it is still possible to interpret *halakhot* of this tractate in a different manner. **Rather, whose is that** opinion that the Eastern Wall was lowered? **It is** the opinion of **Rabbi Yehuda,**[N] **as it was taught** in a *baraita* that **Rabbi Yehuda says: The altar is centered and stands in the middle of** the Temple **courtyard,** directly aligned with the entrances of the courtyards and the Sanctuary, and **it was thirty-two cubits** long and thirty-two cubits wide.

Perek **I**
Daf **16** Amud **b**

עֶשֶׂר אַמּוֹת כְּנֶגֶד פִּתְחוֹ שֶׁל הֵיכָל, אַחַת עֶשְׂרֵה אַמָּה לַצָּפוֹן, וְאַחַת עֶשְׂרֵה אַמָּה לַדָּרוֹם, נִמְצָא מִזְבֵּחַ מְכוּוָּן כְּנֶגֶד הֵיכָל וְכוֹתָלָיו.

Ten of those **cubits** stood **opposite the entrance to** the **Sanctuary. Eleven** of those **cubits** were **to the north** of the entrance **and eleven** of those **cubits** were **to the south** of the entrance. **It follows** that the **altar** was **aligned** precisely **opposite** the **Sanctuary and its walls.** According to this opinion, since the altar was directly aligned with the entrance of the Sanctuary, it blocked the entrance. The floor of Israelite courtyard was thirteen and a half cubits above the threshold of the Eastern Gate. Add nine cubits, which was the height of the altar, and the result is that the top of the altar was twenty-two and a half cubits higher than the threshold of the gate, rendering it impossible to see the entrance of the Sanctuary through the eastern gate of the Temple Mount. Therefore, it was necessary to lower the eastern wall to enable the priest standing on the Mount of Olives to see the entrance of the Sanctuary.

וְאִי סָלְקָא דַּעְתָּךְ מִדּוֹת רַבִּי יְהוּדָה הִיא – מִזְבֵּחַ בְּאֶמְצַע עֲזָרָה מִי מַשְׁכַּחַתְּ לֵיהּ? וְהָתְנַן: כָּל הָעֲזָרָה הָיְתָה אוֹרֶךְ מֵאָה וּשְׁמוֹנִים וָשֶׁבַע עַל רוֹחַב מֵאָה וּשְׁלֹשִׁים וְחָמֵשׁ. מִן הַמִּזְרָח לַמַּעֲרָב מֵאָה וּשְׁמוֹנִים וָשֶׁבַע; מְקוֹם דְּרִיסַת רַגְלֵי יִשְׂרָאֵל אַחַת עֶשְׂרֵה אַמָּה, מְקוֹם דְּרִיסַת רַגְלֵי הַכֹּהֲנִים אַחַת עֶשְׂרֵה אַמָּה, מִזְבֵּחַ שְׁלֹשִׁים וּשְׁתַּיִם, בֵּין הָאוּלָם וְלַמִּזְבֵּחַ עֶשְׂרִים וּשְׁתַּיִם, וְהַהֵיכָל מֵאָה אַמָּה, וְאַחַת עֶשְׂרֵה אַמָּה אֲחוֹרֵי בֵּית הַכַּפּוֹרֶת.

And if it enters your mind to say that the *mishnayot* in tractate *Middot* are in accordance with the opinion of **Rabbi Yehuda, do you find** that the **altar** stood **in the middle of** the **courtyard**[N] in tractate *Middot*? **But didn't we learn** in a mishna there: **The** dimensions **of the entire courtyard were a length**[H] **of** 187 cubits **by a width of** 135 cubits. That mishna elaborates: The length of the courtyard **from east to west** was 187 cubits, divided as follows: **The area of** access for the **Israelites,** known as the Israelite courtyard, was **eleven cubits** long. **The area of access** for **the priests to walk** and serve was **eleven cubits** long, and the **altar** itself was **thirty-two** cubits long. There were **twenty-two** cubits **between the Entrance Hall and the altar, and the Sanctuary** was **one hundred cubits** long. **And** there was an additional **eleven cubits** of space **behind the Hall of the Ark Cover,** the Holy of Holies, which was at the western end of the Sanctuary.

NOTES

It is the opinion of Rabbi Yehuda – הָא מַנִּי רַבִּי יְהוּדָה הִיא: Later in his commentary, Rashi explains Rav Adda bar Ahava's opinion slightly differently. In his explanation, Rav Adda is saying that it is the *mishnayot* in tractate *Tamid* that are in accordance with the opinion of Rabbi Yehuda, not the *mishnayot* of tractate *Middot*. Therefore, any discrepancy between the two tractates can be attributed to a dispute between Rabbi Eliezer ben Ya'akov, the *tanna* of tractate *Middot*, and Rabbi Yehuda, the *tanna* of tractate *Tamid*. The continuation of the Gemara must be explained differently as well, according to this understanding.

NOTES

Altar in the middle of the courtyard – מִזְבֵּחַ בְּאֶמְצַע עֲזָרָה: For the altar to be aligned opposite the entrance to the Sanctuary in the middle of the courtyard, it would require a gap of almost twenty cubits between the ramp and the altar. It would also require changes in the location of the other items located in the courtyard. Indeed, according to this opinion, the altar was not aligned precisely opposite the entrance of the Sanctuary, but was slightly off to the side. In addition, since the altar was not constructed as a solid mass, as there were recesses at the base and the ledge, there was sufficient open space to enable a view of the entrance of the Sanctuary even if the priestly courtyard was elevated in accordance with the opinion of Rabbi Eliezer ben Ya'akov.

The diagram shows that part of the altar is directly opposite the entrance to the sanctuary while most of the altar is on the southern side of the courtyard.

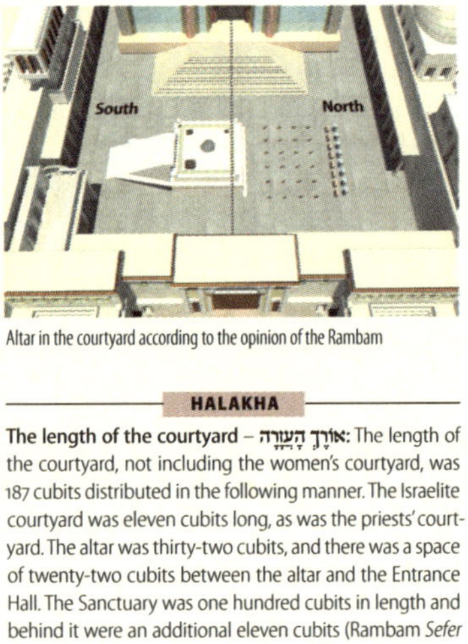

Altar in the courtyard according to the opinion of the Rambam

HALAKHA

The length of the courtyard – אוֹרֶךְ הָעֲזָרָה: The length of the courtyard, not including the women's courtyard, was 187 cubits distributed in the following manner. The Israelite courtyard was eleven cubits long, as was the priests' courtyard. The altar was thirty-two cubits, and there was a space of twenty-two cubits between the altar and the Entrance Hall. The Sanctuary was one hundred cubits in length and behind it were an additional eleven cubits (Rambam *Sefer Avoda, Hilkhot Beit HaBeḥira* 5:12).

מִן הַדָּרוֹם לַצָּפוֹן מֵאָה וּשְׁלֹשִׁים וְחָמֵשׁ; הַכֶּבֶשׁ וְהַמִּזְבֵּחַ שִׁשִּׁים וּשְׁתַּיִם, מִן הַמִּזְבֵּחַ וְלַטַּבָּעוֹת שְׁמוֹנֶה אַמּוֹת, מְקוֹם הַטַּבָּעוֹת עֶשְׂרִים וְאַרְבַּע, מִן הַטַּבָּעוֹת לַשֻּׁלְחָנוֹת אַרְבַּע, מִן הַשֻּׁלְחָנוֹת לַנַּנָּסִין אַרְבַּע, מִן הַנַּנָּסִין לְכוֹתֶל עֲזָרָה שְׁמוֹנֶה אַמּוֹת, וְהַמּוֹתָר בֵּין הַכֶּבֶשׁ וְלַכּוֹתֶל וּמְקוֹם הַנַּנָּסִין.

The Gemara provides the dimensions of the Temple's width[H] **from south to north,** a total of 135 cubits. **The ramp and the altar**[N] together were **sixty-two** cubits. The ramp and altar were each thirty-two cubits long, but two cubits of the upper part of the altar were subsumed in the base and ledge surrounding the altar. There were **eight cubits from the altar to the rings** to the north of the altar, through which the heads of the sacrificial animals were placed for slaughter. **The area of the rings** itself was **twenty-four** cubits, and **from the rings to the tables** on which the animals were rinsed there were an additional **four** cubits. **From the tables**[N] **to the pillars** on which the animals were suspended for flaying there were an additional **four** cubits. **From the pillars to the courtyard wall** there were **eight cubits.** The total to this point is 110 cubits. **And the balance** of twenty-five cubits was **between the ramp and the** southern **wall,** along with the **area** filled by **the pillars** themselves, which was not included in the above tally. This yields a total of 135 cubits.

וְאִי סָלְקָא דַּעְתִּיךְ מִדּוֹת רַבִּי יְהוּדָה הִיא – מִזְבֵּחַ בְּאֶמְצַע עֲזָרָה מִי מַשְׁכַּחַתְּ לֵיהּ? הָא רוּבָּא דְּמִזְבֵּחַ בַּדָּרוֹם קָאֵי!

And if it enters your mind to say that the *mishnayot* in tractate *Middot* are in accordance with the opinion of **Rabbi Yehuda, do you find the altar in the middle of** the **courtyard? Most** of the **altar stands in the southern** part of the courtyard.

NOTES

The ramp and the altar, etc. – הַכֶּבֶשׁ וְהַמִּזְבֵּחַ וכו׳: Despite the apparent precision in the measurements given, it is clear that some details were omitted, e.g., the length of the table area. Similarly, the spaces between the ramp and the wall on one end, and the area of the pillars on the other end, are not precisely delineated. Furthermore, there are certain differences of opinion with regard to the Temple measurements. According to the *Me'iri* and the Rambam there were twelve and a half cubits between the ramp and the southern wall, and the width of the section of the pillars was also twelve and a half cubits. Between the pillars and the northern wall were eight cubits, which was also the length of the table area, while the distance between the tables and the pillars was eight cubits.

The tables – הַשֻּׁלְחָנוֹת: The space filled by the tables is not mentioned in the text, and Rashi explains that he relies on the description in the book of Ezekiel that states that each table was a cubit and a half long. Based on that, the table area was six cubits long. Of course, conceivably, the top of the tables might have been wider than the space filled by their legs. In addition, the measure would be affected by the manner in which they were positioned (see *Me'iri*, *Leviyat Ḥen*, and Rav Shmuel Strashun).

HALAKHA

The width of the courtyard – רוֹחַב הָעֲזָרָה: The width of the courtyard was 135 cubits. The distance from the northern wall to the place where the animals were flayed and sliced on pillars was eight cubits. The width of the pillars section was twelve and a half cubits. The width of the tables was eight cubits, and next to that was the area of the rings, which was twenty-four cubits. Between the rings and the altar was a distance of eight cubits. The altar and the ramp extended for sixty-two cubits, after which there was a distance of twelve and a half cubits to the southern wall. The Rambam, in contrast to Rashi, rules in accordance with the measurements in tractate *Middot*, evenly dividing the unstated measurements (*Kesef Mishne*; Rambam *Sefer Avoda, Hilkhot Beit HaBeḥira* 5:13–15).

Perek **I**
Daf **17** Amud **a**

אֶלָּא לָאו שְׁמַע מִינָּהּ: רַבִּי אֱלִיעֶזֶר בֶּן יַעֲקֹב הִיא, שְׁמַע מִינָּהּ.

Rather, must one **not conclude from it** that that the *mishnayot* in tractate *Middot* are in accordance with the opinion of **Rabbi Eliezer ben Ya'akov?** The Gemara concludes: Indeed, **conclude from it** that this is so.

רַב אַדָּא בְּרֵיהּ דְּרַב יִצְחָק אָמַר: הַאי לִשְׁכָּה אַקְצוֹיֵי מִקְצַיָּא, וּדְאָתֵי מִצָּפוֹן – מִתְחַזְיָא לֵיהּ בַּדָּרוֹם, וּדְאָתֵי מִדָּרוֹם – מִתְחַזְיָא לֵיהּ בַּצָּפוֹן.

§ In an additional attempt to resolve the contradiction with regard to the Chamber of the Lambs, **Rav Adda, son of Rav Yitzḥak, said: This chamber was removed**[N] from the corner, as it was not actually in the corner of the Hall of the Hearth but was located along the middle of the western side of the hall. **And** therefore, for one **who comes from the north,** the chamber **appears to him** to be in the **south** of the hall; **and** for one **who comes from the south,** the chamber **appears to him** to be in the **north** of the hall.[N]

וּמִסְתַּבְּרָא דְּבִמַעֲרָבִית דְּרוֹמִית הֲוַאי. מִמַּאי – מִדְּרָמֵינַן לֶחֶם הַפָּנִים אַלֶּחֶם הַפָּנִים

The Gemara comments: In any event, **it is reasonable** to say that this chamber **was** closer to the **southwest** corner than it was to the northwest corner. **From where** does one arrive at that conclusion? **From** the fact **that we raise a contradiction** between the mishna in tractate *Tamid*, where we learned that the chamber in which the **shewbread**[N] was prepared stood in the northeast corner, and the mishna in tractate *Middot*, where we learned that the chamber in which the **shewbread** was prepared stood in the southeast corner.

NOTES

This chamber was removed – הַאי לִשְׁכָּה אַקְצוֹיֵי מִקְצַיָּא: According to Rashi, this chamber was long and could be seen from both corners. Rabbi Moshe HaDarshan writes that it was equidistant from the two corners and stood in the middle of the western side of the Hall of the Hearth (*Arukh*; *Me'iri*).

It appears to him to be in the south…in the north – מִתְחַזְיָא לֵיהּ בַּדָּרוֹם...בַּצָּפוֹן: Many commentaries explain that this does not mean that the location of the chamber appeared to be different depending upon where one stood in the Hall of the Hearth. They explain that the point is that since the Hall of the Hearth was on the border of the courtyard, for one standing in the courtyard the Hall of the Hearth was to the north, and for one standing on the rampart the Hall of the Hearth was to the south.

From the fact that we raise a contradiction that the shewbread – מִדְּרָמֵינַן לֶחֶם הַפָּנִים: This is an example of the Gemara raising a question from a source that does not appear in the sources that are available nowadays. It is possible that this contradiction and its resolution were discussed at the time, but no appropriate spot for the discussion was found in the Talmud. There is no Gemara accompanying the mishna of tractate *Middot* (Rabbeinu Ḥananel).

וּמְשַׁנֵּינַן, אָמַר רַב הוּנָא בְּרֵיהּ דְּרַב יְהוֹשֻׁעַ: מָר קָא חָשֵׁיב דֶּרֶךְ יָמִין, וּמָר קָא חָשֵׁיב דֶּרֶךְ שְׂמֹאל.

And we resolve the contradiction based on what **Rav Huna, son of Rav Yehoshua, said: The Master** in tractate *Middot* **envisions** the chambers as one coming **via the right,** from the south to the east, then to the north and then to the west. And **the Master** in tractate *Tamid* **envisions** the chambers as one coming **via the left,**[NB] from the south to the west, then to the north and then to the east. Both agree with regard to the location of the chamber in which the shewbread was prepared; they merely describe that location from different perspectives.

NOTES

Coming via the right…via the left – דֶּרֶךְ יָמִין...דֶּרֶךְ שְׂמֹאל: In the *Tosefot Ri HaLavan* this entire discussion is explained. There were six chambers in the Hall of the Hearth; four of the six are listed in tractate *Middot* and four of the six are listed in tractate *Tamid*. Those listed in tractate *Tamid* are the four that were on the sacred side of the Hall of the Hearth; those listed in tractate *Middot* are those chambers that opened into the Hall of the Hearth. In that way, several of the difficulties are resolved.

BACKGROUND

The Master in tractate *Middot* envisions via the right, the Master in tractate *Tamid* envisions via the left – מָר קָא חָשֵׁיב דֶּרֶךְ יָמִין, וּמָר קָא חָשֵׁיב דֶּרֶךְ שְׂמֹאל: The approach in tractate *Middot* was as follows: One beginning in the southwest and proceeding right, or counterclockwise, encounters the chambers in the following order: Lambs, Shewbread, Altar Stones (Hearth), Hall of Immersion (Seals).

The approach in tractate *Tamid* was as follows: One beginning in the southwest and proceeding left, or clockwise, encounters the chambers in the following order: Lambs, Seals, Hearth, Shewbread.

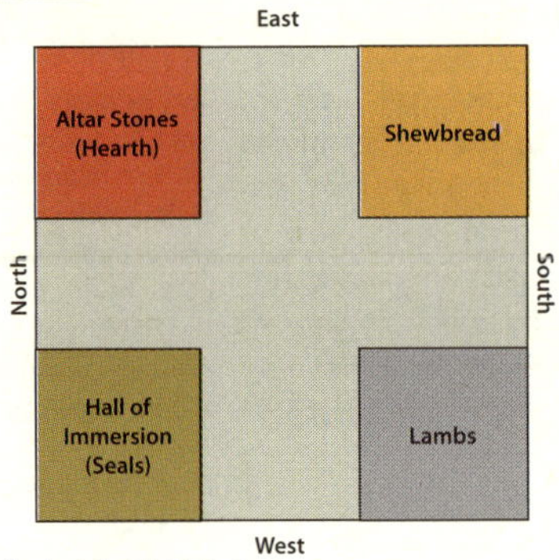

Chambers in the Hall of the Hearth

Perek **I**
Daf **17** Amud **b**

אִי אָמְרַתְּ בִּשְׁלָמָא בְּמַעֲרָבִית דְּרוֹמִית הֲוַאי – הַיְינוּ דְּמִתָּרֵץ לֶחֶם הַפָּנִים אַלֶּחֶם הַפָּנִים. אֶלָּא אִי אָמְרַתְּ צְפוֹנִית מַעֲרָבִית הֲוַאי, סוֹף סוֹף מַאי תֵּירוּצָא דְּלֶחֶם הַפָּנִים? אֶלָּא לָאו שְׁמַע מִינָּהּ: בְּמַעֲרָבִית דְּרוֹמִית הֲוַאי, שְׁמַע מִינָּהּ.

Granted, if you say that the Chamber of the Lambs **was** actually closer to the **southwest** corner, that is how Rav Huna **resolves** the contradiction between one mishna discussing **the shewbread** and the other mishna discussing **the shewbread. However, if you say** that the Chamber of the Lambs **was** in the **northwest** corner, **ultimately, what is the resolution** with regard to the **shewbread?** Even if you envision the path from the other direction, the Chamber of the Seals interposes between the Chamber of the Lambs and the chamber where the shewbread is prepared. **Rather,** must one **not conclude from it** that the Chamber of the Lambs **was** indeed **in the southwest?** The Gemara concludes: Indeed, **conclude from it** that this is so.

וְהָאָמַר מָר: כָּל פִּינּוֹת שֶׁאַתָּה פּוֹנֶה לֹא יְהִיוּ אֶלָּא דֶּרֶךְ יָמִין לַמִּזְרָח! הָנֵי מִילֵּי – בַּעֲבוֹדָה, אֲבָל הָכָא – חוּשְׁבְּנָא בְּעָלְמָא הוּא.

The Gemara questions the assertion that one *tanna* envisions the chambers as one coming via the left. **But didn't the Master say: All turns that you turn should be only to the right,** which in certain cases is **to the east?** Here the turns are to the left. The Gemara answers: **This** restriction **applies only in** the course of performing **the** Temple **service; however, here, it is a mere reckoning,** and no priest actually proceeded that way from one chamber to the other.

״שֶׁכֹּהֵן גָּדוֹל מַקְרִיב חֵלֶק בְּרֹאשׁ וְנוֹטֵל חֵלֶק בְּרֹאשׁ״. תָּנוּ רַבָּנַן: כֵּיצַד מַקְרִיב חֵלֶק בְּרֹאשׁ? אוֹמֵר: ״עוֹלָה זוֹ אֲנִי מַקְרִיב״ ״מִנְחָה זוֹ אֲנִי מַקְרִיב״.

§ It was taught in the mishna: **As the High Priest sacrifices** any **portion** that he chooses **first and takes** any **portion**[N] that he chooses **first.**[H] **The Sages taught** in a *baraita*: **How does** the High Priest **sacrifice** any **portion** that he chooses **first?** If the High Priest so desires, **he says: This burnt-offering, I am sacrificing,** or: **This meal-offering, I am sacrificing.** That is sufficient, and the High Priest does not participate in a lottery.

NOTES

The portion of the High Priest – חֵלֶק הַכֹּהֵן הַגָּדוֹל: In the Jerusalem Talmud the question is raised: With regard to sin-offerings and guilt-offerings, the High Priest takes the entire offering; why is he not entitled, if he so chooses, to take the two loaves and the shewbread in their entirety? The answer is that there is a distinction between an individual offering and a communal offering.

HALAKHA

The High Priest…takes any portion that he chooses first – כֹּהֵן גָּדוֹל...נוֹטֵל חֵלֶק בְּרֹאשׁ: The High Priest has the right to take the first portion from all sacrificial meat. If he wishes, he may declare: I will take this sin-offering or this guilt-offering (Rambam *Sefer Avoda*, *Hilkhot Kelei HaMikdash* 5:12).

כֵּיצַד נוֹטֵל חֵלֶק בְּרֹאשׁ? אוֹמֵר: ״חַטָּאת זוֹ אֲנִי אוֹכֵל״ ״אָשָׁם זֶה אֲנִי אוֹכֵל״. וְנוֹטֵל חַלָּה מִשְּׁתֵּי חַלּוֹת, אַרְבַּע אוֹ חָמֵשׁ מִמַּעֲשֵׂה לֶחֶם הַפָּנִים. רַבִּי אוֹמֵר: לְעוֹלָם חָמֵשׁ, שֶׁנֶּאֱמַר: ״וְהָיְתָה לְאַהֲרֹן וּלְבָנָיו״ – מֶחֱצָה לְאַהֲרֹן וּמֶחֱצָה לְבָנָיו.

How does the High Priest **take** any **portion** that he chooses **first?** The High Priest **says: This sin-offering, I am eating,** or: **This guilt-offering, I am eating. And he** may even **take** one **loaf** of the **two loaves** offered on the festival of *Shavuot*. He may take **four or five**[N] of the twelve **shewbread**[H] **loaves** that are distributed to the priests every Shabbat. **Rabbi** Yehuda HaNasi **says:** The High Priest **always** takes **five** of the twelve shewbread loaves, **as it is stated: "It shall be for Aaron and his sons** and they shall eat it in a sacred place" (Leviticus 24:9). From the fact that Aaron and his sons are listed separately, it is derived that **half** of the loaves were given **to Aaron,** or the High Priests who succeeded him, **and half** were given **to his sons.** Since, as explained below, only ten of the loaves were actually distributed, the High Priest received five.

הָא גּוּפָהּ קַשְׁיָא; אָמְרַתְּ: נוֹטֵל חַלָּה אַחַת מִשְּׁתֵּי חַלּוֹת. מַנִּי – רַבִּי הִיא, דְּאָמַר: פַּלְגָא שָׁקֵיל. אֵימָא מְצִיעֲתָא: אַרְבַּע אוֹ חָמֵשׁ מִמַּעֲשֵׂה לֶחֶם הַפָּנִים – אֲתָאן לְרַבָּנַן, דְּאָמְרִי: לָא שָׁקֵיל פַּלְגָא. אֵימָא סֵיפָא, רַבִּי אוֹמֵר: לְעוֹלָם חָמֵשׁ. רֵישָׁא וְסֵיפָא – רַבִּי, וּמְצִיעֲתָא רַבָּנַן?!

This *baraita* **is itself difficult,** as it is self-contradictory. First **you said: He takes** one **loaf** of the **two loaves** offered on the festival of *Shavuot*. **Whose** opinion is this? **It is** the opinion of **Rabbi** Yehuda HaNasi, **who said** that the High Priest **takes half. Say the middle clause** of the *baraita* as follows: The High Priest takes **four or five** of the twelve **shewbread loaves; we have come to** the opinion of **the Rabbis, who say** that the High Priest **does not take half**[N] but takes less than half. **Say the last clause** of the *baraita* as follows: **Rabbi** Yehuda HaNasi **says** that the High Priest **always** takes **five.** The Gemara asks: Is that to say that **the first clause and the last clause** of the *baraita* are in accordance with the opinion of **Rabbi** Yehuda HaNasi, **and the middle** clause is in accordance with the opinion of **the Rabbis?** That conclusion is difficult.

אָמַר אַבָּיֵי: רֵישָׁא וּמְצִיעֲתָא רַבָּנַן. וּמוֹדוּ רַבָּנַן בִּפְרוּסָה, דְּלָאו אוֹרַח אַרְעָא לְמֵיתְבָהּ לְכֹהֵן גָּדוֹל.

Abaye said: The first clause and the middle clause of the *baraita* are in accordance with the opinion of **the Rabbis,** and in the case of the two loaves, **the Rabbis concede with regard to a piece** of a loaf **that it is inappropriate to give it to the High Priest.** According to the Rabbis, the High Priest should actually receive less than one loaf, as in their opinion he is entitled to less than half; however, since it is inappropriate to give him a piece of the loaf, he takes an entire loaf as his portion.

Perek **I**
Daf **18** Amud **a**

וּמַאי אַרְבַּע אוֹ חָמֵשׁ – לְרַבָּנַן, דְּאָמְרִי: נִכְנָס נוֹטֵל שֵׁשׁ, וְיוֹצֵא נוֹטֵל שֵׁשׁ. וּשְׂכַר הֲגָפַת דְּלָתוֹת לֹא, מִשְּׁתֵּים עֶשְׂרֵה בָּעֵי מִיפְלַג, בְּצִיר חֲדָא מִפַּלְגָא – חָמֵשׁ שָׁקֵיל.

And what is the meaning of **four or five;** i.e., when does the High Priest take four loaves and when does he take five? According **to the Rabbis, who say:** The priestly watch that is **incoming** on Shabbat **takes six** of the loaves, **and the outgoing** watch **takes six, and the** incoming watch receives **no** greater portion as **payment for closing the doors,** it is **from twelve** loaves that the High Priest **must divide** and take his share, but he receives **half** of the loaves **less one,** meaning that **he takes five.** According to the Rabbis, the High Priest receives less than half; however, since it is inappropriate to give him a piece of a loaf, less than half is five whole loaves.

לְרַבִּי יְהוּדָה דְּאָמַר: נִכְנָס נוֹטֵל שֶׁבַע, שְׁתַּיִם בִּשְׂכַר הֲגָפַת דְּלָתוֹת, וְיוֹצֵא נוֹטֵל חָמֵשׁ. מֵעֶשֶׂר בָּעֵי מִיפְלַג, בְּצִיר חֲדָא מִפַּלְגָא – וְשָׁקֵיל אַרְבַּע.

According **to Rabbi Yehuda, who said:** The priestly watch that is **incoming** on Shabbat **takes seven** of the loaves, **two** of which **are payment for closing the doors;** and the **outgoing** watch **takes five** loaves, it is **from ten** that **he must divide** the loaves. Those two of the twelve loaves are a separate payment and are not factored into the tally of those designated for distribution. **Subtract one from half** of that total, as subtracting less than one loaf would lead to a situation where the High Priest receives a piece of a loaf, which is inappropriate. **And** therefore, the High Priest **takes four.**

רָבָא אָמַר: כּוּלָּהּ רַבִּי הִיא, וְסָבַר לַהּ כְּרַבִּי יְהוּדָה. וְאֶלָּא מַאי אַרְבַּע? הָא חָמֵשׁ בָּעֵי לְמִשְׁקַל!

Rava said that the *baraita* should be explained differently. **The entire** *baraita* **is** in accordance with the opinion of **Rabbi** Yehuda HaNasi, **and he holds** in accordance with the opinion of **Rabbi Yehuda** that only ten loaves are divided. **Rather, what** then is the meaning of the statement that the High Priest takes **four** loaves? According to Rabbi Yehuda HaNasi, **doesn't he need to take five?**

NOTES

Four or five – אַרְבַּע אוֹ חָמֵשׁ: Support for this opinion is cited from the book of Samuel. When David takes refuge from Saul with the High Priest Ahimelech in Nov, he says to the High Priest: "And now what do you have here on hand, five loaves of bread? Let me have them" (I Samuel 21:4). Ahimelech then feeds David the shewbread (Rav Shmuel Strashun).

The High Priest does not take half – לָא שָׁקֵיל פַּלְגָא: One could ask: If the Rabbis reject the interpretation of Rabbi Yehuda HaNasi that the phrase: For Aaron and his sons, means half for Aaron and half for his sons, from where do they derive that the High Priest is entitled to a greater portion? Apparently, everyone agrees that Aaron receives half; however, Rabbi Yehuda HaNasi understands that it means precisely half, while the Rabbis maintain that he receives a bit less than half. The Rabbis believe it inappropriate for the High Priest, who is an individual, to receive the same number of loaves that is received by all the other priests together. Therefore, he receives one loaf fewer than they do (*Gevurat Ari*; *Tosafot*; *Tosafot Yeshanim*).

HALAKHA

The High Priest may take from the shewbread – כֹּהֵן גָּדוֹל נוֹטֵל מִלֶּחֶם הַפָּנִים: The High Priest takes half of the shewbread from every priestly watch, but it is not in keeping with the deference due the High Priest to give him a piece of a loaf. In the *Leḥem Mishne* it is explained that the Rambam rules in accordance with the opinion of Rabbi Yehuda HaNasi based on the fact that the conclusion of the Gemara in tractate *Bava Batra* is in accordance with his opinion. Furthermore, the Rambam adopts Abaye's interpretation of the opinion of Rabbi Yehuda HaNasi despite the principle that the *halakha* is in accordance with the opinion of Rava in his disputes with Abaye, because Rava's opinion leaves some questions unanswered (Rambam *Sefer Avoda*, *Hilkhot Temidin UMusafin* 4:14).

לָא קַשְׁיָא; הָא – דְּאִיכָּא מִשְׁמָר הַמִּתְעַכֵּב, הָא דְּלֵיכָּא מִשְׁמָר הַמִּתְעַכֵּב.

The Gemara answers: This is **not difficult. This** *halakha* that the High Priest takes four loaves is in a case **where there is a watch that is detained.** When the start of a Festival occurs on a Sunday night and one of the priestly watches was forced to arrive before Shabbat to ensure that they would arrive in time for the Festival; or, alternatively, if the Festival ended on a Thursday and one of the priestly watches was detained until the conclusion of Shabbat and only then departed, that priestly watch takes two loaves. **That** *halakha* that the High Priest takes five loaves is in a case **where there is not a watch that is detained,** and the shewbread in divided only between the watch that concludes its service that Shabbat and the watch that begins its service that Shabbat.[N]

אִי אִיכָּא מִשְׁמָר הַמִּתְעַכֵּב – מִשְּׁמֹנֶה בָּעֵי לְמִפְלַג וְשָׁקֵיל אַרְבַּע. אִי לֵיכָּא מִשְׁמָר הַמִּתְעַכֵּב – מֵעֶשֶׂר בָּעֵי לְמִפְלַג וְשָׁקֵיל חָמֵשׁ.

If there is a watch that is detained,[N] that detained watch takes two loaves, and the outgoing watch takes two loaves as payment for closing the doors. Therefore, it is **from eight** that the High Priest **must divide** the loaves, and he **takes four. If there is not a watch that is detained,** it is **from ten** that **he must divide** the loaves and the High Priest **takes five.**

אִי הָכִי, מַאי רַבִּי אוֹמֵר לְעוֹלָם חָמֵשׁ? קַשְׁיָא.

The Gemara asks: **If so,** that even the middle statement of the *baraita* is attributed to Rabbi Yehuda HaNasi and it is referring to a watch that is detained, **what** is the meaning of the last clause in the *baraita*: **Rabbi** Yehuda HaNasi **says:** The High Priest **always** takes **five** loaves? That statement indicates that Rabbi Yehuda HaNasi disagrees with the middle clause, while according to Rava's interpretation Rabbi Yehuda HaNasi concedes that in certain circumstances the High Priest takes only four loaves. The Gemara concludes: Indeed, it is **difficult** to reconcile Rava's interpretation with the language of the *baraita*.

מתני׳ מָסְרוּ לוֹ זְקֵנִים מִזִּקְנֵי בֵּית דִּין, וְקוֹרִין לְפָנָיו בְּסֵדֶר הַיּוֹם, וְאוֹמְרִים לוֹ: אִישִׁי כֹּהֵן גָּדוֹל! קְרָא אַתָּה בְּפִיךָ, שֶׁמָּא שָׁכַחְתָּ אוֹ שֶׁמָּא לֹא לָמַדְתָּ. עֶרֶב יוֹם כִּפּוּרִים שַׁחֲרִית מַעֲמִידִין אוֹתוֹ בְּשַׁעַר מִזְרָח, וּמַעֲבִירִין לְפָנָיו פָּרִים וְאֵילִים וּכְבָשִׂים כְּדֵי שֶׁיְּהֵא מַכִּיר וְרָגִיל בָּעֲבוֹדָה. כָּל שִׁבְעַת הַיָּמִים לֹא הָיוּ מוֹנְעִין מִמֶּנּוּ מַאֲכָל וּמִשְׁתֶּה, עֶרֶב יוֹם הַכִּפּוּרִים עִם חֲשֵׁיכָה לֹא הָיוּ מַנִּיחִין אוֹתוֹ לֶאֱכוֹל הַרְבֵּה, מִפְּנֵי שֶׁהַמַּאֲכָל מֵבִיא אֶת הַשֵּׁינָה.

MISHNA The Sages **provided** the High Priest **with Elders**[H] selected **from the Elders of the court, and they** would **read before him the order** of the service **of the day** of Yom Kippur. **And they** would **say to him: My Master, High Priest. Read** the order of the service **with your own mouth,** as **perhaps you forgot** this reading **or perhaps you did not learn** to read. **On Yom Kippur eve** in the **morning,** the Elders **stand him** at the **eastern gate** of the courtyard **and pass before him bulls and rams and sheep so that he will be familiar** with the animals **and** grow **accustomed to the service,** as these were the animals sacrificed on Yom Kippur. Throughout **all the seven days** that the High Priest was in the *Parhedrin* chamber, **they would not withhold from him** any **food or drink** that he desired. However, **on Yom Kippur eve at nightfall, they would not allow him to eat a great deal because food induces sleep** and they did not allow him to sleep, as will be explained.[H]

גמ׳ בִּשְׁלָמָא שֶׁמָּא שָׁכַח – לְחַיֵּי, אֶלָּא שֶׁמָּא לֹא לָמַד – מִי מוֹקְמִינַן כִּי הַאי גַּוְונָא?

GEMARA The Gemara wonders about the depiction in the mishna of the Elders questioning the High Priest as to whether he forgot this reading or perhaps did not learn to read. **Granted, perhaps he forgot,** that is **fine,** as it is conceivable that he is not accustomed to reading the Torah and might have forgotten this portion. **However,** is it conceivable that **perhaps** the High Priest **did not learn** to read? **Do we appoint** a High Priest **of that sort** who never learned the Bible?

וְהָתַנְיָא: ״וְהַכֹּהֵן הַגָּדוֹל מֵאֶחָיו״ – שֶׁיְּהֵא גָּדוֹל מֵאֶחָיו בְּכֹחַ, בְּנוֹי, בְּחָכְמָה, וּבְעוֹשֶׁר. אֲחֵרִים אוֹמְרִים: מִנַּיִן שֶׁאִם אֵין לוֹ שֶׁאֶחָיו הַכֹּהֲנִים מְגַדְּלִין אוֹתוֹ – תַּלְמוּד לוֹמַר: ״וְהַכֹּהֵן הַגָּדוֹל מֵאֶחָיו״ גַּדְּלֵהוּ מִשֶּׁל אֶחָיו.

But wasn't it taught in a *baraita* that it is stated: **"And the priest who is greater than his brethren"** (Leviticus 21:10);[N] this teaches **that he** must **be greater than his** priestly **brethren in strength, in beauty, in wisdom, and in wealth.** ***Aherim* say:** Wealth is not a prerequisite for selecting a High Priest, but **from where** is it derived **that if he does not have** property of his own **that his brethren the priests elevate him** and render him wealthy from their own property? **The verse states: "And the priest who is greater** [*haggadol*] **than his brethren"; elevate him** [*gaddelehu*] **from the property of his brethren.** In any event, there is a consensus that wisdom is a prerequisite for his selection.[H]

NOTES

The outgoing and incoming watches – מִשְׁמָר יוֹצֵא, נִכְנָס: Priestly watches would rotate every week. Both the incoming and the outgoing watches were present in the Temple on Shabbat and divided the week's shewbread. However, all the watches served together during Festivals, and therefore, on a Shabbat that occurred during or just before or after the Festival, the shewbread was divided among all the watches. If the Festival ended on Thursday, some of the watches would not return home immediately but remained in Jerusalem for Shabbat. These detained watches received two shewbread loaves.

If there is a watch that is detained – אִי אִיכָּא מִשְׁמָר הַמִּתְעַכֵּב: The early commentaries note that if the detained watches are taken into account, it is possible to explain the mishna according to Abaye's understanding of the opinion of the Rabbis, and it would be unnecessary to resort to the forced explanation that appears in the Gemara. However, since the situation of a detained watch was so rare, Abaye preferred to explain the matter differently (*Tosafot Yeshanim*; *Tosefot Ri HaLavan*; Maharsha).

And the priest who is greater than his brethren – וְהַכֹּהֵן הַגָּדוֹל מֵאֶחָיו: Some explain this *halakha* by citing the entire verse: "And the priest who is greater than his brethren, on whose head the anointing oil has been poured" (Leviticus 21:10). Apparently, the priest's standing was greater than that of his fellow priests even before he was anointed (*Mishkenot Ya'akov*).

HALAKHA

They provided him with Elders – מָסְרוּ לוֹ זְקֵנִים: The Sages provide the High Priest with Elders who were members of the court, who read the order of the service of the day of Yom Kippur before him and teach him how to perform the service. They accustom him to read from the Torah, and on the eve of Yom Kippur they situate him in the courtyard and pass different animals before him to familiarize him with the service (Rambam *Sefer Avoda, Hilkhot Avodat Yom HaKippurim* 1:5).

Eating during the seven days – אֲכִילָה בְּשִׁבְעַת הַיָּמִים: During the seven days of sequestering the High Priest eats to his heart's desire; however, on Yom Kippur eve he limits his eating so that he will not fall asleep (Rambam *Sefer Avoda, Hilkhot Avodat Yom HaKippurim* 1:6).

Who is fit to be a High Priest – מִי רָאוּי לִכְהוּנָּה גְּדוֹלָה: The High Priest must be greater than his fellow priests in strength, beauty, wisdom, and wealth. If he has no property of his own, his fellow priests elevate him and render him wealthy from their own property (Rambam *Sefer Avoda, Hilkhot Kelei HaMikdash* 5:1).

אָמַר רַב יוֹסֵף: לָא קַשְׁיָא; כָּאן – בְּמִקְדָּשׁ רִאשׁוֹן, כָּאן – בְּמִקְדָּשׁ שֵׁנִי. דְּאָמַר רַב אַסִי: תַּרְקְבָא דְּדִינָרֵי עַיְּילָא לֵיהּ מָרְתָא בַּת בַּיְיתוֹס לְיַנַּאי מַלְכָּא עַל דְּאוֹקְמֵיהּ לִיהוֹשֻׁעַ בֶּן גַּמְלָא בְּכָהֲנֵי רַבְרְבֵי.

Rav Yosef said: This is **not difficult. There,** the *baraita* that lists wisdom among the attributes of the High Priest is referring **to the First Temple,** where this *halakha* was observed and the High Priests possessed those attributes listed. **Here,** the mishna is referring to **the Second Temple,** where this *halakha* was not observed, so a situation where the High Priest was not well-versed in the Bible was conceivable. **As Rav Asi said:** The wealthy **Marta, daughter of Baitos, brought a half-*se'a* of dinars in to King Yannai for** the fact **that he appointed Yehoshua ben Gamla as High Priest.** This is an example of the appointment of High Priests by means of bribery and gifts. Since that was the practice, a totally ignorant High Priest could have been appointed.

״עֶרֶב יוֹם הַכִּפּוּרִים שַׁחֲרִית וכו׳״. תָּנָא: אַף הַשְּׂעִירִים. וְתַנָּא דִּידַן, מַאי טַעְמָא לָא תָּנָא שְׂעִירִים? כֵּיוָן דְּעַל חֵטְא קָא אָתוּ – חָלְשָׁא דַּעְתֵּיהּ.

§ It was taught in the mishna: **On Yom Kippur eve** in the **morning,** the elders pass different animals before the High Priest. A *tanna* **taught** in the *Tosefta*: **Even goats** were brought before him. The Gemara asks: **And the *tanna*** of **our** mishna, **what is the reason** that **he did not teach** that **goats**[N] were among the animals that passed before the High Priest? The Gemara answers: **Since** goats **come** as atonement **for sins,** passing them before the High Priest will evoke transgressions and he will **become distraught.**

אִי הָכִי פַּר נַמִי עַל חֵטְא הוּא דְּאָתֵי! פַּר, כֵּיוָן דְּעָלָיו וְעַל אֶחָיו הַכֹּהֲנִים הוּא דְּאָתֵי – בְּאֶחָיו הַכֹּהֲנִים, אִי אִיכָּא אִינִישׁ דְּאִית בֵּיהּ מִילְּתָא – מֵידַע יָדַע לֵיהּ, וּמְהַדַּר לֵיהּ בִּתְשׁוּבָה. בְּכוּלְּהוּ יִשְׂרָאֵל, לָא יָדַע.

The Gemara asks: **If so, a bull** should be not be passed before him, **as it too comes** to atone **for sin.** The Gemara answers that there is a difference in the case of **a bull, since** it is to atone **for his** sins **and for** the sins of **his brethren the priests that it comes; among his brethren the priests, if there is a person who has a** sinful **matter,** the High Priest **would know** about it **and** lead **him back to** the path of righteousness **through repentance.** Therefore, passing a bull before the High Priest will not render him distraught, as it will merely remind him of his responsibility toward his priestly brethren. On the other hand, **with regard to the entire Jewish people, he does not know** of their sinful matters and is unable to facilitate their repentance. Passing goats before the High Priest will evoke their sins as well as his inability to correct the situation, leaving him distraught.

אָמַר רָבִינָא; הַיְינוּ דְּאָמְרִי אֱינָשֵׁי: אִי בַּר אַחְתֵּיךְ דַּיָּילָא הָוֵי, חֲזֵי, בְּשׁוּקָא קַמֵּיהּ לָא תַּחֲלִיף.

Apropos the High Priest being privy to the sinful behavior of his fellow priests, **Ravina said** that **this** explains the folk saying **that people say: If** the beloved **son of your** beloved **sister becomes a policeman** [*dayyala*],[L] **see** to it that **in the marketplace you do not pass before him.** Be wary of him because he knows your sins.

״כָּל שִׁבְעַת הַיָּמִים לֹא הָיוּ מוֹנְעִין וכו׳״. תַּנְיָא, רַבִּי יְהוּדָה בֶּן נְקוֹסָא אוֹמֵר: מַאֲכִילִין אוֹתוֹ סְלָתוֹת וּבֵיצִים כְּדֵי לְמַסְמְסוֹ. אָמְרוּ לוֹ: כָּל שֶׁכֵּן שֶׁאַתָּה מְבִיאוֹ לִידֵי חִימּוּם.

§ We learned in the mishna: Throughout **all the seven days** that the High Priest was in the *Parhedrin* chamber, **they would not withhold** from him any food or drink that he desired. **It was taught** in a *baraita*: **Rabbi Yehuda ben Nekosa says:** On Yom Kippur eve **they feed him fine flour and eggs in order to loosen his** bowels,[N] so that he will not need to relieve himself on Yom Kippur. **They said to** Rabbi Yehuda ben Nekosa: In feeding him those foods, **all the more so that you bring him to a state of arousal.**[N] Feeding him those foods is antithetical to the efforts to prevent the High Priest from becoming impure, as they are liable to cause him to experience a seminal emission.

תַּנְיָא, סוּמָכוֹס אָמַר מִשּׁוּם רַבִּי מֵאִיר: אֵין מַאֲכִילִין אוֹתוֹ לֹא אב״י, וְאָמְרִי לָהּ: לֹא אבב״י, וְיֵשׁ אוֹמְרִים אַף לֹא יַיִן לָבָן. לֹא אב״י – לֹא אֶתְרוֹג וְלֹא בֵּיצִים וְלֹא יַיִן יָשָׁן. וְאָמְרִי לָהּ: לֹא אבב״י – לֹא אֶתְרוֹג וְלֹא בֵּיצִים וְלֹא בָּשָׂר שָׁמֵן וְלֹא יַיִן יָשָׁן. וְיֵשׁ אוֹמְרִים: אַף לֹא יַיִן לָבָן, מִפְּנֵי שֶׁהַיַּיִן לָבָן מֵבִיא אֶת הָאָדָם לִידֵי טוּמְאָה.

It was taught in a *baraita* that **Sumakhos said in the name of Rabbi Meir: One does not feed him** foods represented by the acrostic: ***Alef, beit, yod*; and some say** that one does **not** feed him foods represented by the acrostic: ***Alef, beit, beit, yod*; and some say neither** does one feed him **white wine.** The Gemara elaborates: **Not *alef, beit, yod*** means **neither *etrog,* nor eggs** [***beitzim***], **nor old wine** [***yayin***]. **And some say: Not *alef, beit, beit, yod*** means **neither *etrog,* nor eggs** [***beitzim***], **nor fatty meat** [***basar***], **nor old wine** [***yayin***]. **And some say neither** does one feed him **white wine because white wine brings** a **man to** the **impurity** of a seminal emission.[H]

NOTES

Goats – שְׂעִירִים: The author of the *Me'iri* explains that this Gemara is alluding to belief in theological dualism, which was widespread in the talmudic era. Since the scapegoat was not sacrificed in the Temple, passing the goats before the High Priest may have led thoughts of dualism to cross his mind, upsetting him. In the Jerusalem Talmud, the explanation of the fact that the goat did not pass before the High Priest is that since the service performed on the goat sacrificed to God was identical to that which was performed on the bull, there was no need to review the procedure with regard to the goat.

To loosen his bowels – לְמַסְמְסוֹ: Some commentaries explain the Gemara differently: He is given food that is mostly digested and creates little waste, so that he will not need to relieve himself often on Yom Kippur.

A state of arousal – חִמּוּם: In the Jerusalem Talmud the question is raised: Why are these efforts necessary? After all, one of the miracles in the Temple was that the High Priest never experienced a seminal emission on Yom Kippur. The answer there is that nevertheless, one may not rely on miracles, and all efforts must be expended to prevent the emission. Alternatively, these efforts are necessary because the miracles were performed in the First Temple. In the Second Temple, they were not worthy of miracles.

LANGUAGE

Policeman [*dayyala*] – דַּיָּילָא: Possibly from the Greek δοῦλος, *doulos*, meaning slave or servant, and is used with this meaning elsewhere in the Gemara. Here, this word is used to refer to an attendant of the court, or a policeman.

HALAKHA

What a High Priest does not eat – מַה אֵין הַכֹּהֵן הַגָּדוֹל אוֹכֵל: On the eve of Yom Kippur the High Priest was not fed foods that might lead to a seminal emission, such as eggs and warm milk. The Rambam rules in accordance with the opinion of Rabbi Meir and Elazar ben Pinehas, which appears to be the conclusion of the Gemara, and in accordance with the Jerusalem Talmud, in which there is no distinction between a High Priest and a *zav* in the foods they avoided (Rambam *Sefer Avoda, Hilkhot Avodat Yom HaKippurim* 1:6).

תָּנוּ רַבָּנַן: זָב תּוֹלִין לוֹ בְּמַאֲכָל, וְכָל מִינֵי מַאֲכָל. אֶלְעָזָר בֶּן פִּנְחָס אוֹמֵר מִשּׁוּם רַבִּי יְהוּדָה בֶּן בְּתֵירָא: אֵין מַאֲכִילִין אוֹתוֹ לֹא חגב״י וְלֹא גב״ם, וְלֹא כָּל דְּבָרִים הַמְּבִיאִין לִידֵי טוּמְאָה. לֹא חגב״י – לֹא חָלָב וְלֹא גְּבִינָה וְלֹא בֵּיצָה וְלֹא יַיִן, וְלֹא גב״ם – מֵי גְּרִיסִין שֶׁל פּוֹל, וּבָשָׂר שָׁמֵן, וּמֻרְיָיס.

Similarly, **the Sages taught:** If a man experienced an emission that could render him **a** ***zav*****, one attributes** the emission not to his being a *zav* but perhaps to a different cause, e.g., **to food,**[H] **or to all kinds of food,** i.e., he may have eaten too much food, which could have caused the emission. **Elazar ben Pineḥas says in the name of Rabbi Yehuda ben Beteira:** During the days that a *zav* is examining himself to determine whether or not he is impure, **one feeds him neither** foods represented by the acrostic: *Ḥet, gimmel, beit, yod,* **nor** foods represented by the acrostic: *Gimmel, beit, mem,*[N] **nor any** food **items that** might **bring him to impurity** caused by an emission. The Gemara explains: **Not** ***ḥet, gimmel, beit, yod*** means **neither milk** [*ḥalav*], **nor cheese** [*gevina*], **nor egg** [*beitza*], **nor wine** [*yayin*]. **And not** ***gimmel, beit, mem*** means **neither soup of pounded beans** [*mei gerisin*], **nor fatty meat** [*basar*], **nor small fish** pickled **in brine** [*muryas*].[L]

״וְלֹא כָּל דְּבָרִים הַמְּבִיאִין לִידֵי טוּמְאָה״ לְאַתּוֹיֵי מַאי? לְאַתּוֹיֵי הָא דְּתָנוּ רַבָּנַן: חֲמִשָּׁה דְּבָרִים מְבִיאִים אֶת הָאָדָם לִידֵי טוּמְאָה, וְאֵלּוּ הֵן: הַשּׁוּם

The Gemara asks about the phrase: **Nor any** food **items that** might **bring him to impurity; what does it** come **to include? It** comes **to include that which the Sages taught: Five** food **items bring a man to** a state of **impurity** due to emission. **And these are: Garlic,**

Perek **I**
Daf **18** Amud **b**

וְהַשַּׁחֲלַיִם, וַחֲלַגְלוֹגוֹת, וְהַבֵּיצִים, וְהַגַּרְגִּיר. ״וַיֵּצֵא אֶחָד אֶל הַשָּׂדֶה לְלַקֵּט אוֹרוֹת״, תָּנָא מִשְּׁמֵיהּ דְּרַבִּי מֵאִיר: זֶה גַּרְגִּיר. אָמַר רַבִּי יוֹחָנָן: לָמָּה נִקְרָא שְׁמָן אוֹרוֹת – שֶׁמְּאִירוֹת אֶת הָעֵינַיִם. אָמַר רַב הוּנָא: (הַמּוֹצִיא) גַּרְגִּיר, אִם יָכוֹל לְאָכְלוֹ – אוֹכְלוֹ, וְאִם לָאו – מַעֲבִירוֹ עַל גַּבֵּי עֵינָיו. אָמַר רַב פָּפָּא: בְּגַרְגִּירָא מִצְּרָנָאָה.

cress,[B] **purslane,**[B] **eggs,**[N] **and arugula.**[B] Apropos the arugula plant, the Gemara cites a verse: **"And one of them went out into the fields to collect** ***orot*****"** (II Kings 4:39). It was **taught in the name of Rabbi Meir** with regard to *orot* in this verse: **This is** the plant called **arugula. Rabbi Yoḥanan said: Why are** these arugula plants **called** ***orot*****?** It is because **they enlighten** [*me'irot*] **the eyes. Rav Huna said:** With regard to **one who finds arugula, if he can eat it, he eats it, and if not, he passes it over his eyes,** as that too is beneficial. **Rav Pappa said: Arugula** is most effective when it grows **on the border** of the field, where it is unadulterated by other plants.

HALAKHA

An emission that could render him a ***zav*****, one attributes the emission to food – זָב תּוֹלִין לוֹ בְּמַאֲכָל:** One does not become a *zav* if he experiences an emission due to an external cause, as one's impurity should not depend on a factor external to him. A potential *zav* is examined to determine if the emission can be linked to his conduct, e.g., eating particular foods. If he overate, drank excessively, or ate food that leads to emission, he does not assume the status of a *zav* (Rambam *Sefer Korbanot, Hilkhot Meḥusrei Kappara* 2:2).

NOTES

Neither ***ḥet, gimmel, beit, yod,*** **nor** ***gimmel, beit, mem*** **– לֹא חגב״י וְלֹא גב״ם:** In *Tosafot Yeshanim* the question is raised: Why is a *zav* not allowed to eat these foods during the week when he is trying to prevent an emission, but there is no such restriction imposed on a High Priest during his week of sequestering? The answer is that less precaution is necessary with regard to the High Priest, since he has not already displayed a tendency to experience emissions. In the Jerusalem Talmud, the ruling is that these restrictions apply equally to a *zav* and to a High Priest.

LANGUAGE

Small fish pickled in brine [***muryas***] **– מֻרְיָיס:** From the Latin muries or muria, meaning brine of salty fish.

NOTES

A ***zav*** **should not eat eggs – לֹא יֹאכַל בֵּיצִים:** Some commentaries explain that eggs are emphasized here more than the other foods because congealed raw egg white resembles semen, so that eating eggs might raise suspicions (Rav Shmuel Strashun).

BACKGROUND

Cress – שַׁחֲלַיִם: There are different types of edible cress. One common species is garden cress, *Lepidium sativum* L., which is a fast-growing herb similar to watercress and mustard, sharing their peppery, tangy flavor and aroma. This annual plant can reach a height of 60 cm with many branches on the upper part.

Garden cress

Purslane – חֲלַגְלוֹגוֹת: The stems, leaves, and flower buds of purslane are all edible. It is an annual plant and can reach 40 cm in height.

Common purslane

A cluster of arugula leaves – אֲגֻדַּת עֲלֵי גַּרְגִּיר: Arugula, a type of native mustard, *Eruca sativa*, is an annual plant, which grows to a height of between 15 and 60 cm. The flowers of the arugula have a yellowish color with purple veins. During the Second Temple period, fruit of the arugula was used as a mustard substitute. The plant grew wild abundantly on roadsides throughout Eretz Yisrael, although not in the Negev. The plant is referred to in several places in the Gemara as beneficial for the eyes.

Arugula

NOTES

Would happen to come to Darshish – **כִּי מִקְלַע לְדַרְשִׁישׁ:** Some explain that the men in the locations mentioned would not take the obligation to marry seriously and would postpone getting married. Therefore, in order to serve as role models and impress upon them the significance of marriage, Rav and Rav Naḥman were reluctant to remain there even briefly without a wife (*Ben Yehoyada*). Others explain that since the residents of that town were cynics, quick to disparage others, the Sages arranged to be married so that the residents would not spread rumors about them.

And the land became filled with lewdness [*zima*] – **וּמָלְאָה הָאָרֶץ זִמָּה:** This verse is cited as support due to the interpretation of *zima* as *zu ma*, meaning: Who is this? Due to licentiousness, the identity and parentage of children was unclear (*Tosefot Ri HaLavan*).

אָמַר רַב גִּידֵּל אָמַר רַב: אַכְסְנַאי לֹא יֹאכַל בֵּיצִים, וְלֹא יִישַׁן בְּטַלִּיתוֹ שֶׁל בַּעַל הַבַּיִת. רַב כִּי מִקְלַע לְדַרְשִׁישׁ מַכְרִיז: מַאן הָוְיָא לְיוֹמָא. רַב נַחְמָן כַּד מִקְלַע לְשַׁכַנְצִיב מַכְרִיז: מַאן הָוְיָא לְיוֹמָא.

Rav Giddel said that **Rav said: A guest** should **neither eat eggs,** because they lead to a seminal emission, **nor sleep in a garment belonging to the homeowner,**[H] his host, because if he experiences a seminal emission and it gets on the garment, he will be diminished in the estimation of his host. Apropos conduct of a guest, the Gemara relates: **When Rav would happen** to come **to Darshish**[N] **he would declare: Who will be** married to me **for the day** that I am here so that I will not be unwed in this place, after which I will divorce her? Similarly, **when Rav Naḥman would come to Shekhantziv he would declare: Who will be** married to me **for the day** that I am here?

וְהָתַנְיָא, רַבִּי אֱלִיעֶזֶר בֶּן יַעֲקֹב אוֹמֵר: לֹא יִשָּׂא אָדָם אִשָּׁה בִּמְדִינָה זוֹ, וְיֵלֵךְ וְיִשָּׂא אִשָּׁה בִּמְדִינָה אַחֶרֶת, שֶׁמָּא יִזְדַּוְּוגוּ זֶה אֵצֶל זֶה, וְנִמְצָא אָח נוֹשֵׂא אֲחוֹתוֹ (וְאָב נוֹשֵׂא בִּתּוֹ) וּמְמַלֵּא כָּל הָעוֹלָם כּוּלּוֹ מַמְזֵרוּת, וְעַל זֶה נֶאֱמַר: "וּמָלְאָה הָאָרֶץ זִמָּה"! אָמְרִי: רַבָּנַן קָלָא אִית לְהוּ.

But wasn't it taught in a *baraita* that **Rabbi Eliezer ben Ya'akov says: A man should not marry a woman in one state and go and marry** another **woman in a different state,**[H] **lest** a **match be arranged** between the child of **this** wife **with** the child of **that** wife who are unaware of their relationship. This would **lead to a brother marrying his sister** or **a father marrying his daughter, filling the whole world in its entirety with *mamzerim*. And concerning this it is stated: "And the land became filled with lewdness"** (Leviticus 19:29).[N] The Sages **say** in response: **The Sages generate publicity.** Since they were well-known, the identity of their children was also undoubtedly known. Therefore, there was no concern that errors of this kind would befall their children.

וְהָאָמַר רָבָא: תְּבָעוּהָ לְהִנָּשֵׂא וְנִתְפַּיְּיסָה – צְרִיכָה לֵישֵׁב שִׁבְעָה נְקִיִּים! רַבָּנַן אוֹדוֹעֵי הָווּ מוֹדְעוּ לְהוּ, מִקַּדַּם הָווּ מְקַדְּמֵי וּמְשַׁדְּרֵי שְׁלוּחָא.

The Gemara raises a different problem with the practice of Rav and Rav Naḥman. **But didn't Rava say:** With regard to **one who proposed marriage to** a woman[H] **and she agreed,** she **is required to sit seven clean days,** as perhaps due to the anticipatory desire she might not notice that she experienced menstrual bleeding and she is therefore impure. How, then, could these *amora'im* marry a woman on the day that they proposed? The Gemara answers: **The Sages would inform them by sending messengers before** their arrival. The messenger would announce that the *amora* sought to marry a local woman. The woman who agreed would in fact wait seven clean days before marrying him.

וְאִי בָּעֵית אֵימָא: יִחוּדֵי הָווּ מְיַחֲדֵי לְהוּ, לְפִי שֶׁאֵינוֹ דּוֹמֶה מִי שֶׁיֵּשׁ לוֹ פַּת בְּסַלּוֹ לְמִי שֶׁאֵין לוֹ פַּת בְּסַלּוֹ.

And if you wish, say instead that these Sages were not actually proposing marriage; rather, they proposed so that they could **be in seclusion with** the women,[H] without consummating the relationship. Since the women knew that the marriage would not be consummated, they did not experience anticipatory desire. **There is no similarity between one who has bread in his basket and one who does not have bread in his basket.** One who does not have access to bread experiences hunger more acutely than one for whom bread is available and can eat whenever he chooses. Similarly, an unmarried man experiences a more acute desire. In order to mitigate that desire, these Sages made certain that women would be designated for them.

HALAKHA

A guest should not…sleep in a garment belonging to a homeowner – **לֹא יִישַׁן בְּטַלִּיתוֹ שֶׁל בַּעַל הַבַּיִת:** A guest should not sleep in his host's garment lest he stain it with a seminal emission (*Shulḥan Arukh, Oraḥ Ḥayyim* 240:13).

A man should not marry women in different states – **לֹא יִשָּׂא נָשִׁים בִּמְדִינוֹת שׁוֹנוֹת:** A man should not wed a woman in one country and then go and marry another woman in a different country, as the danger exists that their children will unwittingly come to marry each other. However, a prominent person whose children are therefore also known is permitted to do so (*Shulḥan Arukh, Even HaEzer* 2:11).

One who proposed marriage to a woman – **תְּבָעוּהָ לְהִנָּשֵׂא:** If a woman, whether an adult or a minor, was proposed marriage and she agreed, she must wait seven days without menstruation before marrying, in accordance with the opinion of Rava (*Shulḥan Arukh, Yoreh De'a* 192:1)

Be in seclusion with the women – **יִחוּדֵי הָווּ מְיַחֲדֵי לְהוּ:** According to the Rambam, a Torah scholar may marry a woman immediately after proposing, although they may not engage in relations until waiting seven clean days after marriage. That is because the Torah scholar is aware of the prohibition and will wait until the seven days have elapsed. The Ra'avad disagrees, and the *Beit Yosef* added several restrictions to the leniency of the Rambam (Rambam *Sefer Kedusha, Hilkhot Issurei Bia* 11:9).

מתני׳ מְסָרוּהוּ זִקְנֵי בֵית דִּין לְזִקְנֵי כְהוּנָּה וְהֶעֱלוּהוּ בֵית אַבְטִינָס וְהִשְׁבִּיעוּהוּ, וְנִפְטְרוּ וְהָלְכוּ לָהֶם. וְאָמְרוּ לוֹ: אִישִׁי כֹּהֵן גָּדוֹל, אָנוּ שְׁלוּחֵי בֵית דִּין וְאַתָּה שְׁלוּחֵנוּ וּשְׁלִיחַ בֵּית דִּין, מַשְׁבִּיעִין אָנוּ עָלֶיךָ בְּמִי שֶׁשִּׁכֵּן שְׁמוֹ בַּבַּיִת הַזֶּה שֶׁלֹּא תְּשַׁנֶּה דָּבָר מִכָּל מַה שֶּׁאָמַרְנוּ לְךָ. הוּא פּוֹרֵשׁ וּבוֹכֶה, וְהֵן פּוֹרְשִׁין וּבוֹכִין.

MISHNA

The Elders of the court who read the order of the service of the day before the High Priest **passed him to the Elders of the priesthood, and they took him up to the House of Avtinas. And they administered him an oath**[H] **and took leave** of him **and went on their way.** When they administered this oath **they said to him: My Master, High Priest. We are agents of the court, and you are our agent and the agent of the court. We administer an oath to you** in the name **of Him who housed His name in this House, that you will not change** even one **matter from all that we have said to you** with regard to the burning of the incense or any other service that you will perform when alone. After this oath, **he would leave** them **and cry, and they would leave** him **and cry** in sorrow that the oath was necessary.

אִם (הוּא) הָיָה חָכָם – דּוֹרֵשׁ, וְאִם לָאו – תַּלְמִידֵי חֲכָמִים דּוֹרְשִׁים לְפָנָיו. וְאִם רָגִיל לִקְרוֹת – קוֹרֵא, וְאִם לָאו – קוֹרִין לְפָנָיו. וּבַמֶּה קוֹרִין לְפָנָיו – בְּאִיּוֹב וּבְעֶזְרָא וּבְדִבְרֵי הַיָּמִים. זְכַרְיָה בֶּן קְבוּטָל אוֹמֵר: פְּעָמִים הַרְבֵּה קָרִיתִי לְפָנָיו בְּדָנִיֵּאל.

They kept him occupied throughout the night to prevent him from sleeping. **If he was a scholar, he would teach** Torah. **If** he was **not** a scholar, **Torah scholars would teach** Torah **before him. And if** he was **accustomed to read** the Bible, **he would read;**[H] **and if** he was **not, they would read** the Bible **before him. And what** books **would they read before him** to pique his interest so that he would not fall asleep? They would read **from Job, and from Ezra, and from Chronicles. Zekharya, son of Kevutal,**[L] **says: Many times I read before him from** the book **of Daniel.**

HALAKHA

Administering an oath to the High Priest – הַשְׁבָּעַת כֹּהֵן גָּדוֹל: In the era of the Second Temple the High Priests were suspected of Sadducee tendencies. Therefore, they were forced to take an oath that they would not deviate from the accepted Yom Kippur procedure (Rambam *Sefer Avoda, Hilkhot Avodat Yom HaKippurim* 1:7).

He would teach and read – דּוֹרֵשׁ וְקוֹרֵא: The High Priest was not allowed to sleep the entire night of Yom Kippur. If he was a Torah scholar, he would teach, and if not, Torah scholars would teach him. If he was accustomed to read the Bible, he would read; otherwise, they would read to him from the Bible (Rambam *Sefer Avoda, Hilkhot Avodat Yom HaKippurim* 1:8).

LANGUAGE

Kevutal – קְבוּטָל: Possibly from the Latin Capitolium, a proper name from the root caput, meaning head.

גמ׳ תָּנָא: לְלַמְּדוֹ חֲפִינָה. אָמַר רַב פַּפָּא: שְׁתֵּי לְשָׁכוֹת הָיוּ לוֹ לְכֹהֵן גָּדוֹל, אַחַת לִשְׁכַּת פַּרְהֶדְרִין וְאַחַת לִשְׁכַּת בֵּית אַבְטִינָס, אַחַת בַּצָּפוֹן וְאַחַת בַּדָּרוֹם. אַחַת בַּצָּפוֹן – דִּתְנַן שֵׁשׁ לְשָׁכוֹת הָיוּ בָּעֲזָרָה, שָׁלֹשׁ בַּצָּפוֹן וְשָׁלֹשׁ בַּדָּרוֹם.

GEMARA

A *tanna* **taught:** The Sages took the High Priest to the House of Avtinas, where the incense was prepared, **to teach him** the method of **taking handfuls**[N] of incense, which is a difficult and complex skill. **Rav Pappa said: The High Priest had two chambers. One** was **the Parhedrin chamber and one** was **the Chamber of the House of Avtinas. One** of them was **in the north** of the courtyard, **and one** was **in the south.** The Gemara explains: **One** was **in the north, as we learned** in the mishna: **There were six chambers in the** Israelite **courtyard, three in the north and three in the south.**

שֶׁבַּדָּרוֹם לִשְׁכַּת הַמֶּלַח, לִשְׁכַּת הַפַּרְוָה, לִשְׁכַּת הַמְּדִיחִין. לִשְׁכַּת הַמֶּלַח – שֶׁשָּׁם הָיוּ נוֹתְנִין מֶלַח לַקָּרְבָּן, לִשְׁכַּת הַפַּרְוָה – שֶׁשָּׁם הָיוּ מוֹלְחִין עוֹרוֹת קָדָשִׁים, וְעַל גַּגָּהּ הָיְתָה בֵּית טְבִילָה לְכֹהֵן גָּדוֹל בְּיוֹם הַכִּפּוּרִים. לִשְׁכַּת הַמְּדִיחִין – שָׁם הָיוּ מְדִיחִין קִרְבֵי קָדָשִׁים, וּמִשָּׁם מְסִיבָּה עוֹלָה לְגַג בֵּית הַפַּרְוָה.

The chambers **in the south were the Chamber of the Salt, the Chamber of the** *Parva*, and **the Chamber of the Rinsers.** The Gemara explains the function performed in each chamber. **The Chamber of the Salt** was **where** the priests **would place the salt for the offering** in storage **The Chamber of the** *Parva*, the hides, was **where they salted the consecrated hides** that belonged to the priests, to prevent them from spoiling. **And on the roof** of that chamber **was the Hall of Immersion for the High Priest for Yom Kippur. The Chamber of the Rinsers** was **where they would rinse the innards of consecrated** animals, which were not taken up to the altar while dirty or with undigested food remaining in them. **From there a circular staircase ascended to the roof of the Chamber of the** *Parva*.

NOTES

To teach him the method of taking handfuls – לְלַמְּדוֹ חֲפִינָה: The House of Avtinas was where the incense was prepared, and the High Priest had no actual function there. However, since that was where the incense was stored, he was taken there to learn the method of taking handfuls. As will be seen, this was one of the most difficult tasks in the Temple (*Yad David*).

HALAKHA

The chambers in the Israelite courtyard – הַלְּשָׁכוֹת שֶׁבְּעֶזְרַת יִשְׂרָאֵל: There were six chambers in the Israelite courtyard. Three were in the south: The Chamber of the Salt, the Chamber of the *Parva*, and the Chamber of the Rinsers. Three were in the north: The Chamber of the Wood, which was the High Priest's chamber, the Chamber of the Exile, and the Chamber of Hewn Stone. There were an additional two chambers adjacent to the eastern gate: The Chamber of Pineḥas the Dresser and the Chamber of the Preparers of the Griddle-Cake Offering, which was offered daily by the High Priest (Rambam *Sefer Avoda, Hilkhot Beit HaBeḥira* 5:17).

שָׁלֹשׁ שֶׁבַּצָּפוֹן: לִשְׁכַּת הָעֵץ, לִשְׁכַּת הַגּוֹלָה, לִשְׁכַּת הַגָּזִית. לִשְׁכַּת הָעֵץ, אָמַר רַבִּי אֱלִיעֶזֶר בֶּן יַעֲקֹב: שָׁכַחְתִּי מֶה הָיְתָה מְשַׁמֶּשֶׁת. אַבָּא שָׁאוּל אוֹמֵר: לִשְׁכַּת כֹּהֵן גָּדוֹל הָיְתָה אֲחוֹרֵי שְׁתֵּיהֶן, וְגַג שְׁלָשְׁתָּן שָׁוֶה.

The **three** chambers **in the north** of the courtyard were **the Chamber of the Wood, the Chamber of the Exile,** and **the Chamber of Hewn Stone.**[NH] With regard to **the Chamber of the Wood, Rabbi Eliezer ben Ya'akov,** who is the *tanna* of the *mishnayot* in tractate *Middot* in which this mishna appears, **said: I forgot what** purpose that chamber **would serve. Abba Shaul says: The High Priest's chamber was behind the two** chambers,[N] the Chamber of the Exile and the Chamber of Hewn Stone, **and the roofs of** all **three of them were level.** As the three were attached, they shared a roof.

לִשְׁכַּת הַגּוֹלָה – שָׁם הָיָה בּוֹר הַגּוֹלָה, וְהַגַּלְגַּל נָתוּן עָלָיו, וּמִשָּׁם מַסְפִּיקִין מַיִם לְכָל הָעֲזָרָה. לִשְׁכַּת הַגָּזִית – שָׁם הָיָה סַנְהֶדְרִין שֶׁל יִשְׂרָאֵל יוֹשֶׁבֶת וְדָנָה אֶת הַכֹּהֲנִים, וּמִי שֶׁנִּמְצָא בּוֹ פְּסוּל הָיָה לוֹבֵשׁ שְׁחוֹרִים וּמִתְעַטֵּף שְׁחוֹרִים וְיָצָא וְהָלַךְ לוֹ, וְשֶׁלֹּא נִמְצָא בּוֹ פְּסוּל – הָיָה לוֹבֵשׁ לְבָנִים וּמִתְעַטֵּף לְבָנִים וְנִכְנָס וּמְשַׁמֵּשׁ עִם אֶחָיו הַכֹּהֲנִים.

In **the Chamber of the Exile there was the well** excavated by those returning from **exile,** for which the chamber was named, **and the wheel** with which water was drawn **was positioned over it. And from there,** they would **supply water for** use **in the entire** Temple **courtyard** for washing and rinsing. In **the Chamber of Hewn Stone, there** the great **Sanhedrin of Israel convened and judged** whether **the priests** were fit for service. A priest **in whom a disqualification was detected** due to a blemish or lineage **would wear black and would wrap himself in black** in a display of sorrow and mourning **and would emerge** from the Temple **and go** on **his way,** because he was not fit for service as a priest. **And** any priest **in whom a disqualification was not found would wear white and wrap himself in white** in a display of joy **and would enter and serve with his fellow priests.**

אַחַת בַּדָּרוֹם, דִּתְנַן: שִׁבְעָה שְׁעָרִים הָיוּ בָּעֲזָרָה, שָׁלֹשׁ בַּצָּפוֹן וְשָׁלֹשׁ בַּדָּרוֹם וְאֶחָד בַּמִּזְרָח. שֶׁבַּדָּרוֹם שַׁעַר הַדְּלֵקָה, שֵׁנִי לוֹ – שַׁעַר הַקָּרְבָּן, שְׁלִישִׁי לוֹ שַׁעַר הַמַּיִם. שֶׁבַּמִּזְרָח שַׁעַר נִקָּנוֹר. וּשְׁתֵּי לְשָׁכוֹת הָיוּ שָׁם. אַחַת בִּימִינוֹ וְאַחַת בִּשְׂמֹאלוֹ. אַחַת לִשְׁכַּת פִּנְחָס הַמַּלְבִּישׁ, וְאַחַת לִשְׁכַּת עוֹשֵׂי חֲבִיתִּין.

In any event, it was taught that there was a chamber of the High Priest in the north of the courtyard, and there is proof that he also had **one** chamber **in the south** of the courtyard, **as we learned** in a mishna: **Seven gates were in the** Temple **courtyard,**[H] **three in the north and three in the south and one in the east.** The gates **in the south** were **the Gate of Fire; second to it** was **the Gate of the Offering;**[N] **third to it** was **the Gate of the Water.** The gate **that was in the east** was called the **Gate of Nicanor, and two chambers were there** next to the Gate of Nicanor, **one to its right and one to its left. One** was **the Chamber of Pineḥas the Dresser,** where the priestly vestments were stored, **and one** was **the Chamber of the Preparers of the Griddle-Cake Offering,** where the daily griddle-cake offering was prepared on behalf of the High Priest.

שֶׁבַּצָּפוֹן שַׁעַר נִיצוֹץ, בִּנְיַן אַכְסַדְרָה הָיָה וַעֲלִיָּיה בְּנוּיָה לוֹ עַל גַּבָּיו, וְשָׁם כֹּהֲנִים שׁוֹמְרִים מִלְמַעְלָה וּלְוִיִּם מִלְּמַטָּה. וְשֶׁלְּפָנִים הֵימֶנּוּ הַחֵיל. שֵׁנִי לוֹ שַׁעַר הַקָּרְבָּן, שְׁלִישִׁי לוֹ שַׁעַר בֵּית הַמּוֹקֵד.

The gates **that were in the north:** The first was **the Gate of the Spark,**[H] which was **a portico building,** meaning it had a roof but was not completely closed on every side. **And** there was **a second story built atop it, and there** the honor guard of the Temple stood, with **the priests guarding from above** and the **Levites from below. Inside of** this gate was **the rampart,** and an opening led from the gate to the rampart. **Second to** this gate was **the Gate of the Offering; third to it was the Gate of the Hall of the Hearth.**

וְתַנְיָא: חָמֵשׁ טְבִילוֹת וַעֲשָׂרָה קִדּוּשִׁין טוֹבֵל כֹּהֵן גָּדוֹל וּמְקַדֵּשׁ בּוֹ בַּיּוֹם, וְכוּלָּן בַּקּוֹדֶשׁ [עַל גַּג] בֵּית הַפַּרְוָה, חוּץ מִזּוֹ שֶׁהָיְתָה בַּחוֹל עַל גַּבֵּי שַׁעַר הַמַּיִם, וּבְצַד לִשְׁכָּתוֹ הָיְתָה.

And it was taught in a *baraita*: **The High Priest would** perform **five immersions**[H] **and ten sanctifications** of his hands and feet **on that day,** Yom Kippur. **And each of these** was performed **in the sacred** area of the courtyard,[NH] **on the roof of the Hall of the *Parva*, except for this** first immersion, **which was** performed **in the non-sacred** area outside the courtyard. The first immersion was not unique to Yom Kippur but was performed every day by any priest entering the Temple. That immersion was performed **on the roof of the Gate of the Water,** and that gate **was alongside his chamber.** Apparently, the High Priest had a chamber next to the Gate of the Water, which was in the south of the courtyard.

וְלָא יָדְעִנָא אִי לִשְׁכַּת פַּרְהֶדְרִין בַּצָּפוֹן וְלִשְׁכַּת בֵּית אַבְטִינָס בַּדָּרוֹם, אוֹ לִשְׁכַּת בֵּית אַבְטִינָס בַּצָּפוֹן וְלִשְׁכַּת פַּרְהֶדְרִין בַּדָּרוֹם. וּמִסְתַּבְּרָא דְּלִשְׁכַּת פַּרְהֶדְרִין בַּדָּרוֹם הֲוַאי.

The High Priest had use of two chambers, **but we do not know whether the *Parhedrin* chamber was in the north and the Chamber of the House of Avtinas was in the south, or the Chamber of the House of Avtinas was in the north and the *Parhedrin* chamber was in the south. And,** however, **it is reasonable** to say that **the *Parhedrin* chamber was in the south** and the High Priest slept there.

NOTES

The Chamber of Hewn Stone [*gazit*] – לִשְׁכַּת הַגָּזִית: Several suggestions were raised to explain the name of this chamber. Some commentaries explain that the chamber was constructed of hewn and dressed stones. Although no iron tools were permitted in the Temple, it was permitted to chisel stones outside the Temple and use them in the Temple. The only exception was stones for the altars (Ritva). Others explain that this chamber was unique in that it was closed, and its name *gazit* is from a Hebrew root meaning cut. The chamber was cut in that it was separated from its surroundings (*Arukh*). Alternatively, it may refer to the priests who were disqualified and cut from the roster of active priests by the Sanhedrin that convened there (Ritva, citing *ge'onim*).

The High Priest's chamber was behind the two chambers – לִשְׁכַּת כֹּהֵן גָּדוֹל הָיְתָה אֲחוֹרֵי שְׁתֵּיהֶן: *Tosefot Ri HaLavan* writes that there are two ways to understand the statement of Abba Shaul. One opinion is that he is completing the statement of Rabbi Eliezer ben Ya'akov. The other opinion (Rambam) is that it disagrees with the statement of Rabbi Eliezer ben Ya'akov (*Siaḥ Yitzḥak*).

The Gate of Fire and the Gate of the Offering – שַׁעַר הַדְּלֵקָה וְשַׁעַר הַקָּרְבָּן: Some explain that the Gate of Fire was so called because fire for the arrangement of wood was brought through it (*Tosafot Yeshanim*). Others claim that the name derives from the firewood that was carried via this gate to the altar (*Mefaresh Tamid*). The Gate of the Offering is referred to elsewhere as the Gate of the Firstborn because the firstborn animals were led through this gate for sacrifice.

Immersions in the sacred area of the courtyard – טְבִילוֹת בְּקוֹדֶשׁ: A detailed description of the High Priest's Yom Kippur immersions will follow. From the verse: "He will cleanse his flesh in water in a sacred place" (Leviticus 16:24), it is derived that the immersions took place in the sacred area. However, the first immersion was the usual one undertaken by all who entered the Temple, so it did not require special regulations as immersions in the Temple did.

HALAKHA

The Chamber of Hewn Stone – לִשְׁכַּת הַגָּזִית: The Chamber of Hewn Stone was the permanent seat of the Sanhedrin of seventy-one judges. One of the tasks of these judges was to examine the priests to determine that all those performing the Temple service were unblemished and fit for duty (Rambam *Sefer Avoda, Hilkhot Biat HaMikdash* 6:11).

The courtyard gates – שַׁעֲרֵי הָעֲזָרָה: There were seven gates in the courtyard: Three in the north adjacent to the western side, three in the south adjacent to the western side, and one in the east opposite the Holy of Holies, in accordance with the *mishnayot* in tractate *Middot* (Rambam *Sefer Avoda, Hilkhot Beit HaBeḥira* 5:4).

The Gate of the Spark – שַׁעַר נִיצוֹץ: The Gate of the Spark was one of the places where the priests and Levites stood guard in the Temple (Rambam *Sefer Avoda, Hilkhot Beit HaBeḥira* 8:8).

Immersions of the High Priest on Yom Kippur – טְבִילוֹת הַכֹּהֵן בְּיוֹם הַכִּפּוּרִים: The High Priest would immerse five times on Yom Kippur and sanctify his hands and feet ten times that day. These actions were performed when the High Priest changed from the gold garments to his white linen garments (Rambam *Sefer Avoda, Hilkhot Avodat Yom HaKippurim* 2:2).

Immersions in the sacred area of the courtyard – טְבִילוֹת בְּקוֹדֶשׁ: All of the High Priest's immersions were performed in the sacred area of the Temple as instructed by the Torah, with the exception of the first immersion, which was the standard immersion of anyone entering the Temple courtyard and therefore did not have the special status of the immersions of Yom Kippur (Rambam *Sefer Avoda, Hilkhot Avodat Yom HaKippurim* 2:3).

מַאי טַעְמָא? מַקְדִּים קָאֵי וּמֵיסֵךְ אֶת רַגְלָיו, וְטָבֵיל וְאָזֵיל לַצָּפוֹן וְגָמַר חֲפִינָה, וְאָתֵי לְבֵית הַמִּקְדָּשׁ וְעָבֵיד עֲבוֹדָה כּוּלֵּי יוֹמָא, לְבַהֲדֵי פַּנְיָא מַדּוּ עֲלֵיהּ, וַהֲדַר אָזֵיל לַדָּרוֹם וְטָבֵיל וְנָיֵית.

What is the reason for that assumption? Because if that is the case, the High Priest **arises early** every morning of the seven days of sequestering **and he covers his legs,** a euphemism for defecating, **and immerses** alongside his chamber, which was in the south. **And** then he **walks to the north** of the courtyard to the second chamber, which is the Chamber of the House of Avtinas, **and learns** there **the** method of **taking handfuls. And** then **he comes to the Temple and performs the service for the entire day. Toward the evening they sprinkle** purification water **upon him, and he then walks** back **to the south and immerses** again alongside his chamber **and rests** in his chamber.

דְּאִי אָמְרַתְּ לִשְׁכַּת פַּרְהֶדְרִין בַּצָּפוֹן – מַקְדִּים קָאֵי וּמֵיסֵךְ רַגְלָיו וְאָזֵיל לַדָּרוֹם, וְטָבֵיל וְגָמַר חֲפִינָה, וְאָתֵי לְבֵית הַמִּקְדָּשׁ וְעָבֵיד עֲבוֹדָה כּוּלֵּיהּ יוֹמָא, לַהֲדֵי פַּנְיָא מַדּוּ עֲלֵיהּ וַהֲדַר אָזֵיל לַדָּרוֹם וְטָבֵיל, וּבָעֵי מְהַדַּר וּמֵיזַל לַצָּפוֹן וּמֵינַח. וּמִי טָרַח מַטְרְחִינַן לֵיהּ כּוּלֵּי הַאי?

As, **if you say** that the **Chamber of** ***Parhedrin*** was **in the north,** this would mean that the High Priest would be forced to exert himself and walk significant distances. According to this understanding, **he arises early, and he covers his legs.** However, since it was taught in the *baraita* that the place of his immersion was in the south, **he** then **walks to the south and immerses. And** then **he learns** the method of **taking handfuls. And** then **he comes to the Temple and performs the service for the entire day. Toward the evening they sprinkle** purification water **upon him, and he then walks** back **to the south and immerses,** and then **he needs to walk back to the north and rest. Do we impose** upon **him to that extent?** Rather, it is reasonable to say that the *Parhedrin* chamber, the High Priest's private chamber, was in the south, which would limit the distance that he needed to walk.

אַלְמָה לָא? מַטְרְחִינַן לֵיהּ טְפֵי, דְּאִי צְדוּקִי הוּא – לִיפְרוֹשׁ.

The Gemara rejects this reasoning: **Why not** impose upon him? On the contrary, **we impose upon him** even **more,** so **that if he is a Sadducee, he will retire.** As he is not a God-fearing person, he would prefer to walk away rather than subject himself to that added exertion. That is a desirable result, ridding the High Priesthood of a Sadducee.

אִי נַמִי – שֶׁלֹּא תָּזוּחַ דַּעְתּוֹ עָלָיו. דְּאִי לָא תֵּימָא הָכִי – נַעַבְדִינְהוּ לִתְרְוַיְיהוּ בַּהֲדֵי הֲדָדֵי, אִי נַמִי – תִּסְגֵּי לֵיהּ בַּחֲדָא.

Or, alternatively, there is even value in imposing on a God-fearing Pharisee High Priest, as it is **so that he will not become haughty** in his lofty position. Since he is occupied in performing his task, he does not have leisure to be impressed with his elevated status. **As, if you do not say** that it is an intentional attempt to impose upon him, **let us establish both of** the chambers of the High Priest **next to one another; or, alternatively, one** chamber would be **sufficient for him.** From the fact that neither of these alternatives is adopted, it is apparently an intentional attempt to impose upon him, and there is no proof as to the location of either of the chambers of the High Priest.

"וְאָמְרוּ לוֹ אִישִׁי כֹּהֵן גָּדוֹל וכו'". לֵימָא תֶּהֱוֵי תְּיוּבְתָּא דְּרַב הוּנָא בְּרֵיהּ דְּרַב יְהוֹשֻׁעַ. דְּאָמַר רַב הוּנָא בְּרֵיהּ דְּרַב יְהוֹשֻׁעַ: הָנֵי כָּהֲנֵי – שְׁלוּחֵי דְרַחֲמָנָא נִינְהוּ. דְּאִי אָמְרַתְּ שְׁלוּחֵי דִידַן נִינְהוּ –

§ It was taught in the mishna that the Elders **said to him: My Master, High Priest.** We are agents of the court, and you are our agent and the agent of the court. The Gemara suggests: **Let us say that this is a conclusive refutation of** the opinion of **Rav Huna, son of Rav Yehoshua, as Rav Huna, son of Rav Yehoshua, said: These priests** who sacrifice the offerings **are the agents of the Merciful One.**[N] They are not agents representing the Jewish people but are agents representing God, as He commanded them to perform the service. Proof is cited for this opinion: **As, if you say they are our agents,**

NOTES

Agents of the Merciful One – שְׁלוּחֵי דְרַחֲמָנָא: A practical ramification of this opinion is in the case of one who vows not to derive benefit from a particular priest. Since the priest is an agent of God and not of the person bringing the offering, the priest may sacrifice his offering.

Perek **I**
Daf **19** Amud **b**

מִי אִיכָּא מִידֵי דַּאֲנַן לָא מָצֵינַן לְמֶעְבַּד וּשְׁלוּחֵי דִידַן מָצוּ עָבְדִי? הָכִי קָאָמְרִי לֵיהּ: מַשְׁבִּיעִין אָנוּ עָלֶיךָ עַל דַּעְתֵּינוּ וְעַל דַּעַת בֵּית דִּין.

is there any matter that we are unable to perform and our agents are able to perform? The role of the agent is to perform a task on behalf of the one who commissioned him. The agent cannot perform a task that the one who commissioned him is unable to perform. Since it is prohibited for Israelites to enter the priests' courtyard and to perform the sacrificial rites, clearly the priests are not agents representing the Israelites. The language of the mishna in which the court Elders address the High Priest as their agent apparently contradicts that understanding. The Gemara answers: **This is what they say to him: We administer an oath to you according to our understanding and the understanding of the court,** cautioning him that he cannot rationalize violating the oath by claiming that he took the oath based on his own interpretation. He is bound by the understanding of the court. The mishna does not address the nature of the High Priest's agency.

״הוּא פּוֹרֵשׁ וּבוֹכֶה וְהֵן פּוֹרְשִׁין וּבוֹכִין״ וכו׳. הוּא פּוֹרֵשׁ וּבוֹכֶה – שֶׁחֲשָׁדוּהוּ צְדוֹקִי, וְהֵם פּוֹרְשִׁין וּבוֹכִין – דְּאָמַר רַבִּי יְהוֹשֻׁעַ בֶּן לֵוִי: כָּל הַחוֹשֵׁד בִּכְשֵׁרִים לוֹקֶה בְּגוּפוֹ.

§ The mishna continues: After this oath, **he would leave** them **and cry and they would leave** him **and cry.**[HN] The Gemara explains: **He** turned aside **and cried** due to the indignity **that they suspected him** of being **a Sadducee; and they turned aside and cried, as Rabbi Yehoshua ben Levi said: One who suspects the innocent** of indiscretion **is afflicted in his body.** The High Priest might in fact be beyond reproach and they may have suspected him falsely.

וְכָל כָּךְ לָמָּה – שֶׁלֹּא יְתַקֵּן מִבַּחוּץ וְיַכְנִיס, כְּדֶרֶךְ שֶׁהַצְּדוֹקִין עוֹשִׂין.

The Gemara asks: **And why** were the Elders **so** insistent that the High Priest take an oath? The Gemara explains: So that **he would not prepare** the incense and light it **outside**[N] in the Sanctuary, before entering the Holy of Holies, **and bring** the coal pan with the incense already burning on it into the Holy of Holies **in the manner** that **the Sadducees did.** Since the High Priest is alone inside the Sanctuary and there is no way to ascertain whether he is in fact performing the service in the proper manner, the Elders insisted that he take an oath to perform it according to their instructions.

תָּנוּ רַבָּנַן: מַעֲשֶׂה בִּצְדוֹקִי אֶחָד שֶׁהִתְקִין מִבַּחוּץ וְהִכְנִיס. בִּיצִיאָתוֹ הָיָה שָׂמֵחַ שִׂמְחָה גְּדוֹלָה. פָּגַע בּוֹ אָבִיו, אָמַר לוֹ: בְּנִי, אַף עַל פִּי שֶׁצְּדוֹקִין אָנוּ – מִתְיָרְאִין אָנוּ מִן הַפְּרוּשִׁים. אָמַר לוֹ: כָּל יָמַי הָיִיתִי מִצְטַעֵר עַל הַמִּקְרָא הַזֶּה: ״כִּי בֶּעָנָן אֵרָאֶה עַל הַכַּפֹּרֶת״. אָמַרְתִּי, מָתַי יָבֹא לְיָדִי וַאֲקַיְּימֶנּוּ. עַכְשָׁיו שֶׁבָּא לְיָדִי – לֹא אֲקַיְּימֶנּוּ?!

The Sages taught in the *Tosefta*: There was **an incident involving** a certain **Sadducee** who was appointed as High Priest, **who prepared the incense outside** and then **brought** it into the Holy of Holies. **Upon his emergence he was overjoyed** that he had succeeded. **The father of** that Sadducee **met him and said to him: My son, although we are Sadducees** and you performed the service in accordance with our opinion, **we fear the Pharisees** and do not actually implement that procedure in practice. The son **said to his** father: **All my days I have been troubled over this verse: "For I will appear in the cloud above the Ark cover"** (Leviticus 16:2). The Sadducees interpreted this verse to mean that God will appear above the Ark cover, i.e., will enter the Holy of Holies, only after the incense cloud is already there. **I said: When will** the opportunity **become available to me, and I will fulfill it** according to the Sadducee interpretation? **Now that** the opportunity **has become available to me,** will **I not fulfill it?**

אָמְרוּ: לֹא הָיוּ יָמִים מוּעָטִין עַד שֶׁמֵּת וְהוּטַל בָּאַשְׁפָּה, וְהָיוּ תּוֹלָעִין יוֹצְאִין מֵחוֹטְמוֹ. וְיֵשׁ אוֹמְרִים: בִּיצִיאָתוֹ נִיגַּף. דְּתָנֵי רַבִּי חִיָּיא: כְּמִין קוֹל נִשְׁמַע בָּעֲזָרָה, שֶׁבָּא מַלְאָךְ וַחֲבָטוֹ עַל פָּנָיו. וְנִכְנְסוּ אֶחָיו הַכֹּהֲנִים וּמָצְאוּ כְּכַף רֶגֶל עֵגֶל בֵּין כְּתֵפָיו, שֶׁנֶּאֱמַר: ״וְרַגְלֵיהֶם רֶגֶל יְשָׁרָה וְכַף רַגְלֵיהֶם כְּכַף רֶגֶל עֵגֶל״.

The Sages **said: Not** even **a few days** passed **until he died and was laid out in the garbage** dump, **and worms were coming out of his nose**[N] in punishment for his actions. **And some say** that **he was struck** as soon **as he emerged** from the Holy of Holies, **as Rabbi Ḥiyya taught: A type of sound was heard in the** Temple **courtyard, as an angel came and struck him in the face. And his fellow priests came in** to remove him from there **and they found the likeness of a footprint of a calf between his shoulders.** That is the mark left by an angel striking, **as it is stated** with regard to angels: **"And their feet were straight feet, and the sole of their feet was like the sole of a calf's foot"** (Ezekiel 1:7).[N]

״אָמַר רַבִּי זְכַרְיָה בֶּן קְבוּטָל וכו׳״. מַתְנֵי לֵיהּ רַב חָנָן בַּר רָבָא לְחִיָּיא בַּר רַב קַמֵּיהּ דְּרַב: אָמַר רַבִּי זְכַרְיָה בֶּן קְפוּטָל. וּמַחְוֵי לֵיהּ רַב בִּידֵיהּ: קְבוּטָל. וְנֵימָא לֵיהּ מֵימָר? קְרִיאַת שְׁמַע הֲוָה קָרֵי.

§ It was taught in the mishna that **Rabbi Zekharya ben Kevutal** says: Many times I read before the High Priest from the book of Daniel. **Rav Ḥanan bar Rava taught this to Ḥiyya bar Rav before Rav** in the following manner: **Rabbi Zekharya bar Kefutal said, and Rav demonstrated with his hand**[N] that the name should be pronounced **Kevutal.** The Gemara asks: Why did Rav demonstrate his point with a gesture? **Let him** simply **say it.** The Gemara answers: Rav **was reciting *Shema*** at that moment and could not interrupt *Shema* by speaking.

וְכִי הַאי גַּוְונָא מִי שָׁרֵי? וְהָא אָמַר רַבִּי יִצְחָק בַּר שְׁמוּאֵל בַּר מָרְתָא: הַקּוֹרֵא אֶת שְׁמַע לֹא יִרְמוֹז בְּעֵינָיו, וְלֹא יִקְרוֹץ בְּשִׂפְתוֹתָיו, וְלֹא יוֹרֶה בְּאֶצְבְּעוֹתָיו. וְתַנְיָא, רַבִּי אֶלְעָזָר חִסְמָא אוֹמֵר: הַקּוֹרֵא אֶת שְׁמַע וּמְרַמֵּז בְּעֵינָיו, וּמְקָרֵץ בְּשִׂפְתוֹתָיו, וּמַרְאֶה בְּאֶצְבָּעוֹ – עָלָיו הַכָּתוּב אוֹמֵר: ״וְלֹא אֹתִי קָרָאתָ יַעֲקֹב״!

The Gemara asks: **And is** interrupting in a manner **of that sort,** by gesturing, **permitted** during *Shema*? **Didn't Rabbi Yitzḥak bar Shmuel bar Marta say: One who is reciting *Shema* should neither make allusions with his eyes, nor open and close** his mouth **with his lips** to convey a message, **nor gesture with his fingers? And it was taught** in a *baraita* that **Rabbi Elazar Ḥisma says: Concerning one who recites *Shema* and makes allusions with his eyes, or opens and closes** his mouth **with his lips, or gestures with his fingers, the verse says: "And you did not call out to Me, O Jacob"** (Isaiah 43:22).[N] By signaling while reciting *Shema* he behaves contemptuously toward God, and it is tantamount to not having recited *Shema* before Him. How, then, could Rav gesture while reading *Shema*?

HALAKHA

They would leave him and cry – וְהֵן פּוֹרְשִׁין וּבוֹכִין: After the elders administered the oath to the High Priest, he would cry because they suspected him, and they would cry due to the concern that they suspected a guiltless man (Rambam *Sefer Avoda, Hilkhot Avodat Yom HaKippurim* 1:7).

NOTES

They would leave him and cry – וְהֵן פּוֹרְשִׁין וּבוֹכִין: In the Jerusalem Talmud, the explanation is that the Elders cried due to the fact that the situation of the Jewish people had deteriorated to the point that even the High Priests were not above suspicion (*Siaḥ Yitzḥak*).

Prepare the incense and light it outside – יְתַקֵּן מִבַּחוּץ: The author of the *Me'iri* writes that the problem with preparing incense outside is that it contains an element of idolatry, as the priest appeared to be serving one authority inside and another outside.

And worms were coming out of his nose – וְהָיוּ תּוֹלָעִין יוֹצְאִין מֵחוֹטְמוֹ: See Rashi, who explains why the worms came specifically out of his nose. Some commentaries explain that he was punished through his nose, which derived pleasure from the smell of the incense that was offered improperly (*Tosafot Yeshanim*; Ritva).

Like the sole of a calf's foot – כְּכַף רֶגֶל עֵגֶל: In the Jerusalem Talmud, the question is raised: How could the angel have struck the High Priest when angels may not enter the Holy of Holies? The answer is that angels are barred from the Holy of Holies only when the service is performed properly. Otherwise, they are permitted to enter and punish the transgressor. In the *Me'iri* it is explained that the High Priest's conduct in this case evoked the sin of the Golden Calf, which is why he was executed in that manner.

And Rav demonstrated with his hand – וּמַחְוֵי לֵיהּ רַב בִּידֵיהּ: Rav moved a tablet sitting on the table and pointed to the shape of the letter *beit*. Or, alternatively, he drew a *beit* in the air (Rabbi Elyakim). In the version of the incident related in the Jerusalem Talmud, the variations of the name were Keputar and Keputal.

And you did not call out to Me, O Jacob – וְלֹא אֹתִי קָרָאתָ יַעֲקֹב: Some commentaries explain this verse as referring to the midrash that Jacob did not fall on Joseph's neck and embrace him when he met him because he was reciting *Shema* (see Genesis 46:29 and Rashi there). One who gestures with his hands while reciting *Shema* acts contrary to the conduct of Jacob (Rabbi Elyakim; Maharsha).

לָא קַשְׁיָא: הָא – בְּפֶרֶק רִאשׁוֹן, הָא – בְּפֶרֶק שֵׁנִי.

The Gemara answers: This is **not difficult. This** prohibition to interrupt one's recitation of *Shema* with a gesture applies **in** the course of reciting the **first paragraph** of *Shema*, which is more fundamental; **that** case where Rav gestured was **in** the course of reciting the **second paragraph** of *Shema*, where gesturing to convey a significant message is permitted.[H]

תָּנוּ רַבָּנַן: ״וְדִבַּרְתָּ בָּם״ – בָּם וְלֹא בִּתְפִלָּה, ״וְדִבַּרְתָּ בָּם״ – בָּם יֵשׁ לְךָ רְשׁוּת לְדַבֵּר, וְלֹא בִּדְבָרִים אֲחֵרִים.

Apropos interruptions in the course of reciting *Shema*, the Gemara cites a *baraita* in which **the Sages taught:** "And these words, which I command you this day, shall be upon your heart; and you shall teach them diligently unto your children, **and you shall talk of them** when you sit in your house, and when you walk by the way, and when you lie down, and when you arise" (Deuteronomy 6:6–7). This means that in the course **of** reciting **them,** the study of Torah and the recitation of *Shema*, it is permitted to interrupt to state a significant matter, **but not** in the course **of** reciting the *Amida* **prayer,** which may not be interrupted for any kind of speech. Another interpretation of the verse is: **And you shall talk of them** is to emphasize that **it is permitted** to interrupt *Shema* **to speak these matters** of Torah, but not to speak **other matters** that may lead to levity.

רַבִּי אַחָא אוֹמֵר: ״וְדִבַּרְתָּ בָּם״ – עֲשֵׂה אוֹתָן קֶבַע, וְאַל תַּעֲשֵׂם עֲרַאי. אָמַר רָבָא: הַשָּׂח שִׂיחַת חוּלִּין – עוֹבֵר בַּעֲשֵׂה, שֶׁנֶּאֱמַר: ״וְדִבַּרְתָּ בָּם״ – בָּם וְלֹא בִּדְבָרִים אֲחֵרִים, רַב אַחָא בַּר יַעֲקֹב אָמַר: עוֹבֵר בְּלָאו, שֶׁנֶּאֱמַר: ״כׇּל הַדְּבָרִים יְגֵעִים לֹא יוּכַל אִישׁ לְדַבֵּר״.

Rabbi Aḥa says: Talk of them means one must **render them,** the words of Torah, **a permanent** fixture, **and not render them a temporary** exercise. **Rava said: One who engages in idle chatter**[H] without Torah or any particular purpose **violates a positive** commandment, **as it is stated: And you shall talk of them; talk of them and not of other matters. Rav Aḥa bar Ya'akov said:** Furthermore, **one** even **violates a negative** commandment,[N] **as it is stated: "All these matters are wearisome; no man can ever state them"** (Ecclesiastes 1:7). The phrase: No man can ever state them, is understood as a prohibition against engaging in idle chatter.

מתני׳ בִּקֵּשׁ לְהִתְנַמְנֵם – פִּרְחֵי כְהוּנָּה מַכִּין לְפָנָיו בְּאֶצְבַּע צְרָדָא, וְאוֹמְרִים לוֹ: אִישִׁי כֹּהֵן גָּדוֹל! עֲמוֹד וְהָפֵג אַחַת עַל הָרִצְפָּה. וּמַעֲסִיקִין אוֹתוֹ עַד שֶׁיַּגִּיעַ זְמַן הַשְּׁחִיטָה.

MISHNA If the High Priest **sought to sleep**[H] at night, **the young priests** would **snap the middle** [*tzerada*] **finger** against the thumb **before him, and they** would **say to him** every so often: **My Master, High Priest. Stand** from your bed **and chill** yourself **once on the floor** and overcome your drowsiness. **And they** would **engage him** in various ways **until the time would arrive to slaughter the** daily offering.

גמ׳ מַאי צְרָדָא? אָמַר רַב יְהוּדָה: צָרְתָהּ דְּדָא. מַאי הִיא – גּוּדָל. מַחְוֵי רַב הוּנָא, וַאֲזַל קָלָא בְּכוּלֵּי בֵּי רַב.

GEMARA The Gemara asks: **What is the** *tzerada* finger mentioned in the mishna? **Rav Yehuda said: It is the rival** [*tzara*] **of that** [*da*] one.[N] Which finger **is it?** *Tzerada* is the rival of **the thumb;** it is the middle finger. The middle finger would be strongly positioned against the thumb, and when one separates them, the finger hits the palm, creating a sound. **Rav Huna demonstrated** the loud noise that could be achieved by snapping with the middle finger, and **the sound traveled throughout Rav's study hall.** The sound created was loud enough to keep the High Priest awake.

״וְאוֹמְרִים לוֹ אִישִׁי כֹּהֵן גָּדוֹל הָפֵג אַחַת עַל הָרִצְפָּה וכו׳״. אָמַר רַב יִצְחָק: עַל חֲדַת. מַאי הִיא? אָמְרִי לֵיהּ: אַחְוֵי קִידָּה.

It was taught in the mishna that **they said to him: My Master, High Priest.** Stand from your bed and **chill** yourself[N] **once on the floor** and overcome your drowsiness. **Rav Yitzḥak said** that they said to the High Priest: **Introduce something new.**[N] The Gemara asks: **What is it** that they asked him to introduce? **They say to him: Demonstrate** how to perform the ceremonial **bowing** [***kidda***].[N] This was a form of bowing that was difficult to perform, in which the High Priest was expert. The thought was that the exercise would keep him awake.

HALAKHA

Reciting *Shema* with the proper intent – קְרִיאַת שְׁמַע בְּכַוָּנָה: It is prohibited for one to interrupt his recitation of the first paragraph of *Shema*. One may neither gesture with one's hands or eyes, even for the purpose of a mitzva (*Mishna Berura*), because it consigns secondary status to *Shema*. Some prohibit interruption even when reciting the second paragraph, unless it is for a mitzva (*Shulḥan Arukh, Oraḥ Ḥayyim* 63:7).

Idle chatter – שִׂיחַת חוּלִּין: It is inappropriate to engage in idle chatter; rather, it is preferable to converse in Torah matters. One should especially avoid idle chatter on Shabbat (*Shulḥan Arukh, Oraḥ Ḥayyim* 16:17 in the comment of the Rema, and *Yoreh De'a* 246:25).

If the High Priest sought to sleep – בִּקֵּשׁ לְהִתְנַמְנֵם: If the High Priest sought to sleep at night, the young priests would snap their fingers before him and have him stand on the cold floor. They would occupy him until the time arrived to slaughter the daily offering (Rambam *Sefer Avoda, Hilkhot Avodat Yom HaKippurim* 1:8).

NOTES

Idle chatter violates a positive commandment…a negative commandment – עוֹבֵר בַּעֲשֵׂה...בְּלָאו: The Gemara does not mean that one actually violates a positive and negative commandment by Torah law; it is merely seeking a biblical support for the severity of this behavior (*Ḥavot Ya'ir*).

The rival of that one – צָרְתָהּ דְּדָא: Most of the commentaries rely on the language of the *Tosefta* and on a practical understanding of finger snapping to explain that the Gemara refers to the middle finger operating in conjunction with the thumb. The phrase: The rival of that one, is understood as referring to the middle finger being opposite the thumb. Furthermore, the index finger is attached to the thumb like a wife to a husband, and the third finger is a rival to the index finger (*Tosefot Yom Tov*).

Chill yourself – הָפֵג: The Rambam and others interpret the term to mean that the High Priest should cool his feet on the floor.

Once [*aḥat*]…introduce something new – אַחַת...עַל חֲדַת: *Aḥat* in this context, as explained by the Sages in several places, is understood to mean unique, and this form of bowing is unique (Rav Shmuel Strashun).

Bowing [*kidda*] – קִידָּה: The Gemara in tractate *Sukka* explains that this type of bowing is performed with the individual's face on the floor, and the High Priest would stand by leaning on his thumbs. This is a feat that few people can do, and the exertion involved was enough to rouse him from his drowsiness.

"וּמַעֲסִיקִין אוֹתוֹ עַד שֶׁיַּגִּיעַ זְמַן שְׁחִיטָה" (וכו'). תָּנָא: לֹא הָיוּ מַעֲסִיקִין אוֹתוֹ לֹא בְּנֵבֶל וְלֹא בְּכִנּוֹר, אֶלָּא בַּפֶּה. וּמֶה הָיוּ אוֹמְרִין – "אִם ה' לֹא יִבְנֶה בַיִת שָׁוְא עָמְלוּ בוֹנָיו בּוֹ".

The mishna continues: **And they** would **engage him** in different ways **until the time to slaughter the** daily offering **would arrive.** It was **taught: They would not occupy him with a harp**[B] **or a lyre,**[B] which may not be played on a Festival, **but** would sing **with** their **mouths. And what would they say?** They would say this verse: **"Unless the Lord builds the house, its builders labor in vain on it;** unless the Lord watches over the city, the watchman keeps vigil in vain" (Psalms 127:1). The message to the High Priest was that his service must be performed for the sake of Heaven for it to be accepted by God; otherwise his efforts would be in vain.

מִיַּקִּירֵי יְרוּשָׁלַיִם לֹא הָיוּ יְשֵׁנִין כָּל הַלַּיְלָה, כְּדֵי שֶׁיִּשְׁמַע כֹּהֵן גָּדוֹל קוֹל הַבָרָה, וְלֹא תְּהֵא שֵׁינָה חוֹטַפְתּוֹ. תַּנְיָא, אַבָּא שָׁאוּל אָמַר: אַף בַּגְּבוּלִין הָיוּ עוֹשִׂין כֵּן זֵכֶר לַמִּקְדָּשׁ, אֶלָּא שֶׁהָיוּ חוֹטְאִין.

The Gemara relates that **the prominent** men **of Jerusalem would not sleep the entire night** but instead engaged in Torah study, **so that** the **High Priest would hear** the **sound of noise** in the city **and sleep would not overcome him** in the silence of the sleeping city. **It was taught** in a *baraita* that **Abba Shaul said: They would do so even in the outlying areas** and stay awake all night **in acknowledgment of the Temple; however,** the result was **that they would sin,** as the men and women would participate in games together to pass the time, leading to transgression.

אָמַר אַבַּיֵי וְאִיתֵימָא רַב נַחְמָן בַּר יִצְחָק: תַּרְגּוּמָא – נְהַרְדְּעָא. דְּאָמַר לֵיהּ אֵלִיָּהוּ לְרַב יְהוּדָה אֲחוּהּ דְּרַב סַלָּא חֲסִידָא: אָמְרִיתוּ, אַמַּאי לָא אָתֵי מָשִׁיחַ, וְהָא הָאִידָּנָא, יוֹמָא דְכִיפּוּרֵי הוּא, וְאִבְּעוּל כַּמָּה בְּתוּלָתָא בִּנְהַרְדְּעָא. אֲמַר לֵיהּ: הַקָּדוֹשׁ בָּרוּךְ הוּא מַאי אֲמַר? אֲמַר לֵיהּ:

Abaye said, and some say it was **Rav Naḥman bar Yitzḥak** who said: **Interpret** that statement as referring to **Neharde'a, as Elijah** the Prophet **said to Rav Yehuda, brother** of **Rav Salla Ḥasida: You have said** and wondered: **Why has the Messiah not come?** Why is that surprising? **Isn't today Yom Kippur, and relations were had with several virgins in Neharde'a,** as the men and women stayed awake all night and that led to promiscuity? Rav Yehuda **said to him: What did the Holy One, Blessed be He, say** about those sins committed by the Jewish people? **He said:** This is what God said:

BACKGROUND

Harp – נֵבֶל: Harps and lyres were very prominent in antiquity. The image shows a statue of a harp player from the Cyclades, Greece, dated 2800–2700 BCE.

Ancient depiction of harp player

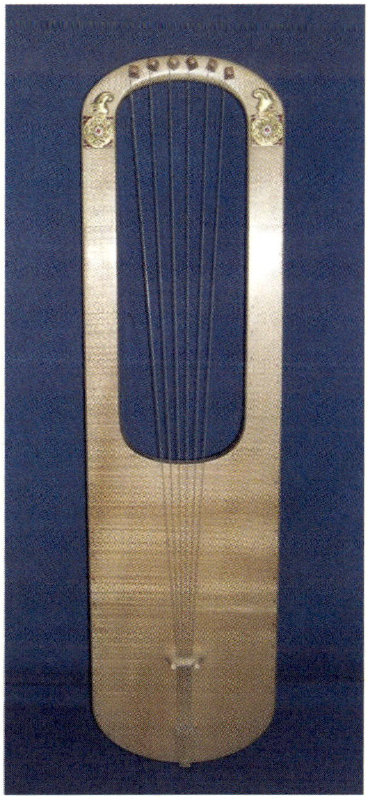

Lyre

Lyre – כִּנּוֹר: The lyre is a stringed musical instrument closely related to the harp and known for its use in Greek classical antiquity.

״לַפֶּתַח חַטָּאת רוֹבֵץ״. וְשָׂטָן מַאי אֲמַר? אֲמַר לֵיהּ: שָׂטָן בְּיוֹמָא דְכִיפּוּרֵי לֵית לֵיהּ רְשׁוּתָא לְאַסְטוֹנֵי. מִמַּאי? אָמַר רָמֵי בַּר חָמָא: ״הַשָּׂטָן״ – בְּגִמַטְרִיָּא תְּלָת מְאָה וְשִׁיתִּין וְאַרְבְּעָה הָוֵי, תְּלָת מְאָה וְשִׁיתִּין וְאַרְבְּעָה יוֹמֵי – אִית לֵיהּ רְשׁוּתָא לְאַסְטוֹנֵי, בְּיוֹמָא דְכִיפּוּרֵי – לֵית לֵיהּ רְשׁוּתָא לְאַסְטוֹנֵי.

"**Sin lies in waiting at the door**" (Genesis 4:7), and it is no wonder that men sin. He asked him: **And what did Satan** the prosecutor **say** about their sinning? Elijah **said to him: Satan, on Yom Kippur, has no license to prosecute.**[N] **From where** is that idea derived? **Rami bar Ḥama said: The numerological value** of the letters that constitute the word ***HaSatan*** **is three hundred and sixty four:** *Heh* has a value of five, *sin* has a value of three hundred, *tet* has a value of nine, and *nun* has a value of fifty. **Three hundred and sixty-four days** of the solar year, which is three hundred and sixty-five days long, Satan **has license to prosecute.** On the remaining day, **Yom Kippur, he has no license to prosecute.**[N] Since that day is exalted above all others, there is no room for the accusations of Satan.

מתני׳ בְּכָל יוֹם תּוֹרְמִין אֶת הַמִּזְבֵּחַ בִּקְרִיאַת הַגֶּבֶר אוֹ סָמוּךְ לוֹ, בֵּין לְפָנָיו בֵּין לְאַחֲרָיו. וּבְיוֹם הַכִּפּוּרִים מֵחֲצוֹת, וּבָרְגָלִים מֵאַשְׁמוּרָה הָרִאשׁוֹנָה. וְלֹא הָיְתָה קְרִיאַת הַגֶּבֶר מַגַּעַת עַד שֶׁהָיְתָה עֲזָרָה מְלֵאָה מִיִּשְׂרָאֵל.

MISHNA **Every day** the priests **would remove** the ashes **from the altar**[H] and place them on the east side of the ramp **at the crow of the rooster or adjacent to it, whether before it or after it,** as there was no insistence on a precise time. **And on Yom Kippur** they would remove the ashes earlier, **from midnight** onward. **And on the Festivals,** the ashes were removed even earlier, at the end of **the first watch. And the call of the rooster would not arrive** on Festivals **until the** Temple **courtyard was full with the Jewish people** who vowed to bring offerings and would fulfill their obligations on the Festivals. Those offerings were sacrificed immediately following the daily offering.

גמ׳ תְּנַן הָתָם: אֵבָרִים שֶׁפָּקְעוּ מֵעַל גַּבֵּי הַמִּזְבֵּחַ, קוֹדֶם חֲצוֹת – יַחֲזִיר וּמוֹעֲלִין בָּהֶן, לְאַחַר חֲצוֹת – לֹא יַחֲזִיר, וְאֵין מוֹעֲלִין בָּהֶן.

GEMARA **We learned** in a mishna **there,** in tractate *Zevaḥim*: With regard to **limbs** from offerings **that were forced off the altar**[H] by the heat of the fire, if they fell **before midnight,** these limbs remain sacred; the priest **should return** them to the fire, and one is liable for **misuse of consecrated property** for deriving benefit **from them.** If they fell **after midnight,** the priest **should not return** them to the fire, and one is **not** liable for **misuse of consecrated property** for deriving benefit **from them;** they are considered like ashes.

מְנָא הָנֵי מִילֵּי? אָמַר רַב: כָּתוּב אֶחָד אוֹמֵר ״כׇּל הַלַּיְלָה וְהִקְטִיר״ וְכָתוּב אֶחָד אוֹמֵר ״כׇּל הַלַּיְלָה וְהֵרִים״ הָא כֵּיצַד? חַלְּקֵהוּ, חֶצְיוֹ לְהַקְטָרָה וְחֶצְיוֹ לַהֲרָמָה.

The Gemara asks: **From where are these matters** derived that midnight determines the end of the burning period for limbs, after which they assume the legal status of ashes? **Rav said: One verse says:** "It is the burnt-offering that goes up on its firewood upon the altar **all night** until morning" (Leviticus 6:2) **and he shall burn it,**[N] indicating that the sacrificial limbs may be burned throughout the night. **And one verse says: "All night…and he shall remove** the ashes" (Leviticus 6:2–3), meaning that the ashes may be removed throughout the night. **How** can these texts be reconciled? Rather, **divide** the night into two sections: **Half of it for burning** the limbs, **and half of it for removal** of the ashes.

מְתִיב רַב כַּהֲנָא: בְּכָל יוֹם תּוֹרְמִין אֶת הַמִּזְבֵּחַ בִּקְרִיאַת הַגֶּבֶר אוֹ סָמוּךְ לוֹ בֵּין מִלְּפָנָיו בֵּין מִלְּאַחֲרָיו, וּבְיוֹם הַכִּפּוּרִים מֵחֲצוֹת, וּבָרְגָלִים מֵאַשְׁמוּרָה הָרִאשׁוֹנָה.

Rav Kahana raised an objection. It was taught in the mishna: **Every day** the priests **would remove the ashes from the altar**[N] **at the crow of the rooster or adjacent to it, whether before it or after it, and on Yom Kippur from midnight, and on the Festivals** from the end of **the first watch.**

NOTES

Satan on Yom Kippur has no license to prosecute – שָׂטָן בְּיוֹמָא דְכִפּוּרֵי לֵית לֵיהּ רְשׁוּתָא לְאַסְטוֹנֵי: According to *Tanna DeVei Eliyahu*, this Gemara is based on the verse: "Even the days that were fashioned, when as yet there was one of them" (Psalms 139:16). Yom Kippur is not counted together with the other days of the year because it is exalted above them all and transcends time. As a result, the standard principles of reward and punishment are not applicable on this day.

He has no license to prosecute – לֵית לֵיהּ רְשׁוּתָא לְאַסְטוֹנֵי: Commentaries explain that Satan cannot prosecute the Jewish people for sins committed on the day of Yom Kippur, but can accuse the Jewish people on Yom Kippur for sins committed during the year.

All night and he shall burn it – כׇּל הַלַּיְלָה וְהִקְטִיר: The question is raised: Why did the Gemara cite a phrase that does not appear in the Torah? Apparently, in order to underscore the disparity between the verses and the lack of clarity with regard to the end of the time when the limbs are burned and the beginning of the time for removing the ashes, the Gemara condenses the matter of the first verse into a single word (*Tosefot Ri HaLavan*).

Removal of the ashes from the altar – תְּרוּמַת הַמִּזְבֵּחַ: According to Rashi and the Gemara's discussion, apparently the issue at hand is the mitzva of removal of the ashes [*terumat hadeshen*]. This involved the daily removal of a small amount of ashes from the altar, an element of the Temple service. Others say that the reference here is to an additional removal of all the remaining ashes that collected there in the course of burning the offerings on the altar. These ashes were taken and deposited in a special location outside of Jerusalem. During the Festivals, due to the preponderance of people in the Temple courtyard, it was performed earlier (*Tosafot*; *Tosafot Yeshanim*).

HALAKHA

The time of removing the ashes – זְמַן תְּרוּמַת הַדֶּשֶׁן: Every day at dawn, which is when the rooster crows according to Rambam, the ashes are removed from the altar. On the Festivals this is performed during the middle four-hour watch of the night, and on Yom Kippur it is performed at midnight (*Leḥem Mishne*; Rambam *Sefer Avoda, Hilkhot Temidin UMusafin* 2:11).

Limbs from offerings that were forced off the altar – אֵבָרִים שֶׁפָּקְעוּ מֵעַל גַּבֵּי הַמִּזְבֵּחַ: Limbs that were forced off the altar are restored to the altar if flesh remains on them that was not entirely burned. Otherwise, the limbs are not restored to the altar. In a case where the flesh is singed and dried, if it fell before midnight it is restored to the altar, but not if it fell after midnight. Bones that fell before midnight are subject to the prohibition of misuse of consecrated property; those that fell after midnight are not subject to that prohibition, and their legal status is as if they were burned, in accordance with the opinion of Rav Yosef (*Kesef Mishne*; Rambam *Sefer Avoda, Hilkhot Ma'aseh HaKorbanot* 6:3 and *Hilkhot Me'ila* 2:12).

ואי סלקא דעתך מחצות דאורייתא היא, היכי מקדמינן (והיכי מאחרינן)?

And if it enters your mind to say that the time for removal of the ashes is **from midnight by Torah law, how do we** perform it **earlier and how do we** perform it **later** than the time established by Torah law?

אלא אמר רבי יוחנן: ממשמע שנאמר "כל הלילה" איני יודע שהוא עד הבקר? ומה תלמוד לומר: "עד הבקר" – תן בקר לבקרו של לילה.

Rather, Rabbi Yoḥanan said: The fact that midnight is the deadline after which the limbs may not be burned is derived from a different source. **From** the fact **that it is stated** with regard to the burning of the limbs: **All night, don't I know that it** means **until morning? And** for **what** purpose, then, **does the verse state: Until morning?** It means: **Add** another **morning to the morning of the night.** Arise before dawn, and that is the time for removal of the ashes. Nevertheless, there is no specific hour fixed for performing this removal, and how much earlier than dawn it is performed depends on the need.

הלכך, בכל יום תורמין את המזבח בקריאת הגבר או סמוך לו בין מלפניו בין מלאחריו, סגיא. ביום הכפורים, דאיכא חולשא דכהן גדול – עבדינן מחצות. וברגלים, דנפישי ישראל ונפישי קרבנות – עבדינן מאשמורת הראשונה. כדקתני טעמא: לא היתה קריאת הגבר מגעת עד שהיתה עזרה מלאה מישראל.

Therefore, every day the priests **remove the ashes from the altar at the crow of the rooster or adjacent to it, whether before it or after it,** as on a typical day removing the ashes just before dawn is **sufficient. On Yom Kippur, when,** due to the fact that he performs the entire day's service, **there is** an issue of **the weakness of the High Priest,** the ashes are removed earlier **and we do so from midnight. And on the Festivals, when the Jewish people** in Jerusalem **are numerous and** the **offerings** that they bring to sacrifice during the Festival **are numerous,** the ashes are removed even earlier, **and we do so from the first watch, in accordance with the reason that is taught** in the mishna: **And the call of the rooster would not arrive** on Festivals **until the** Temple **courtyard was full with the Jewish people.**

מאי קריאת הגבר? רב אמר: קרא גברא, רבי שילא אמר: קרא תרנגולא.

§ The term *keriat hagever*, translated above as the call of the rooster, is mentioned in the mishna as an indication of a certain time. The Gemara asks: **What** is the meaning of the phrase ***keriat hagever*****? Rav said: It is the call of the man;** the priest appointed for this task proclaimed that it was time for the priests to report for service. **Rabbi Sheila**[P] **said: It is the call of the rooster,**[N] which is also called *gever*.

רב איקלע לאתריה דרבי שילא, לא הוה אמורא למיקם עליה דרבי שילא, קם רב עליה וקא מפרש: מאי קריאת הגבר – קרא גברא. אמר ליה רבי שילא: ולימא מר קרא תרנגולא! אמר ליה: אבוב לחרי – זמר, לגרדאי לא מקבלוה מיניה.

Rav happened to come **to the place** where **Rabbi Sheila** was the most prominent local Torah scholar and Rav was not yet known. **There was no disseminator**[N] **to stand before Rabbi Sheila** to disseminate his lecture to the public. **Rav stood before him** to disseminate the lecture, in the course of which Rabbi Sheila mentioned *keriat hagever*. Rav **interpreted** the concept for the audience and said: **What** is the meaning of ***keriat hagever*****?** It means **the call of the man. Rabbi Sheila said to him: And let the Master say** it is **the call of the rooster. Rav said to him,** quoting a folk saying: **A flute** played **for noblemen is music, but** when played for **weavers,** they **receive no** pleasure **from it,** due to their lack of sophistication. Similarly, the interpretation that I disseminated was accepted by Torah scholars greater than you. You, who lack their sophistication, cannot appreciate it.

כי הוה קאימנא עליה דרבי חייא ומפרישנא מאי קריאת הגבר קרא גברא – ולא אמר לי ולא מידי, ואת אמרת לי: אימא קרא תרנגולא?! אמר ליה: מר ניהו רב? נינח מר. אמר ליה, אמרי אינשי: אי תגרת ליה – פוץ עמריה. איכא דאמרי, הכי אמר ליה: מעלין בקדש ולא מורידין.

When I stood before Rabbi Ḥiyya and interpreted: What is the meaning of ***keriat hagever*****?** It means **the call of the man, he did not say anything to me** in response, **and you,** Rabbi Sheila, **say to me: Say** it is **the call of the rooster.** As soon as Rabbi Sheila heard that, he knew at once who had been disseminating his lecture. **He said to him: Is the Master Rav? Let the Master rest** and cease disseminating my lecture, as it is beneath your dignity to serve as my assistant. Rav **said to him: People say** this aphorism: **If you hired yourself to him, comb his wool.**[N] Once one agrees to perform a task, he should bear its less pleasing aspects and complete the job. **Some say, this is what** Rav **said to him: One elevates** to a higher level **in** matters of **sanctity and one does not downgrade.**[N] Since the task of interpreting was undertaken by a man of my stature, it is not fitting that a lesser man will replace me. That would be a display of contempt for the Torah.

PERSONALITIES

Rabbi Sheila – רבי שילא: Rabbi Sheila was among the Sages in Babylonia during the transitional generation between the *tanna'im* and *amora'im*. He was one of the earliest Sages in Babylonia who learned most of his Torah there, and was a central rabbinic figure in Neharde'a.

Rav spent a short time in Nehardeʹa, the city of Rabbi Sheila, but did not wish to establish a second yeshiva in the same location and therefore moved to Sura. Shmuel, who shared a relationship of mutual respect with Rabbi Sheila, succeeded the latter after his death. The yeshiva continued to function under different leadership but was still referred to as the school of Rabbi Sheila.

NOTES

Call of the man…call of the rooster – קרא גברא...קרא תרנגולא: Some commentaries understand this as a dispute strictly with regard to interpretation, with no legal ramifications. Others maintain that the rooster's crow is earlier in the morning than that of the Temple crier, rendering this a dispute with legal ramifications (*Me'iri*). Although the matter is not settled here, proof is cited in the Jerusalem Talmud from the appellation of the appointee in the Temple: Son of *gever*. Clearly, that is not referring to the son of a rooster. Others cite proof from the mishna's statement elsewhere that roosters were not bred in Jerusalem. Therefore, the *gever* in question must be a man (Rabbi Yehuda Bakhrakh).

Disseminator – אמורא: It was customary in mishnaic and talmudic times for the Sage to sit in a chair and lecture in a moderate voice, usually in Hebrew. The disseminator [*amora*] would repeat the lecture louder and translate it into Aramaic so it could be understood by all. That is why the Sages of the Gemara are called *amora'im*, as they considered themselves primarily as disseminators and interpreters of the true Sages, the *tanna'im*.

If you hired yourself to him, comb his wool – אי תגרת ליה פוץ עמריה: The *ge'onim* say that this aphorism is based on the actual case of a prominent individual who was forced to become a laborer. At one point he was given the unpleasant task of combing wool, causing him to sigh. When his employer heard him sigh, he gave him permission to perform a different task, but the worker replied that once he was hired as a worker, he must be prepared to perform any task (Rabbeinu Ḥananel).

Wool combs

One elevates to a higher level in matters of sanctity and one does not downgrade – מעלין בקדש ולא מורידין: Some commentaries explain Rav's statement as reluctance to change his opinion because it would involve a diminution from interpreting *gever* as man to interpreting it as rooster (Maharsha).

תַּנְיָא כְּוָתֵיהּ דְּרַב, תַּנְיָא כְּוָתֵיהּ דְּרַבִּי שֵׁילָא. תַּנְיָא כְּוָתֵיהּ דְּרַב: גְּבִינִי כָּרוֹז מַהוּ אוֹמֵר – עִמְדוּ כֹּהֲנִים לַעֲבוֹדַתְכֶם וּלְוִיִּם לְדוּכַנְכֶם וְיִשְׂרָאֵל לְמַעֲמַדְכֶם, וְהָיָה קוֹלוֹ נִשְׁמָע בְּשָׁלֹשׁ פַּרְסָאוֹת.

The Gemara comments: A *baraita* **was taught in accordance with** the opinion **of Rav,** and a *baraita* **was taught in accordance with** the opinion **of Rabbi Sheila.** The Gemara elaborates: A *baraita* **was taught in accordance with** the opinion **of Rav: What did Gevini**[L] **the Crier,** who was an appointee in the Temple,[H] **say** in his proclamation? **Arise, priests, to your service, and Levites to your platform, and Israelites to your** non-priestly **watch. And** the Gemara relates: **His voice was** so strong that it could **be heard** at a distance **of three parasangs,** slightly more than eight miles.

מַעֲשֶׂה בְּאַגְרִיפַּס הַמֶּלֶךְ שֶׁהָיָה בָּא בַּדֶּרֶךְ וְשָׁמַע קוֹלוֹ בְּשָׁלֹשׁ פַּרְסָאוֹת, וּכְשֶׁבָּא לְבֵיתוֹ שִׁיגֵּר לוֹ מַתָּנוֹת. וְאַף עַל פִּי כֵן כֹּהֵן גָּדוֹל מְשׁוּבָּח מִמֶּנּוּ, דְּאָמַר מָר: וּכְבָר אָמַר "אָנָּא הַשֵּׁם" וְנִשְׁמַע קוֹלוֹ בִּירִיחוֹ. וְאָמַר רַבָּה בַּר בַּר חָנָה אָמַר רַבִּי יוֹחָנָן: מִירוּשָׁלַיִם לִירִיחוֹ עֶשֶׂר פַּרְסֵי.

There was **an incident involving King Agrippa, who was coming down the road and heard** Gevini the Crier's **voice at a distance of three parasangs. And when** the king **came to his house he sent gifts to him,** since he was so impressed with the man's voice. The Gemara notes: **And even so,** the voice of the **High Priest** was stronger and **superior to his,**[N] **as the Master said: And** there **already was** an incident where the High Priest recited, in his confession that accompanied the placing of hands on his bull on Yom Kippur: **Please God, and his voice was heard in Jericho. And Rabba bar bar Ḥana said** that **Rabbi Yoḥanan said:** The distance **from Jerusalem to Jericho** is **ten parasangs.**

וְאַף עַל גַּב דְּהָכָא אִיכָּא חוּלְשָׁא וְהָכָא לֵיכָּא חוּלְשָׁא, וְהָכָא יְמָמָא וְהָתָם לֵילְיָא.

And not only was the distance greater in the case of the High Priest than in the case of Gevini the Crier, **here, there is** the issue of **the weakness** of the High Priest due to the fast and his obligation to perform the entire service, while **there, there is no** issue of **the weakness of** Gevini. **And** in addition, **here it was** during the **day,** when sound does not travel as well, that the High Priest recited his confession; **and there it was** during the **night** when Gevini called the priests, Levites, and Israelites.

דְּאָמַר רַבִּי לֵוִי: מִפְּנֵי מָה אֵין קוֹלוֹ שֶׁל אָדָם נִשְׁמָע בַּיּוֹם כְּדֶרֶךְ שֶׁנִּשְׁמָע בַּלַּיְלָה – מִפְּנֵי גַּלְגַּל חַמָּה שֶׁמְּנַסֵּר בָּרָקִיעַ כְּחָרָשׁ הַמְנַסֵּר בָּאֲרָזִים. וְהַאי חִירְגָא דְּיוֹמָא לָא שְׁמֵיהּ, וְהַיְינוּ דְּקָאָמַר נְבוּכַדְנֶצַּר: "וְכָל דָּיְירֵי אַרְעָא (כְּלָא) חֲשִׁיבִין".

As Rabbi Levi said: Why is a person's voice not heard during the day in the manner that it is during the night? It is **due to** the fact that the sound of the **sphere of the sun traversing the sky** generates noise **like** the noise generated by **a carpenter sawing cedars,** and that noise drowns out other sounds. **And that sawdust** that is visible during **the day** in the rays of the sun, *la* **is its name. This is what Nebuchadnezzar said: "And all the inhabitants of the world are considered like** *la*" (Daniel 4:32), i.e., all inhabitants of the earth are equivalent to specks of dust.

תָּנוּ רַבָּנַן: אִלְמָלֵא גַּלְגַּל חַמָּה נִשְׁמָע קוֹל הֲמוֹנָהּ שֶׁל רוֹמִי, וְאִלְמָלֵא קוֹל הֲמוֹנָהּ שֶׁל רוֹמִי נִשְׁמָע קוֹל גַּלְגַּל חַמָּה. תָּנוּ רַבָּנַן: שָׁלֹשׁ קוֹלוֹת הוֹלְכִין מִסּוֹף הָעוֹלָם וְעַד סוֹפוֹ, וְאֵלּוּ הֵן: קוֹל גַּלְגַּל חַמָּה, וְקוֹל הֲמוֹנָהּ שֶׁל רוֹמִי, וְקוֹל נְשָׁמָה בְּשָׁעָה שֶׁיּוֹצְאָה מִן הַגּוּף. וְיֵשׁ אוֹמְרִים: אַף לֵידָה,

Apropos sounds, the Gemara cites that **the Sages taught: Were it not** for the sound of the **sphere of the sun,** the **sound of** the bustle of **the crowds of Rome**[N] would be **heard** throughout the world; **and were it not for the sound of** the bustle of **the crowds of Rome, the sound of the sun's sphere** would be **heard** throughout the world. And **the Sages taught: Three sounds travel**[N] **from the end of the world to its other end,**[N] **and these are: The sound of the sphere of the sun, and the sound of** the bustle of **the crowds of Rome, and the sound of the soul at the moment that it leaves the body,** which should be audible throughout the world. **And some say: Even** the sound of a woman giving **birth.**

NOTES

The High Priest's voice was superior – **כֹּהֵן גָּדוֹל מְשׁוּבָּח מִמֶּנּוּ:** The commentaries ask: How is it possible that every High Priest had a voice powerful enough to reach Jericho, especially considering the fact that the High Priest was typically elderly? One explanation is that it was not the sound of the High Priest's confession that was heard in Jericho; rather, it was the sound of the assembly responding: May the name of His glorious kingdom be blessed forever (*Tosefot Yom Tov*). Others add the strength of the High Priest's voice to the list of miracles that occurred in the Temple (*Siaḥ Yitzḥak*, citing Rabbi Yitzḥak Luria).

The sound of…the sun, the sound of…Rome – **קוֹל...חַמָּה, וְקוֹל...רוֹמִי:** Most commentaries explain that the reference is not literally to the sound; rather, it is meant in a spiritual sense. Some explain that the Gemara is likening the sound of Rome, i.e., the authority of its rule that encompasses the entire world and creates the impression that it is eternal, to the fleeting power of the sun. Just as the sun, despite its power, disappears at night, Rome will also ultimately disappear (Maharsha).

Three sounds travel – **שָׁלֹשׁ קוֹלוֹת הוֹלְכִין:** The point is that these sounds represent three general forces that should be heard throughout the world; nature, kingdom, and death. The Maharsha explains that it is impossible to ignore these three matters.

From the end of the world to its other end – **מִסּוֹף הָעוֹלָם וְעַד סוֹפוֹ:** The phrase here is not: From the start of the world to its end, because Jerusalem is both the start of the world, as the world was created from Zion, and thought to be the middle of the world geographically. Therefore, a matter that reaches the entire world is said to extend from one end of the world to the other (*Yad HaMelekh*).

LANGUAGE

Gevini – **גְּבִינִי:** From the Latin Gabinius; this was apparently the name of the crier.

HALAKHA

The Temple crier – **כָּרוֹז שֶׁבַּמִּקְדָּשׁ:** One priest was given the job of ensuring that the Temple schedule was observed. At the appropriate hour, he or one of his people would shout: Arise, priests, to your service, and Levites to your platform, and Israel to your watch, at which point each person would rush to his respective task (Rambam *Sefer Avoda, Hilkhot Kelei HaMikdash* 7:2).

וְיֵשׁ אוֹמְרִים: אַף רִידְיָיא. וּבָעוּ רַבָּנַן רַחֲמֵי אַנִּשְׁמָה בְּשָׁעָה שֶׁיּוֹצְאָה מִן הַגּוּף, וּבַטְלוּהּ.

And some say: The sound of **Ridya**[N] **as well.** Ridya is the angel tasked with irrigating the earth, who calls to the heavens and to the aquifers to provide their water. The Gemara comments: **And the Sages asked for mercy**[N] so that the sound of **the soul at the moment that it leaves the body** would no longer be heard to that extent, and God **eliminated it.** In any event, clearly this *baraita* understands *keriat hagever* as the proclamation of the Temple crier, in support of the opinion of Rav.

תַּנְיָא כְּוָותֵיהּ דְּרַבִּי שֵׁילָא: הַיּוֹצֵא לַדֶּרֶךְ קוֹדֶם קְרִיאַת הַגֶּבֶר – דָּמוֹ בְּרֹאשׁוֹ. רַבִּי יֹאשִׁיָּה אוֹמֵר: עַד שֶׁיִּשְׁנֶה, וְיֵשׁ אוֹמְרִים: עַד שֶׁיְּשַׁלֵּשׁ. וּבְאֵיזֶה תַּרְנְגוֹל אָמְרוּ – בְּתַרְנְגוֹל בֵּינוֹנִי.

A *baraita* **was taught in accordance with** the opinion **of Rabbi Sheila: With regard to one who sets out on the path** at night **before *keriat hagever***[B] and is killed by demons, **his blood is on his** own **head,** i.e., he is at fault. **Rabbi Yoshiya says:** The prohibition of traveling at night is in effect **until** the rooster crows **twice. And some say: Until he** crows **three times. And with regard to what rooster did** these Sages **state** this advisory? It is with regard to **a rooster** of **medium** size. Clearly, this *baraita* understands *keriat hagever* as the crow of the rooster.

אָמַר רַב יְהוּדָה אָמַר רַב: בְּשָׁעָה שֶׁיִּשְׂרָאֵל עוֹלִין לָרֶגֶל עוֹמְדִין צְפוּפִין, וּמִשְׁתַּחֲוִים רְוָוחִים. וְנִמְשָׁכִין אַחַת עֶשְׂרֵה אַמָּה אֲחוֹרֵי בֵּית הַכַּפּוֹרֶת. מַאי קָאָמַר? הָכִי קָאָמַר: אַף עַל פִּי שֶׁנִּמְשָׁכִין אַחַת עֶשְׂרֵה אַמָּה אֲחוֹרֵי בֵּית הַכַּפּוֹרֶת, וְעוֹמְדִים צְפוּפִין, כְּשֶׁהֵן מִשְׁתַּחֲוִין – מִשְׁתַּחֲוִין רְוָוחִים. וְזֶה אֶחָד מֵעֲשָׂרָה נִסִּים שֶׁנַּעֲשׂוּ בַּמִּקְדָּשׁ.

§ **Rav Yehuda said** that **Rav said: When the Jewish people ascend** to Jerusalem **for the pilgrimage** Festivals **they stand crowded, but** when they **bow** during confession they are **spaced** so that no one hears the confession of another. And due to the large crowd **they extend eleven cubits behind the Hall of the Ark Cover,**[N] the Holy of Holies. The Gemara asks: **What is he saying** in the reference to eleven cubits behind the Holy of Holies? The Gemara explains that **this is what he is saying: Even though** the crowd is so large that the people **extend eleven cubits behind the Hall of the Ark Cover and** people **stand crowded, still, when they bow, they bow spaced. And that is one of the ten miracles that were performed in the Temple.**[N]

דִּתְנַן: עֲשָׂרָה נִסִּים נַעֲשׂוּ בְּבֵית הַמִּקְדָּשׁ: לֹא הִפִּילָה אִשָּׁה מֵרֵיחַ בְּשַׂר הַקֹּדֶשׁ, וְלֹא הִסְרִיחַ בְּשַׂר הַקֹּדֶשׁ מֵעוֹלָם, וְלֹא נִרְאָה זְבוּב בְּבֵית הַמִּטְבְּחַיִם, וְלֹא אֵירַע קֶרִי לְכֹהֵן גָּדוֹל בְּיוֹם הַכִּפּוּרִים, וְלֹא נִמְצָא פְּסוּל בָּעוֹמֶר, וּבִשְׁתֵּי הַלֶּחֶם, וּבְלֶחֶם הַפָּנִים, עוֹמְדִים צְפוּפִים וּמִשְׁתַּחֲוִים רְוָוחִים, וְלֹא הִזִּיק נָחָשׁ וְעַקְרָב בִּירוּשָׁלַיִם מֵעוֹלָם, וְלֹא אָמַר אָדָם לַחֲבֵרוֹ ״צַר לִי הַמָּקוֹם שֶׁאָלִין בִּירוּשָׁלַיִם״.

As we learned in a mishna: **Ten miracles were performed in the Temple. No woman miscarried from the aroma of the sacrificial meat,** as a pregnant woman craves various foods and occasionally that craving leads to miscarriage. **And the sacrificial meat never putrefied.**[N] **And no fly was seen in the slaughterhouse,** although flies are generally attracted to a place where there is flesh and blood. **And a seminal emission did not befall the High Priest on Yom Kippur. And no disqualification was found in the *omer*** or **the two loaves,** which are communal offerings, **or in the shewbread.** And the Jewish people **stand crowded but bow spaced. And neither a snake nor a scorpion**[B] **ever harmed** anyone **in Jerusalem. And a person never said to another: There is no room for me to stay overnight in Jerusalem.**

NOTES

Ridya – רִידְיָיא: Tractate *Ta'anit* describes this angel as the one tasked with watering the earth. He appears in the image of a bull positioned between heaven and the earth. The sound mentioned in the Gemara is that of a powerful rain. The *ge'onim* say that the sound is produced by the water in channels and swamps during certain months of the year.

And the Sages asked for mercy – וּבָעוּ רַבָּנַן רַחֲמֵי: The Maharsha explains that the Sages occasionally commute a death sentence, thereby preventing the sound of death from being pervasive. Others explain that the Rabbis asked that people not be preoccupied with thoughts of death so that they could proceed with their daily lives.

Behind the Hall of the Ark Cover – אֲחוֹרֵי בֵּית הַכַּפּוֹרֶת: Although in general it is prohibited for Israelites to stand between the hall and the altar, they may have passed through the Chamber of the Knives to the area behind the Holy of Holies (Ritva). Rav Ya'akov Emden explains that the people who stood there were priests, who walked there directly.

Miracles that were performed in the Temple – נִסִּים שֶׁנַּעֲשׂוּ בַּמִּקְדָּשׁ: Some commentaries explain these miracles as being less than supernatural. The people crowded together when bowing in awe of God, so there was sufficient room. The priests were careful to sacrifice the meat in a timely fashion to avoid attracting worms and flies, and to prevent spoilage. It was due to their precautions that there were no disqualifications. The High Priest never experienced a seminal emission due to his fear of God. Since Jerusalem was always populated, no snakes or scorpions could find a place to nest. And due to people's love for each other there was never a lack of space for anyone to sleep (Rav Shem Tov ibn Shaprut).

The sacrificial meat never putrefied – לֹא הִסְרִיחַ בְּשַׂר הַקֹּדֶשׁ מֵעוֹלָם: Meat of the peace-offerings was eaten over a period of two days and one night and never spoiled during that time (*Me'iri*; Rabbeinu Yona). Similarly, limbs of the burnt-offering would sometimes remain on the altar for days until they were completely consumed (Ritva and Rashi on tractate *Avot*). Some commentaries explain this miracle to be that the hands of the priests handling the offerings never became disgusting (*Me'iri*).

BACKGROUND

Times of the crow of the rooster – זְמַנֵּי קְרִיאַת הַתַּרְנְגוֹל: Although roosters generally crow at set periods during the night, the precise time of the crow is affected by various physiological and hereditary factors.

Scorpion – עַקְרָב: Scorpions are widely distributed over all continents, except Antarctica, in a variety of terrestrial habitats. The scorpion numbers over 1,700 described species, with thirteen extant families recognized to date. Although scorpion venom has a fearsome reputation, only about twenty-five species are known to have venom capable of killing a human being.

One species native to the Middle East is *Buthus occitanus*, the common yellow scorpion. This scorpion is venomous, but its toxicity varies markedly across its range.

Common yellow scorpion

פָּתַח בַּמִּקְדָּשׁ וְסִיֵּים בִּירוּשָׁלַיִם?! אִיכָּא תַּרְתֵּי אַחֲרַנְיָיתָא בַּמִּקְדָּשׁ, דְּתַנְיָא: מֵעוֹלָם לֹא כִּבּוּ גְּשָׁמִים אֵשׁ שֶׁל עֲצֵי הַמַּעֲרָכָה, וַעֲשַׁן הַמַּעֲרָכָה אֲפִילּוּ כָּל הָרוּחוֹת שֶׁבָּעוֹלָם בָּאוֹת וּמְנַשְּׁבוֹת בּוֹ אֵין מְזִיזוֹת אוֹתוֹ מִמְּקוֹמוֹ.

The Gemara notes: This list **opened** with miracles that occurred **in the Temple, and closed** with miracles that occurred **in Jerusalem.** Apparently there were not actually ten miracles performed in the Temple. The Gemara answers: **There are two other** miracles **in the Temple, as it was taught** in a *baraita*: **Rain never extinguished the fire of the arrangement of wood** on the altar, despite the fact that the altar stood in the courtyard, exposed to the elements. **And** with regard to **the smoke of the arrangement,**[B] **even if all the winds in the world come and blow it, they do not move it from its place** and it rises directly heavenward.

וְתוּ לֵיכָּא? וְהָתַנְיָא רַב שְׁמַעְיָה בְּקַלְנְבוֹ: שִׁבְרֵי כְּלֵי חֶרֶס נִבְלָעִין בִּמְקוֹמָן. וְאָמַר אַבַּיֵּי: מוּרְאָה וְנוֹצָה וְדִישּׁוּן מִזְבַּח הַפְּנִימִי וְדִישּׁוּן הַמְּנוֹרָה נִבְלָעִין בִּמְקוֹמָן.

The Gemara asks: **And are there no more** miracles in the Temple? **But didn't Rav Shemaya teach** in a *baraita* in the city of **Kalnevo: Shards of earthenware vessels were swallowed** in the earth **in their places,** and there was no need to dispose of them. The vessels used for cooking the meat of the offerings of the most sacred order absorbed some of the meat. The meat that was absorbed became *notar* when the period during which the offering may be eaten concludes. One was required to break those vessels in which the meat was absorbed. The shards of those vessels were miraculously swallowed in the earth where they were smashed. And similarly, **Abaye said: The crop and feathers** of sacrificial birds, **and the ashes of the inner altar, and the ashes of the candelabrum,** which were not removed to the place of ashes outside the Temple like the ashes of the outer altar, **were** also **swallowed** in the earth **in their places.** Apparently, there were more than ten miracles in the Temple.

פְּסוּלֵי תְּלָתָא הָווּ, חַשְׁבִינְהוּ בְּחַד, אַפֵּיק תְּרֵי וְעַיֵּיל תְּרֵי. אִי הָכִי בְּלוּעִין נַמִי תְּרֵי הָווּ, חָשְׁבִינְהוּ בְּחַד – חָסְרוּ לְהוּ! אִיכָּא נַמִי אַחֲרִיתִי, דְּאָמַר רַבִּי יְהוֹשֻׁעַ בֶּן לֵוִי: נֵס גָּדוֹל הָיָה נַעֲשֶׂה בְּלֶחֶם הַפָּנִים, סִלּוּקוֹ כְּסִדּוּרוֹ, שֶׁנֶּאֱמַר: ״לָשׂוּם לֶחֶם חוֹם בְּיוֹם הִלָּקְחוֹ״.

The Gemara answers: **The disqualifications** mentioned that never occurred in the Temple, in the *omer*, the two loaves, or the shewbread, **were three; consider them as one**[N] miracle. **Eliminate two** from the total **and introduce** these **two** to complete the list of ten miracles. The Gemara asks: **If** similar miracles are combined and considered as one, **the swallowing** of the earthenware, crops, feathers, and ashes **are also two** similar miracles that should be **considered as one,** the result being that **they are lacking** one miracle to complete the total of ten. The Gemara responds: **There is also another** miracle, **as Rabbi Yehoshua ben Levi said: A great miracle was performed with regard to the shewbread** in the Temple, that the bread was as hot at **its removal** on Shabbat, after a week on the table, **as** it was at **its arrangement, as it is stated: "To put out hot bread on the day it was taken away"** (I Samuel 21:7).

וְתוּ לֵיכָּא? וְהָאָמַר רַבִּי לֵוִי: דָּבָר זֶה מָסוֹרֶת בְּיָדֵינוּ מֵאֲבוֹתֵינוּ, מְקוֹם אָרוֹן אֵינוֹ מִן הַמִּדָּה. וְאָמַר רַבְּנַאי אָמַר שְׁמוּאֵל: כְּרוּבִים בְּנֵס הָיוּ עוֹמְדִין!

The Gemara asks: **And were there no more** miracles in the Temple? **But didn't Rabbi Levi say** that **this matter is a tradition** that **we received from our ancestors: The place of the Ark** of the Covenant **is not** included **in the measurement** of the Holy of Holies. Based on that measurement, the Ark should not have fit inside the hall. The Holy of Holies measured twenty cubits by twenty cubits (see I Kings 6), and a *baraita* states that there were ten cubits of space on either side of the Ark. Therefore, it was only through a miracle that the Ark fit in the Holy of Holies. **And Rabbenai said** that **Shmuel said:** It was **through a miracle** that the **cherubs** that Solomon placed in the Holy of Holies **would stand.**[B] Their wingspan was twenty cubits, and since the length of the chamber was the same, there was no room for the bodies of the cherubs. There were additional miracles performed in the Temple.

נִיסֵּי דִּבְרָאֵי – קָא חָשֵׁיב, נִיסֵּי דִּגְוָאֵי – לָא קָא חָשֵׁיב. – אִי הָכִי לֶחֶם הַפָּנִים נַמִי נִיסֵּי דִּגְוָאֵי הוּא! לֶחֶם הַפָּנִים נִיסֵּי דִּבְרָאֵי הוּא, דְּאָמַר רֵישׁ לָקִישׁ, מַאי דִּכְתִיב: ״עַל הַשֻּׁלְחָן הַטָּהוֹר״ טָהוֹר – מִכְּלָל שֶׁהוּא טָמֵא,

The Gemara responds: The *tanna* **counts miracles that** were performed **outside** the Sanctuary and were visible to all, but he **does not count miracles that** were performed **inside** the Sanctuary and were not visible to all. The Gemara asks: **If so, the shewbread is also a miracle** performed on the table **inside** the Sanctuary and is not visible to all, yet the miracle that the bread's heat did not dissipate was listed among the miracles. The Gemara answers: **The shewbread was a miracle** performed **outside, as Reish Lakish said: What is** the meaning of that **which is written:** "Place them **on the pure table**[N] before the Lord in two rows, six to a row" (Leviticus 24:6)? From the emphasis that the Torah places on the fact that the table was ritually **pure,** it can be learned **by inference that it indicates that it** could become **impure** as well.

BACKGROUND

Smoke of the arrangement – עֲשַׁן הַמַּעֲרָכָה:

Smoke of the arrangement

Through a miracle the cherubs would stand – כְּרוּבִים בְּנֵס הָיוּ עוֹמְדִין: This refers to the cherubs which Solomon placed in the Holy of Holies in the First Temple. These cherubs were in addition to those that stood on top of the Ark.

Cherubs in the First Temple

NOTES

The disqualifications were three; consider them as one – פְּסוּלֵי תְּלָתָא הָווּ, חַשְׁבִינְהוּ בְּחַד: These are combined because the fact that these offerings were never disqualified is not an obvious miracle, but was merely a problem that was avoided. The swallowing of the shards and ashes, on the other hand, were obvious miracles. Therefore, they should be listed separately (*Ben Yehoyada*).

The pure table – הַשּׁוּלְחָן הַטָּהוֹר: The table and the candelabrum are called pure by the Torah because they were always clean, in contrast to the altar, which was full of ashes. Lighting the candelabrum and placing the bread on the table did not cause a mess (*Tosefot Ri HaLavan*).

כְּלִי עֵץ הֶעָשׂוּי לְנַחַת הוּא, וְכָל כְּלִי [עֵץ] הֶעָשׂוּי לְנַחַת אֵינוֹ מְקַבֵּל טוּמְאָה, וְחוֹצֵץ בִּפְנֵי טוּמְאָה. אֶלָּא: מְלַמֵּד שֶׁמַּגְבִּיהִין אוֹתוֹ לְעוֹלֵי רְגָלִים, וְאוֹמְרִים לָהֶם: רְאוּ חִיבַּתְכֶם לִפְנֵי הַמָּקוֹם, שֶׁסִּילּוּקוֹ כְּסִדּוּרוֹ, שֶׁנֶּאֱמַר: ״לָשׂוּם לֶחֶם חוֹם בְּיוֹם הִלָּקְחוֹ״.

The Gemara asks: How is that possible? **It is a wooden vessel designated to rest**[H] in a fixed place and not to be moved. And it was taught: **Any wooden vessel designated to rest** in a fixed place **is not susceptible to ritual impurity, and it serves as a barrier before impurity,** preventing its transmission. **Rather,** the fact that the table is described as pure **teaches** that the priests **lift it**[N] in order to display the shewbread **to the Festival pilgrims, and they say to them: See how beloved you are before the Omnipresent,** as the bread is as hot at **its removal** on Shabbat, after a week on the table, **as** it was at **its arrangement, as it is stated: "To put out hot bread on the day it was taken away"** (I Samuel 21:7). Since the table was moved on occasion, it was not considered a wooden vessel designated to rest and was therefore susceptible to impurity. At the same time, it is clear that the miracle of the shewbread was a miracle performed outside the Sanctuary, as it was visible to all.

וְתוּ לֵיכָּא? וְהָאָמַר רַב אוֹשַׁעְיָא: בְּשָׁעָה שֶׁבָּנָה שְׁלֹמֹה בֵּית הַמִּקְדָּשׁ נָטַע בּוֹ כָּל מִינֵי מְגָדִים שֶׁל זָהָב, וְהָיוּ מוֹצִיאִין פֵּירוֹתֵיהֶן בִּזְמַנָּן, וּכְשֶׁהָרוּחַ מְנַשֶּׁבֶת בָּהֶן נוֹשְׁרִין, שֶׁנֶּאֱמַר ״יִרְעַשׁ כַּלְּבָנוֹן פִּרְיוֹ״. וּכְשֶׁנִּכְנְסוּ גּוֹיִם לַהֵיכָל – יָבַשׁ, שֶׁנֶּאֱמַר: ״וּפֶרַח לְבָנוֹן אוּמְלָל״. וְעָתִיד הַקָּדוֹשׁ בָּרוּךְ הוּא לְהַחֲזִירָן, שֶׁנֶּאֱמַר: ״פָּרוֹחַ תִּפְרַח וְתָגֵל אַף גִּילַת וְרַנֵּן כְּבוֹד הַלְּבָנוֹן נִתַּן לָהּ״!

The Gemara asks: **And are there no more** miracles performed in the Temple? **But didn't Rav Oshaya say: When Solomon built the Temple he planted all sorts of precious golden fruits**[N] **there, and** these **brought forth their fruit in their** appointed **season** like other trees, **and when the wind blew them** the fruit **would fall, as it is stated: "May his fruits rustle like Lebanon"** (Psalms 72:16). This indicates that fruits grew in Lebanon, which the Sages interpreted as a reference to the Temple, which was built with cedar trees from Lebanon. **And when the gentiles entered the Sanctuary** the golden tree **withered, as it stated: "And the blossoms of Lebanon wither"** (Nahum 1:4). **And the Holy One, Blessed be He, will restore the** miraculous trees to Israel **in the future, as it is stated: "It shall blossom abundantly, it shall also rejoice and shout, the glory of Lebanon will be given to it"** (Isaiah 35:2). Apparently, there were additional miracles in the Temple.

נִיסֵּי דִּקְבִיעִי לָא קָא חָשֵׁיב. הָשְׁתָּא דְּאָתֵית לְהָכִי – אָרוֹן וּכְרוּבִים נַמִי נִיסֵּי דִּקְבִיעִי נִינְהוּ.

The Gemara responds: The *tanna* **does not count perpetual miracles** on the list. The Gemara comments: **Now that you have arrived at this** solution, it can resolve an earlier difficulty as well: **The Ark and the cherubs** are also not counted, since **they too were perpetual miracles.**

אָמַר מָר: וַעֲשַׁן הַמַּעֲרָכָה. וּמִי הֲוָה עָשָׁן בַּמַּעֲרָכָה? וְהָתַנְיָא: חֲמִשָּׁה דְּבָרִים נֶאֶמְרוּ בָּאֵשׁ שֶׁל מַעֲרָכָה: רְבוּצָה כָּאֲרִי, וּבָרָה כַּחַמָּה, וְיֵשׁ בָּהּ מַמָּשׁ, וְאוֹכֶלֶת לַחִין כִּיבֵשִׁין, וְאֵינָהּ מַעֲלָה עָשָׁן!

§ **The Master said** in listing the miracles that even strong winds were unable to displace **the smoke of the arrangement of wood.** The Gemara asks: **And did smoke** rise from **the arrangement of wood** on the altar? **But wasn't it taught** in a *baraita*: There were **five matters stated with regard to the fire of the arrangement of wood: It crouched** above the wood **like a lion;**[N] **and it was** as **clear** as the light of the **sun; and it had substance** to the extent that it could be felt; it was powerful enough **to consume wet** wood **like dry** wood; **and it did not raise smoke.**

כִּי קָא אָמְרִינַן – בִּדְהֶדְיוֹט, דְּתַנְיָא: ״וְנָתְנוּ בְּנֵי אַהֲרֹן הַכֹּהֵן אֵשׁ עַל הַמִּזְבֵּחַ״ – אַף עַל פִּי שֶׁאֵשׁ יוֹרֶדֶת מִן הַשָּׁמַיִם מִצְוָה לְהָבִיא מִן הַהֶדְיוֹט.

The Gemara answers: **When we said** that the smoke was not displaced, indicating that the wood produced smoke, that was in reference to the fire brought by a **person, as it was taught** in a *baraita*: **"And the sons of Aaron the priest shall put fire upon the altar"** (Leviticus 1:7), indicating that **even though fire descends from the heavens,** still there is a special **mitzva to bring fire by a person.**[H] The fire that the priests brought produced smoke, and the miracle related to that smoke.

וּרְבוּצָה כָּאֲרִי? וְהָתַנְיָא, אָמַר רַבִּי חֲנִינָא סְגַן הַכֹּהֲנִים: אֲנִי רְאִיתִיהָ, וּרְבוּצָה כְּכֶלֶב! לָא קַשְׁיָא; כָּאן בְּמִקְדָּשׁ רִאשׁוֹן, כָּאן – בְּמִקְדָּשׁ שֵׁנִי.

The Gemara asks: And was the altar's fire **crouched like a lion? But wasn't it taught** in a *baraita*: **Rabbi Ḥanina, the deputy** High **Priest, said: I saw** the fire in the Temple and it was **crouched like a dog** and not a lion? The Gemara answers: This is **not difficult. Here,** where the *baraita* stated that the fire resembled a lion, it refers to the fire in the **First Temple; there,** where Rabbi Ḥanina, the deputy High Priest, said that the fire resembled a dog, it refers to the fire in the **Second Temple.**

HALAKHA

A wooden vessel designated to rest – כְּלִי עֵץ הֶעָשׂוּי לְנַחַת: A wooden utensil designated to remain fixed in its place and never moved is not susceptible to impurity, even if it is small (Ra'avad; *Kesef Mishne*; Rambam *Sefer Tahara, Hilkhot Kelim* 3:1).

A mitzva to bring fire by a person – מִצְוָה לְהָבִיא מִן הַהֶדְיוֹט: Although fire descended from heaven, there was a mitzva for the priests to kindle the wood on the altar daily with ordinary fire (Rambam *Sefer Avoda, Hilkhot Temidin UMusafin* 2:1).

NOTES

They lift it – מַגְבִּיהִין אוֹתוֹ: The priests would show everyone that the heat was emanating from the bread despite the fact that it had been sitting on the table for a week (Ritva).

Precious golden fruits – מְגָדִים שֶׁל זָהָב: Some commentaries see this passage as a metaphor meaning that Solomon composed significant books of wisdom that continued to be studied for generations until they were lost during the destruction of the Temple. On the other hand, the Gemara could be alluding to the great wealth that Solomon accumulated. Gold was so plentiful that people said it grew on trees (Rav Shem Tov ibn Shaprut).

Crouched like a lion – רְבוּצָה כָּאֲרִי: Rashi writes that a coal or flame shaped like a lion descended from heaven. Others explain that the term: Like a lion, does not refer to its shape but to its power. The fire that descended from heaven was that much more powerful than ordinary fire (*Me'iri*).

וּבְמִקְדָּשׁ שֵׁנִי מִי הֲוַאי? וְהָאָמַר רַב שְׁמוּאֵל בַּר אִינְיָא, מַאי דִּכְתִיב: ״וְאֶרְצֶה בּוֹ וְאֶכָּבֵד״ וְקָרֵינַן ״וְאֶכָּבְדָה״ מַאי שְׁנָא דְּמִחוּסַּר ה״א? אֵלּוּ חֲמִשָּׁה דְּבָרִים שֶׁהָיוּ בֵּין מִקְדָּשׁ רִאשׁוֹן לְמִקְדָּשׁ שֵׁנִי, וְאֵלּוּ הֵן: אָרוֹן וְכַפּוֹרֶת וּכְרוּבִים, אֵשׁ, וּשְׁכִינָה, וְרוּחַ הַקּוֹדֶשׁ, וְאוּרִים וְתוּמִּים. אָמְרִי: אִין, מִיהְוָה הֲוָה, סַיּוֹעֵי לָא מְסַיְּיעָא.

The Gemara asks: **And was there** fire that descended from the heavens **in the Second Temple? Didn't Rav Shmuel bar Inya say: What is** the meaning of that **which is written** with regard to the Second Temple: "Go up to the hills and get wood and build the house; **and I will look on it favorably and I will be glorified** [*ve'ekkaved*], said the Lord" (Haggai 1:8)? Even though it is written *ve'ekkaved*, **we read it *ve'ikkavda*,** with an added letter *heh*. The Gemara explains: **What is different** that the word is **missing** the letter ***heh*? This** represents **five,** the numerological value of *heh*, **phenomena** that constituted the difference **between the First Temple** and the **Second Temple,** in that they were not in the Second Temple.[N] **And these are: The Ark** of the Covenant, **and the Ark cover** upon it, **and the cherubs** that were on the Ark cover; **fire; and the Divine Presence; and the Divine Spirit; and the *Urim VeTummim*.** Apparently, there was no fire from heaven in the Second Temple. The Sages **say** in response: **Yes, there was** fire from heaven in the Second Temple; however, **it did not assist** in burning the offerings but was merely visible above the wood.

תָּנוּ רַבָּנַן: שֵׁשׁ אִשּׁוֹת הֵן, יֵשׁ אוֹכֶלֶת וְאֵינָהּ שׁוֹתָה, וְיֵשׁ שׁוֹתָה וְאֵינָהּ אוֹכֶלֶת, וְיֵשׁ אוֹכֶלֶת וְשׁוֹתָה, וְיֵשׁ אוֹכֶלֶת לַחִין כִּיבֵשִׁין, וְיֵשׁ אֵשׁ דּוֹחָה אֵשׁ, וְיֵשׁ אֵשׁ אוֹכֶלֶת אֵשׁ.

Apropos the fire on the altar, the Gemara cites a related *baraita*. **The Sages taught** that **there are six kinds of fire: There is** fire that **consumes solids and does not consume liquids; and there is** fire that **consumes liquids and does not consume solids; and there is** fire that **consumes solids and consumes liquids; and there is** fire that **consumes wet** objects **like dry** objects; **and there is fire that repels** other **fire; and there is fire that consumes** other **fire.**

יֵשׁ אֵשׁ אוֹכֶלֶת וְאֵינָהּ שׁוֹתָה – הָא דִּידַן. שׁוֹתָה וְאֵינָהּ אוֹכֶלֶת – דְּחוֹלִין. אוֹכֶלֶת וְשׁוֹתָה – דְּאֵלִיָּהוּ, דִּכְתִיב: ״וְאֶת הַמַּיִם אֲשֶׁר בַּתְּעָלָה לִחֵכָה״. אוֹכֶלֶת לַחִין כִּיבֵשִׁין – דְּמַעֲרָכָה, יֵשׁ אֵשׁ דּוֹחָה אֵשׁ – דְּגַבְרִיאֵל, וְיֵשׁ אֵשׁ אוֹכֶלֶת אֵשׁ – דִּשְׁכִינָה, דְּאָמַר מָר: הוֹשִׁיט אֶצְבָּעוֹ בֵּינֵיהֶם וּשְׂרָפָן.

The Gemara elaborates: **There is fire that consumes solids and does not consume liquids; that is our** standard fire that consumes dry items but does not dry liquids.

Fire that **consumes liquids and does not consume solids** is the fever **of the sick** that dehydrates the body but does not consume the flesh.

Fire that **consumes solids and consumes liquids** is the fire **of Elijah** the Prophet, **as it is written:** "And fire fell from the sky and consumed the offering and the wood and the stones and the earth, **and it licked up the water that was in the trench"** (I Kings 18:38).

Fire that **consumes wet** objects **like dry** objects[N] is the fire **of the arrangement of wood.**

There is fire that repels other **fire;** that is the fire **of** the angel **Gabriel.** The book of Daniel relates that Gabriel was an angel of fire who descended to the fiery furnace, repelled the fire, and rescued Hananiah, Mishael, and Azariah, who had been cast inside.

And there is fire that consumes other **fire;** that is the fire **of the Divine Presence, as the Master said** in another context: The Holy One, Blessed be He, **extended His finger** between the angels, who are also made of fire, **and burned them.** The fire of the Divine Presence consumed the fire of the angels.

וַעֲשַׁן הַמַּעֲרָכָה, אֲפִילּוּ כָּל הָרוּחוֹת שֶׁבָּעוֹלָם אֵין מְזִיזוֹת אוֹתוֹ מִמְּקוֹמוֹ? וְהָאָמַר רַבִּי יִצְחָק בַּר אַבְדִּימִי: בְּמוֹצָאֵי יוֹם טוֹב הָאַחֲרוֹן שֶׁל חַג הַכֹּל צוֹפִין לַעֲשַׁן הַמַּעֲרָכָה, נוֹטֶה כְּלַפֵּי צָפוֹן – עֲנִיִּים שְׂמֵחִין וּבַעֲלֵי בָּתִּים עֲצֵבִין, מִפְּנֵי שֶׁגִּשְׁמֵי שָׁנָה מְרוּבִּין וּפֵירוֹתֵיהֶן מַרְקִיבִין. נָטָה כְּלַפֵּי דָּרוֹם – עֲנִיִּים עֲצֵבִין וּבַעֲלֵי בָּתִּים שְׂמֵחִין, מִפְּנֵי שֶׁגִּשְׁמֵי שָׁנָה מוּעָטִין וּפֵירוֹתֵיהֶן מִשְׁתַּמְּרִין.

§ The Gemara asks: **And** with regard to **the smoke of the arrangement,** is it so that **even if all the winds in the world** come and blow it, **they do not move it from its place** and it rises directly heavenward? **Didn't Rabbi Yitzhak bar Avdimi say: At the conclusion of the final day of the festival** of *Sukkot*, **everyone looks to the smoke of the arrangement of wood;** if the wind blew from the south and the smoke **tends toward the north,** the **poor were glad and the homeowners were sad.** This is **because** it was a sign **that the year's rains would be plentiful,** producing an abundant crop on the one hand, **but** on the other hand, **the fruit would rot** due to the humidity, rendering it impossible to store the abundant harvest. This forced the landowners to sell quickly at a lower price. And if a northern wind caused the smoke to **tend toward the south, the poor were sad and the homeowners were glad, because** it was an indication **that the year's rains would be sparse.** The yield would be low, and it would be easy **to store the fruit** and sell it at a higher price.

NOTES

Five features that were absent in the Second Temple – חֲמִשָּׁה דְּבָרִים חֲסֵרִים בְּמִקְדָּשׁ שֵׁנִי: There are several texts that contrast the two eras and list the differences between the Temples. The general approach is that certain items, e.g., the anointing oil, were sequestered as early as King Josiah's reign in the First Temple period (Rosh; Ritva). The Gemara lists features through which the Divine Presence was manifest in the Temple; miracles performed during the First Temple era that were not integral to the functioning of the Temple are not included in the list (*Tosafot Yeshanim*).

Fire that consumes wet objects like dry objects – אוֹכֶלֶת לַחִין כִּיבֵשִׁין: Although the altar's fire was capable of consuming wet wood, the priests insisted on using only dry wood rather than rely on miracles (*Tosefot Ri HaLavan*).

נָטָה כְּלַפֵּי מִזְרָח – הַכֹּל שְׂמֵחִין, כְּלַפֵּי מַעֲרָב – הַכֹּל עֲצֵבִין. דְּאָזֵיל וְאָתֵי כְּדִיקְלֵי, וְאִבְדּוּרֵי לָא הֲוָה מִיבְדַּר.

If a western wind caused the smoke to tend **to the east,** that was an indication that there would be sufficient rainfall to ensure a substantial crop, and at the same time, it would be possible to store the fruit, and **everyone was glad.** If an eastern wind caused the smoke to tend **to the west** that was an indication that there would be a drought because eastern winds do not bring rain, **and everyone was sad.** Apparently, wind causes the smoke rising from the arrangement of wood to move. The Gemara responds: The smoke **comes and goes like a palm tree,** swaying in the wind, **but it did not disperse.**

אָמַר מָר: כְּלַפֵּי מִזְרָח הַכֹּל שְׂמֵחִין, כְּלַפֵּי מַעֲרָב – הַכֹּל עֲצֵבִין. וּרְמִינְהוּ: מִזְרָחִית – לְעוֹלָם יָפָה, מַעֲרָבִית – לְעוֹלָם קָשָׁה, רוּחַ צְפוֹנִית – יָפָה לַחִטִּין בְּשָׁעָה שֶׁהֵבִיאוּ שְׁלִישׁ, וְקָשָׁה לַזֵּיתִים בִּזְמַן שֶׁהֵן חוֹנְטִין. רוּחַ דְּרוֹמִית קָשָׁה לַחִטִּין בְּשָׁעָה שֶׁהֵבִיאוּ שְׁלִישׁ, וְיָפָה לַזֵּיתִים בִּזְמַן שֶׁהֵן חוֹנְטִין.

The Master said: If a western wind caused the pillar of smoke to tend **to the east everyone is glad;** if an eastern wind caused the smoke to tend **to the west everyone was sad. And** the Gemara **raised a contradiction,** as the Sages said: **An eastern** wind **is always good; a western** wind **is always bad; a northern** wind **is good for wheat when** it has **reached one-third** of its potential growth, **and bad for olives when they are ripening; a southern** wind **is bad for wheat when** it has **reached one-third** of its potential growth, **and good for olives when they are ripening.**

וְאָמַר רַב יוֹסֵף, וְאִיתֵּימָא מָר זוּטְרָא: וְסִימָנָיךְ: שֻׁלְחָן בַּצָּפוֹן וּמְנוֹרָה בַּדָּרוֹם, הַאי מַרְבֶּה דִּידֵיהּ וְהַאי מַרְבֶּה דִּידֵיהּ!

And Rav Yosef said, and some say it was Mar Zutra who said it: **And your mnemonic** for which is good for wheat and which for olives is that in the Temple the **table was in the north and the candelabrum was in the south** of the Sanctuary. Bread made out of wheat was placed on the table, and oil made out of olives was burned in the candelabrum. The wind coming from **this** side, the north, **increased its own** component, wheat; **and** the wind coming from **this** side, the south, **increased its own** component, olives. In any event, there are contradictory opinions with regard to the effect of western and eastern winds.

לָא קַשְׁיָא: הָא – לָן, וְהָא – לְהוּ.

The Gemara responds: This is **not difficult: This** opinion that a wind from the east is good **is for us,** in Babylonia. Babylonia is a land whose water is plentiful, and a dry east wind will not harm the crop at all. **This** opinion that a wind from the east is harmful **is for them,** in Eretz Yisrael. That is a land where water is sparse, and the dry east wind will dry the land and ruin the crops.

הדרן עלך שבעת ימים

Summary of **Perek I**

The sequestering of the High Priest before the Yom Kippur service was addressed at length. This chapter discussed the source for this practice. There are practical ramifications to the following question: Was it derived from the sequestering of Aaron and his sons during their inauguration before the dedication of the Tabernacle or from that of Moses prior to the revelation at Sinai?

Incidental to the priest's stay in the Parhedrin Chamber, a series of additional *halakhot* unrelated to Yom Kippur were analyzed at length. The Gemara discussed the *halakhot* of *mezuza* and determined which houses, gates, and rooms require one. Since there was a discussion of the chamber of the High Priest, the Gemara then analyzed the Temple structure in general, its general parameters and the internal configuration of the various chambers located therein.

The central theme of this chapter is the High Priest's preparations for the Yom Kippur service. The Gemara discussed how the High Priest became accustomed to the numerous Temple services, including the sprinkling of the purification waters to purify him from any possible impurity imparted by a corpse and his oath that he not diverge from halakhic tradition while performing the service in the Holy of Holies.

As the Gemara addressed the need to ensure the High Priest's expertise and fitness during the Second Temple period, it then cited halakhic and aggadic statements pertaining to the overall differences between the First Temple and the Second Temple, particularly the difference between the High Priests that served in the two Temples.

This was followed by a depiction of the activities that were performed on the evening of Yom Kippur itself to ensure that the High Priest not fall asleep and thereby run the risk of becoming impure. Included was a description of how he would be occupied. The Gemara then proceeded to discuss the time for the removal of the ashes, which began the service in the Temple every day.

Introduction to **Perek II**

And the priest shall put on his linen garment, and his linen trousers shall he put on his flesh; and he shall remove the ashes from what the fire had consumed of the burnt-offering on the altar, and he shall put them beside the altar.

And he shall put off his garments, and put on other garments, and carry the ashes out of the camp to a clean place.

(Leviticus 6:3–4)

The one lamb you shall offer in the morning; and the other lamb you shall offer in the afternoon.

And with the one lamb a tenth of an ephah of fine flour mingled with a fourth of a hin of beaten oil; and a fourth of a hin of wine for a libation. And the other lamb you shall offer in the afternoon, and shall do to it according to the meal offering of the morning, and according to its libation, for a sweet savor, an offering made by fire unto the Lord.

(Exodus 29:39–41)

And he shall slaughter the bull before the Lord; and the sons of Aaron, the priests, shall sacrifice the blood, and throw the blood round about against the altar that is at the door of the tent of meeting.

And he shall flay the burnt-offering and cut it into its pieces. And the sons of Aaron the priest shall put fire on the altar and lay out wood in order upon the fire. And Aaron's sons, the priests, shall lay out the pieces, the head and the fat, upon the wood that is on the fire which is upon the altar. And its innards and its legs shall he wash with water; and the priest shall burn all of it on the altar for a burnt-offering, an offering made by fire, of a sweet savor unto the Lord.

(Leviticus 1:5–9)

Before providing the details of the special sacred services performed on Yom Kippur, tractate *Yoma* begins with a description of some of the services that were performed in the Temple on a daily basis. The description of these services, which involved great fanfare and the participation of many priests, stands in stark contrast to the unique and more subdued Yom Kippur service, when only a single individual, the High Priest, performed all the day's sacrificial tasks himself.

The chapter focuses mainly on two of the daily services: The ceremonial removal of a small amount of ash from the altar, and the sacrifice of the morning daily offering and its conveyance to the altar for burning.

Since there were many priests who were eligible and eager to perform these services, various methods were used to determine who would win the privilege of performing given tasks each day. Moreover, our Sages saw it appropriate, in order to stress the great importance of the sanctity of the Temple and its sacrificial service, that this process of determination of roles should be done amid great publicity and fanfare and with the participation of a large number of priests, both those who ended up performing the sacred tasks and those who merely prepared themselves in hope of winning such participation.

The description of the process through which the various tasks were assigned to particular priests, and the method of distribution of these services among the many who won the right to perform them, are the central topics of this chapter.

מתני׳ בָּרִאשׁוֹנָה, כׇּל מִי שֶׁרוֹצֶה לִתְרוֹם אֶת הַמִּזְבֵּחַ – תּוֹרֵם. וּבִזְמַן שֶׁהֵן מְרוּבִּין – רָצִין וְעוֹלִין בַּכֶּבֶשׁ, כׇּל הַקּוֹדֵם אֶת חֲבֵירוֹ בְּאַרְבַּע אַמּוֹת – זָכָה. וְאִם הָיוּ שְׁנֵיהֶן שָׁוִין – הַמְמוּנֶּה אוֹמֵר לָהֶן: הַצְבִּיעוּ.

MISHNA Initially,[N] the practice among the priests was that **whoever wishes to remove** the ashes from **the altar**[N] **removes them. And when there are many** priests who wish to perform that task, the privilege to do so is determined by a race: The priests **run and ascend**[N] **on the ramp** leading to the top of the altar. **Any** priest **who precedes another** and reaches within **four cubits** of the top of the altar first **is privileged** to remove the ashes. **And if both of them were equal** and neither preceded the other, **the appointed** priest says to all the priests: **Extend** your **fingers,** and a lottery was performed, as will be explained.[H]

וּמָה הֵן מוֹצִיאִין – אַחַת אוֹ שְׁתַּיִם. וְאֵין מוֹצִיאִין אֲגוּדָל בַּמִּקְדָּשׁ.

And what fingers **do they extend** for the lottery? They may extend **one or two** fingers, **and** the priests **do not extend a thumb in the Temple.** The reason is that the lottery was conducted by the appointee choosing a number and counting the extended fingers of the priests standing in a circle. As the count progressed, a priest could calculate and manipulate the result in his favor by surreptitiously extending his thumb and an additional finger. Since there is separation between the thumb and the forefinger it could appear as though they belonged to two different priests, skewing the results of the lottery.

מַעֲשֶׂה שֶׁהָיוּ שְׁנֵיהֶם שָׁוִין וְרָצִין וְעוֹלִין בַּכֶּבֶשׁ, וְדָחַף אֶחָד מֵהֶן אֶת חֲבֵירוֹ וְנָפַל וְנִשְׁבְּרָה רַגְלוֹ. וְכֵיוָן שֶׁרָאוּ בֵּית דִּין שֶׁבָּאִין לִידֵי סַכָּנָה – הִתְקִינוּ שֶׁלֹּא יְהוּ תּוֹרְמִין אֶת הַמִּזְבֵּחַ אֶלָּא בְּפַיִיס. אַרְבַּע פְּיָיסוֹת הָיוּ שָׁם, וְזֶה הַפַּיִיס הָרִאשׁוֹן.

Initially, that was the procedure; however, **an incident** occurred **where both of them were equal** as they were **running and ascending on the ramp, and one of them shoved another and he fell and his leg was broken. And once the court saw that** people **were coming to** potential **danger, they instituted that** priests **would remove** ashes from **the altar only** by means **of a lottery. There were four lotteries**[H] **there,** in the Temple, on a daily basis to determine the priests privileged to perform the various services, **and this,** determining which priest would remove the ashes, was **the first lottery.**

גמ׳ וְהָא מֵעִיקָּרָא מַאי טַעְמָא לָא תַּקִּינוּ לָהּ רַבָּנַן פְּיָיסָא? – מֵעִיקָּרָא סָבוּר: כֵּיוָן דַּעֲבוֹדַת לַיְלָה הִיא – לָא חֲשִׁיבָא לְהוּ, וְלָא אָתוּ. כֵּיוָן דְּחָזוּ דְּקָאָתוּ וְאָתוּ לִידֵי סַכָּנָה – תַּקִּינוּ לָהּ פְּיָיסָא.

GEMARA The Gemara questions the original practice of holding a race to determine which priest would remove the ashes: **And what is the reason that the Sages did not initially institute a lottery for** the removal of the ashes as they did for other parts of the service? The Gemara answers: **Initially** they **thought:** Since it is **a service** performed **at night it would not be important to** the priests, and **not** many of them would **come** to perform it, so a lottery would be unnecessary. Then, **when they saw that** many priests **did** indeed **come and that they were coming to danger** by racing up the altar's ramp, **they instituted a lottery.**

וַהֲרֵי אֵיבָרִים וּפְדָרִים, דַּעֲבוֹדַת לַיְלָה הִיא, וְתַקִּינוּ לָהּ רַבָּנַן פְּיָיסָא! סוֹף עֲבוֹדָה דִּימָמָא הִיא.

The Gemara poses a question against the assertion that nighttime Temple services did not normally require a lottery: **But there is** the burning of the **limbs** of burnt-offerings **and the fats** of other offerings, **which is a service** that is performed at **night, and** nevertheless **the Sages instituted a lottery** for that from the outset. The Gemara answers: The burning of those parts is not considered a nighttime service but **the end of a daytime service,** as the main part of the sacrificial service, the slaughtering and the sprinkling of blood, took place during the day.

הַאי נַמִי תְּחִלַּת עֲבוֹדָה דִּימָמָא הִיא, דְּאָמַר רַבִּי יוֹחָנָן: קִידֵּשׁ יָדָיו לִתְרוּמַת הַדֶּשֶׁן – לְמָחָר אֵין צָרִיךְ לְקַדֵּשׁ, שֶׁכְּבָר קִידֵּשׁ מִתְּחִילַּת עֲבוֹדָה.

The Gemara asks: If so, it could be argued that **this** service of removing the ashes is **also** not a nighttime service but **the start of a daytime service, as Rabbi Yoḥanan said:** If a priest has **sanctified his hands** at night by washing them **for the removal of the ashes,**[H] **the next day,** i.e., after daybreak, if he remained in the confines of the Temple, **he need not sanctify** his hands again,[N] **because he already sanctified** them **at the start of the service.** Apparently, the removal of the ashes, though performed at night, is considered the start of the next day's service.

NOTES

Initially – בָּרִאשׁוֹנָה: The earlier commentaries debate whether or not the High Priest performed all the Temple services on Yom Kippur. Some authorities say he did, and that no other priest participated in the day's responsibilities; others say that those tasks that were not particular to Yom Kippur were assigned to other priests. Many proofs are brought for both approaches. The Ramban argues that this chapter supports the position that other priests were involved in certain services. Were it not so, this entire chapter, as well as some subsequent material that discusses the selection of priests for various tasks, would be altogether unrelated to Yom Kippur and would therefore have no place in this tractate. However, a possible explanation is that since the previous chapter mentioned the daily removal of the ashes, this chapter continues to explore the regular services (*Tosefot Yom Tov*).

Removal of the ashes – תְּרוּמַת הַדֶּשֶׁן: The priest who removed the ashes from the altar wore the priestly garments, but they were of lower quality than the vestments worn for the performance of other services. The service involved scooping up some ash in a shovel to fulfill the mitzva to remove ashes from the altar (see Leviticus 6:3). Since it was not a particularly prestigious service, there was concern that few priests would be interested in performing it (*Me'iri*).

The priests run and ascend – רָצִין וְעוֹלִין: Various commentaries ask how the priests could run in the Temple courtyard, since running is not a respectful manner of conduct, and the priests were normally expected to walk with very small steps, placing the heel adjacent to the toe of the other foot at each step. Some explain that the race mentioned in the mishna did not involve actual running but walking quickly with these small steps (*Tosafot Yeshanim*).

The next day he need not sanctify his hands again – לְמָחָר אֵין צָרִיךְ לְקַדֵּשׁ: The basis for this discussion is the fact that with regard to offerings, the night is connected to the previous day, unlike the usual Jewish practice, where the night is considered the beginning of the subsequent day. Therefore, there is some doubt as to whether an act performed before daybreak could be associated with the following day.

HALAKHA

The lottery – מַעֲשֵׂה הַפַּיִיס: The Temple appointee was also responsible for the lotteries. He instructed the priests to extend their fingers, and the priest on whom the count ended was granted the task being assigned (Rambam *Sefer Avoda, Hilkhot Temidin UMusafin* 4:3).

Four lotteries – אַרְבַּע פְּיָיסוֹת: Four lotteries were held every day for the privileges of performing the Temple services. The first determined who was to remove the ashes from the altar (Rambam *Sefer Avoda, Hilkhot Temidin UMusafin* 4:5).

Sanctified his hands for the removal of the ashes – קִידֵּשׁ יָדָיו לִתְרוּמַת הַדֶּשֶׁן: A priest who has sanctified his hands for the removal of the ashes need not sanctify his hands again to perform a subsequent service. Although the ashes were removed while it was still night, that act was considered the start of the next day's service, and the hand washing sufficed for the entire day, as the Gemara states (Rambam *Sefer Avoda, Hilkhot Biat HaMikdash* 5:9).

אֵימָא: שֶׁכְּבָר קִידֵּשׁ מִתְּחִילָּה לַעֲבוֹדָה.

The Gemara responds by emending Rabbi Yoḥanan's statement: **Say** the following version of the end of Rabbi Yoḥanan's statement: **Because he had already sanctified** them **at the outset for service.** According to this formulation, Rabbi Yoḥanan did not say that the removal of the ashes is considered the start of the following day's service. Rather, he said that although the removal of the ashes is a nighttime service, since the priest sanctified his hands before performing that service, the sanctification remains in effect for the services performed after daybreak as well, since there is no interruption between the two activities.

אִיכָּא דְּאָמְרִי: מֵעִיקָּרָא סָבוּר: כֵּיוָן דְּאִיכָּא אוֹנֶס שֵׁינָה – לָא אָתוּ, כֵּיוָן דְּחָזוּ דְּאָתוּ, וְקָאָתוּ נַמִי לִידֵי סַכָּנָה – תַּקִּינוּ לָהּ רַבָּנַן פְּיָיסָא. וַהֲרֵי אֵיבָרִים וּפְדָרִים דְּאִיכָּא אוֹנֶס שֵׁינָה, וְתַקִּינוּ לָהּ רַבָּנַן פְּיָיסָא! – שָׁאנֵי מִיגְנָא מִמֵּיקַם.

Some say that the original practice should be explained as follows: **Initially,** the Sages **thought** that **since there is** a likelihood of being **overcome by sleep** at that time of night, **not** many priests **would come. When they saw that they did** indeed **come and** that **they were also coming to danger, the Sages instituted a lottery** for this task. The Gemara asks: **But there is** the burning of the **limbs** of burnt-offerings **and the fats** of other offerings, a service for **which there is** the same likelihood of being **overcome by sleep,** and nevertheless **the Sages instituted a lottery** for that from the outset. The Gemara answers: **Lying down** to go to sleep late **is different from rising** in the middle of the night. It is not as difficult to stay up late in order to burn limbs on the altar as it is to rise before dawn to remove the ashes from the altar.

וְתַקַּנְתָּא לְהַךְ גִּיסָא הֲוַאי? תַּקַּנְתָּא לְהַאי גִּיסָא הֲוַאי, דְּתַנְיָא: מִי שֶׁזָּכָה בִּתְרוּמַת הַדֶּשֶׁן (יִזְכֶּה) בְּסִידּוּר מַעֲרָכָה וּבִשְׁנֵי גִּזְירֵי עֵצִים!

The Gemara addresses the substance of the mishna's claim: **But was the ordinance** to assign the removal of ashes by means of a lottery **due to that reason**[N] cited in the mishna, the matter of the dangerous incident? **The ordinance** was instituted **due to this reason:** There were other important tasks associated with the removal of the ashes that required a lottery in their own right, **as it was taught** in a *baraita*: The priest **who was privileged to** perform **the removal of the ashes**[H] **was** also **privileged with laying out the arrangement of wood** on the altar and with placing **the two logs** that were placed on the altar each morning. Since these were inherently important tasks, the only way to assign them was through a lottery, which would also determine who removed the ashes.

אָמַר רַב אַשִׁי: שְׁתֵּי תַּקָּנוֹת הָווּ; מֵעִיקָּרָא סָבוּר לָא אָתוּ, כֵּיוָן דְּחָזוּ דְּקָאָתוּ, וְאָתוּ נַמִי לִידֵי סַכָּנָה – תַּקִּינוּ לָהּ פְּיָיסָא, כֵּיוָן דְּתַקִּינוּ לָהּ פְּיָיסָא – לָא אָתוּ. אָמְרִי: מִי יֵימַר דְּמִתְרַמֵי לָן? הֲדַר תַּקִּינוּ לְהוּ: מִי שֶׁזָּכָה בִּתְרוּמַת הַדֶּשֶׁן יִזְכֶּה בְּסִידּוּר מַעֲרָכָה, וּבִשְׁנֵי גִּזְירֵי עֵצִים, כִּי הֵיכִי דְּנֵיתוּ וְנִפַּיְּיסוּ.

The Gemara answers: **Rav Ashi said: There were two** separate **ordinances** instituted. **Initially,** the Sages **thought** that priests **would not** come forward to perform the task of removing the ashes. **Once they saw that** many priests **did come and** that **they were also coming to danger,** the Sages **instituted a lottery** for this task. **Once they established a lottery** for removing the ashes, the priests **did not come** anymore. **They said: Who says** the lottery **will fall in our favor?** Therefore, they did not bother to come. **Then** the Sages **instituted for** the priests that **whoever was privileged with** performing **the removal of the ashes would** also **be privileged with laying out the arrangement of wood** on the altar and with placing the **two logs, so that** the importance of all these tasks combined would ensure that the priests **would come and participate in the lottery.**

״וּבִזְמַן שֶׁהֵן מְרוּבִּין״ וכו׳. אָמַר רַב פַּפָּא: פְּשִׁיטָא לִי, אַרְבַּע אַמּוֹת דְּאַרְעָא לָא, ״רָצִין וְעוֹלִין בַּכֶּבֶשׁ״ תְּנַן. קַמַּיְיתָא – נַמִי לָא, ״רָצִין וְעוֹלִין בַּכֶּבֶשׁ״ תְּנַן, וַהֲדַר כָּל הַקּוֹדֵם אֶת חֲבֵירוֹ.

§ It was taught in the mishna that before the lottery was instituted, **when there were many** priests who sought to perform the removal of the ashes, the first priest to reach within four cubits of the top of the altar was privileged with performing the removal of the ashes. **Rav Pappa said:** It is **obvious to me** that the **four cubits** the mishna is referring to are not the four cubits adjacent to the ramp **on the ground,** because **we learned** in the mishna that the priests **run and ascend on the ramp,** and not adjacent to the ramp.[B] It is **also not** referring to the **first** four cubits from the foot of the ramp, because **we learned** that the priests **run and ascend on the ramp, and only afterward** it says: **Any priest who precedes another**[N] and reaches within four cubits of the altar first, indicating that the competition begins only once they have ascended the ramp to some extent.

NOTES

But was the ordinance due to that reason – וְתַקַּנְתָּא לְהַךְ גִּיסָא: Some commentaries write that the purpose of the lottery was to show that the service of removing the ashes was an important task, so that priests would be drawn to performing it (Rabbeinu Tam, *Sefer HaYashar*; *Peirush Kadmon*).

We learned that the priests run and ascend on the ramp and only afterward it says: Any priest who precedes another – רָצִין וְעוֹלִין בַּכֶּבֶשׁ תְּנַן וַהֲדַר כָּל הַקּוֹדֵם אֶת חֲבֵירוֹ: Some commentators claim that the Gemara's proof from this sentence is from the phrase: They ran, as it cannot be considered running in such a short space as less than four cubits (*Tosefot Ri HaLavan*).

HALAKHA

Who was privileged to perform the removal of the ashes – מִי שֶׁזָּכָה בִּתְרוּמַת הַדֶּשֶׁן: The priest who won the right to remove the ashes was also given the privileges of arranging the wood pile and of placing the two logs on the altar (Rambam *Sefer Avoda*, *Hilkhot Temidin UMusafin* 4:5; see *Leḥem Mishne*).

BACKGROUND

The altar and the ramp – הַמִּזְבֵּחַ וְהַכֶּבֶשׁ: Numbers in this diagram, which is not to scale, indicate measurements in cubits. As the diagram illustrates, the vertical rise of the altar from the base to its top was not a straight line, but retreated two cubits inward. The ramp, seen on the right, inclined toward the altar but was not completely flush against it. The question at hand is whether the four cubits are measured from where the ramp meets the altar or from the dotted line perpendicular to the base.

Altar and ramp

דביני ביני נמי לא, דלא מסיימא מילתא. פשיטא לי דגבי מזבח תנן.

It is **also not** referring to four cubits somewhere in the **middle,** between the four on the bottom and the top of the altar, because **the matter is not defined** and there is no clear indication which four cubits on the ramp are the determining cubits. In light of all this, it is **obvious to me** that the four cubits **we learned** in the mishna are referring to the four cubits **that are adjacent to the altar** itself. The priest who reaches those four cubits first is the one privileged to remove the ashes.

בעי רב פפא: ארבע אמות שאמרו, בהדיה אמה יסוד ואמה סובב,

Rav Pappa **raised a dilemma** based on the above clarification: Are the **four cubits that they stated,** which are the four cubits adjacent to the altar, calculated **including the cubit of the base** of the altar **and the cubit of** its **ledge,** as the ramp continues and overlaps these two cubits at the top of the altar,

או דילמא בר מאמה יסוד ואמה סובב? תיקו.

or are they **perhaps calculated excluding the cubit of the base** of the altar **and the cubit of** its **ledge?** The altar's edge can be considered to be at the end of the ramp, the point at which it meets the altar, or it can be considered the point on the ramp that is directly over the external base of the altar, which is two cubits away from the point where the ramp meets the altar. Which of these two calculations is the correct one? Rav Pappa's question remains unanswered, and the Gemara concludes: The dilemma **shall stand** unresolved.

"ואם היו שניהן שוין הממונה אומר להם הצביעו" וכו׳. תנא: הוציאו אצבעותיכם למנין. ונימנינהו לדידהו! מסייע ליה לרבי יצחק, דאמר רבי יצחק: אסור למנות את ישראל אפילו לדבר מצוה, דכתיב: "ויפקדם בבזק".

§ It was taught in the mishna that **if both of them were equal** and neither preceded the other, **the appointed** priest **says** to all the priests: **Extend** your **fingers** [***hatzbiu***], and a lottery was performed. A *tanna* **taught** the meaning of the unusual term *hatzbiu*: **Put out your fingers for a count.** The Gemara asks: **Let him count** the priests **themselves** directly, rather than counting their fingers. The Gemara answers: This is **a support** for a teaching of **Rabbi Yitzḥak, as Rabbi Yitzḥak said: It is prohibited to count Jews**[H] directly, **even for the purposes of a mitzva, as it is written** concerning King Saul and his count of his soldiers: **"And he numbered them with *bezek*"**[N] (I Samuel 11:8), meaning that he counted them through shards, one shard representing each man, rather than counting them directly.

מתקיף לה רב אשי: ממאי דהאי בזק לישנא דמיבזק הוא? ודילמא שמא דמתא הוא, כדכתיב: "וימצאו אדוני בזק"? אלא מהכא, "וישמע שאול את העם ויפקדם בטלאים".

Rav Ashi strongly objects to this interpretation of the verse: **From where** do you derive **that this word *bezek* is a term** related to the verb meaning **to break apart,** so that it means shards? **Perhaps it is the name of a town,** and it means that Saul counted them in Bezek, **as it is written: "And they found Adoni-bezek** in Bezek" (Judges 1:5), which shows that Bezek is the name of a place. The Gemara answers: Indeed, the proof is not from that verse **but from here,** where it says: **"And Saul summoned the people and numbered them by sheep"** (I Samuel 15:4), meaning that Saul tallied his soldiers by having each one take a sheep and put it aside to represent him in the count.

אמר רבי אלעזר: כל המונה את ישראל עובר בלאו, שנאמר: "והיה מספר בני ישראל כחול הים אשר לא ימד". רב נחמן בר יצחק אמר עובר בשני לאוין שנאמר: "לא ימד ולא יספר".

Rabbi Elazar said: Whoever counts a group of **Jews violates a negative** mitzva, **as it is stated: "And the number of the children of Israel will be like the sand of the sea, which cannot be measured"** (Hosea 2:1). Rabbi Elazar interprets the verse to be saying: Which may not be measured. **Rav Naḥman bar Yitzḥak said:** One who counts a group of Jews in fact **violates two negative** mitzvot, **as it is stated** in that verse: **"Which cannot be measured and cannot be counted"** (Hosea 2:1).[N]

HALAKHA

Counting Jews – מנין ישראל: It is prohibited to count the Jewish people directly, but an indirect counting is permitted (Rambam *Sefer Avoda, Hilkhot Temidin UMusafin* 4:4; *Magen Avraham*; *Shulḥan Arukh, Oraḥ Ḥayyim* 156:1).

NOTES

As it is written: He numbered them with *bezek* – דכתיב ויפקדם בבזק: The early commentaries ask why the Gemara did not merely cite Exodus 30:11–16, where the Torah explicitly prohibits counting the Jewish people directly, without the use of atonement money through which a census was to be conducted. One answer to the question is that the Torah's prohibition applies only when the census is done for no particular reason. However, if it is necessary to count people in order to fulfill a mitzva, such as fighting a war required by the Torah, it is permitted to count them directly. Therefore, the Gemara cites Saul, who, although numbering the people in preparation for a religious war, still counted them indirectly (*Tosefot Ri HaLavan*). Others say that the atonement money required in that passage in the Torah atoned for the sin of the Golden Calf, so that episode cannot be used as a model for other situations (Maharsha and others).

Cannot be measured and cannot be counted – לא ימד ולא יספר: The question is raised that the Gemara could have quoted the following verse from the Torah: "I will make your seed as the sand of the sea, which cannot be numbered for multitude" (Genesis 32:13), with the same effect. See the Maharsha, who asks and answers this question. In fact, according to Rabbi Avraham, son of the Rambam, his father held that this verse from Genesis was indeed the source for the prohibition.

אָמַר רַבִּי שְׁמוּאֵל בַּר נַחְמָנִי, רַבִּי יוֹנָתָן רָמֵי, כְּתִיב: "וְהָיָה מִסְפַּר בְּנֵי יִשְׂרָאֵל כְּחוֹל הַיָּם" וּכְתִיב: "אֲשֶׁר לֹא יִמַּד וְלֹא יִסָּפֵר"!

Rabbi Shmuel bar Naḥmani said that **Rabbi Yonatan raised a contradiction: It is written** in this verse: **"And the number of the children of Israel will be like the sand of the sea,"** suggesting that they will have a specific number, though it will be very large. On the other hand, it continues and says: **"Which cannot be measured and cannot be counted,"** which means they will not be countable at all. How can these two statements be reconciled?

לָא קַשְׁיָא: כָּאן – בִּזְמַן שֶׁיִּשְׂרָאֵל עוֹשִׂין רְצוֹנוֹ שֶׁל מָקוֹם, כָּאן – בִּזְמַן שֶׁאֵין עוֹשִׂין רְצוֹנוֹ שֶׁל מָקוֹם. רַבִּי אָמַר מִשּׁוּם אַבָּא יוֹסֵי בֶּן דּוֹסְתַאי: לָא קַשְׁיָא; כָּאן – בִּידֵי אָדָם, כָּאן – בִּידֵי שָׁמַיִם.

It is **not difficult: Here,** in the second statement, it is referring to **a time when the Jewish people fulfill the will of God;** then they will be innumerable. **There,** in the first statement, it is referring to **a time when** the Jewish people **do not fulfill the will of God;** then they will be like the sand of the sea, having a specific number. **Rabbi** Yehuda HaNasi **said** a different resolution **in the name of Abba Yosei ben Dostai:** It is **not difficult: Here,** in the second statement, it is referring to counting **by the hand of man;** the Jewish people will be too numerous to count by man. **There,** in the first statement, it is referring to counting **by the hand of God,** and He will find that they are like the number of the grains of the sand of the sea.

אָמַר רַב נְהִילַאי בַּר אִידִי אָמַר שְׁמוּאֵל: כֵּיוָן שֶׁנִּתְמַנָּה אָדָם פַּרְנָס עַל הַצִּיבּוּר – מִתְעַשֵּׁר. מֵעִיקָּרָא כְּתִיב: "וַיִּפְקְדֵם בְּבֶזֶק" וּלְבַסּוֹף כְּתִיב "וַיִּפְקְדֵם בַּטְּלָאִים". וְדִילְמָא מִדִּידְהוּ? אִם כֵּן מַאי רְבוּתָא דְּמִילְּתָא?

Rav Nehilai bar Idi said that **Shmuel said: Once a man is appointed as a leader of the community, he becomes wealthy.**[N] This is derived from the verses cited above. **Initially, it is written** with regard to Saul: **"And he numbered them with** ***bezek*****,"** meaning pottery shards, **and in the end it is written: "And he numbered them with sheep,"** indicating that he was able to provide enough of his own sheep to use them in counting the people. The Gemara asks: **But perhaps** the people provided these sheep **from their own** flocks. The Gemara rejects this: **If so, what is the novelty in the matter?** Why would the text tell us that the people were counted with sheep if not to illustrate incidentally the great wealth of Saul?

"וַיָּרֶב בַּנָּחַל" אָמַר רַבִּי מָנִי: עַל עִסְקֵי נַחַל. בְּשָׁעָה שֶׁאָמַר לוֹ רָאָה הַקָּדוֹשׁ בָּרוּךְ הוּא לְשָׁאוּל: "לֵךְ וְהִכִּיתָ אֶת עֲמָלֵק" אָמַר: וּמָה נֶפֶשׁ אַחַת אָמְרָה תּוֹרָה הָבֵא עֶגְלָה עֲרוּפָה, כׇּל הַנְּפָשׁוֹת הַלָּלוּ עַל אַחַת כַּמָּה וְכַמָּה!

§ Having mentioned the verse about Saul, the Gemara proceeds to interpret more of that passage: "And Saul came to the city of Amalek **and he strove in the valley"** (I Samuel 15:5). **Rabbi Mani said:** This means that Saul strove with God, as it were, **concerning the matter of the valley. At the time when the Holy One, Blessed be He, said to** Saul: "Now **go and attack Amalek** and proscribe all that belongs to him; do not pity him, but kill men and women alike, infants and sucklings alike, oxen and sheep alike, camel and donkey alike" (I Samuel 15:3), Saul countered and **said: Now, if** on account of **one life** that is taken, in a case where a slain person's body is found and the murderer is unknown, **the Torah said to bring a heifer whose neck is broken** to a barren valley, in the atonement ritual described in Deuteronomy 6:1–9, **all the more so** must I have pity and not take **all these** Amalekite **lives.**

וְאִם אָדָם חָטָא – בְּהֵמָה מָה חָטְאָה? וְאִם גְּדוֹלִים חָטְאוּ – קְטַנִּים מָה חָטְאוּ? יָצְאָה בַּת קוֹל וְאָמְרָה לוֹ: "אַל תְּהִי צַדִּיק הַרְבֵּה". וּבְשָׁעָה שֶׁאָמַר לוֹ שָׁאוּל לְדוֹאֵג: "סֹב אַתָּה וּפְגַע בַּכֹּהֲנִים" יָצְאָה בַּת קוֹל וְאָמְרָה לוֹ: "אַל תִּרְשַׁע הַרְבֵּה".

And he further reasoned: **If the men have sinned,** in **what** way **have the animals sinned?** Why, then, should the Amalekites' livestock be destroyed? **And if the adults have sinned,** in **what** way **have the children sinned? A Divine Voice** then **came forth and said to him: "Do not be overly righteous"** (Ecclesiastes 7:16). That is to say: Do not be more merciful than the Creator Himself, Who has commanded you to do this, for to do so would not be an indication of righteousness but of weakness. At a later time, **when Saul said to Doeg: "Turn around and strike down the priests,** and Doeg the Edomite turned around and struck down the priests, and he killed on that day eighty-five men who wore the linen ephod, and he struck Nob the city of priests by the sword, man and woman alike, infants and sucklings alike, oxen and donkeys and sheep, by the sword" (I Samuel 22:18–19), **a Divine Voice came forth and said to him: "Do not be overly wicked"** (Ecclesiastes 7:17).[N]

NOTES

A leader of the community becomes wealthy – פַּרְנָס מִתְעַשֵּׁר: The reason for this is that a leader who is financially secure will not be intimidated by wealthy members of the community and will feel little compunction in rebuking them for their misdeeds (*Ben Yehoyada*).

Overly righteous…overly wicked – צַדִּיק הַרְבֵּה...תִּרְשַׁע הַרְבֵּה: The principle here is that an individual who lacks proper control over his emotions will occasionally cause harm through misplaced compassion. The same weakness of character leads to exaggerated cruelty in other situations. Thus, Saul's sin with Agag and his sin with the priests of Nob emanated from the same source of weak character (*Me'iri*). Some commentaries explain that Saul's actions against Nob disproved the claim that his earlier pity of Agag was due to the calculated reasoning attributed to him in the Gemara here, since the same sort of logic certainly would have led him to spare the accused city. The exhortation not to be overly wicked therefore fits both of Saul's actions (*Ben Yehoyada*).

אָמַר רַב הוּנָא: כַּמָּה לֹא חָלֵי וְלֹא מַרְגִּישׁ גַּבְרָא דְּמָרֵיהּ סַיְּיעֵיהּ; שָׁאוּל בְּאַחַת – וְעָלְתָה לוֹ, דָּוִד בִּשְׁתַּיִם – וְלֹא עָלְתָה לוֹ. שָׁאוּל בְּאַחַת מַאי הִיא – מַעֲשֵׂה דַּאֲגַג, וְהָא אִיכָּא מַעֲשֶׂה דְּנוֹב עִיר הַכֹּהֲנִים! אַמַּעֲשֵׂה דַּאֲגַג כְּתִיב: "נִחַמְתִּי כִּי הִמְלַכְתִּי אֶת שָׁאוּל לְמֶלֶךְ".

Apropos Saul's contravention of God's command to obliterate Amalek, the Gemara observes that **Rav Huna said: How little does a person who has the support of his Lord have to worry or be concerned.**[N] The proof for this assertion is a comparison between Saul and David. **Saul** failed **with one** single sin **and it was counted against him,** costing him the throne. **David,** however, failed **with two** sins **and** they were **not counted against him,** as he retained his position. The Gemara asks: **What was Saul's one** sin? **The incident** with **Agag,** king of Amalek, whom Saul spared in defiance of God's command (see I Samuel 15:9). **But** was this his sole sin? **There is** also **the incident of Nob, the city of priests,** in which Saul later slew many innocent people, as cited above. The Gemara answers: It was after **the incident** with **Agag,** and even before the incident at Nob, that God said: **"I regret that I have crowned Saul to be king"** (I Samuel 15:11).

דָּוִד בִּשְׁתַּיִם, מַאי נִינְהוּ – דְּאוּרִיָּה וְדַהֲסָתָה.

Rav Huna stated above that **David** failed **with two** sins. **What were they?** One was the incident in which he had **Uriah** killed. The other was the matter of **the incitement** of David to conduct a census of the Jewish people (see II Samuel 24:1), which led to many deaths in a plague.

וְהָא אִיכָּא נַמִי מַעֲשֵׂה דְּבַת שֶׁבַע! הָתָם אִפָּרְעוּ מִינֵּיהּ, דִּכְתִיב: "וְאֶת הַכִּבְשָׂה יְשַׁלֵּם אַרְבַּעְתָּיִם" – יֶלֶד, אַמְנוֹן, תָּמָר, וְאַבְשָׁלוֹם.

The Gemara asks: **But** were these his only two sins? **There is also the incident of Bathsheba,** in which he took another man's wife as his own. The Gemara answers: **There,** in that case, **punishment was exacted from him** separately, so the matter is no longer listed among his sins, **as it is written** with regard to this incident: **"And he shall restore the lamb fourfold"** (II Samuel 12:6). The lamb was a metaphor for Bathsheba, and ultimately David was indeed given a fourfold punishment for taking Bathsheba: The first **child** born to Bathsheba and David died (see II Samuel 12:13–23); David's son **Amnon** was killed; **Tamar,** his daughter, was raped by Amnon (see II Samuel 13); **and** his son **Avshalom** rebelled against him and was ultimately killed (see II Samuel 15–18).

הָתָם נַמִי אִפָּרְעוּ מִינֵּיהּ, דִּכְתִיב: "וַיִּתֵּן ה׳ דֶּבֶר (בָּעָם מִן הַבּוֹקֶר) וְעַד עֵת מוֹעֵד"! – הָתָם לָא אִפָּרְעוּ מִגּוּפֵיהּ.

The Gemara asks: If sins for which was David was punished separately are not counted, one could ask: **There, too,** with regard to the sin of the census, **he was punished** separately, **as it is written: "And the Lord sent a plague against Israel from the morning until the appointed time"** (II Samuel 24:15). The Gemara responds: **There,** David **was not punished** personally, **in his** own **body;** rather, the punishment was inflicted on the Jewish people.

הָתָם נַמִי לָא אִפָּרְעוּ מִגּוּפֵיהּ. לָאו, אִפָּרְעוּ מִגּוּפֵיהּ. דְּאָמַר רַב יְהוּדָה אָמַר רַב: שִׁשָּׁה חֳדָשִׁים נִצְטָרַע דָּוִד, וּפָרְשׁוּ הֵימֶנּוּ סַנְהֶדְרִין, וְנִסְתַּלְּקָה הֵימֶנּוּ שְׁכִינָה, דִּכְתִיב: "יָשׁוּבוּ לִי יְרֵאֶיךָ וְיוֹדְעֵי עֵדוֹתֶיךָ" וּכְתִיב "הָשִׁיבָה לִּי שְׂשׂוֹן יִשְׁעֶךָ".

The Gemara challenges this: **There, too,** in the incident with Bathsheba, David **was not punished** personally, **in his** own **body;** rather, it was his children who suffered punishment. The Gemara answers: That is **not so; he was punished** personally, **in his** own **body,** for that sin, as **Rav Yehuda said** that **Rav said: David was stricken with leprosy** for **six months** after that incident, **and the Sanhedrin withdrew from him** in protest over his behavior, **and the Divine Presence** also **left him. As it is written** that David prayed: **"May those who fear You return to me, and they who know Your testimonies"** (Psalms 119:79). Since he prayed for the return of those who fear God and who know His testimonies, referring to the Sages of the Sanhedrin, it can be inferred that they had withdrawn from him. **And it is written** as well: **"Restore to me the joy of Your salvation,** let a vigorous spirit support me" (Psalms 51:14), where David asks for the return of the Divine Spirit, which had left him.

וְהָא אָמַר רַב: קִבֵּל דָּוִד לָשׁוֹן הָרָע! כִּשְׁמוּאֵל, דְּאָמַר: לֹא קִבֵּל דָּוִד לָשׁוֹן הָרָע.

The Gemara asks: And didn't David commit other sins? **Didn't Rav say: David accepted a slanderous report** from Ziba about Mephibosheth, son of Jonathan, stating that the latter was pleased with David's downfall? There was, in that case, this additional sin. The Gemara responds: Consequently, it is necessary to follow the approach of **Shmuel, who said: David did not accept a slanderous report,** because Ziba's claim was true.

NOTES

How little does a person who has the support of his Lord have to worry or be concerned – כַּמָּה לֹא חָלֵי וְלֹא מַרְגִּישׁ גַּבְרָא דְּמָרֵיהּ סַיְּיעֵיהּ: The Gemara implies that David was given more leeway by God simply because God liked him better than Saul. The commentaries raise the objection that it seems unfair for God to be more patient with one person than another for no reason other than that He likes him more. Some explain that the difference between the two personalities is that Saul's sins were errors in leadership, whereas David's infractions were in his private life. Alternatively, David repented for his sins and was therefore forgiven (Maharsha). The *Me'iri* writes, however, that from the outset Saul's kingship was meant to be only temporary. By right the kingship belongs to the tribe of Judah, of which David was a member, whereas Saul was from Benjamin. Due to this, one small sin was enough to cost Saul the throne, which was not the case with David (see *Petaḥ Einayim*).

וּלְרַב נַמִי, דְּאָמַר קִבֵּל דָּוִד לָשׁוֹן הָרָע הָא אִיפְּרְעוּ מִינֵּיהּ, דְּאָמַר רַב יְהוּדָה אָמַר רַב: בְּשָׁעָה שֶׁאָמַר לוֹ דָּוִד לִמְפִיבוֹשֶׁת: ״אָמַרְתִּי אַתָּה וְצִיבָא תַּחְלְקוּ אֶת הַשָּׂדֶה״ יָצְאָה בַּת קוֹל וְאָמְרָה לוֹ: רְחַבְעָם וְיָרָבְעָם יַחְלְקוּ אֶת הַמַּלְכוּת.

The Gemara continues: **And even** according **to Rav, who said that David accepted a slanderous report,** one could answer that that sin is not counted, as **was he not punished** for it? **As Rav Yehuda said** that **Rav said: At the time when David said to Mephibosheth: "I say that you and Ziba should divide the field"** (II Samuel 19:30), **a Divine Voice came forth and said to him: Rehoboam and Jeroboam will divide the kingship.** Because David believed Ziba's slanderous report and awarded him half of Mephibosheth's field, David was punished by having his kingdom divided into two. Following King Solomon's death the Jewish people split into two kingdoms, Israel to the north and Judea to the south (see I Kings 12). Therefore, David was punished for that sin too.

״בֶּן שָׁנָה שָׁאוּל בְּמָלְכוֹ״. אָמַר רַב הוּנָא: כְּבֶן שָׁנָה, שֶׁלֹּא טָעַם טַעַם חֵטְא.

§ The Gemara continues its discussion of Saul and David. It is written: **"Saul was one year old when he began to reign"** (I Samuel 13:1), which cannot be understood literally, as Saul was appointed king when he was a young man. **Rav Huna said:** The verse means that when he began to reign he was **like a one-year-old, in that he had never tasted the taste of sin** but was wholly innocent and upright.

מַתְקִיף לָהּ רַב נַחְמָן בַּר יִצְחָק: וְאֵימָא כְּבֶן שָׁנָה שֶׁמְּלוּכְלָךְ בְּטִיט וּבְצוֹאָה? אַחֲוִיאוּ לֵיהּ לְרַב נַחְמָן סִיוּטָא בְּחֶלְמֵיהּ. אָמַר: נַעֲנֵיתִי לָכֶם עַצְמוֹת שָׁאוּל בֶּן קִישׁ. הֲדַר חֲזָא סִיוּטָא בְּחֶלְמֵיהּ. אָמַר: נַעֲנֵיתִי לָכֶם עַצְמוֹת שָׁאוּל בֶּן קִישׁ מֶלֶךְ יִשְׂרָאֵל.

Rav Naḥman bar Yitzḥak strongly objects to this interpretation of the verse, saying: You could just as well **say** that he was **like a one-year-old** in that he was always **filthy with mud and excrement.**[N] **Rav Naḥman was shown a frightful dream** that night, and he understood it as a punishment for having disparaged Saul. **He said: I humbly submit myself to you, O bones of Saul, son of Kish,** and beg your forgiveness. But **once again he was shown a frightful dream,** and he understood that he had not shown enough deference in his first apology. He therefore **said** this time: **I humbly submit myself to you, O bones of Saul, son of Kish, king of Israel,** and beg your forgiveness. Subsequently, the nightmares ceased.

אָמַר רַב יְהוּדָה אָמַר שְׁמוּאֵל: מִפְּנֵי מָה לֹא נִמְשְׁכָה מַלְכוּת בֵּית שָׁאוּל – מִפְּנֵי שֶׁלֹּא הָיָה בּוֹ שׁוּם דּוֹפִי. דְּאָמַר רַבִּי יוֹחָנָן מִשּׁוּם רַבִּי שִׁמְעוֹן בֶּן יְהוֹצָדָק: אֵין מַעֲמִידִין פַּרְנָס עַל הַצִּיבּוּר אֶלָּא אִם כֵּן קוּפָּה שֶׁל שְׁרָצִים תְּלוּיָה לוֹ מֵאֲחוֹרָיו, שֶׁאִם תָּזוּחַ דַּעְתּוֹ עָלָיו – אוֹמְרִין לוֹ: חֲזוֹר לַאֲחוֹרֶיךָ.

Rav Yehuda said that **Shmuel said: Why did the kingship of the house of Saul not continue** on to succeeding generations? It is **because there was no flaw** in his ancestry; he was of impeccable lineage. **As Rabbi Yoḥanan said in the name of Rabbi Shimon ben Yehotzadak: One appoints a leader over the community only if he has a box** full **of creeping animals hanging behind him,**[N] i.e., he has something inappropriate in his ancestry that preceded him. Why is that? It is **so that if he exhibits a haughty attitude toward the community, one can say to him: Turn** and look **behind you** and be reminded of your humble roots. This is why David's kingdom lasted while Saul's did not, as David descended from a family with problematic ancestry, namely Tamar (see Genesis, chapter 38) and Ruth the Moabite (see Ruth 4:18–22).

אָמַר רַב יְהוּדָה אָמַר רַב: מִפְּנֵי מָה נֶעֱנַשׁ שָׁאוּל – מִפְּנֵי שֶׁמָּחַל עַל כְּבוֹדוֹ, שֶׁנֶּאֱמַר: ״וּבְנֵי בְלִיַּעַל אָמְרוּ מַה יֹּשִׁיעֵנוּ זֶה וַיִּבְזוּהוּ וְלֹא הֵבִיאוּ לוֹ מִנְחָה וַיְהִי כְּמַחֲרִישׁ״ וּכְתִיב: ״וַיַּעַל נָחָשׁ הָעַמּוֹנִי וַיִּחַן עַל יָבֵשׁ גִּלְעָד וגו׳״.

Rav Yehuda said that **Rav said: Why was Saul punished** in that he was ultimately led to commit the sins described above?[N] **Because** at the very outset of his reign he inappropriately **forwent his** royal **honor, as it is stated** with regard to Saul's inauguration: **"And some base fellows said: How can this man save us? So they disparaged him and brought him no present. But he made himself as if he did not hear"** (I Samuel 10:27). And it is stated immediately afterward: **"And Nahash the Ammonite marched up and encamped against Jabesh-gilead"** (I Samuel 11:1). The implication is that if Saul had forcefully assumed his throne, Nahash would not have dared to attack the people of Jabesh-gilead. In this way, his humility led to the crisis.

וְאָמַר רַבִּי יוֹחָנָן מִשּׁוּם רַבִּי שִׁמְעוֹן בֶּן יְהוֹצָדָק: כָּל תַּלְמִיד חָכָם

And Rabbi Yoḥanan said in the name of Rabbi Shimon ben Yehotzadak: Any Torah scholar

NOTES

Like a one-year-old, filthy with mud and excrement – כְּבֶן שָׁנָה שֶׁמְּלוּכְלָךְ בְּטִיט וּבְצוֹאָה: Rav Naḥman's comment is puzzling. Why should he suggest an interpretation that is so unflattering to Saul? Perhaps what he meant to say was that Saul, in his great humility, viewed himself as a soiled child, as expressed in the verse: "Like a weaned child with its mother; like a weaned child am I in my mind" (Psalms 131:2). Nevertheless, Rav Naḥman was punished for stating this idea in a disrespectful manner (*Tosafot Yeshanim*).

A box full of creeping animals hanging behind him – קוּפָּה שֶׁל שְׁרָצִים תְּלוּיָה לוֹ מֵאֲחוֹרָיו: It is unwise to appoint an officer over the community who assumes so much power that he comes to view his position as a right. Therefore, one who has a flawed past, if he has the requisite leadership qualities, is a preferable leader to one with no such past (*Me'iri*).

Why was Saul punished in that he was ultimately led to commit the sins described above – מִפְּנֵי מָה נֶעֱנַשׁ שָׁאוּל: This explanation follows Rashi's commentary. Other commentaries explain the question in a more straightforward manner: Why was Saul punished in that he was faced with a war immediately upon assuming the crown (*Iyyun Ya'akov*)?

שֶׁאֵינוֹ נוֹקֵם וְנוֹטֵר כַּנָּחָשׁ – אֵינוֹ תַּלְמִיד חָכָם. – וְהָכְתִיב: "לֹא תִקּוֹם וְלֹא תִטּוֹר" – הַהוּא בְּמָמוֹן הוּא דִּכְתִיב. דְּתַנְיָא: אֵיזוֹ הִיא נְקִימָה וְאֵיזוֹ הִיא נְטִירָה? נְקִימָה, אָמַר לוֹ: הַשְׁאִילֵנִי מַגָּלְךָ, – אָמַר לוֹ: לָאו. לְמָחָר אָמַר לוֹ הוּא: הַשְׁאִילֵנִי קַרְדּוּמְּךָ! אָמַר לוֹ: אֵינִי מַשְׁאִילְךָ, כְּדֶרֶךְ שֶׁלֹּא הִשְׁאַלְתַּנִי – זוֹ הִיא נְקִימָה.

who does not avenge himself **and bear a grudge like a snake**[HN] when insulted **is not** considered **a Torah scholar** at all, as it is important to uphold the honor of Torah and its students by reacting harshly to insults. The Gemara asks: **But isn't it written** explicitly in the Torah: **"You shall not take vengeance nor bear any grudge** against the children of your people" (Leviticus 19:18)? The Gemara responds: **That** prohibition **is written with regard to monetary** matters and not personal insults, **as it was taught** in a *baraita*: **What is revenge and what is bearing a grudge? Revenge**[H] is illustrated by the following example: **One said to** his fellow: **Lend me your sickle,** and **he said: No. The next day he,** the one who had refused to lend the sickle, **said to** the other person: **Lend me your ax.** If he **said to him: I will not lend to you, just as you did not lend to me, that is revenge.**

וְאֵיזוֹ הִיא נְטִירָה? אָמַר לוֹ: הַשְׁאִילֵנִי קַרְדּוּמְּךָ! אָמַר לֵיהּ: לֹא. לְמָחָר אָמַר לוֹ: הַשְׁאִילֵנִי חֲלוּקְךָ! אָמַר לוֹ: הֵילָךְ, אֵינִי כְּמוֹתְךָ, שֶׁלֹּא הִשְׁאַלְתַּנִי – זוֹ הִיא נְטִירָה.

And what is bearing a grudge?[H] If **one said to** his fellow: **Lend me your ax,** and **he said: No,** and **the next day he,** the one who had refused to lend the ax, **said to** the other man: **Lend me your robe;** if the first one **said to him: Here it is,** as **I am not like you, who would not lend to me, that is bearing a grudge.** Although he does not respond to his friend's inconsiderate behavior in kind, he still makes it known to his friend that he resents his inconsiderate behavior. This *baraita* shows that the prohibition relates only to monetary matters, such as borrowing and lending.

וְצַעֲרָא דְּגוּפָא לָא? וְהָא תַּנְיָא: הַנֶּעֱלָבִין וְאֵינָן עוֹלְבִין, שׁוֹמְעִין חֶרְפָּתָן וְאֵינָן מְשִׁיבִין, עוֹשִׂין מֵאַהֲבָה וּשְׂמֵחִין בְּיִסּוּרִין – עֲלֵיהֶן הַכָּתוּב אוֹמֵר: "וְאוֹהֲבָיו כְּצֵאת הַשֶּׁמֶשׁ בִּגְבוּרָתוֹ"!

The Gemara asks: **But** does the prohibition against vengeance really **not** relate also to matters of **personal anguish** suffered by someone? **Wasn't it taught** in a *baraita*: **Those who are insulted but do not insult** others, **who hear themselves** being **shamed**[N] **but do not respond, who act out of love** for God, **and who remain happy** in their **suffering, about them the verse states: "They that love Him be as the sun when it goes forth in its might"** (Judges 5:31).[N] This *baraita* shows that one should forgive personal insults as well as wrongs in monetary matters.

HALAKHA

Who does not avenge himself and bear a grudge like a snake – שֶׁאֵינוֹ נוֹקֵם וְנוֹטֵר כַּנָּחָשׁ: It is befitting a Torah scholar to forgive one who insults him in private. However, if he was insulted publicly, he should avenge the insult and bear a grudge like a snake for the sake of the Torah's honor (Rambam *Sefer HaMadda, Hilkhot Talmud Torah* 7:13).

Revenge – נְקִימָה: One who takes revenge against his fellow violates a negative mitzva. Revenge is defined as a case where one is wronged by another and he then retaliates in kind for the injustice; for example, if one person did not want to lend another an object, and the second person in return does not lend something to the first (Rambam *Sefer HaMadda, Hilkhot Deot* 7:7).

Bearing a grudge – נְטִירָה: One who bears a grudge of hatred against one's fellow violates a negative mitzva. Bearing a grudge is defined as a case where one maintains hatred toward his fellow and reminds him that he had once acted inappropriately toward him; e.g., if one's fellow refused to lend him an object, and the second person then reminds the first of this when he lends something to him (Rambam *Sefer HaMadda, Hilkhot Deot* 7:8).

NOTES

Who does not avenge himself and bear a grudge like a snake – שֶׁאֵינוֹ נוֹקֵם וְנוֹטֵר כַּנָּחָשׁ: Some commentaries explain the comparison to a snake as follows: A snake does not attack its victim out in the open but waits for the appropriate time to do so. Similarly, the Torah scholar, while he is permitted to retain a grudge against one who has insulted him, should not act on his feelings but should wait until the perpetrator is punished by divine providence, when he will see his anguish avenged (*Me'iri*). Others explain that just as a snake does not benefit from biting his victim, a Torah scholar too should not derive personal pleasure from taking revenge (*Iyyei HaYam*).

Rattlesnake preparing to attack, with drops of venom on its teeth

Those who are insulted…who hear themselves being shamed – הַנֶּעֱלָבִין...שׁוֹמְעִין חֶרְפָּתָן: Some commentaries interpret the difference between these two terms as follows: Being insulted refers to hearing an insult directly from the offender, while hearing oneself being shamed refers to one overhearing something disparaging that was not addressed to him personally (Rabbi Yoshiya Pinto).

They that love Him be as the sun when it goes forth in its might – וְאוֹהֲבָיו כְּצֵאת הַשֶּׁמֶשׁ בִּגְבוּרָתוֹ: This choice of expression may be based on the story of the moon complaining at having to share the sky with sun (see *Ḥullin* 60b), whereupon the moon was diminished in brightness. In contrast, since the sun heard itself being insulted but did not react, it was rewarded by having its original brightness maintained. This accounts for the metaphor of the bright, rising sun in this context (*Me'iri*).

לְעוֹלָם דְּנָקֵיט לֵיהּ בְּלִיבֵּיהּ. וְהָאָמַר רָבָא: כׇּל הַמַּעֲבִיר עַל מִדּוֹתָיו – מַעֲבִירִין לוֹ עַל כׇּל פְּשָׁעָיו! דִּמְפַיְּיסוּ לֵיהּ וּמִפַּיֵּיס.

The Gemara responds that the prohibition against taking vengeance and bearing a grudge indeed applies to cases of personal anguish; however, **actually,** the scholar may **keep** resentment **in his heart,**[N] though he should not act on it or remind the other person of his insulting behavior. The Gemara asks: **But didn't Rava say:** With regard to **whoever forgoes his reckonings** with others for injustices done to him,[H] the heavenly court in turn **forgoes** punishment **for all his sins?** The Gemara answers: Indeed, even a scholar who is insulted must forgive insults, but that is only in cases where his antagonist **has sought to appease** him, in which case he should allow himself to **be appeased** toward him. However, if no apology has been offered, the scholar should not forgive him, in order to uphold the honor of the Torah.

״וּמָה הֵן מוֹצִיאִין אַחַת אוֹ שְׁתַּיִם״ וכו׳. הַשְׁתָּא שְׁתַּיִם מוֹצִיאִין, אַחַת מִבַּעְיָא?!

§ The mishna describes that the lottery between competing priests is conducted by the priests extending their fingers for a count.[N] And the mishna elaborated: **And what** fingers **do they extend** for the lottery? They may extend **one or two** fingers, and the priests do not extend a thumb in the Temple. The Gemara asks: **Now** that the mishna states that the priest may extend **two** fingers, is it **necessary** to state that they may also extend **one** finger?

אָמַר רַב חִסְדָּא: לָא קַשְׁיָא; כָּאן – בְּבָרִיא, כָּאן בְּחוֹלֶה. וְהָתַנְיָא: אַחַת – מוֹצִיאִין, שְׁתַּיִם – אֵין מוֹצִיאִין, בַּמֶּה דְּבָרִים אֲמוּרִים – בְּבָרִיא, אֲבָל בְּחוֹלֶה – אֲפִילּוּ שְׁתַּיִם מוֹצִיאִין, וְהַיְּחִידִין מוֹצִיאִין שְׁתַּיִם, וְאֵין מוֹנִין לָהֶן אֶלָּא אַחַת.

Rav Ḥisda said: This is **not difficult. Here,** when the mishna speaks of extending one finger, it is referring to **a healthy person,** who has no difficulty extending just one finger without extending a second one. **There,** when the mishna mentions two fingers, it is referring to **a sick person,** for whom it is difficult to extend a single finger at a time.[N] **And** so **it was taught** in a *baraita*: **They** may **extend one** finger, but **they** may **not extend two. In what** case **is this statement said?** It is said **in** reference to **a healthy person; however, a sick person** may **extend even two** fingers. **And** the sick priests who sit or lie **alone,** separately from the other priests, **extend two** fingers, **but** their two fingers are **counted only as one.**

וְאֵין מוֹנִין לוֹ אֶלָּא אַחַת? וְהָתַנְיָא: אֵין מוֹצִיאִין לֹא שָׁלִישׁ וְלֹא גּוּדָל מִפְּנֵי הָרַמָּאִים, וְאִם הוֹצִיא שָׁלִישׁ – מוֹנִין לוֹ, גּוּדָל – אֵין מוֹנִין לוֹ, וְלֹא עוֹד [אֶלָּא] שֶׁלּוֹקֶה מִן הַמְּמוּנֶּה בַּפָּקִיעַ!

The Gemara asks: **And** are the sick priest's two fingers really **counted as only one? Wasn't it taught** in a *baraita*: **The priests may not extend the third** finger, i.e., the middle finger, **or the thumb,**[NH] together with the index finger, **due to** concern for **cheaters.** One who sees that the count is approaching him might intentionally extend or withdraw an extra finger so that the lottery will fall on him. **But if he does extend the third** finger **it is counted for him.** This is because the third finger cannot be stretched very far from the index finger, so that it is easily recognizable that both fingers are from the same person, and this is not taken as an attempt to cheat. If he extends his **thumb,** however, **it is not counted for him, and moreover** he is punished with **lashes** administered by **the person in charge of the *pakia*.**[N] The implication of the *baraita* is that when the third finger is extended along with the index finger, both fingers are counted.

מַאי מוֹנִין לוֹ – נָמֵי אַחַת.

The Gemara answers: **What** does the *baraita* mean when it says that if the priest extended his middle finger along with his index finger, **it is counted for him?** It **also** means, as stated earlier, that the two fingers are counted as **one.**

HALAKHA

Whoever forgoes his reckonings with others for injustices done to him – כׇּל הַמַּעֲבִיר עַל מִדּוֹתָיו: It is a worthy attribute to forgive insults, and if one forgoes his reckonings with others for injustices done to him, the heavenly court in turn forgoes punishment for all his sins (Rambam *Sefer HaMadda, Hilkhot Deot* 7:7).

The priests may not extend the third finger or the thumb – אֵין מוֹצִיאִין לֹא שָׁלִישׁ וְלֹא גּוּדָל: At the time of a lottery each priest extends one or two fingers. If one of them extends three, all three are counted. However, one may not extend a thumb, due to concern for cheaters (Rambam *Sefer Avoda, Hilkhot Temidin UMusafin* 4:3). The Rambam had a variant text of this Gemara, as is found in some manuscripts of the Talmud, which reads *shalosh*, three, instead of *shalish*, third finger (*Leḥem Mishne*). With regard to counting the three fingers, the Rambam is apparently basing his opinion on this Gemara together with the Jerusalem Talmud, which has a different explanation of the extension of multiple fingers (*Leḥem Mishne*).

NOTES

The scholar may keep resentment in his heart – דְּנָקֵיט לֵיהּ בְּלִיבֵּיהּ: The scholar keeps his hatred in his heart, hoping that God will avenge him (*Me'iri*; Ritva). Rashi explains that the scholar does not protest when someone else avenges the scholar's honor. Rashi's point clarifies the criticism voiced earlier by the Gemara against Saul for waiving his honor, because he stopped others from avenging his honor against those who had disparaged him, as described in I Samuel 11:12–13 (Rabbi Yoshiya Pinto).

The lottery in the Temple – מַעֲשֵׂה הַפַּיִס בַּמִּקְדָּשׁ: The *Tosefta* and the commentaries describe the lottery procedure. The priests stood in a circle and the appointee removed one priest's turban to show that the count started from him. He picked a large number, and some say a different person suggested the number, to prevent the appointee fixing the lottery for the benefit of a friend. The appointee then began counting fingers. The priest on whom the last number fell won the lottery.

A healthy and a sick person – בְּבָרִיא בְּחוֹלֶה: The Rambam reverses the two cases and states that a healthy person extends two fingers and a sick person extends only one.

The priests may not extend…the thumb – אֵין מוֹצִיאִין...גּוּדָל: The reason they may not extend his thumb is that it is easy to extend and withdraw, and a priest following the count can thereby put out or retract his thumb to manipulate the final result (Rambam).

The person in charge of the *pakia* – הַמְּמוּנֶּה בַּפָּקִיעַ: According to the Jerusalem Talmud, this appointee was in charge of tearing strips off the worn-out priestly garments to make them into wicks, in accordance with the original understanding of Abaye recorded in this Gemara. Some commentaries write that this officer performed both tasks, producing the strips of garments to be used as both wicks and whips. This resolves the contradiction between the Gemara here and the Jerusalem Talmud (*ge'onim*; *Peirush Kadmon*).

מַאי פָּקִיעַ? אָמַר רַב: מַדְרָא. מַאי מַדְרָא? אָמַר רַב פַּפָּא: מַטְרָקָא דְטַיְּיעֵי דִּפְסִיק רֵישֵׁיהּ.

The *baraita* mentions lashes administered by the person in charge of the *pakia*. **What is a *pakia*? Rav said:** It is a ***madra*.** However, the meaning of that term also became unclear over time, so the Gemara asks: **What is a *madra*? Rav Pappa said: It is a whip [*matraka*]**[L] used by **the Arabs, the end of which is split** into several strands. That is the *pakia* mentioned above, which was used for punishing the priests.

אֲמַר אַבַּיֵי: מֵרֵישׁ הֲוָה אָמִינָא, הָא דִּתְנַן: ״בֶּן בֵּיבָאי מְמוּנֶּה עַל הַפָּקִיעַ״ – אָמִינָא פְּתִילָתָא, כִּדְתְנַן: מִבְּלָאֵי מִכְנְסֵי הַכֹּהֲנִים וּמֵהֶמְיָינֵיהֶן מֵהֶן הָיוּ מַפְקִיעִין, וּבָהֶן הָיוּ מַדְלִיקִין. כֵּיוָן דִּשְׁמַעְנָא לְהָא דְּתַנְיָא: וְלֹא עוֹד אֶלָּא שֶׁלּוֹקֶה מִן הַמְּמוּנֶּה בַּפָּקִיעַ – אָמִינָא: מַאי פָּקִיעַ – נַגְדָּא.

Apropos this discussion, **Abaye said: At first I would say** as follows: **When we learned** in a mishna that **ben Beivai was in charge of the *pakia*, I would say** that it means that he was in charge of producing **wicks, as we learned** in another mishna: **They would tear [*mafkia*]** strips **from the priests' worn-out trousers and belts**[H] **and** make wicks out of them, **with which they lit** the lamps for the Celebration of Drawing Water. But **once I heard that which is taught** in the previously cited *baraita*: **And moreover,** he is punished with **lashes** administered by **the person in charge of the *pakia*, I now say: What is a *pakia*?** It is **lashes.** Ben Beivai was in charge of corporal punishment in the Temple.

״מַעֲשֶׂה שֶׁהָיוּ שְׁנֵיהֶן שָׁוִין וְרָצִין וְעוֹלִין בַּכֶּבֶשׁ״. תָּנוּ רַבָּנַן: מַעֲשֶׂה בִּשְׁנֵי כֹּהֲנִים שֶׁהָיוּ שְׁנֵיהֶן שָׁוִין וְרָצִין וְעוֹלִין בַּכֶּבֶשׁ, קָדַם אֶחָד מֵהֶן לְתוֹךְ אַרְבַּע אַמּוֹת שֶׁל חֲבֵירוֹ – נָטַל סַכִּין וְתָקַע לוֹ בְּלִבּוֹ.

§ It was taught in the mishna: **An incident** occurred where **both of** the priests **were equal** as they were **running and ascending on the ramp,** and one of them shoved the other and he fell and his leg was broken. **The Sages taught** in the *Tosefta*: **An incident** occurred where there were **two priests who were equal** as they were **running and ascending the ramp. One of them reached the four cubits before his colleague,** who then, out of anger, **took a knife and stabbed him in the heart.**

עָמַד רַבִּי צָדוֹק עַל מַעֲלוֹת הָאוּלָם, וְאָמַר: אַחֵינוּ בֵּית יִשְׂרָאֵל, שִׁמְעוּ! הֲרֵי הוּא אוֹמֵר: ״כִּי יִמָּצֵא חָלָל בָּאֲדָמָה וְיָצְאוּ זְקֵנֶיךָ וְשׁוֹפְטֶיךָ״, אָנוּ עַל מִי לְהָבִיא עֶגְלָה עֲרוּפָה? עַל הָעִיר אוֹ עַל הָעֲזָרוֹת? גָּעוּ כָּל הָעָם בִּבְכִיָּה.

The *Tosefta* continues: **Rabbi Tzadok**[P] then **stood up on the steps of the Entrance Hall** of the Sanctuary **and said: Hear** this, **my brothers of the house of Israel.** The verse **states: "If one be found slain in the land…** and it be not known who had smitten him; **then your Elders and your judges shall come forth** and they shall measure… and it shall be that the city which is nearest to the slain man… shall take a heifer" (Deuteronomy 21:1–3). And the Elders of that city took that heifer and broke its neck in a ritual of atonement. But what of **us,** in our situation? **Upon whom** is the obligation **to bring the heifer whose neck is broken?** Does the obligation fall **on the city,** Jerusalem, so that its Sages must bring the calf, **or** does the obligation fall **upon the** Temple **courtyards,** so that the priests must bring it? At that point **the entire** assembly of **people burst into tears.**

בָּא אָבִיו שֶׁל תִּינוֹק וּמְצָאוֹ כְּשֶׁהוּא מְפַרְפֵּר. אָמַר: הֲרֵי הוּא כַּפָּרַתְכֶם, וַעֲדַיִין בְּנִי מְפַרְפֵּר, וְלֹא נִטְמְאָה סַכִּין. לְלַמֶּדְךָ שֶׁקָּשָׁה עֲלֵיהֶם טׇהֳרַת כֵּלִים יוֹתֵר מִשְּׁפִיכוּת דָּמִים. וְכֵן הוּא אוֹמֵר: ״וְגַם דָּם נָקִי שָׁפַךְ מְנַשֶּׁה [הַרְבֵּה מְאֹד] עַד אֲשֶׁר מִלֵּא [אֶת] יְרוּשָׁלַיִם פֶּה לָפֶה״.

The father of the boy, i.e., the young priest who was stabbed, **came and found that he was** still **convulsing. He said: May** my son's death **be an atonement for you.** But **my son is still convulsing**[N] and has not yet died, and as such, **the knife,** which is in his body, **has not become ritually impure** through contact with a corpse. If you remove it promptly, it will still be pure for future use. The *Tosefta* comments: This incident comes **to teach you that the ritual purity of utensils was of more concern to them than the shedding of blood.** Even the boy's father voiced more concern over the purity of the knife than over the death of his child. **And similarly, it says: "Furthermore, Manasseh spilled innocent blood very much, till he had filled Jerusalem from one end to another"** (II Kings 21:16), which shows that in his day as well people paid little attention to bloodshed.

הֵי מַעֲשֶׂה קָדֵים? אִילֵימָא דִּשְׁפִיכוּת דָּמִים – הַשְׁתָּא אַשְּׁפִיכוּת דָּמִים לָא תַּקִּינוּ פַּיְיסָא, אַנִּשְׁבְּרָה רַגְלוֹ תַּקִּינוּ? אֶלָּא דְּנִשְׁבְּרָה רַגְלוֹ קָדֵים.

The Gemara asks: **Which incident came first,** the one about the broken leg reported in the mishna or the one about the slain priest in the *Tosefta*? **If we say** that the incident of **bloodshed** came first, this raises a problem: **Now,** if in response to a case of **bloodshed they did not establish a lottery** but continued with the running competition, can it be that in response to an incident of a priest's **leg being broken they did establish** a lottery? **Rather,** we must say that the case in which the priest's **leg was broken** in the course of the race **came first,** and as the mishna states, the establishment of the lottery was in response to that incident.

LANGUAGE

Whip [*matraka*] – **מַטְרָקָא:** From the Arabic مِطْرَقَة, *miṭraqah*, meaning a staff or strap used to strike.

HALAKHA

Worn-out priestly garments – בְּלָאֵי בִּגְדֵי כֹּהֲנִים: The worn-out trousers and belts of the priests are made into wicks for the Celebration of Drawing Water, and their tunics were made into wicks for the candelabrum (Rambam *Sefer Avoda, Hilkhot Kelei HaMikdash* 8:6; see *Kesef Mishne*, who explains the distinction).

PERSONALITIES

Rabbi Tzadok – רַבִּי צָדוֹק: The reference is apparently to Rabbi Tzadok the priest, who, in his later years, was one of the greatest Sages of Israel at the time of the destruction of the Temple. It is said that he fasted frequently over the period of forty years prior to the destruction of the Temple as a plea that the Temple not be destroyed. The leader of that generation, Rabbi Yoḥanan ben Zakkai, held him in such high regard that he requested of the emperor Vespasian to procure a special doctor to care for him, since he had become so emaciated by his fasts. Several sources attest to his expertise in engineering and mathematics.

Rabbi Tzadok's son, Rabbi Elazar ben Rabbi Tzadok, was one of the great scholars of the subsequent generation, respected in the house of the *Nasi* of the Sanhedrin. Rabbi Elazar often cites customs of his father's house and of the house of the *Nasi*.

However, some say that the Rabbi Tzadok mentioned here lived much earlier than the Rabbi Tzadok known from the time of the Temple.

NOTES

Convulsing – מְפַרְפֵּר: The father meant that the knife should be removed from his son's heart to prevent it from becoming impure, even though that would hasten his death (Ritva).

NOTES

A random event – אַקְרַאי: The Sages believed that it was not merely losing the race that caused the attack, but that there was some previous enmity between the two priests that led to it (*Siaḥ Yitzḥak*).

וְכֵיוָן דְּתַקִּינוּ פַּיְיסָא – אַרְבַּע אַמּוֹת מַאי עֲבִידְתַּיְיהוּ? אֶלָּא, לְעוֹלָם דִּשְׁפִיכוּת דָּמִים קָדֵים. וּמֵעִיקָּרָא סָבוּר: אַקְרַאי בְּעָלְמָא הוּא, כֵּיוָן דַּחֲזוּ אֲפִילּוּ מִמֵּילָא אָתוּ לִידֵי סַכָּנָה – תַּקִּינוּ רַבָּנַן פַּיְיסָא.

The Gemara asks: If the running competition was abolished immediately after the incident of the broken leg and a lottery was instituted to replace it, **once they established the lottery, what were they doing** still running to within **the four cubits** in the incident that led to the priest's murder? **Rather, actually,** it is necessary to return to the approach suggested earlier, **that** the case involving **bloodshed came first. Initially,** the Sages **thought that it was merely a random,** i.e., isolated, **event,**[N] and because it was extremely unlikely for a murder to happen again they did not abolish the competition due to that incident. Then, **once they saw that in any event** the priests **were coming to danger,** as one of them was pushed and broke his leg, **the Sages established a lottery.**

עָמַד רַבִּי צָדוֹק עַל מַעֲלוֹת הָאוּלָם וְאָמַר: אַחֵינוּ בֵּית יִשְׂרָאֵל שִׁמְעוּ הֲרֵי הוּא אוֹמֵר ״כִּי יִמָּצֵא חָלָל בָּאֲדָמָה״ אֲנַן עַל מִי לְהָבִיא עַל הָעִיר אוֹ עַל הָעֲזָרוֹת. וִירוּשָׁלַיִם בַּת אַתּוֹיֵי עֶגְלָה עֲרוּפָה הִיא? וְהָתַנְיָא: עֲשָׂרָה דְּבָרִים נֶאֶמְרוּ בִּירוּשָׁלַיִם, וְזוֹ אַחַת מֵהֶן:

The Gemara returns to the incident of the slain priest and discusses several details of it. It was related that **Rabbi Tzadok stood up on the steps of the Entrance Hall** of the Sanctuary **and said: Hear** this, **my brothers of the house of Israel.** The verse **states: "If one be found slain in the land,** etc." But what of **us,** in our situation? **Upon whom** is the obligation **to bring** the heifer whose neck is broken? Does the obligation fall **upon the city,** Jerusalem, **or** does the obligation fall **upon the** Temple **courtyards?** The Gemara asks: Is **Jerusalem subject to bringing a heifer whose neck is broken? Wasn't it taught** in a *baraita*: **Ten things were said** about **Jerusalem** to distinguish it from all other cities in Eretz Yisrael, **and this is one of them:**

Perek **II**
Daf **23** Amud **b**

HALAKHA

Jerusalem does not bring a heifer whose neck is broken – אֵינָהּ מְבִיאָה עֶגְלָה עֲרוּפָה: If a corpse is found near Jerusalem and the assailant is unknown, the city of Jerusalem is not required to bring a heifer whose neck is broken. This is because the city was not apportioned to any of the tribes, as the Gemara teaches here and in tractate *Bava Kamma* (Rambam *Sefer Avoda, Hilkhot Beit HaBeḥira* 4:14; *Kesef Mishne*).

אֵינָהּ מְבִיאָה עֶגְלָה עֲרוּפָה. וְעוֹד: ״לֹא נוֹדַע מִי הִכָּהוּ״ כְּתִיב – וְהָא נוֹדַע מִי הִכָּהוּ. אֶלָּא כְּדֵי לְהַרְבּוֹת בִּבְכִיָּה.

Jerusalem **does not bring a heifer whose neck is broken.**[H] The reason for this is that the *halakha* of the heifer whose neck is broken applies only to land that was apportioned to a specific tribe of the Jewish people. Jerusalem alone was not divided among the tribes, but was shared equally by the entire nation. **And furthermore, it is written** that the heifer whose neck is broken is brought when **"it be not known who had smitten him,"**[N] **and** here, in the case of the slain priest, **it was well known who had smitten him. Rather,** one must conclude that Rabbi Tzadok invoked the *halakha* of the heifer whose neck is broken not because it actually applied in this case but only in **order** to arouse the people's grief and **to increase weeping.**[N]

NOTES

And furthermore it is written that the heifer whose neck is broken is brought when it be not known who had smitten him – וְעוֹד לֹא נוֹדַע מִי הִכָּהוּ כְּתִיב: This is the main question of the Gemara: The ritual of the heifer whose neck is broken is not applicable at all here, where the identity of the murderer is known. The first question, on the other hand, is not a very compelling one, as the question of whether or not Jerusalem was apportioned among the tribes is a matter of dispute, as discussed previously (*daf* 12a; Ritva).

To increase weeping – לְהַרְבּוֹת בִּבְכִיָּה: Rabbi Tzadok did not mean to imply that that *halakha* of the heifer whose neck is broken applied here but to point out a logical argument to the people: In the case of the heifer whose neck is broken, the culprit is unknown, and yet the residents of the nearest town must gain atonement for the killing; all the more so when a deliberate murder takes place right in the Temple, those in charge must take responsibility for what has happened (Ritva).

It was bloodshed that had become trivialized – שְׁפִיכוּת דָּמִים הוּא דְּזַל: The description of Manasseh's violence took place during the First Temple, and the episode under discussion happened in the Second Temple. Nevertheless, through his callousness Manasseh desensitized the people of Jerusalem to murder and is therefore blamed for the lax attitudes toward killing in later times (Ritva).

בָּא אָבִיו שֶׁל תִּינוֹק וּמְצָאוֹ כְּשֶׁהוּא מְפַרְפֵּר, אָמַר: הֲרֵי הוּא כַּפָּרַתְכֶם וַעֲדַיִין בְּנִי קַיָּים [כו׳] לְלַמֶּדְךָ שֶׁקָּשָׁה עֲלֵיהֶם טׇהֳרַת כֵּלִים יוֹתֵר מִשְּׁפִיכוּת דָּמִים, אִיבַּעְיָא לְהוּ: שְׁפִיכוּת דָּמִים הוּא דְּזַל, אֲבָל טׇהֳרַת כֵּלִים כִּדְקָיְימָא קָיְימָא, אוֹ דִילְמָא שְׁפִיכוּת דָּמִים כִּדְקָיְימָא קָיְימָא אֲבָל טׇהֳרַת כֵּלִים הִיא דַּחֲמִירָא?

In relating the above incident the *Tosefta* said: **The father of the boy came and found that he was** still **convulsing. He said: May** my son's death **be an atonement for you.** But **my son is still alive,** etc. This incident comes **to teach you that the ritual purity of utensils** was **of more concern to them than the shedding of blood. A dilemma was raised before** the Sages: Should one conclude from this comment that **bloodshed had become trivialized** in their eyes **but** their concern for **purity of utensils remained where it was** originally, meaning that while they cared less than they should have about murder, they did not exaggerate the importance of purity of utensils; **or perhaps** their concern for **bloodshed remained where it was** originally, **but** their concern for **purity of vessels** had become too **strict,** to the extent that its importance was exaggerated beyond concern for human life?

תָּא שְׁמַע: מִדְּקָא נָסֵיב לָהּ תַּלְמוּדָא ״וְגַם דָּם נָקִי שָׁפַךְ מְנַשֶּׁה״ – שְׁמַע מִינָּהּ: שְׁפִיכוּת דָּמִים הוּא דְּזַל, וְטׇהֳרַת כֵּלִים כִּדְקָיְימָא קָיְימָא.

The Gemara answers: **Come** and **hear** an answer to the dilemma: Since the *Tosefta* **adduces a biblical teaching** from the verse, **"Furthermore, Manasseh spilled innocent blood," conclude from this** that **it was bloodshed that had become trivialized,**[N] **and** the importance of **purity of utensils remained where it had been.**

תָּנוּ רַבָּנַן: ״וּפָשַׁט...וְלָבַשׁ בְּגָדִים אֲחֵרִים וְהוֹצִיא אֶת הַדֶּשֶׁן״ – שׁוֹמְעַנִי כְּדֶרֶךְ יוֹם הַכִּפּוּרִים, שֶׁפּוֹשֵׁט בִּגְדֵי קוֹדֶשׁ וְלוֹבֵשׁ בִּגְדֵי חוֹל.

§ The Gemara returns to the mitzva of removing the ashes from the altar and associated issues. **The Sages taught** in a *baraita*: The Torah states, after describing the removal of the ashes: **"And he shall put off** his garments, **and put on other garments, and carry the ashes out** of the camp to a clean place" (Leviticus 6:4). I might **understand** from here that this change of garments is a mitzva to change into a different kind of garment, **similar to** the change of garments performed on **Yom Kippur,** when the High Priest changes back and forth from gold clothes to white clothes. Here, too, the Torah requires **that he remove his sacred garments and put on non-sacred garments.**[N]

תַּלְמוּד לוֹמַר: ״וּפָשַׁט אֶת בְּגָדָיו וְלָבַשׁ בְּגָדִים אֲחֵרִים״ – מַקִּישׁ בְּגָדִים שֶׁלּוֹבֵשׁ לִבְגָדִים שֶׁפּוֹשֵׁט, מָה לְהַלָּן בִּגְדֵי קוֹדֶשׁ – אַף כָּאן בִּגְדֵי קוֹדֶשׁ.

The *baraita* continues: To teach us otherwise, **the verse states:** **"And he shall put off his garments, and put on other garments,"** thereby **juxtaposing the garments he puts on to the garments he takes off.** This indicates that **just as there,** the garments he removes, i.e., those in which he had performed the mitzva of removal of the ashes, are **sacred garments, so too here,** the clothes he puts on to take the ashes out of the camp are **sacred garments.**[H]

אִם כֵּן מָה תַּלְמוּד לוֹמַר ״אֲחֵרִים״ – פְּחוּתִין מֵהֶן. רַבִּי אֱלִיעֶזֶר אוֹמֵר: ״אֲחֵרִים וְהוֹצִיא״ – לִימֵּד עַל הַכֹּהֲנִים בַּעֲלֵי מוּמִין שֶׁכְּשֵׁרִין לְהוֹצִיא הַדֶּשֶׁן.

If so, what is the meaning when **the verse states: Other** garments, which implies that the second set of garments is different from the first? It means they are **of lower quality than** the first set of garments. **Rabbi Eliezer says** a different interpretation of the words: Other garments. The verse states: "And put on **other** garments, **and carry** the ashes **out** of the camp," in which the Hebrew juxtaposes the words "other" and "carry out." This **teaches that priests with** physical **blemishes,** who are considered others in that they are not eligible to perform sacred tasks, **are eligible to carry out the ashes.**

אָמַר מָר: ״אֲחֵרִים״ – פְּחוּתִין מֵהֶן, כִּדְתָנָא דְּבֵי רַבִּי יִשְׁמָעֵאל. דְּתָנָא דְּבֵי רַבִּי יִשְׁמָעֵאל: בְּגָדִים שֶׁבִּשֵּׁל בָּהֶן קְדֵרָה לְרַבּוֹ – לֹא יִמְזוֹג בָּהֶן כּוֹס לְרַבּוֹ.

The Gemara now explains the *baraita* in detail. **The Master said** in the *baraita*: The words: **Other** garments, teach that they are to be **of lower quality than** the garments worn during the removal of the ashes. This is **in accordance with** what **was taught in the school of Rabbi Yishmael, as it was taught in the school of Rabbi Yishmael: Clothes** worn by a servant **as he was cooking food for his master** that became soiled in the process **should not** be worn by him when **he pours a cup for his master,** which is a task that calls for the servant to present a dignified appearance. Similarly, one who performs the dirtying task of carrying out the ashes should not wear the same fine clothes worn to perform other services.

אָמַר רֵישׁ לָקִישׁ: כְּמַחְלוֹקֶת בְּהוֹצָאָה – כָּךְ מַחְלוֹקֶת בַּהֲרָמָה. וְרַבִּי יוֹחָנָן אָמַר: מַחְלוֹקֶת בְּהוֹצָאָה, אֲבָל בַּהֲרָמָה – דִּבְרֵי הַכֹּל עֲבוֹדָה הִיא.

The *baraita* taught that Rabbi Eliezer derived from the word other that blemished priests are eligible for the task of carrying out the ashes, while the first *tanna* derived a different teaching from those words. The Gemara clarifies the scope of the dispute between the first *tanna* and Rabbi Eliezer. **Reish Lakish said: Just as** there is **a dispute** between Rabbi Eliezer and the first *tanna* **with regard to carrying** the ashes **out** of the camp, **so too, there is a dispute with regard to the removal of the ashes** from the altar.[N] Rabbi Eliezer maintains that the removal of the ashes may also be performed by blemished priests, while the first *tanna* disagrees. **But Rabbi Yoḥanan said:** The **dispute** is only **with regard to carrying** the ashes **out** of the camp, **but all agree that the removal** of the ashes **is a** bona fide Temple **service** that cannot be performed by blemished priests.

מַאי טַעְמָא דְּרֵישׁ לָקִישׁ? אָמַר לָךְ: אִי סָלְקָא דַּעְתָּךְ עֲבוֹדָה הִיא – יֵשׁ לָךְ עֲבוֹדָה שֶׁכְּשֵׁירָה בִּשְׁנֵי כֵלִים?

The Gemara explains: **What is the reason behind** the opinion **of Reish Lakish?** Reish Lakish could have **said to you: If it enters your mind** that the removal of the ashes **is a** bona fide Temple **service,** you are faced with the following difficulty: **Do you have** any Temple **service that may be performed with** only **two garments** rather than the full set of four vestments worn by the priests? In the Torah's description of the garments worn to remove the ashes it says: "And the priest shall put on his linen garment, and his linen trousers shall he put on his flesh" (Leviticus 6:3).

NOTES

Similar to the change of garments performed on Yom Kippur, that he remove his sacred garments and put on non-sacred garments – כְּדֶרֶךְ יוֹם הַכִּפּוּרִים, שֶׁפּוֹשֵׁט בִּגְדֵי קוֹדֶשׁ וְלוֹבֵשׁ בִּגְדֵי חוֹל: The comparison to Yom Kippur as explained here is not without flaws, as Rashi's lengthy explanation suggests. The wording implies that on Yom Kippur there is a change from sacred garments to non-sacred garments. Rabbeinu Ḥananel explains the Gemara's point differently: It is referring to the end of Yom Kippur, when the day's services are complete and the High Priest changes from his sacred garments to his personal clothes.

Removal of the ashes and carrying them out – הֲרָמָה וְהוֹצָאָה: There are several different opinions in the commentaries with regard to these two activities, both according to the view of Rabbi Eliezer and that of the first *tanna*, based on an analysis of the approaches of Rabbi Yoḥanan and Reish Lakish as well as on the Jerusalem Talmud's version of the debate. According to the Rambam, the conclusion is that garments of lesser quality are worn for both removal of the ashes from the altar and for carrying them out of the camp. Others maintain that the removal of the ashes is a bona fide service and calls for the regular priestly garments, while clothes of lesser quality are used when the ashes are carried out of the camp. There is yet another approach that holds that both acts are performed in garments of lesser quality, but that carrying out the ashes was performed in garments of even more inferior quality than those worn to remove the ashes from the altar (*Me'iri*; see *Siaḥ Yitzḥak*).

HALAKHA

Clothes worn by the priest during removal of the ashes – בְּגָדִים שֶׁלּוֹבֵשׁ בִּשְׁעַת תְּרוּמַת הַדֶּשֶׁן: The priest who removes the ashes from the altar does not wear his regular priestly garments but wears those of slightly lesser quality (Rambam *Sefer Avoda, Hilkhot Temidin UMusafin* 2:10). Commentaries on the Rambam discuss this assertion, since the Gemara, when calling for garments of inferior quality, is dealing with carrying the ashes out of the camp, not removing them from the altar (see *Kesef Mishne*, *Leḥem Mishne*, and *Mishne LaMelekh*).

HALAKHA

Conform to his exact size – כְּמִדָּתוֹ: A priest's sacred garments must fit him precisely and should not be too short nor too long (Rambam *Sefer Avoda, Hilkhot Kelei HaMikdash* 8:4).

The trousers precede the other garments – מִכְנָסַיִם קוֹדְמִים לִשְׁאָר בְּגָדִים: When a priest dons his sacred vestments he begins by putting his trousers on, before the other garments (Rambam *Sefer Avoda, Hilkhot Kelei HaMikdash* 10:1).

וְרַבִּי יוֹחָנָן: גַּלֵּי רַחֲמָנָא בִּכְתוֹנֶת וּמִכְנָסַיִם – וְהוּא הַדִּין לְמִצְנֶפֶת וְאַבְנֵט.

And what is the explanation for **Rabbi Yoḥanan's** opinion? In fact, the priest is required to wear all four priestly garments. **The Merciful One reveals** in the Torah that the priest must wear **the tunic and the trousers** like any other service so that one would not think that taking out the ashes may be performed in regular, non-sacred clothes. Once the Torah has made this point and mentioned these two specific garments, **the same is true** for the other two garments as well, i.e., **the mitre and the belt.**

וּמַאי שְׁנָא הָנֵי? – ״מִדּוֹ בַד״ ״מִדּוֹ״ – כְּמִדָּתוֹ, ״מִכְנְסֵי בַד״ – לְכִדְתַנְיָא: מִנַּיִן שֶׁלֹּא יְהֵא דָּבָר קוֹדֵם לְמִכְנָסַיִם – שֶׁנֶּאֱמַר: ״וּמִכְנְסֵי בַד יִלְבַּשׁ עַל בְּשָׂרוֹ״.

The Gemara asks: If the Torah requires all four garments and mentions the tunic and trousers only as examples, **what is different about these** two that the Torah mentioned them in particular? The Gemara answers that these two particular garments were mentioned in order to teach certain *halakhot*. The Torah refers to the tunic as **"his linen garment,"** with the words **"his garment"** [***middo***], indicating that the tunic must conform **to his exact size**[H] [***middato***] and should fit the priest perfectly. As for the words **"linen trousers,"** they come to teach **that which was taught** in a *baraita*: **From where** is it derived **that** as the priest gets dressed **no** garment **should precede the trousers? As it is stated: "And his linen trousers shall he put on his flesh,"** which implies that the trousers should be donned when the priest has nothing but his flesh, i.e., when he has no other garments on him yet.[H]

וְרֵישׁ לָקִישׁ: ׳מִדּוֹ׳ כְּמִדָּתוֹ – מִדְּאַפְּקֵיהּ רַחֲמָנָא בִּלְשׁוֹן ׳מִדּוֹ׳. שֶׁלֹּא יְהֵא דָּבָר קוֹדֵם לְמִכְנָסַיִם מֵ״עַל בְּשָׂרוֹ״ נָפְקָא.

The Gemara asks: **And** with regard to **Reish Lakish,** who maintains that these two garments are mentioned because they are the only two that the priest wears when removing the ashes, from where does he derive these two *halakhot*? The Gemara answers: The *halakha* that **his** linen **garment,** i.e., the tunic, must be **according to his size** is derived the fact that **the Merciful One uses the expression "his garment,"** i.e., his fitted garment, in the Torah, rather than calling it by its usual name, tunic. And the *halakha* **that no** garment **should precede the trousers** when the priest dresses is **derived** from the fact that the Torah added the phrase **"on his flesh."**

נֵימָא כְּתַנָּאֵי: ״עַל בְּשָׂרוֹ״ מַה תַּלְמוּד לוֹמַר ״יִלְבַּשׁ״ – לְהָבִיא מִצְנֶפֶת וְאַבְנֵט לַהֲרָמָה, דִּבְרֵי רַבִּי יְהוּדָה.

Let us say that the dispute between Rabbi Yoḥanan and Reish Lakish is **parallel to** a dispute between ***tanna'im***. As it was taught in a *baraita* that the Torah states: "And the priest shall put on his linen garment, and his linen trousers shall he put on his flesh" (Leviticus 6:3). The words "shall he put on" seem superfluous, since these same words were already stated earlier in the verse. Therefore, the Torah could have sufficed with saying: "And linen trousers **on his flesh." What** is the meaning when **the verse states: "Shall he put on"?** This extra expression comes **to include** the donning of the **mitre and** the **belt,** which are not mentioned here explicitly, for **the removal** of the ash; this is the statement of **Rabbi Yehuda.**

רַבִּי דוֹסָא אוֹמֵר: לְרַבּוֹת בִּגְדֵי כֹּהֵן גָּדוֹל בְּיוֹם הַכִּפּוּרִים, שֶׁכְּשֵׁירִין לְכֹהֵן הֶדְיוֹט.

Rabbi Dosa says: The extra expression comes **to include the** permissibility of the **High Priest's clothes** that he wears **on Yom Kippur,** which are linen garments identical to those of the common priest, to teach that **they are acceptable** to be used afterward by **common priests** in their service. In other words, the expression teaches that the High Priest's garments need not be permanently retired from service after Yom Kippur, unlike the opinion of another Sage, as will be explained below.

אָמַר רַבִּי: שְׁתֵּי תְשׁוּבוֹת בַּדָּבָר; חֲדָא: דְּאַבְנֵטוֹ שֶׁל כֹּהֵן גָּדוֹל לֹא זֶה הוּא אַבְנֵטוֹ שֶׁל כֹּהֵן הֶדְיוֹט, וְעוֹד: בְּגָדִים שֶׁנִּשְׁתַּמַּשְׁתָּ בָּהֶן קְדוּשָּׁה חֲמוּרָה תִּשְׁתַּמֵּשׁ בָּהֶן קְדוּשָּׁה קַלָּה? אֶלָּא, מַה תַּלְמוּד לוֹמַר ״יִלְבַּשׁ״ –

Rabbi Yehuda HaNasi **says: There are two refutations** against Rabbi Dosa's interpretation: **One** is that **the belt of** the **High Priest** that he wears on Yom Kippur is made only of linen and **is not** identical to **the belt of** the **common priest,** which, in Rabbi Yehuda HaNasi's opinion, is made of wool and linen. Therefore, it is impossible for the High Priest's Yom Kippur garments to be used by a common priest. **And furthermore,** with regard to **garments that you used** to perform the services of **the most severe sanctity,** i.e., the services performed by the High Priest on Yom Kippur, can it be that **you will** then **use them** to perform **services of lesser sanctity** by a common priest? **Instead** of this, a different interpretation must be said. **What,** then, is the meaning when **the verse states** the superfluous words **"shall he put on"?**

לְרַבּוֹת אֶת הַשְּׁחָקִים.

The phrase comes **to include worn out** garments, teaching that as long as they have not become tattered they may be used for Temple services.

״וְהִנִּיחָם שָׁם״ – מְלַמֵּד שֶׁטְּעוּנִין גְּנִיזָה. רַבִּי דוֹסָא אוֹמֵר: רְאוּיִן הֵן לְכֹהֵן הֶדְיוֹט. וּמַה תַּלְמוּד לוֹמַר: ״וְהִנִּיחָם שָׁם״ – שֶׁלֹּא יִשְׁתַּמֵּשׁ בָּהֶן יוֹם הַכִּפּוּרִים אַחֵר.

The Gemara continues with another *baraita* connected to this debate. With regard to the garments of the High Priest, the Torah states: "And Aaron shall go into the tent of meeting, and he shall take off the linen garments that he had put on when he went into the Sanctuary, **and shall leave them there**" (Leviticus 16:23). This verse **teaches that** the linen garments worn by the High Priest during the Yom Kippur service **require storing away,**[H] i.e., they may not be used again. **Rabbi Dosa says:** They do not have to be stored away, because although they may not be used again by the High Priest on a subsequent Yom Kippur, **they are acceptable** for use **for a common priest. And what,** then, is the meaning when **the verse states: "And shall leave them there,"** which implies that they are not to be used again? It means **that** the High Priest himself **may not use them** on a **subsequent Yom Kippur** for service in the Holy of Holies; it does not mean that they may not be used at all.

מַאי לָאו בְּהָא קָא מִיפַּלְגִי; דְּמָר סָבַר: עֲבוֹדָה הִיא, וּמָר סָבַר: לָאו עֲבוֹדָה הִיא!

The Gemara returns to the question of whether or not the removal of the ashes is considered a bona fide Temple service, requiring all four priestly garments, and whether or not this is the subject of debate between *tanna'im*. **What, is it not with regard to this that** Rabbi Yehuda and Rabbi Dosa **disagree: One Sage,** Rabbi Yehuda, who derives from the phrase "he shall wear" that all four garments are required, **holds** that the removal of the ashes **is a bona fide service; and one Sage,** Rabbi Dosa, who derives a different teaching from "he shall wear," **holds** that **it is not a** bona fide **service,** and consequently only two of the four garments are required? Their dispute would therefore be identical to the dispute between Rabbi Yoḥanan and Reish Lakish.

לָא, דְּכוּלֵּי עָלְמָא – עֲבוֹדָה הִיא, וְהָכָא בְּהָא קָא מִיפַּלְגִי; מָר סָבַר: צְרִיכָא קְרָא לְרַבּוֹיֵי, וּמָר סָבַר: לָא צְרִיכָא קְרָא לְרַבּוֹיֵי.

The Gemara rejects this suggestion: It is possible to say that this is **not** the subject of debate between these two *tanna'im*. Rather, **everyone** agrees that the removal of ashes **is** a bona fide Temple **service** requiring all four garments, **and here they disagree about** a different point, which is **this: One Sage,** Rabbi Yehuda, **holds** that a derivation from the **verse is necessary** to **include** the mitre and belt, which are not mentioned explicitly in the verse. **And one Sage,** Rabbi Dosa, **holds that** since the removal of the ash is a bona fide Temple service it is obvious that all four garments are required, so a derivation from **a verse** to include the other two garments **is not necessary.** Accordingly, both *tanna'im* are in agreement that the removal of ash is a bona fide service and requires all four priestly garments.

בָּעֵי רַבִּי אָבִין: תְּרוּמַת הַדֶּשֶׁן בְּכַמָּה? מִתְּרוּמַת מַעֲשֵׂר יָלְפִינַן לָהּ אוֹ מִתְּרוּמַת מִדְיָן יָלְפִינַן לָהּ? תָּא שְׁמַע, דְּתָנֵי רַבִּי חִיָּיא: נֶאֱמַר כָּאן ״וְהֵרִים״ וְנֶאֱמַר לְהַלָּן: ״וְהֵרִים״, מַה לְּהַלָּן בְּקוּמְצוֹ – אַף כָּאן בְּקוּמְצוֹ.

§ **Rabbi Avin raised a dilemma: How much** ash must be removed in order to fulfill the mitzva of **removal of the ashes?**[N] **Do we derive it from the *teruma* of the tithe,** the portion that the Levite sets aside for the priest, in which case one hundredth of the total is separated, **or do we derive it from the donations** that were set aside from the spoils of the war with **Midian, where** one five-hundredth was taken from the spoils of war (see Numbers 31:28)? **Come** and **hear** a teaching with regard to this dilemma. **As Rabbi Ḥiyya taught** in a *baraita* that **it is stated here: "And he shall take up** the ashes" (Leviticus 6:3), **and it is said elsewhere,** with regard to a meal-offering: **"And he shall take up** a handful of the choice flour of the meal-offering" (Leviticus 6:8). **Just as there,** the amount he removes is **a handful** of flour, **so too, here,** he removes **a handful** of ash.[N] The amount of ashes removed from the altar is therefore not a fixed percentage of the total ash.

HALAKHA

The linen garments worn by the High Priest during the Yom Kippur service require storing away – טְעוּנִין גְּנִיזָה: The white clothes worn by the High Priest on Yom Kippur may not be used again the following year. They must be stored away, and it is prohibited to derive any benefit from them, in accordance with the view of the first *tanna* (Rambam *Sefer Avoda, Hilkhot Kelei HaMikdash* 8:5).

NOTES

How much ash must be removed in order to fulfill the mitzva of removal of the ashes – תְּרוּמַת הַדֶּשֶׁן בְּכַמָּה: Rabbi Avin's dilemma is that it is unclear how to choose between two possible amounts: One-hundredth and one five-hundredth. The Ritva notes that in a similar situation in *Kiddushin* the Gemara applies this principle: When the Torah does not specify any amount for something, and it is possible to draw a comparison to various other cases, it is the smallest amount that is intended. Therefore, Rabbi Avin should have concluded that the amount required for the removal of the ashes is one five-hundredth. One answer given is that here the Gemara's comparison to these other two cases is based on the verb: To take up, which appears in the context of removal of ash as well as in the other two cases under consideration, and Rabbi Avin therefore seeks to establish which verse is more similar to the removal of the ashes in its context (*Siaḥ Yitzḥak*).

So too here he removes a handful of ash – אַף כָּאן בְּקוּמְצוֹ: In the *Tosafot Yeshanim* it is noted that the Gemara does not really resolve Rabbi Avin's dilemma, as in effect it rejects both of the possibilities he raised and brings up a third alternative. Another anomaly here is that in the Jerusalem Talmud as well a comparison is drawn between the removal of the ashes and the removal of a handful of the meal-offering; however, this comparison is used there only to teach that, like the removal of the handful of the meal-offering, the removal of the ashes must be done with the right hand. It makes no mention of comparing the two with regard to a minimum amount. Moreover, even here the Gemara does not ultimately provide a fixed amount for the removal of the ashes but says that any amount that is a handful or more fulfills the mitzva. Rashi explains that the removal was in fact not done with one's bare hands, since the ash is too hot to touch, but was performed with a shovel. For all these reasons it is understandable why the Rambam did not cite this ruling as *halakha*, because there is no definitive conclusion with regard to the amount of ash that must be removed (see *Ḥeshek Shlomo*).

אָמַר רַב: אַרְבַּע עֲבוֹדוֹת זָר חַיָּיב עֲלֵיהֶן מִיתָה: זְרִיקָה, וְהַקְטָרָה, וְנִיסּוּךְ הַמַּיִם, וְנִיסּוּךְ הַיַּיִן. וְלֵוִי אָמַר: אַף תְּרוּמַת הַדֶּשֶׁן. וְכֵן תָּנֵי לֵוִי בְּמַתְנִיתֵיהּ: אַף תְּרוּמַת הַדֶּשֶׁן.

§ **Rav said:** Although a non-priest may not perform any Temple service, **there are** only **four** Temple **services** for which **a non-priest is liable to** receive the punishment of **death**[H] by God's hand for doing so. They are: **Sprinkling** sacrificial blood on the altar,[H] **and burning** incense or parts of sacrificial animals on the altar, **and** pouring out **the water libation** on the altar on the festival of *Sukkot*, **and** pouring out **the wine libation** on the altar. **And Levi**[P] **said:** This is true **also** for **the removal of the ashes. And similarly, Levi taught in his** collection of ***baraitot*****:** **The removal of ashes** is **also** included among those services for which a non-priest incurs the death penalty if he performs them.

מַאי טַעְמָא דְּרַב – דִּכְתִיב: "וְאַתָּה וּבָנֶיךָ אִתְּךָ תִּשְׁמְרוּ אֶת כְּהוּנַּתְכֶם לְכָל דְּבַר הַמִּזְבֵּחַ וּלְמִבֵּית לַפָּרוֹכֶת וַעֲבַדְתֶּם עֲבוֹדַת מַתָּנָה אֶתֵּן אֶת כְּהוּנַּתְכֶם וְהַזָּר הַקָּרֵב יוּמָת". "עֲבוֹדַת מַתָּנָה" – וְלֹא עֲבוֹדַת סִילּוּק, "וַעֲבַדְתֶּם" – עֲבוֹדָה תַּמָּה, וְלֹא עֲבוֹדָה שֶׁיֵּשׁ אַחֲרֶיהָ עֲבוֹדָה.

The Gemara explains: **What is the reason for Rav's** opinion? **As it is written: "And you and your sons with you shall keep your priesthood in everything pertaining to the altar and to that within the veil; and you shall serve; I give you the priesthood as a service of gift; and the common man that draws near shall be put to death"** (Numbers 18:7). Rav interprets this verse as follows: **"A service of gift"** indicates a service that involves giving,[H] i.e., placing something on the altar, **and not a service** that involves **removal** from the altar, to the exclusion of removing the ashes. **"And you shall serve [*va'avadtem*]"** is interpreted as referring to **a service that is complete [*avoda tamma*]** on its own,[N] such as sprinkling the blood, **and not** a service that is not complete, i.e., **a service that** is only a preparatory step and **has another service after it** that completes its purpose, such as slaughtering the animal or collecting its blood, which are only preparatory steps leading up to the sprinkling of the blood on the altar.

וְלֵוִי: רַבֵּי רַחֲמָנָא "לְכָל דְּבַר הַמִּזְבֵּחַ". וְרַב: הַהוּא לְאַתּוֹיֵי שֶׁבַע הַזָּאוֹת שֶׁבִּפְנִים, וְשֶׁבִּמְצוֹרָע.

And what is the reason for the opinion of **Levi?** Why does he include the removal of ashes? According to him, **the Merciful One includes** this service by adding **"in everything pertaining to the altar,"** which teaches that all actions performed on the altar, including the removal of ashes, are significant and are prohibited to a non-priest on pain of death. The Gemara asks: **And** what does **Rav** learn from the phrase "in everything pertaining to the altar"? The Gemara answers: According to him, the word "everything" in **that** phrase comes **to include the seven sprinklings that are** performed **inside** the Sanctuary,[N] when the blood of certain offerings is sprinkled on the veil of the Holy of Holies, **and** the seven sprinklings of oil **of the leper,** which are also performed inside the Sanctuary. Rav learns from the word "everything" that if a non-priest were to perform any of these actions he would be liable to receive the death penalty, despite the fact that they are not performed on the altar.

וְלֵוִי: נָפְקָא לֵיהּ מִ"דְּבַר" "וְכָל דְּבַר". וְרַב: "דְּבַר" "וְכָל דְּבַר" לָא דָּרֵישׁ.

The Gemara asks: **And** from where does **Levi** derive these cases? The Gemara answers: **He derives** them **from** the superfluous wording of the text. As the entire phrase **"pertaining** to the altar" is superfluous, he derives from this the inclusion of the removal of the ashes. Additionally, the expression **"everything pertaining"** implies a further inclusion, from which he derives the internal sprinklings mentioned above. **And** what does **Rav** learn from this superfluous wording? Rav does **not derive** anything particular from the distinction between the expressions **"pertaining** to the altar" and **"everything pertaining** to the altar."

וְאֵימָא: "לְכָל דְּבַר הַמִּזְבֵּחַ" – כְּלָל, "עֲבוֹדַת מַתָּנָה" – פְּרָט, כְּלָל וּפְרָט – אֵין בִּכְלָל אֶלָּא מַה שֶּׁבִּפְרָט, עֲבוֹדַת מַתָּנָה – אִין, עֲבוֹדַת סִילּוּק – לָא! אָמַר קְרָא

The Gemara asks about Levi's position: **But say** that the verse should be interpreted as follows: **"In everything pertaining"** is a **generalization,** and **"a service of gift"** is a **specification,** indicating a case of **a generalization** followed by **a specification.** One of the principles of hermeneutics states that in such cases, **the generalization includes only what** is mentioned explicitly **in the specification.** Following that rule, one would conclude: **A service of giving,** i.e., placing on the altar, **yes,** this is included, but **a service of removal** is **not** included. This presents a difficulty for Levi. The Gemara responds that **the verse states:**

HALAKHA

Temple services for which a non-priest is liable to receive the punishment of death – עֲבוֹדוֹת זָר חַיָּיב עֲלֵיהֶן מִיתָה: It is prohibited for non-priests to serve in the Temple, but one who does so incurs the death penalty only for participation in one of these services: Sprinkling the blood, burning offerings on the altar, pouring out the water libation on *Sukkot*, and pouring out the wine libation. This ruling is in accordance with the opinion of Rav (Rambam *Sefer Avoda, Hilkhot Biat HaMikdash* 9:2).

A non-priest sprinkling blood – זָר בְּהַזָּאָה: A non-priest who performs one of the sprinkling services, whether outside on the altar or inside the Sanctuary, or any of the sprinklings of the leper, incurs the death penalty (Rambam *Sefer Avoda, Hilkhot Biat HaMikdash* 9:3).

A service of gift indicates a service that involves giving – עֲבוֹדַת מַתָּנָה: Only a priest is permitted to remove the ashes from the altar. A non-priest who performed this service is punished with lashes, but does not incur the death penalty. The death penalty is incurred only for services involving giving, not for those involving removal, as stated by Rav (Rambam *Sefer Avoda, Hilkhot Biat HaMikdash* 9:8).

PERSONALITIES

Levi – לֵוִי: This individual is Levi, son of Sisi, a student of Rabbi Yehuda HaNasi, who lived in the transitional generation between the *tanna'im* and *amora'im*. Levi was one of the most distinguished disciples of Rabbi Yehuda HaNasi and was a colleague of his son Rabbi Shimon. Rabbi Yehuda HaNasi was quite close to Levi and once declared him to be: A man like me, i.e., on my level.

Levi visited Babylonia several times, where he conferred with its scholars, especially Abba, son of Abba, the father of Shmuel. The Sages of Babylonia often cite his statements, and in the Babylonian Talmud a physical description of him is provided: A scholar of tall stature with a limp.

After the death of Rabbi Yehuda HaNasi he was one of the chief scholars in Eretz Yisrael, but was not appointed to a position in the Sanhedrin (see *Ketubot* 103b). He subsequently moved to Babylonia, where he spent the rest of his life. The Talmud quotes many statements of *halakha* and *aggada* in his name. Levi compiled a volume of *baraitot* called Teachings of the School of Levi, similar to Rabbi Ḥiyya's collections of *baraitot*.

NOTES

And you shall serve [*va'avadtem*] is a service that is complete [*avoda tamma*] on its own – וַעֲבַדְתֶּם, עֲבוֹדָה תַּמָּה: This form of interpretation, interpreting the second-person plural suffix *tem* as if it were *tam*, complete, appears several times in the Talmud, such as the changing of *ushmartem*, you shall guard, to *ushmar tam*, complete guarding, and the like. The idea behind this approach appears to be that the Torah's commands are generally written in the singular form, so that any deviation from that is subject to analysis.

To include the seven sprinklings that are performed inside the Sanctuary – לְאַתּוֹיֵי שֶׁבַע הַזָּאוֹת שֶׁבִּפְנִים: The commentaries ask: It is prohibited, on pain of death, for anyone even to enter the Sanctuary except for the purpose of performing one of the rituals that must be performed there. What is gained by establishing that a non-priest would be liable to receive a punishment for sprinkling blood there, since his mere entry to that place is enough for him to incur the death penalty? One answer given is that the Gemara could be referring to someone who entered the Holy of Holies unintentionally, and would therefore not be liable for that act, and then went on to sprinkle blood there intentionally (*Tosafot Yeshanim*).

״וּלְמִבֵּית לַפָּרוֹכֶת וַעֲבַדְתֶּם״ – אֶל מִבֵּית לַפָּרוֹכֶת הוּא דַּעֲבוֹדַת מַתָּנָה וְלֹא עֲבוֹדַת סִילּוּק, הָא בַּחוּץ – אֲפִילּוּ עֲבוֹדַת סִילּוּק.

"To that within the veil; and you shall serve; I give you the priesthood as a service of gift" (Numbers 18:7), indicating that it is only with regard to services that are performed **within the veil,** i.e., in the Holy of Holies, **that there is** a distinction between services, and a non-priest who performs **services of giving** there, such as sprinkling the blood inside the Holy of Holies on Yom Kippur, is subject to the death penalty, **but not** one who performs **services of removing** there, such as the removal of the censer from the Holy of Holies on Yom Kippur. **This** leads to the conclusion that when it comes to services performed **outside** of the Holy of Holies, a non-priest would be liable if he performed any service, **even a service of removal,** such as the removal of ashes from the altar.

אִי הָכִי ״וַעֲבַדְתֶּם״ נַמִי: אֶל מִבֵּית לַפָּרוֹכֶת הוּא דַּעֲבוֹדָה תַּמָּה וְלֹא עֲבוֹדָה שֶׁיֵּשׁ אַחֲרֶיהָ עֲבוֹדָה, הָא בַּחוּץ – אֲפִילּוּ עֲבוֹדָה שֶׁיֵּשׁ אַחֲרֶיהָ עֲבוֹדָה!

The Gemara asks: **If** it is **so** that the limitations of the verse apply only to those services performed in the Holy of Holies, one should say that the phrase: **"And you shall serve** [*va'avadtem*]," from which it is derived that one is liable only for a service that is complete [*avoda tamma*] on its own and not incomplete, should **also** be similarly limited to services performed **to what is within the veil.** In that case, the liability of the non-priest, which is limited to cases where he performs **a complete service and** does **not** apply if he performs **a service that** is only preparatory and **has another service after it** that completes its purpose, should apply only to services performed in the Holy of Holies. **But** for services performed **outside** the Holy of Holies, a non-priest should be liable **even** if it is **a service that** is incomplete and **has a service after it.**

״וַעֲבַדְתֶּם״ הֲדַר עָרְבֵיהּ קְרָא.

The Gemara answers: The phrase: **"And you shall serve** [*va'avadtem*]," which begins with the conjunction *vav*, meaning: And, indicates that **the verse goes back and combines** the service performed within the veil to services performed outside of it. This teaches that with regard to this *halakha* there is no difference between a service performed outside and a service performed inside.

בָּעֵי רָבָא: עֲבוֹדַת סִילּוּק בַּהֵיכָל מַהוּ? לִפְנִים מְדַמִּינַן לֵיהּ, אוֹ לַחוּץ מְדַמִּינַן לֵיהּ?

According to Levi, if a non-priest performs a service involving removal within the veil, i.e., in the Holy of Holies, he does not incur the death penalty, but if he performs a service involving removal outside, such as the removal of the ashes from the external altar, he is liable to the death penalty. **Rava raised a dilemma** relating to Levi's approach: **What** would be the *halakha* with regard to **a service of removal** performed **in the Sanctuary** chamber that is before the Holy of Holies, such as removing the burnt incense from the inner altar, or removing burnt wicks and leftover oil from the candelabrum? Do **we compare** such an act **to** a service performed **inside** the Holy of Holies, so that he would be exempt from the death penalty, **or** do **we compare** it **to the outer** service?

הֲדַר פְּשָׁטָא: ״מִבֵּית״ ״וּלְמִבֵּית״.

Rava himself **went back and resolved** the dilemma: Had the Torah said only: **Within** the veil, it would have been understood that it is referring only to actions performed in the Holy of Holies. But since the Torah says: **And to what is within** the veil, the added conjunction: And, teaches that it is referring to something else besides the Holy of Holies, i.e., the Sanctuary.

אֶלָּא מֵעַתָּה, זָר שֶׁסִּידֵּר אֶת הַשֻּׁלְחָן לִיחַיֵּיב! אִיכָּא סִידּוּר בָּזִיכִין. סִידֵּר בָּזִיכִין לִיחַיֵּיב! אִיכָּא סִילּוּק וְהַקְטָרָה.

The Gemara asks: **However, if** it is **so** that a non-priest is liable for performing a service that is complete on its own that takes place in the Sanctuary, one should say that **a non-priest who arranges**[N] **the** loaves on the shewbread **table should be liable.** The Gemara answers: After arranging the bread **there is** still the **arranging of the vessels** of frankincense on the table that remains to be done, so the arrangement of the bread is not a service that is complete on its own. The Gemara asks: If so, **a non-priest who arranges the vessels** of frankincense on the table **should be liable.** The Gemara rejects this: After arranging the vessels, **there is** still the **removal** of these vessels **and the burning** of their frankincense on the altar that remain to be done; therefore, arranging the vessels is not considered a service that is complete on its own.

NOTES

However if it is so, a non-priest who arranges, etc. – **אֶלָּא מֵעַתָּה, זָר שֶׁסִּידֵּר וכו׳**: The implication of the words: If that is so, is that the questions that follow are somehow prompted by what the Gemara has just said, i.e., Rava's statement that a non-priest would not be liable for performing a service involving removal in the Sanctuary. One explanation given is that prior to Rava's statement, it was thought that there is no liability for any services performed in the Sanctuary, with the exception of sprinkling, which the Gemara mentioned explicitly earlier. Once Rava discussed services of removal in the Sanctuary, it became clear that there can indeed be liability for services performed in the Sanctuary. The Gemara therefore raises these questions pertaining to various actions that take place in the Sanctuary (*Me'il Shmuel*).

LANGUAGE

Chips [*alita*] – אֲלִיתָא: Apparently from the same origin as the Hebrew word *alya*, meaning tail. The *alita* are so called because they are like the tail end of a larger piece of wood.

HALAKHA

Arrangement of two logs – סִדּוּר שְׁנֵי גִּזְרֵי עֵצִים: A non-priest who arranges the two logs on the altar is liable to be punished by death at the hand of God, in accordance with the opinion of Rabbi Yoḥanan (Rambam *Sefer Avoda, Hilkhot Biat HaMikdash* 9:5).

זָר שֶׁסִּידֵּר אֶת הַמְּנוֹרָה לִיחַיֵּיב! אִיכָּא נְתִינַת פְּתִילָה. נָתַן פְּתִילָה לִיחַיֵּיב! אִיכָּא נְתִינַת שֶׁמֶן.

The Gemara asks further with regard to the notion that a non-priest is liable for performing a service that is complete on its own that takes place in the Sanctuary: If so, **a non-priest who arranges the** lamps of the **candelabrum should be liable.** The Gemara rejects this: **There is** still the **placing of the wicks** in the lamps that remains to be done, so arranging the lamps is not considered a service that is complete on its own. The Gemara asks: If so, a non-priest who **placed a wick** in the candelabrum's lamps **should be liable.** The Gemara answers: That too is not a service that is complete on its own, as **there is** still the necessity of **placing the oil.**

נָתַן שֶׁמֶן לִיחַיֵּיב! אִיכָּא הַדְלָקָה. הִדְלִיק לִיחַיֵּיב! הַדְלָקָה לָאו עֲבוֹדָה הִיא.

The Gemara asks: If so, a non-priest who **placed the oil should be liable.** The Gemara answers: That too is not a service that is complete on its own, as **there is** still the service of **lighting** that needs to be done. The Gemara asks: If so, if a non-priest **who lit** the lamps **should be liable.** The Gemara answers: **Lighting** the lamps **is not** considered a bona fide Temple **service,** since in doing so nothing is done to the candelabrum itself.

וְלָא? וְהָתַנְיָא: "וְנָתְנוּ בְּנֵי אַהֲרֹן הַכֹּהֵן אֵשׁ עַל הַמִּזְבֵּחַ וְעָרְכוּ עֵצִים עַל הָאֵשׁ" – לִימֵּד עַל הַצָּתַת אֲלִיתָא שֶׁלֹּא תְּהֵא אֶלָּא בְּכֹהֵן כָּשֵׁר וּבִכְלֵי שָׁרֵת! – הַצָּתַת אֲלִיתָא – עֲבוֹדָה הִיא, הַדְלָקָה – לָאו עֲבוֹדָה הִיא.

The Gemara asks: **And is** kindling a fire really **not** considered a Temple service? **But wasn't it taught** in a *baraita* that it is written: **"And the sons of Aaron the priest shall put fire upon the altar and lay out wood in order upon the fire"** (Leviticus 1:7), which **teaches that the kindling of chips [*alita*]**[L] added to keep the altar's fire going must **be performed only by a proper priest and** that he must be wearing **the priestly garments?** This shows that kindling is considered a service. The Gemara answers: **Kindling** the **chips is a** bona fide **service,**[N] but **lighting** the candelabrum is **not** a bona fide **service.**[N]

אֶלָּא מֵעַתָּה זָר שֶׁסִּידֵּר אֶת הַמַּעֲרָכָה לִיחַיֵּיב! אִיכָּא סִידּוּר שְׁנֵי גִזְרֵי עֵצִים. – סִידֵּר שְׁנֵי גְזִירִין לִיחַיֵּיב! אִיכָּא סִידּוּר אֵבָרִים.

The Gemara further asks: **However, if** it is **so** that a non-priest is liable for performing any service involving placing, as established above, **a non-priest who set up the arrangement** of wood on the altar **should be liable,** since that is a service involving placing. The Gemara answers: **There is** still **the** mitzva of the **arrangement of two logs**[H] on the altar that remains to be done, so that setting up the arrangement of wood is not a service that is complete on its own. The Gemara asks: If so, a non-priest who **arranged the two logs should be liable.** The Gemara answers: **There is** still **the arrangement of limbs** of offerings on the fire that remains to be done, so placing the two logs is also not considered a service that is complete on its own.

NOTES

Kindling the chips is a bona fide service – הַצָּתַת אֲלִיתָא עֲבוֹדָה הִיא: The distinction between lighting the candelabrum and kindling the chips is not clear. An alternative version of Rashi, which does not appear here but is cited by Ritva and *Tosafot Yeshanim*, explains that kindling the chips is considered a service because of the effort involved in lighting thick chips of wood until they catch fire. Lighting the candelabrum, on the other hand, requires no effort at all; it lights as soon as the fire touches the wick. The author of the *Me'iri* makes a different distinction: Lighting the candelabrum is not a service for which a non-priest would be liable, because it does not involve any giving, i.e., placing, on the candelabrum, which is a requirement for liability, as discussed earlier. The wood chips, on the other hand, are placed on the altar itself and therefore involve giving.

Lighting the candelabrum is not a bona fide service – הַדְלָקָה לָאו עֲבוֹדָה הִיא: The Rambam (*Sefer Avoda, Hilkhot Biat HaMikdash* 9:7) rules in accordance with this statement and states that it is therefore permitted for a non-priest to kindle the candelabrum (see also Ra'avad, who only partially disagrees). However, practically speaking, since the candelabrum is inside the Sanctuary, where it is prohibited for non-priests to enter, the lighting would normally be done by a priest (*Even Shlomo*). This assertion is surprising, however, as several times the Torah refers to the lighting of the candelabrum as a priest's service (*Tosafot Yeshanim*), a point supported by *midrashim*. One commentary suggests that the candelabrum service that the Torah relates to priests is referring to clearing out the used wicks and oil and preparing the lamps for kindling. It would be prohibited, then, for non-priests to perform these acts, although they would not incur the death penalty for performing them, as explained in the Gemara here. The kindling, however, is not considered a priestly task at all (*Li Lishua*).

Priest lighting the candelabrum

וְהָא אָמַר רַב אַסִי אָמַר רַבִּי יוֹחָנָן: זָר שֶׁסִּידֵּר שְׁנֵי גִזְרֵי עֵצִים חַיָּיב! בְּהָא פְּלִיגִי, מָר סָבַר: עֲבוֹדָה תַּמָּה הִיא, וּמָר סָבַר: לָאו עֲבוֹדָה תַּמָּה הִיא.

The Gemara asks: **But didn't Rav Asi say that Rabbi Yoḥanan said: A non-priest who arranged the two pieces of wood is liable?**[N] This shows that placing the two logs is a complete service and contradicts Rav's statement that a non-priest is liable only if he performs the four services that he mentioned above. The Gemara answers: Indeed, Rav and Rabbi Yoḥanan **disagree on this** point. **One Sage,** Rabbi Yoḥanan, **holds** that the placement of the two logs **is a service that is complete** on its own, as the arrangement of limbs that follows is not considered a continuation of the setting up of the wood; **and one Sage,** Rav, **holds** that the placement of the two logs **is not** considered **a service that is complete** on its own, since it is followed by the arrangement of the limbs on the wood.

תַּנְיָא כְּוָותֵיהּ דְּרַב, תַּנְיָא כְּוָותֵיהּ דְּלֵוִי. תַּנְיָא כְּוָותֵיהּ דְּרַב: עֲבוֹדוֹת שֶׁזָּר חַיָּיב עֲלֵיהֶם מִיתָה: זְרִיקַת דָּם בֵּין לִפְנִים בֵּין לִפְנֵי וְלִפְנִים, וְהַמַּזֶּה בְּחַטַּאת הָעוֹף, וְהַמְמַצֶּה וְהַמַּקְטִיר בְּעוֹלַת הָעוֹף, וְהַמְנַסֵּךְ שְׁלֹשָׁה לוּגִּין מַיִם וּשְׁלֹשָׁה לוּגִּין יַיִן.

The Gemara returns to the disagreement between Rav and Levi and notes: **It was taught** in a *baraita* **in accordance with** the opinion of **Rav,** and **it was taught** in a second *baraita* **in accordance with** the opinion of **Levi. It was taught** in a *baraita* **in accordance with** the opinion of **Rav:** These are the **services for which a non-priest** who performs them **is liable to** receive the penalty of **death** by God's hand: One who performs **the sprinkling of blood, whether inside** the Sanctuary; on the golden altar or at the veil; **or inside the innermost** chamber, the Holy of Holies, on Yom Kippur; or outside on the main altar; **and one who sprinkles** blood in the case of a **bird sin-offering; and one who squeezes** the blood of a **bird burnt-offering** on the wall of the altar **or burns** the bird on the altar; **and one who pours out three** ***log*** **of water** on the altar for the *Sukkot* water libation **or three** ***log*** **of wine** on the altar for an ordinary libation. The removal of ashes from the altar is not listed here.

תַּנְיָא כְּוָותֵיהּ דְּלֵוִי: עֲבוֹדוֹת שֶׁזָּר חַיָּיב עֲלֵיהֶן מִיתָה: הַמֵּרִים אֶת הַדֶּשֶׁן, וְשֶׁבַע הַזָּאוֹת שֶׁבִּפְנִים וְשֶׁבַּמְּצוֹרָע, וְהַמַּעֲלֶה עַל גַּבֵּי הַמִּזְבֵּחַ בֵּין דָּבָר כָּשֵׁר בֵּין דָּבָר פָּסוּל.

It was taught in a *baraita* **in accordance with** the opinion of **Levi:** These are the **services for which a non-priest** who performs them **is liable to** receive the penalty of **death** by God's hand: **One who removes the ashes** from the altar; one who performs **the seven sprinklings that are** performed **inside** the Sanctuary **or** the sprinklings **of the leper; and one who raises up** an offering **onto the altar, whether it is a proper** offering **or a disqualified** one. In this *baraita*, the removal of ashes is listed.

לָמָּה מְפִיסִין? לָמָּה מְפִיסִין?! – כִּדְאָמַרַן! אֶלָּא: לָמָּה מְפִיסִין וְחוֹזְרִין וּמְפִיסִין.

§ The Gemara returns to its interpretation of the mishna. The mishna states that there were four lotteries held in the Temple every day. One of the Sages asked: **Why did** the Temple authorities **hold lotteries?** Before answering the question, the Gemara expresses astonishment at the question itself: **Why did they hold lotteries?** The reason is **as we said** clearly in the mishna: To prevent quarrels among the priests. The Gemara explains: **Rather,** this is the meaning of the question: **Why did they** assemble all the priests together and **hold a lottery, and once again** gather them together to **hold another lottery,** four times, when the priests could be gathered one time and all the necessary lotteries held at that time?

אָמַר רַבִּי יוֹחָנָן: כְּדֵי לְהַרְגִּישׁ כׇּל הָעֲזָרָה, שֶׁנֶּאֱמַר: ״אֲשֶׁר יַחְדָּיו נַמְתִּיק סוֹד בְּבֵית אֱלֹהִים נְהַלֵּךְ בְּרָגֶשׁ״.

Rabbi Yoḥanan said: It was done this way **in order to create a commotion throughout** the Temple **courtyard,** as the priests would converge from all over to assemble there, **as it is stated: "We took sweet counsel together, in the House of God we walked with the throng"** (Psalms 55:15). This verse teaches that it is proper to stir up a commotion and to cause public excitement in the course of the Temple services and the preliminary steps leading up to them, such as the assignment of tasks to the priests.

בַּמֶּה מְפִיסִין? רַב נַחְמָן אָמַר: בְּבִגְדֵי חוֹל, וְרַב שֵׁשֶׁת אָמַר: בְּבִגְדֵי קֹדֶשׁ.

The Gemara asks: **With what** garments were the priests clothed when **they held the lottery?**[H] **Rav Naḥman said:** The priests were clothed in their own **non-sacred garments. And Rav Sheshet said:** The priests were dressed in the priestly **sacred garments.**

NOTES

But didn't Rav Asi say that Rabbi Yoḥanan said: A non-priest who arranged the two pieces of wood is liable – וְהָא אָמַר רַב אַסִי אָמַר רַבִּי יוֹחָנָן זָר שֶׁסִּידֵּר שְׁנֵי גִזְרֵי עֵצִים חַיָּיב: This question is somewhat puzzling, as the Gemara here is explaining the opinion of Rav and Levi. Why, then, is it considered a difficulty for them that Rabbi Yoḥanan held differently? One answer to this question is that at first the Gemara assumed that Rabbi Yoḥanan's position was universally accepted, which is in fact the implication in the Jerusalem Talmud. The Gemara therefore goes on to explain that in fact Rav disagreed with Rabbi Yoḥanan (*Siaḥ Yitzḥak*). Another explanation is that the Gemara assumed that everyone agrees with Rabbi Yoḥanan's assertion that placing the two logs constitutes a service that is complete in itself, but it was aware all along that Rav disagreed with Rabbi Yoḥanan's imposition of the death penalty for some other reason. Therefore, the Gemara goes on to elaborate that in fact the point of disagreement between Rabbi Yoḥanan and Rav is exactly this point of whether or not the placing of the two logs constitutes a service that is complete on its own.

HALAKHA

With what garments were the priests clothed when they held the lottery – בְּאֵלּוּ בְּגָדִים מְפִיסִין: During the lottery the priests wore their priestly garments (Rambam *Sefer Avoda, Hilkhot Temidin UMusafin* 4:1). The Rambam rules in accordance with the opinion of Rav Sheshet because of the principle that the *halakha* is ruled in accordance with the opinion of Rav Sheshet in his debates with Rav Naḥman (*Leḥem Mishne*).

HALAKHA

They gave the priests over to the attendants, etc. – מְסָרוּם לַחַזָּנִין וכו׳: After the lottery the winners would set out to perform the day's service. Attendants took the clothes off the other priests, leaving them in trousers, at which point they put on their non-sacred clothes before removing the sacred trousers and putting all the clothes back in their place. This ruling is in accordance with the mishna and Rav Sheshet's interpretation of it (Rambam *Sefer Avoda, Hilkhot Temidin UMusafin* 4:2).

רַב נַחְמָן אָמַר: בְּבִגְדֵי חוֹל, דְּאִי אָמְרַתְּ בְּבִגְדֵי קֹדֶשׁ – אִיכָּא בַּעֲלֵי זְרוֹעוֹת דְּחָמְסִי וְעָבְדִי. רַב שֵׁשֶׁת אָמַר: בְּבִגְדֵי קֹדֶשׁ, דְּאִי אָמְרַתְּ בְּבִגְדֵי חוֹל – אַגַּב חֲבִיבוּתֵיהּ מִיקְרוּ וְעָבְדִי.

The Gemara explains the two approaches. **Rav Naḥman said:** The priests were dressed in **non-sacred garments, because if you say** the lottery was to be held when they were dressed in their **sacred garments, there are** strong-**armed men who might act with force and perform the service** even if they did not win the lottery. Since they were already wearing the sacred garments, they would simply force their way into performing the service. **Rav Sheshet said:** They were wearing the **sacred garments, as, if you say** they wore their **non-sacred garments, due to** the fact that the service was so **beloved** to them, in their excitement over having been granted the privilege to perform the service, **it may happen** that **they would perform the service** immediately, forgetting to don their sacred garments, thereby disqualifying the service.

אָמַר רַב נַחְמָן: מְנָא אָמֵינָא לַהּ – דִּתְנַן: מְסָרוּם לַחַזָּנִין, וְהָיוּ מַפְשִׁיטִין אוֹתָן אֶת בִּגְדֵיהֶן וְלֹא הָיוּ מַנִּיחִין עֲלֵיהֶן אֶלָּא מִכְנָסַיִם בִּלְבַד.

Rav Naḥman said: From where do I state my opinion? **As we learned** in a mishna: After the lottery **they gave** the priests **over to the attendants,**[H] **and they would take their clothes off them and they would leave only** their **trousers on them.**

Perek **II**
Daf **25** Amud **a**

מַאי לָאו – בְּאוֹתָן שֶׁזָּכוּ לַפַּיִיס! אָמַר רַב הוּנָא בַּר יְהוּדָה אָמַר רַב שֵׁשֶׁת: לֹא, בְּאוֹתָן שֶׁלֹּא זָכוּ לַפַּיִיס.

What, is this **not** talking **about those** priests **who won the lottery,** describing how their non-sacred garments were removed from them before they were dressed in the priestly garments? **Rav Huna bar Yehuda said** that **Rav Sheshet said,** rejecting that interpretation: **No,** it is possible to explain that all the priests at the lottery were wearing sacred garments and that, on the contrary, the mishna speaks **about those** priests **who did not win the lottery.** The text describes how the sacred garments they wore during the lottery were removed from them.

הָכִי נָמֵי מִסְתַּבְּרָא, דְּאִי סָלְקָא דַּעְתָּךְ בְּאוֹתָן שֶׁזָּכוּ לַפַּיִיס – לֹא הָיוּ מַנִּיחִין עֲלֵיהֶן אֶלָּא מִכְנָסַיִם בִּלְבַד? וְהָתַנְיָא: מִנַּיִין שֶׁלֹּא יְהֵא דָּבָר קוֹדֵם לְמִכְנָסַיִם – תַּלְמוּד לוֹמַר: ״וּמִכְנְסֵי בַד יִהְיוּ עַל בְּשָׂרוֹ״.

The Gemara supports this latter interpretation: **So too, it is reasonable** to follow Rav Sheshet's interpretation of the mishna. **As, if it were to enter your mind** to say that the mishna is dealing **with those who won the lottery** and describes how their non-sacred garments were removed and sacred garments put on, how would one understand the statement: **They would leave only their trousers on them?** One would have to explain that the priests subsequently donned the sacred clothes on top of the non-sacred trousers; then they would remove the non-sacred trousers and replace them with the sacred trousers. **But wasn't it taught** in a *baraita*: **From where** is it derived **that nothing should precede the trousers** when the priest dresses? **The verse states: "And he shall have linen trousers upon his flesh"** (Leviticus 16:4)? However, according to the proposed interpretation of the mishna, the priests donned the other sacred garments and put on the trousers after them.

וְאִידָךְ? הָא לָא קַשְׁיָא; הָכִי קָתָנֵי: עַד שֶׁעוֹדָן עֲלֵיהֶן בִּגְדֵי חוֹל מַלְבִּישִׁין אוֹתָן מִכְנְסֵי קֹדֶשׁ, וְהָיוּ מַפְשִׁיטִין אוֹתָן בִּגְדֵי חוֹל, וְלֹא הָיוּ מַנִּיחִין אֶלָּא מִכְנָסַיִם בִּלְבַד.

The Gemara asks: **And** how would **the other one,** Rav Naḥman, resolve this difficulty? He would respond that **this is not difficult,** as **this is what** the mishna **is teaching: While the non-sacred garments are still on them they put the sacred trousers on them, and** then **they remove** from them **the non-sacred clothes, and they left** them wearing **only the** sacred **trousers.** Therefore, it is possible to interpret the mishna either way.

אָמַר רַב שֵׁשֶׁת: מְנָא אָמִינָא לָהּ – דְּתַנְיָא: לִשְׁכַּת הַגָּזִית כְּמִין בַּסִילְקִי גְּדוֹלָה הָיְתָה, פַּיִיס בְּמִזְרָחָהּ, וְזָקֵן יוֹשֵׁב בְּמַעֲרָבָהּ. וְהַכֹּהֲנִים מוּקָּפִין וְעוֹמְדִין כְּמִין בְּכוֹלְיָאר, וְהַמְמוּנֶּה בָּא וְנוֹטֵל מִצְנֶפֶת מֵרֹאשׁוֹ שֶׁל אֶחָד מֵהֶן, וְיוֹדְעִין שֶׁמִּמֶּנּוּ פַּיִיס מַתְחִיל. וְאִי סָלְקָא דַּעְתָּךְ בְּבִגְדֵי חוֹל – מִצְנֶפֶת בְּבִגְדֵי חוֹל מִי אִיכָּא?

Rav Sheshet said: From where do I say that the priests wore sacred garments when the lottery was held? **As it was taught in** a *baraita*: **The Chamber of Hewn Stone was** built **in the style of a large basilica** [*basileki*];[L] **the lottery** is held **in the east** of the chamber, **and an Elder** of the court **sits in its west**[N] to provide instruction and adjudicate any doubtful cases. **And the priests stand in a circle in the shape of a bracelet** [*bekholyar*],[L] **and the appointed** priest **comes and removes the mitre from the head of one of them, and** everyone thereby **knew that the count began from him. And if it were to enter your mind** to say that the priests wore **non-sacred garments** during the lottery, **is there** such a thing as **a mitre among** one's **non-sacred garments?** This shows that the priests were wearing their sacred garments when the lottery took place.

אִין, כִּדְתָנֵי רַב יְהוּדָה, וְאִיתֵימָא רַב שְׁמוּאֵל בַּר יְהוּדָה: כֹּהֵן שֶׁעָשְׂתָה לוֹ אִמּוֹ כְּתוֹנֶת – עוֹבֵד בָּהּ עֲבוֹדַת יָחִיד.

The Gemara rejects this reasoning: **Yes,** indeed, there is such a thing as a mitre that one wears as non-sacred apparel, **as Rav Yehuda, and some say** it was **Rav Shmuel bar Yehuda, taught:**[N] **A priest whose mother made a tunic for him,** to show her love for her son and her love for mitzvot, **may perform an individual service with it on,** but not communal services. Therefore, it is possible that the priests had non-sacred mitres in the style of the sacred mitres, just as they sometimes had non-sacred tunics.

אָמַר אַבַּיֵי: שְׁמַע מִינָּהּ לִשְׁכַּת הַגָּזִית חֶצְיָהּ בַּקֹּדֶשׁ, וְחֶצְיָהּ בַּחוֹל. וּשְׁמַע מִינָּהּ: שְׁנֵי פְתָחִים הָיוּ לָהּ, אֶחָד פָּתוּחַ בַּקֹּדֶשׁ וְאֶחָד פָּתוּחַ בַּחוֹל, דְּאִי סָלְקָא דַּעְתָּךְ כּוּלָּהּ בַּקֹּדֶשׁ – זָקֵן יוֹשֵׁב בְּמַעֲרָבָהּ? וְהָאָמַר מָר: אֵין יְשִׁיבָה בָּעֲזָרָה אֶלָּא לְמַלְכֵי בֵית דָּוִד בִּלְבַד!

Apropos the *baraita* that was just cited, **Abaye said: Conclude from this** *baraita* that **the Chamber of Hewn Stone**[H] was built **half in the sacred** area, within the consecrated Temple grounds, **and half in the non-sacred** part of the Temple grounds. **And conclude from it** as well that the chamber **had two doorways, one** that **opened to the sacred** area of the Temple **and one** that **opened to the non-sacred** area. Abaye explains these inferences: **As, were it to enter your mind** that the Chamber of Hewn Stone stood **entirely in the sacred** area, how could one say that **an Elder sat in its west? Didn't the Master say: There is no sitting** allowed **in the** Temple **courtyard except for kings of the house of David**[N] **alone?** The Elder must therefore have been sitting in an area external to the Temple courtyard area.

LANGUAGE

Basilica [*basileki*] – בַּסִילְקִי: From the Greek βασιλική, *basilikè*, meaning a large royal building. The *basilikè* had a unique design: It was built upon rows of columns. The central part of the building had a higher roof than the rest, to allow sunlight to stream in between the two levels.

Ruins of a basilica in Khoms, Libya, dating back to the second century

Bracelet [*bekholyar*] – בְּכוֹלְיָאר: The proper reading of the second word appears to be *kokhliyar*, from the Greek κοχλιάριον, *kokhliarion*, meaning a spiral, snail-like shape. Accordingly, the priests did not stand in a perfect circle but in a spiral to make it difficult for anyone to calculate where the count would end.

Spiral snail shells

HALAKHA

The Chamber of Hewn Stone – לִשְׁכַּת הַגָּזִית: The Chamber of Hewn Stone was built half in the sacred area of the Temple and half in the non-sacred area. It had two doorways, one opening into the sacred area and one opening into the non-sacred area. The non-sacred part of the chamber was the seat of the Sanhedrin. This is in accordance with Abaye's statement in the Gemara (Rambam *Sefer Avoda, Hilkhot Beit HaBeḥira* 5:17).

NOTES

An Elder of the court sits in its west – זָקֵן יוֹשֵׁב בְּמַעֲרָבָהּ: From the words of the Rambam it appears that there was no particular Elder sitting on the west side of the chamber; rather, the intention is to state that the western part of the Chamber of Hewn Stone was the area where the Elders of the Sanhedrin convened. These Elders did not participate in the lottery; they are mentioned here only to teach that this was the chief function of the Chamber of Hewn Stone (see *Siaḥ Yitzḥak*). The author of the *Me'iri*, on the other hand, maintains that there was a particular Sage stationed there, and that this individual played a role in the lottery process, as he chose the random number used in the count. The appointed priest, however, would decide with which priest the count would begin.

As Rav Yehuda…taught – כִּדְתָנֵי רַב יְהוּדָה: It is understood from this *baraita* that some priests had clothes that were not full-fledged sacred priestly garments but could be used for the sacrifice of individual offerings. These are the garments that Rav Naḥman referred to when he said that the priests wore non-sacred garments for the lottery. Another view, however, is that Rav Naḥman was referring to garments that were completely non-sacred, which fully resembled the priestly sacred garments. The priests would wear these garments in order to be accustomed to their identical sacred clothing (*Siaḥ Yitzḥak*).

There is no sitting allowed in the courtyard except for kings of the house of David – אֵין יְשִׁיבָה בָּעֲזָרָה אֶלָּא לְמַלְכֵי בֵית דָּוִד: In the Jerusalem Talmud another opinion is cited that even the kings of the House of David were not permitted to sit in the Temple courtyard.

וְאִי סָלְקָא דַּעְתָּךְ כּוּלָּהּ בַּחוֹל – פַּיִּס בְּמִזְרָחָהּ? וְהָא בָּעֵינַן: ״בְּבֵית אֱלֹהִים נְהַלֵּךְ בְּרָגֶשׁ״ וְלֵיכָּא, אֶלָּא שְׁמַע מִינָּהּ: חֶצְיָהּ בַּקֹּדֶשׁ וְחֶצְיָהּ בַּחוֹל.

And if it were to enter your mind to say the opposite, that the chamber stood **entirely in the non-sacred** area, how could **the lottery** be held **in the east? Aren't we required** to fulfill the verse: **"In the House of God we walked with the throng"** (Psalms 55:15), from where it was derived earlier that it is desirable that the lotteries cause a commotion in the House of God, i.e., in the sacred area of the Temple? If the lottery were held in a non-sacred area, **there** would **not be** a fulfillment of this verse. **Rather,** one must **conclude from this** *baraita* that the chamber was situated **half in the sacred** area of the Temple **and half in the non-sacred** area.

וְאִי סָלְקָא דַּעְתָּךְ פֶּתַח אֶחָד יֵשׁ לָהּ וּפָתוּחַ לַקּוֹדֶשׁ – זָקֵן יוֹשֵׁב בְּמַעֲרָבָהּ? וְהָתְנַן: הַלְּשָׁכוֹת הַבְּנוּיוֹת בַּחוֹל וּפְתוּחוֹת לַקֹּדֶשׁ – תּוֹכָן קוֹדֶשׁ! וְאִי סָלְקָא דַּעְתָּךְ פָּתוּחַ לַחוֹל, פַּיִּס בְּמִזְרָחָהּ? וְהָתְנַן: בְּנוּיוֹת בַּקֹּדֶשׁ וּפְתוּחוֹת לַחוֹל – תּוֹכָן חוֹל! אֶלָּא לָאו שְׁמַע מִינָּהּ: שְׁנֵי פְּתָחִים הָיוּ לָהּ, אֶחָד פָּתוּחַ בַּקֹּדֶשׁ וְאֶחָד פָּתוּחַ לַחוֹל.

Abaye continues: **And were it to enter your mind** that the chamber **had** just **one doorway, which opened to the sacred** area, how could the **Elder sit in its west? Didn't we learn** in a mishna: **Chambers that are built in the non-sacred** area of the Temple Mount, but that **open up into the sacred** area, **their interior is** considered entirely **sacred,** despite the fact that they also occupy land outside the sacred area?[H] **And if,** on the other hand, **it were to enter your mind** that the chamber had just one doorway, **which opened to the non-sacred** area, how could the **lottery** be held **in its east? Didn't we learn** in a mishna: With regard to chambers that are **built in the sacred** area but which **open up into the non-sacred** area, the space **within them is** considered entirely **non-sacred,** despite the chambers' location on sacred territory. **Rather, isn't it** correct to **conclude from this** that the Chamber of Hewn Stone **had two doorways, one that opened up into the sacred** area **and one that opened into the non-sacred** area?

מתני׳ הַפַּיִס הַשֵּׁנִי: מִי שׁוֹחֵט, מִי זוֹרֵק מִי מְדַשֵּׁן מִזְבֵּחַ הַפְּנִימִי, וּמִי מְדַשֵּׁן אֶת הַמְּנוֹרָה, וּמִי מַעֲלֶה אֵבָרִים לַכֶּבֶשׁ.

MISHNA **The second lottery**[H] conducted daily among the priests determines the following: **Who slaughters** the daily morning offering, **who sprinkles** its blood, **who removes the ashes** from **the inner altar, and who removes the ashes**[N] and burnt wicks from **the candelabrum, and who takes the limbs** of the daily offering[N] **up to the ramp** to be burned later.

הָרֹאשׁ וְהָרֶגֶל, וּשְׁתֵּי הַיָּדַיִם. הָעוֹקֶץ וְהָרֶגֶל, וְהֶחָזֶה וְהַגֵּרָה, וּשְׁתֵּי הַדְּפָנוֹת, וְהַקְּרָבַיִם, וְהַסֹּלֶת וְהַחֲבִיתִּין, וְהַיַּיִן, שְׁלֹשָׁה עָשָׂר כֹּהֲנִים זָכוּ בּוֹ.

This is how the limbs were divided before taking them up to the altar: **The head and the** right **leg** were carried by one priest, **and the two forelegs** were carried by a second priest. **The tail,** including the lower vertebrae of the spinal column and the fat tail, **and the** left **leg** were carried by a third priest. **And the breast and the throat** and some of the inner organs attached to it were carried by a fourth priest. **And the two flanks** were taken by a fifth priest, **and the intestines** by a sixth priest. **And the fine flour** of the meal-offering accompanying the daily offering was carried by a seventh priest. **And the** High Priest's daily **griddle-cake offering** was carried by an eighth priest, **and the wine** for libation was carried by a ninth priest. Altogether **thirteen priests prevailed in this** lottery: Nine priests who carried the daily offering and its accompanying elements, and four who performed the slaughter, sprinkling, and removal of ashes from the inner altar and the candelabrum.

אָמַר בֶּן עַזַּאי לִפְנֵי רַבִּי עֲקִיבָא מִשּׁוּם רַבִּי יְהוֹשֻׁעַ: דֶּרֶךְ הִלּוּכוֹ הָיָה קָרֵב.

Ben Azzai said before Rabbi Akiva in the name of Rabbi Yehoshua: That was not the sequence of taking the limbs up to the ramp; rather, the order in which **it was sacrificed** was according to **the way it walks** when alive, as will be explained in the Gemara.

גמ׳ אִיבַּעְיָא לְהוּ: כְּשֶׁהֵן מְפַיְּיסִין, לַעֲבוֹדָה אַחַת מְפַיְּיסִין, אוֹ דִילְמָא לְכָל עֲבוֹדָה וַעֲבוֹדָה הֵן מְפַיְּיסִין? תָּא שְׁמַע: אַרְבַּע פְּיָיסוֹת הָיוּ שָׁם. וְאִי סָלְקָא דַּעְתָּךְ לְכָל עֲבוֹדָה הֵן מְפַיְּיסִין – טוּבָא הָווּ! אָמַר רַב נַחְמָן בַּר יִצְחָק, הָכִי קָאָמַר: אַרְבַּע פְּעָמִים נִכְנָסִין לְהָפִיס, וּלְכָל חֲדָא וַחֲדָא הָיוּ בָּהּ טוּבָא פְּיָיסוֹת.

GEMARA **A dilemma was raised before** the Sages: **When the priests performed the lottery, did they perform a lottery for** just **one service,** such as the slaughtering, and the other twelve tasks were divided among the priests adjacent to the chosen one; **or perhaps they performed a** separate **lottery for each and every service** of the thirteen acts listed? The Gemara answers: **Come** and **hear** a proof from that which was taught in the mishna: **There were four lotteries there. And if it were to enter your mind** that **they performed a lottery** for **each and every service** separately, **there would be many** more than four lotteries. **Rav Naḥman bar Yitzḥak said:** That is not a conclusive proof, because one could argue that **this is what** the mishna **is saying:** The priests **gathered four times for a lottery, but each** gathering involved **many lotteries** for many individual services.

HALAKHA

The sanctity of the chambers – קְדוּשַּׁת הַלְּשָׁכוֹת: In the case of chambers that were built in the Rampart, a stepped embankment surrounding the Temple, if their sole doorway opened to the sacred area of the courtyard, their entire interior was considered sacred. Conversely, in the case of chambers that were built in the sacred area, if they opened solely into a non-sacred area, their interiors were considered non-sacred (Rambam *Sefer Avoda, Hilkhot Beit HaBeḥira* 6:7–8).

The second lottery – הַפַּיִס הַשֵּׁנִי: The second lottery in the Temple was held in order to apportion the tasks of the morning service: Slaughtering the daily morning burnt-offering; sprinkling the blood; removing the ashes from the inner altar and the candelabrum; and bringing up the limbs of the animal, along with its attendant meal offering and wine libation, to the altar's ramp. In total, thirteen priests won the privilege to serve based on this lottery, and the sequence of their actions is as listed in the mishna (Rambam *Sefer Avoda, Hilkhot Temidin UMusafin* 4:6).

NOTES

Who slaughters…and who removes the ashes – מִי שׁוֹחֵט...וּמִי מְדַשֵּׁן: Even though in practice the clearing of the ashes preceded the slaughtering of the daily offering, the latter is listed first, since it is the most important service of the day (*Tosafot Yeshanim*).

The limbs of the daily offering – אֵיבְרֵי הַתָּמִיד: The daily offering is a burnt-offering, and as such it was cut into large pieces that were brought up to the altar for burning. The details of this facet of the service, such as how the animal was cut up, with which parts of the animal went with which parts, e.g., that the hooves were brought up together with the intestines, and how the priests held the parts as they ascended to the altar, are not explained in detail in the Gemara here but in tractate *Tamid*, which is devoted to such matters.

Priests bringing the limbs to the altar

תָּא שְׁמַע, רַבִּי יְהוּדָה אוֹמֵר: לֹא הָיָה פַּיִיס לַמַּחְתָּה, אֶלָּא כֹּהֵן שֶׁזָּכָה בַּקְּטֹרֶת אוֹמֵר לָזֶה שֶׁעִמּוֹ ״זְכֵה עִמִּי בַּמַּחְתָּה״!

Come and hear a proof from a *baraita*: **Rabbi Yehuda says:** When the third lottery was held to determine who would perform the burning of the incense, **there was no** separate **lottery** held for carrying **the coal pan,** although a second priest was required to rake up coals from the outer altar, carry them in a coal pan, and put them on the inner altar, where the priest assigned the task of burning the incense would then place the incense onto the coals. **Rather, the priest who won** the privilege **of the incense said to the one who was next to him: Be privileged along with me with** the task of carrying **the coal pan.** This shows that each individual service did not have its own lottery; rather, the other priests adjacent to the winner of the lottery were automatically chosen for the ancillary tasks.

שָׁאנֵי מַחְתָּה וּקְטֹרֶת דַּחֲדָא עֲבוֹדָה הִיא.

The Gemara rejects this proof: **The** tasks of carrying the **coal pan and** burning the **incense are different, because** together **they are** considered as **a single service,** so that a single lottery determined the participants for the two tasks.

אִיכָּא דְּאָמְרִי: דַּוְקָא מַחְתָּה וּקְטֹרֶת דַּחֲדָא עֲבוֹדָה הִיא, אֲבָל שְׁאָר עֲבוֹדוֹת – בָּעֵי פַּיִיס.

There are those **who say** that this *baraita* was brought to derive the opposite conclusion: It was **specifically** concerning the case of carrying **the coal pan and** burning **the incense, which are** considered as two parts of **one** and the same **service,** that Rabbi Yehuda said one lottery can be used to assign the two tasks. **However,** the implication is that **other services,** which are not interrelated in this manner, **require a lottery** for each and every separate task. If Rabbi Yehuda had meant this to be a general principle, why did he mention the specific example of the coal pan and the incense?

מַחְתָּה אִצְטְרִיכָא לֵיהּ, סָלְקָא דַּעְתָּךְ אָמִינָא: הוֹאִיל וְלָא שְׁכִיחָא, וּמְעַתְּרָא – נִתְקִין לָהּ פַּיִיס בִּפְנֵי עַצְמָהּ, קָא מַשְׁמַע לָן.

This argument is rejected: That is not a proof that other services require their own lotteries. The reason Rabbi Yehuda mentioned this specific example is that **it was necessary for him** to teach explicitly that the coal pan and the burning of the incense do not have separate lotteries but a single, combined lottery. It might **have entered your mind to say that since** the burning of incense **is infrequent,** being performed only twice a day, unlike other offerings, which may be donated by private individuals and brought many times a day, **and** also since **it brings about wealth** for whoever performs it, as the Gemara teaches later, **we should institute a** separate **lottery for** bringing in the coal pan **itself,** as many priests wished to perform this task. Therefore, Rabbi Yehuda **teaches us** that despite this, the bringing in of the coal pan does not have its own lottery. Consequently, there is no proof either way from this *baraita*.

תָּא שְׁמַע, דְּתָנֵי רַבִּי חִיָּיא: לֹא לְכָל עֲבוֹדָה וַעֲבוֹדָה מְפַיְּיסִין, אֶלָּא כֹּהֵן שֶׁזָּכָה בַּתָּמִיד שְׁנֵים עָשָׂר אֶחָיו הַכֹּהֲנִים נִמְשָׁכִין עִמּוֹ. שְׁמַע מִינָּהּ.

Come and hear a proof from what **Rabbi Ḥiyya taught** explicitly in a *baraita*: **A lottery is not held for each individual service; rather,** beginning with the **priest who won the lottery of the daily offering, twelve of his fellow priests,** those standing next to him, **are drawn in along with him**[N][H] to perform the other acts of the daily offering. The Gemara concludes: **Learn from this** that it is so.

״פַּיִיס הַשֵּׁנִי״ וכו׳. אִיבַּעְיָא לְהוּ: מִי מְקַבֵּל? שׁוֹחֵט מְקַבֵּל, דְּאִי אָמְרַתְּ זוֹרֵק מְקַבֵּל – אַגַּב חֲבִיבוּתֵיהּ לֹא מְקַבֵּל לֵיהּ לְכוּלֵּיהּ דָּם,

§ It was taught in the mishna: **The second lottery** determines who slaughters, who sprinkles the blood, etc. The task of collecting the blood in a vessel, which is between slaughtering and sprinkling, is not mentioned. Therefore, it must be assumed that either the priest who slaughtered or the priest who sprinkled the blood was assigned this task as well. **A dilemma was raised before** the Sages: **Who collects** the blood?[N] Is it the one who **slaughters** the offering who also **collects** the blood? The reason to support this conclusion is **that if you say** that the one who **sprinkles** the blood is the one who **collects** it, a situation might arise in which, **due to** his enthusiasm and **his love** for the mitzva of sprinkling, a service that is considered more important than collecting because it directly involves the altar, the priest might **not collect all the blood**[N] as the *halakha* requires but would hurry to go on and sprinkle it after he has collected only some of the blood.

NOTES

Twelve of his fellow priests are drawn in along with him – שְׁנֵים עָשָׂר אֶחָיו הַכֹּהֲנִים נִמְשָׁכִין עִמּוֹ: In the Jerusalem Talmud the question is raised as to whether the twelve priests are chosen from those who had already been counted in the course of the lottery, or from those who had not yet been counted. It is concluded that the twelve who serve are those who had already been counted, regardless of whether the lottery had proceeded from the right or from the left.

Who collects the blood – מִי מְקַבֵּל: The commentaries point out that the Gemara might have posed an additional question: Who carries the blood to the altar for sprinkling? After all, carrying the blood is a sacred service and requires a priest no less than the collection of the blood; and carrying, like collection, is not mentioned in the mishna. Some answer that the assumption is that the priest who sprinkles the blood also carries it for that purpose, as it would be unfair for one priest to be given three tasks, i.e., slaughtering, collecting, and carrying, while the next priest would have only the job of sprinkling the blood (*Gevurat Ari*). Others suggest that the assumption is that whichever priest is holding the vessel after he collects the blood continues to carry it to the altar (*Zikhron She'erit Yosef*).

Due to his love for the mitzva of sprinkling, the priest might not collect all the blood – אַגַּב חֲבִיבוּתֵיהּ לֹא מְקַבֵּל לֵיהּ: The question is raised: Why is there no similar concern that one who is slaughtering might not complete the slaughter properly because he is anxious to perform the mitzva of collecting the blood? The answer given is that cutting short the slaughtering process will only lessen the efficacy of the mitzva of blood collection, as a lesser amount of blood will flow out as a result. On the other hand, when a priest is assigned the two tasks of collecting the blood and sprinkling it, there is concern that he might cut the collection process short, as the sprinkling can be done with less blood just as well as with more blood. Therefore, we are concerned lest he cut short the collection in order to go on to the more important task of sprinkling (*Siaḥ Yitzḥak*).

HALAKHA

His fellow priests are drawn in along with him – אֶחָיו הַכֹּהֲנִים נִמְשָׁכִין עִמּוֹ: When a priest wins the lottery, those priests standing next to him are privileged with the other services associated with that lottery (Rambam *Sefer Avoda, Hilkhot Temidin UMusafin* 4:6).

או דִּילְמָא: זוֹרֵק מְקַבֵּל, דְּאִי אָמְרַתְּ שׁוֹחֵט מְקַבֵּל – זִימְנִין דְּשָׁחֵיט זָר.

Or perhaps one should draw the opposite conclusion, that it is the one who **sprinkles** that **collects** the blood, **as, if you say** that the one who **slaughters** is the one who **collects,** this principle could not be universally applied, as **sometimes a non-priest slaughters** the offering. Slaughtering offerings is not a sacred service and may be performed by anyone, unlike the collection of the blood, which is performed by a priest. In those cases when a non-priest slaughtered the daily offering, he would not be able to collect the blood.

תָּא שְׁמַע: בֶּן קַטִּין עָשָׂה שְׁנֵים עָשָׂר דַּד לַכִּיּוֹר כְּדֵי שֶׁיִּהְיוּ שְׁנֵים עָשָׂר אֶחָיו הַכֹּהֲנִים הָעֲסוּקִין בַּתָּמִיד מְקַדְּשִׁין יְדֵיהֶן וְרַגְלֵיהֶן בְּבַת אַחַת.

The Gemara cites a source as evidence for one side of the argument: **Come** and **hear** from that which was taught in a mishna: **Ben Katin made twelve spigots**[B] **for the** large **laver** to replace the original two spouts that were there, **so that his twelve fellow priests who were engaged in** the sacrifice of **the daily offering could** all **sanctify their hands and feet at one time.** Although there are thirteen participants listed in the mishna, the slaughterer of the offering was not required to sanctify his hands and feet because, as mentioned above, slaughtering is not a sacred service. Therefore, only twelve spigots were needed.

וְאִי סָלְקָא דַּעְתָּךְ שׁוֹחֵט מְקַבֵּל, תְּלֵיסַר הָוֵי! אֶלָּא לָאו שְׁמַע מִינָּהּ: זוֹרֵק מְקַבֵּל, שְׁמַע מִינָּהּ.

And if it should enter your mind to say that the one who **slaughters** is the one who **collects** the blood, then **there are** sometimes **thirteen** participants, so thirteen spigots should be needed. On those occasions when a non-priest slaughtered the daily offering, an extra priest would be required to come and collect its blood. Since the collection of blood is a sacred service, it too requires sanctification of the hands and feet. **Rather,** since there were only twelve spigots, **isn't it** correct to **conclude from this** that it is the one who **sprinkles,** and not the one who slaughters, who **collects** the blood?[H] The Gemara concludes: **Conclude from this** that it is so.

אָמַר לֵיהּ רַב אַחָא בְּרֵיהּ דְּרָבָא לְרַב אַשִׁי, אַף אֲנַן נַמִּי תָּנֵינָא: שָׁחַט הַשּׁוֹחֵט, וְקִבֵּל הַמְקַבֵּל, וּבָא לוֹ לִזְרוֹק. שְׁמַע מִינָּהּ.

Rav Aḥa, son of Rava, said to Rav Ashi: We too have learned a support for this conclusion in a mishna that gives the sequence of the services for the daily offering: **The slaughterer** of the offering **slaughtered, the collector** of its blood **collected, and he** then **comes to sprinkle** the blood. The wording indicates that the one who collects the blood is also the one who subsequently sprinkles it. The Gemara concludes: **Conclude from this** that it is so.

״אָמַר בֶּן עַזַּאי לִפְנֵי רַבִּי עֲקִיבָא״ וכו׳. תָּנוּ רַבָּנַן: כֵּיצַד דֶּרֶךְ הִלּוּכוֹ? הָרֹאשׁ וְהָרֶגֶל, הֶחָזֶה וְהַגֵּרָה, וּשְׁתֵּי יָדַיִם, וּשְׁתֵּי דְּפָנוֹת, הָעוֹקֶץ וְהָרֶגֶל. רַבִּי יוֹסֵי אוֹמֵר: דֶּרֶךְ הֶפְשֵׁטוֹ הָיָה קָרֵב. כֵּיצַד דֶּרֶךְ הֶפְשֵׁטוֹ? הָרֹאשׁ וְהָרֶגֶל, הָעוֹקֶץ וְהָרֶגֶל, וּשְׁתֵּי דְּפָנוֹת, וּשְׁתֵּי הַיָּדַיִם, הֶחָזֶה וְהַגֵּרָה.

§ The mishna states that **ben Azzai said before Rabbi Akiva** in the name of Rabbi Yehoshua that the sequence for carrying up the animal's limbs was based on the way it walks when alive, meaning that its front parts are taken up first. **The Sages taught** in the *Tosefta*: **In what manner** is the animal brought up according to **the way it walks?** It is in this manner: **The head and the** right hind **leg** are brought up first. The other parts follow this sequence: **The breast and the neck, and** then **the two forelegs, and** then **the two flanks,** then **the tail and the** left hind **leg. Rabbi Yosei says: It was sacrificed** according to **the way it was skinned. In what manner** is the animal brought up according to **the way it was skinned?** It is in this manner: **The head and the** right **leg** are brought first, then **the tail and the** left **leg** together, then the **two flanks, and** then **the two forelegs,** then **the breast and the neck.**

רַבִּי עֲקִיבָא אוֹמֵר: דֶּרֶךְ נִיתּוּחוֹ הָיָה קָרֵב. כֵּיצַד דֶּרֶךְ נִיתּוּחוֹ? הָרֹאשׁ וְהָרֶגֶל, וּשְׁתֵּי יָדַיִם, הֶחָזֶה וְהַגֵּרָה, וּשְׁתֵּי דְּפָנוֹת, וְהָעוֹקֶץ וְהָרֶגֶל. רַבִּי יוֹסֵי הַגְּלִילִי אוֹמֵר: דֶּרֶךְ עִילּוּיוֹ הָיָה קָרֵב, כֵּיצַד דֶּרֶךְ עִילּוּיוֹ? הָרֹאשׁ וְהָרֶגֶל, הֶחָזֶה וְהַגֵּרָה, וּשְׁתֵּי הַדְּפָנוֹת, וְהָעוֹקֶץ וְהָרֶגֶל, וּשְׁתֵּי הַיָּדַיִם.

Rabbi Akiva says: It was sacrificed according to **the way it was cut up** into limbs after the skinning. **In what manner** is the animal brought up according to **the way it was cut up?** It is in this manner: **The head and the** right **leg** first, **and** then **the two forelegs,** then **the breast and the neck, and** then **the two flanks, and** then **the tail and the** left **leg. Rabbi Yosei HaGelili says: It was sacrificed according to** the **quality** of its various sections, so that the best pieces were taken up first. **In what manner** is the animal brought up according to **the quality** of the pieces? It is in this manner: **The head and the** right **leg,** then **the breast and the neck, and** then **the two flanks,** then **the tail and the** left **leg, and** then the **two forelegs.**

BACKGROUND

Twelve spigots – שְׁנֵים עָשָׂר דַּד: On the left side of this rendering is the laver, which had twelve spigots.

Laver

HALAKHA

The one who sprinkles collects the blood – זוֹרֵק מְקַבֵּל: The priest who wins the privilege of sprinkling the blood of the daily offering also collects the blood and carries it to the altar, where he sprinkles it (Rambam *Sefer Avoda, Hilkhot Temidin UMusafin* 4:6).

וְהָכְתִיב: ״כָּל נֵתַח טוֹב יָרֵךְ וְכָתֵף״! הַהִיא בְּכְחוּשָׁה.

The Gemara poses a question with regard to Rabbi Yosei HaGelili's position: **But isn't it written: "Every good piece, the thigh and the shoulder"** (Ezekiel 24:4), indicating that these are the best cuts of the animal? Why doesn't Rabbi Yosei HaGelili say that these are offered first (Rabbeinu Ḥananel)? The Gemara answers: **That** verse is speaking of a **lean** sheep, whose thigh and shoulder are indeed the best pieces. However, in the sheep brought for the daily offering, which were of the finest quality, there were other parts that were of higher quality.

אָמַר רָבָא: בֵּין תַּנָּא דִּידַן וּבֵין רַבִּי יוֹסֵי – בָּתַר עִילּוּיָא דְּבִשְׂרָא אָזְלִינַן, מָר אָזֵיל בָּתַר אֵיבְרָא דְּבִישְׂרָא, וּמָר אָזֵיל בָּתַר שַׁמְנָא דְּבִישְׂרָא.

The Gemara explains the reason behind the order of the pieces in the mishna. **Rava said: Both the *tanna* of our** mishna **and Rabbi** Yosei HaGelili agree[N] that **we follow the** relative **quality of the meat** in the various pieces. The difference in opinion between them is that one **Sage,** the *tanna* of this mishna, **follows the limb,** i.e., the amount, **of the meat;** the other **Sage,** Rabbi Yosei, **follows the fattiness of the meat.**

מַאי טַעְמָא סָלְקָא רֶגֶל בַּהֲדֵי רֵישָׁא – מִשּׁוּם דְּרֵישָׁא נְפִישֵׁי בֵּיהּ עֲצָמוֹת, קָרְבָא רֶגֶל בַּהֲדֵיהּ.

The Gemara asks: According to all opinions, **what is the reason** that the right **leg goes up** to the altar **together with the head?** What is the connection between these two pieces? The Gemara explains: **Because the head has much bone in it, the leg is offered with it.**[N]

דְּכוּלֵּי עָלְמָא מִיהַת רֹאשׁ קָרֵב בְּרֵישָׁא, מְנָא לַן? דְּתַנְיָא: מִנַּיִין לְרֹאשׁ וּפֶדֶר שֶׁקּוֹדְמִין לְכָל הָאֵבָרִים – תַּלְמוּד לוֹמַר: ״אֶת רֹאשׁוֹ וְאֶת פִּדְרוֹ וְעָרַךְ״. וְאִידָּךְ פֶּדֶר אַחֲרִינָא

The Gemara asks further: Although the Sages disagree as to the order of bringing up the various pieces, **at any rate everyone** agrees that the **head is sacrificed first. From where do we** derive this? **As it was taught** in a *baraita*: **From where** is it derived **that** when sacrificing an animal **the head and the fat precede all the** other **limbs? The verse states:** "And he shall cut it up into its pieces **and its head and its fat, and** the priest **shall arrange** them on the wood that is on the fire upon the altar" (Leviticus 1:12). The Gemara asks: **And the other** mention of **fat**[N] before this, where the verse states: "The pieces, the head and the fat" (Leviticus 1:8),

NOTES

Both the *tanna* of our mishna and Rabbi Yosei HaGelili agree – בֵּין תַּנָּא דִּידַן וּבֵין רַבִּי יוֹסֵי: The Gemara was compelled to say this because the *baraita* cites several opinions that disagree with the *tanna* of this mishna, and it provides explanations for all the approaches except for that of the *tanna* of this mishna. Consequently, Rava explains that the *tanna* here agrees in principle with Rabbi Yosei HaGelili, and they disagree only with regard to the technical application of that principle (Ritva).

Because the head has much bone in it, the leg is offered with it – מִשּׁוּם דְּרֵישָׁא נְפִישֵׁי בֵּיהּ עֲצָמוֹת, קָרְבָא רֶגֶל בַּהֲדֵיהּ: Rashi (*Tamid* 31b) and others write that since the head is mostly bone and the leg is mostly meat, the two pieces complement each other. Others explain that the head is full of bones, as is the leg, which is why they should be sacrificed together (*Me'iri*; Rabbi Meir Arik, *Tal Torah*).

In the Jerusalem Talmud it is explained that according to ben Azzai, who maintains that the animal is brought up the way it walks when it is alive, the head and right leg are brought up first because when an animal walks, it first extends its head forward and then moves its leg.

And the other mention of fat – וְאִידָּךְ פֶּדֶר אַחֲרִינָא: Even though the term head is mentioned again in that verse as well, the Gemara does not ask about its purpose, since it is used elsewhere in the Gemara (*Ḥullin* 27a) to derive a *halakha* with regard to the flaying of the animal (Ritva).

Perek **II**
Daf **26** Amud **a**

לְמַאי אֲתָא – לְכִדְתַנְיָא: כֵּיצַד הָיָה עוֹשֶׂה – נוֹתֵן אֶת הַפֶּדֶר אַבֵּית הַשְּׁחִיטָה וּמַעֲלֵהוּ, וְזֶה הוּא דֶּרֶךְ כָּבוֹד שֶׁל מַעְלָה.

what does that **come** to teach us? The Gemara explains: **As it was taught** in a *baraita*: **In what manner would** the priest placing the pieces on the altar **do** so? **He would place the fat** right **over the place of slaughter,**[H] that is, on the cut neck, **and bring it up** that way, **and that is the** most **respectful way toward the Most High,** that the bloody point of slaughter not be exposed.

מתני׳ הַפַּיִיס הַשְּׁלִישִׁי: חֲדָשִׁים לִקְטֹרֶת בֹּאוּ וְהָפִיסוּ. וְהָרְבִיעִי: חֲדָשִׁים עִם יְשָׁנִים, מִי מַעֲלֶה אֵבָרִים מִן הַכֶּבֶשׁ לַמִּזְבֵּחַ.

MISHNA Before **the third lottery,**[H] the appointee declared: Let only those priests who are **new to** offering **the incense** come and **participate in the lottery** for the incense. **The fourth** lottery[H] was open to those **new** to the service along **with** those **old** hands who had already performed it, to determine **who** would **take the limbs up from the ramp,**[N] where they had been placed earlier, **to the altar.**

גמ׳ תָּנָא: מֵעוֹלָם לֹא שָׁנָה אָדָם בָּהּ. מַאי טַעְמָא? אָמַר רַבִּי חֲנִינָא: מִפְּנֵי שֶׁמַּעֲשֶׁרֶת.

GEMARA A Sage **taught** in the *Tosefta*: **No person ever performed** the service of the incense **twice,** as a new priest was always found for this service. The Gemara asks: **What is the reason** that they were insistent that no priest should be assigned this task more than once in his life? **Rabbi Ḥanina said:** It is **because it brings wealth** to the one who performs it. Since bringing the incense was a blessing for wealth, it was decided that as many different priests as possible should have an opportunity to do this service.

HALAKHA

He would place the fat right over the place of slaughter – נוֹתֵן אֶת הַפֶּדֶר אַבֵּית הַשְּׁחִיטָה: When the head of the sacrificial animal is carried to the ramp, it is held with its cut throat facing up and covered with the fat (Rambam *Sefer Avoda*, *Hilkhot Ma'aseh HaKorbanot* 6:11).

The third lottery – הַפַּיִיס הַשְּׁלִישִׁי: For the third lottery the appointee says to the members of the priestly family serving on that day: Whoever has never burned the incense should come and participate in the lottery (Rambam *Sefer Avoda*, *Hilkhot Temidin UMusafin* 4:7).

The fourth lottery – הַפַּיִיס הָרְבִיעִי: The fourth lottery includes all the members of the priestly family serving on that day and determines which individuals will merit the right to carry the animal's limbs up the ramp to the altar (Rambam *Sefer Avoda*, *Hilkhot Temidin UMusafin* 4:8).

NOTES

Who would take the limbs up from the ramp – מִי מַעֲלֶה אֵבָרִים מִן הַכֶּבֶשׁ: The early commentaries debate this point. According to Rashi and *Tosafot*, it appears that a single priest carried all the limbs up the ramp to the altar. However, the Ritva and others are of the opinion that six priests won the privilege of performing the service of carrying the limbs up to the altar, just as six priests carried them to the ramp.

אמר ליה רב פפא לאביי: מאי טעמא? אילימא משום דכתיב: "ישימו קטורה באפך" וכתיב בתריה: "ברך ה׳ חילו", אי הכי עולה נמי, הכתיב: "וכליל על מזבחך"!

Rav Pappa said to Abaye: What is the reason for this assertion that the one who burns the incense becomes wealthy? **If we say it is because it is written: "They shall put incense before You** and whole burnt-offerings on Your altar" (Deuteronomy 33:10), **and it is written** immediately **after that: "Bless, O Lord, his substance"** (Deuteronomy 33:11), **if so,** we should **also** make the same assertion concerning those who perform the sacrifice of **a burnt-offering,**[N] **since it is written** in that same verse: **"And whole burnt-offerings on Your altar."**

אמר ליה: הא – שכיחא, והא – לא שכיחא.

Abaye **said to him:** There is a difference between the two: **This,** the sacrifice of a burnt-offering, **is frequent, and that,** the burning of incense, **is infrequent.**[N] There were many burnt-offerings, both obligatory and voluntary, brought during the course of a day, whereas the incense was burned only twice a day. It is logical to assume that the blessing of riches was not extended to the many priests who participated in the burnt-offerings, but to the few priests who performed the burning of the incense.

אמר רבא: לא משכחת צורבא מרבנן דמורי אלא דאתי משבט לוי או משבט יששכר, לוי – דכתיב "יורו משפטיך ליעקב", יששכר דכתב: "(ובני) יששכר יודעי בינה לעתים לדעת מה יעשה ישראל". ואימא יהודה נמי, דכתיב: "יהודה מחוקקי"! אסוקי שמעתא אליבא דהילכתא קאמינא.

Apropos this passage in Deuteronomy, **Rava said: You do not find a young Torah scholar who gives** halakhic **instruction**[N] **unless he comes from the tribe of Levi or from the tribe of Issachar.** The assertion with regard to the tribe of **Levi** is **as it is written: "They shall teach Jacob Your ordinances** and Israel Your law" (Deuteronomy 33:10). And the assertion with regard to the tribe of **Issachar** is **as it is written: "And of the children of Issachar, men that had understanding of the times, to know what Israel should do"** (1 Chronicles 12:33). The Gemara asks: **And say** that scholars come from the tribe of **Judah also, as it is written: "Judah is my lawgiver"** (Psalms 60:9). Rava answers: While it is true that the tribe of Judah also taught Torah, in my statement **I was speaking** only **of those who** can **draw conclusions according to the** ***halakha*****.** Although Judah produces great scholars, men capable of translating abstract analysis of the Torah into legal principles come from the two tribes mentioned.

אמר רבי יוחנן: אין מפייסין על תמיד של בין הערבים; אלא כהן שזכה בו בשחרית – זוכה בו ערבית. מיתיבי: כשם שמפייסין שחרית כך מפייסין בין הערבים! כי תניא ההיא – בקטורת.

§ **Rabbi Yoḥanan said: They did not hold** a separate **lottery** for the slaughtering and sacrifice of the **daily afternoon offering.**[H] **Rather,** the same **priest who won** a particular privilege for **the morning** offering **wins** the privilege for the corresponding task in the **evening,** i.e., for the **afternoon** service. In this way, the morning lottery covered both services. The Gemara **raises an objection** from a *baraita*: **Just as they hold a lottery in the morning, so too, they hold a lottery in the afternoon.** This shows that there was a separate lottery for the daily afternoon offering. The Gemara answers: **When that** ***baraita*** **was taught,** it referred only **to the incense,** which, as stated above, was given to a different priest each time it was offered.

והתניא: כשם שמפייסין לו שחרית – כך מפייסין לו ערבית! אימא: לה.

The Gemara asks: **But wasn't it taught** in a *baraita*: **Just as they hold a lottery for it [*lo*] in the morning, so too, they hold a lottery for it [*lo*] in the afternoon.** The masculine pronoun *lo* indicates that it is not referring to the incense, which is a feminine noun in Hebrew, but to the daily afternoon offering, which is described by a masculine noun. The Gemara answers: Change the wording of the *baraita* and **say:** ***Lah*****,** using the feminine pronoun instead of the masculine *lo*, so that it is indeed referring to the incense.

והתניא: כשם שמפייסין לו שחרית, כך מפייסין לו ערבית, וכשם שמפייסין לה שחרית כך מפייסין לה ערבית!

The Gemara asks further: **But wasn't it taught** in another *baraita*: **Just as they hold a lottery for it [*lo*] the morning, so too, they hold a lottery for it [*lo*] in the afternoon; and just as they hold a lottery for it [*lah*] in the morning, so too, they hold a lottery for it [*lah*] in the afternoon.** This *baraita* makes the statement twice, once using the masculine pronoun and once using the feminine pronoun, which shows that there was a separate lottery in the afternoon not only for the incense but also for the daily offering.

NOTES

Also make the same assertion concerning a burnt-offering – **עולה נמי**: According to *Tosafot Yeshanim*, it is possible that only the combination of both actions, burning the incense and performing the sacrifice of the burnt-offering, would cause the priest to become wealthy (*Hatam Sofer*).

This is frequent and that is infrequent – **הא שכיחא והא לא שכיחא**: Rashi explains that burnt-offerings, since they may be offered by a private individual, are offered frequently, and it is not logical to say that all the priests involved in this offering would attain wealth. The Ritva, however, writes that besides the issue of wealth, there is a reason that both the burning of the incense and the sacrifice of a burnt-offering should be performed by new priests: Since both of these are burnt completely on an altar, they are considered to be of superlative importance. They should therefore be brought by new priests, full of excitement and alacrity, who have not yet become jaded by having performed the service many times. The Gemara's answer is that because there are so many burnt-offerings, it would not be possible to limit the service only to new priests as it is with the once-a-day incense.

A young Torah scholar who gives halakhic instruction – **צורבא מרבנן דמורי**: Early and later commentaries alike point out that many sources indicate that there were indeed teachers of Torah from other tribes, particularly from Judah. Most of the solutions given suggest that Rava's statement was not meant exclusively, and that there were of course individuals of other tribes who became teachers, either due to their superb personal traits, such as modesty, or because of their positions of leadership, as kings and the heads of the Sanhedrin were from Judah (see *Mikhtav MiḤizkiyahu*). Some say Rava's emphasis is on the fact that specifically young scholars come from Levi and Issachar (*Binyan Ariel*). Yet another approach states that representatives of other tribes taught as members of courts, but not on their own (*Yefe Toar*).

HALAKHA

They did not hold a separate lottery for the daily afternoon offering – **אין מפייסין על תמיד של בין הערבים**: There is no separate lottery held for the daily afternoon offering. Rather, the priest who wins a particular privilege for the morning offering wins the privilege for the corresponding task in the afternoon service. The afternoon incense, however, is assigned through a separate lottery (Rambam *Sefer Avoda*, *Hilkhot Temidin UMusafin* 4:8).

אָמַר רַב שְׁמוּאֵל בַּר רַב יִצְחָק: הָכָא בְּשַׁבָּת עָסְקִינַן, הוֹאִיל וּמִשְׁמָרוֹת מִתְחַדְּשׁוֹת.

Rav Shmuel bar Rav Yitzḥak said: There is no contradiction. **Here,** in this last *baraita*, **we are dealing with Shabbat,**[N] when a second lottery in the afternoon was necessary, **since the priestly rotations are renewed** each Shabbat.[H] On Shabbat the outgoing watch of priests performs the morning service, and the incoming watch performs the afternoon service. Therefore, the same priest could not perform the service of both the morning and afternoon offerings, necessitating a second lottery on that day to designate priests for the various afternoon tasks.

וּלְמַאי דִּסְלֵיק אַדַּעְתִּין מֵעִיקָּרָא נְפִישִׁי לְהוּ פְּיָיסוֹת! – מֵיְיתֵי כּוּלְּהוּ מִצַּפְרָא אָתוּ, דְּזָכֵי בֵּיהּ שַׁחֲרִית – זָכֵי, דְּזָכֵי בְּעַרְבִית – זָכֵי.

The Gemara asks: **And** according **to what we thought initially,** that there was a separate lottery each day for the daily afternoon offering, **there would be** too **many lotteries,** as the mishna states that there were just four lotteries daily. How was it conceivable even to consider such a possibility? The Gemara answers: The thought was that **all** the priests **would come** and assemble just once, **in the morning,**[HN] for both lotteries, and the priest **who would win** the lottery for sacrificing **the** daily **morning** offering **would win** that privilege for the morning only, and the priest **who would win** the lottery for sacrificing **the** daily **afternoon** offering **would win** the privilege for the afternoon.

"הָרְבִיעִי חֲדָשִׁים עִם יְשָׁנִים" וכו׳. מַתְנִיתִין דְּלָא כְּרַבִּי אֱלִיעֶזֶר בֶּן יַעֲקֹב. דִּתְנַן, רַבִּי אֱלִיעֶזֶר בֶּן יַעֲקֹב אוֹמֵר: הַמַּעֲלֶה אֵיבָרִים לַכֶּבֶשׁ הוּא מַעֲלֶה אוֹתָן לַמִּזְבֵּחַ.

§ The mishna states: **The fourth** lottery was open to those **new** to the service along **with** those **old** hands who had already performed it, to determine who would take the limbs up from the ramp to the altar. The Gemara states: **The mishna is not in accordance with** the opinion of **Rabbi Eliezer ben Ya'akov. As we learned** in a mishna in tractate *Tamid* that **Rabbi Eliezer ben Ya'akov says:** The priest **who takes the limbs up to the ramp is the one who takes them up** from the ramp **to the altar.** In contrast, according to the mishna discussed here, it is implied that a different priest won the privilege for the latter service in the lottery.

בְּמַאי קָמִיפַּלְגִי? מָר סָבַר: "בְּרָב עָם הַדְרַת מֶלֶךְ", וּמָר סָבַר: מְקוֹם שְׁכִינָה לָאו אוֹרַח אַרְעָא.

The Gemara asks: **With regard to what do they disagree? One Sage,** the *tanna* of the mishna discussed here, **holds** that it is proper to follow the verse: **"In the multitude of people is the king's glory"** (Proverbs 14:28). It is a glorification of God for many priests to participate in the service, so different priests were assigned the task of taking the limbs to the ramp, and others were tasked with carrying them up the ramp to the altar. **And one Sage,** Rabbi Eliezer ben Ya'akov, **holds** that it is **not proper conduct** in **the place of the Divine Presence** to have two sets of priests for these tasks, as it gives the appearance that the first set does not want to be bothered to take the limbs up to the altar.

אָמַר רָבָא: לָא רַבִּי אֱלִיעֶזֶר בֶּן יַעֲקֹב אִית לֵיהּ דְּרַבִּי יְהוּדָה, וְלָא רַבִּי יְהוּדָה אִית לֵיהּ דְּרַבִּי אֱלִיעֶזֶר בֶּן יַעֲקֹב – דְּאִם כֵּן בָּצְרוּ לְהוּ פְּיָיסוֹת.

Rava said: Rabbi Eliezer ben Ya'akov, who holds that the same priest who brought the limbs to the ramp also brought them up to the altar, **is not of** the same opinion as **Rabbi Yehuda,** who holds that there is no separate lottery for the privilege of carrying the coal pan for the incense. **And** conversely, **Rabbi Yehuda is not of** the same opinion as **Rabbi Eliezer ben Ya'akov.** As, **if it would be so** that these two Sages agreed with each other, **there would be too few lotteries;** there would be only three lotteries rather than four. Rather, one must say that according to Rabbi Eliezer ben Ya'akov, who maintains that there was no lottery held for taking the limbs up to the altar, there was a fourth lottery to determine who would carry the coal pan; and according to Rabbi Yehuda, who maintains that there was no lottery for carrying the coal pan, there must have been a lottery for carrying the limbs up to the ramp.

וְאִי מַשְׁכַּחַתְּ תַּנָּא דְּתָנֵי חָמֵשׁ –

And if you find a ***tanna*** in a *baraita* **who teaches** that there were **five** lotteries for the Temple service,

HALAKHA

The lottery procedure for Shabbat – סֵדֶר הַפְּיָיסוֹת בְּשַׁבָּת: On Shabbat additional services are performed, and the priestly rotation switches on this day. The morning lottery determines which priests of the outgoing watch will sacrifice the daily morning offering and the additional offering of Shabbat. A second lottery was held in the afternoon with the priests of the incoming watch, who performed the service of the daily afternoon offering (Rambam *Sefer Avoda, Hilkhot Temidin UMusafin* 4:9).

All the priests would come in the morning – מֵיְיתֵי כּוּלְּהוּ מִצַּפְרָא אָתוּ: A new lottery is held in the afternoon for the burning of the incense. However, if there are no priests of the priestly family serving on that day who have never performed this service, the priest who won the right to burn the incense in the morning is given the same privilege in the afternoon (Rambam *Sefer Avoda, Hilkhot Temidin UMusafin* 4:8).

NOTES

Here we are dealing with Shabbat – הָכָא בְּשַׁבָּת עָסְקִינַן: *Tosafot Yeshanim* point out that this statement in the Gemara should have begun with the word: Rather, as this approach nullifies all the previous attempts to resolve the difficulty. However, according to the Rambam and others, it appears that this last answer does not void the previous resolutions given by the Gemara.

All the priests would come in the morning – מֵיְיתֵי כּוּלְּהוּ מִצַּפְרָא אָתוּ: The Rambam apparently interprets this passage as follows: The afternoon lottery was not a fixed practice in the Temple but was held only in the event that there were no new priests to bring the incense. If there were no such novices, the priest who performed the service in the morning repeated it in the afternoon. Because this afternoon lottery was not an everyday occurrence, it was not listed in the mishna among the regular lotteries (see *Siaḥ Yitzḥak*). And when the Gemara claims that no priest ever performed the incense service twice, it means on two separate days.

הַהוּא דְּלָא כְּרַבִּי אֱלִיעֶזֶר בֶּן יַעֲקֹב וּדְלָא כְּרַבִּי יְהוּדָה.

the opinion of **that** *tanna* would be **in accordance with neither** the opinion of **Rabbi Eliezer ben Ya'akov nor** the opinion of **Rabbi Yehuda,** as these five lotteries would include one for carrying the coal pan and another one for taking the limbs up to the altar.

מתני׳ תָּמִיד קָרֵב בְּתִשְׁעָה, בַּעֲשָׂרָה, בְּאַחַד עָשָׂר, בִּשְׁנֵים עָשָׂר, לֹא פָּחוֹת וְלֹא יוֹתֵר. כֵּיצַד? עַצְמוֹ בְּתִשְׁעָה, בֶּחָג בְּיַד אֶחָד צְלוֹחִית שֶׁל מַיִם – הֲרֵי כָּאן עֲשָׂרָה.

MISHNA The **daily offering is sacrificed** and its limbs are carried **by nine** priests, as mentioned in a previous mishna. These nine carry the limbs and the accompanying libations and meal-offerings. Occasionally, the service is performed **by ten** priests, occasionally **by eleven,** and sometimes **by twelve** priests; **no fewer** than nine **and no more** than twelve. **How so?** The daily offering **itself** is sacrificed **by nine** priests, as explained earlier. **On the festival** of *Sukkot* a priest **in** whose **hand** is **a jug of water** for the water libation is added, and **there are ten** priests. On *Sukkot*, a water libation is poured on the altar in addition to the standard wine libation.

בֵּין הָעַרְבַּיִם בְּאַחַד עָשָׂר, הוּא עַצְמוֹ – בְּתִשְׁעָה, וּשְׁנַיִם בְּיָדָם שְׁנֵי גְּזִירֵי עֵצִים. בַּשַּׁבָּת בְּאַחַד עָשָׂר; הוּא עַצְמוֹ בְּתִשְׁעָה, וּשְׁנַיִם בְּיָדָם שְׁנֵי בְּזִיכֵי לְבוֹנָה שֶׁל לֶחֶם הַפָּנִים. וּבַשַּׁבָּת שֶׁבְּתוֹךְ הֶחָג – בְּיַד אֶחָד צְלוֹחִית שֶׁל מַיִם.

In the daily **afternoon** offering, **eleven** priests participate in the service. How so? The daily offering **itself** is sacrificed **by nine, and** there are an additional **two** priests **in whose hands** are **two logs** that are placed on the altar.[N] The mitzva of placing the two logs in the morning was assigned in the first lottery, as the Gemara explained earlier. **On Shabbat, eleven** priests participate. How so? The daily morning offering **itself** is performed **by nine, and** there are an additional **two** priests **in whose hands** are **two vessels of frankincense**[B] that accompany **the shewbread.** This frankincense is burned on Shabbat. **And on Shabbat that** occurs **within the festival** of *Sukkot* there is an additional priest **in whose hand** is a **jug of water** for the water libation,[N] for a total of twelve priests.

גמ׳ אָמַר רַבִּי אַבָּא וְאִיתֵּימָא רָמִי בַּר חָמָא וְאִיתֵּימָא רַבִּי יוֹחָנָן: אֵין מְנַסְּכִין מַיִם בֶּחָג אֶלָּא בְּתָמִיד שֶׁל שַׁחַר. מִמַּאי – מִדְּקָתָנֵי ״וּבַשַּׁבָּת שֶׁבְּתוֹךְ הֶחָג בְּיַד אֶחָד צְלוֹחִית שֶׁל מַיִם״. וְאִי סָלְקָא דַּעְתָּךְ בְּתָמִיד שֶׁל בֵּין הָעַרְבַּיִם מְנַסְּכִין – בַּחוֹל נַמִי מַשְׁכַּחַתְּ לָהּ!

GEMARA **Rabbi Abba, and some say** it was **Rami bar Ḥama, and some say** it was **Rabbi Yoḥanan, said: On the festival** of *Sukkot* **they pour the water libation only** during the sacrifice of **the daily morning offering** and not in the afternoon.[H] **From where** is this derived? It is derived **from the fact that it is taught** in the mishna: **And on Shabbat that** occurs **within the festival** of *Sukkot* there is a priest **in whose hand** is a **jug of water,** bringing the number of participating priests to twelve. **And if it should enter your mind** to say that **they pour** water **during the daily afternoon offering** also, **if so, you find** that there were twelve priests on **a weekday as well,** that is, during the intermediate days of the Festival: Nine priests for the daily offering, two to carry the logs, and one to pour the water.

BACKGROUND

Two vessels of frankincense – שְׁנֵי בְּזִיכֵי לְבוֹנָה: When the priests arranged the shewbread on the table on Shabbat, they would place two bowls of frankincense on it as well. The following Shabbat, when they removed the bread, they would offer the frankincense and divide the shewbread among the priests. There are many disputes among the commentaries as well as among modern researchers as to the components of the incense, yet there are some elements about which there is almost no argument. One of these is the *levona*, frankincense, also used with most of the meal-offerings, which is identified as the sap derived from *Boswellia sacra*, or frankincense, trees.

Frankincense tree

HALAKHA

The time of the water libation – זְמַן נִיסּוּךְ הַמַּיִם: A water libation was poured on the altar on *Sukkot* during the sacrifice of the daily morning offering. This is in accordance with the statement of Rabbi Yoḥanan (Rambam *Sefer Avoda, Hilkhot Temidin UMusafin* 10:6).

NOTES

Two priests in whose hands are two logs that are placed on the altar – וּשְׁנַיִם בְּיָדָם שְׁנֵי גְּזִירֵי עֵצִים: The mishna does not mention the priest who brought the two logs in the morning, because it is dealing only with those services that were apportioned through the second lottery. The task of placing two logs in the morning was determined by the first lottery; the priest who won the privilege of removing the ashes from the altar also brought this wood, as the Gemara stated earlier (*daf* 22a; *Tosafot Yeshanim*).

The water libation – נִסּוּךְ הַמַּיִם: The Torah contains an explicit mitzva to perform a wine libation to accompany offerings. However, the mitzva of a water libation, wherein water is poured on the altar on Sukkot in addition to wine, does not appear in the Torah; rather, it is a *halakha* transmitted to Moses from Sinai. The description of the water being drawn from the Pool of Siloam and the procedure of this mitzva appear in tractate *Sukka*. The Sadducees, who rejected the Oral Law, took issue with the validity of this practice, but most of the nation followed the rabbinic traditions.

אָמַר רַב אַשִׁי: אַף אֲנַן נַמִּי תָּנֵינָא: וְלַמְנַסֵּךְ אוֹמֵר לוֹ ״הַגְבַּהּ יָדֶיךָ״! שֶׁפַּעַם אֶחָד נִסֵּךְ עַל גַּבֵּי רַגְלָיו, וּרְגָמוּהוּ כָּל הָעָם בְּאֶתְרוֹגֵיהֶן. שְׁמַע מִינָּהּ.

Rav Ashi said: We too have learned this in a different mishna, that the water libation was offered only in the morning, as it was taught: **And they would say to the pourer: Raise your hand**[H] so everyone will see as you pour the water into the aperture on the altar, in accordance with the proper procedure. This was done **because one time** a Sadducee priest, who did not accept that there is a mitzva of water libation, **poured** the water **onto his feet,**[B] whereupon **all the people pelted him with their *etrogim*** in anger. Since the episode involved *etrogim*, it is apparent that it took place in the morning, when people have their *etrogim* with them. Since the mishna mentions the fact that it was *etrogim* that were used to pelt the priest, it is apparently coming to teach that the water libation takes place only in the morning. The Gemara concludes: Indeed, **learn from this** that it is so.

תַּנְיָא, רַבִּי שִׁמְעוֹן בֶּן יוֹחַאי אוֹמֵר: מִנַּיִן לְתָמִיד שֶׁל בֵּין הָעַרְבַּיִם שֶׁטָּעוּן שְׁנֵי גְּזִירֵי עֵצִים בִּשְׁנֵי כֹּהֲנִים – שֶׁנֶּאֱמַר: ״וְעָרְכוּ עֵצִים״, אִם אֵינוֹ עִנְיָן לְתָמִיד שֶׁל שַׁחַר, דִּכְתִיב: ״וּבִעֵר עָלֶיהָ הַכֹּהֵן עֵצִים בַּבֹּקֶר בַּבֹּקֶר וְעָרַךְ עָלֶיהָ״ – תְּנֵיהוּ עִנְיָן לְתָמִיד שֶׁל בֵּין הָעַרְבַּיִם.

It was taught in a *baraita* that **Rabbi Shimon ben Yoḥai says: From where** is it derived **that the daily afternoon offering requires** that **two logs** be brought along with it,[H] and that they must be brought **by two priests? As it is stated** with regard to the burnt-offering: "The sons of Aaron the priest shall put fire on the altar **and lay out wood** [***etzim***][N] in order upon the fire" (Leviticus 1:7). The word *etzim* is plural, which teaches that two logs are called for. **If this is not applicable to the daily morning offering, as it is** already **written about** the morning offering explicitly: **"And the priest shall burn wood on it every morning, and arrange** the burnt-offering **on it"** (Leviticus 6:5), **apply it to the daily afternoon offering.** The verse therefore teaches us that two logs should be added before that offering.

וְאֵימָא אִידִי וְאִידִי בְּתָמִיד שֶׁל שַׁחַר, וְאָמַר רַחֲמָנָא: עָבֵיד וַהֲדַר עָבֵיד! אִם כֵּן נֵימָא קְרָא ״וּבִעֵר״ ״וּבִעֵר״!

But say that **this and this,** i.e., both verses cited above, are dealing with **the daily morning offering, and** that **the Merciful One states** in the Torah: **Perform** the arrangement of wood **and then return and perform** it again. In other words, perhaps the Torah's intention is that two logs be arranged on the altar twice in the morning, and that accounts for the two verses. The Gemara rejects this possibility: **If** it were **so,** the text **should** use the same expression both times and **say: "And he shall burn** wood on it," and again: **"And he shall burn** wood on it." Since the text does not do so, but instead employs two different verbs, saying: "They shall lay out wood" once and: "He shall burn wood" the second time, this indicates that the Torah is describing two different times.

אִי כָּתַב רַחֲמָנָא ״וּבִעֵר״ – הֲוָה אָמִינָא חַד – אִין, תְּרֵי – לָא, קָא מַשְׁמַע לָן דְּנַעֲבִיד חַד וְנַעֲבִיד תְּרֵי!

The Gemara rejects this inference: **If the Merciful One had written** in the Torah: **"And he shall burn** wood on it" twice, **I would have said** it means that **one** priest should arrange the wood, **not two.** The change of terminology to a plural verb is therefore necessary because **it teaches us** that **one** priest **should perform** it the first time **and two** priests **should perform** it the second time, but they are both performed in the morning.

אִם כֵּן נֵימָא קְרָא ״וּבִעֵר״, ״וּבִעֲרוּ״, אִי נַמִּי: ״וְעָרַךְ״ ״וְעָרְכוּ״, מַאי ״וּבִעֵר״ ״וְעָרְכוּ״ – שְׁמַע מִינָּהּ כִּדְקָא אָמְרִינַן.

The Gemara rejects this: **If so,** if this were what the Torah wished to indicate, **the verse should say: "And he shall burn** wood" in the singular, and then, in the second verse, say: **And they shall burn** wood, in the plural, using the same verb both times, changing only the number of the verb. **Or, alternatively,** the verse should say: **And he shall lay out** wood, in the singular, and then, in the second verse, say: **"And they shall lay out** wood," in the plural. **What** is the reason the Torah uses two different verbs in the two verses, stating: **"And he shall burn** wood" **and then: "And they shall lay out** wood"? **Learn from this as we have said,** that the Torah in these two verses is referring to two separate times of day, and the verse: "They shall lay out wood [*etzim*]" is referring to the daily afternoon offering, mandating that at that time "they," i.e., two priests, shall lay out *etzim*, the plural term for wood, referring to two logs.

HALAKHA

And they would say to the pourer: Raise your hand – וְלַמְנַסֵּךְ אוֹמֵר לוֹ הַגְבַּהּ יָדֶיךָ: The one pouring the water is told to raise his hand so that everyone might see him pour the water properly. This is done because of an incident with a certain Sadducee priest (Rambam *Sefer Avoda, Hilkhot Temidin UMusafin* 10:8).

Bringing two logs – הַעֲלָאַת שְׁנֵי גְּזִירֵי עֵצִים: Two priests brought up the two logs in the afternoon, while in the morning they were carried by a single priest, in accordance with the statement of Rabbi Shimon ben Yoḥai (Rambam *Sefer Avoda, Hilkhot Temidin UMusafin* 2:3).

BACKGROUND

Poured the water onto his feet – נִסֵּךְ עַל גַּבֵּי רַגְלָיו: This story, which is also mentioned in other places in the Talmud, is related in detail by Josephus. The individual who poured the libation onto his feet was the Hasmonean king and priest Alexander Yannai, who had Sadducee leanings and did not accept the tradition of the water libation. His actions sparked a riot, since the people saw it as a public desecration of the sacred *halakha*. After the people pelted the king with their *etrogim*, he set loose his gentile bodyguards, who killed many worshippers.

NOTES

As it is stated: The sons of Aaron shall put fire on the altar and lay out wood – שֶׁנֶּאֱמַר וְעָרְכוּ עֵצִים: Although this verse is written in the context of an individual burnt-offering and not the daily offering, the Gemara shows later (*daf* 27a) that this particular verse is referring specifically to the daily offering (*Tosafot Yeshanim*).

תָּנֵי רַבִּי חִיָּיא: פַּיִס פְּעָמִים שְׁלֹשָׁה עָשָׂר פְּעָמִים אַרְבָּעָה עָשָׂר פְּעָמִים חֲמִשָּׁה עָשָׂר פְּעָמִים שִׁשָּׁה עָשָׂר.

Rabbi Ḥiyya taught: Sometimes thirteen priests were involved in sacrificing the daily offering, all these tasks being assigned in the second lottery, as the mishna taught earlier. But **sometimes fourteen** priests are chosen in this manner to participate, since on *Sukkot* an additional priest is chosen to pour the water libation. And **sometimes fifteen** priests are chosen, on Shabbat, when two priests are tasked with burning the frankincense in the vessels. And **sometimes sixteen** priests are chosen, on Shabbat that occurs during *Sukkot*, when three extra priests are added: One to pour the water and two to burn the frankincense.

וְהָתַנְיָא שִׁבְעָה עָשָׂר!

The Gemara asks with regard to Rabbi Ḥiyya's statement: **But wasn't it taught** in a *baraita* that sometimes there are **seventeen**[N] priests involved in the daily offering?

הַהִיא דְּלָא כְּרַבִּי אֱלִיעֶזֶר בֶּן יַעֲקֹב אֶלָּא כְּרַבִּי יְהוּדָה.

The Gemara responds: **That** *baraita* **is not in accordance with** the opinion of **Rabbi Eliezer ben Ya'akov but is in accordance with** the opinion of **Rabbi Yehuda.** The seventeenth task of the daily morning offering referred to in the *baraita* is taking up the pieces of the offering from the ramp to the altar. According to Rabbi Eliezer ben Ya'akov, this task was not assigned to a new priest but was performed by the same priests who had brought the pieces to the ramp. The *baraita*, which does assign this task to a seventeenth priest, is therefore not in accordance with the opinion of Rabbi Eliezer ben Ya'akov. As the Gemara explained earlier, the opinions of Rabbi Yehuda and Rabbi Eliezer ben Ya'akov are mutually exclusive; consequently, since the *baraita* contradicts the opinion of Rabbi Eliezer ben Ya'akov, it must be in accordance with the opinion of Rabbi Yehuda. Rabbi Ḥiyya, however, adopted the view of Rabbi Eliezer ben Yaakov, and for this reason he taught that the maximum number of tasks assigned through the second lottery is only sixteen.

מתני׳ אַיִל קָרֵב בְּאַחַד עָשָׂר, הַבָּשָׂר בַּחֲמִשָּׁה, הַקְּרָבַיִים וְהַסּוֹלֶת וְהַיַּיִן בִּשְׁנַיִם שְׁנַיִם, פַּר קָרֵב בְּעֶשְׂרִים וְאַרְבָּעָה: הָרֹאשׁ וְהָרֶגֶל; הָרֹאשׁ – בְּאֶחָד, וְהָרֶגֶל – בִּשְׁנַיִם. הָעוֹקֶץ וְהָרֶגֶל; הָעוֹקֶץ – בִּשְׁנַיִם, וְהָרֶגֶל – בִּשְׁנַיִם. הֶחָזֶה וְהַגֵּרָה; הֶחָזֶה – בְּאֶחָד, וְהַגֵּרָה – בִּשְׁלֹשָׁה. שְׁתֵּי יָדַיִם בִּשְׁנַיִם, וּשְׁתֵּי דְּפָנוֹת בִּשְׁנַיִם. הַקְּרָבַיִים וְהַסּוֹלֶת וְהַיַּיִן בִּשְׁלֹשָׁה שְׁלֹשָׁה.

MISHNA **A ram** that is brought for a communal burnt-offering **is sacrificed by eleven** priests.[NH] **The flesh** on the various limbs is taken **by five** priests, as in the case of the sheep of the daily offering. **The intestines, and the fine flour** of the meal-offering, **and the wine** of the libation are carried by **two** priests **each,** because the meal-offering and wine libation that accompany a ram are larger than those that accompany a sheep. **A bull** is **sacrificed by twenty-four** priests.[NH] How so? **The head and the** right **leg** are sacrificed first, but due to its size **the head** is carried **by one** priest **and the leg by two. The tail and the** left **leg** are carried as follows: **The tail** is sacrificed **by two and the leg by two. The breast and the neck** are carried as follows: **The breast** is offered **by one and the neck by three** priests. The **two forelegs** are carried **by two** priests, **and the two flanks** are carried **by two. The intestines and the fine flour and the wine** are carried **by three each,** because the meal-offering and wine libation that accompany a bull are larger than those that accompany a ram.[N]

בַּמֶּה דְּבָרִים אֲמוּרִים – בְּקָרְבְּנוֹת צִיבּוּר, אֲבָל בְּקָרְבַּן יָחִיד אִם רָצָה לְהַקְרִיב מַקְרִיב. הֶפְשֵׁיטָן וְנִיתּוּחָן שֶׁל אֵלּוּ וְאֵלּוּ שָׁוִין.

In what case **is this statement said,** that this is the sequence followed? It is **in** the case of **communal offerings. However, in** the case of **an individual offering**[H] brought to fulfill a vow or an obligation, **if** a single priest **wishes to sacrifice** it alone **he** may **sacrifice** it alone,[N] or if he chooses he may include other priests in the service. With regard to **the flaying and the cutting of** both **these,** individual offerings, and **those,** communal offerings, **they are equal,** as will be explained in the Gemara.

NOTES

But wasn't it taught that sometimes there are seventeen – וְהָתַנְיָא שִׁבְעָה עָשָׂר: The commentaries find this passage difficult, especially the claim that the *baraita* is not in accordance with the opinion of Rabbi Eliezer ben Ya'akov but with that of Rabbi Yehuda (see Rashi and *Tosafot*). Most early commentaries accept the interpretation of Rabbeinu Ḥananel along with his version of the text (see *Gevurat Ari*).

A ram is sacrificed by eleven priests – אַיִל קָרֵב בְּאַחַד עָשָׂר: In the Jerusalem Talmud it is explained that this was all done to fulfill the verse: "In the multitude of people is the king's glory." When a particular service was required, it was inappropriate to economize with regard to the number of participants. On the contrary, an effort was made to include more priests.

A bull is sacrificed by twenty-four priests – פַּר קָרֵב בְּעֶשְׂרִים וְאַרְבָּעָה: The question is raised in the name of the Ra'avad: How is it possible that a bull was cut into more pieces than a sheep, considering that the Gemara (*Ḥullin* 11a) teaches that pieces of a burnt-offering may not be cut further into smaller pieces? The suggested answer (see *Tosefot Rid* and Rabbi Ovadya Bartenura) is that the bull was not divided into more pieces than was the sheep, but since the pieces of the bull were so much larger, several priests were required to carry some of them. Others explain that since a bull is so large, it may be cut up in a manner different from that of the other animals at the outset, thus producing more pieces (see *Yad David*).

The libations of a ram and a bull – נִסְכֵי אַיִל וּפַר: The Torah lists the amounts of meal-offerings and wine libations that accompany the different kinds of animal offerings: One-tenth of an ephah of fine flour for a sheep, two-tenths of an ephah for a ram, and three-tenths of an ephah for an ox. One quarter of a *hin* of wine, equal to three *log*, is brought for a sheep, four *log* for a ram, and six *log* for an ox. The number of priests employed in bringing up these items depends on how many tenths of an ephah were offered for each particular animal.

If a single priest wishes to sacrifice it alone he may sacrifice it alone – אִם רָצָה לְהַקְרִיב מַקְרִיב: The author of the *Mishne LaMelekh* asks: How was it determined which priest sacrificed an offering brought by an individual? According to Rashi the donor of the offering chose the priest to perform the service, whereas *Tosafot* (see comments of the *Noda Bihuda*) maintain that there was a lottery or a different system in place to assign this privilege.

HALAKHA

A ram that is brought for a communal burnt-offering is sacrificed by eleven priests – אַיִל קָרֵב בְּאַחַד עָשָׂר: When a communal ram is sacrificed as a burnt-offering, it is carried up by eleven priests (Rambam *Sefer Avoda, Hilkhot Ma'aseh HaKorbanot* 6:17).

A bull is sacrificed by twenty-four priests – פַּר קָרֵב בְּעֶשְׂרִים וְאַרְבָּעָה: A bull of a communal burnt-offering is sacrificed by twenty-four priests (Rambam *Sefer Avoda, Hilkhot Ma'aseh HaKorbanot* 6:18).

The sacrifice of an individual offering – הַעֲלָאַת קָרְבַּן יָחִיד: The fixed number of priests involved in sacrificing a burnt-offering is limited to communal offerings. A greater or lesser number of priests may participate in the sacrifice of an individual's offering, as needed (Rambam *Sefer Avoda, Hilkhot Ma'aseh HaKorbanot* 6:19).

גמ׳ תָּנָא: הֶפְשֵׁיטָן וְנִיתּוּחָן שָׁוִין – בְּזָר.

GEMARA A Sage **taught** in the *Tosefta*: The individual offerings and communal offerings are **equal** with regard to **their flaying and cutting,** in that these may be performed **by a non-priest.**[H] They are not considered services that require priests.

אָמַר חִזְקִיָּה: מִנַּיִין לְהֶפְשֵׁט וְנִיתּוּחַ שֶׁשָּׁוֶה בְּזָר – שֶׁנֶּאֱמַר: ״וְנָתְנוּ בְּנֵי אַהֲרֹן הַכֹּהֵן אֵשׁ עַל הַמִּזְבֵּחַ״ נְתִינַת אֵשׁ בָּעֲיָא כְּהוּנָּה, הֶפְשֵׁט וְנִיתּוּחַ – לֹא בָּעֲיָא כְּהוּנָּה.

Hizkiya said: From where is it derived that they are **equal** with regard to **their flaying and cutting?** From where is it derived that flaying and cutting of offerings, whether individual or communal, may be performed **by a non-priest?**[N] At first it is stated with regard to the burnt-offering: "And he shall flay the burnt-offering and cut it into its pieces" (Leviticus 1:6), and following that **it is stated: "The sons of Aaron the priest shall place fire on the altar"** (Leviticus 1:7). The fact that the sons of Aaron are mentioned in the verse about putting fire on the altar but not in the verse about flaying and cutting teaches that **placing fire** on the altar **requires priesthood,** i.e., it must be performed by priests, but **flaying and cutting do not require priesthood.**

HALAKHA

Flaying and cutting by a non-priest – הֶפְשֵׁט וְנִיתּוּחַ בְּזָר: The flaying and cutting of offerings may be performed by non-priests (Rambam *Sefer Avoda, Hilkhot Biat HaMikdash* 9:6).

NOTES

From where is it derived that flaying and cutting may be performed by a non-priest – מִנַּיִין לְהֶפְשֵׁט וְנִיתּוּחַ...בְּזָר: The question is raised: Since the Torah does not specify anywhere that priests should perform these tasks, why would it need a special verse to teach that non-priests can perform them? Perhaps the Gemara feels that since only priests are involved with the sacrifice from the moment after the animal has been slaughtered, one might have thought that all actions from that point are restricted to them. This is why the Gemara cites a verse that shows that the priests' role is limited to placing the fire (*Gevurat Ari*). The statement of the Gemara here is substantiated by explicit passages elsewhere in the Bible (see II Chronicles 29:34, 35:11), which state that during the times of Kings Hezekiah and Josiah, these tasks were performed by Levites and not by priests (Rav Ya'akov Emden).

Perek **II**
Daf **27** Amud **a**

הַאי מִיבְּעֵי לֵיהּ לְגוּפֵיהּ! אָמַר רַב שִׁימִי בַּר אָשֵׁי, אַשְׁכַּחְתֵּיהּ לְאַבָּיֵי דַּהֲוָה מַסְבַּר לֵיהּ לִבְרֵיהּ: ״וְשָׁחַט״ – שְׁחִיטָה בְּזָר כְּשֵׁירָה. וְכִי מֵאַיִן בָּאתָ – מִכְּלָל שֶׁנֶּאֱמַר: ״וְאַתָּה וּבָנֶיךָ אִתְּךָ תִּשְׁמְרוּ אֶת כְּהוּנַּתְכֶם״ שׁוֹמֵעַ אֲנִי אֲפִילּוּ שְׁחִיטָה.

The Gemara asks: But **that** verse about putting fire on the altar **is needed for its own sake,**[N] to teach that the wood must be brought by a priest; it should not be interpreted as an inference that other services, such as flaying and cutting, may be performed by non-priests. **Rav Shimi bar Ashi said: I found Abaye explaining** Hizkiya's derivation **to his son** based on the following *baraita*. It is written: **"And he shall slaughter** the bull before the Lord" (Leviticus 1:5), with no mention of a priest, which teaches that **slaughter by a non-priest is acceptable.** The *baraita* continues: **Now, from where would you come** to think otherwise? Why would one even suspect that a priest should be required to slaughter the offering, so that a specific verse is required to tell us otherwise? **From the fact that it is stated: "And you and your sons with you shall keep your priesthood"** (Numbers 18:7), **I would derive** that no part of the sacrificial service may be performed by a non-priest, not **even slaughtering.**

תַּלְמוּד לוֹמַר ״וְשָׁחַט אֶת בֶּן הַבָּקָר לִפְנֵי ה׳ וְהִקְרִיבוּ בְּנֵי אַהֲרֹן הַכֹּהֲנִים אֶת הַדָּם״, מִקַּבָּלָה וְאֵילָךְ מִצְוַת כְּהוּנָּה. ״וְסָמַךְ יָדוֹ וְשָׁחַט״ – לִימֵּד עַל הַשְּׁחִיטָה שֶׁכְּשֵׁירָה בְּזָר.

The *baraita* continues: Therefore, **the verse states: "And he shall slaughter the bull before the Lord, and the sons of Aaron… shall sacrifice the blood"** (Leviticus 1:5), from which it is inferred that **from the** sacrificing of blood, which begins with the **collection** of the blood, **and onward is a mitzva** exclusively **of priesthood.** Just prior to this the Torah states: **"And he shall place his hands** upon the head of the burnt-offering… **and he shall slaughter**[N] the bull before the Lord" (Leviticus 1:4–5). In this verse the Torah is referring to the donor of the offering when it says: He shall place his hands, and therefore when it continues: And he shall slaughter, it is also referring to the donor. The Torah thereby **taught** that **the slaughter** of the offering **is acceptable** if performed **by a non-priest.**

מִכְּדִי, מִקַּבָּלָה וְאֵילָךְ מִצְוַת כְּהוּנָּה, ״וְנָתְנוּ בְּנֵי אַהֲרֹן״ לָמָּה לִי? לְמַעוֹטֵי הֶפְשֵׁט וְנִיתּוּחַ.

Abaye asked: **Since,** as this *baraita* establishes, **from the collection** of the blood **and onward is a mitzva** exclusively **of priesthood, why do I** need the Torah to say afterward: **"The sons of Aaron shall put** fire on the altar" (Leviticus 1:7)? Since the verse about putting the fire on the altar follows the verse about collection of blood, it is clear that it must be done by priests, and the verse's stipulation of this fact appears superfluous. This is why Hizkiya concluded that the verse is not required for its own sake but is needed to teach the following inference: It is only the placing of fire on the altar that requires priests, **to the exclusion of flaying and cutting up** the animal, which may be performed by a non-priest.

NOTES

But that verse is needed for its own sake – הַאי מִיבְּעֵי לֵיהּ לְגוּפֵיהּ: The question is raised: Even if the verse were needed for its own sake, one could still say that since priests are mentioned in the context of placing wood on the altar, the implication is that those activities that preceded this, such as flaying and cutting up the animal, did not yet require priests. The question is answered as follows: One might have thought that the requirement of priests, appearing in the verse about carrying the blood, which precedes the verse about flaying, applies to flaying as well, since it is an activity performed directly on the sacrificial animal. The placing of wood, on the other hand, is not an activity performed directly on the animal, and therefore the requirement of priesthood in the verse about carrying the blood does not extend to it. Consequently, a specific verse is needed to show that flaying need not necessarily be performed by a priest (*Tosafot Yeshanim*; *Tosefot HaRosh*).

And he shall place his hands upon the head of the burnt-offering…and he shall slaughter – וְסָמַךְ יָדוֹ וְשָׁחַט: The commentaries question why the Gemara included this seemingly superfluous point, since the principle that non-priests may slaughter has already been derived from the fact that priests are not mentioned until the verse about carrying the blood. Some claim that this line is not actually part of the *baraita* brought by Abaye, as it is indeed absent from the parallel texts in tractate *Zevaḥim* and elsewhere. Rather, it represents part of Abaye's teaching to his son. Abaye taught him that since it was taught in the *baraita* that priests are required from the time the blood is collected, one can conclude that a non-priest may perform the slaughter and that the subject of the phrase "he shall place his hands" is the same as that of the phrase "he shall slaughter"; both refer to the donor of the offering (*Siaḥ Yitzḥak*).

וְאַכַּתִּי אִיצְטְרִיךְ, סָלְקָא דַּעְתָּךְ אָמֵינָא: כֵּיוָן דְּלָאו עֲבוֹדָה דִּמְעַכְּבָא כַּפָּרָה הִיא – לָא תִּיבָּעֵי כְּהוּנָּה, קָא מַשְׁמַע לָן דִּבְעֵי כְּהוּנָּה!

The Gemara asks: **But still,** the verse about the placement of wood by priests **is necessary** for its own sake. As **it might have entered your mind to say** that **since** placing the wood is **not a service that is indispensable** for obtaining **atonement,** as atonement is achieved solely through the blood of the offering, it should **not be required** to be performed by **priests.** And one might have thought that the principle that all tasks from the collection of the blood and onward require a priest applies only to services relating to the blood. Therefore, the verse **teaches us** that nevertheless, **priesthood is required.** Consequently, it cannot be asserted that the verse is written for the purpose of excluding other services.

אֶלָּא מֵהָכָא: "וְעָרְכוּ בְּנֵי אַהֲרֹן הַכֹּהֲנִים אֵת הַנְּתָחִים אֶת הָרֹאשׁ וְאֶת הַפָּדֶר", מִכְּדִי, מִקַּבָּלָה וְאֵילָךְ מִצְוַת כְּהוּנָּה "וְעָרְכוּ" לָמָּה לִי? לְמַעוֹטֵי הֶפְשֵׁט וְנִיתּוּחַ.

Rather, Hizkiya's derivation must be rejected, and the acceptability of non-priests for flaying and cutting the animal must be learned **from here:** It is written: **"And Aaron's sons, the priests, shall lay out the pieces, the head and the fat"** (Leviticus 1:8). **Since,** as the *baraita* above establishes, **from the collection** of the blood **and onward is a mitzva** exclusively **of priesthood, why do I** need the verse to specify: **"And** Aaron's sons **shall lay out** the pieces"? Since the specification of priesthood here appears superfluous, one must conclude that it is written not for its own sake but **to exclude flaying and cutting up** the animal, to teach that those acts need not be performed by a priest.

וְאֵימָא לְמַעוֹטֵי סִידּוּר שְׁנֵי גְזִירֵי עֵצִים! מִסְתַּבְּרָא: דִּיבְחָא דִּכְוָתֵיהּ מְמַעֵט.

The Gemara asks: Granted, the verse comes to convey the inference that another act does not require priesthood, **but say** that it comes **to exclude the arrangement of the two logs,** to teach that this activity may be done by a non-priest. The Gemara rejects this: **It is** more **reasonable** that the verse, which deals with laying out the pieces of the offering on the altar, would **exclude a service** that is **similar to itself,** i.e., something related to the body of the sacrificial animal, such as flaying it and cutting it up, rather than the arrangement of the wood, which is not related to the animal itself.

אַדְּרַבָּה, סִדּוּר דִּכְוָתֵיהּ מְמַעֵט!

The Gemara responds: **On the contrary,** one should say that **it excludes** something relevant to **arrangement,** i.e., the placement of the logs, **which is similar** to the laying of the pieces of the offering in that both pertain to the placement of an item on the altar. Perhaps, then, the verse is coming to convey the inference that the arrangement of the logs, unlike the arrangement of the pieces of the offering, may be performed by a non-priest.

לָא סָלְקָא דַּעְתָּךְ; דְּאָמַר מָר: "וְהִקְרִיב הַכֹּהֵן אֶת הַכֹּל הַמִּזְבֵּחָה" – זוֹ הוֹלָכַת אֵבָרִים לַכֶּבֶשׁ. הוֹלָכַת אֵבָרִים לַכֶּבֶשׁ – הוּא דְּבָעֲיָא כְּהוּנָּה, הוֹלָכַת עֵצִים – לָא בָּעֲיָא כְּהוּנָּה, הָא סִידּוּר שְׁנֵי גְזִירֵי עֵצִים – בָּעֲיָא כְּהוּנָּה.

The Gemara rejects this argument: **It cannot enter your mind** to say this, **as the Master said:** After mentioning the mitzva to collect the blood, the Torah states: **"And the priest shall bring all of it near and burn it on the altar"** (Leviticus 1:13), where bringing near is referring to **carrying the limbs to the ramp.** The specification of priesthood in this verse is not required for its own sake, since all services following the collection of blood require priesthood. Therefore, it must be that it comes to convey the inference that **it is** only **carrying the limbs to the ramp that requires priesthood,** but **carrying wood**[H] to the altar **does not require priesthood. This,** in turn, implies that **the** actual **arrangement of the two logs,** which was not excluded, **does require priesthood.**

"וְעָרְכוּ" לָמָּה לִי? לְמַעוֹטֵי הֶפְשֵׁט וְנִיתּוּחַ. וְאֵימָא הָכִי נַמִּי לְגוּפֵיהּ!

The Gemara returns to the derivation presented above, where the question was raised: **Why do I** need the words **"and** Aaron's sons **shall lay out** the pieces"? The conclusion was that the specification of priesthood here comes **to exclude flaying and cutting up** the animal, to teach that these acts may be performed by a non-priest. The Gemara now rejects this derivation: **But say that this** verse **too is** necessary **for its own sake,**[N] to teach the lesson that the Gemara will shortly derive from these words (Maharsha), and one can no longer assert that the verse comes solely for the purpose of conveying the inference that other, similar acts, i.e., flaying and cutting up the animal, do not require priesthood.

HALAKHA

Carrying wood – הוֹלָכַת עֵצִים: Carrying wood to the altar is not a sacred service and may be performed by a non-priest (Rambam *Sefer Avoda, Hilkhot Biat HaMikdash* 9:6).

NOTES

But say that this verse too is necessary for its own sake – וְאֵימָא הָכִי נַמִּי לְגוּפֵיהּ: The later commentaries point out that this sentence appears to be difficult. Indeed, most of the early commentaries appear not to have had this line in their text at all (see *Mishḥat Aharon*).

אֶלָּא: ״וְהִקְטִיר הַכֹּהֵן אֶת הַכֹּל״ לְמַאי אֲתָא – לְמַעוֹטֵי הֶפְשֵׁט וְנִיתּוּחַ.

Rather, this derivation must be rejected as well, and another verse must be found from which to prove that non-priests may flay and cut up the animal. The Torah states: **"And the priest shall burn all of it on the altar"** (Leviticus 1:9). Since this is an act following the collection of the blood, the specification of priesthood is not needed for its own sake. Therefore, **for what** purpose does that verse **come?** It comes **to exclude flaying and cutting up** the animal, which may be performed by a non-priest.

״וְהִקְרִיב הַכֹּהֵן אֶת הַכֹּל הַמִּזְבֵּחָה – זוֹ הוֹלָכַת אֵבָרִים לַכֶּבֶשׁ. הוֹלָכַת אֵבָרִים לַכֶּבֶשׁ – הוּא דְּבָעֲיָא כְּהוּנָּה, הוֹלָכַת עֵצִים – לָא בָּעֲיָא כְּהוּנָּה, הָא סִדּוּר שְׁנֵי גְזִירֵי עֵצִים – בָּעֲיָא כְּהוּנָּה, ״וְנָתְנוּ״ – לְגוּפֵיהּ.

The Gemara reviews the lessons taught by the other verses cited above. When the Torah writes: **"The priest shall bring all of it near…the altar"** (Leviticus 1:13), **this** is referring to **carrying the limbs to the ramp,** and the verse comes to exclude other, similar actions, teaching that although **carrying the limbs to the ramp requires priesthood, carrying wood** to the altar **does not require priesthood. Therefore,** it is derived from here as well that the **arrangement of the two logs does require priesthood,** as explained above. And when the Torah writes: "The sons of Aaron **shall put** fire on the altar" (Leviticus 1:7), this is necessary **for its own sake,** to teach that this service must be done by priests.

״וְעָרְכוּ״ – שְׁנַיִם, ״בְּנֵי אַהֲרֹן״ – שְׁנַיִם, ״הַכֹּהֲנִים״ – שְׁנַיִם, לָמַדְנוּ לְטָלֶה שֶׁטָּעוּן שִׁשָּׁה.

When the Torah states: "And the sons of Aaron, the priests, shall lay out the pieces, the head and the fat" (Leviticus 1:8), it comes to teach the following: **"And they shall lay out,"** through the use of the plural, teaches that it must be done by **two** priests, as the minimum number implied by a plural word is two. **"The sons of Aaron,"** also in plural, indicates an additional **two; "the priests,"** also in plural, indicates **two** more. **We** therefore **learn** from this verse **that** the sacrificial **lamb requires six**[H] priests to carry its limbs to the altar.The flesh is taken by five priests, and the innards by one, as described in an earlier mishna.

אָמַר רַב הַמְנוּנָא, קַשְׁיָא לֵיהּ לְרַבִּי אֶלְעָזָר: הַאי בְּבֶן הַבָּקָר כְּתִיב, וּבֶן הַבָּקָר עֶשְׂרִים וְאַרְבָּעָה בָּעֵי! וְנִיחָא לֵיהּ: ״עַל הָעֵצִים אֲשֶׁר עַל הָאֵשׁ אֲשֶׁר עַל הַמִּזְבֵּחַ״ אֵיזֶהוּ דָּבָר שֶׁנֶּאֱמַר בּוֹ עֵצִים אֵשׁ וּמִזְבֵּחַ

Rav Hamnuna said that **Rabbi Elazar posed a difficulty: This** verse **is written** about a young bull, not a lamb; and a **bull requires twenty-four** priests. How, then, can this verse be used as the source that six priests are required to carry the limbs of a lamb? And **he resolved** the difficulty himself as follows: The same verse states: **"On the wood that is on the fire upon the altar"** (Leviticus 1:8),[N] all of which apparently teaches nothing new about the sacrifice. Therefore, it is seen as an allusion to the daily offering, which was a lamb, as **what is an item about which it is stated that** specially prepared **wood and fire** on an **altar** must be provided, and that pre-existing wood and fire do not suffice?

HALAKHA

The lamb requires six – **טָלֶה בְּשִׁשָּׁה**: The lamb of a communal burnt-offering is taken to the altar by six priests (Rambam *Sefer Avoda, Hilkhot Ma'aseh HaKorbanot* 6:10).

NOTES

On the wood that is on the fire upon the altar – **עַל הָעֵצִים אֲשֶׁר עַל הָאֵשׁ אֲשֶׁר עַל הַמִּזְבֵּחַ**: Rashi writes that these words in the Torah are apparently superfluous, and for this reason they are seen as an allusion to the daily offering. In fact, however, all these words are expounded in the Gemara or other exegetical *midrashim*. One could answer that this Gemara follows the Jerusalem Talmud, in which a verbal analogy is employed between Leviticus 1:8 and Leviticus 1:12, where an identical phrase appears. One of the two uses of the phrase is extraneous, and it alludes to the daily offering (*Be'er Avraham*).

הֲוֵי אוֹמֵר – זֶה טָלֶה.

You must say that **this is the lamb** of the morning daily offering, concerning which the Torah commands that a new woodpile be prepared every day and that the altar must be lit anew each morning. Therefore, although the verse is ostensibly speaking of a bull, it also alludes to the lamb of the daily offering and to the fact that it should be brought by six priests.

אֲמַר רַבִּי אַסִּי אָמַר רַבִּי יוֹחָנָן: זָר שֶׁסִּידֵּר אֶת הַמַּעֲרָכָה חַיָּיב. כֵּיצַד הוּא עוֹשֶׂה – פּוֹרְקָהּ וְחוֹזֵר וְסוֹדְרָהּ. מַאי אַהֲנֵי לֵיהּ? אֶלָּא פּוֹרְקָהּ זָר, וְסוֹדְרָהּ כֹּהֵן.

§ **Rabbi Asi said** that **Rabbi Yoḥanan said: A non-priest who set up the arrangement of wood**[H] on the altar **is liable** to receive the death penalty by God's hand for having performed an act that is restricted to priests, and the woodpile that he placed is invalid. **What should he do** to repair the woodpile? **He** should **dismantle it and then rearrange it.**[N] The Gemara is surprised at this: **What good would this do for** the woodpile? How would it help for the non-priest himself to rearrange the wood? It would be just as invalid as it was the first time. **Rather,** one must say that the **non-priest** should **dismantle** it, as there is nothing wrong with a non-priest dismantling the woodpile, **and a priest** then **rearranges it.**

מַתְקִיף לָהּ רַבִּי זֵירָא: וְכִי יֵשׁ לְךָ עֲבוֹדָה שֶׁכְּשֵׁירָה בַּלַּיְלָה וּפְסוּלָה בְּזָר?

Rabbi Zeira strongly objects to Rabbi Yoḥanan's teaching: **And do you have any service that is valid if performed at night and** yet **is invalid** if performed **by a non-priest?** A bona fide Temple service must be performed during the day. That the wood on the altar may be arranged while it is still nighttime shows that it is not a bona fide service, and therefore it should be permitted for non-priests to perform it.

וְלֹא? וַהֲרֵי אֵבָרִים וּפְדָרִים! סוֹף עֲבוֹדָה דִּימָמָא הִיא.

The Gemara expresses wonder at Rabbi Zeira's equation of the two issues: **And** is there really **no** such thing as a service that may be performed at night but which is prohibited for a non-priest to perform? **Isn't there** the burning **of the limbs and the fats** of offerings on the altar, which continues throughout the night, and yet it was taught earlier in this chapter that a non-priest who participates in that service incurs the death penalty? The Gemara rejects this objection: The burning of sacrificial limbs and fats, though it may be done at night, is not considered a nighttime service but **the end of the daytime service,** as it is merely the culmination of the sacrificial service that began during the day.

וַהֲרֵי תְּרוּמַת הַדֶּשֶׁן! תְּחִלַּת עֲבוֹדָה דִּימָמָא הִיא, דְּאָמַר רַבִּי אַסִּי אָמַר רַבִּי יוֹחָנָן: קִידֵּשׁ יָדָיו לִתְרוּמַת הַדֶּשֶׁן – לְמָחָר אֵינוֹ צָרִיךְ לְקַדֵּשׁ, שֶׁכְּבָר קִידֵּשׁ מִתְּחִלַּת עֲבוֹדָה. וְאֶלָּא קַשְׁיָא!

The Gemara asks further: **But isn't there the removal of the ashes**[N] from the altar, which may be performed at night, and yet may not be done by a non-priest? The Gemara rejects this too: The removal of ashes is also not considered a nighttime service but **the start of the daytime service.**[N] And the proof for this is **that Rabbi Asi said** that **Rabbi Yoḥanan said:** If a priest has **sanctified his hands** at night by washing them **for the removal of the ashes, the next day,** i.e., after daybreak, **he need not sanctify** his hands again, **as he already sanctified** them **at the start of the service.** Rabbi Zeira's equation between services performed at night and services that may be performed by non-priests therefore remains intact. **If so,** the objection that he raised to the opinion of Rabbi Yoḥanan remains **difficult.**

HALAKHA

A non-priest who set up the arrangement of wood – זָר שֶׁסִּידֵּר אֶת הַמַּעֲרָכָה: If a non-priest arranges the wood on the altar, he should dismantle it and a priest must then rearrange it, since the service is invalid if performed by a non-priest (Rambam *Sefer Avoda, Hilkhot Biat HaMikdash* 9:9). This is in accordance with the statement of Rabbi Yoḥanan. Although Rabbi Yoḥanan's statement was rejected and revised because of Rabbi Zeira's question, it seems that the Rambam believes that Rabbi Zeira's objection was only with regard to the non-priest's liability and not to the corrective measure he mentions (*Kesef Mishne*).

NOTES

He should dismantle it and then rearrange it – פּוֹרְקָהּ וְחוֹזֵר וְסוֹדְרָהּ: Some commentaries explain that the Gemara's question is what the priest should do to correct the situation, and it answers that the priest should dismantle and reassemble the wood. Then the Gemara asks what dismantling the wood achieves that should require a priest to do it. It answers that indeed a priest is not required for the dismantling, but only for the rearranging (*Ḥayyim Shenayim Yeshalem*).

But isn't there the removal of the ashes – וַהֲרֵי תְּרוּמַת הַדֶּשֶׁן: Earlier in this chapter Rav and Levi debated the status of this service with regard to non-priests. Rav stated that a non-priest is not liable if he performs this act because it is not a service of placing but of taking away; Levi disagreed. However, the Gemara's question here is valid even according to Rav, as even though he exonerates the non-priest for performing this service, he does not base his exoneration on the fact that it is a nighttime service but on a different reason (Ritva). According to the Jerusalem Talmud it seems that Rabbi Yoḥanan agrees with Levi's position that a non-priest is liable for removing the ashes. If so, this is certainly a valid challenge.

Removal of the ashes is considered the start of the daytime service – תְּרוּמַת הַדֶּשֶׁן תְּחִלַּת עֲבוֹדָה: One could ask: If removal of the ashes is considered the start of the daytime service, then the arranging of the wood on the altar, which is performed after that, should certainly be considered a daytime service. Some commentaries answer that the act of removing the ashes has a fixed time and it does indeed serve as the start of the day's service. On the other hand, there is no set time to arrange wood on the altar. In fact, in the event that the previous day's wood is consumed in the middle of the night, new wood is placed there before the removal of the ashes for the purpose of burning the limbs and the fats (Ritva). Another approach argues that while removal of the ashes is performed at night, it holds a particular importance because it is the day's opening service. In that sense it is like slaughtering, which, due to its importance, is assigned through a lottery, although it may be done by a non-priest. Arranging the wood has no such importance because it does not signify the start of a service (Rashash).

אֶלָּא כִּי אִיתְּמַר – הָכִי אִיתְּמַר, אָמַר רַבִּי אַסִּי אָמַר רַבִּי יוֹחָנָן: זָר שֶׁסִּידֵּר שְׁנֵי גִזְרֵי עֵצִים – חַיָּיב, הוֹאִיל וַעֲבוֹדַת יוֹם הִיא. מַתְקִיף לַהּ רָבָא: אֶלָּא מֵעַתָּה תִּיבְּעֵי פַּיִיס! אִשְׁתְּמִיטְתֵיהּ הָא דְּתַנְיָא: מִי שֶׁזָּכָה בִּתְרוּמַת הַדֶּשֶׁן – זָכָה בְּסִדּוּר מַעֲרָכָה, וּבְסִדּוּר שְׁנֵי גִזְרֵי עֵצִים.

Rather, Rabbi Yoḥanan's statement must be revised, and one must posit that **when it was stated, this is how it was stated. Rabbi Asi said** that **Rabbi Yoḥanan said: A non-priest who arranges the two logs** on the altar **is liable** to receive the death penalty by God's hand, **since it is a daytime service. Rava strongly objects to this: But if** that is so, if arranging the two logs is a bona fide daytime service and is prohibited to non-priests on pain of death, it **should require a lottery;** and yet in practice this service is not assigned by a lottery. The Gemara comments that **it must have escaped** Rava's mind[N] **that which is taught** explicitly in a *baraita*: The priest **who was privileged to** perform the **removal of the ashes was** also **privileged with setting up the arrangement of wood** on the altar and with placing the **two logs.**

לְמֵימְרָא דַּעֲבוֹדַת יוֹם בָּעֲיָא פַּיִיס, עֲבוֹדַת לַיְלָה לָא בָּעֲיָא פַּיִיס? וַהֲרֵי אֵבָרִים וּפְדָרִים! סוֹף עֲבוֹדָה דִּימָמָא הִיא, – וַהֲרֵי תְּרוּמַת הַדֶּשֶׁן מִשּׁוּם מַעֲשֶׂה שֶׁהָיָה.

Another difficulty is raised with regard to Rava's statement: **Is that to say that a daytime service requires a lottery** and, conversely, a **nighttime service does not require a lottery? Isn't there** the burning of **the limbs and the fats** on the altar, which is done at night and yet is assigned through a lottery? The Gemara responds: That is not difficult, since the burning of the limbs and the fats **is the end of the daytime service,** as explained above. The Gemara asks: **But isn't there the removal of the ashes** from the altar, which is a nighttime service and yet requires a lottery? The Gemara answers: Indeed, a lottery should not have been required for that service, but one was instituted **due to the incident that occurred,** when the priests came to danger, as related in the mishna.

לְמֵימְרָא דַּעֲבוֹדַת יוֹם, וְשֶׁזָּר חַיָּיב עָלֶיהָ מִיתָה – בָּעֲיָא פַּיִיס, אֵין זָר חַיָּיב עָלֶיהָ מִיתָה – לָא בָּעֲיָא פַּיִיס? וַהֲרֵי שְׁחִיטָה! שָׁאנֵי שְׁחִיטָה, דִּתְחִלַּת עֲבוֹדָה הִיא.

The Gemara asks further: **Is that to say that** any service that is a **daytime service and** for which **a non-priest** would be **liable** to receive **the death penalty requires a lottery,** and conversely, a daytime service for which **a non-priest** would **not** be **liable** to receive **the death penalty does not require a lottery? But isn't there** the **slaughtering** of the daily offering, which may be performed by a non-priest and yet requires a lottery? The Gemara rejects this point: **Slaughtering is different,** because **it is the beginning of the service** of the daily offering and is therefore considered important enough to warrant a lottery.

אָמַר מָר זוּטְרָא וְאִיתֵּימָא רַב אַשִׁי: וְהָא אֲנַן לָא תְּנַן הָכִי; אָמַר לָהֶם הַמְמוּנֶּה: צְאוּ וּרְאוּ אִם הִגִּיעַ זְמַן הַשְּׁחִיטָה. וְאִילּוּ זְמַן שְׁנֵי גִזְרֵי עֵצִים – לָא קָתָנֵי.

The Gemara asks with regard to the revised version of Rabbi Yoḥanan's statement: **Mar Zutra, and some say Rav Ashi, said: But didn't we learn** that **it is not so** that arranging the logs must be done during the day, as it was taught in a mishna: **The appointed** priest **said to them: Go out and see if the time for slaughtering has arrived.** The mishna **does not teach** that the appointee said: Go and see if **the time for** arranging **the two logs** has arrived. This shows that the logs need not be placed after daybreak but may be arranged while it is still night.

הָךְ דְּלֵית לַהּ תַּקַּנְתָּא – קָתָנֵי, הָךְ דְּאִית לַהּ תַּקַּנְתָּא. לָא קָתָנֵי! הָךְ דְּלֵית לַהּ תַּקַּנְתָּא – קָתָנֵי, הָךְ דְּאִית לַהּ תַּקַּנְתָּא – לָא קָתָנֵי.

The Gemara rejects this argument: The reason the mishna mentions slaughtering is that it prefers to **teach** this statement with regard to **that which has no rectification** if it is done at night, such as slaughtering the offering, which is rendered irreparably invalid if done before daybreak. **It does not** want to **teach something that has rectification** if done at night, such as arranging the two logs, which can always be removed and replaced properly. However, the proper time for arranging the logs is indeed daytime.

וְאִיכָּא דְּאָמְרִי, מַתְקִיף לַהּ רַבִּי זֵירָא: וְכִי יֵשׁ לְךָ עֲבוֹדָה שֶׁיֵּשׁ אַחֲרֶיהָ עֲבוֹדָה, וּפְסוּלָה בְּזָר?

And some say a different version of Rabbi Zeira's objection: **Rabbi Zeira strongly objects to** Rabbi Yoḥanan's statement that a non-priest who arranged the woodpile incurs the death penalty: **And do you have any service that is** not complete on its own but is **followed by a different service,** such as the arrangement of the two logs, **and** yet is **invalid** and is punishable by death if performed **by a non-priest?** It was taught earlier in the chapter that a non-priest incurs the death penalty only for performing a service that is complete, i.e., a service that is not followed by other services that complete the task being performed.

NOTES

It must have escaped Rava's mind – אִשְׁתְּמִיטְתֵיהּ: This remark of the Gemara is respectful toward Rava, as it suggests that he most certainly knew the teaching and it must have momentarily slipped his mind (*Hut HaShani*).

וַהֲרֵי אֵבָרִים וּפְדָרִים! – סוֹף עֲבוֹדָה דִּימָמָא הִיא. וַהֲרֵי תְּרוּמַת הַדֶּשֶׁן! תְּחִילַּת עֲבוֹדָה דִּימָמָא הִיא. דְּאָמַר רַבִּי יוֹחָנָן: קִידֵּשׁ יָדָיו לִתְרוּמַת הַדֶּשֶׁן – לְמָחָר אֵינוֹ צָרִיךְ לְקַדֵּשׁ, שֶׁכְּבָר קִידֵּשׁ מִתְּחִילַּת עֲבוֹדָה. אֶלָּא קַשְׁיָא!

The Gemara expresses wonder at Rabbi Zeira's equation of these two issues: **But isn't there** the burning of **the limbs and the fats?**[N] The Gemara answers: That is not difficult, because the burning of the limbs and the fats **is the end of the daytime service.** The Gemara asks further: **But isn't there the removal of the ashes?** The Gemara rejects that argument: Removing the ashes is **the start of the daytime service,** as **Rabbi Yoḥanan said:** If a priest **sanctified his hands**[B] at night by washing them **for the removal of the ashes, the next day,** i.e., after daybreak, **he need not sanctify** his hands again, **as he already sanctified** them **at the start of the service.** Rabbi Zeira's equation between services that are incomplete by themselves and services for which a non-priest does not incur the death penalty therefore remains intact. **If so,** the question that he asked concerning Rabbi Yoḥanan's statement remains **difficult.**

אֶלָּא; אִי אִתְּמַר – הָכִי אִתְּמַר, אָמַר רַבִּי אַסִי אָמַר רַבִּי יוֹחָנָן: זָר שֶׁסִּידֵּר שְׁנֵי גְּזִירֵי עֵצִים – חַיָּיב, הוֹאִיל וַעֲבוֹדָה תַּמָּה הִיא.

Rather, Rabbi Yoḥanan's statement must be revised, and one must posit that **when it was stated, this is how it was stated: Rabbi Asi said** that **Rabbi Yoḥanan said: A non-priest who arranges the two logs is liable** to receive the death penalty, **since it is a service that is complete,** i.e., it is not followed and completed by a subsequent service. Although the burning of the limbs upon the altar follows the placement of the logs, that is considered to be an independent act, not the completion of the service of placing the logs. This is because the placing of the logs is done while still night, while the burning of the limbs cannot be done until daybreak.

מַתְקִיף לַהּ רָבָא: אֶלָּא מֵעַתָּה תִּבָּעֵי פַּיִיס! וְלָא בָּעֲיָא פַּיִיס?! וְהָתַנְיָא: מִי שֶׁזָּכָה בִּתְרוּמַת הַדֶּשֶׁן – יִזְכֶּה בְּסִידּוּר שְׁנֵי גְּזִירֵי עֵצִים!

Rava strongly objects to this: However, if that is **so,** the service of placing the two logs **should require a lottery.** The Gemara expresses surprise at Rava's comment: **And doesn't it require a lottery? Wasn't it taught in a** *baraita*: **Whoever was privileged** to perform the **removal of the ashes** is **also privileged** to perform the **arrangement of the two logs?** There was in fact a lottery for arranging the two logs.

הָכִי קָאָמַר: יְפַיְּיסוּ לַהּ בִּפְנֵי עַצְמָהּ, כִּדְאָמְרִינַן.

Rather, **this is what** Rava actually **said:** If placing the logs is considered a complete service and is therefore a task important enough to warrant the death penalty for a non-priest who performs it, **they** should **hold a** separate **lottery for it by itself.** The Gemara answers: It is **as we said**[N] at the beginning of the chapter, that the task of placing the logs was added to the lottery for the removal of ashes as an incentive for the priests to rise before dawn (Rabbeinu Ḥananel).

לְמֵימְרָא דַּעֲבוֹדָה תַּמָּה וְזָר חַיָּיב עָלֶיהָ מִיתָה – בָּעֲיָא פַּיִיס, אֵין זָר חַיָּיב עָלֶיהָ מִיתָה – לָא בָּעֲיָא פַּיִיס? וַהֲרֵי שְׁחִיטָה! שָׁאנֵי שְׁחִיטָה דִּתְחִילַּת עֲבוֹדָה דִּימָמָא הִיא.

Based on Rava's comments, the Gemara asks: **Is that to say that** any service that is **a complete service and** for which **a non-priest** would be **liable** to receive **the death penalty requires a lottery,** but if **a non-priest** would **not** be **liable** to receive **the death penalty it would not require a lottery? But isn't there slaughtering,** which may be performed by non-priest and yet requires a lottery? The Gemara rejects this point: **Slaughtering is different,** because **it is the beginning of the daytime service,** which gives it added importance.

לְמֵימְרָא דַּעֲבוֹדָה תַּמָּה בָּעֵי פַּיִיס, עֲבוֹדָה שֶׁיֵּשׁ אַחֲרֶיהָ עֲבוֹדָה – לָא בָּעֵי פַּיִיס? וַהֲרֵי אֵבָרִים וּפְדָרִים! סוֹף עֲבוֹדָה דִּימָמָא הִיא. הֲרֵי תְּרוּמַת הַדֶּשֶׁן? מִשּׁוּם מַעֲשֶׂה שֶׁהָיָה.

The Gemara asks further on Rava's statement: **Is that to say**[N] that **a service that is complete requires a lottery,** whereas **a service which is followed by a** subsequent **service** that completes it **does not require a lottery? But isn't there** the burning of **the limbs and the fats?** The Gemara answers: That is not difficult because the burning of the limbs and the fats **is the end of the daytime service.** The Gemara asks: **Isn't there the removal of the ashes?** The Gemara answers: A lottery was established for that service only **due to the incident that occurred** when the priests came to danger.

NOTES

But isn't there the burning of the limbs and the fats, etc. – וַהֲרֵי אֵיבָרִים וּפְדָרִים וכו׳: Rashi deletes this entire passage, up to: When it was stated, this is how it was stated, because it makes erroneous assertions in its questions and answers, in light of the earlier discussion between Rav and Levi with regard to the liability of a non-priest who burns the limbs and fat or who removes the ashes. Moreover, the whole issue of daytime versus nighttime services is irrelevant to the present version of Rabbi Zeira's statement. In defense of this version of the text, it may be noted that in any event the Gemara is forced to revise Rabbi Yoḥanan's statement; in doing so, it reproduces some of the questions posed in the previous version of Rabbi Zeira's statement leading up to this revision, though they are not technically applicable in this context. This is not an uncommon phenomenon in the Talmud (Ritva).

As we said – כִּדְאָמְרִינַן: According to the Maharsha, the word: Rather, should be added, so that the reading would be: Rather, it is as we have said, meaning that the Gemara is retracting the entire second version of Rabbi Zeira's question and returning to the original version. However, others interpret the Gemara differently.

Is that to say – לְמֵימְרָא: Rashi deletes this entire passage as well, up to the phrase: Mar Zutra, and some say: Rav Ashi said, for the same reasons he deleted the passage mentioned in a previous note.

BACKGROUND

Sanctified his hands – קִידֵּשׁ יָדָיו: After a priest immerses in a ritual bath and dons the priestly garments, he must wash his hands and feet, referred to here as sanctifying one's hands.

Priests sanctifying their hands

אָמַר מָר זוּטְרָא וְאִיתֵּימָא רַב אַשִׁי: אַף אֲנַן נַמִּי תָּנֵינָא, אָמַר לָהֶם הַמְמוּנֶּה: צְאוּ וּרְאוּ אִם הִגִּיעַ זְמַן הַשְּׁחִיטָה. וְאִילּוּ זְמַן סִידּוּר גִּזְרֵי עֵצִים לָא קָתָנֵי.

As explained above, the reason Rabbi Yoḥanan holds that the arrangement of the logs is a complete service, and is not considered a prelude to the burning of limbs, is because the former is a nighttime service and the latter is a daytime service. **Mar Zutra, and some say Rav Ashi, said: We too have learned** in a mishna that the arrangement of the two logs is a nighttime service. As we learned: **The appointed** priest **said to them: Go out and see if the time for slaughtering has arrived, whereas** the mishna **did not teach:** See whether **the time for arranging the two logs** has arrived. This shows that arranging the logs may be done while it is still night; it is therefore not considered to be connected to, and complemented by, the placing of the limbs the following day.

הַךְ דְּלֵית לַהּ תַּקַּנְתָּא קָתָנֵי, הַךְ דְּאִית לַהּ תַּקַּנְתָּא – לָא קָתָנֵי.

The Gemara rejects this proof: The reason the mishna mentions slaughtering is that it prefers to **teach** this statement with regard to **that which has no rectification** if it is done at night, such as slaughtering the offering, which is rendered irreparably invalid if performed before daybreak. **It does not** want to **teach** it with regard to **something that has rectification** if done at night, such as arranging the two logs, which can always be removed and replaced properly. However, it is possible that the proper time for arranging the logs is daytime, and therefore it may be regarded as a service that is completed by the subsequent burning of limbs on the altar.

הדרן עלך בראשונה

Summary of **Perek II**

The assignment of some tasks to the priests was at first determined by a race. However, when it became apparent that this system presented a potential for physical danger among the competitors, it was decided that all the major daily services would be assigned by lottery. This list of major services included: The removal of the ash from the altar, the slaughter of the daily offering, the conveyance of its pieces to the ramp leading up to the altar, the burning of incense, and the conveyance of the sacrificial limbs from the ramp to the altar itself. The lotteries were performed as follows: All priests who were eligible to perform the service at hand stood in a circle. The appointee in charge instructed one of the priests to remove his mitre. A number much larger than the number of gathered priests was chosen at random. Each priest extended his finger, and the appointee, beginning with the bareheaded priest, counted all the fingers, going around the circle, several times if necessary, until the selected number was reached. The priest upon whom the count ended won the privilege of performing the coveted task.

The service of removal of ashes from the altar, although it was done by a priest who, owing to the innately dirty nature of the task, wore an inferior quality of priestly garments, was nevertheless considered an important task, since it marked the very first step of the daily services.

The daily offering, consisting of a lamb that was sacrificed as a burnt-offering, was cut into pieces, as is generally required of all burnt-offerings. However, unlike a private offering, the pieces were conveyed to the altar ceremoniously by several priests, each one carrying one or more of the parts. Moreover, two teams of priests participated in this process: One who carried the limbs to the base of the ramp leading up to the altar, and another team which brought the limbs up to the altar itself. In the meantime, as this procedure was going on, other morning services, involving the candelabrum and the inner altar, were performed.

The privilege of burning incense on this inner altar was assigned though a special lottery, in which only first-timers were allowed to participate. This is because of the tradition that whoever performed this task would be materially blessed, and it was desired to spread this blessing around to as many different priests as possible.

Having discussed the procedure for conveying the daily lamb offering to the altar, the mishna goes on and describes the parallel procedure for other public burnt-offerings that were not lambs, such as the bulls and rams that were offered on certain occasions. Due to the greater size of these animals, as well as the greater amounts of flour and wine that accompanied them, the conveyance process for these sacrifices was expanded and required the participation of more priests.

Image **Credits**

All images are copyright © Koren Publishers Jerusalem Ltd., except:

p12 © **courtesy of the Temple Institute**; **p15** © **courtesy of the Temple Institute**; **p19** © **courtesy of the Temple Institute**; **p23** © **courtesy of the Temple Institute**; **p28** © **courtesy of the Temple Institute**; **p30** © **courtesy of the Temple Institute**; **p37** 1st image © Beit Hashalom; **p37** 2nd image © Ron Almog; **p39** © Petr Brož; **p40** left image © dabjola, www.shutterstock.com; **p40** right image © Kai-Martin Knaak; **p41** 2nd image © Brendan Choi ; **p45** © Ariely; **p46** © Luc Viatour; **p47** 1st image © Bernard Gagnon; **p47** 2nd image © Chris 73; **p47** 3rd image © Ar2332; **p48** © Sara Goldsmith; **p51** © HaRav Menachem Makover, courtesy of *Harenu Bevinyano*; **p55** © Brian Negin; **p65** © HaRav Menachem Makover, courtesy of *Harenu Bevinyano*; **p67** 1st image © **courtesy of the Temple Institute**; **p67** 2nd image © HaRav Menachem Makover, courtesy of *Harenu Bevinyano*; **p68** 2nd image © **courtesy of the Temple Institute**; **p69** 3rd image © **courtesy of the Temple Institute**; **p70** 1st image © **courtesy of the Temple Institute**; **p71** © HaRav Menachem Makover, courtesy of *Harenu Bevinyano*; **p77** left image © Optograph; **p77** middle image © Didier Descouens; **p77** right image © Alves Gaspar; **p84** left image © Ad Meskens; **p84** right image © Dr. Steven J. Plunkett; **p86** © FCG, www.shutterstock.com; **p88** © Jose Viana; **p89** 1st image © HaRav Menachem Makover, courtesy of *Harenu Bevinyano*; **p89** 2nd image © **courtesy of the Temple Institute**; **p98** © HaRav Menachem Makover, courtesy of *Harenu Bevinyano*; **p103** © Maria Dryfhout, www.shutterstock.com; **p112** © **courtesy of the Temple Institute**; **p115** 1st image © Sasha Coachman; **p115** 2nd image © H. Zell; **p116** © **courtesy of the Temple Institute**; **p118** © HaRav Menachem Makover, courtesy of *Harenu Bevinyano*; **p122** © Mauro Raffaelli.